中华经典普及文库

资治通鑑

〔宋〕司马光 编著

二

中华书局

资治通鉴卷第七十六

魏纪八

邵陵厉公下

嘉平五年（癸酉,253）

1　春,正月朔,蜀大将军费祎与诸将大会于汉寿,郭循在坐;祎欢饮沉醉,循起刺祎,杀之。祎资性泛爱,不疑于人。越巂太守张嶷尝以书戒之曰:"昔岑彭率师,来歙杖节,咸见害于刺客。今明将军位尊权重,待信新附太过,宜鉴前事,少以为警。"祎不从,故及祸。

2　诏追封郭循为长乐乡侯,使其子袭爵。

3　王昶、毌丘俭闻东军败,各烧屯走。朝议欲贬黜诸将,大将军师曰:"我不听公休,以至于此。此我过也,诸将何罪!"悉宥之。师弟安东将军昭时为监军,唯削昭爵而已。以诸葛诞为镇南将军,都督豫州;毌丘俭为镇东将军,都督扬州。

是岁,雍州刺史陈泰求敕并州并力讨胡,师从之。未集,而新兴、雁门二郡胡以远役,遂惊反。师又谢朝士曰:"此我过也,非陈雍州之责!"是以人皆愧悦。

> 习凿齿论曰:司马大将军引二败以为己过,过消而业隆,可谓智矣。若乃讳败推过,归咎万物,常执其功而隐其丧,上下离心,贤愚解体,谬之甚矣! 君人者,苟统斯理以御国,行失而名扬,兵挫而战胜,虽百败可也,况于再乎!

4　光禄大夫张缉言于师曰:"恪虽克捷,见诛不久。"师曰:"何故?"缉曰:"威震其主,功盖一国,求不死得乎!"

5　二月,吴军还自东兴。进封太傅恪阳都侯,加荆、扬州牧,督中外诸军事。恪遂有轻敌之心,复欲出军,诸大臣以为数出罢劳,同辞谏恪;恪不听。中散大夫蒋延固争,恪命扶出。因著论以谕众曰:"凡敌国欲相吞,即仇雠欲相除也。有仇而长之,祸不在己,则在后人,不可不为远虑也。昔秦但得关西耳,尚以并吞六国。今以魏比古之秦,土地数倍;以吴与蜀,比古六国,不能半也。然今所以能敌之者,但以操时兵众,于今适尽,而后生者未及长大,正是贼衰少未盛之时。加司马懿先诛王淩,续自陨毙,其子幼弱而专彼大任,虽有智计之士,未得施用。当今伐之,是其厄会;圣人急于趋时,诚谓今日。若顺众人之情,怀偷安之计,以为长江之险可以传世,不论魏之终始而以今日遂轻其后,此吾所以长叹息者也!今闻众人或以百姓尚贫,欲务闲息,此不知虑其大危而爱其小勤者也。昔汉祖幸已自有三秦之地,何不闭关守险以自娱乐,空出攻楚,身被创痍,介胄生虮虱,将士厌困苦,岂甘锋刃而忘安宁哉?虑于长久不得两存者耳。每鉴荆邯说公孙述以进取之图,近见家叔父表陈与贼争竞之计,未尝不喟然叹息也!夙夜反侧,所虑如此,故聊疏愚言,以达二三君子之末。若一朝陨没,志画不立,贵令来世知我所忧,可思于后耳。"众人虽皆心以为不可,然莫敢复难。

丹阳太守聂友素与恪善,以书谏恪曰:"大行皇帝本有遏东关之计,计未施行;今公辅赞大业,成先帝之志,寇远自送,将士凭赖威德,出身用命,一旦有非常之功,岂非宗庙神灵社稷之福邪!宜且按兵养锐,观衅而动。今乘此势欲复大出,天时未可而苟任盛意,私心以为不安。"恪题论后,为书答友曰:"足下虽有自然之理,然未见大数,熟省此论,可以开悟矣。"

滕胤谓恪曰:"君受伊、霍之托,入安本朝,出摧强敌,名声振于海内,天下莫不震动,万姓之心,冀得蒙君而息。今猥以劳役之后,兴师出征,民疲力屈,远主有备。若攻城不克,野略无获,是丧前劳而招后责也。不如按甲息师,观隙而动。且兵者大事,事以众济,众苟不悦,君独安之!"恪曰:"诸云不可,皆不见计算,怀居苟安者也;而子复以为然,吾何望乎!夫以曹芳暗劣,而政在私门,彼之民臣,固有离心。今吾因国家之资,藉战胜之威,则何往而不克哉!"三月,恪大发州郡二十万众复入寇,以滕胤为都下督,掌统留事。

6 夏,四月,大赦。

7 汉姜维自以练西方风俗,兼负其才武,欲诱诸羌、胡以为羽翼,谓自陇以西,可断而有。每欲兴军大举,费祎常裁制不从,与其兵不过万人,曰:"吾等不如丞相亦已远矣;丞相犹不能定中夏,况吾等乎!不如且保国治民,谨守社稷,如其功业,以俟能者,无为希冀徼幸,决成败于一举;若不如志,悔之无及。"及祎死,维得行其志,及将数万人出石营,围狄道。

8 吴诸葛恪入寇淮南,驱略民人。诸将或谓恪曰:"今引军深入,疆场之民，必相率远遁，恐兵劳而功少，不如止围新城，新城困，救必至，至而图之，乃可大获。"恪从其计，五月，还军围新城。

诏太尉司马孚督军二十万往赴之。大将军师问于虞松曰："今东西有事，二方皆急，而诸将意沮，若之何？"松曰："昔周亚夫坚壁昌邑而吴、楚自败，事有似弱而强，不可不察也。今恪悉其锐众，足以肆暴，而坐守新城，欲以致一战耳。若攻城不拔，请战不可，师老众疲，势将自走，诸将之不径进，乃公之利也。姜维有重兵而县军应恪，投食我麦，非深根之寇也。且谓我并力于东，西方必虚，是以径进。今若使关中诸军倍道急赴，出其不意，殆将走矣。"师曰："善！"乃使郭淮、陈泰悉关中之众，解狄道之围；敕毌丘俭按兵自守，以新城委吴。陈泰进至洛门，姜维粮尽，退还。

扬州牙门将涿郡张特守新城，吴人攻之连月，城中兵合三千人，疾病战死者过半，而恪起土山急攻，城将陷，不可护。特乃谓吴人曰："今我无心复战也。然魏法，被攻过百日而救不至者，虽降，家不坐；自受敌以来，已九十馀日矣，此城中本有四千馀人，战死者已过半，城虽陷，尚有半人不欲降，我当还为相语，条别善恶，明日早送名，且以我印绶去为信。"乃投其印绶与之。吴人听其辞而不取印绶。特乃投夜彻诸屋材栅，补其缺为二重，明日，谓吴人曰："我但有斗死耳！"吴人大怒，进攻之，不能拔。

会大暑，吴士疲劳，饮水、泄下、流肿，病者太半，死伤涂地。诸营吏日白病者多，恪以为诈，欲斩之，自是莫敢言。恪内惟失计，而耻城不下，忿形于色。将军朱异以军事迕恪，恪立夺其兵，斥还建业。都尉蔡林数陈军计，恪不能用，策马来奔。诸将伺知吴兵已疲，乃进救兵。秋，七月，恪引军去，士卒伤病，流曳道路，或顿仆坑壑，或见略获，存亡哀痛，大小嗟呼。而恪晏然自若，出住江渚一月，图起田于浔阳，诏召相衔，徐乃旋师。由是众庶失望，怨讟兴矣。

汝南太守邓艾言于司马师曰："孙权已没，大臣未附，吴名宗大族皆有部曲，阻兵仗势，足以违命。诸葛恪新秉国政，而内无其主，不念抚恤上下以立根基，竞于外事，虐用其民，悉国之众，顿于坚城，死者万数，载祸而归，此恪获罪之日也。昔子胥、吴起、商鞅、乐毅皆见任时君，主没犹败，况恪才非四贤，而不虑大患，其亡可待也。"

八月，吴军还建业，诸葛恪陈兵导从，归入府馆，即召中书令孙嘿，厉声谓曰："卿等何敢数妄作诏！"嘿惶惧辞出，因病还家。

恪征行之后，曹所奏署令长职司，一更罢选，愈治威严，多所罪责，当进见者无不竦息。又改易宿卫，用其亲近；复敕兵严，欲向青、徐。

　　孙峻因民之多怨，众之所嫌，构恪于吴主，云欲为变。冬，十月，孙峻与吴主谋置酒请恪。恪将入之夜，精爽扰动，通夕不寐；又，家数有妖怪，恪疑之。旦日，驻车宫门，峻已伏兵于帷中，恐恪不时入，事泄，乃自出见恪曰：“使君若尊体不安，自可须后，峻当具白主上。”欲以尝知恪意，恪曰：“当自力入。”散骑常侍张约、朱恩等密书与恪曰：“今日张设非常，疑有他故。”恪以书示滕胤，胤劝恪还。恪曰：“儿辈何能为！正恐因酒食中人耳。”恪入，剑履上殿，进谢还坐。设酒，恪疑未饮。孙峻曰：“使君病未善平，有常服药酒，可取之。”恪意乃安。别饮所赍酒，数行，吴主还内；峻起如厕，解长衣，着短服，出曰：“有诏收诸葛恪。”恪惊起，拔剑未得，而峻刀交下，张约从旁斫峻，裁伤左手，峻应手斫约，断右臂。武卫之士皆趋上殿，峻曰：“所取者恪也，今已死！”悉令复刃，乃除地更饮。恪二子竦、建闻难，载其母欲来奔，峻使人追杀之。以苇席裹恪尸，篾束腰，投之石子冈。又遣无难督施宽就将军施绩、孙壹军，杀恪弟奋威将军融于公安，及其三子。恪外甥都乡侯张震、常侍朱恩，皆夷三族。

　　临淮臧均表乞收葬恪曰：“震雷电激，不崇一朝；大风冲发，希有极日；然犹继之以云雨，因以润物。是则天地之威，不可经日浃辰；帝王之怒，不宜讫情尽意。臣以狂愚，不知忌讳，敢冒破灭之罪以邀风雨之会。伏念故太傅诸葛恪，罪积恶盈，自致夷灭，父子三首，枭市积日，观者数万，詈声成风；国之大刑，无所不震，长老孩幼，无不毕见。人情之于品物，乐极则哀生，见恪贵盛，世莫与贰，身处台辅，中间历年，今之诛夷，无异禽兽，观讫情反，能不憯然！且已死之人，与土壤同域，凿掘斫刺，无所复加。愿圣朝稽则乾坤，怒不极旬，使其乡邑若故吏民收以士伍之服，惠以三寸之棺。昔项籍受殡葬之施，韩信获收敛之恩，斯则汉高发神明之誉也。惟陛下敦三皇之仁，垂哀矜之心，使国泽加于辜戮之骸，复受不已之恩，于以扬声遐方，沮劝天下，岂不大哉！昔栾布矫命彭越，臣窃恨之，不先请主上而专名以肆情，其得不诛，实为幸耳。今臣不敢章宣愚情以露天恩，谨伏手书，冒昧陈闻，乞圣明哀察。”于是吴主及孙峻听恪故吏敛葬。

　　初，恪少有盛名，大帝深器重之，而恪父瑾常以为戚，曰：“非保家之主也。”父友奋威将军张承亦以为恪必败诸葛氏。陆逊尝谓恪曰：“在我前者吾必奉之同升，在我下者则扶接之；今观君气陵其上，意蔑乎下，非安德之基也。”汉侍中诸葛瞻，亮之子也。恪再攻淮南，越巂太守张嶷与瞻书曰：“东主初崩，帝实幼弱，太傅受寄托之重，亦何容易！亲有周公之才，犹有管、蔡流言之变，霍光受任，亦有燕、盖、上官逆乱之谋，赖成、昭之明以免斯难耳。昔每闻东主杀生赏罚，不任下人，又今以垂没之命，卒召太傅，属以后事，诚实可虑。加吴、楚剽急，乃昔所记，而太傅离少主，履敌庭，恐非良计长算也。虽云东家纲纪肃然，上下辑睦，百有一失，非明者之虑也。取古则今，今则古也，自非郎君进忠言于太傅，谁复有尽言者邪！旋军广农，务行德惠，数年之中，东西并举，实为不晚，愿深采察！"恪果以此败。

吴群臣共议上奏，推孙峻为太尉，滕胤为司徒。有媚峻者言曰："万机宜在公族，若承嗣为亚公，声名素重，众心所附，不可量也。"乃表峻为丞相、大将军，督中外诸军事，又不置御史大夫；由是士人失望。滕胤女为恪子竦妻，胤以此辞位。孙峻曰："鲧、禹罪不相及，滕侯何为！"峻与胤虽内不沾洽，而外相苞容，进胤爵高密侯，共事如前。

齐王奋闻诸葛恪诛，下住芜湖，欲至建业观变。傅相谢慈等谏，奋杀之，坐废为庶人，徙章安。

南阳王和妃张氏，诸葛恪之甥也。先是恪有迁都之意，使治武昌宫，民间或言恪欲迎和立之。及恪被诛，丞相峻因此夺和玺绶，徙新都，又遣使者追赐死。初，和妾何氏生子皓，诸姬子德、谦、俊。和将死，与张妃别，妃曰："吉凶当相随，终不独生。"亦自杀。何姬曰："若皆从死，谁当字孤！"遂抚育皓及其三弟，皆赖以获全。

高贵乡公上
正元元年（甲戌，254）

1　春，二月，杀中书令李丰。初，丰年十七八，已有清名，海内翕然称之。其父太仆恢不愿其然，敕使闭门断客。曹爽专政，司马懿称疾不出，丰为尚书仆射，依违二公间，故不与爽同诛。丰子韬，以选尚齐长公主。司马师秉政，以丰为中书令。是时，太常夏侯玄有天下重名，以曹爽亲，不得在势任，居常怏怏；张缉以后父去郡家居，亦不得意：丰皆与之亲善。师虽擢用丰，丰私心常在玄。丰在中书二岁，帝数召丰与语，不知所说。师知其议己，请丰相见以诘丰，丰不以实告；师怒，以刀镮筑杀之，送尸付廷尉，遂收丰子韬及夏侯玄、张缉等皆下廷尉，钟毓按治，云："丰与黄门监苏铄、永宁署令乐敦，冗从仆射刘贤等谋曰：'拜贵人日，诸营兵皆屯门，陛下临轩，因此同奉陛下，将群僚人兵，就诛大将军；陛下傥不从人，便当劫将去耳。'"又云："谋以玄为大将军，缉为车骑将军，玄、缉皆知其谋。"庚戌，诛韬、玄、缉、铄、敦、贤，皆夷三族。

夏侯霸之入蜀也,邀玄欲与之俱,玄不从。及司马懿薨,中领军高阳许允谓玄曰:"无复忧矣!"玄叹曰:"士宗,卿何不见事乎!此人犹能以通家年少遇我,子元、子上不吾容也。"及下狱,玄不肯下辞,钟毓自临治之。玄正色责毓曰:"吾当何罪!卿为令史责人也,卿便为吾作!"毓以玄名士,节高,不可屈,而狱当竟,夜为作辞,令与事相附,流涕以示玄;玄视,颔之而已。及就东市,颜色不变,举动自若。

李丰弟翼,为兖州刺史,司马师遣使收之。翼妻荀氏谓翼曰:"中书事发,可及诏书未至赴吴,何为坐取死亡!左右可同赴水火者为谁?"翼思未答,妻曰:"君在大州,不知可与同死生者,虽去亦不免!"翼曰:"二儿小,吾不去,今但从坐身死耳,二儿必免。"乃止,死。

初,李恢与尚书仆射杜畿及东安太守郭智善,智子冲,有内实而无外观,州里弗称也。冲尝与李丰俱见畿,既退,畿叹曰:"孝懿无子;非徒无子,殆将无家。君谋为不死也,其子足继其业。"时人皆以畿为误,及丰死,冲为代郡太守,卒继父业。

正始中,夏侯玄、何晏、邓飚俱有盛名,欲交尚书郎傅嘏,嘏不受。嘏友人荀粲怪而问之,嘏曰:"太初志大其量,能合虚声而无实才。何平叔言远而情近,好辩而无诚,所谓利口覆邦国之人也。邓玄茂有为而无终,外要名利,内无关钥,贵同恶异,多言而妒前;多言多衅,妒前无亲。以吾观此三人者,皆将败家;远之犹恐祸及,况昵之乎!"嘏又与李丰不善,谓同志曰:"丰饰伪而多疑,矜小智而昧于权利,若任机事,其死必矣!"

2 辛亥,大赦。

3 三月,废皇后张氏;夏,四月,立皇后王氏,奉车都尉夔之女也。

4 狄道长李简密书请降于汉。六月,姜维寇陇西。

5 中领军许允素与李丰、夏侯玄善。秋,允为镇北将军、假节、都督河北诸军事。帝以允当出,诏会群臣,帝特引允以自近;允当与帝别,涕泣歔欷。允未发,有司奏允前放散官物,收付廷尉,徙乐浪,未至,道死。

6 吴孙峻骄矜淫暴,国人侧目。司马桓虑谋杀峻,立太子登之子吴侯英;不克,皆死。

7 帝以李丰之死,意殊不平。安东将军司马昭镇许昌,诏召之使击姜维。九月,昭领兵入见,帝幸平乐观以临军过。左右劝帝因昭辞,杀之,勒兵以退大将军;已书诏于前,帝惧,不敢发。

昭引兵入城,大将军师乃谋废帝。甲戌,师以皇太后令召群臣会议,以帝荒淫无度,褻近倡优,不可以承天绪;群臣皆莫敢违。乃奏收帝玺绶,归藩于齐。使郭芝入白太后，太后方与帝对坐，芝谓帝曰："大将军欲废陛下，立彭城王据！"帝乃起去。太后不悦。芝曰："太后有子不能教，今大将军意已成，又勒兵于外以备非常，但当顺旨，将复何言！"太后曰："我欲见大将军，口有所说。"芝曰："何可见邪！但当速取玺绶！"太后意折，乃遣傍侍御取玺绶著坐侧。芝出报师，师甚喜。又遣使者授帝齐王印绶，出就西宫。帝与太后垂涕而别，遂乘王车，从太极殿南出，群臣送者数十人，司马孚悲不自胜，馀多流涕。

师又使使者请玺绶于太后。太后曰："彭城王，我之季叔也，今来立，我当何之！且明皇帝当永绝嗣乎？高贵乡公，文帝之长孙，明皇帝之弟子，于礼，小宗有后大宗之义，其详议之。"丁丑，师更召群臣，以太后令示之，乃定迎高贵乡公髦于元城。髦者，东海定王霖之子也，时年十四，使太常王肃持节迎之。师又使请玺绶，太后曰："我见高贵乡公，小时识之，我自欲以玺绶手授之。"冬，十月己丑，高贵乡公至玄武馆，群臣奏请舍前殿，公以先帝旧处，避止西厢；群臣又请以法驾迎，公不听。庚寅，公入于洛阳，群臣迎拜西掖门南，公下舆答拜，傧者请曰："仪不拜。"公曰："吾人臣也。"遂答拜。至止车门下舆，左右曰："旧乘舆入。"公曰："吾被皇太后征，未知所为。"遂步至太极东堂，见太后。其日，即皇帝位于太极前殿，百僚陪位者皆欣欣焉。大赦，改元。为齐王筑宫于河内。

8 汉姜维自狄道进拔河间、临洮。将军徐质与战，杀其荡寇将军张嶷，汉兵乃还。

9 初，扬州刺史文钦，骁果绝人，曹爽以其乡里故爱之。钦恃爽势，多所陵傲。及爽诛，钦已内惧，又好增虏级以邀功赏，司马师常抑之，由是怨望。镇东将军毌丘俭素与夏侯玄、李丰善，玄等死，俭亦不自安，乃以计厚待钦。俭子治书侍御史甸谓俭曰："大人居方岳重任，国家倾覆而晏然自守，将受四海之责矣！"俭然之。

二年（乙亥，255）

1 春，正月，俭、钦矫太后诏，起兵于寿春，移檄州郡以讨司马师，乃表言："相国懿，忠正，有大勋于社稷，宜宥及后世，请废师，以侯就第，以弟昭代之。太尉孚，忠孝小心，护军望，忠公亲事，皆宜亲宠，授以要任。"望，孚之子也。俭又遣使邀镇南将军诸葛诞，诞斩其使。俭、钦将五六万众渡淮，西至项；俭坚守，使钦在外为游兵。

司马师问计于河南尹王肃，肃曰："昔关羽虏于禁于汉滨，有北向争天下之志，后孙权袭取其将士家属，羽士众一旦瓦解。今淮南将士父母妻子皆在内州，但急往御卫，使不得前，必有关羽土崩之势矣。"时师新割目瘤，创甚，或以为大将军不宜自行，不如遣太尉孚拒之。唯王肃与尚书傅嘏、中书侍郎钟会劝师自行，师疑未决。嘏曰："淮、楚兵劲，而俭等负力远斗，其锋未易当也。若诸将战有利钝，大势一失，则公事败矣。"师蹶然起曰："我请舆疾而东。"戊午，师率中外诸军以讨俭、钦，以弟昭兼中领军，留镇洛阳，召三方兵会于陈、许。

师问计于光禄勋郑袤，袤曰："毌丘俭好谋而不达事情，文钦勇而无算。今大军出其不意，江、淮之卒，锐而不能固，宜深沟高垒以挫其气，此亚夫之长策也。"师称善。

师以荆州刺史王基为行监军，假节，统许昌军。基言于师曰："淮南之逆，非吏民思乱也，俭等诳诱迫胁，畏目下之戮，是以尚屯聚耳。若大兵一临，必土崩瓦解，俭、钦之首不终朝而致于军门矣。"师从之。以基为前军，既而复敕基停驻。基以为："俭等举军足以深入，而久不进者，是其诈伪已露，众心疑沮也。今不张示威形以副民望，而停军高垒，有似畏懦，非用兵之势也。若俭、钦虏略民人以自益，又州郡兵家为贼所得者，更怀离心，俭等所迫胁者，自顾罪重，不敢复还，此为错兵无用之地而成奸宄之源，吴寇因之，则淮南非国家之有，谯、沛、汝、豫危而不安，此计之大失也。军宜速进据南顿，南顿有大邸阁，计足军人四十日粮。保坚城，因积谷，先人有夺人之心，此平贼之要也。"基屡请，乃听，进据㶏水。

闰月甲申，师次于㶏桥，俭将史招、李续相次来降。王基复言于师曰："兵闻拙速，未睹为巧之久也。方今外有强寇，内有叛臣，若不时决，则事之深浅未可测也。议者多言将军持重。将军持重，是也，停军不进，非也。持重，非不行之谓也，进而不可犯耳。今保壁垒以积实资房而远运军粮，甚非计也。"师犹未许。基曰："将在军，君令有所不受。彼得亦利，我得亦利，是谓争地，南顿是也。"遂辄进据南顿，俭等从项亦欲往争，发十馀里，闻基先到，乃复还保项。

2 癸未，征西将军郭淮卒，以雍州刺史陈泰代之。

3 吴丞相峻率骠骑将军吕据、左将军会稽留赞袭寿春，司马师命诸军皆深壁高垒，以待东军之集。诸将请进军攻项，师曰："诸军知其一，未知其二。淮南将士本无反志，俭、钦说诱与之举事，谓远近必应；而事起之日，淮北不从，史招、李续前后瓦解，内乖外叛，自知必败。困兽思斗，速战更合其志，虽云必克，伤人亦多。且俭等欺诳将士，诡变万端，小与持久，诈情自露,此不战而克之术也。"乃遣诸葛诞督豫州诸军自安风向寿春;征东将军胡遵督青、徐诸军出谯、宋之间,绝其归路;师屯汝阳。毌丘俭、文钦进不得斗,退恐寿春见袭,计穷不知所为;淮南将士家皆在北,众心沮散,降者相属,惟淮南新附农民为之用。

俭之初起,遣健步赍书至兖州,兖州刺史邓艾斩之,将兵万馀人,兼道前进,先趋乐嘉城,作浮桥以待师。俭使文钦将兵袭之。师自汝阳潜兵就艾于乐嘉,钦猝见大军,惊愕未知所为。钦子鸯,年十八,勇力绝人,谓钦曰:"及其未定,击之可破也。"于是分为二队,夜夹攻军。鸯帅壮士先至鼓噪,军中震扰。师惊骇,所病目突出,恐众知之,啮被皆破。钦失期不应,会明,鸯见兵盛,乃引还。师与诸将曰:"贼走矣,可追之!"诸将曰:"钦父子骁猛,未有所屈,何苦而走?"师曰:"夫一鼓作气,再而衰。鸯鼓噪失应,其势已屈,不走何待!"钦将引而东,鸯曰:"不先折其势,不得去也。"乃与骁骑十馀摧锋陷陈,所向皆披靡,遂引去。师使左长史司马班率骁骑八千翼而追之,鸯以匹马入数千骑中,辄杀伤百馀人,乃出,如此者六七,追骑莫敢逼。

殿中人尹大目小为曹氏家奴,常在天子左右,师将与俱行,大目知师一目已出,启云:"文钦本是明公腹心,但为人所误耳;又天子乡里,素与大目相信,乞为公追解语之,令还与公复好。"师许之。大目单身乘大马,被铠胄,追钦,遥相与语。大目心实欲为曹氏,谬言:"君侯何苦不可复忍数日中也!"欲使钦解其旨。钦殊不悟,乃更厉声骂大目曰:"汝先帝家人,不念报恩,反与司马师作逆,不顾上天,天不佑汝!"张弓傅矢欲射大目,大目涕泣曰:"世事败矣,善自努力!"

是日,毌丘俭闻钦退,恐惧夜走,众遂大溃。钦还至项,以孤军无继,不能自立,欲还寿春,寿春已溃,遂奔吴。吴孙峻至东兴,闻俭等败,壬寅,进至橐皋,文钦父子诣军降。毌丘俭走,北至慎县,左右人兵稍弃俭去,俭藏水边草中。甲辰,安风津民张属就杀俭,传首京师,封属为侯。诸葛诞至寿春,寿春城中十馀万口,惧诛,或流迸山泽,或散走入吴。诏以诞为镇东大将军、仪同三司,都督扬州诸军事。

夷毌丘俭三族。俭党七百馀人系狱,侍御史杜友治之,惟诛首事者十馀人,馀皆奏免之。俭孙女适刘氏,当死,以孕系廷尉。司隶主簿程咸议曰:"女适人者,若已产育,则成他家之母,于防不足以惩奸乱之源,于情则伤孝子之恩。男不遇罪于他族,而女独婴戮于二门,非所以哀矜女弱,均法制之大分也,臣以为在室之女,可从父母之刑,既醮之妇,使从夫家之戮。"朝廷从之,仍著于律令。

　　4　舞阳忠武侯司马师疾笃,还许昌,留中郎将参军事贾充监诸军事。充,逵之子也。卫将军昭自洛阳往省师,师令昭总统诸军。辛亥,师卒于许昌。中书侍郎钟会从师典知密事,中诏敕尚书傅嘏,以东南新定,权留卫将军昭屯许昌为内外之援,令嘏率诸军还。会与嘏谋,使嘏表上,辄与昭俱发,还到洛水南屯住。二月丁巳,诏以司马昭为大将军、录尚书事。会由是常有自矜之色,嘏戒之曰:"子志大其量,而勋业难为也,可不慎哉!"

　　5　吴孙峻闻诸葛诞已据寿春,乃引兵还。以文钦为都护、镇北大将军、幽州牧。

　　6　三月,立皇后卞氏,大赦。后,武宣皇后弟秉之曾孙女也。

　　7　秋,七月,吴将军孙仪、张怡、林恂谋杀孙峻,不克,死者数十人。全公主谮朱公主于峻,曰"与仪同谋"。峻遂杀朱公主。

　　峻使卫尉冯朝城广陵,功费甚众,举朝莫敢言,唯滕胤谏止之,峻不从,功卒不成。

　　8　汉姜维复议出军,征西大将军张翼廷争,以为:"国小民劳,不宜黩武。"维不听,率车骑将军夏侯霸及翼同进。八月,维将数万人至枹罕,趋狄道。

　　征西将军陈泰敕雍州刺史王经进屯狄道,须泰军到,东西合势乃进。泰军陈仓,经所统诸军于故关与汉人战不利,经辄渡洮水。泰以经不坚据狄道,必有他变,率诸军以继之。经已与维战于洮西,大败,以万馀人还保狄道城,馀皆奔散,死者万计。张翼请维曰:"可以止矣,不宜复进,或毁此大功,为蛇画足。"维大怒,遂进围狄道。

　　辛未,诏长水校尉邓艾行安西将军,与陈泰并力拒维,戊辰,复以太尉孚为后继。泰进军陇西,诸将皆曰:"王经新败,贼众大盛,将军以乌合之众,继败军之后,当乘胜之锋,殆必不可。古人有言:'蝮蛇螫手,壮士解腕。'孙子曰:'兵有所不击,地有所不守。'盖小有所失而大有所全故也。不如据险自保,观衅待敝,然后进救,此计之得者也。"泰曰:"姜维提轻兵深入,正欲与我争锋原野,求一战之利。王经当高壁深垒,挫其锐气,今乃与战,使贼得计。经既破走,维若以战克之威,进兵东向,据栎阳积谷之实,放兵收降,招纳羌、胡,东争关、陇,传檄四郡,此我之所恶也。而乃以乘胜之兵,挫峻城之下,锐气之卒,屈力致命,攻守势殊,客主不同。兵书曰:'修橹轒辒,三月乃成,拒堙三月而后已。'诚非轻军远入之利也。今维孤军远侨，粮谷不继，是我速进破贼之时，所谓疾雷不及掩耳，自然之势也。洮水带其表，维等在其内，今乘高据势，临其项领，不战必走。寇不可纵，围不可久，君等何言如是！"遂进军度高城岭，潜行，夜至狄道东南高山上，多举烽火，鸣鼓角。狄道城中将士见救至，皆愤踊。维不意救兵卒至，缘山急来攻之，泰与交战，维退。泰引兵扬言欲向其还路，维惧，九月，甲辰，维遁走，城中将士乃得出。王经叹曰："粮不至旬，向非救兵速至，举城屠裂，覆丧一州矣！"泰慰劳将士，前后遣还，更差军守，并治城垒，还屯上邽。

泰每以一方有事，辄以虚声扰动天下，故希简上事，驿书不过六百里。大将军昭曰："陈征西沉勇能断，荷方伯之重，救将陷之城，而不求益兵，又希简上事，必能办贼者也。都督大将不当尔邪！"

姜维退驻钟提。

9　初，吴大帝不立太庙，以武烈尝为长沙太守，立庙于临湘，使太守奉祠而已。冬，十二月，始作太庙于建业，尊大帝为太祖。

资治通鉴卷第七十七

魏纪九

高贵乡公下

甘露元年（丙子，256）

1　春，正月，汉姜维进位大将军。

2　二月丙辰，帝宴群臣于太极东堂，与诸儒论夏少康、汉高祖优劣，以少康为优。

3　夏，四月庚戌，赐大将军昭衮冕之服，赤舄副焉。

4　丙辰，帝幸太学，与诸儒论书、易及礼，诸儒莫能及。帝尝与中护军司马望、侍中王沈、散骑常侍裴秀、黄门侍郎钟会等讲宴于东堂，并属文论，特加礼异，谓秀为儒林丈人，沈为文籍先生。帝性急，请召欲速，以望职在外，特给追锋车、虎贲五人，每有集会，辄奔驰而至。秀，潜之子也。

5　六月丙午，改元。

6　姜维在钟提，议者多以为维力已竭，未能更出。安西将军邓艾曰："洮西之败，非小失也，士卒凋残，仓廪空虚，百姓流离。今以策言之，彼有乘胜之势，我有虚弱之实，一也。彼上下相习，五兵犀利，我将易兵新，器仗未复，二也。彼以船行，吾以陆军，劳逸不同，三也。狄道、陇西、南安、祁山各当有守，彼专为一，我分为四，四也。从南安、陇西因食羌谷，若趣祁山，熟麦千顷，为之外仓，五也。贼有黠计，其来必矣。"

秋，七月，姜维复率众出祁山，闻邓艾已有备，乃回，从董亭趣南安；艾据武城山以拒之。维与艾争险不克，其夜，渡渭东行，缘山趣上邽，艾与战于段谷，大破之。以艾为镇西将军、都督陇右诸军事。维与其镇西大将军胡济期会上邽，济失期不至，故败，士卒星散，死者甚众，蜀人由是怨维。维上书谢，求自贬黜。乃以卫将军行大将军事。

7　八月庚午，诏司马昭加号大都督，奏事不名，假黄钺。癸酉，以太尉司马孚为太傅。九月，以司徒高柔为太尉。

8　文钦说吴人以伐魏之利，孙峻使钦与骠骑将军吕据及车骑将军刘篆、镇南将军朱异、前将军唐咨自江都入淮、泗，以图青、徐。峻饯之于石头，遇暴疾，以后事付从父弟偏将军綝。丁亥，峻卒。吴人以綝为侍中、武卫将军、都督中外诸军事，召吕据等还。

9 己丑，吴大司马吕岱卒，年九十六。始，岱亲近吴郡徐原，慷慨有才志，岱知其可成，赐巾襏，与共言论，后遂荐拔，官至侍御史。原性忠壮，好直言，岱时有得失，原辄谏争，又公论之；人或以告岱，岱叹曰："是我所以贵德渊者也！"及原死，岱哭之甚哀，曰："徐德渊，吕岱之益友，今不幸，岱复于何闻过！"谈者美之。

10 吕据闻孙綝代孙峻辅政，大怒，与诸督将连名共表荐滕胤为丞相；綝更以胤为大司马，代吕岱驻武昌。据引兵还，使人报胤，欲共废綝。冬，十月丁未，綝遣从兄宪将兵逆据于江都，使中使敕文钦、刘篆、唐咨等共击取据，又遣侍中左将军华融、中书丞丁晏告喻胤宜速去意。胤自以祸及，因留融、晏勒兵自卫，召典军杨崇、将军孙咨告以綝为乱，迫融等使作书难綝，綝不听，表言胤反，许将军刘丞以封爵，使率兵骑攻围胤。胤又劫融等使诈为诏发兵，融等不从，皆杀之。或劝胤引兵至苍龙门，将士见公出，必委綝就公。时夜已半，胤恃与据期，又难举兵向宫，乃约令部曲，说吕侯兵已在近道，故皆为胤尽死，无离散者。胤颜色不变，谈笑如常。时大风，比晓，据不至，綝兵大会，遂杀胤及将士数十人，夷胤三族。己酉，大赦，改元太平。或劝吕据奔魏者，据曰："吾耻为叛臣。"遂自杀。

11 以司空郑冲为司徒，左仆射卢毓为司空。毓固让骠骑将军王昶、光禄大夫王观、司隶校尉琅邪王祥，诏不许。

祥性至孝，继母朱氏遇之无道，祥愈恭谨。朱氏子览，年数岁，每见祥被楚挞，辄涕泣抱持母；母以非理使祥，览辄与祥俱往。及长，娶妻，母虐使祥妻，览妻亦趋而共之，母患之，为之少止。祥渐有时誉，母深疾之，密使鸩祥。览知之，径起取酒，祥争而不与，母遽夺反之。自后，母赐祥馔，览辄先尝，母惧览致毙，遂止。汉末遭乱，祥隐居三十馀年，不应州郡之命，母终，毁瘁，杖而后起。徐州刺史吕虔檄为别驾，委以州事，州界清静，政化大行，时人歌之曰："海沂之康，实赖王祥；邦国不空，别驾之功！"

12 十一月，吴孙綝迁大将军。綝负贵倨傲，多行无礼。峻从弟宪尝与诛诸葛恪，峻厚遇之，官至右将军、无难督，平九官事。綝遇宪薄于峻时，宪怒，与将军王惇谋杀綝，事泄，綝杀惇，宪服药死。

二年（丁丑，257）

1　春,三月,大梁成侯卢毓卒。

2　夏,四月,吴主临正殿,大赦,始亲政事。孙綝表奏,多见难问,又科兵子弟十八已下、十五以上三千馀人,选大将子弟年少有勇力者,使将之,日于苑中教习,曰:"吾立此军,欲与之俱长。"又数出中书视大帝时旧事,问左右侍臣曰:"先帝数有特制,今大将军问事,但令我书可邪?"尝食生梅,使黄门至中藏取蜜,蜜中有鼠矢;召问藏吏,藏吏叩头。吴主曰:"黄门从尔求蜜邪?"吏曰:"向求,实不敢与。"黄门不服。吴主令破鼠矢,矢中燥,因大笑谓左右曰:"若矢先在蜜中,中外当俱湿;今外湿里燥,此必黄门所为也。"诘之,果服;左右莫不惊悚。

3　征东大将军诸葛诞素与夏侯玄、邓飏等友善,玄等死,王淩、毌丘俭相继诛灭,诞内不自安,乃倾帑藏振施,曲赦有罪以收众心,畜养扬州轻侠数千人以为死士。因吴人欲向徐堨,请十万众以守寿春,又求临淮筑城以备吴寇。司马昭初秉政,长史贾充请遣参佐慰劳四征,且观其志。昭遣充至淮南,充见诞,论说时事,因曰:"洛中诸贤,皆愿禅代,君以为如何?"诞厉声曰:"卿非贾豫州子乎?世受魏恩,岂可欲以社稷输人乎!若洛中有难,吾当死之。"充默然;还,言于昭曰:"诸葛诞再在扬州,得士众心。今召之,必不来,然反疾而祸小;不召,则反迟而祸大,不如召之。"昭从之。甲子,诏以诞为司空,召赴京师。诞得诏书,愈恐,疑扬州刺史乐綝间己,遂杀綝,敛淮南及淮北郡县屯田口十馀万官兵,扬州新附胜兵者四五万人,聚谷足一年食,为闭门自守之计。遣长史吴纲将少子靓至吴,称臣请救,并请以牙门子弟为质。

4　吴滕胤、吕据之妻,皆夏口督孙壹之妹也。六月,孙綝使镇南将军朱异自虎林将兵袭壹。异至武昌,壹将部曲来奔。乙巳,诏拜壹车骑将军、交州牧,封吴侯,开府辟召,仪同三司,衮冕赤舃,事从丰厚。

5　司马昭奉帝及太后讨诸葛诞。

吴纲至吴,吴人大喜,使将军全怿、全端、唐咨、王祚将三万众,与文钦同救诞;以诞为左都护、假节、大司徒、骠骑将军、青州牧,封寿春侯。怿,琮之子;端,其从子也。

六月甲子,车驾次项,司马昭督诸军二十六万进屯丘头,以镇南将军王基行镇东将军、都督扬、豫诸军事,与安东将军陈骞等围寿春。基始至,围城未合,文钦、全怿等从城东北,因山乘险,得将其众突入城。昭敕基敛军坚壁。基累求进讨,会吴朱异率三万人进屯安丰,为文钦外势,诏基引诸军转据北山。基谓诸将曰:"今围垒转固,兵马向集,但当精修守备以待越逸,而更移兵守险,使得放纵,虽有智者,不能善其后矣!"遂守便宜,上疏曰:"今与贼家对敌,当不动如山,若迁移依险,人心摇荡,于势大损。诸军并据深沟高垒,众心皆定,不可倾动,此御兵之要也。"书奏,报听。于是基等四面合围,表里再重,堑垒甚峻。文钦等数出犯围,逆击,走之。司马昭又使奋武将军监青州诸军事石苞督兖州刺史州泰、徐州刺史胡质简锐卒为游军,以备外寇。泰击破朱异于阳渊,异走,泰追之,杀伤二千人。

秋,七月,吴大将军綝大发兵出屯镬里,复遣朱异帅将军丁奉、黎斐等五人前解寿春之围。异留辎重于都陆,进屯黎浆,石苞、州泰又击破之。太山太守胡烈以奇兵五千袭都陆,尽焚异资粮,异将馀兵食葛叶,走归孙綝;綝使异更死战,异以士卒乏食,不从綝命。綝怒,九月己巳,綝斩异于镬里。辛未,引兵还建业。綝既不能拔出诸葛诞,而丧败士众,自戮名将,由是吴人莫不怨之。

司马昭曰:"异不得至寿春,而吴人杀之,非其罪也,欲以谢寿春而坚诞意,使其犹望救耳。今当坚围,备其越逸,而多方以误之。"乃纵反间,扬言"吴救方至,大军乏食,分遣羸疾就谷淮北,势不能久"。诞等益宽恣食,俄而城中乏粮,外救不至。将军蒋班、焦彝,皆诞腹心谋主也,言于诞曰:"朱异等以大众来而不能进,孙綝杀异而归江东,外以发兵为名,内实坐须成败。今宜及众心尚固,士卒思用,并力决死,攻其一面,虽不能尽克,犹有可全者,空坐守死,无为也。"文钦曰:"公今举十馀万之众归命于吴,而钦与全端等皆同居死地,父兄子弟尽在江表,就孙綝不欲来,主上及其亲戚岂肯听乎!且中国无岁无事,军民并疲,今守我一年,内变将起,奈何舍此,欲乘危侥幸乎!"班、彝固劝之,钦怒。诞欲杀班、彝,二人惧,十一月,弃诞逾城来降。全怿兄子辉、仪在建业,与其家内争讼,携其母将部曲数十家来奔。于是怿与兄子靖及全端弟翩、缉皆将兵在寿春城中,司马昭用黄门侍郎钟会策,密为辉、仪作书,使辉、仪所亲信赍入城告怿等,说"吴中怒怿等不能拔寿春,欲尽诛诸将家,故逃来归命。"十二月,怿等帅其众数千人开门出降,城中震惧,不知所为。诏拜怿平东将军,封临湘侯,端等封拜各有差。

6　汉姜维闻魏分关中兵以赴淮南,欲乘虚向秦川,率数万人出骆谷,至沈岭。时长城积谷甚多,而守兵少,征西将军都督雍、凉诸军事司马望及安西将军邓艾进兵据之,以拒维。维壁于芒水,数挑战,望、艾不应。

是时,维数出兵,蜀人愁苦,中散大夫谯周作仇国论以讽之曰:"或问往古能以弱胜强者,其术如何?曰:吾闻之,处大无患者常多慢,处小有忧者常思善;多慢则生乱,思善则生治,理之常也。故周文养民,以少取多,句践恤众,以弱毙强,此其术也。或曰:曩者,项强汉弱,相与战争,项羽与汉约分鸿沟,各归息民,张良以为民志已定,则难动也,率兵追羽,终毙项氏。岂必由文王之事乎?曰:当商、周之际,王侯世尊,君臣久固,民习所专;深根者难拔,据固者难迁。当此之时,虽汉祖安能杖剑鞭马而取天下乎!及秦罢侯置守之后,民疲秦役,天下土崩,或岁易主,或月易公,鸟惊兽骇,莫知所从,于是豪强并争,虎裂狼分,疾搏者获多,迟后者见吞。今我与彼皆传国易世矣,既非秦末鼎沸之时,实有六国并据之势,故可为文王,难为汉祖。夫民之疲劳,则骚扰之兆生,上慢下暴,则瓦解之形起。谚曰:'射幸数跌,不如审发。'是故智者不为小利移目,不为意似改步,时可而后动,数合而后举,故汤、武之师不再战而克,诚重民劳而度时审也。如遂极武黩征,土崩势生,不幸遇难,虽有智者将不能谋之矣。"

三年(戊寅,258)

1　春,正月,文钦谓诸葛诞曰:"蒋班、焦彝谓我不能出而走,全端、全怿又率众逆降,此敌无备之时也,可以战矣。"诞及唐咨等皆以为然,遂大为攻具,昼夜五六日攻南围,欲决围而出。围上诸军临高发石车火箭,逆烧破其攻具,矢石雨下,死伤蔽地,血流盈堑,复还城。城内食转竭,出降者数万口。钦欲尽出北方人省食,与吴人坚守,诞不听,由是争恨。钦素与诞有隙,徒以计合,事急愈相疑。钦见诞计事,诞遂杀钦。钦子鸯、虎将兵在小城中,闻钦死,勒兵赴之,众不为用,遂单走逾城出,自归于司马昭。军吏请诛之,昭曰:"钦之罪不容诛,其子固应就戮;然鸯、虎以穷归命,且城未拔,杀之是坚其心也。"乃赦鸯、虎,使将数百骑巡城,呼曰:"文钦之子犹不见杀,其馀何惧!"又表鸯、虎皆为将军,赐爵关内侯。城内皆喜,且日益饥困。司马昭身自临围,见城上持弓者不发,曰:"可攻矣!"乃四面进军,同时鼓噪登城。二月乙酉,克之。诞窘急,单马将其麾下突小城欲出,司马胡奋部兵击斩之,夷其三族。诞麾下数百人,皆拱手为列,不降,每斩一人,辄降之,卒不变,以至于尽。吴将于诠曰:"大丈夫受命其主,以兵救人,既不能克,又束手于敌,吾弗取也。"乃免胄冒陈而死。唐咨、王祚等皆降。吴兵万众,器仗山积。

司马昭初围寿春,王基、石苞等皆欲急攻之,昭以为"寿春城固而众多,攻之必力屈;若有外寇,表里受敌,此危道也。今三叛相聚于孤城之中,天其或者使同就戮,吾当以全策縻之。但坚守三面,若吴贼陆道而来,军粮必少;吾以游兵轻骑绝其转输,可不战而破也。吴贼破,钦等必成禽矣!”乃命诸军按甲而守之,卒不烦攻而破。议者又以为“淮南仍为叛逆,吴兵室家在江南,不可纵,宜悉坑之。”昭曰:“古之用兵,全国为上,戮其元恶而已。吴兵就得亡还,适可以示中国之大度耳。”一无所杀,分布三河近郡以安处之。拜唐咨安远将军,其馀裨将,咸假位号,众皆悦服,其淮南将士吏民为诞所胁略者,皆赦之。听文鸯兄弟收敛父丧,给其车牛,致葬旧墓。

昭遗王基书曰:“初议者云云,求移者甚众,时未临履,亦谓宜然。将军深算利害,独秉固志,上违诏命,下拒众议,终至制敌禽贼,虽古人所述,不是过也。”昭欲遣诸军轻兵深入,招迎唐咨等子弟,因衅有灭吴之势。王基谏曰:“昔诸葛恪乘东关之胜,竭江表之兵以围新城,城既不拔,而众死者大半。姜维因洮西之利,轻兵深入,粮饷不继,军覆上邽。夫大捷之后,上下轻敌,轻敌则虑难不深。今贼新败于外,又内患未弭,是其修备设虑之时也。且兵出逾年,人有归志,今俘馘十万,罪人斯得,自历代征伐,未有全兵独克如今之盛者也。武皇帝克袁绍于官渡,自以所获已多,不复追奔,惧挫威也。”昭乃止。以基为征东将军、都督扬州诸军事,进封东武侯。

习凿齿曰:君子谓司马大将军于是役也,可谓能以德攻矣。夫建业者异道,各有所尚而不能兼并也。故穷武之雄,毙于不仁;存义之国,丧于懦退。今一征而禽三叛,大房吴众,席卷淮浦,俘馘十万,可谓壮矣。而未及安坐,赏王基之功;种惠吴人,结异类之情,宠鸯葬钦,忘畴昔之隙;不咎诞众,使扬土怀愧。功高而人乐其成,业广而敌怀其德。武昭既敷,文algebra又洽,推是道也,天下其孰能当之哉!

2　司马昭之克寿春,钟会谋画居多;昭亲待日隆,委以腹心之任,时人比之子房。

3　汉姜维闻诸葛诞死,复还成都,复拜大将军。

4　夏,五月,诏以司马昭为相国,封晋公,食邑八郡,加九锡;昭前后九让,乃止。

5　秋,七月,吴主封故齐王奋为章安侯。

6　八月,以骠骑将军王昶为司空。

7　诏以关内侯王祥为三老,郑小同为五更,帝率群臣诣太学,行养老乞言之礼。小同,玄之孙也。

8　吴孙綝以吴主亲览政事，多所难问，甚惧；返自镬里，遂称疾不朝，使弟威远将军据入仓龙门宿卫，武卫将军恩、偏将军幹、长水校尉闿分屯诸营，欲以自固。吴主恶之，乃推朱公主死意，全公主惧曰：“我实不知，皆朱据二子熊、损所白。”是时熊为虎林督，损为外部督，吴主皆杀之。损妻，即孙峻妹也。綝谏，不从，由是益惧。

吴主阴与全公主及将军刘丞谋诛綝。全后父尚为太常、卫将军，吴主谓尚子黄门侍郎纪曰：“孙綝专势，轻小于孤。孤前敕之使速上岸，为唐咨等作援，而留湖中不上岸一步；又委罪于朱异，擅杀功臣，不先表闻；筑第桥南，不复朝见。此为自在，无所复畏，不可久忍，今规取之。卿父作中军都督，使密严整士马，孤当自出临桥，率宿卫虎骑、左右无难一时围之，作版诏敕綝所领皆解散，不得举手。正尔，自当得之；卿去，但当使密耳！卿宣诏卿父，勿令卿母知之；女人既不晓大事，且綝同堂姊，邂近漏泄，误孤非小也！”纪承诏以告尚。尚无远虑，以语纪母，母使人密语綝。

九月戊午，綝夜以兵袭尚，执之，遣弟恩杀刘承于苍龙门外，比明，遂围宫。吴主大怒，上马带鞭执弓欲出，曰：“孤大皇帝適子，在位已五年，谁敢不从者！”侍中近臣及乳母共牵攀止之，不得出，叹咤不食，骂全后曰：“尔父愦愦，败我大事！”又遣呼纪，纪曰：“臣父奉诏不谨，负上，无面目复见。”因自杀。綝使光禄勋孟宗告太庙，废吴主为会稽王。召群臣议曰：“少帝荒病昏乱，不可以处大位，承宗庙，已告先帝废之。诸君若有不同者，下异议。”皆震怖，曰：“唯将军令！”綝遣中书郎李崇夺吴主玺绶，以吴主罪班告远近。尚书桓彝不肯署名，綝怒，杀之。典军施正劝綝迎立琅邪王休，綝从之。己未，綝使宗正楷与中书郎董朝迎琅邪王于会稽。遣将军孙耽送会稽王亮之国，亮时年十六。徙全尚于零陵，寻追杀之；迁全公主于豫章。

冬，十月戊午，琅邪王行至曲阿，有老公遮王叩头曰：“事久变生，天下喁喁。”是日，进及布塞亭。孙綝以琅邪王未至，欲入居宫中，召百官会议，皆惶怖失色，徒唯唯而已。选曹郎虞汜曰：“明公为国伊、周，处将相之任，擅废立之威，将上安宗庙，下惠百姓，大小踊跃，自以伊、霍复见。今迎王未至而欲入宫，如是，群下摇荡，众听疑惑，非所以永终忠孝，扬名后世也。”綝不怿而止。汜，翻之子也。

綝命弟恩行丞相事，率百僚以乘舆法驾迎琅邪王于永昌亭。筑宫，以武帐为便殿，设御坐。己卯，王至便殿，止东厢。孙恩奉上玺符，王三让，乃受。群臣以次奉引，王就乘舆，百官陪位。綝以兵千人迎于半野，拜于道侧；王下车答拜。即日，御正殿，大赦，改元永安。孙綝称“草莽臣”，诣阙上书，上印绶、节钺，求避贤路。吴主引见慰谕，下诏以綝为丞相、荆州牧，增邑五县；以恩为御史大夫、卫将军、中军督，封县侯。孙据、幹、闓皆拜将军，封侯。又以长水校尉张布为辅义将军，封永康侯。

先是，丹阳太守李衡数以事侵琅邪王，其妻习氏谏之，衡不听。琅邪王上书乞徙他郡，诏徙会稽。及琅邪王即位，李衡忧惧，谓妻曰：“不用卿言，以至于此。吾欲奔魏，何如？”妻曰：“不可。君本庶民耳，先帝相拔过重，既数作无礼，而复逆自猜嫌，逃叛求活，以此北归，何面目见中国人乎！”衡曰：“计何所出？”妻曰：“琅邪王素好善慕名，方欲自显于天下，终不以私嫌杀君明矣。可自囚诣狱，表列前失，显求受罪。如此，乃当逆见优饶，非但直活而已。”衡从之。吴主诏曰：“丹阳太守李衡，以往事之嫌，自拘司败。夫射钩、斩祛，在君为君，其遣衡还郡，勿令自疑。”又加威远将军，授以棨戟。

己丑，吴主封故南阳王和子皓为乌程侯。

群臣奏立皇后、太子，吴主曰：“朕以寡德，奉承洪业，莅事日浅，恩泽未敷，后妃之号，嗣子之位，非所急也。”有司固请，吴主不许。

孙綝奉牛酒诣吴主，吴主不受，赍诣左将军张布；酒酣，出怨言曰：“初废少主时，多劝吾自为之者；吾以陛下贤明，故迎之。帝非我不立，今上礼见拒，是与凡臣无异，当复改图耳。”布以告吴主，吴主衔之，恐其有变，数加赏赐。戊戌，吴主诏曰：“大将军掌中外诸军事，事统烦多，其加卫将军、御史大夫恩侍中，与大将军分省诸事。”或有告綝怀怨侮上，欲图反者，吴主执以付綝，綝杀之，由是益惧，因孟宗求出屯武昌，吴主许之。綝尽敕所督中营精兵万馀人，皆令装载；又取武库兵器，吴主咸令给与。綝求中书两郎典知荆州诸军事，主者奏中书不应外出，吴主特听之。其所请求，一无违者。

将军魏邈说吴主曰：“綝居外，必有变。”武卫士施朔又告綝谋反。吴主将讨綝，密问辅义将军张布，布曰：“左将军丁奉，虽不能吏书，而计略过人，能断大事。”吴主召奉告之，且问以计画，奉曰：“丞相兄弟支党甚盛，恐人心不同，不可卒制；可因腊会有陛兵以诛之。”吴主从之。

十二月丁卯，建业中谣言明会有变，綝闻之，不悦。夜，大风，发屋扬沙，綝益惧。戊辰，腊会，綝称疾不至；吴主强起之，使者十馀辈，綝不得已，将入，众止焉。綝曰：“国家屡有命，不可辞。可豫整兵，令府内起火，因是可得速还。”遂入，寻而火起，綝求出，吴主曰：“外兵自多，不足烦丞

相也。"綝起离席,奉、布目左右缚之。綝叩头曰:"愿徙交州。"吴主曰:
"卿何不徙滕胤、吕据于交州乎!"綝复曰:"愿没为官奴。"吴主曰:"卿何
不以胤、据为奴乎!"遂斩之。以綝首令其众曰:"诸与綝同谋者,皆赦
之。"放仗者五千人。孙闿乘船欲降北,追杀之。夷綝三族,发孙峻棺,取
其印绶,斲其木而埋之。

己巳,吴主以张布为中军督。改葬诸葛恪、滕胤、吕据等,其罹恪等事
远徙者,一切召还。朝臣有乞为诸葛恪立碑者,吴主诏曰:"盛夏出军,士
卒伤损,无尺寸之功,不可谓能;受托孤之任,死于竖子之手,不可谓智。"
遂寝。

9 初,汉昭烈留魏延镇汉中,皆实兵诸围以御外敌,敌若来攻,使不
得入。及兴势之役,王平捍拒曹爽,皆承此制。及姜维用事,建议以为
"错守诸围,适可御敌,不获大利。不若使敌至,诸围皆敛兵聚谷,退就
汉、乐二城,听敌入平,重关头镇守以捍之,令游军旁出以伺其虚。敌攻关
不克,野无散谷,千里运粮,自然疲乏;引退之日,然后诸城并出,与游军并
力搏之,此殄敌之术也。"于是汉主令督汉中胡济却住汉寿,监军王含守
乐城,护军蒋斌守汉城。

四年(己卯,259)

1 春,正月,黄龙二见宁陵井中。先是,顿丘、冠军、阳夏井中屡有龙
见,群臣以为吉祥,帝曰:"龙者,君德也。上不在天,下不在田,而数屈于
井,非嘉兆也。"作潜龙诗以自讽,司马昭见而恶之。

2 夏,六月,京陵穆侯王昶卒。

3 汉主封其子谌为北地王,询为新兴王,虔为上党王。尚书令陈祗
以巧佞有宠于汉主,姜维虽位在祗上,而多率众在外,希亲朝政,权任不及
祗。秋,八月丙子,祗卒;汉主以仆射义阳董厥为尚书令,尚书诸葛瞻为
仆射。

4 冬,十一月,车骑将军孙壹为婢所杀。

5 是岁,以王基为征南将军,都督荆州诸军事。

元皇帝上

景元元年(庚辰,260)

1 春,正月朔,日有食之。

2 夏,四月,诏有司率遵前命,复进大将军昭位相国,封晋公,加

九锡。

　　3　帝见威权日去，不胜其忿。五月己丑，召侍中王沈、尚书王经、散骑常侍王业，谓曰："司马昭之心，路人所知也。吾不能坐受废辱，今日当与卿自出讨之。"王经曰："昔鲁昭公不忍季氏，败走失国，为天下笑。今权在其门，为日久矣，朝廷四方皆为之致死，不顾逆顺之理，非一日也。且宿卫空阙，兵甲寡弱，陛下何所资用；而一旦如此，无乃欲除疾而更深之邪！祸殆不测，宜见重详。"帝乃出怀中黄素诏投地曰："行之决矣！正使死何惧，况不必死邪！"于是入白太后。沈、业奔走告昭，呼经欲与俱，经不从。帝遂拔剑升辇，率殿中宿卫苍头官僮鼓噪而出。昭弟屯骑校尉伷遇帝于东止车门，左右呵之，伷众奔走。中护军贾充自外入，逆与帝战于南阙下，帝自用剑。众欲退，骑督成倅弟太子舍人济问充曰："事急矣，当云何？"充曰："司马公畜养汝等，正为今日。今日之事，无所问也！"济即抽戈前刺帝，殒于车下。昭闻之，大惊，自投于地。太傅孚奔往，枕帝股而哭甚哀，曰："杀陛下者，臣之罪也！"

　　昭入殿中，召群臣会议。尚书左仆射陈泰不至，昭使其舅尚书荀𫖮召之，泰曰："世之论者以泰方于舅，今舅不如泰也。"子弟内外咸共逼之，乃入，见昭，悲恸，昭亦对之泣曰："玄伯，卿何以处我？"泰曰："独有斩贾充，少可以谢天下耳。"昭久之曰："卿更思其次。"泰曰："泰言惟有进于此，不知其次。"昭乃不复更言。𫖮，彧之子也。

　　太后下令，罪状高贵乡公，废为庶人，葬以民礼。收王经及其家属付廷尉。经谢其母，母颜色不变，笑而应曰："人谁不死，正恐不得其所；以此并命，何恨之有！"及就诛，故吏向雄哭之，哀动一市。王沈以功封安平侯。庚寅，太傅孚等上言，请以王礼葬高贵乡公，太后许之。

　　使中护军司马炎迎燕王宇之子常道乡公璜于邺，以为明帝嗣。炎，昭之子也。

　　4　辛卯，群公奏太后自今令书皆称诏制。

　　5　癸卯，司马昭固让相国、晋公、九锡之命，太后诏许之。

　　6　戊申，昭上言："成济兄弟大逆不道，夷其族。"

　　7　六月癸丑，太后诏常道乡公更名奂。甲寅，常道乡公入洛阳，是日，即皇帝位，年十五，大赦，改元。

　　8　丙辰，诏进司马昭爵位九锡如前，昭固让，乃止。

　　9　癸亥，以尚书右仆射王观为司空。

　　10　吴都尉严密建议作浦里塘，群臣皆以为难；唯卫将军陈留濮阳兴以为可成,遂会诸军民就作,功费不可胜数,士卒多死亡,民大愁怨。

11 会稽郡谣言王亮当还为天子,而亮宫人告亮使巫祷祠,有恶言,有司以闻。吴主黜亮为候官侯,遣之国;亮自杀,卫送者皆伏罪。

12 冬,十月,阳乡肃侯王观卒。

13 十一月,诏尊燕王,待以殊礼。

14 十二月甲午,以司隶校尉王祥为司空。

15 尚书王沈为豫州刺史。初到,下教敕属城及士民曰:"若有能陈长吏可否,说百姓所患者,给谷五百斛。若说刺史得失,朝政宽猛者,给谷千斛。"主簿陈廞、褚䂮入白曰:"教旨思闻苦言,示以劝赏。窃恐拘介之士或惮赏而不言,贪昧之人将慕利而妄举。苟不合宜,赏不虚行,则远听者未知当否之所在,徒见言之不用,因谓设而不行。愚以为告下之事,可少须后。"沈又教曰:"夫兴益于上,受分于下,斯乃君子之操,何不言之有!"褚䂮复白曰:"尧、舜、周公所以能致忠谏者,以其款诚之心著也。冰炭不言而冷热之质自明者,以其有实也。若好忠直,如冰炭之自然,则谔谔之言将不求而自至。若德不足以配唐、虞,明不足以并周公,实不可以同冰炭,虽悬重赏,忠谏之言未可致也。"沈乃止。

二年(辛巳,261)

1 春,三月,襄阳太守胡烈表言:"吴将邓由、李光等十八屯同谋归化,遣使送质任,欲令郡兵临江迎拔。"诏王基部分诸军径造沮水以迎之。"若由等如期到者,便当因此震荡江表。"基驰驿遗司马昭书,说由等可疑之状,"且当清澄,未宜便举重兵深入应之"。又曰:"夷陵东西皆险狭,竹木丛蔚,卒有要害,弩马不陈。今者筋角濡弱,水潦方降,废盛农之务,要难必之利,此事之危者也。姜维之趣上邽,文钦之据寿春,皆深入求利,以取覆没,此近事之鉴戒也。嘉平已来,累有内难,当今之宜,当务镇安社稷,抚宁上下,力农务本,怀柔百姓,未宜动众以求外利也。"昭累得基书,意狐疑,敕诸军已上道者,且权停住所在,须候节度。基复遗昭书曰:"昔汉祖纳郦生之说,欲封六国,寤张良之谋而趣销印。基谋虑浅短,诚不及留侯,亦惧襄阳有食其之谬。"昭于是罢兵,报基书曰:"凡处事者多曲相从顺,鲜能确然共尽理实,诚感忠爱,每见规示,辄依来旨,已罢军严。"既而由等果不降。烈,奋之弟也。

2 秋,八月甲寅,复命司马昭进爵位如前,不受。

3 冬,十月,汉主以董厥为辅国大将军,诸葛瞻为都护、卫将军,共平尚书事,以侍中樊建为尚书令。时中常侍黄皓用事,厥、瞻皆不能矫正,士大夫多附之,唯建不与皓往来。秘书令郤正久在内职,与皓比屋,周旋三十馀年,澹然自守,以书自娱,既不为皓所爱,亦不为皓所憎,故官不过六百石,而亦不罹其祸。汉主弟甘陵王永憎皓,皓潛之,使十年不得朝见。

吴主使五官中郎将薛珝聘于汉,及还,吴主问汉政得失,对曰:"主暗而不知其过,臣下容身以求免罪,入其朝不闻直言,经其野民皆菜色。臣闻燕雀处堂,子母相乐,以为至安也,突决栋焚,而燕雀怡然不知祸之将及,其是之谓乎!"珝,综之子也。

4　是岁,鲜卑索头部大人拓跋力微始遣其子沙漠汗入贡,因留为质。力微之先,世居北荒,不交南夏。至可汗毛,始强大,统国三十六,大姓九十九。后五世至可汗推寅,南迁大泽。又七世至可汗邻,使其兄弟七人及族人乙旃氏、车焜氏分统部众为十族,邻老,以位授其子诘汾,使南迁,遂居匈奴故地。诘汾卒,力微立,复徙居定襄之盛乐,部众浸盛,诸部皆畏服之。

资治通鉴卷第七十八

魏纪十

元皇帝下

景元三年（壬午，262）

1　秋，八月乙酉，吴主立皇后朱氏，朱公主之女也。戊子，立子霮为太子。

2　汉大将军姜维将出军，右车骑将军廖化曰："兵不戢，必自焚，伯约之谓也。智不出敌而力小于寇，用之无厌，将何以存！"冬，十月，维入寇洮阳，邓艾与战于侯和，破之，维退住沓中。初，维以羁旅依汉，身受重任，兴兵累年，功绩不立。黄皓用事于中，与右大将军阎宇亲善，阴欲废维树宇。维知之，言于汉主曰："皓奸巧专恣，将败国家，请杀之！"汉主曰："皓趋走小臣耳，往董允每切齿，吾常恨之，君何足介意！"维见皓枝附叶连，惧于失言，逊辞而出。汉主敕皓诣维陈谢。维由是自疑惧，返自洮阳，因求种麦沓中，不敢归成都。

3　吴主以濮阳兴为丞相，廷尉丁密、光禄勋孟宗为左右御史大夫。初，兴为会稽太守，吴主在会稽，兴遇之厚；左将军张布尝为会稽王左右督将，故吴主即位，二人皆贵宠用事；布典宫省，兴关军国，以佞巧更相表里，吴人失望。

吴主喜读书，欲与博士祭酒韦昭、博士盛冲讲论，张布以昭、冲切直，恐其入侍，言己阴过，固谏止之。吴主曰："孤之涉学，群书略遍，但欲与昭等讲习旧闻，亦何所损！君特当恐昭等道臣下奸愿，故不欲令入耳。如此之事，孤已自备之，不须昭等然后乃解也。"布皇恐陈谢，且言惧妨政事，吴主曰："王务、学业，其流各异，不相妨也，此无所为非，而君以为不宜，是以孤有所及耳。不图君今日在事更行此于孤也，良甚不取！"布拜表叩头。吴主曰："聊相开悟耳，何至叩头乎！如君之忠诚，远近所知，吾今日之巍巍，皆君之功也。诗云：'靡不有初，鲜克有终。'终之实难，君其终之。"然吴主恐布疑惧，卒如布意，废其讲业，不复使昭等入。

4　谯郡嵇康，文辞壮丽，好言老、庄而尚奇任侠，与陈留阮籍、籍兄子咸、河内山涛、河南向秀、琅邪王戎、沛国刘伶特相友善，号竹林七贤。皆崇尚虚无，轻蔑礼法，纵酒昏酣，遗落世事。

阮籍为步兵校尉，其母卒，籍方与人围棋，对者求止，籍留与决赌。既而饮酒二斗，举声一号，吐血数升，毁瘠骨立。居丧，饮酒无异平日。司隶校尉何曾恶之，面质籍于司马昭座曰：“卿，纵情、背礼、败俗之人，今忠贤执政，综核名实，若卿之曹，不可长也！”因谓昭曰：“公方以孝治天下，而听阮籍以重哀饮酒食肉于公座，何以训人！宜摈之四裔，无令污染华夏。”昭爱籍才，常拥护之。曾，夔之子也。

阮咸素幸姑婢；姑将婢去，咸方对客，遽借客马追之，累骑而还。

刘伶嗜酒，常乘鹿车，携一壶酒，使人荷锸随之，曰：“死便埋我。”当时士大夫皆以为贤，争慕效之，谓之放达。

钟会方有宠于司马昭，闻嵇康名而造之，康箕踞而锻，不为之礼。会将去，康曰：“何所闻而来，何所见而去？”会曰：“闻所闻而来，见所见而去！”遂深衔之。

山涛为吏部郎，举康自代；康与涛书，自说不堪流俗，而非薄汤、武。昭闻而怒之。康与东平吕安亲善，安兄巽诬安不孝，康为证其不然。会因谮“康尝欲助毌丘俭，且安、康有盛名于世，而言论放荡，害时乱教，宜因此除之”。昭遂杀安及康。康尝诣隐者汲郡孙登，登曰：“子才多识寡，难乎免于今之世矣！”

5　司马昭患姜维数为寇，官骑路遗求为刺客入蜀，从事中郎荀勖曰：“明公为天下宰，宜杖正义以伐违贰，而以刺客除贼，非所以刑于四海也。”昭善之。勖，爽之曾孙也。

昭欲大举伐汉，朝臣多以为不可，独司隶校尉钟会劝之。昭谕众曰：“自定寿春以来，息役六年，治兵缮甲以拟二虏。今吴地广大而下湿，攻之用功差难，不如先定巴蜀，三年之后，因顺流之势，水陆并进，此灭虢取虞之势也。计蜀战士九万，居守成都及备他境不下四万，然则馀众不过五万。今绊姜维于沓中，使不得东顾，直指骆谷，出其空虚之地以袭汉中，以刘禅之暗，而边城外破，士女内震，其亡可知也。”乃以钟会为镇西将军，都督关中。征西将军邓艾以为蜀未有衅，屡陈异议；昭使主簿师纂为艾司马以谕之，艾乃奉命。

姜维表汉主：“闻钟会治兵关中，欲规进取，宜并遣左右车骑张翼、廖化，督诸军分护阳安关口及阴平之桥头，以防未然。”黄皓信巫鬼，谓敌终不自致,启汉主寝其事,群臣莫知。

四年(癸未,263)

1　春,正月,复命司马昭进爵位如前;又辞不受。

2　吴交趾太守孙谞贪暴,为百姓所患;会吴主遣察战邓荀至交趾,荀擅调孔爵三十头送建业,民惮远役,因谋作乱。夏,五月,郡吏吕兴等杀谞及荀,遣使来请太守及兵,九真、日南皆应之。

3　诏诸军大举伐汉,遣征西将军邓艾督三万馀人自狄道趣甘松、沓中,以连缀姜维;雍州刺史诸葛绪督三万馀人自祁山趣武街桥头,绝维归路。钟会统十馀万众分从斜谷、骆谷、子午谷趣汉中。以廷尉卫瓘持节监艾、会军事,行镇西军司。瓘,觊之子也。

会过幽州刺史王雄之孙戎,问"计将安出?"戎曰:"道家有言,'为而不恃'。非成功难,保之难也。"或以问参相国军事平原刘寔曰:"钟、邓其平蜀乎?"寔曰:"破蜀必矣,而皆不还。"客问其故,寔笑而不答。

秋,八月,军发洛阳,大赉将士,陈师誓众。将军邓敦谓蜀未可讨,司马昭斩以徇。

汉人闻魏兵且至,乃遣廖化将兵诣沓中为姜维继援,张翼、董厥等诣阳安关口为诸围外助。大赦,改元炎兴。敕诸围皆不得战,退保汉、乐二城,城中各有兵五千人。翼、厥北至阴平,闻诸葛绪将向建威,留住月馀待之。钟会率诸军平行至汉中。九月,钟会使前将军李辅统万人围王含于乐城,护军荀恺围蒋斌于汉城。会径过西趣阳安口,遣人祭诸葛亮墓。

初,汉武兴督蒋舒在事无称,汉朝令人代之,使助将军傅佥守关口,舒由是恨。钟会使护军胡烈为前锋,攻关口。舒诡谓佥曰:"今贼至不击而闭城自守,非良图也。"佥曰:"受命保城,惟全为功;今违命出战,若丧师负国,死无益矣。"舒曰:"子以保城获全为功,我以出战克敌为功,请各行其志。"遂率众出。佥谓其战也,不设备。舒率其众迎降胡烈,烈乘虚袭城,佥格斗而死。佥,彤之子也。钟会闻关口已下,长驱而前,大得库藏积谷。

邓艾遣天水太守王颀直攻姜维营,陇西太守牵弘邀其前,金城太守杨欣趣甘松。维闻钟会诸军已入汉中,引兵还,欣等追蹑于强川口,大战,维败走。闻诸葛绪已塞道屯桥头,乃从孔函谷入北道,欲出绪后;绪闻之,却还三十里。维入北道三十馀里,闻绪军却,寻还,从桥头过,绪趣截维,较一日不及。维遂还至阴平,合集士众,欲赴关城;未到,闻其已破,退趣白水,遇廖化、张翼、董厥等,合兵守剑阁以拒会。

4　安国元侯高柔卒。

5　冬,十月,汉人告急于吴。甲申,吴主使大将军丁奉督诸军向寿春;将军留平就施绩于南郡,议兵所向;将军丁封、孙异如沔中以救汉。

6　诏以征蜀诸将献捷交至,复命大将军昭进位,爵赐一如前诏,昭乃受命。

昭辟任城魏舒为相国参军。初,舒少时迟钝质朴,不为乡亲所重,从叔父吏部郎衡,有名当世,亦不知之,使守水碓,每叹曰:"舒堪数百户长,我愿毕矣!"舒亦不以介意,不为皎厉之事。唯太原王乂谓舒曰:"卿终当为台辅。"常振其匮乏,舒受而不辞。年四十馀,郡举上计掾,察孝廉。宗党以舒无学业,劝令不就,可以为高。舒曰:"若试而不中,其负在我,安可虚窃不就之高以为己荣乎!"于是自课,百日习一经,因而对策升第,累迁后将军钟毓长史。毓每与参佐射,舒常为画筹而已;后遇朋人不足,以舒满数,舒容范闲雅,发无不中。举坐愕然,莫有敌者。毓叹而谢曰:"吾之不足以尽卿才,有如此射矣,岂一事哉!"及为相国参军,府朝碎务,未尝见是非;至于废兴大事,众人莫能断者,舒徐为筹之,多出众议之表。昭深器重之。

7　癸卯,立皇后卞氏,昭烈将军秉之孙也。

8　邓艾进至阴平,简选精锐,欲与诸葛绪自江油趣成都,绪以本受节度邀姜维,西行非本诏,遂引军向白水,与钟会合。会欲专军势,密白绪畏懦不进,槛车征还,军悉属会。

姜维列营守险,会攻之不能克,粮道险远,军食乏,欲引还。邓艾上言:"贼已摧折,宜遂乘之,若从阴平由邪径经汉德阳亭趣涪,出剑阁西百里,去成都三百馀里,奇兵冲其腹心,出其不意,剑阁之守必还赴涪,则会方轨而进,剑阁之军不还,则应涪之兵寡矣。"遂自阴平行无人之地七百馀里,凿山通道,造作桥阁。山谷高深,至为艰险,又粮运将匮,濒于危殆,艾以毡自裹,推转而下。将士皆攀木缘崖,鱼贯而进。先登至江油,蜀守将马邈降。诸葛瞻督诸军拒艾,至涪,停住不进。尚书郎黄崇,权之子也,屡劝瞻宜速行据险,无令敌得入平地,瞻犹豫未纳,崇再三言之,至于流涕,瞻不能从。艾遂长驱而前,击破瞻前锋,瞻退住绵竹。艾以书诱瞻曰:"若降者,必表为琅邪王。"瞻怒,斩艾使,列陈以待艾。艾遣子惠唐亭侯忠出其右,司马师纂等出其左。忠、纂战不利,并引还,曰:"贼未可击!"艾怒曰:"存亡之分,在此一举,何不可之有!"叱忠、纂等,将斩之。忠、纂驰还更战,大破,斩瞻及黄崇。瞻子尚叹曰:"父子荷国重恩,不早斩黄皓,使败国殄民,用生何为!"策马冒陈而死。

汉人不意魏兵卒至,不为城守调度;闻艾已入平土,百姓扰扰,皆迸山泽,不可禁制。汉主使群臣会议,或以蜀之与吴,本为与国,宜可奔吴;或以为南中七郡,阻险斗绝,易以自守,宜可奔南。光禄大夫谯周以为:"自古以来,无寄他国为天子者,若入吴国,亦当臣服。且治政不殊,则大能吞小,此数之自然也。由此言之,则魏能并吴,吴不能并魏明矣。等为称臣,为小孰与为大,再辱之耻何与一辱!且若欲奔南,则当早为之计,然后可果;今大敌已近,祸败将及,群小之心,无一可保,恐发足之日,其变不测,何至南之有乎!"或曰:"今艾已不远,恐不受降,如之何?"周曰:"方今东吴未宾,事势不得不受,受之不得不礼。若陛下降魏,魏不裂土以封陛下者,周请身诣京都,以古义争之。"众人皆从周议。汉主犹欲入南,狐疑未决。周上疏曰:"南方远夷之地,平常无所供为,犹数反叛,自丞相亮以兵威逼之,穷乃率从。今若至南,外当拒敌,内供服御,费用张广,他无所取,耗损诸夷,其叛必矣!"汉主乃遣侍中张绍等奉玺绶以降于艾。北地王谌怒曰:"若理穷力屈,祸败将及,便当父子君臣背城一战,同死社稷,以见先帝可也,奈何降乎!"汉主不听。是日,谌哭于昭烈之庙,先杀妻子而后自杀。

张绍等见邓艾于雒,艾大喜,报书褒纳。汉主遣太仆蒋显别敕姜维使降钟会,又遣尚书郎李虎送士民簿于艾,户二十八万,口九十四万,甲士十万二千,吏四万人。艾至成都城北,汉主率太子诸王及群臣六十馀人,面缚舆榇诣军门。艾持节解缚焚榇,延请相见;检御将士,无得虏略,绥纳降附,使复旧业;辄依邓禹故事,承制拜汉王禅行骠骑将军,太子奉车、诸王驸马都尉,汉群司各随高下拜为王官,或领王官属;以师纂领益州刺史,陇西太守牵弘等领蜀中诸郡。艾闻黄皓奸险,收闭,将杀之,皓赂艾左右,卒以得免。

姜维等闻诸葛瞻败,未知汉主所向,乃引军东入于巴。钟会进军至涪,遣胡烈等追维。维至郪,得汉主敕命,乃令兵悉放仗,送节传于胡烈,自从东道与廖化、张翼、董厥等同诣会降。将士咸怒,拔刀斫石。于是诸郡县围守皆被汉主敕罢兵降。钟会厚待姜维等,皆权还其印绶节盖。

9 吴人闻蜀已亡,乃罢丁奉等兵。吴中书丞吴郡华覈诣宫门上表曰:"伏闻成都不守,臣主播越,社稷倾覆,失委附之土,弃贡献之国。臣以草芥,窃怀不宁,陛下圣仁,恩泽远抚,卒闻如此,必垂哀悼。臣不胜忡怅之情,谨拜表以闻!"

魏之伐蜀也,吴人或谓襄阳张悌曰:"司马氏得政以来,大难屡作,百姓未服,今又劳力远征,败于不暇,何以能克!"悌曰:"不然。曹操虽功盖中夏,民畏其威而不怀其德也。丕、叡承之,刑繁役重,东西驱驰,无有宁岁。司马懿父子累有大功,除其烦苛而布其平惠,为之谋主而救其疾苦,民心归之亦已久矣。故淮南三叛,而腹心不扰;曹髦之死,四方不动。任贤使能,各尽其心,其本根固矣,奸计立矣。今蜀阉宦专朝,国无政令,而玩戎黩武,民劳卒敝,竞于外利,不修守备。彼强弱不同,智算亦胜,因危而伐,殆无不克。噫! 彼之得志,我之忧也。"吴人笑其言,至是乃服。

10　吴人以武陵五溪夷与蜀接界,蜀亡,惧其叛乱,乃以越骑校尉钟离牧领武陵太守。魏已遣汉葭县长郭纯试守武陵太守,率涪陵民入迁陵界,屯于赤沙,诱动诸夷进攻酉阳,郡中震惧。牧问朝吏曰:"西蜀倾覆,边境见侵,何以御之?"皆对曰:"今二县山险,诸夷阻兵,不可以军惊扰,惊扰则诸夷盘结;宜以渐安,可遣恩信吏宣教慰劳。"牧曰:"不然。外境内侵,诳诱人民,当及其根柢未深而扑取之,此救火贵速之势也。"敕外趣严。抚夷将军高尚谓牧曰:"昔潘太常督兵五万,然后讨五溪夷。是时刘氏连和,诸夷率化。今既无往日之援,而郭纯已据迁陵,而明府欲以三千兵深入,尚未见其利也。"牧曰:"非常之事,何得循旧!"即帅所领,晨夜进道,缘山险行垂二千里,斩恶民怀异心者魁帅百馀人,及其支党凡千馀级。纯等散走,五溪皆平。

11　十二月庚戌,以司徒郑冲为太保。

12　壬子,分益州为梁州。

13　癸丑,特赦益州士民,复除租税之半五年。

14　乙卯,以邓艾为太尉,增邑二万户;钟会为司徒,增邑万户。

15　皇太后郭氏殂。

16　邓艾在成都,颇自矜伐,谓蜀士大夫:"诸君赖遭艾,故得有今日耳,如遇吴汉之徒,已殄灭矣。"艾以书言于晋公昭曰:"兵有先声而后实者,今因平蜀之势以乘吴,吴人震恐,席卷之时也。然大举之后,将士疲劳,不可便用,且徐缓之。留陇右兵二万人、蜀兵二万人,煮盐兴冶,为军农要用。并作舟船,豫为顺流之事。然后发使告以利害,吴必归化,可不征而定也。今宜厚刘禅以致孙休,封禅为扶风王,锡其资财,供其左右。郡有董卓坞,为之宫舍,爵其子为公侯,食郡内县,以显归命之宠;开广陵、城阳以待吴人,则畏威怀德,望风而从矣!"昭使监军卫瓘喻艾:"事当须报,不宜辄行。"艾重言曰:"衔命征行,奉指授之策,元恶既服,至于承制拜假,以安初附,谓合权宜。今蜀举众归命,地尽南海,东接吴、会,宜早镇定。若待国命,往复道途,延引日月。春秋之义,'大夫出疆,有可以安社稷、利国家,专之可也'。今吴未宾,势与蜀连,不可拘常,以失事机。兵法:'进不求名,退不避罪。'艾虽无古人之节,终不自嫌以损国家计也!"

钟会内有异志,姜维知之,欲构成扰乱,乃说会曰:"闻君自淮南已来,算无遗策,晋道克昌,皆君之力。今复定蜀,威德振世,民高其功,主畏其谋,欲以此安归乎! 何不法陶朱公泛舟绝迹,全功保身邪!"会曰:"君言远矣,我不能行。且为今之道,或未尽于此也。"维曰:"其他则君智力之所能,无烦于老夫矣。"由是情好欢甚,出则同舆,坐则同席。会因邓艾承制专事,乃与卫瓘密白艾有反状。会善效人书,于剑阁要艾章表、白事,皆易其言,令辞指悖傲,多自矜伐;又毁晋公昭报书,手作以疑之。

咸熙元年(甲申,264)

1　春,正月壬辰,诏以槛车征邓艾。晋公昭恐艾不从命,敕钟会进军成都,又遣贾充将兵入斜谷。昭自将大军从帝幸长安,以诸王公皆在邺,乃以山涛为行军司马,镇邺。

初,钟会以才能见任,昭夫人王氏言于昭曰:"会见利忘义,好为事端,宠过必乱,不可大任。"及会将伐汉,西曹属邵悌言于晋公曰:"今遣钟会率十馀万众伐蜀,愚谓会单身无任,不若使馀人行也。"晋公笑曰:"我宁不知此邪! 蜀数为边寇,师老民疲,我今伐之,如指掌耳,而众言蜀不可伐。夫人心豫怯则智勇并竭,智勇并竭而强使之,适所以为敌禽耳。惟钟会与人意同,今遣会伐蜀,蜀必可灭。灭蜀之后,就如卿虑,何忧其不能办邪! 夫蜀已破亡,遗民震恐,不足与共图事;中国将士各自思归,不肯与同也。会若作恶,只自灭族耳。卿不须忧此,慎勿使人闻也!"及晋公将之长安,悌复曰:"钟会所统兵,五六倍于邓艾,但可敕会取艾,不须自行。"晋公曰:"卿忘前言邪,而云不须行乎? 虽然,所言不可宣也。我要自当以信意待人,但人不当负我耳,我岂可先人生心哉! 近日贾护军问我'颇疑钟会不?'我答言:'如今遣卿行,宁可复疑卿邪?'贾亦无以易我语也。我到长安,则自了矣。"

钟会遣卫瓘先至成都收邓艾,会以瓘兵少,欲令艾杀瓘,因以为艾罪。瓘知其意,然不可得距,乃夜至成都,檄艾所统诸将,称:"奉诏收艾,其馀一无所问;若来赴官军,爵赏如先;敢有不出,诛及三族!"比至鸡鸣,悉来赴瓘,唯艾帐内在焉。平旦,开门,瓘乘使者车,径入至艾所;艾尚卧未起,遂执艾父子,置艾于槛车。诸将图欲劫艾,整仗趣瓘营;瓘轻出迎之,伪作表草,将申明艾事,诸将信之而止。

丙子,会至成都,送艾赴京师。会所惮惟艾,艾父子既禽,会独统大众,威震西土,遂决意谋反。会欲使姜维将五万人出斜谷为前驱,会自将大众随其后。既至长安,令骑士从陆道、步兵从水道,顺流浮渭入河,以为五日可到孟津,与骑兵会洛阳,一旦天下可定也。会得晋公书云:"恐邓艾或不就征,今遣中护军贾充将步骑万人径入斜谷,屯乐城,吾自将十万屯长安,相见在近。"会得书惊,呼所亲语之曰:"但取邓艾,相国知我独办之;今来大重,必觉我异矣,便当速发。事成,可得天下;不成,退保蜀、汉,不失作刘备也!"

丁丑,会悉请护军、郡守、牙门骑督以上及蜀之故官,为太后发哀于蜀朝堂,矫太后遗诏,使会起兵废司马昭,皆班示坐上人,使下议讫,书版署置,更使所亲信代领诸军,所请群官,悉闭著益州诸曹屋中,城门宫门皆闭,严兵围守。卫瓘诈称疾笃,出就外廨。会信之,无所复惮。

姜维欲使会尽杀北来诸将,已因杀会,尽坑魏兵,复立汉主,密书与刘禅曰:"愿陛下忍数日之辱,臣欲使社稷危而复安,日月幽而复明。"会欲从维言诛诸将,犹豫未决。

会帐下督丘建本属胡烈,会爱信之。建愍烈独坐,启会,使听内一亲兵出取饮食,诸牙门随例各内一人。烈绐语亲兵及疏与子渊曰:"丘建密说消息,会已作大坑,白棓数千,欲悉呼外兵入,人赐白帕,拜散将,以次棓杀,内坑中。"诸牙门亲兵亦咸说此语,一夜,转相告,皆遍。己卯,日中,胡渊率其父兵雷鼓出门,诸军不期皆鼓噪而出,曾无督促之者,而争先赴城。时会方给姜维铠杖,白外有匈匈声,似失火者,有顷,白兵走向城。会惊,谓维曰:"兵来似欲作恶,当云何?"维曰:"但当击之耳!"会遣兵悉杀所闭诸牙门郡守,内人共举机以拄门,兵斫门,不能破。斯须,城外倚梯登城,或烧城屋,蚁附乱进,矢下如雨,牙门郡守各缘屋出,与其军士相得。姜维率会左右战,手杀五六人,众格斩维,争前杀会。会将士死者数百人,杀汉太子璿及姜维妻子,军众钞略,死丧狼籍。卫瓘部分诸将,数日乃定。

邓艾本营将士追出艾于槛车,迎还。卫瓘自以与会共陷艾,恐其为变,乃遣护军田续等将兵袭艾,遇于绵竹西,斩艾父子。艾之入江油也,田续不进,艾欲斩续,既而舍之,及瓘遣续,谓曰:"可以报江油之辱矣。"镇西长史杜预言于众曰:"伯玉其不免乎!身为名士,位望已高,既无德音,又不御下以正,将何以堪其责乎!"瑾闻之,不候驾而谢预。预,恕之子也。邓艾馀子在洛阳者悉伏诛,徙其妻及孙于西城。

钟会兄毓尝密言于晋公曰:"会挟术难保,不可专任。"及会反,毓已卒,晋公思钟繇之勋与毓之贤,特原毓子峻、迪,官爵如故。会功曹向雄收葬会尸,晋公召而责之曰:"往者王经之死,卿哭于东市而我不问,钟会躬为叛逆,又辄收葬,若复相容,当如王法何!"雄曰:"昔先王掩骼埋胔,仁流朽骨,当时岂先卜其功罪而后收葬哉!今王诛既加,于法已备,雄感义收葬,教亦无阙。法立于上,教弘于下,以此训物,不亦可乎,何必使雄背死违生,以立于世!明公仇对枯骨,捐之中野,岂仁贤之度哉!"晋公悦,与宴谈而遣之。

2　二月丙辰,车驾还洛阳。

3　庚申,葬明元皇后。

4　初,刘禅使巴东太守襄阳罗宪将兵二千人守永安,闻成都败,吏民惊扰,宪斩称成都乱者一人,百姓乃定。及得禅手敕,乃帅所统临于都亭三日。吴闻蜀败,起兵西上,外托救援,内欲袭宪。宪曰:"本朝倾覆,吴为唇齿,不恤我难而背盟徼利,不义甚矣。且汉已亡,吴何得久,我宁能为吴降虏乎!"保城缮甲,告誓将士,厉以节义,莫不愤激。吴人闻钟、邓败,百城无主,有兼蜀之志,而巴东固守,兵不得过,乃使抚军步协率众而西。宪力弱不能御,遣参军杨宗突围北出,告急于安东将军陈骞,又送文武印绶、任子诣晋公。协攻永安,宪与战,大破之。吴主怒,复遣镇军陆抗等帅众三万人增宪之围。

5　三月丁丑,以司空王祥为太尉,征北将军何曾为司徒,左仆射荀𫖮为司空。

6　己卯,进晋公爵为王,增封十郡。王祥、何曾、荀𫖮共诣晋王,𫖮谓祥曰:"相王尊重,何侯与一朝之臣皆已尽敬,今日便当相率而拜,无所疑也。"祥曰:"相国虽尊,要是魏之宰相,吾等魏之三公;王、公相去一阶而已,安有天子三公可辄拜人者!损魏朝之望,亏晋王之德,君子爱人以礼,我不为也。"及入,𫖮遂拜,而祥独长揖。王谓祥曰:"今日然后知君见顾之重也!"

7　刘禅举家东迁洛阳,时扰攘仓猝,禅之大臣无从行者,惟秘书令郤正及殿中督汝南张通舍妻子单身随禅,禅赖正相导宜适,举动无阙,乃慨然叹息,恨知正之晚。

初,汉建宁太守霍弋都督南中,闻魏兵至,欲赴成都,刘禅以备敌既定,不听。成都不守,弋素服大临三日。诸将咸劝弋宜速降,弋曰:"今道路隔塞,未详主之安危,去就大故,不可苟也。若魏以礼遇主上,则保境而降不晚也。若万一危辱,吾将以死拒之,何论迟速邪!"得禅东迁之问,始率六郡将守上表曰:"臣闻人生在三,事之如一,惟难所在,则致其命。今臣国败主附,守死无所,是以委质,不敢有贰。"晋王善之,拜南中都尉,委以本任。

丁亥,封刘禅为安乐公,子孙及群臣封侯者五十馀人。晋王与禅宴,为之作故蜀技,旁人皆为之感怆,而禅喜笑自若。王谓贾充曰:"人之无情,乃至于此,虽使诸葛亮在,不能辅之久全,况姜维邪!"他日,王问禅曰:"颇思蜀否?"禅曰:"此间乐,不思蜀也。"郤正闻之,谓禅曰:"若王后问,宜泣而答曰:'先人坟墓,远在岷、蜀,乃心西悲,无日不思。'因闭其目。"会王复问,禅对如前,王曰:"何乃似郤正语邪!"禅惊视曰:"诚如尊命。"左右皆笑。

8　夏,四月,新附督王稚浮海入吴句章,略其长吏及男女二百馀口而还。

9　五月庚申,晋王奏复五等爵,封骑督以上六百馀人。

10　甲戌,改元。

11　癸未,追命舞阳文宣侯懿为晋宣王,忠武侯师为景王。

12　罗宪被攻凡六月,救援不到,城中疾病太半。或说宪弃城走,宪曰:"吾为城主,百姓所仰;危不能安,急而弃之,君子不为也,毕命于此矣!"陈骞言于晋王,遣荆州刺史胡烈将步骑二万攻西陵以救宪,秋,七月,吴师退。晋王使宪因仍旧任,加陵江将军,封万年亭侯。

13　晋王奏使司空荀颢定礼仪,中护军贾充正法律,尚书仆射裴秀议官制,太保郑冲总而裁焉。

14　吴分交州置广州。

15　吴主寝疾,口不能言,乃手书呼丞相濮阳兴入,令子𩅦出拜之。休把兴臂,指𩅦以托之。癸未,吴主殂,谥曰景帝。群臣尊朱皇后为皇太后。

吴人以蜀初亡,交趾携叛,国内恐惧,欲得长君。左典军万彧尝为乌程令,与乌程侯皓相善,称"皓之才识明断,长沙桓王之俦也,又加之好学,奉遵法度"。屡言之于丞相兴、左将军布,兴、布说朱太后,欲以皓为嗣。朱后曰:"我寡妇人,安知社稷之虑,苟吴国无陨,宗庙有赖,可矣。"于是遂迎立皓,改元元兴,大赦。

16 八月庚寅,命中抚军司马炎副贰相国事。

17 初,钟会之伐汉也,辛宪英谓其夫之从子羊祜曰:"会在事纵恣,非持久处下之道,吾畏其有他志也。"会请其子郎中琇为参军,宪英忧曰:"他日吾为国忧,今日难至吾家矣。"琇固请于晋王,王不听。宪英谓琇曰:"行矣,戒之,军旅之间,可以济者,其惟仁恕乎!"琇竟以全归。癸巳,诏以琇尝谏会反,赐爵关内侯。

18 九月戊午,以司马炎为抚军大将军。

19 辛未,诏以吕兴为安南将军,都督交州诸军事,以南中监军霍弋遥领交州刺史,得以便宜选用长史。弋表遣建宁爨谷为交趾太守,率牙门董元、毛炅、孟幹、孟通、爨能、李松、王素等将兵助兴,未至,兴为其功曹王统所杀。

20 吴主贬朱太后为景皇后,追谥父和曰文皇帝,尊母何氏为太后。

21 冬,十月丁亥,诏以寿春所获吴相国参军事徐绍为散骑常侍,水曹掾孙彧为给事黄门侍郎,以使于吴,其家人在此者悉听自随,不必使还,以开广大信。晋王因致书吴主,谕以祸福。

22 初,晋王娶王肃之女,生炎及攸,以攸继景王后。攸性孝友,多才艺,清和平允,名闻过于炎,晋王爱之,常曰:"天下者,景王之天下也,吾摄居相位,百年之后,大业宜归攸。"炎立发委地,手垂过膝,尝从容问裴秀曰:"人有相否?"因以异相示之。秀由是归心。羊琇与炎善,为炎画策,察时政所宜损益,皆令炎豫记之,以备晋王访问。晋王欲以攸为世子,山涛曰:"废长立少,违礼不祥。"贾充曰:"中抚军有君人之德,不可易也。"何曾、裴秀曰:"中抚军聪明神武,有超世之才,人望既茂,天表如此,固非人臣之相也。"晋王由是意定,丙午,立炎为世子。

23 吴主封太子霮及其三弟皆为王,立妃滕氏为皇后。

24 初,吴主之立,发优诏,恤士民,开仓廪,振贫乏,科出宫女以配无妻者,禽兽养于苑中者皆放之。当时翕然称为明主。及既得志,粗暴骄盈,多忌讳,好酒色,大小失望,濮阳兴、张布窃悔之。或谮诸吴主,十一月朔,兴、布入朝,吴主执之,徙于广州,道杀之,夷三族。以后父滕牧为卫将军,录尚书事。牧,胤之族人也。

25 是岁,罢屯田官。

资治通鉴卷第七十九

晋纪一

世祖武皇帝上之上

泰始元年（乙酉，265）

1　春，三月，吴主使光禄大夫纪陟、五官中郎将洪璆与徐绍、孙彧偕来报聘。绍行至濡须，有言绍誉中国之美者，吴主怒，追还，杀之。

2　夏，四月，吴改元甘露。

3　五月，魏帝加文王殊礼，进王妃曰后，世子曰太子。

4　癸未，大赦。

5　秋，七月，吴主逼杀景皇后，迁景帝四子于吴；寻又杀其长者二人。

6　八月辛卯，文王卒，太子嗣为相国、晋王。

7　九月乙未，大赦。

8　戊子，以魏司徒何曾为晋丞相；癸亥，以票骑将军司马望为司徒。

9　乙亥，葬文王于崇阳陵。

10　冬，吴西陵督步阐表请吴主徙都武昌；吴主从之，使御史大夫丁固、右将军诸葛靓守建业。阐，骘之子也。

11　十二月壬戌，魏帝禅位于晋；甲子，出舍于金墉城。太傅司马孚拜辞，执帝手，流涕歔欷不自胜，曰：“臣死之日，固大魏之纯臣也。”丙寅，王即皇帝位，大赦，改元。丁卯，奉魏帝为陈留王，即宫于邺。优崇之礼，皆仿魏初故事。魏氏诸王皆降为侯。追尊宣王为宣皇帝，景王为景皇帝，文王为文皇帝；尊王太后曰皇太后。封皇叔祖孚为安平王，叔父幹为平原王、亮为扶风王、伷为东莞王、骏为汝阴王、肜为梁王、伦为琅邪王，弟攸为齐王、鉴为乐安王、机为燕王；又封群从司徒望等十七人皆为王。以石苞为大司马，郑冲为太傅，王祥为太保，何曾为太尉，贾充为车骑将军，王沈为票骑将军；其馀文武增位进爵有差。乙亥，以安平王孚为太宰，都督中外诸军事。未几，又以车骑将军陈骞为大将军，与司徒义阳王望、司空荀颛，凡八公，同时并置。帝惩魏氏孤立之敝，故大封宗室，授以职任。又诏诸王皆得自选国中长吏；卫将军齐王攸独不敢，皆令上请。

　　12　诏除魏宗室禁锢，罢部曲将及长吏纳质任。

　　13　帝承魏氏刻薄奢侈之后，矫以仁俭。太常丞许奇，允之子也。帝将有事于太庙，朝议以奇父受诛，不宜接近左右，请出为外官；帝乃追述允之宿望，称奇之才，擢为祠部郎。有司言御牛青丝纼断，诏以青麻代之。

　　14　初置谏官，以散骑常侍傅玄、皇甫陶为之。玄，幹之子也。玄以魏末士风颓敝，上疏曰："臣闻先王之御天下，教化隆于上，清议行于下。近者魏武好法术而天下贵刑名，魏文慕通达而天下贱守节，其后纲维不摄，放诞盈朝，遂使天下无复清议。陛下龙兴受禅，弘尧、舜之化，惟未举清远有礼之臣以敦风节，未退虚鄙之士以惩不恪，臣是以犹敢有言。"上嘉纳其言，使玄草诏进之，然亦不能革也。

　　15　初，汉征西将军司马钧生豫章太守量，量生颍川太守隽，隽生京兆尹防，防生宣帝。

二年（丙戌，266）

　　1　春，正月丁亥，即用魏庙祭征西府君以下，并景帝凡七室。

　　2　尊景帝夫人羊氏曰景皇后，居弘训宫。

　　3　丙午，立皇后弘农杨氏；后，魏通事郎文宗之女也。

　　4　群臣奏："五帝，即天帝也，王气时异，故名号有五。自今明堂、南郊宜除五帝座。"从之。帝，王肃外孙也，故郊祀之礼，有司多从肃议。

　　5　二月，除汉宗室禁锢。

　　6　三月戊戌，吴遣大鸿胪张俨、五官中郎将丁忠来吊祭。

　　7　吴散骑常侍王蕃，体气高亮，不能承颜顺指，吴主不悦。散骑常侍万彧、中书丞陈声从而谮之。丁忠使还，吴主大会群臣，蕃沉醉顿伏。吴主疑其诈，舆蕃出外。顷之，召还。蕃好治威仪，行止自若。吴主大怒，呵左右于殿下斩之，出，登来山，使亲近掷蕃首，作虎跳狼争咋啮之，首皆碎坏。

　　丁忠说吴主曰："北方无守战之备，弋阳可袭而取。"吴主以问群臣，镇西大将军陆凯曰："北方新并巴、蜀，遣使求和，非求援于我也，欲蓄力以俟时耳。敌势方强，而欲徼幸求胜，未见其利也。"吴主虽不出兵，然遂与晋绝。凯，逊之族子也。

　　8　夏，五月壬子，博陵元公王沈卒。

　　9　六月丙午晦，日有食之。

10　文帝之丧,臣民皆从权制,三日除服。既葬,帝亦除之;然犹素冠疏食,哀毁如居丧者。秋,八月,帝将谒崇阳陵,群臣奏言,秋暑未平,恐帝悲感摧伤。帝曰:"朕得奉瞻山陵,体气自佳耳。"又诏曰:"汉文不使天下尽哀,亦帝王至谦之志。当见山陵,何心无服! 其议以衰绖从行。群臣自依旧制。"尚书令裴秀奏曰:"陛下既除而复服,义无所依;若君服而臣不服,亦未之敢安也。"诏曰:"患情不能跂及耳,衣服何在! 诸君勤勤之至,岂苟相违。"遂止。

中军将军羊祜谓傅玄曰:"三年之丧,虽贵遂服,礼也。今主上至孝,虽夺其服,实行丧礼。若因此复先王之法,不亦善乎!"玄曰:"以日易月,已数百年,一旦复古,难行也。"祜曰:"不能使天下如礼,且使主上遂服,不犹愈乎!"玄曰:"主上不除而天下除之,此为但有父子,无复君臣也。"乃止。

戊辰,群臣奏请易服复膳,诏曰:"每感念幽冥,而不得终苴绖之礼,以为沉痛。况当食稻衣锦乎! 适足激切其心,非所以相解也。朕本诸生家,传礼来久,何至一旦便易此情于所天! 相从已多,可试省孔子答宰我之言,无事纷纭也!"遂以疏素终三年。

臣光曰:三年之丧,自天子达于庶人,此先王礼经,百世不易者也。汉文师心不学,变古坏礼,绝父子之恩,亏君臣之义;后世帝王不能笃于哀戚之情,而群臣谄谀,莫肯厘正。至于晋武独以天性矫而行之,可谓不世之贤君;而裴、傅之徒,固陋庸臣,习常玩故,而不能将顺其美,惜哉!

11　吴改元宝鼎。

12　吴主以陆凯为左丞相,万彧为右丞相。吴主恶人视己,群臣侍见,莫敢举目。陆凯曰:"君臣无不相识之道,若猝有不虞,不知所赴。"吴主乃听凯自视,而他人如故。

吴主居武昌,扬州之民溯流供给,甚苦之,又奢侈无度,公私穷匮。凯上疏曰:"今四边无事,当务养民丰财,而更穷奢极欲;无灾而民命尽,无为而国财空,臣窃忧之。昔汉室既衰,三家鼎立;今曹、刘失道,皆为晋有,此目前之明验也。臣愚但为陛下惜国家耳。武昌土地危险塉确,非王者之都;且童谣云:'宁饮建业水,不食武昌鱼;宁还建业死,不止武昌居。'以此观之,足明人心与天意矣。今国无一年之蓄,民有离散之怨,国有露根之渐,而官吏务为苛急,莫之或恤。大帝时,后宫列女及诸织络数不满百,景帝以来,乃有千数,此耗财之甚也。又左右之臣,率非其人,群党相扶,害忠隐贤,此皆蠹政病民者也。臣愿陛下省息百役,罢去苛扰,料出宫女,清选百官,则天悦民附,国家永安矣。"吴主虽不悦,以其宿望,特优容之。

13　九月,诏:"自今虽诏有所欲,及已奏得可,而于事不便者,皆不可隐情。"

14　戊戌,有司奏:"大晋受禅于魏,宜一用前代正朔、服色,如虞遵唐故事。"从之。

15　冬,十月丙午朔,日有食之。

16　永安山贼施但,因民劳怨,聚众数千人,劫吴主庶弟永安侯谦作乱,北至建业,众万馀人,未至三十里住,择吉日入城。遣使以谦命召丁固、诸葛靓,固、靓斩其使,发兵逆战于牛屯。但兵皆无甲胄,即时败散。谦独坐车中,生获之。固不敢杀,以状白吴主,吴主并其母及弟俊皆杀之。初,望气者云:荆州有王气,当破扬州。故吴主徙都武昌。及但反,自以为得计,遣数百人鼓噪入建业,杀但妻子,云"天子使荆州兵来破扬州贼"。

17　十一月,初并圜丘、方丘之祀于南北郊。

18　罢山阳国督军,除其禁制。

19　十二月,吴主还都建业,使后父卫将军、录尚书事滕牧留镇武昌。朝士以牧尊戚,颇推令谏争,滕后之宠由是渐衰,更遣牧居苍梧,虽爵位不夺,其实迁也,在道以忧死。何太后常保佑滕后,太史又言中宫不可易,吴主信巫觋,故得不废,常供养升平宫,不复进见;诸姬佩皇后玺绂者甚众,滕后受朝贺表疏而已。吴主使黄门遍行州郡,料取将吏家女,其二千石大臣子女,岁岁言名,年十五、六一简阅,简阅不中,乃得出嫁。后宫以千数,而采择无已。

三年(丁亥,267)

1　春,正月丁卯,立子衷为皇太子。诏以"近世每立太子必有赦。今世运将平,当示之以好恶,使百姓绝多幸之望。曲惠小人,朕无取焉!"遂不赦。

2　司隶校尉上党李憙劾故立进令刘友、前尚书山涛、中山王睦、尚书仆射武陔各占官稻田,请免涛、睦等官,陔已亡,请贬其谥。诏曰:"友侵剥百姓以缪惑朝士,其考竟以惩邪佞。涛等不贰其过,皆勿有所问。憙亢志在公,当官而行,可谓邦之司直矣。光武有云:'贵戚且敛手以避二鲍。'其申敕群僚,各慎所司,宽宥之恩,不可数遇也!"睦,宣帝之弟子也。

臣光曰：政之大本，在于刑赏，刑赏不明，政何以成！晋武帝赦山涛而褒李憙，其于刑赏两失之。使憙所言为是，则涛不可赦；所言为非，则憙不足褒。褒之使言，言而不用，怨结于下，威玩于上，将安用之！且四臣同罪，刘友伏诛而涛等不问，避贵施贱，可谓政乎！创业之初而政本不立，将以垂统后世，不亦难乎！

3　帝以李憙为太子太傅，征犍为李密为太子洗马。密以祖母老，固辞，许之。密与人交，每公议其得失而切责之，常言：“吾独立于世，顾影无俦；然而不惧者，以无彼此于人故也。”

4　吴大赦，以右丞相万彧镇巴丘。

5　夏，六月，吴主作昭明宫，二千石以下，皆自入山督伐木。大开苑囿，起土山、楼观，穷极伎巧，功役之费以亿万计。陆凯谏，不听。中书丞华覈上疏曰：“汉文之世，九州晏然，贾谊独以为如抱火厝于积薪之下而寝其上。今大敌据九州之地，有太半之众，欲与国家为相吞之计，非徒汉之淮南、济北而已也，比于贾谊之世，孰为缓急！今仓库空匮，编户失业，而北方积谷养民，专心东向。又，交趾沦没，岭表动摇，胸背有嫌，首尾多难，乃国朝之厄会也。若舍此急务，尽力功作，卒有风尘不虞之变，当委版筑而应烽燧，驱怨民而赴白刃，此乃大敌所因以为资者也。”时吴俗奢侈，覈又上疏曰：“今事多而役繁，民贫而俗奢，百工作无用之器，妇人为绮靡之饰，转相仿效，耻独无有。兵民之家，犹复逐俗，内无儋石之储而出有绫绮之服，上无尊卑等级之差，下有耗财费力之损，求其富给，庸可得乎！”吴主皆不听。

6　秋，七月，王祥以睢陵公罢。

7　九月甲申，诏增吏俸。

8　以何曾为太保，义阳王望为太尉，荀颉为司徒。

9　禁星气、谶纬之学。

10　吴主以孟仁守丞相，奉法驾东迎其父文帝神于明陵，中使相继，奉问起居。巫觋言见文帝被服颜色如平生。吴主悲喜，迎拜于东门之外。既入庙，比七日三祭，设诸倡伎，昼夜娱乐。

11　是岁，遣鲜卑拓跋沙漠汗归其国。

四年（戊子，268）

1　春，正月丙戌，贾充等上所刊修律令。帝亲自临讲，使尚书郎裴楷执读。楷，秀之从弟也。侍中卢珽、中书侍郎范阳张华请抄新律死罪条目,悬之亭传以示民;从之。

又诏河南尹杜预为黜陟之课,预奏:"古者黜陟,拟议于心,不泥于法;末世不能纪远而专求密微,疑心而信耳目,疑耳目而信简书,简书愈繁,官方愈伪。魏氏考课,即京房之遗意,其文可谓至密;然失于苛细以违本体,故历代不能通也。岂若申唐尧之旧制,取大舍小,去密就简,俾之易从也!夫曲尽物理,神而明之,存乎其人;去人而任法,则以文伤理。莫若委任达官,各考所统,岁第其人,言其优劣。如此六载,主者总集,采按其言,六优者超擢,六劣者废免,优多劣少者平叙,劣多优少者左迁。其间所对不钧,品有难易,主者固当准量轻重,微加降杀,不足曲以法尽也。其有优劣徇情,不叶公论者,当委监司随而弹之。若令上下公相容过,此为清议大颓,虽有考课之法,亦无益也。"事竟不行。

2　丁亥,帝耕籍田于洛水之北。

3　戊子,大赦。

4　二月,吴主以左御史大夫丁固为司徒,右御史大夫孟仁为司空。

5　三月戊子,皇太后王氏殂。帝居丧之制,一遵古礼。

6　夏,四月戊戌,睢陵元公王祥卒,门无杂吊之宾。其族孙戎叹曰:"太保当正始之世,不在能言之流;及间与之言,理致清远,岂非以德掩其言乎!"

7　己亥,葬文明皇后。有司又奏:"既虞,除衰服。"诏曰:"受终身之爱而无数年之报,情所不忍也。"有司固请,诏曰:"患在不能笃孝,勿以毁伤为忧。前代礼典,质文不同,何必限以近制,使达丧阙然乎!"群臣请不已,乃许之;然犹素冠疏食以终三年,如文帝之丧。

8　秋,七月,众星西流如雨而陨。

9　己卯,帝谒崇阳陵。

10　九月,青、徐、兖、豫四州大水。

11　大司马石苞久在淮南,威惠甚著。淮北监军王琛恶之,密表苞与吴人交通。会吴人将入寇,苞筑垒遏水以自固,帝疑之。羊祜深为帝言:"苞必不然。"帝不信,乃下诏以苞不料贼势,筑垒遏水,劳扰百姓,策免其官,遣义阳王望帅大军以征之。苞辟河内孙铄为掾,铄先与汝阴王骏善,骏时镇许昌,铄过见之。骏知台已遣军袭苞,私告之曰:"无与于祸!"铄既出,驰诣寿春,劝苞放兵,步出都亭待罪;苞从之。帝闻之,意解,苞诣阙,以乐陵公还第。

12　吴主出东关;冬,十月,使其将施绩入江夏,万彧寇襄阳。诏义阳王望统中军步骑二万屯龙陂,为二方声援。会荆州刺史胡烈拒绩,破之,望引兵还。

13 吴交州刺史刘俊、大都督脩则、将军顾容前后三攻交趾,交趾太守杨稷皆拒破之;郁林、九真皆附于稷。稷遣将军毛炅、董元攻合浦,战于古城,大破吴兵,杀刘俊、脩则,馀兵散还合浦。稷表炅为郁林太守,元为九真太守。

14 十一月,吴丁奉、诸葛靓出芍陂,攻合肥;安东将军汝阴王骏拒却之。

15 以义阳王望为大司马,荀颉为太尉,石苞为司徒。

五年(己丑,269)

1 春,正月,吴主立子瑾为皇太子。

2 二月,分雍、凉、梁州置秦州。以胡烈为刺史。先是,邓艾纳鲜卑降者数万,置于雍、凉之间,与民杂居,朝廷恐其久而为患,以烈素著名于西方,故使镇抚之。

3 青、徐、兖三州大水。

4 帝有灭吴之志。壬寅,以尚书左仆射羊祜都督荆州诸军事,镇襄阳;征东大将军卫瓘都督青州诸军事,镇临菑;镇东大将军东莞王伷都督徐州诸军事,镇下邳。

祜绥怀远近,甚得江、汉之心,与吴人开布大信,降者欲去,皆听之,减戍逻之卒,以垦田八百馀顷。其始至也,军无百日之粮;及其季年,乃有十年之积。祜在军,常轻裘缓带,身不被甲,铃阁之下,侍卫不过十数人。

5 济阴太守巴西文立上言:“故蜀之名臣子孙流徙中国者,宜量才叙用,以慰巴、蜀之心,以倾吴人之望。”帝从之。己未,诏曰:“诸葛亮在蜀,尽其心力,其子瞻临难而死义,其孙京宜随才署吏。”又诏曰:“蜀将傅佥父子,死于其主。天下之善一也,岂由彼此以为异哉!佥息著、募没入奚官,宜免为庶人。”

6 帝以文立为散骑常侍。汉故尚书犍为程琼,雅有德业,与立深交,帝闻其名,以问立,对曰:“臣至知其人,但年垂八十,禀性谦退,无复当时之望,故不以上闻耳。”琼闻之,曰:“广休可谓不党矣,此吾所以善夫人也。”

7 秋,九月,有星孛于紫宫。

8 冬,十月,吴大赦,改元建衡。

9　封皇子景度为城阳王。

10　初，汝南何定尝为吴大帝给使，及吴主即位，自表先帝旧人，求还内侍。吴主以为楼下都尉，典知酤籴事，遂专为威福，吴主信任之，委以众事。左丞相陆凯面责定曰："卿见前后事主不忠，倾乱国政，宁有得以寿终者邪！何以专为奸邪，尘秽天听，宜自改厉。不然，方见卿有不测之祸。"定大恨之。凯竭心公家，忠恳内发，表疏皆指事不饰。及疾病，吴主遣中书令董朝问所欲言，凯陈"何定不可信用，宜授以外任。奚熙小吏，建起浦里塘，亦不可听。姚信、楼玄、贺邵、张悌、郭逴、薛莹、滕脩及族弟喜、抗，或清白忠勤，或资才卓茂，皆社稷之良辅，愿陛下重留神思，访以时务，使各尽其忠，拾遗万一。"邵，齐之孙；莹，综之子；玄，沛人；脩，南阳人也。凯寻卒，吴主素衔其切直，且日闻何定之谮，久之，竟徙凯家于建安。

11　吴主遣监军虞汜、威南将军薛珝、苍梧太守丹阳陶璜从荆州道，监军李勖、督军徐存从建安海道，皆会于合浦以击交趾。

12　十二月，有司奏东宫施敬二傅，其仪不同。帝曰："夫崇敬师傅，所以尊道重教也，何言臣不臣乎！其令太子申拜礼。"

六年（庚寅，270）

1　春，正月，吴丁奉入涡口，扬州刺史牵弘击走之。

2　吴万彧自巴丘还建业。

3　夏，四月，吴左大司马施绩卒。以镇军大将军陆抗都督信陵、西陵、夷道、乐乡、公安诸军事，治乐乡。

抗以吴主政事多阙，上疏曰："臣闻德均则众者胜寡，力侔则安者制危，此六国所以并于秦，西楚所以屈于汉也。今敌之所据，非特关右之地，鸿沟以西，而国家外无连衡之援，内非西楚之强，庶政陵迟，黎民未义。议者所恃，徒以长江、峻山限带封域，此乃守国之末事，非智者之所先也。臣每念及此，中夜抚枕，临餐忘食。夫事君之义，犯而勿欺，谨陈时宜十七条以闻。"吴主不纳。

李勖以建安道不利，杀导将冯斐，引军还。初，何定尝为子求婚于勖，勖不许，乃白勖枉杀冯斐，擅彻军还，诛勖及徐存并其家属，仍焚勖尸。定又使诸将各上御犬，一犬至直缣数十匹，缨绁直钱一万，以捕兔供厨，吴人皆归罪于定，而吴主以为忠勤，赐爵列侯。陆抗上疏曰："小人不明理道，所见既浅，虽使竭情尽节，犹不足任，况其奸心素笃而憎爱移易哉！"吴主不从。

4　六月戊午,胡烈讨鲜卑秃发树机能于万斛堆,兵败,被杀。都督雍、凉州诸军事扶风王亮遣将军刘旂救之,旂观望不进。亮坐贬为平西将军,旂当斩。亮上言:“节度之咎,由亮而出,乞丐其死。”诏曰:“若罪不在旂,当有所在。”乃免亮官。

遣尚书乐陵石鉴行安西将军,都督秦州诸军事,讨树机能。树机能兵盛,鉴使秦州刺史杜预出兵击之。预以虏乘胜马肥,而官军县乏,宜并力大运刍粮,须春进讨。鉴奏预稽乏军兴,槛车征诣廷尉,以赎论。既而鉴讨树机能,卒不能克。

5　秋,七月乙巳,城阳王景度卒。

6　丁未,以汝阴王骏为镇西大将军,都督雍、凉等州诸军事,镇关中。

7　冬,十一月,立皇子东为汝南王。

8　吴主从弟前将军秀为夏口督,吴主恶之,民间皆言秀当见图。会吴主遣何定将兵五千人猎夏口,秀惊,夜将妻子亲兵数百人来奔。十二月,拜秀票骑将军、开府仪同三司,封会稽公。

9　是岁,吴大赦。

10　初,魏人居南匈奴五部于并州诸郡,与中国民杂居,自谓其先汉氏外孙,因改姓刘氏。

七年(辛卯,271)

1　春,正月,匈奴右贤王刘猛叛出塞。

2　豫州刺史石鉴坐击吴军虚张首级,诏曰:“鉴备大臣,吾所取信;而乃下同为诈,义得尔乎! 今遣归田里,终身不得复用。”

3　吴人刁玄诈增谶文曰:“黄旗紫盖,见于东南,终有天下者,荆、扬之君。”吴主信之。是月晦,大举兵出华里,载太后、皇后及后宫数千人,从牛渚西上。东观令华覈等固谏,不听。行遇大雪,道涂陷坏,兵士被甲持仗,百人共引一车,寒冻殆死,皆曰:“若遇敌,便当倒戈。”吴主闻之,乃还。帝遣义阳王望统中军二万、骑三千屯寿春以备之。闻吴师退,乃罢。

4　三月丙戌,钜鹿元公裴秀卒。

5　夏,四月,吴交州刺史陶璜袭九真太守董元,杀之;杨稷以其将王素代之。

6　北地胡寇金城,凉州刺史牵弘讨之。众胡皆内叛,与树机能共围弘于青山,弘军败而死。

初,大司马陈骞言于帝曰:“胡烈、牵弘皆勇而无谋,强于自用,非绥边之材也，将为国耻。”时弘为扬州刺史，多不承顺骞命，帝以为骞与弘不协而毁之。于是征弘，既至，寻复以为凉州刺史。骞窃叹息，以为必败。二人果失羌戎之和，兵败身没，征讨连年，仅而能定，帝乃悔之。

7　五月，立皇子宪为城阳王。

8　辛丑，义阳成王望卒。

9　侍中、尚书令、车骑将军贾充，自文帝时宠任用事，帝之为太子，充颇有力，故益有宠于帝。充为人巧谄，与太尉、行太子太傅荀𫖮、侍中、中书监荀勖、越骑校尉安平冯𬘘相为党友，朝野恶之。帝问侍中裴楷以方今得失，对曰：“陛下受命，四海承风，所以未比德于尧、舜者，但以贾充之徒尚在朝耳。宜引天下贤人，与弘政道，不宜示人以私。”侍中乐安任恺、河南尹颍川庾纯皆与充不协，充欲解其近职，乃荐恺忠贞，宜在东宫；帝以恺为太子少傅，而侍中如故。会树机能寇乱秦、雍，帝以为忧，恺曰：“宜得威望重臣有智略者以镇抚之。”帝曰：“谁可者？”恺因荐充，纯亦称之。秋，七月癸酉，以充为都督秦、凉二州诸军事，侍中、车骑将军如故；充患之。

10　吴大都督薛珝与陶璜等兵十万，共攻交趾，城中粮尽援绝，为吴所陷，虏杨稷、毛炅等。璜爱炅勇健，欲活之；炅谋杀璜，璜乃杀之。脩则之子允，生剖其腹，割其肝，曰：“复能作贼不？”炅犹骂曰：“恨不杀汝孙皓，汝父何死狗也！”王素欲逃归南中，吴人获之，九真、日南皆降于吴。吴大赦，以陶璜为交州牧。璜讨降夷獠，州境皆平。

11　八月丙申，城阳王宪卒。

12　分益州南中四郡置宁州。

13　九月，吴司空孟仁卒。

14　冬，十月丁丑朔，日有食之。

15　十一月，刘猛寇并州，并州刺史刘钦击破之。

16　贾充将之镇，公卿饯于夕阳亭。充私问计于荀勖，勖曰：“公为宰相，乃为一夫所制，不亦鄙乎！然是行也，辞之实难，独有结婚太子，可不辞而自留矣。”充曰：“然则孰可寄怀？”勖曰：“勖请言之。”因谓冯𬘘曰：“贾公远出，吾等失势；太子婚尚未定，何不劝帝纳贾公之女乎！”𬘘亦然之。初，帝将纳卫瓘女为太子妃，充妻郭槐赂杨后左右，使后说帝求纳其女。帝曰：“卫公女有五可，贾公女有五不可：卫氏种贤而多子，美而长、白；贾氏种妒而少子，丑而短、黑。”后固以为请，荀𫖮、荀勖、冯𬘘皆称充女绝美，且有才德，帝遂从之。留充复居旧任。

17　十二月,以光禄大夫郑袤为司空,袤固辞不受。

18　是岁,安乐思公刘禅卒。

19　吴以武昌都督广陵范慎为太尉。右将军司马丁奉卒。

20　吴改明年元曰凤凰。

八年(壬辰,272)

1　春,正月,监军何桢讨刘猛,屡破之,潜以利诱其左部帅李恪,恪杀猛以降。

2　二月辛卯,皇太子纳贾妃。妃年十五,长于太子二岁,妒忌多权诈,太子慑而畏之。

3　壬辰,安平献王孚卒,年九十三。孚性忠慎,宣帝执政,孚常自退损。后逢废立之际,未尝预谋;景、文二帝以孚属尊,亦不敢逼。及帝即位,恩礼尤重。元会,诏孚乘舆上殿,帝于阼阶迎拜。既坐,亲奉觞上寿,如家人礼。帝每拜,孚跪而止之。孚虽见尊宠,不以为荣,常有忧色。临终,遗令曰:"有魏贞士河内司马孚字叔达,不伊不周,不夷不惠,立身行道,终始若一。当衣以时服,敛以素棺。"诏赐东园温明秘器,诸所施行,皆依汉东平献王故事;其家遵孚遗旨,所给器物,一不施用。

4　帝与右将军皇甫陶论事,陶与帝争言,散骑常侍郑徽表请罪之。帝曰:"忠谠之言,唯患不闻,徽越职妄奏,岂朕之意。"遂免徽官。

5　夏,汶山白马胡侵掠诸种,益州刺史皇甫晏欲讨之。典学从事蜀郡何旅等谏曰:"胡夷相残,固其常性,未为大患。今盛夏出军,水潦将降,必有疾疫,宜须秋、冬图之。"晏不听。胡康木子烧香言军出必败;晏以为沮众,斩之。军至观阪,牙门张弘等以汶山道险,且畏胡众,因夜作乱,杀晏,军中惊扰,兵曹从事犍为杨仓勒兵力战而死。弘遂诬晏,云"率己共反",故杀之,传首京师。晏主簿蜀郡何攀,方居母丧,闻之,诣洛证晏不反。弘等纵兵抄掠。广汉主簿李毅言于太守弘农王濬曰:"皇甫侯起自诸生,何求而反!且广汉与成都密迩,而统于梁州者,朝廷欲以制益州之衿领,正防今日之变也。今益州有乱,乃此郡之忧也。张弘小竖,众所不与,宜即时赴讨,不可失也。"濬欲先上请,毅曰:"杀主之贼,为恶尤大,当不拘常制,何请之有!"濬乃发兵讨弘。诏以濬为益州刺史。濬击弘,斩之,夷三族。封濬关内侯。

初,濬为羊祜参军,祜深知之。祜兄子暨白:"濬为人志大奢侈,不可专任,宜有以裁之。"祜曰:"濬有大才,将以济其所欲,必可用也。"更转为

车骑从事中郎。濬在益州，明立威信，蛮夷多归附之；俄迁大司农。时帝
与羊祜阴谋伐吴，祜以为伐吴宜藉上流之势，密表留濬复为益州刺史，使
治水军。寻加龙骧将军，监益、梁诸军事。

诏濬罢屯田军，大作舟舰。别驾何攀以为"屯田兵不过五六百人，作
船不能猝办，后者未成，前者已腐。宜召诸郡兵合万馀人造之，岁终可
成"。濬欲先上须报，攀曰："朝廷猝闻召万兵，必不听；不如辄召，设当见
却，功夫已成，势不得止。"濬从之，令攀典造舟舰器仗。于是作大舰，长
百二十步，受二千馀人，以木为城，起楼橹，开四出门，其上皆得驰马往来。

时作船木柹，蔽江而下，吴建平太守吴郡吾彦取流柹以白吴主曰：
"晋必有攻吴之计，宜增建平兵以塞其冲要。"吴主不从。彦乃为铁锁横
断江路。

王濬虽受中制募兵，而无虎符，广汉太守敦煌张敩收濬从事列上。帝
召敩还，责曰："何不密启而便收从事？"敩曰："蜀、汉绝远，刘备尝用之
矣。辄收，臣犹以为轻。"帝善之。

6　壬辰，大赦。

7　秋，七月，以贾充为司空，侍中、尚书令、领兵如故。充与侍中任恺
皆为帝所宠任，充欲专名势而忌恺，于是朝士各有所附，朋党纷然。帝知
之，召充、恺宴于式乾殿而谓之曰："朝廷宜壹，大臣当和。"充、恺等各拜
谢。既而充、恺以帝已知而不责，愈无所惮，外相崇重，内怨益深。充乃荐
恺为吏部尚书，恺侍觐转希；充因与荀勖、冯统承间共谮之，恺由是得罪，
废于家。

8　八月，吴主征昭武将军、西陵督步阐。阐世在西陵，猝被征，自以
失职，且惧有谗，九月，据城来降，遣兄子玑、璿诣洛阳为任。诏以阐为都
督西陵诸军事、卫将军、开府仪同三司、侍中，领交州牧，封宜都公。

9　冬，十月辛未朔，日有食之。

10　敦煌太守尹璩卒。凉州刺史杨欣表敦煌令梁澄领太守。功曹宋
质辄废澄，表议郎令狐丰为太守。杨欣遣兵击之，为质所败。

11　吴陆抗闻步阐叛，亟遣将军左奕、吾彦等讨之。帝遣荆州刺史杨
肇迎阐于西陵，车骑将军羊祜帅步军出江陵，巴东监军徐胤帅水军击建平
以救阐。陆抗敕西陵诸军筑严围，自赤溪至于故市，内以围阐，外以御晋
兵，昼夜催切，如敌已至，众甚苦之。诸将谏曰："今宜及三军之锐，急攻
阐，比晋救至，必可拔也，何事于围，以敝士民之力！"抗曰："此城处势既
固，粮谷又足，且凡备御之具，皆抗所宿规，今反攻之，不可猝拔。北兵至

而无备,表里受难,何以御之!"诸将皆欲攻阐,抗欲服众心,听令一攻,果无利。围备始合,而羊祜兵五万至江陵。诸将咸以抗不宜上,抗曰:"江陵城固兵足,无可忧者。假令敌得江陵,必不能守,所损者小。若晋据西陵,则南山群夷皆当扰动,其患不可量也!"乃自帅众赴西陵。

初,抗以江陵之北,道路平易,敕江陵督张咸作大堰遏水,渐渍平土以绝寇叛。羊祜欲因所遏水以船运粮,扬声将破堰以通步军。抗闻之,使咸亟破之。诸将皆惑,屡谏不听。祜至当阳,闻堰败,乃改船以车运粮,大费功力。

十一月,杨肇至西陵。陆抗令公安督孙遵循南岸拒羊祜,水军督留虑拒徐胤,抗自将大军凭围对肇。将军朱乔营都督俞赞亡诣肇。抗曰:"赞军中旧吏,知吾虚实。吾常虑夷兵素不简练,若敌攻围,必先此处。"即夜易夷兵,皆以精兵守之。明日,肇果攻故夷兵处,抗命击之,矢石雨下,肇众死者相属。十二月,肇计屈,夜遁。抗欲追之,而虑步阐畜力伺间,兵不足分,于是但鸣鼓戒众,若将追者。肇众凶惧,悉解甲挺走,抗使轻兵蹙之,肇兵大败,祜等皆引军还。抗遂拔西陵,诛阐及同谋将吏数十人,皆夷三族,自馀所请赦者数万口。东还乐乡,貌无矜色,谦冲如常。吴主加抗都护。羊祜坐贬平南将军,杨肇免为庶人。

吴主既克西陵,自谓得天助,志益张大,使术士尚广筮取天下,对曰:"吉。庚子岁,青盖当入洛阳。"吴主喜,不修德政,专为兼并之计。

12　贾充与朝士宴饮,河南尹庾纯醉,与充争言。充曰:"父老,不归供养,卿为无天地!"纯曰:"高贵乡公何在?"充惭怒,上表解职;纯亦上表自劾。诏免纯官,仍下五府正其臧否。石苞以为纯荣官忘亲,当除名;齐王攸等以为纯于礼律未有违,诏从攸议,复以纯为国子祭酒。

13　吴主之游华里也,右丞相万彧与右大司马丁奉、左将军留平密谋曰:"若至华里不归,社稷事重,不得不自还。"吴主颇闻之,以彧等旧臣,隐忍不发。是岁,吴主因会,以毒酒饮彧,传酒人私减之。又饮留平,平觉之,服他药以解,得不死。彧自杀;平忧懑,月馀亦死。徙彧子弟于庐陵。

初,彧请选忠清之士以补近职,吴主以大司农楼玄为宫下镇,主殿中事。玄正身帅众,奉法而行,应对切直,吴主浸不悦。

中书令领太子太傅贺卲上疏谏曰:"自顷年以来,朝列纷错,真伪相贸,忠良排坠,信臣被害。是以正士摧方而庸臣苟媚,先意承指,各希时趣。人执反理之评,士吐诡道之论,遂使清流变浊,忠臣结舌。陛下处九天之上,隐百里之室,言出风靡,令行景从;亲洽宠媚之臣,日闻顺意之辞,将谓此辈实贤而天下已平也。臣闻兴国之君乐闻其过,荒乱之主乐闻其誉;闻其过者过日消而福臻,闻其誉者誉日损而祸至。陛下严刑法以禁直辞,黜善士以逆谏口,杯酒造次,死生不保,仕者以退为幸,居者以出为福,诚非所以保光洪绪,熙隆道化也。何定本仆隶小人,身无行能,而陛下爱其佞媚,假以威福。夫小人求入,必进奸利。定间者妄兴事役,发江边戍兵以驱麋鹿,老弱饥冻,大小怨叹。传曰:'国之兴也,视民如赤子;其亡也,以民为草芥。'今法禁转苛,赋调益繁,中官、近臣所在兴事,而长吏畏罪,苦民求办。是以人力不堪,家户离散,呼嗟之声,感伤和气。今国无一年之储,家无经月之蓄,而后宫之中坐食者万有馀人。又,北敌注目,伺国盛衰,长江之限,不可久恃,苟我不能守,一苇可杭也。愿陛下丰基强本,割情从道,则成、康之治兴,圣祖之祚隆矣!"吴主深恨之。

　　于是左右共诬楼玄、贺邵相逢,驻共耳语大笑,谤讪政事,俱被诘责;送玄付广州,邵原复职;既而复徙玄于交趾,竟杀之。久之,何定奸秽发闻,亦伏诛。

　　14　羊祜归自江陵,务修德信以怀吴人。每交兵,刻日方战,不为掩袭之计。将帅有欲进谲计者,辄饮以醇酒,使不得言。祜出军行吴境,刈谷为粮,皆计所侵,送绢偿之。每会众江、沔游猎,常止晋地,若禽兽先为吴人所伤而为晋兵所得者,皆送还之。于是吴边人皆悦服。祜与陆抗对境,使命常通:抗遗祜酒,祜饮之不疑;抗疾,求药于祜,祜以成药与之,抗即服之。人多谏抗,抗曰:"岂有鸩人羊叔子哉!"抗告其边戍曰:"彼专为德,我专为暴,是不战而自服也。各保分界而已,无求细利。"吴主闻二境交和,以诘抗,抗曰:"一邑一乡不可以无信义,况大国乎!臣不如此,正是彰其德,于祜无伤也。"

　　吴主用诸将之谋,数侵盗晋边。陆抗上疏曰:"昔有夏多罪而殷汤用师,纣作淫虐而周武授钺,苟无其时,虽复大圣,亦宜养威自保,不可轻动也。今不务力农富国,审官任能,明黜陟,任刑赏,训诸司以德,抚百姓以仁,而听诸将徇名,穷兵黩武,动费万计,士卒凋瘁,寇不为衰而我已大病矣。今争帝王之资而昧十百之利,此人臣之奸便,非国家之良策也!昔齐、鲁三战,鲁人再克,而亡不旋踵。何则?大小之势异也。况今师所克获,不补所丧乎!"吴主不从。

　　羊祜不附结中朝权贵,荀勖、冯𬘘之徒皆恶之。从甥王衍尝诣祜陈事,辞甚清辩,祜不然之,衍拂衣去。祜顾谓宾客曰:"王夷甫方当以盛名处大位,然败俗伤化,必此人也。"及攻江陵,祜以军法将斩王戎。衍、戎之从弟也,故二人皆憾之,言论多毁祜。时人为之语曰:"二王当国,羊公无德。"

资治通鉴卷第八十

晋纪二

世祖武皇帝上之下

泰始九年（癸巳，273）

1　春，正月辛酉，密陵元侯郑袤卒。

2　二月癸巳，乐陵武公石苞卒。

3　三月，立皇子祗为东海王。

4　吴以陆抗为大司马、荆州牧。

5　夏，四月戊辰朔，日有食之。

6　初，邓艾之死，人皆冤之，而朝廷无为之辨者。及帝即位，议郎敦煌段灼上疏曰："邓艾心怀至忠而荷反逆之名，平定巴、蜀而受三族之诛；艾性刚急，矜功伐善，不能协同朋类，故莫肯理之。臣窃以为艾本屯田掌犊人，宠位已极，功名已成，七十老公，复何所求。正以刘禅初降，远郡未附，矫令承制，权安社稷。钟会有悖逆之心，畏艾威名，因其疑似，构成其事。艾被诏书，即遣强兵，束身就缚，不敢顾望，诚知奉见先帝，必无当死之理也。会受诛之后，艾官属将吏，愚戆相聚，自共追艾，破坏槛车，解其囚执；艾在困地，狼狈失据，未尝与腹心之人有平素之谋，独受腹背之诛，岂不哀哉！陛下龙兴，阐弘大度，谓可听艾归葬旧墓，还其田宅，以平蜀之功继封其后，使艾阖棺定谥，死无所恨，则天下徇名之士，思立功之臣，必投汤火，乐为陛下死矣！"帝善其言而未能从。会帝问给事中樊建以诸葛亮之治蜀，曰："吾独不得如亮者而臣之乎？"建稽首曰："陛下知邓艾之冤而不能直，虽得亮，得无如冯唐之言乎！"帝笑曰："卿言起我意。"乃以艾孙朗为郎中。

7　吴人多言祥瑞者，吴主以问侍中韦昭，昭曰："此家人箧笥中物耳！"昭领左国史，吴主欲为其父作纪，昭曰："文皇不登极位，当为传，不当为纪。"吴主不悦，渐见责怒。昭忧惧，自陈衰老，求去侍、史二官，不听。时有疾病，医药监护，持之益急。吴主饮群臣酒，不问能否，率以七升为限。至昭，独以茶代之，后更见逼强。又酒后常使侍臣嘲弄公卿，发摘私短以为欢；时有忿失，辄见收缚，至于诛戮。昭以为外相毁伤，内长尤恨，使群臣不睦，不为佳事，故但难问经义而已。吴主以为不奉诏命，意不忠尽，积前后嫌忿，遂收昭付狱。昭因狱上辞，献所著书，冀以此求免。而吴主怪其书垢故，更被诘责，遂诛昭，徙其家于零陵。

8　五月，以何曾领司徒。

9　六月乙未，东海王祗卒。

10　秋，七月丁酉朔，日有食之。

11　诏选公卿以下女备六宫，有蔽匿者以不敬论；采择未毕，权禁天下嫁娶。帝使杨后择之，后惟取洁白长大而舍其美者。帝爱卞氏女，欲留之。后曰："卞氏三世后族，不可屈以卑位。"帝怒，乃自择之，中选者以绛纱系臂，公卿之女为三夫人、九嫔，二千石、将、校女补良人以下。

12　九月，吴主悉封其子弟为十一王，王给三千兵，大赦。

13　是岁，郑冲以寿光公罢。

14　吴主爱姬遣人至市夺民物。司市中郎将陈声素有宠于吴主，绳之以法。姬诉于吴主，吴主怒，假他事烧锯断声头，投其身于四望之下。

十年（甲午，274）

1　春，正月乙未，日有食之。

2　闰月癸酉，寿光成公郑冲卒。

3　丁亥，诏曰："近世以来，多由内宠以登后妃，乱尊卑之序；自今不得以妾媵为正嫡。"

4　分幽州置平州。

5　三月癸亥，日有食之。

6　诏又取良家及小将吏女五千人入宫选之，母子号哭于宫中，声闻于外。

7　夏，四月己未，临淮康公荀颙卒。

8　吴左夫人王氏卒。吴主哀念，数月不出，葬送甚盛。时何氏以太后故，宗族骄横。吴主舅子何都貌类吴主，民间讹言："吴主已死，立者何都也。"会稽又讹言："章安侯奋当为天子。"奋母仲姬墓在豫章，豫章太守张俊为之扫除。临海太守奚熙与会稽太守郭诞书，非议国政；诞但白熙书，不白妖言。吴主怒，收诞系狱，诞惧，功曹邵畴曰："畴在，明府何忧！"遂诣吏自列曰："畴厕身本郡，位极朝右，以噂沓之语，本非事实，疾其丑声,不忍闻见,欲含垢藏疾,不彰之翰墨,镇躁归静,使之自息。故诞屈其所是,默以见从。此之为愆,实由于畴,不敢逃死,归罪有司。"因自杀。吴主乃免诞死,送付建安作船。遣其舅三郡督何植收奚熙。熙发兵自守,其部曲杀熙,送首建业。又车裂张俊,皆夷三族;并诛章安侯奋及其五子。

9 秋,七月丙寅,皇后杨氏殂。初,帝以太子不慧,恐不堪为嗣,常密以访后;后曰:"立子以长不以贤,岂可动也!"镇军大将军胡奋女为贵嫔,有宠于帝,后疾笃,恐帝立贵嫔为后,致太子不安,枕帝膝泣曰:"叔父骏女芷有德色,愿陛下以备六宫。"帝流涕许之。

10 以前太常山涛为吏部尚书。涛典选十馀年,每一官缺,辄择才资可为者启拟数人,得诏旨有所向,然后显奏之。帝之所用,或非举首,众情不察,以涛轻重任意,言之于帝。帝益亲爱之。涛甄拔人物,各为题目而奏之,时称"山公启事"。

涛荐嵇绍于帝,请以为秘书郎;帝发诏征之。绍以父康得罪,屏居私门,欲辞不就。涛谓之曰:"为君思之久矣,天地四时,犹有消息,况于人乎!"绍乃应命,帝以为秘书丞。

初,东关之败,文帝问僚属曰:"近日之事,谁任其咎?"安东司马王仪,脩之子也,对曰:"责在元帅。"文帝怒曰:"司马欲委罪孤邪!"引出斩之。仪子裒痛父非命,隐居教授,三征七辟,皆不就。未尝西向而坐,庐于墓侧,旦夕攀柏悲号,涕泪著树,树为之枯。读诗至"哀哀父母,生我劬劳",未尝不三复流涕,门人为之废蓼莪。家贫,计口而田,度身而蚕;人或馈之,不受,助之,不听。诸生密为刈麦,裒辄弃之,遂不仕而终。

> 臣光曰:昔舜诛鲧而禹事舜,不敢废至公也。嵇康、王仪,死皆不以其罪,二子不仕晋室可也;嵇绍苟无荡阴之忠,殆不免于君子之讥乎!

11 吴大司马陆抗疾病,上疏曰:"西陵、建平,国之蕃表,既处上流,受敌二境。若敌泛舟顺流,星奔电迈,非可恃援他部以救倒县也。此乃社稷安危之机,非徒封疆侵陵小害也。臣父逊,昔在西垂上言,'西陵国之西门,虽云易守,亦复易失。若有不守,非但失一郡,荆州非吴有也。如其有虞,当倾国争之'。臣前乞屯精兵三万,而主者循常,未肯差赴。自步阐以后,益更损耗。今臣所统千里,外御强对,内怀百蛮,而上下见兵,财有数万,羸敝日久,难以待变。臣愚以为诸王幼冲,无用兵马以妨要务,又,黄门宦官开立占募,兵民避役,逋逃入占。乞特诏简阅,一切料出,以补疆场受敌常处,使臣所部足满八万,省息众务,并力备御,庶几无虞。若其不然，深可忧也！臣死之后，乞以西方为属。”及卒，吴主使其子晏、景、玄、机、云分将其兵。机、云皆善属文，名重于世。

初，周鲂之子处，膂力绝人，不修细行，乡里患之。处尝问父老曰：“今时和岁丰而人不乐，何邪？”父老叹曰：“三害不除，何乐之有！”处曰：“何谓也？”父老曰：“南山白额虎，长桥蛟，并子为三矣。”处曰：“若所患止此，吾能除之。”乃入山求虎，射杀之，因投水，搏杀蛟；遂从机、云受学，笃志读书，砥节砺行，比及期年，州府交辟。

12　八月戊申，葬元皇后于峻阳陵。帝及群臣除丧即吉，博士陈逵议，以为“今时所行，汉帝权制；太子无有国事，自宜终服”。尚书杜预以为“古者天子、诸侯三年之丧，始同齐、斩，既葬除服，谅暗以居，心丧终制。故周公不言高宗服丧三年而云谅暗，此服心丧之文也；叔向不讥景王除丧而讥其宴乐已早，明既葬应除，而违谅暗之节也。子之于礼，存诸内而已；礼非玉帛之谓，丧岂衰麻之谓乎！太子出则抚军，守则监国，不为无事，宜卒哭除衰麻，而以谅暗终三年”。帝从之。

臣光曰：规矩主于方圆，然庸工无规矩则方圆不可得而制也；衰麻主于哀戚，然庸人无衰麻则哀戚不可得而勉也。素冠之诗，正为是矣。杜预巧饰经、传以附人情，辩则辩矣，臣谓不若陈逵之言质略而敦实也。

13　九月，癸亥，以大将军陈骞为太尉。

14　杜预以孟津渡险，请建河桥于富平津。议者以为“殷、周所都，历圣贤而不作者，必不可立故也。”预固请为之。及桥成，帝从百寮临会，举觞属预曰：“非君，此桥不立。”对曰：“非陛下之明，臣亦无所施其巧。”

15　是岁，邵陵厉公曹芳卒。初，芳之废迁金墉也，太宰中郎陈留范粲素服拜送，哀动左右；遂称疾不出，阳狂不言，寝所乘车，足不履地。子孙有婚宦大事，辄密谘焉，合者则色无变，不合则眠寝不安，妻子以此知其旨。子乔等三人，并弃学业，绝人事，侍疾家庭，足不出邑里。及帝即位，诏以二千石禄养病，加赐帛百匹，乔以父疾笃，辞不敢受。粲不言凡三十六年，年八十四，终于所寝之车。

16　吴比三年大疫。

咸宁元年（乙未，275）

1　春，正月戊午朔，大赦，改元。

2　吴掘地得银尺，上有刻文；吴主大赦，改元天册。

3　吴中书令贺邵中风不能言,去职数月。吴主疑其诈,收付酒藏,掠考千数,卒无一言,乃烧锯断其头,徙其家属于临海。又诛楼玄子孙。

4　夏,六月,鲜卑拓跋力微复遣其子沙漠汗入贡,将还,幽州刺史卫瓘表请留之,又密以金赂其诸部大人离间之。

5　秋,七月甲申晦,日有食之。

6　冬,十二月丁亥,追尊宣帝庙曰高祖,景帝曰世宗,文帝曰太祖。

7　大疫,洛阳死者以万数。

二年(丙申,276)

1　春,令狐丰卒,弟宏继立,杨欣讨斩之。

2　帝得疾甚剧,及愈,群臣上寿。诏曰:“每念疫气死亡者,为之怆然。岂以一身之休息,忘百姓之艰难邪!”诸上礼者,皆绝之。

初,齐王攸有宠于文帝,每见攸,辄抚床呼其小字曰:“此桃符座也!”几为太子者数矣。临终,为帝叙汉淮南王、魏陈思王事而泣,执攸手以授帝。太后临终,亦流涕谓帝曰:“桃符性急,而汝为兄不慈,我若不起,必恐汝不能相容,以是属汝,勿忘我言!”及帝疾甚,朝野皆属意于攸。攸妃,贾充之长女也。河南尹夏侯和谓充曰:“卿二婿,亲疏等耳。立人当立德。”充不答。攸素恶荀勖及左卫将军冯统倾谄,勖乃使统说帝曰:“陛下前日疾若不愈,齐王为公卿百姓所归,太子虽欲高让,其得免乎!宜遣还藩,以安社稷。”帝阴纳之,乃徙和为光禄勋,夺充兵权,而位遇无替。

3　吴施但之乱,或谮京下督孙楷于吴主曰:“楷不时赴讨,怀两端。”吴主数诘让之,征为宫下镇、骠骑将军。楷自疑惧,夏,六月,将妻子来奔,拜车骑将军,封丹阳侯。

秋,七月,吴人或言于吴主曰:“临平湖自汉末薶塞,长老言:‘此湖塞,天下乱;此湖开,天下平。’近无故忽更开通,此天下当太平,青盖入洛之祥也。”吴主以问奉禁都尉历阳陈训,对曰:“臣止能望气,不能达湖之开塞。”退而告其友曰:“青盖入洛者,将有衔璧之事,非吉祥也。”

或献小石刻“皇帝”字,云得于湖边;吴主大赦,改元天玺。

湘东太守张咏不出算缗,吴主就在所斩之,徇首诸郡。会稽太守车浚公清有政绩,值郡旱饥,表求振贷,吴主以为收私恩,遣使枭首。尚书熊睦微有所谏,吴主以刀镮撞杀之,身无完肌。

4　八月己亥,以何曾为太傅,陈骞为大司马,贾充为太尉,齐王攸为司空。

5　吴历阳山有七穿骈罗，穿中黄赤，俗谓之石印，云："石印封发，天下当太平。"历阳长上言石印发，吴主遣使者以太牢祠之。使者作高梯登其上，以朱书石曰："楚九州渚，吴九州都。扬州士，作天子，四世治，太平始。"还以闻。吴主大喜，封其山神为王，大赦，改明年元曰天纪。

6　冬，十月，以汝阴王骏为征西大将军，羊祜为征南大将军，皆开府辟召，仪同三司。

祜上疏请伐吴曰："先帝西平巴、蜀，南和吴、会，庶几海内得以休息；而吴复背信，使边事更兴。夫期运虽天所授，而功业必因人而成，不一大举扫灭，则兵役无时得息也。蜀平之时，天下皆谓吴当并亡，自是以来，十有三年矣。夫谋之虽多，决之欲独。凡以险阻得全者，谓其势均力敌耳。若轻重不齐，强弱异势，虽有险阻，不可保也。蜀之为国，非不险也，皆云一夫荷戟，千人莫当。及进兵之日，曾无藩篱之限，乘胜席卷，径至成都，汉中诸城，皆鸟栖而不敢出，非无战心，诚力不足以相抗也。及刘禅请降，诸营堡索然俱散。今江、淮之险不如剑阁，孙皓之暴过于刘禅，吴人之困甚于巴、蜀，而大晋兵力盛于往时，不于此际平壹四海，而更阻兵相守，使天下困于征戍，经历盛衰，不可长久也。今若引梁、益之兵水陆俱下，荆、楚之众进临江陵，平南、豫州直指夏口，徐、扬、青、兖并会秣陵；以一隅之吴当天下之众，势分形散，所备皆急。巴、汉奇兵出其空虚，一处倾坏，则上下震荡，虽有智者不能为吴谋矣。吴缘江为国，东西数千里，所敌者大，无有宁息。孙皓恣情任意，与下多忌，将疑于朝，士困于野，无有保世之计，一定之心；平常之日，犹怀去就，兵临之际，必有应者，终不能齐力致死，已可知也。其俗急速不能持久，弓弩戟楯不如中国；唯有水战是其所便，一入其境，则长江非复所保，还趣城池，去长入短，非吾敌也。官军县进，人有致死之志，吴人内顾，各有离散之心，如此，军不逾时，克可必矣。"帝深纳之。而朝议方以秦、凉为忧，祜复表曰："吴平则胡自定，但当速济大功耳。"议者多有不同，贾充、荀勖、冯紞尤以伐吴为不可。祜叹曰："天下不如意事十常居七八。天与不取，岂非更事者恨于后时哉！"唯度支尚书杜预、中书令张华与帝意合，赞成其计。

7　丁卯，立皇后杨氏，大赦。后，元皇后之从妹也，美而有妇德。帝初聘后，后叔父珧上表曰："自古一门二后，未有能全其宗者，乞藏此表于宗庙，异日如臣之言，得以免祸。"帝许之。

十二月，以后父镇军将军骏为车骑将军，封临晋侯。尚书褚䂮、郭奕皆表骏小器，不可任社稷之重。帝不从。骏骄傲自得，胡奋谓骏曰："卿恃女更益豪邪！历观前世，与天家婚，未有不灭门者，但早晚事耳。"骏曰："卿女不在天家乎？"奋曰："我女与卿女作婢耳，何能为损益乎！"

三年（丁酉，277）

1　春，正月丙子朔，日有食之。

2　立皇子裕为始平王；庚寅，裕卒。

3　三月，平虏护军文鸯督凉、秦、雍州诸军讨树机能，破之，诸胡二十万口来降。

4　夏，五月，吴将邵颉、夏祥帅众七千馀人来降。

5　秋，七月，中山王睦坐招诱逋亡，贬为丹水县侯。

6　有星孛于紫宫。

7　卫将军杨珧等建议，以为"古者封建诸侯，所以藩卫王室；今诸王公皆在京师，非扞城之义。又，异姓诸将居边，宜参以亲戚"。帝乃诏诸王各以户邑多少为三等，大国置三军五千人，次国二军三千人，小国一军一千一百人；诸王为都督者，各徙其国使相近。八月癸亥，徙扶风王亮为汝南王，出为镇南大将军，都督豫州诸军事；琅邪王伦为赵王，督邺城守事；勃海王辅为太原王，监并州诸军事；以东莞王伷在徐州，徙封琅邪王；汝阴王骏在关中，徙封扶风王；又徙太原王颙为河间王；汝南王柬为南阳王。辅，孚之子；颙，孚之孙也。其无官者，皆遣就国。诸王公恋京师，皆涕泣而去。又封皇子玮为始平王，允为濮阳王，该为新都王，遐为清河王。

其异姓之臣有大功者，皆封郡公、郡侯。封贾充为鲁郡公。追封王沈为博陵郡公。

徙封钜平侯羊祜为南城郡侯，祜固辞不受。祜每拜官爵，常多避让，至心素著，故特见申于分列之外。祜历事二世，职典枢要，凡谋议损益，皆焚其草，世莫得闻；所进达之人皆不知所由。常曰："拜官公朝，谢恩私门，吾所不敢也。"

8　兖、豫、徐、青、荆、益、梁七州大水。

9　冬，十二月，吴夏口督孙慎入江夏、汝南，略千馀家而去。诏遣侍臣诘羊祜不追讨之意，并欲移荆州。祜曰："江夏去襄阳八百里，比知贼问，贼已去经日，步军安能追之！劳师以免责，非臣志也。昔魏武帝置都督，类皆与州相近，以兵势好合恶离故也。疆埸之间，一彼一此，慎守而已。若辄徙州，贼出无常，亦未知州之所宜据也。"

10　是岁，大司马陈骞自扬州入朝，以高平公罢。

11　吴主以会稽张俶多所谮白,甚见宠任,累迁司直中郎将,封侯。其父为山阴县卒,知俶不良,上表曰:"若用俶为司直,有罪乞不从坐。"吴主许之。俶表置弹曲二十人,专纠司不法,于是吏民各以爱憎互相告讦,狱犴盈溢,上下嚣然。俶大为奸利,骄奢暴横,事发,父子皆车裂。

12　卫瓘遣拓跋沙漠汗归国。自沙漠汗入质,力微可汗诸子在侧者多有宠。及沙漠汗归,诸部大人共谮而杀之。既而力微疾笃,乌桓王库贤亲近用事,受卫瓘赂,欲扰动诸部,乃砺斧于庭,谓诸大人曰:"可汗恨汝曹谗杀太子,欲尽收汝曹长子杀之。"诸大人惧,皆散走。力微以忧卒,时年一百四。子悉禄立,其国遂衰。

初,幽、并二州皆与鲜卑接,东有务桓,西有力微,多为边患。卫瓘密以计间之,务桓降而力微死。朝廷嘉瓘功,封其弟为亭侯。

四年(戊戌,278)

1　春,正月庚午朔,日有食之。

2　司马督东平马隆上言:"凉州刺史杨欣失羌戎之和,必败。"夏,六月,欣与树机能之党若罗拔能等战于武威,败死。

3　弘训皇后羊氏殂。

4　羊祜以病求入朝,既至,帝命乘辇入殿,不拜而坐。祜面陈伐吴之计,帝善之。以祜病,不宜数入,更遣张华就问筹策,祜曰:"孙皓暴虐已甚,于今可不战而克。若皓不幸而没,吴人更立令主,虽有百万之众,长江未可窥也,将为后患矣!"华深然之。祜曰:"成吾志者,子也。"帝欲使祜卧护诸将,祜曰:"取吴不必臣行,但既平之后,当劳圣虑耳。功名之际,臣不敢居,若事了,当有所付授,愿审择其人也。"

5　秋,七月己丑,葬景献皇后于峻平陵。

6　司、冀、兖、豫、荆、扬州大水,螟伤稼。诏问主者:"何以佐百姓?"度支尚书杜预上疏,以为:"今者水灾东南尤剧,宜敕兖、豫等诸州留汉氏旧陂,缮以蓄水,馀皆决沥,令饥者尽得鱼菜螺蚌之饶,此目下日给之益也。水去之后,淤淀之田,亩收数钟,此又明年之益也。典牧种牛有四万五千馀头,不供耕驾,至有老不穿鼻者,可分以给民,使及春耕种,谷登之后,责其租税,此又数年以后之益也。"帝从之,民赖其利。预在尚书七年,损益庶政,不可胜数,时人谓之"杜武库",言其无所不有也。

7　九月,以何曾为太宰;辛巳,以侍中、尚书令李胤为司徒。

8　吴主忌胜己者,侍中、中书令张尚,纮之孙也,为人辩捷,谈论每出其表,吴主积以致恨。后问:"孤饮酒可以方谁?"尚曰:"陛下有百觚之量。"吴主曰:"尚知孔丘不王,而以孤方之。"因发怒,收尚。公卿已下百馀人,诣宫叩头,请尚罪,得减死,送建安作船,寻就杀之。

9　冬,十月,征征北大将军卫瓘为尚书令。是时,朝野咸知太子昏愚,不堪为嗣,瓘每欲陈启而未敢发;会侍宴陵云台,瓘阳醉,跪帝床前曰:"臣欲有所启。"帝曰"公所言何邪?"瓘欲言而止者三,因以手抚床曰:"此座可惜!"帝意悟,因谬曰:"公真大醉邪?"瓘于此不复有言。帝悉召东宫官属,为设宴会,而密封尚书疑事,令太子决之。贾妃大惧,倩外人代对,多引古义。给使张泓曰:"太子不学,陛下所知,而答诏多引古义,必责作草主,更益谴负,不如直以意对。"妃大喜,谓泓曰:"便为我好答,富贵与汝共之。"泓即具草,令太子自写,帝省之甚悦。先以示瓘,瓘大踧踖,众人乃知瓘尝有言也。贾充密遣人语妃云:"卫瓘老奴,几破汝家!"

10　吴人大佃皖城,欲谋入寇。都督扬州诸军事王浑遣扬州刺史应绰攻破之,斩首五千级,焚其积谷百八十馀万斛,践稻田四千馀顷,毁船六百馀艘。

11　十一月辛巳,太医司马程据献雉头裘,帝焚之于殿前。甲申,敕内外敢有献奇技异服者,罪之。

12　羊祜疾笃,举杜预自代。辛卯,以预为镇南大将军、都督荆州诸军事。祜卒,帝哭之甚哀。是日,大寒,涕泪沾须鬓皆为冰。祜遗令不得以南城侯印入柩。帝曰:"祜固让历年,身没让存,今听复本封,以彰高美。"南州民闻祜卒,为之罢市,巷哭声相接。吴守边将士亦为之泣。祜好游岘山,襄阳人建碑立庙于其地,岁时祭祀,望其碑者无不流涕,因谓之堕泪碑。

杜预至镇,简精锐,袭吴西陵督张政,大破之。政,吴之名将也,耻以无备取败,不以实告吴主。预欲间之,乃表还其所获。吴主果召政还,遣武昌监留宪代之。

13　十二月丁未,朗陵公何曾卒。曾厚自奉养,过于人主。司隶校尉东莱刘毅数劾奏曾侈汰无度,帝以其重臣,不问。及卒,博士新兴秦秀议曰:"曾骄奢过度,名被九域。宰相大臣,人之表仪,若生极其情,死又无贬,王公贵人复何畏哉!谨按谥法,'名与实爽曰缪,怙乱肆行曰丑',宜谥丑缪公。"帝策谥曰孝。

14　前司隶校尉傅玄卒。玄性峻急,每有奏劾,或值日暮,捧白简,整簪带,竦踊不寐,坐而待旦;由是贵游震慑,台阁生风。玄与尚书左丞博陵崔洪善,洪亦清厉骨鲠,好面折人过,而退无后言,人以是重之。

15　鲜卑树机能久为边患,仆射李憙请发兵讨之,朝议皆以为出兵重事,虏不足忧。

五年(己亥,279)

1　春,正月,树机能攻陷凉州。帝甚悔之,临朝而叹曰:"谁能为我讨此虏者?"司马督马隆进曰:"陛下能任臣,臣能平之。"帝曰:"必能平贼,何为不任,顾方略何如耳!"隆曰:"臣愿募勇士三千人,无问所从来,帅之以西,虏不足平也。"帝许之。乙丑,以隆为讨虏护军、武威太守。公卿皆曰:"见兵已多,不宜横设赏募,隆小将妄言,不足信也。"帝不听。隆募能引弓四钧、挽弩九石者取之,立标简试,自旦至日中,得三千五百人。隆曰:"足矣。"又请自至武库选仗,武库令与隆忿争,御史中丞劾奏隆。隆曰:"臣当毕命战场,武库令乃给以魏时朽仗,非陛下所以使臣之意也。"帝命惟隆所取,仍给三年军资而遣之。

2　初,南单于呼厨泉以兄於扶罗子豹为左贤王,及魏武帝分匈奴为五部,以豹为左部帅。豹子渊,幼而隽异,师事上党崔游,博习经史。尝谓同门生上党朱纪、雁门范隆曰:"吾常耻随、陆无武,绛、灌无文;随、陆遇高帝而不能建封侯之业,绛、灌遇文帝而不能兴庠序之教,岂不惜哉!"于是兼学武事。及长,猿臂善射,膂力过人,姿貌魁伟。为任子在洛阳,王浑及子济皆重之,屡荐于帝,帝召与语,悦之。济曰:"渊有文武长才,陛下任以东南之事,吴不足平也。"孔恂、杨珧曰:"非我族类,其心必异。渊才器诚少比,然不可重任也。"及凉州覆没,帝问将于李憙,对曰:"陛下诚能发匈奴五部之众,假刘渊一将军之号,使将之而西,树机能之首可指日而枭也。"孔恂曰:"渊果枭树机能,则凉州之患方更深耳。"帝乃止。

东莱王弥家世二千石,弥有学术勇略,善骑射,青州人谓之"飞豹"。处士陈留董养见而谓之曰:"君好乱乐祸,若天下有事,不作士大夫矣。"渊与弥友善,谓弥曰:"王、李以乡曲见知,每相称荐,适足为吾患耳。"因歔欷流涕。齐王攸闻之,言于帝曰:"陛下不除刘渊,臣恐并州不得久安。"王浑曰:"大晋方以信怀殊俗,奈何以无形之疑杀人侍子乎? 何德度之不弘也!"帝曰:"浑言是也。"会豹卒,以渊代为左部帅。

3　夏,四月,大赦。

4　除部曲督以下质任。

5　吴桂林太守脩允卒,其部曲应分给诸将。督将郭马、何典、王族等

累世旧军，不乐离别，会吴主料实<u>广州</u>户口，马等因民心不安，聚众攻杀<u>广</u>
<u>州督虞授</u>，<u>马</u>自号都督<u>交</u>、<u>广二州</u>诸军事，使<u>典</u>攻苍梧，<u>族</u>攻始兴。秋，八
月，<u>吴</u>以军师<u>张悌</u>为丞相，<u>牛渚</u>都督<u>何植</u>为司徒，执金吾<u>滕脩</u>为司空；未
拜，更以<u>脩</u>为<u>广州</u>牧，帅万人从东道讨<u>郭马</u>。<u>马</u>杀<u>南海</u>太守<u>刘略</u>，逐<u>广州</u>
刺史<u>徐旗</u>。<u>吴主</u>又遣<u>徐陵</u>督<u>陶濬</u>将七千人，从西道与<u>交州</u>牧<u>陶璜</u>共击<u>马</u>。

　　6　<u>吴</u>有鬼目菜，生工人<u>黄耇</u>家；有买菜，生工人<u>吴平</u>家。东观案图
书，名鬼目曰芝草，买菜曰平虑草。<u>吴主</u>以<u>耇</u>为侍芝郎，<u>平</u>为平虑郎，皆银
印青绶。

　　<u>吴主</u>每宴群臣，咸令沉醉。又置黄门郎十人为司过，宴罢之后，各奏
其阙失，迕视谬言，罔有不举，大者即加刑戮，小者记录为罪，或剥人面，或
凿人眼。由是上下离心，莫为尽力。

　　<u>益州</u>刺史<u>王濬</u>上疏曰：“<u>孙皓</u>荒淫凶逆，宜速征伐。若一旦<u>皓</u>死，更
立贤主，则强敌也。臣作船七年，日有朽败；臣年七十，死亡无日。三者一
乖，则难图也。诚愿陛下无失事机。”帝于是决意伐<u>吴</u>。会安东将军<u>王浑</u>
表<u>孙皓</u>欲北上，边戍皆戒严，朝廷乃更议明年出师。<u>王濬</u>参军<u>何攀</u>奉使在
<u>洛</u>，上疏称：“<u>皓</u>必不敢出，宜因戒严，掩取甚易。”

　　<u>杜预</u>上表曰：“自闰月以来，贼但敕严，下无兵上。以理势推之，贼之
穷计，力不两完，必保<u>夏口</u>以东以延视息，无缘多兵西上，空其国都。而陛
下过听，便用委弃大计，纵敌患生，诚可惜也。向使举而有败，勿举可也。
今事为之制，务从完牢，若或有成，则开太平之基，不成不过费损日月之
间，何惜而不一试之！若当须后年，天时人事，不得如常，臣恐其更难也。
今有万安之举，无倾败之虑，臣心实了，不敢以暧昧之见自取后累，惟陛下
察之。”旬月未报，<u>预</u>复上表曰：“<u>羊祜</u>不先博谋于朝臣，而密与陛下共施
此计，故益令朝臣多异同之议。凡事当以利害相校，今此举之利十有八
九，而其害一二，止于无功耳。必使朝臣言破败之形，亦不可得，直是计不
出己，功不在身，各耻其前言之失而固守之也。自顷朝廷事无大小，异意
锋起，虽人心不同，亦由恃恩不虑后患，故轻相同异也。自秋已来，讨贼之
形颇露，今若中止，<u>孙皓</u>或怖而生计，徙都<u>武昌</u>，更完修<u>江南</u>诸城，远其居
民，城不可攻，野无所掠，则明年之计或无所及矣！”帝方与<u>张华</u>围棋，<u>预</u>
表适至，<u>华</u>推枰敛手曰：“陛下圣武，国富兵强，<u>吴主</u>淫虐，诛杀贤能，当今
讨之，可不劳而定，愿勿以为疑！”帝乃许之。以<u>华</u>为度支尚书，量计运漕。
<u>贾充</u>、<u>荀勖</u>、<u>冯纨</u>固争之，帝大怒，<u>充</u>免冠谢罪。仆射<u>山涛</u>退而告人曰：“自
非圣人，外宁必有内忧，今释<u>吴</u>为外惧，岂非算乎！”

冬,十一月,大举伐吴,遣镇军将军琅邪王伷出涂中,安东将军王浑出江西,建威将军王戎出武昌,平南将军胡奋出夏口,镇南大将军杜预出江陵,龙骧将军王濬、巴东监军鲁国唐彬下巴、蜀,东西凡二十馀万。命贾充为使持节、假黄钺、大都督,以冠军将军杨济副之;充固陈伐吴不利,且自言衰老,不堪元帅之任。诏曰:"君若不行,吾便自出。"充不得已,乃受节钺,将中军南屯襄阳,为诸军节度。

7　马隆西渡温水,树机能等以众数万据险拒之。隆以山路狭隘,乃作扁箱车,为木屋,施于车上,转战而前,行千馀里,杀伤甚众。自隆之西,音问断绝,朝廷忧之,或谓已没。后隆使夜到,帝抚掌欢笑,诘朝,召群臣谓曰:"若从诸卿言,无凉州矣。"乃诏假隆节,拜宣威将军。隆至武威,鲜卑大人猝跋韩且万能帅万馀落来降。十二月,隆与树机能大战,斩之;凉州遂平。

8　诏问朝臣以政之损益,司徒左长史傅咸上书,以为:"公私不足,由设官太多。旧都督有四,今并监军乃盈于十;禹分九州,今之刺史几向一倍;户口比汉十分之一,而置郡县更多;虚立军府,动有百数,而无益宿卫;五等诸侯,坐置官属;诸所廪给,皆出百姓,此其所以困乏者也。当今之急,在于并官息役,上下务农而已。"咸,玄之子也。时又议省州、郡、县半吏以赴农功,中书监荀勖以为"省吏不如省官,省官不如省事,省事不如清心。昔萧、曹相汉,载其清静,民以宁壹,所谓清心也。抑浮说,简文案,略细苛,有小失,有好变常以徼利者,必行其诛,所谓省事也。以九寺并尚书,兰台付三府,所谓省官也。若直作大例,凡天下之吏皆减其半,恐文武众官,郡国职业,剧易不同,不可以一概施之。若有旷阙,皆须更复,或激而滋繁,亦不可不重也。"

资治通鉴卷第八十一

晋纪三

世祖武皇帝中

太康元年（庚子，280）

1　春，正月，吴大赦。

2　杜预向江陵，王浑出横江，攻吴镇、戍，所向皆克。二月戊午，王濬、唐彬击破丹阳监盛纪。吴人于江碛要害之处，并以铁锁横截之；又作铁锥，长丈馀，暗置江中，以逆拒舟舰。濬作大筏数十，方百馀步，缚草为人，被甲持仗，令善水者以筏先行，遇铁锥，锥辄著筏而去。又作大炬，长十馀丈，大数十围，灌以麻油，在船前，遇锁，然炬烧之，须臾，融液断绝，于是船无所碍。庚申，濬克西陵，杀吴都督留宪等。壬戌，克荆门、夷道二城，杀夷道监陆晏。杜预遣牙门周旨等帅奇兵八百泛舟夜渡江，袭乐乡，多张旗帜，起火巴山。吴都督孙歆惧，与江陵督伍延书曰："北来诸军，乃飞渡江也。"旨等伏兵乐乡城外，歆遣军出拒王濬，大败而还。旨等发伏兵随歆军而入，歆不觉，直至帐下，虏歆而还。乙丑，王濬击杀吴水军都督陆景。杜预进攻江陵，甲戌，克之，斩伍延。于是沅、湘以南，接于交、广，州郡皆望风送印绶。预杖节称诏而绥抚之。凡所斩获吴都督、监军十四，牙门、郡守百二十馀人。胡奋克江安。

乙亥，诏："王濬、唐彬既定巴丘，与胡奋、王戎共平夏口、武昌，顺流长鹜，直造秣陵。杜预当镇静零、桂，怀辑衡阳。大兵既过，荆州南境固当传檄而定。预等各分兵以益濬、彬，太尉充移屯项。"

王戎遣参军襄阳罗尚、南阳刘乔将兵与王濬合攻武昌，吴江夏太守刘朗、督武昌诸军虞昺皆降。昺，翻之子也。

杜预与众军会议，或曰："百年之寇，未可尽克，方春水生，难于久驻，宜俟来冬，更为大举。"预曰："昔乐毅藉济西一战以并强齐，今兵威已振，譬如破竹，数节之后，皆迎刃而解，无复著手处也。"遂指授群帅方略，径造建业。

　　吴主闻王浑南下，使丞相张悌督丹阳太守沈莹、护军孙震、副军师诸葛靓帅众三万渡江逆战。至牛渚，沈莹曰："晋治水军于蜀久矣，上流诸军，素无戒备，名将皆死，幼少当任，恐不能御也。晋之水军必至于此，宜畜众力以待其来，与之一战，若幸而胜之，江西自清。今渡江与晋大军战，不幸而败，则大事去矣！"悌曰："吴之将亡，贤愚所知，非今日也。吾恐蜀兵至此，众心骇惧，不可复整。及今渡江，犹可决战。若其败丧，同死社稷，无所复恨。若其克捷，北敌奔走，兵势万倍，便当乘胜南上，逆之中道，不忧不破也。若如子计，恐士众散尽，坐待敌到，君臣俱降，无一人死难者，不亦辱乎！"

　　三月，悌等济江，围浑部将城阳都尉张乔于杨荷；乔众才七千，闭栅请降。诸葛靓欲屠之，悌曰："强敌在前，不宜先事其小；且杀降不祥。"靓曰："此属以救兵未至，力少不敌，故且伪降以缓我，非真伏也。若舍之而前，必为后患。"悌不从，抚之而进。悌与扬州刺史汝南周浚，结陈相对，沈莹帅丹阳锐卒、刀楯五千，三冲晋兵，不动。莹引退，其众乱，将军薛胜、蒋班因其乱而乘之，吴兵以次奔溃，将帅不能止，张乔自后击之，大败吴兵于版桥。诸葛靓帅数百人遁去，使过迎张悌，悌不肯去，靓自往牵之曰："存亡自有大数，非卿一人所支，奈何故自取死！"悌垂涕曰："仲思，今日是我死日也！且我为儿童时，便为卿家丞相所识拔，常恐不得其死，负名贤知顾。今以身徇社稷，复何道邪！"靓再三牵之，不动，乃流泪放去，行百馀步，顾之，已为晋兵所杀，并斩孙震、沈莹等七千八百级，吴人大震。

　　初，诏书使王濬下建平，受杜预节度，至建业，受王浑节度。预至江陵，谓诸将曰："若濬得建平，则顺流长驱，威名已著，不宜令受制于我；若不能克，则无缘得施节度。"濬至西陵，预与之书曰："足下既摧其西藩，便当径取建业，讨累世之逋寇，释吴人于涂炭，振旅还都，亦旷世一事也！"濬大悦，表陈预书。及张悌败死，扬州别驾何恽谓周浚曰："张悌举全吴精兵殄灭于此，吴之朝野莫不震慑。今王龙骧既破武昌，乘胜东下，所向辄克，土崩之势见矣。谓宜速引兵渡江，直指建业，大军猝至，夺其胆气，可不战禽也！"浚善其谋，使白王浑。恽曰："浑暗于事机，而欲慎己免咎，必不我从。"浚固使白之，浑果曰："受诏但令屯江北以抗吴军，不使轻进，贵州虽武，岂能独平江东乎！今者违命，胜不足多，若其不胜，为罪已重。且诏令龙骧受我节度，但当具君舟楫，一时俱济耳。"恽曰："龙骧克万里之寇，以既成之功来受节度，未之闻也。且明公为上将，见可而进，岂得一一须诏令乎！今乘此渡江，十全必克，何疑何虑而淹留不进！此鄜州上下所以恨恨也。"浑不听。

王濬自武昌顺流径趣建业,吴主遣游击将军张象帅舟师万人御之,象众望旗而降。濬兵甲满江,旌旗烛天,威势甚盛,吴人大惧。

吴主之嬖臣岑昏,以倾险谀佞,致位九列,好兴功役,为众患苦。及晋兵将至,殿中亲近数百人叩头请于吴主曰:"北军日近而兵不举刃,陛下将如之何?"吴主曰:"何故?"对曰:"正坐岑昏耳。"吴主独言:"若尔,当以奴谢百姓!"众因曰:"唯!"遂并起收昏;吴主骆驿追止,已屠之矣。

陶濬将讨郭马,至武昌,闻晋兵大入,引兵东还。至建业,吴主引见,问水军消息,对曰:"蜀船皆小,今得二万兵,乘大船以战,自足破之。"于是合众,授濬节钺。明日当发,其夜,众悉逃溃。

时王浑、王濬及琅邪王伷皆临近境,吴司徒何植、建威将军孙晏悉送印节诣浑降。吴主用光禄勋薛莹、中书令胡冲等计,分遣使者奉书于浑、濬、伷以请降。又遗其群臣书,深自咎责,且曰:"今大晋平治四海,是英俊展节之秋,勿以移朝改朔,用损厥志。"使者先送玺绶于琅邪王伷。壬寅,王濬舟师过三山,王浑遣信要濬暂过论事,濬举帆直指建业,报曰:"风利,不得泊也。"是日,濬戎卒八万,方舟百里,鼓噪入于石头,吴主皓面缚舆榇,诣军门降。濬解缚焚榇,延请相见。收其图籍,克州四,郡四十三,户五十二万三千,兵二十三万。

朝廷闻吴已平,群臣皆贺上寿,帝执爵流涕曰:"此羊太傅之功也。"票骑将军孙秀不贺,南向流涕曰:"昔讨逆弱冠以一校尉创业,今后主举江南而弃之,宗庙山陵,于此为墟,悠悠苍天,此何人哉!"

吴之未下也,大臣皆以为未可轻进,独张华坚执以为必克。贾充上表称:"吴地未可悉定,方夏,江、淮下湿,疾疫必起,宜召诸军还,以为后图。虽腰斩张华不足以谢天下。"帝曰:"此是吾意,华但与吾同耳。"荀勖复奏,宜如充表。帝不从。杜预闻充奏乞罢兵,驰表固争,使至轘辕而吴已降。充惭惧,诣阙请罪,帝抚而不问。

夏,四月甲申,诏赐孙皓爵归命侯。

乙酉,大赦,改元。大酺五日。遣使者分诣荆、扬抚慰,吴牧、守已下皆不更易;除其苛政,悉从简易。

滕脩讨郭马未克,闻晋伐吴,帅众赴难,至巴丘,闻吴亡,缟素流涕,还,与广州刺史闾丰、苍梧太守王毅各送印绶请降。孙皓遣陶璜之子融持手书谕璜,璜流涕数日,亦送印绶降。帝皆复其本职。

王濬之东下也,吴城戍皆望风款附,独建平太守吾彦婴城不下,闻吴亡,乃降。帝以彦为金城太守。

初,朝廷尊宠孙秀、孙楷,欲以招来吴人。及吴亡,降秀为伏波将军,楷为度辽将军。

琅邪王伷遣使送孙皓及其宗族诣洛阳。五月丁亥朔,皓至,与其太子瑾等泥头面缚,诣东阳门。诏遣谒者解其缚,赐衣服、车乘、田三十顷,岁给钱谷、绵绢甚厚。拜瑾为中郎,诸子为王者皆为郎中。吴之旧望,随才擢叙。孙氏将吏渡江者复十年,百姓复二十年。

庚寅,帝临轩,大会文武有位及四方使者,国子学生皆预焉。引见归命侯皓及吴降人。皓登殿稽颡。帝谓皓曰:“朕设此座以待卿久矣。”皓曰:“臣于南方,亦设此座以待陛下。”贾充谓皓曰:“闻君在南方凿人目,剥人面皮,此何等刑也?”皓曰:“人臣有弑其君及奸回不忠者,则加此刑耳。”充默然甚愧,而皓颜色无怍。

帝从容问散骑常侍薛莹,孙皓所以亡,对曰:“皓昵近小人,刑罚放滥,大臣诸将,人不自保,此其所以亡也。”他日,又问吾彦,对曰:“吴主英俊,宰辅贤明。”帝笑曰:“若是,何故亡?”彦曰:“天禄永终,历数有属,故为陛下禽耳。”帝善之。

王濬之入建业也,其明日,王浑乃济江,以濬不待己至,先受孙皓降,意甚愧忿,将攻濬。何攀劝濬送皓与浑,由是事得解。何恽以浑与濬争功,与周浚笺曰:“书贵克让,易大谦光。前破张悌,吴人失气,龙骧因之,陷其区宇。论其前后,我实缓师,既失机会,不及于事,而今方竞其功;彼既不吞声,将亏雍穆之弘,兴矜争之鄙,斯实愚情之所不取也。”浚得笺,即谏止浑。浑不纳,表濬违诏不受节度,诬以罪状。浑子济,尚常山公主,宗党强盛。有司奏请槛车征濬,帝弗许,但以诏书责让濬以不从浑命,违制昧利。濬上书自理曰:“前被诏书,令臣直造秣陵,又令受太尉充节度。臣以十五日至三山,见浑军在北岸,遣书邀臣;臣水军风发,径造贼城,无缘回船过浑。臣以日中至秣陵,暮乃被浑所下当受节度之符,欲令臣明十六日悉将所领还围石头,又索蜀兵及镇南诸军人名定见。臣以为皓已来降,无缘空围石头;又,兵人定见,不可仓猝得就,皆非当今之急,不可承用,非敢忽弃明制也。皓众叛亲离,匹夫独坐,雀鼠贪生,苟乞一活耳;而江北诸军不知虚实,不早缚取,自为小误。臣至便得,更见怨恚,并云守贼百日,而令他人得之。臣愚以为事君之道,苟利社稷,死生以之。若其顾嫌疑以避咎责,此是人臣不忠之利,实非明主社稷之福也!”浑又腾周浚书云:“濬军得吴宝物。”又云:“濬牙门将李高放火烧皓伪宫。”濬复表曰:

"臣孤根独立,结恨强宗。夫犯上干主,其罪可救;乖忤贵臣,祸在不测。伪中郎将孔摅说:去二月武昌失守,水军行至,皓按行石头还,左右人皆跳刀大呼云:'要当为陛下一死战决之。'皓意大喜,意必能然,便尽出金宝以赐与之。小人无状,得便驰走。皓惧,乃图降首。降使适去,左右劫夺财物,略取妻妾,放火烧宫。皓逃身窜首,恐不脱死。臣至,遣参军主者救断其火耳。周浚先入皓宫,浑又先登皓舟,臣之入观,皆在其后。皓宫之中,乃无席可坐,若有遗宝,则浚与浑先得之矣。浚等云臣屯聚蜀人,不时送皓,欲有反状。又恐动吴人,言臣皆当诛杀,取其妻子,冀其作乱,得骋私忿。谋反大逆,尚以见加,其馀谤嗒,故其宜耳。今年平吴,诚为大庆;于臣之身,更受咎累。"濬至京师,有司奏濬违诏,大不敬,请付廷尉科罪。诏不许。又奏濬赦后烧贼船百三十五艘,辄敕付廷尉禁推。诏勿推。

　　浑、濬争功不已,帝命守廷尉广陵刘颂校其事,以浑为上功,濬为中功。帝以颂折法失理,左迁京兆太守。

　　庚辰,增贾充邑八千户;以王濬为辅国大将军,封襄阳县侯;杜预为当阳县侯;王戎为安丰县侯;封琅邪王伷二子为亭侯;增京陵侯王浑邑八千户,进爵为公;尚书关内侯张华进封广武县侯,增邑万户;荀勖以专典诏命功,封一子为亭侯;其馀诸将及公卿以下,赏赐各有差。帝以平吴功,策告羊祜庙,乃封其夫人夏侯氏为万岁乡君,食邑五千户。

　　王濬自以功大,而为浑父子及党与所挫抑,每进见,陈其攻伐之劳及见枉之状,或不胜忿愤,径出不辞;帝每容恕之。益州护军范通谓濬曰:"卿功则美矣,然恨所以居美者未尽善也。卿旋旆之日,角巾私第,口不言平吴之事;若有问者,则曰:'圣人之德,群帅之力,老夫何力之有!'此蔺生所以屈廉颇也,王浑能无愧乎!"濬曰:"吾始惩邓艾之事,惧祸及身,不得无言;其终不能遣诸胸中,是吾褊也。"时人咸以濬功重报轻,为之愤邑;博士秦秀等并上表讼濬之屈,帝乃迁濬镇军大将军。王浑尝诣濬,濬严设备卫,然后见之。

　　杜预还襄阳,以为天下虽安,忘战必危,乃勤于讲武,申严戍守。又引滍、淯水以浸田万馀顷,开扬口通零、桂之漕,公私赖之。预身不跨马,射不穿札,而用兵制胜,诸将莫及。预在镇,数饷遗洛中贵要,或问其故,预曰:"吾但恐为害,不求益也。"

　　王浑迁征东大将军,复镇寿阳。

　　诸葛靓逃窜不出。帝与靓有旧,靓姊为琅邪王妃,帝知靓在姊间,因就见焉。靓逃于厕,帝又逼见之,谓曰:"不谓今日复得相见!"靓流涕曰:

"臣不能漆身皮面,复睹圣颜,诚为惭恨!"诏以为侍中;固辞不拜,归于乡里,终身不向朝廷而坐。

3　六月,复封丹水侯睦为高阳王。

4　秋,八月己未,封皇弟延祚为乐平王,寻薨。

5　九月庚寅,贾充等以天下一统,屡请封禅;帝不许。

6　冬,十月,前将军青州刺史淮南胡威卒。威为尚书,尝谏时政之宽。帝曰:"尚书郎以下,吾无所假借。"威曰:"臣之所陈,岂在丞、郎、令史,正谓如臣等辈,始可以肃化明法耳!"

7　是岁,以司隶所统郡置司州,凡州十九,郡国一百七十三,户二百四十五万九千八百四十。

8　诏曰:"昔自汉末,四海分崩,刺史内亲民事,外领兵马。今天下为一,当韬戢干戈,刺史分职,皆如汉氏故事;悉去州郡兵,大郡置武吏百人,小郡五十人。"交州牧陶璜上言:"交、广东西数千里,不宾属者六万馀户,至于服从官役,才五千馀家。二州唇齿,唯兵是镇。又,宁州诸夷,接据上流,水陆并通,州兵未宜约损,以示单虚。"仆射山涛亦言"不宜去州郡武备";帝不听。及永宁以后,盗贼群起,州郡无备,不能禽制,天下遂大乱,如涛所言。然其后刺史复兼兵民之政,州镇愈重矣。

9　汉、魏以来,羌、胡、鲜卑降者,多处之塞内诸郡。其后数因忿恨,杀害长吏,渐为民患。侍御史西河郭钦上疏曰:"戎狄强犷,历古为患。魏初民少,西北诸郡,皆为戎居,内及京兆、魏郡、弘农,往往有之。今虽服从,若百年之后有风尘之警,胡骑自平阳、上党不三日而至孟津,北地、西河、太原、冯翊、安定、上郡尽为狄庭矣。宜及平吴之威,谋臣猛将之略,渐徙内郡杂胡于边地,峻四夷出入之防,明先王荒服之制,此万世之长策也。"帝不听。

二年(辛丑,281)

1　春,三月,诏选孙皓宫人五千人入宫。帝既平吴,颇事游宴,怠于政事,掖庭殆将万人。常乘羊车,恣其所之,至便宴寝;宫人竞以竹叶插户,盐汁洒地,以引帝车。而后父杨骏及弟珧、济始用事,交通请谒,势倾内外,时人谓之三杨,旧臣多被疏退。山涛数有规讽,帝虽知而不能改。

2　初,鲜卑莫护跋始自塞外入居辽西棘城之北,号曰慕容部。莫护跋生木延,木延生涉归,迁于辽东之北,世附中国,数从征讨有功,拜大单于。冬十月,涉归始寇昌黎。

3　十一月壬寅,高平武公陈骞薨。

4　是岁,扬州刺史周浚移镇秣陵。吴民之未服者,屡为寇乱,浚皆讨平之;宾礼故老,搜求俊乂,威惠并行,吴人悦服。

三年(壬寅,282)

1　春,正月丁丑朔,帝亲祀南郊。礼毕,喟然问司隶校尉刘毅曰:"朕可方汉之何帝?"对曰:"桓、灵。"帝曰:"何至于此?"对曰:"桓、灵卖官钱入官库,陛下卖官钱入私门,以此言之,殆不如也。"帝大笑曰:"桓、灵之世,不闻此言,今朕有直臣,固为胜之。"

毅为司隶,纠绳豪贵,无所顾忌。皇太子鼓吹入东掖门,毅劾奏之。中护军、散骑常侍羊琇,与帝有旧恩,典禁兵,豫机密十馀年,恃宠骄侈,数犯法。毅劾奏琇罪当死;帝遣齐王攸私请琇于毅,毅许之。都官从事广平程卫径驰入护军营,收琇属吏,考问阴私,先奏琇所犯狼籍,然后言于毅。帝不得已,免琇官。未几,复使以白衣领职。

琇,景献皇后之从父弟也;后将军王恺,文明皇后之弟也;散骑常侍石崇,苞之子也。三人皆富于财,竞以奢侈相高:恺以粗澳釜,崇以蜡代薪;恺作紫丝步障四十里,崇作锦步障五十里;崇涂屋以椒,恺用赤石脂。帝每助恺,尝以珊瑚树赐之,高二尺许。恺以示石崇,崇便以铁如意碎之;恺怒,以为疾己之宝。崇曰:"不足多恨,今还卿!"乃命左右悉取其家珊瑚树,高三四尺者六七株,如恺比者甚众,恺悦然自失。

车骑司马傅咸上书曰:"先王之治天下,食肉衣帛,皆有其制,窃谓奢侈之费,甚于天灾。古者人稠地狭,而有储蓄,由于节也。今者土广人稀,而患不足,由于奢也。欲人崇俭,当诘其奢,奢不见诘,转相高尚,无有穷极矣!"

2　尚书张华,以文学才识,名重一时,论者皆谓华宜为三公;中书监荀勖、侍中冯紞以伐吴之谋深疾之。会帝问华:"谁可托后事者?"华对以"明德至亲,莫如齐王"。由是忤旨,勖因而谮之。甲午,以华都督幽州诸军事。华至镇,抚循夷夏,誉望益振,帝复欲征之。冯紞侍帝,从容语及钟会,紞曰:"会之反,颇由太祖。"帝变色曰:"卿是何言邪!"紞免冠谢曰:"臣闻善御者必知六辔缓急之宜,故孔子以仲由兼人而退之,冉求退弱而进之。汉高祖尊宠五王而夷灭,光武抑损诸将而克终。非上有仁暴之殊,下有愚智之异也,盖抑扬与夺,使之然耳。钟会才智有限,而太祖夸奖无极,居以重势,委以大兵,使会自谓算无遗策,功在不赏,遂构凶逆耳。向令太祖录其小能,节以大礼,抑之以威权,纳之以轨则,则乱心无由生矣。"帝曰:"然。"统稽首曰:"陛下既然臣之言,宜思坚冰之渐,勿使如会之徒复致倾覆。"帝曰:"当今岂复有如会者邪?"统因屏左右而言曰:"陛下谋画之臣,著大功于天下,据方镇,总戎马者,皆在陛下圣虑矣。"帝默然,由是止不征华。

3　三月,安北将军严询败慕容涉归于昌黎,斩获万计。

4　鲁公贾充老病,上遣皇太子省视起居。充自忧谥传,从子模曰:"是非久自见,不可掩也!"夏,四月庚午,充薨,世子黎民早卒,无嗣,妻郭槐欲以充外孙韩谧为世孙,郎中令韩咸、中尉曹轸谏曰:"礼无异姓为后之文,今而行之,是使先公受讥于后世而怀愧于地下也。"槐不听。咸等上书,求改立嗣,事寝不报。槐遂表陈之,云充遗意。帝许之,仍诏"自非功如太宰,始封、无后者,皆不得以为比"。及太常议谥,博士秦秀曰:"充悖礼溺情,以乱大伦。昔鄫养外孙莒公子为后,春秋书'莒人灭鄫'。绝父祖之血食,开朝廷之乱原。按谥法,'昏乱纪度曰荒',请谥荒公。"帝不从,更谥曰武。

5　闰月丙子,广陆成侯李胤薨。

6　齐王攸德望日隆,荀勖、冯紞、杨珧皆恶之。紞言于帝曰:"陛下诏诸侯之国,宜从亲者始。亲者莫如齐王,今独留京师,可乎?"勖曰:"百僚内外皆归心齐王,陛下万岁后,太子不得立矣。陛下试诏齐王之国,必举朝以为不可,则臣言验矣。"帝以为然。冬,十二月甲申,诏曰:"古者九命作伯,或入毗朝政,或出御方岳,其揆一也。侍中、司空、齐王攸,佐命立勋,勤劳王室,其以为大司马、都督青州诸军事,侍中如故,仍加崇典礼,主者详按旧制施行。"以汝南王亮为太尉、录尚书事、领太子太傅,光禄大夫山涛为司徒,尚书令卫瓘为司空。

征东大将军王浑上书,以为:"攸至亲盛德,侔于周公,宜赞皇朝,与闻政事。今出攸之国,假以都督虚号,而无典戎干方之实,亏于款笃之义,惧非陛下追述先帝、文明太后待攸之宿意也。若以同姓宠之太厚,则有吴、楚逆乱之谋,汉之吕、霍、王氏,皆何人也!历观古今,苟事之轻重所在,无不为害,唯当任正道而求忠良耳。若以智计猜物,虽亲见疑,至于疏者,庸可保乎!愚以为太子太保缺,宜留攸居之,与汝南王亮、杨珧共干朝事。三人齐位,足相持正,既无偏重相倾之势,又不失亲亲仁覆之恩,计之尽善者也。"于是扶风王骏、光禄大夫李憙、中护军羊琇、侍中王济、甄德皆切谏;帝并不从。济使其妻常山公主及德妻长广公主俱入,稽颡涕泣,请帝留攸。帝怒,谓侍中王戎曰:"兄弟至亲,今出齐王,自是朕家事,而甄德、王济连遣妇来生哭人邪!"乃出济为国子祭酒,德为大鸿胪。羊琇与北军中候成粲谋见杨珧,手刃杀之,珧知之,辞疾不出,讽有司奏琇,左迁太仆,琇愤怨,发病卒。李憙亦以年老逊位,卒于家。憙在朝,姻亲故人,与之分衣共食,而未尝私以王官,人以此称之。

　　7　是岁,散骑常侍薛莹卒。或谓吴郡陆喜曰:"莹于吴士当为第一乎?"喜曰:"莹在四五之间,安得为第一! 夫以孙皓无道,吴国之士,沉默其体,潜而勿用者,第一也;避尊居卑,禄以代耕者,第二也;侃然体国,执正不惧者,第三也;斟酌时宜,时献微益者,第四也;温恭修慎,不为诏首者,第五也;过此以往,不足复数。故彼上士多沦没而远悔吝,中士有声位而近祸殃。观莹之处身本末,又安得为第一乎!"

四年(癸卯,283)

　　1　春,正月甲申,以尚书右仆射魏舒为左仆射,下邳王晃为右仆射。晃,孚之子也。

　　2　戊午,新沓康伯山涛薨。

　　3　帝命太常议崇锡齐王之物。博士庾旉、太叔广、刘暾、缪蔚、郭颐、秦秀、傅珍上表曰:"昔周选建明德以左右王室,周公、康叔、聃季,皆入为三公,明股肱之任重,守地之位轻也。汉诸侯王,位在丞相、三公上,其入赞朝政者,乃有兼官,其出之国,亦不复假台司虚名为隆宠也。今使齐王贤邪,则不宜以母弟之亲尊居鲁、卫之常职;不贤邪,不宜大启土宇,表建东海也。古礼,三公无职,坐而论道,不闻以方任婴之。惟宣王救急朝夕,然后命召穆公征淮夷,故其诗曰:'徐方不回,王曰旋归。'宰相不得久在外也。今天下已定,六合为家,将数延三事,与论太平之基,而更出之,去王城二千里,违旧章矣。"旉,纯之子;暾,毅之子也。旉既具草,先以呈纯,纯不禁。

　　事过太常郑默、博士祭酒曹志,志怆然叹曰:"安有如此之才,如此之亲,不得树本助化,而远出海隅! 晋室之隆,其殆矣乎!"乃奏议曰:"古之夹辅王室,同姓则周公,异姓则太公,皆身居朝廷,五世反葬。及其衰也,虽有五霸代兴,岂与周、召之治同日而论哉! 自羲皇以来,岂一姓所能独有! 当推至公之心,与天下共其利害,乃能享国久长。是以秦、魏欲独擅其权而才得没身,周、汉能分其利而亲疏为用,此前事之明验也。志以为当如博士等议。"帝览之,大怒曰:"曹志尚不明吾心,况四海乎!"且谓:

"博士不答所问而答所不问,横造异论。"下有司策免郑默。于是尚书朱整、褚䂮奏:"志等侵官离局,迷罔朝廷,崇饰恶言,假托无讳,请收志等付廷尉科罪。"诏免志官,以公还第;其馀皆付廷尉科罪。

庾纯诣廷尉自首:"䂮以议草见示,愚浅听之。"诏免纯罪。廷尉刘颂奏䂮等大不敬,当弃市。尚书奏请报听廷尉行刑。尚书夏侯骏曰:"官立八座,正为此时。"乃独为驳议。左仆射下邳王晃亦从骏议。奏留中七日,乃诏曰:"䂮是议主,应为戮首;但䂮家人自首,宜并广等七人皆丐其死命,并除名。"

二月,诏以济南郡益齐国。己丑,立齐王攸子长乐亭侯寔为北海王。命攸备物典策,设轩县之乐,六佾之舞,黄钺朝车,乘舆之副从焉。

4　三月辛丑朔,日有食之。

5　齐献王攸愤怨发病,乞守先后陵。帝不许,遣御医诊视,诸医希旨,皆言无疾。河南尹向雄谏曰:"陛下子弟虽多,然有德望者少;齐王卧居京邑,所益实深,不可不思也。"帝不纳,雄愤恚而卒。攸疾转笃,帝犹催上道。攸自强入辞,素持容仪,疾虽困,尚自整厉,举止如常,帝益疑其无疾;辞出数日,欧血而薨。帝往临丧,攸子冏号踊,诉父病为医所诬。诏即诛医,以冏为嗣。

初,帝爱攸甚笃,为荀勖、冯𬘭等所构,欲为身后之虑,故出之。及薨,帝哀恸不已。冯𬘭侍侧,曰:"齐王名过其实,天下归之,今自薨殒,社稷之福也,陛下何哀之过!"帝收泪而止。诏攸丧礼依安平献王故事。

攸举动以礼,鲜有过事,虽帝亦敬惮之。每引之同处,必择言而后发。

6　夏,五月己亥,琅邪武王伷薨。

7　冬,十一月,以尚书左仆射魏舒为司徒。

8　河南及荆、扬等六州大水。

9　归命侯孙皓卒。

10　是岁,鲜卑慕容涉归卒。弟删篡立,将杀涉归子廆,廆亡匿于辽东徐郁家。

五年(甲辰,284)

1　春,正月己亥,有青龙二,见武库井中。帝观之,有喜色。百官将贺,尚书左仆射刘毅表曰:"昔龙降夏庭,卒为周祸。易称'潜龙勿用,阳在下也'。寻案旧典,无贺龙之礼。"帝从之。

2　初,陈群以吏部不能审核天下之士,故令郡国各置中正,州置大中正,皆取本土之人任朝廷官、德充才盛者为之,使铨次等级以为九品,有言行修著则升之,道义亏缺则降之,吏部凭之以补授百官。行之浸久,中正或非其人,奸敝日滋。刘毅上疏曰:"今立中正,定九品,高下任意,荣辱在手,操人主之威福,夺天朝之权势,公无考校之负,私无告讦之忌,用心百态,营求万端,廉让之风灭,争讼之俗成,臣窃为圣朝耻之! 盖中正之设,于损政之道有八:高下逐强弱,是非随兴衰,一人之身,旬日异状,上品无寒门,下品无势族,一也。置州都者,本取州里清议咸所归服,将以镇异同,一言议也。今重其任而轻其人,使驳违之论横于州里,嫌仇之隙结于大臣,二也。本立格之体,为九品者,谓才德有优劣,伦辈有首尾也。今乃使优劣易地,首尾倒错,三也。陛下赏善罚恶,无不裁之以法,独置中正,委以一国之重,曾无赏罚之防,又禁人不得诉讼,使之纵横任意,无所顾惮,诸受枉者,抱怨积直,不获上闻,四也。一国之士,多者千数,或流徙异邦,或取给殊方,面犹不识,况尽其才! 而中正知与不知,皆当品状,采誉于台府,纳毁于流言,任己则有不识之蔽,听受则有彼此之偏,五也。凡求人才,欲以治民也,今当官著效者或附卑品,在官无绩者更获高叙,是为抑功实而隆空名,长浮华而废考绩,六也。凡官不同人,事不同能。今不状其才之所宜而但第为九品,以品取人,或非才能之所长,以状取人,则为本品之所限,徒结白论而品状相妨,七也。九品所下不彰其罪,所上不列其善,各任爱憎,以植其私,天下之人焉得不懈德行而锐人事,八也。由此论之,职名中正,实为奸府;事名九品,而有八损;古今之失,莫大于此! 愚臣以为宜罢中正,除九品,弃魏氏之敝法,更立一代之美制。"太尉、汝南王亮、司空卫瓘亦上疏曰:"魏氏承丧乱之后,人士流移,考详无地,故立九品之制,粗且为一时选用之本耳。今九域同规,大化方始,臣等以为宜皆荡除末法,咸用土断,自公卿以下,以所居为正,无复县客,远属异土,尽除中正九品之制,使举善进才,各由乡论,则华竞自息,各求于己矣。"始平王文学江夏李重上疏:以为:"九品既除,宜先开移徙,听相并就,则土断之实行矣。"帝虽善其言而终不能改也。

3　冬,十二月庚午,大赦。

4　闰月,当阳成侯杜预卒。

5　是岁,塞外匈奴胡太阿厚帅部落二万九千三百人来降;帝处之塞内西河。

6　罢宁州入益州,置南夷校尉以护之。

六年（乙巳，285）

1　春，正月，尚书左仆射刘毅致仕，寻卒。

2　戊辰，以王浑为尚书左仆射，浑子济为侍中。浑主者处事不当，济明法绳之。济从兄佑，素与济不协，因毁济不能容其父，帝由是疏济，后坐事免官。济性豪侈，帝谓侍中和峤曰："我将骂济而后官之，如何？"峤曰："济俊爽，恐不可屈。"帝召济，切让之，既而曰："颇知愧不？"济曰："尺布、斗粟之谣，常为陛下愧之。他人能令亲者疏，臣不能令亲者亲，以此愧陛下耳。"帝默然。峤，洽之孙也。

3　青、梁、幽、冀州旱。

4　秋，八月丙戌朔，日有食之。

5　冬，十二月庚子，襄阳武侯王濬卒。

6　是岁，慕容删为其下所杀，部众复迎涉归子廆而立之。涉归与宇文部素有隙，廆请讨之，朝廷弗许。廆怒，入寇辽西，杀略甚众。帝遣幽州军讨廆，战于肥如，廆众大败。自是每岁犯边，又东击扶馀，扶馀王依虑自杀，子弟走保沃沮。廆夷其国城，驱万馀人而归。

七年（丙午，286）

1　春，正月甲寅朔，日有食之。魏舒称疾，固请逊位，以剧阳子罢。舒所为，必先行而后言，逊位之际，莫有知者。卫瓘与舒书曰："每与足下共论此事，日日未果，可谓'瞻之在前，忽焉在后'矣。"

2　夏，慕容廆寇辽东，故扶馀王依虑子依罗求帅见人还复旧国，请援于东夷校尉何龛，龛遣督护贾沈将兵送之。廆遣其将孙丁帅骑邀之于路，沈力战，斩丁，遂复扶馀。

3　秋，匈奴胡都大博及萎莎胡各帅种落十万馀口诣雍州降。

4　九月戊寅，扶风武王骏薨。

5　冬，十一月壬子，以陇西王泰都督关中诸军事。泰，宣帝弟馗之子也。

6　是岁，鲜卑拓跋悉鹿卒，弟绰立。

八年（丁未，287）

1　春，正月戊申朔，日有食之。

2　太庙殿陷，九月，改营太庙，作者六万人。

3　是岁，匈奴都督大豆得一育鞠等复帅种落万一千五百口来降。

九年（戊申，288）

1　春，正月壬申朔，日有食之。

2　夏，六月庚子朔，日有食之。

3　郡国三十三大旱。

4　秋，八月壬子，星陨如雨。

5　地震。

资治通鉴卷第八十二

晋纪四

世祖武皇帝下

太康十年（己酉，289）

1　夏，四月，太庙成；乙巳，祫祭，大赦。

2　慕容廆遣使请降；五月，诏拜廆鲜卑都督。廆谒见何龛，以士大夫礼，巾衣到门；龛严兵以见之，廆乃改服戎衣而入。人问其故，廆曰："主人不以礼待客，客何为哉！"龛闻之，甚惭，深敬异之。时鲜卑宇文氏、段氏方强，数侵掠廆，廆卑辞厚币以事之。段国单于阶以女妻廆，生皝、仁、昭。廆以辽东僻远，徙居徒河之青山。

3　冬，十月，复明堂及南郊五帝位。

4　十一月丙辰，尚书令济北成侯荀勖卒。勖有才思，善伺人主意，以是能固其宠。久在中书，专管机事。及迁尚书，甚罔怅。人有贺之者，勖曰："夺我凤皇池，诸君何贺邪！"

5　帝极意声色，遂至成疾。杨骏忌汝南王亮，排出之。甲申，以亮为侍中、大司马、假黄钺、大都督、督豫州诸军事，治许昌；徙南阳王柬为秦王，都督关中诸军事，始平王玮为楚王，都督荆州诸军事，濮阳王允为淮南王，都督扬、江二州诸军事；并假节之国。立皇子乂为长沙王，颖为成都王，晏为吴王，炽为豫章王，演为代王；皇孙遹为广陵王。又封淮南王子迪为汉王，楚王子仪为毗陵王，徙扶风王畅为顺阳王，畅弟歆为新野公。畅，骏之子也。琅邪王觐弟澹为东武公，繇为东安公。觐，伷之子也。

初，帝以才人谢玖赐太子，生皇孙遹。宫中尝夜失火，帝登楼望之，遹年五岁，牵帝裾入暗中曰："暮夜仓猝，宜备非常，不可令照见人主。"帝由是奇之。尝对群臣称遹似宣帝，故天下咸归仰之。帝知太子不才，然恃遹明慧，故无废立之心。复用王佑之谋，以太子母弟柬、玮、允分镇要害。又恐杨氏之逼，复以佑为北军中候，典禁兵。帝为皇孙遹高选僚佐，以散骑常侍刘寔志行清素，命为广陵王傅。

　　寔以时俗喜进趣,少廉让,欲令初除官通谢章者,必推贤让能,乃得通之。一官缺则择为人所让最多者用之。以为:"人情争则欲毁己所不如,让则竞推于胜己。故世争则优劣难分,时让则贤智显出。当此时也,能退身修己,则让之者多矣;虽欲守贫贱,不可得也。驰骛进趋而欲人见让,犹却行而求前也。"

　　淮南相刘颂上疏曰:"陛下以法禁宽纵,积之有素,未可一旦以直绳御下,此诚时宜也。然至于矫世救弊,自宜渐就清肃;譬犹行舟,虽不横截迅流,然当渐靡而往,稍向所趋,然后得济也。

　　"自泰始以来,将三十年,凡诸事业,不茂既往。以陛下明圣,犹未反叔世之敝,以成始初之隆,传之后世,不无虑乎! 使夫异时大业,或有不安,其忧责犹在陛下也。

　　"臣闻为社稷计,莫若封建亲贤。然宜审量事势,使诸侯率义而动者,其力足以维带京邑;若包藏祸心,其势不足独以有为。其齐此甚难,陛下宜与达古今之士,深共筹之。周之诸侯,有罪诛放其身,而国祚不泯;汉之诸侯,有罪或无子者,国随以亡。今宜反汉之敝,循周之旧,则下固而上安矣。

　　"天下至大,万事至众,人君至少,同于天日,是以圣王之化,执要于己,委务于下,非恶劳而好逸,诚以政体宜然也。夫居事始以别能否,甚难察也;因成败以分功罪,甚易识也。今陛下每精于造始而略于考终,此政功所以未善也。人主诚能居易执要,考功罪于成败之后,则群下无所逃其诛赏矣。

　　"古者六卿分职,冢宰为师;秦、汉已来,九列执事,丞相都总。今尚书制断,诸卿奉成,于古制为太重。可出众事付外寺,使得专之;尚书统领大纲,若丞相之为,岁终课功,校簿赏罚而已,斯亦可矣。今动皆受成于上,上之所失,不得复以罪下,岁终事功不建,不知所责也。

　　"夫细过谬妄,人情之所必有,而悉纠以法,则朝野无立人矣。近世以来为监司者,类大纲不振而微过必举,盖由畏避豪强而又惧职事之旷,则谨密网以罗微罪,使奏劾相接,状似尽公,而挠法在其中矣。是以圣王不善碎密之案,必责凶猾之奏,则害政之奸,自然禽矣。夫创业之勋,在于立教定制,使遗风系人心,馀烈匡幼弱,后世凭之,虽昏犹明,虽愚若智,乃足尚也。

　　"至夫修饰官署,凡诸作役,恒伤太过,不患不举,此将来所不须于陛下而自能者也。今勤所不须以伤所凭,窃以为过矣。"帝皆不能用。

6　诏以刘渊为匈奴北部都尉。渊轻财好施,倾心接物,五部豪桀,幽、冀名儒,多往归之。

7　奚轲男女十万口来降。

孝惠皇帝上之上

永熙元年(庚戌,290)

1　春,正月辛酉朔,改元太熙。

2　己巳,以王浑为司徒。

3　司空、侍中、尚书令卫瓘子宣,尚繁昌公主。宣嗜酒,多过失,杨骏恶瓘,欲逐之,乃与黄门谋共毁宣,劝武帝夺公主。瓘惭惧,告老逊位。诏进瓘位太保,以公就第。

4　剧阳康子魏舒薨。

5　三月甲子,以右光禄大夫石鉴为司空。

6　帝疾笃,未有顾命。勋旧之臣多已物故,侍中、车骑将军杨骏独侍疾禁中。大臣皆不得在左右,骏因辄以私意改易要近,树其心腹。会帝小间,见其新所用者,正色谓骏曰:“何得便尔!”时汝南王亮尚未发,乃令中书作诏,以亮与骏同辅政,又欲择朝士有闻望者数人佐之。骏从中书借诏观之,得便藏去,中书监华廙恐惧,自往索之,终不与。会帝复迷乱,皇后奏以骏辅政,帝颔之。夏,四月辛丑,皇后召华廙及中书令何劭,口宣帝旨作诏,以骏为太尉、太子太傅、都督中外诸军事、侍中、录尚书事。诏成,后对廙、劭以呈帝,帝视而无言。廙,歆之孙;劭,曾之子也。遂趣汝南王亮赴镇。帝寻小间,问:“汝南王来未?”左右言未至,帝遂困笃。己酉,崩于含章殿。帝宇量弘厚,明达好谋,容纳直言,未尝失色于人。

太子即皇帝位,大赦,改元,尊皇后曰皇太后,立妃贾氏为皇后。

杨骏入居太极殿,梓宫将殡,六宫出辞,而骏不下殿,以虎贲百人自卫。

诏石鉴与中护军张劭监作山陵。

汝南王亮畏骏,不敢临丧,哭于大司马门外。出营城外,表求过葬而行。或告亮欲举兵讨骏者,骏大惧,白太后,令帝为手诏与石鉴、张劭,使帅陵兵讨亮。劭,骏甥也,即帅所领趣鉴速发;鉴以为不然,保持之。亮问计于廷尉何勖,勖曰:“今朝野皆归心于公,公不讨人而畏人讨邪!”亮不敢发,夜,驰赴许昌,乃得免。骏弟济及甥河南尹李斌皆劝骏留亮,骏不从。济谓尚书左丞傅咸曰:“家兄若征大司马,退身避之,门户庶几可全。"咸曰:"宗室外戚,相恃为安。但召大司马还,共崇至公以辅政,无为避也。"济又使侍中石崇见骏言之,骏不从。

五月辛未,葬武帝于峻阳陵。

杨骏自知素无美望,欲依魏明帝即位故事,普进封爵以求媚于众。左军将军傅祗与骏书曰:"未有帝王始崩,臣下论功者也。"骏不从。祗,嘏之子也。丙子,诏中外群臣皆增位一等,预丧事者增二等,二千石已上皆封关中侯,复租调一年。散骑常侍石崇、散骑侍郎何攀共上奏,以为:"帝正位东宫二十馀年,今承大业,而班赏行爵,优于泰始革命之初及诸将平吴之功,轻重不称。且大晋卜世无穷,今之开制,当垂于后,若有爵必进,则数世之后,莫非公侯矣。"不从。

诏以太尉骏为太傅、大都督、假黄钺,录朝政,百官总己以听。傅咸谓骏曰:"谅暗不行久矣。今圣上谦冲,委政于公,而天下不以为善,惧明公未易当也。周公大圣,犹致流言,况圣上春秋非成王之年乎!窃谓山陵既毕,明公当审思进退之宜,苟有以察其忠款,言岂在多!"骏不从。咸数谏,骏渐不平,欲出咸为郡守。李斌曰:"斥逐正人,将失人望。"乃止。杨济遗咸书曰:"谚云:'生子痴,了官事。'官事未易了也。想虑破头,故具有白。"咸复书曰:"卫公有言:'酒色杀人,甚于作直。'坐酒色死,人不为悔,而逆畏以直致祸,此由心不能正,欲以苟且为明哲耳。自古以直致祸者,当由矫枉过正,或不忠笃,欲以亢厉为声,故致忿耳,安有悾悾忠益而返见怨疾乎!"

杨骏以贾后险悍,多权略,忌之,故以其甥段广为散骑常侍,管机密;张劭为中护军,典禁兵。凡有诏命,帝省讫,入呈太后,然后行之。

骏为政,严碎专愎,中外多恶之。冯翊太守孙楚谓骏曰:"公以外戚居伊、霍之任,当以至公、诚信、谦顺处之。今宗室强盛,而公不与共参万机,内怀猜忌,外树私昵,祸至无日矣!"骏不从。楚,资之孙也。

弘训少府蒯钦,骏之姑子也,数以直言犯骏,他人皆为之惧,钦曰:"杨文长虽暗,犹知人之无罪不可妄杀,不过疏我,我得疏,乃可以免;不然,与之俱族矣。"

骏辟匈奴东部人王彰为司马,彰逃避不受。其友新兴张宣子怪而问之,彰曰:"自古一姓二后,未有不败。况杨太傅昵近小人,疏远君子,专权自恣,败无日矣。吾逾海出塞以避之,犹惧及祸,奈何应其辟乎!且武帝不惟社稷大计,嗣子既不克负荷,受遗者复非其人,天下之乱,可立待也。"

7 秋,八月壬午,立广陵王遹为皇太子。以中书监何劭为太子太师,卫尉裴楷为少师,吏部尚书王戎为太傅,前太常张华为少傅,卫将军杨济为太保,尚书和峤为少保。拜太子母谢氏为淑媛。贾后常置谢氏于别室,不听与太子相见。初,和峤尝从容言于武帝曰:"皇太子有淳古之风,而末世多伪,恐不了陛下家事。"武帝默然。后与荀勖等同侍武帝,武帝曰:"太子近入朝差长进,卿可俱诣之,粗及世事。"既还,勖等并称太子明识雅度,诚如明诏。峤曰:"圣质如初。"武帝不悦而起。及帝即位,峤从太子遹入朝,贾后使帝问曰:"卿昔谓我不了家事,今日定如何?"峤曰:"臣昔事先帝,曾有斯言;言之不效,国之福也。"

8 冬,十月辛酉,以石鉴为太尉,陇西王泰为司空。

9 以刘渊为建威将军、匈奴五部大都督。

元康元年(辛亥,291)

1 春,正月乙酉朔,改元永平。

2 初,贾后之为太子妃也,尝以妒,手杀数人,又以戟掷孕妾,子随刃堕;武帝大怒,修金墉城,将废之。荀勖、冯紞、杨珧及充华赵粲共营救之,曰:"贾妃年少;妒者妇人常情,长自当差。"杨后曰:"贾公闾有大勋于社稷,妃亲其女,正复妒忌,岂可遽忘其先德邪!"妃由是得不废。

后数诫厉妃,妃不知后之助己,返以后为构己于武帝,更恨之。及帝即位,贾后不肯以妇道事太后,又欲干预政事,而为太傅骏所抑。殿中中郎渤海孟观、李肇,皆骏所不礼也,阴构骏,云将危社稷。黄门董猛,素给事东宫,为寺人监,贾后密使猛与观、肇谋诛骏,废太后。又使肇报汝南王亮,使举兵讨骏,亮不可。肇报都督荆州诸军事楚王玮,玮欣然许之,乃求入朝。骏素惮玮勇锐,欲召之而未敢,因其求朝,遂听之。二月癸酉,玮及都督扬州诸军事、淮南王允来朝。

三月辛卯,孟观、李肇启帝,夜作诏,诬骏谋反,中外戒严,遣使奉诏废骏,以侯就第。命东安公繇帅殿中四百人讨骏,楚王玮屯司马门,以淮南相刘颂为三公尚书,屯卫殿中。段广跪言于帝曰:"杨骏孤公无子,岂有反理,愿陛下审之!"帝不答。

时骏居曹爽故府,在武库南,闻内有变,召众官议之。太傅主簿朱振说骏曰:"今内有变,其趣可知,必是阉竖为贾后设谋,不利于公,宜烧云龙门以胁之,索造事者首,开万春门,引东宫及外营兵拥皇太子入宫,取奸人,殿内震惧,必斩送之。不然,无以免难。"骏素怯懦,不决,乃曰:"云龙门,魏明帝所造,功费甚大,奈何烧之!"侍中傅祗白骏,请与尚书武茂入宫观察事势,因谓群僚曰:"宫中不宜空。"遂揖而下阶。众皆走,茂犹坐。祗顾曰:"君非天子臣邪?今内外隔绝,不知国家所在,何得安坐!"茂乃惊起。骏党左军将军刘豫陈兵在门,遇右军将军裴颜,问太傅所在,颜绐之曰:"向于西掖门遇公乘素车,从二人西出矣。"豫曰:"吾何之?"颜曰:"宜至廷尉。"豫从颜言,遂委而去。寻诏颜代豫领左军将军,屯万春门。颜,秀之子也。皇太后题帛为书,射之城外曰:"救太傅者有赏。"贾后因宣言太后同反。寻而殿中兵出,烧骏府,又令弩手于阁上临骏府而射之,骏兵皆不得出。骏逃于马厩,就杀之。孟观等遂收骏弟珧、济,张劭、李斌、段广、刘豫、武茂及散骑常侍杨邈、中书令蒋俊、东夷校尉文鸯,皆夷三族,死者数千人。

珧临刑,告东安公繇曰:"表在石函,可问张华。"众谓宜依钟毓例为之申理。繇不听,而贾氏族党趣使行刑。珧号叫不已,刑者以刀破其头。繇,诸葛诞之外孙也,故忌文鸯,以为骏党而诛之。是夜,诛赏皆自繇出,威振内外。王戎谓繇曰:"大事之后,宜深远权势。"繇不从。

壬辰,赦天下,改元。

贾后矫诏,使后军将军荀悝送太后于永宁宫,特全太后母高都君庞氏之命,听就太后居。寻复讽群公有司奏:"皇太后阴渐奸谋,图危社稷,飞箭系书,要募将士,同恶相济,自绝于天。鲁侯绝文姜,春秋所许。盖奉祖宗,任至公于天下,陛下虽怀无已之情,臣下不敢奉诏。"诏曰:"此大事,更详之。"有司又奏:"宜废太后曰峻阳庶人。"中书监张华议:"太后非得罪于先帝,今党其所亲,为不母于圣世,宜依汉废赵太后为孝成后故事,贬皇太后之号,还称武皇后,居异宫,以全始终之恩。"左仆射荀恺与太子少师下邳王晃等议曰:"皇太后谋危社稷,不可复配先帝,宜贬尊号,废诣金墉城。"于是有司奏从晃等议,废太后为庶人;诏可。又奏:"杨骏造乱,家属应诛,诏原其妻庞命,以尉太后之心。今太后废为庶人,请以庞付廷尉行刑。"诏不许;有司复固请,乃从之。庞临刑,太后抱持号叫,截发稽颡,上表诣贾后称妾,请全母命;不见省。董养游太学,升堂叹曰:"朝廷建斯堂,将以何为乎!每览国家赦书,谋反大逆皆赦,至于杀祖父母、父母不赦者,以为王法所不容故也。奈何公卿处议,文饰礼典,乃至此乎!天人之理既灭,大乱将作矣。"

有司收骏官属,欲诛之。侍中傅祗启曰:"昔鲁芝为曹爽司马,斩关赴爽,宣帝用为青州刺史。骏之僚佐,不可悉加罪。"诏赦之。

　　壬寅,征汝南王亮为太宰,与太保卫瓘皆录尚书事,辅政。以秦王柬为大将军,东平王楙为抚军大将军,楚王玮为卫将军、领北军中候,下邳王晃为尚书令,东安公繇为尚书左仆射,进爵为王。楙,望之子也。封董猛为武安侯,三兄皆为亭侯。

　　亮欲取悦众心,论诛杨骏之功,督将侯者千八十一人。御史中丞傅咸遗亮书曰:"今封赏熏赫,震动天地,自古以来,未之有也。无功而获赏,则人莫不乐国之有祸,是祸原无穷也。凡作此者,由东安公。人谓殿下既至,当有以正之,正之以道,众亦何怒! 众之所怒者,在于不平耳;而今皆更倍论,莫不失望。"亮颇专权势,咸复谏曰:"杨骏有震主之威,委任亲戚,此天下所以喧哗。今之处重,宜反此失,静默颐神,有大得失,乃维持之,自非大事,一皆抑遣。比过尊门,冠盖车马,填塞街衢,此之翕习,既宜弭息。又夏侯长容无功而暴擢为少府,论者谓长容,公之姻家,故至于此,流闻四方,非所以为益也。"亮皆不从。

　　贾后族兄车骑司马模、从舅右卫将军郭彰,女弟之子贾谧与楚王玮、东安王繇,并预国政。贾后暴戾日甚,繇密谋废后,贾氏惮之。繇兄东武公澹,素恶繇,屡谮之于太宰亮曰:"繇专行诛赏,欲擅朝政。"庚戌,诏免繇官,又坐有悖言,废徙带方。

　　于是贾谧、郭彰权势愈盛,宾客盈门。谧虽骄奢而好学,喜延士大夫,郭彰、石崇、陆机、机弟云、和郁及荥阳潘岳、清河崔基、勃海欧阳建、兰陵缪徵、京兆杜斌、挚虞、琅邪诸葛诠、弘农王粹、襄城杜育、南阳邹捷、齐国左思、沛国刘瓌、周恢、安平牵秀、颍川陈眕、高阳许猛、彭城刘讷、中山刘舆、舆弟琨皆附于谧,号曰二十四友。郁,峤之弟也。崇与岳尤谄事谧,每候谧及广城君郭槐出,皆降车路左,望尘而拜。

　　3　太宰亮、太保瓘以楚王玮刚愎好杀,恶之,欲夺其兵权,以临海侯裴楷代玮为北军中候,玮怒;楷闻之,不敢拜。亮复与瓘谋,遣玮与诸王之国,玮益忿怨。玮长史公孙宏、舍人岐盛,皆有宠于玮,劝玮自昵于贾后;后留玮领太子少傅。盛素善于杨骏,卫瓘恶其反覆,将收之。盛乃与宏谋,因积弩将军李肇矫称玮命,谮亮、瓘于贾后,云将谋废立。后素怨瓘,且患二公执政,己不得专恣,夏,六月,后使帝作手诏赐玮曰:"太宰、太保欲为伊、霍之事,王宜宣诏,令淮南、长沙、成都王屯诸宫门,免亮及瓘官。"夜,使黄门赍以授玮。玮欲覆奏,黄门曰:"事恐漏泄,非密诏本意也。"玮亦欲因此复私怨,遂勒本军,复矫诏召三十六军,告以"二公潜图不轨,吾今受诏都督中外诸军,诸在直卫者,皆严加警备;其在外营,便相帅径诣行府,助顺讨逆。"又矫诏"亮、瓘官属,一无所问,皆罢遣之;若不奉诏,便军法从事。"遣公孙宏、李肇以兵围亮府,侍中清河王遐收瓘。

亮帐下督李龙,白"外有变,请拒之";亮不听。俄而兵登墙大呼,亮惊曰:"吾无贰心,何故至此!诏书其可见乎?"宏等不许,趣兵攻之。长史刘准谓亮曰:"观此必是奸谋。府中俊乂如林,犹可力战。"又不听,遂为肇所执,叹曰:"我之赤心,可破示天下也。"与世子矩俱死。

卫瓘左右亦疑遐矫诏,请拒之,须自表得报,就戮未晚;瓘不听。初,瓘为司空,帐下督荣晦有罪,斥遣之。至是,晦从遐收瓘,辄杀瓘及子孙共九人,遐不能禁。

岐盛说玮:"宜因兵势,遂诛贾、郭以正王室,安天下。"玮犹豫未决。会天明,太子少傅张华使董猛说贾后曰:"楚王既诛二公,则天下威权尽归之矣,人主何以自安!宜以玮专杀之罪诛之。"贾后亦欲因此除玮,深然之。是时内外扰乱,朝廷恟惧,不知所出。张华白帝,遣殿中将军王宫赍驺虞幡出麾众曰:"楚王矫诏,勿听也!"众皆释仗而走。玮左右无复一人,窘迫不知所为,遂执之,下廷尉;乙丑,斩之。玮出怀中青纸诏,流涕以示监刑尚书刘颂曰:"幸托体先帝,而受枉乃如此乎!"公孙宏、岐盛并夷三族。

玮之起兵也,陇西王泰严兵将助玮,祭酒丁绥谏曰:"公为宰相,不可轻动。且夜中仓猝,宜遣人参审定问。"泰乃止。

卫瓘女与国臣书曰:"先公名谥未显,每怪一国蔑然无言,春秋之失,其咎安在?"于是太保主簿刘繇等执黄幡,抴登闻鼓,上言曰:"初,矫诏者至,公即奉送章绶,单车从命。如矫诏之文唯免公官,而故给使荣晦,辄收公父子及孙,一时斩戮。乞验尽情伪,加以明刑。"乃诏族诛荣晦,追复亮爵位,谥曰文成。封瓘为兰陵郡公,谥曰成。

于是贾后专朝,委任亲党,以贾模为散骑常侍,加侍中。贾谧与后谋,以张华庶姓,无逼上之嫌,而儒雅有筹略,为众望所依,欲委以朝政。疑未决,以问裴頠,頠赞成之。乃以华为侍中、中书监,頠为侍中,又以安南将军裴楷为中书令,加侍中,与右仆射王戎并管机要。华尽忠帝室,弥缝遗阙,贾后虽凶险,犹知敬重华;贾模与华、頠同心辅政,故数年之间,虽暗主在上而朝野安静,华等之功也。

4　秋,七月,分荆、扬十郡为江州。

5　八月辛未,立陇西王泰世子越为东海王。

6　九月甲午,秦献王柬薨。

7　辛丑,征征西大将军梁王肜为卫将军、录尚书事。

二年(壬子,292)

1　春,二月己酉,故杨太后卒于金墉城。是时,太后尚有侍御十馀人,贾后悉夺之,绝膳八日而卒。贾后恐太后有灵,或诉冤于先帝,乃覆而殡之,仍施诸厌劾符书、药物等。

2　秋,八月壬子,赦天下。

三年(癸丑,293)

1　夏,六月,弘农雨雹,深三尺。

2　鲜卑宇文莫槐为其下所杀,弟普拨立。

3　拓拔绰卒,子弗立。

四年(甲寅,294)

1　春,正月丁酉,安昌元公石鉴薨。

2　夏,五月。匈奴郝散反,攻上党,杀长吏。秋,八月,郝散帅众降,冯翊都尉杀之。

3　是岁,大饥。

4　司隶校尉傅咸卒。咸性刚简,风格峻整,初为司隶校尉,上言:"货略流行,所宜深绝。"时朝政宽弛,权豪放恣,咸奏免河南尹澹等官,京师肃然。

5　慕容廆徙居大棘城。

6　拓跋弗卒,叔父禄官立。

五年(乙卯,295)

1　夏,六月,东海雨雹,深五寸。

2　荆、扬、兖、豫、青、徐六州大水。

3　冬,十月,武库火,焚累代之宝及二百万人器械。十二月丙戌,新作武库,大调兵器。

4　拓跋禄官分其国为三部:一居上谷之北,濡源之西,自统之;一居代郡参合陂之北,使兄沙漠汗之子猗㐌统之;一居定襄之盛乐故城,使猗㐌弟猗卢统之。猗卢善用兵,西击匈奴、乌桓诸部,皆破之。代人卫操与从子雄及同郡箕澹往依拓跋氏,说猗㐌、猗卢招纳晋人。猗㐌悦之,任以国事,<u>晋</u>人附者稍众。

六年(丙辰,296)

1 春,正月,赦天下。

2 下<u>邳献王晃</u>薨。以中书监<u>张华</u>为司空。太尉<u>陇西王泰</u>行尚书令,徙封<u>高密王</u>。

3 夏,<u>郝散</u>弟<u>度元</u>与<u>冯翊</u>、<u>北地马兰羌</u>、<u>卢水胡</u>俱反,杀<u>北地</u>太守<u>张损</u>,败<u>冯翊</u>太守<u>欧阳建</u>。

征西大将军<u>赵王伦</u>信用嬖人<u>琅邪孙秀</u>,与<u>雍州</u>刺史<u>济南解系</u>争军事,更相表奏,<u>欧阳建</u>亦表<u>伦</u>罪恶。朝廷以<u>伦</u>挠乱<u>关</u>右,征<u>伦</u>为车骑将军,以<u>梁王肜</u>为征西大将军、都督<u>雍</u>、<u>凉</u>二州诸军事。<u>系</u>与其弟御史中丞<u>结</u>,皆表请诛<u>秀</u>以谢<u>氐</u>、<u>羌</u>;<u>张华</u>以告<u>梁王肜</u>,使诛之,<u>肜</u>许诺。<u>秀</u>友人<u>辛冉</u>为之说<u>肜</u>曰:“<u>氐</u>、<u>羌</u>自反,非<u>秀</u>之罪。”<u>秀</u>由是得免。<u>伦</u>至<u>洛阳</u>,用<u>秀</u>计,深交<u>贾</u>、<u>郭</u>,<u>贾</u>后大爱信之,<u>伦</u>因求录尚书事,又求尚书令;<u>张华</u>、<u>裴</u>𬱟固执以为不可,<u>伦</u>、<u>秀</u>由是怨之。

秋,八月,<u>解系</u>为<u>郝度元</u>所败,<u>秦</u>、<u>雍氐</u>、<u>羌</u>悉反,立<u>氐</u>帅<u>齐万年</u>为帝,围<u>泾阳</u>。御史中丞<u>周处</u>,弹劾不避权戚,<u>梁王肜</u>尝违法,<u>处</u>按劾之。冬,十月,诏以<u>处</u>为建威将军,与振威将军<u>卢播</u>俱隶安西将军<u>夏侯骏</u>,以讨<u>齐万年</u>。中书令<u>陈准</u>言于朝曰:“<u>骏</u>及<u>梁王</u>皆贵戚,非将帅之才,进不求名,退不畏罪。<u>周处吴</u>人,忠直勇果,有仇无援。宜诏积弩将军<u>孟观</u>,以精兵万人为<u>处</u>前锋,必能殄寇;不然,<u>梁王</u>当使<u>处</u>先驱,以不救而陷之,其败必也。”朝廷不从。<u>齐万年</u>闻<u>处</u>来,曰:“<u>周</u>府君尝为<u>新平</u>太守,有文武才,若专断而来,不可当也;或受制于人,此成禽耳!”

4 <u>关</u>中饥、疫。

5 初,<u>略阳清水氐杨驹</u>始居<u>仇池</u>。<u>仇池</u>方百顷,其旁平地二十馀里,四面斗绝而高,为羊肠蟠道三十六回而上。至其孙<u>千万</u>附<u>魏</u>,封为<u>百顷王</u>。<u>千万</u>孙<u>飞龙</u>浸强盛,徙居<u>略阳</u>。<u>飞龙</u>以其甥<u>令狐茂搜</u>为子,<u>茂搜</u>避<u>齐万年</u>之乱,十二月,自<u>略阳</u>帅部落四千家还保<u>仇池</u>,自号辅国将军、<u>右贤王</u>。<u>关</u>中人士避乱者多依之,<u>茂搜</u>迎接抚纳,欲去者,卫护资送之。

6 是岁,以扬烈将军<u>巴西赵</u>𢷋为<u>益州</u>刺史,发<u>梁</u>、<u>益</u>兵粮助<u>雍州</u>讨<u>氐</u>、<u>羌</u>。

七年(丁巳,297)

1 春,正月,齐万年屯梁山,有众七万;梁王肜、夏侯骏使周处以五千兵击之。处曰:"军无后继,必败,不徒亡身,为国取耻。"肜、骏不听,逼遣之。癸丑,处与卢播、解系攻万年于六陌。处军士未食,肜促令速进,自旦战至暮,斩获甚众,弦绝矢尽,救兵不至。左右劝处退,处按剑曰:"是吾效节致命之日也!"遂力战而死。朝廷虽以尤肜,而亦不能罪也。

2 秋,七月,雍、秦二州大旱,疾疫,米斛万钱。

3 丁丑,京陵元公王浑薨。九月,以尚书右仆射王戎为司徒,太子太师何劭为尚书左仆射。

戎为三公,与时浮沉,无所匡救,委事僚寀,轻出游放。性复贪吝,园田遍天下,每自执牙筹,昼夜会计,常若不足。家有好李,卖之恐人得种,常钻其核。凡所赏拔,专事虚名。阮咸之子瞻尝见戎,戎问曰:"圣人贵名教,老、庄明自然,其旨同异?"瞻曰:"将无同!"戎咨嗟良久,遂辟之。时人谓之"三语掾"。

是时,王衍为尚书令,南阳乐广为河南尹,皆善清谈,宅心事外,名重当世,朝野之人,争慕效之。衍与弟澄,好题品人物,举世以为仪准。衍神情明秀,少时,山涛见之,嗟叹良久,曰:"何物老妪,生宁馨儿!然误天下苍生者,未必非此人也!"乐广性冲约,与物无竞。每谈论,以约言析理,厌人之心,而其所不知,默如也。凡论人,必先称其所长,则所短不言自见。王澄及阮咸、咸从子脩、泰山胡毋辅之、陈国谢鲲、城阳王尼、新蔡毕卓,皆以任放为达,至于醉狂裸体,不以为非。胡毋辅之尝酣饮,其子谦之窥而厉声呼其父字曰:"彦国!年老,不得为尔!"辅之欢笑,呼入共饮。毕卓尝为吏部郎,比舍郎酿熟,卓因醉,夜至瓮间盗饮之,为掌酒者所缚,明旦视之,乃毕吏部也。乐广闻而笑之曰:"名教内自有乐地,何必乃尔!"

初,何晏等祖述老、庄,立论以为:"天地万物,皆以无为本。无也者,开物成务,无往而不存者也。阴阳恃以化生,贤者恃以成德。故无之为用,无爵而贵矣!"王衍之徒皆爱重之。由是朝廷士大夫皆以浮诞为美,弛废职业。裴頠著崇有论以释其蔽曰:"夫利欲可损而未可绝有也,事务可节而未可全无也。盖有饰为高谈之具者,深列有形之累,盛陈空无之美。形器之累有征,空无之义难检;辩巧之文可悦,似象之言足惑;众听眩焉,溺其成说。虽颇有异此心者,辞不获济,屈于所习,因谓虚无之理诚不可盖。一唱百和,往而不反,遂薄综世之务,贱功利之用,高浮游之业,卑经实之贤。人情所徇,名利从之,于是文者衍其辞,讷者赞其旨。立言藉于虚无,谓之玄妙;处官不亲所职,谓之雅远;奉身散其廉操,谓之旷达;故砥砺之风,弥以陵迟。放者因斯,或悖吉凶之礼,忽容止之表,渎长幼之序,混贵贱之级,甚者至于裸裎襢慢,无所不至,士行又亏矣。

"夫万物之有形者,虽生于无,然生以有为已分,则无是有之所遗者也。故养既化之有,非无用之所能全也;治既有之众,非无为之所能修也。心非事也,而制事必由于心,然不可谓心为无也;匠非器也,而制器必须于匠,然不可谓匠非有也。是以欲收重渊之鳞,非偃息之所能获也;陨高墉之禽,非静拱之所能捷也。由此而观,济有者皆有也,虚无奚益于已有之群生哉!"然习俗已成,颓论亦不能救也。

　　4　拓跋猗㐌度漠北巡,因西略诸国,积五岁,降附者三十馀国。

八年(戊午,298)

　　1　春,三月壬戌,赦天下。

　　2　秋,九月,荆、豫、徐、扬、冀五州大水。

　　3　初,张鲁在汉中,賨人李氏自巴西宕渠往依之。魏武帝克汉中,李氏将五百馀家归之,拜为将军,迁于略阳北土,号曰巴氏。其孙特、庠、流,皆有材武,善骑射,性任侠,州党多附之。

　　及齐万年反,关中荐饥,略阳、天水六郡民流移就谷入汉川者数万家,道路有疾病穷乏者,特兄弟常营护振救之,由是得众心。流民至汉中,上书求寄食巴、蜀,朝议不许,遣侍御史李苾持节慰劳,且监察之,不令入剑阁。苾至汉中,受流民赂,表言:"流民十万馀口,非汉中一郡所能振赡;蜀有仓储,人复丰稔,宜令就食。"朝廷从之。由是散在梁、益,不可禁止。李特至剑阁,太息曰:"刘禅有如此地,面缚于人,岂非庸才邪!"闻者异之。

　　4　张华、陈准以赵王、梁王,相继在关中,皆雍容骄贵,师老无功,乃荐孟观沉毅有文武才用,使讨齐万年。观身当矢石,大战十数,皆破之。

资治通鉴卷第八十三

晋纪五

孝惠皇帝上之下

元康九年（己未，299）

1　春，正月，孟观大破氐众于中亭，获齐万年。

2　太子洗马陈留江统，以为戎、狄乱华，宜早绝其原，乃作徙戎论以警朝廷曰："夫夷、蛮、戎、狄，地在要荒，禹平九土而西戎即叙。其性气贪婪，凶悍不仁。四夷之中，戎、狄为甚，弱则畏服，强则侵叛。当其强也，以汉高祖困于白登、孝文军于霸上。及其弱也，以元、成之微而单于入朝。此其已然之效也。是以有道之君牧夷、狄也，惟以待之有备，御之有常，虽稽颡执贽而边城不弛固守，强暴为寇而兵甲不加远征，期令境内获安，疆场不侵而已。

"及至周室失统，诸侯专征，封疆不固，利害异心，戎、狄乘间，得入中国，或招诱安抚以为己用，自是四夷交侵，与中国错居。及秦始皇并天下，兵威旁达，攘胡，走越，当是时，中国无复四夷也。

"汉建武中，马援领陇西太守，讨叛羌，徙其馀种于关中，居冯翊、河东空地。数岁之后，族类蕃息，既恃其肥强，且苦汉人侵之；永初之元，群羌叛乱，覆没将守，屠破城邑，邓骘败北，侵及河内，十年之中，夷、夏俱敝，任尚、马贤，仅乃克之。自此之后，馀烬不尽，小有际会，辄复侵叛，中世之寇，惟此为大。魏兴之初，与蜀分隔，疆场之戎，一彼一此。武帝徙武都氐于秦川，欲以弱寇强国，扞御蜀虏，此盖权宜之计，非万世之利也。今者当之，已受其敝矣。

"夫关中土沃物丰，帝王所居，未闻戎、狄宜在此土也。非我族类，其心必异。而因其衰敝，迁之畿服，士庶玩习，侮其轻弱，使其怨恨之气毒于骨髓；至于蕃育众盛，则坐生其心。以贪悍之性，挟愤怒之情，候隙乘便，辄为横逆；而居封域之内，无障塞之隔，掩不备之人，收散野之积，故能为祸滋蔓，暴害不测，此必然之势，已验之事也。当今之宜，宜及兵威方盛，众事未罢,徙冯翊、北地、新平、安定界内诸羌,著先零、罕幵、析支之地,徙扶风、始平、京兆之氐,出还陇右,著阴平、武都之界,廪其道路之粮,令足自致,各附本种,反其旧土,使属国、抚夷就安集之。戎、晋不杂,并得其所,纵有猾夏之心,风尘之警,则绝远中国,隔阂山河,虽有寇暴,所害不广矣。

“难者曰:氐寇新平,关中饥疫,百姓愁苦,咸望宁息;而欲使疲悴之众,徙自猜之寇,恐势尽力屈,绪业不卒,前害未及弭而后变复横出矣。答曰:子以今者群氐为尚挟馀资,悔恶反善,怀我德惠而来柔附乎? 将势穷道尽,智力俱困,惧我兵诛以至于此乎? 曰:无有馀力,势穷道尽故也。然则我能制其短长之命而令其进退由己矣。夫乐其业者不易事,安其居者无迁志。方其自疑危惧,畏怖促遽,故可制以兵威,使之左右无违也。迨其死亡流散,离逖未鸠,与关中之人,户皆为仇,故可遏迁远处,令其心不怀土也。夫圣贤之谋事也,为之于未有,治之于未乱,道不著而平,德不显而成。其次则能转祸为福,因败为功,值困必济,遇否能通。今子遭敝事之终而不图更制之始,爱易辙之勤而遵覆车之轨,何哉! 且关中之人百馀万口,率其少多,戎、狄居半,处之与迁,必须口实。若有穷乏,糁粒不继者,故当倾关中之谷以全其生生之计,必无挤于沟壑而不为侵掠之害也。今我迁之,传食而至,附其种族,自使相赡,而秦地之人得其半谷,此为济行者以廪粮,遗居者以积仓,宽关中之逼,去盗贼之原,除旦夕之损,建终年之益。若惮暂举之小劳而忘永逸之弘策,惜日月之烦苦而遗累世之寇敌,非所谓能创业垂统,谋及子孙者也。

“并州之胡,本实匈奴桀恶之寇也,建安中,使右贤王去卑诱质呼厨泉,听其部落散居六郡。咸熙之际,以一部太强,分为三率,泰始之初,又增为四;于是刘猛内叛,连结外虏,近者郝散之变,发于谷远。今五部之众,户至数万,人口之盛,过于西戎;其天性骁勇,弓马便利,倍于氐、羌。若有不虞风尘之虑,则并州之域可为寒心。

“正始中,毌丘俭讨句骊,徙其馀种于荥阳。始徙之时,户落百数;子孙孳息,今以千计;数世之后,必至殷炽。今百姓失职,犹或亡叛,犬马肥充,则有噬啮,况于夷、狄,能不为变! 但顾其微弱,势力不逮耳。

“夫为邦者,忧不在寡而在不安,以四海之广,士民之富,岂须夷虏在内然后取足哉! 此等皆可申谕发遣,还其本域,慰彼羁旅怀土之思,释我华夏纤介之忧,‘惠此中国,以绥四方’,德施永世,于计为长也!”朝廷不能用。

3 散骑常侍贾谧侍讲东宫,对太子倨傲,<u>成都王颖</u>见而叱之;<u>谧</u>怒,言于<u>贾后</u>,出<u>颖</u>为平北将军,镇<u>邺</u>。征<u>梁王肜</u>为大将军、录尚书事;以<u>河间王颙</u>为镇西将军,镇<u>关中</u>。初,<u>武帝</u>作石函之制,非至亲不得镇<u>关中</u>,<u>颙</u>轻财爱士,朝廷以为贤,故用之。

4 夏,六月,<u>高密文献王泰</u>薨。

5 <u>贾后</u>淫虐日甚,私于太医令<u>程据</u>等;又以簏箱载道上年少入宫,复恐其漏泄,往往杀之。<u>贾模</u>恐祸及己,甚忧之。<u>裴頠</u>与<u>模</u>及<u>张华</u>议废后,更立<u>谢淑妃</u>。<u>模</u>、<u>华</u>皆曰:“主上自无废黜之意,而吾等专行之,傥上心不以为然,将若之何!且诸王方强,朋党各异,恐一旦祸起,身死国危,无益社稷。”<u>頠</u>曰:“诚如公言。然宫中逞其昏虐,乱可立待也。”<u>华</u>曰:“卿二人于中宫皆亲戚,言或见信,宜数为陈祸福之戒,庶无大悖,则天下尚未至于乱,吾曹得以优游卒岁而已。”<u>頠</u>旦夕说其从母<u>广城君</u>,令戒谕<u>贾后</u>以亲厚太子,<u>贾模</u>亦数为后言祸福;后不能用,反以<u>模</u>为毁己而疏之;<u>模</u>不得志,忧愤而卒。

秋,八月,以<u>裴頠</u>为尚书仆射。<u>頠</u>虽<u>贾后</u>亲属,然雅望素隆,四海惟恐其不居权位。寻诏<u>頠</u>专任门下事,<u>頠</u>上表固辞,以“<u>贾模</u>适亡,复以臣代之,崇外戚之望,彰偏私之举,为圣朝累”。不听。或谓<u>頠</u>曰:“君可以言,当尽言于中宫;言而不从,当远引而去。傥二者不立,虽有十表,难以免矣。”<u>頠</u>慨然久之,竟不能从。

帝为人戆騃,尝在<u>华林园</u>闻虾蟆,谓左右曰:“此鸣者,为官乎,为私乎?”时天下荒馑,百姓饿死,帝闻之曰:“何不食肉糜?”由是权在群下,政出多门,势位之家,更相荐托,有如互市。<u>贾</u>、<u>郭</u>恣横,货赂公行。<u>南阳鲁褒</u>作钱神论以讥之曰:“钱之为体,有乾、坤之象,亲之如兄,字曰孔方。无德而尊,无势而热,排金门,入紫闼,危可使安,死可使活,贵可使贱,生可使杀。是故忿争非钱不胜,幽滞非钱不拔,怨仇非钱不解,令闻非钱不发。<u>洛</u>中朱衣,当涂之士,爱我家兄,皆无已已,执我之手,抱我终始。凡今之人,惟钱而已!”

又,朝臣务以苛察相高,每有疑议,群下各立私意,刑法不壹,狱讼繁滋。<u>裴頠</u>上表曰:“先王刑赏相称,轻重无二,故下听有常,群吏安业。去元康四年大风,庙阙屋瓦有数枚倾落,免太常<u>荀寓</u>;事轻责重,有违常典。五年二月有大风,兰台主者惩惧前事,求索阿栋之间,得瓦小邪十五处,遂禁止太常,复兴刑狱。今年八月,陵上荆一枝围七寸二分者被斫;司徒、太常奔走道路,虽知事小,而按劾难测,搔扰驱驰,各竞免负,于今太常禁止未解。夫刑书之文有限而舛违之故无方,故有临时议处之制,诚不能皆得循常也。至于此等,皆为过当,恐奸吏因缘,得为浅深也。"既而曲议犹不止,三公尚书刘颂复上疏曰:"自近世以来,法渐多门,令甚不一,吏不知所守,下不知所避,奸伪者因以售其情,居上者难以检其下,事同议异,狱奸不平。夫君臣之分,各有所司。法欲必奉,故令主者守文;理有穷塞,故使大臣释滞;事有时宜,故人主权断。主者守文,若释之执犯跸之平也;大臣释滞,若公孙弘断郭解之狱也;人主权断,若汉祖戮丁公之为也。天下万事,自非此类,不得出意妄议,皆以律令从事。然后法信于下,人听不惑,吏不容奸,可以言政矣。"乃下诏,"郎、令史复出法驳案者,随事以闻",然亦不能革也。

颂迁吏部尚书,建九班之制,欲令百官居职希迁,考课能否,明其赏罚。贾、郭用权,仕者欲速,事竟不行。

裴頠荐平阳韦忠于张华,华辟之,忠辞疾不起。人问其故,忠曰:"张茂先华而不实,裴逸民欲而无厌,弃典礼而附贼后,此岂大丈夫之所为哉!逸民每有心托我,我常恐其溺于深渊而馀波及我,况可褰裳而就之哉!"

关内侯敦煌索靖,知天下将乱,指洛阳宫门铜驼叹曰:"会见汝在荆棘中耳!"

6　冬,十一月甲子朔,日有食之。

7　初,广城君郭槐,以贾后无子,常劝后使慈爱太子。贾谧骄纵,数无礼于太子,广城君恒切责之。广城君欲以韩寿女为太子妃,太子亦欲婚韩氏以自固;寿妻贾午及后皆不听,而为太子聘王衍少女。太子闻衍长女美,而后为贾谧聘之,心不能平,颇以为言。及广城君病,临终,执后手,令尽心于太子,言甚迫至。又曰:"赵粲、贾午,必乱汝家事;我死后,勿复听入。深记吾言!"后不从,更与粲、午谋害太子。

太子幼有令名,及长,不好学,惟与左右嬉戏,贾后复使黄门辈诱之为奢靡威虐。由是名誉浸减,骄慢益彰,或废朝侍而纵游逸,于宫中为市,使人屠酤,手揣斤两,轻重不差。其母,本屠家女也,故太子好之。东宫月俸钱五十万,太子常探取二月,用之犹不足。又令西园卖葵菜、蓝子、鸡、面等物而收其利。又好阴阳小数,多所拘忌。洗马江统上书陈五事:"一曰虽有微苦,宜力疾朝侍。二曰宜勤见保傅,咨询善道。三曰画室之功,可宜减省,后园刻镂杂作,一皆罢遣。四曰西园卖葵、蓝之属,亏败国体,贬损令闻。五曰缮墙正瓦,不必拘挛小忌。"太子皆不从。中舍人杜锡,恐太子不得安其位,每尽忠谏,劝太子修德业,保令名,言辞恳切。太子患之,置针著锡常所坐毡中,刺之流血。锡,预之子也。

太子性刚,知贾谧恃中宫骄贵,不能假借之。谧时为侍中,至东宫,或舍之,于后庭游戏。詹事裴权谏曰:"谧,后所亲昵,一旦交构,则事危矣。"不从。谧潜太子于后曰:"太子多畜私财以结小人者,为贾氏故也。若宫车晏驾,彼居大位,依杨氏故事,诛臣等,废后于金墉,如反手耳。不如早图之,更立慈顺者,可以自安。"后纳其言,乃宣扬太子之短,布于远近。又诈为有娠,内藥物、产具,取妹夫韩寿子慰祖养之,欲以代太子。

于时朝野咸知贾后有害太子之意,中护军赵俊请太子废后,太子不听。左卫率东平刘卞,以贾后之谋问张华,华曰:"不闻。"卞曰:"卞自须昌小吏,受公成拔以至今日。士感知己,是以尽言;而公更有疑于卞邪!"华曰:"假令有此,君欲如何?"卞曰:"东宫俊乂如林,四率精兵万人;公居阿衡之任,若得公命,皇太子因朝入录尚书事,废贾后于金墉城,两黄门力耳。"华曰:"今天子当阳,太子,人子也,吾又不受阿衡之命,忽相与行此,是无君父而以不孝示天下也。况权戚满朝,威柄不一,成可必乎!"贾后常使亲党微服听察于外,颇闻卞言,乃迁卞为雍州刺史。卞知言泄,饮药而死。

十二月,太子长子彪病,太子为彪求王爵,不许。彪疾笃,太子为之祷祀求福。贾后闻之,乃诈称帝不豫,召太子入朝。既至,后不见,置于别室,遣婢陈舞以帝命赐太子酒三升,使尽饮之。太子辞以不能饮三升,舞逼之曰:"不孝邪! 天赐汝酒而不饮,酒中有恶物邪!"太子不得已,强饮至尽,遂大醉。后使黄门侍郎潘岳作书草,令小婢承福,以纸笔及草,因太子醉,称诏使书之,文曰:"陛下宜自了,不自了,吾当入了之。中宫又宜速自了,不自了,吾当手了之。并与谢妃共要,刻期两发,勿疑犹豫,以致后患。茹毛饮血于三辰之下,皇天许当扫除患害,立道文为王,蒋氏为内主。愿成,当以三牲祠北君。"太子醉迷不觉,遂依而写之。其字半不成,后补成之,以呈帝。

壬戌:帝幸式乾殿,召公卿入,使黄门令董猛以太子书及青纸诏示之曰:"遹书如此,今赐死。"遍示诸公王,莫有言者。张华曰:"此国之大祸,自古以来,常因废黜正嫡以致丧乱。且国家有天下日浅,愿陛下详之!"裴𬱟以为宜先检校传书者;又请比校太子手书,不然,恐有诈妄。贾后乃出太子启事十馀纸,众人比视,亦无敢言非者。贾后使董猛矫以长广公主辞白帝曰:"事宜速决,而群臣各不同,其不从诏者,宜以军法从事。"议至日西,不决。后见华等意坚,惧事变,乃表免太子为庶人,诏许之。于是使尚书和郁等持节诣东宫,废太子为庶人。太子改服出,拜受诏,步出承华门,乘粗犊车,东武公澹以兵仗送太子及妃王氏、三子虨、臧、尚同幽于金墉城。王衍自表离婚,许之,妃恸哭而归。杀太子母谢淑媛及虨母保林蒋俊。

永康元年(庚申,300)

1　春,正月癸亥朔,赦天下,改元。

2　西戎校尉司马阎缵舆棺诣阙上书,以为:"汉戾太子称兵拒命,言者犹曰罪当笞耳。今遹受罪之日,不敢失道,犹为轻于戾太子。宜重选师傅,先加严诲,若不悛改,弃之未晚也。"书奏,不省。缵,圙之孙也。

贾后使黄门自首,欲与太子为逆。诏以黄门首辞班示公卿,遣东武公澹以千兵防卫太子,幽于许昌宫,令持书御史刘振持节守之,诏宫臣不得辞送。洗马江统、潘滔、舍人王敦、杜蕤、鲁瑶等冒禁至伊水,拜辞涕泣。司隶校尉满奋收缚统等送狱。其系河南狱者,乐广悉解遣之;系洛阳县狱者,犹未释。都官从事孙琰说贾谧曰:"所以废徙太子,以其为恶故耳。今宫臣冒罪拜辞,而加以重辟;流闻四方,乃更彰太子之德也,不如释之。"谧乃语洛阳令曹摅使释之;广亦不坐。敦,览之孙;摅,肇之孙也。太子至许,遗王妃书,自陈诬枉,妃父衍不敢以闻。

3　丙子,皇孙虨卒。

4　三月,尉氏雨血,妖星见南方,太白昼见,中台星拆。张华少子陼劝华逊位,华不从,曰:"天道幽远,不如静以待之。"

5　太子既废,众情愤怒。右卫督司马雅、常从督许超,皆尝给事东宫,与殿中中郎士猗等谋废贾后,复太子。以张华、裴颜安常保位,难与行权,右军将军赵王伦执兵柄,性贪冒,可假以济事。乃说孙秀曰:"中宫凶妒无道,与贾谧等共诬废太子。今国无嫡嗣,社稷将危,大臣将起大事,而公名奉事中宫,与贾、郭亲善,太子之废,皆云豫知,一朝事起,祸必相及,何不先谋之乎!"秀许诺,言于伦,伦纳焉,遂告通事令史张林及省事张衡等,使为内应。

事将起,孙秀言于伦曰:"太子聪明刚猛,若还东宫,必不受制于人。明公素党于贾后,道路皆知之,今虽建大功于太子,太子谓公特逼于百姓之望,翻覆以免罪耳,虽含忍宿忿,必不能深德明公,若有瑕衅,犹不免诛。不若迁延缓期,贾后必害太子,然后废贾后,为太子报仇,非徒免祸而已,乃更可以得志。"伦然之。

秀因使人行反间,言殿中人欲废皇后,立太子,贾后数遣宫婢微服于民间听察,闻之甚惧。伦、秀因劝谧等早除太子以绝众望。癸未,贾后使太医令程据和毒药,矫诏使黄门孙虑至许昌毒太子。太子自废黜,恐被毒,常自煮食于前;虑以告刘振,振乃徙太子于小坊中,绝其食,宫人犹窃于墙上过食与之。虑逼太子以药,太子不肯服,虑以药杵椎杀之。有司请以庶人礼葬,贾后表请以广陵王礼葬之。

6　夏,四月辛卯朔,日有食之。

7　赵王伦、孙秀将讨贾后,告右卫佽飞督闾和,和从之,期以癸巳丙夜一筹,以鼓声为应。癸巳,秀使司马雅告张华曰:"赵王欲与公共匡社稷,为天下除害,使雅以告。"华拒之。雅怒曰:"刃将在颈,犹为是言邪!"不顾而出。

及期,伦矫诏敕三部司马曰:"中宫与贾谧等杀吾太子,今使车骑入废中宫,汝等皆当从命,事毕,赐爵关中侯,不从者诛三族。"众皆从之。又矫诏开门,夜入,陈兵道南,遣翊军校尉齐王冏将百人排闾而入,华林令骆休为内应,迎帝幸东堂,以诏召贾谧于殿前,将诛之。谧走入西钟下,呼曰:"阿后救我!"就斩之。贾后见齐王冏,惊曰:"卿何为来?"冏曰:"有诏收后。"后曰:"诏当从我出,何诏也!"后至上阁,遥呼帝曰:"陛下有妇,使人废之,亦行自废矣。"是时,梁王肜亦预其谋,后问冏曰:"起事者谁?"冏曰:"梁、赵。"后曰:"系狗当系颈,反系其尾,何得不然!"遂废后为庶人,幽之于建始殿。收赵粲、贾午等付暴室考竟。诏尚书收捕贾氏亲党,召中书监、侍中、黄门侍郎、八座皆夜入殿。尚书始疑诏有诈,郎师景露版奏请手诏,伦等斩之以徇。

伦阴与秀谋篡位,欲先除朝望,且报宿怨,乃执张华、裴𫖳、解系、解结等于殿前。华谓张林曰:"卿欲害忠臣邪?"林称诏诘之曰:"卿为宰相,太子之废,不能死节,何也?"华曰:"式乾之议,臣谏事具存,可覆按也。"林曰:"谏而不从,何不去位?"华无以对。遂皆斩之,仍夷三族。解结女适裴氏,明日当嫁而祸起,裴氏欲认活之,女曰:"家既如此,我何以活为!"亦坐死。朝廷由是议革旧制,女不从死。甲午,伦坐端门,遣尚书和郁持节送贾庶人于金墉;诛刘振、董猛、孙虑、程据等;司徒王戎及内外官坐张、裴亲党黜免者甚众。阎缵抚张华尸恸哭曰:"早语君逊位而不肯,今果不免,命也!"

于是赵王伦称诏赦天下,自为使持节、都督中外诸军事、相国、侍中,一依宣、文辅魏故事,置府兵万人,以其世子散骑常侍荂领冗从仆射,子馥为前将军,封济阳王;虔为黄门郎,封汝阴王;诩为散骑侍郎,封霸城侯。孙秀等皆封大郡,并据兵权,文武官封侯者数千人,百官总己以听于伦。伦素庸愚,复受制于孙秀。秀为中书令,威权振朝廷,天下皆事秀而无求于伦。

诏追复故太子遹位号,使尚书和郁帅东宫官属迎太子丧于许昌,追封遹子虨为南阳王,封虨弟臧为临淮王,尚为襄阳王。

有司奏:"尚书令王衍备位大臣,太子被诬,志在苟免,请禁锢终身。"从之。

相国伦欲收人望,选用海内名德之士,以前平阳太守李重、荥阳太守荀组为左、右长史,东平王堪、沛国刘谟为左、右司马,尚书郎阳平束晢为记室,淮南王文学荀崧、殿中郎陆机为参军。组,勖之子;崧,彧之玄孙也。李重知伦有异志,辞疾不就,伦逼之不已,忧愤成疾,扶曳受拜,数日而卒。

8　丁酉,以梁王肜为太宰,左光禄大夫何劭为司徒,右光禄大夫刘寔为司空。

9　太子遹之废也,将立淮南王允为太弟,议者不合。会赵王伦废贾后,乃以允为骠骑将军、开府仪同三司,领中护军。

10　己亥,相国伦矫诏遣尚书刘弘赍金屑酒赐贾后死于金墉城。

11　五月己巳,诏立临海王臧为皇太孙,还妃王氏以母之;太子官属即转为太孙官属,相国伦行太孙太傅。

12　己卯,谥故太子曰愍怀;六月壬寅,葬于显平陵。

13　清河康王遐薨。

14　中护军淮南王允,性沉毅,宿卫将士皆畏服之。允知相国伦及孙秀有异志,阴养死士,谋讨之。伦、秀深惮之。秋,八月,转允为太尉,外示优崇,实夺其兵权。允称疾不拜。秀遣御史刘机逼允,收其官属以下,劾以拒诏,大逆不敬。允视诏,乃秀手书也。大怒,收御史,将斩之,御史走免,斩其令史二人。厉色谓左右曰:"赵王欲破我家!"遂帅国兵及帐下七百人直出,大呼曰:"赵王反,我将讨之,从我者左袒。"于是归之者甚众。允将赴宫,尚书左丞王舆闭掖门,允不得入,遂围相府。允所将兵皆精锐,伦与战屡败,死者千馀人。太子左率陈徽勒东宫兵鼓噪于内以应允。允结陈于承华门前,弓弩齐发,射伦,飞矢雨下。主书司马眭祕以身蔽伦,箭中其背而死。伦官属皆隐树而立,每树辄中数百箭,自辰至未。中书令陈淮,徽之兄也,欲应允,言于帝曰:"宜遣白虎幡以解斗。"乃使司马督护伏胤将骑四百持幡从宫中出,侍中汝阴王虔在门下省,阴与胤誓曰:"富贵当与卿共之。"胤乃怀空版出,诈言有诏助淮南王。允不之觉,开阵内之,下车受诏,胤因杀之,并杀允子秦王郁、汉王迪,坐允夷灭者数千人。曲赦洛阳。

初,孙秀尝为小吏,事黄门郎潘岳,岳屡挞之。卫尉石崇之甥欧阳建素与相国伦有隙,崇有爱妾曰绿珠,孙秀使求之,崇不与。及淮南王允败,秀因称石崇、潘岳、欧阳建奉允为乱,收之。崇叹曰:"奴辈利吾财尔!"收者曰:"知财为祸,何不早散之!"崇不能答。初,潘岳母常诮责岳曰:"汝当知足,而乾没不已乎!"及败,岳谢母曰:"负阿母。"遂与崇、建皆族诛,籍没崇家。相国伦收淮南王母弟吴王晏,欲杀之。光禄大夫傅祗争之于朝堂,众皆谏止,伦乃贬晏为宾徒县王。

齐王冏以功迁游击将军,冏意不满,有恨色,孙秀觉之,且惮其在内,乃出为平东将军,镇许昌。

15　以光禄大夫陈准为太尉,录尚书事;未几,薨。

16　孙秀议加相国伦九锡,百官莫敢异议。吏部尚书刘颂曰:"昔汉之锡魏,魏之锡晋,皆一时之用,非可通行。周勃、霍光,其功至大,皆不闻有九锡之命也。"张林积忿不已,以颂为张华之党,将杀之。孙秀曰:"杀张、裴已伤时望,不可复杀颂。"林乃止。以颂为光禄大夫。遂下诏加伦九锡,复加其子荂抚军将军,虔中军将军,诩为侍中。又加孙秀侍中、辅国将军,相国司马、右率如故。张林等并居显要。增相府兵为二万人,与宿卫同,并所隐匿之兵,数逾三万。

九月,改司徒为丞相,以梁王肜为之,肜固辞不受。

伦及诸子皆顽鄙无识,秀狡黠贪淫,所与共事者,皆邪佞之士,惟竞荣利,无远谋深略,志趣乖异,互相憎嫉。秀子会为射声校尉,形貌短陋,如奴仆之下者,秀使尚帝女河东公主。

17　冬,十一月甲子,立皇后羊氏,赦天下。后,尚书郎泰山羊玄之之女也。外祖平南将军乐安孙旂,与孙秀善,故秀立之。拜玄之光禄大夫、特进、散骑常侍,封兴晋侯。

18　诏征益州刺史赵廞为大长秋,以成都内史中山耿滕为益州刺史。廞,贾后之姻亲也。闻征,甚惧,且以晋室衰乱,阴有据蜀之志,乃倾仓廪,赈流民,以收众心。以李特兄弟材武,其党类皆巴西人,与廞同郡,厚遇之以为爪牙。特等凭恃廞势,专聚众为盗,蜀人患之。滕数密表:"流民刚剽,蜀人懦弱,主不能制客,必为乱阶,宜使还本居。若留之险地,恐秦、雍之祸更移于梁、益矣。"廞闻而恶之。

州被诏书,遣文武千馀人迎滕。是时,成都治少城,益州治太城,廞犹在太城,未去。滕欲入州,功曹陈恂谏曰:"今州、郡构怨日深,入城必有大祸,不如留少城以观其变,檄诸县合村保以备秦氏,陈西夷行至,且当待之。不然,退保犍为,西渡江源,以防非常。"滕不从。是日,帅众入州,廞遣兵逆之,战于西门,滕败死,郡吏皆窜走,惟陈恂面缚诣廞,请滕死,廞义而许之。

廞又遣兵逆西夷校尉陈总。总至江阳,闻廞有异志,主簿蜀郡赵模曰:"今州郡不协,必生大变,当速行赴之。府是兵要,助顺讨逆,谁敢动者!"总更缘道停留,比至南安鱼涪津,已遇廞军,模白总:"散财募士以拒战,若克州军,则州可得;不克,顺流而退,必无害也。"总曰:"赵益州忿耿侯,故杀之;与吾无嫌,何为如此!"模曰:"今州起事,必当杀君以立威,虽不战,无益也。"言至垂涕,总不听,众遂自溃。总逃草中,模著总服格战;廞兵杀模,见其非是,更搜求得总,杀之。

廞自称大都督、大将军、益州牧,署置僚属,改易守令,王官被召,无敢不往。李庠帅妹婿李含、天水任回、上官晶、扶风李攀、始平费他、氐苻成、隗伯等四千骑归廞。廞以庠为威寇将军,封阳泉亭侯,委以心膂,使招合六郡壮勇至万馀人,以断北道。

资治通鉴卷第八十四

晋纪六

孝惠皇帝中之上

永宁元年（辛酉，301）

1 春，正月，以散骑常侍安定张轨为凉州刺史。轨以时方多难，阴有保据河西之志，故求为凉州。时州境盗贼纵横，鲜卑为寇；轨至，以宋配、氾瑗为谋主，悉讨破之，威著西土。

2 相国伦与孙秀使牙门赵奉诈传宣帝神语云："伦宜早入西宫。"散骑常侍义阳王威，望之孙也，素谄事伦，伦以威兼侍中，使威逼夺帝玺绶，作禅诏，又使尚书令满奋持节、奉玺绶禅位于伦。左卫将军王舆、前军将军司马雅等帅甲士入殿，晓谕三部司马，示以威赏，无敢违者。张林等屯守诸门。乙丑，伦备法驾入宫，即帝位。赦天下，改元建始。帝自华林西门出居金墉城，伦使张衡将兵守之。

丙寅，尊帝为太上皇，改金墉曰永昌宫，废皇太孙为濮阳王。立世子荂为皇太子，封子馥为京兆王，虔为广平王，诩为霸城王，皆侍中将兵。以梁王肜为宰衡，何劭为太宰，孙秀为侍中、中书监、票骑将军、仪同三司，义阳王威为中书令，张林为卫将军，其余党与，皆为卿、将，超阶越次，不可胜纪；下至奴卒，亦加爵位。每朝会，貂蝉盈座，时人为之谚曰："貂不足，狗尾续。"是岁，天下所举贤良、秀才、孝廉皆不试；郡国计吏及太学生年十六以上皆署吏；守令赦日在职者皆封侯；郡纲纪并为孝廉，县纲纪并为廉吏。府库之储，不足以供赐与。应侯者多，铸印不给，或以白板封之。

初，平南将军孙旂之子弼、弟子髦、辅、琰皆附会孙秀，与之合族，旬月间致位通显。及伦称帝，四子皆为将军，封郡侯，以旂为车骑将军、开府。旂以弼等受伦官爵过差，必为家祸，遣幼子回责之，弼等不从，旂不能制，恸哭而已。

3 癸酉，杀濮阳哀王臧。

孙秀专执朝政，伦所出诏令，秀辄改更与夺，自书青纸为诏，或朝行夕改,百官转易如流。张林素与秀不相能,且怨不得开府,潜与太子荂笺,言:"秀专权不合众心,而功臣皆小人,挠乱朝廷,可悉诛之。"荂以书白伦,伦以示秀。秀劝伦收林,杀之,夷其三族。秀以齐王冏、成都王颖、河间王颙,各拥强兵,据方面,恶之,乃尽用其亲党为三王参佐,加冏镇东大将军、颖征北大将军,皆开府仪同三司,以宠安之。

4 李庠骁勇得众心,赵廞浸忌之而未言。长史蜀郡杜淑、张粲说廞曰:"将军起兵始尔,而遽遣李庠握强兵于外。非我族类,其心必异,此倒戈授人也,宜早图之。"会庠劝廞称尊号,淑、粲因白廞以庠大逆不道,引斩之,并其子侄十馀人。时李特、李流皆将兵在外,廞遣人慰抚之曰:"庠非所宜言,罪应死。兄弟罪不相及。"复以特、流为督将。特、流怨廞,引兵归绵竹。

廞牙门将涪陵许弇求为巴东监军,杜淑、张粲固执不许,弇怒,手杀淑、粲于廞阁下,淑、粲左右复杀弇。三人,皆廞之腹心也,廞由是遂衰。

廞遣长史犍为费远、蜀郡太守李苾、督护常俊督万馀人断北道,屯绵竹之石亭。李特密收兵得七千馀人,夜袭远等军,烧之,死者十八九,遂进攻成都。费远、李苾及军祭酒张微,夜斩关走,文武尽散。廞独与妻乘小船走,至广都,为从者所杀。特入成都,纵兵大掠,遣使诣洛阳,陈廞罪状。

初,梁州刺史罗尚,闻赵廞反,表:"廞非雄才,蜀人不附,败亡可计日而待。"诏拜尚平西将军、益州刺史,督牙门将王敦、蜀郡太守徐俭、广汉太守辛冉等七千馀人入蜀。特等闻尚来,甚惧,使其弟骧于道奉迎,并献珍玩。尚悦,以骧为骑督。特、流复以牛酒劳尚于绵竹,王敦、辛冉说尚曰:"特等专为盗贼,宜因会斩之;不然,必为后患。"尚不从。冉与特有旧,谓特曰:"故人相逢,不吉当凶矣。"特深自猜惧。

三月,尚至成都。汶山羌反,尚遣王敦讨之,为羌所杀。

5 齐王冏谋讨赵王伦,未发,会离狐王盛、颍川处穆聚众于浊泽,百姓从之,日以万数。伦以其将管袭为齐王军司,讨盛、穆,斩之。冏因收袭,杀之,与豫州刺史何勖、龙骧将军董艾等起兵,遣使告成都王颖、河间王颙、常山王乂及南中郎将新野公歆,移檄征、镇、州、郡、县、国,称:"逆臣孙秀,迷误赵王,当共诛讨。有不从命者,诛及三族。"

使者至邺,成都王颖召邺令卢志谋之。志曰:"赵王篡逆,人神共愤,殿下收英俊以从人望,杖大顺以讨之,百姓必不召自至,攘臂争进,蔑不克矣。"颖从之,以志为谘议参军,仍补左长史。志,毓之孙也。颖以兖州刺史王彦、冀州刺史李毅、督护赵骧、石超等为前锋,远近响应;至朝歌,众二十餘万。超,苞之孙也。

常山王乂在其国,与太原内史刘暾各帅众为颍后继。

新野公歆得囧檄,未知所从。嬖人王绥曰:"赵亲而强,齐疏而弱,公宜从赵。"参军孙洵大言于众曰:"赵王凶逆,天下当共诛之,何亲疏强弱之有!"歆乃从囧。

前安西参军夏侯奭在始平,合众数千人以应囧,遣使邀河间王颙。颙用长史李含谋,遣振武将军河间张方讨擒奭及其党,腰斩之。囧檄至,颙执囧使送于伦,遣张方将兵助伦。方至华阴,颙闻二王兵盛,复召方还,更附二王。

囧檄至扬州,州人皆欲应囧。刺史郗隆,虑之玄孙也,以兄子鉴及诸子悉在洛阳,疑未决,悉召僚吏谋之。主簿淮南赵诱、前秀才虞潭皆曰:"赵王篡逆,海内所疾;今义兵四起,其败必矣。为明使君计,莫若自将精兵,径赴许昌,上策也;遣将将兵会之,中策也;量遣小军,随形助胜,下策也。"隆退,密与别驾顾彦谋之,彦曰:"诱等下策,乃上计也。"治中留宝、主簿张褒、西曹留承闻之,请见,曰:"不审明使君今当何施?"隆曰:"我俱受二帝恩,无所偏助,欲守州而已。"承曰:"天下,世祖之天下也;太上承代已久,今上取之,不平,齐王顺时举事,成败可见。使君不早发兵应之,狐疑迁延,变难将生,此州岂可保也!"隆不应。潭,翻之孙也。隆停檄六日不下,将士愤怨。参军王邃镇石头,将士争往归之,隆遣从事于牛渚禁之,不能止。将士遂奉邃攻隆,隆父子及顾彦皆死,传首于囧。

安南将军、监沔北诸军事孟观,以为紫宫帝座无他变,伦必不败,乃为之固守。

伦、秀闻三王兵起,大惧,诈为囧表曰:"不知何贼猝见攻围,臣懦弱不能自固,乞中军见救,庶得归死。"以其表宣示内外;遣上军将军孙辅、折冲将军李严帅兵七千自延寿关出,征房将军张泓、左军将军蔡璜、前军将军闾和帅兵九千自崿阪关出,镇军将军司马雅、扬威将军莫原帅兵八千自成皋关出,以拒囧。遣孙秀子会督将军士猗、许超帅宿卫兵三万以拒颍。召东平王楙为卫将军,都督诸军;又遣京兆王馥、广平王虔帅兵八千为三军继援。伦、秀日夜祷祈,厌胜以求福;使巫觋选战日;又使人于嵩山著羽衣,诈称仙人王乔,作书述伦祚长久,欲以惑众。

6 闰月丙戌朔,日有食之。自正月至于是月,五星互经天,纵横无常。

7 张泓等进据阳翟,与齐王囧战,屡破之。囧军颍阴,夏,四月,泓乘

胜逼之,冏遣兵逆战。诸军不动,而孙辅、徐建军夜乱,径归洛自首曰:
"齐王兵盛,不可当,泓等已没矣!"赵王伦大恐,秘之,而召其子虔及许超
还。会泓破冏露布至,伦乃复遣之。泓等悉帅诸军济颍攻冏营,冏出兵击
其别将孙髦、司马谭等,破之,泓等乃退。孙秀诈称已破冏营,擒得冏,令
百官皆贺。

　　成都王颖前锋至黄桥,为孙会、士猗、许超所败,杀伤万馀人,士众震
骇。颖欲退保朝歌,卢志、王彦曰:"今我军失利,敌新得志,有轻我之心。
我若退缩,士气沮衄,不可复用。且战何能无胜负! 不若更选精兵,星行
倍道,出敌不意,此用兵之奇也。"颖从之。伦赏黄桥之功,士猗、许超与
孙会皆持节。由是各不相从,军政不一,且恃胜轻颖而不设备。颖帅诸军
击之,大战于溴水,会等大败,弃军南走。颖乘胜长驱济河。

　　自冏等起兵,百官将士皆欲诛伦、秀,秀惧,不敢出中书省;及闻河北
军败,忧懑不知所为。孙会、许超、士猗等至,与秀谋,或欲收馀卒出战;或
欲焚宫室,诛不附己者,挟伦南就孙旂、孟观;或欲乘船东走入海;计未决。
辛酉,左卫将军王舆与尚书广陵公漼帅营兵七百馀人自南掖门入宫,三部
司马为应于内,攻孙秀、许超、士猗于中书省,皆斩之,遂杀孙奇、孙弼及前
将军谢惔等。漼,仙之子也。王舆屯云龙门,召八坐皆入殿中,使伦为诏
曰:"吾为孙秀所误,以怒三王;今已诛秀。其迎太上皇复位,吾归老于农
亩。"传诏以驺虞幡敕将士解兵。黄门将伦自华林东门出,及太子荂皆还
汶阳里第,遣甲士数千迎帝于金墉城。百姓咸称万岁。帝自端门入,升
殿,群臣顿首谢罪。诏送伦、荂等赴金墉城。广平王虔自河北还,至九曲,
闻变,弃军,将数十人归里第。

　　癸亥,赦天下,改元,大酺五日。分遣使者慰劳三王。梁王肜等表:
"赵王伦父子凶逆,宜伏诛。"丁卯,遣尚书袁敞持节赐伦死,收其子荂、
馥、虔、诩,皆诛之。凡百官为伦所用者皆斥免,台、省、府、卫,仅有存者。
是日,成都王颖至。己巳,河间王颙至。颖使赵骧、石超助齐王冏讨张泓
等于阳翟,泓等皆降。自兵兴六十馀日,战斗死者近十万人。斩张衡、闾
和、孙髦于东市,蔡璜自杀。五月,诛义阳王威。襄阳太守宗岱承冏檄斩
孙旂,永饶冶令空桐机斩孟观,皆传首洛阳,夷三族。

　　8　立襄阳王尚为皇太孙。

　　9　六月乙卯,齐王冏帅众入洛阳,顿军通章署,甲士数十万,威震
京都。

　　10　戊辰,赦天下。

11　复封宾徒王晏为吴王。

12　甲戌，诏以齐王囧为大司马，加九锡，备物典策，如宣、景、文、武辅魏故事；成都王颖为大将军，都督中外诸军事，假黄钺，录尚书事，加九锡，入朝不趋，剑履上殿；河间王颙为侍中、太尉，加三赐之礼；常山王乂为抚军大将军，领左军；进广陵公漼爵为王，领尚书，加侍中；进新野公歆爵为王，都督荆州诸军事，加镇南大将军。齐、成都、河间三府，各置掾属四十人，武号森列，文官备员而已，识者知兵之未戢也。己卯，以梁王肜为太宰，领司徒。

光禄大夫刘蕃女为赵世子荂妻，故蕃及二子散骑侍郎舆、冠军将军琨皆为赵王伦所委任。大司马囧以琨父子有才望，特宥之，以舆为中书郎，琨为尚书左丞。又以前司徒王戎为尚书令，刘暾为御史中丞，王衍为河南尹。

新野王歆将之镇，与囧同乘谒陵，因说囧曰：“成都王至亲，同建大勋，今宜留之与辅政；若不能尔，当夺其兵权。”常山王乂与成都王颖俱拜陵，乂谓颖曰：“天下者，先帝之业，王宜维正之。”闻其言者莫不忧惧。卢志谓颖曰：“齐王众号百万，与张泓等相持不能决；大王径前济河，功无与贰。今齐王欲与大王共辅朝政。志闻两雄不俱立，宜因太妃微疾，求还定省，委重齐王，以收四海之心，此计之上也。”颖从之。帝见颖于东堂，慰劳之。颖拜谢曰：“此大司马囧之勋，臣无豫焉。”因表称囧功德，宜委以万机，自陈母疾，请归藩。即辞出，不复还营，便谒太庙，出自东阳城门，遂归邺。遣信与囧别，囧大惊，驰出送颖，至七里涧，及之。颖住车言别，流涕滂沱，惟以太妃疾苦为忧，不及时事。由是士民之誉皆归颖。

囧辟新兴刘殷为军谘祭酒，洛阳令曹摅为记室督，尚书郎江统、阳平太守河内苟晞参军事，吴国张翰为东曹掾，孙惠为户曹掾，前廷尉正顾荣及顺阳王豹为主簿。惠，贾之曾孙，荣，雍之孙也。殷幼孤贫，养曾祖母以孝闻，人以谷帛遗之，殷受而不谢，直云：“待后贵当相酬耳。”及长，博通经史，性倜傥有大志，俭而不陋，清而不介，望之颓然而不可侵也。囧以何勖为中领军，董艾典枢机，又封其将佐有功者葛旟、路秀、卫毅、刘真、韩泰皆为县公，委以心膂，号曰“五公”。

成都王颖至邺，诏遣使者就申前命；颖受大将军，让九锡殊礼。表论兴义功臣，皆封公侯。又表称：“大司马前在阳翟，与贼相持既久，百姓困敝，乞运河北邸阁米十五万斛，以赈阳翟饥民。”造棺八千馀枚，以成都国秩为衣服，敛祭黄桥战士，旌显其家，加常战亡二等。又命温县瘗赵王伦

战士万四千馀人。皆卢志之谋也。颖貌美而神昏,不知书,然气性敦厚,
委事于志,故得成其美焉。诏复遣使谕颖入辅,并使受九锡。颖嬖人孟玖
不欲还洛,又,程太妃爱恋邺都,故颖终辞不拜。

初,大司马囧疑中书郎陆机为赵王伦撰禅诏,收,欲杀之;大将军颖为
之辩理,得免死,因表为平原内史,以其弟云为清河内史。机友人顾荣及
广陵戴渊,以中国多难,劝机还吴;机以受颖全济之恩,且谓颖有时望,可
与立功,遂留不去。

13　秋,七月,复封常山王乂为长沙王,迁开府、骠骑将军。

14　东莱王蕤,凶暴使酒,数陵侮大司马囧,又从囧求开府不得而怨
之,密表囧专权,与左卫将军王舆谋废囧。事觉,八月,诏废蕤为庶人,诛
舆三族,徙蕤于上庸,上庸内史陈钟承囧旨潜杀之。

15　赦天下。

16　东武公澹坐不孝徙辽东。九月,征其弟东安王繇复旧爵,拜尚
书左仆射。繇举东平王楙为都督徐州诸军事,镇下邳。

17　初,朝廷符下秦、雍州,使召还流民入蜀者,又遣御史冯该、张昌
督之。李特兄辅自略阳至蜀,言中国方乱,不足复还。特然之,累遣天水
阎式诣罗尚求权停至秋,又纳赂于尚及冯该;尚、该许之。朝廷论讨赵廞
功,拜特宣威将军,弟流奋武将军,皆封侯。玺书下益州,条列六郡流民与
特同讨廞者,将加封赏。广汉太守辛冉欲以灭廞为己功,寝朝命,不以实
上;众咸怨之。

罗尚遣从事督遣流民,限七月上道。时流民布在梁、益,为人佣力,闻
州郡逼遣,人人愁怨,不知所为;且水潦方盛,年谷未登,无以为行资。特
复遣阎式诣尚,求停至冬;辛冉与犍为太守李苾以为不可。尚举别驾杜弢
秀才,式为弢说逼移利害,弢亦欲宽流民一年;尚用冉、苾之谋,不从;弢乃
致秀才板,出还家。冉性贪暴,欲杀流民首领,取其资货,乃与苾白尚,言:
“流民前因赵廞之乱,多所剽掠,宜因移设关以夺取之。”尚移书梓潼太守
张演,于诸要施关,搜索宝货。

特数为流民请留,流民皆感而恃之,多相帅归特。特乃结大营于绵竹
以处流民,移辛冉求自宽。冉大怒,遣人分榜通衢,购募特兄弟,许以重
赏。特见之,悉取以归,与弟骧改其购云:“能送六郡酋豪李、任、阎、赵、
上官及氐、叟侯王一首,赏百匹。”于是流民大惧,归特者愈众,旬月间过
二万人。流亦聚众数千人。

特又遣阎式诣罗尚求申期,式见营栅冲要,谋搤流民,叹曰:“民心方

危,今而速之,乱将作矣。"又知辛冉、李苾意不可回,乃辞尚还绵竹。尚谓式曰:"子且以吾意告诸流民,今听宽矣。"式曰:"明公惑于奸说,恐无宽理。弱而不可轻者民也,今趣之不以理,众怒难犯,恐为祸不浅。"尚曰:"然。吾不欺子,子其行矣!"式至绵竹,言于特曰:"尚虽云尔,然未可信也。何者?尚威刑不立,冉等各拥强兵,一旦为变,亦非尚所能制,深宜为备。"特从之。冬,十月,特分为二营,特居北营,流居东营,缮甲厉兵,戒严以待之。

冉、苾相与谋曰:"罗侯贪而无断,日复一日,令流民得展奸计。李特兄弟并有雄才,吾属将为所虏矣!宜为决计,罗侯不足复问也。"乃遣广汉都尉曾元、牙门张显、刘并等潜帅步骑三万袭特营;罗尚闻之,亦遣督护田佐助元。元等至,特安卧不动,待其众半入,发伏击之,死者甚众。杀田佐、曾元、张显,传首以示尚、冉。尚谓将佐曰:"此虏成去矣,而广汉不用吾言以张贼势,今若之何!"

于是六郡流民共推特行镇北大将军,承制封拜;以其弟流行镇东大将军,号东督护,以相镇统;又以兄辅为骠骑将军,弟骧为骁骑将军,进兵攻冉于广汉。尚遣李苾、费远帅众救冉,畏特,不敢进。冉出战屡败,溃围奔德阳。特入据广汉,以李超为太守,进兵攻尚于成都。尚以书谕阎式,式复书曰:"辛冉倾巧,曾元小竖,李叔平非将帅之才。式前为节下及杜景文论留、徙之宜。人怀桑梓,孰不愿之!但往日初至,随谷庸赁,一室五分,复值秋潦,乞须冬熟,而终不见听。绳之太过,穷鹿抵虎,流民不肯延颈受刀,以致为变。即听式言,宽使治严,不过去九月尽集,十月进道,令达乡里,何有如此也!"

特以兄辅、弟骧、子始、荡、雄及李含、含子国、离、任回、李攀、攀弟恭、上官晶、任臧、杨褒、上官惇等为将帅,阎式、李远等为僚佐。罗尚素贪残,为百姓患。特与蜀民约法三章,施舍赈贷,礼贤拔滞,军政肃然,蜀民大悦。尚频为特所败,乃阻长围,缘郫水作营,连延七百里,与特相拒,求救于梁州及南夷校尉。

18　十二月,颍昌康公何劭薨。

19　封大司马冏子冰为乐安王,英为济阳王,超为淮南王。

太安元年(壬戌,302)

1　春,三月,冲太孙尚薨。

2　夏,五月己酉,梁孝王肜薨。

3　以右光禄大夫刘寔为太傅,寻以老病罢。

4　河间王颙遣督护衙博讨李特,军于梓潼;朝廷复以张微为广汉太守,军于德阳,罗尚遣督护张龟军于繁城。特使其子镇军将军荡等袭博;而自将击龟,破之。荡败博兵于阳沔,梓潼太守张演委城走,巴西丞毛植以郡降。荡进攻博于葭萌,博走,其众尽降。河间王颙更以许雄为梁州刺史。特自称大将军、益州牧、都督梁益二州诸军事。

5　大司马冏欲久专大政,以帝子孙俱尽,大将军颖有次立之势;清河王覃,遐之子也,方八岁,乃上表请立之。癸卯,立覃为皇太子,以冏为太子太师,东海王越为司空,领中书监。

6　秋,八月,李特攻张微,微击破之,遂进攻特营。李荡引兵救之,山道险狭,荡力战而前,遂破微兵。特欲还涪,荡及司马王幸谏曰:“微军已败,智勇俱竭,宜乘锐气遂禽之。”特复进攻微,杀之,生禽微子存,以微丧还之。

特以其将骞硕守德阳。李骧军毗桥,罗尚遣军击之,屡为骧所败。骧遂进攻成都,烧其门。李流军成都之北。尚遣精勇万人攻骧,骧与流合击,大破之,还者什一二。许雄数遣军攻特,不胜,特势益盛。

建宁大姓李叡、毛诜逐太守许俊,朱提大姓李猛逐太守雍约以应特,众各数万。南夷校尉李毅讨破之,斩诜;李猛奉笺降,而辞意不逊,毅诱而杀之。冬,十一月丙戌,复置宁州,以毅为刺史。

7　齐武闵王冏既得志,颇骄奢擅权,大起府第,坏公私庐舍以百数,制与西宫等,中外失望。侍中嵇绍上疏曰:“存不忘亡,易之善戒也。臣愿陛下无忘金墉,大司马无忘颍上,大将军无忘黄桥,则祸乱之萌无由而兆矣。”又与冏书,以为:“唐、虞茅茨,夏禹卑宫。今大兴第舍为三王立宅,岂今日之急邪!”冏逊辞谢之,然不能从。

冏耽于宴乐,不入朝见;坐拜百官,符敕三台;选用不均,嬖宠用事。殿中御史桓豹奏事,不先经冏府,即加考竟。南阳处士郑方,上书谏冏曰:“今大王安不虑危,宴乐过度,一失也。宗室骨肉,当无纤介,今则不然,二失也。蛮夷不静,大王谓功业已隆,不以为念,三失也。兵革之后,百姓穷困,不闻赈救,四失也。大王与义兵盟约,事定之后,赏不逾时,而今犹有功未论者,五失也。”冏谢曰:“非子,孤不闻过。”

孙惠上书曰:“天下有五难、四不可,而明公皆居之:冒犯锋刃,一难也;聚致英豪,二难也;与将士均劳苦,三难也;以弱胜强,四难也;兴复皇业,五难也。大名不可久荷,大功不可久任,大权不可久执,大威不可久居。大王行其难而不以为难,处其不可而谓之可,惠窃所不安也。明公宜思功成身退之道,崇亲推近,委重长沙、成都二王,长揖归藩,则太伯、子臧不专美于前矣。今乃忘高亢之可危,贪权势以受疑,虽邀游高台之上,逍遥重墉之内,愚窃谓危亡之忧,过于在颍、翟之时也。"囧不能用,惠辞疾去。囧谓曹摅曰:"或劝吾委权还国,何如?"摅曰:"物禁太盛,大王诚能居高虑危,襄裳去之,斯善之善者也。"囧不听。

张翰、顾荣皆虑及祸,翰因秋风起,思菰菜、莼羹、鲈鱼鲙,叹曰:"人生贵适志耳,富贵何为!"即引去。荣故酣饮,不省府事,长史葛旟以其废职,白囧徙荣为中书侍郎。颍川处士庾衮闻囧期年不朝,叹曰:"晋室卑矣,祸乱将兴!"帅妻子逃于林虑山中。

王豹致笺于囧曰:"伏思元康以来,宰相在位,未有一人获终者,乃事势使然,非皆为不善也。今公克平祸乱,安国定家,乃复寻覆车之轨,欲冀长存,不亦难乎!今河间树根于关右,成都盘桓于旧魏,新野大封于江、汉,三王方以方刚强盛之年,并典戎马,处要害之地,而明公以难赏之功,挟震主之威,独据京都,专执大权,进则亢龙有悔,退则据于蒺藜,冀此求安,未见其福也。"因请悉遣王侯之国,依周、召之法,以成都王为北州伯,治邺;囧自为南州伯,治宛;分河为界,各统王侯,以夹辅天子。囧优令答之。长沙王乂见豹笺,谓囧曰:"小子离间骨肉,何不铜驼下打杀!"囧乃奏豹谗内间外,坐生猜嫌,不忠不义,鞭杀之。豹将死,曰:"县吾头大司马门,见兵之攻齐也!"

囧以河间王颙本附赵王伦,心常恨之。梁州刺史安定皇甫商,与颙长史李含不平。含被征为翊军校尉,时商参囧军事,夏侯奭兄亦在囧府。含心不自安,又与囧右司马赵骧有隙,遂单马奔颙,诈称受密诏,使颙诛囧,因说颙曰:"成都王至亲,有大功,推让还藩,甚得众心。齐王越亲而专政,朝廷侧目。今檄长沙王使讨齐,齐王必诛长沙,吾因以为齐罪而讨之,必可禽也。去齐立成都,除逼建亲,以安社稷,大勋也。"颙从之。是时,武帝族弟范阳王虓都督豫州诸军事。颙上表陈囧罪状,且言:"勒兵十万,欲与成都王颖、新野王歆、范阳王虓共会洛阳,请长沙王乂废囧还第,以颖代囧辅政。"颙遂举兵,以李含为都督,帅张方等趋洛阳;复遣使邀颖,颖将应之,卢志谏,不听。

十二月丁卯,颙表至;囧大惧,会百官议之,曰:"孤首唱义兵,臣子之节,信著神明。今二王信谗作难,将若之何?"尚书令王戎曰:"公勋业诚大;然赏不及劳,故人怀贰心。今二王兵盛,不可当也。若以王就第,委权崇让,庶可求安。"乂从事中郎葛旟怒曰:"三台纳言,不恤王事。赏报稽缓,责不在府。谗言逆乱,当共诛讨,奈何虚承伪书,遽令公就第乎! 汉、魏以来,王侯就第,宁有得保妻子者邪! 议者可斩!"百官震悚失色,乂伪药发堕厕,得免。

　　李含屯阴盘,张方帅兵二万军新安,檄长沙王乂使讨乂。乂遣董艾袭乂,乂将左右百馀人驰入宫,闭诸门,奉天子攻大司马府,董艾陈兵宫西,纵火烧千秋神武门。乂使人执驺虞幡唱云:"长沙王乂矫诏。"乂又称"大司马谋反"。是夕,城内大战,飞矢雨集,火光属天。帝幸上东门,矢集御前,群臣死者相枕。连战三日,乂众大败,大司马长史赵渊杀何勖,因执乂以降。乂至殿前,帝恻然,欲活之。乂叱左右趣牵出,斩于阊阖门外,徇首六军,同党皆夷三族,死者二千馀人。囚乂子超、冰、英于金墉城,废乂弟北海王寔。赦天下,改元。李含等闻乂死,引兵还长安。

　　长沙王乂虽在朝廷,事无巨细,皆就邺咨大将军颖。颖以孙惠为参军,陆云为右司马。

　　8　是岁,陈留王薨,谥曰魏元皇帝。

　　9　鲜卑宇文单于莫圭部众强盛,遣其弟屈云攻慕容廆,廆击其别帅素怒延,破之。素怒延耻之,复发兵十万,围廆于棘城。廆众皆惧,廆曰:"素怒延兵虽多而无法制,已在吾算中矣,诸君但为力战,无所忧也!"遂出击,大破之,追奔百里,俘斩万计。辽东孟晖,先没于宇文部,帅其众数千家降于廆,廆以为建威将军。廆以其臣慕舆句勤恪廉靖,使掌府库;句心计默识,不按簿书,始终无漏。以慕舆河明敏精审,使典狱讼,覆讯清允。

资治通鉴卷第八十五

晋纪七

孝惠皇帝中之下

太安二年（癸亥，303）

1 春,正月,李特潜渡江击罗尚,水上军皆散走。蜀郡太守徐俭以少城降,特入据之,惟取马以供军,馀无侵掠;赦其境内,改元建初。罗尚保太城,遣使求和于特。蜀民相聚为坞者,皆送款于特,特遣使就抚之;以军中粮少,乃分六郡流民于诸坞就食。李流言于特曰:"诸坞新附,人心未固,宜质其大姓子弟,聚兵自守,以备不虞。"又与特司马上官惇书曰:"纳降如受敌,不可易也。"前将军雄亦以为言。特怒曰:"大事已定,但当安民,何为更逆加疑忌,使之离叛乎!"

朝廷遣荆州刺史宗岱、建平太守孙阜帅水军三万以救罗尚。岱以阜为前锋,进逼德阳;特遣李荡及蜀郡太守李璜就德阳太守任臧共拒之。岱、阜军势甚盛,诸坞皆有贰志。益州兵曹从事蜀郡任叡言于尚曰:"李特散众就食,骄怠无备,此天亡之时也。宜密约诸坞,刻期同发,内外击之,破之必矣!"尚使叡夜缒出城,宣旨于诸坞,期以二月十日同击特。叡因诣特诈降,特问城中虚实,叡曰:"粮储将尽,但馀货帛耳。"叡求出省家,特许之,遂还报尚。二月,尚遣兵掩袭特营,诸坞皆应之,特兵大败,斩特及李辅、李远,皆焚尸,传首洛阳,流民大惧。李流、李荡、李雄收馀众还保赤祖。流自称大将军、大都督、益州牧,保东营,荡、雄保北营。孙阜破德阳,获骞硕,任臧退屯涪陵。

三月,罗尚遣督护何冲、常深攻李流,涪陵民药绅亦起兵攻流。流与李骧拒绅,何冲乘虚攻北营,氐苻成、隗伯在营中,叛应之。荡母罗氏擐甲拒战,伯手刃伤其目,罗氏气益壮;会流等破深、绅,引兵还,与冲战,大破之。成、伯率其党突出诣尚。流等乘胜进抵成都,尚复闭城自守。荡驰马逐北,中矛而死。

朝廷遣侍中刘沈假节统罗尚、许雄等军,讨李流。行至长安,河间王颙留沈为军师,遣席薳代之。

　　李流以李特、李荡继死,宗岱、孙阜将至,甚惧。李含劝流降,流从之;李骧、李雄迭谏,不纳。夏,五月,流遣其子世及含子胡为质于阜军;胡兄离为梓潼太守,闻之,自郡驰还,欲谏不及。退,与雄谋袭阜军,雄曰:“为今计,当如是;而二翁不从,奈何?”离曰:“当劫之耳!”雄大喜,乃共说流民曰:“吾属前已残暴蜀民,今一旦束手,便为鱼肉,惟有同心袭阜以取富贵耳!”众皆从之。雄遂与离袭击阜军,大破之。会宗岱卒于垫江,荆州军遂退。流甚惭,由是奇雄才,军事悉以任之。

　　2　新野庄王歆,为政严急,失蛮夷心,义阳蛮张昌聚党数千人,欲为乱。荆州以壬午诏书发武勇赴益州讨李流,号“壬午兵”。民惮远征,皆不欲行。诏书督遣严急,所经之界停留五日者,二千石免官。由是郡县官长皆亲出驱逐;展转不远,辄复屯聚为群盗。时江夏大稔,民就食者数千口。张昌因之诳惑百姓,更姓名曰李辰,募众于安陆石岩山,诸流民及避戍役者多从之。太守弓钦遣兵讨之,不胜,昌遂攻郡,钦兵败,与部将朱伺奔武昌。歆遣骑督靳满讨之,满复败走。

　　昌遂据江夏,造妖言云:“当有圣人出为民主。”得山都县吏丘沈,更其姓名曰刘尼,诈云汉后,奉以为天子,曰:“此圣人也。”昌自为相国,诈作凤皇、玉玺之瑞,建元神凤;郊祀、服色,悉依汉故事。有不应募者,族诛之,士民莫敢不从。又流言:“江、淮已南皆反,官军大起,当悉诛之。”互相扇动,人情惶惧,江、沔间所在起兵以应昌,旬月间众至三万,皆著绛帽,以马尾作髯。诏遣监军华宏讨之,败于障山。

　　歆上言:“妖贼犬羊万计,绛头毛面,挑刀走戟,其锋不可当。请台救诸军三道救助。”朝廷以屯骑校尉刘乔为豫州刺史,宁朔将军沛国刘弘为荆州刺史。又诏河间王颙遣雍州刺史刘沈将州兵万人并征西府五千人出蓝田关以讨昌。颙不奉诏;沈自领州兵至蓝田,颙又逼夺其众。于是刘乔屯汝南,刘弘及前将军赵骧、平南将军羊伊屯宛。昌遣其将黄林帅二万人向豫州,刘乔击却之。

　　初,歆与齐王冏善,冏败,歆惧,自结于大将军颖。及张昌作乱,歆表请讨之。时长沙王乂已与颖有隙,疑歆与颖连谋,不听歆出兵,昌众日盛。从事中郎孙洵谓歆曰:“公为岳牧,受阃外之托,拜表辄行,有何不可!而使奸凶滋蔓,祸衅不测,岂藩翰王室、镇静方夏之义乎!”歆将出兵,王绥曰:“昌等小贼,偏裨自足制之,何必违诏命,亲矢石也!”昌至樊城,歆乃出拒之,众溃,为昌所杀。诏以刘弘代歆为镇南将军,都督荆州诸军事。

六月,弘以南蛮长史陶侃为大都护,参军蒯恒为义军督护,牙门将皮初为都战帅,进据襄阳。张昌并军围宛,败赵骧军,杀羊伊。刘弘退屯梁。昌进攻襄阳,不克。

3　李雄攻杀汶山太守陈图,遂取郫城。

秋,七月,李流徙屯郫。蜀民皆保险结坞,或南入宁州,或东下荆州,城邑皆空,野无烟火,流房掠无所得,士众饥乏。唯涪陵千馀家,依青城山处士范长生;平西参军涪陵徐轝说罗尚,求为汶山太守,邀结长生,与共讨流。尚不许,轝怒,出降于流,流以轝为安西将军。轝说长生,使资给流军粮,长生从之,流军由是复振。

4　初,李含以长沙王乂微弱,必为齐王冏所杀,因欲以为冏罪而讨之,遂废帝,立大将军颖,以河间王颙为宰相,已得用事。既而冏为乂所杀,颖、颙犹守藩,不如所谋。颖恃功骄奢,百度弛废,甚于冏时;犹嫌乂在内,不得逞其欲,欲去之。时皇甫商复为乂参军,商兄重为秦州刺史。含说颙曰:"商为乂所任,重终不为人用,宜早除之。可表迁重为内职,因其过长安执之。"重知之,露檄上尚书,发陇上兵以讨含。乂以兵方少息,遣使诏重罢兵,征含为河南尹。含就征而重不奉诏,颙遣金城太守游楷、陇西太守韩稚等合四郡兵攻之。颙密使含与侍中冯荪、中书令卞粹谋杀乂;皇甫商以告乂,收含、荪、粹,杀之。骠骑从事琅邪诸葛玫、前司徒长史武邑牵秀皆出奔邺。

5　张昌党石冰寇扬州,败刺史陈徽,诸郡尽没;又攻破江州,别将陈贞攻武陵、零陵、豫章、武昌、长沙,皆陷之,临淮人封云起兵寇徐州以应冰。于是荆、江、徐、扬、豫五州之境,多为昌所据。昌更置牧守,皆桀盗小人,专以劫掠为务。

刘弘遣陶侃等攻昌于竟陵,刘乔遣其将李杨等向江夏。侃等屡与昌战,大破之,前后斩首数万级,昌逃于下㑺山,其众悉降。

初,陶侃少孤贫,为郡督邮,长沙太守万嗣过庐江,见而异之,命其子结友而去。后察孝廉,至洛阳,豫章国郎中令杨晫荐之于顾荣,侃由是知名。既克张昌,刘弘谓侃曰:"吾昔为羊公参军,谓吾后当居身处。今观卿,必继老夫矣。"

弘之退屯于梁也,征南将军范阳王虓遣前长水校尉张奕领荆州。弘至,奕不受代,举兵拒弘;弘讨奕,斩之。时荆部守宰多缺,弘请补选,诏许之。弘叙功铨德,随才授任,人皆服其公当。弘表皮初补襄阳太守,朝廷以初虽有功而望浅,更以弘婿前东平太守夏侯陟为襄阳太守。弘下教曰:

"夫治一国者,宜以一国为心,必若亲姻然后可用,则荆州十郡,安得十女婿然后为政哉!"乃表:"陟姻亲,旧制不得相监,皮初之勋,宜见酬报。"诏听之。弘于是劝课农桑,宽刑省赋,公私给足,百姓爱悦。

6　河间王颙闻李含等死,即起兵讨长沙王乂。大将军颖上表请讨张昌,许之;闻昌已平,因欲与颙共攻乂。卢志谏曰:"公前有大功而委权辞宠,时望美矣。今若顿军关外,文服入朝,此霸主之事也。"参军魏郡邵续曰:"人之有兄弟,如左右手。明公欲当天下之敌而先去其一手,可乎!"颖皆不从。八月,颙、颖共表:"乂论功不平,与右仆射羊玄之、左将军皇甫商专擅朝政,杀害忠良,请诛玄之、商,遣乂还国。"诏曰:"颙敢举大兵,内向京辇,吾当亲率六军以诛奸逆。其以乂为太尉、都督中外诸军事以御之。"

颙以张方为都督,将精兵七万,自函谷东趋洛阳。颖引兵屯朝歌,以平原内史陆机为前将军、前锋都督,督北中郎将王粹、冠军将军牵秀、中护军石超等军二十余万,南向洛阳。机以羁旅事颖,一旦顿居诸将之右,王粹等心皆不服。白沙督孙惠与机亲厚,劝机让都督于粹。机曰:"彼将谓吾首鼠两端,适所以速祸也。"遂行。颖列军自朝歌至河桥,鼓声闻数百里。

乙丑,帝如十三里桥。太尉乂使皇甫商将万余人拒张方于宜阳。己巳,帝还军宣武场。庚午,舍于石楼。九月丁丑,屯于河桥。壬子,张方袭皇甫商,败之。甲申,帝军于芒山。丁亥,帝幸偃师;辛卯,舍于豆田。大将军颖进屯河南,阻清水为垒。癸巳,羊玄之忧惧而卒,帝旋军城东;丙申,幸缑氏,击牵秀,走之。大赦。张方入京城,大掠,死者万计。

7　李流疾笃,谓诸将曰:"骁骑仁明,固足以济大事;然前军英武,殆天所相,可共受事于前军。"流卒,众推李雄为大都督、大将军、益州牧,治郫城。雄使武都朴泰绐罗尚,使袭郫城,云己为内应。尚使隗伯将兵攻郫,泰约举火为应,李骧伏兵于道,泰出长梯于外。隗伯兵见火起,争缘梯上,骧纵兵击,大破之。追奔夜至城下,诈称万岁,曰:"已得郫城矣!"入少城,尚乃觉之,退保太城。隗伯创甚,雄生获之,赦不杀。李骧攻犍为,断尚运道。获太守龚恢,杀之。

8　石超进逼缑氏。冬,十月壬寅,帝还宫。丁未,败牵秀于东阳门外。大将军颖遣将军马咸助陆机。戊申,太尉乂奉帝与机战于建春门。乂司马王瑚使数千骑系戟于马,以突咸陈,咸军乱,执而斩之。机军大败,赴七里涧,死者如积,水为之不流。斩其大将贾崇等十六人,石超遁去。

　　初,宦人孟玖有宠于大将军颖,玖欲用其父为邯郸令,左长史卢志等皆不敢违,右司马陆云固执不许,曰:"此县,公府掾资,岂有黄门父居之邪!"玖深怨之。玖弟超,领万人为小督,未战,纵兵大掠,陆机录其主者;超将铁骑百馀人直入机麾下,夺之,顾谓机曰:"貉奴,能作督不!"机司马吴郡孙拯劝机杀之,机不能用。超宣言于众曰:"陆机将反。"又还书与玖,言机持两端,故军不速决。及战,超不受机节度,轻兵独进,败没。玖疑机杀之,潜之于颖曰:"机有二心于长沙。"牵秀素谄事玖,将军王阐、郝昌、帐下督阳平公师藩皆玖所引用,相与共证之。颖大怒,使秀将兵收机。参军事王彰谏曰:"今日之举,强弱异势,庸人犹知必克,况机之明达乎!但机吴人,殿下用之太过,北土旧将皆疾之耳。"颖不从。机闻秀至,释戎服,著白帢,与秀相见,为笺辞颖,既而叹曰:"华亭鹤唳,可复闻乎!"秀遂杀之。颖又收机弟清河内史云、平东祭酒耽及孙拯,皆下狱。

　　记室江统、陈留蔡克、颖川枣嵩等上疏,以为:"陆机浅谋致败,杀之可也。至于反逆,则众共知其不然。宜先检校机反状,若有征验,诛云等未晚也。"统等恳请不已,颖迟回者三日。蔡克入,至颖前,叩头流血曰:"云为孟玖所怨,远近莫不闻;今果见杀,窃为明公惜之!"僚属随克入者数十人,流涕固请,颖恻然,有宥云色。孟玖扶颖入,催令杀云、耽,夷机三族。狱吏考掠孙拯数百,两踝骨见,终言机冤。吏知拯义烈,谓拯曰:"二陆之枉,谁不知之!君可不爱身乎?"拯仰天叹曰:"陆君兄弟,世之奇士,吾蒙知爱。今既不能救其死,忍复从而诬之乎!"玖等知拯不可屈,乃令狱吏诈为拯辞。颖既杀机,意常悔之,及见拯辞,大喜,谓玖等曰:"非卿之忠,不能穷此奸。"遂夷拯三族。拯门人费慈、宰意二人诣狱明拯冤,拯譬遣之曰:"吾义不负二陆,死自吾分;卿何为尔邪!"曰:"君既不负二陆,仆又安可负君!"固言拯冤,玖又杀之。

　　太尉乂奉帝攻张方,方兵望见乘舆,皆退走,方遂大败,死者五千馀人。方退屯十三里桥,众惧,欲夜遁,方曰:"胜负兵家之常,善用兵者能因败为成。今我更前作垒,出其不意,此奇策也。"乃夜潜逼洛城七里,筑垒数重,外引廪谷以足军食。乂既战胜,以为方不足忧。闻方垒成,十一月,引兵攻之,不利。朝议以为乂、颖兄弟,可辞说而释,乃使中书令王衍等往说颖,令与乂分陕而居,颖不从。乂因致书于颖,为陈利害,欲与之和解。颖复书,"请斩皇甫商等首,则引兵还邺",乂不可。

　　颖进兵逼京师,张方决千金堨,水碓皆涸。乃发王公奴婢手春给兵,一品已下不从征者,男子十三以上皆从役,又发奴助兵;公私穷蹙,米石万钱。诏命所行,一城而已。骠骑主簿范阳祖逖言于乂曰:"刘沈忠义果毅,雍州兵力足制河间,宜启上为诏与沈,使发兵袭颙。颙窘急,必召张方以自救,此良策也。"乂从之。沈奉诏驰檄四境,诸郡多起兵应之。沈合七郡之众凡万馀人,趣长安。

乂又使皇甫商间行,赍帝手诏,命游楷等罢兵,敕皇甫重进军讨颙。商间行至新平,遇其从甥;从甥素憎商,以告颙,颙捕商,杀之。

9　十二月,议郎周玘、前南平内史长沙王矩起兵江东以讨石冰,推前吴兴太守吴郡顾祕都督扬州九郡诸军事,传檄州郡,杀冰所署将史。于是前侍御史贺循起兵于会稽,庐江内史广陵华谭及丹阳葛洪、甘卓皆起兵以应祕。玘,处之子;循,邵之子;卓,宁之曾孙也。

冰遣其将羌毒帅兵数万拒玘,玘击斩之。冰自临淮趋寿春。征东将军刘准闻冰至,惶惧不知所为。广陵度支庐江陈敏统众在寿春,谓准曰:"此等本不乐远戍,逼迫成贼,乌合之众,其势易离,敏请督运兵为公破之。"准乃益敏兵,使击之。

10　闰月,李雄急攻罗尚。尚军无食,留牙门张罗守城,夜,由牛鞞水东走,罗开门降。雄入成都,军士饥甚,乃帅众就谷于郪,掘野芋而食之。许雄坐讨贼不进,征即罪。

11　安北将军、都督幽州诸军事王浚,以天下方乱,欲结援夷狄,乃以一女妻鲜卑段务勿尘,一女妻素怒延,又表以辽西郡封务勿尘为辽西公。浚,沈之子也。

12　毛诜之死也,李叡奔五苓夷帅于陵丞,于陵丞诣李毅为叡请命,毅许之。叡至,毅杀之。于陵丞怒,帅诸夷反攻毅。

13　尚书令乐广女为成都王妃,或潜诸太尉乂;乂问广,广神色不动,徐曰:"广岂以五男易一女哉!"乂犹疑之。

永兴元年(甲子,304)

1　春,正月丙午,乐广以忧卒。

2　长沙厉王乂屡与大将军颖战,破之,前后斩获六七万人。而乂未尝亏奉上之礼;城中粮食日窘,而士卒无离心。张方以为洛阳未可克,欲还长安。而东海王越虑事不济,癸亥,潜与殿中诸将夜收乂送别省。甲子,越启帝,下诏免乂官,置金墉城。大赦,改元。城既开,殿中将士见外兵不盛,悔之,更谋劫出乂以拒颖。越惧,欲杀乂以绝众心。黄门侍郎潘滔曰:"不可,将自有静之者。"乃遣人密告张方。丙寅,方取乂于金墉城,至营,炙而杀之,方军士亦为之流涕。

公卿皆诣邺谢罪;大将军颖入京师,复还镇于邺。诏以颖为丞相;加东海王越守尚书令。颖遣奋武将军石超等率兵五万屯十二城门,殿中宿所忌者,颖皆杀之;悉代去宿卫兵。表卢志为中书监,留邺,参署丞相府事。

河间王颙顿军于郑,为东军声援,闻刘沈兵起,还镇渭城,遣督护虞夔逆战于好畤。夔兵败,颙惧,退入长安,急召张方。方掠洛中官私奴婢万馀人而西。军中乏食,杀人杂牛马肉食之。

刘沈渡渭而军,与颙战,颙屡败。沈使安定太守衙博、功曹皇甫澹以精甲五千袭长安,入其门,力战至颙帐下。沈兵来迟,冯翊太守张辅见其无继,引兵横击之,杀博及澹,兵遂败,收馀卒而退。张方遣其将敦伟夜击之,沈军惊溃,沈与麾下南走,追获之。沈谓颙曰:"知己之惠轻,君臣之义重,沈不可以违天子之诏,量强弱以苟全。投袂之日,期之必死,菹醢之戮,其甘如荠。"颙怒,鞭之而后腰斩。新平太守江夏张光数为沈画计,颙执而诘之,光曰:"刘雍州不用鄙计,故令大王得有今日!"颙壮之,引与欢宴,表为右卫司马。

3　罗尚逃至江阳,遣使表状;诏尚权统巴东、巴郡、涪陵以供军赋。尚遣别驾李兴诣镇南将军刘弘求粮,弘纲纪以运道阻远,且荆州自空乏,欲以零陵米五千斛与尚。弘曰:"天下一家,彼此无异,吾今给之,则无西顾之忧矣。"遂以三万斛给之,尚赖以自存。李兴愿留为弘参军,弘夺其手版而遣之。又遣治中何松领兵屯巴东为尚后继。于时流民在荆州者十馀万户,羁旅贫乏,多为盗贼,弘大给其田及种粮,擢其贤才,随资叙用,流民遂安。

4　二月乙酉,丞相颖表废皇后羊氏,幽于金墉城;废皇太子覃为清河王。

5　陈敏与石冰战数十合,冰众十倍于敏,敏击之,所向皆捷,遂与周玘合攻冰于建康。三月,冰北走,投封云,云司马张统斩冰及云以降,扬、徐二州平。周玘、贺循皆散众还家,不言功赏。朝廷以陈敏为广陵相。

6　河间王颙表请立丞相颖为太弟。戊申,诏以颖为皇太弟,都督中外诸军事,丞相如故。大赦。乘舆服御皆迁于邺,制度一如魏武帝故事。以颙为太宰、大都督、雍州牧,前太傅刘寔为太尉。寔以老,固让不拜。

7　太弟颖僭侈日甚,嬖幸用事,大失众望。司空东海王越,与右卫将军陈眕及长沙故将上官巳等谋讨之。秋,七月丙申朔,陈眕勒兵入云龙门,以诏召三公百僚及殿中,戒严讨颖。石超奔邺。戊戌,大赦,复皇后羊氏及太子覃。己亥,越奉帝北征。以越为大都督。征前侍中嵇绍诣行在。侍中秦準谓绍曰:"今往,安危难测,卿有佳马乎?"绍正色曰:"臣子扈卫乘舆,死生以之,佳马何为!"

越檄召四方兵,赴者云集,比至安阳,众十馀万,邺中震恐。颖会群僚问计,东安王繇曰:"天子亲征,宜释甲缟素出迎请罪。"颖不从,遣石超帅众五万拒战。折冲将军乔智明劝颖奉迎乘舆,颖怒曰:"卿名晓事,投身事孤;今主上为群小所逼,卿奈何欲使孤束手就刑邪!"

陈眕二弟匡、规自邺赴行在,云邺中皆已离散,由是不甚设备。己未,石超军奄至,乘舆败绩于荡阴,帝伤颊,中三矢,百官侍御皆散。嵇绍朝服,下马登辇,以身卫帝,兵人引绍于辕中斫之。帝曰:"忠臣也,勿杀!"对曰:"奉太弟令,惟不犯陛下一人耳。"遂杀绍,血溅帝衣。帝堕于草中,亡六玺。石超奉帝幸其营,帝馁甚,超进水,左右奉秋桃。颖遣卢志迎帝;庚申,入邺。大赦,改元曰建武。左右欲浣帝衣,帝曰:"嵇侍中血,勿浣也!"

陈眕、上官巳等奉太子覃守洛阳。司空越奔下邳,徐州都督东平王楙不纳,越径还东海。太弟颖以越兄弟宗室之望,下令招之,越不应命。前奋威将军孙惠上书劝越要结藩方,同奖王室,越以惠为记室参军,与参谋议。北军中候苟晞奔范阳王虓,虓承制以晞行兖州刺史。

8　初,三王之起兵讨赵王伦也,王浚拥众挟两端,禁所部士民不得赴三王召募。太弟颖欲讨之而未能,浚心亦欲图颖。颖以右司马和演为幽州刺史,密使杀浚。演与乌桓单于审登谋与浚游蓟城南清泉,因而图之。会天暴雨,兵器沾湿,不果而还。审登以为浚得天助,乃以演谋告浚。浚与审登密严兵,约并州刺史东嬴公腾共围演,杀之,自领幽州营兵。腾,越之弟也。太弟颖称诏征浚,浚与鲜卑段务勿尘、乌桓羯朱及东嬴公腾同起兵讨颖,颖遣北中郎将王斌及石超击之。

9　太弟颖怨东安王繇前议,八月,戊辰,收繇,杀之。初,繇兄琅邪恭王觐薨,子睿嗣。睿沉敏有度量,为左将军,与东海参军王导善。导,敦之从父弟也;识量清远,以朝廷多故,每劝睿之国。及繇死,睿从帝在邺,恐及祸,将逃归。颖先敕关津,无得出贵人,睿至河阳,为津吏所止。从者宋典自后来,以鞭拂睿而笑曰:"舍长,官禁贵人,汝亦被拘邪?"吏乃听过。至洛阳,迎太妃夏侯氏俱归国。

10　丞相从事中郎王澄发孟玖奸利事,劝太弟颖诛之,颖从之。

11 上官巳在洛阳,残暴纵横。守河南尹周馥,浚之从父弟也,与司隶满奋等谋诛之,事泄,奋等死,馥走,得免。司空越之讨太弟颖也,太宰颙遣右将军、冯翊太守张方将兵二万救之,闻帝已入邺,因命方镇洛阳。巳与别将苗愿拒之,大败而还。太子覃夜袭巳、愿,巳、愿出走;方入洛阳。覃于广阳门迎方而拜,方下车扶止之,复废覃及羊后。

12 初,太弟颖表匈奴左贤王刘渊为冠军将军,监五部军事,使将兵在邺。渊子聪,骁勇绝人,博涉经史,善属文,弯弓三百斤;弱冠游京师,名士莫不与交。颖以聪为积弩将军。

渊从祖右贤王宣谓其族人曰:"自汉亡以来,我单于徒有虚号,无复尺土;自馀王侯,降同编户。今吾众虽衰,犹不减二万,奈何敛首就役,奄过百年!左贤王英武超世,天苟不欲兴匈奴,必不虚生此人也。今司马氏骨肉相残,四海鼎沸,复呼韩邪之业,此其时矣!"乃相与谋,推渊为大单于,使其党呼延攸诣邺告之。

渊白颖,请归会葬,颖弗许。渊令攸先归,告宣等使招集五部及杂胡,声言助颖,实欲叛之。及王浚、东嬴公腾起兵,渊说颖曰:"今二镇跋扈,众十馀万,恐非宿卫及近郡士众所能御也,请为殿下还说五部以赴国难。"颖曰:"五部之众,果可发否?就能发之,鲜卑、乌桓,未易当也。吾欲奉乘舆还洛阳以避其锋,徐传檄天下,以逆顺制之,君意何如?"渊曰:"殿下武皇帝之子,有大勋于王室,威恩远著,四海之内,孰不愿为殿下尽死力者!何难发之有!王浚竖子,东嬴疏属,岂能与殿下争衡邪!殿下一发邺宫,示弱于人,洛阳不可得而至;虽至洛阳,威权不复在殿下也。愿殿下抚勉士众,靖以镇之,渊请为殿下以二部摧东嬴,三部枭王浚,二竖之首,可指日而悬也。"颖悦,拜渊为北单于、参丞相军事。

渊至左国城,刘宣等上大单于之号,二旬之间,有众五万,都于离石,以聪为鹿蠡王。遣左於陆王宏帅精骑五千,会颖将王粹拒东嬴公腾。粹已为腾所败,宏无及而归。

王浚、东嬴公腾合兵击王斌,大破之。浚以主簿祁弘为前锋,败石超于平棘,乘胜进军。候骑至邺,邺中大震,百僚奔走,士卒分散。卢志劝颖奉帝还洛阳。时甲士尚有万五千人,志夜部分,至晓将发,而程太妃恋邺不欲去,颖狐疑未决。俄而众溃,颖遂将帐下数十骑与志奉帝御犊车南奔洛阳。仓猝上下无赍,中黄门被囊中赍私钱三千,诏贷之,于道中买饭,夜则御中黄门布被,食以瓦盆。至温,将谒陵,帝丧履,纳从者之履,下拜流涕。及济河,张方自洛阳遣其子罴帅骑三千,以所乘车奉迎帝。至芒山下,方自帅万馀骑迎帝。方将拜谒,帝下车自止之。帝还宫,奔散者稍还,百官粗备。辛巳,大赦。

王浚入邺,士众暴掠,死者甚众。使乌桓羯朱追太弟颖,至朝歌,不及。浚还蓟,以鲜卑多掠人妇女,命:"敢有挟藏者斩!"于是沉于易水者八千人。

13　东嬴公腾乞师于拓跋猗㐌以击刘渊,猗㐌与弟猗卢合兵击渊于西河,破之,与腾盟于汾东而还。

刘渊闻太弟颖去邺,叹曰:"不用吾言,逆自奔溃,真奴才也!然吾与之有言矣,不可不救。"将发兵击鲜卑、乌桓,刘宣等谏曰:"晋人奴隶御我,今其骨肉相残,是天弃彼而使我复呼韩邪之业也。鲜卑、乌桓,我之气类,可以为援,奈何击之!"渊曰:"善!大丈夫当为汉高、魏武,呼韩邪何足效哉!"宣等稽首曰:"非所及也!"

14　荆州兵擒斩张昌,同党皆夷三族。

15　李雄以范长生有名德,为蜀人所重,欲迎以为君而臣之,长生不可。诸将固请雄即尊位,冬,十月,雄即成都王位,大赦,改元建兴。除晋法,约法七章。以其叔父骧为太傅,兄始为太保,李离为太尉,李云为司徒,李璜为司空,李国为太宰,阎式为尚书令,杨褒为仆射。尊母罗氏为王太后,追尊父特为成都景王。雄以李国、李离有智谋,凡事必咨而后行,然国、离事雄弥谨。

16　刘渊迁都左国城。胡、晋归之者愈众。渊谓群臣曰:"昔汉有天下久长,恩结于民。吾,汉氏之甥,约为兄弟;兄亡弟绍,不亦可乎!"乃建国号曰汉。刘宣等请上尊号,渊曰:"今四方未定,且可依高祖称汉王。"于是即汉王位,大赦,改元曰元熙。追尊安乐公禅为孝怀皇帝,作汉三祖、五宗神主而祭之。立其妻呼延氏为王后。以右贤王宣为丞相,崔游为御史大夫,左於陆王宏为太尉,范隆为大鸿胪,朱纪为太常,上党崔懿之、后部人陈元达皆为黄门郎,族子曜为建武将军;游固辞不就。

元达少有志操,渊尝招之,元达不答。及渊为汉王,或谓元达曰:"君其惧乎?"元达笑曰:"吾知其人久矣,彼亦亮吾之心;但恐不过三二日,驿书必至。"其暮,渊果征元达。元达事渊,屡进忠言,退而削草,虽子弟莫得知也。

曜生而眉白,目有赤光,幼聪慧,有胆量,早孤,养于渊。及长,仪观魁伟,性拓落高亮,与众不群,好读书,善属文,铁厚一寸,射而洞之。常自比乐毅及萧、曹,时人莫之许也;惟刘聪重之,曰:"永明,汉世祖、魏武之流,数公何足道哉！"

17 帝既还洛阳，张方拥兵专制朝政，太弟颖不得复豫事。豫州都督范阳王虓、徐州都督东平王楙等上言："颖弗克负荷，宜降封一邑，特全其命。太宰宜委以关右之任，自州郡以下，选举授任，一皆仰成；朝之大事，废兴损益，每辄畴咨。张方为国效节，而不达变通，未即西还，宜遣还郡，所加方官，请悉如旧。司徒戎、司空越，并忠国小心，宜干机事，委以朝政。王浚有定社稷之勋，宜特崇重，遂抚幽朔，长为北藩。臣等竭力扞城，藩屏皇家，则陛下垂拱，四海自正矣。"

张方在洛既久，兵士剽掠殆竭，众情喧喧，无复留意，议欲奉帝迁都长安；恐帝及公卿不从，欲须帝出而劫之。乃请帝谒庙，帝不许。十一月乙未，方引兵入殿，以所乘车迎帝，帝驰避后园竹中。军人引帝出，逼使上车，帝垂泣从之。方于马上稽首曰："今寇贼纵横，宿卫单少，愿陛下幸臣垒，臣尽死力以备不虞。"时群臣皆逃匿，唯中书监卢志侍侧，曰："陛下今日之事，当一从右将军。"帝遂幸方垒，令方具车载宫人、宝物。军人因妻略后宫，分争府藏，割流苏、武帐为马帐，魏、晋以来蓄积，扫地无遗。方将焚宗庙、宫室以绝人返顾之心，卢志曰："董卓无道，焚烧洛阳，怨毒之声，百年犹存，何为袭之！"乃止。

帝停方垒三日，方拥帝及太弟颖、豫章王炽等趋长安，王戎出奔郏。太宰颙帅官属步骑三万迎于霸上，颙前拜谒，帝下车止之。帝入长安，以征西府为宫。唯尚书仆射荀藩、司隶刘暾、河南尹周馥在洛阳为留台，承制行事，号东、西台。藩，勖之子也。丙午，留台大赦，改元复为永安。辛丑，复皇后羊氏。

18 罗尚移屯巴郡，遣兵掠蜀中，获李骧妻昝氏及子寿。

19 十二月丁亥，诏太弟颖以成都王还第；更立豫章王炽为皇太弟。帝兄弟二十五人，时存者惟颖、炽及吴王晏。晏材资庸下，炽冲素好学，故太宰颙立之。诏以司空越为太傅，与颙夹辅帝室，王戎参录朝政。又以光禄大夫王衍为尚书左仆射。高密王略为镇南将军，领司隶校尉，权镇洛阳。东中郎将模为宁北将军，都督冀州诸军事，镇邺。百官各还本职。令州郡蠲除苛政，爱民务本，清通之后，当还东京。大赦，改元。略、模，皆越之弟也。王浚既去邺，越使模镇之。颙以四方乖离，祸难不已，故下此诏和解之，冀获少安。越辞太傅不受。又诏以太宰颙都督中外诸军事。张方为中领军、录尚书事，领京兆太守。

20 东嬴公腾遣将军聂玄击汉王渊，战于大陵，玄兵大败。

　　渊遣刘曜寇太原,取泫氏、屯留、长子、中都。又遣冠军将军乔晞寇西河,取介休。介休令贾浑不降,晞杀之;将纳其妻宗氏,宗氏骂晞而哭,晞又杀之。渊闻之,大怒曰:“使天道有知,乔晞望有种乎!”追还,降秩四等,收浑尸,葬之。

资治通鉴卷第八十六

晋纪八

孝惠皇帝下

永兴二年（乙丑，305）

1　夏，四月，张方废羊后。

2　游楷等攻皇甫重，累年不能克，重遣其养子昌求救于外。昌诣司空越，越以太宰颙新与山东连和，不肯出兵。昌乃与故殿中人杨篇诈称越命，迎羊后于金墉城。入宫，以后令发兵讨张方，奉迎大驾。事起仓猝，百官初皆从之；俄知其诈，相与诛昌。颙请遣御史宣诏喻重令降。重不奉诏。先是城中不知长沙厉王及皇甫商已死，重获御史骓人，问曰："我弟将兵来，欲至未？"骓人曰："已为河间王所害。"重失色，立杀骓人。于是城中知无外救，共杀重以降。颙以冯翊太守张辅为秦州刺史。

3　六月甲子，安丰元侯王戎薨于郏。

4　张辅至秦州，杀天水太守封尚，欲以立威；又召陇西太守韩稚，稚子朴勒兵击辅，辅军败，死。凉州司马杨胤言于张轨曰："韩稚擅杀刺史，明公杖钺一方，不可不讨。"轨从之，遣中督护氾瑗帅众二万讨稚，稚诣轨降。未几，鲜卑若罗拔能寇凉州，轨遣司马宋配击之，斩拔能，俘十馀万口，威名大振。

5　汉王渊攻东嬴公腾，腾复乞师于拓跋猗㐌，卫操劝猗㐌助之。猗㐌帅轻骑数千救腾，斩汉将綦毋豚。诏假猗㐌大单于，加操右将军。甲申，猗㐌卒，子普根代立。

6　东海中尉刘洽以张方劫迁车驾，劝司空越起兵讨之。秋，七月，越传檄山东征、镇、州、郡云："欲纠帅义旅，奉迎天子，还复旧都。"东平王楙闻之，惧；长史王脩说楙曰："东海，宗室重望；今兴义兵，公宜举徐州以授之，则免于难，且有克让之美矣。"楙从之。越乃以司空领徐州都督，楙自为兖州刺史；诏即遣使者刘虔授之。是时，越兄弟并据方任，于是范阳王虓及王浚等共推越为盟主，越辄选置刺史以下，朝士多赴之。

7　成都王颖既废,河北人多怜之。颖故将公师藩等自称将军,起兵于赵、魏,众至数万。初,上党武乡羯人石勒,有胆力,善骑射。并州大饥,建威将军阎粹说东嬴公腾执诸胡于山东,卖充军实。勒亦被掠,卖为茌平人师欢奴,欢奇其状貌而免之。欢家邻于马牧,勒乃与牧帅汲桑结壮士为群盗。及公师藩起,桑与勒帅数百骑赴之。桑始命勒以石为姓,勒为名。藩攻陷郡县,杀二千石、长吏,转前,攻邺。平昌公模甚惧;范阳王虓遣其将苟晞救邺,与广平太守谯国丁绍共击藩,走之。

8　八月辛丑,大赦。

9　司空越以琅邪王睿为平东将军,监徐州诸军事,留守下邳。睿请王导为司马,委以军事。越帅甲士三万,西屯萧县;范阳王虓自许屯于荥阳。越承制以豫州刺史刘乔为冀州刺史,以范阳王虓领豫州刺史;乔以虓非天子命,发兵拒之。虓以刘琨为司马,越以刘蕃为淮北护军,刘舆为颍川太守。乔上尚书,列舆兄弟罪恶,因引兵攻许,遣长子祐将兵拒越于萧县之灵壁,越兵不能进。东平王楙在兖州,征求不已,郡县不堪命。范阳王虓遣苟晞还兖州,徙楙都督青州。楙不受命,背山东诸侯,与刘乔合。

10　太宰颙闻山东兵起,甚惧。以公师藩为成都王颖起兵,壬午,表颖为镇军大将军、都督河北诸军事,给兵千人;以卢志为魏郡太守,随颖镇邺,欲以抚安之。又遣建武将军吕朗屯洛阳。

颙发诏,令东海王越等各就国,越等不从。会得刘乔上事,冬,十月丙子,下诏称:"刘舆迫胁范阳王虓,造构凶逆。其令镇南大将军刘弘、平南将军彭城王释、征东大将军刘准,各勒所统,与刘乔并力;以张方为大都督,统精卒十万,与吕朗共会许昌,诛舆兄弟。"释,宣帝弟子穆王权之孙也。丁丑,颙使成都王颖领将军刘褒等,前车骑将军石超领北中郎将王阐等据河桥,为刘乔继援;进乔镇东将军,假节。

刘弘遗乔及司空越书,欲使之解怨释兵,同奖王室,皆不听。弘又上表曰:"自顷兵戈纷乱,猜祸锋生,疑隙构于群王,灾难延于宗子。今日为忠,明日为逆,翻其反而,互为戎首。载籍以来,骨肉之祸未有如今者也,臣窃悲之! 今边陲无备豫之储,中华有杼轴之困,而股肱之臣,不惟国体,职竞寻常,自相楚剥。万一四夷乘虚为变,此亦猛虎交斗自效于卞庄者矣。臣以为宜速发明诏诏越等,令两释猜嫌,各保分局。自今以后,其有不被诏书,擅兴兵马者,天下共伐之。"时太宰颙方拒关东,倚乔为助,不纳其言。

乔乘虚袭许,破之。刘琨将兵救许,不及,遂与兄舆及范阳王虓俱奔河北;琨父母为乔所执。刘弘以张方残暴,知颙必败,乃遣参军刘盘为都护,帅诸军受司空越节度。

时天下大乱,弘专督江、汉,威行南服。谋事有成者,则曰"某人之功",如有负败,则曰"老子之罪"。每有兴发,手书守相,丁宁款密。所以人皆感悦,争赴之,咸曰:"得刘公一纸书,贤于十部从事。"前广汉太守辛冉说弘以从横之事,弘怒,斩之。

11　有星孛于北斗。

12　平昌公模遣将军宋胄趣河桥。

13　十一月,立节将军周权,诈被檄,自称平西将军,复立羊后。洛阳令何乔攻权,杀之,复废羊后。太宰颙矫诏,以羊后屡为奸人所立,遣尚书田淑敕留台赐后死。诏书屡至,司隶校尉刘暾等上奏,固执以为:"羊庶人门户残破,废放空宫,门禁峻密,无缘得与奸人构乱;众无愚智,皆谓其冤。今杀一枯穷之人,而令天下伤惨,何益于治!"颙怒,遣吕朗收暾;暾奔青州,依高密王略。然羊后亦以是得免。

14　十二月,吕朗等东屯荥阳,成都王颖进据洛阳。

15　刘琨说冀州刺史太原温羡,使让位于范阳王虓。虓领冀州,遣琨诣幽州乞师于王浚;浚以突骑资之,击王阐于河上,杀之。琨遂与虓引兵济河,斩石超于荥阳。刘乔自考城引退。虓遣琨及督护田徽东击东平王楙于廪丘,楙走还国。琨、徽引兵东迎越,击刘祐于谯,祐败死,乔众遂溃,乔奔平氏。司空越进屯阳武,王浚遣其将祁弘帅突骑鲜卑、乌桓为越先驱。

16　初,陈敏既克石冰,自谓勇略无敌,有割据江东之志。其父怒曰:"灭我门者,必此儿也!"遂以忧卒。敏以丧去职。司空越起敏为右将军、前锋都督。越为刘祐所败,敏请东归收兵,遂据历阳叛。吴王常侍甘卓,弃官东归,至历阳,敏为子景娶卓女,使卓假称皇太弟令,拜敏扬州刺史。敏使弟恢及别将钱端等南略江州,弟斌东略诸郡,扬州刺史刘机、丹杨太守王旷皆弃城走。

敏遂据有江东,以顾荣为右将军,贺循为丹杨内史,周玘为安丰太守,凡江东豪杰、名士,咸加收礼,为将军、郡守者四十馀人;或有老疾,就加秩命。循诈为狂疾,得免;乃以荣领丹杨内史。玘亦称疾,不之郡。敏疑诸名士终不为己用,欲尽诛之。荣说敏曰:"中国丧乱,胡夷内侮,观今日之势,不能复振,百姓将无遗种。江南虽经石冰之乱,人物尚全,荣常忧无孙、刘之主有以存之。今将军神武不世,勋效已著,带甲数万,舳舻山积,若能委信君子，使各尽怀，散蒂芥之嫌，塞谗诌之口，则上方数州，可传檄而定；不然，终不济也。"敏命僚佐推己为都督江东诸军事、大司马、楚公，加九锡，列上尚书，称被中诏，自江入沔、汉，奉迎銮驾。

太宰颙以张光为顺阳太守，帅步骑五千诣荆州讨敏。刘弘遣江夏太守陶侃、武陵太守苗光屯夏口，又遣南平太守汝南应詹督水军以继之。

侃与敏同郡，又同岁举吏。随郡内史扈怀言于弘曰："侃居大郡，统强兵，脱有异志，则荆州无东门矣！"弘曰："侃之忠能，吾得之已久，必无是也。"侃闻之，遣子洪及兄子臻诣弘以自固，弘引为参军，资而遣之。曰："贤叔征行，君祖母年高，便可归也。匹夫之交，尚不负心，况大丈夫乎！"

敏以陈恢为荆州刺史，寇武昌，弘加侃前锋督护以御之。侃以运船为战舰，或以为不可。侃曰："用官船击官贼，何为不可！"侃与恢战，屡破之；又与皮初、张光、苗光共破钱端于长岐。

南阳太守卫展说弘曰："张光，太宰腹心，公既与东海，宜斩光以明向背。"弘曰："宰辅得失，岂张光之罪！危人自安，君子弗为也。"乃表光殊勋，乞加迁擢。

17　是岁，离石大饥，汉王渊徙屯黎亭，就邸阁谷；留太尉宏守离石，使大司农卜豫运粮以给之。

光熙元年（丙寅，306）

1　春，正月戊子朔，日有食之。

2　初，太弟中庶子兰陵缪播有宠于司空越；播从弟右卫率胤，太宰颙前妃之弟也。越之起兵，遣播、胤诣长安说颙，令奉帝还洛，约与颙分陕为伯。颙素信重播兄弟，即欲从之。张方自以罪重，恐为诛首，谓颙曰："今据形胜之地，国富兵强，奉天子以号令，谁敢不从，奈何拱手受制于人！"颙乃止。及刘乔败，颙惧，欲罢兵，与山东和解，恐张方不从，犹豫未决。

方素与长安富人郅辅亲善，以为帐下督。颙参军河间毕垣，尝为方所侮，因说颙曰："张方久屯霸上，闻山东兵盛，盘桓不进，宜防其未萌。其亲信郅辅知其谋。"缪播、缪胤复说颙："宜急斩方以谢，山东可不劳而定。"颙使人召辅，垣迎说辅曰："张方欲反，人谓卿知之。王若问卿，何辞以对？"辅惊曰："实不闻方反，为之奈何？"垣曰："王若问卿，但言尔尔；不然，必不免祸。"辅入，颙问之曰："张方反，卿知之乎？"辅曰："尔。"颙曰："遣卿取之，可乎？"又曰："尔。"颙于是使辅送书于方，因杀之。辅既昵于方,持刀而入,守阁者不疑。方火下发函,辅斩其头。还报,颙以辅为安定太守。送方头于越以请和;越不许。

宋冑袭河桥,楼褒西走。平昌公模遣前锋督护冯嵩会宋冑逼洛阳。成都王颖西奔长安,至华阴,闻颙已与山东和亲,留不敢进。吕朗屯荥阳,刘琨以张方首示之,遂降。司空越遣祁弘、宋冑、司马纂帅鲜卑西迎车驾,以周馥为司隶校尉、假节,都督诸军,屯渑池。

3 三月,愍令刘柏根反,众以万数,自称愍公。王弥帅家僮从之,柏根以弥为长史,弥从父弟桑为东中郎将。柏根寇临淄,青州都督高密王略使刘暾将兵拒之;暾兵败,奔洛阳,略走保聊城。王浚遣将讨柏根,斩之。王弥亡入长广山为群盗。

4 宁州频岁饥疫,死者以十万计。五苓夷强盛,州兵屡败。吏民流入交州者甚众,夷遂围州城。李毅疾病,救援路绝,乃上疏言:"不能式遏寇虐,坐待殄毙。若不垂矜恤,乞降大使,及臣尚存,加臣重辟;若臣已死,陈尸为戮。"朝廷不报。积数年,子钊自洛往省之,未至,毅卒。毅女秀,明达有父风,众推秀领宁州事。秀奖厉战士,婴城固守。城中粮尽,炙鼠拔草而食之。伺夷稍息,辄出兵掩击,破之。

5 范长生诣成都,成都王雄门迎,执版,拜为丞相,尊之曰范贤。

6 夏,四月己巳,司空越引兵屯温。初,太宰颙以为张方死,东方兵必可解。既而东方兵闻方死,争入关,颙悔之,乃斩郅辅,遣弘农太守彭随、北地太守刁默将兵拒祁弘等于湖。五月壬辰,弘等击随、默,大破之,遂西入关,又败颙将马瞻、郭伟于霸水,颙单马逃入太白山。弘等入长安,所部鲜卑大掠,杀二万馀人,百官奔散,入山中,拾橡实食之。己亥,弘等奉帝乘牛车东还。以太弟太保梁柳为镇西将军,守关中。六月丙辰朔,帝至洛阳,复羊后。辛未,大赦,改元。

7 马瞻等入长安,杀梁柳,与始平太守梁迈共迎太宰颙于南山。弘农太守裴廙、秦国内史贾龛、安定太守贾疋等起兵击颙,斩马瞻、梁迈。疋,诩之曾孙也。司空越遣督护麋晃将兵击颙,至郑,颙使平北将军牟秀屯冯翊。颙长史杨腾,诈称颙命,使秀罢兵,腾遂杀秀,关中皆服于越,颙保城而已。

8 成都王雄即皇帝位,大赦,改元曰晏平,国号大成。追尊父特曰景皇帝,庙号始祖;尊王太后曰皇太后。以范长生为天地太师;复其部曲,皆不豫征税。诸将恃恩,互争班位,尚书令阎式上疏,请考汉、晋故事,立百官制度;从之。

9　秋,七月乙酉朔,日有食之。

10　八月,以司空越为太傅,录尚书事;范阳王虓为司空,镇邺;平昌公模为镇东大将军,镇许昌;王浚为骠骑大将军、都督东夷、河北诸军事,领幽州刺史。越以吏部郎庾敳为军谘祭酒,前太弟中庶子胡母辅之为从事中郎,黄门侍郎郭象为主簿,鸿胪丞阮脩为行参军,谢鲲为掾。辅之荐乐安光逸于越,越亦辟之。敳等皆尚虚玄,不以世务婴心,纵酒放诞;敳殖货无厌,象薄行,好招权,越皆以其名重于世,故辟之。

11　祁弘之入关也,成都王颖自武关奔新野。会新城元公刘弘卒,司马郭劢作乱,欲迎颖为主;郭舒奉弘子璠以讨劢,斩之。诏南中郎将刘陶收颖。颖北渡河,奔朝歌,收故将士,得数百人,欲赴公师藩,顿丘太守冯嵩执之,送邺;范阳王虓不忍杀而幽之。公师藩自白马南渡河,兖州刺史苟晞讨斩之。

12　进东嬴公腾爵为东燕王,平昌公模为南阳王。

13　冬,十月,范阳王虓薨。长史刘舆以颖素为邺人所附,秘不发丧,伪令人为台使称诏,夜,赐颖死,并杀其二子。颖官属先皆逃散,惟卢志随从,至死不怠,收而殡之。太傅越召志为军谘祭酒。

越将召刘舆,或曰:“舆犹腻也,近则污人。”及至,越疏之。舆密视天下兵簿及仓库、牛马、器械、水陆之形,皆默识之。时军国多事,每会议,自长史潘滔以下,莫知所对,舆应机辨画,越倾膝酬接,即以为左长史,军国之务,悉以委之。舆说越遣其弟琨镇并州,以为北面之重;越表琨为并州刺史,以东燕王腾为车骑将军、都督邺城诸军事,镇邺。

14　十一月己巳,夜,帝食饼中毒,庚午,崩于显阳殿。羊后自以于太弟炽为嫂,恐不得为太后,将立清河王覃。侍中华混谏曰:“太弟在东宫已久,民望素定,今日宁可易乎!”即露版驰召太傅越,召太弟入宫。后已召覃至尚书阁,疑变,托疾而返。癸酉,太弟即皇帝位,大赦,尊皇后曰惠皇后,居弘训宫;追尊母王才人曰皇太后;立妃梁氏为皇后。

怀帝始遵旧制,于东堂听政。每至宴会,辄与群官论众务,考经籍。黄门侍郎傅宣叹曰:“今日复见武帝之世矣!”

15　十二月壬午朔,日有食之。

16　太傅越以诏书征河间王颙为司徒,颙乃就征。南阳王模遣其将梁臣邀之于新安,车上扼杀之,并杀其三子。

17　辛丑,以中书监温羡为左光禄大夫,领司徒;尚书左仆射王衍为司空。

18 己酉,葬惠帝于太阳陵。

19 刘琨至上党,东燕王腾即自井陉东下。时并州饥馑,数为胡寇所掠,郡县莫能自保。州将田甄、甄弟兰、任祉、祁济、李恽、薄盛等及吏民万馀人,悉随腾就谷冀州,号为"乞活",所馀之户不满二万;寇贼纵横,道路断塞。琨募兵上党,得五百人,转斗而前。至晋阳,府寺焚毁,邑野萧条,琨抚循劳徕,流民稍集。

孝怀皇帝上

永嘉元年(丁卯,307)

1 春,正月癸丑,大赦,改元。

2 吏部郎周穆,太傅越之姑子也,与其妹夫御史中丞诸葛玫说越曰:"主上之为太弟,张方意也。清河王本太子,公宜立之。"越不许。重言之,越怒,斩之。

3 二月,王弥寇青、徐二州,自称征东大将军,攻杀二千石。太傅越以公车令东莱鞠羡为本郡太守,以讨弥,弥击杀之。

4 陈敏刑政无章,不为英俊所附;子弟凶暴,所在为患;顾荣、周玘等忧之。庐江内史华谭遗荣等书曰:"陈敏盗据吴、会,命危朝露。诸君或剖符名郡,或列为近臣,而更辱身奸人之朝,降节叛逆之党,不亦羞乎!吴武烈父子皆以英杰之才,继承大业。今以陈敏凶狡,七弟顽冗,欲蹑桓王之高踪,蹈大皇之绝轨,远度诸贤,犹当未许也。皇舆东返,俊彦盈朝,将举六师以清建业,诸贤何颜复见中州之士邪!"荣等素有图敏之心,及得书,甚惭,密遣使报征东大将军刘准,使发兵临江,己为内应,剪发为信。准遣扬州刺史刘机等出历阳讨敏。

敏使其弟广武将军昶将兵数万屯乌江,历阳太守宏屯牛渚。敏弟处知顾荣等有贰心,劝敏杀之,敏不从。

昶司马钱广,周玘同郡人也,玘密使广杀昶,宣言州下已杀敏,敢动者诛三族。广勒兵朱雀桥南;敏遣甘卓讨广,坚甲精兵悉委之。顾荣虑敏之疑,故往就敏。敏曰:"卿当四出镇卫,岂得就我邪!"荣乃出,与周玘共说甘卓曰:"若江东之事可济,当共成之。然卿观兹事势,当有济理不?敏既常才,政令反覆,计无所定,其子弟各已骄矜,其败必矣。而吾等安然坐受其官禄,事败之日,使江西诸军函首送洛,题曰'逆贼顾荣、甘卓之首',此万世之辱也!"卓遂诈称疾,迎女,断桥,收船南岸,与玘、荣及前松滋侯相丹杨纪瞻共攻敏。

敏自帅万馀人讨卓，军人隔水语敏众曰："本所以戮力陈公者，正以顾丹杨、周安丰耳；今皆异矣，汝等何为！"敏众狐疑未决，荣以白羽扇挥之，众皆溃去。敏单骑北走，追获之于江乘，叹曰："诸人误我，以至今日！"谓弟处曰："我负卿，卿不负我！"遂斩敏于建业，夷三族。于是会稽等郡尽杀敏诸弟。

时平东将军周馥代刘準镇寿春。三月己未朔，馥传敏首至京师。诏征顾荣为侍中，纪瞻为尚书郎。太傅越辟周玘为参军，陆玩为掾。玩，机之从弟也。荣等至徐州，闻北方愈乱，疑不进，越与徐州刺史裴盾书曰："若荣等顾望，以军礼发遣！"荣等惧，逃归。盾，楷之兄子，越妃兄也。

5　西阳夷寇江夏，太守杨珉请督将议之。诸将争献方略，骑督朱伺独不言。珉曰："朱将军何以不言？"伺曰："诸人以舌击贼，伺惟以力耳。"珉又问："将军前后击贼，何以常胜？"伺曰："两敌共对，惟当忍之；彼不能忍，我能忍，是以胜耳。"珉善之。

6　诏追复杨太后尊号；丁卯，改葬之，谥曰武悼。

7　庚午，立清河王覃弟豫章王诠为皇太子。辛未，大赦。

8　帝观览大政，留心庶事；太傅越不悦，固求出藩。庚辰，越出镇许昌。

9　以高密王略为征南大将军，都督荆州诸军事，镇襄阳；南阳王模为征西大将军，都督秦、雍、梁、益诸军事，镇长安；东燕王腾为新蔡王，都督司、冀二州诸军事，仍镇邺。

10　公师藩既死，汲桑逃还苑中，更聚众劫掠郡县，自称大将军，声言为成都王报仇；以石勒为前驱，所向辄克，署勒讨虏将军，遂进攻邺。时邺中府库空竭，而新蔡武哀王腾资用甚饶。腾性吝啬，无所振惠，临急，乃赐将士米各数升，帛各丈尺，以是人不为用。夏，五月，桑大破魏郡太守冯嵩，长驱入邺，腾轻骑出奔，为桑将李丰所杀。桑出成都王颖棺，载之车中，每事启而后行。遂烧邺宫，火旬日不灭；杀士民万馀人，大掠而去。济自延津，南击兖州。太傅越大惧，使苟晞及将军王赞讨之。

11　秦州流民邓定、訇氏等据成固，寇掠汉中，梁州刺史张殷遣巴西太守张燕讨之。邓定等饥窘，诈降于燕，且赂之，燕为之缓师。定密遣訇氏求救于成，成主雄遣太尉离、司徒云、司空璜将兵二万救定，与燕战，大破之，张殷及汉中太守杜孟治弃城走。积十馀日，离等引还，尽徙汉中民于蜀。汉中人句方、白落帅吏民还守南郑。

12　石勒与苟晞等相持于平原、阳平间数月，大小三十馀战，互有胜负。秋,七月己酉朔,太傅越屯官渡,为晞声援。

13　己未,以琅邪王睿为安东将军、都督扬州江南诸军事、假节,镇建业。

14　八月己卯朔,苟晞击汲桑于东武阳,大破之。桑退保清渊。

15　分荆州、江州八郡为湘州。

16　九月戊申,琅邪王睿至建业。睿以安东司马王导为谋主,推心亲信,每事咨焉。睿名论素轻,吴人不附,居久之,士大夫莫有至者,导患之。会睿出观禊,导使睿乘肩舆,具威仪,导与诸名胜皆骑从,纪瞻、顾荣等见之惊异,相帅拜于道左。导因说睿曰:“顾荣、贺循,此土之望,宜引之以结人心;二子既至,则无不来矣。”睿乃使导躬造循、荣,二人皆应命而至。以循为吴国内史;荣为军司,加散骑常侍,凡军府政事,皆与之谋议。又以纪瞻为军祭酒,卞壸为从事中郎,周玘为仓曹属,琅邪刘超为舍人,张闿及鲁国孔衍为参军。壸,粹之子;闿,昭之曾孙也。王导说睿:“谦以接士,俭以足用,以清静为政,抚绥新旧”;故江东归心焉。睿初至,颇以酒废事;导以为言。睿命酌,引觞覆之,于此遂绝。

17　苟晞追击汲桑,破其八垒,死者万馀人。桑与石勒收馀众,将奔汉,冀州刺史谯国丁绍邀之于赤桥,又破之。桑奔马牧,勒奔乐平。太傅越还许昌,加苟晞抚军将军、都督青、兖诸军事,丁绍宁北将军、监冀州诸军事,皆假节。

晞屡破强寇,威名甚盛,善治繁剧,用法严峻。其从母依之,晞奉养甚厚。从母子求为将,晞不许,曰:“吾不以王法贷人,将无后悔邪!”固求之,晞乃以为督护;后犯法,晞杖节斩之,从母叩头救之,不听。既而素服哭之曰:“杀卿者,兖州刺史,哭弟者,苟道将也。”

18　胡部大张㔨督、冯莫突等,拥众数千,壁于上党,石勒往从之,因说㔨督等曰:“刘单于举兵击晋,部大拒而不从,自度终能独立乎?”曰:“不能。”勒曰:“然则安可不早有所属!今部落皆已受单于赏募,往往聚议,欲叛部大而归单于矣。”㔨督等以为然。冬,十月,㔨督等随勒单骑归汉,汉王渊署㔨督为亲汉王,莫突为都督部大,以勒为辅汉将军、平晋王,以统之。

乌桓张伏利度有众二千,壁于乐平,渊屡招,不能致。勒伪获罪于渊,往奔伏利度,伏利度喜,结为兄弟,使勒帅诸胡寇掠,所向无前,诸胡畏服。勒知众心之附己,乃因会执伏利度,谓诸胡曰:“今起大事,我与伏利度谁堪为主?”诸胡咸推勒。勒于是释伏利度,帅其众归汉。渊加勒督山东征讨诸军事,以伏利度之众配之。

19　十一月戊申朔,日有食之。

20　甲寅,以尚书右仆射和郁为征北将军,镇邺。

21　乙亥,以王衍为司徒。衍说太傅越曰:"朝廷危乱,当赖方伯,宜得文武兼资以任之。"乃以弟澄为荆州都督,族弟敦为青州刺史,语之曰:"荆州有江、汉之固,青州有负海之险,卿二人在外而吾居中,足以为三窟矣。"澄至镇,以郭舒为别驾,委以府事。澄日夜纵酒,不亲庶务,虽寇戎交急,不以为怀。舒常切谏,以为宜爱民养兵,保全州境,澄不从。

22　十二月戊寅,乞活田甄、田兰、薄盛等起兵,为新蔡王腾报仇,斩汲桑于乐陵。弃成都王颖棺于故井中,颖故臣收葬之。

23　甲午,以前太傅刘寔为太尉,寔以老固辞;不许。庚子,以光禄大夫高光为尚书令。

24　前北军中候吕雍、度支校尉陈颜等谋立清河王覃为太子;事觉,太傅越矫诏囚覃于金墉城。

25　初太傅越与苟晞亲善,引升堂,结为兄弟。司马潘滔说越曰:"兖州冲要,魏武以之创业。苟晞有大志,非纯臣也,久令处之,则患生心腹矣。若迁于青州,厚其名号,晞必悦。公自牧兖州,经纬诸夏,藩卫本朝,此所谓为之于未乱者也。"越以为然。癸卯,越自为丞相,领兖州牧,都督兖、豫、司、冀、幽、并诸军事。以晞为征东大将军、开府仪同三司,加侍中、假节、都督青州诸军事,领青州刺史,封东平郡公。越、晞由是有隙。

晞至青州,以严刻立威,日行斩戮,州人谓之"屠伯"。顿丘太守魏植为流民所逼,众五六万,大掠兖州,晞出屯无盐以讨之。以弟纯领青州,刑杀更甚于晞。晞讨植,破之。

初,阳平刘灵,少贫贱,力制奔牛,走及奔马,时人虽异之,莫能举也。灵抚膺叹曰:"天乎,何当乱也!"及公师藩起,灵自称将军,寇掠赵、魏。会王弥为苟纯所败,灵亦为王赞所败,遂俱遣使降汉。汉拜弥镇东大将军、青徐二州牧、都督缘海诸军事,封东莱公;以灵为平北将军。

26　李钊至宁州,州人奉钊领州事。治中毛孟诣京师,求刺史,屡上奏,不见省。孟曰:"君亡亲丧,幽闭穷城,万里诉哀,精诚无感,生不如死!"欲自刭,朝廷怜之,以魏兴太守王逊为宁州刺史,仍诏交州出兵救李钊。交州刺史吾彦遣其子咨将兵救之。

27　慕容廆自称鲜卑大单于。

28　拓跋禄官卒,弟猗卢总摄三部,与廆通好。

二年（戊辰，308）

1　春，正月丙午朔，日有食之。

2　丁未，大赦。

3　汉王渊遣抚军将军聪等十将南据太行，辅汉将军石勒等十将东下赵、魏。

4　二月辛卯，太傅越杀清河王覃。

5　庚子，石勒寇常山，王浚击破之。

6　凉州刺史张轨病风，口不能言，使其子茂摄州事。陇西内史晋昌张越，凉州大族，欲逐轨而代之，与其兄酒泉太守镇及西平太守曹祛，谋遣使诣长安，告南阳王模，称轨废疾，请以秦州刺史贾龛代之。龛将受之，其兄让龛曰："张凉州一时名士，威著西州，汝何德以代之！"龛乃止。镇、祛上疏，更请刺史，未报；遂移檄废轨，以军司杜耽摄州事，使耽表越为刺史。

　　轨下教，欲避位，归老宜阳。长史王融、参军孟畅蹋折镇檄，排阁入言曰："晋室多故，明公抚宁西夏，张镇兄弟敢肆凶逆，当鸣鼓诛之。"遂出，戒严。会轨长子寔自京师还，乃以寔为中督护，将兵讨镇。遣镇甥太府主簿令狐亚先往说镇，为陈利害，镇流涕曰："人误我！"乃诣寔归罪。寔南击曹祛，走之。

　　朝廷得镇、祛疏，以侍中爰瑜为凉州刺史。治中杨澹驰诣长安，割耳盘上，诉轨之被诬。南阳王模表请停瑜，武威太守张琠亦上表留轨；诏依模所表，且命诛曹祛。轨于是命寔帅步骑三万讨祛，斩之。张越奔邺，凉州乃定。

7　三月，太傅越自许昌徙镇鄄城。

8　王弥收集亡散，兵复大振。分遣诸将攻掠青、徐、兖、豫四州，所过攻陷郡县，多杀守令，有众数万，苟晞与之连战，不能克。夏，四月丁亥，弥入许昌。

　　太傅越遣司马王斌帅甲士五千人入卫京师，张轨亦遣督护北宫纯将兵卫京师。五月，弥入自轘辕，败官军于伊北，京师大震，宫城门昼闭。壬戌，弥至洛阳，屯于津阳门。诏以王衍都督征讨诸军事。北宫纯募勇士百馀人突陈，弥兵大败。乙丑，弥烧建春门而东，衍遣左卫将军王秉追之，战于七里涧，又败之。

　　弥走渡河，与王桑自轵关如平阳。汉王渊遣侍中兼御史大夫郊迎，令曰："孤亲行将军之馆，拂席洗爵，敬待将军。"及至，拜司隶校尉，加侍中、特进；以桑为散骑侍郎。

北宫纯等与汉刘聪战于河东，败之。

9　诏封张轨西平郡公，轨辞不受。时州郡之使，莫有至者，轨独遣使贡献，岁时不绝。

10　秋，七月甲辰，汉王渊寇平阳，太守宋抽弃郡走，河东太守路述战死；渊徙都蒲子。上郡鲜卑陆逐延、氐酋单徵并降于汉。

11　八月丁亥，太傅越自鄄城徙屯濮阳；未几，又徙屯荥阳。

12　九月，汉王弥、石勒寇邺，和郁弃城走。诏豫州刺史裴宪屯白马以拒弥，车骑将军王堪屯东燕以拒勒，平北将军曹武屯大阳以备蒲子。宪，楷之子也。

13　冬，十月甲戌，汉王渊即皇帝位，大赦，改元永凤。十一月，以其子和为大将军，聪为车骑大将军，族子曜为龙骧大将军。

14　壬寅，并州刺史刘琨使上党太守刘惇帅鲜卑攻壶关，汉镇东将军綦毋达战败亡归。

15　丙午，汉都督中外诸军事、领丞相、右贤王宣卒。

16　石勒、刘灵帅众三万寇魏郡、汲郡、顿丘，百姓望风降附者五十馀垒；皆假垒主将军、都尉印绶，简其强壮五万为军士，老弱安堵如故。己酉，勒执魏郡太守王粹于三台，杀之。

17　十二月辛未朔，大赦。

18　乙亥，汉主渊以大将军和为大司马，封梁王；尚书令欢乐为大司徒，封陈留王；后父御史大夫呼延翼为大司空，封雁门郡公；宗室以亲疏悉封郡县王，异姓以功伐悉封郡县公侯。

19　成尚书令杨褒卒。褒好直言，成主雄初得蜀，用度不足，诸将有以献金银得官者，褒谏曰："陛下设官爵，当网罗天下英豪，何有以官买金邪！"雄谢之。雄尝醉，推中书令杜太官令，褒进曰："天子穆穆，诸侯皇皇。安有天子而为酗也！"雄惭而止。

20　成平寇将军李凤屯晋寿，屡寇汉中，汉中民东走荆沔。诏以张光为梁州刺史。荆州寇盗不禁，诏起刘璠为顺阳内史，江、汉间翕然归之。

资治通鉴卷第八十七

晋纪九

孝怀皇帝中

永嘉三年（己巳，309）

1　春，正月辛丑朔，荧惑犯紫微。汉太史令宣于脩之，言于汉主渊曰："不出三年，必克洛阳。蒲子崎岖，难以久安；平阳气象方昌，请徙都之。"渊从之。大赦，改元河瑞。

2　三月戊申，高密孝王略薨。以尚书左仆射山简为征南将军、都督荆、湘、交、广四州诸军事，镇襄阳。简，涛之子也，嗜酒，不恤政事；表"顺阳内史刘璠得众心，恐百姓劫璠为主"。诏征璠为越骑校尉。南州由是遂乱，父老莫不追思刘弘。

3　丁巳，太傅越自荥阳入京师。中书监王敦谓所亲曰："太傅专执威权，而选用表请，尚书犹以旧制裁之，今日之来，必有所诛。"

帝之为太弟也，与中庶子缪播亲善，及即位，以播为中书监，缪胤为太仆卿，委以心膂；帝舅散骑常侍王延、尚书何绥、太史令高堂冲，并参机密。越疑朝臣贰于己，刘舆、潘滔劝越悉诛播等。越乃诬播等欲为乱，乙丑，遣平东将军王秉，帅甲士三千入宫，执播等十馀人于帝侧，付廷尉，杀之。帝叹息流涕而已。

绥，曾之孙也。初，何曾侍武帝宴，退，谓诸子曰："主上开创大业，吾每宴见，未尝闻经国远图，惟说平生常事，非贻厥孙谋之道也；及身而已，后嗣其殆乎！汝辈犹可以免。"指诸孙曰："此属必及于难。"及绥死，兄嵩哭之曰："我祖其殆圣乎！"曾日食万钱，犹云无下箸处。子劭，日食二万。绥及弟机、羡，汰侈尤甚；与人书疏，词礼简傲。河内王尼见绥书，谓人曰："伯蔚居乱世而矜豪乃尔，其能免乎！"人曰："伯蔚闻卿言，必相危害。"尼曰："伯蔚比闻我言，自已死矣！"及永嘉之末，何氏无遗种。

臣光曰：何曾议武帝偷惰，取过目前，不为远虑；知天下将乱，子孙必与其忧；何其明也！然身为僭侈，使子孙承流，卒以骄奢亡族，其明安在哉!且身为宰相,知其君之过,不以告而私语于家,非忠臣也。

4　太傅越以王敦为杨州刺史。

5　刘寔连年请老,朝廷不许。尚书左丞刘坦上言:"古之养老,以不事为优,不以吏之为重,谓宜听寔所守。"丁卯,诏寔以侯就第。以王衍为太尉。

太傅越解兖州牧,领司徒。越以顷来兴事,多由殿省,乃奏宿卫有侯爵者皆罢之。时殿中武官并封侯,由是出者略尽,皆泣涕而去。更使右卫将军何伦、左卫将军王秉领东海国兵数百人宿卫。

6　左积弩将军朱诞奔汉,具陈洛阳孤弱,劝汉主渊攻之。渊以诞为前锋都督,以灭晋大将军刘景为大都督,将兵攻黎阳,克之;又败王堪于延津,沉男女三万馀人于河。渊闻之,怒曰:"景何面复见朕!且天道岂能容之!吾所欲除者,司马氏耳,细民何罪!"黜景为平虏将军。

7　夏,大旱,江、汉、河、洛皆竭,可涉。

8　汉安东大将军石勒寇钜鹿、常山,众至十馀万,集衣冠人物,别为君子营。以赵郡张宾为谋主,刁膺为股肱,夔安、孔苌、支雄、桃豹、逯明为爪牙。并州诸胡羯多从之。

初,张宾好读书,阔达有大志,常自比张子房。及石勒徇山东,宾谓所亲曰:"吾历观诸将,无如此胡将军者,可与共成大业!"乃提剑诣军门,大呼请见,勒亦未之奇也。宾数以策干勒,已而皆如所言;勒由是奇之,署为军功曹,动静咨之。

9　汉主渊以王弥为侍中、都督青徐兖豫荆扬六州诸军事、征东大将军、青州牧,与楚王聪共攻壶关,以石勒为前锋都督。刘琨遣护军黄肃、韩述救之,聪败述于西涧,勒败肃于封田,皆杀之。

太傅越遣淮南内史王旷、将军施融、曹超将兵拒聪等。旷济河,欲长驱而前,融曰:"彼乘险间出,我虽有数万之众,犹是一军独受敌也。且当阻水为固以量形势,然后图之。"旷怒曰:"君欲沮众邪!"融退曰:"彼善用兵,旷暗于事势,吾属今必死矣!"旷等于太行与聪遇,战于长平之间,旷兵大败,融、超皆死。

聪遂破屯留、长子,凡斩获五千九千级。上党太守庞淳以壶关降汉。刘琨以都尉张倚领上党太守,据襄垣。

初,匈奴刘猛死,右贤王去卑之子诰升爰代领其众。诰升爰卒,子虎立,居新兴,号铁弗氏,与白部鲜卑皆附于汉。刘琨自将击虎,刘聪遣兵袭晋阳,不克。

10　五月,汉主渊封子裕为齐王,隆为鲁王。

11　秋,八月,汉主渊命楚王聪等进攻洛阳;诏平北将军曹武等拒之,皆为聪所败。聪长驱至宜阳,自恃骤胜,急不设备。九月,弘农太守垣延诈降,夜袭聪军,聪大败而还。

王浚遣祁弘与鲜卑段务勿尘击石勒于飞龙山,大破之,勒退屯黎阳。

12　冬,十月,汉主渊复遣楚王聪、王弥、始安王曜、汝阴王景帅精骑五万寇洛阳,大司空雁门刚穆公呼延翼帅步卒继之。丙辰,聪等至宜阳。朝廷以汉兵新败,不意其复至,大惧。辛酉,聪屯西明门。北宫纯等夜帅勇士千馀人出攻汉壁,斩其征房将军呼延颢。壬戌,聪南屯洛水。乙丑,呼延翼为其下所杀,其众自大阳溃归。渊敕聪等还师;聪表称晋兵微弱,不可以翼、颢死故还师,固请留攻洛阳,渊许之。太傅越婴城自守。戊寅,聪亲祈嵩山,留平晋将军安阳哀王厉、冠军将军呼延郎督摄留军;太傅参军孙询说越乘虚出击朗,斩之,厉赴水死。王弥谓聪曰:"今军既失利,洛阳守备犹固,运车在陕,粮食不支数日。殿下不如与龙骧还平阳,裹粮发卒,更为后举;下官亦收兵谷,待命于兖、豫,不亦可乎!"聪自以请留,未敢还。宣于修之言于渊曰:"岁在辛未,乃得洛阳。今晋气犹盛,大军不归,必败。"渊乃召聪等还。

13　天水人訇琦等杀成太尉李离、尚书令阎式,以梓潼降罗尚;成主雄遣太傅骧、司徒云、司空璜攻之,不克,云、璜战死。

初,谯周有子居巴西,成巴西太守马脱杀之,其子登诣刘弘请兵以复仇。弘表登为梓潼内史,使自募巴、蜀流民,得二千人;西上,至巴郡,从罗尚求益兵,不得。登进攻宕渠,斩马脱,食其肝。会梓潼降,登进据涪城;雄自攻之,为登所败。

14　十一月甲申,汉楚王聪、始安王曜归于平阳。王弥南出辕,流民之在颍川、襄城、汝南、南阳、河南者数万家,素为居民所苦,皆烧城邑,杀二千石、长吏以应弥。

15　石勒寇信都,杀冀州刺史王斌。王浚自领冀州。诏车骑将军王堪、北中郎将裴宪将兵讨勒,勒引兵还,拒之;魏郡太守刘矩以郡降勒。勒至黎阳,裴宪弃军奔淮南,王堪退保仓垣。

16　十二月,汉主渊以陈留王欢乐为太傅,楚王聪为大司徒,江都王延年为大司空。遣都护大将军曲阳王贤与征北大将军刘灵、安北将军赵固、平北将军王桑,东屯内黄。王弥表左长史曹嶷行安东将军,东徇青州,且迎其家;渊许之。

17 初,东夷校尉勃海李臻,与王浚约共辅晋室,浚内有异志,臻恨之。和演之死也,别驾昌黎王诞亡归李臻,说臻举兵讨浚。臻遣其子成将兵击浚。辽东太守庞本,素与臻有隙,乘虚袭杀臻,遣人杀成于无虑。诞亡归慕容廆。诏以勃海封释代臻为东夷校尉,庞本复谋杀之;释子悛劝释伏兵请本,收斩之,悉诛其家。

四年(庚午,310)

1 春,正月乙丑朔,大赦。

2 汉主渊立单徵女为皇后,梁王和为皇太子,大赦;封子乂为北海王;以长乐王洋为大司马。

3 汉镇东大将军石勒济河,拔白马,王弥以三万众会之,共寇徐、豫、兖州。二月,勒袭鄄城,杀兖州刺史袁孚,遂拔仓垣,杀王堪。复北济河,攻冀州诸郡,民从之者九万馀口。

4 成太尉李国镇巴西,帐下文石杀国,以巴西降罗尚。

5 太傅越征建威将军吴兴钱璯及扬州刺史王敦。璯谋杀敦以反,敦奔建业,告琅邪王睿。璯遂反,进寇阳羡,睿遣将军郭逸等讨之;周玘纠合乡里,与逸等共讨璯,斩之。玘三定江南,睿以玘为吴兴太守,于其乡里置义兴郡以旌之。

6 曹嶷自大梁引兵而东,所至皆下,遂克东平,进攻琅邪。

7 夏,四月,王浚将祁弘败汉冀州刺史刘灵于广宗,杀之。

8 成主雄谓其将张宝曰:"汝能得梓潼,吾以李离之官赏汝。"宝乃先杀人而亡奔梓潼,訇琦等信之,委以心腹。会罗尚遣使至梓潼,琦等出送之,宝从后闭门,琦等奔巴西。雄以宝为太尉。

9 幽、并、司、冀、秦、雍六州大蝗,食草木、牛马毛皆尽。

10 秋,七月,汉楚王聪、始安王曜、石勒及安北大将军赵固围河内太守裴整于怀,诏征房将军宋抽救怀。勒与平北大将军王桑逆击抽,杀之;河内人执整以降,汉主渊以整为尚书左丞。河内督将郭默收整馀众,自为坞主,刘琨以默为河内太守。

11 罗尚卒于巴郡,诏以长沙太守下邳皮素代之。

12 庚午,汉主渊寝疾;辛未,以陈留王欢乐为太宰,长乐王洋为太傅,江都王延年为太保,楚王聪为大司马、大单于,并录尚书事。置单于台于平阳西。以齐王裕为大司徒,鲁王隆为尚书令,北海王乂为抚军大将军、领司隶校尉,始安王曜为征讨大都督、领单于左辅,廷尉乔智明为冠军大将军、领单于右辅,光禄大夫刘殷为左仆射,王育为右仆射,任颛为吏部尚书,朱纪为中书监,护军马景领左卫将军,永安王安国领右卫将军,安昌王盛、安邑王钦、西阳王璿皆领武卫将军,分典禁兵。初,盛少时,不好读书,唯读孝经、论语,曰:"诵此能行,足矣,安用多诵而不行乎!"李憙见之,叹曰:"望之如可易,及至,肃如严君,可谓君子矣!"渊以其忠笃,故临终委以要任。丁丑,渊召太宰欢乐等入禁中,受遗诏辅政。己卯,渊卒;太子和即位。

和性猜忌无恩。宗正呼延攸,翼之子也,渊以其无才行,终身不迁官;侍中刘乘,素恶楚王聪;卫尉西昌王锐,耻不预顾命,乃相与谋,说和曰:"先帝不惟轻重之势,使三王总强兵于内,大司马拥十万众屯于近郊,陛下便为寄坐耳。宜早为之计。"和,攸之甥也,深信之。辛巳夜,召安昌王盛、安邑王钦等告之。盛曰:"先帝梓宫在殡,四王未有逆节,一旦自相鱼肉,天下谓陛下何!且大业甫尔,陛下勿信谗夫之言以疑兄弟;兄弟尚不可信,他人谁足信哉!"攸、锐怒之曰:"今日之议,理无有二,领军是何言乎!"命左右刃之。盛既死,钦惧曰:"惟陛下命。"壬午,锐帅马景攻楚王聪于单于台,攸帅永安王安国攻齐王裕于司徒府,乘帅安邑王钦攻鲁王隆,使尚书田密、武卫将军刘璿攻北海王乂。密、璿挟乂斩关归于聪,聪命贯甲以待之。锐知聪有备,驰还,与攸、乘共攻隆、裕。攸、乘疑安国、钦有异志,杀之;是日,斩裕,癸未,斩隆。甲申,聪攻西明门,克之;锐等走入南宫,前锋随之。乙酉,杀和于光极西室,收锐、攸、乘,枭首通衢。

群臣请聪即帝位;聪以北海王乂,单后之子也,以位让之。乂涕泣固请,聪久而许之,曰:"乂及群公正以祸难尚殷,贪孤年长故耳。此家国之事,孤何敢辞!俟乂年长,当以大业归之。"遂即位。大赦,改元光兴。尊单氏曰皇太后,其母张氏曰帝太后。以乂为皇太弟、领大单于、大司徒。立其妻呼延氏为皇后。呼延氏,渊后之从父妹也。封其子粲为河内王,易为河间王,翼为彭城王,悝为高平王;仍以粲为抚军大将军、都督中外诸军事。以石勒为并州刺史,封汲郡公。

13　略阳临渭氐酋蒲洪,骁勇多权略,群氐畏服之。汉主聪遣使拜洪平远将军,洪不受,自称护氐校尉、秦州刺史、略阳公。

14　九月辛未,葬汉主渊于永光陵,谥曰光文皇帝,庙号高祖。

15　雍州流民多在南阳,诏书遣还乡里。流民以关中荒残,皆不愿归;征南将军山简、南中郎将杜蕤各遣兵送之,促期令发。京兆王如遂潜结壮士,夜袭二军,破之。于是冯翊严嶷、京兆侯脱各聚众攻城镇,杀令长以应之,未几,众至四五万,自号大将军、领司雍二州牧,称藩于汉。

16　冬,十月,汉河内王粲、始安王曜及王弥帅众四万寇洛阳,石勒帅骑二万会粲于大阳,败监军裴邈于渑池,遂长驱入洛川。粲出轘辕,掠梁、陈、汝、颍间。勒出成皋关,壬寅,围陈留太守王赞于仓垣,为赞所败,退屯文石津。

17　刘琨自将讨刘虎及白部,遣使卑辞厚礼说鲜卑拓拔猗卢以请兵。猗卢使其弟弗之子郁律帅骑二万助之,遂破刘虎、白部,屠其营。琨与猗卢结为兄弟,表猗卢为大单于,以代郡封之为代公。时代郡属幽州,王浚不许,遣兵击猗卢,猗卢拒破之。浚由是与琨有隙。

猗卢以封邑去国悬远,民不相接,乃帅部落万馀家自云中入雁门,从琨求陉北之地。琨不能制,且欲倚之为援,乃徙楼烦、马邑、阴馆、繁畤、崞五县民于陉南,以其地与猗卢;由是猗卢益盛。

琨遣使言于太傅越,请出兵共讨刘聪、石勒;越忌苟晞及豫州刺史冯嵩,恐为后患,不许。琨乃谢猗卢之兵,遣归国。

刘虎收馀众,西渡河,居朔方肆卢川,汉主聪以虎宗室,封楼烦公。

18　壬子,以刘琨为平北大将军,王浚为司空,进鲜卑段务勿尘为大单于。

19　京师饥困日甚,太傅越遣使以羽檄征天下兵,使入援京师。帝谓使者曰:“为我语诸征、镇,今日尚可救,后则无及矣!”既而卒无至者。征南将军山简遣督护王万将兵入援,军于涅阳,为王如所败。如遂大掠沔、汉,进逼襄阳,简婴城自守。荆州刺史王澄自将,欲援京师,至沶口,闻简败,众散而还。朝议多欲迁都以避难,王衍以为不可,卖车牛以安众心。山简为严嶷所逼,自襄阳徙屯夏口。

20　石勒引兵济河,将趣南阳,王如、侯脱、严嶷等闻之,遣众一万屯襄城以拒勒。勒击之,尽俘其众,进屯宛北。是时,侯脱据宛,王如据穰。如素与脱不协,遣使重赂勒,结为兄弟,说勒使攻脱。勒攻宛,克之;严嶷引兵救宛,不及而降。勒斩脱;囚嶷,送于平阳,尽并其众。遂南寇襄阳,攻拔江西垒壁三十馀所。还,趣襄城,王如遣弟璃袭勒,勒迎击,灭之,复屯江西。

21　太傅越既杀王延等,大失众望,又以胡寇益盛,内不自安,乃戎服入见,请讨石勒,且镇集兖、豫。帝曰:“今胡虏侵逼郊畿,人无固志,朝廷社稷,倚赖于公,岂可远出以孤根本!”对曰:“臣出,幸而破贼,则国威可振,犹愈于坐待困穷也。”十一月甲戌,越帅甲士四万向许昌,留妃裴氏、世子毗及龙骧将军李恽、右卫将军何伦守卫京师,防察宫省;以潘滔为河南尹,总留事。越表以行台自随,用太尉衍为军司,朝贤素望,悉为佐吏,名将劲卒,咸入其府。于是宫省无复守卫,荒馑日甚,殿内死人交横,盗贼公行,府寺营署,并掘堑自守。越东屯项,以冯嵩为左司马,自领豫州牧。

竟陵王楙白帝遣兵袭何伦,不克;帝委罪于楙,楙逃窜,得免。

22 扬州都督周馥以洛阳孤危,上书请迁都寿春。太傅越以馥不先白己而直上书,大怒,召馥及淮南太守裴硕。馥不肯行,令硕帅兵先进。硕诈称受越密旨,袭馥,为馥所败,退保东城。

23 诏加张轨镇西将军、都督陇右诸军事。光禄大夫傅祗、太常挚虞遗轨书,告以京师饥匮。轨遣参军杜勋献马五百匹,毯布三万匹。

24 成太傅骧攻谯登于涪城。罗尚子宇及参佐素恶登,不给其粮。益州刺史皮素怒,欲治其罪;十二月,素至巴郡,罗宇使人夜杀素,建平都尉暴重杀宇,巴郡乱。骧知登食尽援绝,攻涪愈急。士民皆熏鼠食之,饿死甚众,无一人离叛者。骧子寿先在登所,登乃归之。三府官属表巴东监军南阳韩松为益州刺史,治巴东。

25 初,帝以王弥、石勒侵逼京畿,诏苟晞督帅州郡讨之。会曹嶷破琅邪,北收齐地,兵势甚盛,苟纯闭城自守。晞还救青州,与嶷连战,破之。

26 是岁,宁州刺史王逊到官,表李钊为朱提太守。时宁州外逼于成,内有夷寇,城邑丘墟。逊恶衣菜食,招集离散,劳来不倦,数年之间,州境复安。诛豪右不奉法者十余家;以五苓夷昔为乱首,击灭之,内外震服。

27 汉主聪自以越次而立,忌其嫡兄恭;因恭寝,穴其壁间,刺而杀之。

28 汉太后单氏卒;汉主聪尊母张氏为皇太后。单氏年少美色,聪烝焉。太弟义屡以为言,单氏惭恚而死。义宠由是渐衰,然以单氏故,尚未之废也。呼延后言于聪曰:"父死子继,古今常道。陛下承高祖之业,太弟何为者哉!陛下百年后,粲兄弟必无种矣。"聪曰:"然,吾当徐思之。"呼延氏曰:"事留变生。太弟见粲兄弟浸长,必有不安之志;万一有小人交构其间,未必不祸发于今日也。"聪心然之。义舅光禄大夫单冲泣谓义曰:"疏不间亲。主上有意于河内王矣,殿下何不避之!"义曰:"河瑞之末,主上自惟嫡庶之分,以大位让义。义以主上齿长,故相推奉。天下者,高祖之天下,兄终弟及,何为不可!粲兄弟既壮,犹今日也。且子弟之间,亲疏讵几,主上宁可有此意乎!"

五年（辛未,311）

1　春,正月壬申,苟晞为曹嶷所败,弃城奔高平。

2　石勒谋保据江、汉,参军都尉张宾以为不可。会军中饥疫,死者太半,乃渡沔,寇江夏,癸酉,拔之。

3　乙亥,成太傅骧拔涪城,获谯登;太保始拔巴西,杀文石。于是成主雄大赦,改元玉衡。谯登至成都,雄欲宥之;登词气不屈,雄杀之。

4　巴蜀流民布在荆、湘间,数为土民所侵苦,蜀人李骧聚众据乐乡反,南平太守应詹与醴陵令杜弢共击破之。王澄使成都内史王机讨骧,骧请降,澄伪许而袭杀之,以其妻子为赏,沉八千馀人于江;流民益怨忿。

蜀人杜畴等复反,湘州参军冯素与蜀人汝班有隙,言于刺史苟眺曰:“巴、蜀流民皆欲反。”眺信之,欲尽诛流民。流民大惧,四五万家一时俱反,以杜弢州里重望,共推为主。弢自称梁益二州牧、领湘州刺史。

5　裴硕求救于琅邪王睿,睿使扬威将军甘卓等攻周馥于寿春。馥众溃,奔项,豫州都督、新蔡王确执之,馥忧愤而卒。确,腾之子也。

6　扬州刺史刘陶卒。琅邪王睿复以安东军谘祭酒王敦为扬州刺史,寻加都督征讨诸军事。

7　庚辰,平原王幹薨。

8　二月,石勒攻新蔡,杀新蔡庄王确于南顿;进拔许昌,杀平东将军王康。

9　氐苻成、隗文复叛,自宜都趣巴东;建平都尉暴重讨之。重因杀韩松,自领三府事。

10　东海孝献王越既与苟晞有隙,河南尹潘滔、尚书刘望等复从而谮之。晞怒,表求滔等首,扬言:“司马元超为宰相不平,使天下淆乱,苟道将岂可以不义使之!”乃移檄诸州,自称功伐,陈越罪状。帝亦恶越专权,多违诏命;所留将士何伦等,抄掠公卿,逼辱公主;密赐晞手诏,使讨之。晞数与帝文书往来,越疑之,使游骑于成皋间伺之,果获晞使及诏书。乃下檄罪状晞,以从事中郎杨瑁为兖州刺史,使与徐州刺史裴盾共讨晞。晞遣骑收潘滔,滔夜遁,得免;执尚书刘曾、侍中程延,斩之。越忧愤成疾,以后事付王衍;三月,丙子,薨于项,秘不发丧。众共推衍为元帅,衍不敢当;以让襄阳王范,范亦不受。范,玮之子也。于是衍等相与奉越丧还葬东海。何伦、李恽等闻越薨,奉裴妃及世子毗自洛阳东走,城中士民争随之。帝追贬越为县王,以苟晞为大将军、大都督,督青、徐、兖、豫、荆、扬六州诸军事。

11 <u>益州</u>将吏共杀<u>暴重</u>,表<u>巴郡</u>太守<u>张罗</u>行三府事。<u>罗</u>与<u>隗文</u>等战死,<u>文</u>等驱掠吏民,西降于<u>成</u>。三府文武共表平西司马<u>蜀郡王异</u>行三府事,领<u>巴郡</u>太守。

12 初,<u>梁州</u>刺史<u>张光</u>会诸郡守于<u>魏兴</u>,共谋进取。<u>张燕</u>唱言:"<u>汉中</u>荒败,迫近大贼,克复之事,当俟英雄。"<u>光</u>以<u>燕</u>受<u>邓定</u>赂,致失<u>汉中</u>,今复沮众,呵出,斩之。治兵进战,累年乃得至<u>汉中</u>,绥抚荒残,百姓悦服。

13 夏,四月,<u>石勒</u>率轻骑追太傅<u>越</u>之丧,及于<u>苦县宁平城</u>,大败晋兵,纵骑围而射之,将士十馀万人相践如山,无一人得免者。执太尉<u>衍</u>、<u>襄阳王范</u>、<u>任城王济</u>、<u>武陵庄王澹</u>、<u>西河王喜</u>、<u>梁怀王禧</u>、<u>齐王超</u>、吏部尚书<u>刘望</u>、廷尉<u>诸葛铨</u>、<u>豫州</u>刺史<u>刘乔</u>、太傅长史<u>庾敳</u>等,坐之幕下,问以晋故。<u>衍</u>具陈祸败之由,云计不在己;且自言少无宦情,不豫世事;因劝<u>勒</u>称尊号,冀以自免。<u>勒</u>曰:"君少壮登朝,名盖四海,身居重任,何得言无宦情邪!破坏天下,非君而谁!"命左右扶出。众人畏死,多自陈述。独<u>襄阳王范</u>神色俨然,顾呵之曰:"今日之事,何复纷纭!"<u>勒</u>谓<u>孔苌</u>曰:"吾行天下多矣,未尝见此辈人,当可存乎?"<u>苌</u>曰:"彼皆晋之王公,终不为吾用。"<u>勒</u>曰:"虽然,要不可加以锋刃。"夜,使人排墙杀之。<u>济</u>,宣帝弟子<u>景王陵</u>之子;<u>禧</u>,<u>澹</u>之子也。剖<u>越</u>柩,焚其尸,曰:"乱天下者此人也,吾为天下报之,故焚其骨以告天地。"

<u>何伦</u>等至<u>洧仓</u>,遇<u>勒</u>,战败,<u>东海</u>世子及宗室四十八王皆没于<u>勒</u>,<u>何伦</u>奔<u>下邳</u>,<u>李恽</u>奔<u>广宗</u>。<u>裴妃</u>为人所掠卖,久之,渡江。初,<u>琅邪王睿</u>之镇<u>建业</u>,<u>裴妃</u>意也,故<u>睿</u>德之,厚加存抚,以其子<u>冲</u>继<u>越</u>后。

14 <u>汉赵固</u>、<u>王桑</u>攻<u>裴盾</u>,杀之。

15 <u>杜弢</u>攻<u>长沙</u>。五月,<u>荀眺</u>弃城奔<u>广州</u>,<u>弢</u>追擒之。于是<u>弢</u>南破<u>零</u>、<u>桂</u>,东掠<u>武昌</u>,杀二千石长吏甚众。

16 以太子太傅<u>傅祗</u>为司徒,尚书令<u>荀藩</u>为司空,加<u>王浚</u>大司马、侍中、大都督,督<u>幽</u>、<u>冀</u>诸军事,<u>南阳王模</u>为太尉、大都督,<u>张轨</u>为车骑大将军,<u>琅邪王睿</u>为镇东大将军,兼督<u>扬</u>、<u>江</u>、<u>湘</u>、<u>交</u>、<u>广</u>五州诸军事。

初,太傅<u>越</u>以<u>南阳王模</u>不能绥抚关中,表征为司空。将军<u>淳于定</u>说<u>模</u>使不就征,<u>模</u>从之,表遣世子<u>保</u>为平西中郎将,镇<u>上邽</u>,<u>秦州</u>刺史<u>裴苞</u>拒之。<u>模</u>使帐下都尉<u>陈安</u>攻<u>苞</u>,<u>苞</u>奔<u>安定</u>,太守<u>贾疋</u>纳之。

17 <u>荀晞</u>表请迁都<u>仓垣</u>,使从事中郎<u>刘会</u>将船数十艘、宿卫五百人、谷千斛迎帝。帝将从之,公卿犹豫,左右恋资财,遂不果行。既而<u>洛阳</u>饥困,人相食,百官流亡者什八九。帝召公卿议,将行而卫从不备。帝抚手叹曰："如何曾无车舆!"乃使傅祗出诣河阴,治舟楫,朝士数十人导从。帝步出西掖门,至铜驼街,为盗所掠,不得进而还。度支校尉东郡魏浚率流民数百家保河阴之峡石,时劫掠得谷麦,献之,帝以为扬威将军、平阳太守,度支如故。

18　汉主聪使前军大将军呼延晏将兵二万七千寇洛阳,比及河南,晋兵前后十二败,死者三万馀人。始安王曜、王弥、石勒皆引兵会之,未至,晏留辎重于张方故垒,癸未,先至洛阳,甲申,攻平昌门,丙戌,克之,遂焚东阳门及诸府寺。六月丁亥朔,晏以外继不至,俘掠而去。帝具舟于洛水,将东走,晏尽焚之。庚寅,荀藩及弟光禄大夫组奔轘辕。辛卯,王弥至宣阳门;壬辰,始安王曜至西明门;丁酉,王弥、呼延晏克宣阳门,入南宫,升太极前殿,纵兵大掠,悉收宫人、珍宝。帝出华林园门,欲奔长安,汉兵追执之,幽于端门。曜自西明门入屯武库。戊戌,曜杀太子诠、吴孝王晏、竟陵王楙、右仆射曹馥、尚书闾丘冲、河南尹刘默等,士民死者三万馀人。遂发掘诸陵,焚宫庙、官府皆尽。曜纳惠帝羊皇后,迁帝及六玺于平阳。石勒引兵出轘辕,屯许昌。光禄大夫刘蕃、尚书卢志奔并州。

丁未,汉主聪大赦,改元嘉平。以帝为特进左光禄大夫,封平阿公,以侍中庾珉、王儁为光禄大夫。珉,敳之兄也。

初,始安王曜以王弥不待己至,先入洛阳,怨之。弥说曜曰："洛阳天下之中,山河四塞,城池、宫室不假修营,宜白主上自平阳徙都之。"曜以天下未定,洛阳四面受敌,不可守,不用弥策而焚之。弥骂曰:"屠各子,岂有帝王之意邪!"遂与曜有隙,引兵东屯项关。前司隶校尉刘暾说弥曰:"今九州糜沸,群雄竞逐,将军于汉建不世之功,又与始安王相失,将何以自容!不如东据本州,徐观天下之势,上可以混壹四海,下不失鼎峙之业,策之上者也。"弥心然之。

19　司徒傅祗建行台于河阴,司空荀藩在阳城,河南尹华荟在成皋,汝阴太守平阳李矩为之立屋,输谷以给之。荟,歆之曾孙也。

藩与弟组、族子中护军崧,荟与弟中领军恒建行台于密,传檄四方,推琅邪王睿为盟主。藩承制以崧为襄城太守,矩为荥阳太守,前冠军将军河南褚翣为梁国内史。扬威将军魏浚屯洛北石梁坞,刘琨承制假浚河南尹。浚诣荀藩谘谋军事,藩邀李矩同会,矩夜赴之。矩官属皆曰:"浚不可信,不宜夜往。"矩曰:"忠臣同心,何所疑乎!"遂往,相与结欢而去。浚族子该,聚众据一泉坞,藩以为武威将军。

豫章王端,太子诠之弟也,东奔仓垣,荀晞率群官奉以为皇太子,置行台。端承制以晞领太子太傅、都督中外诸军、录尚书事,自仓垣徙屯蒙城。

　　抚军将军秦王业,吴孝王之子,荀藩之甥也,年十二,南奔密,藩等奉之,南趣许昌。前豫州刺史天水阎鼎,聚西州流民数千人于密,欲还乡里。荀藩以鼎有才而拥众,用鼎为豫州刺史,以中书令李绚、司徒左长史彭城刘畴、镇军长史周颉、司马李述等为之参佐。颉,浚之子也。

　　时海内大乱,独江东差安,中国士民避乱者多南渡江。镇东司马王导说琅邪王睿,收其贤俊,与之共事。睿从之,辟掾属百馀人,时人谓之百六掾。以前颍川太守勃海刁协为军谘祭酒,前东海太守王承、广陵相卞壶为从事中郎,江宁令诸葛恢、历阳参军陈国陈颙为行参军,前太傅掾庾亮为西曹掾。承,浑之弟子;恢,靓之子也;亮,兖之弟子也。

　　20　江州刺史华轶,歆之曾孙也,自以受朝廷之命而为琅邪王睿所督,多不受其教令。郡县多谏之,轶曰:“吾欲见诏书耳。”及睿承荀藩檄,承制署置官司,改易长吏,轶与豫州刺史裴宪皆不从命。睿遣扬州刺史王敦、历阳内史甘卓与扬烈将军庐江周访合兵击轶。轶兵败,奔安成,访追斩之,及其五子。裴宪奔幽州。睿以甘卓为湘州刺史,周访为寻阳太守,又以扬武将军陶侃为武昌太守。

　　21　秋,七月,王浚设坛告类,立皇太子,布告天下,称受中诏承制封拜,备置百官,列署征、镇,以荀藩为太尉,琅邪王睿为大将军。浚自领尚书令,以裴宪及其婿枣嵩为尚书,以田徽为兖州刺史,李恽为青州刺史。

　　22　南阳王模使牙门赵染戍蒲坂,染求冯翊太守不得而怒,帅众降汉,汉主聪以染为平西将军。八月,聪遣染与安西将军刘雅帅骑二万攻模于长安,河内王粲、始安王曜帅大众继之。染败模兵于潼关,长驱至下邽。凉州将北宫纯自长安帅其众降汉。汉兵围长安,模遣淳于定出战而败。模仓库虚竭,士卒离散,遂降于汉。赵染送模于河内王粲;九月,粲杀模。关西饥馑,白骨蔽野,士民存者百无一二。聪以始安王曜为车骑大将军、雍州牧,更封中山王,镇长安。以王弥为大将军,封齐公。

　　23　苟晞骄奢苛暴,前辽西太守阎亨,缵之子也,数谏晞,晞杀之。从事中郎明预有疾,自舆入谏。晞怒曰:“我杀阎亨,何关人事,而舆病骂我!”预曰:“明公以礼待预,故预以礼自尽。今明公怒预,其如远近怒明公何!桀为天子,犹以骄暴而亡,况人臣乎!愿明公且置是怒,思预之言。”晞不从。由是众心离怨,加以疾疫、饥馑。石勒攻王赞于阳夏,擒之;遂袭蒙城,执晞及豫章王端,锁晞颈,以为左司马。汉主聪拜勒幽州牧。

　　王弥与勒,外相亲而内相忌,刘暾说弥使召曹嶷之兵以图勒。弥为书,使暾召嶷,且邀勒共向青州。暾至东阿,勒游骑获之,勒潜杀暾而弥不知。会弥将徐邈、高梁辄引所部兵去,弥兵渐衰。弥闻勒擒苟晞,心恶之,以书贺勒曰:“公获苟晞而用之,何其神也! 使晞为公左,弥为公右,天下不足定也。”勒谓张宾曰:“王公位重而言卑,其图我必矣。”宾因劝勒乘弥小衰,诱而取之。时勒方与乞活陈午相攻于蓬关,弥亦与刘瑞相持甚急。弥请救于勒,勒未之许。张宾曰:“公常恐不得王公之便,今天以王公授我矣。陈午小竖,不足忧;王公人杰,当早除之。”勒乃引兵击瑞,斩之。弥大喜,谓勒实亲己,不复疑也。冬,十月,勒请弥燕于己吾。弥将往,长史张嵩谏,不听。酒酣,勒手斩弥而并其众,表汉主聪,称弥叛逆。聪大怒,遣使让勒“专害公辅,有无君之心”;然犹加勒镇东大将军、督并幽二州诸军事、领并州刺史,以慰其心。苟晞、王赞潜谋叛勒,勒杀之,并晞弟纯。

　　勒引兵掠豫州诸郡,临江而还,屯于葛陂。

　　初,勒之为人所掠卖也,与其母王氏相失。刘琨得之,并其从子虎送于勒,因遗勒书曰:“将军用兵如神,所向无敌,所以周流天下而无容足之地,百战百胜而无尺寸之功者,盖得主则为义兵,附逆则为贼众故也。成败之数,有似呼吸,吹之则寒,嘘之则温。今相授侍中、车骑大将军、领护匈奴中郎将、襄城郡公,将军其受之!”勒报书曰:“事功殊途,非腐儒所知。君当逞节本朝,吾自夷难为效。”遗琨名马、珍宝,厚礼其使,谢而绝之。

　　时虎年十七,残忍无度,为军中患。勒白母曰:“此儿凶暴无赖,使军人杀之,声名可惜,不若自除之。”母曰:“快牛为犊,多能破车,汝小忍之!”及长,便弓马,勇冠当时。勒以为征虏将军,每屠城邑,鲜有遗类。然御众严而不烦,莫敢犯者,指授攻讨,所向无前,勒遂宠任之。勒攻荥阳太守李矩,矩击却之。

　　24　初,南阳王模以从事中郎索綝为冯翊太守。綝,靖之子也。模死,綝与安夷护军金城麴允、频阳令梁肃,俱奔安定。时安定太守贾疋与诸氏、羌皆送任子于汉,綝等遇之于阴密,拥还临泾,与疋谋兴复晋室,疋从之。乃共推疋为平西将军,率众五万向长安。雍州刺史麴特、新平太守竺恢皆不降于汉,闻疋起兵,与扶风太守梁综帅众十万会之。综,肃之兄也。汉河内王粲在新丰,使其将刘雅、赵染攻新平,不克。索綝救新平,大小百战,雅等败退。中山王曜与疋等战于黄丘,曜众大败。疋遂袭汉梁州刺史彭荡仲,杀之。麴特等击破粲于新丰,粲还平阳。于是疋等兵势大振,关西胡、晋翕然响应。

阎鼎欲奉秦王业入关,据长安以号令四方;河阴令傅畅,祇之子也,亦以书劝之,鼎遂行。荀藩、刘畴、周顗、李述等,皆山东人,不欲西行,中涂逃散;鼎遣兵追之,不及,杀李絙等。鼎与业自宛趣武关,遇盗于上洛,士卒败散,收其馀众,进至蓝田,使人告贾疋,疋遣兵迎之;十二月,入于雍城,使梁综将兵卫之。

周顗奔琅邪王睿,睿以顗为军谘祭酒。前骑都尉谯国桓彝亦避乱过江,见睿微弱,谓顗曰:"我以中州多故,来此求全,而单弱如此,将何以济!"既而见王导,共论世事,退,谓顗曰:"向见管夷吾,无复忧矣!"

诸名士相与登新亭游宴,周顗中坐叹曰:"风景不殊,举目有江河之异!"因相视流涕。王导愀然变色曰:"当共戮力王室,克复神州,何至作楚囚对泣邪!"众皆收泪谢之。

陈颛遗王导书曰:"中华所以倾弊者,正以取才失所,先白望而后实事,浮竞驱驰,互相贡荐,言重者先显,言轻者后叙,遂相波扇,乃至陵迟。加有庄、老之俗,倾惑朝廷,养望者为弘雅,政事者为俗人,王职不恤,法物坠丧。夫欲制远,先由近始。今宜改张,明赏信罚,拔卓茂于密县,显朱邑于桐乡,然后大业可举,中兴可冀耳。"导不能从。

25　刘琨长于招怀而短于抚御,一日之中,虽归者数千,而去者亦相继。琨遣子遵请兵于代公猗卢,又遣族人高阳内史希合众于中山,幽州所统代郡、上谷、广宁之民多归之,众至三万。王浚怒,遣燕相胡矩督诸军,与辽西公段疾陆眷共攻希,杀之,驱略三郡士女而去。疾陆眷,务勿尘之子也。猗卢遣其子六脩将兵助琨戍新兴。

琨牙门将邢延以碧石献琨,琨以与六脩,六脩复就延求之,不得,执延妻子。延怒,以所部兵袭六脩,六脩走,延遂以新兴附汉,请兵以攻并州。

26　李臻之死也,辽东附塞鲜卑素喜连、木丸津托为臻报仇,攻陷诸县,杀掠士民,屡败郡兵,连年为寇。东夷校尉封释不能讨,请与连和,连、津不从。民失业,归慕容廆者甚众,廆禀给遣还,愿留者即抚存之。

廆少子鹰扬将军翰言于廆曰:"自古有为之君,莫不尊天子以从民望,成大业。今连、津外以庞本为名,内实幸灾为乱。封使君已诛本请和,而寇暴不已。中原离乱,州师不振,辽东荒散,莫之救恤,单于不若数其罪而讨之。上则兴复辽东,下则并吞二部,忠义彰于本朝,私利归于我国,此霸王之基也。"廆笑曰:"孺子乃能及此乎!"遂帅众东击连、津,以翰为前锋,破斩之,尽并二部之众。得所掠民三千馀家,及前归廆者悉以付郡,辽东赖以复存。

封释疾病,属其孙奕于廆。释卒,廆召奕与语,说之,曰:"奇士也!"补小都督。释子冀州主簿悛、幽州参军抽来奔丧。廆见之曰:"此家扰扰千斤犍也。"以道不通,丧不得还,皆留仕廆,廆以抽为长史,悛为参军。

王浚以妻舅崔毖为东夷校尉。毖,琰之曾孙也。

资治通鉴卷第八十八

晋纪十

孝怀皇帝下

永嘉六年（壬申，312）

1 春，正月，汉呼延后卒，谥曰武元。

2 汉镇北将军靳冲、平北将军卜珝寇并州；辛未，围晋阳。

3 甲戌，汉主聪以司空王育、尚书令任颉女为左、右昭仪，中军大将军王彰、中书监范隆、左仆射马景女皆为夫人，右仆射朱纪女为贵妃，皆金印紫绶。聪将纳太保刘殷女，太弟义固谏。聪以问太宰延年、太傅景，皆曰："太保自云刘康公之后，与陛下殊源，纳之何害！"聪悦，拜殷二女英、娥为左右贵嫔，位在昭仪上；又纳殷女孙四人皆为贵人，位次贵妃。于是六刘之宠倾后宫，聪希复出外，事皆中黄门奏决。

4 故新野王歆牙门将胡亢聚众于竟陵，自号楚公，寇掠荆土，以歆南蛮司马新野杜曾为竟陵太守。曾勇冠三军，能被甲游于水中。

5 二月壬子朔，日有食之。

6 石勒筑垒于葛陂，课农造舟，将攻建业。琅邪王睿大集江南之众于寿春，以镇东长史纪瞻为扬威将军，都督诸军以讨之。

会大雨，三月不止，勒军中饥疫，死者太半，闻晋军将至，集将佐议之。右长史刁膺请先送款于睿，求扫平河朔以自赎，俟其军退，徐更图之，勒愀然长啸。中坚将军夔安请就高避水，勒曰："将军何怯邪！"孔苌等三十馀将请各将兵分道夜攻寿春，斩吴将头，据其城，食其粟，要以今年破丹阳，定江南。勒笑曰："是勇将之计也！"各赐铠马一匹。顾谓张宾曰："于君意何如？"宾曰："将军攻陷京师，囚执天子，杀害王公，妻略妃主，擢将军之发，不足以数将军之罪，奈何复相臣奉乎！去年既杀王弥，不当来此；今天降霖雨于数百里中，示将军不应留此也。邺有三台之固，西接平阳，山河四塞，宜北徙据之，以经营河北，河北既定，天下无处将军之右者矣。晋之保寿春，畏将军往攻之耳；彼闻吾去，喜于自全，何暇追袭吾后，为吾不利邪！将军宜使辎重从北道先发，将军引大兵向寿春。辎重既远，大兵徐还，何忧进退无地乎！"勒攘袂鼓髯曰："张君计是也！"责刁膺曰："君既相辅佐，当共成大功，奈何遽劝孤降！此策应斩！然素知君怯，特相宥耳。"于是黜膺为将军，擢宾为右长史，号曰"右侯"。

勒引兵发葛陂，遣石虎帅骑二千向寿春，遇晋运船，虎将士争取之，为纪瞻所败。瞻追奔百里，前及勒军，勒结陈待之，瞻不敢击，退还寿春。

7　汉主聪封帝为会稽郡公，加仪同三司。聪从容谓帝曰："卿昔为豫章王，朕与王武子造卿，武子称朕于卿，卿言闻其名久矣，赠朕柘弓银研；卿颇记否？"帝曰："臣安敢忘之！但恨尔日不早识龙颜！"聪曰："卿家骨肉何相残如此？"帝曰："大汉将应天受命，故为陛下自相驱除，此殆天意，非人事也！且臣家若能奉武皇帝之业，九族敦睦，陛下何由得之！"聪喜，以小刘贵人妻帝，曰："此名公之孙也，卿善遇之。"

8　代公猗卢遣兵救晋阳，三月乙未，汉兵败走。卜珝之卒先奔，靳冲擅收珝，斩之；聪大怒，遣使持节斩冲。

9　聪纳其舅子辅汉将军张寔二女徽光、丽光为贵人，太后张氏之意也。

10　凉州主簿马鲂说张轨："宜命将出师，翼戴帝室。"轨从之，驰檄关中，共尊辅秦王；且言"今遣前锋督护宋配帅步骑二万，径趋长安；西中郎将霙帅中军三万，武威太守张琠帅胡骑二万，络绎继发"。

11　夏，四月丙寅，征南将军山简卒。

12　汉主聪封其子敷为渤海王，骥为济南王，鸾为燕王，鸿为楚王，劢为齐王，权为秦王，操为魏王，持为赵王。

13　聪以鱼蟹不供，斩左都水使者襄陵王摅；作温明、徽光二殿未成，斩将作大匠望都公靳陵。观渔于汾水，昏夜不归。中军大将军王彰谏曰："比观陛下所为，臣实痛心疾首。今愚民归汉之志未专，思晋之心犹盛，刘琨咫尺，刺客纵横，帝王轻出，一夫敌耳。愿陛下改往修来，则亿兆幸甚！"聪大怒，命斩之；王夫人叩头乞哀，乃囚之。太后张氏以聪刑罚过差，三日不食；太弟乂、单于粲舆榇切谏。聪怒曰："吾岂桀、纣，而汝辈生来哭人！"太宰延年、太保殷等公卿、列侯百馀人，皆免冠涕泣曰："陛下功高德厚，旷世少比，往也唐、虞，今则陛下。而顷来以小小不供，亟斩王公；直言忤旨，遽囚大将。此臣等窃所未解，故相与忧之，忘寝与食。"聪慨然曰："朕昨大醉，非其本心，微公等言之，朕不闻过。"各赐帛百匹，使侍中持节赦彰曰："先帝赖君如左右手，君著勋再世，朕敢忘之！此段之过，希君荡然。君能尽怀忧国,朕所望也。今进君骠骑将军、定襄郡公,后有不逮,幸数匡之!"

14　王弥既死,汉安北将军赵固、平北将军王桑恐为石勒所并,欲引兵归平阳,军中乏粮,士卒相食,乃自硚磝津西渡。刘琨以兄子演为魏郡太守,镇邺,桑恐演邀之,遣长史临深为质于琨。琨以固为雍州刺史,桑为豫州刺史。

15　贾疋等围长安数月,汉中山王曜连战皆败,驱掠士女八万馀口,奔于平阳。秦王业自雍入于长安。五月,汉主聪贬曜为龙骧大将军,行大司马。聪使河内王粲攻傅祗于三渚,右将军刘参攻郭默于怀;会祗病薨,城陷,粲迁祗子孙并其士民二万馀户于平阳。

16　六月,汉主聪欲立贵嫔刘英为皇后;张太后欲立贵人张徽光,聪不得已,许之。英寻卒。

17　汉大昌文献公刘殷卒。殷为相,不犯颜忤旨,然因事进规,补益甚多。汉主聪每与群臣议政事,殷无所是非;群臣出,殷独留,为聪敷畅条理,商榷事宜,聪未尝不从之。殷常戒子孙曰:"事君当务几谏。凡人尚不可面斥其过,况万乘乎!夫几谏之功,无异犯颜,但不彰君之过,所以为优耳。"官至侍中、太保、录尚书,赐剑履上殿、入朝不趋、乘舆入殿。然殷在公卿间,常恂恂有卑让之色,故能处骄暴之国,保其富贵,不失令名,以寿考自终。

18　汉主聪以河间王易为车骑将军,彭城王翼为卫将军,并典兵宿卫。高平王悝为征南将军,镇离石;济南王骥为征西将军,筑西平城以居之;魏王操为征东将军,镇蒲子。

19　赵固、王桑自怀求迎于汉,汉主聪遣镇远将军梁伏疵将兵迎之。未至,长史临深、将军牟穆帅众一万叛归刘演。固随疵而西,桑引其众东奔青州,固遣兵追杀之于曲梁,桑将张凤帅其馀众归演。聪以固为荆州刺史、领河南太守,镇洛阳。

20　石勒自葛陂北行,所过皆坚壁清野,虏掠无所获,军中饥甚,士卒相食。至东燕,闻汲郡向冰聚众数千壁枋头,勒将济河,恐冰邀之。张宾曰:"闻冰船尽在渎中未上,宜遣轻兵间道袭取,以济大军,大军既济,冰必可擒也。"秋,七月,勒使支雄、孔苌自文石津缚筏潜渡,取其船。勒引兵自棘津济河,击冰,大破之,尽得其资储,军势复振,遂长驱至邺。刘演保三台以自固,临深、牟穆等复帅其众降于勒。

诸将欲攻三台,张宾曰:"演虽弱,众犹数千,三台险固,攻之未易猝拔,舍而去之,彼将自溃。方今王彭祖、刘越石,公之大敌也,宜先取之,演不足顾也。且天下饥乱,明公虽拥大兵,游行羁旅,人无定志,非所以保万全,制四方也。不若择便地而据之,广聚粮储,西禀平阳以图幽、并,此霸王之业也。邯郸、襄国,形胜之地,请择一而都之。"勒曰:"右侯之计是也!"遂进据襄国。

宾复言于勒曰:"今吾居此,彭祖、越石所深忌也,恐城堑未固,资储未广,二寇交至。宜亟收野谷,且遣使至平阳,具陈镇此之意。"勒从之,分命诸将攻冀州,郡县壁垒多降,运其谷以输襄国;且表于汉主聪,聪以勒为都督冀、幽、并、营四州诸军事、冀州牧,进封上党公。

21　刘琨移檄州郡,期以十月会平阳,击汉。琨素奢豪,喜声色。河南徐润以音律得幸于琨,琨以为晋阳令。润骄恣,干预政事;护军令狐盛数以为言,且劝琨杀之,琨不从。润潜谮盛于琨,琨收盛,杀之。琨母曰:"汝不能驾御豪杰以恢远略,而专除胜己,祸必及我。"

盛子泥奔汉,具言虚实。汉主聪大喜,遣河内王粲、中山王曜将兵寇并州,以令狐泥为乡导。琨闻之,东出,收兵于常山及中山,使其将郝诜、张乔将兵拒粲,且遣使求救于代公猗卢。诜、乔俱败死。粲、曜乘虚袭晋阳,太原太守高乔、并州别驾郝聿以晋阳降汉。八月庚戌,琨还救晋阳,不及,帅左右数十骑奔常山。辛亥,粲、曜入晋阳。壬子,令狐泥杀琨父母。

粲、曜送尚书卢志、侍中许遐、太子右卫率崔玮于平阳。聪复以曜为车骑大将军,以前将军刘丰为并州刺史,镇晋阳。九月,聪以卢志为太弟太师,崔玮为太傅,许遐为太保,高乔、令狐泥皆为武卫将军。

22　己卯,汉卫尉梁芬奔长安。

23　辛巳,贾疋等奉秦王业为皇太子,建行台于长安,登坛告类,建宗庙、社稷,大赦。以阎鼎为太子詹事,总摄百揆;加贾疋征西大将军,以秦州刺史、南阳王保为大司马。命司空荀藩督摄远近,光禄大夫荀组领司隶校尉、行豫州刺史,与藩共保开封。

24　秦州刺史裴苞据险以拒凉州兵,张寔、宋配等击破之,苞奔柔凶坞。

25　冬,十月,汉主聪封其子恒为代王,逞为吴王,朗为颍川王,皋为零陵王,旭为丹阳王,京为蜀王,坦为九江王,晃为临川王;以王育为太保,王彰为太尉,任颐为司徒,马景为司空,朱纪为尚书令,范隆为左仆射,呼延晏为右仆射。

26　代公猗卢遣其子六脩及兄子普根、将军卫雄、范班、箕澹帅众数万为前锋以攻晋阳,猗卢自帅众二十万继之,刘琨收散卒数千为之乡导。六脩与汉中山王曜战于汾东,曜兵败,坠马,中七创。讨虏将军傅虎以马授曜,曜不受,曰:"卿当乘以自免,吾创已重,自分死此。"虎泣曰:"虎蒙大王识拔至此,常思效命,今其时矣。且汉室初基,天下可无虎,不可无大王也!"乃扶曜上马,驱令渡汾,自还战死。曜入晋阳,夜,与大将军粲、镇北大将军丰掠晋阳之民,逾蒙山而归。十一月,猗卢追之,战于蓝谷,汉兵大败,擒刘丰,斩邢延等三千馀级,伏尸数百里。猗卢因大猎寿阳山,陈阅皮肉,山为之赤。刘琨自营门步入拜谢,固请进军。猗卢曰:"吾不早来,致卿父母见害,诚以相愧。今卿已复州境,吾远来,士马疲弊,且待后举,刘聪未可灭也。"遗琨马、牛、羊各千馀匹,车百乘而还,留其将箕澹、段繁等戍晋阳。

　　琨徙居阳曲,招集亡散。卢谌为刘粲参军,亡归琨,汉人杀其父志及弟谧、诜;赠傅虎幽州刺史。

　　27　十二月,汉主聪立皇后张氏,以其父寔为左光禄大夫。

　　28　彭仲荡之子天护帅群胡攻贾疋,天护阳不胜而走,疋追之,夜坠涧中,天护执而杀之。汉以天护为凉州刺史。众推始平太守麹允领雍州刺史。阎鼎与京兆太守梁综争权,鼎遂杀综。麹允与抚夷护军索綝、冯翊太守梁肃合兵攻鼎,鼎出奔雍,为氐窦首所杀。

　　29　广平游纶、张豺拥众数万,据苑乡,受王浚假署;石勒遣夔安、支雄等七将攻之,破其外垒。浚遣督护王昌帅诸军及辽西公段疾陆眷、疾陆眷弟匹磾、文鸯、从弟末柸部众五万攻勒于襄国。

　　疾陆眷屯于渚阳,勒遣诸将出战,皆为疾陆眷所败。疾陆眷大造攻具,将攻城,勒众甚惧。勒召将佐谋之曰:"今城堑未固,粮储不多,彼众我寡,外无救援,吾欲悉众与之决战,何如?"诸将皆曰:"不如坚守以疲敌,待其退而击之。"张宾、孔苌曰:"鲜卑之种,段氏最为勇悍,而末柸尤甚,其锐卒皆在末柸所。今闻疾陆眷刻日攻北城,其大众远来,战斗连日,谓我孤弱,不敢出战,意必懈惰,宜且勿出,示之以怯,凿北城为突门二十馀道,俟其来至,列守未定,出其不意,直冲末柸帐,彼必震骇,不暇为计,破之必矣。末柸败,则其馀不攻而溃矣。"勒从之,密为突门。既而疾陆眷攻北城,勒登城望之,见其将士或释仗而寝,乃命孔苌督锐卒自突门出击之,城上鼓噪以助其势。苌攻末柸帐,不能克而退。末柸逐之,入其垒门,为勒众所获,疾陆眷等军皆退走。苌乘胜追击,枕尸三十馀里,获铠马五千匹。疾陆眷收其馀众,还屯渚阳。

勒质末杯,遣使求和于疾陆眷,疾陆眷许之。文鸯谏曰:"今以末杯一人之故而纵垂亡之虏,得无为王彭祖所怨,招后患乎!"疾陆眷不从,复以铠马金银赂勒,且以末杯三弟为质而请末杯。诸将皆劝勒杀末杯,勒曰:"辽西鲜卑健国也,与我素无仇雠,为王浚所使耳。今杀一人而结一国之怨,非计也。归之,必深德我,不复为浚用矣。"乃厚以金帛报之,遣石虎与疾陆眷盟于渚阳,结为兄弟。疾陆眷引归,王昌不能独留,亦引兵还蓟。勒召末杯,与之燕饮,誓为父子,遣还辽西。末杯在涂,日南向而拜者三。由是段氏专心附勒,王浚之势遂衰。

游纶、张豺请降于勒。勒攻信都,杀冀州刺史王象。浚复以邵举行冀州刺史,保信都。

30　是岁大疫。

31　王澄少与兄衍名冠海内,刘琨谓澄曰:"卿形虽散朗,而内实动侠,以此处世,难得其死。"及在荆州,悦成都内史王机,谓为己亚,使之内综心膂,外为爪牙。澄屡为杜弢所败,望实俱损,犹傲然自得,无忧惧之意,但与机日夜纵酒博弈,由是上下离心;南平太守应詹屡谏,不听。

澄自出军击杜弢,军于作塘。故山简参军王冲拥众迎应詹为刺史,詹以冲无赖,弃之,还南平,冲乃自称刺史。澄惧,使其将杜蕤守江陵,徙治孱陵,寻又奔沓中。别驾郭舒谏曰:"使君临州虽无异政,然一州人心所系,今西收华容之兵,足以擒此小丑,奈何自弃,遽为奔亡乎!"澄不从,欲将舒东下。舒曰:"舒为万里纪纲,不能匡正,令使君奔亡,诚不忍渡江。"乃留屯沌口。琅邪王睿闻之,召澄为军谘祭酒,以军谘祭酒周顗代之,澄乃赴召。

顗始至州,建平流民傅密等叛迎杜弢,弢别将王真袭沔阳,顗狼狈失据。征讨都督王敦遣武昌太守陶侃、寻阳太守周访、历阳内史甘卓共击弢,敦进屯豫章,为诸军继援。

王澄过诣敦,自以名声素出敦右,犹以旧意侮敦。敦怒,诬其与杜弢通信,遣壮士扼杀之。王机闻澄死,惧祸,以其父毅、兄矩皆尝为广州刺史,就敦求广州,敦不许。会广州将温邵等叛刺史郭讷,迎机为刺史,机遂将奴客门生千馀人入广州。讷遣兵拒之,将士皆机父兄时部曲,不战迎降;讷乃避位,以州授之。

32　王如军中饥乏,官军讨之,其党多降;如计穷,遂降于王敦。

33　镇东军司顾荣、前太子洗马卫玠皆卒。玠,瓘之孙也,美风神,善清谈;常以为人有不及,可以情恕,非意相干,可以理遣,故终身不见喜愠之色。

34 江阳太守张启杀益州刺史王异而代之。启，翼之孙也，寻病卒。三府文武共表涪陵太守向沈行西夷校尉，南保涪陵。

35 南安赤亭羌姚弋仲东徙榆眉，戎、夏襁负随之者数万，自称护羌校尉、雍州刺史、扶风公。

孝愍皇帝上
建兴元年（癸酉，313）

1 春，正月丁丑朔，汉主聪宴群臣于光极殿，使怀帝著青衣行酒。庾珉、王隽等不胜悲愤，因号哭；聪恶之。有告珉等谋以平阳应刘琨者，二月丁未，聪杀珉、隽等故晋臣十馀人，怀帝亦遇害。大赦，复以会稽刘夫人为贵人。

    荀崧曰：怀帝天姿清劭，少著英猷，若遇承平，足为守文佳主。而继惠帝扰乱之后，东海专政，故无幽、厉之衅而有流亡之祸矣！

2 乙亥，汉太后张氏卒，谥曰光献。张后不胜哀，丁丑，亦卒，谥曰武孝。

3 己卯，汉定襄忠穆公王彰卒。

4 三月，汉主聪立贵嫔刘娥为皇后，为之起凰仪殿。廷尉陈元达切谏，以为"天生民而树之君，使司牧之，非以兆民之命穷一人之欲也。晋氏失德，大汉受之，苍生引领，庶几息肩。是以光文皇帝身衣大布，居无重茵，后妃不衣锦绮，乘舆马不食粟，爱民故也。陛下践阼以来，已作殿观四十馀所，加之军旅数兴，馈运不息，饥馑、疾疫，死亡相继，而益思营缮，岂为民父母之意乎！今有晋遗类，西据关中，南擅江表；李雄奄有巴、蜀；王浚、刘琨窥窬肘腋；石勒、曹嶷贡禀渐疏；陛下释此不忧，乃更为中宫作殿，岂目前之所急乎！昔太宗居治安之世，粟帛流衍，犹爱百金之费，息露台之役。陛下承荒乱之馀，所有之地，不过太宗之二郡，战守之备，非特匈奴、南越而已。而宫室之侈乃至于此，臣所以不敢不冒死而言也"。聪大怒曰："朕为天子，营一殿，何问汝鼠子乎，乃敢妄言沮众！不杀此鼠子，朕殿不成！"命左右："曳出斩之！并其妻子同枭首东市，使群鼠共穴！"时聪在逍遥园李中堂，元达先锁腰而入，即以锁锁堂下树，呼曰："臣所言者，社稷之计，而陛下杀臣。朱云有言：'臣得与龙逄、比干游，足矣！'"左右曳之不能动。

大司徒任顗、光禄大夫朱纪、范隆、骠骑大将军河间王易等叩头出血曰："元达为先帝所知,受命之初,即引置门下,尽忠竭虑,知无不言。臣等窃禄偷安,每见之未尝不发愧。今所言虽狂直,愿陛下容之。因谏诤而斩列卿,其如后世何!"聪默然。

刘后闻之,密敕左右停刑,手疏上言:"今宫室已备,无烦更营,四海未壹,宜爱民力。廷尉之言,社稷之福也,陛下宜加封赏;而更诛之,四海谓陛下何如哉! 夫忠臣进谏者固不顾其身也,而人主拒谏者亦不顾其身也。陛下为妾营殿而杀谏臣,使忠良结舌者由妾,远近怨怒者由妾,公私困弊者由妾,社稷阽危者由妾,天下之罪皆萃于妾,妾何以当之! 妾观自古败国丧家,未始不由妇人,心常疾之,不意今日身自为之,使后世视妾由妾之视昔人也! 妾诚无面目复奉巾栉,愿赐死此堂,以塞陛下之过!"聪览之变色。

任颙等叩头流涕不已。聪徐曰:"朕比年已来,微得风疾,喜怒过差,不复自制。元达,忠臣也;朕未之察。诸公乃能破首明之,诚得辅弼之义也。朕愧戢于心,何敢忘之!"命颙等冠履就坐,引元达上,以刘氏表示之,曰:"外辅如公,内辅如后,朕复何忧!"赐颙等谷帛各有差,更命逍遥园曰纳贤园,李中堂曰愧贤堂。聪谓元达曰:"卿当畏朕,而反使朕畏卿邪!"

5　西夷校尉向沈卒,众推汶山太守兰维为西夷校尉。维率吏民北出,欲向巴东;成将李恭、费黑邀击,获之。

6　夏,四月丙午,怀帝凶问至长安,皇太子举哀,因加元服;壬申,即皇帝位,大赦,改元。以卫将军梁芬为司徒,雍州刺史麹允为尚书左仆射、录尚书事,京兆太守索綝为尚书右仆射、领吏部、京兆尹。是时长安城中,户不盈百,蒿棘成林;公私有车四乘,百官无章服、印绶,唯桑版署号而已。寻以索綝为卫将军、领太尉,军国之事,悉以委之。

7　汉中山王曜、司隶校尉乔智明寇长安,平西将军赵染帅众赴之,诏麹允屯黄白城以拒之。

8　石勒使石虎攻邺,邺溃,刘演奔廪丘,三台流民皆降于勒。勒以桃豹为魏郡太守以抚之;久之,以石虎代豹镇邺。

初,刘琨用陈留太守焦求为兖州刺史,苟藩又用李述为兖州刺史;述欲攻求,琨召求还。及邺城失守,琨复以刘演为兖州刺史,镇廪丘。前中书侍郎郗鉴,少以清节著名,帅高平千馀家避乱保峄山,琅邪王睿就用鉴为兖州刺史,镇邹山。三人各屯一郡,兖州吏民莫知所从。

9　琅邪王睿以前庐江内史华谭为军谘祭酒。谭尝在寿春依周馥。

睿谓谭曰：“周祖宣何故反？”谭曰：“周馥虽死，天下尚有直言之士。馥见寇贼滋蔓，欲移都以纾国难，执政不悦，兴兵讨之，馥死未逾时而洛都沦没。若谓之反，不亦诬乎！”睿曰：“馥位为征镇，握强兵，召之不入，危而不持，亦天下之罪人也。”谭曰：“然，危而不持，当与天下共受其责，非但馥也。”

睿参佐多避事自逸，录事参军陈颓言于睿曰：“洛中承平之时，朝士以小心恭恪为凡俗，以偃蹇倨肆为优雅，流风相染，以至败国。今僚属皆承西台馀弊，养望自高，是前车已覆而后车又将寻之也。请自今，临使称疾者，皆免官。”睿不从。三王之诛赵王伦也，制已亥格以赏功，自是循而用之。颓上言“昔赵王篡逆，惠皇失位，三王起兵讨之，故厚赏以怀向义之心。今功无大小，皆以格断，乃至金紫佩士卒之身，符策委仆隶之门，非所以重名器，正纪纲也，请一切停之！”颓出于寒微，数为正论，府中多恶之，出颓为谯郡太守。

10 吴兴太守周玘，宗族强盛，琅邪王睿颇疑惮之。睿左右用事者，多中州亡官失守之士，驾御吴人，吴人颇怨。玘自以失职，又为刁协所轻，耻恚愈甚，乃阴与其党谋诛执政，以诸南士代之。事泄，玘忧愤而卒，将死，谓其子勰曰：“杀我者，诸伧子也；能复之，乃吾子也。”

11 石勒攻李恽于上白，斩之。王浚复以薄盛为青州刺史。

12 王浚使枣嵩督诸军屯易水，召段疾陆眷，欲与之共击石勒，疾陆眷不至。浚怒，以重币赂拓跋猗卢，并檄慕容廆等共讨疾陆眷。猗卢遣右贤王六脩将兵会之，为疾陆眷所败。廆遣慕容翰攻段氏，取徒河、新城，至阳乐，闻六脩败而还，翰因留镇徒河，壁青山。

初，中国士民避乱者，多北依王浚，浚不能存抚，又政法不立，士民往往复去之。段氏兄弟专尚武勇，不礼士大夫。唯慕容廆政事修明，爱重人物，故士民多归之。廆举其英俊，随才授任，以河东裴嶷、北平阳耽、庐江黄泓、代郡鲁昌为谋主，广平游邃、北海逢羡、北平西方虔、西河宋奭及封抽、裴开为股肱，平原宋该、安定皇甫岌、岌弟真、兰陵缪恺、昌黎刘斌及封奕、封裕典机要。裕，抽之子也。

裴嶷清方有干略，为昌黎太守，兄武为玄菟太守。武卒，嶷与武子开以其丧归，过廆，廆敬礼之，及去，厚加送遗。行及辽西，道不通，嶷欲还就廆。开曰：“乡里在南，奈何北行！且等为流寓，段氏强，慕容氏弱，何必去此而就彼也！”嶷曰：“中国丧乱，今往就之，是相帅而入虎口也。且道远，何由可达！若俟其清通，又非岁月可冀。今欲求托足之地，岂可不慎择其人。汝观诸段，岂有远略，且能待国士乎！慕容公修行仁义，有霸王之志，加以国丰民安，今往从之，高可以立功名，下可以庇宗族，汝何疑焉！"开乃从之。既至，廆大喜。阳耽清直沉敏，为辽西太守，慕容翰破段氏于阳乐，获之，廆礼而用之。游邃、逄羡、宋奭，皆尝为昌黎太守，与黄泓俱避地于蓟，后归廆。王浚屡以手书召邃兄畅，畅欲赴之，邃曰："彭祖刑政不修，华、戎离叛，以邃度之，必不能久，兄且磐桓以俟之。"畅曰："彭祖忍而多疑，顷者流民北来，命所在追杀之。今手书殷勤，我稽留不往，将累及卿。且乱世宗族宜分，以冀遗种。"邃从之，卒与浚俱没。宋该与平原杜群、刘翔先依王浚，又依段氏，皆以为不足托，帅诸流寓同归廆。东夷校尉崔毖请皇甫岌为长史，卑辞说谕，终莫能致；廆招之，岌与弟真即时俱至。辽东张统据乐浪、带方二郡，与高句丽王乙弗利相攻，连年不解。乐浪王遵说统帅其民千馀家归廆，廆为之置乐浪郡，以统为太守，遵参军事。

13　王如馀党涪陵李运、巴西王建等自襄阳将三千馀家入汉中，梁州刺史张光遣参军晋邈将兵拒之。邈受运、建略，劝光纳其降，光从之，使居成固。既而邈见运、建及其徒多珍宝，欲尽取之，复说光曰："运、建之徒，不修农事，专治器仗，其意难测，不如悉掩杀之，不然，必为乱。"光又从之。五月，邈将兵攻运、建，杀之。建婿杨虎收馀众击光，屯于厄水；光遣其子孟苌讨之，不能克。

14　壬辰，以琅邪王睿为左丞相、大都督，督陕东诸军事；南阳王保为右丞相、大都督，督陕西诸军事。诏曰："今当扫除鲸鲵，奉迎梓宫。令幽、并两州勒卒三十万直造平阳，右丞相宜帅秦、凉、梁、雍之师三十万径诣长安，左丞相帅所领精兵二十万径造洛阳，同赴大期，克成元勋。"

15　汉中山王曜屯蒲坂。

16　石勒使孔苌击定陵，杀田徽；薄盛率所部降勒，山东郡县，相继为勒所取。汉主聪以勒为侍中、征东大将军。乌桓亦叛王浚，潜附于勒。

17　六月，刘琨与代公猗卢会于陉北，谋击汉。秋，七月，琨进据蓝谷，猗卢遣拓跋普根屯于北屈。琨遣监军韩据自西河而南，将攻西平。汉主聪遣大将军粲等拒之，骠骑将军易等拒普根，荡晋将军兰阳等助守西平。琨等闻之，引兵还。聪使诸军仍屯所在，为进取之计。

18　帝遣殿中都尉刘蜀诏左丞相睿以时进军，与乘舆会于中原。八月，癸亥，蜀至建康，睿辞以方平定江东，未暇北伐。以镇东长史刁协为丞相左长史，从事中郎彭城刘隗为司直，邵陵内史广陵戴邈为军谘祭酒，参军丹阳张闿为从事中郎，尚书郎颍川钟雅为记室参军，谯国桓宣为舍人，豫章熊远为主簿,会稽孔愉为掾。刘隗雅习文史,善伺候睿意,故睿特亲爱之。

熊远上书,以为:"军兴以来,处事不用律令,竞作新意,临事立制,朝作夕改,至于主者不敢任法,每辄关谘,非为政之体也。愚谓凡为驳议者,皆当引律令、经传,不得直以情言,无所依准,以亏旧典。若开塞随宜,权道制物,此是人君之所得行,非臣子所宜专用也。"睿以时方多事,不能从。

初,范阳祖逖,少有大志,与刘琨俱为司州主簿,同寝,中夜闻鸡鸣,蹴琨觉曰:"此非恶声也!"因起舞。及渡江,左丞相睿以为军谘祭酒。逖居京口,纠合骁健,言于睿曰:"晋室之乱,非上无道而下怨叛也,由宗室争权,自相鱼肉,遂使戎狄乘隙,毒流中土。今遗民既遭残贼,人思自奋,大王诚能命将出师,使如逖者统之以复中原,郡国豪杰,必有望风响应者矣!"睿素无北伐之志,以逖为奋威将军、豫州刺史,给千人廪,布三千匹,不给铠仗,使自召募。逖将其部曲百馀家渡江,中流,击楫而誓曰:"祖逖不能清中原而复济者,有如大江!"遂屯淮阴,起冶铸兵,募得二千馀人而后进。

19 胡亢性猜忌,杀其骁将数人。杜曾惧,潜引王冲之兵使攻亢。亢悉精兵出拒之,城中空虚,曾因杀亢而并其众。

20 周颙屯浔水城,为杜弢所困;陶侃使明威将军朱伺救之,弢退保泠口。侃曰:"弢必步向武昌。"乃自径道还郡以待之,弢果来攻。侃使朱伺逆击,大破之,弢遁归长沙。周颙出浔水投王敦于豫章,敦留之。陶侃使参军王贡告捷于敦,敦曰:"若无陶侯,便失荆州矣!"乃表侃为荆州刺史,屯沔江。左丞相睿召周颙,复以为军谘祭酒。

21 初,氐王杨茂搜之子难敌,遣养子贩易于梁州,私卖良人子一人,张光鞭杀之。难敌怨曰:"使君初来,大荒之后,兵民之命仰我氐活,氐有小罪,不能贳也?"及光与杨虎相攻,各求救于茂搜,茂搜遣难敌救光。难敌求货于光,光不与。杨虎厚赂难敌,且曰:"流民珍货,悉在光所,今伐我,不如伐光。"难敌大喜。光与虎战,使张孟苌居前,难敌继后。难敌与虎夹击孟苌,大破之,孟苌及其弟援皆死。光婴城自守。九月,光愤激成疾,僚属劝光退据魏兴。光按剑曰:"吾受国重任,不能讨贼,今得死如登仙,何谓退也!"声绝而卒。州人推其少子迈领州事,又与氐战没,众推始平太守胡子序领梁州。

22 苟藩薨于开封。

23　汉中山王曜、赵染攻麹允于黄白城,允累战皆败;诏以索綝为征东大将军,将兵助允。

24　王贡自王敦所还,至竟陵,矫陶侃之命,以杜曾为前锋大都督,击王冲,斩之,悉降其众。侃召曾,曾不至。贡恐以矫命获罪,遂与曾反击侃。冬,十月,侃兵大败,仅以身免。敦表侃以白衣领职。侃复帅周访等进击杜弢,大破之,敦乃奏复侃官。

25　汉赵染谓中山王曜曰:“麹允率大众在外,长安空虚,可袭也。”曜使染帅精骑五千袭长安,庚寅夜,入外城。帝奔射雁楼。染焚龙尾及诸营,杀掠千馀人;辛卯旦,退屯逍遥园。壬辰,将军麹鉴自阿城帅众五千救长安。癸巳,染引还,鉴追之,与曜遇于零武,鉴兵大败。

26　杨虎、杨难敌急攻梁州,胡子序弃城走,难敌自称刺史。

27　汉中山王曜恃胜而不设备,十一月,麹允引兵袭之,汉兵大败,杀其冠军将军乔智明;曜引归平阳。

28　王浚以其父字处道,自谓应“当涂高”之谶,谋称尊号。前勃海太守刘亮、北海太守王抟、司空掾高柔切谏,浚皆杀之。燕国霍原,志节清高,屡辞征辟,浚以尊号事问之,原不答。浚诬原与群盗通,杀而枭其首。于是士民骇怨,而浚矜豪日甚,不亲政事,所任皆苛刻小人,枣嵩、朱硕,贪横尤甚。北州谣曰:“府中赫赫,朱丘伯;十囊、五囊,入枣郎。”调发殷烦,下不堪命,多叛入鲜卑。从事韩咸监护柳城,盛称慕容廆能接纳士民,欲以讽浚;浚怒,杀之。

浚始者唯恃鲜卑、乌桓以为强,既而皆叛之。加以蝗旱连年,兵势益弱。石勒欲袭之,未知虚实,将遣使觇之,参佐请用羊祜、陆抗故事,致书于浚。勒以问张宾,宾曰:“浚名为晋臣,实欲废晋自立,但患四海英雄莫之从耳;其欲得将军,犹项羽之欲得韩信也。将军威振天下,今卑辞厚礼,折节事之,犹惧不信,况为羊、陆之亢敌乎!夫谋人而使人觉其情,难以得志矣。”勒曰:“善!”十二月,勒遣舍人王子春、董肇多赍珍宝,奉表于浚曰:“勒本小胡,遭世饥乱,流离屯厄,窜命冀州,窃相保聚以救性命。今晋祚沦夷,中原无主,殿下州乡贵望,四海所宗,为帝王者,非公复谁!勒所以捐躯起兵,诛讨暴乱者,正为殿下驱除尔。伏愿陛〔殿〕下应天顺人,早登皇祚。勒奉戴殿下如天地父母,殿下察勒微心,亦当视之如子也。”又遗枣嵩书,厚赂之。

浚以段疾陆眷新叛,士民多弃己去,闻勒欲附之,甚喜,谓子春曰:“石公一时豪杰,据有赵、魏,乃欲称藩于孤,其可信乎?”子春曰:“石将军才力强盛，诚如圣旨。但以殿下<u>中州</u>贵望，威行<u>夷</u>、<u>夏</u>，自古<u>胡</u>人为辅佐名臣则有矣，未有为帝王者也。<u>石将军</u>非恶帝王不为而让于殿下，顾以帝王自有历数，非智力之所取，虽强取之，必不为天人之所与故也。<u>项羽</u>虽强，终为<u>汉</u>有。<u>石将军</u>之比殿下，犹阴精之与太阳，是以远鉴前事，归身殿下，此乃<u>石将军</u>之明识所以远过于人也，殿下又何怪乎！"<u>浚</u>大悦，封<u>子春</u>、<u>肇</u>皆为列侯，遣使报聘，以厚币酬之。

<u>游纶</u>兄<u>统</u>，为<u>浚</u>司马，镇<u>范阳</u>，遣使私附于<u>勒</u>；<u>勒</u>斩其使以送<u>浚</u>。<u>浚</u>虽不罪<u>统</u>，益信<u>勒</u>为忠诚，无复疑矣。

29　是岁，<u>左丞相睿</u>遣世子<u>绍</u>镇<u>广陵</u>，以丞相掾<u>蔡谟</u>为参军。<u>谟</u>，<u>克</u>之子也。

30　<u>汉中山王曜</u>围<u>河南</u>尹<u>魏浚</u>于<u>石梁</u>，<u>兖州</u>刺史<u>刘演</u>、<u>河内</u>太守<u>郭默</u>遣兵救之，<u>曜</u>分兵逆战于<u>河北</u>，败之；<u>浚</u>夜走，获而杀之。

31　<u>代公猗卢</u>城<u>盛乐</u>以为北都，治故<u>平城</u>为南都；又作新<u>平城</u>于<u>灅水</u>之阳，使右贤王<u>六脩</u>镇之，统领南部。

资治通鉴卷第八十九

晋纪十一

孝愍皇帝下

建兴二年（甲戌，314）

1　春，正月辛未，有如日陨于地；又有三日相承，出西方而东行。

2　丁丑，大赦。

3　有流星出牵牛，入紫微，光烛地，坠于平阳北，化为肉，长三十步，广二十七步。汉主聪恶之，以问公卿。陈元达以为"女宠太盛，亡国之征"。聪曰："此阴阳之理，何关人事！"聪后刘氏贤明，聪所为不道，刘氏每规正之。己丑，刘氏卒，谥曰武宣。自是嬖宠竞进，后宫无序矣。

4　聪置丞相等七公；又置辅汉等十六大将军，各配兵二千，以诸子为之；又置左右司隶，各领户二十馀万，万户置一内史；单于左右辅，各主六夷十万落，万落置一都尉，左、右选曹尚书，并典选举。自司隶以下六官，皆位亚仆射。以其子粲为丞相，领大将军，录尚书事，进封晋王。江都王延年录尚书六条事，汝阴王景为太师，王育为太傅，任顗为太保，马景为大司徒，朱纪为大司空，中山王曜为大司马。

5　壬辰，王子春等及王浚使者至襄国，石勒匿其劲卒、精甲，羸师虚府以示之，北面拜使者而受书。浚遗勒麈尾，勒阳不敢执，悬之于壁，朝夕拜之，曰："我不得见王公，见其所赐，如见公也。"复遣董肇奉表于浚，期以三月中旬亲诣幽州奉上尊号；亦修笺于枣嵩，求并州牧、广平公。

勒问浚之政事于王子春，子春曰："幽州去岁大水，人不粒食，浚积粟百万，不能赈赡，刑政苛酷，赋役殷烦，忠贤内离，夷狄外叛。人皆知其将亡，而浚意气自若，曾无惧心，方更置立台阁，布列百官，自谓汉高、魏武不足比也。"勒抚几笑曰："王彭祖真可擒也。"浚使者还蓟，具言"石勒形势寡弱，款诚无二"。浚大悦，益骄怠，不复设备。

6　杨虎掠汉中吏民以奔成，梁州人张咸等起兵逐杨难敌。难敌去，咸以其地归成，于是汉嘉、涪陵、汉中之地皆为成有。成主雄以李凤为梁州刺史，任回为宁州刺史，李恭为荆州刺史。

雄虚己好贤，随才授任，命太傅骧养民于内，李凤等招怀于外，刑政宽简，狱无滞囚。兴学校，置史官。其赋，民男丁岁谷三斛，女丁半之，疾病又半之，户调绢不过数丈，绵数两。事少役希，民多富实，新附者皆给复除。是时天下大乱，而蜀独无事，年谷屡熟，乃至闾门不闭，路不拾遗。汉嘉夷王冲归、朱提审炤、建宁爨量皆归之。巴郡尝告急，云有晋兵。雄曰："吾常忧琅邪微弱，遂为石勒所灭，以为耿耿，不图乃能举兵，使人欣然。"然雄朝无仪品，爵位滥溢，吏无禄秩，取给于民；军无部伍，号令不肃；此其所短也。

7　二月壬寅，以张轨为太尉、凉州牧，封西平郡公；王浚为大司马、都督幽冀诸军事；荀组为司空、领尚书左仆射兼司隶校尉，行留台事；刘琨为大将军、都督并州诸军事。朝廷以张轨老病，拜其子寔为副刺史。

8　石勒纂严，将袭王浚，而犹豫未发。张宾曰："夫袭人者，当出其不意。今军严经日而不行，岂非畏刘琨及鲜卑、乌桓为吾后患乎？"勒曰："然。为之奈何？"宾曰："彼三方智勇无及将军者，将军虽远出，彼必不敢动，且彼未谓将军便能悬军千里取幽州也。轻军往返，不出二旬，藉使彼虽有心，比其谋议出师，吾已还矣。且刘琨、王浚，虽同名晋臣，实为仇敌。若修笺于琨，送质请和，琨必喜我之服而快浚之亡，终不救浚而袭我也。用兵贵神速，勿后时也。"勒曰："吾所未了，右侯已了之，吾复何疑！"

遂以火宵行，至柏人，杀主簿游纶，以其兄统在范阳，恐泄军谋故也。遣使奉笺送质于刘琨，自陈罪恶，请讨浚以自效。琨大喜，移檄州郡，称"己与猗卢方议讨勒，勒走伏无地，求拔幽都以赎罪。今便当遣六脩南袭平阳，除僭伪之逆类，降知死之逋羯，顺天副民，翼奉皇家，斯乃曩年积诚灵佑之所致也！"

三月，勒军达易水，王浚督护孙纬驰遣白浚，将勒兵拒之，游统禁之。浚将佐皆曰："胡贪而无信，必有诡计，请击之。"浚怒曰："石公来，正欲奉戴我耳；敢言击者斩！"众不敢复言。浚设飨以待之。壬申，勒晨至蓟，叱门者开门；犹疑有伏兵，先驱牛羊数千头，声言上礼，实欲塞诸街巷。浚始惧，或坐或起。勒既入城，纵兵大掠，浚左右请御之，浚犹不许。勒升其听事，浚乃走出堂皇，勒众执之。勒召浚妻，与之并坐，执浚立于前。浚骂曰："胡奴调乃公，何凶逆如此！"勒曰："公位冠元台，手握强兵，坐观本朝倾覆，曾不救援，乃欲自尊为天子，非凶逆乎！又委任奸贪，残虐百姓，贼害忠良，毒遍燕土，此谁之罪也！"使其将王洛生以五百骑送浚于襄国。

浚自投于水,束而出之,斩于襄国市。

勒杀浚麾下精兵万人。浚将佐争诣军门谢罪,馈赂交错;前尚书裴宪、从事中郎荀绰独不至,勒召而让之曰:"王浚暴虐,孤讨而诛之,诸人皆来庆谢,二君独与之同恶,将何以逃其戮乎!"对曰:"宪等世仕晋朝,荷其荣禄,浚虽凶粗,犹是晋之藩臣,故宪等从之,不敢有贰。明公苟不修德义,专事威刑,则宪等死自其分,又何逃乎!请就死。"不拜而出。勒召而谢之,待以客礼。绰,勖之孙也。勒数朱硕、枣嵩等以纳贿乱政,为幽州患,责游统以不忠所事,皆斩之。籍浚将佐、亲戚家赀皆至巨万,惟裴宪、荀绰止有书百馀帙,盐米各十馀斛而已。勒曰:"吾不喜得幽州,喜得二子。"以宪为从事中郎,绰为参军。分遣流民,各还乡里。勒停蓟二日,焚浚宫殿,以故尚书燕国刘翰行幽州刺史,戍蓟,置守宰而还。孙纬遮击之,勒仅而得免。

勒至襄国,遣使奉王浚首献捷于汉;汉以勒为大都督、督陕东诸军事、骠骑大将军、东单于,增封十二郡;勒固辞,受二郡而已。

刘琨请兵于拓跋猗卢以击汉,会猗卢所部杂胡万馀家谋应石勒,猗卢悉诛之,不果赴琨约。琨知石勒无降意,乃大惧,上表曰:"东北八州,勒灭其七;先朝所授,存者惟臣。勒据襄国,与臣隔山,朝发夕至,城坞骇惧,虽怀忠愤,力不从愿耳!"

刘翰不欲从石勒,乃归段匹磾,匹磾遂据蓟城。王浚从事中郎阳裕,耽之兄子也,逃奔令支,依段疾陆眷。会稽朱左车、鲁国孔纂、泰山胡母翼自蓟逃奔昌黎,依慕容廆。是时中国流民归廆者数万家,廆以冀州人为冀阳郡,豫州人为成周郡,青州人为营丘郡,并州人为唐国郡。

9　初,王浚以邵续为乐陵太守,屯厌次。浚败,续附于石勒,勒以续子义为督护。浚所署勃海太守东莱刘胤弃郡依续,谓续曰:"凡立大功,必杖大义。君,晋之忠臣,奈何从贼以自污乎!"会段匹磾以书邀续同归左丞相睿,续从之。其人皆曰:"今弃勒归匹磾,其如义何?"续泣曰:"我岂得顾子而为叛臣哉!"杀异议者数人。勒闻之,杀义。续遣刘胤使江东,睿以胤为参军,以续为平原太守。石勒遣兵围续,匹磾使其弟文鸯救之,勒引去。

10　襄国大饥,谷二升直银一斤,肉一斤直银一两。

11　杜弢将王真袭陶侃于林障,侃奔湓中。周访救侃,击弢兵,破之。

12　夏,五月,西平武穆公张轨寝疾,遗令:"文武将佐,务安百姓,上思报国,下以宁家。"己丑,轨薨;长史张玺等表世子寔摄父位。

13 汉中山王曜、赵染寇长安。六月,曜屯渭汭,染屯新丰,索綝将兵出拒之。染有轻綝之色,长史鲁徽曰:"晋之君臣,自知强弱不敌,将致死于我,不可轻也。"染曰:"以司马模之强,吾取之如拉朽;索綝小竖,岂能污吾马蹄、刀刃邪!"晨,帅轻骑数百逆之,曰:"要当获綝而后食。"綝与战于城西,染兵败而归。悔曰:"吾不用鲁徽之言以至此,何面目见之!"先命斩徽,徽曰:"将军愚愎以取败,乃复忌前害胜,诛忠良以逞忿,犹有天地,将军其得死于枕席乎!"诏加索綝骠骑大将军、尚书左仆射、录尚书,承制行事。

曜、染复与将军殷凯帅众数万向长安,麹允逆战于冯翊,允败,收兵;夜,袭凯营,凯败死。曜乃还攻河内太守郭默于怀,列三屯围之。默食尽,送妻子为质,请籴于曜;籴毕,复婴城固守。曜怒,沉默妻子于河而攻之。默欲投李矩于新郑,矩使其甥郭诵迎之,兵少,不敢进。会刘琨遣参军张肇帅鲜卑五百馀骑诣长安,道阻不通,还,过矩营,矩说肇,使击汉兵。汉兵望见鲜卑,不战而走,默遂率众归矩。汉主聪召曜还屯蒲坂。

14 秋,赵染攻北地,麹允拒之,染中弩而死。

15 石勒始命州郡阅实户口,户出帛二匹,谷二斛。

16 冬,十月,以张寔为都督凉州诸军事、凉州刺史、西平公。

17 十一月,汉主聪以晋王粲为相国、大单于,总百揆。粲少有俊才,自为宰相,骄奢专恣,远贤亲佞,严刻愎谏,国人始恶之。

18 周勰以其父遗言,因吴人之怨,谋作乱;使吴兴功曹徐馥矫称叔父丞相从事中郎札之命,收合徒众,以讨王导、刁协,豪杰翕然附之,孙皓族人弼亦起兵于广德以应之。

三年(乙亥,315)

1 春,正月,徐馥杀吴兴太守袁琇,有众数千,欲奉周札为主。札闻之,大惊,以告义兴太守孔侃。勰知札意不同,不敢发。馥党惧,攻馥,杀之;孙弼亦死。札子续亦聚众应馥,左丞相睿议发兵讨之。王导曰:"今少发兵则不足以平寇,多发兵则根本空虚。续族弟黄门侍郎莚,忠果有谋,请独使莚往,足以诛续。"睿从之。莚昼夜兼行,至郡,将入,遇续于门,谓续曰:"当与君共诣孔府君,有所论。"续不肯入,莚牵逼与俱。坐定,莚谓孔侃曰:"府君何以置贼在坐?"续衣中常置刀,即操刀逼莚,莚叱郡传教吴曾格杀之。莚因欲诛勰,札不听,委罪于从兄邵而诛之。莚不归家省母,遂长驱而去,母狼狈追之。睿以札为吴兴太守,莚为太子右卫率。

以周氏吴之豪望,故不穷治,抚慰如旧。

2　诏平东将军宋哲屯华阴。

3　成主雄立后任氏。

4　二月丙子,以琅邪王睿为丞相、大都督、督中外诸军事,南阳王保为相国,荀组为太尉、领豫州牧,刘琨为司空、都督并、冀、幽三州诸军事。琨辞司空,不受。

5　南阳王模之败也,都尉陈安往归世子保于秦州,保命安将千馀人讨叛羌,宠待甚厚。保将张春疾之,谮安,云有异志,请除之,保不许;春辄伏刺客以刺安。安被创,驰还陇城,遣使诣保,贡献不绝。

6　诏进拓跋猗卢爵为代王,置官属,食代、常山二郡。猗卢请并州从事雁门莫含于刘琨,琨遣之。含不欲行,琨曰:“以并州单弱,吾之不材而能自存于胡、羯之间者,代王之力也。吾倾身竭贽,以长子为质而奉之者,庶几为朝廷雪大耻也。卿欲为忠臣,奈何惜共事之小诚而忘徇国之大节乎!往事代王,为之腹心,乃一州之所赖也。”含遂行。猗卢甚重之,常与参大计。

猗卢用法严,国人犯法者,或举部就诛,老幼相携而行;人问:“何之?”曰:“往就死。”无一人敢逃匿者。

7　王敦遣陶侃、甘卓等讨杜弢,前后数十战,弢将士多死,乃请降于丞相睿,睿不许。弢遗南平太守应詹书,自陈昔与詹“共讨乐乡,本同休戚。后在湘中,惧死求生,遂相结聚。傥以旧交之情,为明枉直,使得输诚盟府,厕列义徒,或北清中原,或西取李雄,以赎前愆,虽死之日,犹生之年也!”詹为启呈其书,且言“弢,益州秀才,素有清望,为乡人所逼。今悔恶归善,宜命使抚纳,以息江、湘之民!”睿乃使前南海太守王运受弢降,赦其反逆之罪,以弢为巴东监军。弢既受命,诸将犹攻之不已。弢不胜愤怒,遂杀运复反,遣其将杜弘、张彦杀临川内史谢摛,遂陷豫章。三月,周访击彦,斩之,弘奔临贺。

8　汉大赦,改元建元。

9　雨血于汉东宫延明殿,太弟乂恶之,以问太傅崔玮、太保许遐。玮、遐说乂曰:“主上往日以殿下为太弟者,欲以安众心耳;其志在晋王久矣,王公已下莫不希旨附之。今复以晋王为相国,羽仪威重,逾于东宫,万机之事,无不由之,诸王皆置营兵以为羽翼,事势已去;殿下非徒不得立也,朝夕且有不测之危,不如早为之计。今四卫精兵不减五千,相国轻佻,正烦一刺客耳。大将军无日不出,其营可袭而取;馀王并幼,固易夺也。

苟殿下有意,二万精兵指顾可得,鼓行入云龙门,宿卫之士,孰不倒戈以迎殿下者!大司马不虑其为异也。"义弗从。东宫舍人苟裕告玮、遐劝义谋反,汉主聪收玮、遐于诏狱,假以他事杀之。使冠威将军卜抽将兵监守东宫,禁义不听朝会。义忧惧不知所为,上表乞为庶人,并除诸子之封,褒美晋王,请以为嗣;抽抑而弗通。

10　汉青州刺史曹嶷尽得齐、鲁间郡县,自镇临菑,有众十馀万,临河置戍。石勒表称:"嶷有专据东方之志,请讨之。"汉主聪恐勒灭嶷,不可复制,弗许。

聪纳中护军靳準二女月光、月华,立月光为上皇后,刘贵妃为左皇后,月华为右皇后。左司隶陈元达极谏,以为"并立三后,非礼也"。聪不悦,以元达为右光禄大夫,外示优崇,实夺其权。于是太尉范隆等皆请以位让元达,聪乃复以元达为御史大夫,仪同三司。月光有秽行,元达奏之,聪不得已废之,月光惭恚自杀,聪恨元达。

11　夏,四月,大赦。

12　六月,盗发汉霸、杜二陵及薄太后陵,得金帛甚多;诏收其馀以实内府。

13　辛巳,大赦。

14　汉大司马曜攻上党,八月癸亥,败刘琨之众于襄垣。曜欲进攻阳曲,汉主聪遣使谓之曰:"长安未平,宜以为先。"曜乃还屯蒲坂。

15　陶侃与杜弢相攻,弢使王贡出挑战,侃遥谓之曰:"杜弢为益州小吏,盗用库钱,父死不奔丧。卿本佳人,何为随之!天下宁有白头贼邪?"贡初横脚马上,闻侃言,敛容下脚。侃知可动,复遣使谕之,截发为信,贡遂降于侃。弢众溃,遁走,道死。侃与南平太守应詹进克长沙,湘州悉平。丞相睿承制赦其所部,进王敦镇东大将军,加都督江扬荆湘交广六州诸军事、江州刺史。敦始自选置刺史以下,浸益骄横。

初,王如之降也,敦从弟稜爱如骁勇,请敦配己麾下。敦曰:"此辈险悍难畜,汝性猋急,不能容养,更成祸端。"稜固请,乃与之。稜置左右,甚加宠遇。如数与敦诸将角射争斗,稜杖之,如深以为耻。及敦潜畜异志,稜每谏之。敦怒其异己,密使人激如令杀稜。如因闲宴,请剑舞为欢,稜许之。如舞剑渐前,稜恶而呵之,如直前杀稜。敦闻之,阳惊,亦捕如诛之。

16　初,朝廷闻张光死,以侍中第五猗为安南将军,监荆梁益宁四州诸军事、荆州刺史,自武关出。杜曾迎猗于襄阳,为兄子娶猗女,遂聚兵万人，与猗分据汉、沔。

陶侃既破杜弢，乘胜进击曾，有轻曾之志。司马鲁恬谏曰："凡战，当先料其将。今使君诸将，无及曾者，未易可逼也。"侃不从，进围曾于石城。曾军多骑兵，密开门突侃陈，出其后，反击之，侃兵死者数百人。曾将趋顺阳，下马拜侃，告辞而去。

时荀崧都督荆州江北诸军事，屯宛，曾引兵围之。崧兵少食尽，欲求救于故吏襄城太守石览。崧小女灌，年十三，帅勇士数十人，逾城突围夜出，且战且前，遂达览所；又为崧书，求救于南中郎将周访。访遣子抚帅兵三千，与览共救崧，曾乃遁去。

曾复致笺于崧，求讨丹水贼以自效，崧许之。陶侃遗崧书曰："杜曾凶狡，所谓'鸱枭食母之物'。此人不死，州土未宁，足下当识吾言！"崧以宛中兵少，藉曾为外援，不从。曾复帅流亡二千馀人围襄阳，数日，不克而还。

17　王敦嬖人吴兴钱凤，疾陶侃之功，屡毁之。侃将还江陵，欲诣敦自陈。朱伺及安定皇甫方回谏曰："公入必不出。"侃不从。既至，敦留侃不遣，左转广州刺史，以其从弟丞相军谘祭酒廙为荆州刺史。荆州将吏郑攀、马隽等诣敦，上书留侃，敦怒，不许。攀等以侃始灭大贼，而更被黜，众情愤惋；又以廙忌庆难事，遂帅其徒三千人屯涢口，西迎杜曾。廙为攀等所袭，奔于江安。杜曾与攀等北迎第五猗以拒廙。廙督诸军讨曾，复为曾所败。敦意攀承侃风旨，被甲持矛将杀侃，出而复还者数四。侃正色曰："使君雄断，当裁天下，何此不决乎！"因起如厕。谘议参军梅陶、长史陈颁言于敦曰："周访与侃亲姻，如左右手，安有断人左手而右手不应者乎！"敦意解，乃设盛馔以饯之，侃便夜发，敦引其子瞻为参军。

初，交州刺史顾祕卒，州人以祕子寿领州事。帐下督梁硕起兵攻寿，杀之，硕遂专制交州。王机自以盗据广州，恐王敦讨之，更求交州。会杜弘诣机降，敦欲因机以讨硕，乃以降杜弘为机功，转交州刺史。机至郁林，硕迎前刺史脩则子湛行州事以拒之。机不得进，乃更与杜弘及广州将温劭、交州秀才刘沈谋复还据广州。陶侃至始兴，州人皆言宜观察形势，不可轻进；侃不听，直至广州，诸郡县皆已迎机矣。杜弘遣使伪降，侃知其谋，进击弘，破之，遂执刘沈于小桂。遣督护许高讨王机，走之。机病死于道，高掘其尸，斩之。诸将皆请乘胜击温劭，侃笑曰："吾威名已著，何事遣兵！但一函纸自定耳。"乃下书谕之。劭惧而走，追获于始兴。杜弘诣王敦降，广州遂平。

侃在广州无事,辄朝运百甓于斋外,暮运于斋内。人问其故,答曰:
"吾方致力中原,过尔优逸,恐不堪事,故自劳耳。"

王敦以杜弘为将,宠任之。

18　九月,汉主聪使大鸿胪赐石勒弓矢,策命勒为陕东伯,得专征伐,
拜刺史、将军、守宰,封列侯,岁尽集上。

19　汉大司马曜寇北地,诏以麹允为大都督、骠骑将军以御之。冬,
十月,以索綝为尚书仆射、都督宫城诸军事。曜进拔冯翊,太守梁肃奔万
年。曜转寇上郡。麹允去黄白城,军于灵武,以兵弱,不敢进。

帝屡征兵于丞相保,保左右皆曰:"蝮蛇螫手,壮士断腕。今胡寇方
盛,且宜断陇道以观其变。"从事中郎裴诜曰:"今蛇已螫头,头可断乎!"
保乃以镇军将军胡崧行前锋都督,须诸军集乃发。麹允欲奉帝往就保,索
綝曰:"保得天子,必逞其私志。"乃止。于是自长安以西,不复贡奉朝廷,
百官饥乏,采稆以自存。

20　凉州军士张冰得玺,文曰"皇帝行玺",献于张寔,僚属皆贺。寔
曰:"是非人臣所得留。"遣使归于长安。

四年(丙子,316)

1　春,正月,司徒梁芬议追尊吴王晏,右仆射索綝等引魏明帝诏以为
不可;乃赠太保,谥曰孝。

2　汉中常侍王沈、宣怀、中宫仆射郭猗等,皆宠幸用事。汉主聪游宴
后宫,或三日不醒,或百日不出;自去冬不视朝,政事一委相国粲,唯杀生、
除拜乃使沈等入白之。沈等多不白,而自以其私意决之,故勋旧或不叙,
而奸佞小人有数日至二千石者。军旅岁起,将士无钱帛之赏,而后宫之
家,赐及僮仆,动至数千万。沈等车服、第舍逾于诸王,子弟中表为守令者
三十馀人,皆贪残为民害。靳準阘宗谄事之。

郭猗与準皆有怨于太弟乂,猗谓相国粲曰:"殿下光文帝之世孙,主
上之嫡子,四海莫不属心,奈何欲以天下与太弟乎!且臣闻太弟与大将军
谋因三月上巳大宴作乱,事成,许以主上为太上皇,大将军为皇太子,又许
卫军为大单于。三王处不疑之地,并握重兵,以此举事,无不成者。然二
王贪一时之利,不顾父兄,事成之后,主上岂有全理!殿下兄弟,固不待
言;东宫、相国、单于,当在武陵兄弟,何肯与人也!今祸期甚迫,宜早图
之。臣屡言于主上,主上笃于友爱,以臣刀锯之馀,终不之信,愿殿下勿
泄,密表其状。殿下傥不信臣,可召大将军从事中郎王皮、卫军司马刘惇,

假之恩意,许其归首以问之,必可知也。"粲许之。猗密谓皮、惇曰:"二王逆状,主上及相国具知之矣,卿同之乎?"二人惊曰:"无之。"猗曰:"兹事已决,吾怜卿亲旧并见族耳!"因歔欷流涕。二人大惧,叩头求哀。猗曰:"吾为卿计,卿能用之乎? 相国问卿,卿但云'有之';若责卿不先启,卿即云'臣诚负死罪。然仰惟主上宽仁,殿下敦睦,苟言不见信,则陷于诬谮不测之诛,故不敢言也。'"皮、惇许诺。粲召问之,二人至不同时,而其辞若一,粲以为信然。

靳准复说粲曰:"殿下宜自居东宫以领相国,使天下早有所系。今道路之言,皆云大将军、卫将军欲奉太弟为变,期以季春;若使太弟得天下,殿下无容足之地矣。"粲曰:"为之奈何?"准曰:"人告太弟为变,主上必不信,宜缓东宫之禁,使宾客得往来;太弟雅好待士,必不以此为嫌,轻薄小人不能无迎合太弟之意为之谋者。然后下官为殿下露表其罪,殿下收其宾客与太弟交通者考问之,狱辞既具,则主上无不信之理也。"粲乃令卜抽引兵去东宫。

少府陈休、左卫将军卜崇,为人清直,素恶沈等,虽在公座,未尝与语,沈等深疾之。侍中卜幹谓休、崇曰:"王沈等势力足以回天地,卿辈自料亲贤孰与窦武、陈蕃?"休、崇曰:"吾辈年逾五十,职位已崇,唯欠一死耳!死于忠义,乃为得所;安能俯首低眉以事阉竖乎! 去矣卜公,勿复有言!"

二月,汉主聪临上秋阁,命收陈休、卜崇及特进綦毋达、太中大夫公师彧、尚书王琰、田歆、大司农朱诞并诛之,皆宦官所恶也。卜幹泣谏曰:"陛下方侧席求贤,而一旦戮卿大夫七人,皆国之忠良,无乃不可乎! 藉使休等有罪,陛下不下之有司,暴明其状,天下何从知之! 诏尚在臣所,未敢宣露,愿陛下熟思之!"因叩头流血。王沈叱幹曰:"卜侍中欲拒诏乎!"聪拂衣而入,免幹为庶人。

太宰河间王易、大将军勃海王敷、御史大夫陈元达、金紫光禄大夫西河王延等皆诣阙表谏曰:"王沈等矫弄诏旨,欺诬日月,内谄陛下,外佞相国,威权之重,侔于人主,多树奸党,毒流海内。知休等忠臣,为国尽节,恐发其奸状,故巧为诬陷。陛下不察,遽加极刑,痛彻天地,贤愚伤惧。今遗晋未殄,巴、蜀不宾,石勒谋据赵、魏,曹嶷欲王全齐,陛下心腹四支,何处无患! 乃复以沈等助乱,诛巫咸,戮扁鹊,臣恐遂成膏肓之疾,后虽救之,不可及已。请免沈等官,付有司治罪。"聪以表示沈等,笑曰:"群儿为元达所引,遂成痴也。"沈等顿首泣曰:"臣等小人,过蒙陛下识拔,得洒扫闺闼;而王公、朝士疾臣等如仇,又深恨陛下。愿以臣等膏鼎镬,则朝廷自然雍穆矣。"聪曰:"此等狂言常然,卿何足恨乎!"聪问沈等于相国粲,粲盛称沈等忠清;聪悦,封沈等为列侯。

太宰易又诣阙上疏极谏,聪大怒,手坏其疏。三月,易忿恚而卒。易素忠直,陈元达倚之为援,得尽谏诤。及卒,元达哭之恸,曰:"'人之云亡,邦国殄瘁。'吾既不复能言,安用默默苟生乎!"归而自杀。

3　初,代王猗卢爱其少子比延,欲以为嗣,使长子六脩出居新平城,而黜其母。六脩有骏马,日行五百里,猗卢夺之,以与比延。六脩来朝,猗卢使拜比延,六脩不从。猗卢乃坐比延于其步辇,使人导从出游。六脩望见,以为猗卢,伏谒路左;至,乃比延,六脩惭怒而去。猗卢召之不至,大怒,帅众讨之,为六脩所败。猗卢微服逃民间,有贱妇人识之,遂为六脩所弑。拓跋普根先守外境,闻难来赴,攻六脩,灭之。

普根代立,国中大乱,新旧猜嫌,迭相诛灭。左将军卫雄、信义将军箕澹,久佐猗卢,为众所附,谋归刘琨,乃言于众曰:"闻旧人忌新人悍战,欲尽杀之,将奈何?"晋人及乌桓皆惊惧,曰:"死生随二将军!"乃与琨质子遵帅晋人及乌桓三万家、马牛羊十万头归于琨。琨大喜,亲诣平城抚纳之,琨兵由是复振。

夏,四月,普根卒。其子始生,普根母惟氏立之。

4　张寔下令:所部吏民有能举其过者,赏以布帛羊米。贼曹佐高昌隗瑾曰:"今明公为政,事无巨细,皆自决之,或兴师发令,府朝不知;万一违失,谤无所分。群下畏威,受成而已。如此,虽赏之千金,终不敢言也。谓宜少损聪明,凡百政事,皆延访群下,使各尽所怀,然后采而行之,则嘉言自至,何必赏也!"寔悦,从之;增瑾位三等。

寔遣将军王该帅骑五千入援长安,且送诸郡贡计。诏拜寔都督陕西诸军事,以寔弟茂为秦州刺史。

5　石勒使石虎攻刘演于廪丘,幽州刺史段匹磾使其弟文鸯救之;虎拔廪丘,演奔文鸯军,虎获演弟启以归。

6　宁州刺史王逊,严猛喜诛杀。五月,平夷太守雷炤、平乐太守董霸帅三千馀家叛,降于成。

7　六月丁巳朔,日有食之。

8　秋,七月,汉大司马曜围北地太守麹昌,大都督麹允将步骑三万救之。曜绕城纵火,烟起蔽天,使反间给允曰:"郡城已陷,往无及也!"众惧而溃,曜追败允于磻石谷,允奔还灵武,曜遂取北地。

允性仁厚,无威断,喜以爵位悦人。新平太守竺恢、始平太守杨像、扶风太守竺爽、安定太守焦嵩,皆领征、镇,杖节,加侍中、常侍;村坞主帅,小者犹假银青将军之号;然恩不及下,故诸将骄恣而士卒离怨。关中危乱,允告急于焦嵩,嵩素侮允,曰:"须允困,当救之。"

曜进至泾阳,渭北诸城悉溃。曜获建威将军鲁充、散骑常侍梁纬、少府皇甫阳。曜素闻充贤,募生致之,既见,赐之酒曰:"吾得子,天下不足定也!"充曰:"身为晋将,国家丧败,不敢求生。若蒙公恩,速死为幸。"曜曰:"义士也。"赐之剑,令自杀。梁纬妻辛氏,美色,曜召见,将妻之,辛氏大哭曰:"妾夫已死,义不独生,且一妇人而事二夫,明公又安用之!"曜曰:"贞女也。"亦听自杀,皆以礼葬之。

9　汉主聪立故张后侍婢樊氏为上皇后,三后之外,佩皇后玺绶者复有七人。婢宠用事,刑赏紊乱。大将军敷数涕泣切谏,聪怒曰:"汝欲乃公速死邪,何以朝夕生来哭人!"敷忧愤,发病卒。

河东平阳大蝗,民流殍者什五六。石勒遣其将石越帅骑二万屯并州,招纳流民,民归之者二十万户。聪遣使让勒,勒不受命,潜与曹嶷相结。

10　八月,汉大司马曜逼长安。

11　九月,汉主宴群臣于光极殿,引见太弟乂。乂容貌憔悴,鬓发苍然,涕泣陈谢,聪亦为之恸哭,乃纵酒极欢,待之如初。

12　焦嵩、竺恢、宋哲皆引兵救长安,散骑常侍华辑监京兆、冯翊、弘农、上洛四郡兵,屯霸上,皆畏汉兵强,不敢进。相国保遣胡崧将兵入援,击汉大司马曜于灵台,破之。崧恐国威复振则麹、索势盛,乃帅城西诸郡兵屯渭北不进,遂还槐里。

曜攻陷长安外城,麹允、索綝退保小城以自固。内外断绝,城中饥甚,米斗直金二两,人相食,死者太半,亡逃不可制,唯凉州义众千人,守死不移。太仓有曲数十饼,麹允屑之为粥以供帝,既而亦尽。冬,十一月,帝泣谓允曰:"今穷厄如此,外无救援,当忍耻出降,以活士民。"因叹曰:"误我事者,麹、索二公也!"使侍中宗敞送降笺于曜。索綝潜留敞,使其子说曜曰:"今城中食犹足支一年,未易克也,若许綝以仪同、万户郡公者,请以城降。"曜斩而送之,曰:"帝王之师,以义行也。孤将兵十五年,未尝以诡计败人,必穷兵极势,然后取之。今索綝所言如此,天下之恶一也,辄相为戮之。若兵食审未尽者,便可勉强固守;如其粮竭兵微,亦宜早寤天命。"

甲午,宗敞至曜营;乙未,帝乘羊车,肉袒、衔璧、舆榇出东门降。群臣号泣,攀车执帝手,帝亦悲不自胜。御史中丞冯翊吉朗叹曰:"吾智不能谋,勇不能死,何忍君臣相随,北面事贼虏乎!"乃自杀。曜焚榇受璧,使宗敞奉帝还宫。丁酉,迁帝及公卿以下于其营;辛丑,送至平阳。壬寅,汉主聪临光极殿,帝稽首于前。麴允伏地恸哭,扶不能起,聪怒,囚之,允自杀。聪以帝为光禄大夫,封怀安侯。以大司马曜为假黄钺、大都督、督陕西诸军事、太宰,封秦王。大赦,改元麟嘉。以麴允忠烈,赠车骑将军,谥节愍侯。以索綝不忠,斩于都市。尚书梁允、侍中梁濬等及诸郡守皆为曜所杀,华辑奔南山。

　　干宝论曰:昔高祖宣皇帝,以雄才硕量,应时而起,性深阻有若城府,而能宽绰以容纳;行数术以御物,而知人善采拔。于是百姓与能,大象始构。世宗承基,太祖继业,咸黜异图,用融前烈。至于世祖,遂享皇极,仁以厚下,俭以足用,和而不弛,宽而能断,掩唐、虞之旧域,班正朔于八荒,于时有"天下无穷人"之谚,虽太平未洽,亦足以明民乐其生矣。

　　武皇既崩,山陵未干而变难继起。宗子无维城之助,师尹无具瞻之贵,朝为伊、周,夕成桀、跖;国政迭移于乱人,禁兵外散于四方,方岳无钧石之镇,关门无结草之固。戎、羯称制,二帝失尊,何哉?树立失权,托付非才,四维不张而苟且之政多也。

　　夫基广则难倾,根深则难拔,理节则不乱,胶结则不迁。昔之有天下者所以能长久,用此道也。周自后稷爱民,十六王而武始君之,其积基树本,如此其固。今晋之兴也,其创基立本,固异于先代矣。加以朝寡纯德之人,乡乏不贰之老,风俗淫僻,耻尚失所。学者以庄、老为宗而黜六经,谈者以虚荡为辨而贱名检,行身者以放浊为通而狭节信,进仕者以苟得为贵而鄙居正,当官者以望空为高而笑勤恪。是以刘颂屡言治道,傅咸每纠邪正,皆谓之俗吏;其倚杖虚旷,依阿无心者,皆名重海内。若夫文王日昃不暇食,仲山甫夙夜匪懈者,盖共嗤黜以为灰尘矣!由是毁誉乱于善恶之实,情慝奔于货欲之涂,选者为人择官,官者为身择利,世族贵戚之子弟,陵迈超越,不拘资次。悠悠风尘,皆奔竞之士;列官千百,无让贤之举。子真著崇让而莫之省,子雅制九班而不得用。其妇女不知女工,任情而动,有逆于舅姑,有杀戮妾媵,父兄弗之罪也,天下莫之非也。礼法刑政,于此大坏,"国之将亡,本必先颠",其此之谓乎!

　　故观阮籍之行而觉礼教崩弛之所由,察庾纯、贾充之争而见师尹之多僻,考平吴之功而知将帅之不让,思郭钦之谋而寤戎狄之有衅,览傅玄、刘毅之言而得百官之邪,核傅咸之奏、钱神之论而睹宠赂之

彰。民风国势,既已如此,虽以中庸之才、守文之主治之,犹惧致乱,
况我惠帝以放荡之德临之哉！怀帝承乱即位,羁以强臣;愍帝奔播之
后,徒守虚名。天下之势既去,非命世之雄材,不能复取之矣！

13　石勒围乐平太守韩据于坫城,据请救于刘琨。琨新得拓跋猗卢
之众,欲因其锐气以讨勒。箕澹、卫雄谏曰:"此虽晋民,久沦异域,未习
明公之恩信,恐其难用。不若且内收鲜卑之馀谷,外抄胡贼之牛羊,闭关
守险,务农息兵,待其服化感义,然后用之,则功无不济矣。"琨不从,悉发
其众,命澹帅步骑二万为前驱,琨屯广牧,为之声援。

石勒闻澹至,将逆击之。或曰:"澹士马精强,其锋不可当,不若且引
兵避之,深沟高垒以挫其锐,必获万全。"勒曰:"澹兵虽众,远来疲弊,号
令不齐,何精强之有！今寇敌垂至,何可舍去！大军一动,岂易中还！若
澹乘我之退而逼之,顾逃溃不暇,焉得深沟高垒乎！此自亡之道也。"立
斩言者。以孔苌为前锋都督,令三军:"后出者斩！"勒据险要,设疑兵于
山上,前设二伏,出轻骑与澹战,阳为不胜而走。澹纵兵追之,入伏中。勒
前后夹击澹军,大破之,获铠马万计。澹、雄帅骑千馀奔代郡,韩据弃城
走,并土震骇。

14　十二月乙卯朔,日有食之。

15　司空长史李弘以并州降石勒。刘琨进退失据,不知所为,段匹磾
遣信邀之,己未,琨帅众从飞狐奔蓟。匹磾见琨,其相亲重,与之结婚,约
为兄弟。勒分徙阳曲、乐平民于襄国,置守宰而还。

孔苌攻箕澹于代郡,杀之。

苌等攻贼帅马严、冯鸧,久而不克。司、冀、并、兖流民数万户在辽西,
迭相招引,民不安业。勒问计于濮阳侯张宾,宾曰:"严、鸧本非公之深
仇,流民皆有恋本之志,今班师振旅,选良牧守使招怀之,则幽、冀之寇可
不日而清,辽西流民将相帅而至矣。"勒乃召苌等归,以武遂令李回为易
北督护,兼高阳太守。马严士卒素服回威德,多叛严归之,严惧而出走,赴
水死。冯鸧帅其众降。回徙居易京,流民归之者相继于道。勒喜,封回为
弋阳子,增张宾邑千户,进位前将军;宾固辞不受。

16　丞相睿闻长安不守,出师露次,躬擐甲胄,移檄四方,刻日北征。
以漕运稽期,斩督运令史淳于伯。刑者以刀拭柱,血逆流上,至柱末二丈
馀而下,观者咸以为冤。丞相直刘隗上言:"伯罪不至死,请免从事中
郎周莚等官。"于是右将军王导等上疏引咎,请解职。睿曰:"政刑失中,
皆吾暗塞所致。"一无所问。

　　隗性刚讦,当时名士多被弹劾,睿率皆容贷,由是众怨皆归之。南中郎将王含,敦之兄也,以族强位显,骄傲自恣,一请参佐及守长至二十许人,多非其才;隗劾奏含,文致甚苦,事虽被寝,而王氏深忌疾之。

　　17　丞相睿以邵续为冀州刺史。续女婿广平刘遐聚众河、济之间,睿以遐为平原内史。

　　18　托跋普根之子又卒,国人立其从父郁律。

资治通鉴卷第九十

晋纪十二

中宗元皇帝上

建武元年（丁丑, 317）

1　春, 正月, 汉兵东略弘农, 太守宋哲奔江东。

2　黄门郎史淑、侍御史王冲自长安奔凉州, 称愍帝出降前一日, 使淑等赍诏赐张寔, 拜寔大都督、凉州牧、侍中、司空, 承制行事; 且曰: "朕已诏琅邪王时摄大位; 君其协赞琅邪, 共济多难。"淑等至姑臧, 寔大临三日, 辞官不受。

初, 寔叔父肃为西海太守, 闻长安危逼, 请为先锋入援; 寔以其老, 弗许。及闻长安不守, 肃悲愤而卒。

寔遣太府司马韩璞、抚戎将军张阆等帅步骑一万东击汉; 命讨虏将军陈安、安故太守贾骞、陇西太守吴绍各统郡兵为前驱。又遗相国保书曰: "王室有事, 不忘投躯。前遣贾骞瞻公举动, 中被符命, 敕骞还军。俄闻寇逼长安, 胡崧不进, 麹允持金五百, 请救于崧, 逐决遣骞等进军度岭。会闻朝廷倾覆, 为忠不遂, 愤痛之深, 死有馀责。今更遣璞等, 唯公命是从。"璞等卒不能进而还。

至南安, 诸羌断路, 相持百馀日, 粮竭矢尽。璞杀车中牛以飨士, 泣谓之曰: "汝曹念父母乎？"曰: "念。""念妻子乎？"曰: "念。""欲生还乎？"曰: "欲。""从我令乎？"曰: "诺。"乃鼓噪进战, 会张阆帅金城兵继至, 夹击, 大破之, 斩首数千级。

先是, 长安谣曰: "秦川中, 血没腕, 唯有凉州倚柱观。"及汉兵覆关中, 氐、羌掠陇右, 雍、秦之民, 死者什八九, 独凉州安全。

3　二月, 汉主聪使从弟畅帅步骑三万攻荥阳, 太守李矩屯韩王故垒, 相去七里, 遣使招矩。时畅兵猝至, 矩未及为备, 乃遣使诈降于畅。畅不复设备, 大飨, 渠帅皆醉。矩欲夜袭之, 士卒皆恇惧, 矩乃遣其将郭诵祷于子产祠, 使巫扬言曰: "子产有教, 当遣神兵相助。"众皆踊跃争进。矩选勇敢千人,使通将之,掩击畅营,斩首数千级,畅仅以身免。

4　辛巳,宋哲至建康,称受愍帝诏,令丞相琅邪王睿统摄万机。三月,琅邪王素服出次,举哀三日。于是西阳王羕及官属等共上尊号,王不许。羕等固请不已,王慨然流涕曰:“孤,罪人也。诸贤见逼不已,当归琅邪耳!”呼私奴,命驾将归国。羕等乃请依魏、晋故事,称晋王;许之。辛卯,即晋王位,大赦,改元;始备百官,立宗庙,建社稷。

有司请立太子,王爱次子宣城公裒,欲立之,谓王导曰:“立子当以德。”导曰:“世子、宣城,俱有朗隽之美,而世子年长。”王从之。丙辰,立世子绍为王太子;封裒为琅邪王,奉恭王后;仍以裒都督青、徐、兖三州诸军事,镇广陵。以西阳王羕为太保,封谯刚王逊之子承为谯王。逊,宣帝之弟子也。又以征南大将军王敦为大将军、江州牧,扬州刺史王导为骠骑将军、都督中外诸军事、领中书监、录尚书事,丞相左长史刁协为尚书左仆射,右长史周颐为吏部尚书,军谘祭酒贺循为中书令,右司马戴渊、王邃为尚书,司直刘隗为御史中丞,行参军刘超为中书舍人,参军事孔愉长兼中书郎;自馀参军悉拜奉车都尉,掾属拜驸马都尉,行参军舍人拜骑都尉。王敦辞州牧,王导以敦统六州,辞中外都督,贺循以老病辞中书令,王皆许之;以循为太常。是时承丧乱之后,江东草创,刁协久宦中朝,谙练旧事,贺循为世儒宗,明习礼学,凡有疑议,皆取决焉。

5　刘琨、段匹䃅相与歃血同盟,期以翼戴晋室。辛丑,琨檄告华、夷,遣兼左长史、右司马温峤,匹䃅遣左长史荣邵,奉表及盟文诣建康劝进。峤,羡之弟子也,峤之从母为琨妻。琨谓峤曰:“晋祚虽衰,天命未改,吾当立功河朔,使卿延誉江南。行矣,勉之!”

王以鲜卑大都督慕容廆为都督辽左杂夷流民诸军事、龙骧将军、大单于、昌黎公;廆不受。征虏将军鲁昌说廆曰:“今两京覆没,天子蒙尘,琅邪王承制江东,为四海所系属。明公虽雄据一方,而诸部犹阻兵未服者,盖以官非王命故也。谓宜通使琅邪,劝承大统,然后奉诏令以伐有罪,谁敢不从!”处士辽东高诩曰:“霸王之资,非义不济。今晋室虽微,人心犹附之,宜遣使江东,示有所尊,然后仗大义以征诸部,不患无辞矣。”廆从之,遣长史王济浮海诣建康劝进。

6　汉相国粲使其党王平谓太弟义曰:“适奉中诏,云京师将有变,宜衷甲以备非常。”义信之,命宫臣皆衷甲以居。粲驰遣告靳准、王沈。准以白汉主聪曰:“太弟将为乱,已衷甲矣!”聪大惊曰:“宁有是邪!”王沈等皆曰:“臣等闻之久矣,屡言之,而陛下不之信也。”聪使粲以兵围东宫。

粲使粺、沈收氐、羌酋长十馀人,穷问之,皆悬首高格,烧铁灼目,酋长自诬与乂谋反。聪谓沈等曰:"吾今而后知卿等之忠也!当念知无不言,勿恨往日言而不用也!"于是诛东宫官属及乂素所亲厚,粺、沈等素所憎怨者大臣数十人,坑士卒万五千馀人。夏,四月,废乂为北部王,粲寻使粺贼杀之。乂形神秀爽,宽仁有器度,故士心多附之。聪闻其死,哭之恸,曰:"吾兄弟止馀二人而不相容,安得使天下知吾心邪!"氐、羌叛者甚众,以靳粺行车骑大将军,讨平之。

7　五月壬午,日有食之。

8　六月丙寅,温峤等至建康,王导、周顗、庾亮等皆爱峤才,争与之交。是时,太尉豫州牧荀组、冀州刺史邵续、青州刺史曹嶷、宁州刺史王逊、东夷校尉崔毖等皆上表劝进,王不许。

9　初,流民张平、樊雅各聚众数千人在谯,为坞主。王之为丞相也,遣行参军谯国桓宣往说平、雅,平、雅皆请降。及豫州刺史祖逖出屯芦洲,遣参军殷乂诣平、雅。乂意轻平,视其屋,曰:"可作马厩。"见大镬,曰:"可铸铁器。"平曰:"此乃帝王镬,天下清平方用之,奈何毁之!"乂曰:"卿未能保其头,而爱镬邪!"平大怒,于坐斩乂,勒兵固守。逖攻之,岁馀不下,乃诱其部将谢浮,使杀之;逖进据太丘。樊雅独据谯城,与逖相拒。逖攻之不克,请兵于南中郎将王含。桓宣时为含参军,含遣宣将兵五百助逖。逖谓宣曰:"卿信义已著于彼,今复为我说雅。"宣乃单马从两人诣雅曰:"祖豫州方欲平荡刘、石,倚卿为援;前殷乂轻薄,非豫州意也。"雅即诣逖降。逖既入谯城,石勒遣石虎围谯,王含复遣桓宣救之,虎解去。逖表宣为谯国内史。

己巳,晋王传檄天下,称:"石虎敢帅犬羊,渡河纵毒,今遣琅邪王裒等九军,锐卒三万,水陆四道,径造贼场,受祖逖节度。"寻复召裒还建康。

10　秋,七月,大旱;司、冀、并、青、雍州大蝗;河、汾溢,漂千馀家。

11　汉主聪立晋王粲为皇太子,领相国、大单于,总摄朝政如故。大赦。

12　段匹磾推刘琨为大都督,檄其兄辽西公疾陆眷及叔父涉复辰、弟末杯等会于固安,共讨石勒。末杯说疾陆眷、涉复辰曰:"以父兄而从子弟,耻也;且幸而有功,匹磾独收之,吾属何有哉!"各引兵还。琨、匹磾不能独留,亦还蓟。

13　以荀组为司徒。

14　八月,汉赵固袭卫将军华荟于临颍,杀之。

初,赵固与长史周振有隙,振密谮固于汉主聪。李矩之破刘畅也,于帐中得聪诏,令畅既克矩,还过洛阳,收固斩之,以振代固。矩送以示固,固斩振父子,帅骑一千来降;矩复令固守洛阳。

15　郑攀等相与拒王廙,众心不壹,散还横桑口,欲入杜曾。王敦遣武昌太守赵诱、襄阳太守朱轨击之,攀等惧,请降。杜曾亦请击第五猗于襄阳以自赎。

廙将赴荆州,留长史刘浚镇扬口垒。竟陵内史朱伺谓廙曰:"曾,猾贼也,外示屈服,欲诱官军使西,然后兼道袭扬口耳。宜大部分,未可便西。"廙性矜厉自用,以伺为老怯,遂西行。曾等果还趋扬口;廙乃遣伺归,裁至垒,即为曾所围。刘浚自守北门,使伺守南门。马隽从曾来攻垒,隽妻子先在垒中,或欲皮其面以示之。伺曰:"杀其妻子,未能解围,但益其怒耳。"乃止。曾攻陷北门,伺被伤,退入船,开船底以出,沉行五十步,乃得免。曾遣人说伺曰:"马隽德卿全其妻子,今尽以卿家内外百口付隽,隽已尽心收视,卿可来也。"伺报曰:"吾年六十馀,不能复与卿作贼,吾死亦当南归,妻子付汝裁之。"乃就王廙于甑山,病创而卒。

戊寅,赵诱、朱轨及陵江将军黄峻与曾战于女观湖,诱等皆败死。曾乘胜径造沔口,威震江、沔。

王使豫章太守周访击之。访有众八千,进至沌阳。曾锐气甚盛,访使将军李恒督左甄,许朝督右甄,访自领中军。曾先攻左、右甄,访于阵后射雉以安众心。令其众曰:"一甄败,鸣三鼓;两甄败,鸣六鼓。"赵诱子胤,将父馀兵属左甄,力战,败而复合,驰马告访。访怒,叱令更进;胤号哭还战。自旦至申,两甄皆败。访选精锐八百人,自行酒饮之,敕不得妄动,闻鼓音乃进。曾兵未至三十步,访亲鸣鼓,将士皆腾跃奔赴,曾遂大溃,杀千馀人。访夜追之,诸将请待明日,访曰:"曾骁勇能战,向者彼劳我逸,故克之;宜及其衰乘之,可灭也。"乃鼓行而进,遂定汉、沔。曾走保武当。王廙始得至荆州。访以功迁梁州刺史,屯襄阳。

16　冬,十月丁未,琅邪王衰薨。

17　十一月己酉朔,日有食之。

18　丁卯,以刘琨为侍中、太尉。

19　征南军司戴邈上疏,以为:"丧乱以来,庠序隳废。议者或谓平世尚文,遭乱尚武,此言似之,而实不然。夫儒道深奥,不可仓猝而成;比天下平泰,然后修之,则废坠已久矣。又,贵游之子,未必有斩将搴旗之才,从军征戍之役,不及盛年使之讲肄道义,良可惜也。世道久丧,礼俗日弊,犹火之消膏,莫之觉也。今王业肇建,万物权舆,谓宜笃道崇儒,以励风化。"王从之,始立太学。

20 汉主聪出畋,以愍帝行车骑将军,戎服执戟前导。见者指之曰:"此故长安天子也。"聚而观之,故老有泣者。太子粲言于聪曰:"昔周武王岂乐杀纣乎? 正恐同恶相求,为患故也。今兴兵聚众者,皆以子业为名,不如早除之!"聪曰:"吾前杀庾珉辈,而民心犹如是,吾未忍复杀也,且小观之。"十二月,聪飨群臣于光极殿,使愍帝行酒洗爵;已而更衣,又使之执盖。晋臣多涕泣,有失声者。尚书郎陇西辛宾起,抱帝大哭,聪命引出,斩之。

赵固与河内太守郭默侵汉河东,至绛,右司隶部民奔之者三万馀人。骑兵将军刘勋追击之,杀万馀人,固、默引归。太子粲帅将军刘雅生等步骑十万屯小平津,固扬言曰:"要当生缚刘粲以赎天子。"粲表于聪:"子业若死,民无所望,则不为李矩、赵固之用,不攻而自灭矣。"戊戌,愍帝遇害于平阳。粲遣雅生攻洛阳,固奔阳城山。

21 是岁,王命课督农功,二千石、长吏以入谷多少为殿最,诸军各自佃作,即以为禀。

22 氐王杨茂搜卒,长子难敌立,与少子坚头分领部曲;难敌号左贤王,屯下辨,坚头号右贤王,屯河池。

23 河南王吐谷浑卒。吐谷浑者,慕容廆之庶兄也,父涉归,分户一千七百以隶之。及廆嗣位,二部马斗,廆遣使让吐谷浑曰:"先公分建有别,奈何不相远异,而令马有斗伤!"吐谷浑怒曰:"马是六畜,斗乃其常,何至怒及于人! 欲远别甚易,恐后会为难耳! 今当去汝万里之外。"遂帅其众西徙。廆悔之,遣其长史乙郍娄冯追谢之。吐谷浑曰:"先公尝称卜筮之言云:'吾二子皆当强盛,祚流后世。'我,孽子也,理无并大。今因马而别,殆天意乎!"遂不复还,西傅阴山而居。属永嘉之乱,因度陇而西,据洮水之西,极于白兰,地方数千里,鲜卑谓兄为阿干,廆追思之,为之作阿干之歌。吐谷浑有子六十人,长子吐延嗣。吐延长大有勇力,羌、胡皆畏之。

太兴元年(戊寅,318)

1 春,正月,辽西公疾陆眷卒,其子幼,叔父涉复辰自立。段匹磾自蓟往奔丧;段末柸宣言:"匹磾之来,欲为篡也。"匹磾至右北平,涉复辰发兵拒之。末柸乘虚袭涉复辰,杀之,并其子弟党与,自称单于。迎击匹磾,败之;匹䃅走还蓟。

2　三月癸丑,愍帝凶问至建康,王斩缞居庐。百官请上尊号,王不许。纪瞻曰:"晋氏统绝,于今二年,陛下当承大业;顾望宗室,谁复与让!若光践大位,则神、民有所凭依;苟为逆天时,违人事,大势一去,不可复还。今两都燔荡,宗庙无主,刘聪窃号于西北,而陛下方高让于东南,此所谓揖让而救火也。"王犹不许,使殿中将军韩绩彻去御坐。瞻叱绩曰:"帝坐上应列星,敢动者斩!"王为之改容。

奉朝请周嵩上疏曰:"古之王者,义全而后取,让成而后得,是以享世长久,重光万载也。今梓宫未返,旧京未清,义夫泣血,士女遑遑。宜开延嘉谋,训卒厉兵,先雪社稷大耻,副四海之心,则神器将安适哉!"由是忤旨,出为新安太守,又坐怨望抵罪。嵩,顗之弟也。

丙辰,王即皇帝位,百官皆陪列。帝命王导升御床共坐,导固辞曰:"若太阳下同万物,苍生何由仰照!"帝乃止。大赦,改元,文武增位二等。帝欲赐诸吏投刺劝进者加位一等,民投刺者皆除吏,凡二十余万人。散骑常侍熊远曰:"陛下应天继统,率土归戴,岂独近者情重,远者情轻!不若依汉法遍赐天下爵,于恩为普,且可以息检核之烦,塞巧伪之端也。"帝不从。

庚午,立王太子绍为皇太子。太子仁孝,喜文辞,善武艺,好贤礼士,容受规谏,与庾亮、温峤等为布衣之交。亮风格峻整,善谈老、庄,帝器重之,聘亮妹为太子妃。帝以贺循行太子太傅,周顗为少傅,庾亮以中书郎侍讲东宫。帝好刑名家,以韩非书赐太子。庾亮谏曰:"申、韩刻薄伤化,不足留圣心。"太子纳之。

3　帝复遣使授慕容廆龙骧将军、大单于、昌黎公,廆辞公爵不受。廆以游邃为龙骧长史,刘翔为主簿,命邃创定府朝仪法。裴嶷言于廆曰:"晋室衰微,介居江表,威德不能及远,中原之乱,非明公不能拯也。今诸部虽各拥兵,然皆顽愚相聚,宜以渐并取,以为西讨之资。"廆曰:"君言大,非孤所及也。然君中朝名德,不以孤僻陋而教诲之,是天以君赐孤而佑其国也。"乃以嶷为长史,委以军国之谋,诸部弱小者,稍稍击取之。

4　李矩使郭默、郭诵救赵固,屯于洛汭。诵潜遣其将耿稚等夜济河袭汉营,汉具丘王翼光觇知之,以告太子粲,请为之备。粲曰:"彼闻赵固之败,自保不暇,安敢来此邪!毋为惊动将士!"俄而稚等奄至,十道进攻,粲众惊溃,死伤太半,粲走保阳乡。稚等据其营,获器械、军资,不可胜数。及旦,粲见稚等兵少,更与刘雅生收馀众攻之,汉主聪使太尉范隆帅骑助之，与稚等相持，若战二十馀日，不能下。李矩进兵救之，汉兵临河拒守，矩兵不得济。稚等杀其所获牛马，焚其军资，突围奔虎牢。诏以矩都督河南三郡诸军事。

5 汉矗斯则百堂灾，烧杀汉主聪之子会稽王康等二十一人。

6 聪以其子济南王骥为大将军、都督中外诸军事、录尚书，齐王劢为大司徒。

7 焦嵩、陈安举兵逼上邽，相国保遣使告急于张寔，寔遣金城太守窦涛督步骑二万赴之。军至新阳，闻愍帝崩，保谋称尊号。破羌都尉张诜言于寔曰："南阳王，国之疏属，忘其大耻而亟欲自尊，必不能成功。晋王近亲，且有名德，当帅天下以奉之。"寔从之，遣牙门蔡忠奉表诣建康；比至，帝已即位。寔不用江东年号，犹称建兴。

8 夏，四月丁丑朔，日有食之。

9 加王敦江州牧，王导骠骑大将军、开府仪同三司。

导遣八部从事行扬州郡国，还，同时俱见。诸从事各言二千石官长得失，独顾和无言。导问之，和曰："明公作辅，宁使网漏吞舟，何缘采听风闻，以察察为政邪！"导咨嗟称善。和，荣之族子也。

10 成丞相范长生卒；成主雄以长生子贲为丞相。长生博学，多艺能，年近百岁，蜀人奉之如神。

11 汉中常侍王沈养女有美色，汉主聪立以为左皇后。尚书令王鉴、中书监崔懿之、中书令曹恂谏曰："臣闻王者立后，比德乾坤，生承宗庙，没配后土，必择世德名宗，幽闲令淑，乃副四海之望，称神祇之心。孝成帝以赵飞燕为后，使继嗣绝灭，社稷为墟，此前鉴也。自麟嘉以来，中宫之位，不以德举。借使沈之弟女，刑馀小丑，犹不可以尘污椒房，况其家婢邪！六宫妃嫔，皆公子公孙，奈何一旦以婢主之！臣恐非国家之福也。"聪大怒，使中常侍宣怀谓太子粲曰："鉴等小子，狂言侮慢，无复君臣上下之礼，其速考实！"于是收鉴等送市，皆斩之。金紫光禄大夫王延驰，将入谏，门者弗通。

鉴等临刑，王沈以杖叩之曰："庸奴，复能为恶乎？乃公何与汝事！"鉴瞋目叱之曰："竖子！灭大汉者，正坐汝鼠辈与靳准耳！要当诉汝于先帝，取汝于地下治之。"准谓鉴曰："吾受诏收君，有何不善，君言汉灭由吾也？"鉴曰："汝杀皇太弟，使主上获不友之名。国家畜养汝辈，何得不灭！"懿之谓准曰："汝心如枭镜，必为国患，汝既食人，人亦当食汝。"

聪又立宣怀养女为中皇后。

12　司徒荀组在许昌，逼于石勒，帅其属数百人渡江；诏组与太保西阳王羕并录尚书事。

13　段匹磾之奔疾陆眷丧也，刘琨使其世子群送之。匹磾败，群为段末柸所得。末柸厚礼之，许以琨为幽州刺史，欲与之袭匹磾，密遣使赍群书，请琨为内应，为匹磾逻骑所得。时琨别屯征北小城，不知也，来见匹磾。匹磾以群书示琨曰：“意亦不疑公，是以白公耳。”琨曰：“与公同盟，庶雪国家之耻，若儿书密达，亦终不以一子之故负公而忘义也。”匹磾雅重琨，初无害琨意，将听还屯。其弟叔军谓匹磾曰：“我，胡夷耳；所以能服晋人者，畏吾众也。今我骨肉乖离，是其良图之日；若有奉琨以起，吾族尽矣。”匹磾遂留琨。琨之庶长子遵惧诛，与琨左长史杨桥等闭门自守，匹磾攻拔之。代郡太守辟闾嵩、后将军韩据复潜谋袭匹磾，事泄，匹磾执嵩、据及其徒党，悉诛之。五月癸丑，匹磾称诏收琨，缢杀之，并杀其子侄四人。琨从事中郎卢谌、崔悦等帅琨馀众奔辽西，依段末柸，奉刘群为主；将佐多奔石勒。悦，林之曾孙也。朝廷以匹磾尚强，冀其能平河朔，乃不为琨举哀。温峤表“琨尽忠帝室，家破身亡，宜在褒恤”；卢谌、崔悦因末柸使者，亦上表为琨讼冤。后数岁，乃赠琨太尉、侍中，谥曰愍。于是夷、晋以琨死，皆不附匹磾。

末柸遣其弟攻匹磾，匹磾帅其众数千将奔邵续，勒将石越邀之于盐山，大败之，匹磾复还保蓟。末柸自称幽州刺史。

初，温峤为刘琨奉表诣建康，其母崔氏固止之，峤绝裾而去。既至，屡求返命，朝廷不许。会琨死，除散骑侍郎。峤闻母亡，阻乱不得奔丧、临葬，固让不拜，苦请北归。诏曰：“凡行礼者，当使理可经通。今桀逆未枭，诸军奉迎梓宫犹未得进，峤以一身，于何济其私难，而不从王命邪！”峤不得已受拜。

14　初，曹嶷既据青州，乃叛汉来降。又以建康悬远，势援不接，复与石勒相结，勒授嶷东州大将军、青州牧，封琅邪公。

15　六月甲申，以刁协为尚书令，荀崧为左仆射。协性刚悍，与物多忤，与侍中刘隗俱为帝所宠任；欲矫时弊，每崇上抑下，排沮豪强，故为王氏所疾，诸刻碎之政，皆云隗、协所建。协又使酒放肆，侵毁公卿，见者皆侧目惮之。

16　戊戌，封皇子晞为武陵王。

17　刘虎自朔方侵拓跋郁律西部，秋，七月，郁律击虎，大破之。虎走出塞，从弟路孤帅其部落降于郁律。于是郁律西取乌孙故地，东兼勿吉以西,士马精强,雄于北方。

18　汉主聪寝疾,征大司马曜为丞相,石勒为大将军,皆录尚书事,受遗诏辅政。曜、勒固辞。乃以曜为丞相、领雍州牧,勒为大将军、领幽冀二州牧,勒辞不受。以上洛王景为太宰,济南王骥为大司马,昌国公颧为太师,朱纪为太傅,呼延晏为太保,并录尚书事,范隆守尚书令、仪同三司,靳准为大司空、领司隶校尉,皆选决尚书奏事。癸亥,聪卒。甲子,太子粲即位。尊皇后靳氏为皇太后,樊氏号弘道皇后,武氏号弘德皇后,王氏号弘孝皇后;立其妻靳氏为皇后,子元公为太子。大赦,改元汉昌。葬聪于宣光陵,谥曰昭武皇帝,庙号烈宗。靳太后等皆年未盈二十,粲多行无礼,无复哀戚。

靳准阴有异志,私谓粲曰:“如闻诸公欲行伊、霍之事,先诛太保及臣,以大司马统万机,陛下宜早图之!”粲不从。准惧,复使二靳氏言之,粲乃从之。收其太宰景、大司马骥、骥母弟车骑大将军吴王逞、太师颧、大司徒齐王劢,皆杀之。朱纪、范隆奔长安。八月,粲治兵于上林,谋讨石勒。以丞相曜为相国、都督中外诸军事,仍镇长安。靳准为大将军、录尚书事。粲常游宴后宫,军国之事,一决于准。准矫诏以从弟明为车骑将军,康为卫将军。

准将作乱,谋于王延。延弗从,驰,将告之;遇靳康,劫延以归。准遂勒兵升光极殿,使甲士执粲,数而杀之,谥曰隐帝。刘氏男女,无少长皆斩东市。发永光、宣光二陵,斩聪尸,焚其宗庙。准自号大将军、汉天王,称制,置百官。谓安定胡嵩曰:“自古无胡人为天子者,今以传国玺付汝,还如晋家。”嵩不敢受,准怒,杀之。遣使告司州刺史李矩曰:“刘渊,屠各小丑,因晋之乱,矫称天命,使二帝幽没。辄率众扶侍梓宫,请以上闻。”矩驰表于帝,帝遣太常韩胤等奉迎梓宫。汉尚书北宫纯等招集晋人,堡于东宫,靳康攻灭之。准欲以王延为左光禄大夫,延骂曰:“屠各逆奴,何不速杀我,以吾左目置西阳门,观相国之入也;右目置建春门,观大将军之入也!”准杀之。

相国曜闻乱,自长安赴之。石勒帅精锐五万以讨准,据襄陵北原。准数挑战,勒坚壁以挫之。

冬,十月,曜至赤壁。太保呼延晏等自平阳归之,与太傅朱纪等共上尊号。曜即皇帝位,大赦,惟靳准一门不在赦例。改元光初。以朱纪领司徒,呼延晏领司空,太尉范隆以下悉复本位。以石勒为大司马、大将军,加九锡,增封十郡,进爵为赵公。

勒进攻靳于平阳，巴及羌、羯降者十馀万落，勒皆徙之于所部郡县。

汉主曜使征北将军刘雅、镇北将军刘策屯汾阴，与勒共讨靳。

19 十一月乙卯，日夜出，高三丈。

20 诏以王敦为荆州牧，加陶侃都督交州诸军事；敦固辞州牧，乃听为刺史。

21 庚申，诏群公卿士各陈得失。御史中丞熊远上疏，以为："胡贼猾夏，梓宫未返，而不能遣军进讨，一失也。群官不以仇贼未报为耻，务在调戏、酒食而已，二失也。选官用人，不料实德，惟在白望，不求才干，惟事请托；当官者以治事为俗吏，奉法为苛刻，尽礼为诏谀，从容为高妙，放荡为达士，骄蹇为简雅，三失也。世之所恶者，陆沉泥滓；时之所善者，翱翔云霄；是以万机未整，风俗伪薄。朝廷群司，以从顺为善，相违见贬，安得朝有辨争之臣，士无禄仕之志乎！古之取士，敷奏以言；今光禄不试，甚违古义。又举贤不出世族，用法不及权贵，是以才不济务，奸无所惩。若此道不改，求以救乱，难矣！"

先是，帝以离乱之际，欲慰悦人心，州郡秀、孝，至者不试，普皆署吏。尚书陈𫖮亦上言："宜渐循旧制，试以经策。"帝从之，仍诏："不中科者，刺史、太守免官。"于是秀、孝皆不敢行，其有到者，亦皆托疾，比三年无就试者。帝欲特除孝廉已到者官，尚书郎孔坦奏议，以为："近郡惧累君父，皆不敢行，远郡冀于不试，冒昧来赴。今若偏加除署，是为谨身奉法者失分，侥幸投射者得官，颓风伤教，恐从此始。不若一切罢归，而为之延期，使得就学，则法均而令信矣。"帝从之，听孝廉申至七年乃试。坦，愉之从子也。

22 靳準使侍中卜泰送乘舆、服御请和于石勒；勒囚泰，送于汉主曜。曜谓泰曰："先帝末年，实乱大伦。司空行伊、霍之权，使朕及此，其功大矣。若早迎大驾者，当悉以政事相委，况免死乎！卿为朕入城，具宣此意。"泰还平阳，準自以杀曜母兄，沉吟未从。十二月，左、右车骑将军乔泰、王腾、卫将军靳康等，相与杀準，推尚书令靳明为主，遣卜泰奉传国六玺降汉。石勒大怒，进军攻明，明出战，大败，乃婴城固守。

23 丁丑，封皇子焕为琅邪王。焕，郑夫人之子，生二年矣，帝爱之，以其疾笃，故王之。己卯，薨。帝以成人之礼葬之，备吉凶仪服，营起园陵，功费甚广。琅邪国右常侍会稽孙霄上疏谏曰："古者凶荒杀礼；况今海内丧乱，宪章旧制，犹宜节省，而礼典所无，顾崇饰如是乎！竭已罢之民，营无益之事，殚已困之财，修无用之费，此臣之所不安也。"帝不从。

24　彭城内史周抚杀沛国内史周默，以其众降石勒。诏下邳内史刘遐领彭城内史，与徐州刺史蔡豹、泰山太守徐龛共讨之。豹，质之玄孙也。

25　石虎帅幽、冀之兵会石勒攻平阳，靳明屡败，遣使求救于汉。汉主曜使刘雅、刘策迎之，明帅平阳士女万五千人奔汉。曜西屯粟邑，收靳氏男女，无少长皆斩之。曜迎其母胡氏之丧于平阳，葬于粟邑，号曰阳陵，谥曰宣明皇太后。石勒焚平阳宫室，使裴宪、石会修永光、宣光二陵，收汉主粲已下百馀口葬之，置戍而归。

26　成梁州刺史李凤数有功，成主雄兄子稚在晋寿，疾之。凤以巴西叛。雄自至涪，使太傅骧讨凤，斩之；以李寿为前将军，督巴西军事。

资治通鉴卷第九十一

晋纪十三

中宗元皇帝中

太兴二年（己卯，319）

1 春，二月，刘遐、徐龛击周抚于寒山，破斩之。初，掖人苏峻帅乡里数千家结垒以自保，远近多附之。曹嶷恶其强，将攻之，峻率众浮海来奔。帝以峻为鹰扬将军，助刘遐讨周抚有功；诏以遐为临淮太守，峻为淮陵内史。

2 石勒遣左长史王脩献捷于汉，汉主曜遣兼司徒郭汜授勒太宰、领大将军，进爵赵王，加殊礼，出警入跸，如曹公辅汉故事；拜王脩及其副刘茂皆为将军，封列侯。脩舍人曹平乐从脩至粟邑，因留仕汉，言于曜曰："大司马遣脩等来，外表至诚，内觇大驾强弱，俟其复命，将袭乘舆。"时汉兵实疲弊，曜信之。乃追汜还，斩脩于市。三月，勒还至襄国。刘茂逃归，言脩死状。勒大怒曰："孤事刘氏，于人臣之职有加矣。彼之基业，皆孤所为，今既得志，还欲相图。赵王、赵帝，孤自为之，何待于彼邪！"乃诛曹平乐三族。

3 帝令群臣议郊祀，尚书令刁协等以为宜须还洛乃修之。司徒荀组等曰："汉献帝都许，即行郊祀，何必洛邑！"帝从之，立郊丘于建康城之巳地。辛卯，帝亲祀南郊。以未有北郊，并地祇合祭之。诏："琅邪恭王宜称皇考，"贺循曰："礼，子不敢以己爵加于父。"乃止。

4 初，蓬陂坞主陈川自称陈留太守。祖逖之攻樊雅也，川遣其将李头助之。头力战有功，逖厚遇之。头每叹曰："得此人为主，吾死无恨。"川闻而杀之。头党冯宠帅其众降逖。川益怒，大掠豫州诸郡，逖遣兵击破之。夏，四月，川以浚仪叛，降石勒。

5 周抚之败走也，徐龛部将于药追斩之；及朝廷论功，而刘遐先之。龛怒，以泰山叛，降石勒，自称兖州刺史。

6 汉主曜还，都长安，立妃羊氏为皇后，子熙为皇太子；封子袭为长乐王,阐为太原王,冲为淮南王,敞为齐王,高为鲁王,徽为楚王;诸宗室皆进封郡王。羊氏,即故惠帝后也。曜尝问之曰:"吾何如司马家儿?"羊氏曰:"陛下,开基之圣主;彼,亡国之暗夫;何可并言! 彼贵为帝王,有一妇、一子及身三耳,曾不能庇。妾于尔时,实不欲生,意谓世间男子皆然。自奉巾栉已来,始知天下自有丈夫耳。"曜甚宠之,颇干预国事。

7　南阳王保自称晋王,改元建康,置百官,以张寔为征西大将军、开府仪同三司。陈安自称秦州刺史,降于汉,又降于成。上邽大饥,士众困迫,张春奉保之南安祁山。寔遣韩璞帅步骑五千救之,陈安退保绵诸,保归上邽。未几,保复为安所逼,寔遣其将宋毅救之,安乃退。

8　江东大饥,诏百官各上封事。益州刺史应詹上疏曰:"元康以来,贱经尚道,以玄虚弘放为夷达,以儒术清俭为鄙俗,宜崇奖儒官,以新俗化。"

9　祖逖攻陈川于蓬关,石勒遣石虎将兵五万救之,战于浚仪,逖兵败,退屯梁国。勒又遣桃豹将兵至蓬关,逖退屯淮南。虎徙川部众五千户于襄国,留豹守川故城。

10　石勒遣石虎击鲜卑日六延于朔方,大破之,斩首二万级,俘虏三万馀人。孔苌攻幽州诸郡,悉取之。段匹磾士众饥散,欲移保上谷,代王郁律勒兵将击之,匹磾弃妻子奔乐陵,依邵续。

11　曹嶷遣使赂石勒,请以河为境,勒许之。

12　梁州刺史周访击杜曾,大破之。马隽等执曾以降,访斩之;并获荆州刺史第五猗,送于武昌。访以猗本中朝所署,加有时望,白王敦不宜杀,敦不听而斩之。初,敦患杜曾难制,谓访曰:"若擒曾,当相论为荆州。"及曾死而敦不用。王廙在荆州,多杀陶侃将佐;以皇甫方回为侃所敬,责其不诣己,收斩之。士民怨怒,上下不安。帝闻之,征廙为散骑常侍,以周访代廙为荆州刺史。王敦忌访威名,意难之。从事中郎郭舒说敦曰:"鄙州虽荒弊,乃用武之国,不可以假人,宜自领之,访为梁州足矣。"敦从之。六月丙子,诏加访安南将军,馀如故。访大怒,敦手书譬解,并遗玉环、玉碗以申厚意。访抵之于地,曰:"吾岂贾竖,可以宝悦邪!"访在襄阳,务农训兵,阴有图敦之志,守宰有缺辄补,然后言上;敦患之而不能制。

魏该为胡寇所逼,自宜阳率众南迁新野,助周访讨杜曾有功,拜顺阳太守。

赵固死,郭诵留屯阳翟,石生屡攻之,不能克。

13　汉主曜立宗庙、社稷、南北郊于长安,诏曰:"吾之先,兴于北方。

光文立汉宗庙以从民望。今宜改国号,以单于为祖。亟议以闻!"群臣奏:"光文始封卢奴伯,陛下又王中山;中山,赵分也,请改国号为赵。"从之。以冒顿配天,光文配上帝。

14　徐龛寇掠济、岱,破东莞。帝问将帅可以讨龛者于王导,导以为太子左卫率泰山羊鉴,龛之州里冠族,必能制之。鉴深辞,才非将帅;郗鉴亦表鉴非才,不可使;导不从。秋,八月,以羊鉴为征虏将军、征讨都督,督徐州刺史蔡豹、临淮太守刘遐、鲜卑段文鸯等讨之。

15　冬,石勒左、右长史张敬、张宾,左、右司马张屈六、程遐等劝勒称尊号,勒不许。十一月,将佐等复请勒称大将军、大单于、领冀州牧、赵王,依汉昭烈在蜀、魏武在邺故事,以河内等二十四郡为赵国,太守皆为内史,准禹贡,复冀州之境,以大单于镇抚百蛮,罢并、朔、司三州,通置部司以监之;勒许之。戊寅,即赵王位,大赦;依春秋时列国称元年。

初,勒以世乱,律令烦多,命法曹令史贯志,采集其要,作辛亥制五千文;施行十馀年,乃用律令。以理曹参军上党续咸为律学祭酒,咸用法详平,国人称之。以中垒将军支雄、游击将军王阳领门臣祭酒,专主胡人辞讼,重禁胡人,不得陵侮衣冠华族,号胡为国人。遣使循行州郡,劝课农桑。朝会始用天子礼乐,衣冠、仪物,从容可观矣。加张宾大执法,专总朝政;以石虎为单于元辅、都督禁卫诸军事,寻加骠骑将军、侍中、开府,赐爵中山公;自馀群臣,授位进爵各有差。

张宾任遇优显,群臣莫及;而谦虚敬慎,开怀下士,屏绝阿私,以身帅物,入则尽规,出则归美。勒甚重之,每朝,常为之正容貌,简辞令,呼曰右侯而不敢名。

16　十二月乙亥,大赦。

17　平州刺史崔毖,自以中州人望,镇辽东,而士民多归慕容廆,心不平。数遣使招之,皆不至,意廆拘留之,乃阴说高句丽、段氏、宇文氏,使共攻之,约灭廆,分其地。毖所亲勃海高瞻力谏,毖不从。

三国合兵伐廆,诸将请击之,廆曰:"彼为崔毖所诱,欲邀一切之利。军势初合,其锋甚锐,不可与战,当固守以挫之。彼乌合而来,既无统壹,莫相归服,久必携贰,一则疑吾与毖诈而覆之,二则三国自相猜忌。待其人情离贰,然后击之,破之必矣。"

三国进攻棘城,廆闭门自守,遣使独以牛酒犒宇文氏;二国疑宇文氏与廆有谋,各引兵归。宇文大人悉独官曰:"二国虽归,吾当独取之。"

宇文氏士卒数万,连营四十里。廆使召其子翰于徒河。翰遣使白廆曰:"悉独官举国为寇,彼众我寡,易以计破,难以力胜。今城中之众,足以御寇,翰请为奇兵于外,伺其间而击之,内外俱奋,使彼震骇不知所备,破之必矣。今并兵为一,彼得专意攻城,无复他虞,非策之得者也;且示众以怯,恐士气不战先沮矣。"廆犹疑之。辽东韩寿言于廆曰:"悉独官有凭陵之志,将骄卒惰,军不坚密,若奇兵卒起,掎其无备,必破之策也。"廆乃听翰留徒河。

悉独官闻之曰:"翰素名骁果,今不入城,或能为患,当先取之,城不足忧。"乃分遣数千骑袭翰。翰知之,诈为段氏使者,逆于道曰:"慕容翰久为吾患,闻当击之,吾已严兵相待,宜速进也。"使者既去,翰即出城,设伏以待之。宇文氏之骑见使者,大喜驰行,不复设备,进入伏中。翰奋击,尽获之,乘胜径进,遣间使语廆出兵大战。廆使其子皝与长史裴嶷将精锐为前锋,自将大兵继之。悉独官初不设备,闻廆至,惊,悉众出战。前锋始交,翰将千骑从旁直入其营,纵火焚之,众皆惶扰,不知所为,遂大败,悉独官仅以身免。廆尽俘其众,获皇帝玉玺三纽。

崔毖闻之,惧,使其兄子焘诣棘城伪贺。会三国使者亦至,请和,曰:"非我本意,崔平州教我耳。"廆以示焘,临之以兵,焘惧,首服。廆乃遣焘归谓毖曰:"降者上策,走者下策也。"引兵随之。毖与数十骑弃家奔高句丽,其众悉降于廆。廆以其子仁为征虏将军,镇辽东,官府、市里,按堵如故。

高句丽将如奴子据于河城,廆遣将军张统掩击,擒之,俘其众千馀家;以崔焘、高瞻、韩恒、石琮归于棘城,待以客礼。恒,安平人;琮,鉴之孙也。廆以高瞻为将军,瞻称疾不就,廆数临候之,抚其心曰:"君之疾在此,不在他也。今晋室丧乱,孤欲与诸君共清世难,翼戴帝室。君中州望族,宜同斯愿,奈何以华、夷之异,介然疏之哉!夫立功立事,惟问志略何如耳,华、夷何足问乎!"瞻犹不起,廆颇不平。龙骧主簿宋该,与瞻有隙,劝廆除之,廆不从,瞻以忧卒。

初,鞠羡既死,苟晞复以羡子彭为东莱太守。会曹嶷徇青州,与彭相攻;嶷兵虽强,郡人皆为彭死战,嶷不能克。久之,彭叹曰:"今天下大乱,强者为雄。曹亦乡里,为天所相,苟可依凭,即为民主,何必与之力争,使百姓肝脑涂地! 吾去此,则祸自息矣。"郡人以为不可,争献拒嶷之策,彭一无所用,与乡里千馀家浮海归崔毖。北海郑林客于东莱,彭、嶷之相攻,林情无彼此,嶷贤之,不敢侵掠,彭与之俱去。比至辽东,毖已败,乃归慕容廆。廆以彭参龙骧军事。遗郑林车牛粟帛;皆不受,躬耕于野。

宋该劝廆献捷江东,廆使该为表,裴嶷奉之,并所得三玺诣建康献之。

高句丽数寇辽东,廆遣慕容翰、慕容仁伐之;高句丽王乙弗利逆来求盟,翰、仁乃还。

18　是岁,蒲洪降赵,赵主曜以洪为率义侯。

19　屠各路松多起兵于新平、扶风以附晋王保,保使其将杨曼、王连据陈仓,张颛、周庸据阴密,松多据草壁,秦、陇氐、羌多应之。赵主曜遣诸将攻之,不克;曜自将击之。

三年(庚辰,320)

1　春,正月,曜攻陈仓,王连战死,杨曼奔南氐。曜进拔草壁,路松多奔陇城;又拔阴密。晋王保惧,迁于桑城。曜还长安,以刘雅为大司徒。

张春谋奉晋王保奔凉州,张寔遣其将阴监将兵迎之,声言翼卫,其实拒之。

2　段末柸攻段匹磾,破之。匹磾谓邵续曰:“吾本夷狄,以慕义破家。君不忘久要,请相与共击末柸。”续许之,遂相与追击末柸,大破之。匹磾与弟文鸯攻蓟。后赵王勒知续势孤,遣中山公虎将兵围厌次,孔苌攻续别营十一,皆下之。二月,续自出击虎,虎伏骑断其后,遂执续,使降其城。续呼兄子竺等谓曰:“吾志欲报国,不幸至此。汝等努力奉匹磾为主,勿有贰心。”匹磾自蓟还,未至厌次,闻续已没,众惧而散,复为虎所遮;文鸯以亲兵数百力战,始得入城,与续子缉、兄子存、竺等婴城固守。虎送续于襄国,勒以为忠,释而礼之,以为从事中郎。因下令:“自今克敌,获士人,毋得擅杀,必生致之。”

吏部郎刘胤闻续被攻,言于帝曰:“北方藩镇尽矣,惟馀邵续而已;如使复为石虎所灭,孤义士之心,阻归本之路,愚谓宜发兵救之。”帝不能从。闻续已没,乃下诏以续位任授其子缉。

3　赵将尹安、宋始、宋恕、赵慎四军屯洛阳,叛,降后赵。后赵将石生引兵赴之;安等复叛,降司州刺史李矩。矩使颍川太守郭默将兵入洛。石生虏宋始一军,北渡河。于是河南之民皆相帅归矩,洛阳遂空。

4　三月,裴嶷至建康,盛称慕容廆之威德,贤隽皆为之用;朝廷始重之。帝谓嶷曰:“卿中朝名臣,当留江东,朕别诏龙骧送卿家属。”嶷曰:“臣少蒙国恩,出入省闼,若得奉拜辇毂,臣之至荣。但以旧京沦没,山陵穿毁,虽名臣宿将,莫能雪耻,独慕容龙骧竭忠王室,志除凶逆,故使臣万里归诚。今臣来而不返,必谓朝廷以其僻陋而弃之,孤其向义之心,使懈体于讨贼,此臣之所甚惜,是以不敢徇私而忘公也。"帝曰:"卿言是也。"乃遣使随嶷拜庾安北将军、平州刺史。

5　闰月,以周颢为尚书左仆射。

6　晋王保将张春、杨次与别将杨韬不协,劝保诛之,且请击陈安;保皆不从。夏,五月,春、次幽保,杀之。保体肥大,重八百斤;喜睡,好读书,而暗弱无断,故及于难。保无子,张春立宗室子瞻为世子,称大将军。保众散,奔凉州者万馀人。陈安表于赵主曜,请讨瞻等。曜以安为大将军,击瞻,杀之;张春奔枹罕。安执杨次,于保枢前斩之,因以祭保。安以天子礼葬保于上邽,谥曰元王。

7　羊鉴讨徐龛,顿兵下邳,不敢前。蔡豹败龛于檀丘,龛求救于后赵。后赵王勒遣其将王伏都救之,又使张敬将兵为之后继。勒多所邀求,而伏都淫暴,龛患之。张敬至东平,龛疑其袭己,乃斩伏都等三百馀人,复来请降。勒大怒,命张敬据险以守之。帝亦恶龛反覆,不受其降,敕鉴、豹以时进讨。鉴犹疑惮不进,尚书令刁协劾奏鉴,免死除名,以蔡豹代领其兵。王导以所举失人,乞自贬,帝不许。

8　六月,后赵孔苌攻段匹磾,恃胜而不设备,段文鸯袭击,大破之。

9　京兆人刘弘客居凉州天梯山,以妖术惑众,从受道者千馀人,西平元公张寔左右皆事之。帐下阎涉、牙门赵印,皆弘乡人,弘谓之曰:"天与我神玺,应王凉州。"涉、印信之,密与寔左右十馀人谋杀寔,奉弘为主。寔弟茂知其谋,请诛弘。寔令牙门将史初收之,未至,涉等怀刃而入,杀寔于外寝。弘见史初至,谓曰:"使君已死,杀我何为!"初怒,截其舌而囚之,辗于姑臧市,诛其党与数百人。左司马阴元等以寔子骏尚幼,推张茂为凉州刺史、西平公,赦其境内,以骏为抚军将军。

10　丙辰,赵将解虎及长水校尉尹车谋反,与巴酋句徐、库彭等相结;事觉,虎、车皆伏诛。赵主曜囚徐、彭等五十馀人于阿房,将杀之;光禄大夫游子远谏曰:"圣王用刑,惟诛元恶而已,不宜多杀。"争之,叩头流血。曜怒,以为助逆而囚之;尽杀徐、彭等,尸诸市十日,乃投于水。于是巴众尽反,推巴酋句渠知为主,自称大秦,改元曰平赵。四山氐、羌、巴、羯应之者三十馀万,关中大乱,城门昼闭。子远又从狱中上表谏争,曜手毁其表曰:"大荔奴,不忧命在须臾,犹敢如此,嫌死晚邪!"叱左右速杀之。中山王雅、郭汜、朱纪、呼延晏等谏曰:"子远幽囚,祸在不测,犹不忘谏争,忠之至也。陛下纵不能用,奈何杀之! 若子远朝诛,臣等亦当夕死,以彰陛下之过。天下将皆舍陛下而去,陛下谁与居乎!"曜意解,乃赦之。

曜敕内外戒严，将自讨渠知。子远又谏曰："陛下诚能用臣策，一月可定，大驾不必亲征也。"曜曰："卿试言之。"子远曰："彼非有大志，欲图非望也，直畏陛下威刑，欲逃死耳。陛下莫若廓然大赦，与之更始；应前日坐虎、车等事，其家老弱没入奚官者，皆纵遣之，使之自相招引，听其复业。彼既得生路，何为不降！若其中自知罪重，屯结不散者，愿假臣弱兵五千，必为陛下枭之。不然，今反者弥山被谷，虽以天威临之，恐非岁月可除也。"曜大悦，即日大赦，以子远为车骑大将军、开府仪同三司、都督雍秦征讨诸军事。子远屯于雍城，降者十馀万；移军安定，反者皆降。惟句氏宗党五千馀家保于阴密，进攻，灭之，遂引兵巡陇右。先是氐、羌十馀万落，据险不服，其酋虚除权渠自号秦王。子远进造其壁，权渠出兵拒之，五战皆败。权渠欲降，其子伊馀大言于众曰："往者刘曜自来，犹无若我何，况此偏师，何谓降也！"帅劲卒五万，晨压子远垒门。诸将欲击之，子远曰："伊馀勇悍，当今无敌，所将之兵，复精于我，又其父新败，怒气方盛，其锋不可当也，不如缓之，使气竭而后击之。"乃坚壁不战。伊馀有骄色，子远伺其无备，夜，勒兵蓐食，旦，值大风尘昏，子远悉众出掩之，生擒伊馀，尽俘其众。权渠大惧，被发、劓面请降。子远启曜，以权渠为征西将军、西戎公，分徙伊馀兄弟及其部落二十馀万口于长安。曜以子远为大司徒、录尚书事。

曜立太学，选民之神志可教者千五百人，择儒臣以教之。作酆明观及西宫，起陵霄台于滈池，又于霸陵西南营寿陵。侍中乔豫、和苞上疏谏，以为："卫文公承乱亡之后，节用爱民，营建宫室，得其时制，故能兴康叔之业，延九百之祚。前奉诏书营酆明观，市道细民咸讥其奢曰：'以一观之功，足以平凉州矣！'今又欲拟阿房而建西宫，法琼台而起陵霄，其为劳费，亿万酆明，若以资军旅，乃可兼吴、蜀，壹齐、魏矣！又闻营建寿陵，周围四里，深三十五丈，以铜为椁，饰以黄金；功费若此，殆非国内所能办也。秦始皇下锢三泉，土未干而发毁。自古无不亡之国，不掘之墓，故圣王之俭葬，乃深远之虑也。陛下奈何于中兴之日，而蹈亡国之事乎！"曜下诏曰："二侍中恳恳有古人之风，可谓社稷之臣矣；其悉罢宫室诸役；寿陵制度，一遵霸陵之法。封豫安昌子，苞平舆子，并领谏议大夫；仍布告天下，使知区区之朝，欲闻其过也。"又省酆水囿以与贫民。

11　祖逖将韩潜与后赵将桃豹分据陈川故城，豹居西台，潜居东台，豹由南门，潜由东门，出入相守四旬。逖以布囊盛土如米状，使千馀人运上台，又使数人担米，息于道。豹兵逐之，弃担而走。豹兵久饥，得米，以为逖士众丰饱,益惧。后赵将刘夜堂以驴千头运粮馈豹,逖使韩潜及别将冯铁邀击于汴水,尽获之。豹宵遁,屯东燕城,逖使潜进屯封丘以逼之。冯铁据二台,逖镇雍丘,数遣兵邀击后赵兵,后赵镇戍归逖者甚多,境土渐蹙。

先是,赵固、上官巳、李矩、郭默互相攻击,逖驰使和解之,示以祸福,遂皆受逖节度。秋,七月,诏加逖镇西将军。逖在军,与将士同甘苦,约己务施,劝课农桑,抚纳新附,虽疏贱者皆结以恩礼。河上诸坞,先有任子在后赵者,皆听两属,时遣游军伪抄之,明其未附。坞主皆感恩,后赵有异谋,辄密以告,由是多所克获,自河以南,多叛后赵归于晋。

逖练兵积谷,为取河北之计。后赵王勒患之,乃下幽州为逖修祖、父墓,置守冢二家,因与逖书,求通使及互市。逖不报书,而听其互市,收利十倍。逖牙门童建杀新蔡内史周密,降于后赵,勒斩之,送首于逖曰:“叛臣逃吏,吾之深仇,将军之恶,犹吾恶也。”逖深德之,自是后赵人叛归逖者,逖皆不纳,禁诸将不使侵暴后赵之民,边境之间,稍得休息。

12　八月辛未,梁州刺史周访卒。访善于抚士,众皆为致死。知王敦有不臣之心,私常切齿,敦由是终访之世,未敢为逆。敦遣从事中郎郭舒监襄阳军,帝以湘州刺史甘卓为梁州刺史,督沔北诸军事,镇襄阳。舒既还,帝征为右丞;敦留不遣。

13　后赵王勒遣中山公虎帅步骑四万击徐龛,龛送妻子为质,乞降,勒许之。蔡豹屯卞城,石虎将击之,豹退守下邳,为徐龛所败。虎引兵城封丘而旋,徙士族三百家置襄国崇仁里,置公族大夫以领之。

14　后赵王勒用法甚严,讳“胡”尤峻,宫殿既成,初有门户之禁。有醉胡乘马,突入止车门。勒大怒,责宫门小执法冯翥。翥惶惧忘讳,对曰:“向有醉胡,乘马驰入,甚呵御之,而不可与语。”勒笑曰:“胡人正自难与言。”恕而不罪。

勒使张宾领选,初定五品,后更定九品。命公卿及州郡岁举秀才、至孝、廉清、贤良、直言、武勇之士各一人。

15　西平公张茂立兄子骏为世子。

16　蔡豹既败,将诣建康归罪,北中郎将王舒止之。帝闻豹退,遣使收之。舒夜以兵围豹,豹以为他寇,帅麾下击之,闻有诏,乃止。舒执豹送建康,冬,十月丙辰,斩之。

17　王敦杀武陵内史向硕。

帝之始镇江东也,敦与从弟导同心翼戴,帝亦推心任之,敦总征讨,导专机政,群从子弟布列显要,时人为之语曰:"王与马,共天下。"后敦自恃有功,且宗族强盛,稍益骄恣,帝畏而恶之,乃引刘隗、刁协等以为腹心,稍抑损王氏之权,导亦渐见疏外。中书郎孔愉陈导忠贤,有佐命之勋,宜加委任;帝出愉为司徒左长史。导能任真推分,澹如也,有识皆称其善处兴废。而敦益怀不平,遂构嫌隙。

初,敦辟吴兴沈充为参军,充荐同郡钱凤于敦,敦以为铠曹参军。二人皆巧谄凶狡,知敦有异志,阴赞成之,为之画策;敦宠信之,势倾内外。敦上疏为导讼屈,辞语怨望。导封以还敦,敦复遣奏之。左将军谯王承,忠厚有志行,帝亲信之。夜,召承,以敦疏示之,曰:"王敦以顷年之功,位任足矣;而所求不已,言至于此,将若之何?"承曰:"陛下不早裁之,以至今日,敦必为患。"

刘隗为帝谋,出心腹以镇方面。会敦表以宣城内史沈充代甘卓为湘州刺史,帝谓承曰:"王敦奸逆已著,朕为惠皇,其势不远。湘州据上流之势,控三州之会,欲以叔父居之,何如?"承曰:"臣奉承诏命,惟力是视,何敢有辞! 然湘州经蜀寇之馀,民物凋弊,若得之部,比及三年,乃可即戎,苟未及此,虽复灰身,亦无益也。"十二月,诏曰:"晋室开基,方镇之任,亲贤并用,其以谯王承为湘州刺史。"长沙邓骞闻之,叹曰:"湘州之祸,其在斯乎!"承行至武昌,敦与之宴,谓承曰:"大王雅素佳士,恐非将帅才也。"承曰:"公未见知耳,铅刀岂无一割之用!"敦谓钱凤曰:"彼不知惧而学壮语,足知其不武,无能为也。"乃听之镇。时湘土荒残,公私困弊,承躬自俭约,倾心绥抚,甚有能名。

18　高句丽寇辽东,慕容仁与战,大破之,自是不敢犯仁境。

四年(辛巳,321)

1　春,二月,徐龛复请降。

2　张茂筑灵钧台,基高九仞。武陵阎曾夜叩府门呼曰:"武公遣我来,言:'何故劳民筑台!'"有司以为妖,请杀之。茂曰:"吾信劳民。曾称先君之命以规我,何谓妖乎!"乃为之罢役。

3　三月癸亥,日中有黑子。著作佐郎河东郭璞以帝用刑过差,上疏,以为:"阴阳错缪,皆繁刑所致。赦不欲数,然子产知铸刑书非政之善,不得不作者,须以救弊故也。今之宜赦,理亦如之。"

4　后赵中山公虎攻幽州刺史段匹磾于厌次,孔苌攻其统内诸城,悉拔之。段文鸯言于匹磾曰:"我以勇闻,故为民所倚望;今视民被掠而不救,是怯也。民失所望,谁复为我致死!"遂帅壮士数十骑出战,杀后赵兵甚众。马乏,伏不能起。虎呼之曰:"兄与我俱夷狄,久欲与兄同为一家。今天不违愿,于此得相见,何为复战!请释仗。"文鸯骂曰:"汝为寇贼,当死日久,吾兄不用吾策,故令汝得至此。我宁斗死,不为汝屈!"遂下马苦战,槊折,执刀战不已,自辰至申。后赵兵四面解马罗披自鄣,前执文鸯;文鸯力竭被执,城内夺气。

匹磾欲单骑归朝,邵续之弟乐安内史洎勒兵不听;洎复欲执台使王英送于虎。匹磾正色责之曰:"卿不能遵兄之志,逼吾不得归朝,亦已甚矣,复欲执天子使者;我虽夷狄,所未闻也!"洎与兄子缉、竺等舆榇出降。匹磾见虎曰:"我受晋恩,志在灭汝,不幸至此,不能为汝敬也。"后赵王勒及虎素与匹磾结为兄弟,虎即起拜之。勒以匹磾为冠军将军,文鸯为左中郎将,散诸流民三万馀户,复其本业,置守宰以抚之。于是幽、冀、并三州皆入于后赵。匹磾不为勒礼,常著朝服,持晋节。久之,与文鸯、邵续皆为后赵所杀。

5　五月庚申,诏免中州良民遭难为扬州诸郡僮客者,以备征役。尚书令刁协之谋也,由是众益怨之。

6　终南山崩。

7　秋,七月甲戌,以尚书仆射戴渊为征西将军、都督司兖豫并雍冀六州诸军事、司州刺史,镇合肥;丹杨尹刘隗为镇北将军、都督青徐幽平四州诸军事、青州刺史,镇淮阴,皆假节领兵,名为讨胡,实备王敦也。

隗虽在外,而朝廷机事,进退士大夫,帝皆与之密谋。敦遗隗书曰:"顷承圣上顾眄足下,今大贼未灭,中原鼎沸,欲与足下及周生之徒戮力王室,共静海内。若其泰也,则帝祚于是乎隆;若其否也,则天下永无望矣。"隗答曰:"'鱼相忘于江湖,人相忘于道术。''竭股肱之力,效之以忠贞。'吾之志也。"敦得书,甚怒。

壬午,以骠骑将军王导为侍中、司空、假节、录尚书、领中书监。帝以敦故,并疏忌导。御史中丞周嵩上疏,以为:"导忠素竭诚,辅成大业,不宜听孤臣之言,惑疑似之说,放逐旧德,以佞伍贤,亏既往之恩,招将来之患。"帝颇感寤,导由是得全。

8　八月,常山崩。

9　豫州刺史祖逖,以戴渊吴士,虽有才望,无弘致远识;且已翦荆棘、收河南地,而渊雍容,一旦来统之,意甚怏怏;又闻王敦与刘、刁构隙,将有内难,知大功不遂,感激发病;九月壬寅,卒于雍丘。豫州士女若丧父母,谯、梁间皆为立祠。王敦久怀异志,闻逖卒,益无所惮。

冬,十月壬午,以逖弟约为平西将军、豫州刺史,领逖之众。约无绥御之才,不为士卒所附。

初,范阳李产避乱依逖,见约志趣异常,谓所亲曰:"吾以北方鼎沸,故远来就此,冀全宗族。今观约所为,有不可测之志。吾托名姻亲,当早自为计,无事复陷身于不义也,尔曹不可以目前之利而忘长久之策。"乃帅子弟十馀人间行归乡里。

10　十一月,皇孙衍生。

11　后赵王勒悉召武乡耆旧诣襄国,与之共坐欢饮。初,勒微时,与李阳邻居,数争沤麻池相殴,阳由是独不敢来。勒曰:"阳,壮士也;沤麻,布衣之恨;孤方兼容天下,岂仇匹夫乎!"遽召与饮,引阳臂曰:"孤往日厌卿老拳,卿亦饱孤毒手。"因拜参军都尉。以武乡比丰、沛,复之三世。

勒以民始复业,资储未丰,于是重制禁酿,郊祀宗庙,皆用醴酒,行之数年,无复酿者。

12　十二月,以慕容廆为都督幽平二州、东夷诸军事、车骑将军、平州牧,封辽东公,单于如故,遣谒者即授印绶,听承制置官司守宰。廆于是备置僚属,以裴嶷、游邃为长史,裴开为司马,韩寿为别驾,阳耽为军谘祭酒,崔焘为主簿,黄泓、郑林参军事。廆立子皝为世子。作东横,以平原刘赞为祭酒,使皝与诸生同受业,廆得暇,亦亲临听之。皝雄毅多权略,喜经术,国人称之。廆徙慕容翰镇辽东,慕容仁镇平郭。翰抚安民夷,甚有威惠;仁亦次之。

13　拓跋猗㐌妻惟氏,忌代王郁律之强,恐不利于其子,乃杀郁律而立其子贺傉,大人死者数十人。郁律之子什翼犍,幼在襁褓,其母王氏匿于裤中,祝之曰:"天苟存汝,则勿啼。"久之,不啼,乃得免。惟氏专制国政,遣使聘后赵,后赵人谓之"女国使"。

资治通鉴卷第九十二

晋纪十四

中宗元皇帝下

永昌元年（壬午，322）

1　春，正月，郭璞复上疏，请因皇孙生，下赦令，帝从之。乙卯，大赦，改元。

王敦以璞为记室参军。璞善卜筮，知敦必为乱，已预其祸，甚忧之。大将军掾颍川陈述卒，璞哭之极哀，曰："嗣祖，焉知非福也！"

敦既与朝廷乖离，乃羁录朝士有时望者置己幕府。以羊曼及陈国谢鲲为长史。曼，祜之兄孙也。曼、鲲终日酣醉，故敦不委以事。敦将作乱，谓鲲曰："刘隗奸邪，将危社稷，吾欲除君侧之恶，何如？"鲲曰："隗诚始祸，然城狐社鼠。"敦怒曰："君庸才，岂达大体！"出为豫章太守，又留不遣。

戊辰，敦举兵于武昌，上疏罪状刘隗，称："隗佞邪谗贼，威福自由，妄兴事役，劳扰士民，赋役烦重，怨声盈路。臣备位宰辅，不可坐视成败，辄进军致讨，隗首朝悬，诸军夕退。昔太甲颠覆厥度，幸纳伊尹之忠，殷道复昌。愿陛下深垂三思，则四海乂安，社稷永固矣。"沈充亦起兵于吴兴以应敦，敦以充为大都督、督护东吴诸军事。敦至芜湖，又上表罪状刁协。帝大怒，乙亥，诏曰："王敦凭恃宠灵，敢肆狂逆，方朕太甲，欲见幽囚。是可忍也，孰不可忍！今亲帅六军以诛大逆，有杀敦者，封五千户侯。"敦兄光禄勋含乘轻舟逃归于敦。

太子中庶子温峤谓仆射周顗曰："大将军此举似有所在，当无滥邪？"顗曰："不然，人主自非尧、舜，何能无失，人臣安可举兵以胁之！举动如此，岂得云非乱乎！处仲狼抗无上，其意宁有限邪！"

敦初起兵，遣使告梁州刺史甘卓，约与之俱下，卓许之。及敦升舟，而卓不赴，使参军孙双诣武昌谏止敦。敦惊曰："甘侯前与吾语云何，而更有异，正当虑吾危朝廷耳！吾今但除奸凶，若事济，当以甘侯作公。"双还报,卓意狐疑。或说卓:"且伪许敦,待敦至都而讨之。"卓曰:"昔陈敏之乱,吾先从而后图之,论者谓吾惧逼而思变,心常愧之;今若复尔,何以自明!"

卓使人以敦旨告顺阳太守魏该,该曰:"我所以起兵拒胡贼者,正欲忠于王室耳。今王公举兵向天子,非吾所宜与也。"遂绝之。

敦遣参军桓罴说谯王承,请承为军司。承叹曰:"吾其死矣!地荒民寡,势孤援绝,将何以济!然得死忠义,夫复何求!"承檄长沙虞悝为长史,会悝遭母丧,承往吊之,曰:"吾欲讨王敦,而兵少粮乏;且新到,恩信未洽。卿兄弟,湘中之豪俊,王室方危,金革之事,古人所不辞,将何以教之?"悝曰:"大王不以悝兄弟猥劣,亲屈临之,敢不致死!然鄙州荒弊,难以进讨;宜且收众固守,传檄四方,敦势必分,分而图之,庶几可捷也。"承乃囚桓罴,以悝为长史,以其弟望为司马,督护诸军,与零陵太守尹奉、建昌太守长沙王循、衡阳太守淮陵刘翼、舂陵令长沙易雄,同举兵讨敦。雄移檄远近,列敦罪恶,于是一州之内皆应承。惟湘东太守郑澹不从,承使虞望讨斩之,以徇四境。澹,敦姊夫也。

承遣主簿邓骞至襄阳,说甘卓曰:"刘大连虽骄蹇失众心,非有害于天下。大将军以其私憾,称兵向阙,此忠臣义士竭节之时也。公受任方伯,奉辞伐罪,乃桓、文之功也。"卓曰:"桓、文则非吾所能;然志在徇国,当共详思之。"参军李梁说卓曰:"昔隗嚣跋扈,窦融保河西以奉光武,卒受其福。今将军有重望于天下,但当按兵坐以待之,使大将军事捷,当委将军以方面,不捷,朝廷必以将军代之,何忧不富贵;而释此庙胜,决存亡于一战邪?"骞谓梁曰:"光武当创业之初,故隗、窦可以文服从容顾望。今将军之于本朝,非窦融之比也;襄阳之于太府,非河西之固也。使大将军克刘隗,还武昌,增石城之戍,绝荆、湘之粟,将军将安归乎!势在人手,而曰我处庙胜,未之闻也。且为人臣,国家有难,坐视不救,于义安乎!"卓尚疑之。骞曰:"今既不为义举,又不承大将军檄,此必至之祸,愚智所见也。且议者之所难,以彼强而我弱。今大将军兵不过万馀,其留者不能五千;而将军见众既倍之矣。以将军之威名,帅此府之精锐,杖节鸣鼓,以顺讨逆,岂王含所能御哉!溯流之众,势不自救,将军之举武昌,若摧枯拉朽,尚何顾虑邪!武昌既定,据其军实,镇抚二州,以恩意招怀士卒,使还者如归,此吕蒙所以克关羽也。今释必胜之策,安坐以待危亡,不可以言智矣。"

敦恐卓于后为变,又遣参军丹杨乐道融往邀之,必欲与之俱东。道融虽事敦,而忿其悖逆,乃说卓曰:"主上亲临万机,自用谯王为湘州,非专任刘隗也。而王氏擅权日久,卒见分政,便谓失职,背恩肆逆,举兵向阙。国家遇君至厚,今与之同,岂不违负大义,生为逆臣,死为愚鬼,永为宗党之耻,不亦惜乎! 为君之计,莫若伪许应命,而驰袭武昌,大将军士众闻之,必不战自溃,大勋可就矣。"卓雅不欲从敦,闻道融之言,遂决曰:"吾本意也。"乃与巴东监军柳纯、南平太守夏侯承、宜都太守谭该等露檄数敦逆状,帅所统致讨。遣参军司马赞、孙双奉表诣台;罗英至广州,约陶侃同进。戴渊在江西,先得卓书,表上之,台内皆称万岁。陶侃得卓信,即遣参军高宝帅兵北下。武昌城中传卓军至,人皆奔散。

敦遣从母弟南蛮校尉魏乂,将军李恒帅甲卒二万攻长沙。长沙城池不完,资储又阙,人情震恐。或说谯王承,南投陶侃或退据零、桂。承曰:"吾之起兵,志欲死于忠义,岂可贪生苟免,为奔败之将乎! 事之不济,令百姓知吾心耳。"乃婴城固守。未几,虞望战死,甘卓欲留邓骞为参军,骞不可,乃遣参军虞冲与骞偕至长沙,遗谯王承书,劝之固守,当以兵出沔口,断敦归路,则湘围自解。承复书称:"江左中兴,草创始尔,岂图恶逆萌自宠臣。吾以宗室受任,志在陨命;而至止尚浅,凡百茫然。足下能卷甲电赴,犹有所及;若其狐疑,则求我于枯鱼之肆矣。"卓不能从。

2　二月甲午,封皇子昱为琅邪王。

3　后赵王勒立子弘为世子。遣中山公虎将精卒四万击徐龛;龛坚守不战,虎筑长围守之。

4　赵主曜自将击杨难敌,难敌逆战不胜,退保仇池。仇池诸氐、羌及故晋王保将杨韬、陇西太守梁勋皆降于曜。曜迁陇西万馀户于长安,进攻仇池。会军中大疫,曜亦得疾,将引兵还;恐难敌蹑其后,乃遣光国中郎将王犷说难敌,谕以祸福,难敌遣使称藩。曜以难敌为假黄钺、都督益宁南秦凉梁巴六州陇上西域诸军事、上大将军、益宁南秦三州牧、武都王。

秦州刺史陈安求朝于曜,曜辞以疾。安怒,以为曜已卒,大掠而归。曜疾甚,乘马舆而还。使其将呼延寔监辎重于后,安邀击,获之,谓寔曰:"刘曜已死,子尚谁佐! 吾当与子共定大业。"寔叱之曰:"汝受人宠禄而叛之,自视智能何如主上? 吾见汝不日枭首于上邽市,何谓大业! 宜速杀我!"安怒,杀之,以寔长史鲁凭为参军。安遣其弟集帅骑三万追曜,卫将军呼延瑜逆击,斩之。安乃还上邽,遣将袭沔城,拔之。陇上氐、羌皆附于安,有众十馀万,自称大都督、假黄钺、大将军、雍凉秦梁四州牧、凉王,以赵募为相国。鲁凭对安大哭曰:"吾不忍见陈安之死也!"安怒,命斩之。

凭曰："死自吾分,悬吾头于上邽市,观赵之斩陈安也!"遂杀之。曜闻之,恸哭曰:"贤人,民之望也。陈安于求贤之秋而多杀贤者,吾知其无所为也。"

休屠王石武以桑城降赵,赵以武为秦州刺史,封酒泉王。

5　帝征戴渊、刘隗入卫建康。隗至,百官迎于道,隗岸帻大言,意气自若。及入见,与刁协劝帝尽诛王氏;帝不许,隗始有惧色。

司空导帅其从弟中领军邃、左卫将军廙、侍中侃、彬及诸宗族二十馀人,每旦诣台待罪。周顗将入,导呼之曰:"伯仁,以百口累卿!"顗直入不顾。既见帝,言导忠诚,申救甚至;帝纳其言。顗喜饮酒,至醉而出,导犹在门,又呼之。顗不与言,顾左右曰:"今年杀诸贼奴,取金印如斗大,系肘后。"既出,又上表明导无罪,言甚切至。导不之知,甚恨之。

帝命还导朝服,召见之。导稽首曰:"逆臣贼子,何代无之,不意今者近出臣族!"帝跣而执其手曰:"茂弘,方寄卿以百里之命,是何言邪!"

三月,以导为前锋大都督,加戴渊骠骑将军。诏曰:"导以大义灭亲,可以吾为安东时节假之。"以周顗为尚书左仆射,王邃为右仆射。帝遣王廙往谕止敦;敦不从而留之,廙更为敦用。征虏将军周札,素矜险好利,帝以为右将军、都督石头诸军事。敦将至,帝使刘隗军金城,札守石头,帝亲被甲徇师于郊外。以甘卓为镇南大将军、侍中、都督荆梁二州诸军事,陶侃领江州刺史,使各帅所统以蹑敦后。

敦至石头,欲攻刘隗。杜弘言于敦曰:"刘隗死士众多,未易可克;不如攻石头,周札少恩,兵不为用,攻之必败,札败则隗自走矣。"敦从之,以弘为前锋,攻石头,札果开门纳弘。敦据石头,叹曰:"吾不复得为盛德事矣!"谢鲲曰:"何为其然也! 但使自今以往,日忘日去耳。"

帝命刁协、刘隗、戴渊帅众攻石头,王导、周顗、郭逸、虞潭等三道出战,协等兵皆大败。太子绍闻之,欲自帅将士决战;升车将出,中庶子温峤执鞚谏曰:"殿下国之储副,奈何以身轻天下!"抽剑斩鞅,乃止。

敦拥兵不朝,放士卒劫掠,宫省奔散,惟安东将军刘超按兵直卫,及侍中二人侍帝侧。帝脱戎衣,著朝服,顾而言曰:"欲得我处,当早言!何至害民如此!"又遣使谓敦曰:"公若不忘本朝,于此息兵,则天下尚可共安;如其不然,朕当归琅邪以避贤路。"

刁协、刘隗既败,俱入宫,见帝于太极东除。帝执协、隗手,流涕呜咽,劝令避祸。协曰:"臣当守死,不敢有贰。"帝曰:"今事逼矣,安可不行!"乃令给协、隗人马,使自为计。协老,不堪骑乘,素无恩纪,募从者,皆委之，行至江乘，为人所杀，送首于敦。隗奔后赵，官至太子太傅而卒。

帝令公卿百官诣石头见敦，敦谓戴渊曰："前日之战，有馀力乎？"渊曰："岂敢有馀，但力不足耳！"敦曰："吾今此举，天下以为何如？"渊曰："见形者谓之逆，体诚者谓之忠。"敦笑曰："卿可谓能言。"又谓周顗曰："伯仁，卿负我！"顗曰："公戎车犯顺，下官亲帅六军，不能其事，使王旅奔败，以此负公！"

辛未，大赦；以敦为丞相、都督中外诸军、录尚书事、江州牧，封武昌郡公，并让不受。

初，西都覆没，四方皆劝进于帝。敦欲专国政，忌帝年长难制，欲更议所立，王导不从。及敦克建康，谓导曰："不用吾言，几至覆族。"

敦以太子有勇略，为朝野所向，欲诬以不孝而废之，大会百官，问温峤曰："皇太子以何德称？"声色俱厉。峤曰："钩深致远，盖非浅局所量；以礼观之，可谓孝矣。"众皆以为信然，敦谋遂沮。

帝召周顗于广室，谓之曰："近日大事，二宫无恙，诸人平安，大将军固副所望邪？"顗曰："二宫自如明诏，臣等尚未可知。"护军长史郝嘏等劝顗避敦，顗曰："吾备位大臣，朝廷丧败，宁可复草间求活，外投胡、越邪！"敦参军吕猗，尝为台郎，性奸诌，戴渊为尚书，恶之。猗说敦曰："周顗、戴渊，皆有高名，足以惑众，近者之言，曾无怍色，公不除之，恐必有再举之忧。"敦素忌二人之才，心颇然之，从容问王导曰："周、戴，南北之望，当登三司无疑也。"导不答。又曰："若不三司，止应令仆邪？"又不答。敦曰："若不尔，正当诛尔！"又不答。丙子，敦遣部将陈郡邓岳收顗及渊。先是，敦谓谢鲲曰："吾当以周伯仁为尚书令，戴若思为仆射。"是日，又问鲲："近来人情何如？"鲲曰："明公之举，虽欲大存社稷，然悠悠之言实未达高义。若果能举用周、戴，则群情帖然矣！"敦怒曰："君粗疏邪！二子不相当，吾已收之矣！"鲲愕然自失。参军王峤曰："'济济多士，文王以宁。'奈何戮诸名士！"敦大怒，欲斩峤，众莫敢言。鲲曰："明公举大事，不戮一人。峤以献替忤旨，便以衅鼓，不亦过乎！"敦乃释之，黜为领军长史。峤，浑之族孙也。

顗被收，路经太庙，大言曰："贼臣王敦，倾覆社稷，枉杀忠臣；神祇有灵，当速杀之！"收人以戟伤其口，血流至踵，容止自若，观者皆为流涕。并戴渊杀之于石头南门之外。

帝使侍中王彬劳敦。彬素与顗善，先往哭顗，然后见敦。敦怪其容惨，问之。彬曰："向哭伯仁，情不能已。"敦怒曰："伯仁自致刑戮；且凡人遇汝,汝何哀而哭之?"彬曰:"伯仁长者,兄之亲友;在朝虽无謇愕,亦非阿党,而赦后加之极刑,所以伤惋也。"因勃然数敦曰:"兄抗旌犯顺,杀戮忠良,图为不轨,祸及门户矣!"辞气慷慨,声泪俱下。敦大怒,厉声曰:"尔狂悖乃至此,以吾为不能杀汝邪!"时王导在坐,为之惧,劝彬起谢。彬曰:"脚痛不能拜,且此复何谢!"敦曰:"脚痛孰若颈痛?"彬殊无惧容,竟不肯拜。

王导后料检中书故事,乃见颛救己之表,执之流涕曰:"吾虽不杀伯仁,伯仁由我而死,幽冥之中,负此良友!"

沈充拔吴国,杀内史张茂。

初,王敦闻甘卓起兵,大惧。卓兄子卬为敦参军,敦使卬归说卓曰:"君此自是臣节,不相责也。吾家计急,不得不尔。想便旋军襄阳,当更结好。"卓虽慕忠义,性多疑少决,军于猪口,欲待诸方同出军,稽留累旬不前。敦既得建康,乃遣台使以骑虞幡驻卓军。卓闻周颛、戴渊死,流涕谓卬曰:"吾之所忧,正为今日。且使圣上元吉,太子无恙,吾临敦上流,亦未敢遽危社稷。适吾径据武昌,敦势逼,必劫天子以绝四海之望,不如还襄阳,更思后图。"即命旋军。都尉秦康与乐道融说卓曰:"今分兵断彭泽,使敦上下不得相赴,其众自然离散,可一战擒也。将军起义兵而中止,窃为将军不取。且将军之下,士卒各求其利,欲求西还,亦恐不可得也。"卓不从。道融昼夜泣谏,卓不听;道融忧愤而卒。卓性本宽和,忽更强塞,径还襄阳,意气骚扰,举动失常,识者知其将死矣。

王敦以西阳王羕为太宰,加王导尚书令,王廙为荆州刺史,改易百官及诸军镇,转徙黜免者以百数;或朝行暮改,惟意所欲。敦将还武昌,谢鲲言于敦曰:"公至都以来,称疾不朝,是以虽建勋而人心实有未达。今若朝天子,使君臣释然,则物情皆悦服矣。"敦曰:"君能保无变乎?"对曰:"鲲近日入觐,主上侧席,迟得见公,宫省穆然,必无虞也。公若入朝,鲲请侍从。"敦勃然曰:"正复杀君等数百人,亦复何损于时!"竟不朝而去。夏,四月,敦还武昌。

初,宜都内史天门周级闻谯王承起兵,使其兄子该潜诣长沙,申款于承。魏乂等攻湘州急,承遣该及从事邵陵周崎间出求救,皆为逻者所得。乂使崎语城中,称大将军已克建康,甘卓还襄阳,外援理绝。崎伪许之,既至城下,大呼曰:"援兵寻至,努力坚守!"乂杀之。乂考该至死,竟不言其故,周级由是获免。

乂等攻战日逼,敦又送所得台中人书疏,令乂射以示承。城中知朝廷不守，莫不怅惋。相持且百日，刘翼战死，士卒死伤相枕。癸巳，又拔长沙，承等皆被执。义将杀虞悝，子弟对之号泣。悝曰："人生会当有死，今阖门为忠义之鬼，亦复何恨！"

义以槛车载承及易雄送武昌，佐吏皆奔散，惟主簿桓雄、西曹书佐韩阶、从事武延，毁服为僮从承，不离左右。义见桓雄姿貌举止非凡人，惮而杀之。韩阶、武延执志愈固。荆州刺史王廙承敦旨，杀承于道中，阶、延送承丧至都，葬之而去。易雄至武昌，意气慷慨，曾无惧容。敦遣人以檄示雄而数之，雄曰："此实有之，惜雄位微力弱，不能救国难耳。今日之死，固所愿也。"敦惮其辞正，释之，遣就舍。众人皆贺之，雄笑曰："吾安得生！"既而敦遣人潜杀之。

魏义求邓骞甚急，乡人皆为之惧，骞笑曰："此欲用我耳，彼新得州，多杀忠良，故求我以厌人望也。"乃往诣义，义喜曰："君，古之解扬也。"以为别驾。

诏以陶侃领湘州刺史；王敦上侃复还广州，加散骑常侍。

6　甲午，前赵羊后卒，谥曰献文。

7　甘卓家人皆劝卓备王敦，卓不从，悉散兵佃作，闻谏，辄怒。襄阳太守周虑密承敦意，诈言湖中多鱼，劝卓遣左右悉出捕鱼。五月，乙亥，虑引兵袭卓于寝室，杀之，传首于敦，并杀其诸子。敦以从事中郎周抚督沔北诸军事，代卓镇沔中。抚，访之子也。

敦既得志，暴慢滋甚，四方贡献多入其府，将相岳牧皆出其门。以沈充、钱凤为谋主，唯二人之言是从，所谮无不死者。以诸葛瑶、邓岳、周抚、李恒、谢雍为爪牙。充等并凶险骄恣，大起营府，侵人田宅，剽掠市道，识者咸知其将败焉。

8　秋，七月，后赵中山公虎拔泰山，执徐龛送襄国；后赵王勒盛之以囊，于百尺楼上扑杀之，命王伏都等妻子剐而食之，坑其降卒三千人。

9　兖州刺史郗鉴在邹山三年，有众数万。战争不息，百姓饥馑，掘野鼠、蛰燕而食之，为后赵所逼，退屯合肥。尚书右仆射纪瞻，以鉴雅望清德，宜从容台阁，上疏请征之；乃征拜尚书。徐、兖间诸坞多降于后赵，后赵置守宰以抚之。

10　王敦自领宁、益二州都督。

冬，十月己丑，荆州刺史武陵康侯王廙卒。

王敦以下邳内史王邃都督青、徐、幽、平四州诸军事，镇淮阴；卫将军王含都督沔南诸军事，领荆州刺史；武昌太守丹杨王谅为交州刺史。使谅收交州刺史脩湛、新昌太守梁硕杀之。谅诱湛,斩之。硕举兵围谅于龙编。

11　祖逖既卒,后赵屡寇河南,拔襄城、城父,围谯。豫州刺史祖约不能御,退屯寿春。后赵遂取陈留,梁、郑之间复骚然矣。

12　十一月,以临颍元公荀组为太尉;辛酉,薨。

13　罢司徒,并丞相府。王敦以司徒官属为留府。

14　帝忧愤成疾,闰月己丑,崩;司空王导受遗诏辅政。帝恭俭有馀而明断不足,故大业未复而祸乱内兴。庚寅,太子即皇帝位,大赦,尊所生母荀氏为建安君。

15　十二月,赵主曜葬其父母于粟邑,大赦。陵下周二里,上高百尺,计用六万夫,作之百日乃成。役者夜作,继以脂烛,民甚苦之。游子远谏,不听。

16　后赵濮阳景侯张宾卒,后赵王勒哭之恸,曰:"天不欲成吾事邪,何夺吾右侯之早也!"程遐代为右长史。遐,世子弘之舅也,勒每与遐议,有所不合,辄叹曰:"右侯舍我去,乃令我与此辈共事,岂非酷乎!"因流涕弥日。

17　张茂使将军韩璞帅众取陇西、南安之地,置秦州。

18　慕容廆遣其世子皝袭段末杯,入令支,掠其居民千馀家而还。

肃宗明皇帝上

太宁元年(癸未,323)

1　春,正月,成李骧、任回寇台登,将军司马玖战死,越巂太守李钊、汉嘉太守王载皆以郡降于成。

2　二月庚戌,葬元帝于建平陵。

3　三月戊寅朔,改元。

4　饶安、东光、安陵三县灾,烧七千馀家,死者万五千人。

5　后赵寇鼓城、下邳,徐州刺史卞敦与征北将军王邃退保盱眙。敦,壸之从父兄也。

6　王敦谋篡位,讽朝廷征己;帝手诏征之。夏,四月,加敦黄钺、班剑,奏事不名,入朝不趋,剑履上殿。敦移镇姑孰,屯于湖,以司空导为司徒,敦自领扬州牧。敦欲为逆,王彬谏之甚苦。敦变色,目左右,将收之。彬正色曰:"君昔杀兄,今又杀弟邪!"敦乃止,以彬为豫章太守。

7　后赵王勒遣使结好于慕容廆,廆执送建康。

8　成李骧等进攻宁州，刺史褒中壮公王逊使将军姚岳等拒之，战于蜻蛉，成兵大败。岳追至泸水，成兵争济，溺死者千馀人。岳以道远，不敢济而还。逊以岳不穷追，大怒，鞭之；怒甚，冠裂而卒。逊在州十四年，威行殊俗。州人立其子坚行州府事，诏除坚宁州刺史。

9　广州刺史陶侃遣兵救交州；未至，梁硕拔龙编，夺刺史王谅节，谅不与，硕断其右臂。谅曰："死且不避，断臂何为！"逾旬而卒。

10　六月壬子，立妃庾氏为皇后；以后兄中领军亮为中书监。

11　梁硕据交州，凶暴失众心。陶侃遣参军高宝攻硕，斩之。诏以侃领交州刺史，进号征南大将军、开府仪同三司。未几，吏部郎阮放求为交州刺史，许之。放行至宁浦，遇高宝，为宝设馔，伏兵杀之。宝兵击放，放走，得免，至州少时，病卒。放，咸之族子也。

12　陈安围赵征西将军刘贡于南安，休屠王石武自桑城引兵趣上邽以救之，与贡合击安，大破之。安收馀骑八千，走保陇城。秋，七月，赵主曜自将围陇城，别遣兵围上邽。安频出战，辄败。右军将军刘幹攻平襄，克之，陇上诸县悉降。安留其将杨伯支、姜冲儿守陇城，自帅精骑突围，出奔陕中。曜遣将军平先等追之。安左挥七尺大刀，右运丈八蛇矛，近则刀矛俱发，辄殪五六人，远则左右驰射而走。先亦勇捷如飞，与安搏战，三交，遂夺其蛇矛。会日暮雨甚，安弃马与左右匿于山中；赵兵索之，不知所在。明日，安遣其将石容觇赵兵，赵辅威将军呼延青人获之，拷问安所在，容卒不肯言，青人杀之。雨霁，青人寻其迹，获安于涧曲，斩之。安善抚将士，与同甘苦，及死，陇上人思之，为作壮士之歌。杨伯支斩姜冲儿，以陇城降；别将宋亭斩赵募，以上邽降。曜徙秦州大姓杨、姜诸族二千馀户于长安。氐、羌皆送任请降；以赤亭羌酋姚弋仲为平西将军，封平襄公。

13　帝畏王敦之逼，欲以郗鉴为外援，拜鉴兖州刺史，都督扬州江西诸军事，镇合肥。王敦忌之，表鉴为尚书令。八月，诏征鉴还，道经姑孰，敦与之论西朝人士，曰："乐彦辅，短才耳，考其实，岂胜满武秋邪！"鉴曰："彦辅道韵平淡，愍怀之废，柔而能正；武秋失节之士，安得拟之！"敦曰："当是时，危机交急。"鉴曰："丈夫当死生以之。"敦恶其言，不复相见，久留不遣。敦党皆劝敦杀之，敦不从。鉴还台，遂与帝谋讨敦。

14　后赵中山公虎帅步骑四万击安东将军曹嶷，青州郡县多降之，遂围广固。嶷出降，送襄国杀之，坑其众三万。虎欲尽杀嶷众，青州刺史刘徵曰："今留徵，使牧民也；无民焉牧，徵将归耳！"虎乃留男女七百口配徵，使镇广固。

15 赵主曜自陇上西击凉州,遣其将刘咸攻韩璞于冀城,呼延晏攻宁羌护军阴鉴于桑壁,曜自将戎卒二十八万军于河上,列营百馀里,金鼓之声动地,河水为沸,张茂临河诸戍,皆望风奔溃。曜扬声欲百道俱济,直抵姑臧,凉州大震。参军马岌劝茂亲出拒战,长史汜祎怒,请斩之。岌曰:"汜公糟粕书生,刺举小才,不思家国大计。明公父子欲为朝廷诛刘曜有年矣,今曜自至,远近之情,共观明公此举,当立信勇之验以副秦、陇之望,力虽不敌,势不可以不出。"茂曰:"善!"乃出屯石头。茂谓参军陈珍曰:"刘曜举三秦之众,乘胜席卷而来,将若之何?"珍曰:"曜兵虽多,精卒至少,大抵皆氐、羌乌合之众,恩信未洽,且有山东之虞,安能舍其腹心之疾,旷日持久,与我争河西之地邪!若二旬不退,珍请得弊卒数千,为明公擒之。"茂喜,使珍将兵救韩璞。赵诸将争欲济河,赵主曜曰:"吾军势虽盛,然畏威而来者三分有二,中军疲困,其实难用。今但按甲勿动,以吾威声震之,若出中旬张茂之表不至者,吾为负卿矣。"茂寻遣使称藩,献马、牛、羊、珍宝不可胜纪。曜拜茂侍中、都督凉南北秦梁益巴汉陇右西域杂夷匈奴诸军事、太师、凉州牧,封凉王,加九锡。

16 杨难敌闻陈安死,大惧,与弟坚头南奔汉中,赵镇西将军刘厚追击之,大获而还。赵主曜以大鸿胪田崧为镇南大将军、益州刺史,镇仇池。难敌送任请降于成,成安北将军李稚受难敌赂,不送难敌于成都。赵兵退,即遣归武都,难敌遂据险不服。稚自悔失计,亟请讨之。雄遣稚兄侍中、中领军琀与稚出白水,征东将军李寿及琀弟玝出阴平,以击难敌;群臣谏,不听。难敌遣兵拒之,寿、玝不得进,而琀、稚长驱至下辨。难敌遣兵断其归路,四面攻之。琀、稚深入无继,皆为难敌所杀,死者数千人。琀,荡之长子,有才望,雄欲以为嗣,闻其死,不食者数日。

17 初,赵主曜长子俭,次子胤。胤年十岁,长七尺五寸,汉主聪奇之,谓曜曰:"此儿神气,非义真之比也,当以为嗣。"曜曰:"藩国之嗣,能守祭祀足矣,不敢乱长幼之序。"聪曰:"卿之勋德,当世受专征之任,非他臣之比也,吾当更以一国封义真。"乃封俭为临海王,立胤为世子。既长,多力善射,骁捷如风。靳準之乱,没于黑匿郁鞠部。陈安既败,胤自言于郁鞠,郁鞠大惊,礼而归之。曜悲喜,谓群臣曰:"义光虽已为太子,然冲幼儒谨,恐不堪今之多难。义孙,故世子也,材器过人,且涉历艰难。吾欲法周文王、汉光武,以固社稷而安义光,何如?"太傅呼延晏等皆曰:"陛下为国家无穷之计,岂惟臣等赖之,实宗庙四海之庆。"左光禄大夫卜泰、太子太保韩广进曰:"陛下以废立为是,不应更问群臣;若以为疑,固乐闻异同之言。臣窃以为废太子,非也。昔文王定嗣于未立之前,则可也;光武以母失恩而废其子,岂足为圣朝之法!向以东海为嗣,未必不如明帝也。胤文武才略,诚高绝于世;然太子孝友仁慈,亦足为承平贤主。况东宫者,民、神所系,岂可轻动!陛下诚欲如是,臣等有死而已,不敢奉诏。"曜默然。胤进曰:"父之于子,当爱之如一,今黜熙而立臣,臣何敢自安!陛下苟以臣为颇堪驱策,岂不能辅熙以承圣业乎!必若以臣代熙,臣请效死于此,不敢闻命。"因歔欷流涕。曜亦以熙羊后所生,不忍废也,乃追谥前妃卜氏为元悼皇后。泰,即胤之舅也,曜嘉其公忠,以为上光禄大夫、仪同三司、领太子太傅,封胤为永安王,拜侍中、卫大将军、都督二宫禁卫诸军事、开府仪同三司、录尚书事。命熙于胤尽家人之礼。

18　张茂大城姑臧,修灵钧台。别驾吴绍谏曰:"明公所以修城筑台者,盖惩既往之患耳。愚以为苟恩未洽于人心,虽处层台,亦无所益,适足以疑群下忠信之志,失士民系托之望,示怯弱之形,启邻敌之谋,将何以佐天子,霸诸侯乎!愿亟罢兹役,以息劳费。"茂曰:"亡兄一旦失身于物,岂无忠臣义士欲尽节者哉!顾祸生不意,虽有智勇无所施耳。王公设险,勇夫重闭,古之道也。今国家未靖,不可以太平之理责人于屯遭之世也。"卒为之。

19　王敦从子允之,方总角,敦爱其聪警,常以自随。敦尝夜饮,允之辞醉先卧。敦与钱凤谋为逆,允之悉闻其言;即于卧处大吐,衣面并污。凤出,敦果照视,见允之卧于吐中,不复疑之。会其父舒拜廷尉,允之求归省父,悉以敦、凤之谋白舒。舒与王导俱启帝,阴为之备。

敦欲强其宗族,陵弱帝室,冬,十一月,徙王含为征东将军、都督扬州江西诸军事,王舒为荆州刺史、监荆州沔南诸军事,王彬为江州刺史。

20　后赵王勒以参军樊坦为章武内史,勒见其衣冠弊坏,问之。坦率然对曰:"顷为羯贼所掠,资财荡尽。"勒笑曰:"羯贼乃尔无道邪!今当相偿。"坦大惧,叩头泣谢。勒赐车马、衣服、装钱三百万而遣之。

21　是岁,越巂斯叟攻成将任回,成主雄遣征南将军费黑讨之。

22　会稽内史周札,一门五侯,宗族强盛,吴士莫与为比,王敦忌之。敦有疾,钱凤劝敦早除周氏,敦然之。周嵩以兄颐之死,心常愤愤。敦无子,养王含子应为嗣,嵩尝于众中言应不宜统兵,敦恶之。嵩与札兄子莚皆为敦从事中郎。会道士李脱以妖术惑众,士民颇信事之。

资治通鉴卷第九十三

晋纪十五

肃宗明皇帝下

太宁二年（甲申，324）

1　春，正月，王敦诬周嵩、周莚与李脱谋为不轨，收嵩、莚，于军中杀之；遣参军贺鸾就沈充于吴，尽杀周札诸兄子；进兵袭会稽，札拒战而死。

2　后赵将兵都尉石瞻寇下邳、彭城，取东莞、东海，刘遐退保泗口。

司州刺史石生击赵河南太守尹平于新安，斩之，掠五千馀户而归。自是二赵构隙，日相攻掠，河东、弘农之间，民不聊生矣。

石生寇许、颍，俘获万计。攻郭诵于阳翟，诵与战，大破之，生退守康城。后赵汲郡内史石聪闻生败，驰救之，进攻司州刺史李矩、颍川太守郭默，皆破之。

3　成主雄，后任氏无子，有妾子十馀人，雄立其兄荡之子班为太子，使任后母之。群臣请立诸子，雄曰：“吾兄，先帝之嫡统，有奇材大功，事垂克而早世，朕常悼之。且班仁孝好学，必能负荷先烈。”太傅骧、司徒王达谏曰：“先王立嗣必子者，所以明定分而防篡夺也。宋宣公、吴馀祭，足以观矣！”雄不听。骧退而流涕曰：“乱自此始矣！”班为人谦恭下士，动遵礼法，雄每有大议，辄令豫之。

4　夏，五月甲申，张茂疾病，执世子骏手泣曰：“吾家世以孝友忠顺著称，今虽天下大乱，汝奉承之，不可失也。”且下令曰：“吾官非王命，苟以集事，岂敢荣之！死之日，当以白帢入棺，勿以朝服敛。”是日，薨。愍帝使者史淑在姑臧，左长史氾祎、右长史马谟等使淑拜骏大将军、凉州牧、西平公，赦其境内。前赵主曜遣使赠茂太宰，谥曰成烈王；拜骏上大将军、凉州牧、凉王。

5　王敦疾甚，矫诏拜王应为武卫将军以自副，以王含为骠骑大将军、开府仪同三司。钱凤谓敦曰：“脱有不讳，便当以后事付应邪？”敦曰：“非常之事，非常人所能为。且应年少，岂堪大事！我死之后，莫若释兵散众，归身朝廷,保全门户,上计也;退还武昌,收兵自守,贡献不废,中计也;及吾尚存,悉众而下,万一侥幸,下计也。"凤谓其党曰:"公之下计,乃上策也。"遂与沈充定谋,俟敦死,即作乱。又以宿卫尚多,奏令三番休二。

初,帝亲任中书令温峤,敦恶之,请峤为左司马。峤乃缪为勤敬,综其府事,时进密谋以附其欲。深结钱凤,为之声誉,每曰:"钱世仪精神满腹。"峤素有藻鉴之名,凤甚悦,深与峤结好。会丹杨尹缺,峤言于敦曰:"京尹咽喉之地,公宜自选其才,恐朝廷用人,或不尽理。"敦然之,问峤:"谁可者?"峤曰:"愚谓无如钱凤。"凤亦推峤,峤伪辞之;敦不听,六月,表峤为丹杨尹,且使觇伺朝廷。峤恐既去而钱凤于后间止之,因敦饯别,峤起行酒,至凤,凤未及饮;峤伪醉,以手版击凤帻坠,作色曰:"钱凤何人,温太真行酒而敢不饮!"敦以为醉,两释之。峤临去,与敦别,涕泗横流,出阁复入者再三。行后,凤谓敦曰:"峤于朝廷甚密,而与庾亮深交,未可信也。"敦曰:"太真昨醉,小加声色,何得便尔相谗!"峤至建康,尽以敦逆谋告帝,请先为之备,又与庾亮共画讨敦之谋。敦闻之,大怒曰:"吾乃为小物所欺!"与司徒导书曰:"太真别来几日,作如此事! 当募人生致之,自拔其舌。"

帝将讨敦,以问光禄勋应詹,詹劝成之,帝意遂决。丁卯,加司徒导大都督、领扬州刺史,以温峤都督东安北部诸军事,与右将军卞敦守石头,应詹为护军将军、都督前锋及朱雀桥南诸军事,郗鉴行卫将军、都督从驾诸军事,庾亮领左卫将军,以吏部尚书卞壸行中军将军。郗鉴以为军号无益事实,固辞不受;请召临淮太守苏峻、兖州刺史刘遐同讨敦。诏征峻、遐及徐州刺史王邃、豫州刺史祖约、广陵太守陶瞻等入卫京师。帝屯于中堂。

司徒导闻敦疾笃,帅子弟为敦发哀,众以为敦信死,咸有奋志。于是尚书腾诏下敦府,列敦罪恶曰:"敦辄立兄息以自承代,未有宰相继体而不由王命者也。顽凶相奖,无所顾忌;志骋凶丑,以窥神器。天不长奸,敦以陨毙;凤承凶宄,弥复煽逆。今遣司徒导等虎旅三万,十道并进,平西将军邃等精锐三万,水陆齐势;朕亲统诸军,讨凤之罪。有能杀凤送首,封五千户侯。诸文武为敦所授用者,一无所问,无或猜嫌,以取诛灭。敦之将士,从敦弥年,违离家室,朕甚愍之。其单丁在军,皆遣归家,终身不调;其馀皆与假三年;休讫还台,当与宿卫同例三番。"

敦见诏,甚怒;而病转笃,不能自将。将举兵伐京师,使记室郭璞筮之,璞曰:"无成。"敦素疑璞助温峤、庾亮,及闻卦凶,乃问璞曰:"卿更筮吾寿几何?"璞曰:"思向卦,明公起事,必祸不久;若住武昌,寿不可测。"

敦大怒曰："卿寿几何?"曰："命尽今日日中。"敦乃收璞,斩之。

敦使钱凤及冠军将军邓岳、前将军周抚等帅众向京师。王含谓敦曰："此乃家事,吾当自行。"于是以含为元帅。凤等问曰:"事克之日,天子云何?"敦曰:"尚未南郊,何得称天子!便尽卿兵势,保护东海王及裴妃而已。"乃上疏以诛奸臣温峤等为名。秋,七月,壬申朔,王含等水陆五万奄至江宁南岸,人情恟惧。温峤移屯水北,烧朱雀桁以挫其锋,含等不得渡。帝欲亲将兵击之,闻桥已绝,大怒。峤曰:"今宿卫寡弱,征兵未至,若贼豕突,危及社稷,宗庙且恐不保,何爱一桥乎!"

司徒导遗含书曰:"近承大将军困笃,或云已有不讳。寻知钱凤大严,欲肆奸逆;谓兄当抑制不逞,还藩武昌,今乃与犬羊俱下。兄之此举,谓可得如大将军昔年之事乎?昔者佞臣乱朝,人怀不宁,如导之徒,心思外济。今则不然。大将军来屯于湖,渐失人心,君子危怖,百姓劳弊。临终之日,委重安期;安期断乳几日?又于时望,便可袭宰相之迹邪?自开辟以来,颇有宰相以孺子为之者乎?诸有耳者,皆知将为禅代,非人臣之事也。先帝中兴,遗爱在民;圣主聪明,德洽朝野。兄乃欲妄萌逆节,凡在人臣,谁不愤叹!导门小大受国厚恩,今日之事,明目张胆,为六军之首,宁为忠臣而死,不为无赖而生矣!"含不答。

或以为:"王含、钱凤众力百倍,苑城小而不固,宜及军势未成,大驾自出拒战。"郗鉴曰:"群逆纵逸,势不可当,可以谋屈,难以力竞。且含等号令不一,抄盗相寻,吏民惩往年暴掠,皆人自为守。乘逆顺之势,何忧不克!且贼无经略远图,惟恃豕突一战,旷日持久,必启义士之心,令智力得展。今以此弱力敌彼强寇,决胜负于一朝,定成败于呼吸,万一蹉跌,虽有申胥之徒,义存投袂,何补于既往哉!"帝乃止。

帝帅诸军出屯南皇堂。癸酉夜,募壮士,遣将军段秀、中军司马曹浑等帅甲卒千人渡水,掩其未备。平旦,战于越城,大破之,斩其前锋将何康。秀,匹䃅之弟也。

敦闻含败,大怒曰:"我兄,老婢耳;门户衰,世事去矣!"顾谓参军吕宝曰:"我当力行。"因作势而起,困乏,复卧。乃谓其舅少府羊鉴及王应曰:"我死,应便即位,先立朝廷百官,然后营葬事。"敦寻卒,应秘不发表,裹尸以席,蜡涂其外,埋于厅事中,与诸葛瑶等日夜纵酒淫乐。

帝使吴兴沈桢说沈充,许以为司空。充曰:"三司具瞻之重,岂吾所任!币厚言甘,古人所畏也。且丈夫共事,终始当同,岂可中道改易,人谁容我乎!"遂举兵趣建康。宗正卿虞潭以疾归会稽,闻之,起兵馀姚以讨充。帝以潭领会稽内史。前安东将军刘超、宣城内史钟雅皆起兵以讨充。义兴人周蹇杀王敦所署太守刘芳，平西将军祖约逐敦所署淮南太守任台。

沈充帅众万馀人与王含军合，司马顾飏说充曰：“今举大事，而天子已扼其咽喉，锋摧气沮，相持日久，必致祸败。今若决破栅塘，因湖水以灌京邑，乘水势，纵舟师以攻之，此上策也；藉初至之锐，并东、西军之力，十道俱进，众寡过倍，理必摧陷，中策也；转祸为福，召钱凤计事，因斩之以降，下策也。”充皆不能用，飏逃归于吴。

丁亥，刘遐、苏峻等帅精卒万人至，帝夜见，劳之，赐将士各有差。沈充、钱凤欲因北军初到疲困，击之，乙未夜，充、凤从竹格渚渡淮。护军将军应詹、建威将军赵胤等拒战，不利，充、凤至宣阳门，拔栅，将战，刘遐、苏峻自南塘横击，大破之，赴水死者三千人。遐又破沈充于青溪。寻阳太守周光闻敦举兵，帅千馀人来赴。既至，求见敦。王应辞以疾。光退曰：“今我远来而不得见，公其死乎！”遽见其兄抚曰：“王公已死，兄何为与钱凤作贼！”众皆愕然。

丙申，王含等烧营夜遁。丁酉，帝还宫，大赦，惟敦党不原。命庾亮督苏峻等追沈充于吴兴，温峤督刘遐等追王含、钱凤于江宁，分命诸将追其党与。刘遐军人颇纵虏掠，峤责之曰：“天道助顺，故王含剿绝，岂可因乱为乱也！”遐惶恐拜谢。

王含欲奔荆州，王应曰：“不如江州。”含曰：“大将军平素与江州云何，而欲归之？”应曰：“此乃所以宜归也。江州当人强盛时，能立同异，此非常人所及；今睹困厄，必有恻怛之心。荆州守文，岂能意外行事邪！”含不从，遂奔荆州。王舒遣军迎之，沉含父子于江。王彬闻应当来，密具舟以待之；不至，深以为恨。钱凤走至阖庐洲，周光斩之，诣阙自赎。沈充走失道，误入故将吴儒家。儒诱充内重壁中，因笑谓充曰：“三千户侯矣！”充曰：“尔以义存我，我家必厚报汝；若以利杀我，我死，汝族灭矣。”儒遂杀之，传首建康。敦党悉平。充子劲当坐诛，乡人钱举匿之，得免。其后，劲竟灭吴氏。

有司发王敦瘗，出尸，焚其衣冠，跽而斩之，与沈充首同悬于南桁。郗鉴言于帝曰：“前朝诛杨骏等，皆先极官刑，后听私殡。臣以为王诛加于上，私义行于下，宜听敦家收葬，于义为弘。”帝许之。司徒导等皆以讨敦功受封赏。

周抚与邓岳俱亡，周光欲资给其兄而取岳。抚怒曰：“我与伯山同亡，何不先斩我！”会岳至，抚出门遥谓之曰：“何不速去！今骨肉尚欲相危,况他人乎!"岳回舟而走,与抚共入西阳蛮中。明年,诏原敦党,抚、岳出首,得免死禁锢。

故吴内史张茂妻陆氏,倾家产,帅茂部曲为先登以讨沈充,报其夫仇。充败,陆氏诣阙上书,为茂谢不克之责;诏赠茂太仆。

有司奏:"王彬等敦之亲族,皆当除名。"诏曰:"司徒导以大义灭亲,犹将百世宥之,况彬等皆公之近亲乎!"悉无所问。

有诏:"王敦纲纪除名,参佐禁锢。"温峤上疏曰:"王敦刚愎不仁,忍行杀戮,朝廷所不能制,骨肉所不能谏;处其朝者,恒惧危亡,故人士结舌,道路以目,诚贤人君子道穷数尽,遵养时晦之辰也;原其私心,岂遑晏处!如陆玩、刘胤、郭璞之徒常与臣言,备知之矣。必其赞导凶悖,自当正以典刑;如其枉陷奸党,谓宜施之宽贷。臣以玩等之诚,闻于圣听,当受同贼之责;苟默而不言,实负其心。惟陛下仁圣裁之!"郗鉴以为先王立君臣之教,贵于伏节死义。王敦佐吏,虽多逼迫,然进不能止其逆谋,退不能脱身远遁,准之前训,宜加义责。帝卒从峤议。

6　冬,十月,以司徒导为太保、领司徒,加殊礼,西阳王羕领太尉,应詹为江州刺史,刘遐为徐州刺史,代王邃镇淮阴,苏峻为历阳内史,加庾亮护军将军,温峤前将军。导固辞不受。应詹至江州,吏民未安,詹抚而怀之,莫不悦服。

7　十二月,凉州将辛晏据枹罕,不服,张骏将讨之。从事刘庆谏曰:"霸王之师,必须天时、人事相得,然后乃起。辛晏凶狂安忍,其亡可必,奈何以饥年大举,盛寒攻城乎!"骏乃止。

骏遣参军王骘聘于赵,赵主曜谓之曰:"贵州款诚和好,卿能保之乎?"骘曰:"不能。"侍中徐邈曰:"君来结好,而云不能保,何也?"骘曰:"齐桓贯泽之盟,忧心兢兢,诸侯不召自至;葵丘之会,振而矜之,叛者九国。赵国之化,常如今日,可也;若政教陵迟,尚未能察迩者之变,况鄙州乎!"曜曰:"此凉州之君子也,择使可谓得人矣!"厚礼而遣之。

8　是岁,代王贺傉始亲国政,以诸部多未服,乃筑城于东木根山,徙居之。

三年(乙酉,325)

1　春,二月,张骏承元帝凶问,大临三日。会黄龙见嘉泉,氾祎等请改年以章休祥;骏不许。辛晏以枹罕降,骏复收河南之地。

2　赠故谯王承、甘卓、戴渊、周𫖮、虞望、郭璞、王澄等官。周札故吏为札讼冤,尚书卞壸议以为:"札守石头,开门延寇,不当赠谥。"司徒导以为:"往年之事,敦奸逆未彰,自臣等有识以上,皆所未悟,与札无异;既悟其奸,札便以身许国,寻取枭夷。臣谓宜与周、戴同例。"郗鉴以为:"周、戴死节,周札延寇,事异赏均,何以劝沮!如司徒议,谓往年有识以上皆与札无异,则谯王、周、戴皆应受责,何赠谥之有!今三臣既褒,则札宜受贬明矣。"导曰:"札与谯王、周、戴,虽所见有异同,皆人臣之节也。"鉴曰:"敦之逆谋,履霜日久,缘札开门,令王师不振。若敦前者之举,义同桓、文,则先帝可为幽、厉邪!"然卒用导议,赠札卫尉。

　　3　后赵王勒加宇文乞得归官爵,使之击慕容庞。庞遣世子皝、索头、段国共击之,以辽东相裴嶷为右翼,慕容仁为左翼。乞得归据浇水以拒皝,遣兄子悉拔雄拒仁。仁击悉拔雄,斩之;乘胜与皝攻乞得归,大破之。乞得归弃军走,皝、仁进入其国城,使轻兵追乞得归,过其国三百馀里而还,尽获其国重器,畜产以百万计,民之降附者数万。

　　4　三月,段末杯卒,弟牙立。

　　5　戊辰,立皇子衍为太子,大赦。

　　6　赵主曜立皇后刘氏。

　　7　北羌王盆句除附于赵,后赵将石佗自雁门出上郡袭之,俘三千馀落,获牛、马、羊百馀万而归。赵主曜遣中山王岳追之。曜屯于富平,为岳声援,岳与石佗战于河滨,斩之,后赵兵死者六千馀人,岳悉收所虏而归。

　　8　杨难敌袭仇池,克之;执田崧,立之于前,左右令崧拜;崧瞋目叱之曰:"氐狗!安有天子牧伯而向贼拜乎!"难敌字谓之曰:"子岱,吾当与子共定大业,子忠于刘氏,岂不能忠于我乎!"崧厉色大言曰:"贼氐,汝本奴才,何谓大业!我宁为赵鬼,不为汝臣!"顾排一人,夺其剑,前刺难敌,不中。难敌杀之。

　　9　都尉鲁潜以许昌叛,降于后赵。

　　10　夏,四月,后赵将石瞻攻兖州刺史檀斌于邹山,杀之。

　　11　后赵西夷中郎将王腾杀并州刺史崔琨、上党内史王𣅧,据并州降赵。

　　12　五月,以陶侃为征西大将军、都督荆湘雍梁四州诸军事、荆州刺史,荆州士女相庆。侃性聪敏恭勤,终日敛膝危坐,军府众事,检摄无遗,未尝少闲。常语人曰:"大禹圣人,乃惜寸阴,至于众人,当惜分阴。岂可但逸游荒醉,生无益于时,死无闻于后,是自弃也!"诸参佐或以谈戏废事者,命取其酒器、蒲博之具,悉投之于江,将吏则加鞭扑,曰:"樗蒲者,牧猪奴戏耳!老、庄浮华,非先王之法言,不益实用。君子当正其威仪,何有蓬头、跣足,自谓宏达邪!"有奉馈者,必问其所由,若力作所致,虽微必喜,慰赐参倍;若非理得之,则切厉诃辱,还其所馈。尝出游,见人持一把未熟稻,侃问:"用此何为?"人云:"行道所见,聊取之耳。"侃大怒曰:"汝既不佃,而戏贼人稻!"执而鞭之。是以百姓勤于农作,家给人足。尝造船,其木屑竹头,侃皆令籍而掌之,人咸不解所以。后正会,积雪始晴,厅事前馀雪犹湿,乃以木屑布地。及桓温伐蜀,又以侃所贮竹头作丁装船。其综理微密,皆此类也。

13 后赵将石生屯洛阳,寇掠河南,司州刺史李矩、颍川太守郭默军数败,又乏食,乃遣使附于赵。赵主曜使中山王岳将兵万五千人趣孟津,镇东将军呼延谟帅荆、司之众自崤、渑而东,欲会矩、默共攻石生。岳克孟津、石梁二戍,斩获五千馀级,进围石生于金墉。后赵中山公虎帅步骑四万,入自成皋关,与岳战于洛西。岳兵败,中流矢,退保石梁。虎作堑栅环之,遏绝内外。岳众饥甚,杀马食之。虎又击呼延谟,斩之。曜自将兵救岳,虎帅骑三万逆战。赵前军将军刘黑击虎将石聪于八特阪,大破之。曜屯于金谷,夜,军中无故大惊,士卒奔溃,乃退屯渑池;夜,又惊溃,遂归长安。六月,虎拔石梁,禽岳及其将佐八十馀人,氐、羌三千馀人,皆送襄国,坑其士卒九千人。遂攻王腾于并州,执腾,杀之,坑其士卒七千馀人。曜还长安,素服郊次,哭,七日乃入城,因愤恚成疾。郭默复为石聪所败,弃妻子南奔建康。李矩将士阴谋叛降后赵,矩不能讨,亦帅众南归,众皆道亡,惟郭通等百馀人随之,卒于鲁阳。矩长史崔宣帅其馀众二千降于后赵。于是司、豫、徐、兖之地,率皆入于后赵,以淮为境矣。

14 赵主曜以永安王胤为大司马、大单于,徙封南阳王,置单于台于渭城,其左、右贤王以下,皆以胡、羯、鲜卑、氐、羌豪桀为之。

15 秋,七月辛未,以尚书令郗鉴为车骑将军,都督徐兖青三州诸军事、兖州刺史,镇广陵。

16 闰月,以尚书左仆射荀崧为光禄大夫、录尚书事,尚书邓攸为左仆射。

17 右卫将军虞胤,元敬皇后之弟也,与左卫将军南顿王宗俱为帝所亲任,典禁兵,直殿内,多聚勇士以为羽翼;王导、庾亮皆忌之,颇以为言,帝待之愈厚,宫门管钥,皆以委之。帝寝疾,亮夜有所表,从宗求钥;宗不与,叱亮使曰:"此汝家门户邪!"亮益忿之。及帝疾笃,不欲见人,群臣无得进者。亮疑宗、胤及宗兄西阳王羕有异谋,排闼入升御床,见帝流涕,言羡与宗等谋废大臣,自求辅政,请黜之;帝不纳。壬午,帝引太宰羡、司徒导、尚书令卞壸、车骑将军郗鉴、护军将军庾亮、领军将军陆晔、丹杨尹温峤,并受遗诏辅太子,更入殿将兵直宿;复拜壸右将军,亮中书令,晔录尚书事。丁亥,降遗诏,戊子,帝崩。帝明敏有机断,故能以弱制强,诛翦逆臣,克复大业。

己丑,太子即皇帝位,生五年矣。群臣进玺,司徒导以疾不至。卞壸正色于朝曰:"王公岂社稷之臣邪! 大行在殡,嗣皇未立,宁是人臣辞疾之时也!"导闻之。舆疾而至。大赦,增文武位二等,尊庾后为皇太后。

群臣以帝幼冲,奏请太后依汉和熹皇后故事;太后辞让数四,乃从之。秋,九月,癸卯,太后临朝称制。以司徒导录尚书事,与中书令庾亮、尚书令卞壸参辅朝政,然事之大要皆决于亮。加郗鉴车骑大将军,陆晔左光禄大夫,皆开府仪同三司。以南顿王宗为骠骑将军,虞胤为大宗正。

尚书召乐广之子谟为郡中正,庾珉族人怡为廷尉评,谟、怡各称父命不就。卞壸奏曰:"人非无父而生,职非无事而立;有父必有命,居职必有悔。有家各私其子,则为王者无民,君臣之道废矣。乐广、庾珉受宠圣世,身非己有,况及后嗣而可专哉! 所居之职,若顺夫群心,则战成者之父母皆当命子以不处也。"谟、怡不得已,各就职。

18　辛丑,葬明帝于武平陵。

19　冬,十一月癸巳朔,日有食之。

20　慕容庼与段氏方睦,为段牙谋,使之徙都;牙从之,即去令支,国人不乐。段疾陆眷之孙辽欲夺其位,以徙都为牙罪,十二月,帅国人攻牙,杀之,自立。段氏自务勿尘以来,日益强盛,其地西接渔阳,东界辽水,所统胡、晋三万馀户,控弦四五万骑。

21　荆州刺史陶侃以宁州刺史王坚不能御寇,是岁,表零陵太守南阳尹奉为宁州刺史以代之。先是,王逊在宁州,蛮酋梁水太守爨量、益州太守李逷,皆叛附于成,逊讨之不能克。奉至州,重募徼外夷刺爨量,杀之,谕降李逷,州境遂安。

22　代王贺傉卒,弟纥那立。

显宗成皇帝上之上

咸和元年(丙戌,326)

1　春,二月,大赦,改元。

2　赵以汝南王咸为太尉、录尚书事,光禄大夫刘绥为大司徒,卜泰为大司空。刘后疾病,赵主曜问所欲言,刘氏泣曰:"妾幼鞠于叔父昶,愿陛下贵之;叔父皑之女芳有德色,愿以备后宫。"言终而卒。曜以昶为侍中、大司徒、录尚书事,立芳为皇后;寻又以昶为太保。

3　三月,后赵主勒夜微行,检察诸营卫,赍金帛以赂门者,求出。永昌门候王假欲收捕之,从者至,乃止。旦,召假,以为振忠都尉,爵关内侯。勒召记室参军徐光,光醉不至,黜为牙门。光侍直,有愠色,勒怒,并其妻子囚之。

4　夏,四月,后赵将石生寇汝南,执内史祖济。

5　六月癸亥,泉陵公刘遐卒。癸酉,以车骑大将军郗鉴领徐州刺史;征虏将军郭默为北中郎将、监淮北诸军事,领遐部曲。遐子肇尚幼,遐妹夫田防及故将史迭等不乐他属,共以肇袭遐故位而叛。临淮太守刘矫掩袭遐营,斩防等。遐妻,邵续女也,骁果有父风。遐尝为后赵所围,妻单将数骑,拔遐出于万众之中。及田防等欲作乱,遐妻止之,不从,乃密起火,烧甲仗都尽,故防等卒败。诏以肇袭遐爵。

司徒导称疾不朝,而私送郗鉴。卞壸奏:"导亏法从私,无大臣之节,请免官。"虽事寝不行,举朝惮之。壸俭素廉洁,裁断切直,当官干实,性不弘裕,不肯苟同时好,故为诸名士所少。阮孚谓之曰:"卿常无闲泰,如含瓦石,不亦劳乎!"壸曰:"诸君子以道德恢弘,风流相尚,执鄙吝者,非壸而谁!"时贵游子弟多慕王澄、谢鲲为放达,壸厉色于朝曰:"悖礼伤教,罪莫大焉;中朝倾覆,实由于此。"欲奏推之,王导、庾亮不听,乃止。

6　成人讨越嶲斯叟,破之。

7　秋,七月癸丑,观阳烈侯应詹卒。

8　初,王导辅政,以宽和得众。及庾亮用事,任法裁物,颇失人心。豫州刺史祖约,自以名辈不后郗、卞,而不豫顾命,又望开府复不得,及诸表请多不见许,遂怀怨望。及遗诏褒进大臣,又不及约与陶侃,二人皆疑庾亮删之。历阳内史苏峻,有功于国,威望渐著,有锐卒万人,器械甚精,朝廷以江外寄之;而峻颇怀骄溢,有轻朝廷之志,招纳亡命,众力日多,皆仰食县官,运漕相属,稍不如意,辄肆忿言。亮既疑峻、约,又畏侃之得众,八月,以丹杨尹温峤为都督江州诸军事、江州刺史,镇武昌;尚书仆射王舒为会稽内史,以广声援;又修石头以备之。

丹杨尹阮孚以太后临朝,政出舅族,谓所亲曰:"今江东创业尚浅,主幼,时艰,庾亮年少,德信未孚,以吾观之,乱将作矣。"遂求出为广州刺史。孚,咸之子也。

9　冬,十月,立帝母弟岳为吴王。

10　南顿王宗自以失职怨望,又素与苏峻善;庾亮欲诛之,宗亦欲废执政。御史中丞钟雅劾宗谋反,亮使右卫将军赵胤收之。宗以兵拒战,为胤所杀,贬其族为马氏,三子绰、超、演皆废为庶人。免太宰西阳王羕,降封弋阳县王,大宗正虞胤左迁桂阳太守。宗,宗室近属;羕,先帝保傅,亮一旦翦黜,由是愈失远近之心。宗党卞阐亡奔苏峻,亮符峻送阐,峻保匿不与。宗之死也,帝不之知,久之,帝问亮曰:"常日白头公何在?"亮对以谋反伏诛。帝泣曰:"舅言人作贼,便杀之;人言舅作贼,当如何?"亮惧,变色。

11　赵将黄秀等寇酂,顺阳太守魏该帅众奔襄阳。

12　后赵王勒用程遐之谋,营邺宫,使世子弘镇邺,配禁兵万人,车骑所统五十四营悉配之,以骁骑将军领门臣祭酒王阳专统六夷以辅之。中山公虎自以功多,无去邺之意,及修三台,迁其家室,虎由是怨程遐。

13　十一月,后赵石聪攻寿春,祖约屡表请救,朝廷不为出兵。聪遂寇逡道、阜陵,杀掠五千馀人。建康大震,诏加司徒导大司马、假黄钺、都督中外诸军事以御之,军于江宁。苏峻遣其将韩晃击石聪,走之;导解大司马。朝议又欲作涂塘以遏胡寇,祖约曰:"是弃我也!"益怀愤恚。

14　十二月,济岷太守刘闿等杀下邳内史夏侯嘉,以下邳叛,降于后赵。石瞻攻河南太守王瞻于郏,拔之。彭城内史刘续复据兰陵石城,石瞻攻拔之。

15　后赵王勒以牙门将王波为记室参军,典定九流,始立秀、孝试经之制。

16　张骏畏赵人之逼,是岁,徙陇西、南安民二千馀家于姑臧,又遣使修好于成,以书劝成主雄去尊号,称藩于晋。雄复书曰:"吾过为士大夫所推,然本无心于帝王,思为晋室元功之臣,扫除氛埃;而晋室陵迟,德声不振,引领东望,有年月矣。会获来贶,情在暗至,有何已已。"自是聘使相继。

二年(丁亥,327)

1　春,正月,朱提太守杨术与成将罗恒战于台登,兵败,术死。

2　夏,五月甲申朔,日有食之。

3　赵武卫将军刘朗帅骑三万袭杨难敌于仇池,弗克,掠三千馀户而归。

4 张骏闻赵兵为后赵所败，乃去赵官爵，复称晋大将军、凉州牧，遣武威太守窦涛、金城太守张阆、武兴太守辛岩、扬烈将军宋辑等帅众数万，会韩璞攻掠赵秦州诸郡。赵南阳王胤将兵击之，屯狄道。枹罕护军辛晏告急，秋，骏使韩璞、辛岩救之。璞进度沃干岭。岩欲速战，璞曰："夏末以来，日星数有变，不可轻动。且曜与石勒相攻，胤必不能久与我相守也。"与胤夹洮相持七十馀日。冬，十月，璞遣辛岩督运于金城，胤闻之，曰："韩璞之众，十倍于吾。吾粮不多，难以持久。今虏分兵运粮，天授我也。若败辛岩，璞等自溃。"乃帅骑三千袭岩于沃干岭，败之；遂前逼璞营，璞众大溃。胤乘胜追奔，济河，攻拔令居，斩首二万级，进据振武。河西大骇。张阆、辛晏帅其众数万降赵，骏遂失河南之地。

5 庾亮以苏峻在历阳，终为祸乱，欲下诏征之；访于司徒导，导曰："峻猜险，必不奉诏，不若且苞容之。"亮言于朝曰："峻狼子野心，终必为乱。今日征之，纵不顺命，为祸犹浅；若复经年，不可复制，犹七国之于汉也。"朝臣无敢难者，独光禄大夫卞壸争之曰："峻拥强兵，逼近京邑，路不终朝，一旦有变，易为蹉跌，宜深思之！"亮不从。壸知必败，与温峤书："元规召峻意定，此国之大事。峻已出狂意，而召之，是更速其祸也，必纵毒蠚以向朝廷。朝廷威力虽盛，不知果可擒不；王公亦同此情。吾与之争甚恳切，不能如之何。本出足下以为外援，而今更恨足下在外，不得相与共谏止之，或当相从耳。"峤亦累书止亮。举朝以为不可，亮皆不听。

峻闻之，遣司马何仍诣亮曰："讨贼外任，远近惟命，至于内辅，实非所堪。"亮不许，召北中郎将郭默为后将军，领屯骑校尉，司徒右长史庾冰为吴国内史，皆将兵以备峻。冰，亮之弟也。于是下优诏，征峻为大司农，加散骑常侍，位特进，以弟逸代领部曲。峻上表曰："昔明皇帝亲执臣手，使臣北讨胡寇。今中原未靖，臣何敢即安！乞补青州界一荒郡，以展鹰犬之用。"复不许。峻严装将赴召，犹豫未决。参军任让谓峻曰："将军求处荒郡而不见许，事势如此，恐无生路，不如勒兵自守。"阜陵令匡术亦劝峻反，峻遂不应命。

温峤闻之，即欲帅众下卫建康，三吴亦欲起义兵；亮并不听，而报峤书曰："吾忧西陲，过于历阳，足下无过雷池一步也。"朝廷遣使谕峻，峻曰："台下云我欲反，岂得活邪！我宁山头望廷尉，不能廷尉望山头。往者国家危如累卵，非我不济，狡兔既死，猎犬宜烹。但当死报造谋者耳！"

峻知祖约怨朝廷，乃遣参军徐会推崇约，请共讨庾亮。约大喜，其从子智、衍并劝成之。谯国内史桓宣谓智曰："本以强胡未灭，将勠力讨。

使君若欲为雄霸,何不助国讨峻,则威名自举。今乃与峻俱反,此安得久乎!"智不从。宣诣约请见,约知其欲谏,拒而不内。宣遂绝约,不与之同。十一月,约遣兄子沛内史涣、女婿淮南太守许柳以兵会峻。逖妻,柳之姊也,固谏不从。诏复以卞壶为尚书令、领右卫将军,以邻稽内史王舒行扬州刺史事,吴兴太守虞潭督三吴等诸郡军事。

尚书左丞孔坦、司徒司马丹杨陶回言于王导,请:"及峻未至,急断阜陵,守江西当利诸口,彼少我众,一战决矣。若峻未来,可往逼其城。今不先往,峻必先至,峻至则人心危骇,难与战矣。此时不可失也。"导然之,庾亮不从。十二月辛亥,苏峻使其将韩晃、张健等袭陷姑孰,取盐米,亮方悔之。

壬子,彭城王雄、章武王休叛奔峻。雄,释之子也。

庚申,京师戒严,假庾亮节,都督征讨诸军事;以左卫将军赵胤为历阳太守,使左将军司马流将兵据慈湖以拒峻;以前射声校尉刘超为左卫将军,侍中褚翜典征讨军事。亮使弟翼以白衣领数百人备石头。

6　丙寅,徙琅邪王昱为会稽王,吴王岳为琅邪王。

7　宣城内史桓彝欲起兵以赴朝廷,其长史裨惠以郡兵寡弱,山民易扰,谓宜且按甲以待之。彝厉色曰:"'见无礼于其君者,若鹰鹯之逐鸟雀。'今社稷危逼,义无宴安。"辛未,彝进屯芜湖。韩晃击破之,因进攻宣城,彝退保广德,晃大掠诸县而还,徐州刺史郗鉴欲帅所领赴难,诏以北寇,不许。

8　是岁,后赵中山公虎击代王纥那,战于句注陉北,纥那兵败,徙都大宁以避之。

9　代王郁律之子翳槐居于其舅贺兰部,纥那遣使求之,贺兰大人蔼头拥护不遣。纥那与宇文部共击蔼头,不克。

资治通鉴卷第九十四

晋纪十六

显宗成皇帝上之下

咸和三年（戊子,328）

1 春,正月,温峤入救建康,军于寻阳。

韩晃袭司马流于慈湖;流素懦怯,将战,食炙不知口处,兵败而死。

丁未,苏峻帅祖涣、许柳等众二万人,济自横江,登牛渚,军于陵口。台兵御之,屡败。二月庚戌,峻至蒋陵覆舟山。陶回谓庾亮曰:"峻知石头有重戍,不敢直下,必向小丹杨南道步来;宜伏兵邀之,可一战擒也。"亮不从。峻果自小丹杨来,迷失道,夜行,无复部分。亮闻,乃悔之。

朝士以京邑危逼,多遣家人入东避难,左卫将军刘超独迁妻孥入居宫内。

诏以卞壸都督大桁东诸军事,与侍中钟雅帅郭默、赵胤等军及峻战于西陵。壸等大败,死伤以千数。丙辰,峻攻青溪栅,卞壸率诸军拒击,不能禁。峻因风纵火,烧台省及诸营寺署,一时荡尽。壸背痈新愈,创犹未合,力疾帅左右苦战而死;二子眕、盰随父后,亦赴敌而死。其母抚尸哭曰:"父为忠臣,子为孝子,夫何恨乎!"

丹杨尹羊曼勒兵守云龙门,与黄门侍郎周导、庐江太守陶瞻皆战死。庾亮帅众将陈于宣阳门内,未及成列,士众皆弃甲走,亮与弟怿、条、翼及郭默、赵胤俱奔寻阳。将行,顾谓钟雅曰:"后事深以相委。"雅曰:"栋折榱崩,谁之咎也!"亮曰:"今日之事,不容复言。"亮乘小船,乱兵相剥掠;亮左右射贼,误中柂工,应弦而倒。船上咸失色欲散,亮不动,徐曰:"此手何可使著贼!"众乃安。

峻兵入台城,司徒导谓侍中褚翜曰:"至尊当御正殿,君可启令速出。"翜即入上阁,躬自抱帝登太极前殿;导及光禄大夫陆晔、荀崧、尚书张闿共登御床,拥卫帝。以刘超为右卫将军,使与钟雅、褚翜侍立左右,太常孔愉朝服守宗庙。时百官奔散,殿省萧然。峻兵既入,叱褚翜令下。翜正立不动,呵之曰:"苏冠军来觐至尊,军人岂得侵逼!"由是峻兵不敢上殿,突入后宫,宫人及太后左右侍人皆见掠夺。峻兵驱役百官,光禄勋王彬等皆被捶挞,令负担登蒋山。裸剥士女,皆以坏席苦草自鄣,无草者坐地以土自覆;哀号之声,震动内外。

初,姑孰既陷,尚书左丞孔坦谓人曰:"观峻之势,必破台城,自非战士,不须戎服。"及台城陷,戎服者多死,白衣者无他。

时官有布二十万匹,金银五千斤,钱亿万,绢数万匹,他物称是,峻尽费之;太官惟有烧馀米数石以供御膳。

或谓钟雅曰:"君性亮直,必不容于寇仇,盍早为之计!"雅曰:"国乱不能匡,君危不能济,各遁逃以求免,何以为臣!"

丁巳,峻称诏大赦,惟庾亮兄弟不在原例。以王导有德望,犹使以本官居己之右。祖约为侍中、太尉、尚书令,峻自为骠骑将军、录尚书事,许柳为丹杨尹,马雄为左卫将军,祖涣为骁骑将军。弋阳王羕诣峻,称述峻功,峻复以羕为西阳王、太宰、录尚书事。

峻遣兵攻吴国内史庾冰,冰不能御,弃郡奔会稽,至浙江,峻购之甚急。吴铃下卒引冰入船,以蘧蒢覆之,吟啸鼓枻,溯流而去。每逢逻所,辄以杖叩船曰:"何处觅庾冰,庾冰正在此。"人以为醉,不疑之,冰仅免。峻以侍中蔡谟为吴国内史。

温峤闻建康不守,号恸;人有候之者,悲哭相对。庾亮至寻阳宣太后诏,以峤为骠骑将军、开府仪同三司,又加徐州刺史郗鉴司空。峤曰:"今日当以灭贼为急,未有功而先拜官,将何以示天下!"遂不受。峤素重亮,亮虽奔败,峤愈推奉之,分兵给亮。

2　后赵大赦,改元太和。

3　三月丙子,庾太后以忧崩。

4　苏峻南屯于湖。

5　夏,四月,后赵将石堪攻宛,南阳太守王国降之;遂进攻祖约军于淮上。约将陈光起兵攻约,约左右阎秃,貌类约,光谓为约而擒之,约逾垣获免。光奔后赵。

6　壬申,葬明穆皇后于武平陵。

7　庾亮、温峤将起兵讨苏峻,而道路断绝,不知建康声闻。会南阳范汪至寻阳,言:"峻政令不壹,贪暴纵横,灭亡已兆,虽强易弱,朝廷有倒悬之急,宜时进讨。"峤深纳之。亮辟汪参护军事。

亮、峤互相推为盟主;峤从弟充曰:"陶征西位重兵强,宜共推之。"峤乃遣督护王愆期诣荆州,邀陶侃与之同赴国难。侃犹以不豫顾命为恨,答曰:“吾疆场外将,不敢越局。”峤屡说,不能回,乃顺侃意,遣使谓之曰:“仁公且守,仆当先下。”使者去已二日,平南参军荥阳毛宝别使还,闻之,说峤曰:“凡举大事,当与天下共之。师克在和,不宜异同。假令可疑,犹当外示不觉,况自为携贰邪!宜急追信改书,言必应俱进;若不及前信,当更遣使。”峤意悟,即追使者改书;侃果许之,遣督护龚登帅兵诣峤。峤有众七千,于是列上尚书,陈祖约、苏峻罪状,移告征镇,洒泣登舟。

　　陶侃复追龚登还。峤遗侃书曰:“夫军有进而无退,可增而不可减。近已移檄远近,言于盟府,刻后月半大举,诸郡军并在路次,惟须仁公军至,便齐进耳。仁公今召军还,疑惑远近,成败之由,将于此。仆才轻任重,实凭仁公笃爱,远禀成规;至于首启戎行,不敢有辞,仆与仁公,如首尾相卫,唇齿相依也。恐或者不达高旨,将谓仁公缓于讨贼,此声难追。仆与仁公并受方岳之任,安危休戚,理既同之。且自顷之顾,绸缪往来,情深义重,一旦有急,亦望仁公悉众见救,况社稷之难乎!今日之忧,岂惟仆一州,文武莫不翘企。假令此州不守,约、峻树置官长于此,荆楚西逼强胡,东接逆贼,因之以饥馑,将来之危,乃当甚于此州之今日也。仁公进当为大晋之忠臣,参桓、文之功;退当以慈父之情,雪爱子之痛。今约、峻凶逆无道,痛感天地,人心齐壹,咸皆切齿。今之进讨,若以石投卵耳;苟复召兵还,是为败于几成也。愿深察所陈!”王愆期谓侃曰:“苏峻,豺狼也,如得遂志,四海虽广,公宁有容足之地乎!”侃深感悟,即戎服登舟。瞻丧至不临,昼夜兼道而进。

　　郗鉴在广陵,城孤粮少,逼近胡寇,人无固志。得诏书,即流涕誓众,入赴国难,将士争奋。遣将军夏侯长等间行谓温峤曰:“或闻贼欲挟天子东入会稽,当先立营垒,屯据要害,既防其越逸,又断贼粮运,然后清野坚壁以待贼。贼攻城不拔,野无所掠,东道既断,粮运自绝,必自溃矣。”峤深以为然。

　　五月,陶侃率众至寻阳。议者咸谓侃欲诛庾亮以谢天下;亮甚惧,用温峤计,诣侃拜谢。侃惊,止之曰:“庾元规乃拜陶士行邪!”亮引咎自责,风止可观,侃不觉释然,曰:“君侯修石头以拟老子,今日反见求邪!”即与之谈宴终日,遂与亮、峤同趣建康。戎卒四万,旌旗七百馀里,钲鼓之声,震于远近。

　　苏峻闻西方兵起,用参军贾宁计,自姑孰还据石头,分兵以拒侃等。

　　乙未,峻逼迁帝于石头,司徒导固争,不从。帝哀泣升车,宫中恸哭。

时天大雨,道路泥泞,刘超、钟雅步侍左右,峻给马,不肯乘,而悲哀慷慨。峻闻而恶之,然未敢杀也。以其亲信许方等补司马督、殿中监,外托宿卫,内实防御超等。峻以仓屋为帝宫,日来帝前肆丑言。刘超、钟雅与右光禄大夫荀崧、金紫光禄大夫华恒、尚书荀邃、侍中丁潭侍从,不离帝侧。时饥馑米贵,峻问遗,超一无所受。缱绻朝夕,臣节愈恭;虽居幽厄之中,超犹启帝,授孝经、论语。

峻使左光禄大夫陆晔守留台,逼迫居民,尽聚之后苑;使匡术守苑城。

尚书左丞孔坦奔陶侃,侃以为长史。

初,苏峻遣尚书张闿权督东军,司徒导密令以太后诏谕三吴吏士,使起义兵救天子。会稽内史王舒以庾冰行奋武将军,使将兵一万,西渡浙江;于是吴兴太守虞潭、吴国内史蔡谟、前义兴太守顾众等皆举兵应之。潭母孙氏谓潭曰:"汝当舍生取义,勿以吾老为累!"尽遣其家僮从军,鬻其环佩以为军资。谟以庾冰当还旧任,即去郡以让冰。

苏峻闻东方兵起,遣其将管商、张健、弘徽等拒之;虞潭等与战,互有胜负,未能得前。

陶侃、温峤军于茄子浦;峤以南兵习水,苏峻兵便步,令:"将士有上岸者死!"会峻送米万斛馈祖约,约遣司马桓抚等迎之。毛宝帅千人为峤前锋,告其众曰:"兵法,'军令有所不从',岂可视贼可击,不上岸击之邪!"乃擅往袭抚,悉获其米,斩获万计,约由是饥乏。峤表宝为庐江太守。

陶侃表王舒监浙东军事,虞潭监浙西军事,郗鉴都督扬州八郡诸军事;令舒、潭皆受鉴节度。鉴帅众渡江,与侃等会于茄子浦,雍州刺史魏该亦以兵会之。

丙辰,侃等舟师直指石头,至于蔡洲;侃屯查浦,峤屯沙门浦。峻登烽火楼,望见士众之盛,有惧色,谓左右曰:"吾本知温峤能得众也。"

庾亮遣督护王彰击峻党张曜,反为所败。亮送节传以谢侃。侃答曰:"古人三败,君侯始二;当今事急,不宜数尔。"亮司马陈郡殷融诣侃谢曰:"将军为此,非融等所裁。"王彰至曰:"彰自为之,将军不知也。"侃曰:"昔殷融为君子,王彰为小人;今王彰为君子,殷融为小人。"

宣城内史桓彝,闻京城不守,慷慨流涕,进屯泾县。时州郡多遣使降苏峻,裨惠复劝彝宜且与通使,以纾交至之祸。彝曰:"吾受国厚恩,义在致死,焉能忍耻与逆臣通问!如其不济,此则命也。"彝遣将军俞纵守兰石,峻遣其将韩晃攻之。纵将败,左右劝纵退军。纵曰:"吾受桓侯厚恩,当以死报。吾之不可负桓侯,犹桓侯之不负国也。"遂力战而死。晃进军攻彝,六月,城陷,执彝,杀之。

诸军初至石头,即欲决战,陶侃曰:"贼众方盛,难与争锋,当以岁月,智计破之。"既而屡战无功,监军部将李根请筑白石垒,侃从之。夜筑垒,至晓而成。闻峻军严声,诸将咸惧其来攻。孔坦曰:"不然。若峻攻垒,必须东北风急,令我水军不得往救;今天清静,贼必不来。所以严者,必遣军出江乘,掠京口以东矣。"已而果然。侃使庾亮以二千人守白石,峻帅步骑万馀四面攻之,不克。

王舒、虞潭等数与峻兵战,不利。孔坦曰:"本不须召郗公,遂使东门无限,今宜遣还,虽晚,犹胜不也。"侃乃令鉴与后将军郭默还据京口,立大业、曲阿、庱亭三垒以分峻之兵势,使郭默守大业。

壬辰,魏该卒。

祖约遣祖涣、桓抚袭湓口;陶侃闻之,将自击之。毛宝曰:"义军恃公,公不可动,宝请讨之。"侃从之,涣、抚过皖,因攻谯国内史桓宣。宝往救之,为涣、抚所败。箭贯宝髀,彻鞍,宝使人蹋鞍拔箭,血流满靴。还击涣、抚,破走之,宣乃得出,归于温峤。宝进攻祖约军于东关,拔合肥戍;会峤召之,复归石头。

祖约诸将阴与后赵通谋,许为内应。后赵将石聪、石堪引兵济淮,攻寿春。秋,七月,约众溃,奔历阳,聪等虏寿春二万馀户而归。

8 后赵中山公虎帅众四万自轵关西入,击赵河东,应之者五十馀县,遂进攻蒲阪。赵主曜遣河间王述发氐、羌之众屯秦州以备张骏、杨难敌,自将中外精锐水陆诸军以救蒲阪,自卫关北济;虎惧,引退。曜追之,八月,及于高候,与虎战,大破之,斩石瞻,枕尸二百馀里,收其资仗亿计。虎奔朝歌。曜济自大阳,攻石生于金墉,决千金堨以灌之。分遣诸将攻汲郡、河内,后赵荥阳太守尹矩、野王太守张进等皆降之。襄国大震。

9 张骏治兵,欲乘虚袭长安。理曹郎中索询谏曰:"刘曜虽东征,其子胤守长安,未易轻也。借使小有所获,彼若释东方之图,还与我校;祸难之期,未可量也。"骏乃止。

10 苏峻腹心路永、匡术、贾宁闻祖约败,恐事不济,劝峻尽诛司徒导等诸大臣,更树腹心;峻雅敬导,不许。永等更贰于峻,导使参军袁耽潜诱永使归顺,九月戊申,导携二子与永皆奔白石。耽,涣之曾孙也。

陶侃、温峤等与苏峻久相持不决,峻分遣诸将东西攻掠,所向多捷,人情恟惧。朝士之奔西军者皆曰:"峻狡黠有胆决,其徒骁勇,所向无敌。

若天讨有罪,则峻终灭亡;止以人事言之,未易除也。"温峤怒曰:"诸君怯懦,乃更誉贼!"及累战不胜,峤亦惮之。

峤军食尽,贷于陶侃。侃怒曰:"使君前云不忧无良将及兵食,惟欲得老仆为主耳。今数战皆北,良将安在!荆州接胡、蜀二虏,当备不虞;若复无食,仆便欲西归,更思良算,徐来殄贼,不为晚也。"峤曰:"凡师克在和,古之善教也。光武之济昆阳,曹公之拔官渡,以寡敌众,杖义故也。峻、约小竖,凶逆滔天,何忧不灭!峻骤胜而骄,自谓无前,今挑之战,可一鼓而擒也。奈何舍垂立之功,设进退之计乎!且天子幽逼,社稷危殆,乃四海臣子肝脑涂地之日。峤等与公并受国恩,事若克济,则臣主同祚;如其不捷,当灰身以谢先帝耳。今之事势,义无旋踵,譬如骑虎,安可中下哉!公若违众独返,人心必沮;沮众败事,义旗将回指于公矣。"毛宝言于峤曰:"下官能留陶公。"乃往说侃曰:"公本应镇芜湖,为南北势援,前既已下,势不可还。且军政有进无退,非直整齐三军,示众必死而已,亦谓退无所据,终至灭亡。往者杜弢非不强盛,公竟灭之,何至于峻,独不可破邪!贼亦畏死,非皆勇健,公可试与宝兵,使上岸断贼资粮;若宝不立效,然后公去,人心不恨矣。"侃然之。加宝督护而遣之。竟陵太守李阳说侃曰:"今大事若不济,公虽有粟,安得而食诸!"侃乃分米五万石以饷峤军。毛宝烧峻句容、湖孰积聚,峻军乏食,侃遂留不去。

张健、韩晃等急攻大业,垒中乏水,人饮粪汁。郭默惧,潜突围出外,留兵守之。郗鉴在京口,军士闻之皆失色。参军曹纳曰:"大业,京口之扞蔽也,一旦不守,则贼兵径至,不可也。请还广陵,以俟后举。"鉴大会僚佐,责纳曰:"吾受先帝顾托之重,正复捐躯九泉,不足报塞。今强寇在近,众心危逼,君腹心之佐,而生长异端,当何以帅先义众,镇壹三军邪!"将斩之,久乃得释。

陶侃将救大业,长史殷羡曰:"吾兵不习步战,救大业而不捷,则大事去矣。不如急攻石头,则大业自解。"侃从之。羡,融之兄也。庚午,侃督水军向石头。庾亮、温峤、赵胤帅步兵万人从白石南上,欲挑战。峻将八千人逆战,遣其子硕及其将匡孝分兵先薄赵胤军,败之。峻方劳其将士,乘醉望见胤走,曰:"孝能破贼,我更不如邪!"因舍其众,与数骑北下突陈,不得入,将回趋白木陂;马踬,侃部将彭世、李千等投之以矛,峻坠马;斩首,脔割之,焚其骨,三军皆称万岁。馀众大溃。峻司马任让等共立峻弟逸为主,闭城自守。温峤乃立行台,布告远近,凡故吏二千石以下,皆令赴台。于是至者云集。韩晃闻峻死,引兵趣石头。管商、弘徽攻庱亭垒,督护李闳、轻车长史滕含击破之。含,脩之孙也。商走诣庾亮降,馀众皆归张健。

　　11　冬,十一月,后赵王勒欲自将救洛阳,僚佐程遐等固谏曰:"刘曜悬军千里,势不支久。大王不宜亲动,动无万全。"勒大怒,按剑叱遐等出。乃赦徐光,召而谓之曰:"刘曜乘一战之胜,围守洛阳,庸人之情皆谓其锋不可当。曜带甲十万,攻一城而百日不克,师老卒怠,以我初锐击之,可一战而擒也。若洛阳不守,曜必送死冀州,自河已北,席卷而来,吾事去矣。程遐等不欲吾行,卿以为何如?"对曰:"刘曜乘高候之势,不能进临襄国,更守金墉,此其无能为可知也。以大王威略临之,彼必望旗奔败。平定天下,在今一举,不可失也。"勒笑曰:"光言是也。"乃使内外戒严,有谏者斩。命石堪、石聪及豫州刺史桃豹等各统见众会荥阳;中山公虎进据石门,勒自统步骑四万趣金墉,济自大堨。

　　勒谓徐光曰:"曜盛兵成皋关,上策也;阻洛水,其次也;坐守洛阳,此成擒耳。"十二月乙亥,后赵诸军集于成皋,步卒六万,骑二万七千。勒见赵无守兵,大喜,举手指天复加额曰:"天也!"卷甲衔枚,诡道兼行,出于巩、訾之间。

　　赵主曜专与嬖臣饮博,不抚士卒;左右或谏,曜怒,以为妖言,斩之。闻勒已济河,始议增荥阳戍,杜黄马关。俄而洛水候者与后赵前锋交战,擒羯送之。曜问:"大胡自来邪? 其众几何?"羯曰:"王自来,军势甚盛。"曜色变,使摄金墉之围,陈于洛西,众十馀万,南北十馀里。勒望见,益喜。谓左右曰:"可以贺我矣!"勒帅步骑四万入洛阳城。

　　己卯,中山公虎引步卒三万自城北而西,攻赵中军,石堪、石聪等各以精骑八千自城西而北,击赵前锋,大战于西阳门。勒躬贯甲胄,出自阊阖门,夹击之。曜少而嗜酒,末年尤甚;将战,饮酒数斗。常乘赤马无故踢顿,乃乘小马。比出,复饮酒斗馀。至西阳门,挥陈就平。石堪因而乘之,赵兵大溃。曜昏醉退走,马陷石渠,坠于冰上,被疮十馀,通中者三,为堪所执。勒遂大破赵兵,斩首五万馀级。下令曰:"所欲擒者一人耳,今已获之。其敕将士抑锋止锐,纵其归命之路。"

　　曜见勒曰:"石王,颇忆重门之盟否?"勒使徐光谓之曰:"今日之事,天使其然,复云何邪!"乙酉,勒班师。使征东将军石邃将兵卫送曜。邃,虎之子也。曜疮甚,载以马舆,使医李永与同载。己亥,至襄国,舍曜于永丰小城,给其妓妾,严兵围守。遣刘岳、刘震等从男女盛服以见之,曜曰:"吾谓卿等久为灰土,石王仁厚,乃全宥至今邪! 我杀石佗,愧之多矣。

今日之祸,自其分耳。"留宴终日而去。勒使曜与其太子熙书,谕令速降;曜但敕熙与诸大臣"匡维社稷,勿以吾易意也"。勒见而恶之,久之,乃杀曜。

12　是岁,成汉献王骧卒,其子征东将军寿以丧还成都。成主雄以李珽为征北将军、梁州刺史,代寿屯晋寿。

四年(己丑,329)

1　春,正月,光禄大夫陆晔及弟尚书左仆射玩说匡术,以苑城附于西军;百官皆赴之,推晔督宫城军事。陶侃命毛宝守南城,邓岳守西城。

右卫将军刘超、侍中钟雅与建康令管旆等谋奉帝出赴西军;事泄,苏逸使其将平原任让将兵入宫收超、雅。帝抱持悲泣曰:"还我侍中、右卫!"让夺而杀之。初,让少无行,太常华恒为本州大中正,黜其品。及让为苏峻将,乘势多所诛杀,见恒辄恭敬,不敢纵暴。及钟、刘之死,苏逸欲并杀恒,让尽心救卫,恒乃得免。

2　冠军将军赵胤遣部将甘苗击祖约于历阳,戊辰,约夜帅左右数百人奔后赵,其将牵腾率众出降。

3　苏逸、苏硕、韩晃并力攻台城,焚太极东堂及秘阁,毛宝登城,射杀数十人。晃谓宝曰:"君名勇果,何不出斗?"宝曰:"君名健将,何不入斗?"晃笑而退。

4　赵太子熙闻赵主曜被擒,大惧,与南阳王胤谋西保秦州。尚书胡勋曰:"今虽丧君,境土尚完,将士不叛,且当并力拒之;力不能拒,走未晚也。"胤怒,以为沮众,斩之,遂帅百官奔上邽,诸征镇亦皆弃所守从之,关中大乱。将军蒋英、辛恕拥众数十万据长安,遣使降于后赵,后赵遣石生帅洛阳之众赴之。

5　二月丙戌,诸军攻石头。建威长史滕含击苏逸,大破之。苏硕帅骁勇数百,渡淮而战,温峤击斩之。韩晃等惧,以其众就张健于曲阿,门隘不得出,更相蹈藉,死者万数。西军获苏逸,斩之。滕含部将曹据抱帝奔温峤船,群臣见帝,顿首号泣请罪。杀西阳王羕,并其二子播、充、孙崧及彭城王雄。陶侃与任让有旧,为请其死。帝曰:"是杀吾侍中、右卫者,不可赦也。"乃杀之。司徒导入石头,令取故节,陶侃笑曰:"苏武节似不如是。"导有惭色。丁亥,大赦。

张健疑弘徽等贰于己,皆杀之;帅舟师自延陵将入吴兴,乙未,扬烈将军王允之与战,大破之,获男女万馀口。健复与韩晃、马雄等西趋故鄣,郗鉴遣参军李闳追之,及于平陵山,皆斩之。

是时宫阙灰烬,以建平园为宫。温峤欲迁都豫章,三吴之豪请都会稽,二论纷纭未决。司徒导曰:"孙仲谋、刘玄德俱言'建康王者之宅'。古之帝王,不必以丰俭移都;苟务本节用,何忧凋弊! 若农事不修,则乐土为墟矣。且北寇游魂,伺我之隙,一旦示弱,窜于蛮越,求之望实,惧非良计。今特宜镇之以静,群情自安。"由是不复徙都。以褚翜为丹杨尹。时兵火之后,民物凋残,翜收集散亡,京邑遂安。

6　壬寅,以湘州并荆州。

7　三月壬子,论平苏峻功,以陶侃为侍中、太尉,封长沙郡公,加都督交、广、宁州诸军事;郗鉴为侍中、司空、南昌县公;温峤为骠骑将军、开府仪同三司,加散骑常侍、始安郡公;陆晔进爵江陵公;自馀赐爵侯、伯、子、男者甚众。卞壶及二子眕、盱、桓彝、刘超、钟雅、羊曼、陶瞻,皆加赠谥。路永、匡术、贾宁,皆苏峻之党也;峻未败,永等去峻归朝廷;王导欲赏以官爵。温峤曰:"永等皆峻之腹心,首为乱阶,罪莫大焉。晚虽改悟,未足以赎前罪;得全首领,为幸多矣,岂可复襃宠之哉!"导乃止。

陶侃以江陵偏远,移镇巴陵。

朝议欲留温峤辅政,峤以王导先帝所任,固辞还藩;又以京邑荒残,资用不给,乃留资蓄,具器用,而后旋于武昌。

帝之出石头也,庾亮见帝,稽颡哽咽,诏亮与大臣俱升御座。明日,亮复泥首谢罪,乞骸骨,欲阖门投窜山海。帝遣尚书、侍中手诏慰喻曰:"此社稷之难,非舅之责。"亮上疏自陈:"祖约、苏峻纵肆凶逆,罪由臣发,寸斩屠戮,不足以谢七庙之灵,塞四海之责。朝廷复何理齿臣于人次,臣亦何颜自次于人理! 愿陛下虽垂宽宥,全其首领;犹宜弃之,任其自存自没,则天下粗知劝戒之纲矣。"优诏不许。亮又欲遁逃山海,自暨阳东出,诏有司录夺舟船。亮乃求外镇自效,出为都督豫州扬州之江西宣城诸军事、豫州刺史,领宣城内史,镇芜湖。

陶侃、温峤之讨苏峻也,移檄征、镇,使各引兵入援。湘州刺史益阳侯卞敦拥兵不赴,又不给军粮,遣督护将数百人随大军而已,朝野莫不怪叹。及峻平,陶侃奏敦沮军,顾望不赴国难,请槛车收付廷尉。王导以丧乱之后,宜加宽宥,转敦安南将军、广州刺史;病不赴,征为光禄大夫、领少府。敦忧愧而卒,追赠本官,加散骑常侍,谥曰敬。

臣光曰:庾亮以外戚辅政,首发祸机,国破君危,窜身苟免;卞敦位列方镇,兵粮俱足,朝廷颠覆,坐观胜负;人臣之罪,孰大于此！既不能明正典刑，又以宠禄报之，晋室无政，亦可知矣。任是责者，岂非王导乎！

8　徙高密王纮为彭城王。纮，雄之弟也。

9　夏，四月乙未，始安忠武公温峤卒，葬于豫章。朝廷欲为之造大墓于元、明二帝陵之北，太尉侃上表曰："峤忠诚著于圣世，勋义感于人神，使亡而有知，岂乐今日劳费之事！愿陛下慈恩，停其移葬。"诏从之。

以平南军司刘胤为江州刺史。陶侃、郗鉴皆言胤非方伯才，司徒导不从。或谓导子悦曰："今大难之后，纪纲弛顿，自江陵至于建康三千馀里，流民万计，布在江州。江州，国之南藩，要害之地，而胤以忕侈之性，卧而对之，不有外变，必有内患矣。"悦曰："此温平南之意也。"

10　秋，八月，赵南阳王胤帅众数万自上邽趣长安，陇东、武都、安定、新平、北地、扶风、始平诸郡戎、夏皆起兵应之。胤军于仲桥；石生婴城自守，后赵中山公虎帅骑二万救之。九月，虎大破赵兵于义渠，胤奔还上邽。虎乘胜追击，枕尸千里。上邽溃，虎执赵太子熙、南阳王胤及其将王公卿校以下三千馀人，皆杀之，徙其台省文武、关东流民、秦雍大族九千馀人于襄国；又坑五郡屠各五千馀人于洛阳。进攻集木且羌于河西，克之，俘获数万，秦、陇悉平。氐王蒲洪、羌酋姚弋仲俱降于虎，虎表洪监六夷军事，弋仲为六夷左都督。徙氐、羌十五万落于司、冀州。

11　初，陇西鲜卑乞伏述延居于苑川，侵并邻部，士马强盛。及赵亡，述延惧，迁于麦田。述延卒，子傉大寒立；傉大寒卒，子司繁立。

12　江州刺史刘胤矜豪日甚，专务商贩，殖财百万，纵酒耽乐，不恤政事。冬，十二月，诏征后将军郭默为右军将军。默乐为边将，不愿宿卫，以情诉于胤。胤曰："此非小人之所及也。"默将赴召，求资于胤，胤不与，默由是怨胤。胤长史张满等素轻默，或保露见之，默常切齿。腊日，胤饷默豚酒，默对信投之水中。会有司奏："今朝廷空竭，百官无禄，惟资江州运漕；而胤商旅继路，以私废公，请免胤官。"书下，胤不即归罪，方自申理。侨人盖肫掠人女为妻，张满使还其家，肫不从，而谓郭默曰："刘江州不受免，密有异图，与张满等日夜计议，惟忌郭侯一人，欲先除之。"默以为然，帅其徒候旦门开袭胤。胤将吏欲拒默，默呵之曰："我被诏有所讨，动者诛三族！"遂入至内寝，牵胤下，斩之；出，取胤僚佐张满等，诬以大逆，悉斩之。传胤首于京师，诈作诏书，宣示内外。掠胤女及诸妾并金宝还船，初云下都，既而停胤故府。招引谯国内史桓宣，宣固守不从。

13　是岁，贺兰部及诸大人共立拓拔翳槐为代王，代王纥那奔宇文部。翳槐遣其弟什翼犍质于赵以请和。

14　河南王吐延,雄勇多猜忌,羌酋姜聪刺之;吐延不抽剑,召其将纥扢墁,使辅其子叶延,保于白兰,抽剑而死。叶延孝而好学,以为礼"公孙之子得以王父字为氏",乃自号其国曰吐谷浑。

五年(庚寅,330)

1　春,正月,刘胤首至建康。司徒导以郭默骁勇难制,己亥,大赦,枭胤首于大航,以默为江州刺史。太尉侃闻之,投袂起曰:"此必诈也。"即将兵讨之。默遣使送妓妾及绢,并写中诏呈侃。参佐多谏曰:"默不被诏,岂敢为此!若欲进军,宜待诏报。"侃厉色曰:"国家年幼,诏令不出胸怀。刘胤为朝廷所礼,虽方任非才,何缘猥加极刑!郭默恃勇,所在贪暴;以大难新除,禁网宽简,欲因际会骋其从横耳!"发使上表言状,且与导书曰:"郭默杀方州即用为方州,害宰相便为宰相乎?"导乃收胤首,答侃书曰:"默据上流之势,加有船舰成资,故苞含隐忍,使有其地,朝廷得以潜严;俟足下军到,风发相赴,岂非遵养时晦以定大事者邪!"侃笑曰:"是乃遵养时贼也!"

豫州刺史庾亮亦请讨默。诏加亮征讨都督,帅步骑二万往与侃会。

西阳太守邓岳、武昌太守刘诩皆疑桓宣与默同。豫州西曹王随曰:"宣尚不附祖约,岂肯同郭默邪!"岳、诩遣随诣宣观之,随说宣曰:"明府心虽不尔,无以自明,惟有以贤子付随耳!"宣乃遣其子戎与随俱迎陶侃。侃辟戎为掾,上宣为武昌太守。

2　二月,后赵群臣请后赵王勒即皇帝位;勒乃称大赵天王,行皇帝事。立妃刘氏为王后,世子弘为太子。以其子宏为骠骑大将军、都督中外诸军事、大单于,封秦王;斌为左卫将军,封太原王;恢为辅国将军,封南阳王。以中山公虎为太尉、尚书令,进爵为王;虎子邃为冀州刺史,封齐王;宣为左将军;挺为侍中,封梁王。又封石生为河东王,石堪为彭城王。以左长史郭敖为尚书左仆射,右长史程遐为右仆射、领吏部尚书,左司马夔安、右司马郭殷、从事中郎李凤、前郎中令裴宪,皆为尚书,参军事徐光为中书令、领秘书监。自馀文武,封拜各有差。

中山王虎怒,私谓齐王邃曰:"主上自都襄国以来,端拱仰成,以吾身当矢石,二十馀年,南擒刘岳,北走索头,东平齐、鲁,西定秦、雍,克十有三州。成大赵之业者,我也;大单于当以授我,今乃以与黄吻婢儿,念之令人气塞,不能寝食!待主上晏驾之后,不足复留种也。"

　　程遐言于勒曰："天下粗定,当显明逆顺,故汉高祖赦季布,斩丁公。大王自起兵以来,见忠于其君者辄褒之,背叛不臣者辄诛之,此天下所以归盛德也。今祖约犹存,臣窃惑之。"安西将军姚弋仲亦以为言。勒乃收约,并其亲属中外百馀人悉诛之,妻妾、儿女分赐诸胡。

　　初,祖逖有胡奴曰王安,逖甚爱之。在雍丘,谓安曰:"石勒是汝种类,吾亦无在尔一人。"厚资送而遣之。安以勇干,仕赵为左卫将军。及约之诛,安叹曰:"岂可使祖士稚无后乎?"乃往就市观刑。逖庶子道重,始十岁,安窃取以归,匿之,变服为沙门。及石氏亡,道重复归江南。

　　3　郭默欲南据豫章,会太尉侃兵至,默出战不利,入城固守,聚米为垒,以示有馀。侃筑土山临之。三月,庾亮兵至湓口,诸军大集。夏,五月乙卯,默将宋侯缚默父子出降。侃斩默于军门,传首建康,同党死者四十人。诏以侃都督江州,领刺史;以邓岳督交、广诸军事,领广州刺史。侃还巴陵,因移镇武昌。庾亮还芜湖,辞爵赏不受。

　　4　赵将刘徵帅众数千,浮海抄东南诸县,杀南沙都尉许儒。

　　5　张骏因前赵之亡,复收河南地,至于狄道,置五屯护军,与赵分境。六月,赵遣鸿胪孟毅拜骏征西大将军、凉州牧,加九锡。骏耻为之臣,不受,留毅不遣。

　　6　初,丁零翟斌,世居康居,后徙中国,至是入朝于赵;赵以斌为句町王。

　　7　赵群臣固请正尊号,秋,九月,赵王勒即皇帝位。大赦,改元建平。文武封进各有差。立其妻刘氏为皇后,太子弘为皇太子。

　　弘好属文,亲敬儒素。勒谓徐光曰:"大雅恺恺,殊不似将家子。"光曰:"汉祖以马上取天下,孝文以玄默守之。圣人之后,必有胜残去杀者,天之道也。"勒甚悦。光因说曰:"皇太子仁孝温恭,中山王雄暴多诈,陛下一旦不讳,臣恐社稷非太子所有也。宜渐夺中山王权,使太子早参朝政。"勒心然之,而未能从。

　　8　赵荆州监军郭敬寇襄阳。南中郎将周抚监沔北军事,屯襄阳。赵主勒以驿书敕敬退屯樊城,使之偃藏旗帜,寂若无人。曰:"彼若使人观察,则告之曰:'汝宜自爱坚守,后七八日,大骑将至,相策,不复得走矣。'"敬使人浴马于津,周而复始,昼夜不绝。侦者还以告周抚,抚以为赵兵大至,惧,奔武昌。敬入襄阳,中州流民悉降于赵;魏该弟遐帅其部众自石城降敬。敬毁襄阳城,迁其民于沔北,城樊城以戍之。赵以敬为荆州刺史。周抚坐免官。

9　休屠王羌叛赵，赵河东王生击破之，羌奔凉州。西平公骏惧，遣孟毅还，使其长史马诜称臣入贡于赵。

10　更造新宫。

11　甲辰，徙乐成王钦为河间王，封彭城王纮子俊为高密王。

12　冬，十月，成大将军寿督征南将军费黑等攻巴东建平，拔之。巴东太守杨谦、监军毌丘奥退保宜都。

六年（辛卯，331）

1　春，正月，赵刘徵复寇娄县，掠武进，郗鉴击却之。

2　三月壬戌朔，日有食之。

3　夏，赵主勒如邺，将营新宫；廷尉上党续咸苦谏，勒怒，欲斩之。中书令徐光曰：“咸言不可用，亦当容之，奈何一旦以直言斩列卿乎！”勒叹曰：“为人君，不得自专如是乎！匹夫家赀满百匹，犹欲市宅，况富有四海乎！此宫终当营之，且敕停作，以成吾直臣之气。”因赐咸绢百匹，稻百斛。又诏公卿以下岁举贤良方正，仍令举人得更相荐引，以广求贤之路。起明堂、辟雍、灵台于襄国城西。

4　秋，七月，成大将军寿攻阴平、武都，杨难敌降之。

5　九月，赵主勒复营邺宫；以洛阳为南都，置行台。

6　冬，蒸祭太庙，诏归胙于司徒导，且命无下拜；导辞疾不敢当。初，帝即位冲幼，每见导必拜；与导手诏则云“惶恐言”，中书作诏则曰“敬问”。有司议：“元会日，帝应敬导不？”博士郭熙、杜援议，以为：“礼无拜臣之文，谓宜除敬。”侍中冯怀议，以为：“天子临辟雍，拜三老，况先帝师傅；谓宜尽敬。”侍中荀奕议，以为：“三朝之首，宜明君臣之体，则不应敬；若他日小会，自可尽礼。”诏从之。奕，组之子也。

7　慕容廆遣使与太尉陶侃笺，劝以兴兵北伐，共清中原。僚属宋该等共议，以“廆立功一隅，位卑任重，等差无别，不足以镇华、夷，宜表请进廆官爵”。参军韩恒驳曰：“夫立功者患信义不著，不患名位不高。桓、文有匡复之功，不先求礼命以令诸侯。宜缮甲兵，除群凶，功成之后，九锡自至。比于邀君以求宠，不亦荣乎！”廆不悦，出恒为新昌令。于是东夷校尉封抽等疏上侃府，请封廆为燕王，行大将军事。侃复书曰：“夫功成进爵，古之成制也。车骑虽未能为官摧勒，然忠义竭诚；今腾笺上听，可不、迟速，当在天台也。”

资治通鉴卷第九十五

晋纪十七

显宗成皇帝中之上

咸和七年（壬辰，332）

1　春，正月辛未，大赦。

2　赵主勒大飨群臣，谓徐光曰："朕可方自古何等主？"对曰："陛下神武谋略过于汉高，后世无可比者。"勒笑曰："人岂不自知！卿言太过。朕若遇汉高祖，当北面事之，与韩、彭比肩；若遇光武，当并驱中原，未知鹿死谁手。大丈夫行事，宜礌礌落落，如日月皎然，终不效曹孟德、司马仲达欺人孤儿、寡妇，狐媚以取天下也。"群臣皆顿首称万岁。

勒虽不学，好使诸生读书而听之，时以其意论古今得失，闻者莫不悦服。尝使人读汉书，闻郦食其劝立六国后，惊曰："此法当失，何以遂得天下？"及闻留侯谏，乃曰："赖有此耳。"

3　郭敬之退戍樊城也，晋人复取襄阳，夏，四月，敬复攻拔之，留戍而归。

4　赵右仆射程遐言于赵主勒曰："中山王勇悍权略，群臣莫及；观其志，自陛下之外，视之蔑如；加以残贼安忍，久为将帅，威振内外，其诸子年长，皆典兵权；陛下在，自当无他，恐非少主之臣也。宜早除之，以便大计。"勒曰："今天下未安，大雅冲幼，宜得强辅。中山王骨肉至亲，有佐命之功，方当委以伊、霍之任，何至如卿所言！卿正恐不得擅帝舅之权耳；吾亦当参卿顾命，勿过忧也。"遐泣曰："臣所虑者公家，陛下乃以私计拒之，忠言何自而入乎！中山王虽为皇太后所养，非陛下天属，虽有微功，陛下酬其父子恩荣亦足矣，而其志愿无极，岂将来有益者乎！若不除之，臣见宗庙不血食矣。"勒不听。

遐退，告徐光，光曰："中山王常切齿于吾二人，恐非但危国，亦将为家祸也。"他日，光承间言于勒曰："今国家无事，而陛下神色若有不怡，何也？"勒曰："吴、蜀未平，吾恐后世不以吾为受命之王也。"光曰："魏承汉

运,刘备虽兴于蜀,汉岂得为不亡乎! 孙权在吴,犹今之李氏也。陛下苞
括二都,平荡八州,帝王之统不在陛下,当复在谁! 且陛下不忧腹心之疾,
而更忧四支乎! 中山王藉陛下威略,所向辄克,而天下皆言其英武亚于陛
下。且其资性不仁,见利忘义,父子并据权位,势倾王室;而耿耿常有不满
之心;近于东宫侍宴,有轻皇太子之色。臣恐陛下万年之后,不可复制
也。"勒默然,始命太子省可尚书奏事,且以中常侍严震参综可否,惟征伐
断斩大事乃呈。于是严震之权过于主相,中山王虎之门可设雀罗矣。
虎愈怏怏不悦。

5　秋,赵郭敬南掠江西,太尉侃遣其子平西参军斌及南中郎将桓宣
乘虚攻樊城,悉俘其众。敬旋救樊,宣与战于涅水,破之,皆得其所掠。侃
兄子臻及竟陵太守李阳攻新野,拔之。敬惧,遁去;宣遂拔襄阳。

侃使宣镇襄阳。宣招怀初附,简刑罚,略威仪,劝课农桑,或载锄耒于
轺轩,亲帅民芸获。在襄阳十馀年,赵人再攻之,宣以寡弱拒守,赵人不能
胜;时人以为亚于祖逖、周访。

6　成大将军寿寇宁州,以其征东将军费黑为前锋,出广汉,镇南将军
任回出越巂,以分宁州之兵。

7　冬,十月,寿、黑至朱提,朱提太守董炳城守,宁州刺史尹奉遣建宁
太守霍彪引兵助之。寿欲逆拒彪,黑曰:"城中食少,宜纵彪入城,共消其
谷,何为拒之!"寿从之。城久不下,寿欲急攻之。黑曰:"南中险阻难服,
当以日月制之,待其智勇俱困,然后取之,涸牢之物,何足汲汲也。"寿不
从,攻果不利,乃悉以军事任黑。

8　十一月壬子朔,进太尉侃为大将军,剑履上殿,入朝不趋,赞拜不
名;侃固辞不受。

9　十二月庚戌,帝迁于新宫。

10　是岁,凉州僚属劝张骏称凉王,领秦、凉二州牧,置公卿百官如魏
武、晋文故事。骏曰:"此非人臣所宜言也。敢言此者,罪不赦!"然境内
皆称之为王。骏立次子重华为世子。

八年(癸巳,333)

1　春,正月,成大将军李寿拔朱提,董炳、霍彪皆降,寿威震南中。

2　丙子,赵主勒遣使来修好,诏焚其币。

3　三月,宁州刺史尹奉降于成,成尽有南中之地;大赦,以大将军寿
领宁州。

4　夏,五月甲寅,辽东武宣公慕容廆卒。六月,世子皝以平北将军行平州刺史,督摄部内;赦系囚。以长史裴开为军谘祭酒,郎中令高诩为玄菟太守。皝以带方太守王诞为左长史,诞以辽东太守阳骛为才而让之;皝从之,以诞为右长史。

5　赵主勒寝疾,中山王虎入侍禁中,矫诏,群臣亲戚皆不得入;疾之增损,外无知者。又矫诏召秦王宏、彭城王堪还襄国。勒疾小瘳,见宏,惊曰:“吾使王处藩镇,正备今日,有召王者邪,将自来邪? 有召者,当按诛之!”虎惧曰:“秦王思慕,暂还耳,今遣之。”仍留不遣。数日,复问之,虎曰:“受诏即遣,今已半道矣。”广阿有蝗,虎密使其子冀州刺史邃帅骑三千游于蝗所。

秋,七月,勒疾笃,遗命曰:“大雅兄弟,宜善相保,司马氏,汝曹之前车也。中山王宜深思周、霍,勿为将来口实。”戊辰,勒卒。中山王虎劫太子弘使临轩,收右光禄大夫程遐、中书令徐光,下廷尉,召邃使将兵入宿卫,文武皆奔散。弘大惧,自陈劣弱,让位于虎。虎曰:“君终,太子立,礼之常也。”弘涕泣固让,虎怒曰:“若不堪重任,天下自有大义,何足豫论!”弘乃即位。大赦。杀程遐、徐光。夜,以勒丧潜瘗山谷,莫知其处。已卯,备仪卫,虚葬于高平陵,谥曰明帝,庙号高祖。

赵将石聪及谯郡太守彭彪,各遣使来降。聪本晋人,冒姓石氏。朝廷遣督护乔球将兵救之,未至,聪等为虎所诛。

6　慕容皝遣长史勃海王济等来告丧。

7　八月,赵主弘以中山王虎为丞相、魏王、大单于,加九锡,以魏郡等十三郡为国,总摄百揆。虎赦其境内,立妻郑氏为魏王后;子邃为魏太子,加使持节、侍中、都督中外诸军事、大将军、录尚书事;次子宣为使持节、车骑大将军、冀州刺史,封河间王;韬为前锋将军、司隶校尉,封乐安王;遵封齐王,鉴封代王,苞封乐平王,徙平原王斌为章武王。勒文武旧臣,皆补散任;虎之府寮亲属,悉署台省要职。以镇军将军夔安领左仆射,尚书郭殷为右仆射。更命太子宫曰崇训宫,太后刘氏以下皆徙居之。选勒宫人及车马、服玩之美者,皆入丞相府。

8　宇文乞得归为其东部大人逸豆归所逐,走死于外。慕容皝引兵讨之,军于广安;逸豆归惧而请和,遂筑榆阴、安晋二城而还。

9　成建宁、牂柯二郡来降,李寿复击取之。

10　赵刘太后谓彭城王堪曰:“先帝甫晏驾,丞相遽相陵藉如此。帝祚之亡,殆不复久,王将若之何?”堪曰:“先帝旧臣,皆被疏斥,军旅不复由人，宫省之内，无可为者，臣请奔兖州，挟南阳王恢为盟主，据廪丘，宣太后诏于牧、守、征、镇，使各举兵以诛暴逆，庶几犹有济也。”刘氏曰：“事急矣！当速为之。”九月，堪微服、轻骑袭兖州，不克，南奔谯城。丞相虎遣其将郭太追之，获堪于城父，送襄国，炙而杀之。征南阳王恢还襄国。刘氏谋泄，虎废而杀之，尊弘母程氏为皇太后。堪本田氏子，数有功，赵主勒养以为子。刘氏有胆略，勒每与之参决军事，佐勒建功业，有吕后之风，而不妒忌更过之。

赵河东王生镇关中，石朗镇洛阳。冬，十月，生、朗皆举兵以讨丞相虎；生自称秦州刺史，遣使来降。氐帅蒲洪自称雍州刺史，西附张骏。

虎留太子邃守襄国，将步骑七万攻朗于金塘；金塘溃，获朗，刖而斩之；进向长安，以梁王挺为前锋大都督。生遣将军郭权帅鲜卑涉璝众二万为前锋以拒之，生将大军继发，军于蒲阪。权与挺战于潼关，大破之，挺及丞相左长史刘隗皆死，虎还奔渑池，枕尸三百馀里。鲜卑潜与生通谋，反击生。生不知挺已死，惧，单骑奔长安。权收馀众，退屯渭汭。生遂弃长安，匿于鸡头山。将军蒋英据长安拒守，虎进兵击英，斩之。生麾下斩生以降；权奔陇右。

虎分命诸将屯汧、陇，遣将军麻秋讨蒲洪。洪帅户二万降于虎，虎迎拜洪光烈将军、护氐校尉。洪至长安，说虎徙关中豪杰及氐、羌以实东方，曰：“诸氐皆洪家部曲，洪帅以从，谁敢违者！”虎从之，徙秦、雍民及氐、羌十馀万户于关东。以洪为龙骧将军、流民都督，使居枋头；以羌帅姚弋仲为奋武将军、西羌大都督，使帅其众数万徙居清河之滠头。

虎还襄国，大赦。赵主弘命虎建魏台，一如魏武王辅汉故事。

11　慕容皝初嗣位，用法严峻，国人多不自安，主簿皇甫真切谏，不听。

皝庶兄建威将军翰、母弟征虏将军仁，有勇略，屡立战功，得士心；季弟昭，有才艺；皆有宠于廆。皝忌之，翰叹曰：“吾受事于先公，不敢不尽力，幸赖先公之灵，所向有功，此乃天赞吾国，非人力也。而人谓吾之所办，以为雄才难制，吾岂可坐而待祸邪！”乃与其子出奔段氏。段辽素闻其才，冀收其用，甚爱重之。

仁自平郭来奔丧，谓昭曰：“吾等素骄，多无礼于嗣君，嗣君刚严，无罪犹可畏，况有罪乎！”昭曰：“吾辈皆体正嫡，于国有分。兄素得士心，我在内未为所疑，伺其间隙，除之不难。兄趣举兵以来，我为内应，事成之日，与我辽东。男子举事，不克则死，不能效建威偷生异域也。”仁曰：

"善!"遂还平郭。闰月,仁举兵而西。

或以仁、昭之谋告皝,皝未之信,遣使按验。仁兵已至黄水,知事露,杀使者,还据平郭。皝赐昭死。遣军祭酒封奕慰抚辽东。以高诩为广武将军,将兵五千与庶弟建武将军幼、稚、广威将军军、宁远将军汗、司马辽东佟寿共讨仁。与仁战于汶城北,皝兵大败,幼、稚、军皆为仁所获;寿尝为仁司马,遂降于仁。前大农孙机等举辽东城以应仁。封奕不得入,与汗俱还。东夷校尉封抽、护军平原乙逸、辽东相太原韩矫皆弃城走,于是仁尽有辽东之地;段辽及鲜卑诸部皆与仁遥相应援。皝追思皇甫真之言,以真为平州别驾。

12 十二月,郭权据上邽,遣使来降;京兆、新平、扶风、冯翊、北地皆应之。

13 初,张骏欲假道于成以通表建康,成主雄不许。骏乃遣治中从事张淳称藩于成以假道;雄伪许之,将使盗覆诸东峡。蜀人桥赞密以告淳。淳谓雄曰:"寡君使小臣行无迹之地,万里通诚于建康者,以陛下嘉尚忠义,能成人之美故也。若欲杀臣者,当斩之都市,宣示众目曰:'凉州不忘旧德,通使琅邪!主圣臣明,发觉杀之。'如此,则义声远播,天下畏威。今使盗杀之江中,威刑不显,何足以示天下乎!"雄大惊曰:"安有此邪!"

司隶校尉景骞言于雄曰:"张淳壮士,请留之。"雄曰:"壮士安肯留!且试以卿意观之。"骞谓淳曰:"卿体丰大,天热,可且遣下吏,小住须凉。"淳曰:"寡君以皇舆播越,梓宫未返,生民涂炭,莫之振救,故遣淳通诚上都。所论事重,非下吏所能传;使下吏可了,则淳亦不来矣。虽火山汤海,犹将赴之,岂寒暑之足惮哉!"雄谓淳曰:"贵主英名盖世,土险兵强,何不亦称帝自娱一方?"淳曰:"寡君祖考以来,世笃忠贞,以仇耻未雪,枕戈待旦,何自娱之有!"雄甚惭,曰:"我之祖考本亦晋臣,遭天下大乱,与六郡之民避难此州,为众所推,遂有今日。琅邪若能中兴大晋于中国者,亦当帅众辅之。"厚为淳礼而遣之。淳卒致命于建康。

长安之失守也,敦煌计吏耿访自汉中入江东,屡上书请遣大使慰抚凉州。朝廷以访守侍书御史,拜张骏镇西大将军,选陇西贾陵等十二人配之。访至梁州,道不通,以诏书付贾陵,诈为贾客以达之。是岁,陵始至凉州,骏遣部曲督王丰等报谢。

九年(甲午,334)

1 春,正月,赵改元延熙。

2　诏以郭权为镇西将军、雍州刺史。

3　仇池王杨难敌卒,子毅立,自称龙骧将军、左贤王、下辨公;以叔父坚头之子盘为冠军将军、右贤王、河池公,遣使来称藩。

4　二月丁卯,诏遣耿访、王丰赍印绶授张骏大将军、都督陕西雍秦凉州诸军事。自是每岁使者不绝。

5　慕容仁以司马翟楷领东夷校尉,前平州别驾庞鉴领辽东相。

6　段辽遣兵袭徒河,不克;复遣其弟兰与慕容翰共攻柳城,柳城都尉石琮、城大慕舆埿并力拒守,兰等不克而退。辽怒,切责兰等,必令拔之。休息二旬,复益兵来攻。士皆重袍蒙楯,作飞梯,四面俱进,昼夜不息。琮、埿拒守弥固,杀伤千馀人,卒不能拔。慕容皝遣慕容汗及司马封奕等共救之。皝戒汗曰:“贼气锐,勿与争锋。”汗性骁果,以千馀骑为前锋,直进。封奕止之,汗不从。与兰遇于牛尾谷,汗兵大败,死者太半;奕整陈力战,故得不没。

兰欲乘胜穷追,慕容翰恐遂灭其国,止之曰:“夫为将当务慎重,审己量敌,非万全不可动。今虽挫其偏师,未能屈其大势。皝多权诈,好为潜伏,若悉国中之众自将以拒我,我县军深入,众寡不敌,此危道也。且受命之日,正求此捷;若违命贪进,万一取败,功名俱丧,何以返面!”兰曰:“此已成擒,无有馀理,卿正虑遂灭卿国耳!今千年在东,若进而得志,吾将迎之为国嗣,终不负卿,使宗庙不祀也。”千年者,慕容仁小字也。翰曰:“吾投身相依,无复还理;国之存亡,于我何有!但欲为大国之计,且相为惜功名耳。”乃命所部欲独还,兰不得已而从之。

7　三月,成主雄分宁州置交州,以霍彪为宁州刺史,爨深为交州刺史。

8　赵丞相虎遣其将郭敖及章武王斌帅步骑四万西击郭权,军于华阴;夏,四月,上邽豪族杀权以降。虎徙秦州三万馀户于青、并二州。长安人陈良夫奔黑羌,与北羌王薄句大等侵扰北地、冯翊。章武王斌、乐安王韬合击,破之,句大奔马兰山。郭敖乘胜逐北,为羌所败,死者什七八。斌等收军还三城。虎遣使诛郭敖。秦王宏有怨言,虎幽之。

9　慕容仁自称平州刺史、辽东公。

10　长沙桓公陶侃,晚年深以满盈自惧,不预朝权,屡欲告老归国,佐吏等苦留之。六月,侃疾笃,上表逊位。遣左长史殷羡奉送所假节、麾、幢、曲盖、侍中貂蝉、大尉章绶、荆江雍梁交广益宁八州刺史印传、棨戟;军资、器仗、牛马、舟船,皆有定簿,封印仓库,侃自加管钥。以后事付右司马王愆期,加督护统领文武。甲寅,舆车出,临津就船,将归长沙,顾谓愆期曰:"老子婆娑,正坐诸君!"乙卯,薨于樊溪。侃在军四十一年,明毅善断,识察纤密,人不能欺;自南陵迄于白帝,数千里中,路不拾遗。及薨,尚书梅陶与亲人曹识书曰:"陶公机神明鉴似魏武,忠顺勤劳似孔明,陆抗诸人不能及也。"谢安每言:"陶公虽用法而恒得法外意。"安,鲲之从子也。

11 成主雄生疡于头。身素多金创。及病,旧痕皆脓溃,诸子皆恶而远之;独太子班昼夜侍侧,不脱衣冠,亲为吮脓。雄召大将军建宁王寿受遗诏辅政。丁卯,雄卒,太子班即位。以建宁王寿录尚书事,政事皆委于寿及司徒何点、尚书王瓌,班居中行丧礼,一无所预。

12 辛未,加平西将军庾亮征西将军、假节、都督江荆豫益梁雍六州诸军事、领江豫荆三州刺史,镇武昌。亮辟殷浩为记室参军。浩,羡之子也,与豫章太守褚裒、丹阳丞杜乂,皆以识度清远,善谈老、易,擅名江东,而浩尤为风流所宗。裒,䂮之孙;乂,锡之子也。桓彝尝谓裒曰:"季野有皮里春秋。"言其外无臧否,而内有褒贬也。谢安曰:"裒虽不言,而四时之气亦备矣。"

13 秋,八月,王济还辽东,诏遣侍御史王齐祭辽东公廆,又遣谒者徐孟策拜慕容皝镇军大将军、平州刺史、大单于、辽东公,持节、承制封拜,一如廆故事。船下马石津,皆为慕容仁所留。

14 九月戊寅,卫将军江陵穆公陆晔卒。

15 成主雄之子车骑将军越屯江阳,奔丧至成都。以太子班非雄所生,意不服,与其弟安东将军期谋作乱。班弟玝劝班遣越还江阳,以期为梁州刺史,镇葭萌。班以未葬,不忍遣,推心待之,无所疑间,遣玝出屯于涪。冬,十月癸亥朔,越因班夜哭,弑之于殡宫,并杀班兄领军将军都;矫太后任氏令,罪状班而废之。

初,期母冉氏贱,任氏母养之。期多才艺,有令名;及班死,众欲立越,越奉期而立之。甲子,期即皇帝位。谥班曰戾太子。以越为相国,封建宁王;加大将军寿大都督,徙封汉王,皆录尚书事。以兄霸为中领军、镇南大将军;弟保为镇西大将军、汶山太守;从兄始为征东大将军,代越镇江阳。丙寅,葬雄于安都陵,谥曰武皇帝,庙号太宗。

始欲与寿共攻期,寿不敢发。始怒,反谮寿于期,请杀之。期欲藉寿以讨李玝,故不许,遣寿将兵向涪。寿先遣使告玝以去就利害,开其去路,玝遂来奔。诏以玝为巴郡太守。期以寿为梁州刺史,屯涪。

16　赵主弘自赍玺绶诣魏宫,请禅位于丞相虎。虎曰:"帝王大业,天下自当有议,何为自论此邪!"弘流涕还宫,谓太后程氏曰:"先帝种真无复遗矣!"于是尚书奏:"魏台请依唐、虞禅让故事。"虎曰:"弘愚暗,居丧无礼,便当废之,何禅让也!"十一月,虎遣郭殷入宫,废弘为海阳王。弘安步就车,容色自若,谓群臣曰:"庸昧不堪纂承大统,夫复何言!"群臣莫不流涕,宫人恸哭。群臣诣魏台劝进,虎曰:"皇帝者盛德之号,非所敢当,且可称居摄赵天王。"幽弘及太后程氏、秦王宏、南阳王恢于崇训宫,寻皆杀之。

西羌大都督姚弋仲称疾不贺,虎累召之,乃至。正色谓虎曰:"弋仲常谓大王命世英雄,奈何把臂受托而返夺之邪!"虎曰:"吾岂乐此哉!顾海阳年少,恐不能了家事,故代之耳。"心虽不平,然察其诚实,亦不之罪。

虎以夔安为侍中、太尉、守尚书令,郭殷为司空,韩晞为尚书左仆射,魏郡申钟为侍中,郎闿为光禄大夫,王波为中书令。文武封拜各有差。虎行如信都,复还襄国。

17　慕容皝讨辽东,甲申,至襄平。辽东人王岌密信请降。师进,入城,翟楷、庞鉴单骑走,居就、新昌等县皆降。皝欲悉坑辽东民,高诩谏曰:"辽东之叛,实非本图,直畏仁凶威,不得不从。今元恶犹存,始克此城,遽加夷灭,则未下之城,无归善之路矣。"皝乃止。分徙辽东大姓于棘城。以杜群为辽东相,安辑遗民。

18　十二月,赵徐州从事兰陵朱纵斩刺史郭祥,以彭城来降,赵将王朗攻之,纵奔淮南。

19　慕容仁遣兵袭新昌,督护新兴王寓击走之,遂徙新昌入襄平。

咸康元年(乙未,335)

1　春,正月庚午朔,帝加元服。大赦,改元。

2　成、赵皆大赦,成改元玉恒,赵改元建武。

3　成主期立皇后阎氏,以卫将军尹奉为右丞相,骠骑将军、尚书令王瓌为司徒。

4　赵王虎命太子邃省可尚书奏事,惟祀效庙、选牧守、征伐、刑杀乃亲之。虎好治宫室,鹊雀台崩,杀典匠少府任汪;复使修之,倍于其旧。邃保母刘芝封宜城君,关预朝权,受纳贿赂,求仕进者多出其门。

5　慕容皝置左、右司马,以司马韩矫、军祭酒封奕为之。

6　司徒导以羸疾,不堪朝会,三月乙酉,帝幸其府,与群臣宴于内室,拜导并拜其妻曹氏。侍中孔坦密表切谏,以为帝初加元服,动宜顾礼,帝从之。坦又以帝委政于导,从容言曰:"陛下春秋已长,圣敬日跻,宜博纳朝臣,谘诹善道。"导闻而恶之,出坦为廷尉。坦不得意,以疾去职。

丹阳尹桓景,为人诌巧,导亲爱之。会荧惑守南斗经旬,导谓领军将军陶回曰:"斗,扬州之分,吾当逊位以厌天谴。"回曰:"公以明德作辅,而与桓景造膝,使荧惑何以退舍!"导深愧之。

导辟太原王濛为掾,王述为中兵属。述,昶之曾孙也。濛不修小廉,而以清约见称。与沛国刘惔齐名,友善。惔常称濛性至通而自然有节。濛曰:"刘君知我,胜我自知。"当时称风流者,以惔、濛为首。述性沉静,每坐客辩论蜂起,而述处之恬如也。年三十,尚未知名,人谓之痴。导以门地辟之。既见,唯问在东米价,述张目不答。导曰:"王掾不痴,人何言痴也!"尝见导每发言,一坐莫不赞美,述正色曰:"人非尧、舜,何得每事尽善!"导改容谢之。

7　赵王虎南游,临江而还。有游骑十馀至历阳,历阳太守袁耽表上之,不言骑多少。朝廷震惧,司徒导请出讨之。夏四月,加导大司马、假黄钺、都督征讨诸军事。癸丑,帝观兵广莫门,分命诸将救历阳及成慈湖、牛渚、芜湖,司空郗鉴使广陵相陈光将兵入卫京师。俄闻赵骑至少,又已去,戊午,解严,王导解大司马。袁耽坐轻妄免官。

8　赵征虏将军石遇攻桓宣于襄阳,不克。

9　大旱,会稽馀姚米斗五百。

10　秋,七月,慕容皝立子儁为世子。

11　九月,赵王虎迁都于邺,大赦。

12　初,赵主勒以天竺僧佛图澄豫言成败,数有验,敬事之。及虎即位,奉之尤谨,衣以绫锦,乘以雕辇。朝会之日,太子、诸公扶翼上殿,主者唱"大和尚",众坐皆起。使司空李农旦夕问起居,太子、诸公五日一朝。国人化之,率多事佛,澄之所在,无敢向其方面涕唾者。争造寺庙,削发出家。虎以其真伪杂糅,或避赋役为奸宄,乃下诏问中书曰:"佛,国家所奉,里闾小人无爵秩者,应事佛不?"著作郎王度等议曰:"王者祭祀,典礼具存。佛,外国之神,非天子诸华所应祠奉。汉氏初传其道,唯听西域人立寺都邑以奉之,汉人皆不得出家;魏世亦然。今宜禁公卿以下毋得诣寺烧香、礼拜;其赵人为沙门者,皆返初服。"虎诏曰:"朕生自边鄙,忝君诸夏,至于飨祀,应从本俗。其夷、赵百姓乐事佛者,特听之。"

13　赵章武王斌帅精骑二万并秦、雍二州兵以讨薄句大,平之。

14　成太子班之舅罗演,与汉王相天水上官澹,谋杀成主期,立班子。事觉,期杀演、澹及班母罗氏。

期自以得志,轻诸旧臣,信任尚书令景骞、尚书姚华、田褒、中常侍许涪等,刑赏大政,皆决于数人,希复关公卿。褒无他才,尝劝成主雄立期为太子,故有宠。由是纪纲隳紊,雄业始衰。

15　冬,十月乙未朔,日有食之。

16　慕容仁遣王齐等南还。齐等自海道趣棘城,齐遇风不至。十二月,徐孟等至棘城,慕容皝始受朝命。

段氏、宇文氏各遣使诣慕容仁,馆于平郭城外。皝帐下督张英将百馀骑间道潜行掩击之,斩宇文氏使十馀人,生擒段氏使以归。

17　是岁,明帝母建安君荀氏卒。荀氏在禁中,尊重同于太后,诏赠豫章郡君。

18　代王翳槐以贺兰蔼头不恭,将召而戮之,诸部皆叛。代王纥那自宇文部入,诸部复奉之。翳槐奔邺,赵人厚遇之。

19　初,张轨及二子寔、茂,虽保据河右,而军旅之事无岁无之。及张骏嗣位,境内渐平。骏勤修庶政,总御文武,咸得其用,民富兵强,远近称之以为贤君。骏遣将杨宣伐龟兹、鄯善,于是西域诸国焉耆、于寞之属,皆诣姑臧朝贡。骏于姑臧南作五殿,官属皆称臣。

骏有兼秦、雍之志,遣参军魏护上疏,以为:“勒、雄既死,虎、期继逆,兆庶离主,渐冉经世;先老消落,后生不识,慕恋之心,日远日忘。乞敕司空鉴、征西亮等泛舟江、沔,首尾齐举。”

二年(丙申,336)

1　春,正月辛巳,彗星见于奎、娄。

2　慕容皝将讨慕容仁,司马高诩曰:“仁叛弃君亲,民神共怒,前此海未尝冻,自仁反以来,连年冻者三矣。且仁专备陆道,天其或者欲使吾乘海冰以袭之也。”皝从之。群僚皆言涉冰危事,不若从陆道。皝曰:“吾计已决,敢沮者斩!”

壬午,皝帅其弟军师将军评等自昌黎东,践冰而进,凡三百馀里。至历林口,舍辎重,轻兵趣平郭。去城七里,候骑以告仁,仁狼狈出战。张英之俘二使也,仁恨不穷追;及皝至,仁以为皝复遣偏师轻出寇抄,不知皝自来,谓左右曰:“今兹当不使其匹马得返矣!”乙未,仁悉众陈于城之西北。慕容军帅所部降于皝,仁众沮动;皝从而纵击,大破之。仁走,其帐下皆叛,遂擒之。皝先为斩其帐下之叛者,然后赐仁死。丁衡、游毅、孙机等,皆仁所信用也,皝执而斩之;王冰自杀。慕容幼、慕容稚、佟寿、郭充、翟楷、庞鉴皆东走,幼中道而还;皝兵追及楷、鉴,斩之;寿、充奔高丽。自馀吏民为仁所诖误者,皝皆赦之。封高诩为汝阳侯。

3　二月,尚书仆射王彬卒。

4　辛亥,帝临轩,遣使备六礼逆故当阳侯杜乂女陵阳为皇后,大赦;群臣毕贺。

5　夏,六月,段辽遣中军将军李咏袭慕容皝。咏趣武兴,都尉张萌击擒之。辽别遣段兰将步骑数万屯柳城西回水,宇文逸豆归攻安晋以为兰声援。皝帅步骑五万向柳城,兰不战而遁。皝引兵北趣安晋,逸豆归弃辎重走;皝遣司马封奕帅轻骑追击,大破之。皝谓诸将曰:"二虏耻无功,必将复至,宜于柳城左右设伏以待之。"乃遣封奕帅骑数千伏于马兜山。三月,段辽果将数千骑来寇抄。奕纵击,大破之,斩其将荣伯保。

6　前廷尉孔坦卒。坦疾笃,庾冰省之,流涕。坦慨然曰:"大丈夫将终,不问以济国安民之术,乃为儿女子相泣邪!"冰深谢之。

7　九月,慕容皝遣长史刘斌、兼郎中令辽东阳景送徐孟等还建康。

8　冬,十月,广州刺史邓岳遣督护王随等击夜郎、兴古,皆克。加岳督宁州。

9　成主期以从子尚书仆射武陵公载有隽才,忌之,诬以谋反,杀之。

10　十一月,诏建威将军司马勋将兵安集汉中;成汉王寿击败之。寿遂置汉中守宰,戌南郑而还。

11　索头郁鞠帅众三万降于赵,赵拜郁鞠等十三人为亲赵王,散其部众于冀、青等六州。

12　赵王虎作太武殿于襄国,作东、西宫于邺,十二月,皆成。太武殿基高二丈八尺,纵六十五步,广七十五步,甃以文石。下穿伏室,置卫士五百人。以漆灌瓦,金珰、银楹,珠帘、玉壁,穷极工巧。殿上施白玉床、流苏帐,为金莲华以冠帐顶。又作九殿于显阳殿后,选士民之女以实之,服珠玉、被绮縠者万馀人。教宫人占星气、马步射。置女太史,杂伎工巧,皆与外同。以女骑千人为卤簿,皆著紫纶巾,熟锦裤,金银镂带,五文织成靴,执羽仪,鸣鼓吹,游宴以自随。于是赵大旱,金一斤直粟二斗,百姓嗷然,而虎用兵不息,百役并兴。使牙门张弥徙洛阳钟虡、九龙、翁仲、铜驼、飞廉于邺,载以四轮缠辋车,辙广四尺,深二尺。一钟没于河,募浮没三百人入河,系以竹絙,用牛百头,鹿栌引之,乃出,造万斛之舟以济之。既至邺,虎大悦,为之赦二岁刑,赉百官谷帛,赐民爵一级。又用尚方令解飞之言,于邺南投石于河,以作飞桥,功费数千万亿,桥竟不成,役夫饥甚,乃止。使令长帅民入山泽采橡及鱼以佐食,复为权豪所夺,民无所得。

13　初,日南夷帅范稚,有奴曰范文,常随商贾往来中国。后至林邑,教林邑王范逸作城郭、宫室、器械,逸爱信之,使为将。文遂谮逸诸子,或徙或逃。是岁,逸卒,文诈迎逸子于他国,置毒于椰酒而杀之,文自立为王。于是出兵攻大岐界、小岐界、式仆、徐狼、屈都、乾鲁、扶单等国,皆灭之,有众四五万,遣使奉表入贡。

14　赵左校令成公段作庭燎于杠末,高十馀丈,上盘置燎,下盘置人,赵王虎试而悦之。

三年(丁酉,337)

1　春,正月庚辰,赵太保夔安等文武五百馀人入上尊号,庭燎油灌下盘,死者二十馀人;赵王虎恶之,腰斩成公段。辛巳,虎依殷、周之制,称大赵天王。即位于南郊,大赦。立其后郑氏为天王皇后,太子邃为天王皇太子,诸子为王者皆降为郡公,宗室为王者降为县侯。百官封署各有差。

2　国子祭酒袁瓌、太常冯怀,以江左浸安,请兴学校,帝从之。辛卯,立太学,征集生徒。而士大夫习尚老、庄,儒术终不振。瓌,涣之曾孙也。

3　三月,慕容皝于乙连城东筑好城以逼乙连,留折冲将军兰勃守之。夏,四月,段辽以车数千两输乙连粟,兰勃击而取之。六月,辽又遣其从弟扬威将军屈云将精骑夜袭皝子遵于兴国城,遵击破之。

初,北平阳裕事段疾陆眷及辽五世,皆见尊礼。辽数与皝相攻,裕谏曰:"'亲仁善邻,国之宝也。'况慕容氏与我世婚,迭为甥舅,皝有才德,而我与之构怨;战无虚月,百姓凋弊,利不补害,臣恐社稷之忧将由此始。愿两追前失,通好如初,以安国息民。"辽不从,出裕为北平相。

4　赵太子邃素骁勇,赵王虎爱之。常谓群臣曰:"司马氏父子兄弟自相残灭,故使朕得至此。如朕有杀阿铁理否?"既而邃骄淫残忍,好妆饰美姬,斩其首,洗血置盘上,与宾客传观之,又烹其肉共食之。河间公宣、乐安公韬皆有宠于虎,邃疾之如仇。虎荒耽酒色,喜怒无常。使邃省可尚书事,每有所关白,虎恚曰:"此小事,何足白也!"时或不闻,又恚曰:"何以不白!"消责笞棰,月至再三。邃私谓中庶子李颜等曰:"官家难称,吾欲行冒顿之事,卿从我乎?"颜等伏不敢对。秋,七月,邃称疾不视事,潜帅宫臣文武五百馀骑饮于李颜别舍,因谓颜等曰:"我欲至冀州,杀河间公,有不从者斩!"行数里,骑皆逃散。颜叩头固谏,邃亦昏醉而归。其母郑氏闻之,私遣中人诮让邃;邃怒,杀之。佛图澄谓虎曰:"陛下不宜数往东宫。"虎将视邃疾,思澄言而还;既而瞋目大言曰:"我为天下主,父子不相信乎!"乃命所亲信女尚书往察之。邃呼前与语,因抽剑击之。虎怒,收李颜等诘问,颜具言其状,杀颜等三十馀人。幽邃于东宫,既而赦之,引见太武东堂。邃朝而不谢,俄顷即出。虎使谓之曰:"太子应朝中宫,岂可遽去!"邃径出,不顾。虎大怒,废邃为庶人。其夜,杀邃及其妃张氏,并男女二十六人同埋于一棺;诛其宫臣支党二百馀人;废郑后为东海太妃。立其子宣为天王皇太子,宣母杜昭仪为天王皇后。

5　安定侯子光,自称佛太子,云从大秦国来,当王小秦国,聚众数千人于杜南山,自称大黄帝,改元龙兴。石广讨斩之。

6　九月,镇军左长史封奕等劝慕容皝称燕王,皝从之。于是备置群司,以封奕为国相,韩寿为司马,裴开为奉常,阳鹜为司隶,王寓为太仆,李洪为大理,杜群为纳言令,宋该、刘睦、石琮为常伯,皇甫真、阳协为冗骑常侍,宋晃、平熙、张泓为将军,封裕为记室监。洪,臻之孙;晃,奭之子也。冬,十月丁卯,皝即燕王位,大赦。十一月甲寅,追尊武宣公为武宣王,夫人段氏曰武宣后;立夫人段氏为王后,世子儁为王太子,如魏武、晋文辅政故事。

7　段辽数侵赵边,燕王皝遣扬烈将军宋回称藩于赵,乞师以讨辽,自请尽帅国中之众以会之,并以其弟宁远将军汗为质。赵王虎大悦,厚加慰答,辞其质,遣还,密期以明年。

8　是岁,赵将李穆纳拓跋翳槐于大宁,其故部落多归之。代王纥那奔燕,国人复奉翳槐,城盛乐而居之。

9　仇池氏王杨毅族兄初,袭杀毅,并有其众,自立为仇池公,称臣于赵。

资治通鉴卷第九十六

晋纪十八

显宗成皇帝中之下

咸康四年（戊戌，338）

1 春，正月，燕王皝遣都尉赵槃如赵，听师期。赵王虎将击段辽，募骁勇者三万人，悉拜龙腾中郎。会辽遣段屈云袭赵幽州，幽州刺史李孟退保易京。虎乃以桃豹为横海将军，王华为渡辽将军，帅舟师十万出漂渝津；支雄为龙骧大将军，姚弋仲为冠军将军，帅步骑七万为前锋以伐辽。

三月，赵槃还至棘城。燕王皝引兵攻掠令支以北诸城。段辽将追之，慕容翰曰：“今赵兵在南，当并力御之，而更与燕斗。燕王自将而来，其士卒精锐，若万一失利，将何以御南敌乎！”段兰怒曰：“吾前为卿所误，以成今日之患；吾不复堕卿计中矣！”乃悉将见众追之。皝设伏以待之，大破兰兵，斩首数千级，掠五千户及畜产万计以归。

赵王虎进屯金台。支雄长驱入蓟，段辽所署渔阳、上谷、代郡守相皆降，取四十馀城。北平相阳裕帅其民数千家登燕山以自固。诸将恐其为后患，欲攻之。虎曰：“裕儒生，矜惜名节，耻于迎降耳，无能为也。”遂过之，至徐无。段辽以其弟兰既败，不敢复战，帅妻子、宗族、豪大千馀家，弃令支，奔密云山。将行，执慕容翰手泣曰：“不用卿言，自取败亡；我固甘心，令卿失所，深以为愧。”翰北奔宇文氏。

辽左右长史刘群、卢谌、崔悦等封府库请降。虎遣将军郭太、麻秋帅轻骑二万追辽，至密云山，获其母妻，斩首三千级。辽单骑走险，遣其子乞特真奉表及献名马于赵，虎受之。

虎入令支宫，论功封赏各有差。徙段国民二万馀户于司、雍、兖、豫四州；士大夫之有才行，皆擢叙之。阳裕诣军门降。虎让之曰：“卿昔为奴虏走，今为士人来，岂识知天命，将逃匿无地邪？”对曰：“臣昔事王公，不能匡济；逃于段氏，复不能全。今陛下天网高张，笼络四海，幽、冀豪杰莫不风从，如臣比肩，无所独愧。生死之命，惟陛下制之！”虎悦，即拜北平太守。

2 夏,四月癸丑。以慕容皝为征北大将军、幽州牧,领平州刺史。

3 成主期骄虐日甚,多所诛杀,而籍没其资财、妇女,由是大臣多不自安。汉王寿素贵重,有威名,期及建宁王越等皆忌之。寿惧不免,每当入朝,常诈为边书,辞以警急。

初,巴西处士龚壮,父、叔皆为李特所杀。壮欲报仇,积年不除丧。寿数以礼辟之,壮不应;而往见寿,寿密问壮以自安之策。壮曰:"巴、蜀之民本皆晋臣,节下若能发兵西取成都,称藩于晋,谁不争为节下奋臂前驱者!如此则福流子孙,名垂不朽,岂徒脱今日之祸而已!"寿然之。阴与长史略阳罗恒、巴西解思明谋攻成都。

期颇闻之,数遣许涪至寿所,伺其动静;又鸩杀寿养弟安北将军攸。寿乃诈为妹夫任调书,云期当取寿。其众信之,遂帅步骑万馀人自涪袭成都,许赏以城中财物;以其将李奕为前锋。期不意其至,初不设备。寿世子势为翊军校尉,开门纳之,遂克成都,屯兵宫门。期遣侍中劳寿。寿奏建宁王越、景骞、田褒、姚华、许涪及征西将军李遐、将军李西等怀奸乱政,皆收杀之。纵兵大掠,数日乃定。寿矫以太后任氏令废期为邛都县公,幽之别宫。追谥戾太子曰哀皇帝。

罗恒、解思明、李奕等劝寿称镇西将军、益州牧、成都王,称藩于晋,送邛都公于建康;任调及司马蔡兴、侍中李艳等劝寿自称帝。寿命筮之,占者曰:"可数年天子。"调喜曰:"一日尚足,况数年乎!"思明曰:"数年天子,孰与百世诸侯?"寿曰:"朝闻道,夕死可矣。"遂即皇帝位。改国号曰汉,大赦,改元汉兴。以安车束帛征龚壮为太师;壮誓不仕,寿所赠遗,一无所受。

寿改立宗庙,追尊父骧曰献皇帝。母昝氏曰皇太后,立妃阎氏为皇后,世子势为皇太子。更以旧庙为大成庙,凡诸制度,多所更易。以董皎为相国,罗恒为尚书令,解思明为广汉太守,任调为镇北将军、梁州刺史,李奕为西夷校尉,从子权为宁州刺史。公、卿、州、郡,悉用其僚佐代之;成氏旧臣、近亲及六郡士人,皆见疏斥。

邛都公期叹曰:"天下主乃为小县公,不如死!"五月,缢而卒。寿谥曰幽公,葬以王礼。

4 赵王虎以燕王皝不会赵兵攻段辽而自专其利,欲伐之。太史令赵揽谏曰:"岁星守燕分,师必无功。"虎怒,鞭之。

皝闻之,严兵设备;罢六卿、纳言、常伯、冗骑常侍官。赵戎卒数十万,燕人震恐。皝谓内史高诩曰:"将若之何?"对曰:"赵兵虽强,然不足忧,但坚守以拒之,无能为也。"

虎遣使四出,招诱民夷,燕成周内史崔焘、居就令游泓、武原令常霸、东夷校尉封抽、护军宋晃等皆应之,凡得三十六城。泓,邃之兄子也。冀阳流寓之士共杀太守宋烛以降于赵。烛,晃之从兄也。营丘内史鲜于屈亦遣使降赵;武宁令广平孙兴晓谕吏民共收屈,数其罪而杀之,闭城拒守。朝鲜令昌黎孙泳帅众拒赵。大姓王清等密谋应赵,泳收斩之,同谋数百人惶怖请罪,泳皆释之,与同拒守。乐浪太守鞠彭以境内皆叛,选乡里壮士二百馀人共还棘城。

戊子,赵兵进逼棘城。燕王皝欲出亡,帐下将慕舆根谏曰:"赵强我弱,大王一举足则赵之气势遂成,使赵人收略国民,兵强谷足,不可复敌。窃意赵人正欲大王如此耳,奈何入其计中乎!今固守坚城,其势百倍,纵其急攻,犹足枝持,观形察变,间出求利;如事之不济,不失于走,奈何望风委去,为必亡之理乎!"皝乃止,然犹惧形于色。玄菟太守河间刘佩曰:"今强寇在外,众心恟惧,事之安危,系于一人。大王此际无所推委,当自强以厉将士,不宜示弱。事急矣,臣请出击之,纵无大捷,足以安众。"乃将敢死数百骑出冲赵兵,所向披靡,斩获而还,于是士气自倍。皝问计于封奕,对曰:"石虎凶虐已甚,民神共疾,祸败之至,其何日之有!今空国远来,攻守势异,戎马虽强,无能为患;顿兵积日,衅隙自生,但坚守以俟之耳。"皝意乃安。或说皝降,皝曰:"孤方取天下,何谓降也!"

赵兵四面蚁附缘城,慕舆根等昼夜力战;凡十馀日,赵兵不能克,壬辰,引退。皝遣其子恪帅二千骑追击之,赵兵大败,斩获三万馀级。赵诸军皆弃甲逃溃,惟游击将军石闵一军独全。闵父瞻,内黄人,本姓冉,赵主勒破陈午,获之,命虎养以为子。闵骁勇善战,多策略,虎爱之,比于诸孙。

虎还邺,以刘群为中书令,卢谌为中书侍郎。蒲洪以功拜使持节、都督六夷诸军事、冠军大将军,封西平郡公。石闵言于虎曰:"蒲洪雄俊,得将士死力,诸子皆有非常之才,且握强兵五万,屯据近畿,宜密除之,以安社稷。"虎曰:"吾方倚其父子以取吴、蜀,奈何杀之!"待之愈厚。

燕王皝分兵讨诸叛城,皆下之。拓境至凡城,崔焘、常霸奔邺,封抽、宋晃、游泓奔高句丽。皝赏鞠彭、慕舆根等而治诸叛者,诛灭其众;功曹刘翔为之申理,多所全活。

赵之攻棘城也,燕右司马李洪之弟普以为棘城必败,劝洪出避祸。洪曰:"天道幽远,人事难知,且当委任,勿轻动取悔!"普固请不已。洪曰:

"卿意见明审者,当自行之。吾受慕容氏大恩,义无去就,当效死于此耳。"与普流涕而诀。普遂降赵,从赵军南归,死于丧乱。洪由是以忠笃著名。

赵王虎遣渡辽将军曹伏将青州之众戍海岛,运谷三百万斛以给之;又以船三百艘运谷三十万斛诣高句丽,使典农中郎将王典帅众万馀屯田海滨,又令青州造船千艘,以谋击燕。

5 赵太子宣帅步骑二万击朔方鲜卑斛摩头,破之,斩首四万馀级。

6 冀州八郡大蝗,赵司隶请坐守宰。赵王虎曰:"此朕失政所致,而欲委咎守宰,岂罪己之意邪!司隶不进谠言,佐朕不逮,而欲妄陷无辜,可白衣领职!"

虎使襄城公涉归、上庸公日归帅众戍长安。二归告镇西将军石广私树恩泽,潜谋不轨;虎追广至邺,杀之。

7 乙未,以司徒导为太傅,都督中外诸军事,郗鉴为太尉,庾亮为司空。六月,以导为丞相,罢司徒官以并丞相府。

导性宽厚,委任诸将赵胤、贾宁等,多不奉法,大臣患之。庾亮与郗鉴笺曰:"主上自八九岁以及成人,入则在宫人之手,出则唯武官、小人,读书无从受音句,顾问未尝遇君子。秦政欲愚其黔首,天下犹知不可,况欲愚其主哉!人主春秋既盛,宜复子明辟。不稽首归政,甫居师傅之尊,多养无赖之士;公与下官并荷托付之重,大奸不扫,何以见先帝于地下乎!"欲共起兵废导,鉴不听。南蛮校尉陶称,侃之子也,以亮谋语导。或劝导密为之备,导曰:"吾与元规休戚是同,悠悠之谈,宜绝智者之口。则如君言,元规若来,吾便角巾还第,复何惧哉!"又与称书,以为:"庾公帝之元舅,宜善事之!"征西参军孙盛密谏亮曰:"王公常有世外之怀,岂肯为凡人事邪!此必佞邪之徒欲间内外耳。"亮乃止。盛,楚之孙也。是时亮虽居外镇,而遥执朝廷之权,既据上流,拥强兵,趣势者多归之。导内不能平,常遇西风尘起,举扇自蔽,徐曰:"元规尘污人!"

导以江夏李充为丞相掾。充以时俗崇尚浮虚,乃著学箴。以为老子云,"绝仁弃义,民复孝慈",岂仁义之道绝,然后孝慈乃生哉?盖患乎情仁义者寡而利仁义者众,将寄责于圣人而遗累乎陈迹也。凡人见形者众,及道者鲜,逐迹逾笃,离本逾远。故作学箴以祛其蔽曰:"名之攸彰,道之攸废;及损所隆,乃崇所替。非仁无以长物,非义无以齐耻,仁义固不可远,去其害义者而已。"

8 汉李奕从兄广汉太守乾告大臣谋废立。秋,七月,汉主寿使其子广与大臣盟于前殿,徙乾为汉嘉太守;以李闳为荆州刺史,镇巴郡。闳,恭之子也。

八月,蜀中久雨,百姓饥疫。寿命群臣极言得失。龚壮上封事称:"陛下起兵之初,上指星辰,昭告天地,歃血盟众,举国称藩,天应人悦,大功克集;而论者未谕,权宜称制。今淫雨百日,饥疫并臻,天其或者将以监示陛下故也。愚谓宜遵前盟,推奉建康,彼必不爱高爵重位以报大功;虽降阶一等,而子孙无穷,永保福祚,不亦休哉!论者或言二州附晋则荣,六郡人事之不便。昔公孙述在蜀,羁客用事,刘备在蜀,楚士多贵。及吴、邓西伐,举国屠灭,宁分客主!论者不达安固之基,苟惜名位,以为刘氏守令方仕州郡;曾不知彼乃国亡主易,岂同今日义举,主荣臣显哉!论者又谓臣当为法正。臣蒙陛下大恩,恣臣所安;至于荣禄,无问汉、晋,臣皆不处,复何为效法正乎!"寿省书内惭,秘而不宣。

9　九月,汉仆射任颜谋反,诛。颜,任太后之弟也。汉主寿因尽诛成主雄诸子。

10　冬,十月,光禄勋颜含以老逊位。论者以"王导帝之师傅,名位隆重,百僚宜为降礼"。太常冯怀以问含。含曰:"王公虽贵重,理无偏敬。降礼之言,或是诸君事宜;鄙人老矣,不识时务。"既而告人曰:"吾闻伐国不问仁人,向冯祖思问佞于我,我岂有邪德乎!"郭璞尝遇含,欲为之筮。含曰:"年在天,位在人。修己而天不与者,命也;守道而人不知者,性也;自有性命,无劳蓍龟。"致仕二十馀年,年九十三而卒。

11　代王翳槐之弟什翼犍质于赵,翳槐疾病,命诸大人立之。翳槐卒,诸大人梁盖等以新有大故,什翼犍在远,来未可必;比其至,恐有变乱,谋更立君。而翳槐次弟屈,刚猛多诈,不如屈弟孤仁厚,乃相与杀屈而立孤。孤不可,自诣邺迎什翼犍,请身留为质;赵王虎义而俱遣之。十一月,什翼犍即代王位于繁畤北,改元曰建国;分国之半以与孤。

初,代王猗卢既卒,国多内难,部落离散,拓跋氏浸衰。及什翼犍立,雄勇有智略,能修祖业,国人附之。始置百官,分掌众务。以代人燕凤为长史,许谦为郎中令。始制反逆、杀人、奸盗之法,号令明白,政事清简,无系讯连逮之烦,百姓安之。于是东自秽貊,西及破落那,南距阴山,北尽沙漠,率皆归服,有众数十万人。

12　十二月,段辽自密云山遣使求迎于赵;既而中悔,复遣使求迎于燕。

赵王虎遣征东将军麻秋帅众三万迎之,敕秋曰:"受降如受敌,不可轻也！"以尚书<u>左丞</u><u>阳裕</u>,<u>辽</u>之故臣,使为<u>秋</u>司马。

 <u>燕王</u><u>皝</u>自帅诸将迎<u>辽</u>,<u>辽</u>密与燕谋覆<u>赵</u>军。<u>皝</u>遣<u>慕容恪</u>伏精骑七千于<u>密云山</u>,大败<u>麻秋</u>于<u>三藏口</u>,死者什六七。<u>秋</u>步走得免,<u>阳裕</u>为<u>燕</u>所执。

 <u>赵</u>将军<u>范阳</u><u>鲜于亮</u>失马,步缘山不能进,因止,端坐。<u>燕</u>兵环之,叱令起。<u>亮</u>曰:"身是贵人,义不为小人所屈。汝曹能杀亟杀,不能则去!"<u>亮</u>仪观丰伟,声气雄厉,<u>燕</u>兵惮之,不敢杀,以白<u>皝</u>。<u>皝</u>以马迎之,与语,大悦,用为左常侍,以<u>崔毖</u>之女妻之。

 <u>皝</u>尽得<u>段辽</u>之众。待<u>辽</u>以上宾之礼,以<u>阳裕</u>为郎中令。

 <u>赵王</u><u>虎</u>闻<u>麻秋</u>败,怒,削其官爵。

五年(己亥,339)

1 春,正月辛丑,大赦。

2 三月,乙丑<u>广州</u>刺史<u>邓岳</u>将兵击<u>汉</u><u>宁州</u>,<u>汉</u><u>建宁</u>太守<u>孟彦</u>执其刺史<u>霍彪</u>以降。

3 征西将军<u>庾亮</u>欲开复中原,表<u>桓宣</u>为都督<u>沔</u>北前锋诸军事、<u>司州</u>刺史,镇<u>襄阳</u>;又表其弟<u>临川</u>太守<u>怿</u>为监<u>梁</u><u>雍</u>二州诸军事、<u>梁州</u>刺史,镇<u>魏兴</u>;<u>西阳</u>太守<u>翼</u>为<u>南蛮</u>校尉,领<u>南郡</u>太守,镇<u>江陵</u>,皆假节。又请解<u>豫州</u>,以授征虏将军<u>毛宝</u>。诏以<u>宝</u>监<u>扬州</u>之<u>江西</u>诸军事、<u>豫州</u>刺史,与<u>西阳</u>太守<u>樊峻</u>帅精兵万人戍<u>邾城</u>。以建威将军<u>陶称</u>为南中郎将、<u>江夏</u>相,入<u>沔</u>中。<u>称</u>将二百人下见<u>亮</u>,<u>亮</u>素恶<u>称</u>轻狡,数称前后罪恶,收而斩之。后以<u>魏兴</u>险远,命<u>庾怿</u>徙屯<u>半洲</u>;更以<u>武昌</u>太守<u>陈嚣</u>为<u>梁州</u>刺史,趣<u>汉中</u>。遣参军<u>李松</u>攻<u>汉</u><u>巴郡</u>、<u>江阳</u>。夏,四月,执<u>汉</u><u>荆州</u>刺史<u>李闳</u>、<u>巴郡</u>太守<u>黄植</u>送<u>建康</u>。<u>汉</u>主<u>寿</u>以<u>李奕</u>为镇东将军,代<u>闳</u>守<u>巴郡</u>。

 <u>庾亮</u>上疏,言:"蜀甚弱而胡尚强,欲帅大众十万移镇<u>石城</u>,遣诸军罗布<u>江</u>、<u>沔</u>为伐<u>赵</u>之规。"帝下其议。丞相<u>导</u>请许之。太尉<u>鉴</u>议,以为"资用未备,不可大举"。

 太常<u>蔡谟</u>议,以为:"时有否泰,道有屈伸,苟不计强弱而轻动,则亡不终日,何功之有!为今之计,莫若养威以俟时。时之可否系<u>胡</u>之强弱,<u>胡</u>之强弱系<u>石虎</u>之能否。自<u>石勒</u>举事,<u>虎</u>常为爪牙,百战百胜,遂定中原,所据之地,同于<u>魏</u>世。<u>勒</u>死之后,<u>虎</u>挟嗣君,诛将相;内难既平,翦削外寇,一举而拔<u>金墉</u>,再战而禽<u>石生</u>,诛<u>石聪</u>如拾遗,取<u>郭权</u>如振槁,四境之内,不失尺土。以是观之,<u>虎</u>为能乎,将不能也?论者以<u>胡</u>前攻<u>襄阳</u>不能拔,谓之无能为。夫百战百胜之强而以不拔一城为劣,譬如射者百发百中而

一失,可以谓之拙乎?

"且石遇,偏师也,桓平北,边将也,所争者疆场之士,利则进,否则退,非所急也。今征西以重镇名贤,自将大军欲席卷河南,虎必自帅一国之众来决胜负,岂得以襄阳为比哉! 今征西欲与之战,何如石生? 若欲城守,何如金墉? 欲阻沔水,何如大江? 欲拒石虎,何如苏峻? 凡此数者,宜详校之。

"石生猛将,关中精兵,征西之战殆不能胜也! 又当是时,洛阳、关中皆举兵击虎,今此三镇反为其用;方之于前,倍半之势也;石生不能敌其半,而征西欲当其倍,愚所疑也。苏峻之强不及石虎,沔水之险不及大江;大江不能御苏峻而欲以沔水御石虎,又所疑也。昔祖士稚在谯,佃于城北界,胡来攻,豫置军屯以御其外。谷将熟,胡果至,丁夫战于外,老弱获于内,多持炬火,急则烧谷而走。如此数年,竟不得其利。当是时,胡唯据河北,方之于今,四分之一耳。士稚不能捍其一而征西欲以御其四,又所疑也。

"然此但论征西既至之后耳,尚未论道路之虑也。自沔以西,水急岸高,鱼贯溯流,首尾百里。若胡无宋襄之义,及我未阵而击之,将若之何? 今王土与胡,水陆异势,便习不同。胡若送死,则敌之有馀,若弃江远进,以我所短击彼所长,惧非庙胜之算。"

朝议多与谟同。乃诏亮不听移镇。

4　燕前军师慕容评、广威将军慕容军、折冲将军慕舆根、荡寇将军慕舆埿袭赵辽西,俘获千馀家而去。赵镇远将军石成、积弩将军呼延晃、建威将军张支等追之,评等与战,斩晃、支首。

5　段辽谋反于燕,燕人杀辽及其党与数十人,送辽首于赵。

6　五月,代王什翼犍会诸大人于参合陂,议都灅源川。其母王氏曰:"吾自先世以来,以迁徙为业;今国家多难,若城郭而居,一旦寇来,无所避也。"乃止。

代人谓他国之民来附者皆为乌桓,什翼犍分之为二部,各置大人以监之。弟孤监其北,子寔君监其南。

什翼犍求昏于燕,燕王皝以其妹妻之。

7　秋,七月,赵王虎以太子宣为大单于,建天子旌旗。

8　庚申,始兴文献公王导薨,丧葬之礼视汉博陆侯及安平献王故事,参用天子之礼。

导简素寡欲,善因事就功,虽无日用之益而岁计有馀。辅相三世,仓无储谷,衣不重帛。

　　初,导与庾亮共荐丹杨尹何充于帝,请以为己副,且曰:"臣死之日,愿引充内侍,则社稷无虞矣。"由是加吏部尚书。及导薨,征庾亮为丞相、扬州刺史、录尚书事。亮固辞。辛酉,以充为护军将军;亮弟会稽内史冰为中书监、扬州刺史,参录尚书事。

　　冰既当重任,经纶时务,不舍昼夜,宾礼朝贤,升擢后进,由是朝野翕然称之,以为贤相。初,王导辅政,每从宽恕;冰颇任威刑,丹杨尹殷融谏之。冰曰:"前相之贤,犹不堪其弘,况如吾者哉!"范汪谓冰曰:"顷天文错度,足下宜尽消御之道。"冰曰:"玄象岂吾所测,正当勤尽人事耳。"又隐实户口,料出无名万馀人,以充军实。冰好为纠察,近于繁细,后益矫违,复存宽纵,疏密自由,律令无用矣。

　　9　八月壬午,复改丞相为司徒。

　　10　南昌文成公郗鉴疾笃,以府事付长史刘遐,上疏乞骸骨,且曰:"臣所统错杂,率多北人,或逼迁徙,或是新附,百姓怀土,皆有归本之心。臣宣国恩,示以好恶,处与田宅,渐得少安。闻臣疾笃,众情骇动,若当北渡,必启寇心。太常臣谟,平简贞正,素望所归,谓可以为都督、徐州刺史。"诏以蔡谟为太尉军司,加侍中。辛酉,鉴薨,即以谟为征北将军、都督徐兖青三州诸军事、徐州刺史,假节。

　　时左卫将军陈光请伐赵,诏遣光攻寿阳,谟上疏曰:"寿阳城小而固。自寿阳至琅邪,城壁相望,一城见攻,众城必救。又,王师在路五十馀日,前驱未至,声息久闻,贼之邮驿,一日千里,河北之骑,足以来赴。夫以白起、韩信、项籍之勇,犹发梁焚舟,背水而阵。今欲停船水渚,引兵造城,前对坚敌,顾临归路,此兵法之所诫。若进攻未拔,胡骑卒至,惧桓子不知所为而舟中之指可掬也。今光所将皆殿中精兵,宜令所向有征无战。而顿之坚城之下,以国之爪士击寇之下邑,得之则利薄而不足损敌,失之则害重而足以益寇,惧非策之长者也。"乃止。

　　11　初,陶侃在武昌,议者以江北有邾城,宜分兵戍之。侃每不答,而言者不已。侃乃渡水猎,引将佐语之曰:"我所以设险而御寇者,正以长江耳。邾城隔在江北,内无所倚,外接群夷。夷中利深,晋人贪利,夷不堪命,必引虏入寇。此乃致祸之由,非以御寇也。且吴时戍此城用三万兵,今纵有兵守,亦无益于江南;若羯虏有可乘之会,此又非所资也。"

　　及庾亮镇武昌,卒使毛宝、樊峻戍邾城。赵王虎恶之,以夔安为大都督,帅石鉴、石闵、李农、张貉、李菟等五将军、兵五万人寇荆、扬北鄙,二万骑攻邾城。毛宝求救于庾亮,亮以城固,不时遣兵。

九月,石闵败晋兵于沔阴,杀将军蔡怀;夔安、李农陷沔南;朱保败晋兵于白石,杀郑豹等五将军;张貉陷邾城,死者六千人,毛宝、樊峻突围出走,赴江溺死。夔安进据胡亭,寇江夏;义阳将军黄冲、义阳太守郑进皆降于赵。安进围石城,竟陵太守李阳拒战,破之,斩首五千馀级,安乃退。遂掠汉东,拥七千馀户迁于幽、冀。

是时庾亮犹上疏欲迁镇石城,闻邾城陷,乃止。上表陈谢,自贬三等,行安西将军。有诏复位。以辅国将军庾怿为豫州刺史,监宣城、庐江、历阳、安丰四郡诸军事、假节,镇芜湖。

12　赵王虎患贵戚豪恣,乃擢殿中御史李巨为御史中丞,特加亲任,中外肃然。虎曰:“朕闻良臣如猛虎,高步旷野而豺狼避路,信哉!”

虎以抚军将军李农为使持节、监辽西北平诸军事、征东将军、营州牧,镇令支。农帅众三万与征北大将军张举攻燕凡城。燕王皝以楷卢城大悦绾为御难将军,授兵一千,使守凡城。及赵兵至,将吏皆恐,欲弃城走。绾曰:“受命御寇,死生以之。且凭城坚守,一可敌百,敢有妄言惑众者斩!”众然后定。绾身先士卒,亲冒矢石。举等攻之经旬,不能克,乃退。虎以辽西迫近燕境,数遭攻袭,乃悉徙其民于冀州之南。

13　汉主寿疾病,罗恒、解思明复议奉晋,寿不从。李演复上书言之;寿怒,杀演。

寿常慕汉武、魏明之为人,耻闻父兄时事,上书者不得言先世政教,自以为胜之也。舍人杜袭作诗十篇,托言应璩以讽谏。寿报曰:“省诗知意。若今人所作,乃贤哲之话言;若古人所作,则死鬼之常辞耳。”

14　燕王皝自以称王未受晋命,冬,遣长史刘翔、参军鞠运来献捷论功,且言权假之意,并请刻期大举,共平中原。

皝击高句丽,兵及新城,高句丽王钊乞盟,乃还。又使其子恪、霸击宇文别部。霸年十三,勇冠三军。

15　张骏立辟雍、明堂以行礼。十一月,以世子重华行凉州事。

16　十二月丁丑,赵太保桃豹卒。

17　丙戌,以骠骑将军琅邪王岳为侍中、司徒。

18　汉李奕寇巴东,守将劳杨败死。

六年(庚子,340)

1　春,正月庚子朔,都亭文康侯庾亮薨。以护军将军、录尚书何充为中书令。庚戌,以南郡太守庾翼为都督江荆司雍梁益六州诸军事、安西将军、荆州刺史、假节,代亮镇武昌。时人疑翼年少,不能继其兄。翼悉心为治,戎政严明,数年之间,公私充实,人皆称其才。

2　辛亥,以左光禄大夫陆玩为侍中、司空。

3　宇文逸豆归忌慕容翰才名,翰乃阳狂酗饮,或卧自便利,或被发歌呼,拜跪乞食。宇文举国贱之,不复省录,以故得行来自遂,山川形便,皆默记之。燕王皝以翰初非叛乱,以猜嫌出奔,虽在他国,常潜为燕计,乃遣商人王车通市于宇文部以窥翰。翰见车,无言,抚膺额之而已。皝曰:“翰欲来也。”复使车迎之。翰弯弓三石馀,矢尤长大,皝为之造可手弓矢,使车埋于道旁而密告之。二月,翰窃逸豆归名马,携其二子过取弓矢,逃归。逸豆归使骁骑百馀追之。翰曰:“吾久客思归,既得上马,无复还理。吾向日阳愚以诳汝,吾之故艺犹在,无为相逼,自取死也!”追骑轻之,直突而前。翰曰:“吾居汝国久恨恨,不欲杀汝。汝去我百步立汝刀,吾射之,一发中者汝可还,不中者可来前。”追骑解刀立之,一发,正中其环,追骑散走。皝闻翰至,大喜,恩遇甚厚。

4　庚辰,有星孛于太微。

5　三月丁卯,大赦。

6　汉人攻拔丹川,守将孟彦、刘齐、李秋皆死。

7　代王什翼犍始都云中之盛乐宫。

8　赵王虎遗汉主寿书,欲与之连兵入寇,约中分江南。寿大喜,遣散骑常侍王嘏、中常侍王广使于赵。龚壮谏,不听。寿大修舟舰,缮兵聚粮。秋,九月,以尚书令马当为六军都督,征集士卒七万馀人为舟师,大阅于成都,鼓噪盈江。寿登城观之,有吞噬江南之志。解思明谏曰:“我国小兵弱,吴、会险远,图之未易。”寿乃命群臣大议利害。龚壮曰:“陛下与胡通,孰若与晋通?胡,豺狼也,既灭晋,不得不北面事之。若与之争天下,则强弱不敌,危亡之势也,虞、虢之事,已然之戒,愿陛下熟虑之!”群臣皆以壮言为然,寿乃止。士卒咸称万岁。

龚壮以为人之行莫大于忠孝,既报父、叔之仇,又欲使寿事晋,寿不从。乃诈称耳聋,手不制物,辞归,以文籍自娱,终身不复至成都。

9　赵尚书令夔安卒。

10　赵王虎命司、冀、青、徐、幽、并、雍七州之民五丁取三,四丁取二,合邺城旧兵,满五十万,具船万艘,自河通海,运谷千一百万斛于乐安城。徙辽西、北平、渔阳万馀户于兖、豫、雍、洛四州之地。自幽州以东至白狼,大兴屯田。悉括取民马,有敢私匿者腰斩,凡得四万馀匹。大阅于宛阳,欲以击燕。

燕王皝谓诸将曰:"石虎自以乐安城防守重复,蓟城南北必不设备,今若诡路出其不意,可尽破也。"冬,十月,皝帅诸军入自蠮螉塞袭赵,戍将当道者皆禽之,直抵蓟城。赵幽州刺史石光拥兵数万,闭城不敢出。燕兵进破武遂津,入高阳,所至焚烧积聚,略三万馀家而去。石光坐懦弱征还。

11　赵王虎以秦公韬为太尉,与太子宣迭日省可尚书奏事,专决赏刑,不复启白。司徒申锺谏曰:"赏刑者,人君之大柄,不可以假人,所以防微杜渐,消逆乱于未然也。太子职在视膳,不当豫政;庶人遂以豫政致败,覆车未远也。且二政分权,鲜不阶祸。爱之不以道,适所以害之也。"虎不听。

中谒者令申扁以慧悟辩给有宠于虎;宣亦昵之,使典机密。虎既不省事,而宣、韬皆好酣饮、畋猎,由是除拜、生杀皆决于扁,自九卿已下率皆望尘而拜。

太子詹事孙珍病目,求方于侍中崔约,约戏之曰:"溺中则愈。"珍曰:"目何可溺?"约曰:"卿目睕睕,正耐溺中。"珍恨之,以白宣。宣于兄弟中最胡状目深,闻之怒,诛约父子。于是公卿以下畏珍侧目。

燕公斌督边州,亦好畋猎,常悬管而入。征北将军张贺度每裁谏之,斌怒,辱贺度。虎闻之,使主书礼仪持节监之。斌杀仪,又欲杀贺度,贺度严卫驰白之。虎遣尚书张离帅骑追斌,鞭之三百,免官归第,诛其亲信十馀人。

12　张骏遣别驾马诜入贡于赵,表辞骞傲。虎怒,欲斩诜。侍中石璞谏曰:"今国家所当先除者,遗晋也;河西僻陋,不足为意。今斩马诜,必征张骏,则兵力分而为二,建康复延数年之命矣。"乃止。璞,苞之曾孙也。

13　初,汉将李闳为晋所获,逃奔于赵,汉主寿致书于赵王虎以请之,署曰"赵王石君"。虎不悦,付外议之。中书监王波曰:"今李闳以死自誓曰:'苟得归骨于蜀,当纠帅宗族,混同王化。'若其信也,则不烦一旅,坐定梁、益。若有前却,不过失一亡命之人,于赵何损!李寿既僭大号,今以制诏与之,彼必酬返,不若复为书与之。"会挹娄国献楛矢石砮于赵,波因请以遗汉,曰:"使其知我能服远方也。"虎从之,遣李闳归,厚为之礼。闳至成都,寿下诏曰:"羯使来庭,贡其楛矢。"虎闻之,怒,黜王波,以白衣领职。

七年（辛丑，341）

1　春，正月燕王皝使唐国内史阳裕等筑城于柳城之北，龙山之西，立宗庙、宫阙，命曰龙城。

2　二月甲子朔，日有食之。

3　刘翔至建康，帝引见，问慕容镇军平安。对曰："臣受遣之日，朝服拜章。"

翔为燕王皝求大将军、燕王章玺。朝议以为："故事：大将军不处边；自汉、魏以来，不封异姓为王；所求不可许。"翔曰："自刘、石构乱，长江以北，翦为戎薮，未闻中华公卿之胄有一人能攘臂挥戈，摧破凶逆者也。独慕容镇军父子竭力，心存本朝，以寡击众，屡殄强敌，使石虎畏惧，悉徙边陲之民散居三魏，蹙国千里，以蓟城为北境。功烈如此，而惜海北之地不以为封邑，何哉？昔汉高祖不爱王爵于韩、彭，故能成其帝业；项羽刓印不忍授，卒用危亡。吾之至心，非苟欲尊其所事，窃惜圣朝疏忠义之国，使四海无所劝慕耳。"

尚书诸葛恢，翔之姊夫也，独主异议，以为："夷狄相攻，中国之利，惟器与名，不可轻许。"乃谓翔曰："借使慕容镇军能除石虎，乃是复得一石虎也，朝廷何赖焉！"翔曰："嫠妇犹知恤宗周之陨。今晋室阽危，君位侔元、凯，曾无忧国之心邪？向使靡、鬲之功不立，则少康何以祀夏！桓、文之战不捷，则周人皆为左衽矣。慕容镇军枕戈待旦，志殄凶逆，而君更唱邪惑之言，忌间忠臣。四海所以未壹，良由君辈耳！"翔留建康岁馀，众议终不决。

翔乃说中常侍彧弘曰："石虎苞八州之地，带甲百万，志吞江、汉，自索头、宇文暨诸小国，无不臣服；惟慕容镇军翼戴天子，精贯白日，而更不获殊礼之命，窃恐天下移心解体，无复南向者矣。公孙渊无尺寸之益于吴，吴主封为燕王，加以九锡。今慕容镇军屡摧贼锋，威震秦、陇，虎比遣重使，甘言厚币，欲授以曜威大将军、辽西王。慕容镇军恶其非正，却而不受。今朝廷乃矜惜虚名，沮抑忠顺，岂社稷之长计乎！后虽悔之，恐无及已。"弘为之入言于帝，帝意亦欲许之。会皝上表，称"庾氏兄弟擅权召乱，宜加斥退，以安社稷"，又与庾冰书，责其当国秉权，不能为国雪耻。冰甚惧，以其绝远，非所能制，乃与何充奏从其请。乙卯，以慕容皝为使持节、大将军、都督河北诸军事、幽州牧、大单于、燕王，备物、典策，皆从殊礼。又以其世子儁为假节、安北将军、东夷校尉、左贤王；赐军资器械以千万计。又封诸功臣百馀人，以刘翔为代郡太守，封临泉乡侯，加员外散骑常侍。翔固辞不受。

翔疾江南士大夫以骄奢酗纵相尚，尝因朝贵宴集，谓何充等曰："四海板荡，奄逾三纪，宗社为墟，黎民涂炭，斯乃庙堂焦虑之时，忠臣毕命之秋也。而诸君宴安江沱，肆情纵欲，以奢靡为荣，以傲诞为贤，謇谔之言不闻，征伐之功不立，将何以尊主济民乎！"充等甚惭。

诏遣兼大鸿胪郭悕持节诣棘城册命燕王，与翔等偕北。公卿饯于江上，翔谓诸公曰："昔少康资一旅以灭有穷，句践凭会稽以报强吴，蔓草犹宜早除，况寇仇乎！今石虎、李寿，志相吞噬，王师纵未能澄清北方，且当从事巴、蜀。一旦石虎先人举事，并寿而有之，据形便之地以临东南，虽有智者，不能善其后矣。"中护军谢广曰："是吾心也！"

4　三月戊戌，皇后杜氏崩。夏，四月丁卯，葬恭皇后于兴平陵。

5　诏实王公以下至庶人皆正土断、白籍。

6　秋，七月，郭悕、刘翔等至燕，燕王皝以翔为东夷护军、领大将军长史，以唐国内史阳裕为左司马，典书令李洪为右司马，中尉郑林为军谘祭酒。

7　八月辛酉，东海哀王冲薨。

8　九月，代王什翼犍筑盛乐城于故城南八里。

9　代王妃慕容氏卒。

10　冬，十月，匈奴刘虎寇代西部，代王什翼犍遣军逆击，大破之。虎卒，子务桓立，遣使求和于代，什翼犍以女妻之。务桓又朝贡于赵，赵以务桓为平北将军、左贤王。

11　赵横海将军王华帅舟师自海道袭燕安平，破之。

12　燕王皝以慕容恪为渡辽将军，镇平郭。自慕容翰、慕容仁之后，诸将无能继者。及恪至平郭，抚旧怀新，屡破高句丽兵，高句丽畏之，不敢入境。

13　十二月，兴平康伯陆玩薨。

14　汉主寿以其太子势领大将军、录尚书事。初，成主雄以俭约宽惠得蜀人心。及李闳、王嘏还自邺，盛称邺中繁庶，宫殿壮丽，且言赵王虎以刑杀御下，故能控制境内。寿慕之，徙旁郡民三丁以上者以实成都，大修宫室，治器玩。人有小过，辄杀以立威。左仆射蔡兴、右仆射李嶷皆坐直谏死。民疲于赋役，吁嗟满道，思乱者众矣。

资治通鉴卷第九十七

晋纪十九

显宗成皇帝下

咸康八年（壬寅，342）

1　春，正月己未朔，日有食之。

2　乙丑，大赦。

3　豫州刺史庾怿以酒饷江州刺史王允之。允之觉其毒，饮犬，犬毙，密奏之。帝曰："大舅已乱天下，小舅复欲尔邪！"二月，怿饮鸩而卒。

4　三月，初以武悼后配食武帝庙。

5　庾翼在武昌，数有妖怪，欲移镇乐乡。征虏长史王述与庾冰笺曰："乐乡去武昌千有馀里，数万之众，一旦移徙，兴立城壁，公私劳扰。又江州当溯流数千里供给军府，力役增倍。且武昌实江东镇戍之中，非但扞御上流而已，缓急赴告，骏奔不难。若移乐乡，远在西陲，一朝江渚有虞，不相接救。方岳重将，固当居要害之地，为内外形势，使窥阚之心不知所向。昔秦忌亡胡之谶，卒为刘、项之资；周恶㨾弧之谣，而成褒姒之乱。是以达人君子，直道而行，禳避之道，皆所不取，正当择人事之胜理，思社稷之长计耳。"朝议亦以为然。翼乃止。

6　夏，五月乙卯，帝不豫。六月庚寅，疾笃。或诈为尚书符，敕宫门无得内宰相，众皆失色。庾冰曰："此必诈也。"推问，果然。帝二子丕、奕，皆在襁褓。庾冰自以兄弟秉权日久，恐易世之后，亲属愈疏，为他人所间，每说帝以国有强敌，宜立长君，请以母弟琅邪王岳为嗣，帝许之。中书令何充曰："父子相传，先王旧典，易之者鲜不致乱。故武王不授圣弟，非不爱也。今琅邪践阼，将如孺子何！"冰不听。下诏，以岳为嗣，并以奕继琅邪哀王。壬辰，冰、充及武陵王晞、会稽王昱、尚书令诸葛恢并受顾命。癸巳，帝崩。帝幼冲嗣位，不亲庶政，及长，颇有勤俭之德。

7　甲午，琅邪王即皇帝位，大赦。

8　己亥，封成帝子丕为琅邪王，奕为东海王。

9　康帝<u>亮</u>阴不言，委政于<u>庾冰</u>、<u>何充</u>。秋，七月丙辰，葬<u>成帝</u>于<u>兴平陵</u>。帝徒行送丧，至<u>闾阖门</u>，乃升素舆至陵所。既葬，帝临轩，<u>庾冰</u>、<u>何充</u>侍坐。帝曰：“朕嗣鸿业，二君之力也。”<u>充</u>曰：“陛下龙飞，臣<u>冰</u>之力也。若如臣议，不睹升平之世。”帝有惭色。己未，以<u>充</u>为骠骑将军、都督<u>徐州</u>、<u>扬州</u>之<u>晋陵</u>诸军事、领<u>徐州</u>刺史，镇<u>京口</u>，避诸<u>庾</u>也。

10　冬，十月，<u>燕王皝</u>迁都<u>龙城</u>，赦其境内。

建威将军<u>翰</u>言于<u>皝</u>曰：“<u>宇文</u>强盛日久，屡为国患。今<u>逸豆归</u>篡窃得国，群情不附，加之性识庸暗，将帅非才，国无防卫，军无部伍。臣久在其国，悉其地形，虽远附强<u>羯</u>，声势不接，无益救援，今若击之，百举百克。然<u>高句丽</u>去国密迩，常有窥<u>阚</u>之志，彼知<u>宇文</u>既亡，祸将及己，必乘虚深入，掩吾不备。若少留兵则不足以守，多留兵则不足以行。此心腹之患也，宜先除之，观其势力，一举可克。<u>宇文</u>自守之虏，必不能远来争利。既取<u>高句丽</u>，还取<u>宇文</u>，如返手耳。二国既平，利尽东海，国富兵强，无返顾之忧，然后中原可图也。”<u>皝</u>曰：“善！”

将击<u>高句丽</u>。<u>高句丽</u>有二道，其北道平阔，南道险狭，众欲从北道。<u>翰</u>曰：“虏以常情料之，必谓大军从北道，当重北而轻南。王宜帅锐兵从南道击之，出其不意，<u>丸都</u>不足取也。别遣偏师从北道，纵有蹉跌，其腹心已溃，四支无能为也。”<u>皝</u>从之。

十一月，<u>皝</u>自将劲兵四万出南道，以<u>慕容翰</u>、<u>慕容霸</u>为前锋；别遣长史<u>王寓</u>等将兵万五千出北道以伐<u>高句丽</u>。<u>高句丽</u>王<u>钊</u>果遣弟<u>武</u>帅精兵五万拒北道，自帅羸兵以备南道。<u>慕容翰</u>等先至，与<u>钊</u>合战，<u>皝</u>以大众继之。左常侍<u>鲜于亮</u>曰：“臣以俘虏蒙王国士之恩，不可以不报。今日，臣死日也。”独与数骑先犯<u>高句丽</u>陈，所向摧陷。<u>高句丽</u>陈动，大众因而乘之，<u>高句丽</u>兵大败。左长史<u>韩寿</u>斩<u>高句丽</u>将<u>阿佛</u>和<u>度加</u>，诸军乘胜追之，遂入<u>丸都</u>。<u>钊</u>单骑走，轻车将军<u>慕舆埿</u>追获其母<u>周氏</u>及妻而还。会<u>王寓</u>等战于北道，皆败没，由是<u>皝</u>不复穷追。遣使招<u>钊</u>，<u>钊</u>不出。

<u>皝</u>将还，<u>韩寿</u>曰：“<u>高句丽</u>之地，不可戍守。今其主亡民散，潜伏山谷，大军既去，必复鸠聚，收其馀烬，犹足为患。请载其父尸、囚其生母而归，俟其束身自归，然后返之，抚以恩信，策之上也。”<u>皝</u>从之。发<u>钊</u>父<u>乙弗利</u>墓，载其尸，收其府库累世之宝，虏男女五万馀口，烧其宫室，毁<u>丸都城</u>而还。

11　十二月壬子，立妃<u>褚氏</u>为皇后。征<u>豫章</u>太守<u>褚裒</u>为侍中、尚书。<u>裒</u>自以后父，不愿居中任事，苦求外出，乃除建威将军、<u>江州</u>刺史，镇<u>半洲</u>。

12　赵王虎作台观四十馀所于邺，又营洛阳、长安二宫，作者四十馀万人。又欲自邺起阁道至襄国，敕河南四州治南伐之备，并、朔、秦、雍严西讨之资，青、冀、幽州为东征之计，皆三五发卒。诸州军造甲者五十馀万人，船夫十七万人，为水所没、虎狼所食者三分居一。加之公侯、牧宰竞营私利，百姓失业愁困。贝丘人李弘因众心之怨，自言姓名应谶，连结党与，署置百寮，事发，诛之，连坐者数千家。

虎畋猎无度，晨出夜归，又多微行，躬察作役。侍中京兆韦谀谏曰："陛下忽天下之重，轻行斤斧之间，猝有狂夫之变，虽有智勇，将安所施！又兴役无时，废民耘获，吁嗟盈路，殆非仁圣之所忍为也。"虎赐谀谷帛，而兴缮滋繁，游察自若。

秦公韬有宠于虎，太子宣恶之。右仆射张离领五兵尚书，欲求媚于宣，说之曰："今诸侯吏兵过限，宜渐裁省，以壮本根。"宣使离为奏："秦、燕、义阳、乐平四公，听置吏一百九十七人，帐下兵二百人。自是以下，三分置一，馀兵五万，悉配东宫。"于是诸公咸怨，嫌衅益深矣。

青州上言："济南平陵城北石虎一夕移于城东南，有狼狐千馀迹随之，迹皆成蹊。"虎喜曰："石虎者，朕也；自西北徙而东南者，天意欲使朕平荡江南也。其敕诸州兵明年悉集，朕当亲董六师，以奉天命。"群臣皆贺，上皇德颂者一百七人。制："征士五人出车一乘，牛二头，米十五斛，绢十匹，调不办者斩。"民至鬻子以供军须，犹不能给，自经于道树者相望。

康皇帝
建元元年（癸卯，343）

1　春，二月，高句丽王钊遣其弟称臣入朝于燕，贡珍异以千数。燕王皝乃还其父尸，犹留其母为质。

2　宇文逸豆归遣其相莫浅浑将兵击燕。诸将争欲击之，燕王皝不许。莫浅浑以为皝畏之，酣饮纵猎，不复设备，皝使慕容翰出击之，莫浅浑大败，仅以身免，尽俘其众。

3　庾翼为人慷慨，喜功名。琅邪内史桓温，彝之子也，尚南康公主，豪爽有风概，翼与之友善，相期以宁济海内。翼尝荐温于成帝曰："桓温有英雄之才，愿陛下勿以常人遇之，常婿畜之，宜委以方、邵之任，必有弘济艰难之勋。"时杜乂、殷浩并才名冠世，翼独弗之重也，曰："此辈宜束之高阁，俟天下太平，然后徐议其任耳。"浩累辞征辟，屏居墓所，几将十年，时人拟之管、葛。江夏相谢尚、长山令王濛常伺其出处,以卜江左兴亡。尝相与省之,知浩有确然之志,既返,相谓曰:"深源不起,当如苍生何!"尚,鲲之子也。翼请浩为司马,诏除侍中、安西军司,浩不应。翼遗浩书曰:"王夷甫立名非真,虽云谈道,实长华竞。明德君子,遇会处际,宁可然乎!"浩犹不起。

殷羡为长沙相,在郡贪残,庾冰与翼书属之。翼报曰:"殷君骄豪,亦似由有佳儿,弟故小令物情容之。大较江东之政,以妪煦豪强,常为民蠹;时有行法,辄施之寒劣。如往年偷石头仓米一百万斛,皆是豪将辈,而直杀仓督监以塞责。山遐为馀姚长,为官出豪强所藏二千户,而众共驱之,令遐不得安席。虽皆前宰之悖谬,江东事去,实此之由。兄弟不幸,横陷此中,自不能拔足于风尘之外,当共明目而治之。荆州所统二十馀郡,唯长沙最恶,恶而不黜,与杀督监复何异邪!"遐,简之子也。

翼以灭胡取蜀为己任,遣使东约燕王皝,西约张骏,刻期大举。朝议多以为难,唯庾冰意与之同,而桓温、谯王无忌皆赞成之。无忌,承之子也。

秋,七月,赵汝南太守戴开帅数千人诣翼降。丁巳,下诏议经略中原。翼欲悉所部之众北伐,表桓宣为都督司雍梁三州荆州之四郡诸军事、梁州刺史,前趣丹水;桓温为前锋小督、假节,帅众入临淮;并发所统六州奴及车牛驴马,百姓嗟怨。

4 代王什翼犍复求婚于燕,燕王皝使纳马千匹为礼。什翼犍不与,又倨慢无子婿礼。八月,皝遣世子儁帅前军师评等击代。什翼犍帅众避去,燕人无所见而还。

5 汉主寿卒,谥曰昭文,庙号中宗。太子势即位,大赦。

6 赵太子宣击鲜卑斛摠提,大破之,斩首三万级。

7 宇文逸豆归执段辽弟兰,送于赵,并献骏马万匹。赵王虎命兰帅所从鲜卑五千人屯令支。

8 庾翼欲移镇襄阳,恐朝廷不许,乃奏云移镇安陆。帝及朝士皆遣使譬止翼,翼遂违诏北行,至夏口,复上表请镇襄阳。翼时有众四万,诏加翼都督征讨诸军事。先是车骑将军、扬州刺史庾冰屡求出外,辛巳,以冰都督荆江宁益梁交广七州豫州之四郡诸军事、领江州刺史、假节,镇武昌,以为翼继援。征徐州刺史何充为都督扬豫徐州之琅邪诸军事,领扬州刺史,录尚书事,辅政。以琅邪内史桓温为都督青徐兖三州诸军事、徐州刺史,褚裒为卫将军,领中书令。

9　冬十一月己巳,大赦。

二年(甲辰,344)

1　春,正月,赵王虎享群臣于太武殿,有白雁百馀集马道之南,虎命射之,皆不获。时诸州兵集者百馀万,太史令赵揽密言于虎曰:"白雁集庭,宫室将空之象,不宜南行。"虎信之,乃临宣武观大阅而罢。

2　汉主势改元太和,尊母阎氏为皇太后,立妻李氏为皇后。

3　燕王皝与左司马高诩谋伐宇文逸豆归,诩曰:"宇文强盛,今不取,必为国患,伐之必克,然不利于将。"出而告人曰:"吾往必不返,然忠臣不避也。"于是皝自将伐逸豆归。以慕容翰为前锋将军,刘佩副之;分命慕容军、慕容恪、慕容霸及折冲将军慕舆根将兵,三道并进。高诩将发,不见其妻,使人语以家事而行。

逸豆归遣南罗大涉夜干将精兵逆战,皝遣人驰谓慕容翰曰:"涉夜干勇冠三军,宜小避之。"翰曰:"逸豆归扫其国内精兵以属涉夜干,涉夜干素有勇名,一国所赖也,今我克之,其国不攻自溃矣。且吾孰知涉夜干之为人,虽有虚名,实易与耳,不宜避之以挫吾兵气。"遂进战。翰自出冲陈,涉夜干出应之,慕容霸从傍邀击,遂斩涉夜干。宇文士卒见涉夜干死,不战而溃。燕军乘胜逐之,遂克其都城。逸豆归走死漠北,宇文氏由是散亡。皝悉收其畜产、资货,徙其部众五千馀落于昌黎,辟地千馀里。更命涉夜干所居城曰威德城,使弟彪戍之而还。高诩、刘佩皆中流矢卒。

诩善天文,皝尝谓曰:"卿有佳书而不见与,何以为忠尽!"诩曰:"臣闻人君执要,人臣执职。执要者逸,执职者劳。是以后稷播种,尧不预焉。占候、天文,晨夜甚苦,非至尊之所宜亲,殿下将焉用之!"皝默然。

初,逸豆归事赵甚谨,贡献属路。及燕人伐逸豆归,赵王虎使右将军白胜、并州刺史王霸自甘松出救之,比至,宇文氏已亡,因攻威德城,不克而还。慕容彪追击,破之。

慕容翰之与宇文氏战也,为流矢所中,卧病积时不出。后渐差,于其家试骋马。或告翰称病而私习骑乘,疑欲为变。燕王皝虽藉翰勇略,然中心终忌之,乃赐翰死。翰曰:"吾负罪出奔,既而复还,今日死已晚矣。然羯贼跨据中原,吾不自量,欲为国家荡壹区夏,此志不遂,没有遗恨,命矣夫!"饮药而卒。

4　代王什翼犍遣其大人长孙秩迎妇于燕。

5　夏,四月,凉州将张瓘败赵将王擢于三交城。

6　初,赵领军王朗言于赵王虎曰:"盛冬雪寒,而皇太子使人伐宫材,引于漳水,役者数万,吁嗟满道,陛下宜因出游罢之。"虎从之。太子宣怒。会荧惑守房,宣使太史令赵揽言于虎曰:"房为天王,今荧惑守之,其殃不细。宜以贵臣王姓者当之。"虎曰:"谁可者?"揽曰:"无贵于王领军。"虎意惜朗,使揽更言其次。揽无以对,因曰:"其次唯中书监王波耳。"虎乃下诏,追罪波前议楛矢事,腰斩之,及其四子,投尸漳水。既而愍其无罪,追赠司空,封其孙为侯。

7　赵平北将军尹农攻燕凡城,不克而还。

8　汉太史令韩皓上言:"荧惑守心,乃宗庙不修之谴。"汉主势命群臣议之。相国董皎、侍中王嘏以为:"景、武创业,献、文承基,至亲不远,无宜疏绝。"乃更命祀成始祖、太宗,皆谓之汉。

9　征西将军庾翼使梁州刺史桓宣击赵将李罴于丹水,为罴所败,翼贬宣为建威将军。宣惭愤成疾,秋,八月庚辰,卒。翼以长子方之为义城太守,代领宣众;又以司马应诞为襄阳太守,参军司马勋为梁州刺史,戍西城。

10　中书令褚裒固辞枢要。闰月丁巳,以裒为左将军、都督兖州徐州之琅邪诸军事、兖州刺史,镇金城。

11　帝疾笃,庾冰、庾翼欲立会稽王昱为嗣。中书监何充建议立皇子聃,帝从之。九月丙申,立聃为皇太子。戊戌,帝崩于式乾殿。己亥,何充以遗旨奉太子即位,大赦。由是冰、翼深恨充。尊皇后褚氏为皇太后。时穆帝方二岁,太后临朝称制。何充加中书监,录尚书事。充自陈既录尚书,不宜复监中书。许之,复加侍中。

充以左将军褚裒,太后之父,宜综朝政,上疏荐裒参录尚书。乃以裒为侍中、卫将军、录尚书事,持节、督、刺史如故。裒以近戚,惧获讥嫌,上疏固请居藩。改授都督徐兖青三州扬州之二郡诸军事、卫将军、徐兖二州刺史,镇京口。尚书奏:"裒见太后,在公庭则如臣礼,私觌则严父。"从之。

12　冬,十月乙丑,葬康帝于崇平陵。

13　江州刺史庾冰有疾。太后征冰辅政,冰辞,十一月庚辰,卒。庾翼以家国情事,留子方之为建武将军,戍襄阳。方之年少,以参军毛穆之为建武司马以辅之。穆之,宝之子也。翼还镇夏口。诏翼复督江州,又领豫州刺史。翼辞豫州,复欲移镇乐乡,诏不许。翼仍缮修军器,大佃积谷,以图后举。

14　赵王虎作河桥于灵昌津,采石为中济,石下,辄随流,用功五百馀万而桥不成,虎怒,斩匠而罢。

孝宗穆皇帝上之上

永和元年(乙巳,345)

1　春,正月甲戌朔,皇太后设白纱帷于太极殿,抱帝临轩。

2　赵义阳公鉴镇关中,役烦赋重。文武有长发者,辄拔为冠缨,馀以给宫人。长史取发白赵王虎,虎征鉴还邺,以乐平公苞代镇长安。发雍、洛、秦、并州十六万人治长安未央宫。

虎好猎,晚岁,体重不能跨马,乃造猎车千乘,刻期校猎。自灵昌津南至荥阳东极阳都为猎场,使御史监察其中禽兽,有犯者罪至大辟。民有美女、佳牛马,御史求之不得,皆诬以犯兽,论死者百馀人。发诸州二十六万人修洛阳宫。发百姓牛二万头配朔州牧官。增置女官二十四等,东宫十二等,公侯七十馀国皆九等,大发民女三万馀人,料为三等以配之。太子、诸公私令采发者又将万人。郡县务求美色,多强夺人妻,杀其夫及夫自杀者三千馀人。至邺,虎临轩简第,以使者为能,封侯者十二人。荆楚、扬、徐之民流叛略尽。守令坐不能绥怀,下狱诛者五十馀人。金紫光禄大夫逯明因侍切谏,虎大怒,使龙腾拉杀之。

3　燕王皝以牛假贫民,使佃苑中,税其什之八,自有牛者税其七。记室参军封裕上书谏,以为"古者什一而税,天下之中正也。降及魏、晋,仁政衰薄,假官田官牛者不过税其什六,自有牛者中分之,犹不取其七八也。自永嘉以来,海内荡析,武宣王绥之以德,华夷之民,万里辐凑,襁负而归之者,若赤子之归父母,是以户口十倍于旧,无田者什有三四。及殿下继统,南摧强赵,东兼高句丽,北取宇文,拓地三千里,增民十万户,是宜悉罢苑囿以赋新民,无牛者官赐之牛,不当更收重税也。且以殿下之民用殿下之牛,牛非殿下之有,将何在哉!如此,则戎旗南指之日,民谁不箪食壶浆以迎王师,石虎谁与处矣!川渎沟渠有废塞者,皆应通利,旱则灌溉,潦则疏泄。一夫不耕,或受之饥,况游食数万,何以得家给人足乎!今官司猥多,虚费廪禄,苟才不周用,皆宜澄汰。工商末利,宜立常员。学生三年无成,徒塞英俊之路,皆当归之于农。殿下圣德宽明,博察刍荛,参军王宪、大夫刘明并以言事忤旨,主者处以大辟,殿下虽恕其死,犹免官禁锢。夫求谏净而罪直言,是犹适越而北行,必不获其所志矣。右长史宋该等阿媚苟容,轻劾谏士,己无骨鲠,嫉人有之,掩蔽耳目,不忠之甚者也"。皝乃下令，称："览封记室之谏，孤实惧焉。国以民为本，民以谷为命，可悉罢苑囿以给民之无田者。实贫者，官与之牛；力有馀愿得官牛者，并依魏、晋旧法。沟渎各有益者，令以时修治。今戎事方兴，勋伐既多，官未可减，俟中原平壹，徐更议之。工商、学生皆当裁择。夫人臣关言于人主，至难也，虽有狂妄，当择其善者而从之。王宪、刘明，虽罪应废黜，亦由孤之无大量也，可悉复本官，仍居谏司。封生蹇蹇，深得王臣之体，其赐钱五万。宣示内外，有欲陈孤过者，不拘贵贱，勿有所讳！"皝雅好文学，常亲临庠序讲授，考校学徒至千馀人，颇有妄滥者，故封裕及之。

4 诏征卫将军褚裒，欲以为扬州刺史、录尚书事。吏部尚书刘遐、长史王胡之说裒曰："会稽王令德雅望，国之周公也，足下宜以大政授之。"裒乃固辞，归藩。壬戌，以会稽王昱为抚军大将军，录尚书六条事。

昱清虚寡欲，尤善玄言，常以刘惔、王濛及颍川韩伯为谈客，又辟郗超为抚军掾，谢万为从事中郎。超，鉴之孙也，少卓荦不羁。父愔，简默冲退而啬于财，积钱至数千万，尝开库任超所取，超散施亲故，一日都尽。万，安之弟也，清旷秀迈，亦有时名。

5 燕有黑龙、白龙见于龙山，交首游戏，解角而去。燕王皝亲祀以太牢，赦其境内，命所居新宫曰和龙。

6 都亭肃侯庾翼疽发于背，表子爰之行辅国将军、荆州刺史，委以后任；司马义阳朱焘为南蛮校尉，以千人守巴陵。秋，七月庚午，卒。

翼部将干瓒等作乱，杀冠军将军曹据。朱焘与安西长史江彪、建武司马毛穆之、将军袁真共诛之。彪，统之子也。

7 八月，豫州刺史路永叛奔赵，赵王虎使永屯寿春。

8 庾翼既卒，朝议皆以诸庾世在西藩，人情所安，宜依翼所请，以庾爰之代其任。何充曰："荆楚，国之西门，户口百万，北带强胡，西邻劲蜀，地势险阻，周旋万里，得人则中原可定，失人则社稷可忧，陆抗所谓'存则吴存，亡则吴亡'者也，岂可以白面少年当之哉！桓温英略过人，有文武器干，西夏之任，无出温者。"议者又曰："庾爰之肯避温乎？如令阻兵，耻惧不浅。"充曰："温足以制之，诸君勿忧。"

丹杨尹刘惔每奇温才，然知其有不臣之志，谓会稽王昱曰："温不可使居形胜之地，其位号常宜抑之。"劝昱自镇上流，以己为军司，昱不听。又请自行，亦不听。

庚辰，以徐州刺史桓温为安西将军、持节、都督荆司雍益梁宁六州诸军事、领护南蛮校尉、荆州刺史，爰之果不敢争。又以刘惔监沔中诸军事，领义成太守,代庾方之。徙方之、爰之于豫章。

　　桓温尝乘雪欲猎,先过刘惔,惔见其装束甚严,谓之曰:"老贼欲持此何为?"温笑曰:"我不为此,卿安得坐谈乎!"

　　9　汉主势之弟大将军广,以势无子,求为太弟,势不许。马当、解思明谏曰:"陛下兄弟不多,若复有所废,将益孤危。"固请许之。势疑其与广有谋,收当、思明斩之,夷其三族。遣太保李奕袭广于涪城,贬广为临邛侯,广自杀。思明被收,叹曰:"国之不亡,以我数人在也,今其殆矣!"言笑自若而死。思明有智略,敢谏诤;马当素得人心,及其死,士民无不哀之。

　　10　冬,十月,燕王皝使慕容恪攻高句丽,拔南苏,置戍而还。

　　11　十二月,张骏伐焉耆,降之。是岁,骏分武威等十一郡为凉州,以世子重华为刺史;分兴晋等八郡为河州,以宁戎校尉张瓘为刺史;分敦煌等三郡及西域都护三营为沙州,以西胡校尉杨宣为刺史。骏自称大都督、大将军、假凉王,督摄三州。始置祭酒、郎中、大夫、舍人、谒者等官,官号皆仿天朝而微变其名;车服旌旗拟于王者。

　　12　赵王虎以冠军将军姚弋仲为持节、十郡六夷大都督、冠军大将军。弋仲清俭鲠直,不治威仪,言无畏避,虎甚重之,朝之大议,每与参决,公卿皆惮而下之。武城左尉,虎宠姬之弟也,尝入弋仲营,侵扰其部众。弋仲执而数之曰:"尔为禁尉,迫胁小民;我为大臣,目所亲见,不可纵也。"命左右斩之。尉叩头流血,左右固谏,乃止。

　　13　燕王皝以为古者诸侯即位,各称元年,于是始不用晋年号,自称十二年。

　　14　赵王虎使征东将军邓恒将兵数万屯乐安,治攻具,为取燕之计。燕王皝以慕容霸为平狄将军,戍徒河。恒畏之,不敢犯。

二年(丙午,346)

　　1　春,正月丙寅,大赦。

　　2　己卯,都乡文穆公何充卒。充有器局,临朝正色,以社稷为己任,所选用皆以功效,不私亲旧。

　　3　初,夫馀居于鹿山,为百济所侵,部落衰散,西徙近燕,而不设备。燕王皝遣世子儁帅慕容军、慕容恪、慕舆根三将军,万七千骑袭夫馀。儁居中指授,军事皆以任恪,遂拔夫馀,虏其王玄及部落五万馀口而还。皝以玄为镇军将军,妻以女。

4　二月癸丑，以左光禄大夫蔡谟领司徒，与会稽王昱同辅政。

5　褚裒荐前光禄大夫顾和、前司徒左长史殷浩。三月丙子，以和为尚书令，浩为建武将军、扬州刺史。和有母丧。固辞不起，谓所亲曰："古人有释衰绖从王事者，以其才足干时故也。如和者，正足以亏孝道，伤风俗耳。"识者美之。浩亦固辞。会稽王昱与浩书曰："属当厄运，危弊理极，足下沉识淹长，足以经济。若复深存挹退，苟遂本怀，吾恐天下之事于此去矣。足下去就，即时之废兴，则家国不异，足下宜深思之！"浩乃就职。

6　夏，四月己酉朔，日有食之。

7　五月丙戌，西平忠成公张骏薨。官属上世子重华为使持节、大都督、太尉、护羌校尉、凉州牧、西平公、假凉王；赦其境内；尊嫡母严氏为大王太后，母马氏为王太后。

8　赵中黄门严生恶尚书朱轨，会久雨，生谮轨不修道路，又谤讪朝政，赵王虎因之。蒲洪谏曰："陛下既有襄国、邺宫，又修长安、洛阳宫殿，将以何用！作猎车千乘，环数千里以养禽兽，夺人妻女十馀万口以实后宫，圣帝明王之所为，固若是乎！今又以道路不修，欲杀尚书。陛下德政不修，天降淫雨，七旬乃霁。霁方二日，虽有鬼兵百万，亦未能去道路之涂潦，而况人乎！政刑如此，其如四海何，其如后代何！愿止作徒，罢苑囿，出宫女，赦朱轨，以副众望。"虎虽不悦，亦不之罪，为之罢长安、洛阳作役，而竟诛朱轨。又立私论朝政之法，听吏告其君，奴告其主。公卿以下，朝觐以目相顾，不敢复相亲从谈语。

9　赵将军王擢击张重华，袭武街，执护军曹权、胡宣，徙七千馀户于雍州。凉州刺史麻秋、将军孙伏都攻金城，太守张冲请降，凉州震恐。

重华悉发境内兵，使征南将军裴恒将之以御赵。恒壁于广武，久而不战。凉州司马张耽言于重华曰："国之存亡在兵，兵之胜败在将。今议者举将，多推宿旧。夫韩信之举，非旧德也。盖明主之举，举无常人，才之所堪，则授以大事。今强寇在境，诸将不进，人情危惧。主簿谢艾，兼资文武，可用以御赵。"重华召艾，问以方略。艾愿请兵七千人，必破赵以报。重华拜艾中坚将军，给步骑五千，使击秋。艾引兵出振武，夜有二枭鸣于牙中，艾曰："六博得枭者胜，今枭鸣牙中，克敌之兆也。"进与赵战，大破之，斩首五千级。重华封艾为福禄伯。

麻秋之克金城也，县令敦煌车济不降，伏剑而死。秋又攻大夏，护军梁式执太守宋晏，以城应秋，秋遣晏以书诱致宛戍都尉敦煌宋矩，矩曰：

"为人臣,功既不成,唯有死节耳。"先杀妻子而后自刭。秋曰:"皆义士
也。"收而葬之。

10　冬,汉太保李奕自晋寿举兵反,蜀人多从之,众至数万。汉主势
登城拒战,奕单骑突门,门者射而杀之,其众皆溃。势大赦境内,改元
嘉宁。

势骄淫,不恤国事,多居禁中,罕接公卿,疏忌旧臣,谗谄并
进,刑罚苛滥,由是中外离心。蜀土先无獠,至是始从山出,自巴西至犍
为、梓潼,布满山谷十馀万落,不可禁制,大为民患,加以饥馑,四境之内,
遂至萧条。

11　安西将军桓温将伐汉,将佐皆以为不可。江夏相袁乔劝之曰:
"夫经略大事,固非常情所及,智者了于胸中,不必待众言皆合也。今为
天下之患者,胡、蜀二寇而已,蜀虽险固,比胡为弱,将欲除之,宜先其易
者。李势无道,臣民不附,且恃其险远,不修战备。宜以精卒万人轻赍疾
趋,比其觉之,我已出其险要,可一战擒也。蜀地富饶,户口繁庶,诸葛武
侯用之抗衡中夏,若得而有之,国家之大利也。论者恐大军既西,胡必窥
觎,此似是而非。胡闻我万里远征,以为内有重备,必不敢动;纵有侵轶,
缘江诸军足以拒守,必无忧也。"温从之。乔,瑰之子也。

十一月辛未,温帅益州刺史周抚、南郡太守谯王无忌伐汉,拜表即行。
委安西长史范汪以留事,加抚都督梁州之四郡诸军事,使袁乔帅二千人为
前锋。

朝廷以蜀道险远,温众少而深入,皆以为忧,惟刘惔以为必克。或问
其故,惔曰:"以博知之。温,善博者也,不必得则不为。但恐克蜀之后,
温终专制朝廷耳。"

三年(丁未,347)

1　春,二月,桓温军至青衣。汉主势大发兵,遣叔父右卫将军福、从
兄镇南将军权、前将军昝坚等将之,自山阳趣合水。诸将欲设伏于江南以
待晋兵,昝坚不从,引兵自江北鸳鸯碕渡向犍为。

三月,温至彭模。议者欲分为两军,异道俱进,以分汉兵之势。袁乔
曰:"今悬军深入万里之外,胜则大功可立,不胜则噍类无遗,当合势齐
力,以取一战之捷。若分两军,则众心不一,万一偏败,大事去矣。不如全
军而进,弃去釜甑,赍三日粮,以示无还心,胜可必也。"温从之。留参军
孙盛、周楚将羸兵守辎重,温自将步卒直指成都。楚,抚之子也。

李福进攻彭模,孙盛等奋击,走之。温进,遇李权,三战三捷,汉兵散走归成都,镇军将军李位都迎诣温降。昝坚至犍为,乃知与温异道,还,自沙头津济,比至,温已军于成都之十里陌,坚众自溃。

势悉众出战于成都之笮桥,温前锋不利,参军龚护战死,矢及温马首。众惧,欲退,而鼓史误鸣进鼓;袁乔拔剑督士卒力战,遂大破之。温乘胜长驱至成都,纵火烧其城门。汉人惶惧,无复斗志。势夜开东门走,至葭萌,使散骑常侍王幼送降文于温,自称"略阳李势叩头死罪",寻舆榇面缚诣军门。温解缚焚榇,送势及宗室十馀人于建康。引汉司空谯献之等以为参佐,举贤旌善,蜀人悦之。

2 日南太守夏侯览贪纵,侵刻胡商,又科调船材,云欲有所讨,由是诸国恚愤,林邑王文攻陷日南,将士死者五六千,杀览,以尸祭天。檄交州刺史朱蕃,请以郡北横山为界。文既去,蕃使督护刘雄戍日南。

3 汉故尚书仆射王誓、镇东将军邓定、平南将军王润、将军隗文等皆举兵反,众各万馀。桓温自击定,使袁乔击文,皆破之。温命益州刺史周抚镇彭模,斩王誓、王润。温留成都三十日,振旅还江陵。李势至建康,封归义侯。夏,四月丁巳,邓定、隗文等入据成都,征虏将军杨谦弃涪城,退保德阳。

4 赵凉州刺史麻秋攻枹罕。晋昌太守郎坦以城大难守,欲弃外城。武成太守张悛曰:"弃外城则动众心,大事去矣。"宁戎校尉张璩从悛言,固守大城。秋帅众八万围堑数重,云梯地突,百道皆进。城中御之,秋众死伤数万。赵王虎复遣其将刘浑等帅步骑二万会之。郎坦恨言不用,教军士李嘉潜引赵兵千馀人登城。璩督诸将力战,杀二百馀人,赵兵乃退。璩烧其攻具,秋退保大夏。

虎以中书监石宁为征西将军,帅并、司州兵二万馀人为秋等后继。张重华将宋秦等帅户二万降于赵。重华以谢艾为使持节、军师将军,帅步骑三万进军临河。艾乘轺车,戴白帢,鸣鼓而行。秋望见,怒曰:"艾年少书生,冠服如此,轻我也。"命黑稍龙骧三千人驰击之。艾左右大扰。或劝艾宜乘马,艾不从,下车,踞胡床,指麾处分,赵人以为有伏兵,惧不敢进。别将张瑁自间道引兵截赵军后,赵军退,艾乘势进击,大破之,斩其将杜勋、汲鱼,获首虏万三千级,秋单马奔大夏。

五月,秋与石宁复帅众十二万进屯河南,刘宁、王擢略地晋兴、广武、武街,至于曲柳。张重华使将军牛旋拒之,退守枹罕,姑臧大震。重华欲亲出拒之,谢艾固谏。索遐曰:"君者,一国之镇,不可轻动。"乃以艾为使持节、都督征讨诸军事、行卫将军,遒为军正将军,帅步骑二万拒之。别将杨康败刘宁于沙阜,宁退屯金城。

5　六月辛酉,大赦。

6　秋,七月,林邑复陷日南,杀督护刘雄。

7　隗文、邓定等立故国师范长生之子贲为帝而奉之,以妖异惑众,蜀人多归之。

8　赵王虎复遣征西将军孙伏都、将军刘浑帅步骑二万会麻秋军,长驱济河,击张重华,遂城长最。谢艾建牙誓众,有风吹旌旗东南指,索遐曰:"风为号令,今旌旗指敌,天所赞也。"艾军于神鸟,王擢与艾前锋战,败,走还河南。八月戊午,艾进击秋,大破之,秋遁归金城。虎闻之,叹曰:"吾以偏师定九州,今以九州之力困于枹罕,彼有人焉,未可图也!"艾还,讨叛虏斯骨真等万馀落,皆破平之。

9　赵王虎据十州之地,聚敛金帛,及外国所献珍异,府库财物,不可胜纪,犹自以为不足,悉发前代陵墓,取其金宝。

沙门吴进言于虎曰:"胡运将衰,晋当复兴,宜苦役晋人以厌其气。"虎使尚书张群发近郡男女十六万人,车十万乘,运土筑华林苑及长墙于邺北,广袤数十里。申钟、石璞、赵揽等上疏陈天文错乱,百姓凋弊。虎大怒曰:"使苑墙朝成,吾夕没,无恨矣。"促张群使然烛夜作。暴风大雨,死者数万人。郡国前后送苍麟十六,白鹿七,虎命司虞张曷柱调之以驾芝盖,大朝会列于殿庭。

九月,命太子宣出祈福于山川,因行游猎。宣乘大辂,羽葆华盖,建天子旌旗,十有六军戎卒十八万出自金明门,虎从其后宫升陵霄观望之,笑曰:"我家父子如此,自非天崩地陷,当复何愁!但抱子弄孙,日为乐耳。"

宣所舍,辄列人为长围,四面各百里,驱禽兽,至暮皆集其所,使文武皆跪立,重行围守,炬火如昼,命劲骑百馀驰射其中,宣与姬妾乘辇临观,兽尽而止。或兽有迸逸,当围守者,有爵则夺马,步驱一日,无爵则鞭之一百。士卒饥冻死者万有馀人,所过三州十五郡,资储皆无孑遗。

虎复命韬继出,自并州至于秦、雍亦如之。宣怒其与己钧敌,愈嫉之。宦者赵生得幸于宣,无宠于韬,微劝宣除之,于是始有杀韬之谋矣。

10　赵麻秋又袭张重华将张瑁,败之,斩首三千馀级。枹罕护军李逵帅众七千降于赵,自河以南,氐、羌皆附于赵。

11　冬,十月乙丑,遣侍御史俞归至凉州,授张重华侍中、大都督、督陇右关中诸军事、大将军、凉州刺史、西平公。归至姑臧,重华欲称凉王,未肯受诏,使所亲沈猛私谓归曰:"主公奕世为晋忠臣,今曾不如鲜卑,何也? 朝廷封慕容皝为燕王,而主公才为大将军,何以褒劝忠贤乎! 明台宜移河右,共劝州主为凉王。人臣出使,苟利社稷,专之可也。"归曰:"吾子失言! 昔三代之王也,爵之贵者莫若上公。及周之衰,吴、楚始僭号称王,而诸侯不之非,盖以蛮夷畜之也。借使齐、鲁称王,诸侯岂不四面攻之乎! 汉高祖封韩、彭为王,寻皆诛灭,盖权时之宜,非厚之也。圣上以贵公忠贤,故爵以上公,任以方伯,宠荣极矣,岂鲜卑夷狄所可比哉! 且吾闻之,功有大小,赏有重轻。今贵公始继世而为王,若帅河右之众,东平胡、羯,修复陵庙,迎天子返洛阳,将何以加之乎?"重华乃止。

12　武都氐王杨初遣使来称藩,诏以初为使持节、征南将军、雍州刺史、仇池公。

13　十二月,振威护军萧敬文杀征虏将军杨谦,攻涪城,陷之,自称益州牧,遂取巴西,通于汉中。

资治通鉴卷第九十八

晋纪二十

孝宗穆皇帝上之下

永和四年（戊申，348）

1　夏，四月，林邑寇九真，杀士民什八九。

2　赵秦公韬有宠于赵王虎，欲立之，以太子宣长，犹豫未决。宣尝忤旨，虎怒曰："悔不立韬也！"韬由是益骄，造堂于太尉府，号曰宣光殿，梁长九丈。宣见之，大怒，斩匠，截梁而去。韬怒，增之至十丈。宣闻之，谓所幸杨杯、牟成、赵生曰："凶竖傲愎乃敢尔！汝能杀之，吾入西宫，当尽以韬之国邑分封汝等。韬死，主上必临丧，吾因行大事，蔑不济矣。"杯等许诺。

秋，八月，韬夜与僚属宴于东明观，因宿于佛精舍。宣使杨杯等缘猕猴梯而入，杀韬，置其刀箭而去。旦日，宣奏之，虎哀惊气绝，久之方苏。将出临其丧，司空李农谏曰："害秦公者未知何人，贼在京师，銮舆不宜轻出。"虎乃止，严兵发哀于太武殿。宣往临韬丧，不哭，直言"呵呵"，使举衾观尸，大笑而去。收大将军记室参军郑靖、尹武等，将委之以罪。

虎疑宣杀韬，欲召之，恐其不入，乃诈言其母杜后哀过危惙。宣不谓见疑，入朝中宫，因留之。建兴人史科知其谋，告之。虎使收杨杯、牟成，皆亡去。获赵生，诘之，具服。虎悲怒弥甚，囚宣于席库，以铁环穿其额而锁之，取杀韬刀箭舐其血，哀号震动宫殿。佛图澄曰："宣、韬皆陛下之子，今为韬杀宣，是重祸也。陛下若加慈恕，福祚犹长；若必诛之，宣当为彗星下扫邺宫。"虎不从。积柴于邺北，树标其上，标末置鹿卢，穿之以绳，倚梯柴积，送宣其下，使韬所幸宦者郝稚、刘霸拔其发，抽其舌，牵之登梯。郝稚以绳贯其颔，鹿卢绞上。刘霸断其手足，斫眼溃肠，如韬之伤。四面纵火，烟炎际天。虎从昭仪已下数千人登中台以观之。火灭，取灰分置诸门交道中。杀其妻子九人。宣少子才数岁，虎素爱之，抱之而泣，欲赦之，其大臣不听，就抱中取而杀之。儿挽虎衣大叫，至于绝带，虎因此发病。又废其后杜氏为庶人。诛其四率已下三百人,宦者五十人,皆车裂节解,弃之漳水。洿其东宫以养猪牛。东宫卫士十馀万人皆谪戍凉州。先是赵揽言于虎曰:"宫中将有变,宜备之。"及宣杀韬,虎疑其知而不告,亦诛之。

3　朝廷论平蜀之功,欲以豫章郡封桓温。尚书左丞荀蕤曰:"温若复平河、洛,将何以赏之?"乃加温征西大将军、开府仪同三司,封临贺郡公。加谯王无忌前将军,袁乔龙骧将军,封湘西伯。蕤,崧之子也。

温既灭蜀,威名大振,朝廷惮之。会稽王昱以扬州刺史殷浩有盛名,朝野推服,引为心膂,与参综朝权,欲以抗温,由是与温浸相疑贰。

浩以征北长史荀羡、前江州刺史王羲之风有令名,擢羡为吴国内史,羲之为护军将军,以为羽翼。羡,蕤之弟;羲之,导之从子也。羲之以为内外协和,然后国家可安,劝浩不宜与温构隙,浩不从。

4　燕王皝有疾,召世子儁属之曰:"今中原未平,方资贤杰以经世务。恪智勇兼济,才堪任重,汝其委之,以成吾志!"又曰:"阳士秋士行高洁,忠干贞固,可托大事,汝善待之!"九月丙申,薨。

5　赵王虎议立太子。太尉张举曰:"燕公斌有武略,彭城公遵有文德,惟陛下所择。"虎曰:"卿言正起吾意。"戎昭将军张豺曰:"燕公母贱,又尝有过;彭城公母前以太子事废,今立之,臣恐不能无微恨,陛下宜审思之!"初,虎之拔上邽也,张豺获前赵主曜幼女安定公主,有殊色,纳于虎,虎嬖之,生齐公世。豺以虎老病,欲立世为嗣,冀刘氏为太后,已得辅政,乃说虎曰:"陛下再立太子,其母皆出于倡贱,故祸乱相寻。今宜择母贵子孝者立之。"虎曰:"卿勿言,吾知太子处矣。"虎再与群臣议于东堂,虎曰:"吾欲以纯灰三斛自涤其肠,何为专生恶子,年逾二十辄欲杀父!今世方十岁,比其二十,吾已老矣。"乃与张举、李农定议,令公卿上书请立世为太子。大司农曹莫不肯署名,虎使张豺问其故,莫顿首曰:"天下重器,不宜立少,故不敢署。"虎曰:"莫,忠臣也,然未达朕意;张举、李农知朕意矣,可令谕之。"遂立世为太子,以刘昭仪为后。

6　冬,十一月甲辰,葬燕文明王。世子儁即位,赦境内,遣使诣建康告丧。以弟交为左贤王,左长史阳骛为郎中令。

7　十二月,以左光禄大夫、领司徒、录尚书事蔡谟为侍中、司徒。谟上疏固让,谓所亲曰:"我若为司徒,将为后代所哂,义不敢拜也。"

五年(己酉,349)

1　春,正月辛未朔,大赦。

2　赵王虎即皇帝位,大赦,改元太宁,诸子皆进爵为王。

故东宫高力等万馀人谪戍凉州,行达雍城,既不在赦例,又敕雍州刺史张茂送之,茂皆夺其马,使之步推鹿车,至粮戍所。高力督定阳梁犊因众心之怨,谋作乱东归,众闻之,皆踊抃大呼。犊乃自称晋征东大将军,帅众攻拔下辨。安西将军刘宁自安定击之,为犊所败。高力皆多力善射,一当十馀人,虽无兵甲,掠民斧,施一丈柯,攻战若神,所向崩溃。戍卒皆随之,攻陷郡县,杀长吏、二千石,长驱而东,比至长安,众已十万。乐平王苞尽锐拒之,一战而败。犊遂东出潼关,进趣洛阳。赵主虎以李农为大都督,行大将军事,统卫军将军张贺度等步骑十万讨之,战于新安,农等大败。战于洛阳,又败,退壁成皋。

犊遂东掠荥阳、陈留诸郡,虎大惧,以燕王斌为大都督,督中外诸军事,统冠军大将军姚弋仲、车骑将军蒲洪等讨之。弋仲将其众八千馀人至邺,求见虎。虎病,未之见,引入领军省,赐以己所御食。弋仲怒,不食,曰:“主上召我来击贼,当面见授方略,我岂与食来邪!且主上不见我,我何以知其存亡邪?”虎力疾见之,弋仲让虎曰:“儿死,愁邪,何为而病?儿幼时不择善人教之,使至于为逆。既为逆而诛之,又何愁焉!且汝久病,所立儿幼,汝若不愈,天下必乱,当先忧此,勿忧贼也!犊等穷困思归,相聚为盗,所过残暴,何所能至!老羌为汝一举了之!”弋仲性狷直,人无贵贱皆汝之,虎亦不之责。于坐授使持节、征西大将军,赐以铠马。弋仲曰:“汝看老羌堪破贼否?”乃被铠跨马于庭中,因策马南驰,不辞而出。遂与斌等击犊于荥阳,大破之,斩犊首而还,讨其馀党,尽灭之。虎命弋仲剑履上殿,入朝不趋,进封西平郡公;蒲洪为车骑大将军、开府仪同三司、都督雍秦州诸军事、雍州刺史,进封略阳郡公。

3　始平人马勖聚兵,自称将军,赵乐平王苞讨灭之,诛三千馀家。

4　夏,四月,益州刺史周抚、龙骧将军朱焘击范贲,斩之,益州平。

5　诏遣谒者陈沈如燕,拜慕容儁为使持节、侍中、大都督、督河北诸军事、幽平二州牧、大将军、大单于、燕王。

6　桓温遣督护滕畯帅交、广之兵击林邑王文于卢容,为文所败,退屯九真。

7　乙卯,赵王虎病甚,以彭城王遵为大将军,镇关右;燕王斌为丞相,录尚书事;张豺为镇卫大将军、领军将军、吏部尚书,并受遗诏辅政。

刘后恶斌辅政,恐不利于太子,与张豺谋去之。斌时在襄国,遣使诈谓斌曰："主上疾已渐愈,王须猎者,可少停也。"斌素好猎,嗜酒,遂留猎,且纵酒。刘氏与豹因矫诏称斌无忠孝之心,免官归第,使豹弟雄帅龙腾五百人守之。

乙丑,遵自幽州至邺,敕朝堂受拜,配禁兵三万遣之,遵涕泣而去。是日,虎疾小瘳,问:"遵至未?"左右对曰:"去已久矣。"虎曰:"恨不见之!"

虎临西阁,龙腾中郎二百馀人列拜于前,虎问:"何求?"皆曰:"圣体不安,宜令燕王入宿卫,典兵马。"或言:"乞以为皇太子。"虎曰:"燕王不在内邪?召以来!"左右言:"王酒病,不能入。"虎曰:"促持辇迎之,当付玺绶。"亦竟无行者。寻惛眩而入。张豹使张雄矫诏杀斌。

戊辰,刘氏复矫诏以豹为太保、都督中外诸军、录尚书事,如霍光故事。侍中徐统叹曰:"乱将作矣,吾无为预之。"仰药而死。

己巳,虎卒,太子世即位,尊刘氏为皇太后。刘氏临朝称制,以张豹为丞相。豹辞不受,请以彭城王遵、义阳王鉴为左右丞相,以慰其心,刘氏从之。

豹与太尉张举谋诛司空李农,举素与农善,密告之。农奔广宗,帅乞活数万家保上白,刘氏使张举统宿卫诸军围之。豹以张离为镇军大将军,监中外诸军事,以为己副。

彭城王遵至河内,闻丧。姚弋仲、蒲洪、刘宁及征虏将军石闵、武卫将军王鸾等讨梁犊还,遇遵于李城,共说遵曰:"殿下长且贤,先帝亦有意以殿下为嗣,正以末年惛惑,为张豹所误。今女主临朝,奸臣用事,上白相持未下,京师宿卫空虚,殿下若声张豹之罪,鼓行而讨之,其谁不开门倒戈而迎殿下者!"遵从之。

遵自李城举兵,还趣邺,洛州刺史刘国帅洛阳之众往会之。檄至邺,张豹大惧,驰召上白之军。丙戌,遵军于荡阴,戎卒九万,石闵为前锋。耆旧、羯士皆曰:"彭城王来奔丧,吾当出迎之,不能为张豹守城也!"逾城而出,豹斩之,不能止。张离亦帅龙腾二千,斩关迎遵。刘氏惧,召张豹入,对之悲哭曰:"先帝梓宫未殡,而祸难至此!今嗣子冲幼,托之将军,将军将若之何?欲加遵重位,能弭之乎?"豹惶怖不知所出,但云"唯唯"。乃下诏,以遵为丞相,领大司马、大都督、督中外诸军、录尚书事,加黄钺、九锡。己丑,遵至安阳亭,张豹惧而出迎,遵命执之。庚寅,遵擐甲曜兵,入自凤阳门,升太武前殿,擗踊尽哀,退如东阁。斩张豹于平乐市,夷其三族。假刘氏令曰:"嗣子幼冲,先帝私恩所授,皇业至重,非所克堪,其以遵嗣位。"于是遵即位,大赦,罢上白之围。辛卯,封世为谯王,废刘氏为太妃,寻皆杀之。

　　李农来归罪,使复其位。尊母郑氏为皇太后,立妃张氏为皇后,故燕王斌子衍为皇太子。以义阳王鉴为侍中、太傅,沛王冲为太保,乐平公苞为大司马,汝阴王琨为大将军,武兴公闵为都督中外诸军事、辅国大将军。

　　甲午,邺中暴风拔树,震电,雨雹大如盂升。太武晖华殿灾,及诸门观阁荡然无馀,乘舆服御,烧者太半,金石皆尽,火月馀乃灭。

　　时沛王冲镇蓟,闻遵杀世自立,谓其僚佐曰:“世受先帝之命,遵辄废而杀之,罪莫大焉! 其敕内外戒严,孤将亲讨之。”于是留宁北将军沭坚戍幽州,帅众五万自蓟南下,传檄燕、赵,所在云集。比至常山,众十馀万,军于苑乡。遇遵赦书,冲曰:“皆吾弟也,死者不可复追,何为复相残乎! 吾将归矣。”其将陈暹曰:“彭城篡弑自尊,为罪大矣! 王虽北旆,臣将南辕,俟平京师,擒彭城,然后奉迎大驾。”冲乃复进。遵驰遣王擢以书喻冲,冲弗听。遵使武兴公闵及李农帅精卒十万讨之,战于平棘,冲兵大败。获冲于元氏,赐死,坑其士卒三万馀人。

　　武兴公闵言于遵曰:“蒲洪,人杰也。今以洪镇关中,臣恐秦、雍之地非国家之有。此虽先帝临终之命,然陛下践阼,自宜改图。”遵从之,罢洪都督,馀如前制。洪怒,归枋头,遣使来降。

　　燕平狄将军慕容霸上书于燕王儁曰:“石虎究凶极暴,天之所弃,馀烬仅存,自相鱼肉。今中国倒悬,企望仁恤,若大军一振,势必投戈。”北平太守孙兴亦表言:“石氏大乱,宜以时进取中原。”儁以新遭大丧,弗许。霸驰诣龙城,言于儁曰:“难得而易失者,时也。万一石氏衰而复兴,或有英雄据其成资,岂惟失此大利,亦恐更为后患。”儁曰:“邺中虽乱,邓恒据安乐,兵强粮足,今若伐赵,东道不可由也,当由卢龙,卢龙山径险狭,虏乘高断要,首尾为患,将若之何?”霸曰:“恒虽欲为石氏拒守,其将士顾家,人怀归志,若大军临之,自然瓦解。臣请为殿下前驱,东出徒河,潜趣令支,出其不意,彼闻之,势必震骇,上不过闭门自守,下不免弃城逃溃,何暇御我哉! 然则殿下可以安步而前,无复留难矣。”儁犹豫未决,以问五材将军封奕,对曰:“用兵之道,敌强则用智,敌弱则用势。是故以大吞小,犹狼之食豚也;以治易乱,犹日之消雪也。大王自上世以来,积德累仁,兵强士练。石虎极其残暴,死未瞑目,子孙争国,上下乖乱。中国之民,坠于涂炭,延颈企踵以待振拔。大王若扬兵南迈,先取蓟城,次指邺都,宣耀威德,怀抚遗民,彼孰不扶老提幼以迎大王。凶党将望旗冰碎,安能为害乎!”从事中郎黄泓曰:“今太白经天,岁集毕北,阴国受命,此必然之验也,宜速出师,以承天意。"折冲将军慕舆根曰:"中国之民困于石氏之乱,咸思易主以救汤火之急,此千载一时,不可失也。自武宣王以来,招贤养民,务农训兵,正俟今日。今时至不取,更复顾虑,岂天意未欲使海内平定邪,将大王不欲取天下也?"儁笑而从之。以慕容恪为辅国将军,慕容评为辅弼将军,左长史阳骛为辅义将军,谓之"三辅"。慕容霸为前锋都督、建锋将军,选精兵二十馀万,讲武戒严,为进取之计。

8　六月,葬赵王虎于显原陵,庙号太祖。

9　桓温闻赵乱,出屯安陆,遣诸将经营北方。赵扬州刺史王浃举寿春降。西中郎将陈逵进据寿春。征北大将军褚裒上表请伐赵,即日戒严,直指泗口。朝议以裒事任贵重,宜先遣偏师。裒奏言:"前已遣督护王颐之等径造彭城,后遣督护麋嶷进据下邳,今宜速发,以成声势。"秋,七月,加裒征讨大都督,督徐、兖、青、扬、豫五州诸军事。裒帅众三万,径赴彭城,北方士民降附者日以千计。

朝野皆以为中原指期可复,光禄大夫蔡谟独谓所亲曰:"胡灭诚为大庆,然恐更贻朝廷之忧。"其人曰:"何谓也?"谟曰:"夫能顺天乘时济群生于艰难者,非上圣与英雄不能为也,自馀则莫若度德量力。观今日之事,殆非时贤所及,必将经营分表,疲民以逞,既而才略疏短,不能副心,财殚力竭,智勇俱困,安得不忧及朝廷乎!"

鲁郡民五百馀家相与起兵附晋,求援于褚裒,裒遣部将王龛、李迈将锐卒三千迎之。赵南讨大都督李农帅骑二万与龛等战于代陂,龛等大败,皆没于赵。八月,裒退屯广陵。陈逵闻之,焚寿春积聚,毁城遁还。裒上疏乞自贬,诏不许;命裒还镇京口,解征讨都督。时河北大乱,遗民二十馀万口渡河欲来归附,会裒已还,威势不接,皆不能自拔,死亡略尽。

10　赵乐平王苞谋帅关右之众攻邺,左长史石光、司马曹曜等固谏,苞怒,杀光等百馀人。苞性贪而无谋,雍州豪杰知其无成,并遣使告晋,梁州刺史司马勋帅众赴之。

11　杨初袭赵西城,破之。

12　九月,凉州官属共上张重华为丞相、凉王、雍秦凉三州牧。重华屡以钱帛赐左右宠臣,又喜博弈,颇废政事。征事索振谏曰:"先王夙夜勤俭以实府库,正以仇耻未雪,志平海内故也。殿下嗣位之初,强寇侵逼,赖重饵之故,得战士死力,仅保社稷。今蓄积已虚而寇仇尚在,岂可轻有耗散,以与无功之人乎!昔汉光武躬亲万机,章奏诣阙,报不终日,故能隆中兴之业。今章奏停滞,动经时月,下情不得上通,沉冤困于囹圄,殆非明主之事也。"重华谢之。

13　司马勋出骆谷,破赵长城戍,壁于悬钩,去长安二百里,使治中刘焕攻长安,斩京兆太守刘秀离,又拔贺城。三辅豪杰多杀守令以应勋,凡三十馀壁,众五万人。赵乐平王苞乃辍攻邺之谋,使其将麻秋、姚国等将兵拒勋。赵主遵遣车骑将军王朗帅精骑二万以讨勋为名,因劫苞送邺。勋兵少,畏朗不敢进。冬,十月,释悬钩,拔宛城,杀赵南阳太守袁景,复还梁州。

14　初,赵主遵之发李城也,谓武兴公闵曰:"努力!事成,以尔为太子。"既而立太子衍。闵恃功,欲专朝政,遵不听。闵素骁勇,屡立战功,夷、夏宿将皆惮之。既为都督,总内外兵权,乃抚循殿中将士,皆奏为殿中员外将军,爵关外侯。遵弗之疑,而更题名善恶以挫抑之,众咸怨怒。中书令孟准、左卫将军王鸾劝遵稍夺闵兵权,闵益恨望,准等咸劝诛之。

十一月,遵召义阳王鉴、乐平王苞、汝阴王琨、淮南王昭等入议于郑太后前,曰:"闵不臣之迹渐著,今欲诛之,如何?"鉴等皆曰:"宜然!"郑氏曰:"李城还兵,无棘奴,岂有今日;小骄纵之,何可遽杀!"鉴出,遣宦者杨环驰以告闵。闵遂劫李农及右卫将军王基密谋废遵,使将军苏彦、周成帅甲士三千人执遵于南台。遵方与妇人弹棋,问成曰:"反者谁也?"成曰:"义阳王鉴当立。"遵曰:"我尚如是,鉴能几时!"遂杀之于琨华殿,并杀郑太后、张后、太子衍、孟准、王鸾及上光禄张斐。

鉴即位,大赦,以武兴公闵为大将军,封武德王;司空李农为大司马,并录尚书事。郎闿为司空,秦州刺史刘群为尚书左仆射,侍中卢谌为中书监。

15　秦、雍流民相帅西归,路由枋头,共推蒲洪为主,众至十馀万。洪子健在邺,斩关出奔枋头。鉴惧洪之逼,欲以计遣之,乃以洪为都督关中诸军事、征西大将军、雍州牧、领秦州刺史。洪会官属,议应受与不。主簿程朴请且与赵连和,如列国分境而治。洪怒曰:"吾不堪为天子邪,而云列国乎!"引朴斩之。

16　都乡元侯褚裒还至京口,闻哭声甚多,以问左右,对曰:"皆代陂死者之家也。"裒惭愤发疾,十二月己酉,卒。以吴国内史荀羡为使持节、监徐兖二州扬州之晋陵诸军事、徐州刺史,时年二十八,中兴方伯未有如羡之少者。

17　赵主鉴使乐平王苞、中书令李松、殿中将军张才夜攻石闵、李农于琨华殿,不克,禁中扰乱。鉴惧,伪若不知者,夜斩松、才于西中华门,并杀苞。

新兴王祗，虎之子也，时镇襄国，与姚弋仲、蒲洪等连兵，移檄中外，欲共诛闵、农。闵、农以汝阴王琨为大都督，与张举及侍中呼延盛帅步骑七万分讨祗等。

中领军石成、侍中石启、前河东太守石晖谋诛闵、农，闵、农皆杀之。龙骧将军孙伏都、刘铢等帅羯士三千伏于胡天，亦欲诛闵、农。鉴在中台，伏都帅三十馀人将升台挟鉴以攻之。鉴见伏都毁阁道，临问其故。伏都曰："李农等反，已在东掖门，臣欲帅卫士讨之，谨先启知。"鉴曰："卿是功臣，好为官陈力，朕从台上观，卿勿虑无报也。"于是伏都、铢帅众攻闵、农，不克，屯于凤阳门。闵、农帅众数千毁金明门而入。鉴惧闵之杀己，驰招闵、农，开门内之，谓曰："孙伏都反，卿宜速讨之。"闵、农攻斩伏都等，自凤阳至琨华，横尸相枕，流血成渠。宣令内外六夷，敢称兵仗者斩。胡人或斩关、或逾城而出者，不可胜数。

闵使尚书王简，少府王郁帅众数千守鉴于御龙观，悬食以给之。下令城中曰："近日孙、刘构逆，支党伏诛，良善一无预也。今日已后，与官同心者留，不同者各任所之。敕城门不复相禁。"于是赵人百里内悉入城，胡、羯去者填门。闵知胡之不为己用，班令内外："赵人斩一胡首送凤阳门者，文官进位三等，武官悉拜牙门。"一日之中，斩首数万。闵亲帅赵人以诛胡、羯，无贵贱、男女、少长皆斩之，死者二十馀万，尸诸城外，悉为野犬豺狼所食。其屯戍四方者，闵皆以书命赵人为将帅者诛之，或高鼻多须滥死者半。

18　燕王儁遣使至凉州，约张重华共击赵。

19　高句丽王钊送前东夷护军宋晃于燕，燕王儁赦之，更名曰活，拜为中尉。

六年（庚戌，350）

1　春，正月，赵大将军闵欲灭去石氏之迹，托以谶文有"继赵李"，更国号曰卫，易姓李氏，大赦，改元青龙。太宰赵庶、太尉张举，中军将军张春、光禄大夫石岳、抚军石宁、武卫将军张季及公侯、卿、校、龙腾等万馀人，出奔襄国，汝阴王琨奔冀州。抚军将军张沈据滏口，张贺度据石渎，建义将军段勤据黎阳，宁南将军杨群据桑壁，刘国据阳城，段龛据陈留，姚弋仲据滠头，蒲洪据枋头，众各数万，皆不附于闵。勤，末柸之子；龛，兰之子也。

　　王朗、麻秋自长安赴洛阳。秋承闵书，诛朗部胡千馀人。朗奔襄国。秋帅众归邺，蒲洪使其子龙骧将军雄迎击，获之，以为军师将军。

　　汝阴王琨及张举、王朗帅众七万伐邺，大将军闵帅骑千馀与战于城北。闵操两刃矛，驰骑击之，所向摧陷，斩首三千级，琨等大败而去。闵与李农帅骑三万讨张贺度于石渎。

　　闰月，卫主鉴密遣宦者赍书召张沈等，使乘虚袭邺。宦者以告闵、农，闵、农驰还，废鉴，杀之，并杀赵主虎二十八孙，尽灭石氏。姚弋仲子曜武将军益、武卫将军若帅禁兵数千斩关奔湦头。弋仲帅众讨闵军于混桥。

　　司徒申锺等上尊号于闵，闵以让李农，农固辞。闵曰："吾属故晋人也，今晋室犹存，请与诸君分割州郡，各称牧、守、公、侯，奉表迎晋天子还都洛阳。"尚书胡睦进曰："陛下圣德应天，宜登大位，晋氏衰微，远窜江表，岂能总驭英雄，混壹四海乎！"闵曰："胡尚书之言，可谓识机知命矣。"乃即皇帝位，大赦，改元永兴，国号大魏。

　　2　朝廷闻中原大乱，复谋进取。己丑，以扬州刺史殷浩为中军将军、假节、都督扬、豫、徐、兖、青五州诸军事；以蒲洪为氐王、使持节、征北大将军、都督河北诸军事、冀州刺史、广川郡公；蒲健为假节、右将军、监河北征讨前锋诸军事、襄国公。

　　3　姚弋仲、蒲洪各有据关右之志。弋仲遣其子襄帅众五万击洪，洪迎击，破之，斩获三万馀级。洪自称大都督、大将军、大单于、三秦王，改姓苻氏。以南安雷弱儿为辅国将军；安定梁楞为前将军，领左长史；冯翊鱼遵为右将军，领右长史；京兆段陵为左将军，领左司马；天水赵俱、陇西牛夷、北地辛牢皆为从事中郎，氐酋毛贵为单于辅相。

　　4　二月，燕王儁使慕容霸将兵二万自东道出徒河，慕舆于自西道出蠮螉塞，儁自中道出卢龙塞以伐赵。以慕容恪、鲜于亮为前驱，命慕舆埿楼山通道。留世子晔守龙城，以内史刘斌为大司农，与典书令皇甫真留统后事。

　　霸军至三陉，赵征东将军邓恒惶怖，焚仓库，弃安乐遁去，与幽州刺史王午共保蓟。徒河南部都尉孙泳急入安乐，扑灭馀火，籍其谷帛。霸收安乐、北平兵粮，与儁会临渠。

　　三月，燕兵至无终，王午留其将王佗以数千人守蓟，与邓恒走保鲁口。乙巳，儁拔蓟，执王佗，斩之。儁欲悉坑其士卒千馀人，慕容霸谏曰："赵为暴虐，王兴师伐之，将以拯民于涂炭而抚有中州也。今始得蓟而坑其士卒，恐不可以为王师之先声也。"儁入都于蓟，中州士女降者相继。

燕兵至范阳,范阳太守李产欲为石氏拒燕,众莫为用,乃帅八城令长出降。儁复以产为太守。

产子绩为幽州别驾,弃其家从王午在鲁口。邓恒谓午曰:"绩乡里在北,父已降燕,今虽在此,恐终难相保,徒为人累,不如去之。"午曰:"此何言也! 夫以当今丧乱,而绩乃能立义捐家,情节之重,虽古烈士无以过,乃欲以猜嫌害之,燕、赵之士闻之,谓我直相聚为贼,了无意识。众情一散,不可复集,此为坐自屠溃也。"恒乃止。午犹虑诸将不与己同心,或致非意,乃遣绩归。绩始辞午往见燕王儁,儁让之曰:"卿不识天命,弃父邀名,今日乃始来邪!"对曰:"臣眷恋旧主,志存微节,官身所在,何事非君。殿下方以义取天下,臣未谓得见之晚也。"儁悦,善待之。

儁以弟宜为代郡城郎,孙泳为广宁太守,悉置幽州郡县守宰。

甲子,儁使中部俟厘慕舆句督蓟中留事,自将击邓恒于鲁口。军至清梁,恒将鹿勃早将数千人夜袭燕营,半已得入,先犯前锋都督慕容霸,突入幕下,霸起奋击,手杀十馀人,早不能进,由是燕军得严。儁谓慕舆根曰:"贼锋甚锐,宜且避之。"根正色曰:"我众彼寡,力不相敌,故乘夜来战,冀万一获利。今求贼得贼,正当击之,复何所疑! 王但安卧,臣等自为王破之!"儁不能自安,内史李洪从儁出营外,屯高冢上。根帅左右精勇数百人从中牙直前击早,李洪徐整骑队还助之,早乃退走。众军追击四十馀里,早仅以身免,所从士卒死亡略尽。儁引兵还蓟。

5　魏主闵复姓冉氏,尊母王氏为皇太后,立妻董氏为皇后,子智为皇太子,胤、明、裕皆为王。以李农为太宰、领太尉、录尚书事,封齐王,其子皆封县公。遣使者持节赦诸军屯,皆不从。

6　麻秋说苻洪曰:"冉闵、石祇方相持,中原之乱未可平也。不如先取关中,基业已固,然后东争天下,谁敢敌之。"洪深然之。既而秋因宴鸩洪,欲并其众;世子健收秋斩之。洪谓健曰:"吾所以未入关者,以为中州可定,今不幸为竖子所困。中州非汝兄弟所能办,我死,汝急入关!"言终而卒。健代统其众,乃去大都督、大将军、三秦王之号,称晋官爵,遣其叔父安来告丧,且请朝命。

7　赵新兴王祇即皇帝位于襄国,改元永宁。以汝阴王琨为相国,六夷据州郡者皆应之。祇以姚弋仲为右丞相、亲赵王,待以殊礼。弋仲子襄,雄勇多才略,士民多爱之,请弋仲以为嗣,弋仲以襄非长子,不许。请者日以千数,弋仲乃使之将兵。祇以襄为骠骑将军、豫州刺史、新昌公。又以苻健为都督河南诸军事、镇南大将军、开府仪同三司、兖州牧、略阳郡公。

8　夏,四月,赵主祗遣汝阴王琨将兵十万伐魏。

9　魏主闵杀李农及其三子,并尚书令王谟、侍中王衍、中常侍严震、赵昇。闵遣使临江告晋曰:"逆胡乱中原,今已诛之,能共讨者,可遣军来也。"朝廷不应。

10　五月,庐江太守袁真攻魏合肥,克之,虏其居民而还。

11　六月,赵汝阴王琨进据邯郸,镇南将军刘国自繁阳会之。魏卫将军王泰击琨,大破之,死者万馀人。刘国还繁阳。

12　初,段兰卒于令支,段龛代领其众,因石氏之乱,拥部落南徙。秋,七月,龛引兵东据广固,自称齐王。

13　八月,代郡人赵榼帅三百馀家叛燕归赵并州刺史张平。燕王儁徙广宁、上谷二郡民于徐无,代郡民于凡城。

14　王朗之去长安也,朗司马杜洪据长安,自称晋征北将军、雍州刺史,以冯翊张琚为司马,关西夷、夏皆应之。苻健欲取之,恐洪知之,乃受赵官爵。以赵俱为河内太守,戍温;牛夷为安集将军,戍怀;治宫室于枋头,课民种麦,示无西意,有知而不种者,健杀之以徇。既而自称晋征西大将军、都督关中诸军事、雍州刺史。以武威贾玄硕为左长史,洛阳梁安为右长史,段纯为左司马,辛牢为右司马,京兆王鱼、安定程肱、胡文等为军谘祭酒,悉众而西。以鱼遵为前锋,行至盟津,为浮梁以济。遣弟辅国将军雄帅众五千自潼关入,兄子扬武将军菁帅众七千自轵关入。临别,执菁手曰:"若事不捷,汝死河北,我死河南,不复相见。"既济,焚桥,自帅大众随雄而进。

杜洪闻之,与健书,侮嫚之。以张琚弟先为征虏将军,帅众万三千逆战于潼关之北。先兵大败,走还长安。洪悉召关中之众以拒健。洪弟郁劝洪迎健,洪不从,郁帅所部降于健。

健遣苻雄徇渭北。氐酋毛受屯高陵,徐磋屯好畤,羌酋白犊屯黄白,众各数万,皆斩洪使,遣子降于健。苻菁、鱼遵所过城邑,无不降附。洪惧,固守长安。

15　张贺度、段勤、刘国、靳豚会于昌城,将攻邺。魏主闵自将击之,战于苍亭,贺度等大败,死者二万八千人,追斩靳豚于阴安,尽俘其众而归。闵戎卒三十馀万,旌旗、钲鼓绵亘百馀里,虽石氏之盛,无以过也。

故晋散骑常侍陇西辛谧,有高名,历刘、石之世,征辟皆不就。闵备礼征为太常。谧遗闵书,以为"物极则反,致至则危。君王功已成矣,宜因兹大捷,归身晋朝,必有由、夷之廉,享松、乔之寿矣"。因不食而卒。

16　九月,燕王儁南徇冀州,取章武、河间。初,勃海贾坚,少尚气节,仕赵为殿中督。赵亡,坚弃魏主闵还乡里,拥部曲数千家。燕慕容评徇勃海,遣使招之,坚终不降。评与战,擒之。儁以评为章武太守,封裕为河间太守。儁与慕容恪皆爱贾坚之材,坚时年六十馀,恪闻其善射,置牛百步上以试之。坚曰:"少之时能令不中,今老矣,往往中之。"乃射再发,一矢拂脊,一矢磨腹,皆附肤落毛,上下如一,观者咸服其妙。儁以坚为乐陵太守,治高城。

17　苻菁与张先战于渭北,擒之,三辅郡县堡壁皆降。冬,十月,苻健长驱至长安,杜洪、张琚奔司竹。

18　燕王儁还蓟,留诸将守之。儁还至龙城,谒陵庙。

19　十一月,魏主闵帅步骑十万攻襄国。署其子太原王胤为大单于、骠骑大将军,以降胡一千配之为麾下。光禄大夫韦謏谏曰:"胡、羯皆我之仇敌,今来归附,苟存性命耳,万一为变,悔之何及。请诛屏降胡,去单于之号,以防微杜渐。"闵方欲抚纳群胡,大怒,诛謏及其子伯阳。

20　甲午,苻健入长安,以民心思晋,乃遣参军杜山伯诣建康献捷,并修好于桓温。于是秦、雍夷夏皆附之,赵凉州刺史石宁独据上邽不下,十二月,苻雄击斩之。

21　蔡谟除司徒,三年不就职。诏书屡下,太后遣使谕意,谟终不受。于是帝临轩,遣侍中纪据、黄门郎丁纂征谟。谟陈疾笃,使主簿谢攸陈让。自旦至申,使者十馀返,而谟不至。时帝方八岁,甚倦,问左右曰:"所召人何以至今不来?临轩何时当竟?"太后以君臣俱疲,乃诏:"必不来者,宜罢朝。"中军将军殷浩奏免吏部尚书江虨官。会稽王昱令曹曰:"蔡公傲违上命,无人臣之礼。若人主卑屈于上,大义不行于下,亦不知所以为政矣。"公卿乃奏:"谟悖慢傲上,罪同不臣,请送廷尉以正刑书。"谟惧,帅子弟诣阙稽颡,自到廷尉待罪。殷浩欲加谟大辟,会徐州刺史荀羡入朝,浩以问羡,羡曰:"蔡公今日事危,明日必有桓、文之举。"浩乃止。下诏免谟为庶人。

资治通鉴卷第九十九

晋纪二十一

孝宗穆皇帝中之上

永和七年（辛亥，351）

1　春，正月丁酉，日有食之。

2　苻健左长史贾玄硕等请依刘备称汉中王故事，表健为都督关中诸军事、大将军、大单于、秦王。健怒曰："吾岂堪为秦王邪！且晋使未返，我之官爵，非汝曹所知也。"既而密使梁安讽玄硕等上尊号，健辞让再三，然后许之。丙辰，健即天王、大单于位，国号大秦，大赦，改元皇始。追尊父洪为武惠皇帝，庙号太祖；立妻强氏为天王后，子苌为太子，靓为平原公，生为淮南公，觌为长乐公，方为高阳公，硕为北平公，腾为淮阳公，柳为晋公，桐为汝南公，廋为魏公，武为燕公，幼为赵公。以苻雄为都督中外诸军事、丞相、领车骑大将军、雍州牧、东海公；苻菁为卫大将军、平昌公，宿卫二宫；雷弱儿为太尉，毛贵为司空，略阳姜伯周为尚书令，梁楞为左仆射，王堕为右仆射，鱼遵为太子太师，强平为太傅，段纯为太保，吕婆楼为散骑常侍。伯周，健之舅；平，王后之弟；婆楼，本略阳氏酋也。

3　段龛请以青州内附。二月戊寅，以龛为镇北将军。封齐公。

4　魏主闵攻围襄国百馀日。赵主祗危急，乃去皇帝之号，称赵王，遣太尉张举乞师于燕，许送传国玺，中军将军张春乞师于姚弋仲。弋仲遣其子襄帅骑二万八千救赵，诫之曰："冉闵弃仁背义，屠灭石氏。我受人厚遇，当为复仇，老病不能自行，汝才十倍于闵，若不枭擒以来，不必复见我也！"弋仲亦遣使告于燕，燕主儁遣御难将军悦绾将兵三万往会之。

冉闵闻儁欲救赵，遣大司马从事中郎广宁常炜使于燕。儁使封裕诘之曰："冉闵，石氏养息，负恩作逆，何敢辄称大号？"炜曰："汤放桀，武王伐纣，以兴商、周之业，曹孟德养于宦官，莫知所出，卒立魏氏之基，苟非天命，安能成功！推此而言，何必致问！"裕曰："人言冉闵初立，铸金为己像以卜成败，而像不成，信乎？"炜曰："不闻。"裕曰："南来者皆云如是，何故隐之?"炜曰:"奸伪之人欲矫天命以惑人者,乃假符瑞、托蓍龟以自重。魏主握符玺,据中州,受命何疑,而更反真为伪,取决于金像乎!"裕曰:"传国玺果安在?"炜曰:"在邺。"裕曰:"张举言在襄国。"炜曰:"杀胡之日,在邺者殆无孑遗;时有迸漏者,皆潜伏沟渎中耳,彼安知玺之所在乎!彼求救者,为妄诞之辞,无所不可,况一玺乎!"

儁犹以张举之言为信,乃积柴其旁,使裕以其私诱之,曰:"君更熟思,无为徒取灰灭!"炜正色曰:"石氏贪暴,亲帅大兵攻燕国都,虽不克而返,然志在必取。故运资粮、聚器械于东北者,非以相资,乃欲相灭也。魏主诛翦石氏,虽不为燕,臣子之心,闻仇雠之灭,义当如何? 而更为彼责我,不亦异乎! 吾闻死者骨肉下于土,精魂升于天。蒙君之惠,速益薪纵火,使仆得上诉于帝足矣!"左右请杀之。儁曰:"彼不惮杀身以徇其主,忠臣也。且冉闵有罪,使臣何预焉!"使出就馆。夜,使其乡人赵瞻往劳之,且曰:"君何不以实言? 王怒,欲处君于辽、碣之表,奈何?"炜曰:"吾结发以来,尚不欺布衣,况人主乎! 曲意苟合,性所不能,直情尽言,虽沉东海,不敢避也!"遂卧向壁,不复与瞻言。瞻具以白儁,儁乃囚炜于龙城。

5　赵并州刺史张平遣使降秦,秦王以平为大将军、冀州牧。

6　燕王儁还蓟。

7　三月,姚襄及赵汝阴王琨各引兵救襄国。冉闵遣车骑将军胡睦拒襄于长芦,将军孙威拒琨于黄丘,皆败还,士卒略尽。

闵欲自出击之,卫将军王泰谏曰:"今襄国未下,外救云集,若我出战,必覆背受敌,此危道也。不若固垒以挫其锐,徐观其衅而击之。且陛下亲临行陈,如失万全,则大事去矣。"闵将止,道士法饶进曰:"陛下围襄国经年,无尺寸之功,今贼至,又避不击,将何以使将士乎! 且太白入昴,当杀胡王,百战百克,不可失也!"闵攘袂大言曰:"吾战决矣,敢沮众者斩!"乃悉众出,与襄、琨战。悦绾适以燕兵至,去魏兵数里,疏布骑卒,曳柴扬尘,魏人望之惆惧,襄、琨、绾三面击之,赵王祗自后冲之,魏兵大败,闵与十馀骑直还邺。降胡栗特康等执大单于胤及左仆射刘琦以降赵,赵王祗杀之。胡睦及司空石璞、尚书令徐机、中书监卢谌等并将士死者凡十馀万人。闵潜还,人无知者。邺中震恐,讹言闵已没。射声校尉张艾请闵亲郊以安众心,闵从之,讹言乃息。闵支解法饶父子,赠韦謏大司徒。姚襄还滠头,姚弋仲怒其不擒闵,杖之一百。

初,闵之为赵相也,悉散仓库以树私恩,与羌、胡相攻,无月不战。赵所徙青、雍、幽、荆四州之民及氐、羌、胡、蛮数百万口,以赵法禁不行,各还本土,道路交错,互相杀掠,其能达者什有二、三。中原大乱,因以饥疫,人相食,无复耕者。

赵王祗使其将刘显帅众七万攻邺,军于明光宫,去邺二十三里。魏主闵恐,召王泰,欲与之谋。泰恚前言之不从,辞以疮甚。闵亲临问之,泰固称疾笃。闵怒,还宫,谓左右曰:“巴奴,乃公岂假汝为命邪! 要将先灭群胡,却斩王泰。”乃悉众出战,大破显军,追奔至阳平,斩首三万馀级。显惧,密使请降,求杀祗以自效,闵乃引归。有告王泰欲叛入秦者,闵杀之,夷其三族。

8　秦王健分遣使者问民疾苦,搜罗隽异,宽重敛之税,弛离宫之禁,罢无用之器,去侈靡之服,凡赵之苛政不便于民者,皆除之。

9　杜洪、张琚遣使召梁州刺史司马勋。夏,四月,勋帅步骑三万赴之,秦王健御之于五丈原。勋屡战皆败,退归南郑。健以中书令贾玄硕始者不上尊号,衔之,使人告玄硕与司马勋通,并其诸子皆杀之。

10　渤海人逢约因赵乱,拥众数千家,附于魏,魏以约为渤海太守。故太守刘凖,隗之兄子也;土豪封放,奕之从弟也,别聚众自守。闵以凖为幽州刺史,与约中分渤海。燕王儁使封奕讨约,使昌黎太守高开讨凖、放。开,瞻之子也。

奕引兵直抵约垒,遣人谓约曰:“相与乡里,隔绝日久,会遇甚难。时事利害,人皆有心,非所论也。愿单出一相见,以写伫结之情。”约素信重奕,即出,见奕于门外,各屏骑卒,单马交语。奕与论叙平生毕,因说之曰:“与君累世同乡,情相爱重,诚欲君享祚无穷。今既获展奉,不可不尽所怀。冉闵乘石氏之敝,奄有成资,是宜天下服其强矣,而祸乱方始,固知天命不可力争也。燕王奕世载德,奉义讨乱,所征无敌。今已都蓟,南临赵、魏,远近之民,襁负归之。民厌荼毒,咸思有道。冉闵之亡,匪朝伊夕,成败之形,昭然易见。且燕王肇开王业,虚心贤隽,君能翻然改图,则功参绛、灌,庆流苗裔,孰与为亡国将,守孤城以待必至之祸哉!”约闻之,怅然不言。奕给使张安,有勇力,奕豫戒之,俟约气下,安突前持其马鞚,因挟之而驰。至营,奕与坐,谓曰:“君计不能自决,故相为决之,非欲取君以邀功,乃欲全君以安民也。”

高开至渤海,凖、放迎降。儁以放为渤海太守,凖为左司马,约参军事。以约诱于人而遇获,更其名曰钓。

11　刘显弑赵王祗及其丞相乐安王炳、太宰赵庶等十馀人,传首于邺。骠骑将军石宁奔柏人。魏主闵焚祗首于通衢,拜显上大将军、大单于、冀州牧。

12 五月,赵兖州刺史刘启自鄄城来奔。

13 秋,七月,刘显复引兵攻邺,魏主闵击败之。显还,称帝于襄国。

14 八月,魏徐州刺史周成、兖州刺史魏统、荆州刺史乐弘、豫州牧张遇以廪丘、许昌等诸城来降;平南将军高崇、征虏将军吕护执洛州刺史郑系,以其地来降。

15 燕王俊遣慕容恪攻中山,慕容评攻王午于鲁口,魏中山太守上谷侯龛闭城拒守。恪南徇常山,军于九门,魏赵郡太守辽西李邽举郡降,恪厚抚之,将邽还围中山,侯龛乃降。恪入中山,迁其将帅、士豪数十家诣蓟,馀皆安堵,军令严明,秋豪不犯。慕容评至南安,王午遣其将郑生拒战,评击斩之。

悦绾还自襄国,俊乃知张举之妄而杀之。常炜有四男二女在中山,俊释炜之囚,使诸子就见之,炜上疏谢恩,俊手令答曰:“卿本不为生计,孤以州里相存耳。今大乱之中,诸子尽至,岂非天所念邪! 天且念卿,况于孤乎!”赐妾一人,谷三百斛,使居凡城。以北平太守孙兴为中山太守。兴善于绥抚,中山遂安。

16 库傉官伟帅部众自上党降燕。

17 姚弋仲遣使来请降。冬,十月,以弋仲为使持节、六夷大都督、督江北诸军事、车骑大将军、开府仪同三司、大单于、高陵郡公;又以其子襄为持节、平北将军、都督并州诸军事、并州刺史、平乡县公。

18 逄钓亡归渤海,招集旧众以叛燕。乐陵太守贾坚使人告谕乡人,示以成败,钓部众稍散,遂来奔。

19 吐谷浑叶延卒,子碎奚立。

20 初,桓温闻石氏乱,上疏请出师经略中原,事久不报。温知朝廷杖殷浩以抗己,甚忿之,然素知浩之为人,亦不之惮也。以国无他衅,遂得相持弥年,羁縻而已,八州士众资调殆不为国家用。屡求北伐,诏书不听。十二月辛未,温拜表辄行,帅众四万顺流而下,军于武昌。朝廷大惧。

殷浩欲去位以避温,又欲以驺虞幡驻温军。吏部尚书王彪之言于会稽王昱曰:“此属皆自为计,非能保社稷,为殿下计也。若殷浩去职,人情离骇,天子独坐,当此之际,必有任其责者,非殿下而谁乎!”又谓浩曰:“彼若抗表问罪,卿为之首。事任如此,猜衅已成,欲作匹夫,岂有全地邪! 且当静以待之。令相王与手书,示以款诚,为陈成败,彼必旋师。若不从,则遣中诏。又不从,乃当以正义相裁。奈何无故匆匆,先自猖獗乎!"浩曰:"决大事正自难,顷日来欲使人闷。闻卿此谋,意始得了。"彪之,彬之子也。

抚军司马高崧言于昱曰:"王宜致书,谕以祸福,自当返旆。如其不尔,便六军整驾,逆顺于兹判矣!"乃于坐为昱草书曰:"寇难宜平,时会宜接。此实为国远图,经略大算,能弘斯会,非足下而谁!但以比兴师动众,要当以资实为本,运转之艰,古人所难,不可易之于始而不熟虑。顷所以深用为疑,惟在此耳。然异常之举,众之所骇,游声噂𠴲,想足下亦少闻之。苟患失之,无所不至,或能望风振扰,一时崩散。如此则望实并丧,社稷之事去矣。皆由吾暗弱,德信不著,不能镇静群庶,保固维城,所以内愧于心,外惭良友。吾与足下,虽职有内外,安社稷,保国家,其致一也。天下安危,系之明德,当先思宁国而后图其外,使王基克隆,大义弘著,所望于足下。区区诚怀,岂可复顾嫌而不尽哉!"温即上疏惶恐致谢,回军还镇。

21 朝廷将行郊祀。会稽王昱问于王彪之曰:"郊祀应有赦否?"彪之曰:"自中兴以来,郊祀往往有赦,愚意常谓非宜。凶愚之人,以为郊必有赦,将生心于侥幸矣!"昱从之。

22 燕王儁如龙城。

23 丁零翟鼠帅所部降燕,封为归义王。

八年(壬子,352)

1 春,正月辛卯,日有食之。

2 秦丞相雄等请秦王健正尊号,依汉、晋之旧,不必效石氏之初。健从之,即皇帝位,大赦。诸公皆进爵为王。且言单于所以统壹百蛮,非天子所宜领,以授太子苌。

3 司马勋既还汉中,杜洪、张琚屯宜秋。洪自以右族轻琚,琚遂杀洪,自立为秦王,改元建昌。

4 刘显攻常山,魏主闵留大将军蒋幹使辅太子智守邺,自将八千骑救之。显大司马清河王宁以枣强降魏。闵击显,败之,追奔至襄国。显大将军曹伏驹开门纳闵,闵杀显及其公卿已下百馀人,焚襄国宫室,迁其民于邺。赵汝阴王琨以其妻妾来奔,斩于建康市,石氏遂绝。

5 尚书左丞孔严言于殷浩曰:"比来众情,良可寒心,不知使君当何以镇之。愚谓宜明受任之方,韩、彭专征伐,萧、曹守管籥,内外之任,各有攸司。深思廉、蔺屈身之义,平、勃交欢之谋,令穆然无间,然后可以保大定功也。观近日降附之徒,皆人面兽心,贪而无亲,恐难以义感也。"浩不从。严,愉之从子也。

浩上疏请北出许、洛,诏许之,以安西将军谢尚、北中郎将荀羡为督统,进屯寿春。谢尚不能抚尉张遇,遇怒,据许昌叛,使其将上官恩据洛阳,乐弘攻督护戴施于仓垣,浩军不能进。三月,命荀羡镇淮阴,寻加监青州诸军事,又领兖州刺史,镇下邳。

6　乙巳,燕王儁还蓟,稍徙军中文武兵民家属于蓟。

7　姚弋仲有子四十二人,及病,谓诸子曰:"石氏待吾厚,吾本欲为之尽力。今石氏已灭,中原无主,我死,汝亟自归于晋,当固执臣节,无为不义也!"弋仲卒,子襄秘不发丧,帅户六万南攻阳平、元城、发干,破之,屯于碻磝津,以太原王亮为长史,天水尹赤为司马,太原薛瓒、略阳权翼为参军。

襄与秦兵战,败,亡三万馀户,南至荥阳,始发丧。又与秦将高昌、李历战于麻田,马中流矢而毙。弟苌以马授襄,襄曰:"汝何以自免?"苌曰:"但令兄济,竖子必不敢害苌!"会救至,俱免。尹赤奔秦,秦以赤为并州刺史,镇蒲阪。

襄遂帅众归晋,送其五弟为质。诏襄屯谯城。襄单骑渡淮,见谢尚于寿春。尚闻其名,命去仗卫,幅巾待之,欢若平生。襄博学,善谈论,江东人士皆重之。

8　魏主闵既克襄国,因游食常山、中山诸郡。赵立义将军段勤聚胡、羯万馀人保据绎幕,自称赵帝。夏,四月甲子,燕王儁遣慕容恪等击魏,慕容霸等击勤。

魏主闵将与燕战,大将军董闰、车骑将军张温谏曰:"鲜卑乘胜锋锐,且彼众我寡,宜且避之,俟其骄惰,然后益兵以击之。"闵怒曰:"吾欲以此众平幽州,斩慕容儁。今遇恪而避之,人谓我何!"司徒刘茂、特进郎闿相谓曰:"吾君此行,必不还矣,吾等何为坐待戮辱!"皆自杀。

闵军于安喜,慕容恪引兵从之。闵趣常山,恪追之,及于魏昌之廉台。闵与燕兵十战,燕兵皆不胜。闵素有勇名,所将兵精锐,燕人惮之。慕容恪巡陈,谓将士曰:"冉闵勇而无谋,一夫敌耳!其士卒饥疲,甲兵虽精,其实难用,不足破也!"闵以所将多步卒,而燕皆骑兵,引兵将趣林中。恪参军高开曰:"吾骑兵利平地,若闵得入林,不可复制。宜亟遣轻骑邀之,既合而阳走,诱致平地,然后可击也。"恪从之。魏兵还就平地,恪分军为三部,谓诸将曰:"闵性轻锐,又自以众少,必致死于我。我厚集中军之陈以待之,俟其合战,卿等从旁击之,无不克矣。"乃择鲜卑善射者五千人,以铁锁连其马,为方陈而前。闵所乘骏马曰朱龙,日行千里。闵左操两刃矛,右执钩戟,以击燕兵,斩首三百馀级。望见大幢,知其为中军,直冲之。燕两军从旁夹击,大破之。围闵数重,闵溃围东走二十馀里,朱龙忽毙,为燕兵所执。燕人杀魏仆射刘群,执董闵、张温及闵,皆送于蓟。闵子操奔鲁口。高开被创而卒。慕容恪进屯常山,儁命恪镇中山。

己卯,冉闵至蓟。儁大赦。立闵而责之曰:"汝奴仆下才,何得妄称帝?"闵曰:"天下大乱,尔曹夷狄禽兽之类犹称帝,况我中土英雄,何得不称帝邪!"儁怒,鞭之三百,送于龙城。

慕容霸军至绎幕,段勤与弟思聪举城降。

甲申,儁遣慕容评及中尉侯龛帅精骑万人攻邺。癸巳,至邺,魏蒋幹及太子智闭城拒守,城外皆降于燕,刘宁及弟崇帅胡骑三千奔晋阳。

9　秦以张遇为征东大将军、豫州牧。

10　五月,秦主健攻张琚于宜秋,斩之。

11　邺中大饥,人相食,故赵时宫人被食略尽。蒋幹使侍中缪嵩、詹事刘猗奉表请降,且求救于谢尚。庚寅,燕王儁遣广威将军慕容军、殿中将军慕舆根、右司马皇甫真等帅步骑二万助慕容评攻邺。

12　辛卯,燕人斩冉闵于龙城。会大旱、蝗,燕王儁谓闵为祟,遣使祀之,谥曰悼武天王。

13　初,谢尚使戴施据枋头,施闻蒋幹求救,乃自仓垣徙屯棘津,止幹使者求传国玺。刘猗使缪嵩还邺白幹,幹疑尚不能救,沉吟未决。六月,施帅壮士百馀人入邺,助守三台,绐之曰:"今燕寇在外,道路不通,玺未敢送也。卿且出以付我,我当驰白天子。天子闻玺在吾所,信卿至诚,必多发兵粮以相救饷。"幹以为然,出玺付之。施宣言使督护何融迎粮,阴令怀玺送于枋头。甲子,蒋幹帅锐卒五千及晋兵出战,慕容评大破之,斩首四千级,幹脱走入城。

14　甲申,秦主健还长安。

15　谢尚、姚襄共攻张遇于许昌。秦主健遣丞相东海王雄、卫大将军平昌王菁略地关东,帅步骑二万救之。丁亥,战于颍水之诫桥,尚等大败,死者万五千人。尚奔还淮南,襄弃辎重,送尚于芍陂,尚悉以后事付襄。殷浩闻尚败,退屯寿春。秋,七月,秦丞相雄徙张遇及陈、颍、许、洛之民五万馀户于关中,以右卫将军杨群为豫州刺史,镇许昌。谢尚降号建威将军。

16　赵故西中郎将王擢遣使请降,拜擢秦州刺史。

17　丁酉,以武陵王晞为太宰。

18　丙辰,燕王儁如中山。

19　王午闻魏败,时邓恒已死,午自称安国王。八月,戊辰,燕王儁遣慕容恪、封奕、阳骛攻之,午闭城自守,送冉操诣燕军,燕人掠其禾稼而还。

20　庚午,魏长水校尉马愿等开邺城纳燕兵,戴施、蒋幹悬缒而下,奔于仓垣。慕容评送魏后董氏、太子智、太尉申钟、司空条枚等及乘舆服御于蓟。尚书令王简、左仆射张乾、右仆射郎肃皆自杀。燕王儁诈云董氏得传国玺献之,赐号奉玺君,赐冉智爵海宾侯。以申钟为大将军右长史,命慕容评镇邺。

21　桓温使司马勋助周抚讨萧敬文于涪城,斩之。

22　谢尚自枋头迎传国玺至建康,百僚毕贺。

23　秦以雷弱儿为大司马,毛贵为太尉,张遇为司空。

24　殷浩之北伐也,中军将军王羲之以书止之,不听。既而无功,复谋再举。羲之遗浩书曰:“今以区区江左,天下寒心,固已久矣,力争武功,非所当作。自顷处内外之任者,未有深谋远虑,而疲竭根本,各从所志,竟无一功可论,遂令天下将有土崩之势,任其事者,岂得辞四海之责哉!今军破于外,资竭于内,保淮之志,非所复及,莫若还保长江,督将各复旧镇,自长江以外,羁縻而已。引咎责躬,更为善治,省其赋役,与民更始,庶可以救倒悬之急也!使君起于布衣,任天下之重,当董统之任,而败丧至此,恐阖朝群贤未有与人分其谤者。若犹以前事为未工,故复求之分外,宇宙虽广,自容何所!此愚智所不解也。”

又与会稽王昱笺曰:“为人臣谁不愿尊其主,比隆前世,况遇难得之运哉!顾力有所不及,岂可不权轻重而处之也!今虽有可喜之会,内求诸己,而所忧乃重于所喜。功未可期,遗黎歼尽,劳役无时,征求日重,以区区吴、越经纬天下十分之九,不亡何待!而不度德量力,不弊不已,此封内所痛心叹悼而莫敢吐诚者也。‘往者不可谏,来者犹可追。’愿殿下更垂三思,先为不可胜之基,须根立势举,谋之未晚。若不行,恐麋鹿之游,将不止林薮而已!愿殿下暂废虚远之怀,以救倒悬之急,可谓以亡为存,转祸为福也。”不从。

九月,浩屯泗口,遣河南太守戴施据石门,荥阳太守刘遯据仓垣。浩以军兴,罢遣太学生徒,学校由此遂废。

　　冬,十月,谢尚遣冠军将军王侠攻许昌,克之。秦豫州刺史杨群退屯弘农。征尚为给事中,戍石头。

　　25　丁卯,燕王儁还蓟。

　　26　故赵将拥兵据州郡者,各遣使降燕。燕王儁以王擢为益州刺史,夔逸为秦州刺史,张平为并州刺史,李历为兖州刺史,高昌为安西将军,刘宁为车骑将军。

　　27　慕容恪屯安平,积粮,治攻具,将讨王午。丙戌,中山苏林起兵于无极,自称天子。恪自鲁口还讨林。闰月戊子,燕王儁遣广威将军慕舆根助恪攻林,斩之。王午为其将秦兴所杀。吕护杀兴,复自称安国王。

　　燕群僚共上尊号于燕王儁,儁许之。十一月丁卯,始置百官,以国相封奕为太尉,左长史阳骛为尚书令,右司马皇甫真为尚书左仆射,典书令张悕为右仆射,其馀文武,拜授有差。戊辰,儁即皇帝位,大赦。自谓获传国玺,改元元玺。追尊武宣王为高祖武宣皇帝,文明王为太祖文明皇帝。时晋使适至燕,儁谓曰:“汝还白汝天子,我承人乏,为中国所推,已为帝矣!”改司州为中州,建留台于龙都。以玄菟太守乙逸为尚书,专委留务。

　　28　秦丞相雄攻王擢于陇西,擢奔凉州,雄还屯陇东。张重华以擢为征虏将军、秦州刺史,特宠待之。

九年(癸丑,353)

　　1　春,正月乙卯朔,大赦。

　　2　二月庚子,燕主儁立其妃可足浑氏为皇后,世子晔为皇太子,皆自龙城迁于蓟宫。

　　3　张重华遣将军张弘、宋修会王擢帅步骑万五千伐秦。秦丞相雄、卫将军菁拒之,大败凉兵于龙黎,斩首万二千级,虏张弘、宋修;王擢弃秦州,奔姑臧。秦主健以领军将军苻愿为秦州刺史,镇上邽。

　　4　三月,交州刺史阮敷讨林邑,破五十馀垒。

　　5　赵故卫尉常山李犊聚众数千人叛燕。

　　6　西域胡刘康诈称刘曜子,聚众于平阳,自称晋王。夏,四月,秦左卫将军苻飞讨擒之。

　　7　以安西将军谢尚为尚书仆射。

　　8　五月,张重华复使王擢帅众二万伐上邽,秦州郡县多应之。苻愿战败,奔长安。重华因上疏请伐秦,诏进重华凉州牧。

　　9　燕主儁遣卫将军恪讨李犊,犊降,遂东击吕护于鲁口。

10　六月，秦苻飞攻氐王杨初于仇池，为初所败。丞相雄、平昌王菁帅步骑四万屯于陇东。

秦主健纳张遇继母韩氏为昭仪，数于众中谓遇曰："卿，吾假子也。"遇耻之，因雄等精兵在外，阴结关中豪杰，欲灭苻氏，以其地来降。秋，七月，遇与黄门刘晃谋夜袭健，晃约开门以待之。会健使晃出外，晃固辞，不得已而行。遇不知，引兵至门，门不开；事觉，伏诛。于是孔持起池阳，刘珍、夏侯显起鄠，乔秉起雍，胡阳赤起司竹，呼延毒起灞城，众数万人，各遣使来请兵。

11　秦以左仆射鱼遵为司空。

12　九月，秦丞相雄帅众二万还长安，遣平昌王菁略定上洛，置荆州于丰阳川，以步兵校尉金城郭敬为刺史。雄与清河王法、苻飞分讨孔持等。

13　姚襄屯历阳，以燕、秦方强，未有北伐之志，乃夹淮广兴屯田，训厉将士。殷浩在寿春，恶其强盛，囚襄诸弟，屡遣刺客刺之，刺客皆以情告襄。安北将军魏统卒，弟憬代领部曲。浩潜遣憬帅众五千袭之，襄斩憬，并其众。浩愈恶之，使龙骧将军刘启守谯，迁襄于梁国蠡台，表授梁国内史。

魏憬子弟数往来寿春，襄益疑惧，遣参军权翼使于浩，浩曰："身与姚平北共为王臣，休戚同之。平北每举动自专，甚失辅车之理，岂所望也！"翼曰："平北英姿绝世，拥兵数万远归晋室者，以朝廷有道，宰辅明哲故也。今将军轻信谗慝之言，与平北有隙，愚谓猜嫌之端，在此不在彼也。"浩曰："平北姿性豪迈，生杀自由，又纵小人掠夺吾马，王臣之体，固若是乎？"翼曰："平北归命圣朝，岂肯妄杀无辜！奸宄之人，亦王法所不容也，杀之何害！"浩曰："然则掠马何也？"翼曰："将军谓平北雄武难制，终将讨之，故取马欲以自卫耳。"浩笑曰："何至是也！"

初，浩阴遣人诱梁安、雷弱儿，使杀秦主健，许以关右之任。弱儿伪许之，且请兵应接。浩闻张遇作乱，健兄子辅国将军黄眉自洛阳西奔，以为安等事已成。冬，十月，浩自寿春帅众七万北伐，欲进据洛阳，修复园陵。吏部尚书王彪之上会稽王昱笺，以为："弱儿等容有诈伪，浩未应轻进。"不从。

浩以姚襄为前驱。襄引兵北行，度浩将至，诈令部众夜遁，阴伏甲以邀之。浩闻而追襄至山桑，襄纵兵击之，浩大败，弃辎重，走保谯城。襄俘斩万馀，悉收其资仗，使兄益守山桑，襄复如淮南。会稽王昱谓王彪之曰：

"君言无不中,张、陈无以过也!"

14　西平敬烈公张重华有疾,子曜灵才十岁,立为世子,赦其境内。重华庶兄长宁侯祚,有勇力、吏干,而倾巧善事内外,与重华嬖臣赵长、尉缉等结异姓兄弟。都尉常据请出之,重华曰:"吾方以祚为周公,使辅幼子,君是何言也!"

谢艾以枹罕之功有宠于重华,左右疾之,谮艾,出为酒泉太守。艾上疏言:"权幸用事,公室将危,乞听臣入侍。"且言:"长宁侯祚及赵长等将为乱,宜尽逐之。"十一月己未,重华疾甚,手令征艾为卫将军,监中外诸军事,辅政。祚、长等匿而不宣。

丁卯,重华卒,世子曜灵立,称大司马、凉州刺史、西平公。赵长等矫重华遗令,以长宁侯祚为都督中外诸军事、抚军大将军,辅政。

15　殷浩使部将刘启、王彬之攻姚益于山桑,姚襄自淮南击之,启、彬之皆败死。襄进据芍陂。

16　赵末,乐陵朱秃、平原杜能、清河丁娆、阳平孙元各拥兵分据城邑,至是皆请降于燕。燕主儁以秃为青州刺史,能为平原太守,娆为立节将军,元为兖州刺史,各留抚其营。

17　秦丞相雄克池阳,斩孔持。十二月,清河王法、苻飞克鄠,斩刘珍、夏侯显。

18　姚襄济淮,屯盱眙,招掠流民,众至七万,分置守宰,劝课农桑。遣使诣建康罪状殷浩,并自陈谢。诏以谢尚都督江西淮南诸军事、豫州刺史,镇历阳。

19　凉右长史赵长等建议,以为:"时难未夷,宜立长君,曜灵冲幼,请立长宁侯祚。"张祚先得幸于重华之母马氏,马氏许之,乃废张曜灵为凉宁侯,立祚为大都督、大将军、凉州牧、凉公。祚既得志,恣为淫虐,杀重华妃裴氏及谢艾。

20　燕卫将军恪、抚军将军军、左将军彪等屡荐给事黄门侍郎霸有命世之才,宜总大任。是岁,燕主儁以霸为使持节、安东将军、北冀州刺史,镇常山。

十年(甲寅,354)

1　春,正月,张祚自称凉王,改建兴四十二年为和平元年;立妻辛氏为王后,子太和为太子;封弟天锡为长宁侯,子庭坚为建康侯,曜灵弟玄靓为凉武侯;置百官,效祀天地,用天子礼乐。尚书马岌切谏,坐免官。郎中丁琪复谏曰："我自武公以来，世守臣节，抱忠履谦五十馀年，故能以一州之众，抗举世之虏，师徒岁起，民不告疲。殿下勋德未高于先公，而亟谋革命，臣未见其可也。彼士民所以用命，四远所以归向者，以吾能奉晋室故也。今而自尊，则中外离心，安能以一隅之地拒天下之强敌乎！"祚大怒，斩之于阙下。

2　故魏降将周成反，自宛袭洛阳。辛酉，河南太守戴施奔鲔渚。

3　秦丞相雄克司竹，胡阳赤奔霸城，依呼延毒。

4　中军将军、扬州刺史殷浩连年北伐，师徒屡败，粮械都尽。征西将军桓温因朝野之怨，上疏数浩之罪，请废之。朝廷不得已，免浩为庶人，徙东阳之信安。自此内外大权一归于温矣。

浩少与温齐名，而心竞不相下，温常轻之。浩既废黜，虽愁怨不形辞色，常书空作"咄咄怪事"字。久之，温谓掾郗超曰："浩有德有言，向为令仆，足以仪刑百揆，朝廷用违其才耳。"将以浩为尚书令，以书告之。浩欣然许焉，将答书，虑有谬误，开闭者十数，竟达空函。温大怒，由是遂绝，卒于徙所。以前会稽内史王述为扬州刺史。

5　二月乙丑，桓温统步骑四万发江陵，水军自襄阳入均口，至南乡，步兵自淅川趣武关。命司马勋出子午道以伐秦。

6　燕卫将军恪围鲁口，三月，拔之。吕护奔野王，遣弟奉表谢罪于燕，燕以护为河内太守。

7　姚襄遣使降燕。

8　燕王儁以慕容评为镇南将军，都督秦、雍、益、梁、江、扬、荆、徐、兖、豫十州诸军事，权镇洛水；以慕容强为前锋都督，督荆、徐二州、缘淮诸军事，进据河南。

9　桓温别将攻上洛，获秦荆州刺史郭敬；进击青泥，破之。司马勋掠秦西鄙，凉秦州刺史王擢攻陈仓以应温。秦主健遣太子苌、丞相雄、淮南王生、平昌王菁、北平王硕帅众五万军于峣柳以拒温。夏，四月己亥，温与秦兵战于蓝田。秦淮南王生单骑突陈，出入以十数，杀伤晋将士甚众。温督众力战，秦兵大败。将军桓冲又败秦丞相雄于白鹿原。冲，温之弟也。温转战而前，壬寅，进至灞上。秦太子苌等退屯城南，秦主健与老弱六千固守长安小城，悉发精兵三万，遣大司马雷弱儿等与苌合兵以拒温。三辅郡县皆来降。温抚谕居民，使安堵复业。民争持牛酒迎劳，男女夹路观之，耆老有垂泣者，曰："不图今日复睹官军！"

秦丞相雄帅骑七千袭司马勋于子午谷，破之，勋退屯女娲堡。

10 戊申，燕主儁封抚军将军军为襄阳王，左将军彭为武昌王；以卫将军恪为大司马、侍中、大都督、录尚书事，封太原王；镇南将军评为司徒、骠骑将军，封上庸王；封安东将军霸为吴王；左贤王友为范阳王，散骑常侍厉为下邳王，散骑常侍宜为庐江王，宁北将军度为乐浪王；又封弟桓为宜都王，逮为临贺王，徽为河间王，龙为历阳王，纳为北海王，秀为兰陵王，岳为安丰王，德为梁公，默为始安公，偻为南康公；子咸为乐安王，亮为勃海王，温为带方王，涉为渔阳王，暐为中山王；以尚书令阳骛为司空，仍守尚书令。

命冀州刺史吴王霸徙治信都。初，燕王皝奇霸之才，故名之曰霸，将以为世子，群臣谏而止，然宠遇犹逾于世子。由是儁恶之，以其尝坠马折齿，更名曰䍸。寻以其应谶文，更名曰垂，迁侍中，录留台事，徙镇龙城。垂大得东北之和，儁愈恶之，复召还。

11 五月，江西流民郭敞等执陈留内史刘仕，降于姚襄。建康震骇，以吏部尚书周闵为中军将军，屯中堂，豫州刺史谢尚自历阳还卫京师，固江备守。

12 王擢拔陈仓，杀秦扶风内史毛难。

13 北海王猛，少好学，倜傥有大志，不屑细务，人皆轻之。猛悠然自得，隐居华阴。闻桓温入关，披褐诣之，扪虱而谈当世之务，旁若无人。温异之，问曰："吾奉天子之命，将锐兵十万为百姓除残贼，而三秦豪杰未有至者，何也？"猛曰："公不远数千里，深入敌境，今长安咫尺而不渡灞水，百姓未知公心，所以不至。"温嘿然无以应，徐曰："江东无卿比也！"乃署猛军谋祭酒。

温与秦丞相雄等战于白鹿原，温兵不利，死者万馀人。初，温指秦麦以为粮，既而秦人悉芟麦，清野以待之，温军乏食。六月丁丑，徙关中三千馀户而归。以王猛为高官督护，欲与俱还，猛辞不就。

呼延毒帅众一万从温还。秦太子苌等随温击之，比至潼关，温军屡败，失亡以万数。

温之屯灞上也，顺阳太守薛珍劝温径进逼长安，温弗从。珍以偏师独济，颇有所获。及温退，乃还，显言于众，自矜其勇而咎温之持重，温杀之。

14 秦丞相雄击司马勋、王擢于陈仓，勋奔汉中，擢奔略阳。

15 秦以光禄大夫赵俱为洛阳刺史，镇宜阳。

16 秦东海敬武王雄攻乔秉于雍，丙申，卒。秦主健哭之呕血，曰："天不欲吾平四海邪！何夺吾元才之速也？"赠魏王，葬礼依晋安平献王故事。雄以佐命元勋,权侔人主,而谦恭泛爱,遵奉法度,故健重之,常曰:"元才,吾之周公也。"

子坚袭爵。坚性至孝,幼有志度,博学多能,交结英豪,吕婆楼、强汪及略阳梁平老皆与之善。

17　燕乐陵太守慕容钧,翰之子也,与青州刺史朱秃共治厌次。钧自恃宗室,每陵侮秃,秃不胜忿,秋,七月,袭钧,杀之,南奔段龛。

18　秦太子苌攻乔秉于雍,八月,斩之,关中悉平。秦主健赏拒桓温之功,以雷弱儿为丞相,毛贵为太傅,鱼遵为太尉,淮南王生为中军大将军,平昌王菁为司空。健勤于政事,数延公卿咨讲治道,承赵人苛虐奢侈之后,易以宽简、节俭,崇礼儒士,由是秦人悦之。

19　燕大调兵众,因发诏之日,号曰"丙戌举"。

20　九月,桓温还自伐秦,帝遣侍中、黄门劳温于襄阳。

21　或告燕黄门侍郎宋斌等谋奉冉智为主而反,皆伏诛。斌,烛之子也。

22　秦太子苌之拒桓温也,为流矢所中,冬,十月,卒,谥曰献哀。

23　燕王儁如龙城。

24　桓温之入关也,王擢遣使告凉王祚,言温善用兵,其志难测。祚惧,且畏擢之叛己,遣人刺之。事泄,祚益惧,大发兵,声言东伐,实欲西保敦煌,会温还而止。既而遣秦州刺史牛霸等帅兵三千击擢,破之。十一月,擢帅众降秦,秦以擢为尚书,以上将军啖铁为秦州刺史。

25　秦王健叔父武都王安自晋还,为姚襄所房,以为洛州刺史。十二月,安亡归秦,健以安为大司马、骠骑大将军、并州刺史,镇蒲阪。

26　是岁,秦大饥,米一升直布一匹。

资治通鉴卷第一百

晋纪二十二

孝宗穆皇帝中之下

永和十一年（乙卯，355）

1　春，正月，故仇池公杨毅弟宋奴使其姑子梁式王刺杀杨初，初子国诛式王及宋奴，自立为仇池公。桓温表国为镇北将军、秦州刺史。

2　二月，秦大蝗，百草无遗，牛马相啖毛。

3　夏，四月，燕主儁自和龙还蓟。先是，幽、冀之人以儁为东迁，互相惊扰，所在屯结。群臣请讨之，儁曰："群小以朕东巡，故相惑为乱耳。今朕既至，寻当自定，不足讨也。"

4　兰陵太守孙黑、济北太守高柱、建兴太守高瓮及秦河内太守王会、黎阳太守韩高皆以郡降燕。

5　秦淮南王生幼无一目，性粗暴。其祖父洪尝戏之曰："吾闻瞎儿一泪，信乎？"生怒，引佩刀自刺出血，曰："此亦一泪也。"洪大惊，鞭之。生曰："性耐刀矟，不堪鞭棰！"洪谓其父健曰："此儿狂悖，宜早除之，不然，必破人家。"健将杀之，健弟雄止之曰："儿长自应改，何可遽尔！"及长，力举千钧，手格猛兽，走及奔马，击刺骑射，冠绝一时。献哀太子卒，强后欲立少子晋王柳，秦主健以谶文有"三羊五眼"，乃立生为太子。以司空、平昌王菁为太尉，尚书令王堕为司空，司隶校尉梁楞为尚书令。

6　姚襄所部多劝襄北还，襄从之。五月，襄攻冠军将军高季于外黄，会季卒，襄进据许昌。

7　六月丙子，秦主健寝疾。庚辰，平昌公菁勒兵入东宫，将杀太子生而自立。时生侍疾西宫，菁以为健已卒，攻东掖门。健闻变，登端门，陈兵自卫。众见健惶惧，皆舍仗逃散。健执菁，数而杀之，馀无所问。

壬午，以大司马、武都王安都督中外诸军事。甲申，健引太师鱼遵、丞相雷弱儿、太傅毛贵、司空王堕、尚书令梁楞、左仆射梁安、右仆射段纯、吏部尚书辛牢等受遗诏辅政。健谓太子生曰："六夷酋帅及大臣执权者，若不从汝命,宜渐除之。"

　　臣光曰：顾命大臣,所以辅导嗣子,为之羽翼也。为之羽翼而教使翦之,能无毙乎！知其不忠,则勿任而已矣；任以大柄,又从而猜之,鲜有不召乱者也。

8　乙酉,健卒,谥曰景明皇帝,庙号高祖。丙戌,太子生即位,大赦,改元寿光。群臣奏曰："未逾年而改元,非礼也。"生怒,穷推议主,得右仆射段纯,杀之。

9　秋,七月,以吏部尚书周闵为左仆射。

10　或告会稽王昱曰："武陵王第中大修器仗,将谋非常。"昱以告太常王彪之,彪之曰："武陵王之志,尽于驰骋畋猎而已耳,深愿静之,以安异同之论,勿复以为言！"昱善之。

11　秦主生尊母强氏曰皇太后,立妃梁氏为皇后。梁氏,安之女也。以其嬖臣太子门大夫南安赵韶为右仆射,太子舍人赵诲为中护军,著作郎董荣为尚书。

12　凉王祚淫虐无道,上下怨愤。祚恶河州刺史张瓘之强,遣张掖太守索孚代瓘守枹罕,使瓘讨叛胡,又遣其将易揣、张玲帅步骑万三千以袭瓘。张掖人王鸾知术数,言于祚曰："此军出,必不还,凉国将危；"并陈祚三不道。祚大怒,以鸾为訞言,斩以徇。鸾临刑曰："我死,军败于外,王死于内,必矣！"祚族灭之。瓘闻之,斩孚,起兵击祚,传檄州郡,废祚,以侯还第,复立凉宁侯曜灵。易揣、张玲军始济河,瓘击破之。揣等单骑奔还,瓘军蹑之,姑臧振恐。骁骑将军敦煌宋混兄脩,与祚有隙,惧祸。八月,混与弟澄西走,合众万馀人以应瓘,还向姑臧。祚遣杨秋胡将曜灵于东苑,拉其腰而杀之,埋于沙坑,谥曰哀公。

13　秦主生封卫大将军黄眉为广平王,前将军飞为新兴王,皆素所善也。征大司马武都王安领太尉。以晋王柳为征东大将军、并州牧,镇蒲阪；魏王廋为镇东大将军、豫州牧,镇陕城。

　　中书监胡文、中书令王鱼言于生曰："比有星孛于大角,荧惑入东井。大角,帝坐；东井,秦分。于占不出三年,国有大丧,大臣戮死,愿陛下修德以禳之！"生曰："皇后与朕对临天下,可以应大丧矣。毛太傅、梁车骑、梁仆射受遗辅政,可以应大臣矣。"九月,生杀梁后及毛贵、梁楞、梁安。贵,后之舅也。

　　右仆射赵韶、中护军赵诲,皆洛州刺史俱之从弟也,有宠于生,乃以俱为尚书令。俱固辞以疾,谓韶、诲曰："汝等不复顾祖宗,欲为灭门之事！

毛、梁何罪，而诛之？吾何功，而代之？汝等可自为，吾其死矣！”遂以忧卒。

14　凉宋混军于武始大泽，为曜灵发哀。闰月，混军至姑臧，凉王祚收张瓘弟琚及子嵩，将杀之。琚、嵩闻之，募市人数百，扬言：“张祚无道，我兄大军已至城东，敢举手者诛三族！”遂开西门纳混兵。领军将军赵长等惧罪，入阁呼张重华母马氏出殿，立凉武侯玄靓为主。易揣等引兵入殿，收长等，杀之。祚按剑殿上，大呼，叱左右力战。祚素失众心，莫肯为之斗者，遂为兵人所杀。混等枭其首，宣示中外，暴尸道左，城内咸称万岁。以庶人礼葬之，并杀其二子。混、琚上玄靓为大将军、凉州牧、西平公，赦境内，复称建兴四十三年。时玄靓始七岁。

张瓘至姑臧，推玄靓为凉王，自为使持节、都督中外诸军事、尚书令、凉州牧、张掖郡公，以宋混为尚书仆射。陇西人李俨据郡，不受瓘命，用江东年号，众多归之。瓘遣其将牛霸讨之。未至，西平人卫绲亦据郡叛，霸兵溃，奔还。瓘遣弟琚击绲，败之。酒泉太守马基起兵以应绲，瓘遣司马张姚、王国击斩之。

15　冬，十月，以豫州刺史谢尚督并、冀、幽三州，镇寿春。

16　镇北将军段龛与燕主儁书，抗中表之仪，非其称帝。儁怒，十一月，以太原王恪为大都督、抚军将军，阳骛副之，以击龛。

17　秦以辛牢守尚书令，赵韶为左仆射，尚书董荣为右仆射，中护军赵诲为司隶校尉。

18　十二月，高句丽王钊遣使诣燕纳质修贡，以请其母。燕主儁许之，遣殿中将军刁龛送钊母周氏归其国；以钊为征东大将军、营州刺史，封乐浪公，王如故。

19　上党人冯鸯逐燕太守段刚，据安民城，自称太守，遣使来降。

20　秦丞相雷弱儿性刚直，以赵韶、董荣乱政，每公言于朝，见之常切齿。韶、荣谮之于秦主生，生杀弱儿及其九子、二十七孙。于是诸羌皆有离心。

生虽谅阴，游饮自若，弯弓露刃，以见朝臣，锤钳锯凿，可以害人之具，备置左右。即位未几，后妃、公卿已下至于仆隶，凡杀五百馀人，截胫、拉胁、锯项、刳胎者，比比有之。

21　燕主儁以段龛方强，谓太原王恪曰：“若龛遣军拒河，不得渡者，可直取吕护而还。”恪分遣轻军先至河上，具舟楫以观龛志趣。龛弟罴，骁勇有智谋，言于龛曰：“慕容恪善用兵，加之众盛，若听其济河，进至城下,恐虽乞降,不可得也。请兄固守,罴帅精锐拒之于河,幸而战捷,兄帅大众继之,必有大功。若其不捷,不若早降,犹不失为千户侯也。"龛不从。罴固请不已,龛怒,杀之。

十二年(丙辰,356)

1　春,正月,燕太原王恪引兵济河,未至广固百馀里,段龛帅众三万逆战。丙申,恪大破龛于淄水,执其弟钦,斩右长史袁范等。齐王友辟闾蔚被创,恪闻其贤,遣人求之,蔚已死,士卒降者数千人。龛脱走,还城固守,恪进军围之。

2　秦司空王堕性刚峻,右仆射董荣、侍中强国皆以佞幸进,堕疾之如仇,每朝,见荣未尝与之言。或谓堕曰:"董君贵幸无比,公宜小降意接之。"堕曰:"董龙是何鸡狗,而令国士与之言乎!"会有天变,荣与强国言于秦主生曰:"今天谴甚重,宜以贵臣应之。"生曰:"贵臣惟有大司马及司空耳。"荣曰:"大司马国之懿亲,不可杀也。"乃杀王堕。将刑,荣谓之曰:"今日复敢比董龙于鸡狗乎?"堕瞋目叱之。洛州刺史杜郁,堕之甥也,左仆射赵韶恶之,谮于生,以为贰于晋而杀之。

壬戌,生宴群臣于太极殿,以尚书令辛牢为酒监,酒酣,生怒曰:"何不强人酒而犹有坐者!"引弓射牢,杀之。群臣惧,莫敢不醉,偃仆失冠,生乃悦。

3　匈奴大人刘务桓卒,弟阏头立,将贰于代。二月,代王什翼犍引兵西巡临河,阏头惧,请降。

4　燕太原王恪招抚段龛诸城。己丑,龛所署徐州刺史阳都公王腾举众降,恪命腾以故职还屯阳都。

5　秦征东大将军晋王柳遣参军阎负、梁殊使于凉,以书说凉王玄靓。负、殊至姑臧,张瓘见之曰:"我,晋臣也,臣无境外之交,二君何以来辱?"负、殊曰:"晋王与君邻藩,虽山河阻绝,风通道会,故来修好,君何怪焉!"瓘曰:"吾尽忠事晋,于今六世矣。若与苻征东通使,是上违先君之志,下隳士民之节,其可乎!"负、殊曰:"晋室衰微,坠失天命,固已久矣,是以凉之二王北面二赵,唯知机也。今大秦威德方盛,凉王若欲自帝河右,则非秦之敌;欲以小事大,则曷若舍晋事秦,长保福禄乎!"瓘曰:"中州好食言,向者石氏使车适返,而戎骑已至,吾不敢信也。"负、殊曰:"自古帝王居中州者,政化各殊,赵为奸诈,秦敦信义,岂得一概待之乎!张先、杨初皆阻兵不服,先帝讨而擒之,赦其罪戾,宠以爵秩,固非石氏之比也。"瓘曰:"必如君言,秦之威德无敌,何不先取江南,则天下尽为秦有,征东何辱命焉!"负、殊曰:"江南文身之俗,道污先叛,化隆后服。主上以为江南必须兵服,河右可以义怀,故遣行人先申大好。若君不达天命,则江南得延数年之命,而河右恐非君之土也。"瓘曰:"我跨据三州,带甲十万,西苞葱岭,东距大河,伐人有馀,况于自守,何畏于秦!"负、殊曰:"贵州山河之固,孰若殽、函? 民物之饶,孰若秦、雍? 杜洪、张琚,因赵氏成资,兵强财富,有囊括关中、席卷四海之志,先帝戎旗西指,冰消云散,旬月之间,不觉易主。主上若以贵州不服,赫然奋怒,控弦百万,鼓行而西,未知贵州将何以待之?"瓘笑曰:"兹事当决之于王,非身所了。"负、殊曰:"凉王虽英睿夙成,然年在幼冲,君居伊、霍之任,国家安危,系君一举耳。"瓘惧,乃以玄靓之命遣使称藩于秦,秦因玄靓所称官爵而授之。

6　将军刘度攻秦青州刺史王朗于卢氏;燕将军慕舆长卿入轵关,攻秦幽州刺史强哲于裴氏堡。秦主生遣前将军新兴王飞拒度,建节将军邓羌拒长卿。飞未至而度退。羌与长卿战,大破之,获长卿及甲首二千馀级。

7　桓温请移都洛阳,修复园陵,章十馀上,不许。拜温征讨大都督,督司、冀二州诸军事,以讨姚襄。

8　三月,秦主生发三辅民治渭桥,金紫光禄大夫程肱谏,以为妨农,生杀之。

9　夏,四月,长安大风,发屋拔木。秦宫中惊扰,或称贼至,宫门昼闭,五日乃止。秦主生推告贼者,刳出其心。左光禄大夫强平谏曰:"天降灾异,陛下当爱民事神,缓刑崇德以应之,乃可弭也。"生怒,凿其顶而杀之。卫将军广平王黄眉、前将军新兴王飞、建节将军邓羌,以平,太后之弟,叩头固谏。生弗听,出黄眉为左冯翊、飞为右扶风、羌行咸阳太守,犹惜其骁勇,故皆弗杀。五月,太后强氏以忧恨卒,谥曰明德。

10　姚襄自许昌攻周成于洛阳。

11　六月,秦主生下诏曰:"朕受皇天之命,君临万邦,嗣统以来,有何不善,而谤讟之音,扇满天下! 杀不过千,而谓之残虐! 行者比肩,未足为希。方当峻刑极罚,复如朕何!"

自去春以来,潼关之西,至于长安,虎狼为暴,昼则继道,夜则发屋,不食六畜,专务食人,凡杀七百馀人。民废耕桑,相聚邑居,而为害不息。秋,七月,秦群臣奏请禳灾,生曰:"野兽饥则食人,饱当自止,何禳之有! 且天岂不爱民哉,正以犯罪者多,故助朕杀之耳!"

12　丙子,燕献怀太子晔卒。

13　姚襄攻洛阳,逾月不克。长史王亮谏曰:"明公英名盖世,兵强民附。今顿兵坚城之下,力屈威挫,或为他寇所乘,此危亡之道也!"襄不从。

桓温自江陵北伐,遣督护高武据鲁阳,辅国将军戴施屯河上,自帅大兵继进。与寮属登平乘楼望中原,叹曰:"遂使神州陆沉,百年丘墟,王夷甫诸人不得不任其责!"记室陈郡袁宏曰:"运有兴废,岂必诸人之过!"温作色曰:"昔刘景升有千斤大牛,啖刍豆十倍于常牛,负重致远,曾不若一羸牸,魏武入荆州,杀以享军。"

八月己亥,温至伊水,姚襄撤围拒之,匿精锐于水北林中,遣使谓温曰:"承亲帅王师以来,襄今奉身归命,愿敕三军小却,当拜伏道左。"温曰:"我自开复中原,展敬山陵,无豫君事。欲来者便前,相见在近,无烦使人。"襄拒水而战,温结陈而前,亲被甲督战,襄众大败,死者数千人。襄帅麾下数千骑奔于洛阳北山,其夜,民弃妻子随襄者五千馀人。襄勇而爱人,虽战屡败,民知襄所在,辄扶老携幼,奔驰而赴之。温军中传言襄病创已死,许、洛士女为温所得者,无不北望而泣。襄西走,温追之不及。弘农杨亮自襄所来奔,温问襄之为人,亮曰:"襄神明器宇,孙策之俦,而雄武过之。"

周成帅众出降,温故太极殿前,既而徙屯金墉城。己丑,谒诸陵,有毁坏者修复之,各置陵令。表镇西将军谢尚都督司州诸军事,镇洛阳。以尚未至,留颍川太守毛穆之、督护陈午、河南太守戴施以二千人戍洛阳,卫山陵,徙降民三千馀家于江、汉之间,执周成以归。

姚襄奔平阳,秦并州刺史尹赤复以众降襄,襄遂据襄陵。秦大将军张平击之,襄为平所败,乃与平约为兄弟,各罢兵。

14　段龛遣其属段蕴来求救,诏徐州刺史荀羡将兵随蕴救之。羡至琅邪,惮燕兵之强不敢进。王腾寇鄄城,羡进攻阳都,会霖雨,城坏,获腾,斩之。

15　冬,十月癸巳朔,日有食之。

16　秦主生夜食枣多,旦而有疾,召太医令程延,使诊之,延曰:"陛下无他疾,食枣多耳。"生怒曰:"汝非圣人,安知吾食枣!"遂斩之。

17　燕大司马恪围段龛于广固,诸将请急攻之,恪曰:"用兵之势,有宜缓者,有宜急者,不可不察。若彼我势敌,外有强援,恐有腹背之患,则攻之不可不急。若我强彼弱,无援于外,力足制之者,当羁縻守之,以待其毙。兵法十围五攻,正谓此也。龛兵尚众,未有离心,<u>济南</u>之战,非不锐也,但<u>龛</u>用之无术,以取败耳。今凭阻坚城,上下戮力,我尽锐攻之,计数日可拔,然杀吾士卒必多矣。自有事中原,兵不暂息,吾每念之,夜而忘寐,奈何轻用其死乎!要在取之,不必求功之速也!"诸将皆曰:"非所及也。"军中闻之,人人感悦。于是为高墙深堑以守之。齐人争运粮以馈<u>燕</u>军。

　　<u>龛</u>婴城自守,樵采路绝,城中人相食。<u>龛</u>悉众出战,<u>恪</u>破之于围里,先分骑屯诸门,<u>龛</u>身自冲荡,仅而得入,馀兵皆没。于是城中气沮,莫有固志。十一月丙子,<u>龛</u>面缚出降,并执<u>朱秃</u>送<u>蓟</u>。<u>恪</u>抚安新民,悉定<u>齐</u>地,徙鲜卑、胡、羯三千馀户于<u>蓟</u>。<u>燕王儁</u>具<u>朱秃</u>五刑,以<u>段龛</u>为伏顺将军。<u>恪</u>留<u>慕容尘</u>镇<u>广固</u>,以尚书左丞<u>鞠殷</u>为<u>东莱</u>太守,<u>章武</u>太守<u>鲜于亮</u>为<u>齐郡</u>太守,乃还。

　　<u>殷</u>,<u>彭</u>之子也。<u>彭</u>时为<u>燕</u>大长秋,以书戒<u>殷</u>曰:"<u>王弥</u>、<u>曹嶷</u>,必有子孙,汝善招抚,勿寻旧怨,以长乱源!"<u>殷</u>推求,得<u>弥</u>从子<u>立</u>、<u>嶷</u>孙<u>岩</u>于山中,请与相见,深结意分,<u>彭</u>复遣使遗以车马衣服,郡民由是大和。

　　<u>荀羡</u>闻<u>龛</u>已败,退还<u>下邳</u>,留将军<u>诸葛攸</u>、<u>高平</u>太守<u>刘庄</u>将三千人守<u>琅邪</u>,参军<u>谯国戴遂</u>等将二千人守<u>泰山</u>。<u>燕</u>将<u>慕容兰</u>屯<u>汴城</u>,<u>羡</u>击斩之。

　　18　诏遣兼司空、散骑常侍<u>车灌</u>等持节如<u>洛阳</u>,修五陵。十二月庚戌,帝及群臣皆服缌,临于<u>太极殿</u>三日。

　　19　<u>司州</u>都督<u>谢尚</u>以疾不行,以<u>丹阳</u>尹<u>王胡之</u>代之。<u>胡之</u>,<u>廙</u>之子也。

　　20　是岁,<u>仇池</u>公<u>杨国</u>从父<u>俊</u>杀<u>国</u>自立,以<u>俊</u>为<u>仇池</u>公。<u>国</u>子<u>安</u>奔<u>秦</u>。

升平元年(丁巳,357)

　　1　春,正月壬戌朔,帝加元服。太后诏归政,大赦,改元,太后徙居<u>崇德宫</u>。

　　2　<u>燕主儁</u>征<u>幽州</u>刺史<u>乙逸</u>为左光禄大夫。<u>逸</u>夫妇共载鹿车,子<u>璋</u>从数十骑,服饰甚丽,奉迎于道。<u>逸</u>大怒,闭车不与言,到城,深责之。<u>璋</u>犹不悛。<u>逸</u>常忧其败,而<u>璋</u>更被擢任,历中书令、御史中丞。<u>逸</u>乃叹曰:"吾少自修立,克己守道,仅能免罪。<u>璋</u>不治节检,专为奢纵,而更居清显,此岂惟<u>璋</u>之忝幸,实时世之陵夷也。"

　　3　二月癸丑,<u>燕主儁</u>立其子<u>中山王暐</u>为太子,大赦,改元<u>光寿</u>。

4　太白入东井。秦有司奏:"太白罚星,东井秦分,必有暴兵起京师。"秦主生曰:"太白入井,自为渴耳,何所怪乎!"

5　姚襄将图关中,夏,四月,自北屈进屯杏城,遣辅国将军姚兰略地敷城,曜武将军姚益生、左将军王钦卢各将兵招纳诸羌、胡。兰,襄之从兄;益生,襄之兄也。羌、胡及秦民归之者五万馀户。秦将苻飞龙击兰,擒之。襄引兵进据黄落,秦主生遣卫大将军广平王黄眉、平北将军苻道、龙骧将军东海王坚、建节将军邓羌将步骑万五千以御之。襄坚壁不战。羌谓黄眉曰:"襄为桓温、张平所败,锐气丧矣。然其为人强狠,若鼓噪扬旗,直压其垒,彼必忿恚而出,可一战擒也。"五月,羌帅骑三千压其垒门而陈,襄怒,悉众出战。羌阳不胜而走,襄追之至于三原,羌回骑击之,黄眉等以大众继至,襄兵大败。襄所乘骏马曰䯄眉骃,马倒,秦兵擒而斩之,弟苌帅其众降。襄载其父弋仲之柩在军中,秦主生以王礼葬弋仲于孤磐,亦以公礼葬襄。黄眉等还长安,生不之赏,数众辱黄眉。黄眉怒,谋弒生,发觉,伏诛。事连王公亲戚,死者甚众。

6　戊寅,燕主儁遣抚军将军垂、中军将军虔、护军将军平熙帅步骑八万攻敕勒于塞北,大破之,俘斩十馀万,获马十三万匹,牛羊亿万头。

7　匈奴单于贺赖头帅部落三万五千口降燕,燕人处之代郡平舒城。

8　秦主生梦大鱼食蒲,又长安谣曰:"东海大鱼化为龙,男皆为王女为公。"生乃诛太师、录尚书事、广宁公鱼遵并其七子、十孙。金紫光禄大夫牛夷惧祸,求为荆州。生不许,以为中军将军,引见,调之曰:"牛性迟重,善持辕轭,虽无骥足,动负百石。"夷曰:"虽服大车,未经峻壁;愿试重载,乃知勋绩。"生笑曰:"何其快也! 公嫌所载轻乎? 朕将以鱼公爵位处公。"夷惧,归而自杀。

生饮酒无昼夜,或连月不出。奏事不省,往往寝落,或醉中决事。左右因以为奸,赏罚无准。或至申酉乃出视朝,乘醉多所杀戮。自以眇目,讳言"残、缺、偏、只、少、无、不具"之类,误犯而死者,不可胜数。好生剥牛、羊、驴、马,燖鸡、豚、鹅、鸭,纵之殿前,数十为群。或剥人面皮,使之歌舞,临观以为乐。尝问左右曰:"自吾临天下,汝外间何所闻?"或对曰:"圣明宰世,赏罚明当,天下唯歌太平。"怒曰:"汝媚我也!"引而斩之。他日又问,或对曰:"陛下刑罚微过。"又怒曰:"汝谤我也!"亦斩之。勋旧亲戚,诛之殆尽,群臣得保一日,如度十年。

东海王坚,素有时誉,与故姚襄参军薛赞、权翼善。赞、翼密说坚曰:"主上猜忍暴虐,中外离心,方今宜主秦祀者,非殿下而谁! 愿早为计,勿使他姓得之!"坚以问尚书吕婆楼,婆楼曰:"仆,刀镮上人耳,不足以办大事。仆里舍有王猛,其人谋略不世出,殿下宜请而咨之。"坚因婆楼以招猛,一见如旧友。语及时事,坚大悦,自谓如刘玄德之遇诸葛孔明也。

六月,太史令康权言于秦主生曰:"昨夜三月并出,孛星入太微,连东井,自去月上旬,沉阴不雨,以至于今,将有下人谋上之祸。"生怒,以为妖言,扑杀之。

特进、领御史中丞梁平老等谓坚曰:"主上失德,上下嗷嗷,人怀异志,燕、晋二方,伺隙而动,恐祸发之日,家国俱亡。此殿下之事也,宜早图之!"坚心然之,畏生趫勇,未敢发。

生夜对侍婢言曰:"阿法兄弟亦不可信,明当除之。"婢以告坚及坚兄清河王法。法与梁平老及特进光禄大夫强汪帅壮士数百潜入云龙门,坚与吕婆楼帅麾下三百人鼓噪继进,宿卫将士皆舍仗归坚。生犹醉寐,坚兵至,生惊问左右曰:"此辈何人?"左右曰:"贼也!"生曰:"何不拜之!"坚兵皆笑。生又大言:"何不速拜,不拜者斩之!"坚兵引生置别室,废为越王,寻杀之,谥曰厉王。

坚以位让法,法曰:"汝嫡嗣,且贤,宜立。"坚曰:"兄年长,宜立。"坚母苟氏泣谓群臣曰:"社稷事重,小儿自知不能,他日有悔,失在诸君。"群臣皆顿首请立坚。坚乃去皇帝之号,称大秦天王,即位于太极殿。诛生幸臣中书监董荣、左仆射赵韶等二十馀人。大赦,改元永兴。追尊父雄为文桓皇帝,母苟氏为皇太后,妃苟氏为皇后,世子宏为皇太子,以清河王法为都督中外诸军事、丞相、录尚书事、东海公,诸王皆降爵为公。以从祖右光禄大夫、永安公侯为太尉,晋公柳为车骑大将军、尚书令。封弟融为阳平公,双为河南公,子丕为长乐公,晖为平原公,熙为广平公,叡为钜鹿公。以汉阳李威为左仆射,梁平老为右仆射,强汪为领军将军,吕婆楼为司隶校尉,王猛为中书侍郎。

融好文学,明辨过人,耳闻则诵,过目不忘,力敌百夫,善骑射击刺,少有令誉,坚爱重之,常与共议国事。融经综内外,刑政修明,荐才扬滞,补益弘多。丕亦有文武才干,治民断狱,皆亚于融。

威,苟太后之姑子也,素与魏王雄友善,生屡欲杀坚,赖威营救得免。威得幸于苟太后,坚事之如父。威知王猛之贤,常劝坚以国事任之。坚谓猛曰:"李公知君,犹鲍叔牙之知管仲也。"猛以兄事之。

9　燕主儁杀段龛,坑其徒三千馀人。

10　秋,七月,秦大将军冀州牧张平遣使请降,拜并州刺史。

11　八月丁未,立皇后何氏。后,故散骑侍郎庐江何準之女也。礼如咸康而不贺。

12　秦王坚以权翼为给事黄门侍郎,薛赞为中书侍郎,与王猛并掌机密。九月,追复太师鱼遵等官,以礼改葬,子孙存者皆随才擢叙。

13　张平据新兴、雁门、西河、太原、上党、上郡之地,壁垒三百馀,夷、夏十馀万户,拜置征镇,欲与燕、秦为敌国。冬,十月,平寇略秦境,秦王坚以晋公柳都督并、冀州诸军事,加并州牧,镇蒲阪以御之。

14　十一月癸酉,燕主儁自蓟徙都邺。

15　秦太后苟氏游宣明台,见东海公法之第门车马辐凑,恐终不利于秦王坚,乃与李威谋,赐法死。坚与法诀于东堂,恸哭欧血,谥曰献哀公,封其子阳为东海公,敷为清河公。

16　十二月乙巳,燕主儁入邺宫,大赦。复作铜雀台。

17　以太常王彪之为左仆射。

18　秦王坚行至尚书,以文案不治,免左丞程卓官,以王猛代之。坚举异材,修废职,课农桑,恤困穷,礼百神,立学校,旌节义,继绝世,秦民大悦。

二年(戊午,358)

1　春,正月,司徒昱稽首归政,帝不许。

2　初,冯鸯既以上党来降,又附于张平,又自归于燕,既而复叛燕。二月,燕司徒上庸王评讨之,不克。

3　秦王坚自将讨张平,以邓羌为前锋督护,帅骑五千,军于汾上。平使养子蚝御之。蚝多力趫捷,能曳牛却走,城无高下,皆可超越。与羌相持旬馀,莫能相胜。三月,坚至铜壁,平尽众出战,蚝单马大呼,出入秦陈者四五。坚募人生致之,鹰扬将军吕光刺蚝,中之,邓羌擒蚝以献,平众大溃。平惧,请降。坚拜平右将军,以蚝为虎贲中郎将。蚝,本姓弓,上党人也。坚宠待甚厚,常置左右。秦人称邓羌、张蚝皆万人敌。光,婆楼之子也。坚徙张平部民三千馀户于长安。

4　甲戌,燕主儁遣领军将军慕舆根将兵助司徒评攻冯鸯。根欲急攻之,评曰:“鸯壁坚,不如缓之。”根曰:“不然。公至城下经月,未尝交锋。贼谓国家力止于此,遂相固结,冀幸万一。今根兵初至,形势方振,贼众恐惧,皆有离心,计虑未定,从而攻之,无不克者。”遂急攻之。鸯与其党果相猜忌,鸯奔野王依吕护,其众尽降。

5　夏,四月,秦王坚如雍,祠五畤。六月,如河东,祠后土。

6　秋,八月,豫州刺史谢奕卒。奕,安之兄也。司徒昱以建武将军桓云代之。云,温之弟也。访于仆射王彪之,彪之曰:"云非不才,然温居上流,已割天下之半,其弟复处西藩,兵权萃于一门,非深根固蒂之宜。人才非可豫量,但当令不与殿下作异者耳。"昱领之曰:"君言是也。"壬申,以吴兴太守谢万为西中郎将,监司豫冀并四州诸军事、豫州刺史。

王羲之与桓温笺曰:"谢万才流经通,使之处廊庙,固是后来之秀,今以之俯顺荒馀,近是违才易务矣。"又遗万书曰:"以君迈往不屑之韵,而俯同群碎,诚难为意也。然所谓通识,正当随事行藏耳。愿君每与士卒之下者同甘苦,则尽善矣。"万不能用。

徐、兖二州刺史荀羡有疾,以御史中丞郗昙为军司。昙,鉴之子也。

7　九月庚辰,秦王坚还长安,以太尉侯守尚书令。于是秦大旱,坚减膳彻乐,命后妃以下悉去罗纨,开山泽之利,公私共之,息兵养民,旱不为灾。

王猛日亲幸用事,宗亲勋旧多疾之,特进、姑臧侯樊世,本氐豪,佐秦主健定关中,谓猛曰:"吾辈耕之,君食之邪?"猛曰:"非徒使君耕之,又将使君炊之!"世大怒曰:"要当悬汝头于长安城门,不然,吾不处世!"猛以白坚,坚曰:"必杀此老氐,然后百寮可肃。"会世入言事,与猛争论于坚前,世欲起击猛,坚怒,斩之。于是群臣见猛皆屏息。

8　赵之亡也,其将张平、李历、高昌皆遣使降燕,已而降晋,又降秦,各受爵位,欲中立以自固。燕主儁使司徒评讨张平于并州,司空阳骛讨高昌于东燕,乐安王臧讨李历于濮。阳骛攻昌别将于黎阳,不拔。历奔荥阳,其众皆降。并州壁垒百馀降于燕,儁以右仆射悦绾为并州刺史以抚之。平所署征西将军诸葛骧等帅壁垒百三十八降于燕,儁皆复其官爵。平帅众三千奔平阳,复请降于燕。

9　冬,十月,泰山太守诸葛攸攻燕东郡,入武阳,燕主儁遣大司马恪统阳骛及乐安王臧之兵以击之。攸败走,还泰山,恪遂渡河,略地河南,分置守宰。

10　燕主儁欲经营秦、晋,十二月,令州郡校实见丁,户留一丁,馀悉发为兵,欲使步卒满一百五十万,期来春大集洛阳。武邑刘贵上书,极陈"百姓凋弊,发兵非法,必致土崩之变"。儁善之,乃更令三五发兵,宽其期日,以来冬集邺。

时燕调发繁数,官司各遣使者,道路旁午,郡县苦之。太尉、领中书监封奕请:"自今非军期严急,不得遣使,自馀赋发皆责成州郡,其群司所遣弹督在外者,一切摄还。"儁从之。

11　燕泰山太守贾坚屯山茌,荀羡引兵击之。坚所将才七百馀人,羡兵十倍于坚。坚将出战,诸将皆曰:"众少,不如固守。"坚曰:"固守亦不能免,不如战也。"遂出战,身先士卒,杀羡兵千馀人,复还入城。羡进攻之,坚叹曰:"吾自结发,志立功名,而每值穷厄,岂非命乎! 与其屈辱而生,不若守节而死。"乃谓将士曰:"今危困,计无所设,卿等可去,吾将止死。"将士皆泣曰:"府君不出,众亦俱死耳。"乃扶坚上马,坚曰:"我如欲逃,必不相遣。今当为卿曹决斗,若势不能支,卿等可趣去,勿复顾我也!"乃开门直出。羡兵四集,坚立马桥上,左右射之,皆应弦而倒。羡兵众多,从堑下斫桥,坚人马俱陷,生擒之,遂拔山茌。羡谓坚曰:"君父、祖世为晋臣,奈何背本不降?"坚曰:"晋自弃中华,非吾叛也。民既无主,强则托命。既已事人,安可改节! 吾束脩自立,涉赵历燕,未尝易志,君何匆匆相谓降乎!"羡复责之,坚怒曰:"竖子,儿女御乃公!"羡怒,执置雨中,数日,坚愤惋而卒。

燕青州刺史慕容尘遣司马悦明救泰山,羡兵大败,燕复取山茌。燕主儁以贾坚子活为任城太守。

荀羡疾笃,征还,以郗昙为北中郎将、都督徐兖青冀幽五州诸军事、徐兖二州刺史,镇下邳。

12　燕吴王垂娶段末柸女,生子令、宝。段氏才高性烈,自以贵姓,不尊事可足浑后,可足浑氏衔之。燕主儁素不快于垂,中常侍涅皓因希旨告段氏及吴国典书令辽东高弼为巫蛊,欲以连污垂,儁收段氏及弼下大长秋、廷尉考验,段氏及弼志气确然,终无挠辞。掠治日急,垂愍之,私使人谓段氏曰:"人生会当一死,何堪楚毒如此! 不若引服。"段氏叹曰:"吾岂爱死者耶! 若自诬以恶逆,上辱祖宗,下累于王,固不为也!"辩答益明,故垂得免祸,而段氏竟死于狱中。出垂为平州刺史,镇辽东。垂以段氏女弟为继室。可足浑氏黜之,以其妹长安君妻垂。垂不悦,由是益恶之。

13　匈奴刘阏头部落多叛,惧而东走,乘冰渡河,半渡而冰解,后众悉归刘悉勿祈,阏头奔代。悉勿祈,务桓之子也。

三年(己未,359)

1　春,二月,燕主儁立子泓为济北王,冲为中山王。

2　燕人杀段勤,勤弟思来奔。

3　燕主儁宴群臣于蒲池,语及周太子晋,潸然流涕曰:"才子难得。自景先之亡,吾鬓发中白。卿等谓景先何如?"司徒左长史李绩对曰:"献怀太子之在东宫,臣为中庶子,太子志业,敢不知之! 太子大德有八:至孝,一也;聪敏,二也;沉毅,三也;疾谀喜直,四也;好学,五也;多艺,六也;谦恭,七也;好施,八也。"儁曰:"卿誉之虽过,然此儿在,吾死无忧矣。景茂何如?"时太子暐侍侧,绩曰:"皇太子天资岐嶷,虽八德已闻,而二阙未补,好游敫而乐丝竹,此其所以损也。"儁顾谓暐曰:"伯阳之言,药石之惠也,汝宜诚之!"暐甚不平。

儁梦赵王虎啮其臂,乃发虎墓,求尸不获,购以百金。邺女子李菟知而告之,得尸于东明观下,僵而不腐。儁蹋而骂之曰:"死胡,何敢怖生天子!"数其残暴之罪而鞭之,投于漳水,尸倚桥柱不流。及秦灭燕,王猛为之诛李菟,收而葬之。

4　秦平羌护军高离据略阳叛,永安威公侯讨之,未克而卒。夏,四月,骁骑将军邓羌、秦州刺史啖铁讨平之。

5　匈奴刘悉勿祈卒,弟卫辰杀其子而代之。

6　五月,秦王坚如河东;六月,大赦,改元甘露。

7　凉州牧张瓘,猜忌苛虐,专以爱憎为赏罚。郎中殷郇谏之,瓘曰:"虎生三日,自能食肉,不须人教也。"由是人情不附。辅国将军宋混,性忠鲠,瓘惮之,欲杀混及弟澄,因废凉王玄靓而代之。征兵数万,集姑臧。混知之,与澄帅壮士杨和等四十馀骑奄入南城,宣告诸营曰:"张瓘谋逆,被太后令诛之。"俄而众至二千,瓘帅众出战,混击破之。瓘麾下玄胪刺混,不能穿甲,混擒之,瓘众悉降。瓘与弟琚皆自杀,混夷其宗族。玄靓以混为使持节、都督中外诸军事、骠骑大将军、酒泉郡侯,代瓘辅政。混乃请玄靓去凉王之号,复称凉州牧。混谓玄胪曰:"卿刺我,幸而不伤,今我辅政,卿其惧乎?"胪曰:"胪受瓘恩,唯恨刺节下不深耳,窃无所惧!"混义之,任为心膂。

8　高昌不能拒燕,秋,七月,自白马奔荥阳。

9　秦王坚自河东还,以骁骑将军邓羌为御史中丞。八月,以咸阳内史王猛为侍中、中书令、领京兆尹。特进、光禄大夫强德,太后之弟也,酗酒、豪横,掠人财货、子女,为百姓患。猛下车收德,奏未及报,已陈尸于市。坚驰使赦之,不及。与邓羌同志,疾恶纠案,无所顾忌,数旬之间,权豪、贵戚,杀戮、刑免者二十馀人,朝廷震栗,奸猾屏气,路不拾遗。坚叹曰:"吾始今知天下之有法也!"

10　泰山太守诸葛攸将水陆二万击燕,入自石门,屯于河渚。燕上庸王评、长乐太守傅颜帅步骑五万与攸战于东阿,攸兵大败。

冬,十月,诏谢万军下蔡、郗昙军高平以击燕。万矜豪傲物,但以啸咏自高,未尝抚众。兄安深忧之,谓万曰:"汝为元帅,宜数接对诸将以悦其心,岂有傲诞如此而能济事也!"万乃召集诸将,一无所言,直以如意指四坐云:"诸将皆劲卒。"诸将益恨之。安虑万不免,乃自队帅以下,无不亲造,厚相亲托。既而万帅众入涡、颍以援洛阳,郗昙以病退屯彭城。万以为燕兵大盛,故昙退,即引兵还,众遂惊溃。万狼狈单归,军士欲因其败而图之,以安故而止。既至,诏废万为庶人,降昙号建武将军。于是许昌、颍川、谯、沛诸城相次皆没于燕。

11　秦王坚以王猛为吏部尚书,寻迁太子詹事,十一月,为左仆射,馀官如故。

12　十二月,封武陵王晞子逢为梁王。

13　大旱。

14　辛酉,燕主儁寝疾,谓大司马太原王恪曰:"吾病必不济。今二方未平,景茂冲幼,国家多难,吾欲效宋宣公,以社稷属汝,何如?"恪曰:"太子虽幼,胜残致治之主也。臣实何人,敢干正统!"儁怒曰:"兄弟之间,岂虚饰邪!"恪曰:"陛下若以臣能荷天下之任者,岂不能辅少主乎!"儁喜曰:"汝能为周公,吾复何忧!李绩清方忠亮,汝善遇之。"召吴王垂还邺。

15　秦王坚以王猛为辅国将军、司隶校尉,居中宿卫,仆射、詹事、侍中、中书令、领选如故。猛上疏辞让,因荐散骑常侍阳平公融、光禄散骑西河任群、处士京兆朱彤自代。坚不许,而以融为侍中、中书监、左仆射,任群为光禄大夫、领太子家令,朱彤为尚书侍郎、领太子庶子。猛时年三十六,岁中五迁,权倾内外。人有毁之者,坚辄罪之,于是群臣莫敢复言。以左仆射李威领护军;右仆射梁平老为使持节、都督北垂诸军事、镇北大将军,戍朔方之西;丞相司马贾雍为云中护军,戍云中之南。

16　燕所征郡国兵悉集邺城。

资治通鉴卷第一百一

晋纪二十三

孝宗穆皇帝下

升平四年（庚申，360）

1　春，正月癸巳，燕主儁大阅于邺，欲使大司马恪、司空阳骛将之入寇，会疾笃，乃召恪、骛及司徒评、领军将军慕舆根等受遗诏辅政。甲午，卒。戊子，太子暐即皇帝位，年十一。大赦，改元建熙。

2　秦王坚分司、隶置雍州，以河南公双为都督雍河凉三州诸军事、征西大将军、雍州刺史，改封赵公，镇安定。封弟忠为河南公。

3　仇池公杨俊卒，子世立。

4　二月，燕人尊可足浑后为皇太后。以太原王恪为太宰，专录朝政；上庸王评为太傅，阳骛为太保，慕舆根为太师，参辅朝政。

　　根性木强，自恃先朝勋旧，心不服恪，举动倨傲。时太后可足浑氏颇预外事，根欲为乱，乃言于恪曰："今主上幼冲，母后干政，殿下宜防意外之变，思有以自全。且定天下者，殿下之功也。兄亡弟及，古今成法，俟毕山陵，宜废主上为王，殿下自践尊位，以为大燕无穷之福。"恪曰："公醉邪？何言之悖也！吾与公受先帝遗诏，云何而遽有此议？"根愧谢而退。恪以告吴王垂，垂劝恪诛之。恪曰："今新遭大丧，二邻观衅，而宰辅自相诛夷，恐乖远近之望，且可忍之。"秘书监皇甫真言于恪曰："根本庸竖，过蒙先帝厚恩，引参顾命。而小人无识，自国哀已来，骄很日甚，将成祸乱。明公今日居周公之地，当为社稷深谋，早为之所。"恪不听。

　　根又言于可足浑氏及燕主暐曰："太宰、太傅将谋不轨，臣请帅禁兵以诛之。"可足浑氏将从之，暐曰："二公，国之亲贤，先帝选之，托以孤嫠，必不肯尔。安知非太师欲为乱也！"乃止。根又思恋东土，言于可足浑氏及暐曰："今天下萧条，外寇非一，国大忧深，不如还东。"恪闻之，乃与太傅评谋，密奏根罪状，使右卫将军傅颜就内省诛根，并其妻子、党与。大赦。是时新遭大丧，诛夷狼籍，内外恟惧，太宰恪举止如常，人不见其有忧色,每出入,一人步从。或说以宜自严备,恪曰:"人情方惧,当安重以镇之,奈何复自惊扰,众将何仰!"由是人心稍定。

恪虽综大任,而朝廷之礼,兢兢严谨,每事必与司徒评议之,未尝专决。虚心待士,谘询善道,量才授任,人不逾位。官属、朝臣或有过失,不显其状,随宜他叙,不令失伦,唯以此为贬,时人以为大愧,莫敢犯者。或有小过,自相责曰:"尔复欲望宰公迁官邪!"朝廷初闻燕主儁卒,皆以为中原可图。桓温曰:"慕容恪尚在,忧方大耳。"

三月己卯,葬燕主儁于龙陵,谥曰景昭皇帝,庙号烈祖。所征郡国兵,以燕朝多难,互相惊动,往往擅自散归,自邺以南,道路断塞。太宰恪以吴王垂为使持节、征南将军、都督河南诸军事、兖州牧、荆州刺史,镇梁国之蠡台,孙希为并州刺史,傅颜为护军将军,帅骑二万,观兵河南,临淮而还,境内乃安。希,泳之弟也。

5 匈奴刘卫辰遣使降秦,请田内地,春来秋返,秦王坚许之。夏,四月,云中护军贾雍遣司马徐赟帅骑袭之,大获而还。坚怒曰:"朕方以恩信怀戎狄,而汝贪小利以败之,何也!"黜雍以白衣领职,遣使还其所获,慰抚之。卫辰于是入居塞内,贡献相寻。

夏,六月,代王什翼犍妃慕容氏卒。秋,七月,刘卫辰如代会葬,因求婚,什翼犍以女妻之。

6 八月辛丑朔,日有食之,既。

7 谢安少有重名,前后征辟,皆不就,寓居会稽,以山水、文籍自娱。虽为布衣,时人皆以公辅期之,士大夫至相谓曰:"安石不出,当如苍生何!"安每游东山,常以妓女自随。司徒昱闻之,曰:"安石既与人同乐,必不得不与人同忧,召之必至。"安妻,刘惔之妹也,见家门贵盛而安独静退,谓曰:"丈夫不如此也!"安掩鼻曰:"恐不免耳。"及弟万废黜,安始有仕进之志,时已年四十馀。征西大将军桓温请为司马,安乃赴召,温大喜,深礼重之。

8 冬,十月,乌桓独孤部、鲜卑没奕干各帅众数万降秦,秦王坚处之塞南。阳平公融谏曰:"戎狄人面兽心,不知仁义。其稽颡内附,实贪地利,非怀德也;不敢犯边,实惮兵威,非感恩也。今处之塞内,与民杂居,彼窥郡县虚实,必为边患,不如徙之塞外以防未然。"坚从之。

9 十一月,封桓温为南郡公,温弟冲为丰城县公,子济为临贺县公。

10 燕太宰恪欲以李绩为右仆射,燕主暐不许。恪屡以为请,暐曰:"万机之事,皆委之叔父;伯阳一人,暐请独裁。"出为章武太守,以忧卒。

五年（辛酉，361）

1 春,正月戊戌,大赦。

2 刘卫辰掠秦边民五十馀口为奴婢以献于秦。秦王坚责之,使归所掠。卫辰由是叛秦,专附于代。

3 东安简伯郗昙卒。二月,以东阳太守范汪都督徐、兖、冀、青、幽五州诸军事,兼徐、兖二州刺史。

4 平阳人举郡降燕,燕以建威将军段刚为太守,遣督护韩苞将兵共守平阳。

5 方士丁进有宠于燕主㬚,欲求媚于太宰恪,说恪令杀太傅评。恪大怒,奏收斩之。

6 高昌卒,燕河内太守吕护并其众,遣使来降,拜护冀州刺史。护欲引晋兵以袭邺。三月,燕太宰恪将兵五万,冠军将军皇甫真将兵万人,共讨之。燕兵至野王,护婴城自守。护军将军傅颜请急攻之,以省大费。恪曰:"老贼经变多矣,观其守备,未易猝攻,而多杀士卒。顷攻黎阳,多杀精锐,卒不能拔,自取困辱。护内无蓄积,外无救援,我深沟高垒,坐而守之,休兵养士,离间其党,于我不劳而贼势日蹙,不过十旬,取之必矣,何为多杀士卒以求旦夕之功乎!"乃筑长围守之。

7 夏,四月,桓温以其弟黄门郎豁都督沔中七郡诸军事,兼新野、义城二郡太守,将兵取许昌,破燕将慕容尘。

8 凉骠骑大将军宋混疾甚,张玄靓及其祖母马氏往省之,曰:"将军万一不幸,寡妇孤儿将何所托! 欲以林宗继将军,可乎?"混曰:"臣子林宗幼弱,不堪大任。殿下倘未弃臣门,臣弟澄政事愈于臣,但恐其儒缓,机事不称耳。殿下策励而使之,可也。"混戒澄及诸子曰:"吾家受国大恩,当以死报,无恃势位以骄人。"又见朝臣,皆戒之以忠贞。及卒,行路为之挥涕。玄靓以澄为领军将军,辅政。

9 五月丁巳,帝崩,无嗣。皇太后令曰:"琅邪王丕,中兴正统,义望情地,莫与为比,其以王奉大统!"于是百官备法驾迎于琅邪第。庚申,即皇帝位,大赦。壬戌,改封东海王奕为琅邪王。秋,七月戊午,葬穆帝于永平陵,庙号孝宗。

10 燕人围野王数月,吕护遣其将张兴出战,傅颜击斩之,城中日蹙。皇甫真戒部将曰:"护势穷奔突,必择虚隙而投之。吾所部士卒多羸,器甲不精,宜深为之备。"乃多课橹楯,亲察行夜者。护食尽,果夜悉精锐趋真所部,突围,不得出。太宰恪引兵击之,护众死伤殆尽,弃妻子奔荥阳。恪存抚降民,给其廪食,徙士人、将帅于邺,自馀各随所乐。以护参军广平梁琛为中书著作郎。

11　九月戊申,立妃王氏为皇后。后,濛之女也。穆帝何皇后称穆皇后,居永安宫。

12　凉右司马张邕恶宋澄专政,起兵攻澄,杀之,并灭其族。张玄靓以邕为中护军,叔父天锡为中领军,同辅政。

13　张平袭燕平阳,杀段刚、韩苞。又攻雁门,杀太守单男。既而为秦所攻,平复谢罪于燕以求救。燕人以平反覆,弗救也,平遂为秦所灭。

14　乙亥,秦大赦。

15　徐、兖二州刺史范汪,素为桓温所恶,温将北伐,命汪帅众出梁国。冬,十月,坐失期,免为庶人,遂废,卒于家。

子宁,好儒学,性质直,常谓王弼、何晏之罪深于桀、纣。或以为贬之太过,宁曰:“王、何蔑弃典文,幽沉仁义,游辞浮说,波荡后生,使搢绅之徒翻然改辙,以至礼坏乐崩,中原倾覆,遗风馀俗,至今为患。桀、纣纵暴一时,适足以丧身覆国,为后世戒,岂能回百姓之视听哉!故吾以为一世之祸轻,历代之患重;自丧之恶小,迷众之罪大也!”

16　吕护复叛,奔燕,燕人赦之,以为广州刺史。

17　凉张邕骄矜淫纵,树党专权,多所刑杀,国人患之。张天锡所亲敦煌刘肃谓天锡曰:“国家事欲未静!”天锡曰:“何谓也?”肃曰:“今护军出入,有似长宁。”天锡惊曰:“我固疑之,未敢出口。计将安出?”肃曰:“正当速除之耳!”天锡曰:“安得其人?”肃曰:“肃即其人也!”肃时年未二十。天锡曰:“汝年少,更求其助。”肃曰:“赵白驹与肃二人足矣。”十一月,天锡与邕俱入朝,肃与白驹从天锡,肃斫之不中,白驹继之,又不克,二人与天锡俱入宫中,邕得逸走,帅甲士三百馀人攻宫门。天锡登屋大呼曰:“张邕凶逆无道,既灭宋氏,又欲倾覆我家。汝将士世为凉臣,何忍以兵相向邪!今所取者,止张邕耳,他无所问!”于是邕兵悉散走,邕自刭死,尽灭其族党。玄靓以天锡为使持节、冠军大将军、都督中外诸军事,辅政。十二月,始改建兴四十九年,奉升平年号。诏以玄靓为大都督、督陇右诸军事、凉州刺史、护羌校尉、西平公。

18　燕大赦。

19　秦王坚命牧伯守宰各举孝悌、廉直、文学、政事,察其所举,得人者赏之,非其人者罪之。由是人莫敢妄举,而请托不行,士皆自励,虽宗室外戚,无才能者皆弃不用。当是之时,内外之官,率皆称职;田畴修辟,仓库充实,盗贼屏息。

20　是岁,归义侯李势卒。

哀皇帝

隆和元年(壬戌,362)

1　春,正月壬子,大赦,改元。

2　甲寅,减田租,亩收二升。

3　燕豫州刺史孙兴请攻洛阳,曰:"晋将陈祐弊卒千馀,介守孤城,不足取也!"燕人从其言,遣宁南将军吕护屯河阴。

4　二月辛未,以吴国内史庾希为北中郎将、徐兖二州刺史,镇下邳,龙骧将军袁真为西中郎将、监护豫司并冀四州诸军事、豫州刺史,镇汝南,并假节。希,冰之子也。

5　丙子,拜帝母周贵人为皇太妃,仪服拟于太后。

6　燕吕护攻洛阳。三月乙酉,河南太守戴施奔宛,陈祐告急。五月丁巳,桓温遣庾希及竟陵太守邓遐帅舟师三千人助祐守洛阳。遐,岳之子也。

温上疏请迁都洛阳,自永嘉之乱播流江表者,一切北徙,以实河南。朝廷畏温,不敢为异,而北土萧条,人情疑惧,虽并知不可,莫敢先谏。散骑常侍领著作郎孙绰上疏曰:"昔中宗龙飞,非惟信顺协于天人,实赖万里长江画而守之耳。今自丧乱已来,六十馀年,河、洛丘墟,函夏萧条。士民播流江表,已经数世,存者老子长孙,亡者丘陇成行,虽北风之思感其素心,目前之哀实为交切。若迁都旋轸之日,中兴五陵,即复缅成遐域。泰山之安,既难以理保,恋恋之思,岂不缠于圣心哉!温今此举,诚欲大览始终,为国远图,而百姓震骇,同怀危惧,岂不以反旧之乐赊,趋死之忧促哉!何者? 植根江外,数十年矣,一朝顿欲拔之,驱蹙于穷荒之地,提挈万里,逾险浮深,离坟墓,弃生业,田宅不可复售,舟车无从而得,舍安乐之国,适习乱之乡,将顿仆道涂,飘溺江川,仅有达者。此仁者所宜哀矜,国家所宜深虑也! 臣之愚计,以为且宜遣将帅有威名、资实者,先镇洛阳,扫平梁、许,清壹河南。运漕之路既通,开垦之积已丰,豺狼远窜,中夏小康,然后可徐议迁徙耳。奈何舍百胜之长理,举天下而一掷哉!"绰,楚之孙也。少慕高尚,尝著遂初赋以见志。温见绰表,不悦,曰:"致意兴公,何不寻君遂初赋,而知人家国事邪!"

　　时朝廷忧惧,将遣侍中止温,扬州刺史王述曰:"温欲以虚声威朝廷耳,非事实也;但从之,自无所至。"乃诏温曰:"在昔丧乱,忽涉五纪,戎狄肆暴,继袭凶迹,眷言西顾,慨叹盈怀。知欲躬帅三军,荡涤氛秽,廓清中畿,光复旧京,非夫外身徇国,孰能若此! 诸所处分,委之高算。但河、洛丘墟,所营者广,经始之勤,致劳怀也。"事果不行。

　　温又议移洛阳钟虡,述曰:"永嘉不竞,暂都江左,方当荡平区宇,旋轸旧京。若其不尔,宜改迁园陵,不应先事钟虡!"温乃止。

　　朝廷以交、广辽远,改授温都督并、司、冀三州;温表辞不受。

　　7　秦王坚亲临太学,考第诸生经义,与博士讲论,自是每月一至焉。

　　8　六月甲戌,燕征东参军刘拔刺杀征东将军、冀州刺史、范阳王友于信都。

　　9　秋,七月,吕护退守小平津,中流矢而卒。燕将段崇收军北渡,屯于野王。邓遐进屯新城。八月,西中郎将袁真进屯汝南,运米五万斛以馈洛阳。

　　10　冬,十一月,代王什翼犍纳女于燕,燕人亦以女妻之。

　　11　十二月戊午朔,日有食之。

　　12　庾希自下邳退屯山阳,袁真自汝南退屯寿阳。

兴宁元年(癸亥,363)

　　1　春,二月己亥,大赦,改元。

　　2　三月壬寅,皇太妃周氏薨于琅邪第。癸卯,帝就第治丧,诏司徒会稽王昱总内外众务。帝欲为太妃服三年,仆射江虨启:"于礼,应服缌麻。"又欲降服期,虨曰:"厌屈私情,所以上严祖考。"乃服缌麻。

　　3　夏,四月,燕宁东将军慕容忠攻荥阳太守刘远,远奔鲁阳。

　　4　五月,加征西大将军桓温侍中、大司马、都督中外诸军、录尚书事,假黄钺。温以抚军司马王坦之为长史。坦之,述之子也。又以征西掾郗超为参军,王珣为主簿,每事必与二人谋之。府中为之语曰:"髯参军,短主簿,能令公喜,能令公怒。"温气概高迈,罕有所推,与超言,常自谓不能测,倾身待之。超亦深自结纳。珣,导之孙也,与谢玄皆为温掾,温俱重之。曰:"谢掾年四十必拥旄杖节,王掾当作黑头公,皆未易才也。"玄,奕之子也。

　　5　以西中郎将袁真都督司、冀、并三州诸军事,北中郎将庾希都督青州诸军事。

6　癸卯,燕人拔密城,刘远奔江陵。

7　秋,八月,有星孛于角、亢。

8　张玄靓祖母马氏卒,尊庶母郭氏为太妃。郭氏以张天锡专政,与大臣张钦等谋诛之,事泄,钦等皆死。玄靓惧,以位让天锡,天锡不受。右将军刘肃等劝天锡自立。闰月,天锡使肃等夜帅兵入宫,弑玄靓,宣言暴卒,谥曰冲公。天锡自称使持节、大都督、大将军、凉州牧、西平公,时年十八。尊母刘美人曰太妃。遣司马纶骞奉章诣建康请命,并送御史俞归东还。

9　癸亥,大赦。

10　冬,十月,燕镇南将军慕容尘攻陈留太守袁披于长平,汝南太守朱斌乘虚袭许昌,克之。

11　代王什翼犍击高车,大破之,俘获万馀口,马、牛、羊百馀万头。

12　以征虏将军桓冲为江州刺史。十一月,姚襄故将张骏杀江州督护赵毗,帅其徒北叛,冲讨斩之。

二年(甲子,364)

1　春,正月丙辰,燕大赦。

2　二月,燕太傅评、龙骧将军李洪略地河南。

3　三月庚戌朔,大阅户口,令所在土断,严其法制,谓之庚戌制。

4　帝信方士言,断谷饵药以求长生。侍中高崧谏曰:“此非万乘所宜为。陛下兹事,实日月之食。”不听。辛未,帝以药发,不能亲万机,褚太后复临朝摄政。

5　夏,四月甲辰,燕李洪攻许昌、汝南,败晋兵于悬瓠,颍川太守李福战死,汝南太守朱斌奔寿春,陈郡太守朱辅退保彭城。大司马温遣西中郎将袁真等御之,温帅舟师屯合肥。燕人遂拔许昌、汝南、陈郡,徙万馀户于幽、冀二州,遣镇南将军慕容尘屯许昌。

6　五月戊辰,以扬州刺史王述为尚书令。加大司马温扬州牧、录尚书事。壬申,使侍中召温入参朝政,温辞不至。

王述每受职,不为虚让,其所辞必于不受。及为尚书令,子坦之白述:“故事当让。”述曰:“汝谓我不堪邪?”坦之曰:“非也,但克让自美事耳。”述曰:“既谓堪之,何为复让! 人言汝胜我,定不及也。”

7　六月,秦王坚遣大鸿胪拜张天锡为大将军、凉州牧、西平公。

8　秋,七月丁卯,诏复征大司马温入朝。八月,温至赭圻,诏尚书车灌止之,温遂城赭圻居之,固让内录,遥领扬州牧。

9 秦汝南公腾谋反,伏诛。腾,秦主生之弟也。是时,生弟晋公柳等犹有五人,王猛言于坚曰:"不去五公,终必为患。"坚不从。

10 燕侍中慕舆龙诣龙城,徙宗庙及所留百官皆诣邺。

11 燕太宰恪将取洛阳,先遣人招纳士民,远近诸坞皆归之。乃使司马悦希军于盟津,豫州刺史孙兴军于成皋。

初,沈充之子劲,以其父死于逆乱,志欲立功以雪旧耻;年三十馀,以刑家不得仕。吴兴太守王胡之为司州刺史,上疏称劲才行,请解禁锢,参其府事,朝廷许之。会胡之以病,不行。及燕人逼洛阳,冠军将军陈祐守之,众不过二千。劲自表求配祐效力,诏以劲补冠军长史,令自募壮士,得千馀人以行。劲屡以少击燕众,摧破之。而洛阳粮尽援绝,祐自度不能守,乃以救许昌为名,九月,留劲以五百人守洛阳,祐帅众而东。劲喜曰:"吾志欲致命,今得之矣。"祐闻许昌已没,遂奔新城。燕悦希引兵略河南诸城,尽取之。

12 秦王坚命公国各置三卿,并馀官皆听自采辟,独为置郎中令。富商赵掇等车服僭侈,诸公竞引以为卿;黄门侍郎安定程宪请治之。坚乃下诏称:"本欲使诸公延选英儒,乃更猥滥如是!宜令有司推检,辟召非其人者,悉降爵为侯,自今国官皆委之铨衡。自非命士已上,不得乘车马。去京师百里内,工商皂隶,不得服金银、锦绣,犯者弃市。"于是平阳、平昌、九江、陈留、安乐五公皆降爵为侯。

三年(乙丑,365)

1 春,正月庚申,皇后王氏崩。

2 刘卫辰复叛代,代王什翼犍东渡河,击走之。

什翼犍性宽厚,郎中令许谦盗绢二匹,什翼犍知而匿之,谓左长史燕凤曰:"吾不忍视谦之面,若谦惭而自杀,是吾以财杀士也。"尝讨西部叛者,流矢中目;既而获射者,群臣欲脔割之,什翼犍曰:"彼各为其主斗耳,何罪!"遂释之。

3 大司马温移镇姑孰。二月乙未,以其弟右将军豁监荆州、扬州之义城、雍州之京兆诸军事,领荆州刺史;加江州刺史桓冲监江州及荆、豫八郡诸军事,并假节。

司徒昱闻陈祐弃洛阳,会大司马温于洌洲,共议征讨。丙申,帝崩于西堂,事遂寝。

帝无嗣。丁酉,皇太后诏以琅邪王奕承大统。百官奉迎于琅邪第,是日,即皇帝位,大赦。

4　秦大赦,改元建元。

5　燕太宰恪、吴王垂共攻洛阳。恪谓诸将曰:"卿等常患吾不攻,今洛阳城高而兵弱,易克也,勿更畏懦而怠惰!"遂攻之。三月,克之,执扬武将军沈劲。劲神气自若,恪将宥之。中军将军慕舆虔曰:"劲虽奇士,观其志度,终不为人用,今赦之,必为后患。"遂杀之。

恪略地至崤、渑,关中大震,秦王坚自将屯陕城以备之。

燕人以左中郎将慕容筑为洛州刺史,镇金墉;吴王垂为都督荆扬洛徐兖豫雍益凉秦十州诸军事、征南大将军、荆州牧,配兵一万,镇鲁阳。

太宰恪还邺,谓僚属曰:"吾前平广固,不能济辟闾蔚;今定洛阳,使沈劲为戮,虽皆非本情,然身为元帅,实有愧于四海。"朝廷嘉劲之忠,赠东阳太守。

臣光曰:沈劲可谓能子矣!耻父之恶,致死以涤之,变凶逆之族为忠义之门。易曰:"干父之蛊,用誉。"蔡仲之命曰:"尔尚盖前人之愆,惟忠惟孝。"其是之谓乎!

6　太宰恪为将,不事威严,专用恩信;抚士卒务综大要,不为苟令,使人人得便安。平时营中宽纵,似若可犯;然警备严密,敌至莫能近者,故未尝负败。

7　壬申,葬哀帝及静皇后于安平陵。

8　夏,四月壬午,燕太尉武平匡公封奕卒。以司空阳骛为太尉,侍中、光禄大夫皇甫真为司空,领中书监。骛历事四朝,年耆望重,自太宰恪以下皆拜之。而骛谦恭谨厚,过于少时;戒束子孙,虽朱紫罗列,无敢违犯其法度者。

9　六月戊子,益州刺史建城襄公周抚卒。抚在益州三十馀年,甚有威惠。诏以其子楗为太守楚代之。

10　秋,七月己酉,徙会稽王昱复为琅邪王。

11　壬子,立妃庾氏为皇后。后,冰之女也。

12　甲申,立琅邪王昱子昌明为会稽王。昱固让,犹自称会稽王。

13　匈奴右贤王曹毂、左贤王刘卫辰皆叛秦。毂帅众二万寇杏城,秦王坚自将讨之,使卫大将军李威、左仆射王猛辅太子宏留守长安。八月,坚击毂,破之,斩毂弟活,毂请降,徙其豪杰六千馀户于长安。建节将军邓羌讨卫辰,擒之于木根山。

九月,坚如朔方,巡抚诸胡。冬,十月,征北将军、淮南公幼帅杏城之众乘虚袭长安,李威击斩之。

14　鲜卑秃发椎斤卒,年一百一十,子思复鞬代统其众。椎斤,树机能从弟务丸之孙也。

15　梁州刺史司马勋,为政酷暴,治中、别驾及州之豪右,言语忤意,即于坐枭斩之,或亲射杀之。常有据蜀之志,惮周抚,不敢发。及抚卒,勋遂举兵反,别驾雍端、西戎司马隗粹切谏,勋皆杀之,自号梁益二州牧、成都王。十一月,勋引兵入剑阁,攻涪,西夷校尉毌丘昈弃城走。乙卯,围益州刺史周楚于成都。大司马温表鹰扬将军江夏相义阳朱序为征讨都护以救之。

16　秦王坚还长安,以李威守太尉,加侍中。以曹毂为雁门公,刘卫辰为夏阳公,各使统其部落。

17　十二月戊戌,以尚书王彪之为仆射。

海西公上

太和元年(丙寅,366)

1　春,三月,荆州刺史桓豁使督护桓罴攻南郑,讨司马勋。

2　燕太宰、大司马恪,太傅、司徒评,稽首归政,上章绶,请归第,燕主暐不许。

3　夏,五月戊寅,皇后庾氏崩。

4　朱序、周楚击司马勋,破之,擒勋及其党,送大司马温。温皆斩之,传首建康。

5　代王什翼犍遣左长史燕凤入贡于秦。

6　秋,七月癸酉,葬孝皇后于敬平陵。

7　秦辅国将军王猛、前将军杨安、扬武将军姚苌等帅众二万寇荆州,攻南乡郡。荆州刺史桓豁救之,八月,军于新野。秦兵掠安阳民万馀户而还。

8　九月甲午,曲赦梁、益二州。

9　冬,十月,加司徒昱丞相、录尚书事,入朝不趋,赞拜不名,剑履上殿。

10　张天锡遣使至秦境上,告绝于秦。

11　燕抚军将军下邳王厉寇兖州,拔鲁、高平数郡,置守宰而还。

12　初,陇西李俨以郡降秦,既而复通于张天锡。十二月,羌敛岐以略阳四千家叛秦,称臣于俨,俨于是拜置牧守,与秦、凉绝。

13　南阳督护赵亿据宛城降燕,太守桓澹走保新野。燕人遣南中郎将赵盘自鲁阳戍宛。

14　徐、兖二州刺史庾希,以后族故,兄弟贵显,大司马温忌之。

二年(丁卯,367)

1　春,正月,庾希坐不能救鲁、高平,免官。

2　二月,燕抚军将军下邳王厉、镇北将军宜都王桓袭敕勒。

3　秦辅国将军王猛、陇西太守姜衡、南安太守南安邵羌、扬武将军姚苌等帅众万七千讨敛岐。三月,张天锡遣前将军杨遹向金城,征东将军常据向左南,游击将军张统向白土,天锡自将三万人屯仓松,以讨李俨。敛岐部落先属姚弋仲,闻姚苌至,皆降。王猛遂克略阳,敛岐奔白马。秦王坚以苌为陇东太守。

4　夏,四月,燕慕容尘寇竟陵,太守罗崇击破之。

5　张天锡攻李俨大夏、武始二郡,下之。常据败俨兵于葵谷,天锡进屯左南。俨惧,退守枹罕,遣其兄子纯谢罪于秦,且请救。秦王坚使前将军杨安、建威将军王抚帅骑二万,会王猛以救俨。

猛遣邵羌追敛岐,王抚守侯和,姜衡守白石,猛与杨安救枹罕。天锡遣杨遹逆战于枹罕东,猛大破之,俘斩万七千级,与天锡相持于城下。邵羌禽敛岐于白马,送之。猛遗天锡书曰:"吾受诏救俨,不令与凉州战,今当深壁高垒,以听后诏。旷日持久,恐二家俱弊,非良算也。若将军退舍,吾执俨而东,将军徙民西旋,不亦可乎!"天锡谓诸将曰:"猛书如此,吾本来伐叛,不来与秦战。"遂引兵归。

李俨犹未纳秦师,王猛白服乘舆,从者数十人,请与俨相见。俨开门延之,未及为备,将士继入,遂执俨。以立忠将军彭越为平西将军、凉州刺史,镇枹罕。

张天锡之西归也,李俨将贺肫说俨曰:"以明公神武,将士骁悍,奈何束手于人! 王猛孤军远来,士卒疲弊,且以我请救,必不设备,若乘其怠而击之,可以得志。"俨曰:"求救于人以免难,难既免而击之,天下其谓我何! 不若固守以老之,彼将自退。"猛责俨以不即出迎,俨以贺肫之谋告。猛斩肫,以俨归。至长安,坚以俨为光禄勋,赐爵归安侯。

6　燕太原桓王恪言于燕主暐曰:"吴王垂,将相之才十倍于臣,先帝以长幼之次,故臣得先之。臣死之后,愿陛下举国以听吴王。"五月壬辰,恪疾笃，暐亲视之，问以后事。恪曰："臣闻报恩莫大于荐贤，贤者虽在板筑，犹可为相，况至亲乎！吴王文武兼资，管、萧之亚，陛下若任以大政，国家可安；不然，秦、晋必有窥窬之计。"言终而卒。

秦王坚闻恪卒，阴有图燕之计，欲觇其可否，命匈奴曹毂发使如燕朝贡，以西戎主簿郭辩为之副。燕司空皇甫真兄腆及从子奋、覆皆仕秦，腆为散骑常侍。辩至燕，历造公卿，谓真曰："仆本秦人，家为秦所诛，故寄命曹王，贵兄常侍及奋、覆兄弟并相知有素。"真怒曰："臣无境外之交，此言何以及我！君似奸人，得无因缘假托乎！"白暐，请穷治之。太傅评不许。辩还，为坚言："燕朝政无纲纪，实可图也。鉴机识变，唯皇甫真耳。"坚曰："以六州之众，岂得不使有智士一人哉！"

曹毂寻卒，秦分其部落为二，使其二子分统之，号东、西曹。

7　荆州刺史桓豁、竟陵太守罗崇攻宛，拔之。赵亿走，赵盘退归鲁阳。豁追击盘于雉城，擒之，留兵戍宛而还。

8　秋，七月，燕下邳王厉等破敕勒，获马牛数万头。

初，厉兵过代地，犯其穄田，代王什翼犍怒。燕平北将军武强公埿以幽州兵戍云中。八月，什翼犍攻云中，埿弃城走，振威将军慕舆贺辛战没。

9　九月，以会稽内史郗愔为都督徐兖青幽扬州之晋陵诸军事、徐兖二州刺史，镇京口。

10　秦淮南公幼之反也，征东大将军、并州牧、晋公柳，征西大将军、秦州刺史赵公双，皆与之通谋。秦王坚以双，母弟至亲，柳，健之爱子，隐而不问。柳、双复与镇东将军、洛州刺史魏公廋，安西将军、雍州刺史燕公武谋作乱，镇东主簿南安姚眺谏曰："明公以周、邵之亲，受方面之任，国家有难，当竭力除之，况自为难乎！"廋不听。坚闻之，征柳等诣长安。冬，十月，柳据蒲阪，双据上邽，廋据陕城，武据安定，皆举兵反。坚遣使谕之曰："吾待卿等，恩亦至矣，何苦而反！今止不征，卿宜罢兵，各定其位，一切如故。"各啮梨以为信。皆不从。

11　代王什翼犍击刘卫辰，河冰未合，什翼犍命以苇絙约流澌。俄而冰合，然犹未坚，乃散苇于其上，冰草相结，有如浮梁，代兵乘之以渡。卫辰不意兵猝至，与宗族西走，什翼犍收其部落什六七而还。卫辰奔秦，秦王坚送卫辰还朔方，遣兵戍之。

12　十二月甲子，燕太尉建宁敬公阳骛卒。以司空皇甫真为侍中、太尉，光禄大夫李洪为司空。

三年（戊辰，368）

1　春，正月，秦王坚遣后将军杨成世、左将军毛嵩分讨上邽、安定，辅国将军王猛、建节将军邓羌攻蒲阪，前将军杨安、广武将军张蚝攻陕城。坚命蒲、陕之军皆距城三十里，坚壁勿战，俟秦、雍已平，然后并力取之。

2　初，燕太宰恪有疾，以燕主暐幼弱，政不在己，太傅评多猜忌，恐大司马之任不当其人，谓暐兄乐安王臧曰："今南有遗晋，西有强秦，二国常蓄进取之志，顾我未有隙耳。夫国之兴衰，系于辅相。大司马总统六军，不可任非其人，我死之后，以亲疏言之，当在汝及冲。汝曹虽才识明敏，然年少，未堪多难。吴王天资英杰，智略超世，汝曹若能推大司马以授之，必能混壹四海，况外寇，不足惮也。慎无冒利而忘害，不以国家为意也。"又以语太傅评。及恪卒，评不用其言。二月，以车骑将军中山王冲为大司马。冲，暐之弟也。以荆州刺史吴王垂为侍中、车骑大将军、仪同三司。

3　秦魏公廋以陕城降燕，请兵应接。秦人大惧，盛兵守华阴。

燕魏尹范阳王德上疏，以为："先帝应天受命，志平六合；陛下纂统，当继而成之。今苻氏骨肉乖离，国分为五，投诚请援，前后相寻，是天以秦赐燕也。天与不取，反受其殃，吴、越之事，足以观矣。宜命皇甫真引并、冀之众径趋蒲阪，吴王垂引许、洛之兵驰解廆围，太傅总京师虎旅为二军后继，传檄三辅，示以祸福，明立购赏，彼必望风响应，浑壹之期，于此乎在矣！"时燕人多请救陕，因图关中者，太傅评曰："秦，大国也，今虽有难，未易可图。朝廷虽明，未如先帝。吾等智略，又非太宰之比。但能闭关保境足矣，平秦非吾事也。"

魏公廋遗吴王垂及皇甫真笺曰："苻坚、王猛，皆人杰也，谋为燕患久矣。今不乘机取之，恐异日燕之君臣将有甬东之悔矣！"垂谓真曰："方今为人患者必在于秦，主上富于春秋，观太傅识度，岂能敌苻坚、王猛乎？"真曰："然，吾虽知之，如言不用何！"

4　三月丁巳朔，日有食之。

5　癸亥，大赦。

6　秦杨成世为赵公双将苟兴所败，毛嵩亦为燕公武所败，奔还。秦王坚复遣武卫将军王鉴、宁朔将军吕光、将军冯翊郭将、翟僐等帅众三万讨之。夏，四月，双、武乘胜至于榆眉，以苟兴为前锋。王鉴欲速战，吕光曰："兴新得志，气势方锐，宜持重以待之。彼粮尽必退，退而击之，蔑不济矣！"二旬而兴退。光曰："兴可击矣。"遂追之。兴败，因击双、武，大破之，斩获万五千级，武弃安定，与双皆奔上邽，鉴等进攻之。

晋公柳数出挑战，王猛不应。柳以猛为畏之，五月，留其世子良守蒲阪，帅众二万西趋长安。去蒲阪百馀里，郑羌帅精骑七千夜袭，败之。柳引军还，猛邀击之，尽俘其众。柳与数百骑入城，猛、羌进攻之。

秋，七月，王鉴等拔上邽，斩双、武，宥其妻子。以左卫将军苻雅为秦州刺史。八月，以长乐公丕为雍州刺史。

九月，王猛等拔蒲阪，斩晋公柳及其妻子。猛屯蒲阪，遣邓羌与王鉴等会攻陕城。

7　燕王公、贵戚多占民为荫户，国之户口，少于私家，仓库空竭，用度不足。尚书左仆射广信公悦绾曰："今三方鼎峙，各有吞并之心。而国家政法不立，豪贵恣横，至使民户殚尽，委输无入，吏断常俸，战士绝廪，官贷粟帛以自赡给；既不可闻于邻敌，且非所以为治，宜一切罢断诸荫户，尽还郡县。"燕主暐从之，使绾专治其事，纠擿奸伏，无敢蔽匿，出户二十馀万，举朝怨怒。绾先有疾，自力厘校户籍，疾遂亟。冬，十一月，卒。

8　十二月，秦王猛等拔陕城，获魏公廋，送长安。秦王坚问其所以反，对曰："臣本无反心，但以弟兄屡谋逆乱，臣惧并死，故谋反耳。"坚泣曰："汝素长者，固知非汝心也，且高祖不可以无后。"乃赐廋死，原其七子，以长子袭魏公，馀子皆封县公，以嗣越厉王及诸弟之无后者。苟太后曰："廋与双俱反，双独不得置后，何也？"坚曰："天下者，高祖之天下，高祖之子不可以无后。至于仲群，不顾太后，谋危宗庙，天下之法，不可私也！"以范阳公抑为征东大将军、并州刺史，镇蒲阪；邓羌为建武将军、洛州刺史，镇陕城。擢姚眺为汲郡太守。

9　加大司马温殊礼，位在诸侯王上。

10　是岁，以仇池公杨世为秦州刺史，世弟统为武都太守。世亦称臣于秦，秦以世为南秦州刺史。

资治通鉴卷第一百二

晋纪二十四

海西公下

太和四年（己巳，369）

1　春，三月，大司马温请与徐、兖二州刺史郗愔、江州刺史桓冲、豫州刺史袁真等伐燕。初，愔在北府，温常云："京口酒可饮，兵可用。"深不欲愔居之，而愔暗于事机，乃遗温笺，欲共奖王室，请督所部出河上。愔子超为温参军，取视，寸寸毁裂，乃更作愔笺，自陈非将帅才，不堪军旅，老病，乞闲地自养，劝温并领己所统。温得笺大喜，即转愔冠军将军、会稽内史。温自领徐、兖二州刺史。夏，四月庚戌，温帅步骑五万发姑孰。

2　甲子，燕主暐立皇后可足浑氏，太后从弟尚书令豫章公翼之女也。

3　大司马温自兖州伐燕。郗超曰："道远，汴水又浅，恐漕运难通。"温不从，六月辛丑，温至金乡，天旱，水道绝，温使冠军将军毛虎生凿钜野三百里，引汶水会于清水。虎生，宝之子也。温引舟师自清水入河，舳舻数百里。郗超曰："清水入河，难以通运。若寇不战，运道又绝，因敌为资，复无所得，此危道也。不若尽举见众直趋邺城，彼畏公威名，必望风逃溃，北归辽、碣。若能出战，则事可立决。若欲城邺而守之，则当此盛夏，难为功力，百姓布野，尽为官有，易水以南必交臂请命矣。但恐明公以此计轻锐，胜负难必，欲务持重，则莫若顿兵河、济，控引漕运，俟资储充备，至来夏乃进兵，虽如赊迟，然期于成功而已。舍此二策而连军北上，进不速决，退必愆乏。贼因此势以日月相引，渐及秋冬，水更涩滞。且北土早寒，三军裘褐者少，恐于时所忧，非独无食而已。"温又不从。

温遣建威将军檀玄攻湖陆，拔之，获燕宁东将军慕容忠。燕主暐以下邳王厉为征讨大都督，帅步骑二万逆战于黄墟，厉兵大败，单马奔还。高平太守徐翻举郡来降。前锋邓遐、朱序败燕将傅颜于林渚。暐复遣乐安王臧统诸军拒温，臧不能抗，乃遣散骑常侍李凤求救于秦。

秋，七月，温屯武阳，燕故兖州刺史孙元帅其族党起兵应温，温至枋头。晔及太傅评大惧，谋奔和龙。吴王垂曰："臣请击之。若其不捷，走未晚也。"晔乃以垂代乐安王臧为使持节、南讨大都督，帅征南将军范阳王德等众五万以拒温。垂表司徒左长史申胤、黄门侍郎封孚、尚书郎悉罗腾皆从军。胤，钟之子；孚，放之子也。

晔又遣散骑侍郎乐嵩请救于秦，许赂以虎牢以西之地。秦王坚引群臣议于东堂，皆曰："昔桓温伐我，至灞上，燕不救我；今温伐燕，我何救焉！且燕不称藩于我，我何为救之！"王猛密言于坚曰："燕虽强大，慕容评非温敌也。若温举山东，进屯洛邑，收幽、冀之兵，引并、豫之粟，观兵崤、渑，则陛下大事去矣。今不如与燕合兵以退温，温退，燕亦病矣，然后我承其弊而取之，不亦善乎！"坚从之。八月，遣将军苟池、洛州刺史邓羌帅步骑二万以救燕，出自洛阳，军至颍川。又遣散骑侍郎姜抚报使于燕。以王猛为尚书令。

太子太傅封孚问于申胤曰："温众强士整，乘流直进，今大军徒逡巡高岸，兵不接刃，未见克殄之理，事将何如？"胤曰："以温今日声势，似能有为，然在吾观之，必无成功。何则？晋室衰弱，温专制其国，晋之朝臣未必皆与之同心。故温之得志，众所不愿也，必将乖阻以败其事。又，温骄而恃众，怯于应变。大众深入，值可乘之会，反更逍遥中流，不出赴利，欲望持久，坐取全胜；若粮廪愆悬，情见势屈，必不战自败，此自然之数。"

温以燕降人段思为乡导，悉罗腾与温战，生擒思。温使故赵将李述徇赵、魏，腾又与虎贲中郎将染干津击斩之。温军夺气。

初，温使豫州刺史袁真攻谯、梁，开石门以通水运，真克谯、梁而不能开石门，水运路塞。

九月，燕范阳王德帅骑一万、兰台侍御史刘当帅骑五千屯石门，豫州刺史李邽帅州兵五千断温粮道。当，佩之子也。德使将军慕容宙帅骑一千为前锋，与晋兵遇，宙曰："晋人轻剽，怯于陷敌，勇于乘退，宜设饵以钓之。"乃使二百骑挑战，分馀骑为三伏。挑战者兵未交而走，晋兵追之，宙帅伏以击之，晋兵死者甚众。

温战数不利，粮储复竭，又闻秦兵将至，丙申，焚舟，弃辎重、铠仗，自陆道奔还。以毛虎生督东燕等四郡诸军事，领东燕太守。

温自东燕出仓垣，凿井而饮，行七百馀里。燕之诸将争欲追之，吴王垂曰："不可，温初退惶恐，必严设警备，简精锐为后拒，击之未必得志，不如缓之。彼幸吾未至，必昼夜疾趋，俟其士众力尽气衰，然后击之，无不克矣。"乃帅八千骑徐行蹑其后。温果兼道而进。数日，垂告诸将曰："温可击矣。"乃急追之,及温于襄邑。范阳王德先帅劲骑四千伏于襄邑东涧中,与垂夹击温,大破之,斩首三万级。秦苟池邀击温于谯,又破之,死者复以万计。孙元遂据武阳以拒燕,燕左卫将军孟高讨擒之。

冬,十月己巳,大司马温收散卒,屯于山阳。温深耻丧败,乃归罪于袁真,奏免真为庶人,又免冠军将军邓遐官。真以温诬己,不服,表温罪状,朝廷不报。真遂据寿春叛降燕,且请救,亦遣使如秦。温以毛虎生领淮南太守,守历阳。

4　燕、秦既结好,使者数往来。燕散骑侍郎郝晷、给事黄门侍郎梁琛相继如秦。晷与王猛有旧,猛接以平生,问以东方之事。晷见燕政不修而秦大治,阴欲自托于猛,颇泄其实。

琛至长安,秦王坚方畋于万年,欲引见琛,琛曰:"秦使至燕,燕之君臣朝服备礼,洒扫宫庭,然后敢见。今秦王欲野见之,使臣不敢闻命!"尚书郎辛劲谓琛曰:"宾客入境,惟主人所以处之,君焉得专制其礼!且天子称乘舆,所至曰行在所,何常居之有!又,春秋亦有遇礼,何为不可乎!"琛曰:"晋室不纲,灵祚归德,二方承运,俱受明命。而桓温猖狂,窥我王略,燕危秦孤,势不独立,是以秦主同恤时患,要结好援。东朝君臣,引领西望,愧其不竞,以为邻忧,西使之辱,敬待有加。今强寇既退,交聘方始,谓宜崇礼笃义以固二国之欢,若忽慢使臣,是卑燕也,岂修好之义乎!夫天子以四海为家,故行曰乘舆,止曰行在。今海县分裂,天光分曜,安得以乘舆、行在为言哉!礼,不期而见曰遇。盖因事权行,其礼简略,岂平居容与之所为哉!客使单行,诚势屈于主人,然苟不以礼,亦不敢从也。"坚乃为之设行宫,百僚陪位,然后延客,如燕朝之仪。

事毕,坚与之私宴,问:"东朝名臣为谁?"琛曰:"太傅上庸王评,明德茂亲,光辅王室;车骑大将军吴王垂,雄略冠世,折冲御侮;其馀或以文进,或以武用,官皆称职,野无遗贤。"

琛从兄奕为秦尚书郎,坚使典客,馆琛于奕舍。琛曰:"昔诸葛瑾为吴聘蜀,与诸葛亮惟公朝相见,退无私面,余窃慕之。今使之即安私室,所不敢也。"乃不果馆。奕数来就邸舍,与琛卧起,间问琛东国事。琛曰:"今二方分据,兄弟并蒙荣宠,论其本心,各有所在。琛欲言东国之美,恐非西国之所欲闻;欲言其恶,又非使臣之所得论也。兄何用问为!"

坚使太子延琛相见。秦人欲使琛拜太子,先讽之曰:"邻国之君,犹其君也;邻国之储君,亦何以异乎!"琛曰:"天子之子视元士,欲其由贱以登贵也,尚不敢臣其父之臣,况他国之臣乎!苟无纯敬,则礼有往来,情岂忘恭,但恐降屈为烦耳。"乃不果拜。

王猛劝坚留琛,坚不许。

5　燕主暐遣大鸿胪温统拜袁真使持节、都督淮南诸军事、征南大将军、扬州刺史,封宣城公。统未逾淮而卒。

6　吴王垂自襄邑还邺,威名益振,太傅评愈忌之。垂奏:"所募将士忘身立效,将军孙盖等椎锋陷陈,应蒙殊赏。"评皆抑而不行。垂数以为言,与评廷争,怨隙愈深。太后可足浑氏素恶垂,毁其战功,与评密谋诛之。太宰恪之子楷及垂舅兰建知之,以告垂曰:"先发制人,但除评及乐安王臧,馀无能为矣。"垂曰:"骨肉相残而首乱于国,吾有死而已,不忍为也。"顷之,二人又以告,曰:"内意已决,不可不早发。"垂曰:"必不可弥缝,吾宁避之于外,馀非所议。"

垂内以为忧,而未敢告诸子。世子令请曰:"尊比者如有忧色,岂非以主上幼冲,太傅疾贤,功高望重,愈见猜邪?"垂曰:"然。吾竭力致命以破强寇,本欲保全家国,岂知功成之后,返令身无所容。汝既知吾心,何以为吾谋?"令曰:"主上暗弱,委任太傅,一旦祸发,疾于骇机。今欲保族全身,不失大义,莫若逃之龙城,逊辞谢罪,以待主上之察,若周公之居东,庶几感寤而得还,此幸之大者也。如其不然,则内抚燕、代,外怀群夷,守肥如之险以自保,亦其次也。"垂曰:"善!"

十一月辛亥朔,垂请畋于大陆,因微服出邺,将趋龙城。至邯郸,少子麟素不为垂所爱,逃还告状,垂左右多亡叛。太傅评白燕主暐,遣西平公强帅精骑追之,及于范阳。世子令断后,强不敢逼。会日暮,令谓垂曰:"本欲保东都以自全,今事已泄,谋不及设。秦主方招延英杰,不如往归之。"垂曰:"今日之计,舍此安之!"乃散骑灭迹,傍南山复还邺,隐于赵之显原陵。俄有猎者数百骑四面而来,抗之则不能敌,逃之则无路,不知所为。会猎者鹰皆飞飏,众骑散去,垂乃杀白马以祭天,且盟从者。

世子令言于垂曰:"太傅忌贤疾能,构事以来,人尤忿恨。今邺城之中,莫知尊处,如婴儿之思母,夷、夏同之,若顺众心,袭其无备,取之如指掌耳。事定之后,革弊简能,大匡朝政,以辅主上,安国存家,功之大者也。今日之便,诚不可失,愿给骑数人,足以办之。"垂曰:"如汝之谋,事成诚为大福,不成悔之何及! 不如西奔,可以万全。"子马奴潜谋逃归,杀之而行。至河阳,为津吏所禁,斩之而济。遂自洛阳与段夫人、世子令、令弟宝、农、隆、兄子楷、舅兰建、郎中令高弼俱奔秦,留妃可足浑氏于邺。乙泉戍主吴归追及于阌乡,世子令击之而退。

　　初,秦王坚闻太宰恪卒,阴有图燕之志,惮垂威名,不敢发。及闻垂至,大喜,郊迎,执手曰:"天生贤杰,必相与共成大功,此自然之数也。要当与卿共定天下,告成岱宗,然后还卿本邦,世封幽州,使卿去国不失为子之孝,归朕不失事君之忠,不亦美乎!"垂谢曰:"羁旅之臣,免罪为幸;本邦之荣,非所敢望!"坚复爱世子令及慕容楷之才,皆厚礼之,赏赐钜万,每进见,属目观之。关中士民素闻垂父子名,皆向慕之。王猛言于坚曰:"慕容垂父子,譬如龙虎,非可驯之物,若借以风云,将不可复制,不如早除之。"坚曰:"吾方收揽英雄以清四海,奈何杀之! 且其始来,吾已推诚纳之矣,匹夫犹不弃言,况万乘乎!"乃以垂为冠军将军,封宾徒侯,楷为积弩将军。

　　燕魏尹范阳王德素与垂善,及车骑从事中郎高泰,皆坐免官。尚书右丞申绍言于太傅评曰:"今吴王出奔,外口籍籍,宜征王僚属之贤者显进之,粗可消谤。"评曰:"谁可者?"绍曰:"高泰其领袖也。"乃以泰为尚书郎。泰,瞻之从子;绍,胤之子也。

　　秦留梁琛月馀,乃遣归。琛兼程而进,比至邺,吴王垂已奔秦。琛言于太傅评曰:"秦人日阅军旅,多聚粮于陕东,以琛观之,为和必不能久。今吴王又往归之,秦必有窥燕之谋,宜早为之备。"评曰:"秦岂肯受叛臣而败和好哉!"琛曰:"今二国分据中原,常有相吞之志。桓温之入寇,彼以计相救,非爱燕也,若燕有衅,彼岂忘其本志哉!"评曰:"秦主何如人?"琛曰:"明而善断。"问王猛,曰:"名不虚得。"评皆不以为然。琛又以告燕主晔,晔亦不然之。以告皇甫真,真深忧之,上疏言:"苻坚虽聘问相寻,然实有窥上国之心,非能慕乐德义,不忘久要也。前出兵洛川,及使者继至,国之险易虚实,彼皆得之矣。今吴王垂又往从之,为其谋主,伍员之祸,不可不备。洛阳、太原、壶关,皆宜选将益兵,以防未然。"晔召太傅评谋之,评曰:"秦国小力弱,恃我为援,且苻坚庶几善道,终不肯纳叛臣之言,绝二国之好,不宜轻自惊扰以启寇心。"卒不为备。

　　秦遣黄门郎石越聘于燕,太傅评示之以奢,欲以夸燕之富盛。高泰及太傅参军河间刘靖言于评曰:"越言诞而视远,非求好也,乃观衅也。宜耀兵以示之,用折其谋。今乃示之以奢,益为其所轻矣。"评不从。泰遂谢病归。

　　是时太后可足浑氏侵桡国政,太傅评贪昧无厌,货赂上流,官非才举,群下怨愤。尚书左丞申绍上疏,以为:"守宰者,致治之本。今之守宰,率非其人,或武臣出于行伍,或贵戚生长绮纨,既非乡曲之选,又不更朝廷之职。加之黜陟无法,贪惰者无刑罚之惧,清修者无旌赏之劝。是以百姓困弊,寇盗充斥,纲颓纪紊,莫相纠摄。又官吏猥多,逾于前世,公私纷然,不胜烦扰。大燕户口,数兼二寇,弓马之劲,四方莫及,而比者战则屡北,皆由守宰赋调不平,侵渔无已,行留俱窘,莫肯致命故也。后宫之女四千馀人,僮侍厮役尚在其外,一日之费,厥直万金,士民承风,竞为奢靡。彼秦、吴僭僻,犹能条治所部,有兼并之心,而我上下因循,日失其序。我之不修,彼之愿也。谓宜精择守宰,并官省职,存恤兵家,使公私两遂,节抑浮靡,爱惜用度,赏必当功,罚必当罪。如此则温、猛可枭,二方可取,岂特保境安民而已哉!又,索头什翼犍疲病昏悖,虽乏贡御,无能为患,而劳兵远戍,有损无益。不若移于并土,控制西河,南坚壶关,北重晋阳,西寇来则拒守,过则断后,犹愈于戍孤城守无用之地也。"疏奏,不省。

　　7　辛丑,丞相昱与大司马温会涂中,以谋后举,以温世子熙为豫州刺史、假节。

　　8　初,燕人许割虎牢以西赂秦,晋兵既退,燕人悔之,谓秦人曰:"行人失辞。有国有家者,分灾救患,理之常也。"秦王坚大怒,遣辅国将军王猛、建威将军梁成、洛州刺史邓羌帅步骑三万伐燕。十二月,进攻洛阳。

　　9　大司马温发徐、兖州民筑广陵城,徙镇之。时征役既频,加之疫疠,死者什四五,百姓嗟怨。秘书监孙盛作晋春秋,直书时事。大司马温见之,怒,谓盛子曰:"枋头诚为失利,何至乃如尊君所言!若此史遂行,自是关君门户事!"其子遽拜谢请改之。时盛年老家居,性方严,有轨度,子孙虽斑白,待之愈峻。至是诸子乃共号泣稽颡,请为百口切计。盛大怒,不许,诸子遂私改之。盛先已写别本,传之外国。及孝武帝购求异书,得之于辽东人,与见本不同,遂两存之。

五年(庚午,370)

　　1　春,正月己亥,袁真以梁国内史沛郡朱宪及弟汝南内史斌阴通大司马温,杀之。

　　2　秦王猛遗燕荆州刺史武威王筑书曰:"国家今已塞成皋之险,杜盟津之路,大驾虎旅百万,自轵关取邺都,金墉穷戍,外无救援,城下之师,将军所监,岂三百弊卒所能支也!"筑惧,以洛阳降,猛陈师受之。燕卫大将军乐安王臧城新乐,破秦兵于石门,执秦将杨猛。

　　王猛之发长安也,请慕容令参其军事,以为乡导。将行,造慕容垂饮酒,从容谓垂曰:"今当远别,何以赠我?使我睹物思人。"垂脱佩刀赠之。

猛至洛阳,赂垂所亲金熙,使诈为垂使者,谓令曰:"吾父子来此,以逃死也。今王猛疾人如仇,谗毁日深;秦王虽外相厚善,其心难知。丈夫逃死而卒不免,将为天下笑。吾闻东朝比来始更悔悟,主、后相尤。吾今还东,故遣告汝;吾已行矣,便可速发。"令疑之,踌躇终日,又不可审覆。乃将旧骑,诈为出猎,遂奔乐安王臧于石门。猛表令叛状,垂惧而出走,及蓝田,为追骑所获。秦王坚引见东堂,劳之曰:"卿家国失和,委身投朕。贤子心不忘本,犹怀首丘,亦各其志,不足深咎。然燕之将亡,非令所能存,惜其徒入虎口耳。且父子兄弟,罪不相及,卿何为过惧而狼狈如是乎!"待之如旧。燕人以令叛而复还,其父为秦所厚,疑令为反间,徙之沙城,在龙都东北六百里。

臣光曰:昔周得微子而革商命,秦得由余而霸西戎,吴得伍员而克强楚,汉得陈平而诛项籍,魏得许攸而破袁绍;彼敌国之材臣,来为己用,进取之良资也。王猛知慕容垂之心久而难信,独不念燕尚未灭,垂以材高功盛,无罪见疑,穷困归秦,未有异心,遽以猜忌杀之,是助燕为无道而塞来者之门也,如何其可哉!故秦王坚礼以之收燕望,亲之以尽燕情,宠之以倾燕众,信之以结燕心,未为过矣。猛何汲汲于杀垂,乃为市井鬻卖之行,有如嫉其宠而谗之者,岂雅德君子所宜为哉!

3　乐安王臧进屯荥阳,王猛遣建威将军梁成、洛州刺史邓羌击走之。留羌镇金墉,以辅国司马桓寅为弘农太守,代羌戍陕城而还。

秦王坚以王猛为司徒,录尚书事,封平阳郡侯。猛固辞曰:"今燕、吴未平,戎车方驾,而始得一城,即受三事之赏,若克殄二寇,将何以加之!"坚曰:"苟不暂抑朕心,何以显卿谦光之美!已诏有司权听所守,封爵酬庸,其勉从朕命!"

4　二月癸酉,袁真卒。陈郡太守朱辅立真子瑾为建威将军、豫州刺史,以保寿春,遣其子乾之及司马爨亮如邺请命。燕人以瑾为扬州刺史,辅为荆州刺史。

5　三月,秦王坚以吏部尚书权翼为尚书右仆射。夏,四月,复以王猛为司徒,录尚书事。猛固辞,乃止。

6　燕、秦皆遣兵助袁瑾,大司马温遣督护竺瑶等御之。燕兵先至,瑶等与战于武丘,破之。南顿太守桓石虔克其南城。石虔,温之弟子也。

7　秦王坚复遣王猛督镇南将军杨安等十将步骑六万以伐燕。

8　慕容令自度终不得免,密谋起兵,沙城中谪戍士数千人,令皆厚抚之。五月庚午,令杀牙门孟妫。城大涉圭惧,请自效。令信之,引置左右。遂帅谪戍士东袭威德城,杀内郎慕容仓,据城部署,遣人招东西诸戍,翕然皆应。镇东将军勃海王亮镇龙城,令将袭之,其弟麟以告亮,亮闭城拒守。癸酉,涉圭因侍直击令,令单马走,其党皆溃。涉圭追令至薛黎泽,擒而杀之,诣龙城白亮。亮为诛涉圭,收令尸而葬之。

9 六月乙卯,秦王坚送王猛于灞上,曰:"今委卿以关东之任,当先破壶关,平上党,长驱取邺,所谓'疾雷不及掩耳'。吾当亲督万众,继卿星发,舟车粮运,水陆俱进,卿勿以为后虑也。"猛曰:"臣杖威灵,奉成算,荡平残胡,如风扫叶,愿不烦銮舆亲犯尘雾,但愿速敕所司部置鲜卑之所。"坚大悦。

10 秋,七月癸酉朔,日有食之。

11 秦王猛攻壶关,杨安攻晋阳。八月,燕主晫命太傅上庸王评将中外精兵三十万以拒秦。晫以秦寇为忧,召散骑侍郎李凤、黄门侍郎梁琛、中书侍郎乐嵩问曰:"秦兵众寡何如?今大军既出,秦能战乎?"凤曰:"秦国小兵弱,非王师之敌;景略常才,又非太傅之比,不足忧也。"琛、嵩曰:"胜败在谋,不在众寡。秦远来为寇,安肯不战!且吾当用谋以求胜,岂可冀其不战而已乎!"晫不悦。王猛克壶关,执上党太守南安王越,所过郡县,皆望风降附。燕人大震。

黄门侍郎封孚问司徒长史申胤曰:"事将何如?"胤叹曰:"邺必亡矣,吾属今兹将为秦虏。然越得岁而吴伐之,卒受其祸。今福德在燕,秦虽得志,而燕之复建,不过一纪耳。"

12 大司马温自广陵帅众二万讨袁瑾,以襄城太守刘波为淮南内史,将五千人镇石头。波,隗之孙也。癸丑,温败瑾于寿春,遂围之。燕左卫将军孟高将骑兵救瑾,至淮北,未渡,会秦伐燕,燕召高还。

13 广汉妖贼李弘,诈称汉归义侯势之子,聚众万馀人,自称圣王,年号凤凰。陇西人李高,诈称成主雄之子,攻破涪城,逐梁州刺史杨亮。九月,益州刺史周楚遣子琼讨高,又使琼子梓潼太守虒讨弘,皆平之。

14 秦杨安攻晋阳,晋阳兵多粮足,久之未下。王猛留屯骑校尉苟长戍壶关,引兵助安攻晋阳,为地道,使虎牙将军张蚝帅壮士数百潜入城中,大呼斩关,纳秦兵。辛巳,猛、安入晋阳,执燕并州刺史东海王庄。太傅评畏猛不敢进,屯于潞川。冬,十月辛亥,猛留将军武都毛当戍晋阳,进兵潞川,与慕容评相持。

壬戌,猛遣将军徐成覗燕军形要,期以日中。及昏而返,猛怒,将斩

之。邓羌请之曰："今贼众我寡,诘朝将战;成,大将也,宜且宥之。"猛曰:
"若不杀成,军法不立。"羌固请曰:"成,羌之郡将也,虽违期应斩,羌愿与
成效战以赎之。"猛弗许。羌怒,还营,严鼓勒兵,将攻猛。猛问其故,羌
曰:"受诏讨远贼,今有近贼,自相杀,欲先除之!"猛谓羌义而有勇,使语
之曰:"将军止,吾今赦之。"成既免,羌诣猛谢。猛执其手曰:"吾试将军
耳,将军于郡将尚尔,况国家乎,吾不复忧贼矣!"

太傅评以猛悬军深入,欲以持久制之。评为人贪鄙,鄣固山泉,鬻樵
及水,积钱帛如丘陵。士卒怨愤,莫有斗志。猛闻之,笑曰:"慕容评真奴
才,虽亿兆之众不足畏,况数十万乎! 吾今兹破之必矣。"乃遣游击将军
郭庆帅骑五千,夜从间道出评营后,烧评辎重,火见邺中。燕主暐惧,遣侍
中兰伊让评曰:"王,高祖之子也,当以宗庙社稷为忧,奈何不抚战士而榷
卖樵水,专以货殖为心乎! 府库之积,朕与王共之,何忧于贫! 若贼兵遂
进,家国丧亡,王持钱帛欲安所置之!"乃命悉以其钱帛散之军士,且趋使
战。评大惧,遣使请战于猛。

甲子,猛陈于渭源而誓之曰:"王景略受国厚恩,任兼内外,今与诸君
深入贼地,当竭力致死,有进无退,共立大功,以报国家,受爵明君之朝,称
觞父母之室,不亦美乎!"众皆踊跃,破釜弃粮,大呼竞进。

猛望燕兵之众,谓邓羌曰:"今日之事,非将军不能破勃敌,成败之
机,在兹一举,将军勉之!"羌曰:"若能以司隶见与者,公勿以为忧。"猛
曰:"此非吾所及也,必以安定太守、万户侯相处。"羌不悦而退。俄而兵
交,猛召羌,羌寝不应。猛驰就许之,羌乃大饮帐中,与张蚝、徐成等跨马
运矛,驰赴燕陈,出入数四,旁若无人,所杀伤数百。及日中,燕兵大败,俘
斩五万余人,乘胜追击,所杀及降者又十万余人。评单骑走还邺。

> 崔鸿曰:邓羌请郡将以挠法,徇私也;勒兵欲攻王猛,无上也;
> 临战豫求司隶,邀君也。有此三者,罪孰大焉! 猛能容其所短,收
> 其所长,若驯猛虎,驭悍马,以成大功。诗曰:"采葑采菲,无以下
> 体。"猛之谓矣!

15　秦兵长驱而东,丁卯,围邺。猛上疏称:"臣以甲子之日,大歼丑
类,顺陛下仁爱之志,使六州士庶,不觉易主,自非守迷违命,一无所
害。"秦王坚报之曰:"将军役不逾时,而元恶克举,勋高前古。朕今亲帅
六军,星言电赴。将军其休养将士,以待朕至,然后取之。"

猛之未至也,邺旁剽劫公行,及猛至,远近帖然,号令严明,军无私犯,
法简政宽,燕民各安其业,更相谓曰:"不图今日复见太原王!"王猛闻之,

叹曰:"慕容玄恭信奇士也,可谓古之遗爱矣!"设太牢以祭之。

十一月,秦王坚留李威辅太子守长安,阳平公融镇洛阳,自帅精锐十万赴邺,七日而至安阳,宴祖父时故老。猛潜如安阳谒坚,坚曰:"昔周亚夫不迎汉文帝,今将军临敌而弃军,何也?"猛曰:"亚夫前却人主以求名,臣窃少之。且臣奉陛下威灵,击垂亡之虏,譬如釜中之鱼,何足虑也! 监国冲幼,銮驾远临,脱有不虞,悔之何及! 陛下忘臣灞上之言邪!"

初,燕宜都王桓帅众万馀屯沙亭,为太傅评后继,闻评败,引兵屯内黄。坚使邓羌攻信都。丁丑,桓帅鲜卑五千奔龙城。戊寅,燕散骑侍郎馀蔚帅扶馀、高句丽及上党质子五百馀人,夜,开邺北门纳秦兵,燕主㠝与上庸王评、乐安王臧、定襄王渊、左卫将军孟高、殿中将军艾朗等奔龙城。辛巳,秦王坚入邺宫。

慕容垂见燕公卿大夫及故时僚吏,有愧色。高弼言于垂曰:"大王凭祖宗积累之资,负英杰高世之略,遭值迍厄,栖集外邦。今虽家国倾覆,安知其不为兴运之始邪! 愚谓国之旧人,宜恢江海之量,有以慰结其心,以立覆篑之基,成九仞之功,奈何以一怒捐之,愚窃为大王不取也!"垂悦,从之。

燕主㠝之出邺也,卫士犹千馀骑,既出城,皆散,惟十馀骑从行。秦王坚使游击将军郭庆追之。时道路艰难,孟高扶侍㠝,经护二王,极其勤瘁,又所在遇盗,转斗而前。数日,行至福禄,依冢解息,盗二十馀人猝至,皆挟弓矢,高持刀与战,杀伤数人。高力极,自度必死,乃直前抱一贼,顿击于地,大呼曰:"男儿穷矣!"馀贼从旁射高,杀之。艾朗见高独战,亦还趋贼,并死。㠝失马步走,郭庆追及于高阳,部将巨武将缚之,㠝曰:"汝何小人,敢缚天子!"武曰:"我受诏追贼,何谓天子!"执以诣秦王坚。坚诘其不降而走之状,对曰:"狐死首丘,欲归死于先人坟墓耳。"坚哀而释之,令还宫,帅文武出降。㠝称孟高、艾朗之忠于坚,坚命厚加敛葬,拜其子为郎中。

郭庆进至龙城,太傅评奔高句丽,高句丽执评,送于秦。宜都王桓杀镇东将军勃海王亮,并其众,奔辽东。辽东太守韩稠,先已降秦,桓至,不得入,攻之,不克。郭庆遣将军朱嶷击之,桓弃众单走,嶷获而杀之。

诸州牧守及六夷渠帅尽降于秦,凡得郡百五十七,户二百四十六万,口九百九十九万。以燕宫人、珍宝分赐将士。下诏大赦曰:"朕以寡薄,猥承休命,不能怀远以德,柔服四维,至使戎车屡驾,有害斯民,虽百姓之过,然亦朕之罪也。其大赦天下,与之更始。"

初,梁琛之使秦也,以侍辇苟纯为副。琛每应对,不先告纯。纯恨之,归言于燕主暐曰:"琛在长安,与王猛甚亲善,疑有异谋。"琛又数称秦王坚及王猛之美,且言秦将兴师,宜为之备。已而秦果伐燕,皆如琛言,暐乃疑琛知其情。及慕容评败,遂收琛系狱。秦王坚入邺而释之,除中书著作郎,引见,谓之曰:"卿昔言上庸王、吴王皆将相奇材,何为不能谋画,自使亡国?"对曰:"天命废兴,岂二人所能移也!"坚曰:"卿不能见几而作,虚称燕美,忠不自防,反为身祸,可谓智乎?"对曰:"臣闻'几者动之微,吉之先见者也'。如臣愚暗,实所不及。然为臣莫如忠,为子莫如孝,自非有一至之心者,莫能保忠孝之始终。是以古之烈士,临危不改,见死不避,以徇君亲。彼知几者,心达安危,身择去就,不顾家国,臣就使知之,尚不忍为,况非所及邪!"

坚闻悦绾之忠,恨不及见,拜其子为郎中。

坚以王猛为使持节、都督关东六州诸军事、车骑大将军、开府仪同三司、冀州牧,镇邺,进爵清河郡侯,悉以慕容评第中之物赐之。赐杨安爵博平县侯;以邓羌为使持节、征虏将军、安定太守,赐爵真定郡侯;郭庆为持节、都督幽州诸军事、幽州刺史,镇蓟,赐爵襄城侯。其馀将士封赏各有差。

坚以京兆韦钟为魏郡太守,彭豹为阳平太守。其馀州县牧、守、令、长,皆因旧以授之。以燕常山太守申绍为散骑侍郎,使与散骑侍郎京兆韦儒俱为绣衣使者,循行关东州郡,观省风俗,劝课农桑,振恤穷困,收葬死亡,旌显节行,燕政有不便于民者,皆变除之。

十二月,秦王坚迁慕容暐及燕后妃、王公、百官并鲜卑四万馀户于长安。

王猛表留梁琛为主簿,领记室督。他日,猛与僚属宴,语及燕朝使者,猛曰:"人心不同:昔梁君至长安,专美本朝,乐君但言桓温军盛;郝君微说国弊。"参军冯诞曰:"今三子皆为国臣,敢问取臣之道何先?"猛曰:"郝君知几为先。"诞曰:"然则明公赏丁公而诛季布也。"猛大笑。

秦王坚自邺如枋头,宴父老,改枋头曰永昌,复之终世。甲寅,至长安,封慕容暐为新兴侯;以燕故臣慕容评为给事中,皇甫真为奉车都尉,李洪为驸马都尉,皆奉朝请;李邽为尚书,封衡为尚书郎,慕容德为张掖太守,燕国平叡为宣威将军,悉罗腾为三署郎;其馀封署各有差。衡,裕之子也。

燕故太史黄泓叹曰:"燕必中兴,其在吴王乎!恨吾老,不及见耳!"

汲郡赵秋曰:"天道在燕,不及十五年,秦必复为燕有。"

　　慕容桓之子凤,年十一,阴有复仇之志,鲜卑、丁零有气干者皆倾身与之交结。权翼见而谓之曰:"儿方以才望自显,勿效尔父不识天命!"凤厉色曰:"先王欲建忠而不遂,此乃人臣之节;君侯之言,岂奖劝将来之义乎!"翼改容谢之,言于秦王坚曰:"慕容凤慷慨有才器,但狼子野心,恐终不为人用耳。"

　　16　秦省雍州。

　　17　是岁,仇池公杨世卒,子纂立,始与秦绝。叔父武都太守统与之争国,起兵相攻。

资治通鉴卷第一百三

晋纪二十五

太宗简文皇帝

咸安元年（辛未，371）

1　春，正月，袁瑾、朱辅求救于秦，秦王坚以瑾为扬州刺史，辅为交州刺史，遣武卫将军武都王鉴、前将军张蚝帅步骑二万救之。大司马温遣淮南太守桓伊、南顿太守桓石虔等击鉴、蚝于石桥，大破之，秦兵退屯慎城。伊，宣之子也。丁亥，温拔寿春，擒瑾及辅，并其宗族送建康，斩之。

2　秦王坚徙关东豪杰及杂夷十五万户于关中，处乌桓于冯翊、北地，丁零翟斌于新安、渑池，诸因乱流移，欲还旧业者，悉听之。

3　二月，秦以魏郡太守韦锺为青州刺史，中垒将军梁成为兖州刺史，射声校尉徐成为并州刺史，武卫将军王鉴为豫州刺史，左将军彭越为徐州刺史，太尉司马皇甫覆为荆州刺史，屯骑校尉天水姜宇为凉州刺史，扶风内史王统为益州刺史，秦州刺史、西县侯雅为使持节、都督秦晋凉雍州诸军事、秦州牧，吏部尚书杨安为使持节、都督益梁州诸军事、梁州刺史。复置雍州，治蒲阪，以长乐公丕为使持节、征东大将军、雍州刺史。成，平老之子；统，擢之子也。坚以关东初平，守令宜得人，令王猛以便宜简召英俊，补六州守令，授讫，言台除正。

4　三月壬辰，益州刺史建成定公周楚卒。

5　秦后将军金城俱难攻兰陵太守张闵子于桃山，大司马温遣兵击却之。

6　秦西县侯雅、杨安、王统、徐成及羽林左监朱彤、扬武将军姚苌帅步骑七万伐仇池公杨纂。

7　代将长孙斤谋弑代王什翼犍，世子寔格之，伤胁，遂执斤，杀之。

8　夏，四月戊午，大赦。

9　秦兵至鹫峡，杨纂帅众五万拒之。梁州刺史弘农杨亮遣督护郭宝、卜靖帅千馀骑助纂，与秦兵战于峡中。纂兵大败，死者什三四，宝等亦没,纂收散兵遁还。西县侯雅进攻仇池,杨统帅武都之众降秦。纂惧,面缚出降,雅送纂于长安。以统为南秦州刺史,加杨安都督南秦州诸军事,镇仇池。

王猛之破张天锡于枹罕也,获其将敦煌阴据及甲士五千人。秦王坚既克杨纂,遣据帅其甲士还凉州,使著作郎梁殊、阎负送之,因命王猛为书谕天锡曰:"昔贵先公称藩刘、石者,惟审于强弱也。今论凉土之力,则损于往时;语大秦之德,则非二赵之匹,而将军翻然自绝,无乃非宗庙之福也钦! 以秦之威,旁振无外,可以回弱水使东流,返江、河使西注,关东既平,将移兵河右,恐非六郡士民所能抗也。刘表谓汉南可保,将军谓西河可全,吉凶在身,元龟不远,宜深算妙虑,自求多福,无使六世之业一旦而坠地也!"天锡大惧,遣使谢罪称藩。坚拜天锡使持节、都督河右诸军事、骠骑大将军、开府仪同三司、凉州刺史、西平公。

吐谷浑王辟奚闻杨纂败,五月,遣使献马千匹、金银五百斤于秦。秦以辟奚为安远将军、漒川侯。辟奚,叶延之子也,好学,仁厚无威断,三弟专恣,国人患之。长史钟恶地,西漒羌豪也,谓司马乞宿云曰:"三弟纵横,势出王右,几亡国矣。吾二人位为元辅,岂得坐而视之! 诘朝月望,文武并会,吾将讨焉。王之左右皆吾羌子,转目一顾,立可擒也。"宿云请先白王,恶地曰:"王仁而无断,白之必不从,万一事泄,吾属无类矣。事已出口,何可中变!"遂于坐收三弟,杀之。辟奚惊怖,自投床下,恶地、宿云趋而扶之曰:"臣昨梦先王敕臣云:'三弟将为逆,不可不讨。'故诛之耳。"辟奚由是发病恍惚,命世子视连曰:"吾祸及同生,何以见之于地下! 国事大小,任汝治之,吾馀年残命,寄食而已。"遂以忧卒。

视连立,不饮酒游畋者七年,军国之事,委之将佐。钟恶地谏,以为人主当自娱乐,建威布德。视连泣曰:"孤自先世以来,以仁孝忠恕相承。先王念友爱之不终,悲愤而亡。孤虽纂业,尸存而已,声色游娱,岂所安也! 威德之建,当付之将来耳。"

10 代世子寔病伤而卒。

11 秋,七月,秦王坚如洛阳。

12 代世子寔娶东部大人贺野干之女,有遗腹子,甲戌,生男,代王什翼犍为之赦境内,名曰涉圭。

13 大司马温以梁、益多寇,周氏世有威名,八月,以宁州刺史周仲孙监益、梁二州诸军事,领益州刺史。仲孙,光之子也。

14 秦以光禄勋李俨为河州刺史,镇武始。

15 王猛以潞川之功,请以邓羌为司隶。秦王坚下诏曰:"司隶校尉,董牧皇畿,吏责甚重,非所以优礼名将。光武不以吏事处功臣,实贵之也。羌有廉、李之才,朕方委以征伐之事,北平匈奴,南荡扬、越,羌之任也,司隶何足以婴之! 其进号镇军将军,位特进。"

16 九月,秦王坚还长安。归安元侯李俨卒于上邽,坚复以俨子辩为河州刺史。

17 冬,十月,秦王坚如邺,猎于西山,旬馀忘返。伶人王洛叩马谏曰:"陛下群生所系,今久猎不归,一旦患生不虞,奈太后、天下何!"坚为之罢猎还宫。王猛因进言曰:"畋猎诚非急务,王洛之言,不可忘也。"坚赐洛帛百匹,拜官篴左右,自是不复猎。

18 大司马温,恃其材略位望,阴蓄不臣之志,尝抚枕叹曰:"男子不能流芳百世,亦当遗臭万年!"术士杜炅能知人贵贱,温问炅以禄位所至。炅曰:"明公勋格宇宙,位极人臣。"温不悦。温欲先立功河朔以收时望,还受九锡。及枋头之败,威名顿挫。既克寿春,谓参军郗超曰:"足以雪枋头之耻乎?"超曰:"未也。"久之,超就温宿,中夜,谓温曰:"明公都无所虑乎?"温曰:"卿欲有言邪?"超曰:"明公当天下重任,今以六十之年,败于大举,不建不世之勋,不足以镇惬民望!"温曰:"然则奈何?"超曰:"明公不为伊、霍之举者,无以立大威权,镇压四海。"温素有心,深以为然,遂与之定议。以帝素谨无过,而床第易诬,乃言:"帝早有痿疾,嬖人相龙、计好、朱灵宝等,参侍内寝,二美人田氏、孟氏生三男,将建储立王,倾移皇基。"密播此言于民间,时人莫能审其虚实。

十一月癸卯,温自广陵将还姑孰,屯于白石。丁未,诣建康,讽褚太后,请废帝立丞相会稽王昱,并作令草呈之。太后方在佛屋烧香,内侍启云:"外有急奏。"太后出,倚户视奏数行,乃曰:"我本自疑此!"至半,便止,索笔益之曰:"未亡人不幸罹此百忧,感念存没,心焉如割!"

己酉,温集百官于朝堂。废立既旷代所无,莫有识其故典者,百官震栗。温亦色动,不知所为。尚书左仆射王彪之知事不可止,乃谓温曰:"公阿衡皇家,当倚傍先代。"乃命取汉书霍光传,礼度仪制,定于须臾。彪之朝服当阶,神彩毅然,曾无惧容,文武仪准,莫不取定,朝廷以此服之。于是宣太后令,废帝为东海王,以丞相、录尚书事、会稽王昱统承皇极。百官入太极前殿,温使督护竺瑶、散骑侍郎刘亨收帝玺绶。帝著白帢单衣,步下西堂,乘犊车出神虎门,群臣拜辞,莫不歔欷。侍御史、殿中监将兵百人卫送东海第。温帅百官具乘舆法驾,迎会稽王于会稽邸。王于朝堂变服,著平巾帻、单衣,东向流涕,拜受玺绶,是日,即皇帝位,改元。温出次中堂,分兵屯卫。温有足疾,诏乘舆入殿。温撰辞,欲陈述废立本意,帝引见,便泣下数十行,温兢惧,竟不能一言而出。

太宰武陵王晞,好习武事,为温所忌,欲废之,以事示王彪之。彪之曰:"武陵亲尊,未有显罪,不可以猜嫌之间便相废徙。公建立圣明,当崇奖王室,与伊、周同美。此大事,宜更深详!"温曰:"此已成事,卿勿复言!"乙卯,温表:"晞聚纳轻剽,息综矜忍;袁真叛逆,事相连染。顷日猜惧,将成乱阶。请免晞官,以王归藩。"从之,并免其世子综、梁王璏等官。温使魏郡太守毛安之帅所领宿卫殿中。安之,虎生之弟也。

庚戌,尊褚太后曰崇德太后。

初,殷浩卒,大司马温使人赍书吊之。浩子涓不答,亦不诣温,而与武陵王晞游。广州刺史庾蕴,希之弟也,素与温有隙。温恶殷、庾宗强,欲去之。辛亥,使其弟祕逼新蔡王晃诣西堂叩头自列,称与晞及子综、著作郎殷涓、太宰长史庾倩、掾曹秀、舍人刘彊、散骑常侍庾柔等谋反。帝对之流涕,温皆收付廷尉。倩、柔,皆蕴之弟也。癸丑,温杀东海王三子及其母。甲寅,御史中丞谯王恬承温旨,请依律诛武陵王晞。诏曰:"悲惋惶怛,非所忍闻,况言之哉! 其更详议!"恬,承之孙也。乙卯,温重表固请诛晞,词甚酷切。帝乃赐温手诏曰:"若晋祚灵长,公便宜奉行前诏;如其大运去矣,请避贤路。"温览之,流汗变色,乃奏废晞及其三子,家属皆徙新安郡。丙辰,免新蔡王晃为庶人,徙衡阳,殷涓、庾倩、曹秀、刘彊、庾柔皆族诛,庾蕴饮鸩死。蕴兄东阳太守友子妇,桓豁之女也,故温特赦之。庾希闻难,与弟会稽参军邈及子攸之逃于海陵陂泽中。

温既诛殷、庾,威势翕赫,侍中谢安见温遥拜。温惊曰:"安石,卿何乃尔?"安曰:"未有君拜于前,臣揖于后。"

戊午,大赦,增文武位二等。

己未,温如白石,上书求归姑孰。庚申,诏进温丞相,大司马如故,留京师辅政。温固辞,乃请还镇。辛酉,温自白石还姑孰。

秦王坚闻温废立,谓群臣曰:"温前败灞上,后败枋头,不能思愆自贬以谢百姓,方更废君以自说,六十之叟,举动如此,将何以自容于四海乎! 谚曰'怒其室而作色于父',其桓温之谓矣。"

19 秦车骑大将军王猛,以六州任重,言于秦王坚,请改授亲贤。及府选便宜,辄已停寝,别乞一州自效。坚报曰:"朕之于卿,义则君臣,亲逾骨肉,虽复桓、昭之有管、乐,玄德之有孔明,自谓逾之。夫人主劳于求才,逸于得士。既以六州相委,则朕无东顾之忧,非所以为优崇,乃朕自求安逸也。夫取之不易,守之亦难,苟任非其人,患生虑表,岂独朕之忧,亦卿之责也,故虚位台鼎而以分陕为先。卿未照朕心,殊乖素望。新政俟才,宜速铨补。俟东方化洽,当衮衣西归。"仍遣侍中梁谠诣邺谕旨,猛乃视事如故。

20　十二月,大司马温奏:"废放之人,屏之以远,不可以临黎元。东海王宜依昌邑故事,筑第吴郡。"太后诏曰:"使为庶人,情有不忍,可特封王。"温又奏:"可封海西县侯。"庚寅,封海西县公。

温威振内外,帝虽处尊位,拱默而已,常惧废黜。先是,荧惑守太微端门,逾月而海西废。辛卯,荧惑逆行入太微,帝甚恶之。中书侍郎郗超在直,帝谓超曰:"命之修短,本所不计,故当无复近日事邪?"超曰:"大司马臣温,方内固社稷,外恢经略,非常之事,臣以百口保之。"及超请急省其父,帝曰:"致意尊公,家国之事,遂至于此,由吾不能以道匡卫,愧叹之深,言何能谕!"因咏庾阐诗云:"志士痛朝危,忠臣哀主辱。"遂泣下沾襟。帝美风仪,善容止,留心典籍,凝尘满席,湛如也。虽神识恬畅,然无济世大略,谢安以为惠帝之流,但清谈差胜耳。

郗超以温故,朝中皆畏事之。谢安尝与左卫将军王坦之共诣超,日旰未得前,坦之欲去,安曰:"独不能为性命忍须臾邪?"

21　秦以河州刺史李辩领兴晋太守,还镇枹罕。徙凉州治金城。张天锡闻秦有兼并之志,大惧,立坛于姑臧西,刑三牲,帅其官属,遥与晋三公盟。遣从事中郎韩博奉表送盟文,并献书于大司马温,期以明年夏会于上邽。

22　是岁,秦益州刺史王统攻陇西鲜卑乞伏司繁于度坚山,司繁帅骑三万拒统于苑川。统潜袭度坚山,司繁部落五万馀皆降于统。其众闻妻子已降秦,不战而溃。司繁无所归,亦诣统降。秦王坚以司繁为南单于,留之长安;以司繁从叔吐雷为勇士护军,抚其部众。

二年(壬申,372)

1　春,二月,秦以清河房旷为尚书左丞,征旷兄默及清河崔逞、燕国韩胤为尚书郎,北平阳陟、田勰、阳瑶为著作佐郎,郝略为清河相:皆关东士望,王猛所荐也。瑶,骛之子也。

冠军将军慕容垂言于秦王坚曰:"臣叔父评,燕之恶来辈也,不宜复污圣朝,愿陛下为燕戮之。"坚乃出评为范阳太守,燕之诸王悉补边郡。

　　臣光曰：古之人，灭人之国而人悦，何哉？为人除害故也。彼慕容评者，蔽君专政，忌贤疾功，愚暗贪虐以丧其国，国亡不死，逃遁见禽。秦王坚不以为诛首，又从而宠秩之，是爱一人而不爱一国之人也，其失人心多矣。是以施恩于人而人莫之恩，尽诚于人而人莫之诚，卒于功名不遂，容身无所，由不得其道故也。

　2　三月戊午，遣侍中王坦之征大司马温入辅。温复辞。

　3　秦王坚诏："关东之民学通一经、才成一艺者，在所以礼送之。在官百石以上，学不通一经、才不成一艺者，罢遣还民。"

　4　夏，四月，徙海西公于吴县西柴里，敕吴国内史刁彝防卫，又遣御史顾允监察之。彝，协之子也。

　5　六月癸酉，秦以王猛为丞相、中书监、尚书令、太子太傅、司隶校尉，特进、常侍、持节、将军、侯如故；阳平公融为使持节、都督六州诸军事、镇东大将军、冀州牧。

　6　庾希、庾邈与故青州刺史武沈之子遵聚众夜入京口城，晋陵太守卞眈逾城奔曲阿。希诈称受海西公密旨诛大司马温。建康震扰，内外戒严，卞眈发诸县兵二千人击希，希败，闭城自守。温遣东海内史周少孙讨之。秋，七月壬辰，拔其城，擒希、邈及其亲党，皆斩之。眈，壸之子也。

　7　甲寅，帝不豫，急召大司马温入辅，一日一夜发四诏，温辞不至。初，帝为会稽王，娶王述从妹为妃，生世子道生及弟俞生。道生疏躁无行，母子皆以幽废死。馀三子郁、朱生、天流，皆早夭。诸姬绝孕将十年，王使善相者视之，皆曰："非其人。"又使视诸婢媵，有李陵容者，在织坊中，黑而长，宫人谓之"昆仑"，相者惊曰："此其人也！"王召之侍寝，生子昌明及道子。己未，立昌明为皇太子，生十年矣。以道子为琅邪王，领会稽国，以奉帝母郑太妃之祀。遗诏："大司马温依周公居摄故事。"又曰："少子可辅者辅之，如不可，君自取之。"侍中王坦之自持诏入，于帝前毁之。帝曰："天下，傥来之运，卿何所嫌！"坦之曰："天下，宣、元之天下，陛下何得专之！"帝乃使坦之改诏曰："家国事一禀大司马，如诸葛武侯、王丞相故事。"是日，帝崩。

　　群臣疑惑，未敢立嗣，或曰："当须大司马处分。"尚书仆射王彪之正色曰："天子崩，太子代立，大司马何容得异！若先面谘，必反为所责。"朝议乃定。太子即皇帝位，大赦。崇德太后令，以帝冲幼，加在谅暗，令温依周公居摄故事。事已施行，王彪之曰："此异常大事，大司马必当固让，使万机停滞，稽废山陵，未敢奉令，谨具封还。"事遂不行。

温望简文临终禅位于己,不尔便当居摄。既不副所望,甚愤怨,与弟冲书曰:"遗诏使吾依武侯、王公故事耳。"温疑王坦之、谢安所为,心衔之。诏谢安征温入辅,温又辞。

8　八月,秦丞相猛至长安,复加都督中外诸军事。猛辞曰:"元相之重,储傅之尊,端右事繁,京牧任大,总督戎机,出纳帝命,文武两寄,巨细并关,以伊、吕、萧、邓之贤,尚不能兼,况臣猛之无似!"章三四上,秦王坚不许,曰:"朕方混壹四海,非卿无可委者。卿之不得辞宰相,犹朕不得辞天下也。"

猛为相,坚端拱于上,百官总己于下,军国内外之事,无不由之。猛刚明清肃,善恶著白,放黜尸素,显拔幽滞,劝课农桑,练习军旅,官必当才,刑必当罪。由是国富兵强,战无不克,秦国大治。坚敕太子宏及长乐公丕等曰:"汝事王公,如事我也。"

阳平公融在冀州,高选纲纪,以尚书郎房默、河间相申绍为治中别驾,清河崔宏为州从事,管记室。融年少,为政好新奇,贵苛察。申绍数规正,导以宽和,融虽敬之,未能尽从。后绍出为济北太守,融屡以过失闻,数致谴让,乃自恨不用绍言。

融尝坐擅起学舍为有司所纠,遣主簿李纂诣长安自理。纂忧惧,道卒。融问申绍:"谁可使者?"绍曰:"燕尚书郎高泰,清辩有胆智,可使也。"先是丞相猛及融屡辟泰,泰不起,至是,融谓泰曰:"君子救人之急,卿不得复辞!"泰乃从命。至长安,猛见之,笑曰:"高子伯于今乃来,何其迟也!"泰曰:"罪人来就刑,何问迟速!"猛曰:"何谓也?"泰曰:"昔鲁僖公以泮宫发颂,齐宣王以稷下垂声,今阳平公开建学宫,追踪齐、鲁,未闻明诏褒美,乃更烦有司举劾。明公阿衡圣朝,惩劝如此,下吏何所逃其罪乎!"猛曰:"是吾过也。"事遂得释。猛因叹曰:"高子伯岂阳平所宜吏乎!"言于秦王坚。坚召见,悦之,问以为治之本。对曰:"治本在得人,得人在审举,审举在核真,未有官得其人而国家不治者也。"坚曰:"可谓辞简而理博矣。"以为尚书郎。泰固请还州,坚许之。

9　九月,追尊故会稽王妃王氏曰顺皇后,尊帝母李氏为淑妃。

10　冬,十月丁卯,葬简文帝于高平陵。

11　彭城妖人卢悚自称大道祭酒,事之者八百馀家。十一月,遣弟子许龙如吴,晨,到海西公门,称太后密诏,奉迎兴复。公初欲从之,纳保母谏而止。龙曰:"大事垂捷,焉用儿女子言乎!"公曰:"我得罪于此,幸蒙宽宥,岂敢妄动! 且太后有诏,便应官属来,何独使汝? 汝必为乱!"因叱左右缚之，龙惧而走。甲午，悚帅众三百人，晨攻广莫门，诈称海西公还，由云龙门突入殿庭，略取武库甲仗，门下吏士骇愕不知所为。游击将军毛安之闻难，帅众直入云龙门，手自奋击；左卫将军殷康，中领军桓祕入止车门，与安之并力讨诛之，并党与死者数百人。海西公深虑横祸，专饮酒，恣声色，有子不育，时人怜之。朝廷知其安于屈辱，故不复为虞。

12 秦都督北蕃诸军事、镇北大将军、开府仪同三司、朔方桓侯梁平老卒。平老在镇十馀年，鲜卑、匈奴惮而爱之。

13 三吴大旱，人多饿死。

烈宗孝武皇帝上之上

宁康元年（癸酉，373）

1 春，正月己卯朔，大赦改元。

2 二月，大司马温来朝。辛巳，诏吏部尚书谢安、侍中王坦之迎于新亭。是时，都下人情恟恟，或云欲诛王、谢，因移晋室。坦之甚惧，安神色不变，曰："晋祚存亡，决于此行。"温既至，百官拜于道侧。温大陈兵卫，延见朝士，有位望者皆战慄失色。坦之流汗沾衣，倒执手版。安从容就席，坐定，谓温曰："安闻诸侯有道，守在四邻，明公何须壁后置人邪！"温笑曰："正自不能不尔。"遂命左右撤之，与安笑语移日。郗超常为温谋主，安与坦之见温，温使超卧帐中听其言。风动帐开，安笑曰："郗生可谓入幕之宾矣。"时天子幼弱，外有强臣，安与坦之尽忠辅卫，卒安晋室。

温治卢悚入宫事，收尚书陆始付廷尉，免桓祕官，连坐者甚众。迁毛安之为左卫将军。桓祕由是怨温。

三月，温有疾，停建康十四日，甲午，还姑孰。

3 夏，代王什翼犍使燕凤入贡于秦。

4 秋，七月己亥，南郡宣武公桓温薨。

初，温疾笃，讽朝廷求九锡，屡使人趣之。谢安、王坦之故缓其事，使袁宏具草。宏以示王彪之，彪之叹其文辞之美，因曰："卿固大才，安可以此示人！"谢安见其草，辄改之，由是历旬不就。宏密谋于彪之，彪之曰："闻彼病日增，亦当不复支久，自可更小迟回。"

温弟江州刺史冲，问温以谢安、王坦之所任，温曰："渠等不为汝所处分。"其意以为，己存，彼必不敢立异，死则非冲所制，若害之，无益于冲，更失时望故也。

温以世子熙才弱，使冲领其众。于是桓祕与熙弟济谋共杀冲，冲密知之,不敢入。俄顷,温薨,冲先遣力士拘录熙、济而后临丧。祕遂被废弃,熙、济俱徙长沙。诏葬温依汉霍光及安平献王故事。冲称温遗命,以少子玄为嗣,时方五岁,袭封南郡公。

庚戌,加右将军荆州刺史桓豁征西将军、督荆杨雍交广五州诸军事。桓冲为中军将军、都督扬豫江三州诸军事、扬豫二州刺史,镇姑孰;竟陵太守桓石秀为宁远将军、江州刺史,镇寻阳。石秀,豁之子也。冲既代温居任,尽忠王室。或劝冲诛除时望,专执时权,冲不从。始,温在镇,死罪皆专决不请。冲以为生杀之重,当归朝廷,凡大辟皆先上,须报,然后行之。

谢安以天子幼冲,新丧元辅,欲请崇德太后临朝。王彪之曰:“前世人主幼在襁褓,母子一体,故可临朝。太后亦不能决事,要须顾问大臣。今上年出十岁,垂及冠婚,反令从嫂临朝,示人主幼弱,岂所以光扬圣德乎!诸公必欲行此,岂仆所制,所惜者大体耳。”安不欲委任桓冲,故使太后临朝,己得以专献替裁决,遂不从彪之之言。八月壬子,太后复临朝摄政。

5　梁州刺史杨亮遣其子广袭仇池,与秦梁州刺史杨安战,广兵败,沮水诸戍皆委城奔溃。亮惧,退守磐险。九月,安进攻汉川。

6　丙申,以王彪之为尚书令,谢安为仆射,领吏部,共掌朝政。安每叹曰:“朝廷大事,众所不能决者,以谘王公,无不立决!”

7　以吴国内史刁彝为徐、兖二州刺史,镇广陵。

8　冬,秦王坚使益州刺史王统、秘书监朱肜帅卒二万出汉川,前禁将军毛当、鹰扬将军徐成帅卒三万出剑门,入寇梁、益。梁州刺史杨亮帅巴獠万馀拒之,战于青谷。亮兵败,奔固西城。肜遂拔汉中。徐成攻剑阁,克之。杨安进攻梓潼,梓潼太守周虓固守涪城,遣步骑数千送母、妻自汉水趣江陵,朱肜邀而获之,虓遂降于安。十一月,安克梓潼。荆州刺史桓豁遣江夏相竺瑶救梁、益。瑶闻广汉太守赵长战死,引兵退。益州刺史周仲孙勒兵拒朱肜于绵竹,闻毛当将至成都,仲孙帅骑五千奔于南中。秦遂取梁、益二州,邛、莋、夜郎皆附于秦。秦王坚以杨安为益州牧,镇成都;毛当为梁州刺史,镇汉中,姚苌为宁州刺史,屯垫江;王统为南秦州刺史,镇仇池。

秦王坚欲以周虓为尚书郎,虓曰:“蒙晋厚恩,但老母见获,失节于此。母子获全,秦之惠也。虽公侯之贵,不以为荣,况郎官乎!”遂不仕。每见坚,或箕踞而坐,呼为氐贼。尝值元会,仪卫甚盛,坚问之曰:“晋朝元会,与此何如?”虓攘袂厉声曰:“犬羊相聚,何敢比拟天朝!”秦人以虓不逊,屡请杀之,坚待之弥厚。

周仲孙坐失守免官。桓冲以冠军将军毛虎生为益州刺史,领建平太守,以虎生子球为梓潼太守。虎生与球伐秦,至巴西,以粮乏,退屯巴东。

9　以侍中王坦之为中书令,领丹杨尹。

10　是岁,鲜卑勃寒掠陇右,秦王坚使乞伏司繁讨之,勃寒请降,遂使司繁镇勇士川。

11　有彗星出于尾箕,长十馀丈,经太微,扫东井,自四月始见,及秋冬不灭。秦太史令张孟言于秦王坚曰:"尾、箕,燕分;东井,秦分。今彗起尾、箕而扫东井,十年之后,燕当灭秦;二十年之后,代当灭燕。慕容暐父子兄弟,我之仇敌,而布列朝廷,贵盛莫二,臣窃忧之,宜翦其魁桀者以消天变。"坚不听。

阳平公融上疏曰:"东胡跨据六州,南面称帝,陛下劳师累年,然后得之,本非慕义而来。今陛下亲而幸之,使其父兄子弟森然满朝,执权履职,势倾勋旧。臣愚以为狼虎之心,终不可养,星变如此,愿少留意!"坚报曰:"朕方混六合为一家,视夷狄为赤子,汝宜息虑,勿怀耿介。夫惟修德可以禳灾,苟能内求诸己,何惧外患乎!"

二年(甲戌,374)

1　春,正月癸未朔,大赦。

2　己酉,刁彝卒。二月癸丑,以王坦之为都督徐兖青三州诸军事、徐兖二州刺史,镇广陵。诏谢安总中书。安好声律,期功之惨,不废丝竹,士大夫效之,遂以成俗。王坦之屡以书苦谏之曰:"天下之宝,当为天下惜之。"安不能从。

3　三月,秦太尉建宁烈公李威卒。

4　夏,五月,蜀人张育、杨光起兵击秦,有众二万,遣使来请兵。秦王坚遣镇军将军邓羌帅甲士五万讨之。益州刺史竺瑶、威远将军桓石虔帅众三万攻垫江,姚苌兵败,退屯五城。瑶、石虔屯巴东。张育自号蜀王,与巴獠酋帅张重、尹万万馀人进围成都。六月,育改元黑龙。秋,七月,张育与张重等争权,举兵相攻,秦杨安、邓羌袭育,败之,育与杨光退屯绵竹。八月,邓羌败晋兵于涪西。九月,杨安败张重、尹万于成都南,重死,斩首二万三千级。邓羌击张育、杨光于绵竹,皆斩之。益州复入于秦。

5　冬,十二月,有人入秦明光殿大呼曰:"甲申、乙酉,鱼羊食人,悲哉无复遗!"秦王坚命执之,不获。秘书监朱彤、秘书侍郎略阳赵整固请诛鲜卑，坚不听。整，宦官也，博闻强记，能属文，好直言，上书及面谏，前后五十馀事。慕容垂夫人得幸于坚，坚与之同辇游于后庭，整歌曰："不见雀来入燕室，但见浮云蔽白日。"坚改容谢之，命夫人下辇。

6　是岁，代王什翼犍击刘卫辰，南走。

三年（乙亥，375）

1　春，正月辛亥，大赦。

2　夏，五月丙午，蓝田献侯王坦之卒；临终与谢安、桓冲书，惟以国家为忧，言不及私。

3　桓冲以谢安素有重望，欲以扬州让之，自求外出。桓氏族党皆以为非计，莫不扼腕固谏，郗超亦深止之，冲皆不听，处之澹然。甲寅，诏以冲都督徐豫兖青扬五州诸军事、徐州刺史，镇京口；以安领扬州刺史，并加侍中。

4　六月，秦清河武侯王猛寝疾，秦王坚亲为之祈南、北郊及宗庙、社稷，分遣侍臣遍祷河、岳诸神。猛疾少瘳，为之赦殊死以下。猛上疏曰："不图陛下以臣之命而亏天地之德，开辟已来，未之有也。臣闻报德莫如尽言，谨以垂没之命，窃献遗款。伏惟陛下，威烈振乎八荒，声教光乎六合，九州百郡，十居其七，平燕定蜀，有如拾芥。夫善作者不必善成，善始者不必善终，是以古先哲王，知功业之不易，战战兢兢，如临深谷。伏惟陛下，追踪前圣，天下幸甚。"坚览之悲恸。秋，七月，坚亲至猛第视疾，访以后事。猛曰："晋虽僻处江南，然正朔相承，上下安和，臣没之后，愿勿以晋为图。鲜卑、西羌，我之仇敌，终为人患，宜渐除之，以便社稷。"言终而卒。坚比敛，三临哭，谓太子宏曰："天不欲使吾平壹六合邪，何夺吾景略之速也？"葬之如汉霍光故事。

5　八月癸巳，立皇后王氏，大赦。后，濛之孙也。以后父晋陵太守蕴为光禄大夫，领五兵尚书，封建昌侯。蕴固辞不受。

6　九月，帝讲孝经，始览典籍，延儒士。谢安荐东莞徐邈补中书舍人，每被顾问，多所匡益。帝或宴集，酣乐之后，好为手诏诗章以赐侍臣，或文词率尔，所言秽杂。邈应时收敛还省刊削，皆使可观，经帝重览，然后出之。时议以此多邈。

7　冬，十月癸酉朔，日有食之。

8　秦王坚下诏曰："新丧贤辅，百司或未称朕心，可置听讼观于未央南，朕五日一临，以求民隐。今天下虽未大定，权可偃武修文，以称武侯雅旨。其增崇儒教,禁老、庄、图谶之学,犯者弃市。"妙简学生,太子及公侯百僚之子皆就学受业;中外四禁、二卫、四军长上将士,皆令受学。二十人给一经生,教读音句,后宫置典学以教掖庭,选阉人及女隶敏慧者诣博士授经。尚书郎王佩读谶,坚杀之,学谶者遂绝。

资治通鉴卷第一百四

晋纪二十六

烈宗孝武皇帝上之中

太元元年（丙子，376）

1　春，正月壬寅朔，帝加元服。皇太后下诏归政，复称崇德太后。甲辰，大赦，改元。丙午，帝始临朝。以会稽内史郗愔为镇军大将军、都督浙江东五郡诸军事；徐州刺史桓冲为车骑将军、都督豫、江二州之六郡诸军事，自京口徙镇姑孰。谢安欲以王蕴为方伯，故先解冲徐州。乙卯，加谢安中书监，录尚书事。

2　二月辛卯，秦王坚下诏曰："朕闻王者劳于求贤，逸于得士，斯言何其验也。往得丞相，常谓帝王易为。自丞相违世，须发中白，每一念之，不觉酸恻。今天下既无丞相，或政教沦替，可分遣侍臣周巡郡县，问民疾苦。"

3　三月，秦兵寇南乡，拔之，山蛮三万户降秦。

4　夏，五月甲寅，大赦。

5　初，张天锡之杀张邕也，刘肃及安定梁景皆有功，二人由是有宠，赐姓张氏，以为己子，使预政事。天锡荒于酒色，不亲庶务，黜世子大怀而立嬖妾之子大豫，以焦氏为左夫人，人情愤怨。从弟从事中郎宪舆榇切谏，不听。

秦王坚下诏曰："张天锡虽称藩受位，然臣道未纯，可遣使持节武卫将军苟苌、左将军毛盛、中书令梁熙、步兵校尉姚苌等将兵临西河；尚书郎阎负、梁殊奉诏征天锡入朝，若有违王命，即进师扑讨。"是时，秦步骑十三万，军司段铿谓周虓曰："以此众战，谁能敌之！"虓曰："戎狄以来，未之有也。"坚又命秦州刺史苟池、河州刺史李辩、凉州刺史王统帅三州之众为苟苌后继。

秋，七月，阎负、梁殊至姑臧。张天锡会官属谋之，曰："今入朝，必不返。如其不从，秦兵必至，将若之何？"禁中录事席仇曰："以爱子为质，赂以重宝,以退其师,然后徐为之计,此屈伸之术也。"众皆怒,曰:"吾世事晋朝,忠节著于海内。今一旦委身贼庭,辱及祖宗,丑莫大焉!且河西天险,百年无虞,若悉境内精兵,右招西域,北引匈奴以拒之,何遽知其不捷也!"天锡攘袂大言曰:"孤计决矣,言降者斩!"使谓阎负、梁殊曰:"君欲生归乎,死归乎?"殊等辞气不屈,天锡怒,缚之军门,命军士交射之,曰:"射而不中,不与我同心者也。"其母严氏泣曰:"秦主以一州之地,横制天下,东平鲜卑,南取巴、蜀,兵不留行。汝若降之,犹可延数年之命。今以蕞尔一隅,抗衡大国,又杀其使者,亡无日矣!"天锡使龙骧将军马建帅众二万拒秦。

秦人闻天锡杀阎负、梁殊,八月,梁熙、姚苌、王统、李辩济自清石津,攻凉骁烈将军梁济于河会城,降之。甲申,苟苌济自石城津,与梁熙会攻缠缩城,拔之。马建惧,自杨非退屯清塞。天锡又遣征东将军掌据帅众三万军于洪池,天锡自将馀众五万,军于金昌城。安西将军敦煌宋皓言于天锡曰:"臣昼察人事,夜观天文,秦兵不可敌也,不如降之。"天锡怒,贬皓为宣威护军。广武太守辛章曰:"马建出于行陈,必不为国家用。"苟苌使姚苌帅甲士三千为前驱。庚寅,马建帅万人迎降,馀兵皆散走。辛卯,苟苌及掌据战于洪池,据兵败,马为乱兵所杀,其属董儒授之以马,据曰:"吾三督诸军,再秉节钺,八将禁旅,十总禁兵,宠任极矣。今卒困于此,此吾之死地也,尚安之乎!"乃就帐免胄,西向稽首,伏剑而死。秦兵杀军司席仂。癸巳,秦兵入清塞,天锡遣司兵赵充哲帅众拒之。秦兵与充哲战于赤岸,大破之,俘斩三万八千级,充哲死。天锡出城自战,城内又叛。天锡与数千骑奔还姑臧。甲午,秦兵至姑臧,天锡素车白马,面缚舆榇,降于军门。苟苌释缚焚榇,送于长安,凉州郡县悉降于秦。

九月,秦王坚以梁熙为凉州刺史,镇姑臧。徙豪右七千馀户于关中,馀皆按堵如故。封天锡为归义侯,拜北部尚书。初,秦兵之出也,先为天锡筑第于长安,至则居之。以天锡晋兴太守陇西彭和正为黄门侍郎,治中从事武兴苏膺、敦煌太守张烈为尚书郎,西平太守金城赵凝为金城太守,高昌杨幹为高昌太守;馀皆随才擢叙。

梁熙清俭爱民,河右安之。以天锡武威太守敦煌索泮为别驾,宋皓为主簿。西平郭护起兵攻秦,熙以皓为折冲将军,讨平之。

桓冲闻秦攻凉州,遣兖州刺史朱序、江州刺史桓石秀与荆州督护桓罴游军沔、汉,为凉州声援;又遣豫州刺史桓伊帅众向寿阳,淮南太守刘波泛舟淮、泗,欲桡秦以救凉。闻凉州败没,皆罢兵。

6 初,哀帝减田租,亩收二升。乙巳,除度田收租之制,王公以下,口税米三斛,蠲在役之身。

7 冬,十月,移淮北民于淮南。

8 刘卫辰为代所逼,求救于秦,秦王坚以幽州刺史行唐公洛为北讨大都督,帅幽、冀兵十万击代;使并州刺史俱难、镇军将军邓羌、尚书赵迁、李柔、前将军朱肜、前禁军将军张蚝、右禁将军郭庆帅步骑二十万,东出和龙,西出上郡,皆与洛会,以卫辰为乡导。洛,菁之弟也。

苟苌之伐凉州也,遣扬武将军马晖、建武将军杜周帅八千骑西出恩宿,邀张天锡走路,期会姑臧。晖等行泽中,值水失期,于法应斩,有司奏征下狱。秦王坚曰:“水春冬耗竭,秋夏盛涨,此乃苟苌量事失宜,非晖等罪。今天下方有事,宜宥过责功。”命晖等回赴北军,击索虏以自赎。”众咸以为万里召将,非所以应速,坚曰:“晖等喜于免死,不可以常事疑也。”晖等果倍道疾驱,遂及东军。

9 十一月己巳朔,日有食之。

10 代王什翼犍使白部、独孤部南御秦兵,皆不胜,又使南部大人刘库仁将十万骑御之。库仁者,卫辰之族,什翼犍之甥也,与秦兵战于石子岭,库仁大败。什翼犍病,不能自将,乃帅诸部奔阴山之北。高车杂种尽叛,四面寇钞,不得刍牧,什翼犍复渡漠南。闻秦兵稍退,十二月,什翼犍还云中。

初,什翼犍分国之半以授弟孤,孤卒,子斤失职怨望。世子寔及弟翰早卒,寔子珪尚幼,慕容妃之子阏婆、寿鸠、纥根、地干、力真、窟咄皆长,继嗣未定。时秦兵尚在君子津,诸子每夜执兵警卫。斤因说什翼犍之庶长子寔君曰:“王将立慕容妃之子,欲先杀汝,故顷来诸子每夜戎服,以兵绕庐帐,伺便将发耳。”寔君信之,遂杀诸弟,并弑什翼犍。是夜,诸子妇及部人奔告秦军,秦李柔、张蚝勒兵趋云中,部众逃溃,国中大乱。珪母贺氏以珪走依贺讷。讷,野干之子也。

秦王坚召代长史燕凤,问其所以乱故,凤具以状对。坚曰:“天下之恶一也。”乃执寔君及斤,至长安,车裂之。坚欲迁珪于长安,凤固请曰:“代王初亡,群下叛散,遗孙冲幼,莫相统摄。其别部大人刘库仁,勇而有智,铁弗卫辰,狡猾多变,皆不可独任。宜分诸部为二,令此两人统之。两人素有深仇,其势莫敢先发。俟其孙稍长,引而立之,是陛下有存亡继绝之德于代,使其子子孙孙永为不侵不叛之臣,此安边之良策也。”坚从之。分代民为二部,自河以东属库仁,自河以西属卫辰,各拜官爵,使统其众。

贺氏以珪归独孤部,与南部大人长孙嵩、元佗等皆依库仁。行唐公洛以什翼犍子窟咄年长,迁之长安。坚使窟咄入太学读书。

下诏曰:"张天锡承祖父之资,藉百年之业,擅命河右,叛换偏隅。索头世跨朔北,中分区域,东宾秽貊,西引乌孙,控弦百万,虎视云中。爰命两师,分讨黠虏,役不淹岁,穷殄二凶,俘降百万,辟土九千,五帝之所未宾,周、汉之所未至,莫不重译来王,怀风率职。有司可速班功受爵,戎士悉复之五岁,赐爵三级。"于是加行唐公洛征西将军,以邓羌为并州刺史。

阳平国常侍慕容绍私谓其兄楷曰:"秦恃其强大,务胜不休,北戍云中,南守蜀、汉,转运万里,道殣相望,兵疲于外,民困于内,危亡近矣。冠军叔仁智度英拔,必能恢复燕祚,吾属但当爱身以待时耳!"

初,秦人既克凉州,议讨西障氐、羌,秦王坚曰:"彼种落杂居,不相统壹,不能为中国大患,宜先抚谕,征其租税,若不从命,然后讨之。"乃使殿中将军张旬前行宣慰,庭中将军魏曷飞帅骑二万七千随之。曷飞忿其恃险不服,纵兵击之,大掠而归。坚怒其违命,鞭之二百,斩前锋督护储安以谢氐、羌。氐、羌大悦,降附贡献者八万三千馀落。雍州士族先因乱流寓河西者,皆听还本。

刘库仁招抚离散,恩信甚著,奉事拓跋珪恩勤周备,不以废兴易意,常谓诸子曰:"此儿有高天下之志,必能恢隆祖业,汝曹当谨遇之。"秦王坚赏其功,加广武将军,给幢麾鼓盖。

刘卫辰耻在库仁之下,怒杀秦五原太守而叛。库仁击卫辰,破之,追至阴山西北千馀里,获其妻子。又西击库狄部,徙其部落,置之桑乾川。久之,坚以卫辰为西单于,督摄河西杂类,屯代来城。

11　是岁,乞伏司繁卒,子国仁立。

二年(丁丑,377)

1　春,高句丽、新罗、西南夷皆遣使入贡于秦。

2　赵故将作功曹熊邈屡为秦王坚言石氏宫室器玩之盛,坚以邈为将作长史,领将作丞,大修舟舰、兵器,饰以金银,颇极精巧。慕容农私言于慕容垂曰:"自王猛之死,秦之法制,日以颓靡,今又重之以奢侈,殃将至矣,图谶之言,行当有验。大王宜结纳英杰以承天意,时不可失!"垂笑曰:"天下事非尔所及!"

3　桓豁表兖州刺史朱序为梁州刺史,镇襄阳。

4　秋,七月丁未,以尚书仆射谢安为司徒,安让不拜。复加侍中、都督扬豫徐兖青五州诸军事。

丙辰，征西大将军、荆州刺史桓豁卒。冬，十月辛丑，以桓冲都督江、荆、梁、益、宁、交、广七州诸军事，领荆州刺史；以冲子嗣为江州刺史。又以五兵尚书王蕴都督江南诸军事，领徐州刺史；征西司马领南郡相谢玄为兖州刺史，领广陵相，监江北诸军事。

桓冲以秦人强盛，欲移阻江南，奏自江陵徙镇上明，使冠军将军刘波守江陵，谘议参军杨亮守江夏。

王蕴固让徐州，谢安曰："卿居后父之重，不应妄自非薄，以亏时遇。"蕴乃受命。

初，中书郎郗超自以其父愔位遇应在谢安之右，而安入掌机权，愔优游散地，常愤邑形于辞色，由是与谢氏有隙。是时朝廷方以秦寇为忧，诏求文武良将可以镇御北方者，谢安以兄子玄应诏。超闻之，叹曰："安之明，乃能违众举亲；玄之才，足以不负所举。"众咸以为不然。超曰："吾尝与玄共在桓公府，见其使才，虽履屐间未尝不得其任，是以知之。"

玄募骁勇之士，得彭城刘牢之等数人。以牢之为参军，常领精锐为前锋，战无不捷。时号"北府兵"，敌人畏之。

5　壬寅，护军将军、散骑常侍王彪之卒。初，谢安欲增修宫室，彪之曰："中兴之初，即东府为宫，殊为俭陋。苏峻之乱，成帝止兰台都坐，殆不蔽寒暑，是以更营新宫。比之汉、魏则为俭，比之初过江则为侈矣。今寇敌方强，岂可大兴功役，劳扰百姓邪！"安曰："宫室弊陋，后人谓人无能。"彪之曰："凡任天下之重者，当保国宁家，缉熙政事，乃以修室屋为能邪！"安不能夺其议，故终彪之之世，无所营造。

6　十二月，临海太守郗超卒。初，超党于桓氏，以父愔忠于王室，不令知之。及病甚，出一箱书授门生曰："公年尊，我死之后，若以哀恸害寝食者，可呈此箱。不尔，即焚之。"既而愔果哀恸成疾，门生呈箱，皆与桓温往反密计。愔大怒曰："小子死已晚矣！"遂不复哭。

三年（戊申，378）

1　春，二月乙巳，作新宫，帝移居会稽王邸。

2　秦王坚遣征南大将军都督征讨诸军事守尚书令长乐公丕、武卫将军苟苌、尚书慕容晖帅步骑七万寇襄阳，以荆州刺史杨安帅樊、邓之众为前锋，征虏将军始平石越帅精骑一万出鲁阳关，京兆尹慕容垂、扬武将军姚苌帅众五万出南乡，领军将军苟池、右将军毛当、强弩将军王显帅众四万出武当,会攻襄阳。夏,四月,秦兵至沔北,梁州刺史朱序以秦无舟楫,不以为虞。既而石越帅骑五千浮渡汉水,序惶骇,固守中城。越克其外郭,获船百馀艘以济馀军。长乐公丕督诸将攻中城。

序母韩氏闻秦兵将至,自登城履行,至西北隅,以为不固,帅百馀婢及城中女丁筑邪城于其内。及秦兵至,西北隅果溃,众移守新城,襄阳人谓之夫人城。

桓冲在上明拥众七万,惮秦兵之强,不敢进。

丕欲急攻襄阳,苟苌曰:"吾众十倍于敌,糇粮山积,但稍迁汉、沔之民于许、洛,塞其运道,绝其援兵,譬如网中之禽,何患不获,而多杀将士,急求成功哉!"丕从之。慕容垂拔南阳,执太守郑裔,与丕会襄阳。

3 秋,七月,新宫成,辛巳,帝入居之。

4 秦兖州刺史彭超请攻沛郡太守戴逯于彭城,且曰:"愿更遣重将攻淮南诸城,为征南棋劫之势,东西并进,丹阳不足平也!"秦王坚从之,使都督东讨诸军事。后将军俱难、右禁将军毛盛、洛州刺史邵保帅步骑七万寇淮阳、盱眙。超,越之弟;保,羌之从弟也。八月,彭超攻彭城。诏右将军毛虎生帅众五万镇姑孰以御秦兵。

秦梁州刺史韦锺围魏兴太守吉挹于西城。

5 九月,秦王坚与群臣饮酒,以秘书监朱肜为正,人以极醉为限。秘书侍郎赵整作酒德之歌曰:"地列酒泉,天垂酒池,杜康妙识,仪狄先知。纣丧殷邦,桀倾夏国,由此言之,前危后则。"坚大悦,命整书之以为酒戒,自是宴群臣,礼饮而已。

6 秦凉州刺史梁熙遣使入西域,扬秦威德。冬,十月,大宛献汗血马。秦王坚曰:"吾尝慕汉文帝之为人,用千里马何为!"命群臣作止马之诗而反之。

7 巴西人赵宝起兵凉州,自称晋西蛮校尉、巴郡太守。

8 秦豫州刺史北海公重镇洛阳,谋反;秦王坚曰:"长史吕光忠正,必不与之同。"即命光收重,槛车送长安,赦之,以公就第。重,洛之兄也。

9 十二月,秦御史中丞李柔劾奏:"长乐公丕等拥众十万,攻围小城,日费万金,久而无效,请征下廷尉。"秦王坚曰:"丕等广费无成,实宜贬戮,但师已淹时,不可虚返,其特原之,令以成功赎罪。"使黄门侍郎韦华持节切让丕等,赐丕剑曰:"来春不捷,汝可自裁,勿复持面见吾也!"

10 周虓在秦,密与桓冲书,言秦阴计。又逃奔汉中,秦人获而赦之。

四年（己卯，379）

1　春，正月辛酉，大赦。

2　秦长乐公丕等得诏惶恐，乃命诸军并力攻襄阳。秦王坚欲自将攻
襄阳，诏阳平公融以关东六州之兵会寿春，梁熙以河西之兵为后继。阳平
公融谏曰："陛下欲取江南，固当博谋熟虑，不可仓猝。若止取襄阳，又岂
足亲劳大驾乎！未有动天下之众而为一城者，所谓'以随侯之珠弹千仞
之雀'也！"梁熙谏曰："晋主之暴，未如孙皓，江山险固，易守难攻。陛下
必欲廓清江表，亦不过分命将帅，引关东之兵，南临淮、泗，下梁、益之卒，
东出巴、峡，又何必亲屈鸾辂，远幸沮泽乎！昔汉光武诛公孙述，晋武帝擒
孙皓，未闻二帝自统六师，亲执桴鼓，蒙矢石也。"坚乃止。

诏冠军将军南郡相刘波帅众八千救襄阳，波畏秦，不敢进。朱序屡出
战，破秦兵，引退稍远，序不设备。二月，襄阳督护李伯护密遣其子送款于
秦，请为内应。长乐公丕命诸军进攻之。戊午，克襄阳，执朱序，送长安。
秦王坚以序能守节，拜度支尚书；以李伯护为不忠，斩之。

秦将军慕容越拔顺阳，执太守谯国丁穆。坚欲官之，穆固辞不受。坚
以中垒将军梁成为荆州刺史，配兵一万，镇襄阳，选其才望，礼而用之。

桓冲以襄阳陷没，上疏送章节，请解职；不许。诏免刘波官，俄复以为
冠军将军。

3　秦以前将军张蚝为并州刺史。

4　兖州刺史谢玄帅众万馀救彭城，军于泗口，欲遣间使报戴逯而不
可得。部曲将田泓请没水潜行趣彭城，玄遣之。泓为秦人所获，厚赂之，
使云南军已败。泓伪许之，既而告城中曰："南军垂至，我单行来报，为贼
所得，勉之！"秦人杀之。彭超置辎重于留城，谢玄扬声遣后军将军何谦
向留城。超闻之，释彭城围，引兵还保辎重。戴逯帅彭城之众，随谦奔玄，
超遂据彭城，留兖州治中徐褒守之，南攻盱眙。俱难克淮阴，留邵保戍之。

5　三月壬戌，诏以"疆场多虞，年谷不登，其供御所须，事从俭约；九
亲供给，众官廪俸，权可减半。凡诸役费，自非军国事要，皆宜停省"。

6　癸未，使右将军毛虎生帅众三万击巴中，以救魏兴。前锋督护赵
福等至巴西，为秦将张绍等所败，亡七千馀人。虎生退屯巴东。蜀人李乌
聚众二万，围成都以应虎生，秦王坚使破虏将军吕光击灭之。夏，四月戊
申，韦锺拔魏兴，吉挹引刀欲自杀，左右夺其刀。会秦人至，执之，挹不言
不食而死。秦王坚叹曰："周孟威不屈于前，丁彦远洁己于后，吉祖冲闭
口而死，何晋氏之多忠臣也！"挹参军史颖得归，得挹临终手疏，诏赠益州

刺史。

7　秦毛当、王显帅众二万自襄阳东会俱难、彭超攻淮南。五月乙丑，难、超拔盱眙，执高密内史毛璪之。秦兵六万围幽州刺史田洛于三阿，去广陵百里。朝廷大震，临江列戍，遣征虏将军谢石帅舟师屯涂中。石，安之弟也。

右卫将军毛安之等帅众四万屯堂邑。秦毛当、毛盛帅骑二万袭堂邑，安之等惊溃。兖州刺史谢玄自广陵救三阿。丙子，难、超战败，退保盱眙。六月戊子，玄与田洛帅众五万进攻盱眙，难、超又败，退屯淮阴。玄遣何谦等帅舟师乘潮而上，夜，焚淮桥。邵保战死，难、超退屯淮北。玄与何谦、戴遁、田洛共追之，战于君川，复大破之，难、超北走，仅以身免。谢玄还广陵，诏进号冠军将军，加领徐州刺史。

秦王坚闻之，大怒。秋，七月，槛车征超下廷尉，超自杀。难削爵为民。

以毛当为徐州刺史，镇彭城；毛盛为兖州刺史，镇湖陆；王显为扬州刺史，戍下邳。

谢安为宰相，秦人屡入寇，边兵失利，安每镇之以和静。其为政，务举大纲，不为小察。时人比安于王导，而谓其文雅过之。

8　八月丁亥，以左将军王蕴为尚书仆射，顷之，迁丹阳尹。蕴自以国姻，不欲在内，苦求外出，复以为都督浙江东五郡诸军事、会稽内史。

9　是岁，秦大饥。

五年（庚辰，380）

1　春，正月，秦王坚复以北海公重为镇北大将军，镇蓟。

二月，作教武堂于渭城，命太学生明阴阳兵法者教授诸将，秘书监朱肜谏曰：“陛下东征西伐，所向无敌，四海之地，什得其八，虽江南未服，盖不足言。是宜稍偃武事，增修文德。乃更始立学舍，教人战斗之术，殆非所以驯致升平也。且诸将皆百战之馀，何患不习于兵，而更使受教于书生，非所以强其志气也。此无益于实而有损于名，惟陛下图之！”坚乃止。

2　秦征北将军、幽州刺史行唐公洛，勇而多力，能坐制奔牛，射洞犁耳，自以有灭代之功，求开府仪同三司不得，由是怨愤。三月，秦王坚以洛为使持节、都督益宁西南夷诸军事、征南大将军、益州牧，使自伊阙趋襄阳，溯汉而上。洛谓官属曰：“孤，帝室至亲，不得入为将相，而常摈弃边鄙；今又投之西裔，复不听过京师，此必有阴计，欲使梁成沉孤于汉水耳!"幽州治中平规曰:"逆取顺守,汤、武是也;因祸为福,桓、文是也。主上虽不为昏暴,然穷兵黩武,民思有所息肩者,十室而九。若明公神旗一建,必率土云从。今跨据全燕,地尽东海,北总乌桓、鲜卑,东引句丽、百济,控弦之士不减五十馀万,奈何束手就征,蹈不测之祸乎!"洛攘袂大言曰:"孤计决矣,沮谋者斩!"于是自称大将军、大都督、秦王。以平规为幽州刺史,玄菟太守吉贞为左长史,辽东太守赵赞为左司马,昌黎太守王缊为右司马,辽西太守王琳、北平太守皇甫杰,牧官都尉魏敷等为从事中郎。分遣使者征兵于鲜卑、乌桓、高句丽、百济、新罗、休忍诸国,遣兵三万助北海公重戍蓟。诸国皆曰:"吾为天子守藩,不能从行唐公为逆。"洛惧,欲止,犹豫未决。王缊、王琳、皇甫杰、魏敷知其无成,欲告之,洛皆杀之。吉贞、赵赞曰:"今诸国不从,事乖本图,明公若惮益州之行者,当遣使奉表乞留,主上亦不虑不从。"平规曰:"今事形已露,何可中止! 宜声言受诏,尽幽州之兵,南出常山,阳平公必郊迎,因而执之,进据冀州。总关东之众以图西土,天下可指麾而定也!"洛从之。夏,四月,洛帅众七万发和龙。

秦王坚召群臣谋之,步兵校尉吕光曰:"行唐公以至亲为逆,此天下所共疾。愿假臣步骑五万,取之如拾遗耳。"坚曰:"重、洛兄弟,据东北一隅,兵赋全资,未可轻也。"光曰:"彼众迫于凶威,一时蚁聚耳。若以大军临之,势必瓦解,不足忧也。"坚乃遣使让洛,使还和龙,当以幽州永为世封。洛谓使者曰:"汝还白东海王,幽州褊狭,不足以容万乘,须王秦中以承高祖之业。若能迎驾潼关者,当位为上公,爵归本国。"坚怒,遣左将军武都窦冲及吕光帅步骑四万讨之;右将军都贵驰传诣邺,将冀州兵三万为前锋;以阳平公融为征讨大都督。

北海公重悉蓟城之众与洛会,屯中山,有众十万。五月,窦冲等与洛战于中山,洛兵大败,生擒洛,送长安。北海公重走还蓟,吕光追斩之。屯骑校尉石越自东莱帅骑一万,浮海袭和龙,斩平规,幽州悉平。坚赦洛不诛,徙凉州之西海郡。

　　臣光曰:夫有功不赏,有罪不诛,虽尧、舜不能为治,况他人乎! 秦王坚每得反者辄宥之,使其臣狃于为逆,行险徼幸,虽力屈被擒,犹不忧死,乱何自而息哉! 书曰:"威克厥爱,允济;爱克厥威,允罔功。"诗云:"毋纵诡随,以谨罔极;式遏寇虐,无俾作慝。"今坚违之,能无亡乎!

3　朝廷以秦兵之退为谢安、桓冲之功,拜安卫将军,与冲皆开府仪同三司。

4 六月甲子,大赦。

5 丁卯,以会稽王道子为司徒。固让不拜。

6 秦王坚召阳平公融为侍中、中书监、都督中外诸军事、车骑大将军、司隶校尉、录尚书事;以征南大将军、守尚书令、长乐公丕为都督关东诸军事、征东大将军、冀州牧。坚以诸氐种类繁滋,秋,七月,分三原、九嵕、武都、汧、雍氐十五万户,使诸宗亲各领之,散居方镇,如古诸侯。长乐公丕领氐三千户,以仇池氐酋射声校尉杨膺为征东左司马,九嵕氐酋长水校尉齐午为右司马,各领一千五百户,为长乐世卿。长乐郎中令略阳垣敞为录事参军,侍讲扶风韦幹为参军事,申绍为别驾。膺,丕之妻兄也;午,膺之妻父也。八月,分幽州置平州,以石越为平州刺史,镇龙城,中书令梁谠为幽州刺史,镇蓟城。抚军将军毛兴为都督河秦二州诸军事、河州刺史,镇枹罕。长水校尉王腾为并州刺史,镇晋阳。河、并二州各配氐户三千。兴、腾并苻氏婚姻,氐之崇望也。平原公晖为都督豫洛荆南兖东豫阳六州诸军事、镇东大将军、豫州牧,镇洛阳。移洛州刺史治丰阳。钜鹿公叡为雍州刺史。各配氐户三千二百。

坚送丕至灞上,诸氐别其父兄,皆恸哭,哀感路人。赵整因侍宴,援琴而歌曰:"阿得脂,阿得脂,博劳舅父是仇绥,尾长翼短不能飞。远徙种人留鲜卑,一旦缓急当语谁!"坚笑而不纳。

7 九月癸未,皇后王氏崩。

8 冬,十月,九真太守李逊据交州反。

9 秦王坚以左禁将军杨璧为秦州刺史,尚书赵迁为洛州刺史,南巴校尉姜宇为宁州刺史。

10 十一月乙酉,葬定皇后于隆平陵。

11 十二月,秦以左将军都贵为荆州刺史,镇彭城。

12 置东豫州,以毛当为刺史,镇许昌。

13 是岁,秦王坚遣高密太守毛璪之等二百馀人来归。

六年(辛巳,381)

1 春,正月,帝初奉佛法,立精舍于殿内,引诸沙门居之。尚书左丞王雅表谏,不从。雅,肃之曾孙也。

2 丁酉,以尚书谢石为仆射。

3 二月,东夷、西域六十二国入贡于秦。

4 夏,六月庚子朔,日有食之。

5　秋,七月甲午,<u>交趾</u>太守<u>杜瑗</u>斩<u>李逊</u>,<u>交州</u>平。

6　冬,十月,故<u>武陵王晞</u>卒于<u>新安</u>,追封<u>新宁郡王</u>,命其子<u>遵</u>为嗣。

7　十一月己亥,以前会稽内史<u>郗愔</u>为司空。<u>愔</u>固辞不起。

8　秦荆州刺史<u>都贵</u>遣其司马<u>阎振</u>、中兵参军<u>吴仲</u>帅众二万寇<u>竟陵</u>,<u>桓冲</u>遣<u>南平</u>太守<u>桓石虔</u>、卫军参军<u>桓石民</u>等帅水陆二万拒之。<u>石民</u>,<u>石虔</u>之弟也。十二月甲辰,<u>石虔</u>袭击<u>振</u>、<u>仲</u>,大破之,<u>振</u>、<u>仲</u>退保<u>管城</u>。<u>石虔</u>进攻之,癸亥,拔<u>管城</u>,获<u>振</u>、<u>仲</u>,斩首七千级,俘虏万人。诏封<u>桓冲</u>子<u>谦</u>为<u>宜阳侯</u>。以<u>桓石虔</u>领<u>河东</u>太守。

9　是岁,<u>江东</u>大饥。

七年(壬午,382)

1　秦大司农<u>东海公阳</u>、员外散骑侍郎<u>王皮</u>、尚书郎<u>周虓</u>谋反,事觉,收下廷尉。<u>阳</u>,<u>法</u>之子;<u>皮</u>,<u>猛</u>之子也。秦王<u>坚</u>问其反状,<u>阳</u>曰:"臣父<u>哀公</u>死不以罪,臣为父复仇耳。"<u>坚</u>泣曰:"<u>哀公</u>之死,事不在朕,卿岂不知之?"<u>王皮</u>曰:"臣父丞相,有佐命之勋,而臣不免贫贱,故欲图富贵耳。"<u>坚</u>曰:"丞相临终托卿,以十具牛为治田之资,未尝为卿求官;知子莫若父,何其明也!"<u>周虓</u>曰:"<u>虓</u>世荷<u>晋</u>恩,生为<u>晋</u>臣,死为<u>晋</u>鬼,复何问乎!"先是,<u>虓</u>屡谋反叛,左右皆请杀之。<u>坚</u>曰:"<u>孟威</u>烈士,秉志如此,岂惮死乎!杀之适足成其名耳!"皆赦,不诛,徙<u>阳</u>于<u>凉州</u>之<u>高昌郡</u>,<u>皮</u>、<u>虓</u>于<u>朔方</u>之北。<u>虓</u>卒于<u>朔方</u>。<u>阳</u>勇力兼人,寻复徙<u>鄯善</u>。及<u>建元</u>之末,秦国大乱,<u>阳</u>劫<u>鄯善</u>之相欲求东归,<u>鄯善</u>王杀之。

2　秦王<u>坚</u>徙<u>邺</u>铜驼、铜马、飞廉、翁仲于<u>长安</u>。

3　夏,四月,<u>坚</u>扶风太守<u>王永</u>为幽州刺史。<u>永</u>,<u>皮</u>之兄也。<u>皮</u>凶险无行,而<u>永</u>清修好学,故<u>坚</u>用之。以<u>阳平公融</u>为司徒,<u>融</u>固辞不受。<u>坚</u>方谋伐晋,乃以<u>融</u>为征南大将军、开府仪同三司。

4　五月,<u>幽州</u>蝗生,广袤千里。秦王<u>坚</u>使散骑常侍<u>彭城刘兰</u>发<u>幽</u>、<u>冀</u>、<u>青</u>、<u>并</u>民扑除之。

5　秋,八月癸卯,大赦。

6　秦王<u>坚</u>以谏议大夫<u>裴元略</u>为<u>巴西</u>、<u>梓潼</u>二郡太守,使密具舟师。

7　九月,车师前部王<u>弥窴</u>、<u>鄯善</u>王<u>休密驮</u>入朝于秦,请为乡导,以伐<u>西域</u>之不服者,因如<u>汉</u>法置都护以统理之。秦王<u>坚</u>以骁骑将军<u>吕光</u>为使持节、都督<u>西域</u>征讨诸军事,与凌江将军<u>姜飞</u>、轻车将军<u>彭晃</u>、将军<u>杜进</u>、<u>康盛</u>等总兵十万,铁骑五千,以伐<u>西域</u>。<u>阳平公融</u>谏曰:"<u>西域</u>荒远,得其民不可使,得其地不可食,汉武征之,得不补失。今劳师万里之外,以蹑汉氏之过举,臣窃惜之。"不听。

8 桓冲使扬威将军朱绰击秦荆州刺史都贵于襄阳,焚践沔北屯田,掠六百馀户而还。

9 冬,十月,秦王坚会群臣于太极殿,议曰:"自吾承业,垂三十载,四方略定,唯东南一隅,未沾王化。今略计吾士卒,可得九十七万,吾欲自将以讨之,何如?"秘书监朱肜曰:"陛下恭行天罚,必有征无战,晋主不衔璧军门,则走死江海,陛下返中国士民,使复其桑梓,然后回舆东巡,告成岱宗,此千载一时也。"坚喜曰:"是吾志也。"

尚书左仆射权翼曰:"昔纣为无道,三仁在朝,武王犹为之旋师。今晋虽微弱,未有大恶,谢安、桓冲皆江表伟人,君臣辑睦,内外同心,以臣观之,未可图也!"坚嘿然良久,曰:"诸君各言其志。"

太子左卫率石越曰:"今岁镇守斗,福德在吴,伐之,必有天殃。且彼据长江之险,民为之用,殆未可伐也!"坚曰:"昔武王伐纣,逆岁违卜。天道幽远,未易可知。夫差、孙皓皆保据江湖,不免于亡。今以吾之众,投鞭于江,足断其流,又何险之足恃乎!"对曰:"三国之君皆淫虐无道,故敌国取之,易于拾遗。今晋虽无德,未有大罪,愿陛下且按兵积谷,以待其衅。"于是群臣各言利害,久之不决。坚曰:"此所谓筑舍道傍,无时可成。吾当内断于心耳!"

群臣皆出,独留阳平公融,谓之曰:"自古定大事者,不过一二臣而已。今众言纷纷,徒乱人意,吾当与汝决之。"对曰:"今伐晋有三难:天道不顺,一也;晋国无衅,二也;我数战兵疲,民有畏敌之心,三也。群臣言晋不可伐者,皆忠臣也,愿陛下听之。"坚作色曰:"汝亦如此,吾复何望! 吾强兵百万,资仗如山;吾虽未为令主,亦非暗劣。乘累捷之势,击垂亡之国,何患不克,岂可复留此残寇,使长为国家之忧哉!"融泣曰:"晋未可灭,昭然甚明。今劳师大举,恐无万全之功。且臣之所忧,不止于此。陛下宠育鲜卑、羌、羯,布满畿甸,此属皆我之深仇。太子独与弱卒数万留守京师,臣惧有不虞之变生于腹心肘掖,不可悔也。臣之顽愚,诚不足采;王景略一时英杰,陛下常比之诸葛武侯,独不记其临没之言乎!"坚不听。于是朝臣进谏者众,坚曰:"以吾击晋,校其强弱之势,犹疾风之扫秋叶,而朝廷内外皆言不可,诚吾所不解也!"

太子宏曰:"今岁在吴分,又晋君无罪,若大举不捷,恐威名外挫,财力内竭,此群下所以疑也!"坚曰:"昔吾灭燕,亦犯岁而捷,天道固难知也。秦灭六国,六国之君岂皆暴虐乎!"

冠军、京兆尹慕容垂言于坚曰:"弱并于强,小并于大,此理势自然,非难知也。以陛下神武应期,威加海外,虎旅百万,韩、白满朝,而蕞尔江南,独违王命,岂可复留之以遗子孙哉!诗云:'谋夫孔多,是用不集。'陛下断自圣心足矣,何必广询朝众!晋武平吴,所仗者张、杜二三臣而已,若从朝众之言,岂有混壹之功!"坚大悦曰:"与吾共定天下者,独卿而已。"赐帛五百匹。

坚锐意欲取江东,寝不能旦。阳平公融谏曰:"'知足不辱,知止不殆。'自古穷兵极武,未有不亡者。且国家本戎狄也,正朔会不归人。江东虽微弱仅存,然中华正统,天意必不绝之。"坚曰:"帝王历数,岂有常邪,惟德之所在耳!刘禅岂非汉之苗裔邪,终为魏所灭。汝所以不如吾者,正病此不达变通耳!"

坚素信重沙门道安,群臣使道安乘间进言。十一月,坚与道安同辇游于东苑,坚曰:"朕将与公南游吴、越,泛长江,临沧海,不亦乐乎!"安曰:"陛下应天御世,居中土而制四维,自足比隆尧、舜,何必栉风沐雨,经略遐方乎!且东南卑湿,沴气易构,虞舜游而不归,大禹往而不复,何足以上劳大驾也!"坚曰:"天生烝民而树之君,使司牧之,朕岂敢惮劳,使彼一方独不被泽乎!必如公言,是古之帝王皆无征伐也!"道安曰:"必不得已,陛下宜驻跸洛阳,遣使者奉尺书于前,诸将总六师于后,彼必稽首入臣,不必亲涉江、淮也。"坚不听。

坚所幸张夫人谏曰:"妾闻天地之生万物,圣王之治天下,皆因其自然而顺之,故功无不成。是以黄帝服牛乘马,因其性也;禹浚九川,障九泽,因其势也;后稷播殖百谷,因其时也;汤、武帅天下而攻桀、纣,因其心也。皆有因则成,无因则败。今朝野之人皆言晋不可伐,陛下独决意行之,妾不知陛下何所因也。书曰:'天聪明自我民聪明。'天犹因民,而况人乎!妾又闻王者出师,必上观天道,下顺人心。今人心既不然矣,请验之天道。谚云:'鸡夜鸣者不利行师,犬群嗥者宫室将空,兵动马惊,军败不归。'自秋、冬以来,众鸡夜鸣,群犬哀嗥,厩马多惊,武库兵器自动有声,此皆非出师之祥也。"坚曰:"军旅之事,非妇人所当预也!"

坚幼子中山公诜最有宠,亦谏曰:"臣闻国之兴亡,系贤人之用舍。今阳平公,国之谋主,而陛下违之,晋有谢安、桓冲,而陛下伐之,臣窃惑之!"坚曰:"天下大事,孺子安知!"

10 秦刘兰讨蝗,经秋冬不能灭。十二月,有司奏征兰下廷尉。秦王坚曰："灾降自天,非人力所能除,此由朕之失政,兰何罪乎!"

是岁,秦大熟,上田亩收七十石,下者三十石,蝗不出幽州之境,不食麻豆,上田亩收百石,下者五十石。

资治通鉴卷第一百五

晋纪二十七

烈宗孝武皇帝上之下

太元八年（癸未，383）

1　春，正月，秦吕光发长安，以鄯善王休密驮、车师前部王弥寘为向导。

2　三月丁巳，大赦。

3　夏，五月，桓冲帅众十万伐秦，攻襄阳，遣前将军刘波等攻沔北诸城；辅国将军杨亮攻蜀，拔五城，进攻涪城。鹰扬将军郭铨攻武当。六月，冲别将攻万岁、筑阳，拔之。秦王坚遣征南将军钜鹿公叡、冠军将军慕容垂等帅步骑五万救襄阳，兖州刺史张崇救武当，后将军张蚝、步兵校尉姚苌救涪城。叡军于新野，垂军于邓城。桓冲退屯沔南。秋，七月，郭铨及冠军将军桓石虔败张崇于武当，掠二千户以归。钜鹿公叡遣慕容垂为前锋，进临沔水。垂夜命军士人持十炬，系于树枝，光照数十里。冲惧，退还上明。张蚝出斜谷；杨亮引兵还。冲表其兄子石民领襄城太守，戍夏口；冲自求领江州刺史，诏许之。

4　秦王坚下诏大举入寇，民每十丁遣一兵；其良家子年二十已下，有材勇者，皆拜羽林郎。又曰："其以司马昌明为尚书左仆射，谢安为吏部尚书，桓冲为侍中，势还不远，可先为起第。"良家子至者三万馀骑，拜秦州主簿赵盛之为少年都统。是时，朝臣皆不欲坚行，独慕容垂、姚苌及良家子劝之。阳平公融言于坚曰："鲜卑、羌虏，我之仇雠，常思风尘之变以逞其志，所陈策画，何可从也！良家少年皆富饶子弟，不闲军旅，苟为谄谀之言以会陛下之意。今陛下信而用之，轻举大事，臣恐功既不成，仍有后患，悔无及也！"坚不听。

八月戊午，坚遣阳平公融督张蚝、慕容垂等步骑二十五万为前锋；以兖州刺史姚苌为龙骧将军、督益梁州诸军事。坚谓苌曰："昔朕以龙骧建业，未尝轻以授人，卿其勉之！"左将军窦冲曰："王者无戏言，此不祥之征也!"坚默然。

慕容楷、慕容绍言于慕容垂曰:"主上骄矜已甚,叔父建中兴之业,在此行也!"垂曰:"然。非汝,谁与成之!"

甲子,坚发长安,戎卒六十馀万,骑二十七万,旗鼓相望,前后千里。九月,坚至项城,凉州之兵始达咸阳,蜀、汉之兵方顺流而下,幽、冀之兵至于彭城,东西万里,水陆齐进,运漕万艘。阳平公融等兵三十万,先至颍口。

诏以尚书仆射谢石为征虏将军、征讨大都督,以徐、兖二州刺史谢玄为前锋都督,与辅国将军谢琰、西中郎将桓伊等众共八万拒之;使龙骧将军胡彬以水军五千援寿阳。琰,安之子也。

是时秦兵既盛,都下震恐。谢玄入,问计于谢安,安夷然,答曰:"已别有旨。"既而寂然。玄不敢复言,乃令张玄重请。安遂命驾出游山墅,亲朋毕集,与玄围棋赌墅。安棋常劣于玄,是日,玄惧,便为敌手而又不胜。安遂游陟,至夜乃还。桓冲深以根本为忧,遣精锐三千入卫京师。谢安固却之,曰:"朝廷处分已定,兵甲无阙,西藩宜留以为防。"冲对佐吏叹曰:"谢安石有庙堂之量,不闲将略。今大敌垂至,方游谈不暇,遣诸不经事少年拒之,众又寡弱,天下事已可知,吾其左衽矣!"

5　以琅邪王道子录尚书六条事。

6　冬,十月,秦阳平公融等攻寿阳,癸酉,克之,执平虏将军徐元喜等。融以其参军河南郭褒为淮南太守。慕容垂拔郧城。胡彬闻寿阳陷,退保硖石,融进攻之。秦卫将军梁成等帅众五万屯于洛涧,栅淮以遏东兵。谢石、谢玄等去洛涧二十五里而军,惮成不敢进。胡彬粮尽,潜遣使告石等曰:"今贼盛粮尽,恐不复见大军!"秦人获之,送于阳平公融。融驰使白秦王坚曰:"贼少易擒,但恐逃去,宜速赴之!"坚乃留大军于项城,引轻骑八千,兼道就融于寿阳。遣尚书朱序来说谢石等,以为:"强弱异势,不如速降。"序私谓石等曰:"若秦百万之众尽至,诚难与为敌。今乘诸军未集,宜速击之;若败其前锋,则彼已夺气,可遂破也。"

石闻坚在寿阳,甚惧,欲不战以老秦师。谢琰劝石从序言。十一月,谢玄遣广陵相刘牢之帅精兵五千趣洛涧,未至十里,梁成阻涧为陈以待之。牢之直前渡水,击成,大破之,斩成及弋阳太守王咏。又分兵断其归津,秦步骑崩溃,争赴淮水,士卒死者万五千人,执秦扬州刺史王显等,尽收其器械军实。于是谢石等诸军,水陆继进。秦王坚与阳平公融登寿阳城望之,见晋兵部阵严整,又望八公山上草木皆以为晋兵,顾谓融曰:"此亦勍敌,何谓弱也!"怃然始有惧色。

秦兵逼肥水而陈,晋兵不得渡。谢玄遣使谓阳平公融曰:"君悬军深入,而置陈逼水,此乃持久之计,非欲速战者也。若移陈少却,使晋兵得渡,以决胜负,不亦善乎!"秦诸将皆曰:"我众彼寡,不如遏之,使不得上,可以万全。"坚曰:"但引兵少却,使之半渡,我以铁骑蹙而杀之,蔑不胜矣!"融亦以为然,遂麾兵使却。秦兵遂退,不可复止。谢玄、谢琰、桓伊等引兵渡水击之。融驰骑略陈,欲以帅退者,马倒,为晋兵所杀,秦兵遂溃。玄等乘胜追击,至于青冈。秦兵大败,自相蹈藉而死者,蔽野塞川。其走者闻风声鹤唳,皆以为晋兵且至,昼夜不敢息,草行露宿,重以饥冻,死者什七八。初,秦兵少却,朱序在陈后呼曰:"秦兵败矣!"众遂大奔。序因与张天锡、徐元喜皆来奔。获秦王坚所乘云母车。复取寿阳,执其淮南太守郭褒。

坚中流矢,单骑走至淮北,饥甚,民有进壶飧、豚髀者,坚食之,赐帛十匹,绵十斤。辞曰:"陛下厌苦安乐,自取危困。臣为陛下子,陛下为臣父,安有子饲其父而求报乎!"弗顾而去。坚谓张夫人曰:"吾今复何面目治天下乎!"潸然流涕。

是时,诸军皆溃,惟慕容垂所将三万人独全,坚以千馀骑赴之。世子宝言于垂曰:"家国倾覆,天命人心皆归至尊,但时运未至,故晦迹自藏耳。今秦主兵败,委身于我,是天借之便以复燕祚,此时不可失也,愿不以意气微恩忘社稷之重!"垂曰:"汝言是也。然彼以赤心投命于我,若之何害之!天苟弃之,不患不亡。不若保护其危以报德,徐俟其衅而图之,既不负宿心,且可以义取天下。"奋威将军慕容德曰:"秦强而并燕,秦弱而图之,此为报仇雪耻,非负宿心也,兄奈何得而不取,释数万之众以授人乎?"垂曰:"吾昔为太傅所不容,置身无所,逃死于秦,秦主以国士遇我,恩礼备至。后复为王猛所卖,无以自明,秦主独能明之,此恩何可忘也!若氏运必穷,吾当怀集关东,以复先业耳,关西会非吾有也。"冠军行参军赵秋曰:"明公当绍复燕祚,著于图谶;今天时已至,尚复何待!若杀秦主,据邺都鼓行而西,三秦亦非苻氏之有也!"垂亲党多劝垂杀坚,垂皆不从,悉以兵授坚。平南将军慕容暐屯郧城,闻坚败,弃其众遁去;至荥阳,慕容德复说暐起兵以复燕祚,暐不从。

谢安得驿书,知秦兵已败,时方与客围棋,摄书置床上,了无喜色,围棋如故。客问之,徐答曰:"小儿辈遂已破贼。"既罢,还内,过户限,不觉屐齿之折。

丁亥,谢石等归建康,得秦乐工,能习旧声,于是宗庙始备金石之乐。乙未,以张天锡为散骑常侍,朱序为琅邪内史。

7　秦王坚收集离散,比至洛阳,众十馀万,百官、仪物、军容粗备。

慕容农谓慕容垂曰:"尊不迫人于险,其义声足以感动天地。农闻秘记曰:'燕复兴当在河阳。'夫取果于未熟与自落,不过晚旬日之间,然其难易美恶,相去远矣!"垂心善其言,行至渑池,言于坚曰:"北鄙之民,闻王师不利,轻相扇动,臣请奉诏书以镇慰安集之,因过谒陵庙。"坚许之。权翼谏曰:"国兵新破,四方皆有离心,宜征集名将,置之京师,以固根本,镇枝叶。垂勇略过人,世豪东夏,顷以避祸而来,其心岂止欲作冠军而已哉!譬如养鹰,饥则附人,每闻风飙之起,常有陵霄之志,正宜谨其條笼,岂可解纵,任其所欲哉!"坚曰:"卿言是也。然朕已许之,匹夫犹不食言,况万乘乎!若天命有废兴,固非智力所能移也。"翼曰:"陛下重小信而轻社稷,臣见其往而不返,关东之乱,自此始矣。"坚不听,遣将军李蛮、闵亮、尹固帅众三千送垂。又遣骁骑将军石越帅精卒三千戍邺,骠骑将军张蚝帅羽林五千戍并州,镇军将军毛当帅众四千戍洛阳。权翼密遣壮士邀垂于河桥南空仓中,垂疑之,自凉马台结草筏以渡,使典军程同衣己衣,乘己马,与僮仆趣河桥。伏兵发,同驰马获免。

十二月,秦王坚至长安,哭阳平公而后入,谥曰哀公。大赦,复死事者家。

8　庚午,大赦。以谢石为尚书令。进谢玄号前将军,固让不受。

9　谢安婿王国宝,坦之子也;安恶其为人,每抑而不用,以为尚书郎。国宝自以望族,故事唯作吏部,不为馀曹,固辞不拜,由是怨安。国宝从妹为会稽王道子妃,帝与道子皆嗜酒,狎昵邪谄,国宝乃潜安于道子,使离间之于帝。安功名既盛,而险波求进之徒,多毁短安,帝由是稍疏忌之。

10　初开酒禁,增民税米,口五石。

11　秦吕光行越流沙三百馀里,焉耆等诸国皆降。惟龟兹王帛纯拒之,婴城固守,光进军攻之。

12　秦王坚之入寇也,以乞伏国仁为前将军,领先锋骑;会国仁叔父步颓反于陇西,坚遣国仁还讨之。步颓闻之,大喜,迎国仁于路。国仁置酒,大言曰:"苻氏疲民逞兵,殆将亡矣,吾当与诸君共建一方之业。"及坚败,国仁遂迫胁诸部,有不从者,击而并之,众至十馀万。

13　慕容垂至安阳,遣参军田山修笺于长乐公丕。丕闻垂北来,疑其欲为乱,然犹身自迎之。赵秋劝垂于座取丕,因据邺起兵,垂不从。丕谋袭击垂，侍郎天水姜让谏曰："垂反形未著，而明公擅杀之，非臣子之义，不如待以上宾之礼，严兵卫之，密表情状，听敕而后图之。"丕从之，馆垂于邺西。

垂潜与燕之故臣谋复燕祚，会丁零翟斌起兵叛秦，谋攻豫州牧平原公晖于洛阳，秦王坚驿书使垂将兵讨之。石越言于丕曰："王师新败，民心未安，负罪亡匿之徒，思乱者众，故丁零一唱，旬日之中，众已数千，此其验也。慕容垂，燕之宿望，有兴复旧业之心，今复资之以兵，此为虎傅翼也。"丕曰："垂在邺如藉虎寝蛟，常恐为肘腋之变，今远之于外，不犹愈乎！且翟斌凶悖，必不肯为垂下，使两虎相毙，吾从而制之，此卞庄子之术也。"乃以羸兵二千及铠仗之弊者给垂，又遣广武将军苻飞龙帅氐骑一千为垂之副。密戒飞龙曰："垂为三军之帅，卿为谋垂之将，行矣，勉之！"

垂请入邺城拜庙，丕弗许，乃潜服而入。亭吏禁之，垂怒，斩吏烧亭而去。石越言于丕曰："垂敢轻侮方镇，杀吏烧亭，反形已露，可因此除之。"丕曰："淮南之败，垂侍卫乘舆，此功不可忘也。"越曰："垂尚不忠于燕，安能尽忠于我！失今不取，必为后患。"丕不从。越退，告人曰："公父子好为小仁，不顾大计，终当为人禽耳。"

垂留慕容农、慕容楷、慕容绍于邺，行至安阳之汤池，闵亮、李毗自邺来，以丕与苻飞龙所谋告垂。垂因激怒其众曰："吾尽忠于苻氏，而彼专欲图吾父子，吾虽欲已，得乎！"乃托言兵少，停河内募兵，旬日间，有众八千。

平原公晖遣使让垂，趣使进兵。垂谓飞龙曰："今寇贼不远，当昼止夜行，袭其不意。"飞龙以为然。壬午，夜，垂遣世子宝将兵居前，少子隆勒兵从己，令氐兵五人为伍，阴与宝约，闻鼓声，前后合击氐兵及飞龙，尽杀之，参佐家在西者皆遣还，并以书遗秦王坚，言所以杀飞龙之故。

初垂从坚入邺，以其子麟屡尝告变于燕，立杀其母，然犹不忍杀麟，置之外舍，希得侍见。及杀苻飞龙，麟屡进策画，启发垂意，垂更奇之，宠待与诸子均矣。

慕容凤及燕故臣之子燕郡王腾、辽西段延等闻翟斌起兵，各帅部曲归之。平原公晖使武平武侯毛当讨斌。慕容凤曰："凤今将雪先王之耻，请为将军斩此氐奴。"乃擐甲直进，丁零之众随之，大败秦兵，斩毛当，遂进攻陵云台戍，克之，收万馀人甲仗。

癸未，慕容垂济河焚桥，有众三万，留辽东鲜卑可足浑谭集兵于河内之沙城。垂遣田山如邺，密告慕容农等使起兵相应。时日已暮，农与慕容楷留宿邺中；慕容绍先出，至蒲池，盗丕骏马数百匹以待农、楷。甲申晦，农、楷将数十骑微服出邺，遂同奔列人。

九年（甲申，384）

　　1　春，正月乙酉朔，秦长乐公丕大会宾客，请慕容农不得，始觉有变。遣人四出求之，三日，乃知其在列人，已起兵矣。

　　慕容凤、王腾、段延皆劝翟斌奉慕容垂为盟主，斌从之。垂欲袭洛阳，且未知斌之诚伪，乃拒之曰："吾来救豫州，不来赴君。君既建大事，成享其福，败受其祸，吾无预焉。"丙戌，垂至洛阳，平原公晖闻其杀苻飞龙，闭门拒之。翟斌复遣长史郭通往说垂，垂犹未许。通曰："将军所以拒通者，岂非以翟斌兄弟山野异类，无奇才远略，必无所成故邪？独不念将军今日凭之，可以济大业乎！"垂乃许之。于是斌帅其众来与垂会，劝垂称尊号。垂曰："新兴侯，吾主也，当迎归返正耳。"

　　垂以洛阳四面受敌，欲取邺而据之，乃引兵而东。故扶馀王馀蔚为荥阳太守，及昌黎鲜卑卫驹各帅其众降垂。垂至荥阳，群下固请上尊号，垂乃依晋中宗故事，称大将军、大都督、燕王，承制行事，谓之统府。群下称臣，文表奏疏，封拜官爵，皆如王者。以弟德为车骑大将军，封范阳王；兄子楷为征西大将军，封太原王；翟斌为建义大将军，封河南王；馀蔚为征东将军、统府左司马，封扶馀王；卫驹为鹰扬将军，慕容凤为建策将军。帅众二十馀万，自石门济河，长驱向邺。

　　慕容农之奔列人也，止于乌桓鲁利家，利为之置馔，农笑而不食。利谓其妻曰："恶奴，郎贵人，家贫无以馔之，奈何？"妻曰："郎有雄才大志，今无故而至，必将有异，非为饮食来也。君亟出，远望以备非常。"利从之。农谓利曰："吾欲集兵列人以图兴复，卿能从我乎？"利曰："死生唯郎是从。"农乃诣乌桓张骧，说之曰："家王已举大事，翟斌等咸相推奉，远近响应，故来相告耳。"骧再拜曰："得旧主而奉之，敢不尽死！"于是农驱列人居民为士卒，斩桑榆为兵，裂襜裳为旗，使赵秋说屠各毕聪。聪与屠各卜胜、张延、李白、郭超及东夷馀和、敕勃、易阳乌桓刘大各帅部众数千赴之。农假张骧辅国将军，刘大安远将军，鲁利建威将军。农自将攻破馆陶，收其军资器械，遣兰汗、段赞、赵秋、慕舆悕略取康台牧马数千匹。汗，燕王垂之从舅；赞，聪之子也。于是步骑云集，众至数万，骧等共推农为使持节、都督河北诸军事、骠骑大将军，监统诸将，随才部署，上下肃然。农以燕王垂未至，不敢封赏将士。赵秋曰："军无赏，士不往，今之来者，皆

欲建一时之功,规万世之利,宜承制封拜,以广中兴之基。"农从之,于是
赴者相继,垂闻而善之。农间招库傉官伟于上党,东引乞特归于东阿,北
召光烈将军平叡及叡兄汝阳太守幼于燕国,伟等皆应之。又遣兰汗攻顿
丘,克之。农号令整肃,军无私掠,士女喜悦。

　　长乐公丕使石越将步骑万馀讨之。农曰:"越有智能之名,今不南拒
大军而来此,是畏王而陵我也,必不设备,可以计取之。"众请治列人城,
农曰:"善用兵者,结士以心,不以异物。今起义兵,唯敌是求,当以山河
为城池,何列人之足治也!"辛卯,越至列人西,农使赵秋及参军綦毋滕击
越前锋,破之。参军太原赵谦言于农曰:"越甲仗虽精,人心危骇,易破
也,宜急击之。"农曰:"彼甲在外,我甲在心,昼战,则士卒见其外貌而惮
之,不如待暮击之,可以必克。"令军士严备以待,毋得妄动。越立栅自
固,农笑谓诸将曰:"越兵精士众,不乘初至之锐以击我,方更立栅,吾知
其无能为也。"向暮,农鼓噪出,陈于城西,牙门刘木请先攻越栅,农笑曰:
"凡人见美食,谁不欲之,何得独请! 然汝猛锐可嘉,当以先锋惠汝。"木
乃帅壮士四百腾栅而入,秦兵披靡。农督大众随之,大败秦兵,斩越,送首
于垂。越与毛当,皆秦之骁将也,故秦王坚使助二子镇守;既而相继败没,
人情骚动,所在盗贼群起。

　　庚戌,燕王垂至邺,改秦建元二十年为燕元年,服色朝仪,皆如旧章。
以前岷山公库傉官伟为左长史,前尚书段崇为右长史,荥阳郑豁等为从事
中郎。慕容农引兵会垂于邺,垂因其所称之官而授之。立世子宝为太子,
封从弟拔等十七人及甥宇文翰、舅子兰审皆为王;其馀宗族及功臣封公者
三十七人,侯、伯、子、男者八十九人。可足浑谭集兵得二万馀人,攻野王,
拔之,引兵会攻邺。平幼及其弟叡、规亦帅众数万会垂于邺。

　　长乐公丕使姜让诮让燕王垂,且说之曰:"过而能改,今犹未晚也。"
垂曰:"孤受主上不世之恩,故欲安全长乐公,使尽众赴京师,然后修复国
家之业,与秦永为邻好。何故暗于机运,不以邺城见归? 若迷而不复,当
穷极兵势,恐单马求生,亦不可得也。"让厉色责之曰:"将军不容于家国,
投命圣朝,燕之尺土,将军岂有分乎? 主上与将军风殊类别,一见倾心,亲
如宗戚,宠逾勋旧,自古君臣际遇,有如是之厚者乎? 一旦因王师小败,遽
有异图! 长乐公,主上元子,受分陕之任,宁可束手输将军以百城之地乎?
将军欲裂冠毁冕,自可极其兵势,奚更云云! 但惜将军以七十之年,悬首
白旗,高世之忠,更为逆鬼耳!"垂默然。左右请杀之,垂曰:"彼各为其主
耳,何罪!"礼而归之,遗丕书及上秦王坚表,陈述利害,请送丕归长安。

坚及不怒,复书切责之。

2　鹰扬将军刘牢之攻秦谯城,拔之。桓冲遣上庸太守郭宝攻秦魏兴、上庸、新城三郡,拔之。将军杨佺期进据成固,击秦梁州刺史潘猛,走之。佺期,亮之子也。

3　壬子,燕王垂攻邺,拔其外郭,长乐公丕退守中城。关东六州郡县多送任请降于燕。癸丑,垂以陈留王绍行冀州刺史,屯广阿。

4　丰城宣穆公桓冲以谢玄等有功,自以失言,惭恨成疾,二月辛巳,卒。朝议欲以谢玄为荆、江二州刺史。谢安自以父子名位太盛,又惧桓氏失职怨望,乃以梁郡太守桓石民为荆州刺史,河东太守桓石虔为豫州刺史,豫州刺史桓伊为江州刺史。

5　燕王垂引丁零、乌桓之众二十馀万为飞梯地道以攻邺,不拔,乃筑长围守之,分处老弱于肥乡,筑新兴城以置辎重。

6　秦征东府官属疑参军高泰燕之旧臣,有贰心,泰惧,与同郡虞曹从事吴韶逃归勃海。韶曰:“燕军近在肥乡,宜从之。”泰曰:“吾以避祸耳。去一君,事一君,吾所不为也!”申绍见而叹曰:“去就以道,可谓君子矣!”

7　燕范阳王德击秦枋头,取之,置戍而还。

8　东胡王晏据馆陶,为邺中声援,鲜卑、乌桓及郡县民据坞壁不从燕者尚众;燕王垂遣太原王楷与镇南将军陈留王绍讨之。楷谓绍曰:“鲜卑、乌桓及冀州之民,本皆燕臣,今大业始尔,人心未洽,所以小异。唯宜绥之以德,不可震之以威。吾当止一处,为军声之本,汝巡抚民夷,示以大义,彼必当听从。”楷乃屯于辟阳。绍帅骑数百往说王晏,为陈祸福,晏随绍诣楷降,于是鲜卑、乌桓及坞民降者数十万口。楷留其老弱,置守宰以抚之,发其丁壮十馀万,与王晏诣邺。垂大悦曰:“汝兄弟才兼文武,足以继先王矣!”

9　三月,以卫将军谢安为太保。

10　秦北地长史慕容泓闻燕王垂攻邺,亡奔关东,收集鲜卑,众至数千,还屯华阴,败秦将军强永,其众遂盛;自称都督陕西诸军事、大将军、雍州牧、济北王,推垂为丞相、都督陕东诸军事、领大司马、冀州牧、吴王。

秦王坚谓权翼曰:“不用卿言,使鲜卑至此。关东之地,吾不复与之争,将若泓何?”乃以广平公熙为雍州刺史,镇蒲阪。征雍州牧钜鹿公叡都督中外诸军事、卫大将军、录尚书事,配兵五万;以左将军窦冲为长史,龙骧将军姚苌为司马,以讨泓。

平阳太守慕容冲亦起兵于平阳,有众二万,进攻蒲坂,坚使窦冲讨之。

11　库傉官伟帅营部数万至邺，燕王垂封伟为安定王。

12　秦冀州刺史阜城侯定守信都，高城男绍在国，高邑侯亮、重合侯谟守常山，固安侯鉴守中山。燕王垂遣前将军、乐浪王温督诸军攻信都，不克。夏，四月丙辰，遣抚军大将军麟益兵助之。定、鉴，秦王坚之从叔；绍、谟，从弟；亮，从子也。温，燕王垂之弟子也。

13　慕容泓闻秦兵且至，惧，帅众将奔关东。秦钜鹿愍公叡粗猛轻敌，欲驰兵邀之。姚苌谏曰：“鲜卑皆有思归之志，故起而为乱，宜驱令出关，不可遏也。夫执䶂鼠之尾，犹能反噬于人。彼自知困穷，致死于我，万一失利，悔将何及。但可鸣鼓随之，彼将奔败不暇矣。”叡弗从，战于华泽，叡兵败，为泓所杀。苌遣龙骧长史赵都、参军姜协诣秦王坚谢罪；坚怒，杀之。苌惧，奔渭北马牧，于是天水尹纬、尹详、南安庞演等纠扇羌豪，帅其户口归苌者五万馀家，推苌为盟主。苌自称大将军、大单于、万年秦王，大赦，改元白雀，以尹详、庞演为左、右长史，南安姚晃及尹纬为左、右司马，天水狄伯支等为从事中郎，羌训等为掾属，王据等为参军，王钦卢、姚方成等为将帅。

14　秦窦冲击慕容冲于河东，大破之；冲帅鲜卑骑八千奔慕容泓。泓众至十馀万，遣使谓秦王坚曰：“吴王已定关东，可速资备大驾，奉送家兄皇帝，泓当帅关中燕人翼卫乘舆，还返邺都，与秦以虎牢为界，永为邻好。”坚大怒，召慕容晖责之曰：“今泓书如此，卿欲去者，朕当相资。卿之宗族，可谓人面兽心，不可以国士期也！”晖叩头流血，涕泣陈谢。坚久之曰：“此自三竖所为，非卿之过。”复其位，待之如初。命晖以书招谕泓、冲及垂。晖密遣使谓泓曰：“吾笼中之人，必无还理；且燕室之罪人也，不足复顾。汝勉建大业，以吴王为相国，中山王为太宰、领大司马，汝可为大将军、领司徒，承制封拜，听吾死问，汝便即尊位。”泓于是进向长安，改元燕兴。

15　燕王垂以邺城犹固，会僚佐议之。右司马封衡请引漳水灌之，从之。垂行围，因饮于华林园，秦人密出兵掩之，矢下如雨，垂几不得出，冠军大将军隆将骑冲之，垂仅而得免。

16　竟陵太守赵统攻襄阳，秦荆州刺史都贵奔鲁阳。

17　五月，秦洛州刺史张五虎据丰阳来降。

18　梁州刺史杨亮帅众五万伐蜀，遣巴西太守费统将水陆兵三万为前锋。亮屯巴郡，秦益州刺史王广遣巴西太守康回等拒之。

19　秦苻定、苻绍皆降于燕。燕慕容麟引兵西攻常山。

20　后秦王苌进屯北地,秦华阴、北地、新平、安定羌胡降之者十馀万。

21　六月癸丑朔,崇德太后褚氏崩。

22　秦王坚自帅步骑二万以击后秦,军于赵氏坞,使护军将军杨璧等分道攻之。后秦兵屡败,斩后秦王苌之弟镇军将军尹买。后秦军中无井,秦人塞安公谷、堰同官水以困之。后秦人恟惧,有渴死者。会天大雨,后秦营中水三尺,绕营百步之外,寸馀而已,后秦军复振。秦王坚叹曰:"天亦佑贼乎!"

23　慕容泓谋臣高盖等以泓德望不如慕容冲,且持法苛峻,乃杀泓,立冲为皇太弟,承制行事,置百官,以盖为尚书令。后秦王苌遣子嵩为质于冲以请和。

24　将军刘春攻鲁阳,都贵奔还长安。

25　后秦王苌帅众七万击秦,秦王坚遣杨璧等拒之,为苌所败;获杨璧及右将军徐成、镇军将军毛盛等将吏数十人,苌皆礼而遣之。

26　燕慕容麟拔常山,秦苻亮、苻谟皆降。麟进围中山,秋,七月,克之,执苻鉴。麟威声大振,留屯中山。

27　秦幽州刺史王永、平州刺史苻冲帅二州之众以击燕。燕王垂遣平朔将军平规击永,永遣昌黎太守宋敞逆战于范阳,敞兵败,规进据蓟南。

28　秦平原公晖帅洛阳、陕城之众七万归于长安。

29　秦王坚闻慕容冲去长安浸近,乃引兵归,遣抚军大将军方戍骊山,拜平原公晖为都督中外诸军事、车骑大将军、录尚书事,配兵五万以拒冲。冲与晖战于郑西,大破之。坚又遣前将军姜宇与少子河间公琳帅众三万拒冲于灞上;琳、宇皆败死,冲遂据阿房城。

30　秦康回兵数败,退还成都。梓潼太守垒袭以涪城来降。荆州刺史桓石民据鲁阳,遣河南太守高茂北戍洛阳。

31　己酉,葬康献皇后于崇平陵。

32　燕翟斌恃功骄纵,邀求无厌,又以邺城久不下,潜有贰心。太子宝请除之,燕王垂曰:"河南之盟,不可负也;若其为难,罪由于斌。今事未有形而杀之,人必谓我忌惮其功能。吾方收揽豪杰以隆大业,不可示人以狭,失天下之望也。藉彼有谋,吾以智防之,无能为也。"范阳王德、陈留王绍、骠骑大将军农皆曰:"翟斌兄弟恃功而骄,必为国患。"垂曰:"骄则速败,焉能为患!彼有大功,当听其自毙耳。"礼遇弥重。

斌讽丁零及其党请斌为尚书令。垂曰:"翟王之功,宜居上辅,但台既未建,此官不可遽置耳。"斌怒,密与前秦长乐公丕通谋,使丁零决堤溃水。事觉,垂杀斌及其弟檀、敏,馀皆赦之。

斌兄子真,夜将营众北奔邯郸,引兵还向邺围,欲与丕内外相应。太子宝与冠军大将军隆击破之,真还走邯郸。

太原王楷、陈留王绍言于垂曰:"丁零非有大志,但宠过为乱耳。今急之则屯聚为寇,缓之则自散,散而击之,无不克矣。"垂从之。

33　龟兹王帛纯窘急,重赂狯胡以求救;狯胡王遣其弟呐龙、侯将馗帅骑二十馀万,并引温宿、尉头等诸国兵合七十馀万以救龟兹。秦吕光与战于城西,大破之。帛纯出走,王侯降者三十馀国。光入其城,城如长安市邑,宫室甚盛。光抚宁西域,威恩甚著,远方诸国,前世所不能服者,皆来归附,上汉所赐节传。光皆表而易之,立帛纯弟震为龟兹王。

34　八月,翟真自邯郸北走,燕王垂遣太原王楷、骠骑大将军农帅骑追之,及于下邑。楷欲战,农曰:"士卒饥倦,且视贼营不见丁壮,殆有他伏。"楷不从,进战,燕兵大败。真北趋中山,屯于承营。

35　邺中刍粮俱尽,削松木以饲马。燕王垂谓诸将曰:"苻丕穷寇,必无降理,不如退屯新城,开丕西归之路,以谢秦王畴昔之恩,且为讨翟真之计。"丙寅夜,垂解围趋新城。遣慕容农徇清河、平原,征督租赋,农明立约束,均适有无,军令严整,无所侵暴,由是谷帛属路,军资丰给。

36　戊寅,南昌文穆公郗愔薨。

37　太保安奏请乘苻氏倾败,开拓中原,以徐、兖二州刺史谢玄为前锋都督,帅豫州刺史桓石虔伐秦。玄至下邳,秦徐州刺史赵迁弃彭城走,玄进据彭城。

38　秦王坚闻吕光平西域,以光为都督玉门以西诸军事,西域校尉。道绝,不通。

39　秦幽州刺史王永求救于振威将军刘库仁,库仁遣其妻兄公孙希帅骑三千救之,大破平规于蓟南,乘胜长驱,进据唐城。

40　九月,谢玄使彭城内史刘牢之攻秦兖州刺史张崇。辛卯,崇弃鄄城奔燕。牢之据鄄城,河南城堡皆来归附。

41　太保安上疏自求北征,加安都督扬、江等十五州诸军事,加黄钺。

42　慕容冲进逼长安,秦王坚登城观之,叹曰:"此虏何从出哉!"大呼责冲曰:"奴何苦来送死!"冲曰:"奴厌奴苦,欲取汝为代耳!"冲少有宠于坚,坚遣使以锦袍称诏遗之。冲遣詹事称皇太弟令答之曰:"孤今心在天下,岂顾一袍小惠!苟能知命,君臣束手,早送皇帝,自当宽贷苻氏以酬曩好。"坚大怒曰:"吾不用王景略、阳平公之言,使白虏敢至于此!"

43 冬,十月辛亥朔,日有食之。

44 乙丑,大赦。

45 谢玄遣阴陵太守高素攻秦青州刺史苻朗,军至琅邪,朗来降。朗,坚之从子也。

46 翟真在承营,与公孙希、宋敞遥相首尾。长乐公丕遣宦者冗从仆射清河光祚将兵数百趣中山,与真相结。又遣阳平太守邵兴将数千骑招集冀州故郡县,与祚期会襄国。是时,燕军疲弊,秦势复振,冀州郡县皆观望成败,赵郡人赵粟等起兵柏乡以应兴。燕王垂遣冠军大将军隆、龙骧将军张崇将兵邀击兴,命骠骑大将军农自清河引兵会之。隆与兴战于襄国,大破之。兴走至广阿,遇慕容农,执之。光祚闻之,循西山走归邺。隆遂击赵粟等,皆破之,冀州郡县复从燕。

47 刘库仁闻公孙希已破平规,欲大举兵以救长乐公丕,发雁门、上谷、代郡兵,屯繁畤。燕太子太保慕舆句之子文、零陵公慕舆虔之子常时在库仁所,知三郡兵不乐远征,因作乱,夜攻库仁,杀之,窃其骏马,奔燕。公孙希之众闻乱自溃,希奔翟真。库仁弟头眷代领库仁部众。

48 秦长乐公丕遣光祚及参军封孚召骠骑将军张蚝、并州刺史王腾于晋阳以自救,蚝、腾以众少不能赴。丕进退路穷,谋于僚佐。司马杨膺请自归于晋,丕未许。会谢玄遣龙骧将军刘牢之等据碻磝,济阳太守郭满据滑台,将军颜肱、刘袭军于河北,丕遣将军桑据屯黎阳以拒之。刘袭夜袭据,走之,遂克黎阳。丕惧,乃遣从弟就与参军焦逵请救于玄,致书称:"欲假途求粮,西赴国难,须援军既接,以邺与之。若西路不通,长安陷没,请帅所领保守邺城。"逵与参军姜让密谓膺曰:"今丧败如此,长安阻绝,存亡不可知。屈节竭诚以求粮援,犹惧不获,而公豪气不除,方设两端,事必无成。宜正书为表,许以王师之至,当致身南归。如其不从,可逼缚与之。"膺自以力能制丕,乃改书而遣之。

49 谢玄遣晋陵太守滕恬之渡河守黎阳。恬之,脩之曾孙也。朝廷以兖、青、司、豫既平,加玄都督徐、兖、青、司、冀、幽、并七州诸军事。

50 后秦王苌闻慕容冲攻长安,会群僚议进止,皆曰:"大王宜先取长安,建立根本,然后经营四方。"苌曰:"不然。燕人因其众有思归之心以起兵,若得其志,必不久留关中,吾当移屯岭北,广收资实,以待秦亡燕去,然后拱手取之耳。"乃留其长子兴守北地,使宁北将军姚穆守同官川,自将其众攻新平。

　　初,新平人杀其郡将,秦王坚缺其城角以耻之,新平民望深以为病,欲立忠义以雪之。及后秦王苌至新平,新平太守南安苟辅欲降之,郡人辽西太守冯杰、莲勺令冯羽、尚书郎赵义、汶山太守冯苗谏曰:"昔田单以一城存齐。今秦之州镇,犹连城过百,奈何遽为叛臣乎!"辅喜曰:"此吾志也,但恐久而无救,郡人横被无辜。诸君能尔,吾岂顾生哉!"于是凭城固守。后秦为土山地道,辅亦于内为之,或战地下,或战山上,后秦之众死者万馀人。辅诈降以诱苌,苌将入城,觉之而返。辅伏兵邀击,几获之,又杀万馀人。

　　51　陇西处士王嘉,隐居倒虎山,有异术,能知未然,秦人神之。秦王坚、后秦王苌及慕容冲皆遣使迎之。十一月,嘉入长安,众闻之,以为坚有福,故圣人助之,三辅堡壁及四山氐、羌归坚者四万馀人。坚置嘉及沙门道安于外殿,动静咨之。

　　52　燕慕容农自信都西击丁零翟辽于鲁口,破之。辽退屯无极,农屯薧城以逼之。辽,真之从兄也。

　　53　鲜卑在长安城中者犹千馀人,慕容绍之兄肃,与慕容晖阴谋结鲜卑为乱。十二月,晖白坚,以其子新昏,请坚幸其家,置酒,欲伏兵杀之。坚许之,会天大雨,不果往。事觉,坚召晖及肃,肃曰:"事必泄矣,入则俱死。今城内已严,不如杀使者驰出,既得出门,大众便集。"晖不从,遂俱入。坚曰:"吾相待何如,而起此意?"晖饰辞以对。肃曰:"家国事重,何论意气!"坚先杀肃,乃杀晖及其宗族,城内鲜卑无少长、男女,皆杀之。燕王垂幼子柔,养于宦者宋牙家为牙子,故得不坐,与太子宝之子盛乘间得出,奔慕容冲。

　　54　燕慕容麟、慕容农合兵袭翟辽,大破之,辽单骑奔翟真。

　　55　燕王垂以秦长乐公丕犹据邺不去,乃更引兵围邺,开其西走之路。焦逵见谢玄,玄欲征丕任子,然后出兵。逵固陈丕款诚,并述杨膺之意,玄乃遣刘牢之、滕恬之等帅众二万救邺。丕告饥,玄水陆运米二千斛以馈之。

　　56　秦梁州刺史潘猛弃汉中,奔长安。

资治通鉴卷第一百六

晋纪二十八

烈宗孝武皇帝中之上

太元十年（乙酉,385）

1 春,正月,秦王坚朝飨群臣。时长安饥,人相食,诸将归,吐肉以饲妻子。

2 慕容冲即皇帝位于阿房,改元更始。冲有自得之志,赏罚任情。慕容盛年十三,谓慕容柔曰:"夫十人之长,亦须才过九人,然后得安。今中山王才不逮人,功未有成,而骄汰已甚,殆难济乎!"

3 后秦王苌留诸将攻新平,自引兵击安定,擒秦安西将军勃海公珍,岭北诸城悉降之。

4 甲寅,秦王坚与西燕主冲战于仇班渠,大破之。乙卯,战于雀桑,又破之。甲子,战于白渠,秦兵大败。西燕兵围秦王坚,殿中将军邓迈力战却之,坚乃得免。壬申,冲遣尚书令高盖夜袭长安,入其南城,左将军窦冲、前禁将军李辩等击破之,斩首八百级,分其尸而食之。乙亥,高盖引兵攻渭北诸垒,太子宏与战于成贰壁,大破之,斩首三万。

5 燕带方王佐与宁朔将军平规共攻蓟,王永兵屡败。二月,永使宋敞烧和龙及蓟城宫室,帅众三万奔壶关。佐等入蓟。

6 慕容农引兵会慕容麟于中山,与共攻翟真。麟、农先帅数千骑至承营,观察形势。翟真望见,陈兵而出。诸将欲退,农曰:"丁零非不劲勇,而翟真懦弱,今简精锐,望真所在而冲之,真走,众必散矣,乃邀门而蹙之,可尽杀也。"使骁骑将军慕容国帅百馀骑冲之,真走,其众争门,自相蹈藉,死者太半,遂拔承营外郭。

7 癸未,秦王坚与西燕主冲战于城西,大破之,追奔至阿城。诸将请乘胜入城,坚恐为冲所掩,引兵还。

8 乙酉,秦益州刺史王广以蜀人江阳太守李丕为益州刺史,守成都。己丑,广帅所部奔还陇西,蜀人随之者三万馀人。

9　刘牢之至枋头。杨膺、姜让谋泄,长乐公丕收杀之。牢之闻之,盘桓不进。

10　秦平原悼公晖数为西燕主冲所败,秦王坚让之曰:"汝,吾之才子也,拥大众与白虏小儿战,而屡败,何用生为!"三月,晖愤恚自杀。

前禁将军李辩、都水使者陇西彭和正恐长安不守,召集西州人屯于韭园。坚召之,不至。

11　西燕主冲攻秦高阳愍公方于骊山,杀之,执秦尚书韦锺,以其子谦为冯翊太守,使招集三辅之民。冯翊垒主邵安民等责谦曰:"君雍州望族,今乃从贼,与之为不忠不义,何面目以行于世乎!"谦以告锺,锺自杀,谦来奔。

秦左将军苟池、右将军俱石子与西燕主冲战于骊山,兵败。西燕将军慕容永斩苟池,俱石子奔邺。永,廆弟运之孙;石子,难之弟也。秦王坚遣领军将军杨定击冲,大破之,虏鲜卑万馀人而还,悉坑之。定,佛奴之孙也。

12　荥阳人郑燮以郡来降。

13　燕王垂攻邺,久不下,将北诣冀州,乃命抚军大将军麟屯信都,乐浪王温屯中山,召骠骑大将军农还邺。于是远近闻之,以燕为不振,颇怀去就。

农至高邑,遣从事中郎眭邃近出,违期不还。长史张攀言于农曰:"邃目下参佐,敢欺罔不还,请回军讨之。"农不应,敕备假版,以邃为高阳太守,参佐家在赵北者,悉假署遣归。凡举补太守三人,长史二十馀人,退谓攀曰:"君所见殊误,当今岂可自相鱼肉!俟吾北还,邃等自当迎于道左,君但观之。"

乐浪王温在中山,兵力甚弱,丁零四布,分据诸城。温谓诸将曰:"以吾之众,攻则不足,守则有馀。骠骑、抚军,首尾连兵,会须灭贼,但应聚粮厉兵以俟时耳。"于是抚旧招新,劝课农桑,民归附者相继,郡县壁垒争送军粮,仓库充溢。翟真夜袭中山,温击破之,自是不敢复至。温乃遣兵一万运粮以饷垂,且营中山宫室。

刘牢之攻燕黎阳太守刘抚于孙就栅,燕王垂留慕容农守邺围,自引兵救之。秦长乐公丕闻之,出兵乘虚夜袭燕营,农击败之。刘牢之与垂战,不胜,退屯黎阳,垂复还邺。

14　吕光以龟兹饶乐,欲留居之。天竺沙门鸠摩罗什谓光曰:"此凶亡之地,不足留也;将军但东归,中道自有福地可居。"光乃大飨将士,议进止,众皆欲还。乃以驼二万馀头载外国珍宝奇玩,驱骏马万馀匹而还。

15 夏,四月,刘牢之进兵至邺,燕王垂逆战而败,遂撤围,退屯新城,乙卯,自新城北遁。牢之不告秦长乐公丕,即引兵追之。丕闻之,发兵继进。庚申,牢之追及垂于董唐渊。垂曰:"秦、晋瓦合,相待为强,一胜则俱豪,一失则俱溃,非同心也。今两军相继,势既未合,宜急击之。"牢之军疾趋二百里,至五桥泽,争燕辎重,垂邀击,大破之,斩首数千级。牢之单马走,会秦救至,得免。

燕冠军将军宜都王凤每战奋不顾身,前后大小二百五十七战,未尝无功。垂戒之曰:"今大业甫济,汝当先自爱!"使为车骑将军德之副以抑其锐。

邺中饥甚,长乐公丕帅众就晋谷于枋头。刘牢之入邺城,收集亡散,兵复少振。坐军败,征还。

燕、秦相持经年,幽、冀大饥,人相食,邑落萧条。燕之军士多饿死,燕王垂禁民养蚕,以桑椹为军粮。

垂将北趣中山,以骠骑大将军农为前驱,前所假授吏眭邃等皆来迎候,上下如初,李攀乃服农之智略。

16 会稽王道子好专权,复为奸谄者所构扇,与太保安有隙。安欲避之,会秦王坚来求救,安乃请自将救之。壬戌,出镇广陵之步丘,筑垒曰新城而居之。

17 蜀郡太守任权攻拔成都,斩秦益州刺史李丕,复取益州。

18 新平粮竭矢尽,外救不至。后秦王苌使人谓苟辅曰:"吾方以义取天下,岂仇忠臣邪! 卿但帅城中之人还长安,吾正欲得此城耳。"辅以为然,帅民五千口出城,苌围而坑之,男女无遗。独冯杰子终得脱,奔长安。秦王坚追赠辅等官爵,皆谥曰节愍侯,以终为新平太守。

19 翟真自承营徙屯行唐,真司马鲜于乞杀真及诸翟,自立为赵王。营人共杀乞,立真从弟成为主;其众多降于燕。

20 五月,西燕主冲攻长安,秦王坚身自督战,飞矢满体,流血淋漓。冲纵兵暴掠,关中士民流散,道路断绝,千里无烟。有堡壁三十馀,推平远将军赵敖为主,相与结盟,冒难遣兵粮助坚,多为西燕所杀。坚谓之曰:"闻来者率不善达,此诚忠臣之义,然今寇难殷繁,非一人之力所能济也,徒相随入虎口,何益! 汝曹宜为国自爱,畜粮厉兵,以俟天时,庶几善不终否,有时而泰也!"

三辅之民为冲所略者,遣人密告坚,请遣兵攻冲,欲纵火为内应。坚曰："甚哀诸卿忠诚! 然吾猛士如虎豹,利兵如霜雪,困于乌合之虏,岂非天乎! 恐徒使诸卿坐致夷灭,吾不忍也!"其人固请不已,乃遣七百骑赴之。冲营纵火者,反为风火所烧,其得免者什一二,坚祭而哭之。

卫将军杨定与冲战于城西,为冲所擒。定,秦之骁将也。坚大惧,以谶书云:"帝出五将久长得。"乃留太子宏守长安,谓之曰:"天其或者欲导予出外。汝善守城,勿与贼争利,吾当出陇收兵运粮以给汝。"遂帅骑数百与张夫人及中山公诜、二女宝、锦出奔五将山,宣告州郡,期以孟冬救长安。坚过袭韭园,李辩奔燕,彭和正惭,自杀。

21　闰月,以广州刺史罗友为益州刺史,镇成都。

22　庚戌,燕王垂至常山,围翟成于行唐。命带方王佐镇龙城。六月,高句丽寇辽东,佐遣司马郝景将兵救之,为高句丽所败,高句丽遂陷辽东、玄菟。

23　秦太子宏不能守长安,将数千骑与母、妻、宗室西奔下辨。百官逃散,司隶校尉权翼等数百人奔后秦。西燕主冲入据长安,纵兵大掠,死者不可胜计。

24　秋,七月,旱,饥,井皆竭。

25　后秦王苌自故县如新平。

26　秦王坚至五将山,后秦王苌遣骁骑将军吴忠帅骑围之。秦兵皆散走,独侍御十数人在侧,坚神色自若,坐而待之,召宰人进食。俄而忠至,执之,送诣新平,幽于别室。

太子宏至下辨,南秦州刺史杨璧拒之。璧妻,坚之女顺阳公主也,弃其夫从宏。宏奔武都,投氐豪强熙,假道来奔,诏处之江州。

27　长乐公丕帅众三万自枋头将归邺城,龙骧将军檀玄击之,战于谷口,玄兵败,丕复入邺城。

28　燕建节将军馀岩叛,自武邑北趣幽州。燕王垂驰使敕幽州将平规曰:"固守勿战,俟吾破丁零自讨之。"规出战,为岩所败。岩入蓟,掠千馀户而去,遂据令支。癸酉,翟成长史鲜于得斩成出降,垂屠行唐,尽坑成众。

29　太保安有疾求还,诏许之。八月,安至建康。

30　甲午,大赦。

31　丁酉,建昌文靖公谢安薨。诏加殊礼,如大司马温故事。庚子,以司徒琅邪王道子领扬州刺史、录尚书、都督中外诸军事;以尚书令谢石为卫将军。

32　后秦王苌使求传国玺于秦王坚,曰:"苌次应历数,可以为惠。"坚瞋目叱之曰:"小羌敢逼天子,五胡次序,无汝羌名。玺已送晋,不可得也!"苌复遣右司马尹纬说坚,求为禅代。坚曰:"禅代,圣贤之事,姚苌叛贼,何得为之!"坚与纬语,问纬:"在朕朝何官?"纬曰:"尚书令史。"坚叹曰:"卿,王景略之俦,宰相才也,而朕不知卿,宜其亡也。"坚自以平生遇苌有恩,尤忿之,数骂苌求死,谓张夫人曰:"岂可令羌奴辱吾儿。"乃先杀宝、锦。辛丑,苌遣人缢坚于新平佛寺。张夫人、中山公诜皆自杀。后秦将士皆为之哀恸。苌欲隐其名,谥坚曰壮烈天王。

　　臣光曰:论者皆以为秦王坚之亡,由不杀慕容垂、姚苌故也。臣独以为不然。许劭谓魏武帝治世之能臣,乱世之奸雄。使坚治国无失其道,则垂、苌皆秦之能臣也,乌能为乱哉!坚之所以亡,由骤胜而骄故也。魏文侯问李克,吴之所以亡,对曰:"数战数胜。"文侯曰:"数战数胜,国之福也,何故亡?"对曰:"数战则民疲,数胜则主骄,以骄主御疲民,未有不亡者也。"秦王坚似之矣。

33　长乐公丕在邺,将西赴长安,幽州刺史王永在壶关,遣使招丕,丕乃帅邺中男女六万馀口西如潞川,骠骑将军张蚝、并州刺史王腾迎之入晋阳。丕始知长安不守,坚已死,乃发丧,即皇帝位,追谥坚曰宣昭皇帝,庙号世祖,大赦,改元大安。

34　燕王垂以鲁王和为南中郎将,镇邺。遣慕容农出蠮螉塞,历凡城,趣龙城,会兵讨馀岩,慕容麟、慕容隆自信都徇勃海、清河。麟击勃海太守封懿,执之,因屯历口。懿,放之子也。

35　鲜卑刘头眷击破贺兰部于善无,又破柔然于意亲山。头眷子罗辰言于头眷曰:"比来行兵,所向无敌,然心腹之疾,愿早图之!"头眷曰:"谁也?"罗辰曰:"从兄显,忍人也,必将为乱。"头眷不听。显,库仁之子也。

　　顷之,显果杀头眷自立。又将杀拓跋珪,显弟亢埿妻,珪之姑也,以告珪母贺氏。显谋主梁六眷,代王什翼犍之甥也,亦使其部人穆崇、奚牧密告珪,且以其爱妻、骏马付崇曰:"事泄,当以此自明。"贺氏夜饮显酒,令醉,使珪阴与旧臣长孙犍、元他、罗结轻骑亡去。向晨,贺氏故惊厩中群马,使显起视之。贺氏哭曰:"吾子适在此,今皆不见,汝等谁杀之邪?"显以故不急追。珪遂奔贺兰部,依其舅贺讷。讷惊喜曰:"复国之后,当念老臣!"珪笑曰:"诚如舅言,不敢忘也。"

　　显疑梁六眷泄其谋,将囚之。穆崇宣言曰:"六眷不顾恩义,助显为逆,我掠得其妻马,足以解忿。"显乃舍之。

　　贺氏从弟外朝大人贺悦举所部以奉珪。显怒,将杀贺氏,贺氏奔亢埿家,匿神车中三日,亢埿举家为之请,乃得免。

　　故南部大人长孙嵩帅所部七百馀家叛显,奔五原。时拓跋寔君之子渥亦聚众自立,嵩欲从之。乌渥谓嵩曰:"逆父之子,不足从也。不如归珪。"嵩从之。久之,刘显所部有乱,故中部大人庾和辰奉贺氏奔珪。

　　贺讷弟染干以珪得众心,忌之,使其党侯引七突杀珪;代人尉古真知之,以告珪,侯引七突不敢发。染干疑古真泄其谋,执而讯之,以两车轮夹其头,伤一目,不伏,乃免之。染干遂举兵围珪,贺氏出,谓染干曰:"汝等欲于何置我,而杀吾子乎!"染干惭而去。

36　九月,秦主丕以张蚝为侍中、司空,王永为侍中、都督中外诸军事、车骑大将军、尚书令,王腾为中军大将军、司隶校尉,苻冲为尚书左仆射,封西平王;又以左长史杨辅为右仆射,右长史王亮为护军将军,立妃杨氏为皇后,子宁为皇太子,寿为长乐王,锵为平原王,懿为勃海王,昶为济北王。

37　吕光自龟兹还至宜禾,秦凉州刺史梁熙谋闭境拒之。高昌太守杨翰言于熙曰:"吕光新破西域,兵强气锐,闻中原丧乱,必有异图。河西地方万里,带甲十万,足以自保。若光出流沙,其势难敌。高梧谷口险阻之要,宜先守之而夺其水。彼既穷渴,可以坐制。如以为远,伊吾关亦可拒也。度此二厄,虽有子房之策,无所施矣!"熙弗听。美水令键为张统谓熙曰:"今关中大乱,京师存亡不可知。吕光之来,其志难测,将军何以抗之?"熙曰:"忧之,未知所出。"统曰:"光智略过人,今拥思归之士,乘战胜之气,其锋未易当也。将军世受大恩,忠诚夙著,立勋王室,宜在今日。行唐公洛,上之从弟,勇冠一时,为将军计,莫若奉为盟主以收众望,推忠义以帅群豪,则光虽至,不敢有异心也。资其精锐,东兼毛兴,连王统、杨璧,合四州之众,扫凶逆,宁帝室,此桓、文之举也。"熙又弗听,杀洛于西海。

　　光闻杨翰之谋,惧,不敢进。杜进曰:"梁熙文雅有馀,机鉴不足,终不能用翰之谋,不足忧也。宜及其上下离心,速进以取之。"光从之。进至高昌,杨翰以郡迎降。至玉门,熙移檄责光擅命还师,以子胤为鹰扬将军,与振威将军南安姚皓、别驾卫翰帅众五万拒光于酒泉。敦煌太守姚静、晋昌太守李纯以郡降光。光报檄凉州,责熙无赴难之志,而遏归国之众;遣彭晃、杜进、姜飞为前锋,与胤战于安弥,大破,擒之。于是四山胡、夷皆附于光。武威太守彭济执熙以降,光杀之。

光入姑臧,自领凉州刺史,表杜进为武威太守,自馀将佐,各受职位。凉州郡县皆降于光,独酒泉太守宋皓、西郡太守宋泮城守不下。光攻而执之,让泮曰:"吾受诏平西域,而梁熙绝我归路,此朝廷之罪人,卿何为附之?"泮曰:"将军受诏平西域,不受诏乱凉州,梁公何罪而将军杀之?泮但苦力不足,不能报君父之仇耳,岂肯如逆氏彭济之所为乎!主灭臣死,固其常也。"光杀泮及皓。

主簿尉祐,奸佞倾险,与彭济俱执梁熙,光宠信之;祐潜杀名士姚皓等十馀人,凉州人由是不悦。光以祐为金城太守,祐至允吾,袭据其城以叛。姜飞击破之,祐奔据兴城。

38　乞伏国仁自称大都督、大将军、单于、领秦河二州牧,改元建义,以乙旃童埿为左相,屋引出支为右相,独孤匹蹄为左辅,武群勇士为右辅,弟乾归为上将军,分其地置武城等十二郡,筑勇士城而都之。

39　秦尚书令、魏昌公纂自关中奔晋阳。秦主丕拜纂太尉,封东海王。

40　冬,十月,西燕主冲遣尚书令高盖帅众五万伐后秦,战于新平南,盖大败,降于后秦。初,盖以杨定为子,及盖败,定亡奔陇右,复收集其旧众。

41　苻定、苻绍、苻谟、苻亮闻秦主丕即位,皆自河北遣使谢罪。中山太守王兖,本新平氏也,固守博陵,为秦拒燕。十一月,丕以兖为平州刺史,定为冀州牧,绍为冀州都督,谟为幽州牧,亮为幽、平二州都督,并进爵郡公。左将军窦冲据兹川,有众数万,与秦州刺史王统、河州刺史毛兴、益州刺史王广、南秦州刺史杨璧、卫将军杨定皆自陇右遣使邀丕,共击后秦。丕以定为雍州牧,冲为梁州牧,加统镇西大将军,兴车骑大将军,璧征南大将军,并开府仪同三司,加广安西将军,皆进位州牧。

杨定寻徙治历城,置储蓄于百顷,自称龙骧将军、仇池公,遣使来称藩;诏因其所号假之。其后又取天水、略阳之地,自称秦州刺史、陇西王。

42　绛幕人蔡匡据城以叛燕,燕慕容麟、慕容隆共攻之。泰山太守任泰潜师救匡,至匡垒南八里,燕人乃觉之。诸将以匡未下而外敌奄至,甚患之。隆曰:"匡恃外救,故不时下。今计泰之兵不过数千人,及其未合,击之,泰败,匡自降矣。"乃释匡击泰,大破之,斩首千馀级。匡遂降,燕王垂杀之,且屠其垒。

43　慕容农至龙城,休士马十馀日。诸将皆曰:"殿下之来,取道甚速,今至此久留不进,何也?"农曰:"吾来速者,恐馀岩过山钞盗,侵扰良民耳。岩才不逾人,诳诱饥儿,乌集为群,非有纲纪。吾已扼其喉,久将离散,无能为也。今此田善熟,未取而行,徒自耗损,当俟收毕,往则枭之,亦不出旬日耳。"顷之,农将步骑三万至令支,岩众震骇,稍稍逾城归农。岩计穷出降,农斩之。进击高句丽,复辽东、玄菟二郡。还至龙城,上疏请缮修陵庙。

　　燕王垂以农为使持节、都督幽平二州北狄诸军事、幽州牧,镇龙城。徙平州刺史带方王佐镇平郭。农于是创立法制,事从宽简,清刑狱,省赋役,劝课农桑,居民富赡,四方流民前后至者数万口。先是幽、冀流民多入高句丽,农以骠骑司马范阳庞渊为辽东太守,招抚之。

　　44　慕容麟攻王兖于博陵,城中粮竭矢尽,功曹张猗逾城出,聚众以应麟。兖临城数之曰:"卿是秦民,吾是卿君,卿起兵应贼,自号'义兵',何名实之相违也?古人求忠臣必于孝子之门,卿母在城,弃而不顾,吾何有焉!今人取卿一切之功则可矣,宁能忘卿不忠不孝之事乎?不意中州礼义之邦,乃有如卿者也!"十二月,麟拔博陵,执兖及苻鉴,杀之。昌黎太守宋敞帅乌桓、索头之众救兖,不及而还。秦主丕以敞为平州刺史。

　　45　燕王垂北如中山,谓诸将曰:"乐浪王招流离,实仓廪,外给军粮,内营宫室,虽萧何之功,何以加之!"丙申,垂始定都中山。

　　46　秦苻定据信都以拒燕,燕王垂以从弟北地王精为冀州刺史,将兵攻之。

　　47　拓跋珪从曾祖纥罗与其弟建及诸部大人共请贺讷推珪为主。

十一年(丙戌,386)

　　1　春,正月戊申,拓跋珪大会于牛川,即代王位,改元登国。以长孙嵩为南部大人,叔孙普洛为北部大人,分治其众。以上谷张衮为左长史,许谦为右司马、广宁王建、代人和跋、叔孙建、庾岳为外朝大人,奚牧为治民长,皆掌宿卫及参军国谋议。长孙道生、贺毗等侍从左右,出纳教命。王建娶代王什翼犍之女。岳,和辰之弟;道生,嵩之从子也。

　　2　燕王垂即皇帝位。

　　3　后秦王苌如安定。

　　4　南安祕宜帅羌、胡五万馀人攻乞伏国仁,国仁将兵五千逆击,大破之。宜奔还南安。

　　5　鲜于乞之杀翟真也,翟辽奔黎阳,黎阳太守滕恬之甚爱信之。恬之喜畋猎,不爱士卒,辽潜施奸惠以收众心。恬之南攻鹿鸣城,辽于后闭门拒之,恬之东奔鄄城,辽追执之,遂据黎阳。豫州刺史朱序遣将军秦膺、童斌与淮、泗诸郡共讨之。

6 秦益州牧王广自陇右引兵攻河州牧毛兴于枹罕,兴遣建节将军卫平帅其宗人一千七百夜袭广,大破之。二月,秦州牧王统遣兵助广攻兴,兴婴城自守。

7 燕大赦,改元建兴,置公卿尚书百官,缮宗庙、社稷。

8 西燕主冲乐在长安,且畏燕主垂之强,不敢东归,课农筑室,为久安之计,鲜卑咸怨之。左将军韩延因众心不悦,攻冲,杀之,立冲将段随为燕王,改元昌平。

9 初,张天锡之南奔也,秦长水校尉王穆匿其世子大豫,与俱奔河西,依秃发思复鞬,思复鞬送魏安。魏安人焦松、齐肃、张济等聚兵数千人迎大豫为主,攻吕光昌松郡,拔之,执太守王世强。光使辅国将军杜进击之,进兵败,大豫进逼姑臧。王穆谏曰:"光粮丰城固,甲兵精锐,逼之非利,不如席卷岭西,砺兵积粟,然后东向与之争,不及期年,光可取也。"大豫不从,自号抚军将军、凉州牧,改元凤凰,以王穆为长史,传檄郡县,使穆说谕岭西诸郡,建康太守李隐、祁连都尉严纯皆起兵应之,有众三万,保据杨坞。

10 代王珪徙居定襄之盛乐,务农息民,国人悦之。

11 三月,大赦。

12 泰山太守张愿以郡叛降翟辽。初,谢玄欲使朱序屯梁国,玄自屯彭城,以北固河上,西援洛阳。朝议以征役既久,欲令玄置戍而还。会翟辽、张愿继叛,北方骚动,玄谢罪,乞解职,诏慰谕,令还淮阴。

13 燕主垂追尊母兰氏为文昭皇后;欲迁文明段后,以兰氏配享太祖,诏百官议之,皆以为当然。博士刘详、董谧以为:"尧母为帝喾妃,位第三,不以贵陵姜原,明圣之道,以至公为先。文昭后宜立别庙。"垂怒,逼之,详、谧曰:"上所欲为,无问于臣。臣按经奉礼,不敢有贰。"垂乃不复问诸儒,卒迁段后,以兰后代之。又以景昭可足浑后倾覆社稷,追废之,尊烈祖昭仪段氏为景德皇后,配享烈祖。

崔鸿曰:齐桓公命诸侯无以妾为妻。夫之于妻,犹不可以妾代之,况子而易其母乎!春秋所称母以子贵者,君母既没,得以妾母为小君也。至于享祀宗庙,则成风终不得配庄公也。君父之所为,臣子必习而效之,犹形声之于影响也。宝之逼杀其母,由垂为之渐也。尧、舜之让,犹为之、哙之祸,况违礼而纵私者乎! 昔文姜得罪于桓公,春秋不之废。可足浑氏虽有罪于前朝,然小君之礼成矣;垂以私憾废之,又立兄妾之无子者,皆非礼也。

14 刘显自善无南走马邑,其族人奴真帅所部请降于代。奴真有兄犍,先居贺兰部,奴真言于代王珪,请召犍而以所部让之;珪许之。犍既领部,遣弟去斤遗贺讷金马。贺染干谓去斤曰:"我待汝兄弟厚,汝今领部,宜来从我。"去斤许之。奴真怒曰:"我祖父以来,世为代忠臣,故我以部让汝等,欲为义也。今汝等无状,乃谋叛国,义于何在!"遂杀犍及去斤。染干闻之,引兵攻奴真,奴真奔代。珪遣使责染干,染干乃止。

15 西燕仆射慕容恒、尚书慕容永袭段随,杀之;立宜都王子颙为燕王,改元建明,帅鲜卑男女四十馀万口去长安而东。恒弟护军将军韬诱颙,杀之于临晋,恒怒,舍韬去。永与武卫将军刁云帅众攻韬,韬败,奔恒营。恒立西燕主冲之子瑶为帝,改元建平,谥冲曰威皇帝。众皆去瑶奔永,永执瑶,杀之,立慕容泓子忠为帝,改元建武。忠以永为太尉,守尚书令,封河东公。永持法宽平,鲜卑安之。至闻喜,闻燕主垂已称尊号,不敢进,筑燕熙城而居之。

16 鲜卑既东,长安空虚。前荥阳高陵赵毅等招杏城卢水胡郝奴帅户四千入于长安,渭北皆应之,以毅为丞相。扶风王骥有众数千,保据马嵬,奴遣弟多攻之。夏,四月,后秦王苌自安定伐之,骥奔汉中。苌执多而进,奴惧,请降,拜镇北将军、六谷大都督。

17 癸巳,以尚书仆射陆纳为左仆射,谯王恬为右仆射。纳,玩之子也。

18 毛兴袭击王广,败之,广奔秦州,陇西鲜卑匹兰执广送于后秦。兴复欲攻王统于上邽,枹罕诸氐皆厌苦兵事,乃共杀兴,推卫平为河州刺史,遣使请命于秦。

19 燕主垂封其子农为辽西王,麟为赵王,隆为高阳王。

20 代王珪初改称魏王。

21 张大豫自杨坞进屯姑臧城西,王穆及秃发思复犍子奚于帅众三万屯于城南。吕光出击,大破之,斩奚于等二万馀级。

22 秦大赦,以卫平为抚军将军、河州刺史,吕光为车骑大将军、凉州牧。使者皆没于后秦,不能达。

23 燕主垂以范阳王德为尚书令,太原王楷为左仆射,乐浪王温为司隶校尉。

24　后秦王苌即皇帝位于长安，大赦，改元建初，国号大秦。追尊其父弋仲为景元皇帝，立妻蛇氏为皇后，子兴为皇太子，置百官。苌与群臣宴，酒酣，言曰："诸卿皆与朕北面秦朝，今忽为君臣，得无耻乎！"赵迁曰："天不耻以陛下为子，臣等何耻为臣！"苌大笑。

25　魏王珪东如陵石，护佛侯部帅侯辰、乙佛部帅代题皆叛走。诸将请追之，珪曰："侯辰等累世服役，有罪且当忍之。方今国家草创，人情未壹，愚者固宜前却，不足追也！"

26　六月庚寅，以前辅国将军杨亮为雍州刺史，镇卫山陵。荆州刺史桓石民遣将军晏谦击弘农，下之。初置湖、陕二戍。

27　西燕刁云等杀西燕主忠，推慕容永为使持节、大都督中外诸军事、大将军、大单于、雍秦梁凉四州牧、录尚书事、河东王，称藩于燕。

28　燕主垂遣太原王楷、赵王麟、陈留王绍、章武王宙攻秦苻定、苻绍、苻谟、苻亮等。楷先以书与之，为陈祸福，定等皆降。垂封定等为侯，曰："以酬秦主之德。"

29　秦主丕以都督中外诸军事、司徒、录尚书事王永为左丞相，太尉、东海王纂为大司马，司空张蚝为太尉，尚书令咸阳徐义为司空，司隶校尉王腾为骠骑大将军、仪同三司。永传檄四方公侯、牧守、垒主、民豪，共讨姚苌、慕容垂，令各帅所统，以孟冬上旬会大驾于临晋。于是天水姜延、冯翊寇明、河东王昭、新平张晏、京兆杜敏、扶风马朗、建忠将军高平牧官都尉扶风王敏等咸承檄起兵，各有众数万，遣使诣秦，丕皆就拜将军、郡守，封列侯。冠军将军邓景拥众五千据彭池，与窦冲为首尾，以击后秦。丕以景为京兆尹。景，羌之子也。

30　后秦王苌徙安定五千馀户于长安。

31　秋，七月，秦平凉太守金熙、安定都尉没弈干与后秦左将军姚方成战于孙丘谷，方成兵败。后秦主苌以其弟征虏将军绪为司隶校尉，镇长安；自将至安定击熙等，大破之。金熙本东胡之种；没弈干，鲜卑多兰部帅也。

32　枹罕诸氐以卫平衰老，难与成功，议废之，而惮其宗强，累日不决。氐啖青谓诸将曰："大事宜时定，不然，变生。诸君但请卫公为会，观我所为。"会七夕大宴，青抽剑而前曰："今天下大乱，吾曹休戚同之，非贤主不可以济大事。卫公老，宜返初服以避贤路。狄道长苻登，虽王室疏属，志略雄明，请共立之，以赴大驾。诸君有不同者，即下异议。"乃奋剑攘袂，将斩异己者。众皆从之，莫敢仰视。于是推登为使持节、都督陇右诸军事、抚军大将军、雍河二州牧、略阳公,帅众五万,东下陇,攻南安,拔之,驰使请命于秦。登,秦主丕之族子也。

33　祕宜与莫侯悌眷帅其众三万馀户降于乞伏国仁,国仁拜宜东秦州刺史,悌眷梁州刺史。

34　己酉,魏王珪还盛乐,代题复以部落来降,十馀日,又奔刘显。珪使其孙倍斤代领其众。刘显弟肺泥帅众降魏。

35　八月,燕主垂留太子宝守中山,以赵王麟为尚书右仆射,录留台。庚午,自帅范阳王德等南略地,使高阳王隆东徇平原。丁零鲜于乞保曲阳西山,闻垂南伐,出营望都,剽掠居民。赵王麟自出讨之,诸将皆曰:"殿下虚镇远征,万一无功而返,亏损威重,不如遣诸将讨之。"麟曰:"乞闻大驾在外,无所畏忌,必不设备,一举可取,不足忧也。"乃声言至鲁口,夜,回趣乞,比明,至其营,掩击,擒之。

36　翟辽寇谯,朱序击走之。

37　秦主丕以苻登为征西大将军、开府仪同三司、南安王,持节、州牧、都督,皆因其所称而授之。又以徐义为右丞相。留王腾守晋阳,右仆射杨辅戍壶关,帅众四万,进屯平阳。

38　初,后秦主苌之弟硕德统所部羌居陇上,闻苌起兵,自称征西将军,聚众于冀城以应之;以兄孙详为安远将军,据陇城,从孙训为安西将军,据南安之赤亭,与秦秦州刺史王统相持。苌自安定引兵会硕德攻统,天水屠各、略阳羌胡应之者二万馀户。秦略阳太守王皮降之。

39　初,秦灭代,迁代王什翼犍少子窟咄于长安,从慕容永东徙,永以窟咄为新兴太守。刘显遣其弟亢埿迎窟咄,以兵随之,逼魏南境,诸部骚动。魏王珪左右于桓等与部人谋执珪以应窟咄,幢将代人莫题等亦潜与窟咄交通。桓舅穆崇告之,珪诛桓等五人,莫题等七姓悉原不问。珪惧内难,北逾阴山,复依贺兰部,遣外朝大人辽东安同求救于燕,燕主垂遣赵王麟救之。

40　九月,王统以秦州降于后秦。后秦主苌以姚硕德为使持节、都督陇右诸军事、秦州刺史,镇上邽。

41　吕光得秦王坚凶问,举军缟素,谥曰文昭皇帝。冬,十月,大赦,改元大安。

42　西燕慕容永遣使诣秦主丕求假道东归,丕弗许,与永战于襄陵,秦兵大败,左丞相王永、卫大将军俱石子皆死。初,东海王纂自长安来,麾下壮士三千馀人,丕忌之,既败,惧为纂所杀,帅骑数千南奔东垣,谋袭洛阳。扬威将军冯该自陕邀击之,杀丕,执其太子宁、长乐王寿,送建康,诏赦不诛,以付苻宏。纂与其弟尚书永平侯师奴帅秦众数万走据杏城,其馀王公百官皆没于永。

永遂进据长子,即皇帝位,改元中兴。将以秦后杨氏为上夫人,杨氏引剑刺永,为永所杀。

43 甲申,海西公奕薨于吴。

44 燕寺人吴深据清河反,燕主垂攻之,不克。

45 后秦主苌还安定。

46 秦南安王登既克南安,夷、夏归之者三万馀户,遂进攻姚硕德于秦州,后秦主苌自往救之。登与苌战于胡奴阜,大破之,斩首二万馀级,将军咦青射苌,中之。苌创重,走保上邽,姚硕德代之统众。

47 燕赵王麟军未至魏,拓跋窟咄稍前逼魏王珪,贺染干侵魏北部以应之,魏众惊扰,北部大人叔孙普洛亡奔刘卫辰。麟闻之,遽遣安同等归。魏人知燕军在近,众心少安。窟咄进屯高柳,珪引兵与麟合击之,窟咄大败,奔刘卫辰,卫辰杀之。珪悉收其众,以代人库狄干为北部大人。麟引兵还中山。

刘卫辰居朔方,士马甚盛。后秦主苌以卫辰为大将军、大单于、河西王、幽州牧,西燕主永以卫辰为大将军、朔州牧。

48 十一月,秦尚书寇遗奉勃海王懿、济北王昶自杏城奔南安,南安王登发丧行服,谥秦主丕曰哀平皇帝。登议立懿为主,众曰:"勃海王虽先帝之子,然年在幼冲,未堪多难。今三虏窥觎,宜立长君,非大王不可。"登乃为坛于陇东,即皇帝位,大赦,改元太初,置百官。

49 慕容柔、慕容盛及盛弟会皆在长子,盛谓柔、会曰:"主上已中兴幽、冀,东西未壹,吾属居嫌疑之地,为智为愚,皆将不免,不若以时东归,无为坐待鱼肉也!"遂相与亡归燕。后岁馀,西燕主永悉诛燕主俦及燕主垂之子孙,男女无遗。

50 张大豫自西郡入临洮,掠民五千馀户,保据俱城。

51 十二月,吕光自称使持节、侍中、中外大都督、督陇右河西诸军事、大将军、凉州牧、酒泉公。

52 秦主登立世祖神主于军中,载以辒辌,建黄旗青盖,以虎贲三百人卫之,凡所欲为,必启主而后行。引兵五万,东击后秦,将士皆刻镈、铠为"死""休"字;每战以剑矟为方圆大阵,知有厚薄,从中分配,故人自为战,所向无前。

　　初,长安之将败也,中垒将军徐嵩、屯骑校尉胡空各聚众五千,结垒自固,既而受后秦官爵。后秦主苌以王礼葬秦主坚于二垒之间。及登至,嵩、空以众降之。登拜嵩雍州刺史,空京兆尹,改葬坚以天子之礼。

　　53　乙酉,燕主垂攻吴深垒,拔之,深单马走。垂进屯聊城之逢关陂。初,燕太子洗马温详来奔,以为济北太守,屯东阿。燕主垂遣范阳王德、高阳王隆攻之,详遣从弟攀守河南岸,子楷守碻磝以拒之。

　　54　燕主垂以魏王珪为西单于,封上谷王;珪不受。

资治通鉴卷第一百七

晋纪二十九

烈宗孝武皇帝中之下

太元十二年（丁亥，387）

1 春，正月乙巳，以朱序为青、兖二州刺史，代谢玄镇彭城；序求镇淮阴，许之。以玄为会稽内史。

2 丁未，大赦。

3 燕主垂观兵河上，高阳王隆曰："温详之徒，皆白面儒生，乌合为群，徒恃长河以自固；若大军济河，必望旗震坏，不待战也。"垂从之。戊午，遣镇北将军兰汗、护军将军平幼于碻磝西四十里济河，隆以大众陈于北岸。温攀、温楷果走趣城，平幼追击，大破之。详夜将妻子奔彭城，其众三万馀户皆降于燕。垂以太原王楷为兖州刺史，镇东阿。

初，垂在长安，秦王坚尝与之交手语，冗从仆射光祚言于坚曰："陛下颇疑慕容垂乎？垂非久为人下者也。"坚以告垂。及秦主丕自邺奔晋阳，祚与黄门侍郎封孚、钜鹿太守封劝皆来奔。劝，奕之子也。垂之再围邺也，秦故臣西河朱肃等各以其众来奔。诏以祚等为河北诸郡太守，皆营于济北、濮阳，羁属温详；详败，俱诣燕军降。垂赦之，抚待如旧。垂见光祚，流涕沾衿，曰："秦王待我深，吾事之亦尽；但为二公猜忌，吾惧死而负之，每一念之，中宵不寐。"祚亦悲恸。垂赐祚金帛，祚固辞，垂曰："卿犹复疑邪？"祚曰："臣昔者惟知忠于所事，不意陛下至今怀之，臣敢逃其死！"垂曰："此乃卿之忠，固吾所求也，前言戏之耳。"待之弥厚，以为中常侍。

4 翟辽遣其子钊寇陈、颍，朱序遣将军秦膺击走之。

5 秦主登立妃毛氏为皇后，勃海王懿为太弟。后，兴之女也。遣使拜东海王纂为使持节、都督中外诸军事、太师、领大司马，封鲁王；纂弟师奴为抚军大将军、并州牧，封朔方公。纂怒谓使者曰："勃海王先帝之子，南安王何以不立而自立乎？"长史王旅谏曰："南安已立，理无中改；今寇虏未灭，不可宗室之中自为仇敌也。"纂乃受命。于是卢水胡彭沛穀、屠各董成、张龙世、新平羌雷恶地等皆附于纂,有众十馀万。

6　后秦主苌徙秦州豪杰三万户于安定。

7　初,安次人齐涉聚众八千馀家据新栅,降燕,燕主垂拜涉魏郡太守。既而复叛,连张愿,愿自帅万馀人进屯祝阿之瓮口,招翟辽,共应涉。

高阳王隆言于垂曰:"新栅坚固,攻之未易猝拔。若久顿兵于其城下,张愿拥帅流民,西引丁零,为患方深。愿众虽多,然皆新附,未能力斗。因其自至,宜先击之。愿父子恃其骁勇,必不肯避去,可一战擒也。愿破,则涉不能自存矣。"垂从之。

二月,遣范阳王德、陈留王绍、龙骧将军张崇帅步骑二万会隆击愿。军至斗城,去瓮口二十馀里,解鞍顿息。愿引兵奄至,燕人惊遽,德兵退走,隆勒兵不动。愿子龟出冲陈,隆遣左右王末逆击,斩之。隆徐进战,愿兵乃退。德行里馀,复整兵,还与隆合,谓隆曰:"贼气方锐,宜且缓之。"隆曰:"愿乘人不备,宜得大捷;而吾士卒皆以悬隔河津,势迫之故,人思自战,故能却之。今贼不得利,气竭势衰,皆有进退之志,不能齐奋,宜亟击之。"德曰:"吾唯卿所为耳。"遂进,战于瓮口,大破之,斩首七千八百级;愿脱身保三布口。燕人进军历城,青、兖、徐州郡县壁垒多降。垂以陈留王绍为青州刺史,镇历城。德等还师,新栅人冬鸾执涉送之。垂诛涉父子,馀悉原之。

8　三月,秦主登以窦冲为南秦州牧,杨定为益州牧,杨璧为司空、梁州牧,乞伏国仁为大将军、大单于、苑川王。

9　燕上谷人王敏杀太守封戢,代郡人许谦逐太守贾闰,各以郡附刘显。

10　燕乐浪王温为尚书右仆射。

11　夏,四月戊辰,尊帝母李氏为皇太妃,仪服如太后。

12　后秦征西将军姚硕德为杨定所逼,退守泾阳。定与秦鲁王纂共攻之,战于泾阳,硕德大败。后秦主苌自阴密救之,纂退屯敷陆。

13　燕主垂自碻磝还中山,慕容柔、慕容盛、慕容会来自长子。庚子,垂为之大赦。垂问盛:"长子人情如何,为可取乎?"盛曰:"西军扰扰,人有东归之志,陛下唯当修仁政以俟之耳。若大军一临,必投戈而来,若孝子之归慈父也。"垂悦。癸未,封柔为阳平王,盛为长乐公,会为清河公。

14　高平人翟畅执太守徐含远,以郡降翟辽。燕主垂谓诸将曰:"辽以一城之众,反覆三国之间,不可不讨。"五月,以章武王宙监中外诸军事,辅太子宝守中山;垂自帅诸将南攻辽,以太原王楷为前锋都督。辽众皆燕、赵之人,闻楷至,皆曰:"太原王子,吾之父母也!"相帅归之。辽惧,遣使请降;垂以辽为徐州牧,封河南公,前至黎阳,受降而还。

井陉人贾鲍,招引北山丁零翟遥等五千馀人,夜袭中山,陷其外郭。章武王宙以奇兵出其外,太子宝鼓噪于内,合击,大破之,尽俘其众,唯遥、鲍单马走免。

15　刘显地广兵强,雄于北方。会其兄弟乖争,魏长史张衮言于魏王珪曰:"显志在并吞,今不乘其内溃而取之,必为后患。然吾不能独克,请与燕共攻之。"珪从之,复遣安同乞师于燕。

16　诏征会稽处士戴逵,逵累辞不就;郡县敦逼不已,逵逃匿于吴。谢玄上疏曰:"逵自求其志,今王命未回,将罹风霜之患。陛下既已爱而器之,亦宜使其身名并存,请绝召命。"帝许之。逵,遂之兄也。

17　秦主登以其兄同成为司徒、守尚书令,封颍川王;弟广为中书监,封安成王;子崇为尚书左仆射,封东平王。

18　燕主垂自黎阳还中山。

19　吴深杀燕清河太守丁国,章武人王祖杀太守白钦,勃海人张申据高城以叛;燕主垂命乐浪王温讨之。

20　苑川王国仁帅骑三万袭鲜卑大人密贵、裕苟、提伦三部于六泉。秋,七月,与没弈干、金熙战于渴浑川,没弈干、金熙大败,三部皆降。

21　秦主登军于瓦亭,后秦主苌攻彭沛榖堡,拔之,榖奔杏城。苌还阴密,以太子兴镇长安。

22　燕赵王麟讨王敏于上谷,斩之。

23　刘卫辰献马于燕,刘显掠之。燕主垂怒,遣太原王楷将兵助赵王麟击显,大破之。显奔马邑西山。魏王珪引兵会麟击显于弥泽,又破之。显奔西燕,麟悉收其部众,获马牛羊以千万数。

24　吕光将彭晃、徐炅攻张大豫于临洮,破之。大豫奔广武,王穆奔建康。八月,广武人执大豫送姑臧,斩之。穆袭据酒泉,自称大将军、凉州牧。

25　辛巳,立皇子德宗为太子,大赦。

26　燕主垂立刘显弟可泥为乌桓王,以抚其众,徙八千馀落于中山。

27　秦冯翊太守兰楷帅众二万自频阳入和宁,与鲁王纂谋攻长安。纂弟师奴劝纂称尊号,纂不从;师奴杀纂而代之,楷遂与师奴绝。西燕主永攻楷,楷请救于后秦,后秦主苌欲自救之。尚书令姚旻、左仆射尹纬曰:"符登近在瓦亭,将乘虚袭吾后。"苌曰:"符登众盛,非旦夕可制;登迟重少决,必不能轻军深入。比两月间,吾必破贼而返,登虽至,无能为也。"
九月,苌军于泥源。师奴逆战,大败,亡奔鲜卑。后秦尽收其众,屠各董成
等皆降。

28 秦主登进据胡空堡,戎、夏归之十馀万。

29 冬,十月,翟辽复叛燕,遣兵与王祖、张申寇抄清河、平原。

30 后秦主苌进击西燕王永于河西,永走。兰楼复列兵拒守,苌攻
之;十二月,禽楼,遂如杏城。

31 后秦姚方成攻秦雍州刺史徐嵩垒,拔之,执嵩而数之。嵩骂曰:
"汝姚苌罪当万死,苻黄眉欲斩之,先帝止之。授任内外,荣宠极矣。曾
不如犬马识所养之恩,亲为大逆。汝羌辈岂可以人理期也,何不速杀
我!"方成怒,三斩嵩,悉坑其士卒,以妻子赏军。后秦主苌掘秦主坚尸,
鞭挞无数,剥衣裸形,荐之以棘,坎土而埋之。

32 凉州大饥,米斗直钱五百,人相食,死者太半。

33 吕光西平太守康宁自称匈奴王,杀湟河太守强禧以叛。张掖太
守彭晃亦叛,东结康宁,西通王穆。光欲自击晃,诸将皆曰:"今康宁在
南,伺衅而动,若晃、穆未诛,康宁复至,进退狼狈,势必大危。"光曰:"实
如卿言。然我今不往,是坐待其来也。若三寇连兵,东西交至,则城外
皆非吾有,大事去矣。今晃初叛,与宁、穆情契未密,出其仓猝,取之差易
耳。"乃自帅骑三万,倍道兼行,既至,攻之二旬,拔其城,诛晃。

初,王穆起兵,遣使招敦煌处士郭瑀,瑀叹曰:"今民将左衽,吾忍不
救之邪!"乃与同郡索嘏起兵应穆,运粟三万石以饷之。穆以瑀为太府左
长史、军师将军,嘏为敦煌太守。既而穆听谗言,引兵攻嘏,瑀谏不听,出
城大哭,举手谢城曰:"吾不复见汝矣!"还而引被覆面,不与人言,不食而
卒。吕光闻之曰:"二虏相攻,此成禽也,不可以惮屡战之劳而失永逸之
机也。"遂帅步骑二万攻酒泉,克之。进屯凉兴,穆引兵东还,未至,众溃,
穆单骑走,驿马令郭文斩其首送之。

十三年(戊子,388)

1 春,正月,康乐献武公谢玄卒。

2 二月,秦主登军朝那,后秦主苌军武都。

3 翟辽遣司马眭琼诣燕谢罪;燕主垂以其数反覆,斩琼以绝之。辽
乃自称魏天王,改元建光,置百官。

4 燕青州刺史陈留王绍为平原太守辟闾浑所逼,退屯黄巾固。燕主

垂更以绍为徐州刺史。浑,蔚之子也,因苻氏乱,据齐地来降。

5　三月乙亥,燕主垂以太子宝录尚书事,授之以政,自总大纲而已。

6　燕赵王麟击许谦,破之,谦奔西燕。遂废代郡,悉徙其民于龙城。

7　吕光之定凉州也,杜进功居多,光以为武威太守,贵宠用事,群僚莫及。光甥石聪自关中来,光问之曰:“中州人言我为政何如?”聪曰:“但闻有杜进耳,不闻有舅。”光由是忌进而杀之。

光与群寮宴,语及政事,参军京兆段业曰:“明公用法太峻。”光曰:“吴起无恩而楚强,商鞅严刑而秦兴。”业曰:“起丧其身,鞅亡其家,皆残酷之致也。明公方开建大业,景行尧、舜,犹惧不济;乃慕起、鞅之为治,岂此州士女所望哉!”光改容谢之。

8　夏,四月戊午,以朱序为都督司雍梁秦四州诸军事、雍州刺史,戍洛阳。以谯王恬代序为都督兖冀幽并诸军事、青兖二州刺史。

9　苑川王国仁破鲜卑越质叱黎于平襄,获其子诘归。

10　丁亥,燕主垂立夫人段氏为皇后,以太子宝领大单于。段氏,右光禄大夫仪之女;其妹适范阳王德。仪,宝之舅也。追谥前妃段氏为成昭皇后。

11　五月,秦太弟懿卒,谥曰献哀。

12　翟辽徙屯滑台。

13　六月,苑川王乞伏国仁卒,谥曰宣烈,庙号烈祖。其子公府尚幼,群下推国仁弟乾归为大都督、大将军、大单于、河南王,大赦,改元太初。

14　魏王珪破库莫奚于弱落水南,秋,七月,库莫奚复袭魏营,珪又破之。库莫奚者,本属宇文部,与契丹同类而异种,其先皆为燕王皝所破,徙居松漠之间。

15　秦、后秦自春相持,屡战,互有胜负,至是各解归。关西豪桀以后秦久无成功,多去而附秦。

16　河南王乾归立其妻边氏为王后,置百官,仿汉制,以南川侯出连乞都为丞相,梁州刺史悌眷为御史大夫,金城边芮为左长史,东秦州刺史祕宜为右长史,武始翟勍为左司马,略阳王松寿为主簿,从弟轲弹为梁州牧,弟益州为秦州牧,屈眷为河州牧。

17　八月,秦主登立子崇为皇太子,弁为南安王,尚为北海王。

18　燕护军将军平幼会章武王宙讨吴深,破之,深走保绎幕。

19　魏王珪阴有图燕之志,遣九原公仪奉使至中山,燕主垂诘之曰:“魏王何以不自来?”仪曰:“先王与燕并事晋室,世为兄弟,臣今奉使,于理未失。"垂曰:"吾今威加四海,岂得以昔日为比!"仪曰:"燕若不修德礼,欲以兵威自强,此乃将帅之事,非使臣所知也。"仪还,言于珪曰:"燕主衰老,太子暗弱,范阳王自负材气,非少主臣也。燕主既没,内难必作,于时乃可图也。今则未可。"珪善之。仪,珪母弟翰之子也。

20　九月,河南王乾归迁都金城。

21　张申攻广平,王祖攻乐陵;壬午,燕高阳王隆将兵讨之。

22　冬,十月,后秦主苌还安定;秦主登就食新平,帅众万馀围苌营,四面大哭,苌命营中哭以应之,登乃退。

23　十二月庚子,尚书令南康襄公谢石卒。

24　燕太原王楷、赵王麟将兵会高阳王隆于合口,以击张申;王祖帅诸垒共救之,夜犯燕军,燕人逆击,走之。隆欲追之,楷、麟曰:"王祖老贼,或恐诈而设伏,不如俟明。"隆曰:"此白地群盗,乌合而来,徼幸一决,非素有约束,能壹其进退也。今失利而去,众莫为用,乘势追之,不过数里,可尽擒也。申之所恃,唯在于祖,祖破则申降矣。"乃留楷、麟守申垒,隆与平幼分道击之,比明,大获而还,悬所获之首以示申。甲寅,申出降,祖亦归罪。

25　秦以颍川王同成为太尉。

十四年(己丑,389)

1　春,正月,燕以阳平王柔镇襄国。

辽西王农在龙城五年,庶务修举,乃上表曰:"臣顷因征即镇,所统将士安逸积年,青、徐、荆、雍遗寇尚繁,愿时代还,展竭微效,生无馀力,没无遗恨,臣之志也!"庚申,燕主垂召农为侍中、司隶校尉;以高阳王隆为都督幽平二州诸军事、征北大将军、幽州牧,建留台于龙城,隆录留台尚书事。又以护军将军平幼为征北长史,散骑常侍封孚为司马,并兼留台尚书。隆因农旧规,修而广之,辽、碣遂安。

2　后秦主苌以秦战屡胜,谓得秦王坚之神助,亦于军中立坚像而祷之曰:"臣兄襄敕臣复仇,新平之祸,臣行襄之命,非臣罪也。符登,陛下疏属,犹欲复仇,况臣敢忘其兄乎!且陛下命臣以龙骧建业,臣敢违之!今为陛下立像,陛下勿追计臣过也。"秦主登升楼,遥谓苌曰:"为臣弑君,而立像求福,庸有益乎!"因大呼曰:"弑君贼姚苌何不自出!吾与汝决之!"苌不应。久之,以战未有利,军中每夜数惊,乃斩像首以送秦。

3　秦主登以河南王乾归为大将军、大单于、金城王。

4 甲寅,魏王珪袭高车,破之。

5 二月,吕光自称三河王,大赦,改元麟嘉,置百官。光妻石氏、子绍、弟德世自仇池来至姑臧,光立石氏为妃,绍为世子。

6 癸巳,魏王珪击吐突邻部于女水,大破之,尽徙其部落而还。

7 秦主登留辎重于大界,自将轻骑万馀攻安定羌密造保,克之。

8 夏,四月,翟辽寇荥阳,执太守张卓。

9 燕以长乐公盛镇蓟城,修缮旧宫。

五月,清河民孔金斩吴深,送首中山。

10 金城王乾归击侯年部,大破之。于是秦、凉、鲜卑、羌、胡多附乾归,乾归悉授以官爵。

11 后秦主苌与秦主登战数败,乃遣中军将军姚崇袭大界;登邀击之于安丘,又败之。

12 燕范阳王德、赵王麟击贺讷,追奔至勿根山,讷穷迫请降,徙之上谷,质其弟染干于中山。

13 秋,七月,以骠骑长史王忱为荆州刺史、都督荆益宁三州诸军。忱,国宝之弟也。

14 秦主登攻后秦右将军吴忠等于平凉,克之。八月,登据苟头原以逼安定。诸将劝后秦主苌决战,苌曰:"与穷寇竞胜,兵家之忌也;吾将以计取之。"乃留尚书令姚旻守安定,夜,帅骑三万袭秦辎重于大界,克之,杀毛后及南安王尚,擒名将数十人,驱掠男女五万馀口而还。毛氏美而勇,善骑射。后秦兵入其营,毛氏犹弯弓跨马,帅壮士数百人战,众寡不敌,为后秦所执。苌将纳之,毛氏骂且哭曰:"姚苌,汝先已杀天子,今又欲辱皇后,皇天后土,宁汝容乎!"苌杀之。诸将欲因秦军骇乱击之,苌曰:"登众虽乱,怒气犹盛,未可轻也。"遂止。登收馀众屯胡空堡。苌使姚硕德镇安定,徙安定千馀家于阴密,遣其弟征南将军靖镇之。

15 九月庚午,以左仆射陆纳为尚书令。

16 秦主登之东也,后秦主苌使姚硕德置秦州守宰,以从弟常戍陇城,邢奴戍冀城,姚详戍略阳。杨定攻陇、冀,克之,斩常,执邢奴;详弃略阳,奔阴密。定自称秦州牧、陇西王;秦因其所称而授之。

17 冬,十月,秦主登以窦冲为大司马、都督陇东诸军事、雍州牧,杨定为左丞相、都督中外诸军事、秦梁二州牧,约共攻后秦;又约监河西诸军事并州刺史杨政、都督河东诸军事冀州刺史杨楷各帅其众会长安。政、楷皆河东人。秦主丕既败,政、楷收集流民数万户,政据河西,楷据湖、陕之间,遣使请命于秦,登因而授之。

18　燕乐浪悼王温为冀州刺史,翟辽遣丁零故堤诈降于温帐,乙酉,刺温,杀之,并其长史司马驱,帅守兵二百户奔西燕。燕辽西王农邀击刺温者于襄国,尽获之,惟堤走免。

19　十一月,枹罕羌彭奚念附于乞伏乾归,以奚念为北河州刺史。

20　初,帝既亲政事,威权已出,有人主之量。已而溺于酒色,委事于琅邪王道子;道子亦嗜酒,日夕与帝以酣歌为事。又崇尚浮屠,穷奢极费,所亲昵者皆姆姆、僧尼。左右近习,争弄权柄,交通请托,贿赂公行,官赏滥杂,刑狱谬乱。尚书令陆纳望宫阙叹曰:"好家居,纤儿欲撞坏之邪!"左卫领营将军会稽许营上疏曰:"今台府局吏、直卫武官及仆隶婢儿取母之姓者,本无乡邑品第,皆得为郡守县令,或带职在内,及僧尼乳母,竞进亲党,又受货赂;辄临官领众,政教不均,暴滥无罪,禁令不明,劫盗公行。昔年下书敕群下尽规,而众议兼集,无所采用。臣闻佛者,清远玄虚之神,今僧尼往往依傍法服,五诫粗法尚不能遵,况精妙乎!而流惑之徒,竞加敬事,又侵渔百姓,取财为惠,亦未合布施之道也。"疏奏,不省。

道子势倾内外,远近奔凑;帝渐不平,然犹外加优崇。侍中王国宝以谗佞有宠于道子,扇动朝众,讽八座启道子宜进位丞相、扬州牧,假黄钺,加殊礼。护军将军南平车胤曰:"此乃成王所以尊周公也。今主上当阳,非成王之比;相王在位,岂得为周公乎!"乃称疾不署。疏奏,帝大怒,而嘉胤有守。

中书侍郎范宁、徐邈为帝所亲信,数进忠言,补正阙失,指斥奸党。王国宝,宁之甥也,宁尤疾其阿谀,劝帝黜之。陈郡袁悦之有宠于道子,国宝使悦之因尼妙音致书于太子母陈淑媛云:"国宝忠谨,宜见亲信。"帝知之,发怒,以他事斩悦之。国宝大惧,与道子共谮范宁出为豫章太守。宁临发,上疏言:"今边烽不举而仓库空匮;古者使民岁不过三日,今之劳扰,殆无三日之休,至有生儿不复举养,鳏寡不敢嫁娶。厝火积薪,不足喻也。"宁又上言:"中原士民流寓江左,岁月渐久,人安其业。凡天下之人,原其先祖,皆随世迁移,何至于今而独不可。谓宜正其封疆,户口皆以土断。又,人性无涯,奢俭由势;今并兼之室,亦多不赡,非其财力不足,盖由用之无节,争以靡丽相高,无有限极故也。礼十九为长殇,以其未成人也。今以十六为全丁,十三为半丁。所任非复童幼之事,岂不伤天理、困百姓乎!谓宜以二十为全丁,十六为半丁,则人无夭折,生长繁滋矣。"帝多纳用之。

甯在豫章,遣十五议曹下属城,采求风政;并吏假还,讯问官长得失。徐邈与甯书曰:"足下听断明允,庶事无滞,则吏慎其负而人听不惑矣,岂须邑至里诣,饰其游声哉! 非徒不足致益,寔乃蚕渔之所资;岂有善人君子而干非其事,多所告自者乎! 自古以来,欲为左右耳目,无非小人,皆先因小忠而成其大不忠,先藉小信而成其大不信,遂使谗谄并进,善恶倒置,可不戒哉! 足下慎选纲纪,必得国士以摄诸曹,诸曹皆得良吏以掌文按,又择公方之人以为监司,则清浊能否,与事而明;足下但平心处之,何取于耳目哉! 昔明德马后未尝顾左右与言,可谓远识,况大丈夫而不能免此乎!"

21　十二月,后秦主苌使其东门将军任瓫诈遣使招秦主登,许开门纳之。登将从之,征东将军雷恶地将兵在外,闻之,驰骑见登,曰:"姚苌多诈,不可信也!"登乃止。苌闻恶地诣登,谓诸将曰:"此羌见登,事不成矣!"登以恶地勇略过人,阴惮之。恶地惧,降于后秦,苌以恶地为镇军将军。

22　秦以安成王广为司徒。

十五年(庚寅,390)

1　春,正月乙亥,谯敬王恬薨。

2　西燕主永引兵向洛阳,朱序自河阴北济河,击败之。序追至白水,会翟辽谋向洛阳,序乃引兵还,击走之;留鹰扬将军朱党戍石门,使其子略督护洛阳,以参军赵蕃佐之,身还襄阳。

3　琅邪王道子恃宠骄恣,侍宴酗醉,或亏礼敬。帝益不能平,欲选时望为藩镇以潜制道子,问于太子左卫率王雅曰:"吾欲用王恭、殷仲堪何如?"雅曰:"王恭风神简贵,志气方严,仲堪谨于细行,以文义著称。然皆峻狭自是,且干略不长;若委以方面,天下无事,足以守职,若其有事,必为乱阶矣!"帝不从。恭,蕴之子;仲堪,融之孙也。二月辛巳,以中书令王恭为都督青兗幽并冀五州诸军事、兗青二州刺史,镇京口。

4　三月戊辰,大赦。

5　后秦主苌攻秦扶风太守齐益男于新罗堡,克之,益男走。秦主登攻后秦天水太守张业生于陇东,苌救之,登引去。

6　夏,四月,秦镇东将军魏揭飞自称冲天王,帅氐、胡攻后秦安北将军姚当成于杏城;镇军将军雷恶地叛应之,攻镇东将军姚汉得于李润。后秦主苌欲自击之,群臣皆曰:"陛下不忧六十里苻登,乃忧六百里魏揭飞,何也?"苌曰:"登非可猝灭,吾城亦非登所能猝拔。恶地智略非常,若南引揭飞,东结董成,得杏城、李润而据之,长安东北非吾有也。"乃潜引精兵一千六百赴之。揭飞、恶地有众数万,氐、胡赴之者前后不绝。苌每见一军至,辄喜。群臣怪而问之,苌曰:"揭飞等扇诱同恶,种类甚繁,吾虽克其魁帅,馀党未易猝平;今乌集而至,吾乘胜取之,可一举无馀也。"揭飞等见后秦兵少,悉众攻之;苌固垒不战,示之以弱,潜遣其子中军将军崇帅骑数百出其后。揭飞兵扰乱,苌遣镇远将军王超等纵兵击之,斩揭飞及其将士万馀级。恶地请降,苌待之如初。恶地谓人曰:"吾自谓智勇杰出一时,而每遇姚翁辄困,固其分也!"

苌命姚当成于所营之地,每栅孔中辄树一木以旌战功。岁馀,问之,当成曰:"营地太小,已广之矣。"苌曰:"吾自结发以来,与人战,未尝如此之快,以千馀兵破三万之众,营地惟小为奇,岂以大为贵哉!"

7　吐谷浑视连遣使献见于金城王乾归,乾归拜视连沙州牧、白兰王。

8　丙寅,魏王珪会燕赵王麟于意辛山,击贺兰、纥突邻、纥奚三部,破之,纥突邻、纥奚皆降于魏。

9　秋,七月,冯翊人郭质起兵于广乡以应秦,移檄三辅曰:"姚苌凶虐,毒被神人。吾属世蒙先帝尧、舜之仁,非常伯、纳言之子,即卿校、牧守之孙也。与其含耻而存,孰若蹈道而死。"于是三辅壁垒皆应之;独郑县人苟曜聚众数千附于后秦。秦以质为冯翊太守。后秦以曜为豫州刺史。

10　刘卫辰遣子直力鞮攻贺兰部,贺讷困急,请降于魏。丙子,魏王珪引兵救之,直力鞮退。珪徙讷部落,处之东境。

11　八月,刘牢之击翟钊于鄄城,钊走河北;又败翟辽于滑台,张愿来降。

12　九月,北平人吴柱聚众千馀,立沙门法长为天子,破北平郡,转寇广都,入白狼城。燕幽州牧高阳王隆方葬其夫人,郡县守宰皆会之,众闻柱反,请隆还城,遣大兵讨之。隆曰:"今闾阎安业,民不思乱,柱等以诈谋惑愚夫,诱胁相聚,无能为也。"遂留葬讫,遣广平太守、广都令先归,续遣安昌侯进将百馀骑趋白狼城,柱众闻之,皆溃,穷捕,斩之。

13　以侍中王国宝为中书令,俄兼中领军。

14　丁未,以吴郡太守王珣为尚书右仆射。

15　吐谷浑视连卒,子视罴立。视罴以其父祖慈仁,为四邻所侵侮,乃督厉将士,欲建功业。冬,十月,金城王乾归遣使拜视罴沙州牧、白兰王;视罴不受。

16　十二月,郭质及苟曜战于郑东,质败,奔洛阳。

17　越质诘归据平襄,叛金城王乾归。

十六年(辛卯,391)

1　春,正月,燕置行台于蓟,加长乐公盛录行台尚书事。

2　金城王乾归击越质诘归,诘归降,乾归以宗女妻之。

3　贺染干谋杀其兄讷,讷知之,举兵相攻。魏王珪告于燕,请为乡导以讨之。二月甲戌,燕主垂遣赵王麟将兵击讷,镇北将军兰汗帅龙城之兵击染干。

4　三月,秦主登自雍攻后秦安东将军金荣于范氏堡,克之;遂渡渭水,攻京兆太守韦范于段氏堡,不克;进据曲牢。

5　夏,四月,燕兰汗破贺染干于牛都。

6　苟曜有众一万,密召秦主登,许为内应;登自曲牢向繁川,军于马头原。五月,后秦主苌引兵逆战,登击破之,斩其右将军吴忠。苌收众复战,姚硕德曰:“陛下慎于轻战,每欲以计取之,今战失利而更前逼贼,何也?”苌曰:“登用兵迟缓,不识虚实。今轻兵直进,遥据吾东,此必苟曜竖子与之有谋也。缓之则其谋得成,故及其交之未合,急击之以败散其事耳。”遂进战,大破之。登退屯于郿。

7　秦兖州刺史强金槌据新平,降后秦,以其子遬为质。后秦主苌将数百骑入金槌营。群下谏之,苌曰:“金槌既去符登,又欲图我,将安所归乎! 且彼初来款附,宜推心以结之,奈何复以不信疑之乎!”既而群氐欲取苌,金槌不从。

8　六月甲辰,燕赵王麟破贺讷于赤城,禽之,降其部落数万。燕主垂命麟归讷部落,徙染干于中山。麟归,言于垂曰:“臣观拓跋珪举动,终为国患,不若摄之还朝,使其弟监国事。”垂不从。

9　西燕主永寇河南,太守杨佺期击破之。

10　秋,七月壬申,燕主垂如范阳。

11　魏王珪遣其弟觚献见于燕;燕主垂衰老,子弟用事,留觚以求良马。魏王珪弗与,遂与燕绝;使长史张衮求好于西燕。觚逃归,燕太子宝追获之,垂待之如初。

12　秦主登攻新平,后秦主苌救之,登引去。

13　秦骠骑将军没弈干以其二子为质于金城王乾归,请共击鲜卑大兜。乾归与没弈干攻大兜于鸣蝉堡,克之。兜微服走,乾归收其部众而还,归没弈干二子。没弈干寻叛,东合刘卫辰。八月,乾归帅骑一万讨没弈干,没弈干奔他楼城,乾归射之,中目。

14 九月癸未,以尚书右仆射王珣为左仆射,太子詹事谢琰为右仆射。太学博士范弘之论殷浩宜加赠谥,因叙桓温不臣之迹。是时桓氏犹盛,王珣,温之故吏也,以为温废昏立明,有忠贞之节;黜弘之为馀杭令。弘之,汪之孙也。

15 冬,十月壬辰,燕主垂还中山。

16 初,柔然部人世服于代,其大人郁久闾地粟袁卒,部落分为二:长子匹候跋继父居东边,次子缊纥提别居西边。秦王坚灭代,柔然附于刘卫辰。

及魏王珪即位,攻击高车等,诸部率皆服从,独柔然不事魏。戊戌,珪引兵击之,柔然举部遁走,珪追奔六百里。诸将因张衮言于珪曰:“贼远粮尽,不如早还。”珪问诸将:“若杀副马,为三日食,足乎?”皆曰:“足。”乃复倍道追之,及于大碛南床山下,大破之,虏其半部,匹候跋及别部帅屋击各收馀众遁走。珪遣长孙嵩、长孙肥追之。珪谓将佐曰:“卿曹知吾前问三日粮意乎?”曰:“不知也。”珪曰:“柔然驱畜产奔走数日,至水必留;我以轻骑追之,计其道里,不过三日及之矣。”皆曰:“非所及也。”嵩追斩屋击于平望川。肥追匹候跋至涿邪山,匹候跋举众降,获缊纥提之子曷多汗、兄子社仑、斛律等宗党数百人。缊纥提将奔刘卫辰,珪追及之,缊纥提亦降,珪悉徙其部众于云中。

17 翟辽卒,子钊代立,改元定鼎。攻燕鄄城,燕辽西王农击却之。

18 三河王光遣兵乘虚伐金城王乾归;乾归闻之,引兵还,光兵亦退。

19 刘卫辰遣子直力鞮帅众八九万攻魏南部。十一月己卯,魏王珪引兵五六千人拒之,壬午,大破直力鞮于铁岐山南,直力鞮单骑走。乘胜追之,戊子,自五原金津南济河,径入卫辰国,卫辰部落骇乱。辛卯,珪直抵其所居悦跋城,卫辰父子出走。壬辰,分遣诸将轻骑追之,将军伊谓禽直力鞮于木根山,卫辰为其部下所杀。十二月,珪军于盐池,诛卫辰宗党五千馀人,皆投尸于河,自河以南诸部悉降,获马三十馀万匹,牛羊四百馀万头,国用由是遂饶。

卫辰少子勃勃亡奔薛干部,珪使人求之。薛干部帅太悉伏出勃勃以示使者曰:“勃勃国破家亡,以穷归我,我宁与之俱亡,何忍执以与魏。”乃送勃勃于没弈干,没弈干以女妻之。

20 戊申,燕主垂如鲁口。

21　秦主登攻安定,后秦主苌如阴密以拒之,谓太子兴曰:"苟曜闻吾北行,必来见汝,汝执诛之。"曜果见兴于长安,兴使尹纬让而诛之。

苌败登于安定城东,登退据路承堡。苌置酒高会,诸将皆曰:"若值魏武王,不令此贼至今,陛下将牢太过耳。"苌笑曰:"吾不如亡兄有四:身长八尺五寸,臂垂过膝,人望而畏之,一也;将十万之众,与天下争衡,望麾而进,前无横陈,二也;温古知今,讲论道艺,收罗英隽,三也;董帅大众,上下咸悦,人尽死力,四也。所以得建立功业,驱策群贤者,正望算略中有片长耳。"群臣咸称万岁。

资治通鉴卷第一百八

晋纪三十

烈宗孝武皇帝下

太元十七年（壬辰，392）

1　春，正月己巳朔，大赦。

2　秦主登立昭仪陇西李氏为皇后。

3　二月壬寅，燕主垂自鲁口如河间、渤海、平原。翟钊遣其将翟都侵馆陶，屯苏康垒。三月，垂引兵南击钊。

4　秦骠骑将军没弈干帅众降于后秦，后秦以为车骑将军，封高平公。

5　后秦主苌寝疾，命姚硕德镇李润，尹纬守长安，召太子兴诣行营。征南将军姚方成言于兴曰：“今寇敌未灭，上复寝疾。王统等皆有部曲，终为人患，宜尽除之。”兴从之，杀王统、王广、苻胤、徐成、毛盛。苌怒曰：“王统兄弟，吾之州里，实无他志；徐成等皆前朝名将，吾方用之，奈何辄杀之！”

6　燕主垂进逼苏康垒。夏，四月，翟都南走滑台。翟钊求救于西燕，西燕主永谋于群臣，尚书郎渤海鲍遵曰：“使两寇相弊，吾承其后，此卞庄子之策也。”中书侍郎太原张腾曰：“垂强钊弱，何弊之承！不如速救之，以成鼎足之势。今我引兵趋中山，昼多疑兵，夜多火炬，垂必惧而自救。我冲其前，钊蹑其后，此天授之机，不可失也。”永不从。

7　燕大赦。

8　五月丁卯朔，日有食之。

9　六月，燕主垂军黎阳，临河欲济，翟钊列兵南岸以拒之。辛亥，垂徙营就西津，去黎阳西四十里，为牛皮船百馀艘，伪列兵仗，溯流而上。钊亟引兵趣西津，垂潜遣中垒将军桂林王镇等自黎阳津夜济，营于河南，比明而营成。钊闻之，亟还，攻镇等营，垂命镇等坚壁勿战。钊兵往来疲喝，攻营不能拔，将引去，镇等引兵出战，骠骑将军农自西津济，与镇等夹击，大破之。钊走还滑台，将妻子，收遗众，北济河，登白鹿山，凭险自守，燕兵不得进。农曰："钊无粮，不能久居山中。"乃引兵还，留骑候之。钊果下山，还兵掩击，尽获其众，钊单骑奔长子。西燕主永以钊为车骑大将军、兖州牧，封东郡王。岁馀，钊谋反，永杀之。

初，郝晷、崔逞及清河崔宏、新兴张卓、辽东夔腾、阳平路纂皆仕于秦，避秦乱来奔，诏以为冀州诸郡，各将部曲营于河南；既而受翟氏官爵，翟氏败，皆降于燕，燕主垂各随其材而用之。钊所统七郡三万馀户，皆按堵如故。以章武王宙为兖、豫二州刺史，镇滑台；徙徐州民七千馀户于黎阳，以彭城王脱为徐州刺史，镇黎阳。脱，垂之弟子也。垂以崔荫为宙司马。

初，陈留王绍为镇南将军，太原王楷为征西将军，乐浪王温为征东将军，垂皆以荫为之佐。荫才干明敏强正，善规谏，四王皆严惮之；所至简刑法，轻赋役，流民归之，户口滋息。

秋，七月，垂如邺，以太原王楷为冀州牧，右光禄大夫馀蔚为左仆射。

10　秦主登闻后秦主苌疾病，大喜，告祠世祖神主，大赦，百官进位二等，秣马厉兵，进逼安定，去城九十馀里。八月，苌疾小瘳，出拒之。登引兵出营，将逆战，苌遣安南将军姚熙隆别攻秦营，登惧而还。苌夜引兵旁出以蹑其后，旦而候骑告曰："贼诸营已空，不知所向。"登惊曰："彼为何人，去令我不知，来令我不觉，谓其将死，忽然复来，朕与此羌同世，何其厄哉！"登遂还雍，苌亦还安定。

11　三河王光遣其弟右将军宝等攻金城王乾归，宝及将士死者万馀人。又遣其子虎贲中郎将纂击南羌彭奚念，纂亦败归。光自将击奚念于枹罕，克之，奚念奔甘松。

12　冬，十月辛亥，荆州刺史王忱卒。

13　雍州刺史朱序以老病求解职；诏以太子右卫率郗恢为雍州刺史，代序镇襄阳。恢，昙之子也。

14　巴蜀人在关中者皆叛后秦，据弘农以附秦。秦主登以窦冲为左丞相，冲徙屯华阴。郗恢遣将军赵睦守金墉，河南太守杨佺期帅众军湖城，击冲，走之。

15　十一月癸酉，以黄门郎殷仲堪为都督荆益宁三州诸军事、荆州刺史，镇江陵。仲堪虽有英誉，资望犹浅，议者不以为允。到官，好行小惠，纲目不举。

南郡公桓玄负其才地，以雄豪自处，朝廷疑而不用；年二十三，始拜太子洗马。玄尝诣琅邪王道子，值其酣醉，张目谓众客曰："桓温晚涂欲作贼，云何？"玄伏地流汗，不能起；由是益不自安，常切齿于道子。后出补义兴太守,郁郁不得志,叹曰:"父为九州伯,儿为五湖长!"遂弃官归国,上疏自讼曰:"先臣勤王匡复之勋,朝廷遗之,臣不复计。至于先帝龙飞,陛下继明,请问谈者,谁之由邪?"疏寝不报。

　　玄在江陵,仲堪甚敬惮之。桓氏累世临荆州,玄复豪横,士民畏之,过于仲堪。尝于仲堪听事前戏马,以稍拟仲堪。仲堪中兵参军彭城刘迈谓玄曰:"马稍有馀,精理不足。"玄不悦,仲堪为之失色。玄出,仲堪谓迈曰:"卿,狂人也!玄夜遣杀卿,我岂能相救邪!"使迈下都避之,玄使人追之,迈仅而获免。

　　征虏参军豫章胡藩过江陵,见仲堪,说之曰:"桓玄志趣不常,每怏怏于失职,节下崇待太过,恐非将来之计也!"仲堪不悦。藩内弟罗企生为仲堪功曹,藩退,谓企生曰:"殷侯倒戈以授人,必及于祸。君不早图去就,后悔无及矣!"

　　16　庚寅,立皇子德文为琅邪王,徙琅邪王道子为会稽王。

　　17　十二月,燕主垂还中山,以辽西王农为都督兖、豫、荆、徐、雍五州诸军事,镇邺。

　　18　休官权千成据显亲,自称秦州牧。

　　19　清河人李辽上表请敕兖州修孔子庙,给户洒扫。仍立庠序,收教学者,曰:"事有如赊而寔急者,此之谓也!"表不见省。

十八年(癸巳,393)

　　1　春,正月,燕阳平孝王柔卒。

　　2　权千成为秦所逼,请降于金城王乾归,乾归以为东秦州刺史、休官大都统、显亲公。

　　3　夏,四月庚子,燕主垂加太子宝大单于;以安定王库傉官伟为太尉,范阳王德为司徒,太原王楷为司空,陈留王绍为尚书右仆射。五月,立子熙为河间王,朗为渤海王,鉴为博陵王。

　　4　秦右丞相窦冲矜才尚人,自请封天水王;秦主登不许。六月,冲自称秦王,改元元光。

　　5　金城王乾归立其子炽磐为太子。炽磐勇略明决,过于其父。

　　6　秋,七月,秦主登攻窦冲于野人堡,冲求救于后秦。尹纬言于后秦主苌曰:"太子仁厚之称,著于远近,而英略未著,请使击苻登以著之。"苌从之。太子兴将兵攻胡空堡,登解冲围以赴之。兴因袭平凉,大获而归。苌使兴还镇长安。

7　魏王珪以薛干太悉伏不送刘勃勃，八月，袭其城，屠之，太悉伏奔秦。

8　氐帅杨佛嵩叛，奔后秦，杨佺期、赵睦追之，九月丙戌，败佛嵩于潼关。后秦将姚崇救佛嵩，败晋兵，赵睦死。

9　冬，十月，后秦主苌疾甚，还长安。

10　燕主垂议伐西燕，诸将皆曰："永未有衅，我连年征讨，士卒疲弊，未可也。"范阳王德曰："永既国之枝叶，又僭举位号，惑民视听，宜先除之，以壹民心。士卒虽疲，庸得已乎！"垂曰："司徒意正与吾同。吾比老，叩囊底智，足以取之，终不复留此贼以累子孙也。"遂戒严。

十一月，垂发中山步骑七万，遣镇西将军丹杨王缵、龙骧将军张崇出井陉，攻西燕武乡公友于晋阳，征东将军平规攻镇东将军段平于沙亭。西燕主永遣其尚书令刁云、车骑将军慕容锺帅众五万守潞川。友，永之弟也。十二月，垂至邺。

11　己亥，后秦主苌召太尉姚旻、仆射尹纬、姚晃、将军姚大目、尚书狄伯支入禁中，受遗诏辅政。苌谓太子兴曰："有毁此诸公者，慎勿受之。汝抚骨肉以恩，接大臣以礼，待物以信，遇民以仁，四者不失，吾无忧矣。"姚晃垂涕问取苻登之策，苌曰："今大业垂成，兴才智足办，奚所复问！"庚子，苌卒。兴秘不发丧，以其叔父绪镇安定，硕德镇阴密，弟崇守长安。

或谓硕德曰："公威名素重，部曲最强，今易世之际，必为朝廷所疑，不如且奔秦州，观望事势。"硕德曰："太子志度宽明，必无他虑。今苻登未灭而骨肉相攻，是自亡也，吾有死而已，终不为也。"遂往见兴，兴优礼而遣之。兴自称大将军，以尹纬为长史，狄伯支为司马，帅众伐秦。

十九年（甲午，394）

1　春，秦主登闻后秦主苌卒，喜曰："姚兴小儿，吾折杖笞之耳。"乃大赦，尽众而东，留司徒安成王广守雍，太子崇守胡空堡；遣使拜金城王乾归为左丞相、河南王、领秦梁益凉沙五州牧，加九锡。

2　初，秃发思复鞬卒，子乌孤立。乌孤雄勇有大志，与大将纷陁谋取凉州。纷陁曰："公必欲得凉州，宜先务农讲武，礼俊贤，修政刑，然后可也。"乌孤从之。三河王光遣使拜乌孤冠军大将军、河西鲜卑大都统。乌孤与其群下谋之曰："可受乎？"皆曰："吾士马众多，何为属人！"石真若留不对。乌孤曰："卿畏吕光邪？"石真若留曰："吾根本未固，小大非敌，若光致死于我，何以待之！不如受以骄之，俟衅而动，蔑不克矣。"乌孤乃受之。

3 二月,秦主登攻屠各姚奴、帛蒲二堡,克之。

4 燕主垂留清河公会镇邺,发司、冀、青、兖兵,遣太原王楷出滏口,辽西王农出壶关,垂自出沙庭以击西燕,标榜所趣,军各就顿。西燕主永闻之,严兵分道拒守,聚粮台壁,遣从子征东将军小逸豆归、镇东将军王次多、右将军勒马驹帅众万馀人戍之。

5 夏,秦主登自六陌趣废桥,后秦始平太守姚详据马嵬堡以拒之。太子兴遣尹纬将兵救详,纬据废桥以待秦。秦兵争水,不能得,渴死者什二三,因急攻纬。兴驰遣狄伯支谓纬曰:“苻登穷寇,宜持重以挫之。”纬曰:“先帝登遐,人情扰惧,今不因思奋之力以禽敌,大事去矣!”遂与秦战,秦兵大败。其夜,秦众溃,登单骑奔雍,太子崇及安成王广闻败,皆弃城走;登至,无所归,乃奔平凉,收集遗众,入马毛山。

6 燕主垂顿军邺西南,月馀不进,西燕主永怪之,以为太行道宽,疑垂欲诡道取之,乃悉敛诸军屯轵关,杜太行口,惟留台壁一军。甲戌,垂引大军出滏口,入天井关。五月乙酉,燕军至台壁,永遣从兄太尉大逸豆归救之,平规击破之。小逸豆归出战,辽西王农又击破之,斩勒马驹,禽王次多,遂围台壁。永召太行军还,自将精兵五万以拒之。刁云、慕容锺震怖,帅众降燕,永诛其妻子。己亥,垂陈于台壁南,遣骁骑将军慕容国伏千骑于涧下;庚子,与永合战,垂伪退,永众追之,行数里,国骑从涧中出,断其后,诸军四面俱进,大破之,斩首八千馀级,永走归长子。晋阳守将闻之,弃城走。丹杨王瓚等进取晋阳。

7 后秦太子兴始发丧,即皇帝位于槐里,大赦,改元皇初;遂如安定。谥后秦主苌曰武昭皇帝,庙号太祖。

8 六月壬子,追尊会稽王太妃郑氏曰简文宣太后。群臣谓宣太后应配食元帝,太子前率徐邈曰:“宣太后平素之时,不伉俪于先帝;至于子孙,岂可为祖考立配!”国学明教东莞臧焘曰:“今尊号既正,则罔极之情申;别建寝庙,则严祢之义显;系子为称,兼明贵之所由。一举而允三义,不亦善乎!”乃立庙于太庙路西。

9 燕主垂进军围长子。西燕主永欲奔后秦,侍中兰英曰:“昔石虎伐龙都,太祖坚守不去,卒成大燕之基。今垂七十老翁,厌苦兵革,终不能顿兵连岁以攻我也;但当城守以疲之。”永从之。

10 秦主登遣其子汝阴王宗为质于河南王乾归以请救,进封乾归梁王,纳其妹为梁王后;乾归遣前军将军乞伏益州等帅骑一万救之。秋,七月,登引兵出迎乾归兵,后秦主兴自安定如泾阳,与登战于山南,执登,杀之。悉散其部众,使归农业,徙阴密三万户于长安,以李后赐姚晃。益州等闻之,引兵还。秦太子崇奔湟中,即帝位,改元延初;谥登曰高皇帝,庙号太宗。

11　后秦安南将军强熙、镇远将军强多叛,推窦冲为主。后秦主兴自将讨之,军至武功,多兄子良国杀多而降,熙奔秦州,冲奔汧川,汧川氐仇高执送之。

12　三河王光以子覆为都督玉门以西诸军事、西域大都护,镇高昌;命大臣子弟随之。

13　八月己巳,尊皇太妃李氏为皇太后,居崇训宫。

14　西燕主永困急,遣其子常山公弘等求救于雍州刺史郗恢,并献玉玺一纽。恢上言:"垂若并永,为患益深,不如两存之,可以乘机双毙。"帝以为然,诏青兖二州刺史王恭、豫州刺史庾楷救之。楷,亮之孙也。永恐晋兵不出,又遣其太子亮来为质,平规追亮及于高都,获之。永又告急于魏,魏王珪遣陈留公虔、将军庾岳帅骑五万东渡河,屯秀容以救之。虔,纥根之子也。晋、魏兵皆未至,大逸豆归部将伐勤等开门内燕兵,燕人执永,斩之,并斩其公卿大将刁云、大逸豆归等三十馀人,得永所统八郡七万馀户及秦乘舆、服御、伎乐、珍宝甚众。燕主垂以丹杨王瓒为并州刺史,镇晋阳;宜都王凤为雍州刺史,镇长子。永尚书仆射昌黎屈遵、尚书阳平王德、秘书监中山李先、太子詹事渤海封则、黄门郎太山胡母亮、中书郎张腾、尚书郎燕郡公孙表皆随才擢叙。

九月,垂自长子如邺。

15　冬,十月,秦主崇为梁王乾归所逐,奔陇西王杨定。定留司马邵疆守秦州,帅众二万与崇共攻乾归,乾归遣凉州牧轲弹、秦州牧益州、立义将军诘归帅骑三万拒之。益州与定战,败于平州,轲弹、诘归皆引退,轲弹司马翟瑥奋剑怒曰:"主上以雄武开基,所向无敌,威振秦、蜀。将军以宗室居元帅之任,当竭力致命以佐国家。今秦州虽败,二军尚全,奈何望风退衄,将何面以见主上乎!瑥虽无任,独不能以便宜斩将军乎!"轲弹谢曰:"向者未知众心何如耳。果能若是,吾敢爱死!"乃帅骑进战,益州、诘归亦勒兵继之,大败定兵,杀定及崇,斩首万七千级。乾归于是尽有陇西之地。

定无子,其叔父佛狗之子盛,先守仇池,自称征西将军、秦州刺史、仇池公,谥定为武王;仍遣使来称藩。秦太子宣奔盛,分氐、羌为二十部护军,各为镇戍,不置郡县。

16　燕主垂东巡阳平、平原,命辽西王农济河,与安南将军尹国略地青、兖,农攻廪丘,国攻阳城,皆拔之。东平太守韦简战死,高平、泰山、琅邪诸郡皆委城奔溃,农进军临海,遍置守宰。

17　柔然曷多汗弃其父,与社仑率众西走;魏长孙肥追之,及于上郡跋那山,斩曷多汗。社仑收其馀众数百,奔纥候跋,纥候跋处之南鄙。社仑袭纥候跋,杀之,纥候跋子启跋、吴颉等皆奔魏。社仑掠五原以西诸部,走度漠北。

18　十一月,燕辽西王农败辟闾浑于龙水,遂入临淄。十二月,燕主垂召农等还。

19　秦主兴遣使与燕结好,并送太子宝之子敏于燕,燕封敏为河东公。

20　梁王乾归自称秦王,大赦。

二十年(乙未,395)

1　春,正月,燕主垂遣散骑常侍封则报聘于秦;遂自平原狩于广川、勃海、长乐而归。

2　西秦王乾归以太子炽磐领尚书令,左长史边芮为左仆射,右长史祕宜为右仆射,置官皆如魏武、晋文故事,然犹称大单于、大将军。边芮等领府佐如故。

3　薛干太悉伏自长安亡归岭北。上郡以西鲜卑杂胡皆应之。

4　二月甲寅,尚书令陆纳卒。

5　三月庚辰朔,日有食之。

6　皇太子出就东宫,以丹杨尹王雅领少傅。

时会稽王道子专权奢纵,嬖人赵牙本出倡优,茹千秋本钱唐捕贼吏,皆以谄赂得进。道子以牙为魏郡太守,千秋为骠骑谘议参军。牙为道子开东第,筑山穿池,功用钜万。帝尝幸其第,谓道子曰:"府内乃有山,甚善;然修饰太过。"道子无以对。帝去,道子谓牙曰:"上若知山是人力所为,尔必死矣!"牙曰:"公在,牙何敢死!"营作弥甚。千秋卖官招权,聚货累亿。博平令吴兴闻人奭上疏言之,帝益恶道子,而逼于太后,不忍废黜。乃擢时望及所亲幸王恭、郗恢、殷仲堪、王珣、王雅等,使居内外要任以防道子;道子亦引王国宝及国宝从弟琅邪内史绪以为心腹。由是朋党竞起,无复向时友爱之欢矣;太后每和解之。中书侍郎徐邈从容言于帝曰:"汉文明主,犹悔淮南;世祖聪达,负愧齐王;兄弟之际,实为深慎。会稽王虽有酣媟之累,宜加弘贷,消散群议;外为国家之计,内慰太后之心。"帝纳之,复委任道子如故。

7 初,杨定之死也,天水姜乳袭据上邽;夏,四月,西秦王乾归遣乞伏益州帅骑六千讨之。左仆射边芮、民部尚书王松寿曰:"益州屡胜而骄,不可专任,必以轻敌取败。"乾归曰:"益州骁勇,诸将莫及,当以重佐辅之耳。"乃以平北将军韦虔为长史,左禁将军务和为司马。至大寒岭,益州不设部伍,听将士游畋纵饮,令曰:"敢言军事者斩!"虔等谏不听,乳逆击,大破之。

8 魏王珪叛燕,侵逼附塞诸部。五月甲戌,燕主垂遣太子宝、辽西王农、赵王麟帅众八万,自五原伐魏,范阳王德、陈留王绍别将步骑万八千为后继。散骑常侍高湖谏曰:"魏与燕世为婚姻,彼有内难,燕实存之,其施德厚矣,结好久矣。间以求马不获而留其弟,曲在于我,奈何遽兴兵击之!拓跋涉圭沉勇有谋,幼历艰难,兵精马强,未易轻也。皇太子富于春秋,志果气锐,今委之专任,必小魏而易之,万一不如所欲,伤威毁重,愿陛下深图之!"言颇激切,垂怒,免湖官。湖,泰之子也。

9 六月癸丑,燕太原元王楷卒。

10 西秦王乾归迁于西城。

11 秋,七月,三河王光帅众十万伐西秦,西秦左辅密贵周、左卫将军莫者羖羝劝西秦王乾归称藩于光,以子敕勃为质。光引兵还,乾归悔之,杀周及羖羝。

12 魏张衮闻燕军将至,言于魏王珪曰:"燕狃于滑台、长子之捷,竭国之资力以来,有轻我之心,宜羸形以骄之,乃可克也。"珪从之,悉徙部落畜产,西渡河千馀里以避之。燕军至五原,降魏别部三万馀家,收穄田百馀万斛,置黑城,进军临河,造船为济具。珪遣右司马许谦乞师于秦。

13 秃发乌孤击乙弗、折掘等诸部,皆破降之,筑廉川堡而都之。广武赵振,少好奇略,闻乌孤在廉川,弃家从之。乌孤喜曰:"吾得赵生,大事济矣!"拜左司马。三河王光封乌孤为广武郡公。

14 有长星见自须女,至于哭星。帝心恶之,于华林园举酒祝之曰:"长星,劝汝一杯酒;自古何有万岁天子邪!"

15 八月,魏王珪治兵河南;九月,进军临河。燕太子宝列兵将济,暴风起,漂其船数十艘泊南岸。魏获其甲士三百馀人,皆释而遣之。

宝之发中山也,燕主垂已有疾,既至五原,珪使人邀中山之路,伺其使者,尽执之。宝等数月不闻垂起居,珪使所执使者临河告之曰:"若父已死,何不早归!"宝等忧恐,士卒骇动。

珪使陈留公虔将五万骑屯河东,东平公仪将十万骑屯河北,略阳公遵将七万骑塞燕军之南。遵,寿鸠之子也。秦主兴遣杨佛嵩将兵救魏。

燕术士靳安言于太子宝曰:"天时不利,燕必大败,速去可免。"宝不听。安退,告人曰:"吾辈皆当弃尸草野,不得归矣!"

燕、魏相持积旬,赵王麟将慕舆嵩等以垂为实死,谋作乱,奉麟为主;事泄,嵩等皆死,宝、麟等内自疑。冬,十月辛未,烧船夜遁。时河冰未结,宝以魏兵必不能渡,不设斥候。十一月己卯,暴风,冰合,魏王珪引兵济河,留辎重,选精锐二万馀骑急追之。

燕军至参合陂,有大风,黑气如堤,自军后来,临覆军上。沙门支昙猛言于宝曰:"风气暴迅,魏兵将至之候,宜遣兵御之。"宝以去魏军已远,笑而不应。昙猛固请不已,麟怒曰:"以殿下神武,师徒之盛,足以横行沙漠,索虏何敢远来! 而昙猛妄言惊众,当斩以徇!"昙猛泣曰:"苻氏以百万之师,败于淮南,正由恃众轻敌,不信天道故也!"司徒德劝宝从昙猛言,宝乃遣麟帅骑三万居军后以备非常。麟以昙猛为妄,纵骑游猎,不肯设备。宝遣骑还调魏兵,骑行十馀里,即解鞍寝。

魏军晨夜兼行,乙酉,暮,至参合陂西。燕军在陂东,营于蟠羊山南水上。魏王珪夜部分诸将,掩覆燕军,士卒衔枚束马口潜进。丙戌,日出,魏军登山,下临燕营;燕军将东引,顾见之,士卒大惊扰乱。珪纵兵击之,燕兵走赴水,人马相腾蹂,压溺死者以万数。略阳公遵以兵邀其前,燕兵四五万人,一时放仗敛手就禽,其遗迸去者不过数千人,太子宝等皆单骑仅免。杀燕右仆射陈留悼王绍,生禽鲁阳王倭奴、桂林王道成、济阴公尹国等文武将吏数千人,兵甲粮货以钜万计。道成,垂之弟子也。

魏王珪择燕臣之有才用者代郡太守广川贾闰、闰从弟骠骑长史昌黎太守彝、太史郎晁崇等留之,其馀欲悉给衣粮遣还,以招怀中州之人。中部大人王建曰:"燕众强盛,今倾国而来,我幸而大捷,不如悉杀之,则其国空虚,取之为易。且获寇而纵之,无乃不可乎!"乃尽坑之。十二月,珪还云中之盛乐。

燕太子宝耻于参合之败,请更击魏。司徒德言于燕主垂曰:"虏以参合之捷,有轻太子之心,宜及陛下神略以服之,不然,将为后患。"垂乃以清河公会录留台事,领幽州刺史,代高阳王隆镇龙城;以阳城王兰汗为北中郎将,代长乐公盛镇蓟;命隆、盛悉引其精兵还中山,期以明年大举击魏。

16 是岁,秦主兴封其叔父绪为晋王,硕德为陇西王,弟崇为齐公,显为常山公。

二十一年(丙申,396)

1 春,正月,燕高阳王隆引龙城之甲入中山,军容精整,燕人之气稍振。

2 休官权万世帅众降西秦。

3 燕主垂遣征东将军平规发兵冀州。二月,规以博陵、武邑、长乐三郡兵反于鲁口,其从子冀州刺史喜谏,不听。规弟海阳令翰亦起兵于辽西以应之。垂遣镇东将军馀嵩击规,嵩败死。垂自将击规,至鲁口,规弃众,将妻子及平喜等数十人走渡河,垂引兵还。翰引兵趣龙城,清河公会遣东阳公根等击翰,破之,翰走山南。

4 三月庚子,燕主垂留范阳王德守中山,引兵密发,逾青岭,经天门;凿山通道,出魏不意,直指云中。魏陈留公虔帅部落三万馀家镇平城;垂至猎岭,以辽西王农、高阳王隆为前锋以袭之。是时,燕兵新败,皆畏魏,惟龙城兵勇锐争先。虔素不设备,闰月乙卯,燕军至平城,虔乃觉之,帅麾下出战,败死,燕军尽收其部落。魏王珪震怖欲走,诸部闻虔死,皆有贰心,珪不知所适。

垂之过参合陂也,见积骸如山,为之设祭,军士皆恸哭,声震山谷。垂惭愤呕血,由是发疾,乘马舆而进,顿平城西北三十里。太子宝等闻之,皆引还。燕军叛者奔告于魏云:"垂已死,舆尸在军。"魏王珪欲追之,闻平城已没,乃引还阴山。

垂在平城积十日,疾转笃,乃筑燕昌城而还。夏,四月癸未,卒于上谷之沮阳,秘不发丧。丙申,至中山;戊戌,发丧,谥曰成武皇帝,庙号世祖。壬寅,太子宝即位,大赦,改元永康。

五月辛亥,以范阳王德为都督冀兖青徐荆豫六州诸军事、车骑大将军、冀州牧,镇邺;辽西王农为都督并雍益梁秦凉六州诸军事、并州牧,镇晋阳。又以安定王库傉官伟为太师,夫馀王蔚为太傅。甲寅,以赵王麟领尚书左仆射,高阳王隆领右仆射,长乐公盛为司隶校尉,宜都王凤为冀州刺史。

5 乙卯,以散骑常侍彭城刘该为徐州刺史,镇鄄城。

6 甲子,以望蔡公谢琰为尚书左仆射。

7　初,燕王垂先段后生子令、宝,后段后生子朗、鉴,爱诸姬子麟、农、隆、柔、熙。宝初为太子,有美称,已而荒怠,中外失望。后段后尝言于垂曰:"太子遭承平之世,足为守成之主;今国步艰难,恐非济世之才。辽西、高阳二王,陛下之贤子,宜择一人,付以大业。赵王麟奸诈强愎,异日必为国家之患,宜早图之。"宝善事垂左右,左右多誉之,故垂以为贤,谓段氏曰:"汝欲使我为晋献公乎!"段氏泣而退,告其妹范阳王妃曰:"太子不才,天下所知,吾为社稷言之,主上乃以吾为骊姬,何其苦哉!观太子必丧社稷,范阳王有非常器度,若燕祚未尽,其在王乎!"宝及麟闻而恨之。

乙丑,宝使麟谓段氏曰:"后常谓主上不能守大业,今竟能不?宜早自裁,以全段宗!"段氏怒曰:"汝兄弟不难逼杀其母,况能守先业乎!吾岂爱死,但念国亡不久耳。"遂自杀。宝议以段后谋废适统,无母后之道,不宜成丧。群臣咸以为然。中书令眭邃飏言于朝曰:"子无废母之义,汉安思阎后亲废顺帝,犹得配飨太庙,况先后暧昧之言,虚实未可知乎!"乃成丧。

8　六月癸酉,魏王珪遣将军王建等击燕广甯太守刘亢泥,斩之,徙其部落于平城。燕上谷太守开封公详弃郡走。详,觊之曾孙也。

9　丁亥,魏贺太妃卒。

10　燕主宝定士族旧籍,分辨清浊,校阅户口,罢军营封荫之户,悉属郡县;由是士民嗟怨,始有离心。

11　三河王吕光即天王位,国号大凉,大赦,改元龙飞;备置百官,以世子绍为太子,封子弟为公侯者二十人;以中书令王详为尚书左仆射,著作郎段业等五人为尚书。

光遣使者拜秃发乌孤为征南大将军、益州牧、左贤王。乌孤谓使者曰:"吕王诸子贪淫,三甥暴虐,远近愁怨,吾安可违百姓之心,受不义之爵乎!吾当为帝王之事耳。"乃留其鼓吹、羽仪,谢而遣之。

12　平规收合馀党据高唐,燕主宝遣高阳王隆将兵讨之;东土之民,素怀隆惠,迎候者属路。秋,七月,隆进军临河,规弃高唐走。隆遣建威将军慕容进等济河追之,斩规于济北。平喜奔彭城。

13　纳故中书令王献之女为太子妃。献之,羲之之子也。

14　魏群臣劝魏王珪称尊号,珪始建天子旌旗,出警入跸,改元皇始。参军事上谷张恂劝珪进取中原,珪善之。

燕辽西王农悉将部曲数万口之并州,并州素乏储偫,是岁早霜,民不能供其食,又遣诸部护军分监诸胡,由是民夷俱怨,潜召魏军。八月己亥,魏王珪大举伐燕,步骑四十馀万,南出马邑,逾句注,旌旗二千馀里,鼓行而进。左将军雁门李栗将五万骑为前驱,别遣将军封真等从东道出军都,袭燕幽州。

15 燕征北大将军、幽平二州牧、清河公会母贱而年长,雄俊有器艺,燕主垂爱之。宝之伐魏也,垂命会摄东宫事、总录,礼遇一如太子。及垂伐魏,命会镇龙城,委以东北之任,国官府佐,皆选一时才望。垂疾笃,遗言命宝以会为嗣;而宝爱少子濮阳公策,意不在会。长乐公盛与会同年,耻为之下,乃与赵王麟共劝宝立策,宝从之。乙亥,立妃段氏为皇后,策为皇太子,会、盛皆进爵为王。策年十一,素恚弱,会闻之,心愠怒。

九月,章武王宙奉燕主垂及成哀段后之丧葬于龙城宣平陵,宝诏宙悉徙高阳王隆参佐、部曲、家属还中山,会违诏,多留部曲不遣。宙年长属尊,会每事陵侮之,见者皆知其有异志。

16 戊午,魏军至阳曲,乘西山,临晋阳,遣骑环城大噪而去。燕辽西王农出战,大败,奔还晋阳,司马慕舆嵩闭门拒之。农将妻子帅数千骑东走,魏中领将军长孙肥追之,及于潞州,获农妻子。燕军尽没,农被创,独与三骑逃归中山。

魏王珪遂取并州。初建台省,置刺史、太守、尚书郎以下官,悉用儒生为之。士大夫诣军门,无少长,皆引入存慰,使人人尽言,少有才用,咸加擢叙。己未,遣辅国将军奚收略地汾川,获燕丹杨王买德及离石护军高秀和。以中书侍郎张恂等为诸郡太守,招抚离散,劝课农桑。

燕主宝闻魏军将至,议于东堂。中山尹苻谟曰:“今魏军众强,千里远斗,乘胜气锐,若纵之使入平土,不可敌也,宜杜险以拒之。”中书令眭邃曰:“魏多骑兵,往来剽速,马上赍粮,不过旬日;宜令郡县聚民,千家为一堡,深沟高垒,清野以待之,彼至无所掠,不过六旬,食尽自退。”尚书封懿曰:“今魏兵数十万,天下之劲敌也,民虽筑堡,不足以自固,是聚兵及粮以资之也。且动摇民心,示之以弱,不如阻关拒战,计之上也。”赵王麟曰:“魏今乘胜气锐,其锋不可当,宜完守中山,待其弊而乘之。”于是修城积粟,为持久之备。命辽西王农出屯安喜,军事动静,悉以委麟。

17 帝嗜酒,流连内殿,醒治既少,外人罕得进见。张贵人宠冠后宫,后宫皆畏之。庚申,帝与后宫宴,妓乐尽侍;时贵人年近三十,帝戏之曰:“汝以年亦当废矣,吾意更属少者。”贵人潜怒,向夕,帝醉,寝于清暑殿,贵人遍饮宦者酒,散遣之,使婢以被蒙帝面,弑之,重赂左右,云“因魇暴崩”。时太子暗弱,会稽王道子昏荒,遂不复推问。王国宝夜叩禁门,欲入为遗诏,侍中王爽拒之曰:"大行晏驾,皇太子未至,敢入者斩!"国宝乃止。爽,恭之弟也。辛酉,太子即皇帝位,大赦。

癸亥,有司奏:会稽王道子宜进位太傅、扬州牧,假黄钺,诏内外众事动静咨之。

安帝幼而不慧,口不能言,至于寒暑饥饱亦不能辨,饮食寝兴皆非己出。母弟琅邪王德文,性恭谨,常侍左右,为之节适,始得其宜。

初,王国宝党附会稽王道子,骄纵不法,屡为御史中丞褚粲所纠。国宝起斋,侔清暑殿,孝武帝甚恶之;国宝惧,遂更求媚于帝而疏道子,帝复宠昵之。道子大怒,尝于内省面责国宝,以剑掷之,旧好尽矣。及帝崩,国宝复事道子,与王绪共为邪诌,道子更惑之,倚为心腹,遂参管朝权,威震内外,并为时之所疾。

王恭入赴山陵,每正色直言,道子深惮之。恭罢朝,叹曰:"榱栋虽新,便有黍离之叹!"绪说国宝,因恭入朝,劝相王伏兵杀之,国宝不许。道子欲辑和内外,乃深布腹心于恭,冀除旧恶;而恭每言及时政,辄厉声色。道子知恭不可和协,遂有相图之志。

或劝恭因入朝以兵诛国宝,恭以豫州刺史庾楷士马甚盛,党于国宝,惮之,不敢发。王珣谓恭曰:"国宝虽终为祸乱,要之罪逆未彰,今遽先事而发,必大失朝野之望。况拥强兵窃发于京辇,谁谓非逆!国宝若遂不改,恶布天下,然后顺众心以除之,亦无忧不济也。"恭乃止。既而谓珣曰:"比来视君一似胡广。"珣曰:"王陵廷争,陈平慎默,但问岁晏何如耳!"

冬,十月甲申,葬孝武帝于隆平陵。王恭还镇,将行,谓道子曰:"主上谅暗,冢宰之任,伊、周所难,愿大王亲万几,纳直言,放郑声,远佞人。"国宝等愈惧。

18　魏王珪使冠军将军代人于栗碑、宁朔将军公孙兰帅步骑二万,潜自晋阳开韩信故道。己酉,珪自井陉趋中山。李先降魏,珪以为征东左长史。

19　西秦凉州牧轲弹与秦州牧益州不平,轲弹奔凉。

20　魏王珪进攻常山,拔之,获太守苟延;自常山以东,守宰或走或降,诸郡县皆附于魏,惟中山、邺、信都三城为燕守。十一月,珪命东平公仪将五万骑攻邺,冠军将军王建、左将军李栗攻信都。戊午,珪进军中山;己未,攻之。燕高阳王隆守南郭,帅众力战,自旦至晡,杀伤数千人,魏兵乃退。珪谓诸将曰:"中山城固,宝必不肯出战,急攻则伤士,久围则费粮,不如先取邺、信都,然后图之。"丁卯,珪引兵而南。

章武王宙自龙城还,闻有魏寇,驰入蓟,与镇北将军阳城王兰乘城固守。兰,垂之从弟也。魏别将石河头攻之,不克,退屯渔阳。

珪军于鲁口,博陵太守申永奔河南,高阳太守崔宏奔海渚。珪素闻宏名,遣骑追求,获之,以为黄门侍郎,与给事黄门侍郎张衮对掌机要,创立制度。博陵令屈遵降魏,珪以为中书令,出纳号令,兼总文诰。

燕范阳王德使南安王青等夜击魏军于邺下,破之,魏军退屯新城。青等请追击之,别驾韩诨曰:"古人先计而后战。魏军不可击者四:悬军远客,利在野战,一也;深入近畿,顿兵死地,二也;前锋既败,后阵方固,三也;彼众我寡,四也。官军不宜动者三:自战其地,一也;动而不胜,众心难固,二也;城隍未修,敌来无备,三也。今魏无资粮,不如深垒固军以老之。"德从之,召青还。青,详之兄也。

十二月,魏辽西公贺赖卢帅骑二万会东平公仪攻邺。赖卢,讷之弟也。

魏别部大人没根有胆勇,魏王珪恶之。没根惧诛,己丑,将亲兵数十人降燕,燕主宝以为镇东大将军,封雁门公。没根求还袭魏,宝难与重兵,给百馀骑。没根效其号令,夜入魏营,至中仗,珪乃觉之,狼狈惊走,没根以所从人少,不能坏其大众,多获首虏而还。

21 杨盛遣使来请命;诏拜盛镇南将军、仇池公。盛表苻宣为平北将军。

22 是岁,越质诘归帅户二万叛西秦降于秦,秦人处之成纪,拜镇西将军、平襄公。

23 秦陇西王硕德攻姜乳于上邽,乳率众降。秦以硕德为秦州牧,镇上邽;征乳为尚书。强熙、权千成帅众三万共围上邽,硕德击破之,熙奔仇池,遂来奔。硕德西击千成于略阳,千成降。

24 西燕既亡,其所署河东太守柳恭等各拥兵自守。秦主兴遣晋王绪攻之,恭等临河拒守,绪不得济。

初,永嘉之乱,汾阴薛氏聚其族党,阻河自固,不仕刘、石。及苻氏兴,乃以礼聘薛彊,拜镇东将军,彊引秦兵自龙门济,遂入蒲阪,恭等皆降,兴以绪为并、冀二州牧,镇蒲阪。

资治通鉴卷第一百九

晋纪三十一

安皇帝甲

隆安元年（丁酉，397）

1　春，正月己亥朔，帝加元服，改元。以左仆射王珣为尚书令；领军将军王国宝为左仆射，领选；仍加后将军、丹杨尹。会稽王道子悉以东宫兵配国宝，使领之。

2　燕范阳王德求救于秦，秦兵不出，邺中恟惧。贺赖卢自以魏王珪之舅，不受东平公仪节度，由是与仪有隙。仪司马丁建阴与德通，从而构间之，射书入城中言其状。甲辰，风霾，昼晦，赖卢营有火，建言于仪曰："赖卢烧营为变矣。"仪以为然，引兵退；赖卢闻之，亦退；建帅其众诣德降，且言仪师老可击。德遣桂阳王镇、南安王青帅骑七千追击魏军，大破之。

燕主宝使左卫将军慕舆腾攻博陵，杀魏所置守宰。

王建等攻信都，六十馀日不下，士卒多死。庚申，魏王珪自攻信都。壬戌夜，燕宜都王凤逾城奔中山。癸亥，信都降魏。

3　凉王光以西秦王乾归数反覆，举兵伐之。乾归群下请东奔成纪以避之，乾归曰："军之胜败，在于巧拙，不在众寡。光兵虽众而无法，其弟延勇而无谋，不足惮也。且其精兵尽在延所，延败，光自走矣。"光军于长最，遣太原公纂等帅步骑三万攻金城；乾归帅众二万救之，未至，纂等拔金城。光又遣其将梁恭等以甲卒万馀出阳武下峡，与秦州刺史没弈干攻东，天水公延以枹罕之众攻临洮、武始、河关，皆克之。乾归使人绐延云："乾归众溃，奔成纪。"延欲引轻骑追之，司马耿稚谏曰："乾归勇略过人，安肯望风自溃！前破王广、杨定，皆赢师以诱之。今告者视高色动，殆必有奸，宜整陈而前，使步骑相属，俟诸军毕集，然后击之，无不克矣。"延不从，进，与乾归遇，延战死。稚与将军姜显收散卒，还屯枹罕。光亦引兵还姑臧。

4　秃发乌孤自称大都督、大将军、大单于、西平王，大赦，改元太初。治兵广武，攻凉金城，克之。凉王光遣将军窦苟伐之，战于街亭，凉兵大败。

5　燕主宝闻魏王珪攻信都，出屯深泽，遣赵王麟攻杨城，杀守兵三百。宝悉出珍宝及宫人募郡国群盗以击魏。

二月己巳朔，珪还屯杨城。没根兄子丑提为并州监军，闻其叔父降燕，惧诛，帅所部兵还国作乱。珪欲北还，遣其国相涉延求和于燕，且请以其弟为质。宝闻魏有内难，不许，使冗从仆射兰真责珪负恩，悉发其众步卒十二万、骑三万七千屯于曲阳之柏肆，营于滹沱水北以邀之。丁丑，魏军至，营于水南。宝潜师夜济，募勇敢万馀人袭魏营，宝陈于营北以为之援。募兵因风纵火，急击魏军，魏军大乱，珪惊起，弃营跣走；燕将军乞特真帅百馀人至其帐下，得珪衣靴。既而募兵无故自惊，互相矷射，珪于营外望见之，乃击鼓收众，左右及中军将士稍稍来集，多布火炬于营外，纵骑冲之。募兵大败，还赴宝陈，宝引兵复渡水北。戊寅，魏整众而至，与燕相持，燕军夺气。宝引还中山，魏兵随而击之，燕兵屡败。宝惧，弃大军，帅骑二万奔还，时大风雪，冻死者相枕。宝恐为魏军所及，命士卒皆弃袍仗、兵器数十万，寸刃不返，燕之朝臣将卒降魏及为魏所系虏者甚众。

先是，张衮尝为魏王珪言燕秘书监崔逞之材，珪得之，甚喜，以逞为尚书，使录三十六曹，任以政事。

魏军士有自柏肆亡归者，言大军败散，不知王处。道过晋阳，晋阳守将封真因起兵攻并州刺史曲阳侯素延，素延击斩之。

南安公顺守云中，闻之，欲自摄国事。幢将代人莫题曰："此大事，不可轻尔，宜审待后问，不然，为祸不细。"顺乃止。顺，什翼犍之孙也。贺兰部帅附力眷、纥邻部帅匿物尼、纥奚部帅叱奴根皆举兵反，顺讨之，不克。珪遣安远将军庾岳帅万骑还讨三部，皆平之，国人乃安。

珪欲抚慰新附，深悔参合之诛，素延坐讨反者杀戮过多，免官；以奚牧为并州刺史。牧与东秦主兴书称"顿首"，与之均礼。兴怒，以告珪，珪为之杀牧。

己卯夜，燕尚书郎慕舆皓谋弑燕主宝，立赵王麟；不克，斩关出奔魏，麟由是不自安。

6　三月，燕以仪同三司武乡张崇为司空。

7　初，燕清河王会闻魏军东下，表求赴难，燕主宝许之。会初无去意，使征南将军库傉官伟、建威将军馀崇将兵五千为前锋。崇，嵩之子也。

伟等顿卢龙近百日,无食,啖马牛且尽;会不发。宝怒,累诏切责;会不得已,以治行简练为名,复留月馀。时道路不通,伟欲使轻军前行通道,侦魏强弱,且张声势;诸将皆畏避不欲行。馀崇奋曰:"今巨寇滔天,京都危逼,匹夫犹思致命以救君父,诸君荷国宠任,而更惜生乎! 若社稷倾覆,臣节不立,死有馀辱;诸君安居于此,崇请当之。"伟喜,简给步骑五百人。崇进至渔阳,遇魏千馀骑。崇谓其众曰:"彼众我寡,不击则不得免。"乃鼓噪直进,崇手杀十馀人。魏骑溃去,崇亦引还,斩首获生,具言敌中阔狭,众心稍振。会乃上道徐进,是月,始达蓟城。

魏围中山既久,城中将士皆思出战。征北大将军隆言于宝曰:"涉珪虽屡获小利,然顿兵经年,凶势沮屈,士马死伤太半,人心思归,诸部离解,正是可破之时也。加之举城思奋,若因我之锐,乘彼之衰,往无不克。如其持重不决,将卒气丧,日益困逼,事久变生,后虽欲用之,不可得也!"宝然之。而卫大将军麟每沮其议,隆成列而罢者,前后数四。

宝使人请于魏王珪,欲还其弟觚,割常山以西皆与魏以求和;珪许之,既而宝悔之。己酉,珪如卢奴,辛亥,复围中山。燕将士数千人俱自请于宝曰:"今坐守穷城,终于困弊,臣等愿得一出乐战,而陛下每抑之,此为坐自摧败也。且受围历时,无他奇变,徒望积久寇贼自退。今内外之势,强弱悬绝,彼必不自退明矣,宜从众一决。"宝许之。隆退而勒兵,召诸参佐谓之曰:"皇威不振,寇贼内侮,臣子同耻,义不顾生。今幸而破贼,吉还固善;若其不幸,亦使吾志节获展。卿等有北见吾母者,为吾道此情也!"乃被甲上马,诣门俟命。麟复固止宝,众大忿恨,隆涕泣而还。

是夜,麟以兵劫左卫将军北地王精,使帅禁兵弑宝。精以义拒之,麟怒,杀精,出奔西山,依丁零馀众。于是城中人情震骇。

宝不知麟所之,以清河王会军在近,恐麟夺会军,先据龙城,乃召隆及骠骑大将军农,谋去中山,走保龙城。隆曰:"先帝栉风沐雨以成中兴之业,崩未期年而天下大坏,岂得不谓之孤负邪! 今外寇方盛而内难复起,骨肉乖离,百姓疑惧,诚不可以拒敌,北迁旧都,亦事之宜。然龙川地狭民贫,若以中国之意取足其中,复朝夕望有大功,此必不可。若节用爱民,务农训兵,数年之中,公私充实,而赵、魏之间,厌苦寇暴,民思燕德,庶几返旆,克复故业。如其未能,则凭险自固,犹足以优游养锐耳。"宝曰:"卿言尽理,朕一从卿意耳。"

辽东高抚,善卜筮,素为隆所信厚,私谓隆曰:"殿下北行,终不能达,太妃亦不可得见。若使主上独往,殿下潜留于此,必有大功。"隆曰:"国有大难,主上蒙尘,且老母在北,吾得北首而死,犹无所恨。卿是何言也!”乃遍召僚佐,问其去留,唯司马鲁恭、参军成岌愿从,馀皆欲留,隆并听之。

农部将谷会归说农曰:“城中之人,皆涉珪、参合所杀者父兄子弟,泣血踊跃,欲与魏战,而为卫军所抑。今闻主上当北迁,皆曰:‘得慕容氏一人奉而立之,以与魏战,死无所恨。’大王幸而留此,以副众望,击退魏军,抚宁畿甸,奉迎大驾,亦不失为忠臣也。”农欲杀归而惜其材力,谓之曰:“必如此以望生,不如就死!”

壬子,夜,宝与太子策、辽西王农、高阳王隆、长乐王盛等万馀骑出赴会军,河间王熙、勃海王朗、博陵王鉴皆幼,不能出城,隆还入迎之,自为鞁乘,俱得免。燕将李沈等降魏。乐浪王惠、中书侍郎韩范、员外郎段宏、太史令刘起等帅工伎三百奔邺。

中山城中无主,百姓惶惑,东门不闭。魏王珪欲夜入城,冠军将军王建志在虏掠,乃言恐士卒盗府库物,请俟明旦,珪乃止。燕开封公详从宝不成,城中立以为主,闭门拒守;珪尽众攻之,连日不拔。使人登巢车,临城谕之曰:“慕容宝已弃汝走,汝曹百姓空自取死,欲谁为乎?”皆曰:“群小无知,恐复如参合之众,故苟延旬月之命耳。”珪顾王建而唾其面,使中领将军长孙肥、左将军李栗将三千骑追宝至范阳,不及,破其新城戍而还。

8　甲寅,尊皇太后李氏为太皇太后。戊午,立皇后王氏。

9　燕主宝出中山,与赵王麟遇于阱城。麟不意宝至,惊骇,帅其众奔蒲阴,复出屯望都,士人颇供给之。慕容详遣兵掩击麟,获其妻子,麟脱走,入山中。

甲寅,宝至蓟,殿中亲近散亡略尽,惟高阳王隆所领数百骑为宿卫。清河王会帅骑卒二万迎于蓟南,宝怪会容止快快有恨色,密告隆及辽西王农。农、隆俱曰:“会年少,专任方面,习骄所致,岂有他也!臣等当以礼责之。”宝虽从之,然犹诏解会兵以属隆,隆固辞;乃减会兵分给农、隆。又遣西河公库傉官骥帅兵三千助守中山。

丙辰,宝尽徙蓟中府库北趣龙城。魏石河头引兵追之,戊午,及宝于夏谦泽。宝不欲战,清河王会曰:“臣抚教士卒,惟敌是求。今大驾蒙尘,人思效命,而虏敢自送,众心忿愤。兵法曰:‘归师勿遏。’又曰:‘置之死地而后生。’今我皆得之,何患不克!若其舍去,贼必乘人,或生馀变。”宝乃从之。会整陈与魏兵战,农、隆等将南来骑冲之,魏兵大败,追奔百馀里,斩首数千级。隆又独追数十里而还,谓故吏留台治书阳璆曰:“中山城中积兵数万,不得展吾意,今日之捷,令人遗恨。”因慷慨流涕。

会既败魏兵,矜很滋甚;隆屡训责之,会益忿恚。会以农、隆皆尝镇龙城,属尊位重,名望素出己右,恐至龙城,权政不复在己,又知终无为嗣之望,乃谋作乱。

幽、并之兵皆怀会恩,不乐属二王,请于宝曰:“清河王勇略高世,臣等与之誓同生死,愿陛下与皇太子、诸王留蓟宫,臣等从王南解京师之围,还迎大驾。”宝左右皆恶会,言于宝曰:“清河王不得为太子,神色甚不平。且其才武过人,善收人心;陛下若从众请,臣恐解围之后,必有卫辄之事。”宝乃谓众曰:“道通年少,才不及二王,岂可当专征之任! 且朕方自统六师,杖会以为羽翼,何可离左右也!”众不悦而退。

左右劝宝杀会。侍御史仇尼归闻之,告会曰:“大王所恃者父,父已异图;所杖者兵,兵已去手;欲于何所自容乎! 不如诛二王,废太子,大王自处东宫,兼将相之任,以匡复社稷,此上策也。”会犹豫未许。

宝谓农、隆曰:“观道通志趣,必反无疑,宜早除之。”农、隆曰:“今寇敌内侮,中土纷纭,社稷之危,有如累卵。会镇抚旧都,远赴国难,其威名之重,足以震动四邻。逆状未彰而遽杀之,岂徒伤父子之恩,亦恐大损威望。”宝曰:“会逆志已成,卿等慈恕,不忍早杀,恐一旦为变,必先害诸父,然后及吾,至时勿悔自负也!”会闻之,益惧。

夏,四月癸酉,宝宿广都黄榆谷,会遣其党仇尼归、吴提染干帅壮士二十馀人分道袭农、隆,杀隆于帐下;农被重创,执仇尼归,逃入山中。会以仇尼归被执,事终显发,乃夜诣宝曰:“农、隆谋逆,臣已除之。”宝欲讨会,阳为好言以安之曰:“吾固疑二王久矣,除之甚善。”

甲戌,旦,会立仗严备,乃引道。会欲弃隆丧,馀崇涕泣固请,乃听载随军。农出,自归,宝呵之曰:“何以自负邪?”命执之。行十馀里,宝顾召群臣食,且议农罪。会就坐,宝目卫军将军慕舆腾使斩会,伤其首,不能杀。会走赴其军,勒兵攻宝。宝帅数百骑驰二百里,晡时,至龙城。会遣骑追至石城,不及。

乙亥,会遣仇尼归攻龙城,宝夜遣兵袭击,破之。会遣使请诛左右佞臣,并求为太子;宝不许。会尽收乘舆器服,以后宫分给将帅,署置百官,自称皇太子、录尚书事,引兵向龙城,以讨慕舆腾为名;丙子,顿兵城下。宝临西门,会乘马遥与宝语,宝责让之。会命军士向宝大噪以耀威,城中将士皆愤怒,向暮出战,大破之。会兵死伤太半,走还营。侍御郎高云夜帅敢死士百馀人袭会军,会众皆溃。会将十馀骑奔中山,开封公详杀之。

宝杀会母及其三子。

丁丑，宝大赦，凡与会同谋者，皆除罪，复旧职；论功行赏，拜将军、封侯者数百人。辽西王农骨破见脑，宝手自裹创，仅而获济。以农为左仆射，寻拜司空、领尚书令。馀崇出自归，宝嘉其忠，拜中坚将军，使典宿卫。赠高阳王隆司徒，谥曰康。

宝以高云为建威将军，封夕阳公，养以为子。云，高句丽之支属也，燕王皝破高句丽，徙于青山，由是世为燕臣。云沉厚寡言，时人莫知，惟中卫将军长乐冯跋奇其志度，与之为友。跋父和，事西燕主永为将军，永败，徙和龙。

10　仆射王国宝、建威将军王绪依附会稽王道子，纳贿穷奢，不知纪极。恶王恭、殷仲堪，劝道子裁损其兵权；中外恟恟不安。恭等各缮甲勒兵，表请北伐；道子疑之，诏以盛夏妨农，悉使解严。

恭遣使与仲堪谋讨国宝等。桓玄以仕不得志，欲假仲堪兵势以作乱，乃说仲堪曰："国宝与君诸人素已为对，唯患相毙之不速耳。今既执大权，与王绪相表里，其所回易，无不如志；孝伯居元舅之地，必未敢害之。君为先帝所拔，超居方任，人情皆以君为虽有思致，非方伯才。彼若发诏征君为中书令，用殷觊为荆州，君何以处之？"仲堪曰："忧之久矣，计将安出？"玄曰："孝伯疾恶深至，君宜潜与之约，兴晋阳之甲以除君侧之恶，东西齐举，玄虽不肖，愿帅荆、楚豪杰，荷戈先驱，此桓、文之勋也。"

仲堪心然之，乃外结雍州刺史郗恢，内与从兄南蛮校尉觊、南郡相陈留江绩谋之。觊曰："人臣当各守职分，朝廷是非，岂藩屏之所制也！晋阳之事，不敢预闻。"仲堪固邀之，觊怒曰："吾进不敢同，退不敢异。"绩亦极言其不可。觊恐绩及祸，于坐和解之。绩曰："大丈夫何至以死相胁邪！江仲元行年六十，但未获死所耳！"仲堪惮其坚正，以杨佺期代之。朝廷闻之，征绩为御史中丞。觊遂称散发，辞位，仲堪往省之，谓觊曰："兄病殊为可忧。"觊曰："我病不过身死，汝病乃当灭门。宜深自爱，勿以我为念！"郗恢亦不肯从。仲堪疑未决，会王恭使至，仲堪许之，恭大喜。甲戌，恭上表罪状国宝，举兵讨之。

初，孝武帝委任王珣，及帝暴崩，不及受顾命，珣一旦失势，循默而已。丁丑，王恭表至，内外戒严，道子问珣曰："二藩作逆，卿知之乎？"珣曰："朝政得失，珣弗之预，王、殷作难，何由可知！"王国宝惶惧，不知所为，遣数百人戍竹里，夜遇风雨，各散归。王绪说国宝矫相王之命召王珣、车胤杀之，以除时望，因挟君相发兵以讨二藩。国宝许之。珣、胤至，国宝不敢害,更问计于珣。珣曰:"王、殷与卿素无深怨,所竞不过势利之间耳。"国宝曰:"将曹爽我乎?"珣曰:"是何言欤!卿宁有爽之罪,王孝伯岂宣帝之俦邪?"又问计于胤,胤曰:"昔桓公围寿阳,弥时乃克。今朝廷遣军,恭必城守。若京口未拔而上流奄至,君将何以待之?"国宝尤惧,遂上疏解职,诣阙待罪;既而悔之,诈称诏复其本官。道子暗懦,欲求姑息,乃委罪国宝,遣骠骑谘议参军谯王尚之收国宝付廷尉。尚之,恬之子也。甲申,赐国宝死,斩绪于市,遣使诣恭,深谢愆失;恭乃罢兵还京口。国宝兄侍中恺、骠骑司马愉并请解职;道子以恺、愉与国宝异母,又素不协,皆释不问。戊子,大赦。

殷仲堪虽许王恭,犹豫不敢下;闻国宝等死,乃始抗表举兵,遣杨佺期屯巴陵。道子以书止之,仲堪乃还。

会稽世子元显,年十六,有俊才,为侍中,说道子以王、殷终必为患,请潜为之备。道子乃拜元显征房将军,以其卫府及徐州文武悉配之。

11 魏王珪以军食不给,命东平公仪去邺,徙屯钜鹿,积租杨城。慕容详出步卒六千人,伺间袭魏诸屯,珪击破之,斩首五千,生擒七百人,皆纵之。

12 初,张掖卢水胡沮渠罗仇,匈奴沮渠王之后也,世为部帅。凉王光以罗仇为尚书,从光伐西秦。及吕延败死,罗仇弟三河太守麴粥谓罗仇曰:"主上荒耄信谗,今军败将死,正其猜忌智勇之时也。吾兄弟必不见容,与其死而无名,不若勒兵向西平,出苕藿,奋臂一呼,凉州不足定也。"罗仇曰:"诚如汝言。然吾家世以忠孝著于西土,宁使人负我,我不忍负人也。"光果听谗,以败军之罪杀罗仇及麴粥。罗仇弟子蒙逊,雄杰有策略,涉猎书史,以罗仇、麴粥之丧归葬;诸部多其族姻,会葬者凡万馀人。蒙逊哭谓众曰:"吕王昏荒无道,多杀不辜。吾之上世,虎视河西,今欲与诸部雪二父之耻,复上世之业,何如?"众咸称万岁。遂结盟起兵,攻凉临松郡,拔之,屯据金山。

13 司徒左长史王廞,导之孙也,以母丧居吴。王恭之讨王国宝也,版廞行吴国内史,使起兵于东方。廞使前吴国内史虞啸父等入吴兴、义兴召募兵众,赴者万计。未几,国宝死,恭罢兵,符廞去职,反丧服。廞以起兵之际,诛异己者颇多,势不得止,遂大怒,不承恭命,使其子泰将兵伐恭,笺于会稽王道子,称恭罪恶;道子以其笺送恭。五月,恭遣司马刘牢之帅五千人击泰,斩之。又与廞战于曲阿,众溃,廞单骑走,不知所在。收虞啸父下廷尉,以其祖潭有功,免为庶人。

14　燕库傉官骥入中山,与开封公详相攻。详杀骥,尽灭库傉官氏;又杀中山尹苻谟,夷其族。中山城无定主,民恐魏兵乘之,男女结盟,人自为战。

甲辰,魏王珪罢中山之围,就谷河间,督诸郡义租。甲寅,以东平公仪为骠骑大将军、都督中外诸军事、兖豫雍荆徐扬六州牧、左丞相,封卫王。

慕容详自谓能却魏兵,威德已振,乃即皇帝位,改元建始,置百官。以新平公可足浑潭为车骑大将军、尚书令,杀拓跋觚以固众心。

邺中官属劝范阳王德称尊号,会有自龙城来者,知燕主宝犹存,乃止。

15　凉王光遣太原公纂将兵击沮渠蒙逊于忽谷,破之。蒙逊逃入山中。

蒙逊从兄男成为凉将军,闻蒙逊起兵,亦合众数千屯乐涫。酒泉太守垒澄讨男成,兵败,澄死。

男成进攻建康,遣使说建康太守段业曰:“吕氏政衰,权臣擅命,刑杀无常,人无容处。一州之地,叛者相望,瓦解之形昭然在目,百姓嗷然无所依附。府君奈何以盖世之才,欲立忠于垂亡之国! 男成等既唱大义,欲屈府君抚临鄙州,使涂炭之馀,蒙来苏之惠,何如?”业不从。相持二旬,外救不至,郡人高逵、史惠等劝业从男成之请。业素与凉侍中房晷、仆射王详不平,惧不自安,乃许之。男成等推业为大都督、龙骧大将军、凉州牧、建康公,改元神玺。以男成为辅国将军,委以军国之任。蒙逊帅众归业,业以蒙逊为镇西将军。光命太原公纂将兵讨业,不克。

16　六月,西秦王乾归征北河州刺史彭奚念为镇卫将军;以镇西将军屋弘破光为河州牧;定州刺史翟瑥为兴晋太守,镇枹罕。

17　秋,七月,慕容详杀可足浑潭。详嗜酒奢淫,不恤士民,刑杀无度,所诛王公以下五百馀人,群下离心。城中饥窘,详不听民出采稆,死者相枕,举城皆谋迎赵王麟。详遣辅国将军张骧帅五千馀人督租于常山,麟自丁零入骧军,潜袭中山,城门不闭,执详,斩之。麟遂称尊号,听人四出采稆。人既饱,求与魏战,麟不从,稍复穷馁。魏王珪军鲁口,遣长孙肥帅骑七千袭中山,入其郛;麟追至泒水,为魏所败而还。

八月丙寅朔,魏王珪徙军常山之九门。军中大疫,人畜多死,将士皆思归。珪问疫于诸将,对曰:“在者才什四、五。”珪曰:“此固天命,将若之何! 四海之民,皆可为国,在吾所以御之耳,何患无民!”群臣乃不敢言。遣抚军大将军略阳公遵袭中山,入其郛而还。

18　燕以辽西王农为都督中外诸军事、大司马、录尚书事。

19　凉散骑常侍、太常西平郭黁,善天文数术,国人信重之。会荧惑守东井,黁谓仆射王详曰:"凉之分野,将有大兵。主上老病,太子暗弱,太原公凶悍,一旦不讳,祸乱必起。吾二人久居内要,彼常切齿,将为诛首矣。田胡王乞基部落最强,二苑之人,多其旧众。吾欲与公举大事,推乞基为主,二苑之众,尽我有也。得城之后,徐更议之。"详从之。黁夜以二苑之众烧洪范门,使详为内应;事泄,详被诛,黁遂据东苑以叛。民间皆言圣人举兵,事无不成,从之者甚众。

凉王光召太原公纂使讨黁。纂将还,诸将皆曰:"段业必蹑军后,宜潜师夜发。"纂曰:"业无雄才,凭城自守;若潜师夜去,适足张其气势耳。"乃遣使告业曰:"郭黁作乱,吾今还都;卿能决者,可早出战。"于是引还。业不敢出。

纂司马杨统谓其从兄桓曰:"郭黁举事,必不虚发。吾欲杀纂,推兄为主,西袭吕弘,据张掖,号令诸郡,此千载一时也。"桓怒曰:"吾为吕氏臣,安享其禄,危不能救,岂可复增其难乎! 吕氏若亡,吾为弘演矣!"统至番禾,遂叛归黁。弘,纂之弟也。

纂与西安太守石元良共击黁,大破之,乃得入姑臧。黁得光孙八人于东苑,及败而恚,悉投于锋上,枝分节解,饮其血以盟众,众皆掩目。

凉人张捷、宋生等招集戎、夏三千人,反于休屠城。与黁共推凉后将军杨轨为盟主。轨,略阳氐也。将军程肇谏曰:"卿弃龙头而从蛇尾,非计也。"轨不从;自称大将军、凉州牧、西平公。

纂击破黁将王斐于城西,黁兵势渐衰,遣使请救于秃发乌孤。九月,乌孤使其弟骠骑将军利鹿孤帅骑五千赴之。

20　秦太后蛇氏卒。秦主兴哀毁过礼,不亲庶政。群臣请依汉、魏故事,既葬即吉。尚书郎李嵩上疏曰:"孝治天下,先王之高事也。宜遵圣性以光道训,既葬之后,素服临朝。"尹纬驳曰:"嵩矫常越礼,请付有司论罪。"兴曰:"嵩忠臣孝子,有何罪乎! 其一从嵩议。"

21　鲜卑薛勃叛秦,秦主兴自将讨之。勃败,奔没弈干,没弈干执送之。

22　秦泫氏男姚买得谋弑秦主兴,不克而死。

23　秦主兴入寇湖城,弘农太守陶仲山、华山太守董迈皆降之;遂至陕城,进寇上洛,拔之。遣姚崇寇洛阳,河南太守夏侯宗之固守金墉,崇攻之不克,乃徙流民二万馀户而还。

武都氐屠飞、啖铁等据方山以叛秦,兴遣姚绍等讨之,斩飞、铁。

兴勤于政事,延纳善言,京兆杜瑾等皆以论事得显拔,天水姜龛等以儒学见尊礼,给事黄门侍郎古成诜等以文章参机密。诜刚介雅正,以风教为己任。京兆韦高慕阮籍之为人,居母丧,弹琴饮酒。诜闻之而泣,持剑求高,欲杀之,高惧而逃匿。

24 中山饥甚,慕容麟帅二万馀人出据新市。甲子晦,魏王珪进军攻之。太史令晁崇曰:"不吉。昔纣以甲子亡,谓之疾日,兵家忌之。"珪曰:"纣以甲子亡,周武不以甲子兴乎?"崇无以对。冬,十月丙寅,麟退阻泒水。甲戌,珪与麟战于义台,大破之,斩首九千馀级,麟与数十骑驰取妻子入西山,遂奔邺。

甲申,魏克中山,燕公卿、尚书、将吏、士卒降者二万馀人。张骧、李沈先尝降魏,复亡去,珪入城,皆赦之。得燕玺绶、图书、府库珍宝以万数,班赏群臣将士有差。追谥弟觚为秦愍王;发慕容详冢,斩其尸;收杀觚者高霸、程同,皆夷五族,以大刃剉之。

丁亥,遣三万骑就卫王仪,将攻邺。

25 秦长水校尉姚珍奔西秦,西秦王乾归以女妻之。

26 河南鲜卑吐秦等十二部大人,皆附于秃发乌孤。

27 燕人有自中山至龙城者,言拓跋涉珪衰弱,司徒德完守邺城。会德表至,劝燕主宝南还,宝于是大简士马,将复取中原。遣鸿胪鲁邃册拜德为丞相、冀州牧,南夏公侯牧守皆听承制封拜。十一月癸丑,燕大赦。十二月,调兵悉集,戒严在顿,遣将军启仑南视形势。

乙亥,慕容麟至邺,复称赵王,说范阳王德曰:"魏既克中山,将乘胜攻邺,邺中虽有蓄积,然城大难固,且人心恇惧,不可守也。不如南趣滑台,阻河以待魏,伺衅而动,河北庶可复也。"时鲁阳王和镇滑台,和,垂之弟子也,亦遣使迎德;德许之。

资治通鉴卷第一百一十

晋纪三十二

安皇帝乙

隆安二年（戊戌，398）

1　春，正月，燕范阳王德自邺帅户四万南徙滑台。魏卫王仪入邺，收其仓库，追德至河，弗及。

赵王麟上尊号于德，德用兄垂故事，称燕王，改永康三年为元年，以统府行帝制，置百官。以赵王麟为司空、领尚书令，慕容法为中军将军，慕舆拔为尚书左仆射，丁通为右仆射。麟复谋反，德杀之。

2　庚子，魏王珪自中山南巡至高邑，得王永之子宪，喜曰："王景略之孙也。"以为本州中正，领选曹事，兼掌门下。至邺，置行台，以龙骧将军日南公和跋为尚书，与左丞贾彝帅吏兵五千人镇邺。

珪自邺还中山，将北归，发卒万人治直道，自望都凿恒岭至代五百馀里。珪恐已既去，山东有变，复置行台于中山，命卫王仪镇之；以抚军大将军略阳公遵为尚书左仆射，镇勃海之合口。

右将军尹国督租于冀州，闻珪将北还，谋袭信都；安南将军长孙嵩执国，斩之。

3　燕启伦还至龙城，言中山已陷；燕主宝命罢兵。辽西王农言于宝曰："今迁都尚新，未可南征，宜因成师袭库莫奚，取其牛马以充军资，更审虚实，俟明年而议之。"宝从之。己未，北行。庚申，渡浇洛水，会南燕王德遣侍郎李延诣宝，言"涉圭西上，中国空虚"。延追宝及之，宝大喜，即日引还。

4　辛酉，魏王珪发中山，徙山东六州吏民杂夷十馀万口以实代。博陵、勃海、章武群盗并起，略阳公遵等讨平之。

广川太守贺赖卢，性豪健，耻居冀州刺史王辅之下，袭辅，杀之，驱勒守兵，掠阳平、顿丘诸郡，南渡河，奔南燕。南燕王德以赖卢为并州刺史，封广宁王。

5 西秦王乾归遣乞伏益州攻凉支阳、鹯武、允吾三城,克之;虏万馀人而去。

6 燕主宝还龙城宫,诏诸军就顿,不听罢散,文武将士皆以家属随驾。辽西王农、长乐王盛切谏,以为兵疲力弱,魏新得志,未可与敌,宜且养兵观衅。宝将从之,抚军将军慕舆腾曰:"百姓可与乐成,难与图始。今师众已集,宜独决圣心,乘机进取,不宜广采异同以沮大计。"宝乃曰:"吾计决矣,敢谏者斩!"二月乙亥,宝出就顿,留盛统后事。己卯,燕军发龙城,慕舆腾为前军,司空农为中军,宝为后军,相去各一顿,连营百里。

壬午,宝至乙连,长上段速骨、宋赤眉等因众心之惮征役,遂作乱。速骨等皆高阳王隆旧队,共逼隆子高阳王崇为主,杀乐浪威王宙、中牟熙公段谊及宗室诸王。河间王熙素与崇善,崇拥佑之,故独得免。燕主宝将十馀骑奔司空农营,农将出迎,左右抱其腰,止之曰:"宜小清澄,不可便出。"农引刀将斫之,遂出见宝,又驰信追慕舆腾。癸未,宝、农引兵还趣大营,讨速骨等。农营兵亦厌征役,皆弃仗走,腾营亦溃。宝、农奔还龙城。长乐王盛闻乱,引兵出迎,宝、农仅而得免。

7 会稽王道子忌王、殷之逼,以谯王尚之及弟休之有才略,引为腹心。尚之说道子曰:"今方镇强盛,宰相权轻,宜密树腹心于外以自藩卫。"道子从之,以其司马王愉为江州刺史,都督江州及豫州之四郡军事,用为形援,日夜与尚之谋议,以伺四方之隙。

8 魏王珪如繁畤宫,给新徙民田及牛。

珪畋于白登山,见熊将数子,谓冠军将军于栗䃅曰:"卿名勇健,能搏此乎?"对曰:"兽贱人贵,若搏而不胜,岂不虚毙一壮士乎!"乃驱致珪前,尽射而获之。珪顾谢之。

秀容川酋长尔朱羽健从珪攻晋阳、中山有功,拜散骑常侍,环其所居,割地三百里以封之。

柔然数侵魏边,尚书中兵郎李先请击之;珪从之,大破柔然而还。

9 杨轨以其司马郭纬为西平相,帅步骑二万北赴郭黁。秃发乌孤遣其弟车骑将军傉檀帅骑一万助轨。轨至姑臧,营于城北。

10 燕尚书顿丘王兰汗阴与段速骨等通谋,引兵营龙城之东;城中留守兵至少,长乐王盛徙内近城之民,得丁夫万馀,乘城以御之。速骨等同谋才百馀人,馀皆为所驱胁,莫有斗志。三月甲午,速骨等将攻城,辽西桓烈王农恐不能守,且为兰汗所诱,夜,潜出赴之,冀以自全。明旦,速骨等攻城,城上拒战甚力,速骨之众死者以百数。速骨乃将农循城,农素有忠节威名,城中之众恃以为强,忽见在城下,无不惊愕丧气,遂皆逃溃。速骨入城,纵兵杀掠,死者狼籍。宝、盛与慕舆腾、馀崇、张真、李旱、赵恩等轻骑南走。速骨幽农于殿内。长上阿交罗,速骨之谋主也,以高阳王崇幼弱,更欲立农。崇亲信疃让、出力犍等闻之,丁酉,杀罗及农。速骨即为之诛让等。农故吏左卫将军宇文拔亡奔辽西。

庚子,兰汗袭击速骨,并其党尽杀之。废崇,奉太子策,承制大赦,遣使迎宝,及于蓟城。宝欲还,长乐王盛等皆曰:"汗之忠诈未可知,今单骑赴之,万一汗有异志,悔之无及。不如南就范阳王,合众以取冀州;若其不捷,收南方之众,徐归龙都,亦未晚也。"宝从之。

11　离石胡帅呼延铁、西河胡帅张崇等不乐徙代,聚众叛魏,魏安远将军庾岳讨平之。

12　魏王珪召卫王仪入辅,以略阳公遵代镇中山,夏,四月壬戌,以征虏将军穆崇为太尉,安南将军长孙嵩为司徒。

13　燕主宝从间道过邺,邺人请留,宝不许。南至黎阳,伏于河西,遣中黄门令赵思告北地王锺曰:"上以二月得丞相表,即时南征,至乙连,会长上作乱,失据来此。王亟白丞相奉迎!"锺,德之从弟也,首劝德称尊号,闻而恶之,执思付狱,以状白南燕王德。德谓群下曰:"卿等以社稷大计,劝吾摄政,吾亦以嗣帝播越,民神乏主,故权顺群议以系众心。今天方悔祸,嗣帝得还,吾将具法驾奉迎,谢罪行阙,何如?"黄门侍郎张华曰:"今天下大乱,非雄才无以宁济群生。嗣帝暗懦,不能绍隆先统。陛下若蹈匹夫之节,舍天授之业,威权一去,身首不保,况社稷其得血食乎!"慕舆护曰:"嗣帝不达时宜,委弃国都,自取败亡,不堪多难,亦已明矣。昔蒯聩出奔,卫辄不纳,春秋是之。以子拒父犹可,况以父拒子乎! 今赵思之言,未明虚实,臣请为陛下驰往诇之。"德流涕遣之。

护帅壮士数百人,随思而北,声言迎卫,其实图之。宝既遣思诣锺,于后得樵者,言德已称制,惧而北走。护至,无所见,执思以还。德以思练习典故,欲留而用之;思曰:"犬马犹知恋主,思虽刑臣,乞还就上。"德固留之,思怒曰:"周室东迁,晋、郑是依。殿下亲则叔父,位为上公,不能帅先群后以匡帝室,而幸本根之倾,为赵王伦之事,思虽不能如申包胥之存楚,犹慕龚君宾不偷生于莽世也!"德斩之。

宝遣扶风忠公慕舆腾与长乐王盛收兵冀州,盛以腾素暴横,为民所怨,乃杀之。行至钜鹿、长乐,说诸豪杰,皆愿起兵奉宝。宝以兰汗祀燕宗庙,所为似顺,意欲还龙城,不肯留冀州,乃北行;至建安,抵民张曹家。曹素武健,请为宝合众;盛亦劝宝宜且驻留,察汗情状。宝乃遣冗从仆射李旱先往见汗,宝留顿石城。会汗遣左将军苏超奉迎,陈汗忠款。宝以汗燕王垂之舅,盛之妃父也,谓必无他,不待旱返,遂行。盛流涕固谏,宝不听,留盛在后,盛与将军张真下道避匿。

丁亥,宝至索莫汗陉,去龙城四十里,城中皆喜。汗惶怖,欲自出请罪,兄弟共谏止之。汗乃遣弟加难帅五百骑出迎;又遣兄堤闭门止仗,禁人出入。城中皆知其将为变,而无如之何。加难见宝于陉北,拜谒已,从宝俱进。颍阴烈公馀崇密言于宝曰:"观加难形色,祸变甚逼,宜留三思,奈何径前!"宝不从。行数里,加难先执崇,崇大呼骂曰:"汝家幸缘肺附,蒙国宠荣,覆宗不足以报。今乃敢谋篡逆,此天地所不容,计且暮即屠灭,但恨我不得手脍汝曹耳!"加难杀之。引宝入龙城外邸,弑之。汗谥宝曰灵帝,杀献哀太子策及王公卿士百馀人;自称大都督、大将军、大单于、昌黎王,改元青龙;以堤为太尉,加难为车骑将军,封河间王熙为辽东公,如杞、宋故事。

长乐王盛闻之,驰欲赴哀;张真止之。盛曰:"我今以穷归汗,汗性愚浅,必念婚姻,不忍杀我,旬月之间,足以展吾情志。"遂往见汗。汗妻乙氏及盛妃皆泣涕请盛于汗,盛妃复顿头于诸兄弟。汗恻然哀之,乃舍盛于宫中,以为侍中、左光禄大夫,亲待如旧。堤、加难屡请杀盛,汗不从。堤骄很荒淫,事汗多无礼,盛因而间之。由是汗兄弟浸相嫌忌。

14 凉太原公纂将兵击杨轨,郭黁救之,纂败还。

15 段业使沮渠蒙逊攻西郡,执太守吕纯以归。纯,光之弟子也。于是晋昌太守王德、敦煌太守赵郡孟敏皆以郡降业。业封蒙逊为临池侯,以德为酒泉太守,敏为沙州刺史。

16 六月丙子,魏王珪命群臣议国号。皆曰:"周、秦以前,皆自诸侯升为天子,因以其国为天下号。汉氏以来,皆无尺土之资。我国家百世相承,开基代北,遂抚有方夏,今宜以代为号。"黄门侍郎崔宏曰:"昔商人不常厥居,故两称殷、商,代虽旧邦,其命维新,登国之初,已更曰魏。夫魏者,大名,神州之上国也,宜称魏如故。"珪从之。

17 杨轨自恃其众,欲与凉王光决战,郭黁每以天道抑止之。凉常山公弘镇张掖,段业使沮渠男成及王德攻之;光使太原公纂将兵迎之。杨轨曰:"吕弘精兵一万,若与光合,则姑臧益强,不可取矣。"乃与秃发利鹿孤共邀击纂,纂与战,大破之;轨奔王乞基。黁性褊急残忍,不为士民所附,闻轨败走,降西秦;西秦王乾归以为建忠将军、散骑常侍。

弘引兵弃张掖东走，段业徙治张掖，将追击弘。沮渠蒙逊谏曰："归师勿遏，穷寇勿追，此兵家之戒也。"业不从，大败而还，赖蒙逊以免。业城西安，以其将臧莫孩为太守。蒙逊曰："莫孩勇而无谋，知进不知退；此乃为之筑冢，非筑城也!"业不从，莫孩寻为吕纂所破。

18　燕太原王奇，楷之子，兰汗之外孙也，汗亦不杀，以为征南将军。得入见长乐王盛，盛潜使奇逃出起兵。奇起兵于建安，众至数千，汗遣兰堤讨之。盛谓汗曰："善驹小儿，未能办此，岂非有假托其名欲为内应者乎! 太尉素骄，难信，不宜委以大众。"汗然之，罢堤兵，更遣抚军将军仇尼慕将兵讨奇。

于是龙城自夏不雨至于秋七月，汗日诣燕诸庙及宝神座顿首祷请，委罪于兰加难。堤及加难闻之怒，且惧诛，乙巳，相与率所部袭仇尼慕军，败之。汗大惧，遣太子穆将兵讨之。穆谓汗曰："慕容盛我之仇雠，必与奇相表里，此乃腹心之疾，不可养也，宜先除之。"汗欲杀盛，先引见，察之。盛妃知之，密以告盛，盛称疾不出，汗亦止不杀。

李旱、卫双、刘忠、张豪、张真，皆盛素所厚也，而穆引以为腹心，旱、双得出入至盛所，潜与盛结谋。丁未，穆击堤、加难等，破之。庚戌，飨将士，汗、穆皆醉，盛夜如厕，因逾垣入于东宫，与旱等共杀穆。时军未解严，皆聚在穆舍，闻盛得出，呼跃争先，攻汗，斩之。汗子鲁公和、陈公扬分屯令支、白狼，盛遣旱、真袭诛之。堤、加难亡匿，捕得，斩之。于是内外帖然，士女相庆。宇文拔率壮士数百来赴，盛拜拔为大宗正。

辛亥，告于太庙，令曰："赖五祖之休，文武之力，宗庙社稷幽而复显。不独孤以眇眇之身免不同天之责，凡在臣民皆得明目当世。"因大赦，改元建平。盛谦不敢称尊号，以长乐王摄行统制。诸王皆降称公，以东阳公根为尚书左仆射，卫伦、阳璆、鲁恭、王滕为尚书，悦真为侍中，阳哲为中书监，张通为中领军，自馀文武各复旧位。改谥宝曰惠闵皇帝，庙号烈宗。

初，太原王奇举兵建安，南、北之人翕然从之。兰汗遣其兄子全讨奇，奇击灭之，匹马不返，进屯乙连。盛既诛汗，命奇罢兵。奇用丁零严生、乌桓王龙之谋，遂不受命，甲寅，勒兵三万馀人进至横沟，去龙城十里。盛出击，大破之，执奇而还，斩其党与百馀人，赐奇死，桓王之嗣遂绝。群臣固请上尊号，盛弗许。

19　魏王珪迁都平城，始营宫室，建宗庙，立社稷。宗庙岁五祭，用分、至及腊。

20　桓玄求为广州，会稽王道子忌玄，不欲使居荆州，因其所欲，以玄为督交广二州军事、广州刺史;玄受命而不行。豫州刺史庾楷以道子割其四郡使王愉督之,上疏言:"江州内地,而西府北带寇戎,不应使愉分督。"朝廷不许。楷怒,遣其子鸿说王恭曰:"尚之兄弟复秉机权,过于国宝;欲假朝威削弱方镇,惩艾前事,为祸不测,今及其谋议未成,宜早图之。"恭以为然,以告殷仲堪、桓玄。仲堪、玄许之,推恭为盟主,刻期同趣京师。

时内外疑阻,津逻严急,仲堪以斜绢为书,内箭簳中,合镝漆之,因庾楷以送恭。恭发书,绢文角戾,不复能辨仲堪手书,疑楷诈为之,且谓仲堪去年已违期不赴,今必不动,乃先期举兵。司马刘牢之谏曰:"将军,国之元舅;会稽王,天子叔父也。会稽王又当国秉政,向为将军戮其所爱王国宝、王绪,又送王廞书,其深伏将军已多矣。顷所授任,虽未允惬,亦非大失。割庾楷四郡以配王愉,于将军何损!晋阳之甲,岂可数兴乎!"恭不从,上表请讨王愉、司马尚之兄弟。

道子使人说楷曰:"昔我与卿,恩如骨肉,帐中之饮,结带之言,可谓亲矣。卿今弃旧交,结新援,忘王恭畴昔陵侮之耻乎!若欲委体而臣之,使恭得志,必以卿为反覆之人,安肯深相亲信!首身且不可保,况富贵乎!"楷怒曰:"王恭昔赴山陵,相王忧惧无计,我知事急,寻勒兵而至,恭不敢发。去年之事,我亦俟命而动。我事相王,无相负者。相王不能拒恭,反杀国宝及绪,自尔已来,谁敢复为相王尽力者!庾楷实不能以百口助人屠灭。"时楷已应恭檄,正征士马。信返,朝廷忧惧,内外戒严。

会稽世子元显言于道子曰:"前不讨王恭,故有今日之难。今若复从其欲,则太宰之祸至矣。"道子不知所为,悉以事委元显,日饮醇酒而已。元显聪警,颇涉文义,志气果锐,以安危为己任。附会者,谓元显神武,有明帝之风。

殷仲堪闻恭举兵,自以去岁后期,乃勒兵趣发。仲堪素不习为将,悉以军事委南郡相杨佺期兄弟,使佺期帅舟师五千为前锋,桓玄次之,仲堪帅兵二万,相继而下。佺期自以其先汉太尉震至父亮,九世皆以才德著名,矜其门地,谓江左莫及。有以比王珣者,佺期犹恚恨。而时流以其晚过江,婚宦失类;佺期及兄广、弟思平、从弟孜敬皆粗犷,每排抑之。佺期常慷慨切齿,欲因事际以逞其志,故亦赞成仲堪之谋。

八月,佺期、玄奄至湓口,王愉无备,惶遽奔临川,玄遣偏军追获之。

21 燕以河间公熙为侍中、车骑大将军、中领军、司隶校尉,城阳公元为卫将军。元,宝之子也。又以刘忠为左将军,张豪为后将军,并赐姓慕容氏。李旱为中常侍、辅国将军,卫双为前将军,张顺为镇西将军、昌黎尹,张真为右将军,皆封公。

22　乙亥,燕步兵校尉马勤等谋反,伏诛;事连骠骑将军高阳公崇、崇弟东平公澄,皆赐死。

23　宁朔将军邓启方、南阳太守闾丘羡将兵二万击南燕,与南燕中军将军法、抚军将军和战于管城,启方等兵败,单骑走免。

24　魏王珪命有司正封畿,标道里,平权衡,审度量;遣使循行郡国,举奏守宰不法者,亲考察黜陟之。

25　九月辛卯,加会稽王道子黄钺,以世子元显为征讨都督;遣卫将军王珣、右将军谢琰将兵讨王恭,谯王尚之将兵讨庾楷。

26　乙未,燕以东阳公根为尚书令,张通为左仆射,卫伦为右仆射;慕容豪为幽州刺史,镇肥如。

27　己亥,谯王尚之大破庾楷于牛渚,楷单骑奔桓玄。会稽王道子以尚之为豫州刺史,弟恢之为骠骑司马、丹杨尹,允之为吴国内史,休之为襄城太守,各拥兵马以为己援。乙巳,桓玄大破官军于白石。玄与杨佺期进至横江;尚之退走,恢之所领水军皆没。丙午,道子屯中堂,元显守石头;己酉,王珣守北郊,谢琰屯宣阳门以备之。

王恭素以才地陵物,既杀王国宝,自谓威无不行;仗刘牢之为爪牙而但以部曲将遇之,牢之负其才,深怀耻恨。元显知之,遣庐江太守高素说牢之,使叛恭,许事成即以恭位号授之;又以道子书遗牢之,为陈祸福。牢之谓其子敬宣曰:“王恭昔受先帝大恩,今为帝舅,不能翼戴王室,数举兵向京师,吾不能审恭之志,事捷之日,必能为天子相王之下乎? 吾欲奉国威灵,以顺讨逆,何如?”敬宣曰:“朝廷虽无成、康之美,亦无幽、厉之恶;而恭恃其兵威,暴蔑王室。大人亲非骨肉,义非君臣,虽共事少时,意好不协,今日讨之,于情义何有!”恭参军何澹之知其谋,以告恭。

恭以澹之素与牢之有隙,不信。乃置酒请牢之,于众中拜之为兄,精兵坚甲,悉以配之,使帅帐下督颜延为前锋。牢之至竹里,斩延以降;遣敬宣及其婿东莞太守高雅之还袭恭。恭方出城曜兵,敬宣纵骑横击之,恭兵皆溃。恭将入城,雅之已闭城门。恭单骑奔曲阿,素不习马,髀中生疮。曲阿人殷确,恭故吏也,以船载恭,将奔桓玄,至长塘湖,为人所告,获之,送京师,斩于倪塘。恭临刑,犹理须鬓,神色自若,谓监刑者曰:“我暗于信人,所以至此;原其本心,岂不忠于社稷邪! 但令百世之下知有王恭耳。”并其子弟党与皆死。以刘牢之为都督兖、青、冀、幽、并、徐、扬州晋陵诸军事以代恭。

俄而杨佺期、桓玄至石头，殷仲堪至芜湖。元显自竹里驰还京师，遣丹杨尹王恺等发京邑士民数万人据石头以拒之。佺期、玄等上表理王恭，求诛刘牢之。牢之帅北府之众驰赴京师，军于新亭，佺期、玄见之失色，回军蔡洲。朝廷未知西军虚实，仲堪等拥众数万，充斥郊畿，内外忧逼。

左卫将军桓脩，冲之子也，言于道子曰："西军可说而解也，脩知其情矣。殷、桓之下，专恃王恭，恭既破灭，西军沮恐。今若以重利啖玄及佺期，二人必内喜；玄能制仲堪，佺期可使倒戈，取仲堪矣。"道子纳之，以玄为江州刺史，召郗恢为尚书，以佺期代恢为都督梁雍秦三州诸军事、雍州刺史。以脩为荆州刺史，权领左卫文武之镇，又令刘牢之以千人送之。黜仲堪为广州刺史，遣仲堪叔父太常茂宣诏，敕仲堪回军。

28　张骧子超收合三千馀家据南皮，自号乌桓王，抄掠诸郡。魏王珪命庾岳讨之。

29　杨轨屯廉川，收集夷、夏，众至万馀。王乞基谓轨曰："秃发氏才高而兵盛，且乞基之主也，不如归之。"轨乃遣使降于西平王乌孤。轨寻为羌酋梁饥所败，西奔儦海，袭乙弗鲜卑而据其地。乌孤谓群臣曰："杨轨、王乞基归诚于我，卿等不速救，使为羌人所覆，孤甚愧之。"平西将军浑屯曰："梁饥无经远大略，可一战擒也。"

饥进攻西平，西平人田玄明执太守郭倖而代之，以拒饥，遣子为质于乌孤。乌孤欲救之，群臣惮饥兵强，多以为疑。左司马赵振曰："杨轨新败，吕氏方强，洪池以北，未可冀也，岭南五郡，庶几可取。大王若无开拓之志，振不敢言；若欲经营四方，此机不可失也。使羌得西平，华、夷震动，非我之利也。"乌孤喜曰："吾亦欲乘时立功，安能坐守穷谷乎！"乃谓群臣曰："梁饥若得西平，保据山河，不可复制。饥虽骁猛，军令不整，易破也。"遂进击饥，大破之。饥退屯龙支堡。乌孤进攻，拔之，饥单骑奔浇河，俘斩数万。以田玄明为西平内史。乐都太守田瑶、湟河太守张禵、浇河太守王稚皆以郡降，岭南羌、胡数万落皆附于乌孤。

30　西秦王乾归遣秦州牧益州、武卫将军慕兀、冠军将军翟瑥帅骑二万伐吐谷浑。

31　冬，十月癸酉，燕群臣复上尊号，丙子，长乐王盛始即皇帝位，大赦，尊皇后段氏曰皇太后，太妃丁氏曰献庄皇后。初，兰汗之当国也，盛从燕主宝出亡，兰妃奉事丁后愈谨。及汗诛，盛以妃当从坐，欲杀之；丁后以妃有保全之功，固争之，得免，然终不为后。

32　大赦。

33　殷仲堪得诏书,大怒,趣桓玄、杨佺期进军。玄等喜于朝命,欲受之,犹豫未决。仲堪闻之,遽自芜湖南归,遣使告谕蔡洲军士曰:"汝辈不各自散归,吾至江陵,尽诛汝馀口。"佺期部将刘系帅二千人先归。玄等大惧,狼狈西还,追仲堪至寻阳,及之。仲堪既失职,倚玄等为援,玄等亦资仲堪兵,虽内相疑阻,势不得不合。乃以子弟交质,壬午,盟于寻阳;俱不受朝命,连名上疏申理王恭,求诛刘牢之及谯王尚之,并诉仲堪无罪,独被降黜。朝廷深惮之,内外骚然。乃复罢桓脩,以荆州还仲堪,优诏慰谕,以求和解,仲堪等乃受诏。御史中丞江绩劾奏桓脩专为身计,疑误朝廷,诏免脩官。

初,桓玄在荆州,所为豪纵,仲堪亲党皆劝仲堪杀之,仲堪不听。及在寻阳,资其声地,推玄为盟主,玄愈自矜倨。杨佺期为人骄悍,玄每以寒士裁之,佺期甚恨,密说仲堪以玄终为患,请于坛所袭之。仲堪忌佺期兄弟勇健,恐既杀玄,不可复制,苦禁之。于是各还其镇。玄亦知佺期之谋,阴有取佺期之志,乃屯于夏口,引始安太守济阴卞范之为长史以为谋主。是时,诏书独不赦庾楷,玄以楷为武昌太守。

初,郗恢为朝廷拒西军,玄未得江州,欲夺恢雍州,以恢为广州。恢闻之,惧,询于众,众皆曰:"杨佺期来者,谁不戮力;若桓玄来,恐难与为敌。"既而闻佺期代己,乃与闾丘羡谋阻兵拒之。佺期闻之,声言玄来入沔,以佺期为前驱。恢众信之,望风皆溃,恢请降。佺期入府,斩闾丘羡,放恢还都,至杨口,殷仲堪阴使人杀之,及其四子,托言群蛮所杀。

34　西秦乞伏益州与吐谷浑王视罴战于度周川,视罴大败,走保白兰山,遣子宕岂为质于西秦以请和,西秦王乾归以宗女妻之。

35　凉建武将军李鸾以兴城降于秃发乌孤。

36　十一月,以琅邪王德文为卫将军、开府仪同三司,征虏将军元显为中领军,领军将军王雅为尚书左仆射。

37　辛亥,魏王珪命尚书吏部郎邓渊立官制,协音律,仪曹郎清河董谧制礼仪,三公郎王德定律令,太史令晁崇考天象,吏部尚书崔宏总而裁之,以为永式。渊,羌之孙也。

38　杨轨、王乞基帅户数千自归于西平王乌孤。

39　十二月己丑,魏王珪即皇帝位,大赦,改元天兴。命朝野皆束发加帽。追尊远祖毛以下二十七人皆为皇帝;谥六世祖力微曰神元皇帝,庙号始祖;祖什翼犍曰昭成皇帝,庙号高祖;父寔曰献明皇帝。魏之旧俗,孟夏祀天及东庙,季夏帅众却霜于阴山,孟秋祀天于西郊。至是,始依仿古制,定郊庙朝飨礼乐,然惟孟夏祀天亲行,其馀多有司摄事。又用崔宏议,自谓黄帝之后,以土德王。徙六州二十二郡守宰、豪杰二千家于代都,东至代郡,西及善无,南极阴馆,北尽参合,皆为畿内,其外四方、四维置八部师以监之。

40　己亥,燕幽州刺史慕容豪、尚书左仆射张通、昌黎尹张顺坐谋反诛。

41　初,琅邪人孙泰学妖术于钱唐杜子恭,士民多奉之。王珣恶之,流泰于广州。王雅荐泰于孝武帝,云知养性之方,召还,累官至新安太守。泰知晋祚将终,因王恭之乱,以讨恭为名,收合兵众,聚货钜亿,三吴之人多从之;识者皆忧其为乱,以中领军元显与之善,无敢言者。会稽内史谢𫐓发其谋,己酉,会稽王道子使元显诱而斩之,并其六子;兄子恩逃入海,愚民犹以泰蝉蜕不死,就海中资给恩。恩乃聚合亡命得百馀人,以谋复仇。

42　西平王秃发乌孤更称武威王。

43　是岁,杨盛遣使附魏,魏以盛为仇池王。

资治通鉴卷第一百一十一

晋纪三十三

安皇帝丙

隆安三年（己亥，399）

1　春，正月辛酉，大赦。

2　戊辰，燕昌黎尹留忠谋反，诛；事连尚书令东阳公根、尚书段成，皆坐死；遣中卫将军卫双就诛忠弟志于凡城。以卫将军平原公元为司徒、尚书令。

3　庚午，魏主珪北巡，分命大将军常山王遵等三军从东道出长川，镇北将军高凉王乐真等七军从西道出牛川，珪自将大军从中道出驳髯水以袭高车。

4　壬午，燕右将军张真、城门校尉和翰坐谋反，诛。

5　癸未，燕大赦，改元长乐。燕主盛每十日一自决狱，不加拷掠，多得其情。

6　武威王乌孤徙治乐都，以其弟西平公利鹿孤镇安夷，广武公傉檀镇西平，叔父素渥镇湟河，若留镇浇河，从弟替引镇岭南，洛回镇廉川，从叔吐若留镇浩亹；夷、夏俊杰，随才授任，内居显位，外典郡县，咸得其宜。

乌孤谓群臣曰："陇右、河西，本数郡之地，遭乱，分裂至十馀国，吕氏、乞伏氏、段氏最强，今欲取之，三者何先？"杨统曰："乞伏氏本吾之部落，终当服从。段氏书生，无能为患，且结好于我，攻之不义。吕光衰耄，嗣子微弱，纂、弘虽有才而内相猜忌，若使浩亹、廉川乘虚迭出，彼必疲于奔命，不过二年，兵劳民困，则姑臧可图也。姑臧举，则二寇不待攻而服矣。"乌孤曰："善！"

7　二月丁亥朔，魏军大破高车三十馀部，获七万馀口，马三十馀万匹，牛羊百四十馀万头。卫王仪别将三万骑绝漠千馀里，破其七部，获二万馀口，马五万馀匹，牛羊二万馀头。高车诸部大震。

8　林邑王范达陷日南、九真，遂寇交趾，太守杜瑗击破之。

9　庚戌，魏征虏将军庾岳破张超于勃海，斩之。

10　段业即凉王位，改元天玺；以沮渠蒙逊为尚书左丞，梁中庸为右丞。

11　魏主珪大猎于牛川之南，以高车人为围，周七百馀里；因驱其禽兽，南抵平城，使高车筑鹿苑，广数十里。三月己未，珪还平城。

甲子，珪分尚书三十六曹及外署，凡置三百六十曹，令八部大夫主之。吏部尚书崔宏通署三十六曹，如令、仆统事。置五经博士，增国子太学生员合三千人。

珪问博士李先曰："天下何物最善，可以益人神智？"对曰："莫若书籍。"珪曰："书籍凡有几何，如何可集？"对曰："自书契以来，世有滋益，以至于今，不可胜计。苟人主所好，何忧不集。"珪从之，命郡县大索书籍，悉送平城。

12　初，秦王登之弟广帅众三千依南燕王德，德以为冠军将军，处之乞活堡。会荧惑守东井，或言秦当复兴，广乃自称秦王，击南燕北地王锺，破之。是时，滑台孤弱，土无十城，众不过一万，锺既败，附德者多去德而附广。德乃留鲁阳王和守滑台，自帅众讨广，斩之。

燕主宝之至黎阳也，鲁阳王和长史李辩劝和纳之，和不从。辩惧，故潜引晋军至管城，欲因德出战而作乱。既而德不出，辩愈不自安。及德讨苻广，辩复劝和反，和不从，辩乃杀和，以滑台降魏。魏行台尚书和跋在邺，帅轻骑自邺赴之，既至，辩悔之，闭门拒守。跋使尚书郎邓晖说之，辩乃开门内跋，跋悉收德宫人府库。德遣兵击跋，跋逆击，破之，又破德将桂阳王镇，俘获千馀人。陈、颍之民多附于魏。

南燕右卫将军慕容云斩李辩，帅将士家属二万馀口出滑台赴德。德欲攻滑台，韩范曰："向也魏为客，吾为主人；今也吾客，魏为主人。人心危惧，不可复战，不如先据一方，自立基本，乃图进取。"张华曰："彭城，楚之旧都，可攻而据之。"北地王锺等皆劝德攻滑台。尚书潘聪曰："滑台四通八达之地，北有魏，南有晋，西有秦，居之未尝一日安也。彭城土旷人稀，平夷无崄，且晋之旧镇，未易可取。又密迩江、淮，夏秋多水。乘舟而战者，吴之所长，我之所短也。青州沃野二千里，精兵十馀万，左有负海之饶，右有山河之固，广固城曹嶷所筑，地形阻峻，足为帝王之都。三齐英杰，思得明主以立功于世久矣。辟闾浑昔为燕臣，今宜遣辩士驰说于前，大兵继踵于后，若其不服，取之如拾芥耳。既得其地，然后闭关养锐，伺隙而动，此乃陛下之关中、河内也。"德犹豫未决。沙门竺朗素善占候，德使牙门苏抚问之,朗曰:"敬览三策,潘尚书之议,兴邦之言也。且今岁之初,彗星起奎、娄,扫虚、危;彗者,除旧布新之象,奎、娄为鲁,虚、危为齐。宜先取兖州,巡抚琅邪,至秋乃北徇齐地,此天道也。"抚又密问以年世,朗以周易筮之曰:"燕衰庚戌,年则一纪,世则及子。"抚还报德,德乃引师而南,兖州北鄙诸郡县皆降之。德置守宰以抚之,禁军士无得虏掠。百姓大悦,牛酒属路。

13　丙子,魏主珪遣建义将军庾真、越骑校尉奚斤击库狄、宥连、侯莫陈三部,皆破之,追奔至大峨谷,置戍而还。

14　己卯,追尊帝所生母陈夫人为德皇太后。

15　夏,四月,鲜卑叠掘河内帅户五千降于西秦。西秦王乾归以河内为叠掘都统,以宗女妻之。

16　甲午,燕大赦。

17　会稽王道子有疾,且无日不醉。世子元显知朝望去之,乃讽朝廷解道子司徒、扬州刺史。乙未,以元显为扬州刺史。道子醒而后知之,大怒,无如之何。元显以庐江太守会稽张法顺为谋主,多引树亲党,朝贵皆畏事之。

18　燕散骑常侍馀超、左将军高和等坐谋反,诛。

19　凉太子绍、太原公纂将兵伐北凉,北凉王业求救于武威王乌孤,乌孤遣骠骑大将军利鹿孤及杨轨救之。业将战,沮渠蒙逊谏曰:"杨轨恃鲜卑之强,有窥觎之志,绍、纂深入,置兵死地,不可敌也。今不战则有泰山之安,战则有累卵之危。"业从之,按兵不战。绍、纂引兵归。

六月,乌孤以利鹿孤为凉州牧,镇西平,召车骑大将军傉檀入录府国事。

20　会稽世子元显自以少年,不欲顿居重任;戊子,以琅邪王德文为司徒。

21　魏前河间太守卢溥帅其部曲数千家就食渔阳,遂据有数郡。秋,七月己未,燕主盛遣使拜溥幽州刺史。

22　辛酉,燕主盛下诏曰:"法例律,公侯有罪,得以金帛赎,此不足以惩恶而利于王府,甚无谓也。自今皆令立功以自赎,勿复输金帛。"

23　西秦丞相南川宣公出连乞都卒。

24　秦齐公崇、镇东将军杨佛嵩寇洛阳,河南太守陇西辛恭靖婴城固守。雍州刺史杨佺期遣使求救于魏常山王遵,魏主珪以散骑侍郎西河张济为遵从事中郎以报之。佺期问于济曰:"魏之伐中山,戎士几何?"济曰:"四十馀万。"佺期曰:"以魏之强,小羌不足灭也。且晋之与魏,本为一家,今既结好,义无所隐。此间兵弱粮寡,洛阳之救,恃魏而已。若其保全,必有厚报;若其不守,与其使羌得之,不若使魏得之。"济还报。八月,珪遣太尉穆崇将六万骑往救之。

25 燕辽西太守李朗在郡十年,威行境内,恐燕主盛疑之,累征不赴。以其家在龙城,未敢显叛,阴召魏兵,许以郡降魏;遣使驰诣龙城,广张寇势。盛曰:"此必诈也。"召使者诘问,果无事实。盛尽灭朗族;丁酉,遣辅国将军李旱讨之。

26 初,魏奋武将军张衮以才谋为魏主珪所信重,委以腹心。珪问中州士人于衮,衮荐卢溥及崔逞,珪皆用之。

珪围中山久未下,军食乏,问计于群臣,逞为御史中丞,对曰:"桑椹可以佐粮;飞鸮食椹而改音,诗人所称也。"珪虽用其言,听民以椹当租,然以逞为侮慢,心衔之。秦人寇襄阳,雍州刺史郗恢以书求救于魏常山王遵曰:"贤兄虎步中原。"珪以恢无君臣之礼,命衮及逞为复书,必贬其主。衮、逞谓帝为贵主。珪怒曰:"命汝贬之而谓之'贵主',何如'贤兄'也!"逞之降魏也,以天下方乱,恐无复遗种,使其妻张氏与四子留冀州,逞独与幼子颐诣平城,所留妻子遂奔南燕。珪并以是责逞,赐逞死。卢溥受燕爵命,侵掠魏郡县,杀魏幽州刺史封沓干。珪谓衮所举皆非其人,黜衮为尚书令史。衮乃阖门不通人事,惟手校经籍,岁馀而终。

燕主宝之败也,中书令、民部尚书封懿降于魏。珪以懿为给事黄门侍郎、都坐大官。珪问懿以燕氏旧事,懿应对疏慢,亦坐废于家。

27 武威王秃发乌孤醉,走马伤胁而卒,遗令立长君。国人立其弟利鹿孤,谥乌孤曰武王,庙号烈祖。利鹿孤大赦,徙治西平。

28 南燕王德遣使说幽州刺史辟闾浑,欲下之;浑不从;德遣北地王锺帅步骑二万击之。德进据琅邪,徐、兖之民归附者十馀万。德自琅邪引兵而北,以南海王法为兖州刺史,镇梁父。进攻莒城,守将任安委城走。德以潘聪为徐州刺史,镇莒城。兰汗之乱,燕吏部尚书封孚南奔辟闾浑,浑表为勃海太守;及德至,孚出降,德大喜曰:"孤得青州不为喜,喜得卿耳!"遂委以机密。北地王锺传檄青州诸郡,谕以祸福。辟闾浑徙八千馀家入守广固,遣司马崔诞戍薄荀固,平原太守张豁戍柳泉;诞、豁承檄皆降于德。浑惧,携妻子奔魏,德遣射声校尉刘纲追之,及于莒城,斩之。浑子道秀自诣德,请与父俱死。德曰:"父虽不忠,而子能孝。"特赦之。浑参军张瑛为浑作檄,辞多不逊,德执而让之。瑛神色自若,徐曰:"浑之有臣,犹韩信之有<u>蒯通</u>。<u>通</u>遇<u>汉祖</u>而生,臣遭陛下而死,比之古人,窃为不幸耳!"<u>德</u>杀之。遂定都<u>广固</u>。

29 <u>燕</u><u>李旱</u>行至<u>建安</u>,<u>燕</u>主<u>盛</u>急召之,君臣莫测其故。九月辛未,复遣之。<u>李朗</u>闻其家被诛,拥二千馀户以自固;及闻<u>旱</u>还,谓有内变,不复设备,留其子<u>养</u>守<u>令支</u>,自迎<u>魏</u>师于<u>北平</u>。壬子,<u>旱</u>袭<u>令支</u>,克之,遣广威将军<u>孟广平</u>追及<u>朗</u>于<u>无终</u>,斩之。

30 <u>秦</u>主<u>兴</u>以灾异屡见,降号称王,下诏令群公、卿士、将牧、守宰各降一等;大赦,改元<u>弘始</u>。存问孤贫,举拔贤俊,简省法令,清察狱讼,守令之有政迹者赏之,贪残者诛之,远近肃然。

31 冬,十月甲午,<u>燕</u>中卫将军<u>卫双</u>有罪,赐死。<u>李旱</u>还,闻<u>双</u>死,惧,弃军而亡,至<u>板陉</u>,复还归罪。<u>燕</u>主<u>盛</u>复其爵位,谓侍中<u>孙勍</u>曰:"<u>旱</u>为将而弃军,罪在不赦。然昔先帝蒙尘,骨肉离心,公卿失节,惟<u>旱</u>以宦者忠勤不懈,始终如一,故吾念其功而赦之耳。"

32 <u>辛恭靖</u>固守百馀日,<u>魏</u>救未至,<u>秦</u>兵拔<u>洛阳</u>,获<u>恭靖</u>。<u>恭靖</u>见<u>秦</u>王<u>兴</u>,不拜,曰:"吾不为<u>羌</u>贼臣!"<u>兴</u>囚之,<u>恭靖</u>逃归。自<u>淮</u>、<u>汉</u>以北,诸城多请降,送任于<u>秦</u>。

33 <u>魏</u>主<u>珪</u>以<u>穆崇</u>为<u>豫州</u>刺史,镇<u>野王</u>。

34 <u>会稽</u>世子<u>元显</u>,性苛刻,生杀任意;发东土诸郡免奴为客者,号曰乐属,移置京师,以充兵役,东土嚣然苦之。

<u>孙恩</u>因民心骚动,自海岛帅其党杀<u>上虞</u>令,遂攻<u>会稽</u>。<u>会稽</u>内史<u>王凝之</u>,<u>羲之</u>之子也,世奉天师道,不出兵,亦不设备,日于道室稽颡跪咒。官属请出兵讨<u>恩</u>,<u>凝之</u>曰:"我已请大道,借鬼兵守诸津要,各数万,贼不足忧也。"及<u>恩</u>渐近,乃听出兵,<u>恩</u>已至郡下。甲寅,<u>恩</u>陷<u>会稽</u>,<u>凝之</u>出走,<u>恩</u>执而杀之,并其诸子。<u>凝之</u>妻<u>谢道蕴</u>,<u>奕</u>之女也,闻寇至,举措自若,命婢肩舆,抽刀出门,手杀数人,乃被执。<u>吴国</u>内史<u>桓谦</u>、<u>临海</u>太守<u>新秦王崇</u>、<u>义兴</u>太守<u>魏隐</u>皆弃郡走。于是<u>会稽</u><u>谢针</u>、<u>吴郡</u><u>陆瓌</u>、<u>吴兴</u><u>丘尪</u>、<u>义兴</u><u>许允之</u>、<u>临海</u><u>周胄</u>、<u>永嘉</u><u>张永</u>等及<u>东阳</u>、<u>新安</u>凡八郡人,一时起兵,杀长吏以应<u>恩</u>,旬日之中,众数十万。<u>吴兴</u>太守<u>谢邈</u>、<u>永嘉</u>太守<u>司马逸</u>、<u>嘉兴</u>公<u>顾胤</u>、<u>南康</u>公<u>谢明慧</u>、黄门郎<u>谢冲</u>、<u>张琨</u>、中书郎<u>孔道</u>等皆为<u>恩</u>党所杀。<u>邈</u>、<u>冲</u>,皆<u>安</u>之弟子也。时<u>三吴</u>承平日久,民不习战,故郡县兵皆望风奔溃。

<u>恩</u>据<u>会稽</u>,自称征东将军,逼人士为官属,号其党曰"长生人",民有不与之同者,戮及婴孩,死者什七、八。醢诸县令以食其妻子,不肯食者,辄支解之。所过掠财物,烧邑屋,焚仓廪,刊木,堙井,相帅聚于<u>会稽</u>,妇人

有婴儿不能去者,投于水中,曰:"贺汝先登仙堂,我当寻后就汝。"恩表会稽王道子及世子元显之罪,请诛之。

自帝即位以来,内外乖异,石头以南皆为荆、江所据,以西皆豫州所专,京口及江北皆刘牢之及广陵相高雅之所制,朝政所行,惟三吴而已。及孙恩作乱,八郡皆为恩有,畿内诸县,盗贼处处蜂起,恩党亦有潜伏在建康者,人情危惧,常虑窃发,于是内外戒严。加道子黄钺,元显领中军将军,命徐州刺史谢琰兼督吴兴、义兴军事以讨恩;刘牢之亦发兵讨恩,拜表辄行。

35 西秦以金城太守辛静为右丞相。

36 十二月甲午,燕燕郡太守高湖帅户三千降魏。湖,泰之子也。

37 丙午,燕主盛封弟渊为章武公,虔为博陵公,子定为辽西公。

38 丁未,燕太后段氏卒,谥曰惠德皇后。

39 谢琰击斩许允之,迎魏隐还郡,进击丘尪,破之,与刘牢之转斗而前,所向辄克。琰留屯乌程,遣司马高素助牢之,进临浙江。诏以牢之都督吴郡诸军事。

初,彭城刘裕,生而母死,父翘侨居京口,家贫,将弃之。同郡刘怀敬之母,裕之从母也,生怀敬未期,走往救之,断怀敬乳而乳之。及长,勇健有大志。仅识文字,以卖履为业,好樗蒲,为乡闾所贱。刘牢之击孙恩,引裕参军事,使将数十人觇贼。遇贼数千人,即迎击之,从者皆死,裕坠岸下。贼临岸欲下,裕奋长刀仰斫杀数人,乃得登岸,仍大呼逐之,贼皆走,裕所杀伤甚众。刘敬宣怪裕久不返,引兵寻之,见裕独驱数千人,咸共叹息。因进击贼,大破之,斩获千馀人。

初,恩闻八郡响应,谓其属曰:"天下无复事矣,当与诸君朝服至建康。"既而闻牢之临江,曰:"我割浙江以东,不失为句践!"戊申,牢之引兵济江,恩闻之曰:"孤不羞走。"遂驱男女二十馀万口东走,多弃宝物、子女于道,官军竞取之,恩由是得脱,复逃入海岛。高素破恩党于山阴,斩恩所署吴郡太守陆瓌、吴兴太守丘尪、馀姚令吴兴沈穆夫。

东土遭乱,企望官军之至,既而牢之等纵军士暴掠,士民失望,郡县城中无复人迹,月馀乃稍有还者。朝廷忧恩复至,以谢琰为会稽太守、都督五郡军事,帅徐州文武戍海浦。

以元显录尚书事。时人谓道子为东录,元显为西录;西府车骑填凑,东第门可张罗矣。元显无良师友,所亲信者率皆佞谀之人,或以为一时英杰,或以为风流名士。由是元显日益骄侈,讽礼官立议,以己德隆望重,既录百揆，百揆皆应尽敬。于是公卿以下，见元显皆拜。时军旅数起，国用虚竭，自司徒以下，日廪七升，而元显聚敛不已，富逾帝室。

40　殷仲堪恐桓玄跋扈，乃与杨佺期结昏为援。佺期屡欲攻玄，仲堪每抑止之。玄恐终为殷、杨所灭，乃告执政，求广其所统；执政亦欲交构，使之乖离，乃加玄都督荆州四郡军事，又以玄兄伟代佺期兄广为南蛮校尉。佺期忿惧。杨广欲拒桓伟，仲堪不听，出广为宜都、建平二郡太守。杨孜敬先为江夏相，玄以兵袭而劫之，以为谘议参军。

佺期勒兵建牙，声云援洛，欲与仲堪共袭玄。仲堪虽外结佺期而内疑其心，苦止之；犹虑弗能禁，遣从弟遹屯于北境，以遏佺期。佺期既不能独举，又不测仲堪本意，乃解兵。

仲堪多疑少决，谘议参军罗企生谓其弟遵生曰：“殷侯仁而无断，必及于难。吾蒙知遇，义不可去，必将死之。”

是岁，荆州大水，平地三丈，仲堪竭仓廪以赈饥民。桓玄欲乘其虚而伐之，乃发兵西上，亦声言救洛，与仲堪书曰：“佺期受国恩而弃山陵，宜共罪之。今当入沔讨除佺期，已顿兵江口。若见与无贰，可收杨广杀之；如其不尔，便当帅兵入江。”时巴陵有积谷，玄先遣兵袭取之。梁州刺史郭铨当之官，路经夏口，玄诈称朝廷遣铨为己前锋，乃授以江夏之众，使督诸军并进，密报兄伟令为内应。伟遑遽不知所为，自赍疏示仲堪。仲堪执伟为质，令与玄书，辞甚苦至。玄曰：“仲堪为人无决，常怀成败之计，为儿子作虑，我兄必无忧也！”

仲堪遣殷遹帅水军七千至西江口，玄使郭铨、苻宏击之，遹等败走。玄顿巴陵，食其谷；仲堪遣杨广及弟子道护等拒之，皆为玄所败。江陵震骇。

城中乏食，以胡麻廪军士。玄乘胜至零口，去江陵二十里，仲堪急召杨佺期以自救。佺期曰：“江陵无食，何以待敌！可来见就，共守襄阳。”仲堪志在全军保境，不欲弃州逆走，乃绐之曰：“比来收集，已有储矣。”佺期信之，帅步骑八千，精甲耀日，至江陵，仲堪唯以饭饷其军。佺期大怒曰：“今兹败矣！”不见仲堪，与其兄广共击玄；玄畏其锐，退军马头。明日，佺期引兵急击郭铨，几获之；会玄兵至，佺期大败，单骑奔襄阳。仲堪出奔酂城。玄遣将军冯该追佺期及广，皆获而杀之，传首建康。佺期弟思平，从弟尚保、孜敬逃入蛮中。仲堪闻佺期死，将数百人将奔长安，至冠军城，该追获之，还至柞溪，逼令自杀，并杀殷道护。仲堪奉天师道，祷请鬼神，不吝财贿，而啬于周急；好为小惠以悦人，病者自为诊脉分药；用计倚伏烦密,而短于鉴略,故至于败。

仲堪之走也,文武无送者,惟罗企生从之。路经家门,弟遵生曰:"作如此分离,何可不一执手!"企生旋马授手,遵生有力,因牵下之,曰:"家有老母,去将何之?"企生挥泪曰:"今日之事,我必死之;汝等奉养,不失子道。一门之中,有忠与孝,亦复何恨!"遵生抱之愈急,仲堪于路待之,见企生无脱理,策马而去。及玄至,荆州人士无不诣玄者,企生独不往,而营理仲堪家事。或曰:"如此,祸必至矣!"企生曰:"殷侯遇我以国士,为弟所制,不得随之共殄丑逆,复何面目就桓求生乎!"玄闻之怒,然待企生素厚,先遣人谓曰:"若谢我,当释汝。"企生曰:"吾为殷荆州吏,荆州败,不能救,尚何谢为!"玄乃收之,复遣人问企生欲何言。企生曰:"文帝杀嵇康,嵇绍为晋忠臣,从公乞一弟以养老母!"玄乃杀企生而赦其弟。

41 凉王光疾甚,立太子绍为天王,自号太上皇帝;以太原公纂为太尉,常山公弘为司徒。谓绍曰:"今国家多难,三邻伺隙,吾没之后,使纂统六军,弘管朝政,汝恭己无为,委重二兄,庶几可济;若内相猜忌,则萧墙之变,且夕至矣!"又谓纂、弘曰:"永业才非拨乱,直以立嫡有常,猥居元首。今外有强寇,人心未宁,汝兄弟缉睦,则祚流万世;若内自相图,则祸不旋踵矣!"纂、弘泣曰:"不敢。"又执纂手戒之曰:"汝性粗暴,深为吾忧。善辅永业,勿听谗言!"是日,光卒。绍秘不发丧,纂排闼入哭,尽哀而出。绍惧,以位让之,曰:"兄功高年长,宜承大统。"纂曰:"陛下国之冢嫡,臣敢奸之!"绍固让,纂不许。

骠骑将军吕超谓绍曰:"纂为将积年,威震内外,临丧不哀,步高视远,必有异志,宜早除之。"绍曰:"先帝言犹在耳,奈何弃之!吾以弱年负荷大任,方赖二兄以宁家国,纵其图我,我视死如归,终不忍有此意也。卿勿复言!"纂见绍于湛露堂,超执刀侍侧,目纂请收之,绍弗许。超,光弟宝之子也。

弘密遣尚书姜纪谓纂曰:"主上暗弱,未堪多难;兄威恩素著,宜为社稷计,不可徇小节也。"纂于是夜帅壮士数百逾北城,攻广夏门,弘帅东苑之众斧洪范门。左卫将军齐从守融明观,逆问之曰:"谁也?"众曰:"太原公。"从曰:"国有大故,主上新立,太原公行不由道,夜入禁城,将为乱邪?"因抽剑直前,斫纂中额,纂左右禽之。纂曰:"义士也,勿杀!"绍遣虎贲中郎将吕开帅禁兵拒战于端门,吕超帅卒二千赴之,众素惮纂,皆不战而溃。纂入自青角门,升谦光殿。绍登紫阁自杀。吕超奔广武。

纂惮弘兵强,以位让弘。弘曰:"弘以绍弟也而承大统,众心不顺,是以违先帝遗命而废之,惭负黄泉! 今复逾兄而立,岂弘之本志乎!"纂乃使弘出告众曰:"先帝临终受诏如此。"群臣皆曰:"苟社稷有主,谁敢违者!"纂遂即天王位。大赦,改元咸宁,谥光曰懿武皇帝,庙号太祖;谥绍曰隐王。以弘为大都督、督中外诸军事、大司马、车骑大将军、司隶校尉、录尚书事,改封番禾郡公。

纂谓齐从曰:"卿前斫我,一何甚也!"从泣曰:"隐王,先帝所立;陛下虽应天顺人,而微心未达,唯恐陛下不死,何谓甚也!"纂赏其忠,善遇之。

纂叔父征东将军方镇广武,纂遣使谓方曰:"超实忠臣,义勇可嘉;但不识国家大体,权变之宜。方赖其用,以济世难,可以此意谕之。"超上疏陈谢,纂复其爵位。

42　是岁,燕主盛以河间公熙为都督中外诸军事、尚书左仆射,领中领军。

43　刘卫辰子文陈降魏;魏主珪妻以宗女,拜上将军,赐姓宿氏。

四年(庚子,400)

1　春,正月壬子朔,燕主盛大赦,自贬号为庶人天王。

2　魏材官将军和跋袭卢溥于辽西,戊午,克之,禽溥及其子焕送平城,车裂之。燕主盛遣广威将军孟广平救溥不及,斩魏辽西守宰而还。

3　乙亥,大赦。

4　西秦王乾归迁都苑川。

5　秃发利鹿孤大赦,改元建和。

6　高句丽王安事燕礼慢;二月丙申,燕王盛自将兵三万袭之,以骠骑大将军熙为前锋,拔新城、南苏二城,开境七百馀里,徙五千馀户而还。熙勇冠诸将,盛曰:"叔父雄果,有世祖之风,但弘略不如耳!"

7　初,魏主珪纳刘头眷之女,宠冠后庭,生子嗣。及克中山,获燕主宝之幼女。将立皇后,用其国故事,铸金人以卜之,刘氏所铸不成,慕容氏成,三月戊午,立慕容氏为皇后。

8　桓玄既克荆、雍,表求领荆、江二州。诏以玄为都督荆司雍秦梁益宁七州诸军事、荆州刺史,以中护军桓脩为江州刺史。玄上疏固求江州;于是进玄督八州及扬豫八郡诸军事,复领江州刺史。玄辄以兄伟为雍州刺史,朝廷不能违。又以从子振为淮南太守。

9　凉王纂以大司马弘功高地逼,忌之;弘亦自疑,遂以东苑之兵作乱,攻纂。纂遣其将焦辨击之,弘众溃,出走。纂纵兵大掠,悉以东苑妇女赏军,弘之妻子亦在中。纂笑谓群臣曰:"今日之战何如?"侍中房晷对曰:"天祸凉室,忧患仍臻。先帝始崩,隐王废黜;山陵甫讫,大司马称兵;京师流血,昆弟接刃。虽弘自取夷灭,亦由陛下无常棣之恩,当省己责躬以谢百姓。乃更纵兵大掠,囚辱士女,衅自弘起,百姓何罪!且弘妻,陛下之弟妇,弘女,陛下之侄也,奈何使无赖小人辱为婢妾,天地神明,岂忍见此!"遂歔欷流涕。纂改容谢之;召弘妻子置于东宫,厚抚之。

弘将奔秃发利鹿孤,道过广武,诣吕方,方见之,大哭曰:"天下甚宽,汝何为至此!"乃执弘送狱,纂遣力士康龙就拉杀之。

纂立妃杨氏为后,以后父桓为尚书左仆射、凉都尹。

10 辛卯,燕襄平令段登等谋反,诛。

11 凉王纂将伐武威王利鹿孤,中书令杨颖谏曰:"利鹿孤上下用命,国未有衅,不可伐也。"不从。利鹿孤使其弟傉檀拒之,夏,四月,傉檀败凉兵于三堆,斩首二千馀级。

12 初,陇西李暠好文学,有令名。尝与郭黁及同母弟敦煌宋繇同宿,黁起谓繇曰:"君当位极人臣,李君终当有国家,有骠马生白额驹,此其时也。"及孟敏为沙州刺史,以暠为效谷令;宋繇事北凉王业,为中散常侍。孟敏卒,敦煌护军冯翊郭谦、沙州治中敦煌索仙等以暠温毅有惠政,推为敦煌太守。暠初难之。会宋繇自张掖告归,谓暠曰:"段王无远略,终必无成。兄忘郭黁之言邪?白额驹今已生矣。"暠乃从之,遣使请命于业;业因以暠为敦煌太守。

右卫将军敦煌索嗣言于业曰:"李暠不可使处敦煌。"业遂以嗣代暠为敦煌太守,使帅五百骑之官。嗣未至二十里,移暠迎己;暠惊疑,将出迎之。效谷令张邈及宋繇止之曰:"段王暗弱,正是英豪有为之日;将军据一国成资,奈何拱手授人!嗣自恃本郡,谓人情附己,不意将军猝能拒之,可一战擒也。"暠从之。先遣繇见嗣,啖以甘言。繇还,谓暠曰:"嗣志骄兵弱,易取也。"暠乃遣邈、繇与其二子歆、让逆击嗣,嗣败走,还张掖。暠素与嗣善,尤恨之,表业请诛嗣。沮渠男成亦恶嗣,劝业除之;业乃杀嗣,遣使谢暠,进暠都督凉兴以西诸军事、镇西将军。

13 吐谷浑视罴卒,世子树洛干方九岁,弟乌纥堤立,妻树洛干之母念氏,生慕璝、慕延。乌纥堤懦弱荒淫,不能治国;念氏专制国事,有胆智,国人畏服之。

14 燕前将军段玑,太后段氏之兄子也,为段登辞所连及,五月壬子,逃奔辽西。

15　丙寅,卫将军东亭献侯王珣卒。

16　己巳,魏主珪东如涿鹿,西如马邑,观灅源。

17　戊寅,燕段玑复还归罪;燕王盛赦之,赐号曰思悔侯,使尚公主,入直殿内。

18　谢琰以资望镇会稽,不能绥怀,又不为武备。诸将咸谏曰:"贼近在海浦,伺人形便,宜开其自新之路。"琰不从,曰:"苻坚之众百万,尚送死淮南;孙恩小贼,败死入海,何能复出!若其果出,是天欲杀之也。"既而恩寇浃口,入馀姚,破上虞,进及邢浦,琰遣参军刘宣之击破之,恩退走。少日,复寇邢浦,官军失利,恩乘胜径进。己卯,至会稽。琰尚未食,曰:"要当先灭此贼而后食。"因跨马出战,兵败,为帐下都督张猛所杀。吴兴太守庾桓恐郡民复应恩,杀男女数千人,恩转寇临海。朝廷大震,遣冠军将军桓不才、辅国将军孙无终、宁朔将军高雅之拒之。

19　秦征西大将军陇西公硕德将兵五千伐西秦,入自南安峡。西秦王乾归帅诸将拒之,军于陇西。

20　杨轨、田玄明谋杀武威王利鹿孤,利鹿孤杀之。

21　六月庚辰朔,日有食之。

22　以琅邪王师何澄为尚书左仆射。澄,准之子也。

23　甲子,燕大赦。

24　凉王纂将袭北凉,姜纪谏曰:"盛夏农事方殷,且宜息兵。今远出岭西,秃发氏乘虚袭京师,将若之何!"不从。进围张掖,西掠建康。秃发傉檀闻之,将万骑袭姑臧,纂弟陇西公纬凭北城以自固。傉檀置酒朱明门上,鸣钟鼓,飨将士,曜兵于青阳门,掠八千馀户而去。纂闻之,引兵还。

25　秋,七月壬子,太皇太后李氏崩。

26　丁卯,大赦。

27　西秦王乾归使武卫将军慕兀等屯守,秦军樵采路绝,秦王兴潜引兵救之。乾归闻之,使慕兀帅中军二万屯柏杨,镇军将军罗敦帅外军四万屯侯辰谷,乾归自将轻骑数千前候秦兵。会大风昏雾,与中军相失,为追骑所逼,入于外军。旦,与秦战,大败,走归苑川,其部众三万六千皆降于秦。兴进军枹罕。

乾归奔金城,谓诸豪帅曰:"吾不才,叨窃名号,已逾一纪,今败散如此,无以待敌,欲西保允吾。若举国而去,必不得免;卿等留此,各以其众降秦,以全宗族,勿吾随也。"皆曰:"死生愿从陛下。"乾归曰:"吾今将寄食于人,若天未亡我,庶几异日克复旧业,复与卿等相见,今相随而死,无益也。"乃大哭而别。乾归独引数百骑奔允吾,乞降于武威王利鹿孤,利鹿孤遣广武公傉檀迎之,置于晋兴,待以上宾之礼。镇北将军秃发俱延言于利鹿孤曰:"乾归本吾之属国,因乱自尊,今势穷归命,非其诚款,若逃归姚氏,必为国患,不如徙置乙弗之间,使不得去。"利鹿孤曰:"彼穷来归我,而逆疑其心,何以劝来者!"俱延,利鹿孤之弟也。

秦兵既退,南羌梁戈等密招乾归,乾归将应之。其臣屋引阿洛以告晋兴太守阴畅,畅驰白利鹿孤,利鹿孤遣其弟吐雷帅骑三千屯扢天岭。乾归惧为利鹿孤所杀,谓其太子炽磐曰:"吾父子居此,必不为利鹿孤所容。今姚氏方强,吾将归之,若尽室俱行,必为追骑所及,吾以汝兄弟及汝母为质,彼必不疑,吾在长安,彼终不敢害汝也。"乃送炽磐等于西平。八月,乾归南奔枹罕,遂降于秦。

28　丁亥,尚书右仆射王雅卒。

29　九月癸丑,地震。

30　凉吕方降于秦,广武民三千馀户奔武威王利鹿孤。

31　冬,十一月,高雅之与孙恩战于馀姚,雅之败,走山阴,死者什七、八。诏以刘牢之都督会稽等五郡,帅众击恩,恩走入海。牢之东屯上虞,使刘裕戍句章。吴国内史袁崧筑沪渎垒以备恩。崧,乔之孙也。

32　会稽世子元显求领徐州,诏以元显为开府仪同三司、都督扬豫徐兖青幽冀并荆江司雍梁益交广十六州诸军事、领徐州刺史,封其子彦玮为东海王。

33　乞伏乾归至长安,秦王兴以为都督河南诸军事、河州刺史、归义侯。

久之,乞伏炽磐欲逃诣乾归,武威王利鹿孤追获之。利鹿孤将杀炽磐,广武公傉檀曰:"子而归父,无足深责,宜宥之以示大度。"利鹿孤从之。

34　秦王兴遣晋将刘嵩等二百馀人来归。

35　北凉晋昌太守唐瑶叛,移檄六郡,推李暠为冠军大将军、沙州刺史、凉公、领敦煌太守。暠赦其境内,改元庚子。以瑶为征东将军,郭谦为军谘祭酒,索仙为左长史,张邈为右长史,尹建兴为左司马,张体顺为右司马。遣从事中郎宋繇东伐凉兴,并击玉门已西诸城,皆下之。

酒泉太守王德亦叛北凉,自称河州刺史。北凉王业使沮渠蒙逊讨之。德焚城,将部曲奔唐瑶,蒙逊追至沙头,大破之,虏其妻子、部落而还。

36　十二月戊寅,有星孛于天津。会稽世子元显以星变解录尚书事,复加尚书令。吏部尚书车胤以元显骄恣,白会稽王道子,请禁抑之。元显闻而未察,以问道子曰:"车武子屏人言及何事?"道子弗答。固问之,道子怒曰:"尔欲幽我,不令我与朝士语邪!"元显出,谓其徒曰:"车胤间我父子。"密遣人责之。胤惧,自杀。

37　壬辰,燕主盛立燕台,统诸部杂夷。

38　魏太史屡奏天文乖乱。魏主珪自览占书,多云改王易政;乃下诏风励群下,以帝王继统,皆有天命,不可妄干;又数变易官名,欲以厌塞灾异。

仪曹郎董谧献服饵仙经,珪置仙人博士,立仙坊,煮炼百药,封西山以供薪蒸。药成,令死罪者试服之,多死,不验,而珪犹信之,访求不已。

珪常以燕主垂诸子分据势要,使权柄下移,遂至败亡,深非之。博士公孙表希旨,上韩非书,劝珪以法制御下。左将军李粟性简慢,常对珪舒放不肃,咳唾任情;珪积其宿过,遂诛之,群下震栗。

39　丁酉,燕王盛尊献庄后丁氏为皇太后;立辽西公定为皇太子;大赦。

40　是岁,南燕王德即皇帝位于广固,大赦,改元建平。更名备德,欲使吏民易避。追谥燕主晞曰幽皇帝。以北地王锺为司徒,慕舆拔为司空,封孚为左仆射,慕舆护为右仆射。立妃段氏为皇后。

资治通鉴卷第一百一十二

晋纪三十四

安皇帝丁

隆安五年（辛丑，401）

1　春，正月，武威王利鹿孤欲称帝，群臣皆劝之。安国将军锸勿仑曰："吾国自上世以来，被发左衽，无冠带之饰，逐水草迁徙，无城郭室庐，故能雄视沙漠，抗衡中夏。今举大号，诚顺民心。然建都立邑，难以避患，储蓄仓库，启敌人心；不如处晋民于城郭，劝课农桑以供资储，帅国人以习战射，邻国弱则乘之，强则避之，此久长之良策也。且虚名无实，徒足为世之质的，将安用之！"利鹿孤曰："安国之言是也。"乃更称河西王，以广武公傉檀为都督中外诸军事、凉州牧、录尚书事。

2　二月丙子，孙恩出浃口，攻句章，不能拔。刘牢之击之，恩复走入海。

3　秦王兴使乞伏乾归还镇苑川，尽以其故部众配之。

4　凉王纂嗜酒好猎，太常杨颖谏曰："陛下应天受命，当以道守之。今疆宇日蹙，崎岖二岭之间，陛下不兢兢夕惕以恢弘先业，而沉湎游畋，不以国家为事，臣窃危之。"纂逊辞谢之，然犹不悛。

番禾太守吕超擅击鲜卑思盘，思盘遣其弟乞珍诉于纂，纂命超及思盘皆入朝。超惧，至姑臧，深自结于殿中监杜尚。纂见超，责之曰："卿恃兄弟桓桓，乃敢欺吾，要当斩卿，天下乃定！"超顿首谢。纂本以恐喝超，实无意杀之。因引超、思盘及群臣同宴于内殿。超兄中领军隆数劝纂酒，纂醉，乘步挽车，将超等游禁中。至琨华堂东阁，车不得过，纂亲将窦川、骆腾倚剑于壁，推车过阁。超取剑击纂，纂下车禽超，超刺纂洞胸；川、腾与超格战，超杀之。纂后杨氏命禁兵讨超；杜尚止之，皆舍仗不战。将军魏益多入，取纂首，杨氏曰："人已死，如土石，无所复知，何忍复残其形骸乎！"益多骂之，遂取纂首以徇曰："纂违先帝之命，杀太子而自立，荒淫暴虐。番禾太守超顺人心而除之，以安宗庙，凡我士庶，同兹休庆！"

纂叔父巴西公佗、弟陇西公纬皆在北城。或说纬曰："超为逆乱,公以介弟之亲,仗大义而讨之,姜纪、焦辨在南城,杨桓、田诚在东苑,皆吾党也,何患不济!"纬严兵欲与佗共击超。佗妻梁氏止之曰:"纬、超俱兄弟之子,何为舍超助纬,自为祸首乎!"佗乃谓纬曰:"超举事已成,据武库,拥精兵,图之甚难;且吾老矣,无能为也。"超弟邈有宠于纬,说纬曰:"纂贼杀兄弟,隆、超顺人心而讨之,正欲尊立明公耳。方今明公先帝之长子,当主社稷,人无异望,夫复何疑!"纬信之,乃与隆、超结盟,单马入城;超执而杀之。让位于隆,隆有难色。超曰:"今如乘龙上天,岂可中下!"隆遂即天王位,大赦,改元神鼎。尊母卫氏为太后,妻杨氏为后;以超为都督中外诸军事、辅国大将军、录尚书事,封安定公;谥纂曰灵帝。

纂后杨氏将出宫,超恐其挟珍宝,命索之。杨氏曰:"尔兄弟不义,手刃相屠,我且夕死人,安用宝为!"超又问玉玺所在。杨氏曰:"已毁之矣。"后有美色,超将纳之,谓其父右仆射桓曰:"后若自杀,祸及卿宗!"桓以告杨氏。杨氏曰:"大人卖女与氏以图富贵,一之谓甚,其可再乎!"遂自杀,谥曰穆后。桓奔河西王利鹿孤,利鹿孤以为左司马。

5　三月,孙恩北趣海盐,刘裕随而拒之,筑城于海盐故治。恩日来攻城,裕屡击破之,斩其将姚盛。城中兵少不敌,裕夜偃旗匿众,明晨开门,使羸疾数人登城。贼遥问刘裕所在。曰:"夜已走矣。"贼信之,争入城。裕奋击,大破之。恩知城不可拔,乃进向沪渎,裕复弃城追之。

海盐令鲍陋遣子嗣之帅吴兵一千,请为前驱。裕曰:"贼兵甚精,吴人不习战,若前驱失利,必败我军,可在后为声势。"嗣之不从。裕乃多伏旗鼓。前驱既交,诸伏皆出,裕举旗鸣鼓,贼以为四面有军,乃退。嗣之追之,战没。裕且战且退,所领死伤且尽,至向战处,令左右脱取死人衣以示闲暇。贼疑之,不敢逼。裕大呼更战,贼惧而退,裕乃引归。

6　河西王利鹿孤伐凉,与凉王隆战,大破之,徙二千馀户而归。

7　夏,四月辛卯,魏人罢邺行台,以所统六郡置相州,以庾岳为刺史。

8　乞伏乾归至苑川,以边芮为长史,王松寿为司马,公卿、将帅皆降为僚佐、偏裨。

9　北凉王业惮沮渠蒙逊勇略,欲远之,蒙逊亦深自晦匿。业以门下侍郎马权代蒙逊为张掖太守;权素豪隽,为业所亲重,常轻侮蒙逊。蒙逊谮之于业曰:"天下不足虑,惟当忧马权耳。"业遂杀权。

蒙逊谓沮渠男成曰:"段公无鉴断之才,非拨乱之主,向所惮者惟索嗣、马权,今皆已死,蒙逊欲除之以奉兄,何如?"男成曰:"业本孤客,为吾家所立,恃吾兄弟犹鱼之有水。夫人亲信我而图之,不祥。"蒙逊乃求为西安太守,业喜其出外,许之。

　　蒙逊与男成约同祭兰门山,而阴使司马许咸告业曰:"男成欲以取假日为乱,若求祭兰门山,臣言验矣。"至期,果然。业收男成赐死。男成曰:"蒙逊先与臣谋反,臣以兄弟之故,隐而不言。今以臣在,恐部众不从,故约臣祭山而反诬臣,其意欲王之杀臣也。乞诈言臣死,暴臣罪恶,蒙逊必反,臣然后奉王命而讨之,无不克矣。"业不听,杀之。蒙逊泣告众曰:"男成忠于段王,而段王无故枉杀之,诸君能为报仇乎?且始者共立段王,欲以安众耳;今州土纷乱,非段王所能济也。"男成素得众心,众皆愤泣争奋,比至氐池,众逾一万,镇军将军臧莫孩率所部降之,羌、胡多起兵应蒙逊者。蒙逊进逼候坞。

　　业先疑右将军田昂,囚之;至是召昂,谢而赦之,使与武卫将军梁中庸共讨蒙逊。别将王丰孙言于业曰:"西平诸田,世有反者,昂貌恭而心险,不可信也。"业曰:"吾疑之久矣;但非昂无可以讨蒙逊者。"昂至候坞,率骑五百降于蒙逊,业军遂溃,中庸亦诣蒙逊降。

　　五月,蒙逊至张掖,田昂兄子承爱斩关内之,业左右皆散。蒙逊至,业谓蒙逊曰:"孤孑然一己,为君家所推,愿丐馀命,使得东还与妻子相见。"蒙逊斩之。

　　业,儒素长者,无他权略,威禁不行,群下擅命,尤信卜筮、巫觋,故至于败。

　　沮渠男成之弟富占、将军俱僄帅户五百降于河西王利鹿孤。僄,石子之子也。

　　10　孙恩陷沪渎,杀吴国内史袁崧,死者四千人。

　　11　凉王隆多杀豪望以立威名,内外嚣然,人不自保。魏安人焦朗遣使说秦陇西公硕德曰:"吕氏自武皇弃世,兄弟相攻,政纲不立,竞为威虐,百姓饥馑,死者过半。今乘其篡夺之际,取之易于返掌,不可失也。"硕德言于秦王兴,帅步骑六万伐凉,乞伏乾归帅骑七千从之。

　　12　六月甲戌,孙恩浮海奄至丹徒,战士十馀万,楼船千馀艘,建康震骇。乙亥,内外戒严,百官入居省内;冠军将军高素等守石头,辅国将军刘袭栅断淮口,丹阳尹司马恢之戍南岸,冠军将军桓谦等备白石,左卫将军王嘏等屯中堂,征豫州刺史谯王尚之入卫京师。

　　刘牢之自山阴引兵邀击恩,未至而恩已过,乃使刘裕自海盐入援。裕兵不满千人,倍道兼行,与恩俱至丹徒。裕众既少,加以涉远疲劳,而丹徒

守军莫有斗志。恩帅众鼓噪,登蒜山,居民皆荷担而立。裕帅所领奔击,
大破之,投崖赴水者甚众,恩狼狈仅得还船。然恩犹恃其众,寻复整兵径
向京师。后将军元显帅兵拒战,频不利。会稽王道子无他谋略,唯日祷蒋
侯庙。恩来渐近,百姓恟惧。谯王尚之帅精锐驰至,径屯积弩堂。恩楼船
高大,溯风不得疾行,数日乃至白石。恩本以诸军分散,欲掩不备;既而知
尚之在建康,复闻刘牢之已还,至新洲,不敢进而去,浮海北走郁洲。恩别
将攻陷广陵,杀三千人。宁朔将军高雅之击恩于郁洲,为恩所执。

　　桓玄厉兵训卒,常伺朝廷之隙,闻孙恩逼京师,建牙聚众,上疏请讨
之。元显大惧。会恩退,元显以诏书止之,玄乃解严。

　　13　梁中庸等共推沮渠蒙逊为大都督、大将军、凉州牧、张掖公,赦其
境内,改元永安。蒙逊署从兄伏奴为张掖太守、和平侯,弟挐为建忠将军、
都谷侯,田昂为西郡太守,臧莫孩为辅国将军,房晷、梁中庸为左右长史,
张骘、谢正礼为左右司马;擢任贤才,文武咸悦。

　　14　河西王利鹿孤命群臣极言得失。西曹从事史暠曰:"陛下命将
出征,往无不捷;然不以绥宁为先,唯以徙民为务;民安土重迁,故多离叛,
此所以斩将拔城而地不加广也。"利鹿孤善之。

　　15　秋,七月,魏兖州刺史长孙肥将步骑二万南徇许昌,东至彭城,将
军刘该降之。

　　16　秦陇西公硕德自金城济河,直趣广武,河西王利鹿孤摄广武守军
以避之。秦军至姑臧,凉王隆遣辅国大将军超、龙骧将军邈等逆战,硕德
大破之,生禽邈,俘斩万计。隆婴城固守,巴西公佗帅东苑之众二万五千
降于秦。西凉公暠、河西王利鹿孤、沮渠蒙逊各遣使奉表入贡于秦。

　　初,凉将姜纪降于河西王利鹿孤,广武公傉檀与论兵略,甚爱重之,坐
则连席,出则同车,每谈论,以夜继昼。利鹿孤谓傉檀曰:"姜纪信有美
才,然视候非常,必不久留于此,不如杀之。纪若入秦,必为人患。"傉檀
曰:"臣以布衣之交待纪,纪必不相负也。"八月,纪将数十骑奔秦军,说硕
德曰:"吕隆孤城无援,明公以大军临之,其势必请降;然彼徒文降而已,
未肯遂服也。请给纪步骑三千,与王松忽因焦朗、华纯之众,伺其衅隙,隆
不足取也。不然,今秃发在南,兵强国富,若兼姑臧而据之,威势益盛,沮
渠蒙逊、李暠不能抗也,必将归之,如此,则为国家之大敌矣。"硕德乃表
纪为武威太守,配兵二千,屯据晏然。

　　秦王兴闻杨桓之贤而征之,利鹿孤不敢留。

　　17　诏以刘裕为下邳太守,讨孙恩于郁洲,累战,大破之。恩由是衰

弱,复缘海南走,裕亦随而邀击之。

18　燕王盛惩其父宝以懦弱失国,务峻威刑,又自矜聪察,多所猜忌,群臣有纤介之嫌,皆先事诛之,由是宗亲、勋旧,人不自保。丁亥,左将军慕容国与殿上将军秦舆、段赞谋帅禁兵袭盛,事发,死者五百馀人。壬辰夜,前将军段玑与秦舆之子兴、段赞之子泰潜于禁中鼓噪大呼;盛闻变,帅左右出战,贼众逃溃。玑被创,匿厢屋间。俄有一贼从暗中击盛,盛被伤,辇升前殿,申约禁卫,事定而卒。

中垒将军慕容拔、冗从仆射郭仲白太后丁氏,以为国家多难,宜立长君。时众望在盛弟司徒、尚书令、平原公元,而河间公熙素得幸于丁氏,丁氏乃废太子定,密迎熙入宫。明旦,群臣入朝,始知有变,因上表劝进于熙。熙以让元,元不敢当。癸巳,熙即天王位,捕获段玑等,皆夷三族。甲午,大赦。丙申,平原公元以嫌赐死。闰月辛酉,葬盛于兴平陵,谥曰昭武皇帝,庙号中宗。丁氏送葬未还,中领军慕容提、步军校尉张佛等谋立故太子定,事觉,伏诛,定亦赐死。丙寅,大赦,改元光始。

19　秦陇西公硕德围姑臧累月,东方之人在城中者多谋外叛,魏益多复诱扇之,欲杀凉王隆及安定公超,事发,坐死者三百馀家。硕德抚纳夷、夏,分置守宰,节食聚粟,为持久之计。

凉之群臣请与秦连和,隆不许。安定公超曰:“今资储内竭,上下嗷嗷,虽使张、陈复生,亦无以为策。陛下当思权变屈伸,何爱尺书、单使为卑辞以退敌! 敌去之后,修德政以息民,若卜世未穷,何忧旧业之不复! 若天命去矣,亦可以保全宗族。不然,坐守困穷,终将何如?”隆乃从之,九月,遣使请降于秦。硕德表隆为镇西大将军、凉州刺史、建康公。隆遣子弟及文武旧臣慕容筑、杨颖等五十馀家入质于长安。硕德军令严整,秋毫不犯,祭先贤,礼名士,西土悦之。

沮渠蒙逊所部酒泉、凉宁二郡叛降于西凉,又闻吕隆降秦,大惧,遣其弟建忠将军挐、牧府长史张潜见硕德于姑臧,请帅其众东迁。硕德喜,拜潜张掖太守,挐建康太守。潜劝蒙逊东迁。挐私谓蒙逊曰:“姑臧未拔,吕氏犹存,硕德粮尽将还,不能久也,何为自弃土宇,受制于人乎!”臧莫孩亦以为然。

蒙逊遣子奚念为质于河西王利鹿孤,利鹿孤不受,曰:“奚念年少,可遣挐也。”冬,十月,蒙逊复遣使上疏于利鹿孤曰:“臣前遣奚念具披诚款,而圣旨未昭,复征弟挐。臣窃以为,苟有诚信,则子不为轻,若其不信,则弟不为重。今寇难未夷,不获奉诏,愿陛下亮之。”利鹿孤怒,遣张松侯俱延、兴城侯文支将骑一万袭蒙逊,至万岁临松,执蒙逊从弟鄙善苟子,虏其民六千馀户。蒙逊从叔孔遮入朝于利鹿孤,许以挈为质,利鹿孤乃归其所掠,召俱延等还。文支,利鹿孤之弟也。

20　南燕主备德宴群臣于延贤堂,酒酣,谓群臣曰:“朕可方自古何等主?”青州刺史鞠仲曰:“陛下中兴圣主,少康、光武之俦。”备德顾左右赐仲帛千匹;仲以所赐多,辞之。备德曰:“卿知调朕,朕不知调卿邪!卿所对非实,故朕亦以虚言赏卿耳。”韩范进曰:“天子无戏言,今日之论,君臣俱失。”备德大悦,赐范绢五十匹。

备德母及兄纳皆在长安,备德遣平原人杜弘往访之。弘曰:“臣至长安,若不奉太后动止,当西如张掖,以死为效。臣父雄年逾六十,乞本县之禄以申乌鸟之情。”中书令张华曰:“杜弘未行而求禄,要君之罪大矣。”备德曰:“弘为君迎母,为父求禄,忠孝备矣,何罪之有!”以雄为平原令。弘至张掖,为盗所杀。

21　十一月,刘裕追孙恩至沪渎、海盐,又破之,俘斩以万数,恩遂自浃口远窜入海。

22　十二月辛亥,魏主珪遣常山王遵、定陵公和跋帅众五万袭没弈干于高平。

23　乙卯,魏虎威将军宿沓干伐燕,攻令支;乙丑,燕中领军宇文拔救之;壬午,宿沓干拔令支而戍之。

24　吕超攻姜纪不克,遂攻焦朗。朗遣其弟子嵩为质于河西王利鹿孤以请迎,利鹿孤遣车骑将军傉檀赴之;比至,超已退,朗闭门拒之。傉檀怒,将攻之。镇北将军俱延谏曰:“安土重迁,人之常情。朗孤城无食,今年不降,后年自服,何必多杀士卒以攻之!若其不捷,彼必去从他国;弃州境士民以资邻敌,非计也,不如以善言谕之。”傉檀乃与朗连和,遂曜兵姑臧,壁于胡阬。

傉檀知吕超必来斫营,畜火以待之。超夜遣中垒将军王集帅精兵二千斫傉檀营,傉檀徐严不起。集入垒中,内外皆举火,光照如昼,纵兵击之,斩集及甲首三百馀级。吕隆惧,伪与傉檀通好,请于苑内结盟。傉檀遣俱延入盟,俱延疑其有伏,毁苑墙而入,超伏兵击之,俱延失马步走,凌江将军郭祖力战拒之,俱延乃得免。傉檀怒,攻其昌松太守孟祎于显美。隆遣广武将军荀安国、宁远将军石可帅骑五百救之;安国等惮傉檀之强,遁还。

25　桓玄表其兄伟为江州刺史,镇夏口;司马刁畅为辅国将军、督八郡军事,镇襄阳;遣其将皇甫敷、冯该戍溢口。移沮、漳蛮二千户于江南,立武宁郡;更招集流民,立绥安郡。诏征广州刺史刁逵、豫章太守郭昶之,玄皆留不遣。

玄自谓有晋国三分之二,数使人上己符端,欲以惑众;又致笺于会稽王道子曰:"贼造近郊,以风不得进,以雨不致火,食尽故去耳,非力屈也。昔国宝死后,王恭不乘此威入统朝政,足见其心非侮于明公也,而谓之不忠。今之贵要腹心,有时流清望者谁乎?岂可云无佳胜?直是不能信之耳!尔来一朝一夕,遂成今日之祸。在朝君子皆畏祸不言,玄忝任在远,是以披写事实。"元显见之,大惧。

张法顺谓元显曰:"桓玄承藉世资,素有豪气,既并殷、杨,专有荆楚;第下之所控引止三吴耳。孙恩为乱,东土涂地,公私困竭,玄必乘此纵其奸凶,窃用忧之。"元显曰:"为之奈何?"法顺曰:"玄始得荆州,人情未附,方务绥抚,未暇他图。若乘此际使刘牢之为前锋,而第下以大军继进,玄可取也。"元显以为然。会武昌太守庾楷以玄与朝廷构怨,恐事不成,祸及于己,密使人自结于元显,云:"玄大失人情,众不为用,若朝廷遣军,己当为内应。"元显大喜,遣张法顺至京口,谋于刘牢之;牢之以为难。法顺还,谓元显曰:"观牢之言色,必贰于我,不如召入杀之;不尔,败人大事。"元显不从。于是大治水军,征兵装舰,以谋讨玄。

元兴元年(壬寅,402)

1　春,正月庚午朔,下诏罪状桓玄,以尚书令元显为骠骑大将军、征讨大都督、都督十八州诸军事、加黄钺,又以镇北将军刘牢之为前锋都督、前将军谯王尚之为后部,因大赦,改元,内外戒严;加会稽王道子太傅。

元显欲尽诛诸桓。中护军桓脩,骠骑长史王诞之甥也,诞有宠于元显,因陈脩等与玄志趣不同,元显乃止。诞,导之曾孙也。

张法顺言于元显曰:"桓谦兄弟每为上流耳目,宜斩之以杜奸谋。且事之济不,系在前军,而牢之反覆,万一有变,则祸败立至,可令牢之杀谦兄弟以示无贰心,若不受命,当逆为之所。"元显曰:"今非牢之,无以敌玄;且始事而诛大将,人情不安。"再三不可。又以桓氏世为荆土所附,桓冲特有遗惠,而谦,冲之子也,乃自骠骑司马除都督荆益宁梁四州诸军事、荆州刺史,欲以结西人之心。

2　丁丑,燕慕容拔攻魏令支成,克之,宿沓干走,执魏辽西太守那颉。燕以拔为幽州刺史,镇令支,以中坚将军辽西阳豪为本郡太守。丁亥,以章武公渊为尚书令,博陵公虔为尚书左仆射,尚书王腾为右仆射。

3　戊子,魏材官将军和突攻黜弗、素古延等诸部,破之。初,魏主珪遣北部大人贺狄干献马千匹求婚于秦,秦王兴闻珪已立慕容后,止狄干而绝其婚;没弈干、黜弗、素古延,皆秦之属国也,而魏攻之,由是秦、魏有隙。庚寅,珪大阅士马,命并州诸郡积谷于平阳之乾壁以备秦。

　　柔然社仑方睦于秦,遣将救黜弗、素古延;辛卯,和突逆击,大破之,社仑帅其部落远遁漠北,夺高车之地而居之。斛律部帅倍侯利击社仑,大为所败,倍侯利奔魏。社仑于是西北击匈奴遗种日拔也鸡,大破之,遂吞并诸部,士马繁盛,雄于北方。其地西至焉耆,东接朝鲜,南临大漠,旁侧小国皆羁属焉;自号豆代可汗。始立约束,以千人为军,军有将;百人为幢,幢有帅。攻战先登者赐以虏获,畏懦者以石击其首而杀之。

4　秃发傉檀克显美,执孟祎而责之,以其不早降。祎曰:"祎受吕氏厚恩,分符守土;若明公大军甫至,望旗归附,恐获罪于执事矣。"傉檀释而礼之,徙二千馀户而归,以祎为左司马。祎辞曰:"吕氏将亡,圣朝必取河右,人无愚智皆知之。但祎为人守城不能全,复忝显任,于心窃所未安。若蒙明公之惠,使得就戮姑臧,死且不朽。"傉檀义而归之。

5　东土遭孙恩之乱,因以饥馑,漕运不继。桓玄禁断江路,公私匮乏,以麸、橡给士卒。玄谓朝廷方多忧虞,必未暇讨己,可以蓄力观衅。及大军将发,从兄太傅长史石生密以书报之;玄大惊,欲完聚江陵。长史卞范之曰:"明公英威振于远近,元显口尚乳臭,刘牢之大失物情,若兵临近畿,示以祸福,土崩之势可翘足而待,何有延敌入境,自取穷蹙者乎!"玄从之,留桓伟守江陵,抗表传檄,罪状元显,举兵东下。檄至,元显大惧。二月丙午,帝饯元显于西池;元显下船而不发。

6　癸丑,魏常山王遵等至高平,没弈干弃其部众,帅数千骑与刘勃勃奔秦州。魏军追至瓦亭,不及而还,尽获其府库蓄积,马四万馀匹,杂畜九万馀口,徙其民于代都,馀种分进。平阳太守贰尘复侵秦河东,长安大震,关中诸城昼闭,秦人简兵训卒以谋伐魏。

7　秦王兴立子泓为太子,大赦。泓孝友宽和,喜文学,善谈咏,而懦弱多病;兴欲以为嗣,而狐疑不决,久乃立之。

8　姑臧大饥,米斗直钱五千,人相食,饿死者十馀万口。城门昼闭,樵采路绝,民请出城为胡虏奴婢者,日有数百,吕隆恶其沮动众心,尽坑之,积尸盈路。

　　沮渠蒙逊引兵攻姑臧,隆遣使求救于河西王利鹿孤。利鹿孤遣广武公傉檀帅骑一万救之；未至，隆击破蒙逊军。蒙逊请与隆盟，留谷万馀斛遗之而还。傉檀至昌松，闻蒙逊已退，乃徙凉泽段冢民五百馀户而还。

中散骑常侍张融言于利鹿孤曰："焦朗兄弟据魏安，潜通姚氏，数为反覆，今不取，后必为朝廷忧。"利鹿孤遣傉檀讨之，朗面缚出降，傉檀送于西平，徙其民于乐都。

9　桓玄发江陵，虑事不捷，常为西还之计；及过寻阳，不见官军，意甚喜，将士之气亦振。

庾楷谋泄，玄囚之。

丁巳，诏遣齐王柔之以驺虞幡宣告荆、江二州，使罢兵；玄前锋杀之。柔之，宗之子也。

丁卯，玄至姑孰，使其将冯该等攻历阳，襄城太守司马休之婴城固守。玄军断洞浦，焚豫州舟舰。豫州刺史谯王尚之帅步卒九千阵于浦上，遣武都太守杨秋屯横江，秋降于玄军。尚之众溃，逃于涂中，玄捕获之。司马休之出战而败，弃城走。

刘牢之素恶骠骑大将军元显，恐桓玄既灭，元显益骄恣，又恐己功名愈盛，不为元显所容；且自恃材武，拥强兵，欲假玄以除执政，复伺玄之隙而自取之，故不肯讨玄。元显日夜昏酣，以牢之为前锋，牢之骤诣门，不得见，及帝出饯元显，遇之公坐而已。

牢之军溧洲，参军刘裕请击玄，牢之不许。玄使牢之族舅何穆说牢之曰："自古戴震主之威，挟不赏之功而能自全者，谁邪？越之文种，秦之白起，汉之韩信，皆事明主，为之尽力，功成之日，犹不免诛夷，况为凶愚者之用乎！君如今日战胜则倾宗，战败则覆族，欲以此安归乎！不若翻然改图，则可以长保富贵矣。古人射钩、斩袪，犹不害为辅佐，况玄与君无宿昔之怨乎！"时谯王尚之已败，人情愈恐；牢之颇纳穆言，与玄交通。东海中尉东海何无忌，牢之之甥也，与刘裕极谏，不听。其子骠骑从事中郎敬宣谏曰："今国家衰危，天下之重在大人与玄。玄藉父、叔之资，据有全楚，割晋国三分之二，一朝纵之使陵朝廷，玄威望既成，恐难图也，董卓之变，将在今矣。"牢之怒曰："吾岂不知！今日取玄如反覆手耳；但平玄之后，令我奈骠骑何！"三月乙巳朔，牢之遣敬宣诣玄请降。玄阴欲诛牢之，乃与敬宣宴饮，陈名书画共观之，以安悦其意；敬宣不之觉，玄佐吏莫不相视而笑。玄版敬宣为谘议参军。

元显将发，闻玄已至新亭，弃船，退屯国子学，辛未，陈于宣阳门外。军中相惊，言玄已至南桁，元显引兵欲还宫。玄遣人拔刀随后大呼曰：

"放仗!"军人皆崩溃,元显乘马走入东府,唯张法顺一骑随之。元显问计于道子,道子但对之涕泣。玄遣太傅从事中郎毛泰收元显送新亭,缚于舫前而数之;元显曰:"为王诞、张法顺所误耳。"

壬申,复隆安年号。帝遣侍中劳玄于安乐渚。玄入京师,称诏解严,以玄总百揆,都督中外诸军事、丞相、录尚书事、扬州牧、领徐荆江三州刺史,假黄钺。玄以桓伟为荆州刺史,桓谦为尚书左仆射,桓脩为徐、兖二州刺史,桓石生为江州刺史,卞范之为丹杨尹。

初,玄之举兵,侍中王谧奉诏诣玄,玄亲礼之。及玄辅政,以谧为中书令。谧,导之孙也。新安太守殷仲文,觊之弟也,玄姊为仲文妻。仲文闻玄克京师,弃郡投玄,玄以为谘议参军。刘迈往见玄,玄曰:"汝不畏死,而敢来邪?"迈曰:"射钩斩祛,并迈为三。"玄悦,以为参军。

癸酉,有司奏会稽王道子酗纵不孝,当弃市,诏徙安成郡;斩元显及东海王彦璋、谯王尚之、庾楷、张法顺、毛泰等于建康市。桓脩为王诞固请,长流岭南。

玄以刘牢之为会稽内史。牢之曰:"始尔,便夺我兵,祸其至矣。"刘敬宣请归谕牢之使受命,玄遣之。敬宣劝牢之袭玄,牢之犹豫不决,移屯班渎,私告刘裕曰:"今当北就高雅之于广陵,举兵以匡社稷,卿能从我去乎?"裕曰:"将军以劲卒数万,望风降服,彼新得志,威震天下,朝野人情皆已去矣,广陵岂可得至邪! 裕当反服还京口耳。"何无忌谓裕曰:"我将何之?"裕曰:"吾观镇北必不免,卿可随我还京口。桓玄若守臣节,当与卿事之;不然,当与卿图之。"

于是牢之大集僚佐,议据江北以讨玄。参军刘袭曰:"事之不可者莫大于反。将军往年反王兖州,近日反司马郎君,今复反桓公,一人三反,何以自立!"语毕,趋出,佐吏多散走。牢之惧,使敬宣之京口迎家,失期不至。牢之以为事已泄,为玄所杀,乃帅部曲北走,至新洲,缢而死。敬宣至,不暇哭,即渡江奔广陵。将吏共殡敛牢之,以其丧归丹徒。玄令斫棺斩首,暴尸于市。

10　大赦,改元大亨。

11　桓玄让丞相、荆江徐三州,改授太尉、都督中外诸军事、扬州牧、领豫州刺史,总百揆;以琅邪王德文为太宰。

12　司马休之、刘敬宣、高雅之俱奔洛阳,各以子弟为质于秦以求救。秦王兴与之符信,使于关中募兵,得数千人,复还屯彭城间。

13　孙恩寇临海,临海太守辛景击破之,恩所虏三吴男女,死亡殆尽。

恩恐为官军所获，乃赴海死，其党及妓妾从死者以百数，谓之"水仙"。馀众数千人复推恩妹夫卢循为主。循，谌之曾孙也。神采清秀，雅有材艺。少时，沙门惠远尝谓之曰："君虽体涉风素，而志存不轨，如何？"太尉玄欲抚安东土，乃以循为永嘉太守。循虽受命，而寇暴不已。

14　甲戌，燕大赦。

15　河西王秃发利鹿孤寝疾，遗令以国事授弟傉檀。初，秃发思复鞬爱重傉檀，谓诸子曰："傉檀器识，非汝曹所及也。"故诸兄不以传子而传于弟。利鹿孤在位，垂拱而已，军国大事皆委于傉檀。利鹿孤卒，傉檀袭位，更称凉王，改元弘昌，迁于乐都，谥利鹿孤曰康王。

16　夏，四月，太尉玄出屯姑孰，辞录尚书事，诏许之；而大政皆就谘焉，小事则决于尚书令桓谦及卞范之。

自隆安以来，中外之人厌于祸乱。及玄初至，黜奸佞，擢隽贤，京师欣然，冀得少安。既而玄奢豪纵逸，政令无常，朋党互起，陵侮朝廷，裁损乘舆供奉之具，帝几不免饥寒，由是众心失望。三吴大饥，户口减半，会稽减什三四，临海、永嘉殆尽，富室皆衣罗纨，怀金玉，闭门相守饿死。

17　乞伏炽磐自西平逃归苑川，南凉王傉檀归其妻子。乞伏乾归使炽磐入朝于秦，秦主兴以炽磐为兴晋太守。

18　五月，卢循自临海入东阳，太尉玄遣抚军中兵参军刘裕将兵击之，循败，走永嘉。

19　高句丽攻宿军，燕平州刺史慕容归弃城走。

20　秦主兴大发诸军，遣义阳公平、尚书右仆射狄伯支等将步骑四万伐魏，兴自将大军继之，以尚书令姚晃辅太子泓守长安，没弈干权镇上邽，广陵公钦权镇洛阳。平攻魏乾壁六十馀日，拔之。秋，七月，魏主珪遣毗陵王顺及豫州刺史长孙肥将六万骑为前锋，自将大军继发以击之。

21　八月，太尉玄讽朝廷以玄平元显功封豫章公，平殷、杨功封桂阳公，并本封南郡如故。玄以豫章封其子昇，桂阳封其兄子俊。

22　魏主珪至永安，秦义阳公平遣骁将帅精骑二百觇魏军，长孙肥逆击，尽擒之。平退走，珪追之，乙巳，及于柴壁；平婴城固守，魏军围之。秦王兴将兵四万七千救之，将据天渡运粮以馈平。魏博士李先曰："兵法：高者为敌所栖，深者为敌所囚。今秦皆犯之，宜及兴未至，遣奇兵先据天渡，柴壁可不战而取也。"珪命增筑重围，内以防平之出，外以拒兴之入。广武将军安同曰："汾东有蒙坑，东西三百馀里，蹊径不通。兴来，必从汾西直临柴壁，如此，虏声势相接，重围虽固，不能制也；不如为浮梁，渡汾西,筑围以拒之,虏至,无所施其智力矣。"珪从之。兴至蒲阪,惮魏之强,久乃进兵。甲子,珪帅步骑三万逆击兴于蒙阬之南,斩首千馀级,兴退走四十馀里,平亦不敢出。珪乃分兵四据险要,使秦兵不得近柴壁。兴屯汾西,凭堑为垒,束柏材从汾上流纵之,欲以毁浮梁,魏人皆钩取以为薪蒸。

冬,十月,平粮竭矢尽,夜,悉众突西南围求出;兴列兵汾西,举烽鼓噪为应。兴欲平力战突免,平望兴攻围引接,但叫呼相和,莫敢逼围。平不得出,计穷,乃帅麾下赴水死,诸将多从平赴水;珪使善游者钩捕之,无得免者。执狄伯支及越骑校尉唐小方等四十馀人,馀众二万馀人皆敛手就禽。兴坐视其穷,力不能救,举军恸哭,声震山谷。数遣使求和于魏,珪不许,乘胜进攻蒲阪,秦晋公绪固守不战。会柔然谋伐魏,珪闻之,戊申,引兵还。

或告太史令晁崇及弟黄门侍郎懿潜召秦兵,珪至晋阳,赐崇、懿死。

23　秦徙河西豪右万馀户于长安。

24　太尉玄杀吴兴太守高素、将军竺谦之及谦之从兄朗之、刘袭并袭弟季武,皆刘牢之北府旧将也。袭兄冀州刺史轨邀司马休之、刘敬宣、高雅之等共据山阳,欲起兵攻玄,不克而走。将军袁虔之、刘寿、高长庆、郭恭等皆往从之,将奔魏;至陈留南,分为二辈:轨、休之、敬宣奔南燕,虔之、寿、长庆、恭奔秦。

魏主珪初闻休之等当来,大喜。后怪其不至,令兖州求访,获其从者,问其故,皆曰:"魏朝威声远被,是以休之等咸欲归附;既而闻崔逞被杀,故奔二国。"珪深悔之,自是士人有过,颇见优容。

25　南凉王傉檀攻吕隆于姑臧。

26　燕王熙纳故中山尹苻谟二女,长曰娀娥,为贵人,幼曰训英,为贵嫔,贵嫔尤有宠。丁太后怨恚,与兄子尚书信谋废熙立章武公渊;事觉,熙逼丁太后令自杀,葬以后礼,谥曰献幽皇后。十一月戊辰,杀渊及信。

辛未,熙畋于北原,石城令高和与尚方兵于后作乱,杀司隶校尉张显,入掠宫殿,取库兵,胁营署,闭门乘城。熙驰还,城上人皆投仗开门,尽诛反者,唯和走免。甲戌,大赦。

27　魏以庾岳为司空。

28　十二月辛亥,魏主珪还云中。

柔然可汗社仑闻珪伐秦,自参合陂侵魏,至豺山,及善无北泽,魏常山王遵以万骑追之,不及而还。

29　太尉玄使御史杜林防卫会稽文孝王道子至安成,林承玄旨,鸩道子,杀之。

　　30　沮渠蒙逊所署西郡太守梁中庸叛,奔西凉。蒙逊闻之,笑曰:
"吾待中庸,恩如骨肉,而中庸不我信,但自负耳,孤岂在此一人邪!"乃尽
归其孥。

　　西凉公暠问中庸曰:"我何如索嗣?"中庸曰:"未可量也。"暠曰:"嗣
才度若敌我者,我何能于千里之外以长绳绞其颈邪?"中庸曰:"智有短
长,命有成败。殿下之与索嗣,得失之理,臣实未之能详。若以身死为负,
计行为胜,则公孙瓒岂贤于刘虞邪?"暠默然。

　　31　袁虔之等至长安,秦王兴问曰:"桓玄才略何如其父?卒能成功
乎?"虔之曰:"玄乘晋室衰乱,盗据宰衡,猜忌安忍,刑赏不公,以臣观之,
不如其父远矣。玄今已执大柄,其势必将篡逆,正可为他人驱除耳。"兴
善之,以虔之为广州刺史。

　　32　是岁,秦王兴立昭仪张氏为皇后,封子懿、弼、洸、宣、谌、愔、璞、
质、逵、裕、国儿皆为公,遣使拜秃发傉檀为车骑将军、广武公,沮渠蒙逊为
镇西将军、沙州刺史、西海侯,李暠为安西将军、高昌侯。

　　秦镇远将军赵曜帅众二万西屯金城,建节将军王松忽帅骑助吕隆守
姑臧。松忽至魏安,傉檀弟文真击而虏之。傉檀大怒,送松忽还长安,深
自陈谢。

资治通鉴卷第一百一十三

晋纪三十五

安皇帝戊

元兴二年（癸卯，403）

1　春，正月，卢循使司马徐道覆寇东阳；二月辛丑，建武将军刘裕击破之。道覆，循之姊夫也。

2　乙卯，以太尉玄为大将军。

3　丁巳，玄杀冀州刺史孙无终。

4　玄上表请帅诸军扫平关、洛，既而讽朝廷下诏不许，乃云："奉诏故止。"玄初欲饬装，先命作轻舸，载服玩、书画。或问其故。玄曰："兵凶战危，脱有意外，当使轻而易运。"众皆笑之。

5　夏，四月癸巳朔，日有食之。

6　南燕主备德故吏赵融自长安来，始得母兄凶问，备德号恸吐血，因而寝疾。

司隶校尉慕容达谋反，遣牙门皇璆攻端门，殿中帅侯赤眉开门应之；中黄门孙进扶备德逾城匿于进舍。段宏等闻宫中有变，勒兵屯四门。备德入宫，诛赤眉等；达出奔魏。

备德优迁徙之民，使之长复不役；民缘此迭相荫冒，或百室合户，或千丁共籍，以避课役。尚书韩𧨲请加隐核，备德从之，使𧨲巡行郡县，得荫户五万八千。

7　泰山贼王始聚众数万，自称太平皇帝，署置公卿；南燕桂林王镇讨禽之。临刑，或问其父及兄弟安在。始曰："太上皇蒙尘于外，征东、征西为乱兵所害。"其妻怒之曰："君正坐此口，奈何尚尔！"始曰："皇后不知，自古岂有不亡之国！朕则崩矣，终不改号！"

8　五月，燕王熙作龙腾苑，方十馀里，役徒二万人；筑景云山于苑内，基广五百步，峰高十七丈。

9　秋，七月戊子，魏主珪北巡，作离宫于犲山。

平原太守和跋奢豪喜名，珪恶而杀之，使其弟毗等就与诀。跋曰："漒北土瘠，可迁水南，勉为生计。"且使之背己，曰："汝何忍视吾之死也！"毗等谕其意，诈称使者，逃入秦。珪怒，灭其家。中垒将军邓渊从弟尚书晖与跋善，或谮诸珪曰："毗之出亡，晖实送之。"珪疑渊知其谋，赐渊死。

10　南凉王傉檀及沮渠蒙逊互出兵攻吕隆，隆患之。秦之谋臣言于秦王兴曰："隆藉先世之资，专制河外，今虽饥窘，尚能自支，若将来丰赡，终不为吾有。凉州险绝，土田饶沃，不如因其危而取之。"兴乃遣使征吕超入侍。隆念姑臧终无以自存，乃因超请迎于秦。兴遣尚书左仆射齐难、镇西将军姚诘、左贤王乞伏乾归、镇远将军赵曜帅步骑四万迎隆于河西，南凉王傉檀摄昌松、魏安二戍以避之。八月，齐难等至姑臧，隆素车白马迎于道旁。隆劝难击沮渠蒙逊，蒙逊使臧莫孩拒之，败其前军。难乃与蒙逊结盟；蒙逊遣弟挐入贡于秦。难以司马王尚行凉州刺史，配兵三千镇姑臧，以将军阎松为仓松太守，郭将为番禾太守，分戍二城，徙隆宗族、僚属及民万户于长安。兴以隆为散骑常侍，超为安定太守，自馀文武随才擢叙。

初，郭黁常言"代吕者王"，故其起兵，先推王详，后推王乞基；及隆东迁，王尚卒代之。黁从乞伏乾归降秦，以为灭秦者晋也，遂来奔，秦人追得，杀之。

沮渠蒙逊伯父中田护军亲信、临松太守孔笃，皆骄恣为民患，蒙逊曰："乱吾法者，二伯父也。"皆逼之使自杀。

秦遣使者梁构至张掖，蒙逊问曰："秃发傉檀为公而身为侯，何也？"构曰："傉檀凶狡，款诚未著，故朝廷以重爵虚名羁縻之。将军忠贯白日，当入赞帝室，岂可以不信相待也！圣朝爵必称功，如尹纬、姚晃，佐命之臣，齐难、徐洛，一时猛将，爵皆不过侯伯，将军何以先之乎！昔窦融殷勤固让，不欲居旧臣之右，不意将军忽有此问！"蒙逊曰："朝廷何不即封张掖而更远封西海邪？"构曰："张掖，将军已自有之，所以远授西海者，欲广大将军之国耳。"蒙逊悦，乃受命。

11　荆州刺史桓伟卒，大将军玄以桓脩代之。从事中郎曹靖之说玄曰："谦、脩兄弟专据内外，权势太重。"玄乃以南郡相桓石康为荆州刺史。石康，豁之子也。

12　刘裕破卢循于永嘉，追至晋安，屡破之，循浮海南走。

何无忌潜诣裕，劝裕于山阴起兵讨桓玄。裕谋于土豪孔靖，靖曰：

"山阴去都道远,举事难成;且玄未篡位,不如待其已篡,于京口图之。"裕从之。靖,愉之孙也。

13　九月,魏主珪如南平城,规度灅南,将建新都。

14　侍中殷仲文、散骑常侍卞范之劝大将军玄早受禅,阴撰九锡文及册命。以桓谦为侍中、开府、录尚书事,王谧为中书监、领司徒,桓胤为中书令,加桓脩抚军大将军。胤,冲之孙也。丙子,册命玄为相国,总百揆,封十郡,为楚王,加九锡,楚国置丞相以下官。

桓谦私问彭城内史刘裕曰:"楚王勋德隆重,朝廷之情,咸谓宜有揖让,卿以为何如?"裕曰:"楚王,宣武之子,勋德盖世,晋室微弱,民望久移,乘运禅代,有何不可?"谦喜曰:"卿谓之可,即可耳。"

新野人庾仄,殷仲堪之党也,闻桓伟死,石康未至,乃起兵袭雍州刺史冯该于襄阳,走之。仄有众七千,设坛,祭七庙,云"欲讨桓玄",江陵震动。石康至州,发兵攻襄阳,仄败,奔秦。

15　高雅之表南燕主备德,请伐桓玄曰:"纵未能廓清吴、会,亦可收江北之地。"中书侍郎韩范亦上疏曰:"今晋室衰乱,江、淮南北,户口无几,戎马单弱。重以桓玄悖逆,上下离心;以陛下神武,发步骑一万临之,彼必土崩瓦解,兵不留行矣。得而有之,秦、魏不足敌也,拓地定功,正在今日。失时不取,彼之豪杰诛灭桓玄,更修德政,岂惟建康不可得,江北亦无望矣。"备德曰:"朕以旧邦覆没,欲先定中原,乃平荡荆、扬,故未南征耳。其令公卿议之。"因讲武城西,步卒三十七万人,骑五万三千四,车万七千乘。公卿皆以为玄新得志,未可图,乃止。

16　冬,十月,楚王玄上表请归藩,使帝作手诏固留之。又诈言钱塘临平湖开,江州甘露降,使百僚集贺,用为己受命之符。又以前世皆有隐士,耻于己时独无,求得西朝隐士安定皇甫谧六世孙希之,给其资用,使隐居山林;征为著作郎,使希之固辞不就,然后下诏旌礼,号曰高士。时人谓之"充隐"。又欲废钱用谷、帛及复肉刑,制作纷纭,志无一定,变更回复,卒无所施行。性复贪鄙,人士有法书、好画及佳园宅,必假蒲博而取之;尤爱珠玉,未尝离手。

17　乙卯,魏主珪立其子嗣为齐王,加位相国;绍为清河王,加征南大将军;熙为阳平王;曜为河南王。

18　丁巳,魏将军伊谓帅骑二万袭高车馀种袁纥、乌频;十一月庚午,大破之。

19　诏楚王玄行天子礼乐,妃为王后,世子为太子。丁丑,卞范之为禅诏,使临川王宝逼帝书之。宝,晞之曾孙也。庚辰,帝临轩,遣兼太保、领司徒王谧奉玺绶,禅位于楚;壬午,帝出居永安宫;癸未,迁太庙神主于琅邪国,穆章何皇后及琅邪王德文皆徙居司徒府。百官诣姑孰劝进。十二月庚寅朔,玄筑坛于九井山北,壬辰,即皇帝位。册文多非薄晋室,或谏之,玄曰:"揖让之文,正可陈之于下民耳,岂可欺上帝乎!"大赦,改元永始;以南康之平固县封帝为平固王,降何后为零陵县君,琅邪王德文为石阳县公,武陵王遵为彭泽县侯;追尊父温为宣武皇帝,庙号太祖,南康公主为宣皇后,封子昇为豫章王;以会稽内史王愉为尚书仆射,愉子相国左长史绥为中书令。绥,桓氏之甥也。戊戌,玄入建康宫,登御坐而床忽陷,群下失色。殷仲文曰:"将由圣德深厚,地不能载。"玄大悦。梁王珍之国臣孔朴奉珍之奔寿阳。珍之,晞之曾孙也。

20 戊申,燕王熙尊燕主垂之贵嫔段氏为皇太后。段氏,熙之慈母也。己酉,立苻贵嫔为皇后,大赦。

21 辛亥,桓玄迁帝于寻阳。

22 燕以卫尉悦真为青州刺史,镇新城;光禄大夫卫驹为并州刺史,镇凡城。

23 癸丑,纳桓温神主于太庙。桓玄临听讼观阅囚徒,罪无轻重,多得原放;有干舆乞者,时或恤之。其好行小惠如此。

24 是岁,魏主珪始命有司制冠服,以品秩为差;然法度草创,多不稽古。

三年(甲辰,404)

1 春,正月,桓玄立其妻刘氏为皇后。刘氏,乔之曾孙也。玄以其祖彝以上名位不显,不复追尊立庙。散骑常侍徐广曰:"'敬其父则子悦',请依故事立七庙。"玄曰:"礼,太祖东向,左昭右穆。晋立七庙,宣帝不得正东向之位,何足法也!"秘书监卞承之谓广曰:"若宗庙之祭果不及祖,有以知楚德之不长矣。"广,邈之弟也。

玄自即位,心常不自安。二月己丑朔,夜,涛水入石头,流杀人甚多,谨哗震天。玄闻之惧,曰:"奴辈作矣!"

玄性苛细,好自矜伐。主者奏事,或一字不体,或片辞之谬,必加纠摘,以示聪明。尚书答诏误书"春蒐"为"春菟",自左丞王纳之以下,凡所关署,皆被降黜。或手注直官,或自用令史,诏令纷纭,有司奉答不暇;而纪纲不治,奏案停积,不能知也。又性好游畋,或一日数出。迁居东宫,更缮宫室,土木并兴,督迫严促,朝野骚然,思乱者众。

玄遣使加益州刺史毛璩散骑常侍、左将军。璩执留玄使,不受其命。璩,宝之孙也。玄以桓希为梁州刺史,分命诸将戍三巴以备之。璩传檄远近,列玄罪状,遣巴东太守柳约之、建平太守罗述、征虏司马甄季之击破希等,仍帅众进屯白帝。

刘裕从徐、兖二州刺史、安成王桓脩入朝。玄谓王谧曰:"裕风骨不常,盖人杰也。"每游集,必引接殷勤,赠赐甚厚。玄后刘氏,有智鉴,谓玄曰:"刘裕龙行虎步,视瞻不凡,恐终不为人下,不如早除之。"玄曰:"我方平荡中原,非裕莫可用者;俟关、河平定,然后别议之耳。"

玄以桓弘为青州刺史,镇广陵;刁逵为豫州刺史,镇历阳。弘,脩之弟;逵,彝之子也。

刘裕与何无忌同舟还京口,密谋兴复晋室。刘迈弟毅家于京口,亦与无忌谋讨玄。无忌曰:"桓氏强盛,其可图乎?"毅曰:"天下自有强弱;苟为失道,虽强易弱,正患事主难得耳。"无忌曰:"天下草泽之中非无英雄也。"毅曰:"所见唯有刘下邳。"无忌笑而不答,还以告裕,遂与毅定谋。

初,太原王元德及弟仲德为苻氏起兵攻燕主垂,不克,来奔,朝廷以元德为弘农太守。仲德见桓玄称帝,谓人曰:"自古革命诚非一族,然今之起者恐不足以成大事。"

平昌孟昶为青州主簿,桓弘使昶至建康,玄见而悦之,谓刘迈曰:"素士中得一尚书郎,卿与其州里,宁相识否?"迈素与昶不善,对曰:"臣在京口,不闻昶有异能,唯闻父子纷纷更相赠诗耳。"玄笑而止。昶闻而恨之。既还京口,裕谓昶曰:"草间当有英雄起,卿颇闻乎?"昶曰:"今日英雄有谁,正当是卿耳!"

于是裕、毅、无忌、元德、仲德、昶及裕弟道规、任城魏咏之、高平檀凭之、琅邪诸葛长民、河内太守陇西辛扈兴、振威将军东莞童厚之,相与合谋起兵。道规为桓弘中兵参军,裕使毅就道规及昶于江北,共杀弘,据广陵;长民为刁逵参军,使长民杀逵,据历阳;元德、扈兴、厚之在建康,使之聚众攻玄为内应,刻期齐发。

孟昶妻周氏富于财,昶谓之曰:"刘迈毁我于桓公,使我一生沦陷,我决当作贼。卿幸早离绝,脱得富贵,相迎不晚也。"周氏曰:"君父母在堂,欲建非常之谋,岂妇人所能谏!事之不成,当于奚官中奉养大家,义无归志也。"昶怅然,久之而起。周氏追昶坐,曰:"观君举措,非谋及妇人者,不过欲得财物耳。"因指怀中儿示之曰:"此而可卖,亦当不惜。"遂倾赀以给之。昶弟顗妻,周氏之从妹也,周氏给之曰:"昨夜梦殊不祥,门内绛色物宜悉取以为厌胜。"妹信而与之,遂尽缝以为军士袍。

何无忌夜于屏风里草檄文,其母,刘牢之姊也,登橙密窥之,泣曰:"吾不及东海吕母明矣。汝能如此,吾复何恨!"问所与同谋者。曰:"刘裕。"母尤喜,因为言玄必败、举事必成之理以劝之。

乙卯,裕托以游猎,与无忌收合徒众,得百馀人。丙辰,诘旦,京口城开,无忌著传诏服,称敕使,居前,徒众随之齐入,即斩桓脩以徇。脩司马刁弘帅文武佐吏来赴,裕登城,谓之曰:"郭江州已奉乘舆返正于寻阳,我等并被密诏,诛除逆党,今日贼玄之首已当枭于大航矣。诸君非大晋之臣乎,今来欲何为!"弘等信之,收众而退。

裕问无忌曰:"今急须一府主簿,何由得之?"无忌曰:"无过刘道民。"道民者,东莞刘穆之也。裕曰:"吾亦识之。"即驰信召焉。时穆之闻京口讙噪声,晨起,出陌头,属与信会。穆之直视不言者久之,既而返室,坏布裳为裤,往见裕。裕曰:"始举大义,方造艰难,须一军吏甚急,卿谓谁堪其选?"穆之曰:"贵府始建,军吏实须其才,仓猝之际,略当无见逾者。"裕笑曰:"卿能自屈,吾事济矣。"即于坐署主簿。

孟昶劝桓弘其日出猎,天未明,开门出猎人;昶与刘毅、刘道规帅壮士数十人直入,弘方啖粥,即斩之,因收众济江。裕使毅诛刁弘。

先是,裕遣同谋周安穆入建康报刘迈,迈虽酬许,意甚惶惧;安穆虑事泄,乃驰归。玄以迈为竟陵太守,迈欲亟之郡,是夜,玄与迈书曰:"北府人情云何?卿近见刘裕何所道?"迈谓玄已知其谋,晨起,白之。玄大惊,封迈为重安侯。既而嫌迈不执安穆,使得逃去,乃杀之,悉诛元德、扈兴、厚之等。

众推刘裕为盟主,总督徐州事,以孟昶为长史,守京口,檀凭之为司马。彭城人应募者,裕悉使郡主簿刘锺统之。丁巳,裕帅二州之众千七百人,军于竹里,移檄远近,声言益州刺史毛璩已定荆楚,江州刺史郭昶之奉迎主上返正于寻阳,镇北参军王元德等并帅部曲保据石头,扬武将军诸葛长民已据历阳。

玄移还上宫,召侍官皆入止省中;加扬州刺史新野王桓谦征讨都督,以殷仲文代桓脩为徐、兖二州刺史。谦等请亟遣兵击裕。玄曰:"彼兵锐甚,计出万死,若有蹉跌,则彼气成而吾事去矣,不如屯大众于覆舟山以待之。彼空行二百里,无所得,锐气已挫,忽见大军,必惊愕;我按兵坚阵,勿与交锋,彼求战不得,自然散走,此策之上也。"谦等固请击之,乃遣顿丘太守吴甫之、右卫将军皇甫敷相继北上。

玄忧惧特甚。或曰:"裕等乌合微弱,势必无成,陛下何虑之深?"玄曰:"刘裕足为一世之雄;刘毅家无担石之储,樗蒲一掷百万;何无忌酷似其舅;共举大事,何谓无成!"

2 南凉王傉檀畏秦之强,乃去年号,罢尚书丞郎官,遣参军关尚使于秦。秦王兴曰:"车骑献款称藩,而擅兴兵造大城,岂为臣之道乎?"尚曰:"王公设险以守其国,先王之制也。车骑僻在遐藩,密迩勃寇,盖为国家重门之防;不图陛下忽以为嫌。"兴善之。傉檀求领凉州,兴不许。

3 初,袁真杀朱宪,宪弟绰逃奔桓温。温克寿阳,绰辄发真棺,戮其尸。温怒,将杀之,桓冲请而免之。绰事冲如父,冲薨,绰呕血而卒。刘裕克京口,以绰子龄石为建武参军。三月戊午朔,裕军与吴甫之遇于江乘。将战,龄石言于裕曰:"龄石世受桓氏厚恩,不欲以兵刃相向,乞在军后。"裕义而许之。甫之,玄骁将也,其兵甚锐。裕手执长刀,大呼以冲之,众皆披靡,即斩甫之,进至罗落桥。皇甫敷帅数千人逆战,宁远将军檀凭之败死。裕进战弥厉,敷围之数重,裕倚大树挺战。敷曰:"汝欲作何死!"拔戟将刺之,裕瞋目叱之,敷辟易。裕党俄至,射敷中额而踣,裕援刀直进。敷曰:"君有天命,以子孙为托。"裕斩之,厚抚其孤。裕以檀凭之所领兵配参军檀祗。祗,凭之之从子也。

玄闻二将死,大惧,召诸道术人推算及为厌胜。问群臣曰:"朕其败乎?"吏部郎曹靖之对曰:"民怨神怒,臣实惧焉。"玄曰:"民或可怨,神何为怒?"对曰:"晋氏宗庙,飘泊江滨,大楚之祭,上不及祖,此其所以怒也。"玄曰:"卿何不谏?"对曰:"辇上君子皆以为尧、舜之世,臣何敢言!"玄默然。使桓谦及游击将军何澹之屯东陵,侍中、后将军卞范之屯覆舟山西,众合二万。

己未,裕军食毕,悉弃其馀粮,进至覆舟山东,使赢弱登山,张旗帜为疑兵,数道并前,布满山谷。玄侦候者还,云"裕军四塞,不知多少"。玄益忧恐,遣武卫将军庾赜之帅精卒副援诸军。谦等士卒多北府人,素畏伏裕,莫有斗志。裕与刘毅等分为数队,进突谦陈;裕以身先之,将士皆殊死战,无不一当百,呼声动天地。时东北风急,因纵火焚之,烟炎燎天,鼓噪之音震动京邑,谦等诸军大溃。

玄时虽遣军拒裕,而走意已决,潜使领军将军殷仲文具舟于石头;闻谦等败,帅亲信数千人,声言赴战,遂将其子昇、兄子濬出南掖门。遇前相国参军胡藩,执马鞚谏曰:"今羽林射手犹有八百,皆是义故,西人受累世之恩,不驱令一战,一旦舍此,欲安之乎!"玄不对,但举策指天;因鞭马而走,西趋石头,与仲文等浮江南走。经日不食,左右进粗饭,玄咽不能下,昇抱其胸而抚之,玄悲不自胜。

　　裕入建康,王仲德抱元德子方回出候裕,裕于马上抱方回与仲德对哭;追赠元德给事中,以仲德为中兵参军。裕止桓谦故营,遣刘锺据东府。庚申,裕屯石头城,立留台百官,焚桓温神主于宣阳门外,造晋新主,纳于太庙。遣诸将追玄,尚书王嘏帅百官奉迎乘舆,诛玄宗族在建康者。裕使臧熹入宫,收图书、器物,封闭府库;有金饰乐器,裕问熹:"卿得无欲此乎?"熹正色曰:"皇上幽逼,播越非所,将军首建大义,勍劳王家,虽复不肖,实无情于乐。"裕笑曰:"聊以戏卿耳。"熹,焘之弟也。

　　壬戌,玄司徒王谧与众议推裕领扬州,裕固辞。乃以谧为侍中、领司徒、扬州刺史、录尚书事,谧推裕为使持节、都督扬徐兖豫青冀幽并八州诸军事、徐州刺史,刘毅为青州刺史,何无忌为琅邪内史,孟昶为丹杨尹,刘道规为义昌太守。

　　裕始至建康,诸大处分皆委于刘穆之,仓猝立定,无不允惬。裕遂托以腹心,动止谘焉;穆之亦竭节尽诚,无所遗隐。时晋政宽弛,纲纪不立,豪族陵纵,小民穷蹙,重以司马元显政令违舛,桓玄虽欲厘整,而科条繁密,众莫之从。穆之斟酌时宜,随方矫正;裕以身范物,先以威禁;内外百官皆肃然奉职,不盈旬日,风俗顿改。

　　初,诸葛长民至豫州,失期,不得发。刁逵执长民,槛车送桓玄。至当利而玄败,送人共破槛出长民,还趋历阳。逵弃城走,为其下所执,斩于石头,子侄无少长皆死,唯赦其季弟给事中骋。逵故吏匿其弟子雍送洛阳,秦王兴以为太子中庶子。裕以魏咏之为豫州刺史,镇历阳,诸葛长民为宣城内史。

　　初,裕名微位薄,轻狡无行,盛流皆不与相知,惟王谧独奇贵之,谓裕曰:"卿当为一代英雄。"裕尝与刁逵樗蒲,不时输直,逵缚之马柳。谧见之,责逵而释之,代之还直。由是裕深憾逵而德谧。

　　萧方等曰:夫蛟龙潜伏,鱼虾亵之。是以汉高赦雍齿,魏武免梁鹄,安可以布衣之嫌而成万乘之隙也!今王谧为公,刁逵亡族,酬恩报怨,何其狭哉!

4　尚书左仆射王愉及子荆州刺史绥谋袭裕,事泄,族诛;绥弟子慧龙为僧彬所匿,得免。

5　魏以中土萧条,诏县户不满百者罢之。

6　丁卯,刘裕还镇东府。

7　桓玄至寻阳,郭昶之给其器用、兵力。辛未,玄逼帝西上,刘毅帅何无忌、刘道规等诸军追之。玄留龙骧将军何澹之、前将军郭铨与郭昶之守湓口。玄于道自作起居注,叙讨刘裕事,自谓经略举无遗策,诸军违节度,以致奔败。专覃思著述,不暇与群下议时事。起居注既成,宣示远近。

8　丙戌,刘裕称受帝密诏,以武陵王遵承制总百官行事,加侍中、大将军,因大赦,惟桓玄一族不宥。

9　刘敬宣、高雅之结青州大姓及鲜卑豪帅谋杀南燕王备德,推司马休之为主。备德以刘轨为司空,甚宠信之。雅之欲邀轨同谋,敬宣曰:"刘公衰老,有安齐之志,不可告也。"雅之卒告之,轨不从。谋颇泄,敬宣等南走,南燕人收轨,杀之,追及雅之,又杀之。敬宣、休之至淮、泗间,闻桓玄败,遂来归,刘裕以敬宣为晋陵太守。

10　南燕主备德闻桓玄败,命北地王锺等将兵欲取江南,会备德有疾而止。

11　夏,四月己丑,武陵王遵入居东宫,内外毕敬;迁除百官称制书,教称令书。以司马休之监荆益梁宁秦雍六州诸军事、领荆州刺史。

庚寅,桓玄挟帝至江陵,桓石康纳之。玄更署置百官,以卞范之为尚书仆射。自以奔败之后,恐威令不行,乃更增峻刑罚,众益离怨。殷仲文谏,玄怒曰:"今以诸将失律,天文不利,故还都旧楚;而群小纷纷,妄兴异议,方当纠之以猛,未可施之以宽也。"荆、江诸郡闻玄播越,有上表奔问起居者,玄皆不受,更令所在贺迁新都。

初,王谧为玄佐命元臣,玄之受禅,谧手解帝玺绶;及玄败,众谓谧宜诛,刘裕特保全之。刘毅尝因朝会,问谧玺绶所在。谧内不自安,逃奔曲阿。裕笺白武陵王,迎还复位。

12　桓玄兄子歆引氐帅杨秋寇历阳,魏咏之帅诸葛长民、刘敬宣、刘锺共击破之,斩杨秋于练固。

玄使武卫将军庾稚祖、江夏太守桓道恭帅数千人就何澹之等共守湓口。何无忌、刘道规至桑落洲,庚戌,澹之等引舟师逆战。澹之常所乘舫羽仪旗帜甚盛。无忌曰:"贼帅必不居此,欲诈我耳,宜亟攻之。"众曰:"澹之不在其中,得之无益。"无忌曰:"今众寡不敌,战无全胜,澹之既不居此舫,战士必弱,我以劲兵攻之,必得之,得之,则彼势沮而我气倍,因而薄之,破贼必矣。"道规曰:"善!"遂往攻而得之,因传呼曰:"已得何澹之矣!"澹之军中惊扰,无忌之众亦以为然,乘胜进攻澹之等,大破之。无忌等克湓口,进据寻阳,遣使奉送宗庙主祏还京师。加刘裕都督江州诸军事。

桑落之战,胡藩所乘舰为官军所烧,藩全铠入水,潜行三十许步,乃得登岸。时江陵路已绝,乃还豫章。刘裕素闻藩为人忠直,引参领军军事。

13 桓玄收集荆州兵,曾未三旬,有众二万,楼船、器械甚盛。甲寅,玄复帅诸军挟帝东下,以苻宏领梁州刺史,为前锋;又使散骑常侍徐放先行,说刘裕等曰:“若能旋军散甲,当与之更始,各授位任,令不失分。”

刘裕以诸葛长民都督淮北诸军事,镇山阳;以刘敬宣为江州刺史。

14 柔然可汗社仑从弟悦代大那谋杀社仑,不克,奔魏。

15 燕王熙于龙腾苑起逍遥宫,连房数百,凿曲光海,盛夏,士卒不得休息,暍死者太半。

16 西凉世子谭卒。

17 刘毅、何无忌、刘道规、下邳太守平昌孟怀玉帅众自寻阳西上,五月癸酉,与桓玄遇于峥嵘洲。毅等兵不满万人,而玄战士数万,众惮之,欲退还寻阳。道规曰:“不可!彼众我寡,强弱异势,今若畏懦不进,必为所乘,虽至寻阳,岂能自固!玄虽窃名雄豪,内实恇怯;加之已经奔败,众无固心。决机两阵,将雄者克,不在众也。”因麾众先进,毅等从之。玄常漾舸于舫侧以备败走,由是众莫有斗心。毅等乘风纵火,尽锐争先,玄众大溃,烧辎重夜遁。郭铨诣毅降。

玄故将刘统、冯稚等聚党四百人袭破寻阳城。毅遣建威将军刘怀肃讨平之。怀肃,怀敬之弟也。

玄挟帝单舸西走,留永安何皇后及王皇后于巴陵。殷仲文时在玄舰,求出别船收集散卒,因叛玄,奉二后奔夏口,遂还建康。

己卯,玄与帝入江陵。冯该劝使更下战,玄不从;欲奔汉中就桓希,而人情乖沮,号令不行。庚辰,夜中,处分欲发,城内已乱,乃与亲近腹心百馀人乘马出城西走。至城门,左右于暗中斫玄,不中,其徒更相杀害,前后交横。玄仅得至船,左右分散,惟卜范之在侧。

辛巳,荆州别驾王康产奉帝入南郡府舍,太守王腾之帅文武为侍卫。

玄将之汉中;屯骑校尉毛脩之,璩之弟子也,诱玄入蜀,玄从之。宁州刺史毛璠,璩之弟也,卒于官。璩使其兄孙祐之及参军费恬帅数百人送璠丧归江陵,壬午,遇玄于枚回洲。祐之、恬迎击玄,矢下如雨,玄嬖人丁仙期、万盖等以身蔽玄,皆死。益州督护冯迁抽刀,前欲击玄,玄拔头上玉导与之,曰:“汝何人,敢杀天子!”迁曰:“我杀天子之贼耳!”遂斩之,又斩桓石康、桓濬、庾赜之，执桓昇送江陵，斩于市。乘舆返正于江陵，以毛脩之为骁骑将军。甲申，大赦，诸以畏逼从逆者一无所问。戊寅，奉神主于太庙。刘毅等传送玄首，枭于大桁。

毅等既战胜，以为大事已定，不急追蹑，又遇风，船未能进，玄死几一旬，诸军犹未至。时桓谦匿于沮中，扬武将军桓振匿于华容浦，玄故将王稚徽戍巴陵，遣人报振云："桓歆已克京邑，冯稚复克寻阳，刘毅诸军并中路败退。"振大喜，聚党得二百人，袭江陵，桓谦亦聚众应之。闰月己丑，复陷江陵，杀王康产、王腾之。振见帝于行宫，跃马奋戈，直至阶下，问桓昇所在。闻其已死，瞋目谓帝曰："臣门户何负国家，而屠灭若是！"琅邪王德文下床谓曰："此岂我兄弟意邪！"振欲杀帝，谦苦禁之，乃下马，敛容致拜而出。壬辰，振为玄举哀，立丧庭，谥曰武悼皇帝。

癸巳，谦等帅群臣奉玺绶于帝曰："主上法尧禅舜，今楚祚不终，百姓之心复归于晋矣。"以琅邪王德文领徐州刺史，振为都督八郡诸军事、荆州刺史，谦复为侍中、卫将军，加江、豫二州刺史，帝侍御左右，皆振之腹心。

振少薄行，玄不以子侄齿之。至是，叹曰："公昔不早用我，遂致此败。若使公在，我为前锋，天下不足定也。今独作此，安归乎？"遂纵意酒色，肆行诛杀。谦劝振引兵下战，己守江陵，振素轻谦，不从其言。

刘毅至巴陵，诛王稚徽。何无忌、刘道规进攻桓谦于马头，桓蔚于龙泉，皆破之。蔚，祕之子也。

无忌欲乘胜直趣江陵，道规曰："兵法屈申有时，不可苟进。诸桓世居西楚，群小皆为竭力；振勇冠三军，难与争锋。且可息兵养锐，徐以计策縻之，不忧不克。"无忌不从。振逆战于灵溪，冯该以兵会之，无忌等大败，死者千馀人。退还寻阳，与刘毅等上笺请罪。刘裕以毅节度诸军，免其青州刺史。桓振以桓蔚为雍州刺史，镇襄阳。

柳约之、罗述、甄季之闻桓玄死，自白帝进军至枝江，闻何无忌等败于灵溪，亦引兵退。俄而述、季之皆病，约之诣桓振伪降，欲谋袭振，事泄，振杀之。约之司马时延祖、涪陵太守文处茂收其馀众，保涪陵。

六月，毛璩遣将攻汉中，斩桓希，璩自领梁州。

18　秋，七月戊申，永安皇后何氏崩。

19　燕苻昭仪有疾，龙城人王荣自言能疗之。昭仪卒，燕王熙立荣于公车门，支解而焚之。

20　八月癸酉，葬穆章皇后于永平陵。

21　魏置六谒官,准古六卿。

22　九月,刁骋谋反,伏诛,刁氏遂亡。刁氏素富,奴客纵横,专固山泽,为京口之患。刘裕散其资蓄,令民称力而取之,弥日不尽;时州郡饥弊,民赖之以济。

23　乞伏乾归及杨盛战于竹岭,为盛所败。

24　西凉公暠立子歆为世子。

25　魏主珪临昭阳殿改补百官,引朝臣文武,亲加铨择,随才授任。列爵四等:王封大郡,公封小郡,侯封大县,伯封小县。其品第一至第四,旧臣有功无爵者追封之,宗室疏远及异姓袭封者降爵有差。又置散官五等,其品第五至第九,文官造士才能秀异、武官堪为将帅者,其品亦比第五至第九;百官有阙,则取于其中以补之。其官名多不用汉、魏之旧,仿上古龙官、鸟官,谓诸曹之使为凫鸭,取其飞之迅疾也;谓候官伺察者为白鹭,取其延颈远望也;馀皆类此。

26　卢循寇南海,攻番禺。广州刺史濮阳吴隐之拒守百馀日,冬,十月壬戌,循夜袭城而陷之,烧府舍、民室俱尽,执吴隐之。循自称平南将军,摄广州事,聚烧骨为共冢,葬于洲上,得髑髅三万馀枚。又使徐道覆攻始兴,执始兴相阮腆之。

27　刘裕领青州刺史。

刘敬宣在寻阳,聚粮缮船,未尝无备,故何无忌等虽败退,赖以复振。桓玄兄子亮自称江州刺史,寇豫章,敬宣击破之。

刘毅、何无忌、刘道规复自寻阳西上,至夏口。桓振遣镇东将军冯该守东岸,扬武将军孟山图据鲁山城,辅国将军桓仙客守偃月垒,众合万人,水陆相援。毅攻鲁山城,道规攻偃月垒,无忌遏中流,自辰至午,二城俱溃,生禽山图、仙客,该走石城。

28　辛巳,魏大赦,改元天赐。筑西宫。十一月,魏主珪如西宫,命宗室置宗师,八国置大师、小师,州郡亦各置师,以辨宗党,举才行,如魏、晋中正之职。

29　燕王熙与苻后游畋,北登白鹿山,东逾青岭,南临沧海而还,士卒为虎狼所杀及冻死者五千馀人。

30　十二月,刘毅等进克巴陵。毅号令严整,所过百姓安悦。刘裕复以毅为兖州刺史。

桓振以桓放之为益州刺史,屯西陵;文处茂击破之,放之走还江陵。

31　高句丽侵燕。

32　戊辰,魏主珪如豺山宫。

33　是岁,晋民避乱,襁负之淮北者道路相属。

资治通鉴卷第一百一十四

晋纪三十六

安皇帝己

义熙元年（乙巳，405）

1　春，正月，南阳太守扶风鲁宗之起兵袭襄阳，桓蔚走江陵。己丑，刘毅等诸军至马头。桓振挟帝出屯江津，遣使求割江、荆二州，奉送天子；毅等不许。辛卯，宗之击破振将温楷于柞溪，进屯纪南。振留桓谦、冯该守江陵，引兵与宗之战，大破之。刘毅等击破冯该于豫章口，桓谦弃城走。毅等入江陵，执卞范之等，斩之。桓振还，望见火起，知城已陷，其众皆溃，振逃于涢川。

乙未，诏大处分悉委冠军将军刘毅。

戊戌，大赦，改元，惟桓氏不原；以桓冲忠于王室，特宥其孙胤。以鲁宗之为雍州刺史，毛璩为征西将军、都督益梁秦凉宁五州诸军事，璩弟瑾为梁、秦二州刺史，瑗为宁州刺史。刘怀肃追斩冯该于石城，桓谦、桓怡、桓蔚、桓谧、何澹之、温楷皆奔秦。怡，弘之弟也。

2　燕王熙伐高句丽。戊申，攻辽东；城且陷，熙命将士："毋得先登，俟刬平其城，朕与皇后乘辇而入。"由是城中得严备，不克而还。

秦王兴以鸠摩罗什为国师，奉之如神，亲帅群臣及沙门听罗什讲佛经，又命罗什翻译西域经、论三百馀卷，大营塔寺，沙门坐禅者常以千数。公卿以下皆奉佛，由是州郡化之，事佛者十室而九。

3　乞伏乾归击吐谷浑大孩，大破之，俘万馀口而还；大孩走死胡园。视罴世子树洛干帅其馀众数千家奔莫何川，自称车骑大将军、大单于、吐谷浑王。树洛干轻徭薄赋，信赏必罚，吐谷浑复兴，沙、漒诸戎皆附之。

4　西凉公暠自称大将军、大都督、领秦凉二州牧，大赦，改元建初，遣舍人黄始梁兴间行奉表诣建康。

5　二月丁巳，留台备法驾迎帝于江陵，刘毅、刘道规留屯夏口，何无忌奉帝东还。

6　初,毛璩闻桓振陷江陵,帅众三万顺流东下,将讨之,使其弟西夷校尉瑾、蜀郡太守瑗出外水,参军巴西谯纵、侯晖出涪水。蜀人不乐远征,晖至五城水口,与巴西阳昧谋作乱。纵为人和谨,蜀人爱之,晖、昧共逼纵为主。纵不可,走投于水;引出,以兵逼纵登舆。纵又投地,叩头固辞,晖缚纵于舆。还,袭毛瑾于涪城,杀之,推纵为梁、秦二州刺史。璩至略城,闻变,奔还成都,遣参军王琼将兵讨之,为纵弟明子所败,死者什八九。益州营户李腾开城纳纵兵,杀璩及弟瑗,灭其家。纵称成都王,以从弟洪为益州刺史,以明子为巴州刺史,屯白帝。于是蜀大乱,汉中空虚,氐王杨盛遣其兄子平南将军抚据之。

7　癸亥,魏主珪还自豺山,罢尚书三十六曹。

8　三月,桓振自郧城袭江陵,荆州刺史司马休之战败,奔襄阳,振自称荆州刺史。建威将军刘怀肃自云杜引兵驰赴,与振战于沙桥;刘毅遣广武将军唐兴助之,临陈斩振,复取江陵。

甲午,帝至建康。乙未,百官诣阙请罪,诏令复职。

尚书殷仲文以朝廷音乐未备,言于刘裕,请治之。裕曰:“今日不暇给,且性所不解。”仲文曰:“好之自解。”裕曰:“正以解则好之,故不习耳。”

庚子,以琅邪王德文为大司马,武陵王遵为太保,刘裕为侍中、车骑将军、都督中外诸军事,徐、青二州刺史如故,刘毅为左将军,何无忌为右将军、督豫州扬州五郡军事、豫州刺史,刘道规为辅国将军、督淮北诸军事、并州刺史,魏咏之为征虏将军、吴国内史。裕固让不受;加录尚书事,又不受,屡请归藩。诏百官敦劝,帝亲幸其第;裕惶惧,复诣阙陈请,乃听归藩。以魏咏之为荆州刺史,代司马休之。

初,刘毅尝为刘敬宣宁朔参军,时人或以雄杰许之。敬宣曰:“夫非常之才自有调度,岂得便谓此君为人豪邪!此君之性,外宽而内忌,自伐而尚人,若一旦遭遇,亦当以陵上取祸耳。”毅闻而恨之。及敬宣为江州,辞以无功,不宜授任先于毅等,裕不许。毅使人言于裕曰:“刘敬宣不豫建义。猛将劳臣,方须叙报,如敬宣之比,宜令在后。若使君不忘平生,正可为员外常侍耳。闻已授郡,实为过优,寻复为江州,尤用骇愕。”敬宣愈不自安,自表解职,乃召还为宣城内史。

9　夏,四月,刘裕旋镇京口,改授都督荆、司等十六州诸军事,加领兖州刺史。

10　卢循遣使贡献。时朝廷新定,未暇征讨;壬申,以循为广州刺史,徐道覆为始兴相。循遗刘裕益智粽,裕报以续命汤。

循以前琅邪内史王诞为平南长史。诞说循曰:"诞本非戎旅,在此无用;素为刘镇军所厚,若得北归,必蒙寄任,公私际会,仰答厚恩。"循甚然之。刘裕与循书,令遣吴隐之还,循不从。诞复说循曰:"将军今留吴公,公私非计。孙伯符岂不欲留华子鱼邪? 但以一境不容二君耳。"于是循遣隐之与诞俱还。

11 初,南燕主备德仕秦为张掖太守,其兄纳与母公孙氏居于张掖。备德之从秦王坚寇淮南也,留金刀与其母别。备德与燕王垂举兵于山东,张掖太守苻昌收纳及备德诸子,皆诛之,公孙氏以老获免,纳妻段氏方娠,未决。狱掾呼延平,备德之故吏也,窃以公孙氏及段氏逃于羌中。段氏生子超,十岁而公孙氏病,临卒,以金刀授超曰:"汝得东归,当以此刀还汝叔也。"呼延平又以超母子奔凉。及吕隆降秦,超随凉州民徙长安。平卒,段氏为超娶其女为妇。

超恐为秦人所录,乃阳狂行乞;秦人贱之,惟东平公绍见而异之,言于秦王兴曰:"慕容超姿干瑰伟,殆非真狂,愿微加官爵以縻之。"兴召见,与语,超故为谬对,或问而不答。兴谓绍曰:"谚云'妍皮不裹痴骨',徒妄语耳。"乃罢遣之。

备德闻纳有遗腹子在秦,遣济阴人吴辩往视之,辩因乡人宗正谦卖卜在长安,以告超。超不敢告其母妻,潜与谦变姓名逃归南燕。行至梁父,镇南长史悦寿以告兖州刺史慕容法。法曰:"昔汉有卜者诈称卫太子,今安知非此类也!"不礼之。超由是与法有隙。

备德闻超至,大喜,遣骑三百迎之。超至广固,以金刀献于备德;备德恸哭,悲不自胜。封超为北海王,拜侍中、骠骑大将军、司隶校尉、开府,妙选时贤,为之僚佐。备德无子,欲以超为嗣。超入则侍奉尽欢,出则倾身下士,由是内外誉望翕然归之。

12 五月,桂阳太守章武王秀及益州刺史司马轨之谋反,伏诛。秀妻,桓振之妹也,故自疑而反。

13 桓玄馀党桓亮、苻宏等拥众寇乱郡县者以十数,刘毅、刘道规、檀祗等分兵讨灭之,荆、湘、江、豫皆平。诏以毅为都督淮南等五郡军事、豫州刺史,何无忌为都督江东五郡军事、会稽内史。

14 北青州刺史刘该反,引魏为援,清河、阳平二郡太守孙全聚众应之。六月,魏豫州刺史索度真、大将斛斯兰寇徐州,围彭城。刘裕遣其弟南彭城内史道怜、东海太守孟龙符将兵救之,斩该及全,魏兵败走。龙符,怀玉之弟也。

15 秦陇西公硕德伐仇池,屡破杨盛兵;将军敛俱攻汉中,拔成固,徙流民三千馀家于关中。秋,七月,杨盛请降于秦。秦以盛为都督益宁二州诸军事、征南大将军、益州牧。

16 刘裕遣使求和于秦,且求南乡等诸郡,秦王兴许之。君臣咸以为不可,兴曰:"天下之善一也。刘裕拔起细微,能诛讨桓玄,兴复晋室,内厘庶政,外修封疆,吾何惜数郡,不以成其美乎!"遂割南乡、顺阳、新野、舞阴等十二郡归于晋。

八月,燕辽西太守邵颜有罪,亡命为盗;九月,中常侍郭仲讨斩之。

17 汝水竭,南燕主备德恶之,俄而寝疾;北海王超请祷之,备德曰:"人主之命,短长在天,非汝水所能制也。"固请,不许。

戊午,备德引见群臣于东阳殿,议立超为太子。俄而地震,百官惊恐,备德亦不自安,还宫。是夜,疾笃,瞑不能言。段后大呼曰:"今召中书作诏立超,可乎?"备德开目颔之。乃立超为皇太子,大赦。备德寻卒。为十馀棺,夜,分出四门,潜瘗山谷。

己未,超即皇帝位,大赦,改元太上。尊段后为皇太后。以北地王锺都督中外诸军、录尚书事,慕容法为征南大将军、都督徐兖扬南兖四州诸军事,加慕容镇开府仪同三司,以尚书令封孚为太尉,鞠仲为司空,封嵩为尚书左仆射。癸亥,虚葬备德于东阳陵,谥曰献武皇帝,庙号世宗。

超引所亲公孙五楼为腹心。备德故大臣北地王锺、段宏等皆不自安,求补外职。超以锺为青州牧,宏为徐州刺史。公孙五楼为武卫将军,领屯骑校尉,内参政事。封孚谏曰:"臣闻亲不处外,羁不处内。锺,国之宗臣,社稷所赖;宏,外戚懿望,百姓具瞻。正应参翼百揆,不宜远镇外方。今锺等出藩,五楼内辅,臣窃未安。"超不从。锺、宏心皆不平,相谓曰:"黄犬之皮,恐终补狐裘也。"五楼闻而恨之。

18 魏咏之卒,江陵令罗脩谋举兵袭江陵,奉王慧龙为主。刘裕以并州刺史刘道规为都督荆宁等六州诸军事、荆州刺史。脩不果发,奉慧龙奔秦。

19 乞伏乾归伐仇池,为杨盛所败。

西凉公暠与长史张邈谋徙都酒泉以逼沮渠蒙逊;以张体顺为建康太守,镇乐涫,以宋繇为敦煌护军,与其子敦煌太守让镇敦煌,遂迁于酒泉。

暠手令戒诸子,以为:"从政者当审慎赏罚,勿任爱憎,近忠正,远佞谀,勿使左右窃弄威福。毁誉之来,当研核真伪;听讼折狱,必和颜任理,慎勿逆诈亿必,轻加声色。务广咨询,勿自专用。吾莅事五年,虽未能息民,然含垢匿瑕,朝为寇仇,夕委心膂,粗无负于新旧,事任公平,坦然无颣,初不容怀,有所损益。计近则如不足,经远乃为有馀,庶亦无愧前人也。”

20　十二月,燕王熙袭契丹。

二年(丙午,406)

1　春,正月甲申,魏主珪如豺山宫。诸州置三刺史,郡置三太守,县置三令长;刺史、令长各之州县。太守虽置而未临民、功臣为州者皆征还京师,以爵归第。

2　益州刺史司马荣期击谯明子于白帝,破之。

3　燕王熙至陉北,畏契丹之众,欲还,苻后不听;戊申,遂弃辎重,轻兵袭高句丽。

4　南燕主超猜虐日甚,政出权幸,盘于游畋,封孚、韩悼屡谏不听。超尝临轩问孚曰:“朕可方前世何主?”对曰:“桀、纣。”超惭怒,孚徐步而出,不为改容。鞠仲谓孚曰:“与天子言,何得如是!宜还谢。”孚曰:“行年七十,惟求死所耳!”竟不谢。超以其时望,优容之。

5　桓玄之乱,河间王昙之子国璠、叔璠奔南燕,二月甲戌,国璠等攻陷弋阳。

6　燕军行三千馀里,士马疲冻,死者属路,攻高句丽木底城,不克而还。夕阳公云伤于矢,且畏燕王熙之虐,遂以疾去官。

7　三月庚子,魏主珪还平城;夏,四月庚申,复如豺山宫,甲午,还平城。

8　柔然社仑侵魏边。

9　五月,燕主宝之子博陵公虔、上党公昭,皆以嫌疑赐死。

10　六月,秦陇西公硕德自上邽入朝,秦王兴为之大赦;及归,送之至雍,乃还。兴事晋公绪及硕德皆如家人礼,车马、服玩,先奉二叔而自服其次,国家大政,皆咨而后行。

11　秃发傉檀伐沮渠蒙逊,蒙逊婴城固守。傉檀至赤泉而还,献马三千匹、羊三万口于秦。秦王兴以为忠,以傉檀为都督河右诸军事、车骑大将军、凉州刺史,镇姑臧,征王尚还长安。凉州人申屠英等遣主簿胡威诣长安请留尚,兴弗许。威见兴,流涕言曰:“臣州奉戴王化,于兹五年,土宇僻远,威灵不接,士民尝胆拭血,共守孤城;仰恃陛下圣德,俯杖良牧仁政,克自保全,以至今日。陛下奈何乃以臣等贸马三千匹、羊三万口;贱人贵畜,无乃不可! 若军国须马,直烦尚书一符,臣州三千馀户,各输一马,朝下夕办,何难之有! 昔汉武倾天下之资力,开拓河西,以断匈奴右臂。今陛下无故弃五郡之地忠良华族,以资暴虏,岂惟臣州士民坠于涂炭,恐为方圣朝盱食之忧。"兴悔之,使西平人车普驰止王尚,又遣使谕傉檀。会傉檀已帅步骑三万军于五涧,普先以状告之;傉檀遽逼遣王尚;尚出自清阳门,傉檀入自凉风门。

别驾宗敞送尚还长安,傉檀谓敞曰:"吾得凉州三千馀家,情之所寄,唯卿一人,奈何舍我去乎!"敞曰:"今送旧君,所以忠于殿下也。"傉檀曰:"吾新牧贵州,怀远安迩之略如何?"敞曰:"凉土虽弊,形胜之地。殿下惠抚其民,收其贤俊以建功名,其何求不获!"因荐本州文武名士十馀人;傉檀嘉纳之。王尚至长安,兴以为尚书。

傉檀燕群臣于宣德堂,仰视叹曰:"古人有言:'作者不居,居者不作。'信矣。"武威孟祎曰:"昔张文王始为此堂,于今百年,十有二主矣,惟履信思顺者可以久处。"傉檀善之。

12　魏主珪规度平城,欲拟邺、洛、长安,修广宫室。以济阳太守莫题有巧思,召见,与之商功。题久侍稍怠,珪怒,赐死。题,含之孙也。于是发八部五百里内男丁筑灅南宫,阙门高十馀丈,穿沟池,广苑囿,规立外城,方二十里,分置市里,三十日罢。

13　秋,七月,魏太尉宜都丁公穆崇薨。

14　八月,秃发傉檀以兴城侯文支镇姑臧,自还乐都;虽受秦爵命,然其车服礼仪,皆如王者。

15　甲辰,魏主珪如豺山宫,遂之石漠。九月,度漠北;癸巳,南还长川。

刘裕闻谯纵反,遣龙骧将军毛脩之将兵与司马荣期、文处茂、时延祖共讨之。脩之至宕渠,荣期为其参军杨承祖所杀,承祖自称巴州刺史,脩之退还白帝。

16　秃发傉檀求好于西凉,西凉公暠许之。

沮渠蒙逊袭酒泉,至安珍。暠战败城守,蒙逊引还。

17　南燕公孙五楼欲擅朝权,潜北地王锺于南燕主超,请诛之。南燕主备德之卒也,慕容法不奔丧,超遣使让之;法惧,遂与锺及段宏谋反。超闻之,征锺,锺称疾不至,超收其党侍中慕容统等,杀之。征南司马卜珍告左仆射封嵩数与法往来,疑有奸,超收嵩下廷尉。太后惧,泣告超曰:"嵩数遣黄门令牟常说吾云:'帝非太后所生,恐依永康故事。'我妇人识浅,恐帝见杀,即以语法,法为谋见误,知复何言。"超乃车裂嵩。西中郎将封融奔魏。

超遣慕容镇攻青州,慕容昱攻徐州,右仆射济阳王凝及韩范攻兖州。昱拔莒城,段宏奔魏。封融与群盗袭石塞城,杀镇西大将军徐郁,国中振恐。济阳王凝谋杀韩范,袭广固,范知之,勒兵攻凝,凝奔梁父;范并将其众,攻梁父,克之。法出奔魏,凝出奔秦。慕容镇克青州,锺杀其妻子,为地道以出,与高都公始皆奔秦。秦以锺为始平太守,凝为侍中。

南燕主超好变更旧制,朝野多不悦;又欲复肉刑,增置烹辗之法,众议不合而止。

冬,十月,封孚卒。

18 尚书论建义功,奏封刘裕豫章郡公,刘毅南平郡公,何无忌安成郡公,自馀封赏有差。

19 梁州刺史刘稚反,刘毅遣将讨禽之。

20 庚申,魏主珪还平城。

21 乙亥,以左将军孔安国为尚书左仆射。

22 十一月,秃发傉檀迁于姑臧。

23 乞伏乾归入朝于秦。

24 十二月,以何无忌为都督荆江豫三州八郡军事、江州刺史。

25 是岁,桓石绥与司马国璠、陈袭聚众胡桃山为寇,刘毅遣司马刘怀肃讨破之。石绥,石生之弟也。

三年(丁未,407)

1 春,正月辛丑朔,燕大赦,改元建始。

2 秦王兴以乞伏乾归浸强难制,留为主客尚书,以其世子炽磐行西夷校尉,监其部众。

3 二月己酉,刘裕诣建康,固辞新所除官,欲诣廷尉;诏从其所守,裕乃还丹徒。

4 魏主珪立其子脩为河间王,处文为长乐王,连为广平王,黎为京兆王。

5 殷仲文素有才望,自谓宜当朝政,悒悒不得志;出为东阳太守,尤不乐。何无忌素慕其名;东阳,无忌所统,仲文许便道修谒,无忌喜,钦迟之。而仲文失志恍惚,遂不过府;无忌以为薄己,大怒。会南燕入寇,无忌言于刘裕曰:"桓胤、殷仲文乃腹心之疾,北虏不足忧也。"闰月,刘裕府将骆冰谋作乱,事觉,裕斩之。因言冰与仲文、桓石松、曹靖之、卞承之、刘延祖潜相连结,谋立桓胤为主,皆族诛之。

6　燕王熙为其后苻氏起承华殿,负土于北门,土与谷同价。宿军典军杜静载棺诣阙极谏,熙斩之。

苻氏尝季夏思冻鱼,仲冬须生地黄,熙下有司切责不得而斩之。

夏,四月癸丑,苻氏卒,熙哭之濒绝,久而复苏;丧之如父母,服斩衰,食粥。命百官于宫内设位而哭,使人按检哭者,无泪则罪之,群臣皆含辛以为泪。高阳王妃张氏,熙之嫂也,美而有巧思,熙欲以为殉,乃毁其襚靴中得弊毡,遂赐死。右仆射韦璆等皆恐为殉,沐浴俟命。公卿以下至兵民,户率营陵,费殚府藏。陵周围数里,熙谓监作者曰:"善为之,朕将继往。"

丁酉,燕太后段氏去尊号,出居外宫。

7　氐王杨盛以平北将军苻宣为梁州督护,将兵入汉中,秦梁州别驾吕莹等起兵应之;刺史王敏攻之。莹等求援于盛,盛遣军临沔口,敏退屯武兴。盛复通于晋,晋以盛为都督陇右诸军事、征西大将军、开府仪同三司,盛因以宣行梁州刺史。

五月丙戌,燕尚书郎苻进谋反,诛。进,定之子也。

8　魏主珪北巡至濡源。

9　魏常山王遵以罪赐死。

10　初,魏主珪灭刘卫辰,其子勃勃奔秦,秦高平公没弈干以女妻之。勃勃魁岸,美容仪,性辩慧,秦王兴见而奇之,与论军国大事,宠遇逾于勋旧。兴弟邕谏曰:"勃勃不可近也。"兴曰:"勃勃有济世之才,吾方与之平天下,奈何逆忌之!"乃以为安远将军,使助没弈干镇高平,以三城、朔方杂夷及卫辰部众三万配之,使伺魏间隙。邕固争以为不可。兴曰:"卿何以知其为人?"邕曰:"勃勃奉上慢,御众残,贪猾不仁,轻于去就;宠之逾分,恐终为边患。"兴乃止;久之,竟以勃勃为安北将军、五原公,配以三交五部鲜卑及杂虏二万馀落,镇朔方。

魏主珪归所虏秦将唐小方于秦。秦王兴请归贺狄干,仍送良马千匹以赎狄伯支,珪许之。

勃勃闻秦复与魏通而怒,乃谋叛秦。柔然可汗社仑献马八千匹于秦,至大城,勃勃掠取之,悉集其众三万馀人伪畋于高平川,因袭杀没弈干而并其众。

　　勃勃自谓夏后氏之苗裔,六月,自称大夏天王、大单于,大赦,改元龙升,置百官。以其兄右地代为丞相,封代公;力俟提为大将军,封魏公;叱于阿利为御史大夫,封梁公;弟阿利罗引为司隶校尉,若门为尚书令,叱以鞬为左仆射,乙斗为右仆射。

　　贺狄干久在长安,常幽闭,因习读经史,举止如儒者。及还,魏主珪见其言语衣服皆类秦人,以为慕而效之,怒,并其弟归杀之。

　　11　秦王兴以太子泓录尚书事。

　　12　秋,七月戊戌朔,日有食之。

　　13　汝南王遵之坐事死。遵之,亮之五世孙也。

　　14　癸亥,燕王熙葬其后苻氏于徽平陵,丧车高大,毁北门而出,熙被发徒跣,步从二十馀里。甲子,大赦。

　　初,中卫将军冯跋及弟侍御郎素弗皆得罪于熙,熙欲杀之,跋亡命山泽。熙赋役繁数,民不堪命;跋、素弗与其从弟万泥谋曰:“吾辈还首无路,不若因民之怨,共举大事,可以建公侯之业;事之不捷,死未晚也。”遂相与乘车,使妇人御,潜入龙城,匿于北部司马孙护之家。及熙出送葬,跋等与左卫将军张兴及苻进徐党作乱。跋素与慕容云善,乃推云为主。云以疾辞,跋曰:“河间淫虐,人神共怒,此天亡之时也。公,高氏名家,何能为人养子,而弃难得之运乎?”扶之而出。跋弟乳陈等帅众攻弘光门,鼓噪而进,禁卫皆散走;遂入宫授甲,闭门拒守。中黄门赵洛生走告于熙,熙曰:“鼠盗何能为!朕当还诛之。”乃置后枢于南苑,收发贯甲,驰还赴难。夜,至龙城,攻北门,不克,宿于门外。乙丑,云即天王位,大赦,改元正始。

　　熙退入龙腾苑,尚方兵褚头逾城从熙,称营兵同心效顺,唯俟军至。熙闻之,惊走而出,左右莫敢迫。熙从沟下潜遁,良久,左右怪其不还,相与寻之,唯得衣冠,不知所适。中领军慕容拔谓中常侍郭仲曰:“大事垂捷,而帝无故自惊,深可怪也。然城内企迟,至必成功,不可稽留。吾当先往趣城,卿留待帝,得帝,速来;若帝未还,吾得如意安抚城中,徐迎未晚。”乃分将壮士二千馀人登北城。将士谓熙至,皆投仗请降。既而熙久不至,拔兵无后继,众心疑惧,复下城赴苑,遂皆溃去。拔为城中人所杀。丙寅,熙微服匿于林中,为人所执,送于云,云数而杀之,并其诸子。云复姓高氏。

　　幽州刺史上庸公懿以令支降魏,魏以懿为平州牧、昌黎王。懿,评之孙也。

　　15　魏主珪自濡源西如参合陂,乃还平城。

16　秃发傉檀复贰于秦，遣使邀乞伏炽磐，炽磐斩其使送长安。

17　南燕主超母妻犹在秦，超遣御史中丞封恺使于秦以请之。秦王兴曰："昔苻氏之败，太乐诸伎悉入于燕。燕今称藩，送伎或送吴口千人，所请乃可得也。"超与群臣议之，左仆射段晖曰："陛下嗣守社稷，不宜以私亲之故遂降尊号；且太乐先代遗音，不可与也，不如掠吴口与之。"尚书张华曰："侵掠邻国，兵连祸结，此既能往，彼亦能来，非国家之福也。陛下慈亲在人掌握，岂可靳惜虚名，不为之降屈乎！中书令韩范尝与秦王俱为苻氏太子舍人，若使之往，必得如志。"超从之，乃使韩范聘于秦，称藩奉表。

慕容凝言于兴曰："燕王得其母妻，不可复臣，宜先使送伎。"兴乃谓范曰："朕归燕王家属必矣；然今天时尚热，当俟秋凉。"八月，秦员外散骑常侍韦宗聘于燕。超与群臣议见宗之礼，张华曰："陛下前既奉表，今宜北面受诏。"封逞曰："大燕七圣重光，奈何一旦为竖子屈节！"超曰："吾为太后屈，愿诸君勿复言！"遂北面受诏。

18　毛脩之与汉嘉太守冯迁合兵击杨承祖，斩之。脩之欲进讨谯纵，益州刺史鲍陋不可。脩之上表言："人之所以重生，实有生理可保。臣之情地，生涂已竭；所以借命朝露者，庶凭天威诛夷仇逆。今屡有可乘之机，而陋每违期不赴；臣虽效死寇庭，而救援理绝，将何以济！"刘裕乃表襄城太守刘敬宣帅众五千伐蜀，以刘道规为征蜀都督。

19　魏主珪如豺山宫。候官告："司空庾岳，服饰鲜丽，行止风采，拟则人君。"珪收岳，杀之。

20　北燕王云以冯跋为都督中外诸军事、开府仪同三司、录尚书事，冯万泥为尚书令，冯素弗为昌黎尹，冯弘为征东大将，孙护为尚书左仆射，张兴为辅国大将军。弘，跋之弟也。

21　九月，谯纵称藩于秦。

22　秃发傉檀将五万馀人伐沮渠蒙逊，蒙逊与战于均石，大破之。蒙逊进攻西郡太守杨统于日勒，降之。

23　冬十月，秦河州刺史彭奚念叛，降于秃发傉檀，秦以乞伏炽盘行河州刺史。

24　南燕主超使左仆射张华、给事中宗正元献太乐伎一百二十人于秦，秦王兴乃还超母妻，厚其资礼而遣之，超亲帅六宫迎于马耳关。

25　夏王勃勃破鲜卑薛干等三部，降其众以万数，进攻秦三城已北诸戍，斩秦将杨丕、姚石生等。诸将皆曰："陛下欲经营关中，宜先固根本，使人心有所凭系。高平山川险固,土田饶沃,可以定都。"勃勃曰:"卿知其一,未知其二。吾大业草创,士众未多;姚兴亦一时之雄,诸将用命,关中未可图也。我今专固一城,彼必并力于我,众非其敌,亡可立待。不如以骁骑风驰,出其不意,救前则击后,救后则击前,使彼疲于奔命,我则游食自若。不及十年,岭北、河东尽为我有。待兴既死,嗣子暗弱,徐取长安,在吾计中矣。"于是侵掠岭北,岭北诸城门不昼启。兴乃叹曰:"吾不用黄儿之言,以至于此!"

勃勃求婚于秃发傉檀,傉檀不许。十一月,勃勃帅骑二万击傉檀,至于支阳,杀伤万馀人,驱掠二万七千馀口、牛马羊数十万而还。傉檀帅众追之,焦朗曰:"勃勃天姿雄健,御军严整,未可轻也。不如从温围北渡,趣万斛堆,阻水结营,扼其咽喉,百战百胜之术也。"傉檀将贺连怒曰:"勃勃败亡之馀,乌合之众,奈何避之,示之以弱,宜急追之!"傉檀从之。勃勃于阳武下峡凿凌埋车以塞路,勒兵逆击傉檀,大破之,追奔八十馀里,杀伤万计,名臣勇将死者什六七。傉檀与数骑奔南山,几为追骑所得。勃勃积尸而封之,号曰髑髅台。勃勃又败秦将张佛生于青石原,俘斩五千馀人。

傉檀惧外寇之逼,徙三百里内民皆入姑臧,国人骇怨,屠各成七儿因之作乱,一夕聚众至数千人。殿中都尉张猛大言于众曰:"主上阳武之败,盖恃众故也,责躬悔过,何损于明,而诸君遽从此小人为不义之事!殿中兵今至,祸在目前矣!"众闻之,皆散;七儿奔晏然,追斩之。军谘祭酒梁裒、辅国司马边宪等谋反,傉檀皆杀之。

26　魏主珪还平城。

27　十二月戊子,武冈文恭侯王谧薨。

28　是岁,西凉公暠以前表未报,复遣沙门法泉间行奉表诣建康。

四年(戊申,408)

1　春,正月甲辰,以琅邪王德文领司徒。

刘毅等不欲刘裕入辅政,议以中领军谢混为扬州刺史,或欲令裕于丹徒领扬州,以内事付孟昶。遣尚书右丞皮沈以二议谘裕,沈先见裕记室录事参军刘穆之,具道朝议。穆之伪起如厕,密疏白裕曰:"皮沈之言不可从。"裕既见沈,且令出外,呼穆之问之。穆之曰:"晋朝失政日久,天命已移。公兴复皇祚,勋高位重,今日形势,岂得居谦,遂为守藩之将耶!刘、孟诸公,与公俱起布衣,共立大义以取富贵,事有先后,故一时相推,非为委体心服,宿定臣主之分也;力敌势均,终相吞噬。扬州根本所系,不可假人。前者以授王谧,事出权道;今若复以他授,便应受制于人。一失权柄,无由可得,将来之危,难可熟念。今朝议如此,宜相酬答,必云在我,措辞又难,唯应云:'神州治本,宰辅崇要,此事既大,非可悬论,便暂入朝,共尽同异。'公至京邑,彼必不敢越公更授馀人明矣。"裕从之。朝廷乃征裕为侍中、车骑将军、开府仪同三司、扬州刺史、录尚书事,徐、兖二州刺史如故。裕表解兖州,以诸葛长民为青州刺史,镇丹徒,刘道怜为并州刺史,戍石头。

2　庚申,武陵忠敬王遵薨。

3　魏主珪如豺山宫,遂至宁川。

4　南燕主超尊其母段氏为皇太后,妻呼延氏为皇后。超祀南郊,有兽如鼠而赤,大如马,来至坛侧。须臾,大风昼晦,羽仪帷幄皆毁裂。超惧,以问太史令成公绥,对曰:"陛下信用奸佞,诛戮贤良,赋敛繁多,事役殷重之所致也。"超乃大赦,黜公孙五楼等,俄而复用之。

5　北燕王云立妻李氏为皇后,子彭城为太子。

三月庚申,葬燕王熙及苻后于徽平陵,谥熙曰昭文皇帝。

高句丽遣使聘北燕,且叙宗族,北燕王云遣侍御史李拔报之。

6　夏,四月,尚书左仆射孔安国卒;甲午,以吏部尚书孟昶代之。

7　北燕大赦。

8　五月,北燕以尚书令冯万泥为幽、冀二州牧,镇肥如;中军将军冯乳陈为并州牧,镇白狼;抚军大将军冯素弗为司隶校尉,司隶校尉务银提为尚书令。

9　谯纵遣使称藩于秦,又与卢循潜通。纵上表请桓谦于秦,欲与之共击刘裕。秦王兴以问谦,谦曰:"臣之累世,著恩荆、楚,若得因巴、蜀之资,顺流东下,士民必翕然响应。"兴曰:"小水不容巨鱼,若纵之才力自足办事,亦不假君以为鳞翼。宜自求多福。"遂遣之。谦至成都,虚怀引士;纵疑之,置于龙格,使人守之。谦泣谓诸弟曰:"姚主之言神矣!"

10　秦主兴以秃发傉檀外内多难,欲因而取之,使尚书郎韦宗往觇之。傉檀与宗论当世大略,纵横无穷。宗退,叹曰:"奇才英器,不必华夏,明智敏识,不必读书,吾乃今知九州之外,五经之表,复自有人也。"归,言于兴曰:"凉州虽弊,傉檀权谲过人,未可图也。"兴曰:"刘勃勃以乌合之众犹能破之,况我举天下之兵以加之乎!"宗曰:"不然。形移势变,返覆万端,陵人者易败,戒惧者难攻。傉檀之所以败于勃勃者,轻之故也。

今我以大军临之,彼必惧而求全。臣窃观群臣才略,无僇檀之比者,虽以天威临之,亦未敢保其必胜也。"兴不听,使其子中军将军广平公弼、后军将军敛成、镇远将军乞伏乾归帅步骑三万袭僇檀,左仆射齐难帅骑二万讨勃勃。吏部尚书尹昭谏曰:"僇檀恃其险远,故敢违慢;不若诏沮渠蒙逊及李暠讨之,使自相困毙,不必烦中国之兵也。"亦不听。

兴遗僇檀书曰:"今遣齐难讨勃勃,恐其西逸,故令弼等于河西邀之。"僇檀以为然,遂不设备。弼济自金城,姜纪言于弼曰:"今王师声言讨勃勃,僇檀犹豫,守备未严,愿给轻骑五千,掩其城门,则山泽之民皆为吾有,孤城无援,可坐克也。"弼不从,进至漠口,昌松太守苏霸闭城拒之。弼遣人谕之使降,霸曰:"汝弃信誓而伐与国,吾有死而已,何降之有!"弼进攻,斩之,长驱至姑臧。僇檀婴城固守,出奇兵击弼,破之,弼退据西苑。城中人王锺等谋为内应,事泄,僇檀欲诛首谋者而赦其馀。前军将军伊力延侯曰:"今强寇在外,而奸人窃发于内,危孰甚焉,不悉坑之,何以惩后!"僇檀从之,杀五千馀人。命郡县悉散牛羊于野,敛成纵兵钞掠,僇檀遣镇北大将军俱延、镇军将军敬归等击之,秦兵大败,斩首七千馀级。姚弼固垒不出,僇檀攻之,未克。

秋,七月,兴遣卫大将军常山公显帅骑二万为诸军后继,至高平,闻弼败,倍道赴之。显遣善射者孟钦等五人挑战于凉风门,弦未及发,僇檀材官将军宋益等迎击,斩之。显乃委罪敛成,遣使谢僇檀,慰抚河外,引兵还。僇檀遣使者徐宿诣秦谢罪。

夏王勃勃闻秦兵且至,退保河曲。齐难以勃勃既远,纵兵野掠;勃勃潜师袭之,俘斩七千馀人。难引兵退走,勃勃追至木城,禽之,虏其将士万三千人。于是岭北夷、夏附于勃勃者以万数,勃勃皆置守宰以抚之。

11　司马叔璠自蕃城寇邹山,鲁郡太守徐邕弃城走,车骑长史刘锺击却之。

12　北燕王云封慕容归为辽东公,使主燕祀。

13　刘敬宣既入峡,遣巴东太守温祚以二千人出外水,自帅益州刺史鲍陋、辅国将军文处茂、龙骧将军时延祖由垫江转道而前。谯纵求救于秦,秦王兴遣平西将军姚赏、南梁州刺史王敏将兵二万赴之。敬宣军至黄虎,去成都五百里。纵辅国将军谯道福悉众拒嶮,相持六十馀日,敬宣不得进;食尽,军中疾疫,死者太半,乃引军还。敬宣坐免官,削封三分之一,荆州刺史刘道规以督统降号建威将军。九月,刘裕以敬宣失利,请逊位,诏降为中军将军,开府如故。刘毅欲以重法绳敬宣,裕保护之;何无忌谓毅曰:"奈何以私憾伤至公!"毅乃止。

14　乞伏炽磐以秦政浸衰,且畏秦之攻袭,冬,十月,招结诸部二万馀人筑城于嵋嵝山而据之。

15　十一月,秃发傉檀复称凉王,大赦,改元嘉平,置百官。立夫人折掘氏为王后,世子武台为太子,录尚书事。左长史赵晁、右长史郭倖为尚书左、右仆射,昌松侯俱延为太尉。

16　南燕汝水竭;河冻皆合,而渑水不冰。南燕主超恶之,问于李宣,对曰:"渑水无冰,良由逼带京城,近日月也。"超大悦,赐朝服一具。

17　十二月,乞伏炽磐攻彭奚念于枹罕,为奚念所败而还。

18　是岁,魏主珪杀高邑公莫题。初,拓跋窟咄之伐珪也,题以珪年少,潜以箭遗窟咄曰:"三岁犊岂能胜重载邪!"珪心衔之。至是,或告题居处倨傲、拟则人主者,珪使人以箭示题而谓之曰:"三岁犊果如何?"题父子对泣;诘朝,收斩之。

资治通鉴卷第一百一十五

晋纪三十七

安皇帝庚

义熙五年(己酉,409)

1　春,正月庚寅朔,南燕主超朝会群臣,叹太乐不备,议掠晋人以补伎。领军将军韩𧨳曰:"先帝以旧京倾覆,戡翼三齐。陛下不养士息民,以伺魏衅,恢复先业,而更侵掠南邻以广仇敌,可乎!"超曰:"我计已定,不与卿言。"

2　辛卯,大赦。

3　庚戌,以刘毅为卫将军、开府仪同三司。毅爱才好士,当世名流莫不辐凑,独扬州主簿吴郡张邵不往。或问之,邵曰:"主公命世人杰,何烦多问!"

4　秦王兴遣其弟平北将军冲、征虏将军狄伯支等帅骑四万,击夏王勃勃。冲至岭北,谋还袭长安,伯支不从而止,因鸩杀伯支以灭口。

5　秦王兴遣使册拜谯纵为大都督、相国、蜀王,加九锡,承制封拜,悉如王者之仪。

6　二月,南燕将慕容兴宗、斛谷提、公孙归等帅骑寇宿豫,拔之,大掠而去,简男女二千五百付太乐教之。归,五楼之兄也。是时,五楼为侍中、尚书、领左卫将军,专总朝政,宗亲并居显要,王公内外无不惮之。南燕主超论宿豫之功,封斛谷提等并为郡、县公。桂林王镇谏曰:"此数人者,勤民顿兵,为国结怨,何功而封?"超怒,不答。尚书都令史王俨谄事五楼,比岁屡迁,官至左丞。国人为之语曰:"欲得侯,事五楼。"超又遣公孙归等寇济南,俘男女千余人而去。自彭城以南,民皆堡聚以自固。诏并州刺史刘道怜镇淮阴以备之。

7　乞伏炽磐入见秦太原公懿于上邽,彭奚念乘虚伐之。炽磐闻之,怒,不告懿而归,击奚念,破之,遂围枹罕。乞伏乾归从秦王兴如平凉;炽磐克枹罕,遣人告乾归,乾归逃还苑川。

　　冯翊人刘厥聚众数千,据万年作乱,秦太子泓遣镇军将军彭白狼帅东宫禁兵讨之,斩厥,赦其馀党。诸将请露布,表言广其首级。泓不许,曰:"主上委吾后事,不能式遏寇逆,当责躬请罪,尚敢矜诞自为功乎!"

　　秦王兴自平凉如朝那,闻姚冲之谋,赐冲死。

　　8　三月,刘裕抗表伐南燕,朝议皆以为不可,惟左仆射孟昶、车骑司马谢裕、参军臧熹以为必克,劝裕行。裕以昶监中军留府事。谢裕,安之兄孙也。

　　初,苻氏之败也,王猛之孙镇恶来奔,以为临澧令。镇恶骑乘非长,关弓甚弱,而有谋略,善果断,喜论军国大事。或荐镇恶于刘裕,裕与语,说之,因留宿;明旦,谓参佐曰:"吾闻将门有将,镇恶信然。"即以为中军参军。

　　9　恒山崩。

　　10　夏,四月,乞伏乾归如枹罕,留世子炽磐镇之,收其众得二万,徙都度坚山。

　　11　雷震魏天安殿东序;魏主珪恶之,命左校以冲车攻东、西序,皆毁之。初,珪服寒食散,久之,药发,性多躁扰,忿怒无常,至是浸剧。又灾异数见,占者多言当有急变生肘腋。珪忧懑不安,或数日不食,或达旦不寐,追计平生成败得失,独语不止。疑群臣左右皆不可信,每百官奏事至前,追记其旧恶,辄杀之;其馀或颜色变动,或鼻息不调,或步趋失节,或言辞差缪,皆以为怀恶在心,发形于外,往往手击杀之,死者皆陈天安殿前。朝廷人不自保,百官苟免,莫相督摄,盗贼公行,里巷之间,人为希少。珪亦知之,曰:"朕故纵之使然,待过灾年,更当清治之耳。"是时,群臣畏罪,多不敢求亲近;唯著作郎崔浩恭勤不懈,或终日不归。浩,吏部尚书宏之子也。宏未尝忤旨,亦不谄谀,故宏父子独不被谴。

　　12　夏王勃勃率骑二万攻秦,掠取平凉杂胡七千馀户,进屯依力川。

　　13　己巳,刘裕发建康,帅舟师自淮入泗。五月,至下邳,留船舰、辎重,步进至琅邪,所过皆筑城,留兵守之。或谓裕曰:"燕人若塞大岘之险,或坚壁清野,大军深入,不唯无功,将不能自归,奈何?"裕曰:"吾虑之熟矣,鲜卑贪婪,不知远计,进利虏获,退惜禾苗,谓我孤军远入,不能持久;不过进据临朐,退守广固,必不能守险清野,敢为诸君保之。"

　　南燕主超闻有晋师,引群臣会议。征虏将军公孙五楼曰:"吴兵轻果,利在速战,不可争锋;宜据大岘,使不得入,旷日延时,沮其锐气,然后徐简精骑二千,循海而南,绝其粮道,别敕段晖帅兖州之众,缘山东下,腹背击之，此上策也。各命守宰依险自固，校其资储之外，馀悉焚荡，芟除禾苗，使敌无所资，彼侨军无食，求战不得，旬月之间，可以坐制，此中策也。纵贼入岘，出城逆战，此下策也。”超曰：“今岁星居齐，以天道推之，不战自克。客主势殊，以人事言之，彼远来疲弊，势不能久。吾据五州之地，拥富庶之民，铁骑万群，麦禾布野，奈何芟苗徙民，先自蹙弱乎！不如纵使入岘，以精骑蹂之，何忧不克。”辅国将军广宁王贺赖卢苦谏不从，退谓五楼曰：“必若此，亡无日矣！”太尉桂林王镇曰：“陛下必以骑兵利平地者，宜出岘逆战，战而不胜，犹可退守；不宜纵敌入岘，自弃险固也。”超不从。镇出，谓韩倬曰：“主上既不能逆战却敌，又不肯徙民清野，延敌入腹，坐待攻围，酷似刘璋矣。今年国灭，吾必死之。卿中华之士，复为文身矣。”超闻之，大怒，收镇下狱。乃摄莒、梁父二戍，修城隍，简士马，以待之。

刘裕过大岘，燕兵不出。裕举手指天，喜形于色。左右曰：“公未见敌而先喜，何也？”裕曰：“兵已过险，士有必死之志；馀粮栖亩，人无匮乏之忧。虏已入吾掌中矣。”六月己巳，裕至东莞。超先遣公孙五楼、贺赖卢及左将军段晖等将步骑五万屯临朐，闻晋兵入岘，自将步骑四万往就之，使五楼帅骑进据巨蔑水。前锋孟龙符与战，破之，五楼退走。裕以车四千乘为左右翼，方轨徐进，与燕兵战于临朐南，日向昃，胜负犹未决。参军胡藩言于裕曰：“燕悉兵出战，临朐城中留守必寡，愿以奇兵从间道取其城，此韩信所以破赵也。”裕遣藩及谘议参军檀韶、建威将军河内向弥潜师出燕兵之后，攻临朐，声言轻兵自海道至矣。向弥擐甲先登，遂克之。超大惊，单骑就段晖于城南。裕因纵兵奋击，燕众大败，斩段晖等大将十馀人，超遁还广固，获其玉玺、辇及豹尾。裕乘胜逐北至广固；丙子，克其大城。超收众入保小城。裕筑长围守之，围高三丈，穿堑三重，抚纳降附，采拔贤俊，华、夷大悦。于是因齐地粮储，悉停江、淮漕运。

超遣尚书郎张纲乞师于秦，赦桂林王镇，以为录尚书、都督中外诸军事，引见，谢之，且问计焉。镇曰：“百姓之心，系于一人。今陛下亲董六师，奔败而还，群臣离心，士民丧气。闻秦人自有内患，恐不暇分兵救人。散卒还者尚有数万，宜悉出金帛以饵之，更决一战。若天命助我，必能破敌；如其不然，死亦为美，比于闭门待尽，不犹愈乎！”司徒乐浪王惠曰：“不然。晋兵乘胜，气势百倍，我以败军之卒当之，不亦难乎！秦虽与勃勃相持，不足为患，且与我分据中原，势如唇齿，安得不来相救！但不遣大臣则不能得重兵。尚书令韩范为燕、秦所重，宜遣乞师。”超从之。

秋，七月，加刘裕北青、冀二州刺史。

南燕尚书略阳垣尊及弟京兆太守苗逾城来降,裕以为行参军。尊、苗皆超所委任以为腹心者也。

或谓裕曰:"张纲有巧思,若得纲使为攻具,广固必可拔也。"会纲自长安还,太山太守申宣执之,送于裕。裕升纲于楼车,使周城呼曰:"刘勃勃大破秦军,无兵相救。"城中莫不失色。江南每发兵及遣使者至广固,裕辄潜遣兵夜迎之,明日,张旗鸣鼓而至,北方之民执兵负粮归裕者,日以千数,围城益急。张华、封恺皆为裕所获。超请割大岘以南地为藩臣,裕不许。

秦王兴遣使谓裕曰:"慕容氏相与邻好,今晋攻之急,秦已遣铁骑十万屯洛阳;晋军不还,当长驱而进。"裕呼秦使者谓曰:"语汝姚兴:我克燕之后,息兵三年,当取关、洛;今能自送,便可速来!"刘穆之闻有秦使,驰入见裕,而秦使者已去。裕以所言告穆之。穆之尤之曰:"常日事无大小,必赐预谋,此宜善详,云何遽尔答之! 此语不足以威敌,适足以怒之。若广固未下,羌寇奄至,不审何以待之?"裕笑曰:"此是兵机,非卿所解,故不相语耳。夫兵贵神速,彼若审能赴救,必畏我知,宁容先遣信命,逆设此言! 是张大之辞也。晋师不出,为日久矣。羌见伐齐,殆将内惧,自保不暇,何能救人邪!"

14　乞伏乾归复即秦王位,大赦,改元更始,公卿以下皆复本位。

15　慕容氏在魏者百馀家,谋逃去,魏主珪尽杀之。

16　初,魏太尉穆崇与卫王仪伏甲谋弑魏主珪,不果;珪惜崇、仪之功,秘而不问。及珪有疾,杀大臣。仪自疑而出亡,追获之。八月,赐仪死。

17　封融诣刘裕降。

18　九月,加刘裕太尉;裕固辞。

19　秦王兴自将击夏王勃勃,至贰城,遣安远将军姚详等分督租运。勃勃乘虚奄至,兴惧,欲轻骑就详等。右仆射韦华曰:"若銮舆一动,众心骇惧,必不战自溃,详营亦未必可至也。"兴与勃勃战,秦兵大败,将军姚榆生为勃勃所禽,左将军姚文崇等力战,勃勃乃退,兴还长安。勃勃复攻秦敕奇堡、黄石固、我罗城,皆拔之,徙七千馀家于大城,以其丞相右地代领幽州牧以镇之。

初,兴遣卫将军姚强帅步骑一万随韩范往就姚绍于洛阳,并兵以救南燕,及为勃勃所败,追强兵还长安。韩范叹曰:"天灭燕矣!"南燕尚书张俊自长安还,降于刘裕,因说裕曰:"燕人所恃者,谓韩范必能致秦师也,今得范以示之,燕必降矣。"裕乃表范为散骑常侍,且以书招之。长水校尉王蒲劝范奔秦,范曰:"刘裕起布衣,灭桓玄,复晋室,今兴师伐燕,所向崩溃,此殆天授,非人力也。燕亡,则秦为之次矣,吾不可以再辱。"遂降于裕。裕将范循城,城中人情离沮。或劝燕主超诛范家。超以范弟谆尽忠无贰,并范家赦之。

冬,十月,段宏自魏奔于裕。

张纲为裕造攻具,尽诸奇巧;超怒,县其母于城上,支解之。

20　西秦王乾归立夫人边氏为皇后,世子炽磐为太子,仍命炽磐都督中外诸军、录尚书事。以屋引破光为河州刺史,镇枹罕;以南安焦遗为太子太师,与参军国大谋。乾归曰:"焦生非特名儒,乃王佐之才也。"谓炽磐曰:"汝事之当如事吾。"炽磐拜遗于床下。遗子华至孝,乾归欲以女妻之。辞曰:"凡娶妻者,欲与之共事二亲也。今以王姬之贵,下嫁蓬茅之士,诚非其匹,臣惧其阙于中馈,非所愿也。"乾归曰:"卿之所行,古人之事,孤女不足以强卿。"乃以为尚书民部郎。

21　北燕王云自以无功德而居大位,内怀危惧,常畜养壮士以为腹心、爪牙。宠臣离班、桃仁专典禁卫,赏赐以巨万计,衣食起居皆与之同,而班、仁志愿无厌,犹有怨憾。戊辰,云临东堂,班、仁怀剑执纸而入,称有所启。班抽剑击云,云以几扞之,仁从旁击云,弑之。

冯跋升洪光门以观变,帐下督张泰、李桑言于跋曰:"此竖势何所至,请为公斩之!"乃奋剑而下,桑斩班于西门,泰杀仁于庭中。众推跋为主,跋以让其弟范阳公素弗,素弗不可。跋乃即天王位于昌黎,大赦,诏曰:"陈氏代姜,不改齐国,宜即国号曰燕。"改元太平,谥云曰惠懿皇帝。跋尊母张氏为太后,立妻孙氏为王后,子永为太子,以范阳公素弗为车骑大将军、录尚书事,孙护为尚书令,张兴为左仆射,汲郡公弘为右仆射,广川公万泥为幽、平二州牧,上谷公乳陈为并、青二州牧。素弗少豪侠放荡,尝请婚于尚书左丞韩业,业拒之。及为宰辅,待业尤厚;好申拔旧门,谦恭俭约,以身帅下,百僚惮之,论者美其有宰相之度。

22　魏主珪将立齐王嗣为太子;魏故事,凡立嗣子辄先杀其母,乃赐嗣母刘贵人死。珪召嗣谕之曰:"汉武帝杀钩弋夫人,以防母后豫政,外家为乱也。汝当继统,吾故远迹古人,为国家长久之计耳。"嗣性孝,哀泣不自胜。珪怒之。嗣还舍,日夜号泣,珪知而复召之。左右曰:"上怒甚,入将不测,不如且避之,俟上怒解而入。"嗣乃逃匿于外,惟帐下代人车路头、京兆王洛儿二人随之。

初,珪如贺兰部,见献明贺太后之妹美,言于贺太后,请纳之。贺太后曰:"不可。是过美,必有不善。且已有夫,不可夺也。"珪密令人杀其夫而纳之,生清河王绍。绍凶很无赖,好轻游里巷,劫剥行人以为乐。珪怒之,尝倒悬井中,垂死,乃出之。齐王嗣屡诲责之,绍由是与嗣不协。

戊辰,珪谴责贺夫人,囚,将杀之,会日暮,未决。夫人密使告绍曰:"汝何以救我?"左右以珪残忍,人人危惧。绍年十六,夜,与帐下及宦者宫人数人通谋,逾垣入宫,至天安殿。左右呼曰:"贼至!"珪惊起,求弓刀不获,遂弑之。

己巳,宫门至日中不开。绍称诏,集百官于端门前,北面立。绍从门扉间谓百官曰:"我有叔父,亦有兄,公卿欲从谁?"众愕然失色,莫有对者。良久,南平公长孙嵩曰:"从王。"众乃知宫车晏驾,而不测其故,莫敢出声,唯阴平公烈大哭而去。烈,仪之弟也。于是朝野恟恟,人怀异志。肥如侯贺护举烽于安阳城北,贺兰部人皆赴之,其馀诸部亦各屯聚。绍闻人情不安,大出布帛赐王公以下,崔宏独不受。

齐王嗣闻变,乃自外还,昼伏匿山中,夜宿王洛儿家。洛儿邻人李道潜奉给嗣,民间颇知之,喜而相告,绍闻之,收道,斩之。绍募人求访嗣,欲杀之。猎郎叔孙俊与宗室疏属拓跋磨浑自云知嗣所在,绍使帐下二人与之偕往;俊、磨浑得出,即执帐下诣嗣,斩之。俊,建之子也。王洛儿为嗣往来平城,通问大臣,夜,告安远将军安同等。众闻之,翕然响应,争出奉迎。嗣至城西,卫士执绍送之。嗣杀绍及其母贺氏,并诛绍帐下及宦官宫人为内应者十馀人;其先犯乘舆者,群臣脔食之。

壬申,嗣即皇帝位,大赦,改元永兴。追尊刘贵人曰宣穆皇后;公卿先罢归第不预朝政者,悉召用之。诏长孙嵩与北新侯安同、山阳侯奚斤、白马侯崔宏、元城侯拓跋屈等八人坐止车门右,共听朝政,时人谓之八公。屈,磨浑之父也。嗣以尚书燕凤逮事什翼犍使与都坐大官封懿等入侍讲论,出议政事。以王洛儿、车路头为散骑常侍,叔孙俊为卫将军。拓跋磨浑为尚书,皆赐爵郡、县公。嗣问旧臣为先帝所亲信者为谁。王洛儿言李先。嗣召问先:"卿以何才何功为先帝所知?"对曰:"臣不才无功,但以忠直为先帝所知耳。"诏以先为安东将军,常宿于内,以备顾问。

朱提王悦,虔之子也,有罪,自疑惧。闰十一月丁亥,悦怀匕首入侍,将作乱。叔孙俊觉其举止有异,引手掣之,索怀中,得匕首,遂杀之。

23　十二月乙巳,太白犯虚、危。南燕灵台令张光劝南燕主超出降,超手杀之。

　　24　柔然侵魏。

六年（庚戌，410）

　　1　春，正月甲寅朔，南燕主超登天门，朝群臣于城上。乙卯，超与宠
姬魏夫人登城，见晋兵之盛，握手对泣。韩𧨒谏曰："陛下遭埋厄之运，正
当努力自强以壮士民之志，而更为儿女子泣邪！"超拭目谢之。尚书令董
诜劝超降，超怒，囚之。

　　2　魏长孙嵩将兵伐柔然。

　　3　魏主嗣以郡县豪右多为民患，悉以优诏征之。民恋土不乐内徙，
长吏逼遣之，于是无赖少年逃亡相聚，所在寇盗群起。嗣引八公议之曰：
"朕欲为民除蠹，而守宰不能绥抚，使之纷乱。今犯者既众，不可尽诛，吾
欲大赦以安之，何如？"元城侯屈曰："民逃亡为盗，不罪而赦之，是为上者
反求于下也，不如诛其首恶，赦其馀党。"崔宏曰："圣王之御民，务在安之
而已，不与之较胜负也。夫赦虽非正，可以行权。屈欲先诛后赦，要为两
不能去，曷若一赦而遂定乎！赦而不从，诛未晚也。"嗣从之。二月癸未
朔，遣将军于栗磾将骑一万讨不从命者，所向皆平。

　　4　南燕贺赖卢、公孙五楼为地道出击晋兵，不能却。城久闭，城中男
女病脚弱者太半，出降者相继。超辇而登城，尚书悦寿说超曰："今天助
寇为虐，战士凋瘁，独守穷城，绝望外援，天时人事亦可知矣。苟历数有
终，尧、舜避位，陛下岂可不思变通之计乎！"超叹曰："废兴，命也。吾宁
奋剑而死，不能衔璧而生！"

　　丁亥，刘裕悉众攻城。或曰："今日往亡，不利行师。"裕曰："我往彼
亡，何为不利！"四面急攻之。悦寿开门纳晋师，超与左右数十骑逾城突
围出走，追获之。裕数以不降之罪。超神色自若，一无所言，惟以母托刘
敬宣而已。

　　裕忿广固久不下，欲尽坑之，以妻女赏将士。韩范谏曰："晋室南迁，
中原鼎沸，士民无援，强则附之，既为君臣，必须为之尽力。彼皆衣冠旧
族，先帝遗民；今王师吊伐而尽坑之，使安所归乎！窃恐西北之人无复来
苏之望矣。"裕改容谢之，然犹斩王公以下三千人，没入家口万馀，夷其城
隍，送超诣建康，斩之。

　　　　臣光曰：晋自济江以来，威灵不竞，戎狄横骛，虎噬中原。刘
　　裕始以王师翦平东夏，不于此际旌礼贤俊，慰抚疲民，宣恺悌之
　　风，涤残秽之政，使群士向风，遗黎企踵，而更恣行屠戮以快忿心；

迹其施设,曾苻、姚之不如,宜其不能荡壹四海,成美大之业,岂非虽有智勇而无仁义使之然哉!

5 初,徐道覆闻刘裕北伐,劝卢循乘虚袭建康,循不从。道覆自至番禺说循曰:"本住岭外,岂以理极于此,传之子孙邪?正以刘裕难与为敌故也。今裕顿兵坚城之下,未有还期,我以此思归死士掩击何、刘之徒,如反掌耳。不乘此机而苟求一日之安,朝廷常以君为腹心之疾;若裕平齐之后,息甲岁馀,以玺书征君,裕自将屯豫章,遣诸将帅锐师过岭,虽复以将军之神武,恐必不能当也。今日之机,万不可失。若先克建康,倾其根蒂,裕虽南还,无能为也。君若不同,便当帅始兴之众直指寻阳。"循甚不乐此举,而无以夺其计,乃从之。

初,道覆使人伐船材于南康山,至始兴,贱卖之,居人争市之,船材大积而人不疑,至是,悉取以装舰,旬日而办。循自始兴寇长沙,道覆寇南康、庐陵、豫章,诸守相皆委任奔走。道覆顺流而下,舟械甚盛。时克燕之问未至,朝廷急征刘裕。裕方议留镇下邳,经营司、雍,会得诏书,乃以韩范为都督八郡军事、燕郡太守,封融为勃海太守,檀韶为琅邪太守;戊申,引兵还。韶,祗之兄也。久之,刘穆之称范、融谋反,皆杀之。

6 安成忠肃公何无忌自寻阳引兵拒卢循。长史邓潜之谏曰:"国家安危,在此一举。闻循兵舰大盛,势居上流,宜决南塘,守二城以待之,彼必不敢舍我远下。蓄力养锐,俟其疲老,然后击之,此万全之策也。今决成败于一战,万一失利,悔将无及。"参军殷阐曰:"循所将之众皆三吴旧贼,百战馀勇,始兴溪子,拳捷善斗,未易轻也。将军宜留屯豫章,征兵属城,兵至合战,未为晚也;若以此众轻进,殆必有悔。"无忌不听。三月壬申,与徐道覆遇于豫章,贼令强弩数百登西岸小山邀射之。会西风暴急,飘无忌所乘小舰向东岸。贼乘风以大舰逼之,众遂奔溃。无忌厉声曰:"取我苏武节来!"节至,执以督战。贼众云集,无忌辞色无挠,握节而死。于是中外震骇,朝议欲奉乘舆北走,就刘裕;既而知贼未至,乃止。

7 西秦王乾归攻秦金城郡,拔之。

8 夏王勃勃遣尚书胡金纂攻平凉,秦王兴救平凉,击金纂,杀之。勃勃又遣兄子左将军罗提攻拔定阳,坑将士四千馀人。秦将曹炽、曹云、王肆佛等各将数千户内徙,兴处之湟山及陈仓。勃勃寇陇右,破白崖堡,遂趣清水,略阳太守姚寿都弃城走,勃勃徙其民万六千户于大城。兴自安定追之,至寿渠川,不及而还。

9 初,南凉王傉檀遣左将军枯木等伐沮渠蒙逊,掠临松千馀户而还。

蒙逊伐南凉,至显美,徙数千户而去。南凉太尉俱延复伐蒙逊,大败而归。是月,傉檀自将五万骑伐蒙逊。战于穷泉,傉檀大败,单马奔还。蒙逊乘胜进围姑臧,姑臧人惩王锺之诛,皆惊溃,夷、夏万馀户降于蒙逊。傉檀惧,遣司隶校尉敬归及子佗为质于蒙逊以请和,蒙逊许之;归至胡阬,逃还,佗为追兵所执,蒙逊徙其众八千馀户而去。右卫将军折掘奇镇据石驴山以叛。傉檀畏蒙逊之逼,且惧岭南为奇镇所据,乃迁于乐都,留大司农成公绪守姑臧。傉檀才出城,魏安人侯谌等闭门作乱,收合三千馀家,据南城,推焦朗为大都督、龙骧大将军,谌自称凉州刺史,降于蒙逊。

　　10　刘裕至下邳,以船载辎重,自帅精锐步归。至山阳,闻何无忌败死,虑京邑失守,卷甲兼行,与数十人至淮上,问行人以朝廷消息。行人曰:“贼尚未至,刘公若还,便无所忧。”裕大喜。将济江,风急,众咸难之。裕曰:“若天命助国,风当自息,若其不然,覆溺何害!”即命登舟,舟移而风止。过江,至京口,众乃大安。夏,四月癸未,裕至建康。以江州覆没,表送章绶,诏不许。

　　青州刺史诸葛长民、兖州刺史刘藩、并州刺史刘道怜各将兵入卫建康。藩,豫州刺史毅之从弟也。毅闻卢循入寇,将拒之而疾作;既瘳,将行。刘裕遗毅书曰:“吾往习击妖贼,晓其变态。贼新获奸利,其锋不可轻。今修船垂毕,当与弟同举。克平之日,上流之任,皆以相委。”又遣刘藩往,谕止之。毅怒,谓藩曰:“往以一时之功相推耳,汝便谓我真不及刘裕邪!”投书于地,帅舟师二万发姑孰。

　　循之初入寇也,使徐道覆向寻阳,循自将攻湘中诸郡。荆州刺史刘道规遣军逆战,败于长沙。循进至巴陵,将向江陵。徐道覆闻毅将至,驰使报循曰:“毅兵甚盛,成败之事,系之于此,宜并力摧之;若此克捷,江陵不足忧也。”循即日发巴陵,与道覆合兵而下。五月戊午,毅与循战于桑落洲,毅兵大败,弃船,以数百人步走,馀众皆为循所虏,所弃辎重山积。

　　初,循至寻阳,闻裕已还,犹不信;既破毅,乃得审问,与其党相视失色。循欲退还寻阳,攻取江陵,据二州以抗朝廷。道覆谓宜乘胜径进,固争之。循犹豫累日,乃从之。

　　己未,大赦。裕募人为兵,赏之同京口赴义之科。发民治石头城。议者谓宜分兵守诸津要,裕曰:“贼众我寡,若分兵屯守,则测人虚实;且一处失利,则沮三军之心。今聚众石头,随宜应赴,既令彼无以测多少,又于众力不分。若徒旅转集,徐更论之耳。”

　　朝廷闻刘毅败,人情恟惧。时北师始还,将士多创病,建康战士不盈数千。循既克二镇,战士十馀万,舟车百里不绝,楼船高十二丈,败还者争言其强盛。孟昶、诸葛长民欲奉乘舆过江,裕不听。初,何无忌、刘毅之南讨也,昶策其必败,已而果然。至是,又谓裕必不能抗循,众颇信之,惟龙骧将军东海虞丘进廷折昶等,以为不然。中兵参军王仲德言于裕曰:"明公命世作辅,新建大功,威震六合,妖贼乘虚入寇,既闻凯还,自当奔溃。若先自遁逃,则势同匹夫,匹夫号令,何以威物! 此谋若立,请从此辞。"裕甚悦。昶固请不已,裕曰:"今重镇外倾,强寇内逼,人情危骇,莫有固志;若一旦迁动,便自土崩瓦解,江北亦岂可得至! 设令得至,不过延日月耳。今兵士虽少,自足一战。若其克济,则臣主同休,苟厄运必至,我当横尸庙门,遂其由来以身许国之志,不能窜伏草间苟求存活也。我计决矣,卿勿复言!"昶惎其言不行,且以为必败,因请死。裕怒曰:"卿且申一战,死复何晚!"昶知裕终不用其言,乃抗表自陈曰:"臣裕北讨,众并不同,唯臣赞裕行计,致使强贼乘间,社稷危逼,臣之罪也。谨引咎以谢天下。"封表毕,仰药而死。

乙丑,卢循至淮口,中外戒严。琅邪王德文都督宫城诸军事,屯中堂皇,刘裕屯石头,诸将各有屯守。裕子义隆始四岁,裕使谘议参军刘粹辅之,镇京口。粹,毅之族弟也。

裕见民临水望贼,怪之,以问参军张劭,劭曰:"若节钺未反,民奔散之不暇,亦何能观望! 今当无复恐耳。"裕谓将佐曰:"贼若于新亭直进,其锋不可当,宜且回避,胜负之事未可量也;若回泊西岸,此成禽耳。"

徐道覆请于新亭至白石焚舟而上,数道攻袭。循欲以万全为计,谓道覆曰:"大军未至,孟昶便望风自裁;以大势言之,自当计日溃乱。今决胜负于一朝,干没求利,既非必克之道,且杀伤士卒,不如按兵待之。"道覆以循多疑少决,乃叹曰:"我终为卢公所误,事必无成;使我得为英雄驱驰,天下不足定也。"

裕登石头城望循军,初见引向新亭,顾左右失色;既而回泊蔡洲,乃悦。于是众军转集。裕恐循侵轶,用虞丘进计,伐树栅石头淮口,修治越城,筑查浦、药园、廷尉三垒,皆以兵守之。

刘毅经涉蛮、晋,仅能自免,从者饥疲,死亡什七八。丙寅,至建康,待罪。裕慰勉之,使知中外留事。毅乞自贬,诏降为后将军。

11　魏长孙嵩至漠北而还,柔然追围之于牛川。壬申,魏主嗣北击柔然。柔然可汗社仑闻之,遁走,道死;其子度拔尚幼,部众立社仑弟斛律,号蔼豆盖可汗。嗣引兵还参合陂。

12　卢循伏兵南岸,使老弱乘舟向白石,声言悉众自白石步上。刘裕留参军沈林子、徐赤特戍南岸,断查浦,戒令坚守勿动;裕及刘毅、诸葛长民北出拒之。林子曰:"妖贼此言,未必有实,宜深为之防。"裕曰:"石头城险,且淮栅甚固,留卿在后,足以守之。"林子,穆夫之子也。

庚辰,卢循焚查浦,进至张侯桥。徐赤特将击之,林子曰:"贼声往白石而屡来挑战,其情可知。吾众寡不敌,不如守险以待大军。"赤特不从,遂出战;伏兵发,赤特大败,单舸奔淮北。林子及将军刘锺据栅力战,朱龄石救之,贼乃退。循引精兵大上,至丹阳郡。裕帅诸军驰还石头,斩徐赤特,解甲久之,乃出陈于南塘。

13　六月,以刘裕为太尉、中书监、加黄钺;裕受黄钺,馀固辞。以车骑中军司马庾悦为江州刺史。悦,準之子也。

14　司马国璠及弟叔璠、叔道奔秦。秦王兴曰:"刘裕方诛桓玄,辅晋室,卿何为来?"对曰:"裕削弱王室,臣宗族有自修立者,裕辄除之;方为国患,甚于桓玄耳。"兴以国璠为扬州刺史,叔道为交州刺史。

15　卢循寇掠诸县无所得,谓徐道覆曰:"师老矣,不如还寻阳,并力取荆州,据天下三分之二,徐更与建康争衡耳。"秋,七月庚申,循自蔡洲南还寻阳,留其党范崇民将五千人据南陵。甲子,裕使辅国将军王仲德、广川太守刘锺、河间内史兰陵蒯恩、中军谘议参军孟怀玉等帅众追循。

16　乙丑,魏主嗣还平城。

17　西秦王乾归讨越质屈机等十馀部,降其众二万五千,徙于苑川。八月,乾归复都苑川。

18　沮渠蒙逊伐西凉,败西凉世子歆于马庙,禽其将朱元虎而还。凉公暠以银二千斤、金二千两赎元虎;蒙逊归之,遂与暠结盟而还。

19　刘裕还东府,大治水军,遣建威将军会稽孙处、振武将军沈田子帅众三千自海道袭番禺。田子,林子之兄也。众皆以为"海道艰远,必至为难,且分撤见力,非目前之急"。裕不从,敕处曰:"大军十二月之交必破妖虏,卿至时,先倾其巢窟,使彼走无所归也。"

20　谯纵遣侍中谯良等入见于秦,请兵以伐晋。纵以桓谦为荆州刺史,谯道福为梁州刺史,帅众二万寇荆州;秦王兴遣前将军苟林帅骑兵会之。

江陵自卢循东下,不得建康之问,群盗互起。荆州刺史刘道规遣司马王镇之帅天门太守檀道济、广武将军彭城到彦之入援建康。道济,祗之弟也。

镇之至寻阳,为苟林所破。卢循闻之,以林为南蛮校尉,分兵配之,使乘胜伐江陵,声言徐道覆已克建康。桓谦于道召募义旧,民投之者二万人。谦屯枝江,林屯江津,二寇交逼,江陵士民多怀异心。道规乃会将士告之曰:"桓谦今在近道,闻诸长者颇有去就之计,吾东来文武足以济事;若欲去者,本不相禁。"因夜开城门,达晓不闭。众咸惮服,莫有去者。

雍州刺史鲁宗之帅众数千自襄阳赴江陵。或谓宗之情未可测,道规单马迎之,宗之感悦。道规使宗之居守,委以腹心,自帅诸军攻谦。诸将佐皆曰:"今远出讨谦,其胜难必。苟林近在江津,伺人动静,若来攻城,宗之未必能固,脱有蹉跌,大事去矣。"道规曰:"苟林愚懦,无他奇计,以吾去未远,必不敢向城。吾今取谦,往至便克;沉疑之间,已自还返。谦败则林破胆,岂暇得来!且宗之独守,何为不支数日!"乃驰往攻谦,水陆齐进。谦等大陈舟师,兼以步骑,战于枝江。檀道济先进陷陈,谦等大败。谦单舸奔苟林,道规追斩之。还,至涌口,讨林,林走,道规遣谘议参军临淮刘遵帅众追之。初,谦至枝江,江陵士民皆与谦书,言城内虚实,欲为内应;至是检得之,道规悉焚不视,众于是大安。

21　江州刺史庾悦以鄱阳太守虞丘进为前驱,屡破卢循兵,进据豫章,绝循粮道。九月,刘遵斩苟林于巴陵。

桓石绥因循入寇,起兵洛口,自号荆州刺史,征阳令王天恩自号梁州刺史,袭据西城。梁州刺史傅韶遣其子魏兴太守弘之讨石绥等,皆斩之,桓氏遂灭。韶,畅之孙也。

22　西秦王乾归攻秦略阳、南安、陇西诸郡,皆克之,徙民二万五千户于苑川及枹罕。

23　甲寅,葬魏主珪于盛乐金陵,谥曰宣武,庙号烈祖。

24　刘毅固求追讨卢循,长史王诞密言于刘裕曰:"毅既丧败,不宜复使立功。"裕从之。冬,十月,裕帅兖州刺史刘藩、宁朔将军檀韶、冠军将军刘敬宣等南击卢循,以刘毅监太尉留府,后事皆委焉。癸巳,裕发建康。

25　徐道覆率众三万趣江陵,奄至破冢。时鲁宗之已还襄阳,追召不及,人情大震。或传循已平京邑,遣道覆来为刺史,江、汉士民感刘道规焚书之恩,无复贰志。道规使刘遵别为游军,自拒道覆于豫章口,前驱失利;遵自外横击,大破之,斩首万馀级,赴水死者殆尽,道覆单舸走还湓口。初,道规使遵为游军,众咸以为强敌在前,唯患众少,不应分割见力,置无用之地。及破道覆,卒得游军之力,众心乃服。

26　鲜卑仆浑、羌句岂、输报、邓若等帅户二万降于西秦。

27　王仲德等闻刘裕大军且至,进攻范崇民于南陵;崇民战舰夹屯西岸。十一月,刘锺自行觇贼,天雾,贼钩得其舸。锺因帅左右攻舰户,贼遽闭户拒之,锺乃徐还,与仲德共攻崇民,崇民走。

28　癸丑,益州刺史鲍陋卒。谯道福陷巴东,杀守将温祚、时延祖。

29　卢循兵守广州者不以海道为虞。庚戌,孙处乘海奄至,会大雾,四面攻之,即日拔其城。处抚其旧民,戮循亲党,勒兵谨守,分遣沈田子等击岭表诸郡。

30　刘裕军雷池。卢循扬声不攻雷池,当乘流径下,裕知其欲战,十二月己卯,进军大雷。庚辰,卢循、徐道覆帅众数万塞江而下,前后莫见舳舻之际。裕悉出轻舰,帅众军齐力击之;又分步骑屯于西岸,先备火具。裕以劲弩射循军,因风水之势以蹙之。循舰悉泊西岸,岸上军投火焚之,烟炎涨天;循兵大败,走还寻阳。将趣豫章,乃悉力栅断左里;丙申,裕军至左里,不得进。裕麾兵将战,所执麾竿折,幡沉于水,众并怪惧。裕笑曰:"往年覆舟之战,幡竿亦折,今者复然,贼必破矣。"即攻栅而进,循兵虽殊死战,弗能禁。循单舸走,所杀及投水死者凡万馀人。纳其降附,宥其逼略,遣刘藩、孟怀玉轻军追之。循收散卒,尚有数千人,径还番禺;道覆走保始兴。裕版建威将军褚裕之行广州刺史。裕之,裒之曾孙也。裕还建康。刘毅恶刘穆之,每从容与裕言穆之权太重,裕益亲任之。

31　燕广川公万泥、上谷公乳陈,自以宗室,有大功,谓当入为公辅。燕王跋以二藩任重,久而弗征,二人皆怨。是岁,乳陈密遣人告万泥曰:"乳陈有至谋,愿与叔父图之。"万泥遂奔白狼,与乳陈俱叛,跋遣汲郡公弘与张兴将步骑二万讨之。弘先遣使谕以祸福;万泥欲降,乳陈不可。兴谓弘曰:"贼明日出战,今夜必来惊我营,宜为之备。"弘乃密令人课草十束,畜火伏兵以待之。是夜,乳陈果遣壮士千馀人来斫营,众火俱起,伏兵邀击,俘斩无遗。万泥、乳陈惧而出降,弘皆斩之。跋以范阳公素弗为大司马,改封辽西公;弘为骠骑大将军,改封中山公。

资治通鉴卷第一百一十六

晋纪三十八

安皇帝辛

义熙七年（辛亥,411）

1　春,正月己未,刘裕还建康。

2　秦广平公弼有宠于秦王兴,为雍州刺史,镇安定。姜纪谄附于弼,劝弼结兴左右以求入朝。兴征弼为尚书令、侍中、大将军。弼遂倾身结纳朝士,收采名势,以倾东宫;国人恶之。会兴以西北多叛乱,欲命重将镇抚之;陇东太守郭播请使弼出镇;兴不从,以太常索棱为太尉、领陇西内史,使招抚西秦。西秦王乾归遣使送所掠守宰,谢罪请降。兴遣鸿胪拜乾归都督陇西岭北杂胡诸军事、征西大将军、河州牧、单于、河南王,太子炽磐为镇西将军、左贤王、平昌公。

兴命群臣搜举贤才。右仆射梁喜曰:"臣累受诏而未得其人,可谓世之乏才。"兴曰:"自古帝王之兴,未尝取相于昔人,待将于将来,随时任才,皆能致治。卿自识拔不明,岂得远诬四海乎?"群臣咸悦。

3　秦姚详屯杏城,为夏王勃勃所逼,南奔大苏;勃勃遣平东将军鹿弈于追斩之,尽俘其众。勃勃南攻安定,破尚书杨佛嵩于青石北原,降其众四万五千;进攻东乡,下之,徙三千馀户于贰城。秦镇北参军王买德奔夏,夏王勃勃问以灭秦之策,买德曰:"秦德虽衰,藩镇犹固,愿且蓄力以待之。"勃勃以买德为军师中郎将。秦王兴遣卫大将军常山公显迎姚详,弗及,遂屯杏城。

4　刘藩帅孟怀玉等诸将追卢循至岭表,二月壬午,怀玉克始兴,斩徐道覆。

5　河南王乾归徙鲜卑仆浑部三千馀户于度坚城,以子敕勃为秦兴太守以镇之。

6　焦朗犹据姑臧,沮渠蒙逊攻拔其城,执朗而宥之;以其弟拏为秦州刺史,镇姑臧。遂伐南凉,围乐都,三旬不克;南凉王傉檀以子安周为质,乃还。

7　吐谷浑树洛干伐南凉，败南凉太子虎台。

8　南凉王傉檀欲复伐沮渠蒙逊，邯川护军孟恺谏曰："蒙逊新并姑臧，凶势方盛，不可攻也。"傉檀不从，五道俱进，至番禾、苕藋，掠五千馀户而还。将军屈右曰："今既获利，宜倍道旋师，早度险厄。蒙逊善用兵，若轻军猝至，大敌外逼，徙户内叛，此危道也。"卫尉伊力延曰："彼步我骑，势不相及。今倍道而归则示弱，且捐弃资财，非计也。"俄而昏雾风雨，蒙逊兵大至，傉檀败走。蒙逊进围乐都，傉檀婴城固守，以子染干为质以请和，蒙逊乃还。

9　三月，刘裕始受太尉、中书监，以刘穆之为太尉司马，陈郡殷景仁为行参军。裕问穆之曰："孟昶参佐谁堪入我府者？"穆之举前建威中兵参军谢晦。晦，安兄据之曾孙也，裕即命为参军。裕尝讯囚，其旦，刑狱参军有疾，以晦代之；于车中一览讯牒，催促便下。相府多事，狱系殷积，晦随问酬辨，曾无违谬；裕由是奇之，即日署刑狱贼曹。晦美风姿，善言笑，博赡多通，裕深加赏爱。

10　卢循行收兵至番禺，遂围之，孙处拒守二十馀日。沈田子言于刘藩曰："番禺城虽险固，本贼之巢穴；今循围之，或有内变。且孙季高众力寡弱，不能持久，若使贼还据广州，凶势复振矣。"夏，四月，田子引兵救番禺，击循，破之，所杀万馀人。循走，田子与处共追，又破循于苍梧、郁林、宁浦。会处病，不能进，循奔交州。

初，九真太守李逊作乱，交州刺史交趾杜瑗讨斩之。瑗卒，朝廷以其子慧度为交州刺史。诏书未至，循袭破合浦，径向交州；慧度帅州府文武拒循于石碕，破之。循馀众犹三千人，李逊馀党李脱等结集俚獠五千馀人以应循。庚子，循晨至龙编南津；慧度悉散家财以赏军士，与循合战，掷雉尾炬焚其舰，以步兵夹岸射之，循众舰俱然，兵众大溃。循知不免，先鸩妻子，召妓妾问曰："谁能从我死者？"多云："雀鼠贪生，就死实难。"或云："官尚当死，某岂愿生！"乃悉杀诸辞死者，因自投于水。慧度取其尸斩之，并其父子及李脱等，函七首送建康。

11　初，刘毅在京口，贫困，与知识射于东堂。庾悦为司徒右长史，后至，夺其射堂，众人皆避之，毅独不去。悦厨馔甚盛，不以及毅；毅从悦求子鹅炙，悦怒不与，毅由是衔之。至是，毅求兼督江州，诏许之。因奏称："江州内地，以治民为职，不当置军府凋耗民力，宜罢军府移镇豫章；而寻阳接蛮，可即州府千兵以助郡戍。"于是解悦都督、将军官，以刺史镇豫

章。毅以亲将赵恢领千兵守寻阳;悦府文武三千悉入毅府,符摄严峻。悦
忿惧,至豫章,疽发背卒。

　　12　河南王乾归徙羌句岂等部众五千馀户于叠兰城。以兄子阿柴为
兴国太守以镇之;五月,复以子木弈干为武威太守,镇嵚岨城。

　　13　丁卯,魏主嗣谒金陵,山阳侯奚斤居守。昌黎王慕容伯儿谋反;
己巳,奚斤并其党收斩之。

　　14　秋,七月,燕王跋以太子永领大单于,置四辅。

　　柔然可汗斛律遣使献马三千匹于跋,求娶跋女乐浪公主;跋命群臣议
之。辽西公素弗曰:"前世皆以宗女妻六夷,宜许以妃嫔之女,乐浪公主
不宜下降非类。"跋曰:"朕方崇信殊俗,奈何欺之!"乃以乐浪公主妻之。

　　跋勤于政事,劝课农桑,省徭役,薄赋敛;每遣守宰,必亲引见,问为政
之要,以观其能。燕人悦之。

　　15　河南王乾归遣平昌公炽磐及中军将军审虔伐南凉。审虔,乾归
之子也。八月,炽磐兵济河,南凉王傉檀遣太子虎台逆战于岭南;南凉兵
败,虏牛马十馀万而还。

　　16　沮渠蒙逊帅轻骑袭西凉,西凉公暠曰:"兵有不战而败敌者,挫
其锐也。蒙逊新与吾盟,而遽来袭我,我闭门不与战,待其锐气竭而击之,
蔑不克矣。"顷之,蒙逊粮尽而归,暠遣世子歆帅骑七千邀击之,蒙逊大
败,获其将沮渠百年。

　　17　河南王乾归攻秦略阳太守姚龙于柏阳堡,克之;冬,十一月,进攻
南平太守王憬于水洛城,又克之,徙民三千馀户于谭郊。遣乞伏审虔帅众
二万城谭郊。十二月,西羌彭利发袭据枹罕,自称大将军、河州牧,乾归讨
之,不克。

　　18　是岁,并州刺史刘道怜为北徐州刺史,移镇彭城。

八年(壬子,412)

　　1　春,正月,河南王乾归复讨彭利发,至奴葵谷。利发弃众南走,乾
归遣振威将军乞伏公府追至清水,斩之,收羌户一万三千,以乞伏审虔为
河州刺史镇枹罕而还。

　　2　二月丙子,以吴兴太守孔靖为尚书右仆射。

　　3　河南王乾归徙都谭郊,命平昌公炽磐镇苑川。乾归击吐谷浑阿若
干于赤水,降之。

　　4　夏,四月,刘道规以疾求归,许之。道规在荆州累年,秋毫无犯。

及归,府库帷幕,俨然若旧。随身甲士二人迁席于舟中,道规刑之于市。

以后将军豫州刺史刘毅为卫将军、都督荆宁秦雍四州诸军事、荆州刺史。毅谓左卫将军刘敬宣曰:"吾忝西任,欲屈卿为长史南蛮,岂有见辅意乎?"敬宣惧,以告太尉裕,裕笑曰:"但令老兄平安,必无过虑。"

毅性刚愎,自谓建义之功与裕相埒,深自矜伐,虽权事推裕而心不服;及居方岳,常怏怏不得志。裕每柔而顺之,毅骄纵滋甚,尝云:"恨不遇刘、项,与之争中原!"及败于桑落,知物情已去,弥复愤激。裕素不学,而毅颇涉文雅,故朝士有清望者多归之,与尚书仆射谢混,丹杨尹郗僧施,深相凭结。僧施,超之从子也。毅既据上流,阴有图裕之志,求兼督交、广二州,裕许之。毅又奏以郗僧施为南蛮校尉后军司马,毛脩之为南郡太守,裕亦许之,以刘穆之代僧施为丹杨尹。毅表求至京口辞墓,裕往会之于倪塘。宁远将军胡藩言于裕曰:"公谓刘卫军终能为公下乎?"裕默然,久之,曰:"卿谓何如?"藩曰:"连百万之众,攻必取,战必克,毅以此服公;至于涉猎传记,一谈一咏,自许以为雄豪;以是搢绅白面之士辐凑归之。恐终不为公下,不如因会取之。"裕曰:"吾与毅俱有克复之功,其过未彰,不可自相图也。"

5　乞伏炽磐攻南凉三河太守吴阴于白土,克之,以乞伏出累代之。

六月,乞伏公府弑河南王乾归,并杀其诸子十馀人,走保大夏。平昌公炽磐遣其弟广武将军智达、扬武将军木弈干帅骑三千讨之;以其弟昙达为镇东将军,镇谭郊,骁骑将军娄机镇苑川。炽磐帅文武及民二万馀户迁于枹罕。

秦人多劝秦王兴乘乱取炽磐,兴曰:"伐人丧,非礼也。"夏王勃勃欲攻炽磐,军师中郎将王买德谏曰:"炽磐,吾之与国,今遭丧乱,吾不能恤,又恃众力而伐之,匹夫犹且耻为,况万乘乎!"勃勃乃止。

6　闰月,庚子,南郡烈武公刘道规卒。

7　秋,七月己巳朔,魏主嗣东巡,置四厢大将、十二小将;以山阳侯奚斤、元城侯屈行左、右丞相。庚寅,嗣至濡源,巡西北诸部落。

8　乞伏智达等击破乞伏公府于大夏。公府奔叠兰城,就其弟阿柴;智达等攻拔之,斩阿柴父子五人。公府奔嵝峨南山,追获之,并其四子,轘之于谭郊。

八月,乞伏炽磐自称大将军、河南王,大赦,改元永康;葬乾归于枹罕,谥曰武元,庙号高祖。

9　皇后王氏崩。

10　庚戌,魏主嗣还平城。

11　九月,河南王炽磐以尚书令武始翟勍为相国,侍中、太子詹事赵景为御史大夫,罢尚书令、仆、尚书六卿、侍中等官。

12　癸酉,葬僖皇后于休平陵。

13　刘毅至江陵,多变易守宰,辄割豫州文武、江州兵力万馀人以自随。会毅疾笃,郗僧施等恐毅死,其党危,乃劝毅请从弟兖州刺史藩以自副,太尉裕伪许之。藩自广陵入朝,己卯,裕以诏书罪状毅,云与藩及谢混共谋不轨,收藩及混赐死。

初,混与刘毅款昵,混从兄澹常以为忧,渐与之疏;谓弟璞及从子瞻曰:“益寿此性,终当破家。”澹,安之孙也。

庚辰,诏大赦,以前会稽内史司马休之为都督荆雍梁秦宁益六州诸军事、荆州刺史;北徐州刺史刘道怜为兖青二州刺史,镇京口。使豫州刺史诸葛长民监太尉留府事。裕疑长民难独任,乃加刘穆之建武将军,置佐吏,配给资力以防之。

壬午,裕帅诸军发建康,参军王镇恶请给百舸为前驱。丙申,至姑孰,以镇恶为振武将军,与龙骧将军蒯恩将百舸前发,裕戒之曰:“若贼可击,击之;不可者,烧其船舰,留屯水际以待我。”于是镇恶昼夜兼行,扬声言刘兖州上。

冬,十月己未,镇恶至豫章口,去江陵城二十里,舍船步上。蒯恩军居前,镇恶次之。舸留一二人,对舸岸上立六七旗,旗下置鼓,语所留人:“计我将至城,便鼓严,令若后有大军状。”又分遣人烧江津船舰。镇恶径前袭城,语前军士:“有问者,但云刘兖州至。”津戍及民间皆晏然不疑。未至城五、六里,逢毅要将朱显之欲出江津,问:“刘兖州何在?”军士曰:“在后。”显之至军后不见藩,而见军人担彭排战具,望江津船舰已被烧,鼓严之声甚盛,知非藩上,便跃马驰去告毅,行令闭诸城门。镇恶亦驰进,门未及下关,军人因得入城。卫军长史谢纯入参承毅,出闻兵至,左右欲引车归。纯叱之曰:“我,人吏也,逃将安之!”驰还入府。纯,安兄据之孙也。镇恶与城内兵斗,且攻其金城,自食时至中晡,城内人败散。镇恶穴其金城而入,遣人以诏及赦文并裕手书示毅,毅皆烧不视,与司马毛脩之等督士卒力战。城内人犹未信裕自来,军士从毅自东来者,与台军多中表亲戚,且斗且语,知裕自来,人情离骇。逮夜,听事前兵皆散,斩毅勇将赵蔡,毅左右兵犹闭东西阁拒战。镇恶虑暗中自相伤犯,乃引军出围金城,开其南面。毅虑南有伏兵,夜半,帅左右三百许人开北门突出。毛脩之谓谢纯曰:"君但随仆去。"纯不从,为人所杀。

毅夜投牛牧佛寺。初,桓蔚之败也,走投牛牧寺僧昌,昌保藏之,毅杀昌。至是,寺僧拒之曰:"昔亡师容桓蔚,为刘卫军所杀,今实不敢容异人。"毅叹曰:"为法自弊,一至于此!"遂缢而死。明日,居人以告,乃斩首于市,并子侄皆伏诛。毅兄模奔襄阳,鲁宗之斩送之。

初,毅季父镇之闲居京口,不应辟召,常谓毅及藩曰:"汝辈才器,足以得志,但恐不久耳。我不就尔求财位,亦不同尔受罪累。"每见毅、藩导从到门,辄诮之。毅甚敬畏,未至宅数百步,悉屏仪卫,与白衣数人俱进。及毅死,太尉裕奏征镇之为散骑常侍、光禄大夫,固辞不至。

14　仇池公杨盛叛秦,侵扰祁山,秦王兴遣建威将军赵琨为前锋,立节将军姚伯寿继之,前将军姚恢出鹫峡,秦州刺史姚嵩出羊头峡,右卫将军胡翼度出洴城,以讨盛。兴自雍赴之,与诸将会于陇口。

天水太守王松忽言于嵩曰:"先帝神略无方,徐洛生以英武佐命,再入仇池,无功而还;非杨氏智勇能全也,直地势险固耳。今以赵琨之众,使君之威,准之先朝,实未见成功。使君具悉形便,何不表闻!"嵩不从。盛帅众与琨相持,伯寿畏懦不进,琨众寡不敌,为盛所败。兴斩伯寿而还。

兴以杨佛嵩为雍州刺史,帅岭北见兵以击夏。行数日,兴谓群臣曰:"佛嵩每见敌,勇不自制,吾常节其兵不过五千人。今所将既多,遇敌必败,行已远,追之无及,将若之何?"佛嵩与夏王勃勃战,果败,为勃勃所执,绝亢而死。

15　秦立昭仪齐氏为后。

16　沮渠蒙逊迁于姑臧。

17　十一月己卯,太尉裕至江陵,杀郄僧施。初,毛脩之虽为刘毅僚佐,素自结于裕,故裕特宥之。赐王镇恶爵汉寿子。裕问毅府谘议参军申永曰:"今日何施而可?"永曰:"除其宿衅,倍其惠泽,贯叙门次,显擢才能,如此而已。"裕纳之,下书宽租省调,节役原刑,礼辟名士,荆人悦之。

18　诸葛长民骄纵贪侈,所为多不法,为百姓患,常惧太尉裕按之。及刘毅被诛,长民谓所亲曰:"'昔年醢彭越,今年杀韩信。'祸其至矣!"乃屏人问刘穆之曰:"悠悠之言,皆云太尉与我不平,何以至此?"穆之曰:"公溯流远征,以老母稚子委节下;若一豪不尽,岂容如此邪?"长民意乃小安。

长民弟辅国大将军黎民说长民曰:"刘氏之亡,亦诸葛氏之惧也,宜因裕未还而图之。"长民犹豫未发,既而叹曰:"贫贱常思富贵,富贵必履

危机。今日欲为丹徒布衣,岂可得邪!"因遗冀州刺史刘敬宣书曰:"盘龙
狠戾专恣,自取夷灭。异端将尽,世路方夷,富贵之事,相与共之。"敬宣
报曰:"下官自义熙以来,忝三州、七郡,常惧福过灾生,思避盈居损。富
贵之旨,非所敢当。"且使以书呈裕,裕曰:"阿寿故为不负我也。"

　　刘穆之忧长民为变,屏人问太尉行参军东海何承天曰:"公今行济
否?"承天曰:"荆州不忧不时判,别有一虑耳。公昔年自左里还入石头,
甚脱尔;今还,宜加重慎。"穆之曰:"非君,不闻此言。"

　　裕在江陵,辅国将军王诞白裕求先下,裕曰:"诸葛长民似有自疑心,
卿诣宜便去!"诞曰:"长民知我蒙公垂眄,今轻身单下,必当以为无虞,乃
可以少安其意耳。"裕笑曰:"卿勇过贲、育矣。"乃听先还。

　　19　沮渠蒙逊即河西王位,大赦,改元玄始,置官僚如凉王光为三河
王故事。

　　20　太尉裕谋伐蜀,择元帅而难其人。以西阳太守朱龄石既有武干,
又练吏职,欲用之。众皆以为龄石资名尚轻,难当重任;裕不从。十二月,
以龄石为益州刺史,帅宁朔将军臧熹、河间太守蒯恩、下邳太守刘钟等伐
蜀,分大军之半二万人以配之。熹,裕之妻弟,位居龄石之右,亦隶焉。

　　裕与龄石密谋进取,曰:"刘敬宣往年出黄虎,无功而退。贼谓我今
应从外水往,而料我当出其不意犹从内水来也。如此,必以重兵守涪城以
备内道。若向黄虎,正堕其计。今以大众自外水取成都,疑兵出内水,此
制敌之奇也。"而虑此声先驰,贼审虚实。别有函书封付龄石,署函边曰:
"至白帝乃开。"诸军虽进,未知处分所由。

　　毛修之固请行;裕恐修之至蜀,必多所诛杀,土人与毛氏有嫌,亦当以
死自固,不许。

　　21　分荆州十郡置湘州。

　　22　加太尉裕太傅、扬州牧。

　　23　丁巳,魏主嗣北巡,至长城而还。

九年(癸丑,413)

　　1　春,二月庚戌,魏主嗣如高柳川;甲寅,还宫。

　　2　太尉裕自江陵东还,骆驿遣辎重兼行而下,前刻至日,每淹留不
进。诸葛长民与公卿频日奉候于新亭,辄差其期。乙丑晦,裕轻舟径进,
潜入东府。三月丙寅朔旦,长民闻之,惊趋至门。裕伏壮士丁旿于幔中,
引长民却入间语,凡平生所不尽者皆及之。长民甚悦。丁旿自幔后出,于

座拉杀之，舆尸付廷尉。收其弟黎民，黎民素骁勇，格斗而死。并杀其季弟大司马参军幼民、从弟宁朔将军秀之。

3　庚午，秦王兴遣使至魏修好。

4　太尉裕上表曰：“大司马温以‘民无定本，伤治为深’，庚戌土断以一其业，于时财阜国丰，实由于此。自兹迄今，渐用颓弛，请申前制。”于是依界土断，唯徐、兖、青三州居晋陵者，不在断例；诸流寓郡县多所并省。

戊寅，加裕豫州刺史。裕固让太傅、州牧。

5　林邑范胡达寇九真，杜慧度击斩之。

6　河南王炽磐遣镇东将军昙达、平东将军王松寿将兵东击休官权小郎、吕破胡于白石川，大破之，虏其男女万馀口，进据白石城。显亲休官权小成、吕奴迦等二万馀户据白阬不服，昙达攻斩之，陇右休官悉降。秦太尉索棱以陇西降炽磐，炽磐以棱为太傅。

7　夏王勃勃大赦，改元凤翔；以叱干阿利领将作大匠，发岭北夷、夏十万人筑都城于朔方水北、黑水之南。勃勃曰：“朕方统一天下，君临万邦，宜名新城曰统万。”阿利性巧而残忍，蒸土筑城，锥入一寸，即杀作者而并筑之。勃勃以为忠，委任之。凡造兵器成，呈之，工人必有死者：射甲不入则斩弓人，入则斩甲匠。又铸铜为一大鼓，飞廉、翁仲、铜驼、龙虎之属，饰以黄金，列于宫殿之前。凡杀工匠数千，由是器物皆精利。

勃勃自谓其祖从母姓为刘，非礼也。古人氏族无常，乃改姓赫连氏，言帝王系天为子，其徽赫与天连也；其非正统者，皆以铁伐为氏，言其刚锐如铁，皆堪伐人也。

8　夏，四月乙卯，魏主嗣西巡，命郑兵将军奚斤、鸿飞将军尉古真、都将闾大肥等击越勤部于跋那山。大肥，柔然人也。

9　河南王炽磐遣安北将军乌地延、冠军将军翟绍击吐谷浑别统句旁于泣勤川，大破之。

10　河西王蒙逊立子政德为世子，加镇卫大将军、录尚书事。

11　南凉王傉檀伐河西王蒙逊，蒙逊败之于若厚坞，又败之于若凉；因进围乐都，二旬不克。南凉湟河太守文支以郡降于蒙逊，蒙逊以文支为广武太守。蒙逊复伐南凉，傉檀以太尉俱延为质，乃还。

蒙逊西如苕藋，遣冠军将军伏恩将骑一万袭卑和、乌啼二部，大破之，俘二千馀落而还。

蒙逊寝于新台，阉人王怀祖击蒙逊伤足，其妻孟氏禽斩之。

蒙逊母车氏卒。

12　五月乙亥,魏主嗣如云中旧宫。丙子,大赦,西河胡张外等聚众为盗;乙卯,嗣遣会稽公长乐刘絜等屯西河招讨之。六月,嗣如五原。

13　朱龄石等至白帝发函书,曰:"众军悉从外水取成都,臧熹从中水取广汉,老弱乘高舰十馀,从内水向黄虎。"于是诸军倍道兼行。谯纵果命谯道福将重兵镇涪城,以备内水。

龄石至平模,去成都二百里;纵遣秦州刺史侯晖、尚书仆射谯诜帅众万馀屯平模,夹岸筑城以拒之。龄石谓刘锺曰:"今天时盛热,而贼严兵固险,攻之未必可拔,只增疲困;且欲养锐息兵以伺其隙,何如?"锺曰:"不然。前扬声言大众向内水,谯道福不敢舍涪城。今重军猝至,出其不意,侯晖之徒已破胆矣。贼阻兵守险者,是其惧不敢战也。因其凶惧,尽锐攻之,其势必克。克平模之后,自可鼓行而进,成都必不能守矣。若缓兵相守,彼将知人虚实。涪军忽来,并力拒我,人情既安,良将又集,此求战不获,军食无资,二万馀人悉为蜀子虏矣。"龄石从之。

诸将以水北城地险兵多,欲先攻其南城,龄石曰:"今屠南城,不足以破北,若尽锐以拔北城,则南城不麾自散矣。"秋,七月,龄石帅诸军急攻北城,克之,斩侯晖、谯诜;引兵回趣南城,南城自溃。龄石舍船步进;谯纵大将谯抚之屯牛脾,谯小苟塞打鼻。臧熹击抚之,斩之,小苟闻之,亦溃。于是纵诸营屯望风相次奔溃。

戊辰,纵弃成都出走,尚书令马耽封府库以待晋师。壬申,龄石入成都,诛纵同祖之亲,馀皆按堵,使复其业。纵出成都,先辞墓,其女曰:"走必不免,只取辱焉,等死,死于先人之墓可也。"纵不从。谯道福闻平模不守,自涪引兵入赴,纵往投之。道福见纵,怒曰:"大丈夫有如此功业而弃之,将安归乎! 人谁不死,何怯之甚也!"因投纵以剑,中其马鞍。纵乃去,自缢死,巴西人王志斩其首以送龄石。道福谓其众曰:"蜀之存亡,实系于我,不在谯王,今我在,犹足一战。"众皆许诺;道福尽散金帛以赐众,众受之而走。道福逃于獠中,巴民杜瑾执送之,斩于军门。龄石徙马耽于越巂,耽谓其徒曰:"朱侯不送我京师,欲灭口也,吾必不免。"乃盥洗而卧,引绳而死。须臾,龄石使至,戮其尸。诏以龄石进监梁、秦州六郡诸军事,赐爵丰城县侯。

14　魏奚斤等破越勤于跋那山西,徙二万馀家于大宁。

15　河西胡曹龙等拥部众二万人来入蒲子,张外降之,推龙为大单于。

16　丙戌,魏主嗣如定襄大洛城。

17　河南王炽磐击吐谷浑支旁于长柳川,虏旁及其民五千馀户而还。

18　八月癸卯,魏主嗣还平城。

19　曹龙请降于魏,执送张外,斩之。

20　丁丑,魏主嗣如豺山宫;癸未,还。

21　九月,再命太尉裕为太傅、扬州牧;固辞。

22　河南王炽磐击吐谷浑别统掘达于渴浑川,大破之,虏男女二万三千。冬,十月,掘达帅其馀众降于炽磐。

23　吐京胡与离石胡出以眷叛魏,魏主嗣命元城侯屈督会稽公刘絜、永安侯魏勤以讨之。丁巳,出以眷引夏兵邀击絜,禽之以献于夏;勤战死。嗣以屈亡二将,欲诛之;既而赦之,使摄并州刺史。屈到州,纵酒废事,嗣积其前后罪恶,槛车征还,斩之。

24　十一月,魏主嗣遣使请昏于秦,秦王兴许之。

25　是岁,以敦煌索邈为梁州刺史,苻宣乃还仇池。初,邈寓居汉川,与别驾姜显有隙,凡十五年而邈镇汉川,显乃肉袒迎候,邈无愠色,待之弥厚。退而谓人曰:"我昔寓此,失志多年,若仇姜显,惧者不少。但服之自佳,何必逞志!"于是阖境闻之皆悦。

十年(甲寅,414)

1　春,正月辛酉,魏大赦,改元神瑞。
辛巳,魏主嗣如繁畤;二月戊戌,还平城。

2　夏王勃勃侵魏河东蒲子。

3　庚戌,魏主嗣如豺山宫。

4　魏并州刺史娄伏连袭杀夏所置吐京护军及其守兵。

5　司马休之在江陵,颇得江、汉民心。子谯王文思在建康,性凶暴,好通轻侠;太尉裕恶之。三月,有司奏文思擅捶杀国吏,诏诛其党而宥文思。休之上疏谢罪,请解所任,不许。裕执文思送休之,令自训厉,意欲休之杀之;休之但表废文思,并与裕书陈谢。裕由是不悦,以江州刺史孟怀玉兼督豫州六郡以备之。

6　夏,五月辛酉,魏主嗣还平城。

7　秦后将军敛成讨叛羌,为羌所败,惧罪,出奔夏。

8　秦王兴有疾。妖贼李弘与氐仇常反于贰城,兴舆疾往讨之,斩常,执弘而还。

9　秦左将军姚文宗有宠于太子泓,广平公弼恶之,诬文宗有怨言;秦王兴怒,赐文宗死,于是群臣畏弼侧目。弼言于兴,无不从者;以所亲天水尹冲为给事黄门侍郎,唐盛为治书侍御史,兴左右掌机要者,皆其党也。右仆射梁喜、侍中任谦、京兆尹尹昭承间言于兴曰:"父子之际,人所难言;然君臣之义,不薄于父子,故臣等不得默然。广平公弼,潜有夺嫡之志,陛下宠之太过,假其威权;倾险无赖之徒辐凑附之。道路皆言陛下将有废立之计,信有之乎?"兴曰:"岂有此邪!"喜等曰:"苟无之,则陛下爱弼,适所以祸之;愿去其左右,损其威权,如此,非特安弼,乃所以安宗庙、社稷。"兴不应。大司农窦温、司徒左长史王弼皆密疏劝兴立弼为太子,兴虽不从,亦不责也。

兴疾笃,弼潜聚众数千人,谋作乱。姚裕遣使以弼逆状告诸兄在藩镇者,于是姚懿治兵于蒲阪,镇东将军、豫州牧洸治兵于洛阳,平西将军谌治兵于雍,皆欲赴长安讨弼。会兴疾瘳,见群臣,征虏将军刘羌泣以告兴。梁喜、尹昭请诛弼,且曰:"苟陛下不忍杀弼,亦当夺其权任。"兴不得已,免弼尚书令,使以将军、公还第。懿等各罢兵。

懿、洸、谌与姚宣皆入朝,使裕入白兴,求见,兴曰:"汝等正欲论弼事耳,吾已知之。"裕曰:"弼苟有可论,陛下所宜垂听;若懿等言非是,便当置之刑辟,奈何逆拒之!"于是引见懿等于谘议堂。宣流涕极言,兴曰:"吾自处之,非汝曹所忧。"抚军东曹属姜虬上疏曰:"广平公弼,衅成逆著,道路皆知之。昔文王之化,刑于寡妻;今圣朝之乱,起自爱子,虽欲含忍掩蔽,而逆党扇惑不已,弼之乱心何由可革!宜斥散凶徒,以绝祸端。"兴以虬表示梁喜曰:"天下人皆以吾儿为口实,将何以处之?"喜曰:"信如虬言,陛下宜早裁决。"兴默然。

10 唾契汗、乙弗等部皆叛南凉,南凉王傉檀欲讨之。邯川护军孟恺谏曰:"今连年饥馑,南逼炽磐,北逼蒙逊,百姓不安。远征虽克,必有后患;不如与炽磐结盟通籴,慰抚杂部,足食缮兵,俟时而动。"傉檀不从,谓太子虎台曰:"蒙逊近去,不能猝来;且夕所虑,唯在炽磐。然炽磐兵少易御,汝谨守乐都,吾不过一月必还矣。"乃帅骑七千袭乙弗,大破之,获马牛羊四十餘万。

河南王炽磐闻之,欲袭乐都,群臣咸以为不可。太府主簿焦袭曰:"傉檀不顾近患而贪远利,我今伐之,绝其西路,使不得还救,则虎台独守穷城,可坐禽也。此天亡之时,必不可失。"炽磐从之,帅步骑二万袭乐都。虎台凭城拒守,炽磐四面攻之。

南凉抚军从事中郎尉肃言于虎台曰:"外城广大难守,殿下不若聚国人守内城,肃等帅晋人拒战于外,虽有不捷,犹足自存。"虎台曰:"炽磐小贼,且夕当走,卿何过虑之深!"虎台疑晋人有异心,悉召豪望有谋勇者闭之于内。孟恺泣曰:"炽磐乘虚内侮,国家危于累卵。恺等进欲报恩,退顾妻子,人思效死,而殿下乃疑之如是邪!"虎台曰:"吾岂不知君之忠笃,惧馀人脱生虑表,以君等安之耳。"

一夕,城溃,炽磐入乐都,遣平远将军捷虑帅骑五千追僇檀,以镇南将军谦屯为都督河右诸军事、凉州刺史,镇乐都;秃发赴单为西平太守,镇西平;以赵恢为广武太守,镇广武;曜武将军王基为晋兴太守,镇浩亹,徙虎台及其文武百姓万馀户于枹罕。赴单,乌孤之子也。

11 河间人褚匡言于燕王跋曰:"陛下龙飞辽、碣,旧邦族党,倾首朝阳,以日为岁,请往迎之。"跋曰:"道路数千里,复隔异国,如何可致?"匡曰:"章武临海,舟楫可通,出于辽西临渝,不为难也。"跋许之,以匡为游击将军、中书侍郎,厚资遣之。匡与跋从兄买、从弟睹自长乐帅五千馀户归于和龙,契丹、库莫奚皆降于燕。跋署其大人为归善王。跋弟丕避乱在高句丽,跋召之,以为左仆射,封常山公。

12 柔然可汗斛律将嫁女于燕,斛律兄子步鹿真谓斛律曰:"幼女远嫁忧思,请以大臣树黎等女为媵。"斛律不许。步鹿真出,谓树黎等曰:"斛律欲以汝女为媵,远适他国。"树黎恐,与步鹿真谋使勇士夜伏于斛律穹庐之后,伺其出而执之,与女皆送于燕,立步鹿真为可汗而相之。

初,社仑之徙高车也,高车人叱洛侯为之乡导以并诸部,社仑德之,以为大人。步鹿真与社仑之子社拔共至叱洛侯家,淫其少妻,妻告步鹿真曰:"叱洛侯欲奉大檀为主。"大檀者,社仑季父仆浑之子也,领别部镇西境,素得众心。步鹿真归而发兵围叱洛侯,叱洛侯自杀。遂引兵袭大檀,大檀逆击,破之,执步鹿真及社拔,杀之,自立为可汗,号牟汗纥升盖可汗。

斛律至和龙,燕王跋赐斛律爵上谷侯,馆之辽东,待以客礼,纳其女为昭仪。斛律上书请还其国,跋曰:"今弃国万里,又无内应,若以重兵相送,则馈运难继,兵少则不足成功,如何可还?"斛律固请,曰:"不烦重兵,愿给三百骑,送至敕勒,国人必欣然来迎。"跋乃遣单于前辅万陵帅骑三百送之。陵惮远役,至黑山,杀斛律而还。大檀亦遣使献马三千匹、羊万口于燕。

13 六月,泰山太守刘研等帅流民七千馀家、河西胡酋刘遮等帅部落万馀家,皆降于魏。

14 戊申,魏主嗣如豹山宫;丁亥,还平城。

15 乐都之溃也,南凉安西将军樊尼自西平奔告南凉王傉檀,傉檀谓其众曰:"今妻子皆为炽磐所虏,退无所归,卿等能与吾藉乙弗之资,取契汗以赎妻子乎?"乃引兵西;众多逃还,傉檀遣镇北将军段苟追之,苟亦不还。于是将士皆散,唯樊尼与中军将军纥勃、后军将军洛肱、散骑侍郎阴利鹿不去,傉檀曰:"蒙逊、炽磐昔皆委质于吾,今而归去,不亦鄙乎! 四海之广,无所容身,何其痛也! 与其聚而同死,不若分而或全。樊尼,吾长兄之子,宗部所寄;吾众在北者户垂一万,蒙逊方招怀士民,存亡继绝,汝其从之;纥勃、洛肱亦与尼俱行。吾年老矣,所适不容,宁见妻子而死!"遂归于炽磐,唯阴利鹿随之。傉檀谓利鹿曰:"吾亲属皆散,卿何独留?"利鹿曰:"臣老母在家,非不思归;然委质为臣,忠孝之道,难以两全。臣不才,不能为陛下泣血求救于邻国,敢离左右乎!"傉檀叹曰:"知人固未易。大臣亲戚皆弃我去,今日忠义终始不亏者,唯卿一人而已!"

傉檀诸城皆降于炽磐,独尉贤政屯浩亹,固守不下。炽磐遣人谓之曰:"乐都已溃,卿妻子皆在吾所,独守一城,将何为也?"贤政曰:"受凉王厚恩,为国藩屏。虽知乐都已陷,妻子为禽,先归获赏,后顺受诛;然不知主上存亡,未敢归命;妻子小事,岂足动心! 若贪一时之利,忘委付之重者,大王亦安用之!"炽磐乃遣虎台以手书谕之,贤政曰:"汝为储副,不能尽节,面缚于人,弃父忘君,堕万世之业,贤政义士,岂效汝乎!"闻傉檀至左南,乃降。

炽磐闻傉檀至,遣使郊迎,待以上宾之礼。秋,七月,炽磐以傉檀为骠骑大将军,赐爵左南公,南凉文武,依才铨叙。岁馀,炽磐使人鸩傉檀;左右请解之,傉檀曰:"吾病岂宜疗邪!"遂死,谥曰景王。虎台亦为炽磐所杀。傉檀子保周、贺,俱延子覆龙,利鹿孤孙副周,乌孤孙承钵,皆奔河西王蒙逊,久之,又奔魏。魏以保周为张掖王,覆龙为酒泉公,贺西平公,副周永平公,承钵昌松公。魏主嗣爱贺之才,谓曰:"卿之先与朕同源,赐姓源氏。"

16 八月戊子,魏主嗣遣马邑侯陋孙使于秦,辛丑,遣谒者于什门使于燕,悦力延使于柔然。于什门至和龙,不肯入见,曰:"大魏皇帝有诏,须冯王出受,然后敢入。"燕王跋使人牵逼令入;什门见跋不拜,跋使人按其项,什门曰:"冯王拜受诏,吾自以宾主致敬,何苦见逼邪!"跋怒,留什门不遣,什门数众辱之。左右请杀之,跋曰:"彼各为其主耳。"乃幽执什门,欲降之,什门终不降,久之,衣冠弊坏略尽,虮虱流溢;跋遗之衣冠,什门皆不受。

17　魏主嗣以博士王谅为平南参军,使以平南将军、相州刺史尉太真书与太尉裕相闻。太真,古真之弟也。

18　九月丁巳朔,日有食之。

19　冬,十月,河南王炽磐复称秦王,置百官。

20　燕主跋与夏连和,夏王勃勃遣御史中丞乌洛孤如燕莅盟。

21　十一月壬午,魏主嗣遣使者巡行诸州,校阅守宰资财,非家所赍,悉簿为赃。

22　西秦王炽磐立妃秃发氏为后。

23　十二月丙戌朔,柔然可汗大檀侵魏;丙申,魏主嗣北击之。大檀走,遣奚斤等追之,遇大雪,士卒冻死及堕指者什二三。

24　河内人司马顺宰自称晋王,魏人讨之,不克。

25　燕辽西公素弗卒,燕王跋比葬七临之。

26　是岁,司马国璠兄弟聚众数百潜渡淮,夜入广陵城。青州刺史檀祗领广陵相,国璠兵直上听事,祗惊出,将御之,被射伤而入,谓左右曰:"贼乘暗得入,欲掩我不备;但击五鼓,彼惧晓,必走矣。"左右如其言,国璠兵果走。

27　魏博士祭酒崔浩为魏主嗣讲易及洪范,嗣因问浩天文、术数;浩占决多验,由是有宠,凡军国密谋皆预之。

28　夏王勃勃立夫人梁氏为王后,子璝为太子;封子延为阳平公,昌为太原公,伦为酒泉公,定为平原公,满为河南公,安为中山公。

资治通鉴卷第一百一十七

晋纪三十九

安皇帝壬

义熙十一年（乙卯，415）

1 春，正月丙辰，魏主嗣还平城。

2 太尉裕收司马休之次子文宝、兄子文祖，并赐死；发兵击之。诏加裕黄钺，领荆州刺史。庚午，大赦。

3 丁丑，以吏部尚书谢裕为尚书左仆射。

4 辛巳，太尉裕发建康。以中军将军刘道怜监留府事，刘穆之兼右仆射；事无大小，皆决于穆之。又以高阳内史刘钟领石头戍事，屯冶亭。休之府司马张裕、南平太守檀范之闻之，皆逃归建康。裕，邵之兄也。雍州刺史鲁宗之自疑不为太尉裕所容，与其子竟陵太守轨起兵应休之。二月，休之上表罪状裕，勒兵拒之。

裕密书招休之府录事参军南阳韩延之，延之复书曰："承亲帅戎马，远履西畿，阖境士庶，莫不惶骇。辱疏，知以谯王前事，良增叹息。司马平西体国忠贞，款怀待物。以公有匡复之勋，家国蒙赖，推德委诚，每事询仰。谯王往以微事见劾，犹自表逊位；况以大过，而当嘿然邪！前已表奏废之，所不尽者命耳。推寄相与，正当如此；而遽兴兵甲，所谓'欲加之罪，其无辞乎！'刘裕足下，海内之人，谁不见足下此心，而复欲欺诳国士！来示云'处怀期物，自有由来'，今伐人之君，啖人以利，真可谓'处怀期物，自有由来'者乎！刘藩死于阊阖之门，诸葛毙于左右之手；甘言诧方伯，袭之以轻兵；遂使席上靡款怀之士，阃外无自信诸侯，以是为得算，良可耻也！贵府将佐及朝廷贤德，寄命过日。吾诚鄙劣，尝闻道于君子，以平西之至德，宁可无授命之臣乎！必未能自投虎口，比迹郗僧施之徒明矣。假令天长丧乱，九流浑浊，当与臧洪游于地下，不复多言。"裕视书叹息，以示将佐曰："事人当如此矣！"延之以裕父名翘，字显宗，乃更其字曰显宗，名其子曰翘，以示不臣刘氏。

5　琅邪太守刘朗帅二千馀家降魏。

6　庚子，河西胡刘云等帅数万户降魏。

7　太尉裕使参军檀道济、朱超石将步骑出襄阳。超石，龄石之弟也。江夏太守刘虔之将兵屯三连，立桥聚粮以待，道济等积日不至。鲁轨袭击虔之，杀之。裕使其婿振威将军东海徐逵之统参军蒯恩、王允之、沈渊子为前锋，出江夏口。逵之等与鲁轨战于破冢，兵败，逵之、允之、渊子皆死，独蒯恩勒兵不动。轨乘胜力攻之，不能克，乃退。渊子，林子之兄也。

裕军于马头，闻逵之死，怒甚；三月壬午，帅诸将济江。鲁轨、司马文思将休之兵四万，临峭岸置陈，军士无能登者。裕自被甲欲登，诸将谏，不从，怒愈甚。太尉主簿谢晦前抱持裕，裕抽剑指晦曰："我斩卿！"晦曰："天下可无晦，不可无公！"建武将军胡藩领游兵在江津，裕呼藩使登，藩有疑色。裕命左右录来，欲斩之。藩顾曰："正欲击贼，不得奉教！"乃以刀头穿岸，劣容足指，腾之而上；随之者稍多。既登岸，直前力战。休之兵不能当，稍引却。裕兵因而乘之，休之兵大溃，遂克江陵。休之、宗之俱北走，轨留石城。裕命阆中侯下邳赵伦之、太尉参军沈林子攻之；遣武陵内史王镇恶以舟师追休之等。

有群盗数百夜袭冶亭，京师震骇；刘锺讨平之。

8　秦广平公弼潜姚宣于秦王兴，宣司马权丕至长安，兴责以不能辅导，将诛之；丕惧，诬宣罪恶以求自免。兴怒，遣使就杏城收宣下狱，命弼将三万人镇秦州。尹昭曰："广平公与皇太子不平，今握强兵于外，陛下一旦不讳，社稷必危。'小不忍，乱大谋'，陛下之谓也。"兴不从。

9　夏王勃勃攻秦杏城，拔之，执守将姚逵，坑士卒二万人。秦王兴如北地，遣广平公弼及辅国将军敛曼嵬向新平，兴还长安。

10　河西王蒙逊攻西秦广武郡，拔之。西秦王炽磐遣将军乞伏魋尼寅邀蒙逊于浩亹，蒙逊击斩之；又遣将军折斐等帅骑一万据勒姐岭，蒙逊击禽之。

11　河西饥胡相聚于上党，推胡人白亚栗斯为单于，改元建平。以司马顺宰为谋主，寇魏河内。夏，四月，魏主嗣命公孙表等五将讨之。

12　青、冀二州刺史刘敬宣参军司马道赐，宗室之疏属也。闻太尉裕攻司马休之，道赐与同府辟间道秀、左右小将王猛子谋杀敬宣，据广固以应休之。乙卯，敬宣召道秀，屏人语，左右悉出户。猛子逡巡在后，取敬宣备身刀杀敬宣。文武佐吏即时讨道赐等，皆斩之。

13　己卯，魏主嗣北巡。

14　西秦王炽磐子元基自长安逃归,炽磐以为尚书左仆射。

15　五月丁亥,魏主嗣如大宁。

16　赵伦之、沈林子破鲁轨于石城,司马休之、鲁宗之救之不及,遂与轨奔襄阳,宗之参军李应之闭门不纳。甲午,休之、宗之、轨及谯王文思、新蔡王道赐、梁州刺史马敬、南阳太守鲁范俱奔秦。宗之素得士民心,争为之卫送出境。王镇恶等追之,尽境而还。

初,休之等求救于秦、魏,秦征虏将军姚成王及司马国璠引兵至南阳,魏长孙嵩至河东,闻休之等败,皆引还。休之至长安,秦王兴以为扬州刺史,使侵扰襄阳。侍御史唐盛言于兴曰:"据符谶之文,司马氏当复得河、洛。今使休之擅兵于外,犹纵鱼于渊也;不如以高爵厚礼,留之京师。"兴曰:"昔文王卒免羑里,高祖不毙鸿门,苟天命所在,谁能违之!脱如符谶之言,留之适足为害。"遂遣之。

17　诏加太尉裕太傅、扬州牧,剑履上殿,入朝不趋,赞拜不名。以兖、青二州刺史刘道怜为都督荆湘益秦宁梁雍七州诸军事、骠骑将军、荆州刺史。道怜贪鄙,无才能,裕以中军长史晋陵太守谢方明为骠骑长史、南郡相,道怜府中众事皆谘决于方明。方明,冲之子也。

18　益州刺史朱龄石遣使诣河西王蒙逊,谕以朝廷威德。蒙逊遣舍人黄迅诣龄石,且上表言:"伏闻车骑将军裕欲清中原,愿为右翼,驱除戎虏。"

19　夏王勃勃遣御史中丞乌洛孤与蒙逊结盟,蒙逊遣其弟湟河太守汉平莅盟于夏。

20　西秦王炽磐率众三万袭湟河,沮渠汉平拒之,遣司马隗仁夜出击炽磐,破之。炽磐将引去,汉平长史焦昶、将军段景潜召炽磐,炽磐复攻之;昶、景因说汉平出降。仁勒壮士百馀据南门楼,三日不下,力屈,为炽磐所禽。炽磐欲斩之,散骑常侍武威段晖谏曰:"仁临难不畏死,忠臣也,宜宥之以厉事君。"乃因之。炽磐以左卫将军匹达为湟河太守,击乙弗窟乾,降其三千馀户而归。以尚书右仆射出连虔为都督岭北诸军事、凉州刺史;以凉州刺史谦屯为镇军大将军、河州牧。隗仁在西秦五年,段晖又为之请,炽磐免之,使还姑臧。

21　戊午,魏主嗣行如濡源,遂至上谷、涿鹿、广宁;秋,七月癸未,还平城。

22　西秦王炽磐以秦州刺史昙达为尚书令,光禄勋王松寿为秦州刺史。

23 辛亥晦,日有食之。

24 八月甲子,太尉裕还建康,固辞太傅、州牧,其馀受命。以豫章公世子义符为兖州刺史。

25 丁未,谢裕卒;以刘穆之为左仆射。

26 九月己亥,大赦。

27 魏比岁霜旱,云、代之民多饥死。太史令王亮、苏坦言于魏主嗣曰:"按谶书,魏当都邺,可得丰乐。"嗣以问群臣,博士祭酒崔浩、特进京兆周澹曰:"迁都于邺,可以救今年之饥,非久长之计也。山东之人,以国家居广汉之地,谓其民畜无涯,号曰'牛毛之众'。今留兵守旧都,分家南徙,不能满诸州之地,参居郡县,情见事露,恐四方皆有轻侮之心;且百姓不便水土,疾疫死伤者必多。又,旧都守兵既少,屈丐、柔然将有窥窬之心,举国而来,云中、平城必危,朝廷隔恒、代千里之险,难以赴救,此则声实俱损。今居北方,假令山东有变,我轻骑南下,布濩林薄之间,孰能知其多少!百姓望尘慑服,此国家所以威制诸夏也。来春草生,湩酪将出,兼以菜果,得及秋熟,则事济矣。"嗣曰:"今仓廪空竭,既无以待来秋,若来秋又饥,将若之何?"对曰:"宜简饥贫之户,使就食山东;若来秋复饥,当更图之,但方今不可迁都耳。"嗣悦曰:"唯二人与朕意同。"乃简国人尤贫者诣山东三州就食,遣左部尚书代人周幾帅众镇鲁口以安集之。嗣躬耕藉田,且命有司劝课农桑;明年,大熟,民遂富安。

28 夏赫连建将兵击秦,执平凉太守姚军都,遂入新平。广平公弼与战于龙尾堡,禽之。

29 秦王兴药动。广平公弼称疾不朝,聚兵于第。兴闻之,怒,收弼党唐盛、孙玄等,杀之。太子泓请曰:"臣不肖,不能缉谐兄弟,使至于此,皆臣之罪也。若臣死而国家安,愿赐臣死;若陛下不忍杀臣,乞退就藩。"兴恻然悯之,召姚赞、梁喜、尹昭、敛曼嵬与之谋,囚弼,将杀之,穷治党与;泓流涕固请,乃并其党赦之。泓待弼如初,无忿恨之色。

30 魏太史奏:"荧惑在匏瓜中,忽亡不知所在,于法当入危亡之国,先为童谣妖言,然后行其祸罚。"魏主嗣召名儒十馀人使与太史议荧惑所诣。崔浩对曰:"按春秋左氏传'神降于莘',以其至之日推知其物。庚午之夕,辛未之朝,天有阴云;荧惑之亡,当在二日。庚之与午,皆主于秦;辛为西夷。今姚兴据长安,荧惑必入秦矣。"众皆怒曰:"天上失星,人间安知所诣!"浩笑而不应。后八十馀日,荧惑出东井,留守句己,久之乃去。秦大旱,昆明池竭,童谣讹言,国人不安,间一岁而秦亡。众乃服浩之精妙。

31 冬,十月壬子,秦王兴使散骑常侍姚敞等送其女西平公主于魏,魏主嗣以后礼纳之;铸金人不成,乃以为夫人,而宠遇甚厚。

32 辛酉,魏主嗣如沮洳城;癸亥,还平城。十一月丁亥,复如豺山宫;庚子,还。

33 西秦王炽磐遣襄武侯昙达等将骑一万击南羌弥姐、康薄于赤水,降之;以王孟保为略阳太守,镇赤水。

34 燕尚书令孙护之弟伯仁为昌黎尹,与其弟叱支乙拔皆有才勇,从燕王跋起兵有功,求开府不得,有怨言,跋皆杀之。进护开府仪同三司、录尚书事,以慰其心,护怏怏不悦,跋鸩杀之。辽东太守务银提自以有功,出为边郡,怨望,谋外叛,跋亦杀之。

35 林邑寇交州,州将击败之。

十二年(丙辰,416)

1 春,正月甲申,魏主嗣如豺山宫;戊子,还平城。

2 加太尉裕兖州刺史、都督南秦州,凡都督二十二州;以世子义符为豫州刺史。

3 秦王兴使鲁宗之将兵寇襄阳,未至而卒。其子轨引兵入寇,雍州刺史赵伦之击败之。

4 西秦王炽磐攻秦洮阳公彭利和于漒川,沮渠蒙逊攻石泉以救之。炽磐至沓中,引还。二月,炽磐遣襄武侯昙达救石泉,蒙逊亦引去。蒙逊遂与炽磐结和亲。

5 秦王兴如华阴,使太子泓监国,入居西宫。兴疾笃,还长安。黄门侍郎尹冲谋因泓出迎而杀之。兴至,泓将出迎,宫臣谏曰:"主上疾笃,奸臣在侧,殿下今出,进不得见主上,退有不测之祸。"泓曰:"臣子闻君父疾笃而端居不出,何以自安!"对曰:"全身以安社稷,孝之大者也。"泓乃止。尚书姚沙弥谓尹冲曰:"太子不出迎,宜奉乘舆幸广平公第;宿卫将士闻乘舆所在,自当来集,太子谁与守乎!且吾属以广平公之故,已陷名逆节,将何所自容!今奉乘舆以举事,乃杖大顺,不惟救广平之祸,吾属前罪亦尽雪矣。"冲以兴死生未可知,欲随兴入宫作乱,不用沙弥之言。

兴入宫,命太子泓录尚书事,东平公绍及右卫将军胡翼度典兵禁中,防制内外。遣殿中上将军敛曼嵬收弼第中甲仗,内之武库。

兴疾转笃,其妹南安长公主问疾,不应。幼子耕儿出,告其兄南阳公愔曰:"上已崩矣,宜速决计。"愔即与尹冲帅甲士攻端门,敛曼嵬、胡翼度等勒兵闭门拒战。愔等遣壮士登门,缘屋而入,及于马道。泓侍疾在谘议堂,太子右卫率姚和都率东宫兵入屯马道南。愔等不得进,遂烧端门,兴力疾临前殿,赐弼死。禁兵见兴,喜跃,争进赴贼,贼众惊扰;和都以东宫兵自后击之,愔等大败。愔逃于骊山,其党建康公吕隆奔雍,尹冲及弟泓来奔。兴引东平公绍及姚赞、梁喜、尹昭、敛曼嵬入内寝,受遗诏辅政。明日,兴卒。泓秘不发丧,捕南阳公愔及吕隆、大将军尹元等,皆诛之,乃发丧,即皇帝位,大赦,改元永和。泓命齐公恢杀安定太守吕超。恢犹豫久之,乃杀之。泓疑恢有贰心,恢由是惧,阴聚兵谋作乱。泓葬兴于偶陵,谥曰文桓皇帝,庙号高祖。

初,兴徙李闰羌三千户于安定。兴卒,羌酋党容叛,泓遣抚军将军姚赞讨降之,徙其酋豪于长安,馀遣还李闰。北地太守毛雍据赵氏坞以叛,东平公绍讨禽之。时姚宣镇李闰,参军韦宗闻毛雍叛,说宣曰:"主上新立,威德未著,国家之难,未可量也,殿下不可不为深虑。邢望险要,宜徙据之,此霸王之资也。"宣从之,帅户三万八千,弃李闰,南保邢望。诸羌据李闰以叛,东平公绍进讨,破之。宣诣绍归罪,绍杀之。

6 二月,加太尉裕中外大都督。裕戒严将伐秦,诏加裕领司、豫二州刺史,以其世子义符为徐、兖二州刺史。琅邪王德文请启行戎路,修敬山陵;诏许之。

7 夏,四月壬子,魏大赦,改元泰常。

8 西秦襄武侯昙达等击秦秦州刺史姚艾于上邽,破之,徙其民五千馀户于枹罕。

9 五月癸巳,加太尉裕领北雍州刺史。

10 六月丁巳,魏主嗣北巡。

11 并州胡数万落叛秦,入于平阳,推匈奴曹弘为大单于,攻立义将军姚成都于匈奴堡。征东将军姚懿自蒲坂讨之,执弘,送长安,徙其豪右万五千落于雍州。

12 氐王杨盛攻秦祁山,拔之,进逼秦州。秦后将军姚平救之;盛引兵退,平与上邽守将姚嵩追之。夏王勃勃帅骑四万袭上邽,未至,嵩与盛战于竹岭,败死。勃勃攻上邽,二旬,克之,杀秦州刺史姚军都及将士五千馀人,因毁其城;进攻阴密,又杀秦将姚良子及将士万馀人;以其子昌为雍州刺史,镇阴密。征北将军姚恢弃安定,奔还长安,安定人胡俨等帅户五万据城降于夏。勃勃使镇东将军羊苟儿将鲜卑五千镇安定,进攻秦镇西

将军姚谌于雍城,谌委镇奔长安。勃勃据雍,进掠郿城。秦东平公绍及征
虏将军尹昭等将步骑五万击之,勃勃退趋安定,胡俨闭门拒之,杀羊苟儿
及所将鲜卑,复以安定降秦。绍进击勃勃于马鞍阪,破之,追至朝那,不及
而还。勃勃归杏城。杨盛复遣兄子倦击秦,至陈仓,秦敛曼嵬击却之。夏
王勃勃复遣兄子提南侵泄阳,秦车骑将军姚裕等击却之。

　　13　凉司马索承明上书劝凉公暠伐河西王蒙逊,暠引见,谓之曰:
"蒙逊为百姓患,孤岂忘之! 顾势力未能除耳。卿有必禽之策,当为孤陈
之;直唱大言,使孤东讨,此与言'石虎小竖,宜肆诸市朝'者何异!"承明
惭惧而退。

　　14　秋,七月,魏主嗣大猎于牛川,临殷繁水而还;戊戌,至平城。

　　15　八月丙午,大赦。

　　16　宁州献琥珀枕于太尉裕。裕以琥珀治金创,得之大喜,命碎捣分
赐北征将士。

　　裕以世子义符为中军将军,监太尉留府事。刘穆之为左仆射,领监
军、中军二府军司,入居东府,总摄内外;以太尉左司马东海徐羡之为穆之
之副;左将军朱龄石守卫殿省,徐州刺史刘怀慎守卫京师,扬州别驾从事
史张裕任留州事。怀慎,怀敬之弟也。

　　刘穆之内总朝政,外供军旅,决断如流,事无拥滞。宾客辐凑,求诉百
端,内外谘禀,盈阶满室;目览辞讼,手答笺书,耳行听受,口并酬应,不相
参涉,悉皆赡举。又喜宾客,言谈赏笑,弥日无倦。裁有闲暇,手自写书,
寻览校定。性奢豪,食必方丈,旦辄为十人馔,未尝独餐。尝白裕曰:"穆
之家本贫贱,赡生多阙。自叨忝以来,虽每存约损,而朝夕所须,微为过
丰,自此外一毫不以负公。"中军谘议参军张邵言于裕曰:"人生危脆,必
当远虑。穆之若邂逅不幸,谁可代之? 尊业如此,苟有不讳,处分云何?"
裕曰:"此自委穆之及卿耳。"

　　丁巳,裕发建康,遣龙骧将军王镇恶、冠军将军檀道济将步军自淮、泗
向许、洛,新野太守朱超石、宁朔将军胡藩趋阳城,振武将军沈田子、建威
将军傅弘之趋武关,建武将军沈林子、彭城内史刘遵考将水军出石门,自
汴入河,以冀州刺史王仲德督前锋诸军,开钜野入河。遵考,裕之族弟也。
刘穆之谓王镇恶曰:"公今委卿以伐秦之任,卿其勉之!"镇恶曰:"吾不克
关中,誓不复济江!"

　　裕既行,青州刺史檀祗自广陵辄率众至涂中掩讨亡命。刘穆之恐祗
为变,议欲遣军。时檀韶为江州刺史,张邵曰:"今韶据中流,道济为军

首,若有相疑之迹,则大府立危,不如逆遣慰劳以观其意,必无患也。"穆
之乃止。

17　初,魏主嗣使公孙表讨白亚栗斯,曰:"必先与秦洛阳戍将相闻,
使备河南岸,然后击之。"表未至,胡人废白亚栗斯,更立刘虎为率善王。
表以胡人内自携贰,势必败散,遂不告秦将而击之,大为虎所败,士卒死伤
甚众。

嗣谋于群臣曰:"胡叛逾年,讨之不克,其众繁多,为患日深。今盛秋
不可复发兵,妨民农务,将若之何?"白马侯崔宏曰:"胡众虽多,无健将御
之,终不能成大患。表等诸军,不为不足,但法令不整,处分失宜,以致败
耳。得大将素有威望者将数百骑往摄表军,无不克矣。相州刺史叔孙建
前在并州,为胡、魏所畏服,诸将莫及,可遣也。"嗣从之,以建为中领军,
督表等讨虎。九月戊午,大破之,斩首万馀级,虎及司马顺宰皆死,俘其众
十万馀口。

18　太尉裕至彭城,加领徐州刺史;以太原王玄谟为从事史。

初,王廞之败也,沙门昙永匿其幼子华,使提衣襆自随。津逻疑之。
昙永呵华曰:"奴子何不速行!"棰之数十,由是得免;遇赦,还吴。以其父
存亡不测,布衣蔬食,绝交游不仕,十馀年。裕闻华贤,欲用之,乃发廞丧,
使华制服。服阕,辟为徐州主簿。

王镇恶、檀道济入秦境,所向皆捷。秦将王苟生以漆丘降镇恶,徐州
刺史姚掌以项城降道济,诸屯守皆望风款附。惟新蔡太守董遵不下,道济
攻拔其城,执遵,杀之。进克许昌,获秦颍川太守姚垣及大将杨业。沈林
子自汴入河,襄邑人董神虎聚众千馀人来降,太尉裕版为参军。林子与神
虎共攻仓垣,克之,秦兖州刺史韦华降。神虎擅还襄邑,林子杀之。

秦东平公绍言于秦主泓曰:"晋兵已过许昌;安定孤远,难以救卫,宜
迁其镇户,内实京畿,可得精兵十万,虽晋、夏交侵,犹不亡国。不然,晋攻
豫州,夏攻安定,将若之何? 事机已至,宜在速决。"左仆射梁喜曰:"齐公
恢有威名,为岭北所惮,镇人已与勃勃深仇,理应守死无贰。勃勃终不能
越安定远寇京畿;若无安定,虏马必至于郿。今关中兵足以拒晋,无为豫
自损削也。"泓从之。吏部郎懿横密言于泓曰:"恢于广平之难,有忠勋于
陛下。自陛下龙飞绍统,未有殊赏以答其意。今外则置之死地,内则不豫
朝权,安定人自以孤危逼寇,思南迁者十室而九,若恢拥精兵数万,鼓行而
向京师,得不为社稷之累乎! 宜征还朝廷以慰其心。"泓曰:"恢若怀不逞
之心,征之适所以速祸耳。"又不从。

　　王仲德水军入河,将逼滑台。魏兖州刺史尉建畏懦,帅众弃城,北渡河。仲德入滑台,宣言曰:"晋本欲以布帛七万匹假道于魏,不谓魏之守将弃城遽去。"魏主嗣闻之,遣叔孙建、公孙表自河内向枋头,因引兵济河,斩尉建于城下,投尸于河。呼仲德军人,问以侵寇之状,仲德使司马竺和之对曰:"刘太尉使王征虏自河入洛,清扫山陵,非敢为寇于魏也。魏之守将自弃滑台去,王征虏借空城以息兵,行当西引,于晋、魏之好无废也;何必扬旗鸣鼓以曜威乎!"嗣使建以问太尉裕。裕逊辞谢之曰:"洛阳,晋之旧都,而羌据之;晋欲修复山陵久矣。诸桓宗族,司马休之、国璠兄弟,鲁宗之父子,皆晋之蠹也,而羌收之以为晋患。今晋将伐之,欲假道于魏,非敢为不利也。"魏河内镇将于栗磾有勇名,筑垒于河上以备侵轶。裕以书与之,题曰"黑槊公麾下"。栗磾好操黑槊以自标,故裕以此目之。魏因拜栗磾为黑槊将军。

19　冬,十月壬戌,魏主嗣如豺山宫。

20　初,燕将库傉官斌降魏,既而复叛归燕。魏主嗣遣骁骑将军延普渡濡水击斌,斩之;遂攻燕幽州刺史库傉官昌、征北将军库傉官提,皆斩之。

21　秦阳城、荥阳二城皆降,晋兵进至成皋。秦征南将军陈留公洸镇洛阳,遣使求救于长安。秦主泓遣越骑校尉阎生帅骑三千救之,武卫将军姚益男将步卒一万助守洛阳,又遣并州牧姚懿南屯陕津,为之声援。宁朔将军赵玄言于洸曰:"今晋寇益深,人情骇动;众寡不敌,若出战不捷,则大事去矣。宜摄诸戍之兵,固守金墉,以待西师之救。金墉不下,晋必不敢越我而西,是我不战而坐收其弊也。"司马姚禹阴与檀道济通,主簿阎恢、杨虔,皆禹之党也,共嫉玄,言于洸曰:"殿下以英武之略,受任方面;今婴城示弱,得无为朝廷所责乎!"洸以为然,乃遣赵玄将兵千馀南守柏谷坞,广武将军石无讳东戍巩城。玄泣谓洸曰:"玄受三帝重恩,所守正有死耳。但明公不用忠臣之言,为奸人所误,后必悔之。"既而成皋、虎牢皆来降,檀道济等长驱而进,无讳至石关,奔还。龙骧司马荥阳毛德祖与玄战于柏谷,玄兵败,被十馀创,据地大呼。玄司马塞鉴冒刃抱玄而泣,玄曰:"吾创已重,君宜速去!"鉴曰:"将军不济,鉴去安之!"与之皆死。姚禹逾城奔道济。甲子,道济进逼洛阳,丙寅,洸出降。道济获秦人四千馀人,议者欲尽坑之以为京观。道济曰:"伐罪吊民,正在今日!"皆释而遣之。于是夷、夏感悦,归之者甚众。阎生、姚益男未至,闻洛阳已没,不敢进。

己丑,诏遣兼司空高密王恢之修谒五陵,置守卫。太尉裕以冠军将军毛脩之为河南、河内二郡太守,行司州事,戍洛阳。

22　西秦王炽磐使秦州刺史王松寿镇马头,以逼秦之上邽。

23　十一月甲戌,魏主嗣还平城。

24　太尉裕遣左长史王弘还建康,讽朝廷求九锡。时刘穆之掌留任,而旨从北来,穆之由是愧惧发病。弘,珣之子也。十二月壬申,诏以裕为相国、总百揆、扬州牧,封十郡为宋公,备九锡之礼,位在诸侯王上,领征西将军、司豫北徐雍四州刺史如故。裕辞不受。

25　西秦王炽磐遣使诣太尉裕,求击秦以自效。裕拜炽磐平西将军、河南公。

26　秦姚懿司马孙畅说懿使袭长安,诛东平公绍,废秦主泓而代之。懿以为然,乃散谷以赐河北夷、夏,欲树私恩。左常侍张敞、侍郎左雅谏曰:“殿下以母弟居方面,安危休戚,与国同之。今吴寇内侵,四州倾没,西虏扰边,秦、凉覆败,朝廷之危,有如累卵。谷者,国之本也,而殿下无故散之,虚损国储,将若之何?”懿怒,笞杀之。

泓闻之,召东平公绍密与之谋。绍曰:“懿性识鄙浅,从物推移,造此谋者,必孙畅也。但驰使征畅,遣抚军将军赞据陕城,臣向潼关为诸军节度。若畅奉诏而至,臣当遣懿帅河东见兵共御晋师;若不受诏命,便当声其罪而讨之。”泓曰:“叔父之言,社稷之计也。”乃遣姚赞及冠军将军司马国璠、建义将军蛇玄屯陕津,武卫将军姚驴屯潼关。

懿遂举兵称帝,传檄州郡,欲遣匈奴堡谷以给镇人。宁东将军姚成都拒之,懿卑辞诱之,送佩刀为誓,成都不从。懿遣骁骑将军王国帅甲士数百攻成都,成都击禽之,遣使让懿曰:“明公以至亲当重任,国危不能救,而更图非望;三祖之灵,其肯佑明公乎! 成都将纠合义兵,往见明公于河上耳。”于是传檄诸城,谕以逆顺,征兵调食以讨懿。懿亦发诸城兵,莫有应者,惟临晋数千户应懿。成都引兵济河,击临晋叛者,破之。镇人安定郭纯等起兵围懿。东平公绍入蒲阪,执懿,诛孙畅等。

27　是岁,魏卫将军安城孝元王叔孙俊卒。魏主嗣甚惜之,谓其妻桓氏曰:“生同其荣,能没同其戚乎?”桓氏乃缢而祔焉。

28　丁零翟猛雀驱掠吏民,入白涧山为乱;魏内都大官河内张蒲与冀州刺史长孙道生讨之。道生,嵩之从子也。道生欲进兵击猛雀,蒲曰:“吏民非乐为乱,为猛雀所迫胁耳。今不分别,并击之,虽欲返善,其道无由,必同心协力,据险以拒官军,未易猝平也。不如先遣使谕之,以不与猛雀同谋者皆不坐,则必喜而离散矣。"道生从之,降者数千家,使复旧业。猛雀与其党百馀人出走,蒲等追斩猛雀首;左部尚书周幾穷讨馀党,悉诛之。

资治通鉴卷第一百一十八

晋纪四十

安皇帝癸

义熙十三年（丁巳，417）

1 春，正月甲戌朔，日有食之。

2 秦主泓朝会百官于前殿，以内外危迫，君臣相泣。征北将军齐公恢帅安定镇户三万八千，焚庐舍，自北雍州趋长安，自称大都督、建义大将军，移檄州郡，欲除君侧之恶；扬威将军姜纪帅众归之，建节将军彭完都弃阴密奔还长安。恢至新支，姜纪说恢曰："国家重将、大兵皆在东方，京师空虚，公亟引轻兵袭之，必克。"恢不从，南攻郿城，镇西将军姚谌为恢所败，长安大震。泓驰使征东平公绍，遣姚裕及辅国将军胡翼度屯澧西。扶风太守姚儁等皆降于恢。东平公绍引诸军西还，与恢相持于灵台，姚赞留宁朔将军尹雅为弘农太守，守潼关，亦引兵还。恢众见诸军四集，皆有惧心；其将齐黄等诣大军降。恢进兵逼绍，赞自后击之，恢兵大败，杀恢及其三弟。泓哭之恸，葬以公礼。

3 太尉裕引水军发彭城，留其子彭城公义隆镇彭城。诏以义隆为监徐兖青冀四州诸军事、徐州刺史。

4 凉公暠寝疾，遗命长史宋繇曰："吾死之后，世子犹卿子也，善训导之。"二月，暠卒。官属奉世子歆为大都督、大将军、凉公、领凉州牧。大赦，改元嘉兴。尊歆母天水尹氏为太后；以宋繇录三府事。谥暠曰武昭王，庙号太祖。

5 西秦安东将军木弈干击吐谷浑树洛干，破其弟阿柴于尧杆川，俘五千馀口而还。树洛干走保白兰山，惭愤发疾，将卒，谓阿柴曰："吾子拾虔幼弱，今以大事付汝。"树洛干卒，阿柴立，自称骠骑将军、沙州刺史。谥树洛干曰武王。阿柴稍用兵侵并其傍小种，地方数千里，遂为强国。

6 河西王蒙逊遣其将袭乌啼部，大破之；又击卑和部，降之。

7 王镇恶进军渑池，遣毛德祖袭尹雅于蠡吾城，禽之；雅杀守者而逃。镇恶引兵径前,抵潼关。

檀道济、沈林子自陕北渡河,拔襄邑堡,秦河北太守薛帛奔河东。又攻秦并州刺史尹昭于蒲阪,不克。别将攻匈奴堡,为姚成都所败。

辛酉,荥阳守将傅洪以虎牢降魏。

秦主泓以东平公绍为太宰、大将军、都督中外诸军事,假黄钺,改封鲁公,使督武卫将军姚鸾等步骑五万守潼关,又遣别将姚驴救蒲阪。

沈林子谓檀道济曰:“蒲阪城坚兵多,不可猝拔,攻之伤众,守之引日。王镇恶在潼关,势孤力弱,不如与镇恶合势并力以争潼关;若得之,尹昭不攻自溃矣。”道济从之。

三月,道济、林子至潼关。秦鲁公绍引兵出战,道济、林子奋击,大破之,斩获以千数。绍退屯定城,据险拒守,谓诸将曰:“道济等兵力不多,悬军深入,不过坚壁以待继援。吾分军绝其粮道,可坐禽也。”乃遣姚鸾屯大路以绝道济粮道。

鸾遣尹雅将兵与晋战于关南,为晋兵所获,将杀之。雅曰:“雅前日已当死,幸得脱至今,死固甘心。然夷、夏虽殊,君臣之义一也。晋以大义行师,独不使秦有守节之臣乎!”乃免之。

丙子夜,沈林子将锐卒袭鸾营,斩鸾,杀其士卒数千人。绍又遣东平公赞屯河上以断水道;沈林子击之,赞败走,还定城。薛帛据河曲来降。

太尉裕将水军自淮、泗入清河,将溯河西上,先遣使假道于魏;秦主泓亦遣使请救于魏。魏主嗣使群臣议之,皆曰:“潼关天险,刘裕以水军攻之甚难;若登岸北侵,其势便易。裕声言伐秦,其志难测。且秦,婚姻之国,不可不救也。宜发兵断河上流,勿使得西。”博士祭酒崔浩曰:“裕图秦久矣。今姚兴死,子泓懦劣,国多内难。裕乘其危而伐之,其志必取。若遏其上流,裕心忿戾,必上岸北侵,是我代秦受敌也。今柔然寇边,民食又乏,若复与裕为敌,发兵南赴则北寇愈深,救北则南州复危,非良计也。不若假之水道,听裕西上,然后屯兵以塞其东。使裕克捷,必德我之假道;不捷,吾不失救秦之名;此策之得者也。且南北异俗,借使国家弃恒山以南,裕必不能以吴、越之兵与吾争守河北之地,安能为吾患乎! 夫为国计者,惟社稷是利,岂顾一女子乎!”议者犹曰:“裕西入关,则恐吾断其后,腹背受敌;北上,则姚氏必不出关助我,其势必声西而实北也。”嗣乃以司徒长孙嵩督山东诸军事,又遣振威将军娥清、冀州刺史阿薄干将步骑十万屯河北岸。

庚辰,裕引军入河,以左将军向弥为北青州刺史,留戍碻磝。

初,裕命王镇恶等:"若克洛阳,须大军到俱进。"镇恶等乘利径趋潼关,为秦兵所拒,不得前。久之,乏食,众心疑惧,或欲弃辎重还赴大军。沈林子按剑怒曰:"相公志清六合,今许、洛已定,关右将平,事之济否,系于前锋。奈何沮乘胜之气,弃垂成之功乎!且大军尚远,贼众方盛,虽欲求还,岂可得乎!下官授命不顾,今日之事,当自为将军办之,未知二三君子将何面以见相公之旗鼓邪!"镇恶等遣使驰告裕,求遣粮援。裕呼使者,开舫北户,指河上魏军以示之曰:"我语令勿进,今轻挑深入。岸上如此,何由得遣军!"镇恶乃亲至弘农,说谕百姓,百姓竞送义租,军食复振。

魏人以数千骑缘河随裕军西行;军人于南岸牵百丈,风水迅急,有漂渡北岸者,辄为魏人所杀略。裕遣军击之,裁登岸则走,退则复来。夏,四月,裕遣白直队主丁旿帅仗士七百人、车百乘,渡北岸,去水百馀步,为却月阵,两端抱河,车置七仗士,事毕,使竖一白毦;魏人不解其意,皆未动。裕先命宁朔将军朱超石戒严,白毦既举,超石帅二千人驰往赴之,赍大弩百张,一车益二十人,设彭排于辕上。魏人见营阵既立,乃进围之;长孙嵩帅三万骑助之,四面肉薄攻营,弩不能制。时超石别赍大锤及稍千馀张,乃断稍长三四尺,以锤锤之,一稍辄洞贯三四人。魏兵不能当,一时奔溃,死者相积;临陈斩阿薄干,魏人退还畔城。超石帅宁朔将军胡藩、宁远将军刘荣祖追击,又破之,杀获千计。魏主嗣闻之,乃恨不用崔浩之言。

秦鲁公绍遣长史姚洽、宁朔将军安鸾、护军姚墨蠡、河东太守唐小方帅众二千屯河北之九原,阻河为固,欲以绝檀道济粮援。沈林子邀击,破之,斩洽、墨蠡、小方,杀获殆尽。林子因启太尉裕曰:"绍气盖关中,今兵屈于外,国危于内,恐其凶命先尽,不得以膏齐斧耳。"绍闻洽等败死,愤恚,发病呕血,以兵属东平公赞而卒。赞既代绍,众力犹盛,引兵袭林子,林子复击破之。

太尉裕至洛阳,行视城堑,嘉毛脩之完葺之功,赐衣服玩好,直二千万。

8　丁巳,魏主嗣如高柳;壬戌,还平城。

9　河西王蒙逊大赦。遣张掖太守沮渠广宗诈降以诱凉公歆,歆发兵应之。蒙逊将兵三万伏于蓼泉,歆觉之,引兵还。蒙逊追之,歆与战于解支涧,大破之,斩首七千馀级。蒙逊城建康,置戍而还。

10　五月乙未,齐郡太守王懿降于魏,上书言:"刘裕在洛,宜发兵绝其归路,可不战而克。"魏主嗣善之。

崔浩侍讲在前,嗣问之曰:"刘裕伐姚泓,果能克乎?"对曰:"克之。"

嗣曰："何故?"对曰:"昔姚兴好事虚名而少实用,子泓懦而多病,兄弟乖争。裕乘其危,兵精将勇,何故不克!"嗣曰:"裕才何如慕容垂?"对曰:"胜之。垂藉父兄之资,修复旧业,国人归之,若夜虫之就火,少加倚仗,易以立功。刘裕奋起寒微,不阶尺土,讨灭桓玄,兴复晋室,北禽慕容超,南枭卢循,所向无前,非其才之过人,安能如是乎!"嗣曰:"裕既入关,不能进退,我以精骑直捣彭城、寿春,裕将若之何?"对曰:"今西有屈丐,北有柔然,窥伺国隙。陛下既不可亲御六师,虽有精兵,未睹良将。长孙嵩长于治国,短于用兵,非刘裕敌也。兴兵远攻,未见其利;不如且安静以待之。裕克秦而归,必篡其主。关中华、戎杂错,风俗劲悍,裕欲以荆、扬之化施之函、秦,此无异解衣包火,张罗捕虎,虽留兵守之,人情未洽,趋尚不同,适足为寇敌之资耳。愿陛下按兵息民以观其变,秦地终为国家之有,可坐而守也。"嗣笑曰:"卿料之审矣。"浩曰:"臣尝私论近世将相之臣:若王猛之治国,苻坚之管仲也;慕容恪之辅幼主,慕容晔之霍光也;刘裕之平祸乱,司马德宗之曹操也。"嗣曰:"屈丐何如?"浩曰:"屈丐国破家覆,孤子一身,寄食姚氏,受其封殖。不思酬恩报义,而乘时徼利,盗有一方,结怨四邻;撅竖小人,虽能纵暴一时,终当为人所吞食耳。"嗣大悦,语至夜半,赐浩御缥醪十觚,水精盐一两,曰:"朕味卿言,如此盐、酒,故欲与卿共飨其美。"然犹命长孙嵩、叔孙建各简精兵伺裕西过,自成皋济河,南侵彭、沛;若不时过,则引兵随之。

11　魏主嗣西巡至云中,遂济河,畋于大漠。

12　魏置天地四方六部大人,以诸公为之。

13　秋,七月,太尉裕至陕。沈田子、傅弘之入武关,秦戍将皆委城走。田子等进屯青泥,秦主泓使给事黄门侍郎姚和都屯峣柳以拒之。

14　西秦相国翟勍卒;八月,以尚书令昙达为左丞相,左仆射元基为右丞相,御史大夫麹景为尚书令,侍中翟绍为左仆射。

15　太尉裕至阌乡。沈田子等将攻峣柳,秦主泓欲自将以御裕军,恐田子等袭其后,欲先击灭田子等,然后倾国东出;乃帅步骑数万,奄至青泥。田子本为疑兵,所领裁千馀人,闻泓至,欲击之;傅弘之以众寡不敌止之,田子曰:"兵贵用奇,不必在众。且今众寡相悬,势不两立,若彼结围既固,则我无所逃矣。不如乘其始至,营陈未立,先薄之,可以有功。"遂帅所领先进,弘之继之。秦兵合围数重。田子抚慰士卒曰:"诸君冒险远来,正求今日之战,死生一决,封侯之业于此在矣!"士卒皆踊跃鼓噪,执短兵奋击,秦兵大败,斩馘万馀级,得其乘舆服御物,秦主泓奔还灞上。

初,裕以田子等众少,遣沈林子将兵自秦岭往助之,至则秦兵已败,乃相与追之,关中郡县多潜送款于田子。

辛丑,太尉裕至潼关,以朱超石为河东太守,使与振武将军徐猗之会薛帛于河北,共攻蒲阪。秦平原公璞与姚和都共击之,猗之败死,超石奔还潼关。东平公赞遣司马国璠引魏兵以蹑裕后。

王镇恶请帅水军自河入渭以趋长安,裕许之。秦恢武将军姚难自香城引兵而西,镇恶追之;秦主泓自灞上引兵还屯石桥以为之援,镇北将军姚强与难合兵屯泾上以拒镇恶。镇恶使毛德祖进击,破之,彊死,难奔长安。

东平公赞退屯郑城,太尉裕进军逼之。泓使姚丕守渭桥,胡翼度屯石积,东平公赞屯灞东,泓屯逍遥园。

镇恶溯渭而上,乘蒙冲小舰,行船者皆在舰内;秦人见舰进而无行船者,皆惊以为神。壬戌旦,镇恶至渭桥,令军士食毕,皆持仗登岸,后登者斩。众既登,渭水迅急,舰皆随流,倏忽不知所在。时泓所将尚数万人。镇恶谕士卒曰:"吾属并家在江南,此为长安北门,去家万里,舟楫、衣粮皆已随流。今进战而胜,则功名俱显;不胜,则骸骨不返;无他岐矣。卿等勉之!"乃身先士卒,众腾踊争进,大破姚丕于渭桥。泓引兵救之,为丕败卒所蹂践,不战而溃,姚谌等皆死,泓单马还宫。镇恶入自平朔门,泓与姚裕等数百骑逃奔石桥。东平公赞闻泓败,引兵赴之,众皆溃去,胡翼度降于太尉裕。

泓将出降,其子佛念,年十一,言于泓曰:"晋人将逞其欲,虽降必不免,不如引决。"泓怃然不应。佛念登宫墙自投而死。癸亥,泓将妻子、群臣诣镇恶垒门请降,镇恶以属吏。城中夷、晋六万馀户,镇恶以国恩抚慰,号令严肃,百姓安堵。

九月,太尉裕至长安,镇恶迎于灞上。裕劳之曰:"成吾霸业者卿也!"镇恶再拜谢曰:"明公之威,诸将之力,镇恶何功之有!"裕笑曰:"卿欲学冯异邪?"镇恶性贪,秦府库盈积,镇恶盗取,不可胜纪,裕以其功大,不问。或谮诸裕曰:"镇恶藏姚泓伪辇,将有异志。"裕使人觇之,镇恶剔取其金银,弃辇于垣侧,裕意乃安。

裕收秦彝器、浑仪、土圭、记里鼓、指南车送诣建康。其馀金玉、缯帛、珍宝,皆以颁赐将士。秦平原公璞、并州刺史尹昭以蒲阪降,东平公赞帅宗族百馀人诣裕降,裕皆杀之。送姚泓至建康,斩于市。

裕以薛辩为平阳太守,使镇捍北道。

裕议迁都洛阳。谘议参军王仲德曰:"非常之事,固非常人所及,必致骇动。今暴师日久,士卒思归,迁都之计,未可议也。"裕乃止。

羌众十馀万口西奔陇上,沈林子追击至槐里,俘虏万计。

河西王蒙逊闻太尉裕灭秦,怒甚。门下校郎刘祥入言事,蒙逊曰:"汝闻刘裕入关,敢研研然也!"遂斩之。

初,夏王勃勃闻太尉裕伐秦,谓群臣曰:"姚泓非裕敌也。且其兄弟内叛,安能拒人!裕取关中必矣。然裕不能久留,必将南归;留子弟及诸将守之,吾取之如拾芥耳。"乃秣马砺兵,训养士卒,进据安定,秦岭北郡县镇戍皆降之。裕遣使遗勃勃书,约为兄弟;勃勃使中书侍郎皇甫徽为报书而阴诵之,对裕使者,口授舍人使书之。裕读其文,叹曰:"吾不如也!"

16　广州刺史谢欣卒;东海人徐道期聚众攻陷州城,进攻始兴,始兴相彭城刘谦之讨诛之。诏以谦之为广州刺史。

17　癸酉,司马休之、司马文思、司马国璠、司马道赐、鲁轨、韩延之、刁雍、王慧龙及桓温之孙道度、道子、族人桓谧、桓璲、陈郡袁式等皆诣魏长孙嵩降。秦匈奴镇将姚成都及弟和都举镇降魏。魏主嗣诏民间得姚氏子弟送平城者赏之。冬,十月己酉,嗣召长孙嵩等还。司马休之寻卒于魏。魏赐国璠爵淮南公、道赐爵池阳子、鲁轨爵襄阳公。刁雍表求南鄙自效,嗣以雍为建义将军。雍聚众于河、济之间,扰动徐、兖;太尉裕遣兵讨之,不克。雍进屯固山,众至二万。

18　诏进宋公爵为王,增封十郡;辞不受。

19　西秦王炽磐遣左丞相昙达等击秦故将姚艾,艾遣使称藩,炽磐以艾为征东大将军、秦州牧。征王松寿为尚书左仆射。

20　十一月,魏叔孙建等讨西山丁零翟蜀洛支等,平之。

21　辛未,刘穆之卒,太尉裕闻之,惊恸哀惋者累日。始,裕欲留长安经略西北,而诸将佐皆久役思归,多不欲留。会穆之卒,裕以根本无托,遂决意东还。

穆之之卒也,朝廷恇惧,欲发诏,以太尉左司马徐羡之代之。中军谘议参军张邵曰:"今诚急病,任终在徐;然世子无专命,宜须谘之。"裕欲以王弘代穆之。从事中郎谢晦曰:"休元轻易,不若羡之。"乃以羡之为吏部尚书、建威将军、丹杨尹,代管留任。于是朝廷大事常决于穆之者,并悉北谘。

裕以次子桂阳公义真为都督雍梁秦三州诸军事、安西将军、领雍东秦二州刺史。义真时年十二。以太尉谘议参军京兆王脩为长史,王镇恶为司马、领冯翊太守,沈田子、毛德祖皆为中兵参军,仍以田子领始平太守,德祖领秦州刺史、天水太守,傅弘之为雍州治中从事史。

先是,陇上流户寓关中者,望因兵威得复本土;及置东秦州,知裕无复西略之意,皆叹息失望。

关中人素重王猛,裕之克长安,王镇恶功为多,由是南人皆忌之。沈田子自以峣柳之捷,与镇恶争功不平。裕将还,田子及傅弘之屡言于裕曰:"镇恶家在关中,不可保信。"裕曰:"今留卿文武将士精兵万人,彼若欲为不善,正足自灭耳。勿复多言。"裕私谓田子曰:"钟会不得遂其乱者,以有卫瓘故也。语曰:'猛兽不如群狐。'卿等十馀人,何惧王镇恶!"

臣光曰:古人有言:"疑则勿任,任则勿疑。"裕既委镇恶以关中,而复与田子有后言,是斗之使为乱也。惜乎,百年之寇,千里之土,得之艰难,失之造次,使丰、鄗之都复输寇手。荀子曰:"兼并易能也,坚凝之难。"信哉!

22　三秦父老闻裕将还,诣门流涕诉曰:"残民不沾王化,于今百年,始睹衣冠,人人相贺。长安十陵是公家坟墓,咸阳宫殿是公家室宅,舍此欲何之乎!"裕为之愍然,慰谕之曰:"受命朝廷,不得擅留。诚多诸君怀本之志,今以次息与文武贤才共镇此境,勉与之居。"十二月庚子,裕发长安,自洛入河,开汴渠而归。

23　氐豪徐骇奴、齐元子等拥部落三万在雍,遣使请降于魏。魏主嗣遣将军王洛生、河内太守杨声等西行以应之。

24　闰月壬申,魏主嗣如大宁长川。

25　秦、雍人千馀家推襄邑令上谷寇赞为主以降于魏,魏主嗣拜赞魏郡太守。久之,秦、雍人流入魏之河南、荥阳、河内者,户以万数,嗣乃置南雍州,以赞为刺史,封河南公,治洛阳;立雍州郡县以抚之。赞善于招怀,流民归之者,三倍其初。

26　夏王勃勃闻太尉裕东还,大喜,问于王买德曰:"朕欲取关中,卿试言其方略。"买德曰:"关中形胜之地,而裕以幼子守之,狼狈而归,正欲急成篡事耳,不暇复以中原为意。此天以关中赐我,不可失也。青泥、上洛,南北之险要,宜先遣游军断之;东塞潼关,绝其水陆之路;然后传檄三辅,施以威德,则义真在网罟之中,不足取也。"勃勃乃以其子抚军大将军璝都督前锋诸军事,帅骑二万向长安,前将军昌屯潼关,以买德为抚军右长史,屯青泥,勃勃将大军为后继。

27　是岁,魏都坐大官章安侯封懿卒。

十四年（戊午，418）

1　春,正月丁酉朔,魏主嗣至平城,命护高车中郎将薛繁帅高车、丁零北略,至弱水而还。

2　辛巳,大赦。

3　夏赫连璝至渭阳,关中民降之者属路。龙骧将军沈田子将兵拒之,畏其众盛,退屯刘回堡,遣使还报王镇恶。镇恶谓王脩曰:"公以十岁儿付吾属,当共思竭力,而拥兵不进,虏何由得平!"使者还,以告田子。田子与镇恶素有相图之志,由是益忿惧。未几,镇恶与田子俱出北地以拒夏兵,军中讹言:"镇恶欲尽杀南人,以数十人送义真南还,因据关中反。"辛亥,田子请镇恶至傅弘之营计事;田子求屏人语,使其宗人沈敬仁斩之幕下,矫称受太尉令诛之。弘之奔告刘义真,义真与王脩被甲登横门以察其变。俄而田子帅数十人来,言镇恶反,脩执田子,数以专戮,斩之;以冠军将军毛脩之代镇恶为安西司马。傅弘之大破赫连璝于池阳,又破之于寡妇渡,斩获甚众,夏兵乃退。

壬戌,太尉裕至彭城,解严。琅邪王德文先归建康。

裕闻王镇恶死,表言"沈田子忽发狂易,奄害忠勋",追赠镇恶左将军、青州刺史。

以彭城内史刘遵考为并州刺史、领河东太守,镇蒲阪;征荆州刺史刘道怜为徐、兖二州刺史。

裕欲以世子义符镇荆州,以徐州刺史刘义隆为司州刺史,镇洛阳。中军谘议张邵谏曰:"储贰之重,四海所系,不宜处外。"乃更以义隆为都督荆益宁雍梁秦六州诸军事、西中郎将、荆州刺史,以南郡太守到彦之为南蛮校尉,张邵为司马、领南郡相,冠军功曹王昙首为长史,北徐州从事王华为西中郎主簿,沈林子为西中郎参军。义隆尚幼,府事皆决于邵。昙首,弘之弟也。裕谓义隆曰:"王昙首沉毅有器度,宰相才也,汝每事谘之。"

以南郡公刘义庆为豫州刺史。义庆,道怜之子也。

裕解司州,领徐、冀二州刺史。

4　秦王炽磐以乞伏木弈干为沙州刺史,镇乐都。

5　二月,乙弗乌地延帅户二万降秦。

6　三月,遣使聘魏。

7　夏,四月己巳,魏徙冀、定、幽三州徙河于代都。

8　初,和龙有赤气四塞蔽日,自寅至申,燕太史令张穆言于燕王跋曰："此兵气也。今魏方强盛，而执其使者，好命不通，臣窃惧焉。"跋曰："吾方思之。"五月，魏主嗣东巡，至濡源及甘松，遣征东将军长孙道生、安东将军李先、给事黄门侍郎奚观帅精骑二万袭燕，又命骁骑将军延普、幽州刺史尉诺自幽州引兵趋辽西，为之声势，嗣屯突门岭以待之。道生等拔乙连城，进攻和龙，与燕单于右辅古泥战，破之，杀其将皇甫轨。燕王跋婴城自守，魏人攻之，不克，掠其民万馀家而还。

9 六月，太尉裕始受相国、宋公、九锡之命，赦国中殊死以下，崇继母兰陵萧氏为太妃，以太尉军谘祭酒孔靖为宋国尚书令，左长史王弘为仆射，领选，从事中郎傅亮、蔡廓皆为侍中，谢晦为右卫将军，右长史郑鲜之为奉常，行参军殷景仁为秘书郎，其馀百官，悉依天朝之制。靖辞不受。亮，咸之孙；廓，谟之曾孙；鲜之，浑之玄孙；景仁，融之曾孙也。景仁学不为文，敏有思致；口不谈义，深达理体；至于国典、朝仪、旧章、记注，莫不撰录，识者知其有当世之志。

10 魏天部大人白马文贞公崔宏疾笃，魏主遣侍臣问病，一夜数返。及卒，诏群臣及附国渠帅皆会葬。

11 秋，七月戊午，魏主嗣至平城。

12 九月甲寅，魏人命诸州调民租，户五十石，积于定、相、冀三州。

13 河西王蒙逊复引兵伐凉，凉公歆将拒之，左长史张体顺固谏，乃止。蒙逊芟其秋稼而还。

歆遣使来告袭位。冬，十月，以歆为都督七郡诸军事、镇西大将军、酒泉公。

14 姚艾叛秦，降河西王蒙逊，蒙逊引兵迎之。艾叔父隽言于众曰："秦王宽仁有雅度，自可安居事之，何为从河西王西迁！"众咸以为然，乃相与逐艾，推隽为主，复归于秦。秦王炽磐征隽为侍中、中书监，赐爵陇西公，以左丞相昙达为都督洮罕以东诸军事、征东大将军、秦州牧，镇南安。

15 刘义真年少，赐与左右无节，王脩每裁抑之。左右皆怨，潜谮脩于义真曰："王镇恶欲反，故沈田子杀之。脩杀田子，是亦欲反也。"义真信之，使左右刘乞等杀脩。

脩既死，人情离骇，莫相统壹。义真悉召外军入长安，闭门拒守。关中郡县悉降于夏。赫连璝夜袭长安，不克。夏王勃勃进据咸阳，长安樵采路绝。

宋公裕闻之，使辅国将军蒯恩如长安，召义真东归；以相国右司马朱龄石为都督关中诸军事、右将军、雍州刺史，代镇长安。裕谓龄石曰："卿至,可敕义真轻装速发,既出关,然可徐行。若关右必不可守,可与义真俱归。"又命中书侍郎朱超石慰劳河、洛。

十一月,龄石至长安。义真将士贪纵,大掠而东,多载宝货、子女,方轨徐行。雍州别驾韦华奔夏。赫连璝帅众三万追义真;建威将军傅弘之曰:"公处分瓯进;今多将辎重,一日行不过十里,虏追骑且至,何以待之!宜弃车轻行,乃可以免。"义真不从。俄而夏兵大至,傅弘之、蒯恩断后,力战连日。至青泥,晋兵大败,弘之、恩皆为王买德所禽;司马毛脩之与义真相失,亦为夏兵所禽。义真行在前,会日暮,夏兵不穷追,故得免;左右尽散,独逃草中。中兵参军段宏单骑追寻,缘道呼之,义真识其声,出就之,曰:"君非段中兵邪?身在此,行矣!必不两全,可刎身头以南,使家公望绝。"宏泣曰:"死生共之,下官不忍。"乃束义真于背,单马而归。义真谓宏曰:"今日之事,诚无算略;然丈夫不经此,何以知艰难!"

夏王勃勃欲降傅弘之,弘之不屈,勃勃裸之,弘之叫骂而死。勃勃积人头为京观,号曰髑髅台。长安百姓逐朱龄石,龄石焚其宫殿,奔潼关。勃勃入长安,大飨将士,举觞谓王买德曰:"卿往日之言,一期而验,可谓算无遗策。此觞所集,非卿而谁!"以买德为都官尚书,封河阳侯。

龙骧将军王敬先戍曹公垒,龄石往从之。朱超石至蒲阪,闻龄石所在,亦往从之。赫连昌攻敬先垒,断其水道,众渴,不能战。城且陷,龄石谓超石曰:"弟兄俱死异域,使老亲何以为心!尔求间道亡归,我死此,无恨矣。"超石持兄泣曰:"人谁不死,宁忍今日辞兄去乎!"遂与敬先及右军参军刘钦之皆被执送长安,勃勃杀之;钦之弟秀之悲泣不欢燕者十年。钦之,穆之之从兄子也。

宋公裕闻青泥败,未知义真存亡,刻日北伐。侍中谢晦谏以"士卒疲弊,请俟他年";不从。郑鲜之上表,以为:"虏闻殿下亲征,必并力守潼关。径往攻之,恐未易可克;若舆驾顿洛,则不足上劳圣躬。且虏虽得志,不敢乘胜过陕者,犹摄服大威,为将来之虑故也。若造洛而反,虏必更有揣量之心,或益生边患。况大军远出,后患甚多。昔岁西征,刘锺狼狈;去年北讨,广州倾覆;既往之效,后来之鉴也。今诸州大水,民食寡乏,三吴群盗攻没诸县,皆由困于征役故也。江南士庶,引领颙颙以望殿下之返旆,闻更北出,不测浅深之谋,往还之期,臣恐返顾之忧更在腹心也。若虑西虏更为河、洛之患者,宜结好北虏;北虏亲则河南安,河南安则济、泗静矣。"会得段宏启,知义真得免,裕乃止,但登城北望,慨然流涕而已。降义真为建威将军、司州刺史;以段宏为宋台黄门郎、领太子右卫率。裕以天水太守毛德祖为河东太守,代刘遵考守蒲阪。

16 夏王勃勃筑坛于灞上,即皇帝位,改元昌武。

17 西秦王炽磐东巡;十二月,徙上邽民五千馀户于枹罕。

18 彗星出天津,入太微,经北斗,络紫微,八十馀日而灭。魏主嗣复召诸儒、术士问之曰:"今四海分裂,灾咎之应,果在何国?朕甚畏之。卿辈尽言,勿有所隐!"众推崔浩使对,浩曰:"夫灾异之兴,皆象人事,人苟无衅,又何畏焉?昔王莽将篡汉,彗星出入,正与今同。国家主尊臣卑,民无异望。晋室陵夷,危亡不远;彗之为异,其刘裕将篡之应乎!"众无以易其言。

19 宋公裕以谶云"昌明之后尚有二帝",乃使中书侍郎王韶之与帝左右密谋鸩帝而立琅邪王德文。德文常在帝左右,饮食寝处,未尝暂离;韶之伺之经时,不得间。会德文有疾,出居于外。戊寅,韶之以散衣缢帝于东堂。韶之,廙之曾孙也。裕因称遗诏,奉德文即皇帝位,大赦。

20 是岁,河西王蒙逊奉表称藩,拜凉州刺史。

21 尚书右仆射袁湛卒。

恭皇帝

元熙元年(己未,419)

1 春,正月壬辰朔,改元。

2 立琅邪王妃褚氏为皇后;后,裒之曾孙也。

3 魏主嗣畋于犊渚。

4 甲午,征宋公裕入朝,进爵为王;裕辞。

5 癸卯,魏主嗣还平城。

6 庚申,葬安皇帝于休平陵。

7 敕刘道怜司空出镇京口。

8 夏将叱奴侯提帅步骑二万攻毛德祖于蒲阪,德祖不能御,全军归彭城。二月,宋公裕以德祖为荥阳太守,戍虎牢。

9 夏主勃勃征隐士京兆韦祖思。祖思既至,恭惧过甚,勃勃怒曰:"我以国士征汝,汝乃以非类遇我!汝昔不拜姚兴,今何独拜我?我在,汝犹不以我为帝王;我死,汝曹弄笔,当置我于何地邪!"遂杀之。

群臣请都长安。勃勃曰:"朕岂不知长安历世帝王之都,沃饶险固!然晋人僻远,终不能为吾患。魏与我风俗略同,土壤邻接,自统万距魏境裁百馀里,朕在长安,统万必危;若在统万,魏必不敢济河而西。诸卿适未见此耳。"皆曰:"非所及也。"乃于长安置南台,以赫连瑱领大将军、雍州牧、录南台尚书事;勃勃还统万,大赦,改元真兴。

　　勃勃性骄虐,视民如草芥。常居城上,置弓剑于侧,有所嫌忿,手自杀之。群臣近视者凿其目,笑者决其唇,谏者先截其舌而后斩之。

　　10　初,司马楚之奉其父荣期之丧归建康,会宋公裕诛翦宗室之有才望者,楚之叔父宣期、兄贞之皆死,楚之亡匿竟陵蛮中。及从祖休之自江陵奔秦,楚之亡之汝、颍间,聚众以谋复仇。楚之少有英气,能折节下士,有众万馀,屯据长社。裕使刺客沐谦往刺之。楚之待谦甚厚。谦欲发,未得间,乃夜称疾,知楚之必往问疾,因欲刺之。楚之果自赍汤药往视疾,情意勤笃,谦不忍发,乃出匕首于席下,以状告之曰:"将军深为刘裕所忌,愿勿轻率以自保全。"遂委身事之,为之防卫。

　　王镇恶之死也,沈田子杀其兄弟七人,唯弟康得免,逃就宋公裕于彭城,裕以为相国行参军。康求还洛阳视母;会长安不守,康纠合关中徙民,得百许人,驱帅侨户七百馀家,共保金墉城。时宗室多逃亡在河南,有司马文荣者,帅乞活千馀户屯金墉城南;又有司马道恭,自东垣帅三千人屯城西,司马顺明帅五千人屯陵云台,司马楚之屯柏谷坞。魏河内镇将于栗䃅游骑在芒山上,攻逼交至,康坚守六旬。裕以康为河东太守,遣兵救之,平等皆散走。康劝课农桑,百姓甚亲赖之。

　　司马顺明、司马道恭及平阳太守薛辩皆降于魏,魏以辩为河东太守以拒夏人。

　　11　夏,四月,秦征西将军孔子帅骑五千讨吐谷浑觅地于弱水南,大破之,觅地帅其众六千降于秦,拜弱水护军。

　　12　庚辰,魏主嗣有事于东庙,助祭者数百国;辛巳,南巡至雁门。五月庚寅朔,魏主嗣观渔于灅水;己亥,还平城。

　　13　凉公歆用刑过严,又好治宫室,从事中郎张显上疏,以为:"凉土三分,势不支久。兼并之本,在于务农;怀远之略,莫如宽简。今入岁已来,阴阳失序,风雨乖和;是宜减膳彻悬,侧身修道,而更繁刑峻法,缮筑不止,殆非所以致兴隆也。昔文王以百里而兴,二世以四海而灭,前车之轨,得失昭然。太祖以神圣之姿,为西夏所推,左取酒泉,右开西域。殿下不能奉承遗志,混壹凉土,侔踪张后,将何以下见先王乎!沮渠蒙逊,胡夷之杰,内修政事,外礼英贤,攻战之际,身均士卒,百姓怀之,乐为之用。臣谓殿下非但不能平殄蒙逊,亦惧蒙逊方为社稷之忧。"歆览之,不悦。

　　主簿汜称上疏谏曰:"天之子爱人主,殷勤至矣;故政之不修,下灾异以戒告之,改者虽危必昌,不改者虽安必亡。元年,三月癸卯,敦煌谦德堂陷;八月,效穀地裂;二年,元日,昏雾四塞;四月,日赤无光,二旬乃复;十一月,狐上南门;今兹春、夏,地频五震;六月,陨星于建康。臣虽学不稽古,行年五十有九,请为殿下略言耳目之所闻见,不复能远论书传之事也。乃者咸安之初,西平地裂,狐入谦光殿前,俄而秦师奄至,都城不守。梁熙既为凉州,不抚百姓,专为聚敛,建元十九年,姑臧南门崩,陨石于闲豫堂;明年为吕光所杀。段业称制此方,三年之中,地震五十馀所;既而先王龙兴于瓜州,蒙逊篡弑于张掖。此皆目前之成事,殿下所明知也。效穀,先王鸿渐之地;谦德,即尊之室;基陷地裂,大凶之征也。日者,太阳之精,中国之象;赤而无光,中国将衰。谚曰:‘野兽入家,主人将去。’狐上南门,亦变异之大者也。今蛮夷益盛,中国益微。愿殿下亟罢宫室之役,止游畋之娱,延礼英俊,爱养百姓,以应天变、防未然。”歆不从。

14　秋,七月,宋公裕始受进爵之命。八月,移镇寿阳,以度支尚书刘怀慎为督淮北诸军事、徐州刺史,镇彭城。

15　辛未,魏主嗣东巡;甲申,还平城。

16　九月,宋王裕自解扬州牧。

17　秦左卫将军匹达等将兵讨彭利和于漒川,大破之,利和单骑奔仇池;获其妻子,徙羌豪三千户于枹罕,漒川羌三万馀户皆安堵如故。冬,十月,以尚书右仆射王松寿为益州刺史,镇漒川。

18　宋王裕以河南萧条,乙酉,徙司州刺史义真为扬州刺史,镇石头。萧太妃谓裕曰:“道怜汝布衣兄弟,宜用为扬州。”裕曰:“寄奴于道怜,岂有所惜! 扬州根本所寄,事务至多,非道怜所了。”太妃曰:“道怜年出五十,岂不如汝十岁儿邪?”裕曰:“义真虽为刺史,事无大小,悉由寄奴。道怜年长,不亲其事,于听望不足。”太妃乃无言。道怜性愚鄙而贪纵,故裕不肯用。

19　十一月丁亥朔,日有食之。

20　十二月癸亥,魏主嗣西巡至云中,从君子津西渡河,大猎于薛林山。

21　辛卯,宋王裕加殊礼,进王太妃为太后,世子为太子。

资治通鉴卷第一百一十九

宋纪一

高祖武皇帝

永初元年（庚申，420）

1　春，正月己亥，魏主还宫。

2　秦王炽磐立其子乞伏暮末为太子，仍领抚军大将军、都督中外诸军事，大赦，改元建弘。

3　宋王欲受禅而难于发言，乃集朝臣宴饮，从容言曰："桓玄篡位，鼎命已移。我首唱大义，兴复帝室，南征北伐，平定四海，功成业著，遂荷九锡。今年将衰暮，崇极如此，物忌盛满，非可久安；今欲奉还爵位，归老京师。"群臣惟盛称功德，莫谕其意。日晚，坐散。中书令傅亮还外，乃悟，而宫门已闭，亮叩扉请见，王即开门见之。亮入，但曰："臣暂宜还都。"王解其意，无复他言，直云："须几人自送？"亮曰："数十人可也。"即时奉辞。亮出，已夜，见长星竟天，拊髀叹曰："我常不信天文，今始验矣。"亮至建康，夏，四月，征王入辅。王留子义康为都督豫司雍并四州诸军事、豫州刺史，镇寿阳。义康尚幼，以相国参军南阳刘湛为长史，决府、州事。湛自弱年即有宰物之情，常自比管、葛，博涉书史，不为文章，不喜谈议。王甚重之。

4　五月乙酉，魏更谥宣武帝曰道武帝。

5　魏淮南公司马国璠、池阳子司马道赐谋外叛，司马文思告之。庚戌，魏主杀国璠、道赐，赐文思爵郁林公。国璠等连引平城豪桀，坐族诛者数十人，章安侯封懿之子玄之当坐。魏主以玄之燕朝旧族，欲宥其一子。玄之曰："弟子磨奴早孤，乞全其命。"乃杀玄之四子而宥磨奴。

6　六月壬戌，王至建康。傅亮讽晋恭帝禅位于宋，具诏草呈帝，使书之。帝欣然操笔，谓左右曰："桓玄之时，晋氏已无天下，重为刘公所延，将二十载；今日之事，本所甘心。"遂书赤纸为诏。

甲子，帝逊于琅邪第，百官拜辞，秘书监徐广流涕哀恸。

丁卯,王为坛于南郊,即皇帝位。礼毕,自石头备法驾入建康宫。徐广又悲感流涕,侍中谢晦谓之曰:"徐公得无小过!"广曰:"君为宋朝佐命,身是晋室遗老,悲欢之事,固不可同。"广,邈之弟也。

帝临太极殿,大赦,改元。其犯乡论清议,一皆荡涤,与之更始。

裴子野论曰:昔重华受终,四凶流放;武王克殷,顽民迁洛。天下之恶一也,乡论清议,除之,过矣!

7 奉晋恭帝为零陵王;优崇之礼,皆仿晋初故事,即宫于故秣陵县,使冠军将军刘遵考将兵防卫。降褚后为王妃。

追尊皇考为孝穆皇帝,皇妣赵氏为孝穆皇后;尊王太后萧氏为皇太后。上事萧太后素谨,及即位,春秋已高,每旦入朝太后,未尝失时刻。

诏晋氏封爵,当随运改,独置始兴、庐陵、始安、长沙、康乐五公,降爵为县公及县侯,以奉王导、谢安、温峤、陶侃、谢玄之祀,其宣力义熙、豫同艰难者,一仍本秩。

庚午,以司空道怜为太尉,封长沙王。追封司徒道规为临川王,以道怜子义庆袭其爵。其馀功臣徐羡之等,增位进爵各有差。

追封刘穆之为南康郡公,王镇恶为龙阳县侯。上每叹念穆之,曰:"穆之不死,当助我治天下。可谓'人之云亡,邦国殄瘁'!"又曰:"穆之死,人轻易我。"

立皇子桂阳公义真为庐陵王,彭城公义隆为宜都王,义康为彭城王。

己卯,改泰始历为永初历。

8 魏主如翳犊山,遂至冯卤池。闻上受禅,驿召崔浩告之曰:"卿往年之言验矣,朕于今日始信天道。"

9 秋,七月丁酉,魏主如五原。

10 甲辰,诏以凉公歆为都督高昌等七郡诸军事、征西大将军、酒泉公;秦王炽磐为安西大将军。

11 交州刺史杜慧度击林邑,大破之,所杀过半。林邑乞降,前后为所钞掠者皆遣还。慧度在交州,为政纤密,一如治家,吏民畏而爱之;城门夜开,道不拾遗。

12 己未,魏主如云中。

13 河西王蒙逊欲伐凉,先引兵攻秦浩亹;既至,潜师还屯川岩。

凉公歆欲乘虚袭张掖;宋繇、张体顺切谏,不听。太后尹氏谓歆曰:"汝新造之国,地狭民希,自守犹惧不足,何暇伐人!先王临终,殷勤戒汝,深慎用兵,保境宁民,以俟天时。言犹在耳,奈何弃之!蒙逊善用兵,非汝之敌,数年以来,常有兼并之志。汝国虽小,足为善政,修德养民,静以待之。彼若昏暴,民将归汝;若其休明,汝将事之;岂得轻为举动,侥冀非望! 以吾观之,非但丧师,殆将亡国!”亦不听。宋繇叹曰:“今兹大事去矣!”

歆将步骑三万东出。蒙逊闻之曰:“歆已入吾术中;然闻吾旋师,必不敢前。”乃露布西境,云已克浩亹,将进攻黄谷。歆闻之,喜,进入都渎涧。蒙逊引兵击之,战于怀城,歆大败。或劝歆还保酒泉。歆曰:“吾违老母之言以取败,不杀此胡,何面目复见我母!”遂勒兵战于蓼泉,为蒙逊所杀。歆弟酒泉太守翻、新城太守预、领羽林右监密、左将军眺、右将军亮西奔敦煌。

蒙逊入酒泉,禁侵掠,士民安堵。以宋繇为吏部郎中,委之选举;凉之旧臣有才望者,咸礼而用之。以其子牧犍为酒泉太守。敦煌太守李恂,翻之弟也,与翻等弃敦煌奔北山。蒙逊以索嗣之子元绪行敦煌太守。

蒙逊还姑臧,见凉太后尹氏而劳之。尹氏曰:“李氏为胡所灭,知复何言!”或谓尹氏曰:“今母子之命在人掌握,奈何傲之! 且国亡子死,曾无忧色,何也?”尹氏曰:“存亡死生,皆有天命,奈何更如凡人,为儿女子之悲乎! 吾老妇人,国亡家破,岂可复惜馀生,为人臣妾乎! 惟速死为幸耳。”蒙逊嘉而赦之,娶其女为牧犍妇。

14　八月辛未,追谥妃臧氏为敬皇后。癸酉,立王太子义符为皇太子。

15　闰月壬午,诏晋帝诸陵悉置守卫。

16　九月,秦振武将军王基等袭河西王蒙逊胡园戍,俘二千馀人而还。

17　李恂在敦煌有惠政;索元绪粗险好杀,大失人和。郡人宋承、张弘密信招恂。冬,恂帅数十骑入敦煌,元绪东奔凉兴。承等推恂为冠军将军、凉州刺史,改元永建。河西王蒙逊遣世子政德攻敦煌,恂闭城不战。

18　十二月丁亥,杏城羌酋狄温子帅三千馀家降魏。

19　是岁,魏姚夫人卒,追谥昭哀皇后。

二年(辛酉,421)

1　春,正月辛酉,上祀南郊,大赦。

　　裴子野论曰:夫郊祀天地,修岁事也;赦彼有罪,夫何为哉!

2　以扬州刺史庐陵王义真为司徒,尚书仆射徐羡之为尚书令、扬州刺史,中书令傅亮为尚书仆射。

3　辛未,魏主嗣行如公阳。

4　河西王蒙逊帅众二万攻李恂于敦煌。

5　秦王炽磐遣征北将军木弈干、辅国将军元基攻上邽,遇霖雨而还。

6　三月甲子,魏阳平王熙卒。

7　魏主发代都六千人筑苑,东包白登,周三十馀里。

8　河西王蒙逊筑堤壅水以灌敦煌;李恂乞降,不许。恂将宋承等举城降,恂自杀。蒙逊屠其城,获恂弟子宝,因于姑臧。于是西域诸国皆诣蒙逊称臣朝贡。

9　夏,四月己卯朔,诏所在淫祠自蒋子文以下皆除之;其先贤及以勋德立祠者,不在此例。

10　吐谷浑王阿柴遣使降秦,秦王炽磐以阿柴为征西大将军,开府仪同三司、安州牧、白兰王。

11　六月乙酉,魏主北巡至蟠羊山;秋,七月,西巡至河。

12　河西王蒙逊遣右卫将军沮渠鄯善、建节将军沮渠苟生帅众七千伐秦。秦王炽磐遣征北将军木弈干等帅步骑五千拒之,败鄯善等于五涧,虏苟生,斩首二千而还。

13　初,帝以毒酒一罂授前琅邪郎中令张伟,使鸩零陵王,伟叹曰:"鸩君以求生,不如死!"乃于道自饮而卒。伟,卲之兄也。太常褚秀之、侍中褚淡之,皆王之妃兄也,王每生男,帝辄令秀之兄弟方便杀之。王自逊位,深虑祸及,与褚妃共处一室,自煮食于床前,饮食所资,皆出褚妃,故宋人莫得伺其隙。九月,帝令淡之与兄右卫将军叔度往视妃,妃出就别室相见。兵人逾垣而入,进药于王。王不肯饮,曰:"佛教,自杀者不复得人身。"兵人以被掩杀之。帝帅百官临于朝堂三日。

14　庚戌,魏主还宫。

15　冬,十月己亥,诏以河西王蒙逊为镇军大将军、开府仪同三司、凉州刺史。

16　己亥,魏主如代。

17　十一月辛亥,葬晋恭帝于冲平陵,帝帅百官瞻送。

18　十二月丙申,魏主西巡,至云中。

19　秦王炽磐遣征西将军孔子等帅骑二万击契汗秃真于罗川。

20　河西王蒙逊所署晋昌太守唐契据郡叛,蒙逊遣世子政德讨之。契,瑶之子也。

21 上之为宋公也,谢瞻为宋台中书侍郎,其弟晦为右卫将军。时晦权遇已重,自彭城还都迎家,宾客辐凑,门巷填咽。瞻在家惊骇,谓晦曰:"汝名位未多,而人归趣乃尔!吾家素以恬退为业,不愿干豫时事,交游不过亲朋。而汝遂势倾朝野,此岂门户之福邪!"乃以篱隔门庭曰:"吾不忍见此。"及还彭城,言于宋公曰:"臣本素士,父祖位不过二千石。弟年始三十,志用凡近,荣冠台府,位任显密。福过灾生,其应无远,特乞降黜,以保衰门。"前后屡陈之。晦或以朝廷密事语瞻,瞻故向亲旧陈说,用为戏笑,以绝其言。及上即位,晦以佐命功,位任益重,瞻愈忧惧。是岁,瞻为豫章太守,遇病不疗。临终,遗晦书曰:"吾得启体幸全,亦何所恨!弟思自勉励,为国为家。"

三年(壬戌,422)

1 春,正月甲辰朔,魏主自云中西巡,至屋窦城。

2 癸丑,以徐羡之为司空、录尚书事,刺史如故。江州刺史王弘为卫将军、开府仪同三司;中领军谢晦为领军将军兼散骑常侍,入直殿省,总统宿卫。徐羡之起自布衣,又无术学,直以志力局度,一旦居廊庙,朝野推服,咸谓有宰臣之望。沉密寡言,不以忧喜见色;颇工奕棋,观戏,常若未解,当世倍以此推之。傅亮、蔡廓常言:"徐公晓万事,安异同。"尝与傅亮、谢晦宴聚,亮、晦才学辩博,羡之风度详整,时然后言。郑鲜之叹曰:"观徐、傅言论,不复以学问为长。"

3 秦征西将军孔子等大破契汗秃真,获男女二万口,牛羊五十馀万头。秃真帅骑数千西走,其别部树奚帅户五千降秦。

4 二月丁丑,诏分豫州淮以东为南豫州,治历阳,以彭城王义康为刺史。又分荆州十郡置湘州,治临湘,以左卫将军张邵为刺史。

5 丙戌,魏主还宫。

6 三月,上不豫,太尉长沙王道怜、司空徐羡之、尚书仆射傅亮、领军将军谢晦、护军将军檀道济并入侍医药。群臣请祈祷神祇,上不许,唯使侍中谢方明以疾告宗庙而已。上性不信奇怪,微时多符瑞,及贵,史官审以所闻,上拒而不答。

檀道济出为镇北将军、南兖州刺史,镇广陵,悉监淮南诸军。

皇太子多狎群小,谢晦言于上曰:"陛下春秋既高,宜思存万世,神器至重,不可使负荷非才。"上曰:"庐陵何如?"晦曰:"臣请观焉。"出造庐陵王义真,义真盛欲与谈,晦不甚答。还曰:"德轻于才,非人主也。"丁未,出义真为都督南豫豫雍司秦并六州诸军事、车骑将军、开府仪同三司、南豫州刺史。是后,大州率加都督,多者或至五十州,不可复详载矣。

7　帝疾瘳,己未,大赦。

8　秦、雍流民南入梁州;庚申,遣使送绢万匹,且漕荆、雍之谷以赈之。

9　刁逵之诛也,其子弥亡命。辛酉,弥帅数十人入京口,太尉留府司马陆仲元击斩之。

10　乙丑,魏河南王曜卒。

11　夏,四月甲戌,魏立皇子焘为太平王,拜相国,加大将军;丕为乐平王,弥为安定王,范为乐安王,健为永昌王,崇为建宁王,俊为新兴王。

12　乙亥,诏封仇池公杨盛为武都王。

13　秦王炽磐以折冲将军乞伏是辰为西胡校尉,筑列浑城于汗罗以镇之。

14　五月,帝疾甚,召太子诫之曰:"檀道济虽有干略,而无远志,非如兄韶有难御之气也。徐羡之、傅亮,当无异图。谢晦数从征伐,颇识机变,若有同异,必此人也。"又为手诏曰:"后世若有幼主,朝事一委宰相,母后不烦临朝。"司空徐羡之、中书令傅亮、领军将军谢晦、镇北将军檀道济同被顾命。癸亥,帝殂于西殿。帝清简寡欲,严整有法度,被服居处,俭于布素,游宴甚稀,嫔御至少。尝得后秦高祖从女,有盛宠,颇以废事;谢晦微谏,即时遣出。财帛皆在外府,内无私藏。岭南尝献入筒细布,一端八丈,帝恶其精丽劳人,即付有司弹太守,以布还之,并制岭南禁作此布。公主出适,遣送不过二十万,无锦绣之物。内外奉禁,莫敢为侈靡。

太子即皇帝位,年十七,大赦,尊皇太后曰太皇太后,立妃司马氏为皇后。后,晋恭帝女海盐公主也。

15　魏主服寒食散,频年药发,灾异屡见,颇以自忧。遣中使密问白马公崔浩曰:"属者日食赵、代之分。朕疾弥年不愈,恐一旦不讳,诸子并少,将若之何? 其为我思身后之计!"浩曰:"陛下春秋富盛,行就平愈,必不得已,请陈瞽言。自圣代龙兴,不崇储贰,是以永兴之始,社稷几危。今宜早建东宫,选贤公卿以为师傅,左右信臣以为宾友;入总万机,出抚戎政。如此,则陛下可以优游无为,颐神养寿。万岁之后,国有成主,民有所归,奸宄息望,祸无自生矣。皇子焘年将周星,明睿温和,立子以长,礼之大经,若必待成人然后择之,倒错天伦,则召乱之道也。"魏主复以问南平公长孙嵩。对曰:"立长则顺,置贤则人服;焘长且贤,天所命也。"帝从之,立太平王焘为皇太子,使之居正殿临朝,为国副主。以长孙嵩及山阳公奚斤、北新公安同为左辅,坐东厢,西面;崔浩与太尉穆观、散骑常侍代人丘堆为右弼,坐西厢,东面;百官总己以听焉。帝避居西宫,时隐而窥之,听其决断,大悦,谓侍臣曰:“嵩宿德旧臣,历事四世,功存社稷;斤辩捷智谋,名闻遐迩;同晓解俗情,明练于事;观达于政要,识吾旨趣;浩博闻强识,精察天人;堆虽无大用,然在公专谨。以此六人辅相太子,吾与汝曹巡行四境,伐叛柔服,足以得志于天下矣。”

嵩实姓拔拔,斤姓达奚,观姓丘穆陵,堆姓丘敦。是时,魏之群臣出于代北者,姓多重复,及高祖迁洛,始皆改之。旧史恶其烦杂难知,故皆从后姓以就简易,今从之。

魏主又以典东西部刘絜、门下奏事代人古弼、直郎徒河卢鲁元忠谨恭勤,使之给侍东宫,分典机要,宣纳辞令。太子聪明,有大度;群臣时奏所疑,帝曰:“此非我所知,当决之汝曹国主也。”

16　六月壬申,以尚书仆射傅亮为中书监、尚书令,以领军将军谢晦领中书令,侍中谢方明为丹杨尹。方明善治郡,所至有能名;承代前人,不易其政,必宜改者,则以渐移变,使无迹可寻。

17　戊子,长沙景王道怜卒。

18　魏建义将军刁雍寇青州,州兵击破之。雍收散卒,走保大乡山。

19　秋,七月己酉,葬武皇帝于初宁陵,庙号高祖。

20　河西王蒙逊遣前将军沮渠成都帅众一万,耀兵岭南,遂屯五涧。九月,秦王炽磐遣征北将军出连虔等帅骑六千击之。

21　初,魏主闻高祖克长安,大惧,遣使请和,自是每岁交聘不绝。及高祖殂,殿中将军沈范等奉使在魏,还,及河,魏主遣人追执之,议发兵取洛阳、虎牢、滑台。崔浩谏曰:“陛下不以刘裕敫起,纳其使贡,裕亦敬事陛下。不幸今死,遽乘丧伐之,虽得之不足为美。且国家今日亦未能一举取江南也,而徒有伐丧之名,窃为陛下不取。臣谓宜遣人吊祭,存其孤弱,恤其凶灾,使义声布于天下,则江南不攻自服矣。况裕新死,党与未离,兵临其境,必相帅拒战,功不可必。不如缓之,待其强臣争权,变难必起,然后命将出师,可以兵不疲劳,坐收淮北也。”魏主曰:“刘裕乘姚兴之死而灭之,今我乘裕丧而伐之,何为不可?”浩曰:“不然。姚兴死,诸子交争,故裕乘衅伐之。今江南无衅,不可比也。”魏主不从,假司空奚斤节,加晋兵大将军、行扬州刺史,使督宋兵将军交州刺史周幾、吴兵将军广州刺史公孙表同入寇。

22 乙巳,魏主如灅南宫,遂如广宁。

23 辛亥,魏人筑平城外郭,周围三十二里。

24 魏主如乔山。遂东如幽州;冬,十月甲戌,还宫。

25 魏军将发,公卿集议于监国之前,以先攻城与先略地。奚斤欲先攻城,崔浩曰:"南人长于守城。昔苻氏攻襄阳,经年不拔。今以大兵坐攻小城,若不时克,挫伤军势,敌得徐严而来,我怠彼锐,此危道也。不如分军略地,至淮为限,列置守宰,收敛租谷,则洛阳、滑台、虎牢更在军北,绝望南救,必沿河东走;不则为圈中之物,何忧其不获也!"公孙表固请攻城,魏主从之。

于是奚斤等帅步骑二万,济河,营于滑台之东。时司州刺史毛德祖戍虎牢,东郡太守王景度告急于德祖,德祖遣司马翟广等将步骑三千救之。

先是,司马楚之聚众在陈留之境,闻魏兵济河,遣使迎降。魏以楚之为征南将军、荆州刺史,使侵扰北境。德祖遣长社令王法政将五百人戍邵陵,将军刘怜将二百骑戍雍丘以备之。楚之引兵袭怜,不克。会台送军资,怜出迎之,酸枣民王玉驰以告魏。丁酉,魏尚书滑稽引兵袭仓垣,兵吏悉逾城走,陈留太守冯翊严棱诣斤降。魏以王玉为陈留太守,给兵守仓垣。

奚斤等攻滑台,不拔,求益兵,魏主怒,切责之。壬辰,自将诸国兵五万馀人南出天关,逾恒岭,为斤等声援。

26 秦出连虔与河西沮渠成都战,禽之。

27 十一月,魏太子焘将兵出屯塞上,使安定王弥与安同居守。

庚戌,奚斤等急攻滑台,拔之。王景度出走;景度司马阳瓒为魏所执,不降而死。魏主以成皋侯苟儿为兖州刺史,镇滑台。

斤等进击翟广等于土楼,破之,乘胜进逼虎牢;毛德祖与战,屡破之。魏主别遣黑稍将军于栗䃶将三千人屯河阳,谋取金墉,德祖遣振威将军窦晃等缘河拒之。十二月丙戌,魏主至冀州,遣楚兵将军、徐州刺史叔孙建将兵自平原济河,徇青、兖。豫州刺史刘粹遣治中高道瑾将步骑五百据项城,徐州刺史王仲德将兵屯湖陆。于栗䃶济河,与奚斤并力攻窦晃等,破之。

魏主遣中领军代人娥清、期思侯柔然闾大肥将兵七千人会周幾、叔孙建南渡河,军于碻磝,癸未,兖州刺史徐琰弃尹卯南走。于是泰山、高平、金乡等郡皆没于魏。叔孙建等东入青州,司马爱之、季之先聚众于济东,皆降于魏。

　　戊子,魏兵逼虎牢。青州刺史东莞竺夔镇东阳城,遣使告急。己丑,诏南兖州刺史檀道济监征讨诸军事,与王仲德共救之。庐陵王义真遣龙骧将军沈叔狸将三千人就刘粹,量宜赴援。

28　秦王炽磐征秦州牧昙达为左丞相、征东大将军。

营阳王

景平元年(癸亥,423)

1　春,正月己亥朔,大赦,改元。

2　辛丑,帝祀南郊。

3　魏于栗䃅攻金墉,癸卯,河南太守王涓之弃城走。魏主以栗䃅为豫州刺史,镇洛阳。

4　魏主南巡恒岳,丙辰,至邺。

5　己未,诏征豫章太守蔡廓为吏部尚书,廓谓傅亮曰:“选事若悉以见付,不论;不然,不能拜也。”亮以语录事尚书徐羡之,羡之曰:“黄、散以下悉以委蔡,吾徒不复措怀;自此以上,故宜共参同异。”廓曰:“我不能为徐干木署纸尾!”遂不拜。干木,羡之小字也。选案黄纸,录尚书与吏部尚书连名,故廓云然。

　　　　沈约论曰:蔡廓固辞铨衡,耻为志屈;岂不知选、录同体,义无偏断乎! 良以主暗时难,不欲居通塞之任。远矣哉!

6　庚申,檀道济军于彭城。

　　魏叔孙建入临淄,所向城邑皆溃。竺夔聚民保东阳城,其不入城者,使各依据山险,芟夷禾稼,魏军至,无所得食。济南太守垣苗帅众依夔。

　　刁雍见魏主于邺,魏主曰:“叔孙建等入青州,民皆藏避,攻城不下。彼素服卿威信,今遣卿助之。”乃以雍为青州刺史,给雍骑,使行募兵以取青州。魏兵济河向青州者凡六万骑,刁雍募兵得五千人,抚慰士民,皆送租供军。

7　柔然寇魏边。二月戊辰,魏筑长城,自赤城西至五原,延袤二千馀里,备置戍卒,以备柔然。

8　丁丑,太皇太后萧氏殂。

9　河西王蒙逊及吐谷浑王阿柴皆遣使入贡。庚辰,诏以蒙逊为都督凉秦河沙四州诸军事、骠骑大将军、凉州牧、河西王;以阿柴为督塞表诸军事、安西将军、沙州刺史、浇河公。

10　三月壬子,葬孝懿皇后于兴宁陵。

11　魏奚斤、公孙表等共攻虎牢，魏主自邺遣兵助之。毛德祖于城内穴地入七丈，分为六道，出魏围外；募敢死之士四百人，使参军范道基等帅之，从穴中出，掩袭其后。魏军惊扰，斩首数百级，焚其攻具而还。魏兵虽退散，随复更合，攻之益急。

奚斤自虎牢将步骑三千攻颍川太守李元德等于许昌，元德等败走。魏以颍川人庾龙为颍川太守，戍许昌。

毛德祖出兵与公孙表大战，从朝至晡，杀魏兵数百。会奚斤自许昌还，合击德祖，大破之，亡甲士千馀人，复婴城自守。

魏主又遣万馀人从白沙渡河，屯濮阳南。

朝议以项城去魏不远，非轻军所抗，使刘粹召高道瑾还寿阳；若沈叔狸已进，亦宜且追。粹奏："虏攻虎牢，未复南向，若遽摄军舍项城，则淮西诸郡无所凭依；沈叔狸已顿肥口，又不宜遽退。"时李元德帅散卒二百至项，刘粹使助高道瑾戍守，请宥其奔败之罪，朝议并许之。

乙巳，魏主畋于韩陵山，遂如汲郡，至枋头。

初，毛德祖在北，与公孙表有旧。表有权略，德祖患之，乃与交通音问；密遣人说奚斤，云表与之连谋。每答表书，多所治定；表以书示斤，斤疑之，以告魏主。先是，表与太史令王亮少同营署，好轻侮亮；亮奏"表置军虎牢东，不得便地，故令贼不时灭。"魏主素好术数，以为然，积前后忿，使人夜就帐中缢杀之。

乙卯，魏主济自灵昌津，遂如东郡、陈留。

叔孙建将三万骑逼东阳城，城中文武才一千五百人，竺夔、垣苗悉力固守，时出奇兵击魏，破之。魏步骑绕城列陈十馀里，大治攻具；夔作四重堑，魏人填其三重，为橦车以攻城，夔遣人从地道中出，以大麻絙挽之令折。魏人复作长围，进攻逾急。历时浸久，城转堕坏，战士多死伤，馀众困乏，旦暮且陷。檀道济至彭城，以司、青二州并急，而所领兵少，不足分赴；青州道近，竺夔兵弱，乃与王仲德兼行先救之。

甲子，刘粹遣李元德袭许昌，斩庾龙。元德因留绥抚，并上租粮。

魏主至盟津。于栗磾造浮桥于冶阪津。乙丑，魏主引兵北济，西如河内。娥清、周幾、闾大肥徇地至湖陆、高平，民屯聚而射之。清等尽攻破高平诸县，灭数千家，虏掠万馀口，兖州刺史郑顺之戍湖陆，以兵少不敢出。

魏主又遣并州刺史伊楼拔助奚斤攻虎牢；毛德祖随方抗拒，颇杀魏兵，而将士稍零落。

夏，四月丁卯，魏主如成皋，绝虎牢汲河之路。停三日，自督众攻城，竟不能下,遂如洛阳观石经。遣使祀嵩高。

叔孙建攻东阳,堕其北城三十许步;刁雍请速入,建不许,遂不克。及闻檀道济等将至,雍又谓建曰:"贼畏官军突骑,以锁连车为函陈。大岘已南,处处狭隘,车不得方轨,雍请将所募兵五千据险以邀之,破之必矣。"时天暑,魏军多疫。建曰:"兵人疫病过半,若相持不休,兵自死尽,何须复战!今全军而返,计之上也。"己巳,道济军于临朐。壬申,建等烧营及器械而遁;道济至东阳,粮尽,不能追。竺夔以东阳城坏,不可守,移镇不其城。

叔孙建自东阳趋滑台,道济分遣王仲德向尹卯。道济停军湖陆,仲德未至尹卯,闻魏兵已远,还就道济。刁雍遂留镇尹卯,招集谯、梁、彭、沛民五千馀家,置二十七营以领之。

12 蛮王梅安帅渠帅数十人入贡于魏。初,诸蛮本居江、淮之间,其后种落滋蔓,布于数州,东连寿春,西通巴、蜀,北接汝、颍,往往有之。在魏世不甚为患;及晋,稍益繁昌,渐为寇暴。及刘、石乱中原,诸蛮无所忌惮,渐复北徙,伊阙以南,满于山谷矣。

13 河西世子政德攻晋昌,克之。唐契及弟和、甥李宝同奔伊吾,招集遗民,归附者至二千馀家,臣于柔然,柔然以契为伊吾王。

14 秦王炽磐谓其群臣曰:"今宋虽奄有江南,夏人雄据关中,皆不足与也。独魏主奕世英武,贤能为用,且谶云,'恒代之北当有真人',吾将举国而事之。"乃遣尚书郎莫者阿胡等入见于魏,贡黄金二百斤,并陈伐夏方略。

15 闰月丁未,魏主如河内,登太行,至高都。

叔孙建自滑台西就奚斤,共攻虎牢。虎牢被围二百日,无日不战,劲兵战死殆尽,而魏增兵转多。魏人毁其外城,毛德祖于其内更筑三重城以拒之,魏人又毁其二重。德祖唯保一城,昼夜相拒,将士眼皆生创;德祖抚之以恩,终无离心。时檀道济军湖陆,刘粹军项城,沈叔狸军高桥,皆畏魏兵强,不敢进。丁巳,魏人作地道以泄虎牢城中井,井深四十丈,山势峻峭,不可得防;城中人马渴乏,被创者不复出血,重以饥疫。魏仍急攻之,己未,城陷;将士欲扶德祖出走,德祖曰:"我誓与此城俱毙,义不使城亡而身存也!"魏主命将士:"得德祖者,必生致之。"将军代人豆代田执德祖以献。将佐在城中者,皆为魏所虏,唯参军范道基将二百人突围南还。魏士卒疫死者亦什二三。

奚斤等悉定司、兖、豫诸郡县,置守宰以抚之。魏主命周幾镇河南,河南人安之。

徐羡之、傅亮、谢晦以亡失境土,上表自劾;诏勿问。

16 徐羡之兄子吴郡太守佩之颇豫政事,与侍中王韶之、程道惠、中书舍人邢安泰、潘盛结为党友。时谢晦久病,不堪见客。佩之等疑其诈疾,有异图,乃称羡之意以告傅亮,欲令亮作诏诛之。亮曰:"我等三人同受顾命,岂可自相诛戮! 诸君果行此事,亮当角巾步出掖门耳。"佩之等乃止。

17 五月,魏主还平城。

18 六月己亥,魏宜都文成王穆观卒。

19 丙辰,魏主北巡,至参合陂。

20 秋,七月,尊帝母张夫人为皇太后。

21 魏主如三会屋侯泉;八月辛丑,如马邑,观灅源。

22 柔然寇河西,河西王蒙逊命世子政德击之。政德轻骑进战,为柔然所杀;蒙逊立次子兴为世子。

23 九月乙亥,魏主还宫。召奚斤还平城,留兵守虎牢;使娥清、周幾镇枋头;以司马楚之所将户口置汝南、南阳、南顿、新蔡四郡,以益豫州。

24 冬,十月癸卯,魏人广西宫外垣,周二十里。

25 秃发傉檀之死也,河西王蒙逊遣人诱其故太子虎台,许以番禾、西安二郡处之,且借之兵,使伐秦,报其父仇,复取故地。虎台阴许之,事泄而止。秦王炽磐之后,虎台之妹也,炽磐待之如初。后密与虎台谋曰:"秦本我之仇雠,虽以婚姻待之,盖时宜耳。先王之薨,又非天命;遗令不治者,欲全济子孙故也。为人子者,岂可臣妾于仇雠而不思报复乎!"乃与武卫将军越质洛城谋弑炽磐。后妹为炽磐左夫人,知其谋而告之,炽磐杀后及虎台等十余人。

26 十一月,魏周幾寇许昌,许昌溃,颍川太守李元德奔项。戊辰,魏人围汝阳,汝阳太守王公度亦奔项。刘粹遣其将姚耸夫等将兵助守项城。魏人夷许昌城,毁钟城,以立封疆而还。

27 己巳,魏太宗殂。壬申,世祖即位,大赦。十二月庚子,魏葬明元帝于金陵。庙号太宗。

魏主追尊其母杜贵嫔为密皇后。自司徒长孙嵩以下普增爵位。以襄城公卢鲁元为中书监,会稽公刘絜为尚书令,司卫监尉眷、散骑侍郎刘库仁等八人分典四部。眷,古真之弟子也。

以河内镇将代人罗结为侍中、外都大官,总三十六曹事。结时年一百七,精爽不衰,<u>魏</u>主以其忠悫,亲任之,使兼长秋卿,监典后宫,出入卧内;年一百一十,乃听归老,朝廷每有大事,遣骑访焉。又十年乃卒。

左光禄大夫<u>崔浩</u>研精经术,练习制度,凡朝廷礼仪,军国书诏,无不关掌。<u>浩</u>不好<u>老</u>、<u>庄</u>之书,曰:"此矫诬之说,不近人情。<u>老聃</u>习礼,<u>仲尼</u>所师,岂肯为败法之书以乱先王之治乎!"尤不信佛法,曰:"何为事此<u>胡神</u>!"及<u>世祖</u>即位,左右多毁之;帝不得已,命<u>浩</u>以公归第,然素知其贤,每有疑议,辄召问之。<u>浩</u>纤妍洁白如美妇,常自谓才比<u>张良</u>而稽古过之。既归第,因修服食养性之术。

初,<u>嵩山</u>道士<u>寇谦之</u>,<u>赞</u>之弟也,修<u>张道陵</u>之术,自言尝遇<u>老子</u>降,命<u>谦之</u>继<u>道陵</u>为天师,授以辟谷轻身之术及<u>科戒</u>二十卷,使之清整道教。又遇神人<u>李谱文</u>,云<u>老子</u>之玄孙也。授以<u>图箓真经</u>六十馀卷,使之辅佐<u>北方太平真君</u>;出天宫静轮之法,其中数篇,<u>李君</u>之手笔也。<u>谦之</u>奉其书献于<u>魏</u>主。朝野多未之信,<u>崔浩</u>独师事之,从受其术,且上书赞明其事曰:"臣闻圣王受命,必有天应,<u>河图</u>、<u>洛书</u>皆寄言于虫兽之文,未若今日人神接对,手笔粲然,辞旨深妙,自古无比;岂可以世俗常虑而忽上灵之命! 臣窃惧之。"帝欣然,使谒者奉玉帛、牲牢祭<u>嵩岳</u>,迎致<u>谦之</u>弟子在山中者,以崇奉天师,显扬新法,宣布天下。起天师道场于<u>平城</u>之东南,重坛五层;给道士百二十人衣食,每月设厨会数千人。

臣<u>光</u>曰:<u>老</u>、<u>庄</u>之书,大指欲同死生,轻去就。而为神仙者,服饵修炼以求轻举,炼草石为金银,其为术正相戾矣;是以<u>刘歆七略</u>叙道家为诸子,神仙为方技。其后复有符水、禁咒之术,至<u>谦之</u>遂合而为一;至今循之,其讹甚矣! <u>崔浩</u>不喜佛、<u>老</u>之书而信<u>谦之</u>之言,其故何哉! 昔<u>臧文仲</u>祀爰居,<u>孔子</u>以为不智;如<u>谦之</u>者,其为爰居亦大矣。"<u>诗</u>三百,一言以蔽之,曰思无邪。"君子之于择术,可不慎哉!

资治通鉴卷第一百二十

宋纪二

太祖文皇帝上之上

元嘉元年（甲子，424）

1　春，正月，魏改元始光。

2　丙寅，魏安定殇王弥卒。

3　营阳王居丧无礼，好与左右狎昵，游戏无度。特进致仕范泰上封事曰："伏闻陛下时在后园，颇习武备，鼓鞞在宫，声闻于外。黩武掖庭之内，喧哗省闼之间，非徒不足以威四夷，只生远近之怪。陛下践阼，委政宰臣，实同高宗谅暗之美；而更亲狎小人，惧非社稷至计，经世之道也。"不听。泰，宁之子也。

南豫州刺史庐陵王义真，警悟爱文义，而性轻易，与太子左卫率谢灵运、员外常侍颜延之、慧琳道人情好款密。尝云："得志之日，以灵运、延之为宰相，慧琳为西豫州都督。"灵运，玄之孙也，性褊傲，不遵法度；朝廷但以文义处之，不以为有实用。灵运自谓才能宜参权要，常怀愤邑。延之，含之曾孙也，嗜酒放纵。

徐羡之等恶义真与灵运等游，义真故吏范晏从容戒之，义真曰："灵运空疏，延之隘薄，魏文帝所谓'古今文人类不护细行'者也；但性情所得，未能忘言于悟赏耳。"于是羡之等以为灵运、延之构扇异同，非毁执政，出灵运为永嘉太守，延之为始安太守。

义真至历阳，多所求索，执政每裁量不尽与；义真深怨之，数有不平之言，又表求还都，谘议参军庐江何尚之屡谏，不听。时羡之等已密谋废帝，而次立者应在义真，乃因义真与帝有隙，先奏列其罪恶，废为庶人，徙新安郡。前吉阳令堂邑张约之上疏曰："庐陵王少蒙先皇优慈之遇，长受陛下睦爱之恩，故在心必言，所怀必亮，容犯臣子之道，致招骄恣之愆。至于天姿凤成，实有卓然之美，宜在容养，录善掩瑕，训尽义方，进退以渐。今猥加剥辱，幽徙远郡，上伤陛下常棣之笃，下令远近怅然失图。臣伏思大宋开基造次,根条未繁,宜广树藩戚,敦睦以道。人谁无过,贵能自新;以<u>武皇</u>之爱子,陛下之懿弟,岂可以其一眚,长致沦弃哉!"书奏,以<u>约</u>之为<u>梁州</u>府参军,寻杀之。

4　夏,四月甲辰,<u>魏</u>主东巡<u>大宁</u>。

5　<u>秦王炽磐</u>遣镇南将军<u>吉毗</u>等帅步骑一万南伐<u>白苟</u>、<u>车孚</u>、<u>崔提</u>、<u>旁为</u>四国,皆降之。

6　<u>徐羡之</u>等以<u>南兖州</u>刺史<u>檀道济</u>先朝旧将,威服殿省,且有兵众,乃召<u>道济</u>及<u>江州</u>刺史<u>王弘</u>入朝;五月,皆至<u>建康</u>,以废立之谋告之。

甲申,<u>谢晦</u>以领军府屋败,悉令家人出外,聚将士于府内;又使中书舍人<u>邢安泰</u>、<u>潘盛</u>为内应。夜,邀<u>檀道济</u>同宿,<u>晦</u>悚动不得眠,<u>道济</u>就寝便熟,<u>晦</u>以此服之。

时帝于<u>华林园</u>为列肆,亲自沽卖;又与左右引船为乐,夕,游<u>天渊池</u>,即龙舟而寝。乙酉诘旦,<u>道济</u>引兵居前,<u>羡之</u>等继其后,入自<u>云龙门</u>;<u>安泰</u>等先诫宿卫,莫有御者。帝未兴,军士进杀二侍者,伤帝指,扶出东阁,收玺绶,群臣拜辞,卫送故太子宫。

侍中<u>程道惠</u>劝<u>羡之</u>等立皇弟<u>南豫州</u>刺史<u>义恭</u>。<u>羡之</u>等以<u>宜都王义隆</u>素有令望,又多符瑞,乃称皇太后令,数帝过恶,废为<u>营阳王</u>,以<u>宜都王</u>纂承大统,赦死罪以下。又称皇太后令,奉还玺绶;并废皇后为<u>营阳王</u>妃,迁<u>营阳王</u>于吴。使<u>檀道济</u>入守朝堂。王至吴,止<u>金昌亭</u>;六月癸丑,<u>羡之</u>等使<u>邢安泰</u>就弑之。王多力,突走出<u>昌门</u>,追者以门关踣而弑之。

　　<u>裴子野</u>论曰:古者人君养子,能言而师授之辞,能行而傅相之礼。<u>宋</u>之教诲,雅异于斯,居中则任仆妾,处外则近趋走。太子、皇子,有帅,有侍,是二职者,皆台皂也。制其行止,授其法则,导达臧否,罔弗由之;言不及于礼义,识不达于今古,谨敕者能劝之以吝啬,狂愚者或诱之以凶慝。虽有师傅,多以耆艾大夫为之;虽有友及文学,多以膏粱年少为之;具位而已,亦弗与游。幼王临州,长史行事,宣传教命,又有典签;往往专恣,窃弄威权,是以本根虽茂而端良甚寡。嗣君冲幼,世继奸回,虽恶物丑类,天然自出,然习则生常,其流远矣。降及<u>太宗</u>,举天下而弃之,亦昵比之为也。呜呼!有国有家,其鉴之矣!

7　<u>傅亮</u>帅行台百官奉法驾迎<u>宜都王</u>于<u>江陵</u>。祠部尚书<u>蔡廓</u>至<u>寻阳</u>,遇疾不堪前;<u>亮</u>与之别。<u>廓</u>曰:"<u>营阳</u>在吴,宜厚加供奉;一旦不幸,卿诸人有弑主之名,欲立于世,将可得邪!"时<u>亮</u>已与<u>羡之</u>议害<u>营阳王</u>,乃驰信

止之，不及。羡之大怒曰：“与人共计议，如何旋背即卖恶于人邪！”羡之等又遣使者杀前庐陵王义真于新安。

羡之以荆州地重，恐宜都王至，或别用人，乃矫以录命除领军将军谢晦行都督荆湘等七州诸军事、荆州刺史，欲令居外为援，精兵旧将，悉以配之。

秋，七月，行台至江陵，立行门于城南，题曰“大司马门”。傅亮帅百僚诣门上表，进玺绂，仪物甚盛。宜都王时年十八，下教曰：“猥以不德，谬降大命，顾己兢悸，何以克堪！辄当暂归朝廷，展哀陵寝，并与贤彦申写所怀。望体其心，勿为辞费。”府州佐史并称臣，请题榜诸门，一依宫省；王皆不许。教州、府、国纲纪宥所统内见刑，原逋责。

诸将佐闻营阳、庐陵王死，皆以为疑，劝王不可东下。司马王华曰：“先帝有大功于天下，四海所服，虽嗣主不纲，人望未改。徐羡之中才寒士，傅亮布衣诸生，非有晋宣帝、王大将军之心明矣；受寄崇重，未容遽敢背德。畏庐陵严断，将来必不自容；以殿下宽睿慈仁，远近所知，且越次奉迎，冀以见德；悠悠之论，殆必不然。又，羡之等五人，同功并位，孰肯相让！就怀不轨，势必不行。废主若存，虑其将来受祸，致此杀害；盖由贪生过深，宁敢一朝顿怀逆志！不过欲握权自固，以少主仰待耳。殿下但当长驱六辔，以副天人之心。”王曰：“卿复欲为宋昌邪！”长史王昙首、南蛮校尉到彦之皆劝王行，昙首仍陈天人符应，王乃曰：“诸公受遗，不容背义。且劳臣旧将，内外充满，今兵力又足以制物，夫何所疑！”乃命王华总后任，留镇荆州。王欲使到彦之将兵前驱，彦之曰：“了彼不反，便应朝服顺流；若使有虞，此师既不足恃，更开嫌隙之端，非所以副远迩之望也。”会雍州刺史褚叔度卒，乃遣彦之权镇襄阳。

甲戌，王发江陵，引见傅亮，号泣，哀动左右。既而问义真及少帝薨废本末，悲哭呜咽，侍侧者莫能仰视。亮流汗沾背，不能对；乃布腹心于到彦之、王华等，深自结纳。王以府州文武严兵自卫，台所遣百官众力不得近部伍。中兵参军朱容子抱刀处王所乘舟户外，不解带者累旬。

8　魏主还宫。

9　秦王炽磐遣太子暮末帅征北将军木弈干等步骑三万出貂渠谷，攻河西白草岭、临松郡，皆破之，徙民二万馀口而还。

10　八月丙申，宜都王至建康，群臣迎拜于新亭。徐羡之问傅亮曰：“王可方谁？”亮曰：“晋文、景以上人。”羡之曰：“必能明我赤心。”亮曰：“不然。”

　　丁酉，王谒初宁陵，还，止中堂。百官奉玺绶，王辞让数四，乃受之，即皇帝位于中堂。备法驾入宫，御太极前殿，大赦，改元，文武赐位二等。

　　戊戌，谒太庙。诏复庐陵王先封，迎其枢及孙脩华、谢妃还建康。

　　庚子，以行荆州刺史谢晦为真。晦将行，与蔡廓别，屏人问曰："吾其免乎?"廓曰："卿受先帝顾命，任以社稷，废昏立明，义无不可。但杀人二兄而以之北面，挟震主之威，据上流之重，以古推今，自免为难。"晦始惧不得去，既发，顾望石头城喜曰："今得脱矣!"

　　癸卯，徐羡之进位司徒，王弘进位司空，傅亮加开府仪同三司，谢晦进号卫将军，檀道济进号征北将军。

　　有司奏车驾依故事临华林园听讼。诏曰："政刑多所未悉;可如先者，二公推讯。"

　　帝以王昙首、王华为侍中，昙首领右卫将军，华领骁骑将军，朱容子为右军将军。

　　11　甲辰，追尊帝母胡婕好曰章皇后。封皇弟义恭为江夏王，义宣为竟陵王，义季为衡阳王;仍以义宣为左将军，镇石头。

　　徐羡之等欲即以到彦之为雍州，帝不许;征彦之为中领军，委以戎政。彦之自襄阳南下，谢晦已至镇，虑彦之不过己。彦之至杨口，步往江陵，深布诚款;晦亦厚自结纳。彦之留马及利剑、名刀以与晦，晦由此大安。

　　12　柔然纥升盖可汗闻魏太宗殂，将六万骑入云中，杀掠吏民，攻拔盛乐宫。魏世祖自将轻骑讨之，三日二夜至云中。纥升盖引骑围魏主五十馀重，骑逼马首，相次如堵，将士大惧，魏主颜色自若，众情乃安。纥升盖以弟子於陟斤为大将，魏人射杀之;纥升盖惧，遁去。尚书令刘絜言于魏主曰："大檀自恃其众，必将复来，请俟收田毕，大发兵为二道，东西并进以讨之。"魏主然之。

　　13　九月丙子，立妃袁氏为皇后;耽之曾孙也。

　　14　冬，十月，吐谷浑威王阿柴卒。阿柴有子二十人。疾病，召诸子弟谓之曰："先公车骑，以大业之故，舍其子拾虔而授孤，孤敢私于纬代而忘先君之志乎! 我死，汝曹当奉慕璝为主。"纬代者，阿柴之长子;慕璝者，阿柴之母弟、叔父乌纥提之子也。

　　阿柴又命诸子各献一箭，取一箭授其弟慕利延使折之。慕利延折之。又取十九箭使折之，慕利延不能折。阿柴乃谕之曰："汝曹知之乎? 孤则易折，众则难摧。汝曹当戮力一心，然后可以保国宁家。"言终而卒。

　　慕璝亦有才略，抚秦、凉失业之民及氐、羌杂种至五六百落，部众转盛。

15　十二月，魏主命安集将军长孙翰、安北将军尉眷北击柔然，魏主自将屯柞山。柔然北遁，诸军追之，大获而还。翰，肥之子也。

16　诏拜营阳王母张氏为营阳太妃。

17　林邑王范阳迈寇日南、九德诸郡。

18　宕昌王梁弥忽遣子弥黄入见于魏。宕昌，羌之别种也。羌地东接中国，西通西域，长数千里，各有酋帅，部落分地，不相统摄；而宕昌最强，有民二万馀落，诸种畏之。

19　夏主将废太子璝而立少子酒泉公伦。璝闻之，将兵七万北伐伦。伦将骑三万拒之，战于高平，伦败死。伦兄太原公昌将骑一万袭璝，杀之，并其众八万五千，归于统万。夏主大悦，立昌为太子。

夏主好自矜大，名其四门：东曰招魏，南曰朝宋，西曰服凉，北曰平朔。

二年（乙丑，425）

1　春，正月，徐羡之、傅亮上表归政；表三上，帝乃许之。丙寅，始亲万机。羡之仍逊位还第；徐佩之、程道惠及吴兴太守王韶之等并谓非宜，敦劝甚苦；乃复奉诏视事。

2　辛未，帝祀南郊，大赦。

3　己卯，魏主还平城。

4　二月，燕有女子化为男；燕主以问群臣。尚书左丞傅权对曰："西汉之末，雌鸡化为雄，犹有王莽之祸。况今女化为男，臣将为君之兆也。"

5　三月丙寅，魏主尊保母窦氏为保太后。密后之姐也，世祖尚幼，太宗以窦氏慈良，有操行，使保养之。窦氏抚视有恩，训导有礼，世祖德之，故加以尊号，奉养不异所生。

6　丁巳，魏以长孙嵩为太尉，长孙翰为司徒，奚斤为司空。

7　夏，四月，秦王炽磐遣平远将军叱卢犍等袭河西镇南将军沮渠白蹄于临松，擒之，徙其民五千馀户于枹罕。

8　魏主遣龙骧将军步堆等来聘，始复通好。

9　六月，武都惠文王杨盛卒。初，盛闻晋亡，不改义熙年号，谓世子玄曰："吾老矣，当终为晋臣；汝善事宋帝。"及盛卒，玄自称都督陇右诸军事、征西大将军、开府仪同三司、秦州刺史、武都王，遣使来告丧，始用元嘉年号。

10　秋，七月，秦王炽磐遣镇南将军吉毗等南击黑水羌酋丘担，大破之。

11　八月，夏武烈帝殂，葬嘉平陵，庙号世祖；太子昌即皇帝位。大赦，改元承光。

12　王弘自以始不预定策，不受司空；表让弥年，乃许之。乙酉，以弘为车骑大将军、开府仪同三司。

13　冬，十月，丘担以其众降秦，秦以担为归善将军；拜折冲将军乞伏信帝为平羌校尉以镇之。

14　癸卯，魏主大伐柔然，五道并进：长孙翰等从东道，出黑漠，廷尉卿长孙道生等出白、黑二漠之间，魏主从中道，东平公娥清出栗园，奚斤等从西道，出尔寒山。诸军至漠南，舍辎重，轻骑，赍十五日粮，度漠击之。柔然部落大惊，绝迹北走。

15　十一月，以武都世子玄为北秦州刺史、武都王。

16　初，会稽孔宁子为帝镇西谘议参军，及即位，以宁子为步兵校尉；与侍中王华并有富贵之愿，疾徐羡之、傅亮专权，日夜构之于帝。会谢晦二女当适彭城王义康、新野侯义宾，遣其妻曹氏及长子世休送女至建康。帝欲诛羡之、亮，并发兵讨晦，声言当伐魏，又言拜京陵，治行装舰。亮与晦书曰："薄伐河朔，事犹未已，朝野之虑，忧惧者多。"又言："朝士多谏北征，上当遣外监万幼宗往相谘访。"时朝廷处分异常，其谋颇泄。

三年（丙寅，426）

1　春，正月，谢晦弟黄门侍郎曒驰使告晦，晦犹谓不然，以傅亮书示谘议参军何承天曰："计幼宗一二日必至。傅公虑我好事，故先遣此书。"承天曰："外间所闻，咸谓西讨已定，幼宗岂有上理！"晦尚谓虚妄，使承天豫立答诏启草，言伐虏宜须明年。江夏内史程道惠得寻阳人书，言"朝廷将有大处分，其事已审"，使其辅国府中兵参军乐冏封以示晦。晦问承天曰："若果尔，卿令我云何？"对曰："蒙将军殊顾，常思报德。事变至矣，何敢隐情！然明日戒严，动用军法，区区所怀，惧不得尽。"晦惧曰："卿岂欲我自裁邪？"承天曰："尚未至此。以王者之重，举天下以攻一州，大小既殊，逆顺又异。境外求全，上计也。其次，以腹心将兵屯义阳，将军自帅大众战于夏口；若败，即趋义阳以出北境，其次也。"晦良久曰："荆州用武之地，兵粮易给，聊且决战，走复何晚！"乃使承天造立表檄；又与卫军谘议参军琅邪颜邵谋举兵，邵饮药而死。

晦立幡戒严，谓司马庾登之曰："今当自下，欲屈卿以三千人守城，备御刘粹。"登之曰:"下官亲老在都,又素无部众,情计二三,不敢受此旨。"晦仍问诸将佐:"战士三千足守城否?"南蛮司马周超对曰:"非徒守城而已,若有外寇,可以立功。"登之因曰:"超必能辨,下官请解司马、南郡以授之。"晦即于坐命超为司马,领南义阳太守。转登之为长史,南郡如故。登之,蕴之孙也。

帝以王弘、檀道济始不预废弑之谋,弘弟昙首又为帝所亲委,事将发,密使报弘,且召道济,欲使讨晦。王华等皆以为不可,帝曰:"道济止于胁从,本非创谋,杀害之事,又所不关;吾抚而使之,必将无虑。"乙丑,道济至建康。

丙寅,下诏暴羡之、亮、晦杀营阳、庐陵王之罪,命有司诛之,且曰:"晦据有上流,或不即罪,朕当亲帅六师为其过防。可遣中领军到彦之即日电发,征北将军檀道济骆驿继路,符卫军府州,以时收翦,已命雍州刺史刘粹等断其走伏。罪止元凶,馀无所问。"

是日,诏召羡之、亮。羡之行至西明门外,谢晦正直,遣报亮云:"殿内有异处分。"亮辞以嫂病暂还,遣使报羡之,羡之还西州,乘内人问讯车出郭,步走至新林,入陶灶中自经死。亮乘车出郭门,乘马奔兄迪墓,屯骑校尉郭泓收之。至广莫门,上遣中书舍人以诏书示亮,并谓曰:"以公江陵之诚,当使诸子无恙。"亮读诏书讫,曰:"亮受先帝布衣之眷,遂蒙顾托。黜昏立明,社稷之计也。欲加之罪,其无辞乎!"于是诛亮而徙其妻子于建安;诛羡之二子,而宥其兄子佩之。又诛晦子世休,收系谢晦。

帝将讨谢晦,问策于檀道济,对曰:"臣昔与晦同从北征,入关十策,晦有其九,才略明练,殆为少敌。然未尝孤军决胜,戎事恐非其长。臣悉晦智,晦悉臣勇,今奉王命以讨之,可未陈而擒也。"丁卯,征王弘为侍中、司徒、录尚书事、扬州刺史,以彭城王义康为都督荆湘等八州诸军事、荆州刺史。

乐囦复遣使告谢晦以徐、傅及晞等已诛。晦先举羡之、亮哀,次发子弟凶问,既而自出射堂勒兵。晦从高祖征讨,指麾处分,莫不曲尽其宜,数日间,四远投集,得精兵三万人。乃奉表称羡之、亮等忠贞,横被冤酷。且言:"臣等若志欲执权,不专为国,初废营阳,陛下在远,武皇之子尚有童幼,拥以号令,谁敢非之!岂得溯流三千里,虚馆七旬,仰望鸾旗者哉!故庐陵王,于营阳之世积怨犯上,自贻非命。不有所废,将何以兴!耿弇不以贼遗君、父,臣亦何负于宋室邪!此皆王弘、王昙首、王华险躁猜忌,谗构成祸。今当举兵以除君侧之恶。"

2　秦王炽磐复遣使如魏,请用师于夏。

3　初,袁皇后生皇子劭,后自详视,使驰白帝曰:"此儿形貌异常,必破国亡家,不可举。"即欲杀之。帝狼狈至后殿户外,手拨幔禁之,乃止。以尚在谅暗,故秘之。闰月丙戌,始言劭生。

4　帝下诏戒严,大赦,诸军相次进路以讨谢晦。晦以弟遁为竟陵内史,将万人总留任,帅众二万发江陵,列舟舰自江津至于破冢,旌旗蔽日。叹曰:"恨不得以此为勤王之师。"

晦欲遣兵袭湘州刺史张邵,何承天以邵兄益州刺史茂度与晦善,曰:"邵意趣未可知,不宜遽击之。"晦以书招邵,邵不从。

5　二月戊午,以金紫光禄大夫王敬弘为尚书左仆射,建安太守郑鲜之为右仆射。敬弘,廙之曾孙也。

庚申,上发建康。命王弘与彭城王义康居守,入居中书下省;侍中殷景仁参掌留任;帝姊会稽长公主留止台内,总摄六宫。

谢晦自江陵东下,何承天留府不从。晦至江口,到彦之已至彭城洲。庾登之据巴陵,畏懦不敢进,会霖雨连日,参军刘和之曰:"彼此共有雨耳,檀征北寻至,东军方强,惟宜速战。"登之恇怯,使小将陈祐作大囊,贮茅悬于帆樯,云可以焚舰,用火宜须晴,以缓战期。晦然之,停军十五日。乃使中兵参军孔延秀攻将军萧欣于彭城洲,破之。又攻洲口栅,陷之。诸将咸欲退还夏口,到彦之不可,乃保隐圻。晦又上表自讼,且自矜其捷,曰:"陛下若枭四凶于庙庭,悬三监于绛阙,臣便勒众旋旗,还保所任。"

初,晦与徐羡之、傅亮为自全之计:以为晦据上流,而檀道济镇广陵,各有强兵,足以制朝廷;羡之、亮居中秉权,可得持久。及闻道济帅众来上,惶惧无计。

道济既至,与到彦之军合,牵舰缘岸。晦始见舰数不多,轻之,不即出战。至晚,因风帆上,前后连咽;西人离沮,无复斗心。戊辰,台军至忌置洲尾,列舰过江,晦军一时皆溃。晦夜出,投巴陵,得小船还江陵。

先是,帝遣雍州刺史刘粹自陆道帅步骑袭江陵,至沙桥,周超帅万馀人逆战,大破之,士卒伤死者过半。俄而晦败问至。初,晦与粹善,以粹子旷之为参军;帝疑之,王弘曰:"粹无私,必无忧也。"及受命南讨,一无所顾,帝以此嘉之。晦亦不杀旷之,遣还粹所。

丙子,帝自芜湖东还。

晦至江陵,无他处分,唯愧谢周超而已。其夜,超舍军单舸诣到彦之降。晦众散略尽,乃携其弟遁等七骑北走。遁肥壮,不能乘马,晦每待之,行不得速。己卯,至安陆延头,为戍主光顺之所执,槛送建康。

到彦之至马头,何承天自归。彦之因监荆州府事,以周超为参军;刘粹以沙桥之败告,乃执之。于是诛晦、瞳、遯及其兄弟之子,并同党孔延秀、周超等。晦女彭城王妃被发徒跣,与晦诀曰:"大丈夫当横尸战场,奈何狼藉都市!"庾登之以无任,免官禁锢;何承天及南蛮行参军新兴王玄谟等皆见原。晦之走也,左右皆弃之,唯延陵盖追随不舍,帝以盖为镇军功曹督护。

晦之起兵,引魏南蛮校尉王慧龙为援。慧龙帅众一万拔思陵戍,进围项城,闻晦败,乃退。

益州刺史张茂度受诏袭江陵;晦败,茂度军始至白帝。议者疑茂度有贰心,帝以茂度弟邵有诚节,赦不问,代还。

三月辛巳,帝还建康,征谢灵运为秘书监,颜延之为中书侍郎,赏遇甚厚。

帝以慧琳道人善谈论,因与议朝廷大事,遂参权要,宾客辐凑,门车常有数十两,四方赠赂相系,方筵七八,座上恒满。琳著高屐,披貂裘,置通呈、书佐。会稽孔觊尝诣之,遇宾客填咽,暄凉而已。觊慨然曰:"遂有黑衣宰相,可谓冠屦失所矣!"

夏,五月乙未,以檀道济为征南大将军、开府仪同三司、江州刺史,到彦之为南豫州刺史。遣散骑常侍袁渝等十六人分行诸州郡县,观察吏政,访求民隐;又使郡县各言损益。丙午,上临延贤堂听讼,自是每岁三讯。

左仆射王敬弘,性恬淡,有重名;关署文案,初不省读。尝预听讼,上问以疑狱,敬弘不对。上变色,问左右:"何故不以讯牒副仆射?"敬弘曰:"臣乃得讯牒读之,正自不解。"上甚不悦,虽加礼敬,不复以时务及之。

六月,以右卫将军王华为中护军,侍中如故。华以王弘辅政,王昙首为上所亲任,与己相埒,自谓力用不尽,每叹息曰:"宰相顿有数人,天下何由得治!"是时,宰相无常官,唯人主所与议论政事、委以机密者,皆宰相也,故华有是言。亦有任侍中而不为宰相者;然尚书令仆、中书监令、侍中、侍郎、给事中,皆当时要官也。

华与刘湛、王昙首、殷景仁俱为侍中,风力局干,冠冕一时。上尝与四人于合殿宴饮,甚悦。既罢出,上目送良久,叹曰:"此四贤,一时之秀,同管喉唇,恐后世难继也。"

黄门侍郎谢弘微与华等皆上所重,当时号曰五臣。弘微,琰之从孙也。精神端审,时然后言,婢仆之前不妄语笑;由是尊卑大小,敬之若神。

从叔混特重之,常曰:"微子异不伤物,同不害正,吾无间然。"

上欲封王昙首、王华等,拊御床曰:"此坐非卿兄弟,无复今日。"因出封诏以示之。昙首固辞曰:"近日之事,赖陛下英明,罪人斯得;臣等岂可因国之灾以为身幸!"上乃止。

6　魏主诏问公卿:"今当用兵,赫连、蠕蠕,二国何先?"长孙嵩、长孙翰、奚斤皆曰:"赫连土著,未能为患。不如先伐蠕蠕,若追而及之,可以大获;不及,则猎于阴山,取其禽兽皮角以充军实。"太常崔浩曰:"蠕蠕鸟集兽逃,举大众追之则不能及,轻兵追之又不足以制敌。赫连氏土地不过千里,政刑残虐,人神所弃,宜先伐之。"尚书刘絜、武京侯安原请先伐燕。于是魏主自云中西巡至五原,因畋于阴山,东至和兜山;秋,八月,还平城。

7　诏殿中将军吉恒聘于魏。

8　燕太子永卒,立次子翼为太子。

9　秦王炽磐伐河西,至廉川,遣太子暮末等步骑三万攻西安,不克,又攻番禾。河西王蒙逊发兵御之,且遣使说夏主,使乘虚袭枹罕。夏主遣征南大将军呼卢古将骑二万攻苑川,车骑大将军韦伐将骑三万攻南安。炽磐闻之,引归。九月,徙其境内老弱、畜产于浇河及莫河仍寒川,留左丞相昙达守枹罕。韦伐攻拔南安,获秦秦州刺史翟爽、南安太守李亮。

10　吐谷浑握逵等帅部众二万落叛秦,奔昴川,附于吐谷浑王慕璝。

11　大旱,蝗。

12　左光禄大夫范泰上表曰:"妇人有三从之义,无自专之道。谢晦妇女犹在尚方,唯陛下留意。"有诏原之。

13　魏主闻夏世祖殂,诸子相图,国人不安,欲伐之。长孙嵩等皆曰:"彼若城守,以逸待劳,大檀闻之,乘虚入寇,此危道也。"崔浩曰:"往年以来,荧惑再守羽林、钩己而行,其占秦亡;今年五星并出东方,利以西伐。天人相应,不可失也。"嵩固争之,帝大怒,责嵩在官贪污,命武士顿辱之。于是遣司空奚斤帅四万五千人袭蒲阪,宋兵将军周几帅万人袭陕城,以河东太守薛谨为乡导。谨,辩之子也。

魏主欲以中书博士平棘李顺总前驱之兵,访于崔浩,浩曰:"顺诚有筹略;然臣与之婚姻,深知其为人果于去就,不可专委。"帝乃止。浩与顺由是有隙。

冬,十月丁巳,魏主发平城。

14　秦左丞相昙达与夏呼卢古战于嵚岭山,昙达兵败。十一月,呼卢古、韦伐进攻枹罕。秦王炽磐迁保定连。呼卢古入南城,镇京将军赵寿生率死士三百人力战,却之。呼卢古、韦伐又攻沙州刺史出连虔于湟河,虔遣后将军乞伏万年击败之。又攻西平,执安西将军库洛干,坑战士五千馀人,掠民二万馀户而去。

15 仇池氏杨兴平求内附。梁、南秦二州刺史吉翰遣始平太守庞谘据武兴。氏王杨玄遣其弟难当将兵拒谘,谘击走之。

16 魏主行至君子津,会天暴寒,冰合,戊寅,帅轻骑二万济河袭统万。壬午,冬至,夏主方燕群臣,魏师奄至,上下惊扰。魏主军于黑水,去城三十馀里。夏主出战而败,退走入城。门未及闭,内三郎豆代田帅众乘胜入西宫,焚其西门;宫门闭,代田逾宫垣而出。魏主拜代田勇武将军。魏军夜宿城北,癸未,分兵四掠,杀获数万,得牛马十馀万。魏主谓诸将曰:"统万未可得也,他年当与卿等取之。"乃徙其民万馀家而还。

夏弘农太守曹达闻周幾将至,不战而走;魏师乘胜长驱,遂入三辅。会幾卒于军中,蒲阪守将东平公乙斗闻奚斤将至,遣使诣统万告急。使者至统万,魏军已围其城;还,告乙斗曰:"统万已败矣。"乙斗惧,弃城西奔长安,斤遂克蒲阪。夏主之弟助兴先守长安,乙斗至,与助兴弃长安,西奔安定。十二月,斤入长安,秦、雍氐羌皆诣斤降。河西王蒙逊及氐王杨玄闻之,皆遣使附魏。

17 前吴郡太守徐佩之聚党百馀人,谋以明年正会于殿中作乱,事觉,壬戌,收斩之。

18 营阳太妃张氏卒。

19 秦征南将军吉毗镇南漒,陇西人辛澹帅户三千据城逐毗,毗走还枹罕,澹南奔仇池。

20 魏初得中原,民多逃隐。天兴中,诏采诸漏户,令输缯帛;于是自占为绐茧罗縠户者甚众,不隶郡县;赋役不均。是岁,始诏一切罢之,以属郡县。

四年(丁卯,427)

1 春,正月辛巳,帝祀南郊。

2 乙酉,魏主还平城。统万徙民在道多死,能至平城者什才六七。

己亥,魏主如幽州。夏主遣平原公定帅众二万向长安。魏主闻之,伐木阴山,大造攻具,再谋伐夏。

3 山羌叛秦。二月,秦王炽磐遣左丞相昙达招慰武始诸羌,征南将军吉毗招慰洮阳诸羌。羌人执昙达送夏;吉毗为羌所击,奔还,士马死伤者什八九。

4　魏主还平城。

5　乙卯,帝如丹徒;己巳,谒京陵。初,高祖既贵,命藏微时耕具以示子孙。帝至故宫,见之,有惭色。近侍或进曰:"大舜躬耕历山,伯禹亲事水土。陛下不睹遗物,安知先帝之至德,稼穑之艰难乎!"

6　三月丙子,魏主遣高凉王礼镇长安。礼,斤之孙也。又诏执金吾桓贷造桥于君子津。

7　丁丑,魏广平王连卒。

8　丁亥,帝还建康。

9　戊子,尚书右仆射郑鲜之卒。

10　秦王炽磐以辅国将军段晖为凉州刺史,镇乐都;平西将军翘景为沙州刺史,镇西平;宁朔将军出连辅政为梁州刺史,镇赤水。

11　夏,四月丁未,魏员外散骑常侍步堆等来聘。

12　庚戌,以廷尉王徽之为交州刺史,征前刺史杜弘文。弘文有疾,自舆就路;或劝之待病愈,弘文曰:"吾杖节三世,常欲投躯帝庭,况被征乎!"遂行,卒于广州。弘文,慧度之子也。

13　魏奚斤与夏平原公定相持于长安。魏主欲乘虚伐统万,简兵练士,部分诸将,命司徒长孙翰等将三万骑为前驱,常山王素等将步兵三万为后继,南阳王伏真等将步兵三万部送攻具,将军贺多罗将精骑三千为前候。素,遵之子也。五月,魏主发平城,命龙骧将军代人陆俟督诸军镇大碛以备柔然。辛巳,济君子津。

14　壬午,中护军王华卒。

15　魏主至拔邻山,筑城,舍辎重,以轻骑三万倍道先行。群臣咸谏曰:"统万城坚,非朝夕可拔。今轻军讨之,进不可克,退无所资,不若与步兵、攻具一时俱往。"帝曰:"用兵之术,攻城最下;必不得已,然后用之。今以步兵、攻具皆进,彼必惧而坚守。若攻不时拔,食尽兵疲,外无所掠,进退无地。不如以轻骑直抵其城,彼见步兵未至,意必宽弛;吾羸形以诱之,彼或出战,则成擒矣。所以然者,吾之军士去家二千馀里,又隔大河,所谓'置之死地而后生'者也。故以之攻城则不足,决战则有馀矣。"遂行。

16　六月癸卯朔,日有食之。

17　魏主至统万,分军伏于深谷,以少众至城下。夏将狄子玉降魏,言:"夏主闻有魏师,遣使召平原公定,定曰:'统万坚峻,未易攻拔。待我

擒奚斤,然后徐往,内外击之,蔑不济矣。'故夏主坚守以待之。"魏主患
之,乃退军以示弱,遣娥清及永昌王健帅骑五千西掠居民。

魏军士有得罪亡奔夏者,言魏军粮尽,士卒食菜,辎重在后,步兵未
至,宜急击之。夏主从之,甲辰,将步骑三万出城。长孙翰等皆言:"夏兵
步陈难陷,宜避其锋。"魏主曰:"吾远来求贼,惟恐不出。今既出矣,乃避
而不击,彼奋我弱,非计也。"遂收众伪遁,引而疲之。

夏兵为两翼,鼓噪追之,行五六里,会有风雨从东南来,扬沙晦冥。宦
者赵倪,颇晓方术,言于魏主曰:"今风雨从贼上来,我向之,彼背之,天不
助人;且将士饥渴,愿陛下摄骑避之,更待后日。"崔浩叱之曰:"是何言
也! 吾千里制胜,一日之中,岂得变易! 贼贪进不止,后军已绝,宜隐军分
出,掩击不意。风道在人,岂有常也!"魏主曰"善!"乃分骑为左右队以掎
之。魏主马蹶而坠,几为夏兵所获;拓跋齐以身捍蔽,决死力战,夏兵乃
退。魏主腾马得上,刺夏尚书斛黎文,杀之,又杀骑兵十馀人,身中流矢,
奋击不辍,夏众大溃。齐,翳槐之玄孙也。

魏人乘胜逐夏主至城北,杀夏主之弟河南公满及兄子蒙逊,死者万馀
人。夏主不及入城,遂奔上邽。魏主微服逐奔者,入其城;拓跋齐固谏,不
听。夏人觉之,诸门悉闭;魏主因与齐等入其宫中,得妇人裙,系之槊上,
魏主乘之而上,仅乃得免。会日暮,夏尚书仆射问至奉夏主之母出走,长
孙翰将八千骑追夏主至高平,不及而还。

乙巳,魏主入城,获夏王、公、卿、将、校及诸母、后妃、姊妹、宫人以万
数,马三十馀万匹,牛羊数千万头,府库珍宝、车旗、器物不可胜计,颁赐将
士有差。

初,夏世祖性豪侈,筑统万城,高十仞,基厚三十步,上广十步,宫墙高
五仞,其坚可以厉刀斧。台榭壮大,皆雕镂图画,被以绮绣,穷极文采。魏
主顾谓左右曰:"蕞尔国而用民如此,欲不亡得乎!"

得夏太史令张渊、徐辩,复以为太史令。得故晋将毛脩之、秦将军库
洛干,归库洛干于秦,以毛脩之善烹调,用为太官令。魏主见夏著作郎天
水赵逸所为文,誉夏主太过,怒曰:"此竖无道,何敢如是! 谁所为邪? 当
速推之!"崔浩曰:"文士褒贬,多过其实,盖非得已,不足罪也。"乃止。魏
主纳夏世祖三女为贵人。

奚斤与夏平原公定犹相拒于长安。魏主命宗正娥清、太仆丘堆帅骑
五千略地关右。定闻统万已破,遂奔上邽;斤追至雍,不及而还。清、堆攻
夏贰城,拔之。

魏主诏斤等班师。斤上言:"赫连昌亡保上邽,鸠合馀烬,未有蟠据之资;今因其危,灭之为易。请益铠马,平昌而还。"魏主不许。斤固请,乃许之,给斤兵万人,遣将军刘拔送马三千匹,并留娥清、丘堆使共击夏。

辛酉,魏主自统万东还,以常山王素为征南大将军、假节,与执金吾桓贷、莫云留镇统万。云,题之弟也。

18　秦王炽磐还枹罕。

19　秋,七月己卯,魏主至柞岭。柔然寇云中,闻魏已克统万,乃遁去。

20　秦王炽磐谓群臣曰:"孤知赫连氏必无成,冒险归魏,今果如孤言。"八月,遣其叔父平远将军渥头等入贡于魏。

21　壬子,魏主还至平城,以所获颁赐留台百官有差。

魏主为人,壮健鸷勇,临城对陈,亲犯矢石,左右死伤相继,神色自若;由是将士畏服,咸尽死力。性俭率,服御饮膳,取给而已。君臣请增峻京城及修宫室曰:"易云:'王公设险,以守其国。'又萧何云:'天子以四海为家,不壮不丽,无以重威。'"帝曰:"古人有言:'在德不在险。'屈丐蒸土筑城而朕灭之,岂在城也?今天下未平,方须民力,土功之事,朕所未为。萧何之对,非雅言也。"每以为财者军国之本,不可轻费。至于赏赐,皆死事勋绩之家,亲戚贵宠未尝横有所及。命将出师,指授节度,违之者多致负败。明于知人,或拔士于卒伍之中,唯其才用所长,不论本末。听察精敏,下无遁情,赏不违贱,罚不避贵,虽所甚爱之人,终无宽假。常曰:"法者,朕与天下共之,何敢轻也。"然性残忍,果于杀戮,往往已杀而复悔之。

22　九月丁酉,安定民举城降魏。

23　氐王杨玄遣将军苻白作围秦梁州刺史出连辅政于赤水;城中粮尽,民执辅政以降。辅政至骆谷,逃还。冬,十月,秦以骁骑将军吴汉为平南将军、梁州刺史,镇南漒。

24　十一月,魏主遣军司马公孙轨兼大鸿胪,持节策拜杨玄为都督荆梁等四州诸军事、梁州刺史、南秦王。及境,玄不出迎;轨责让之,欲奉策以还,玄惧而郊迎。魏主善之,以轨为尚书。轨,表之子也。

25　十二月,秦梁州刺史吴汉为群羌所攻,帅户二千还于枹罕。

26　魏主行如中山;癸卯,还平城。

资治通鉴卷第一百二十一

宋纪三

太祖文皇帝上之中

元嘉五年（戊辰，428）

1　春，正月辛未，魏京兆王黎卒。

2　荆州刺史、彭城王义康，性聪察，在州职事修治。左光禄大夫范泰谓司徒王弘曰："天下事重，权要难居。卿兄弟盛满，当深存降挹。彭城王，帝之次弟，宜征还入朝，共参朝政。"弘纳其言。时大旱、疾疫，弘上表引咎逊位，帝不许。

3　秦商州刺史领浇河太守姚濬叛，降河西，秦王炽磐以尚书焦嵩代濬，帅骑三千讨之。二月，嵩为吐谷浑元绪所执。

4　魏改元神廳。

5　魏平北将军尉眷攻夏主于上邽，夏主退屯平凉。奚斤进军安定，与丘堆、娥清军合。斤马多疫死，士卒乏粮，乃深垒自固。遣丘堆督租于民间，士卒暴掠，不设儆备，夏主袭之，堆兵败，以数百骑还城。夏主乘胜，日来城下钞掠，不得刍牧，诸将患之，监军侍御史安颉曰："受诏灭贼，今更为贼所困，退守穷城；若不为贼杀，当坐法诛，进退皆无生理。而诸王公晏然曾不为计乎？"斤曰："今军士无马，以步击骑，必无胜理，当须京师救骑至合击之。"颉曰："今猛寇游逸于外，吾兵疲食尽，不一决战，则死在旦夕，救骑何可待乎！等于就死，死战，不亦可乎！"斤又以马少为辞。颉曰："今敛诸将所乘马，可得二百匹，颉请募敢死之士出击之，就不能破敌，亦可以折其锐。且赫连昌狷而无谋，好勇而轻，每自出挑战，众皆识之。若伏兵掩击，昌可擒也。"斤犹难之。颉乃阴与尉眷等谋，选骑待之。既而夏主来攻城，颉出应之。夏主自出陈前搏战，军士识其貌，争赴之。会天大风扬尘，昼昏，夏主败走；颉追之，夏主马蹶而坠，遂擒之。颉，同之子也。

夏大将军、领司徒、平原王定收其馀众数万，奔还平凉，即皇帝位，大赦,改元胜光。

三月辛巳,赫连昌至平城,魏主馆之于西宫,门内器用皆给乘舆之副,又以妹始平公主妻之;假常忠将军,赐爵会稽公。以安颉为建节将军,赐爵西平公;尉眷为宁北将军,进爵渔阳公。

魏主常使赫连昌侍从左右,与之单骑共逐鹿,深入山涧。昌素有勇名,诸将咸以为不可。魏主曰:"天命有在,亦何所惧!"亲遇如初。

奚斤自以为元帅,而昌为偏裨所擒,深耻之。乃舍辎重,赍三日粮,追夏主于平凉。娥清欲循水而往,斤不从,自北道邀其走路。至马鬐岭,夏军将遁,会魏小将有罪亡归于夏,告以魏军食少无水。夏主乃分兵邀斤,前后夹击之,魏兵大溃,斤及娥清、刘拔皆为夏所擒,士卒死者六七千人。

丘堆守辎重在安定,闻斤败,弃辎重奔长安,与高凉王礼偕奔蒲阪,夏人复取长安。魏主大怒,命安颉斩丘堆,代将其众,镇蒲阪以拒之。

6　夏,四月,夏主遣使请和于魏,魏主以诏谕之使降。

7　壬子,魏主西巡;戊午,畋于河西;大赦。

8　五月,秦文昭王炽磐卒,太子暮末即位,大赦,改元永弘。

9　平陆令河南成粲复劝王弘逊位,弘从之,累表陈请。帝不得已,六月庚戌,以弘为卫将军、开府仪同三司。

10　甲寅,魏主如长川。

11　葬秦文昭王于武平陵,庙号太祖。秦王暮末以右丞相元基为侍中、相国、都督中外诸军、录尚书事,以镇军大将军、河州牧谦屯为骠骑大将军,征安北将军、凉州刺史段晖为辅国大将军、御史大夫,叔父右禁将军千年为镇北将军、凉州牧,镇湟河,以征北将军木弈干为尚书令、车骑大将军,以征南将军吉毗为尚书仆射、卫大将军。

河西王蒙逊因秦丧,伐秦西平,西平太守麹承谓之曰:"殿下若先取乐都,则西平必为殿下之有;苟望风请服,亦明主之所疾也。"蒙逊乃释西平,攻乐都。相国元基帅骑三千救乐都,甫入城,而河西兵至,攻其外城,克之;绝其水道,城中饥渴,死者太半。东羌乞提从元基救乐都,阴与河西通谋,下绳引内其兵,登城者百馀人,鼓噪烧门;元基帅左右奋击,河西兵乃退。

初,文昭王疾病,谓暮末曰:"吾死之后,汝能保境则善矣。沮渠成都为蒙逊所亲重,汝宜归之。"至是,暮末遣使诣蒙逊,许归成都以求和。蒙逊引兵还,遣使入秦吊祭。暮末厚资送成都,遣将军王伐送之。蒙逊犹疑之,使恢武将军沮渠奇珍伏兵于扪天岭,执伐并其骑士三百人以归。既而遣尚书郎王杍送伐还秦,并遗暮末马千匹及锦罽银缯。秋,七月,暮末遣记室郎中马艾如河西报聘。

12 魏主还宫。八月,复如广宁观温泉。

柔然纥升盖可汗遣其子将万馀骑寇魏边,魏主自广宁还,追之,不及;九月,还宫。

冬,十月甲辰,魏主北巡;壬子,畋于牛川。

13 秦凉州牧乞伏千年,嗜酒残虐,不恤政事,秦王暮末遣使让之,千年惧,奔河西。暮末以叔父光禄大夫沃陵为凉州牧,镇湟河。

14 徐州刺史王仲德遣步骑二千伐魏济阳、陈留。

15 魏主还宫。

16 魏定州丁零鲜于台阳等二千馀家叛,入西山,州郡不能讨;闰月,魏主遣镇南将军叔孙建讨之。

17 十一月乙未朔,日有食之。

18 魏主如西河校猎;十二月甲申,还宫。

19 河西王蒙逊伐秦,至磐夷,秦相国元基等将骑万五千拒之。蒙逊还攻西平,征虏将军出连辅政等将骑二千救之。

20 秘书监谢灵运,自以名辈才能,应参时政,上唯接以文义,每侍宴谈赏而已。王昙首、王华、殷景仁,名位素出灵运下,并见任遇,灵运意甚不平,多称疾不朝直;或出郭游行,且二百里,经旬不归,既无表闻,又不请急。上不欲伤大臣意,讽令自解。灵运乃上表陈疾,上赐假,令还会稽;而灵运游饮自若,为法司所纠,坐免官。

21 是岁,师子王刹利摩诃及天竺迦毗黎王月爱皆遣使奉表入贡,表辞皆如浮屠之言。

22 魏镇远将军平舒侯燕凤卒。

六年(己巳,429)

1 春,正月,王弘上表乞解州、录,以授彭城王义康,帝优诏不许。癸丑,以义康为侍中、都督扬南徐兖三州诸军事、司徒、录尚书事、领南徐州刺史。弘与义康二府并置佐领兵,共辅朝政。弘既多疾,且欲委远大权,每事推让义康;由是义康专总内外之务。

又以抚军将军江夏王义恭为都督荆湘等八州诸军事、荆州刺史,以侍中刘湛为南蛮校尉,行府州事。帝与义恭书,诫之曰:"天下艰难,家国事重,虽曰守成,实亦未易。隆替安危,在吾曹耳,岂可不感寻王业,大惧负荷!

"汝性褊急,志之所滞,其欲必行;意所不存,从物回改;此最弊事,宜念裁抑。卫青遇士大夫以礼,与小人有恩,西门、安于,矫性齐美;关羽、张飞,任偏同弊;行己举事,深宜鉴此!

"若事异今日,嗣子幼蒙,司徒当周公之事,汝不可不尽祗顺之理。尔时天下安危,决汝二人耳。

"汝一月自用钱不可过三十万,若能省此,益美。西楚府舍,略所谙究,计当不须改作,日求新异。凡讯狱多决当时,难可逆虑,此实为难;至讯日,虚怀博尽,慎无以喜怒加人。能择善者而从之,美自归己;不可专意自决,以矜独断之明也!

"名器深宜慎惜,不可妄以假人;昵近爵赐,尤应裁量。吾于左右虽为少恩,如闻外论不以为非也。

"以贵凌物,物不服;以威加人,人不厌。此易达事耳。

"声乐嬉游,不宜令过;蒲酒渔猎,一切勿为。供用奉身,皆有节度,奇服异器,不宜兴长。

"又宜数引见佐史。相见不数,则彼我不亲;不亲,无因得尽人情;人情不尽,复何由知众事也!"

2　夏,酒泉公隽自平凉奔魏。

3　丁零鲜于台阳等请降于魏,魏主赦之。

4　秦出连辅政等未至西平,河西王蒙逊拔西平,执太守麹承。

5　二月,秦王暮末立妃梁氏为皇后,子万载为太子。

6　三月丁巳,立皇子劭为太子;戊午,大赦。

7　辛酉,以左卫将军殷景仁为中领军。帝以章太后早亡,奉太后所生苏氏甚谨。苏氏卒,帝往临哭,欲追加封爵,使群臣议之,景仁以为古典无之,乃止。

8　初,秦尚书陇西辛进从文昭王游陵霄观,弹飞鸟,误中秦王暮末之母,伤其面。及暮末即位,问母面伤之由,母以状告。暮末怒,杀进并其五族二十七人。

9　夏,四月癸亥,以尚书左仆射王敬弘为尚书令,临川王义庆为左仆射,吏部尚书济阳江夷为右仆射。

10　初,魏太祖命尚书邓渊撰国记十馀卷,未成而止。世祖更命崔浩与中书侍郎邓颖等续成之,为国书三十卷。颖,渊之子也。

11　魏主将击柔然,治兵于南郊,先祭天,然后部勒行陈。内外群臣皆不欲行,保太后固止之;独崔浩劝之。

　　尚书令刘絜等共推太史令张渊、徐辩使言于魏主曰:"今兹己巳,三阴之岁,岁星袭月,太白在西方,不可举兵。北伐必败,虽克,不利于上。"群臣因共赞之曰:"渊等少时尝谏苻坚南伐,坚不从而败,所言无不中,不可违也。"魏主意不快,诏浩与渊等论难于前。

　　浩诘渊、辩曰:"阳为德,阴为刑;故日食修德,月食修刑。夫王者用刑,小则肆诸市朝,大则陈诸原野;今出兵以讨有罪,乃所以修刑也。臣窃观天文,比年以来,月行掩昴,至今犹然。其占,三年天子大破旄头之国。蠕蠕、高车,旄头之众也。愿陛下勿疑。"渊、辩复曰:"蠕蠕,荒外无用之物,得其地不可耕而食,得其民不可臣而使,轻疾无常,难得而制;有何汲汲,而劳士马以伐之?"浩曰:"渊、辩言天道,犹是其职,至于人事形势,尤非其所知。此乃汉世常谈,施之于今,殊不合事宜。何则?蠕蠕本国家北边之臣,中间叛去。今诛其元恶,收其良民,令复旧役,非无用也。世人皆谓渊、辩通解数术,明决成败,臣请试问之:属者统万未亡之前,有无败征?若其不知,是无术也;知而不言,是不忠也。"时赫连昌在坐,渊等自以未尝有言,惭不能对。魏主大悦。

　　既罢,公卿或尤浩曰:"今南寇方伺国隙,而舍之北伐;若蠕蠕远遁,前无所获,后有疆寇,将何以待之?"浩曰:"不然。今不先破蠕蠕,则无以待南寇。南人闻国家克统万以来,内怀恐惧,故扬声动众以卫淮北。比吾破蠕蠕,往还之间,南寇必不动也。且彼步我骑,彼能北来,我亦南往;在彼甚困,于我未劳。况南北殊俗,水陆异宜,设使国家与之河南,彼亦不能守也。何以言之?以刘裕之雄杰,吞并关中,留其爱子,辅以良将,精兵数万,犹不能守,全军覆没,号哭之声,至今未已。况义隆今日君臣,非裕时之比;主上英武,士马精强,彼若果来,譬如以驹犊斗虎狼也,何惧之有!蠕蠕恃其绝远,谓国家力不能制,自宽日久,故夏则散众放畜,秋肥乃聚,背寒向温,南来寇钞。今掩其不备,必望尘骇散。牡马护牝,牝马恋驹,驱驰难制,不得水草,不过数日,必聚而困弊,可一举而灭也。暂劳永逸,时不可失,患在上无此意。今上意已决,奈何止之!"寇谦之谓浩曰:"蠕蠕果可克乎?"浩曰:"必克。但恐诸将琐琐,前后顾虑,不能乘胜深入,使不全举耳。"

　　先是,帝因魏使者还,告魏主曰:"汝趣归我河南地!不然,将尽我将士之力。"魏主方议伐柔然,闻之,大笑,谓公卿曰:"龟鳖小竖,自救不暇,夫何能为!就使能来,若不先灭蠕蠕,乃是坐待寇至,腹背受敌,非良策也。吾行决矣。"

庚寅,魏主发平城,使北平王长孙嵩、广陵公楼伏连居守。魏主自东道向黑山,使平阳王长孙翰自西道向大娥山,同会柔然之庭。

12 五月壬辰朔,日有食之。

13 王敬弘固让尚书令,表求还东。癸巳,更以敬弘为侍中、特进、左光禄大夫,听其东归。

14 丁未,魏主至漠南,舍辎重,帅轻骑兼马袭击柔然,至栗水。柔然纥升盖可汗先不设备,民畜满野,惊怖散去,莫相收摄。纥升盖烧庐舍,绝迹西走,莫知所之。其弟匹黎先主东部,闻有魏寇,帅众欲就其兄;遇长孙翰,翰邀击,大破之,杀其大人数百。

15 夏主欲复取统万,引兵东至侯尼城,不敢进而还。

16 河西王蒙逊伐秦,秦王暮末留相国元基守枹罕,迁保定连。

南安太守翟承伯等据罕开谷以应河西,暮末击破之,进至治城。

西安太守莫者幼眷据沺川以叛,暮末讨之,为幼眷所败,还于定连。

蒙逊至枹罕,遣世子兴国进攻定连。六月,暮末逆击兴国于治城,擒之,追击蒙逊至谭郊。

吐谷浑王慕璝遣其弟没利延将骑五千会蒙逊伐秦,暮末遣辅国大将军段晖等邀击,大破之。

17 柔然纥升盖可汗既走,部落四散,窜伏山谷,杂畜布野,无人收视。魏主循栗水西行,至菟园水,分军搜讨,东西五千里,南北三千里,俘斩甚众。高车诸部乘魏兵势,钞掠柔然。柔然种类前后降魏者三十馀万落,获戎马百馀万匹,畜产、车庐,弥漫山泽,亡虑数百万。

魏主循弱水西行,至涿邪山,诸将虑深入有伏兵,劝魏主留止,寇谦之以崔浩之言告魏主,魏主不从。秋,七月,引兵东还;至黑山,以所获班赐将士有差。既而得降人言:"可汗先被病,闻魏兵至,不知所为,乃焚穿庐,以车自载,将数百人入南山。民畜窘聚,无人统领,相去百八十里;追兵不至,乃徐西遁,唯此得免。"后闻凉州贾胡言:"若复前行二日,则尽灭之矣。"魏主深悔之。

纥升盖可汗愤悒而卒,子吴提立,号敕连可汗。

18 武都孝昭王杨玄疾病,欲以国授其弟难当。难当固辞,请立玄子保宗而辅之,玄许之。玄卒,保宗立。难当妻姚氏劝难当自立,难当乃废保宗,自称都督雍凉秦三州诸军事、征西大将军、开府仪同三司、秦州刺史、武都王。

19　河西王蒙逊遣使送谷三十万斛以赎世子兴国于秦,秦王暮末不许。蒙逊乃立兴国母弟菩提为世子,暮末以兴国为散骑常侍,以其妹平昌公主妻之。

20　八月,魏主至漠南,闻高车东部屯巳尼陂,人畜甚众,去魏军千馀里,遣左仆射安原等将万骑击之。高车诸部迎降者数十万落,获马牛羊百馀万。

冬,十月,魏主还平城。徙柔然、高车降附之民于漠南,东至濡源,西暨五原阴山,三千里中,使之耕牧而收其贡赋;命长孙翰、刘絜、安原及侍中代人古弼同镇抚之。自是魏之民间马牛羊及毡皮为之价贱。

魏主加崔浩侍中、特进、抚军大将军,以赏其谋画之功。浩善占天文,常置铜铤于酢器中,夜有所见,即以铤画纸作字以记其异。魏主每如浩家,问以灾异,或仓猝不及束带;奉进疏食,不暇精美,魏主必为之举箸,或立尝而还。魏主尝引浩出入卧内,从容谓浩曰:"卿才智渊博,事朕祖考,著忠三世,故朕引卿以自近。卿宜尽忠规谏,勿有所隐。朕虽或时忿恚,不从卿言,然终久深思卿言也。"尝指浩以示新降高车渠帅曰:"汝曹视此人尪纤懦弱,不能弯弓持矛,然其胸中所怀,乃过于兵甲。朕虽有征伐之志而不能自决,前后有功,皆此人所教也。"又敕尚书曰:"凡军国大计,汝曹所不能决者,皆当咨浩,然后施行。"

21　秦王暮末之弟轲殊罗烝于文昭王左夫人秃发氏,暮末知而禁之。轲殊罗惧,与叔父什寅谋杀暮末,奉沮渠兴国以奔河西。使秃发氏盗门钥,钥误,门者以告暮末。暮末悉收其党,杀之,而赦轲殊罗。执什寅,鞭之,什寅曰:"我负汝死,不负汝鞭!"暮末怒,刳其腹,投尸于河。

22　夏主少凶暴无赖,不为世祖所知。是月,畋于阴槃,登苟蓝山,望统万城泣曰:"先帝若以朕承大业者,岂有今日之事乎!"

23　十一月己丑朔,日有食之,不尽如钩;星昼见,至晡方没,河北地暗。

24　魏主西巡,至柞山。

25　十二月,河西王蒙逊、吐谷浑王慕瑰皆遣使入贡。

26　是岁,魏内都大官中山文懿公李先、青冀二州刺史安同皆卒。先年九十五。

27　秦地震,野草皆自反。

七年（庚午,430）

1　春,正月癸巳,以吐谷浑王慕璝为征西将军、沙州刺史、陇西公。

2　庚子,魏主还宫;壬寅,大赦;癸卯,复如广宁,临温泉。

3　二月丁卯,魏阳平威王长孙翰卒。

4　戊辰,魏主还宫。

5　帝自践位以来,有恢复河南之志。三月戊子,诏简甲卒五万给右
将军到彦之,统安北将军王仲德、兖州刺史竺灵秀舟师入河,又使骁骑将
军段宏将精骑八千直指虎牢,豫州刺史刘德武将兵一万继进,后将军长沙
王义欣将兵三万监征讨诸军事。义欣,道怜之子也。

　　先遣殿中将军田奇使于魏,告魏主曰:"河南旧是宋土,中为彼所侵,
今当修复旧境,不关河北。"魏主大怒曰:"我生发未燥,已闻河南是我地。
此岂可得! 必若进军,今当权敛戍相避,须冬寒地净,河冰坚合,自更取
之。"

　　甲午,以前南广平太守尹冲为司州刺史。长沙王义欣出镇彭城,为
众军声援;以游击将军胡藩戍广陵,行府州事。

6　壬寅,魏封赫连昌为秦王。

7　魏有新徙敕勒千馀家,苦于将吏侵渔,出怨言,期以草生马肥,亡
归漠北。尚书令刘絜、左仆射安原奏请及河冰未解,徙之河西,向春冰解,
使不得北遁。魏主曰:"此曹习俗,放散日久,譬如圈中之鹿,急则奔突,
缓之自定。吾区处自有道,不烦徙也。"絜等固请不已,乃听分徙三万馀
落于河西,西至白盐池。敕勒皆惊骇,曰:"圈我于河西,欲杀我也!"谋西
奔凉州。刘絜屯五原河北,安原屯悦拔城以备之。癸卯,敕勒数千骑叛北
走,絜追讨之;走者无食,相枕而死。

8　魏南边诸将表称:"宋人大严,将入寇,请兵三万,先其未发,逆击
之,足以挫其锐气,使不敢深入。"因请悉诛河北流民在境上者以绝其乡
导。魏主使公卿议之,皆以为当然。崔浩曰:"不可。南方下湿,入夏之
后,水潦方降,草木蒙密,地气郁蒸,易生疾疠,不可行师。且彼既严备,则
城守必固。留屯久攻,则粮运不继;分军四掠,则众力单寡,无以应敌。以
今击之,未见其利。彼若果能北来,宜待其劳倦,秋凉马肥,因敌取食,徐
往击之,此万全之计也。朝廷群臣及西北守将,从陛下征伐,西平赫连,北
破蠕蠕,多获美女、珍宝,牛马成群。南边诸将闻而慕之,亦欲南钞以取资
财,皆营私计,为国生事,不可从也。"魏主乃止。

　　诸将复表:"南寇已至,所部兵少,乞简幽州以南劲兵助己戍守,及就
漳水造船严备以拒之。"公卿皆以为宜如所请,并署司马楚之、鲁轨、韩延

之等为将帅,使招诱南人。浩曰:"非长策也。楚之等皆彼所畏忌,今闻国家悉发幽州以南精兵,大造舟舰,随以轻骑,谓国家欲存立司马氏,诛除刘宗,必举国震骇,惧于灭亡,当悉发精锐,并心竭力,以死争之,则我南边诸将无以御之。今公卿欲以威力却敌,乃所以速之也。张虚声而召实害,此之谓矣。故楚之之徒,往则彼来,止则彼息,其势然也。且楚之等皆纤利小才,止能招合轻薄无赖而不能成大功,徒使国家兵连祸结而已。昔鲁轨说姚兴以取荆州,至则败散,为蛮人掠卖为奴,终于祸及姚泓,此已然之效也。"魏主未以为然。浩乃复陈天时,以为南方举兵必不利,曰:"今兹害气在扬州,一也;庚午自刑,先发者伤,二也;日食昼晦,宿值斗、牛,三也;荧惑伏于翼、轸,主乱及丧,四也;太白未出,进兵者败,五也。夫兴国之君,先修人事,次尽地利,后观天时,故万举万全。今刘义隆新造之国,人事未洽;灾变屡见,天时不协;舟行水涸,地利不尽。三者无一可,而义隆行之,必败无疑。"魏主不能违众言,乃诏冀、定、相三州造船三千艘,简幽州以南戍兵集河上以备之。

9　秦乞伏什寅母弟前将军白养、镇卫将军去列,以什寅之死,有怨言,秦王暮末皆杀之。

10　夏,四月甲子,魏主如云中。

11　敕勒万馀落复叛走,魏主使尚书封铁追讨,灭之。

12　六月己卯,以氐王杨难当为冠军将军、秦州刺史、武都王。

13　魏主使平南大将军、丹阳王大毗屯河上,以司马楚之为安南大将军,封琅邪王,屯颍川以备宋。

14　吐谷浑王慕璝将其众万八千袭秦定连,秦辅国大将军段晖等击走之。

15　到彦之自淮入泗,水渗,日行才十里,自四月至秋七月,始至须昌。乃溯河西上。

魏主以河南四镇兵少,命诸军悉收众北渡。戊子,魏碻磝戍兵弃城去;戊戌,滑台戍兵亦去。庚子,魏主以大鸿胪阳平公杜超为都督冀定相三州诸军事、太宰,进爵阳平王,镇邺,为诸军节度。超,密太后之兄也。庚戌,魏洛阳、虎牢戍兵皆弃城去。

到彦之留朱脩之守滑台,尹冲守虎牢,建武将军杜骥守金墉。骥,预之玄孙也。诸军进屯灵昌津,列守南岸,至于潼关。于是司、兖既平,诸军皆喜,王仲德独有忧色,曰:"诸贤不谙北土情伪,必堕其计。胡虏虽仁义不足,而凶狡有馀,今敛戍北归,并力完聚。若河冰既合,将复南来,岂可不以为忧乎！"

16　甲寅，林邑王范阳迈遣使入贡，自陈与交州不睦，乞蒙恕宥。

17　八月，魏主遣冠军将军安颉督护诸军，击到彦之。丙寅，彦之遣裨将吴兴姚耸夫渡河攻冶坂，与颉战；耸夫兵败，死者甚众。戊寅，魏主遣征西大将军长孙道生会丹杨王大毗屯河上以御彦之。

18　燕太祖寝疾，召中书监申秀、侍中阳哲于内殿，属以后事。九月，病甚，辇而临轩，命太子翼摄国事，勒兵听政，以备非常。

宋夫人欲立其子受居，恶翼听政，谓翼曰："上疾将瘳，奈何遽欲代父临天下乎！"翼性仁弱，遂还东宫，日三往省疾。宋夫人矫诏绝内外，遣阉寺传问而已，翼及诸子、大臣并不得见，唯中给事胡福独得出入，专掌禁卫。

福虑宋夫人遂成其谋，乃言于司徒、录尚书事、中山公弘，弘与壮士数十人被甲入禁中，宿卫皆不战而散。宋夫人命闭东閤，弘家僮库斗头劲捷有勇力，逾閤而入，至于皇堂，射杀女御一人。太祖惊惧而殂，弘遂即天王位，遣人巡城告曰："天降凶祸，大行崩背，太子不侍疾，群公不奔丧，疑有逆谋，社稷将危。吾备介弟之亲，遂摄大位以宁国家；百官扣门入者，进陛二等。"

太子翼帅东宫兵出战而败，兵皆溃去，弘遣使赐翼死。太祖有子百馀人，弘皆杀之。谥太祖曰文成皇帝，葬长谷陵。

19　己丑，夏主遣其弟谓以代伐魏鄜城，魏平西将军始平公隗归等击之，杀万馀人，谓以代遁去。夏主自将数万人邀击隗归于鄜城东，留其弟上谷公社干、广阳公度洛孤守平凉，遣使来求和，约合兵灭魏，遥分河北：自恒山以东属宋，以西属夏。

魏主闻之，治兵将伐夏，群臣咸曰："刘义隆兵犹在河中，舍之西行，前寇未必可克，而义隆乘虚济河，则失山东矣。"魏主以问崔浩，对曰："义隆与赫连定遥相招引，以虚声唱和，共窥大国，义隆望定进，定待义隆前，皆莫敢先入；譬如连鸡，不得俱飞，无能为害也。臣始谓义隆军来，当屯止河中，两道北上，东道向冀州，西道冲邺，如此，则陛下当自讨之，不得徐行。今则不然。东西列兵径二千里，一处不过数千，形分势弱。以此观之，伧儿情见，此不过欲固河自守，无北渡意也。赫连定残根易摧，拟之必仆。克定之后，东出潼关，席卷而前，则威震南极，江、淮以北无立草矣。圣策独发，非愚近所及，愿陛下勿疑。"甲辰，魏主如统万，遂袭平凉，以卫兵将军王斤镇蒲坂。斤，建之子也。

20 秦自正月不雨,至于九月,民流叛者甚众。

21 冬,十月,以竟陵王义宣为南徐州刺史,犹戍石头。

22 戊午,立钱署,铸四铢钱。

23 到彦之、王仲德沿河置守,还保东平。

乙亥,魏安颉自委粟津济河,攻金墉。金墉不治既久,又无粮食;杜骥欲弃城走,恐获罪。初,高祖灭秦,迁其钟虡于江南,有大钟没于洛水,帝使姚耸夫将千五百人往取之。骥绐之曰:"金墉城已修完,粮食亦足,所乏者人耳。今虏骑南渡,当相与并力御之;大功既立,牵钟未晚。"耸夫从之。既至,见城不可守,乃引去,骥遂南遁。丙子,安颉拔洛阳,杀将士五千馀人。杜骥归,言于帝曰:"本欲以死固守,姚耸夫及城遽走,人情沮败,不可复禁。"上大怒,诛耸夫于寿阳。耸夫勇健,诸偏裨莫及也。

魏河北诸军会于七女津。到彦之恐其南渡,遣裨将王蟠龙溯流夺其船,杜超等击斩之。安颉与龙骧将军陆俟进攻虎牢,辛巳,拔之;尹冲及荥阳太守清河崔模降魏。

24 秦王暮末为河西所逼,遣其臣王恺、乌讷阗请迎于魏,魏人许以平凉、安定封之。暮末乃焚城邑,毁宝器,帅户万五千,东如上邽。至高田谷,给事黄门侍郎郭恒谋劫沮渠兴国以叛;事觉,暮末杀之。夏主闻暮末将至,发兵拒之。暮末留保南安,其故地皆入于吐谷浑。

25 十一月乙酉,魏主至平凉,夏上谷公社干等婴城固守;魏主使赫连昌招之,不下,乃使安西将军古弼等将兵趣安定。夏主自鄜城还安定,将步骑二万北救平凉,与弼遇,弼伪退以诱之;夏主追之,魏主使高车驰击之,夏兵大败,斩首数千级。夏主还走,登鹑觚原,为方陈以自固,魏兵就围之。

26 壬辰,加征南大将军檀道济都督征讨诸军事,帅众伐魏。

甲午,魏寿光侯叔孙建、汝阴公长孙道生济河而南。

到彦之闻洛阳、虎牢不守,诸军相继奔败,欲引兵还。殿中将军垣护之以书谏之,以为宜使竺灵秀助朱脩之守滑台,自帅大军进拟河北,且曰:"昔人有连年攻战,失众乏粮,犹张胆争前,莫肯轻退。况今青州丰穰,济漕流通,士马饱逸,威力无损。若空弃滑台,坐丧成业,岂朝廷受任之旨邪!"彦之不从。护之,苗之子也。

彦之欲焚舟步走,王仲德曰:"洛阳既陷,虎牢不守,自然之势也。今虏去我犹千里,滑台尚有强兵,若遽舍舟南走,士卒必散。当引舟入济,至马耳谷口,更详所宜。"彦之先有目疾,至是大动;且将士疾疫,乃引兵自清入济。南至历城，焚舟弃甲，步趋彭城。竺灵秀弃须昌，南奔湖陆，青、兖大扰。长沙王义欣在彭城，将佐恐魏兵大至，劝义欣委镇还都，义欣不从。

魏兵攻济南，济南太守武进萧承之帅数百人拒之。魏众大集，承之使偃兵，开城门。众曰："贼众我寡，奈何轻敌之甚！"承之曰："今悬守穷城，事已危急；若复示弱，必为所屠，唯当见强以待之耳。"魏人疑有伏兵，遂引去。

27　魏军围夏主数日，断其水草，人马饥渴。丁酉，夏主引众下鹑觚原。魏武卫将军丘眷击之，夏众大溃，死者万馀人。夏主中重创，单骑走，收其馀众，驱民五万，西保上邽。魏人获夏主之弟丹杨公乌视拔、武陵公秃骨及公侯以下百馀人。是日，魏兵乘胜进攻安定，夏东平公乙斗弃城奔长安，驱略数千家，西奔上邽。

28　戊戌，魏叔孙建攻竺灵秀于湖陆，灵秀大败，死者五千馀人。建还屯范城。

29　己亥，魏主如安定；庚子，还，临平凉，掘堑围之。安慰初附，赦秦、雍之民，赐复七年。夏陇西守将降魏。

30　辛丑，魏安颉督诸军攻滑台。

31　河西王蒙逊遣尚书郎宗舒等入贡于魏，魏主与之宴，执崔浩之手以示舒等曰："汝所闻崔公，此则是也。才略之美，于今无比。朕动止咨之，豫陈成败，若合符契，未尝失也。"

32　魏以叔孙建都督冀、青等四州诸军事。

33　魏尚书库结帅骑五千迎秦王暮末。秦卫将军吉毗以为不宜内徙，暮末从之，库结引还。

南安诸羌万馀人叛秦，推安南将军、督八郡诸军事、广宁太守焦遗为主，遗不从；乃劫遗族子长城护军亮为主，帅众攻南安。暮末请救于氐王杨难当。难当遣将军苻献帅骑三千救之，暮末与之合击诸羌。诸羌溃，亮奔还广宁，暮末进军攻之。以手令与焦遗使取亮，十二月，遗斩亮首出降，暮末进遗号镇国将军。秦略阳太守弘农杨显以郡降夏。

34　辛酉，以长沙王义欣为豫州刺史，镇寿阳。寿阳土荒民散，城郭颓败，盗贼公行；义欣随宜经理，境内安业，道不拾遗，城府完实，遂为盛藩。芍陂久废，义欣修治堤防，引河水入陂，溉田万馀顷，无复旱灾。

35　丁卯，夏上谷公社干、广阳公度洛孤出降，魏克平凉。

关中侯豆代田得奚斤、娥清等，献于魏主。魏主以夏主之后赐代田，命斤膝行执酒以奉代田,谓斤曰:"全汝生者,代田也。"赐代田爵井陉侯,加散骑常侍、右卫将军,领内都幢将。

夏长安、临晋、武功守将皆走,关中悉入于魏。魏主留巴东公延普镇安定,以镇西将军王斤镇长安。壬申,魏主东还,以奚斤为宰士,使负酒食以从。

王斤骄矜不法,信用左右,调役百姓;民不堪命,南奔汉川者数千家。魏主案治得实,斩斤以徇。

36　右将军到彦之、安北将军王仲德皆下狱免官,兖州刺史竺灵秀坐弃军伏诛。上见垣护之书而善之,以为北高平太守。

彦之之北伐也,甲兵资实甚盛;及败还,委弃荡尽,府藏、武库为之空虚。他日,上与群臣宴,有荒外降人在坐。上问尚书库部郎顾琛:"库中仗犹有几许?"琛诡对:"有十万人仗。"上既问而悔之,得琛对,甚喜。琛,和之曾孙也。

37　彭城王义康与王弘并录尚书,义康意犹怏怏,欲得扬州,形于辞旨;以弘弟昙首居中,为上所亲委,愈不悦。弘以老病,屡乞骸骨,昙首自求吴郡,上皆不许。义康谓人曰:"王公久病不起,神州讵宜卧治!"昙首劝弘减府中文武之半以授义康,上听割二千人,义康乃悦。

资治通鉴卷第一百二十二

宋纪四

太祖文皇帝上之下

元嘉八年（辛未，431）

1　春，正月壬午朔，燕大赦，改元大兴。

2　丙申，檀道济等自清水救滑台，魏叔孙建、长孙道生拒之。丁酉，道济至寿张，遇魏安平公乙旃眷，道济帅宁朔将军王仲德、骁骑将军段宏奋击，大破之；转战至高梁亭，斩魏济州刺史悉烦库结。

3　夏主击秦将姚献，败之；遂遣其叔父北平公韦伐帅众一万攻南安。城中大饥，人相食。秦侍中征虏将军出连辅政、侍中右卫将军乞伏延祚、吏部尚书乞伏跋跋逾城奔夏；秦王暮末穷蹙，舆榇出降，并沮渠兴国送于上邽。秦太子司直焦楷奔广宁，泣谓其父遗曰："大人荷国宠灵，居藩镇重任。今本朝颠覆，岂得不率见众唱大义以殄寇仇！"遗曰："今主上已陷贼庭，吾非爱死而忘义，顾以大兵追之，是趣绝其命也。不如择王族之贤者，奉以为主而伐之，庶有济也。"楷乃筑坛誓众，二旬之间，赴者万馀人。会遗病卒，楷不能独举事，亡奔河西。

4　二月戊午，以尚书右仆射江夷为湘州刺史。

5　檀道济等进至济上，二十馀日间，前后与魏三十馀战，道济多捷。军至历城，叔孙建等纵轻骑邀其前后，焚烧草谷，道济军乏食，不能进；由是安颉、司马楚之等得专力攻滑台，魏主复使楚兵将军王慧龙助之。朱脩之坚守数月，粮尽，与士卒熏鼠食之。辛酉，魏克滑台，执脩之及东郡太守申谟，虏获万馀人。谟，锺之曾孙也。

6　癸酉，魏主还平城，大飨，告庙，将帅及百官皆受赏，战士赐复十年。

于是魏南鄙大水，民多饿死。尚书令刘絜言于魏主曰："自顷边寇内侵，戎车屡驾；天赞圣明，所在克捷；方难既平，皆蒙优锡。而郡国之民，虽不征讨，服勤农桑，以供军国，实经世之大本，府库之所资。今自山以东，遍遭水害,应加哀矜,以弘覆育。"魏主从之,复境内一岁租赋。

7　檀道济等食尽,自历城引还;军士有亡降魏者,具告之。魏人追之,众恟惧,将溃。道济夜唱筹量沙,以所馀少米覆其上。及旦,魏军见之,谓道济资粮有馀,以降者为妄而斩之。时道济兵少,魏兵甚盛,骑士四合。道济命军士皆被甲,己白服乘舆,引兵徐出。魏人以为有伏兵,不敢逼,稍稍引退,道济全军而返。

青州刺史萧思话闻道济南归,欲委镇保险,济南太守萧承之固谏,不从。丁丑,思话弃镇奔平昌;参军刘振之戍下邳,闻之,亦委城走。魏军竟不至,而东阳积聚已为百姓所焚。思话坐征,系尚方。

8　燕王立夫人慕容氏为王后。

9　庚戌,魏安颉等还平城。魏主嘉朱脩之守节,妻以宗女。

初,帝之遣到彦之也,戒之曰:"若北国兵动,先其未至,径前入河;若其不动,留彭城勿进。"及安颉得宋俘,魏主始闻其言。谓公卿曰:"卿辈前谓我用崔浩计为谬,惊怖固谏。常胜之家,始皆自谓逾人,至于归终,乃不能及。"

司马楚之上疏,以为诸方已平,请大举伐宋,魏主以兵久劳,不许。征楚之为散骑常侍,以王慧龙为荥阳太守。

慧龙在郡十年,农战并修,大著声绩,归附者万馀家。帝纵反间于魏,云:"慧龙自以功高位下,欲引宋人入寇,因执司马楚之以叛。"魏主闻之,赐慧龙玺书曰:"刘义隆畏将军如虎,欲相中害;朕自知之。风尘之言,想不足介意。"帝复遣刺客吕玄伯刺之,曰:"得慧龙首,封二百户男,赏绢千匹。"玄伯诈为降人,求屏人有所论;慧龙疑之,使人探其怀,得尺刀。玄伯叩头请死,慧龙曰:"各为其主耳。"释之。左右谏曰:"宋人为谋未已,不杀玄伯,无以制将来。"慧龙曰:"死生有命,彼亦安能害我! 我以仁义为扞蔽,又何忧乎!"遂舍之。

10　夏,五月庚寅,魏主如云中。

11　六月乙丑,大赦。

12　夏主杀乞伏暮末及其宗族五百人。

13　夏主畏魏人之逼,拥秦民十馀万口,自治城济河,欲击河西王蒙逊而夺其地。吐谷浑王慕璝遣益州刺史慕利延、宁州刺史拾虔帅骑三万,乘其半济,邀击之,执夏主定以归,沮渠兴国被创而死。拾虔,树洛干之子也。

14　魏之边吏获柔然逻者二十馀人,魏主赐衣服而遣之。柔然感悦。

闰月乙未,柔然敕连可汗遣使诣魏,魏主厚礼之。

15　魏主遣散骑侍郎周绍来聘,且求昏;帝依违答之。

16　荆州刺史江夏王义恭,年浸长,欲专政事,长史刘湛每裁抑之,遂与湛有隙。帝心重湛,使人诘让义恭,且和解之。是时,王华、王昙首皆卒,领军将军殷景仁素与湛善,白帝以时贤零落,征湛为太子詹事,加给事中,共参政事。以雍州刺史张邵代湛为抚军长史、南蛮校尉。

顷之,邵坐在雍州营私蓄聚,赃满二百四十五万,下廷尉,当死。左卫将军谢述上表,陈邵先朝旧勋,宜蒙优贷。帝手诏酬纳,免邵官,削爵土。述谓其子综曰:"主上矜邵夙诚,特加曲恕,吾所言谬会,故特见酬纳耳。若此迹宣布,则为侵夺主恩,不可之大者也。"使综对前焚之。帝后谓邵曰:"卿之获免,谢述有力焉。"

17　秋,七月己酉,魏主如河西。

18　八月乙酉,河西王蒙逊遣子安周入侍于魏。

19　吐谷浑王慕璝遣侍郎谢太宁奉表于魏,请送赫连定。己丑,魏以慕璝为大将军、西秦王。

20　左仆射临川王义庆固求解职;甲辰,以义庆为中书令,丹杨尹如故。

21　九月癸丑,魏主还宫。庚申,加太尉长孙嵩柱国大将军,以左光禄大夫崔浩为司徒,征西大将军长孙道生为司空。道生性清俭,一熊皮鄣泥,数十年不易。魏主使歌工历颂群臣曰:"智如崔浩,廉若道生。"

22　魏主欲选使者诣河西,崔浩荐尚书李顺,乃以顺为太常,拜河西王蒙逊为侍中、都督凉州西域羌戎诸军事、太傅、行征西大将军、凉州牧、凉王,王武威、张掖、敦煌、酒泉、西海、金城、西平七郡;册曰:"盛衰存亡,与魏升降。北尽穷发,南极庸、嶍,西被昆岭,东至河曲,王实征之,以夹辅皇室。"置将相、群卿、百官,承制假授;建天子旌旗,出入警跸,如汉初诸侯王故事。

23　壬申,魏主诏曰:"今二寇摧殄,将偃武修文,理废职,举逸民。范阳卢玄、博陵崔绰、赵郡李灵、河间邢颖、勃海高允、广平游雅、太原张伟等,皆贤隽之胄,冠冕周邦。易曰:'我有好爵,吾与尔縻之。'如玄之比者,尽敕州郡以礼发遣。"遂征玄等及州郡所遣至者数百人,差次叙用。崔绰以母老固辞。玄等皆拜中书博士。玄,谌之曾孙;灵,顺之从父兄也。

玄舅崔浩,每与玄言,辄叹曰:"对子真使我怀古之情更深。"浩欲大整流品,明辨姓族。玄止之曰:"夫创制立事,各有其时;乐为此者,讵有几人！宜加三思。"浩不从,由是得罪于众。

24 初,魏昭成帝始制法令:"反逆者族;其馀当死者听入金、马赎罪;杀人者听与死家牛马、葬具以平之;盗官物,一备五;私物,一备十。"四部大人共坐王庭决辞讼,无系讯连逮之苦,境内安之。太祖入中原,患前代律令峻密,命三公郎王德删定,务崇简易。季年被疾,刑罚滥酷;太宗承之,吏文亦深。冬,十月戊寅,世祖命崔浩更定律令,除五岁、四岁刑,增一年刑;巫蛊者,负羖羊、抱犬沉诸渊。初令官阶九品者得以官爵除刑。妇人当刑而孕,产后百日乃决。阙左悬登闻鼓以达冤人。

25 魏主如漠南。十一月丙辰,北部敕勒莫弗库若干帅所部数万骑,驱鹿数百万头,诣魏主行在。魏主大猎以赐从官。十二月丁丑,还宫。

26 是岁,凉王改元义和。

27 林邑王范阳迈寇九德,交州兵击却之。

九年(壬申,432)

1 春,正月丙午,魏主尊保太后窦氏为皇太后,立贵人赫连氏为皇后,子晃为皇太子;大赦;改元延和。

2 燕王立慕容后之子王仁为太子。

3 三月庚戌,卫将军王弘进位太保,加中书监。丁巳,征南大将军檀道济进位司空,还镇寻阳。

4 壬申,吐谷浑王慕璝送赫连定于魏,魏人杀之。慕璝上表曰:"臣俘擒僭逆,献捷王府,爵秩虽崇而土不增廓,车旗既饰而财不周赏;愿垂鉴察。"魏主下其议。公卿以为:"慕璝所致唯定而已,塞外之民皆为己有,而贪求无厌,不可许也。"魏主乃诏曰:"西秦王所得金城、枹罕、陇西之地,朕即与之,乃是裂土,何须复廓。西秦款至,绵绢随使疏数,临时增益,非一赐而止也。"自是慕璝贡使至魏者稍简。

5 魏方士祁纤奏改代为万年,以代尹为万年尹,代令为万年令。崔浩曰:"昔太祖应天受命,兼称代、魏以法殷商。国家积德,当享年万亿,不待假名以为益也。纤之所闻,皆非正义,宜复旧号。"魏主从之。

6 夏,五月壬申,华容文昭公王弘卒。弘明敏有思致,而轻率少威仪。性褊隘,好折辱人,人以此少之。虽贵显,不营财利;及卒,家无馀业。帝闻之,特赐钱百万,米千斛。

7 魏主治兵于南郊,谋伐燕。

8 帝遣使者赵道生聘于魏。

9　六月戊寅，司徒、南徐州刺史彭城王义康改领扬州刺史。

10　诏分青州置冀州，治历城。

11　吐谷浑王慕璝遣其司马赵叙入贡，且来告捷。

12　庚寅，魏主伐燕。命太子晃录尚书事，时晃才五岁。又遣左仆射安原、建宁王崇等屯漠南以备柔然。

13　辛卯，魏主遣散骑常侍邓颖来聘。

14　乙未，以吐谷浑王慕璝为都督西秦河沙三州诸军事、征西大将军、西秦河二州刺史，进爵陇西王，且命慕璝悉归南方将士先没于夏者，得百五十馀人。

又加北秦州刺史杨难当征西将军。难当以兄子保宗为镇南将军，镇宕昌；以其子顺为秦州刺史，守上邽。保宗谋袭难当，事泄，难当囚之。

15　壬寅，以江夏王义恭为都督南兖等六州诸军事、开府仪同三司、南兖州刺史，临川王义庆为都督荆雍等七州诸军事、荆州刺史，竟陵王义宣为中书监，衡阳王义季为南徐州刺史。初，高祖以荆州居上流之重，土地广远，资实兵甲居朝廷之半，故遗诏令诸子居之。上以义庆宗室令美，且烈武王有大功于社稷，故特用之。

16　秋，七月己未，魏主至濡水。庚申，遣安东将军奚斤发幽州民及密云丁零万馀人，运攻具，出南道，会和龙。魏主至辽西，燕王遣其侍御史崔聘奉牛酒犒师。己巳，魏主至和龙。

17　庚午，以领军将军殷景仁为尚书仆射，太子詹事刘湛为领军将军。

18　益州刺史刘道济，粹之弟也，信任长史费谦、别驾张熙等，聚敛兴利，伤政害民，立官冶，禁民鼓铸而贵卖铁器，商贾失业，吁嗟满路。

流民许穆之，变姓名称司马飞龙，自云晋室近亲，往依氐王杨难当。难当因民之怨，资飞龙以兵，使侵扰益州。飞龙招合蜀人，得千馀人，攻杀巴兴令，逐阴平太守；道济遣军击斩之。

道济欲以五城人帛氐奴、梁显为参军督护，费谦固执不与。氐奴等与乡人赵广构扇县人，诈言司马殿下犹在阳泉山中，聚众得数千人，引向广汉；道济参军程展会治中李抗之将五百人击之，皆败死。巴西人唐颇聚众应之，赵广等进攻涪城，陷之。于是涪陵、江阳、遂宁诸郡守皆弃城走，蜀土侨、旧俱反。

19　燕石城太守李崇等十郡降于魏。魏主发其民三万穿围堑以守和龙。崇，绩之子也。

八月,燕王使数万人出战,魏昌黎公丘等击破之,死者万馀人。燕尚书高绍帅万馀家保羌胡固;辛巳,魏主攻绍,斩之。平东将军贺多罗攻带方,抚军大将军永昌王健攻建德,骠骑大将军乐平王丕攻冀阳,皆拔之。

九月乙卯,魏主引兵西还,徙营丘、成周、辽东、乐浪、带方、玄菟六郡民三万家于幽州。

燕尚书郭渊劝燕王送款献女于魏,乞为附庸。燕王曰:"负衅在前,结怨已深,降附取死,不如守志更图也。"

魏主之围和龙也,宿卫之士多在战陈,行宫人少。云中镇将朱脩之谋与南人袭杀魏主,因入和龙,浮海南归;以告冠军将军毛脩之,毛脩之不从,乃止。既而事泄,朱脩之逃奔燕。魏人数伐燕,燕王遣脩之南归求救。脩之泛海至东莱,遂还建康,拜黄门侍郎。

20　赵广等进攻成都,刘道济婴城自守。贼众屯聚日久,不见司马飞龙,欲散去。广惧,将三千人及羽仪诣阳泉寺,诈云迎飞龙。至,则谓道人枹罕程道养曰:"汝但自言是飞龙,则坐享富贵;不则断头!"道养惶怖许诺。广乃推道养为蜀王、车骑大将军、益梁二州牧,改元泰始,备置百官。以道养弟道助为骠骑将军、长沙王,镇涪城;赵广、帛氏奴、梁显及其党张寻、严遐皆为将军,奉道养还成都,众至十馀万,四面围城。使人谓道济曰:"但送费谦、张熙来,我辈自解去。"道济遣中兵参军裴方明、任浪之各将千馀人出战,皆败还。

21　冬,十一月乙巳,魏主还平城。

22　壬子,以少府中山甄法崇为益州刺史。

23　初,燕王嫡妃王氏,生长乐公崇,崇于兄弟为最长。及即位,立慕容氏为王后,王氏不得立,又黜崇,使镇肥如。崇母弟广平公朗、乐陵公邈相谓曰:"今国家将亡,人无愚智皆知之。王复受慕容后之谮,吾兄弟死无日矣。"乃相与亡奔辽西,说崇使降魏,崇从之。会魏主使给事郎王德招崇,十二月己丑,崇使邈如魏,请举郡降。燕王闻之,使其将封羽围崇于辽西。

24　魏主征诸名士之未仕者,州郡多逼遣之。魏主闻之,下诏令守宰以礼申谕,任其进退,毋得逼遣。

25　初,帝以少子绍为庐陵孝献王嗣,以江夏王义恭子朗为营阳王嗣;庚寅,封绍为庐陵王,朗为南丰县王。

26　裴方明等复出击程道养营,破之,焚其积聚。

贼党江阳杨孟子将千馀人屯城南,参军梁儁之统南楼,投书说谕孟子,邀使入城见刘道济,道济版为主簿,克期讨贼。赵广知其谋,孟子惧,将所领奔晋原,晋原太守文仲兴与之同拒守。赵广遣帛氏奴攻晋原,破之,仲兴、孟子皆死。裴方明复出击贼,屡战,破之,贼遂大溃;程道养收众得七千人,还广汉,赵广别将五千馀人还涪城。

先是,张熙说道济枭仓谷,故自九月末围城至十二月,粮储俱尽。方明将二千人出城求食,为贼所败,单马独还,贼众复大集。方明夜缒而上,道济为设食,涕泣不能食。道济曰:"卿非大丈夫,小败何苦! 贼势既衰,台兵垂至,但令卿还,何忧于贼!"即减左右以配之。贼于城外扬言,云"方明已死",城中大恐。道济夜列炬火,出方明以示众,众乃安。道济悉出财物于北射堂,令方明募人。时城中或传道济已死,莫有应者。梁儁之说道济遣左右给使三十馀人出外,且告之曰:"吾病小损,各听归家休息。"给使既出,城中乃安,应募者日有千馀人。

27 初,晋谢混尚晋陵公主。混死,诏公主与谢氏绝婚;公主悉以混家事委混从子弘微。混仍世宰辅,僮仆千人,唯有二女,年数岁,弘微为之纪理生业,一钱尺帛皆有文簿。九年而高祖即位,公主降号东乡君,听还谢氏。入门,室宇仓廪,不异平日,田畴垦辟,有加于旧。东乡君叹曰:"仆射平生重此子,可谓知人;仆射为不亡矣!"亲旧见者为之流涕。是岁,东乡君卒,公私咸谓赀财宜归二女,田宅、僮仆应属弘微。弘微一无所取,自以私禄葬东乡君。

混女夫殷叡好摴蒲,闻弘微不取财物,乃夺其妻妹及伯母、两姑之分以还戏责。内人皆化弘微之让,一无所争。或讥之曰:"谢氏累世财产,充殷君一朝戏责,理之不允,莫此为大。卿视而不言,譬弃物江海以为廉耳。设使立清名而令家内不足,亦吾所不取也。"弘微曰:"亲戚争财,为鄙之甚,今内人尚能无言,岂可导之使争乎! 分多共少,不至有乏,身死之后,岂复见关也?"

28 秃发保周自凉奔魏,魏封保周为张掖公。

29 魏李顺复奉使至凉。凉王蒙逊遣中兵校郎杨定归谓顺曰:"年衰多疾,腰髀不随,不堪拜伏;比三五日消息小差,当相见。"顺曰:"王之老疾,朝廷所知;岂得自安,不见诏使!"明日,蒙逊延顺入至庭中,蒙逊箕坐隐几,无动起之状。顺正色大言曰:"不谓此叟无礼乃至于此! 今不忧覆亡而敢陵侮天地;魂魄逝矣,何用见之!"握节将出。凉王使定归追止之,曰:"太常既雅恕衰疾,传闻朝廷有不拜之诏,是以敢自安耳。"顺曰:"齐桓公九合诸侯,一匡天下;周天子赐胙,命无下拜,桓公犹不敢失臣

礼,下拜登受。今王虽功高,未如齐桓;朝廷虽相崇重,未有不拜之诏;而
遽自偃蹇,此岂社稷之福邪!"蒙逊乃起,拜受诏。

　　使还,魏主问以凉事。顺曰:"蒙逊控制河右,逾三十年,经涉艰难,
粗识机变,绥集荒裔,群下畏服;虽不能贻厥孙谋,犹足以终其一世。然礼
者德之舆,敬者身之基也,蒙逊无礼、不敬,以臣观之,不复年矣。"魏主
曰:"易世之后,何时当灭?"顺曰:"蒙逊诸子,臣略见之,皆庸才也。如闻
敦煌太守牧犍,器性粗立,继蒙逊者,必此人也。然比之于父,皆云不及。
此殆天之所以资圣明也。"魏主曰:"朕方有事东方,未暇西略。如卿所
言,不过数年之外,不为晚也。"

　　初,罽宾沙门昙无谶,自云能使鬼治病,且有秘术。凉王蒙逊甚重之,
谓之"圣人",诸女及子妇皆往受术。魏主闻之,使李顺往征之。蒙逊留
不遣,仍杀之。魏主由是怒凉。

　　蒙逊荒淫猜虐,群下苦之。

十年(癸酉,433)

　1　春,正月乙卯,魏主遣永昌王健督诸军救辽西。

　2　己未,大赦。

　3　丙寅,魏以乐安王范为都督秦雍等五州诸军事、卫大将军、开府仪
同三司、长安镇都大将。魏主以范年少,更选旧德平西将军崔徽、征北大
将军雁门张黎为之副,共镇长安。徽,宏之弟也,范谦恭宽惠,徽务敦大
体,黎清约公平,政刑简易,轻徭薄赋,关中遂安。

　4　二月庚午,魏主以冯崇为都督幽平东夷诸军事、车骑大将军、幽平
二州牧,封辽西王,录其国尚书事,食辽西十郡,承制假授尚书、刺史、征虏
已下官。

　5　魏平凉休屠征西将军金崖、羌泾州刺史狄子玉与安定镇将延普争
权,崖、子玉举兵攻普,不克,退保胡空谷。魏主以虎牢镇大将陆俟为安定
镇大将,击崖等,皆擒之。

　　魏主征陆俟为散骑常侍,出为怀荒镇大将,未期岁,高车诸莫弗讼俟
严急无恩,复请前镇将郎孤。魏主征俟还,以孤代之。俟既至,言于帝曰:
"不过期年,郎孤必败,高车必叛。"帝怒,切责之,使以建业公归第。明
年,诸莫弗果杀郎孤而叛。帝大惊,立召俟问之曰:"卿何以知其然也?"
俟曰:"高车不知上下之礼,故臣临之以威,制之以法,欲以渐训导,使知
分限。而诸莫弗恶臣所为,讼臣无恩,称孤之美。臣以罪去,孤获还镇,悦

其称誉,益收名声,专用宽恕待之。无礼之人,易生骄慢,不过期年,无复上下,孤所不堪,必将复以法裁之。如此,则众心怨怼,必生祸乱矣。"帝笑曰:"卿身虽短,思虑何长也!"即日复以为散骑常侍。

6　壬午,魏主如河西,遣兼散骑常侍宋宣来聘,且为太子晃求婚;帝依违答之。

7　刘道济卒,梁儁之、裴方明等密埋其尸于斋后,诈为道济教命以答签疏,虽其母妻亦不知也。程道养于毁金桥登坛郊天,方明将三千人出击之,道养等大败,退保广汉。

荆州刺史临川王义庆以巴东太守周籍之督巴西等五郡诸军事,将二千人救成都。

8　三月,亡人司马天助降于魏,自称晋会稽世子元显之子;魏人以为青徐二州刺史、东海公。

9　壬子,魏主还宫。

10　赵广等自广汉至郫,连营百数。周籍之与裴方明等合兵攻郫,克之,进击广等于广汉,广等走还涪及五城。夏,四月戊寅,始发刘道济丧。

11　帝闻梁、南秦二州刺史甄法护刑政不治,失氐、羌之和,乃自徒中起萧思话为梁、南秦二州刺史。法护,法崇之兄也。

12　凉王蒙逊病甚,国人共议,以世子菩提幼弱,立菩提之兄敦煌太守牧犍为世子,加中外都督、大将军、录尚书事。蒙逊卒,谥曰武宣王,庙号太祖。牧犍即河西王位,大赦,改元永和。立子封坛为世子,加抚军大将军、录尚书事。遣使请命于魏。牧犍聪颖好学,和雅有度量,故国人立之。

先是,魏主遣李顺迎武宣王女为夫人,会卒,牧犍称先王遗意,遣左丞宋繇送其妹兴平公主于魏,拜右昭仪。

魏主谓李顺曰:"卿言蒙逊死,今则验矣;又言牧犍立,何其妙哉!朕克凉州,亦当不远。"于是赐绢千匹,厩马一乘,进号安西将军,宠待弥厚,政事无巨细皆与之参议。

遣顺拜牧犍都督凉沙河三州西域羌戎诸军事、车骑将军、开府仪同三司、凉州刺史、河西王,以宋繇为河西王右相。牧犍以无功受赏,留顺,上表乞安、平一号;优诏不许。

牧犍尊敦煌刘昞为国师,亲拜之,命官属以下皆北面受业。

13　五月己亥,魏主如山北。

14　林邑王范阳迈遣使入贡,求领交州;诏答以道远,不许。

15　裴方明进军向涪城,破张寻、唐频,擒程道助,斩严遏,于是赵广等皆奔散。

16　六月,魏永昌王健、左仆射安原督诸军击和龙,将军楼敦别将五千骑围凡城。燕守将封羽以凡城降,收其三千馀家而还。

17　辛巳,魏人发秦、雍兵一万,筑小城于长安城内。

18　秋,八月,冯崇上表请说降其父;魏主不听。

19　九月,益州刺史甄法崇至成都,收费谦,诛之。程道养、张寻将二千馀家逃入郪山,馀党各拥众藏窜山谷,时出为寇不绝。

20　戊午,魏主遣兼大鸿胪崔颐持节拜氐王杨难当为征南大将军、开府仪同三司、秦梁二州牧、南秦王。颐,逞之子也。

21　杨难当因萧思话未至,甄法护将下,举兵袭梁州,破白马,获晋昌太守张范,败法护参军鲁安期等;又攻葭萌,获晋寿太守范延朗。冬,十一月丁未,法护弃城奔洋川之西城。难当遂有汉中之地,以其司马赵温为梁、秦二州刺史。

22　甲寅,魏主还宫。

23　十二月己巳,魏大赦。

24　辛未,魏主如阴山之北。

25　魏宁朔将军卢玄来聘。

26　前秘书监谢灵运,好为山泽之游,穷幽极险,从者数百人,伐木开径;百姓惊扰,以为山贼。会稽太守孟颉与灵运有隙,表其有异志,发兵自防。灵运诣阙自陈,上以为临川内史。

灵运游放自若,废弃郡事,为有司所纠。是岁,司徒遣使随州从事郑望生收灵运;灵运执望生,兴兵逃逸,作诗曰:"韩亡子房奋,秦帝鲁连耻。"追讨,擒之。廷尉奏灵运率众反叛,论正斩刑。上爱其才,欲免官而已。彭城王义康坚执,谓不宜恕。乃降死一等,徙广州。

久之,或告灵运令人买兵器,结健儿,欲于三江口篡取之,不果。诏于广州弃市。

灵运恃才放逸,多所陵忽,故及于祸。

27　魏立徐州于外黄,以刁雍为刺史。

十一年(甲戌,434)

1　春,正月戊戌,燕王遣使请和于魏;魏主不许。

2　杨难当以克汉中告捷于魏,送雍州流民七千家于长安。萧思话至

襄阳,遣横野司马萧承之为前驱。承之缘道收兵,得千人,进据礚头。杨
难当焚掠汉中,引众西还,留赵温守梁州;又遣其魏兴太守薛健据黄金山。
思话遣阴平太守萧坦攻铁城戍,拔之。

　　二月,赵温、薛健与其冯翊太守蒲甲子合攻坦营,坦击破之,温等退保
西水。临川王义庆遣龙骧将军裴方明将三千人助承之,拔黄金戍而据之。
温弃州城,退据小城,健、甲子退保下桃城。思话继至,与承之共击赵温
等,屡破之。行参军王灵济别将出洋川,攻南城,拔之,擒其守将赵英。南
城空无所资,灵济引兵还,与承之合。

　　3　魏主以西海公主妻柔然敕连可汗;又纳其妹为夫人,遣颍川王提
往逆之。丁卯,敕连遣其异母兄秃鹿傀送妹,并献马二千匹。魏主以其妹
为左昭仪。提,曜之子也。

　　4　辛卯,魏主还宫;三月甲寅,复如河西。

　　5　杨难当遣其子和将兵与蒲甲子等共击萧承之,相拒四十馀日,围
承之数十重,短兵接,弓矢无所复施。氐悉衣犀甲,戈矛所不能入。承之
断稍长数尺,以大斧椎之,一稍辄贯数人。氐不能当,烧营走,据大桃。闰
月,承之等追击之,至南城。氐败走,斩获甚众,悉收汉中故地,置戍于葭
萌水。

　　初,桓希既败,氐王杨盛据汉中,梁州刺史范元之、傅歆皆治魏兴,唯
得魏兴、上庸、新城三郡。及索邈为刺史,乃治南城。至是,南城为氐所
焚,不可复固,萧思话徙镇南郑。

　　6　甲戌,赫连昌叛魏西走;丙子,河西候将格杀之。魏人并其群弟
诛之。

　　7　己卯,魏主还宫。

　　8　辛巳,燕王遣尚书高颙上表称藩,请罪于魏,乞以季女充掖庭;魏
主乃许之,征其太子王仁入朝。

　　燕王送魏使者于什门还平城。什门在燕二十一年,不屈节。魏主下
诏褒称,以比苏武,拜治书御史,赐羊千口,帛千匹,策告宗庙,颁示天下。

　　9　戊子,休屠金当川围魏阴密,夏,四月乙未,魏征西大将军常山王
素击之。丁未,魏主行如河西。壬戌,获当川,斩之。

　　10　甄法护坐委镇,赐死于狱。杨难当遣使奉表谢罪,帝下诏赦之。

　　11　河西王牧犍遣使上表,告嗣位。戊寅,诏以牧犍为都督凉秦等四
州诸军事、征西大将军、凉州刺史、河西王。

　　12　六月甲辰,魏主还宫。

13　燕王不遣太子质魏,散骑常侍刘滋谏曰:"昔刘禅有重山之险,孙皓有长江之阻,皆为晋擒。何则? 强弱之势异也。今吾弱于吴、蜀而魏强于晋,不从其欲,将有危亡之祸。愿亟遣太子,而修政事,抚百姓,收离散,赈饥穷,劝农桑,省赋役,社稷犹庶几可保。"燕王怒,杀之。

辛亥,魏主遣抚军大将军永昌王健等伐燕,收其禾稼,徙民而还。

14　秋,七月壬午,魏主如美稷,遂至隰城,命阳平王它督诸军击山胡白龙于西河。它,熙之子也。

魏主轻山胡,日引数十骑登山临视之。白龙伏壮士十馀处掩击之,魏主坠马,几为所擒。内入行长代人陈建以身扞之,大呼奋击,杀胡数人,身被十馀创,魏主乃免。

九月戊子,大破胡众,斩白龙,屠其城。冬,十月甲午,魏人破白龙馀党于五原,诛数千人,以其妻子赐将士。

十一月,魏主还宫;十二月甲辰,复如云中。

十二年(乙亥,435)

1　春,正月己未朔,日有食之。

2　辛酉,大赦。

3　辛未,上祀南郊。

4　燕王数为魏所攻,遣使诣建康称藩奉贡。癸酉,诏封为燕王;江南谓之黄龙国。

5　甲申,魏大赦,改元太延。

6　有老父投书于敦煌东门,求之,不获。书曰:"凉王三十年若七年。"河西王牧犍以问奉常张慎,对曰:"昔虢之将亡,神降于莘。愿陛下崇德修政,以享三十年之祚;若盘于游田,荒于酒色,臣恐七年将有大变。"牧犍不悦。

7　二月丁未,魏主还宫。

8　三月癸亥,燕王遣大将汤烛入贡于魏,辞以太子王仁有疾,故未之遣。

9　领军将军刘湛与仆射殷景仁素善,湛之入也,景仁实引之。湛既至,以景仁位遇本不逾己,而一旦居前,意甚愤愤;俱被时遇,以景仁专管内任,谓为间己,猜隙渐生。知帝信仗景仁,不可移夺,时司徒义康专秉朝权,湛尝为义康上佐,遂委心自结,欲因宰相之力以回上意,倾黜景仁,独当时务。

夏,四月己巳,帝加景仁中书令、中护军,即家为府;湛加太子詹事。湛愈愤怒,使义康毁景仁于帝,帝遇之益隆。景仁对亲旧叹曰:"引之令入,入便噬人!"乃称疾解职,表疏累上;帝不许,使停家养病。

湛议遣人若劫盗者于外杀之,以为帝虽知,当有以解之,不能伤义康至亲之爱。帝微闻之,迁护军府于西掖门外,使近宫禁,故湛谋不行。

义康僚属及诸附丽湛者,潜相约勒,无敢历殷氏之门。彭城王主簿沛郡刘敬文父成,未悟其机,诣景仁求郡。敬文遽往谢湛曰:"老父悖耄,遂就殷铁干禄。由敬文暗浅,上负生成,阖门惭惧,无地自处。"唯后将军司马庾炳之游二人之间,皆得其欢心,而密输忠于朝廷。景仁卧家不朝谒,帝常使炳之衔命往来,湛不疑也。炳之,登之之弟也。

10 燕王遣右卫将军孙德来乞师。

11 五月庚申,魏主进宜都公穆寿爵为王,汝阴公长孙道生为上党王,宜城公奚斤为恒农王,广陵公楼伏连为广陵王;加寿征东大将军。寿辞曰:"臣祖父崇所以得效功前朝,流福于后者,由梁眷之忠也。今眷元勋未录,而臣独奕世受赏,心实愧之。"魏主悦,求眷后,得其孙,赐爵郡公。寿,观之子也。

12 龟兹、疏勒、乌孙、悦般、渴槃陁、鄯善、焉耆、车师、粟持九国入贡于魏。魏主以汉世虽通西域,有求则卑辞而来,无求则骄慢不服,盖自知去中国绝远,大兵不能至故也。今报使往来,徒为劳费,终无所益,欲不遣使。有司固请,以为"九国不惮险远,慕义入贡,不宜拒绝,以抑将来"。乃遣使者王恩生等二十辈使西域。恩生等始渡流沙,为柔然所执,恩生见敕连可汗,持魏节不屈。魏主闻之,切责敕连,敕连乃遣恩生等还,竟不能达西域。

13 甲戌,魏主如云中。

14 六月甲午,魏主以时和年丰,嘉瑞沓臻,诏大酺五日,遍祭百神,用答天贶。

15 丙午,高句丽王琏遣使入贡于魏,且请国讳。魏主使录帝系及讳以与之;拜琏都督辽海诸军事、征东将军、辽东郡公、高句丽王。琏,钊之曾孙也。

16 戊申,魏主命骠骑大将军乐平王丕、镇东大将军徒河屈垣等帅骑四万伐燕。

17 扬州诸郡大水,己酉,运徐、豫、南兖谷以赈之。扬州西曹主簿沈亮建议,以为酒糜谷而不足疗饥,请权禁止;诏从之。亮,林子之子也。

18　秋,七月,魏主畋于稒阳。

19　己卯,魏乐平王丕等至和龙;燕王以牛酒犒军,献甲三千。屈垣责其不送侍子,掠男女六千口而还。

20　八月丙戌,魏主如河西;九月甲戌,还宫。

21　魏左仆射河间公安原,恃宠骄恣。或告原谋为逆;冬,十月癸卯,原坐族诛。

22　甲辰,魏主如定州;十一月乙丑,如冀州;己巳,畋于广川;丙子,如邺。

23　魏人数伐燕,燕日危蹙,上下忧惧。太常杨崏复劝燕王速遣太子入侍。燕王曰:"吾未忍为此。若事急,且东依高丽以图后举。"崏曰:"魏举天下以击一隅,理无不克。高丽无信,始虽相亲,终恐为变。"燕王不听,密遣尚书阳伊请迎于高丽。

24　丹杨尹萧摹之上言:"佛化被于中国,已历四代,形像塔寺,所在千数。自顷以来,情敬浮末,不以精诚为至,更以奢竞为重,材竹铜彩,糜损无极;无关神祇,有累人事,不为之防,流遁未息。请自今欲铸铜像及造塔寺者,皆当列言,须report乃得为之。"诏从之。摹之,思话从叔也。

25　魏秦州刺史薛谨击吐没骨,灭之。

26　杨难当释杨保宗之囚,使镇童亭。

资治通鉴卷第一百二十三

宋纪五

太祖文皇帝中之上

元嘉十三年（丙子,436）

1 春,正月癸丑朔,上有疾,不朝会。

2 甲寅,魏主还宫。

3 二月戊子,燕王遣使入贡于魏,请送侍子。魏主不许,将举兵讨之;壬辰,遣使者十馀辈诣东方高丽等诸国告谕之。

4 司空、江州刺史、永脩公檀道济,立功前朝,威名甚重,左右腹心并经百战,诸子又有才气,朝廷疑畏之。帝久疾不愈,刘湛说司徒义康,以为"宫车一日晏驾,道济不复可制"。会帝疾笃,义康言于帝,召道济入朝。其妻向氏谓道济曰:"高世之勋,自古所忌。今无事相召,祸其至矣。"既至,留之累月。帝稍间,将遣还,已下渚,未发;会帝疾动,义康矫诏召道济入祖道,因执之。三月己未,下诏称:"道济潜散金货,招诱剽猾,因朕寝疾,规肆祸心。"收付廷尉,并其子给事黄门侍郎植等十一人诛之,唯宥其孙孺。又杀司空参军薛彤、高进之;二人皆道济腹心,有勇力,时人比之关、张。

道济见收,愤怒,目光如炬,脱帻投地曰:"乃坏汝万里长城!"魏人闻之,喜曰:"道济死,吴子辈不足复惮。"

庚申,大赦;以中军将军南谯王义宣为江州刺史。

5 辛未,魏平东将军娥清、安西将军古弼将精骑一万伐燕,平州刺史拓跋婴帅辽西诸军会之。

6 氐王杨难当自称大秦王,改元建义。立妻为王后,世子为太子,置百官皆如天子之制;然犹贡奉宋、魏不绝。

7 夏,四月,魏娥清、古弼攻燕白狼城,克之。

高丽遣其将葛卢孟光将众数万随阳伊至和龙迎燕王。高丽屯于临川。燕尚书令郭生因民之惮迁,开城门纳魏兵,魏人疑之,不入。生遂勒兵攻燕王，王引高丽兵入自东门，与生战于阙下，生中流矢死。葛卢孟光入城，命军士脱弊褐，取燕武库精仗以给之，大掠城中。

五月乙卯，燕王帅龙城见户东徙，焚宫殿，火一旬不灭；令妇人被甲居中，阳伊等勒精兵居外，葛卢孟光帅骑殿后，方轨而进，前后八十馀里。古弼部将高苟子帅骑欲追之，弼醉，拔刀止之，故燕王得逃去。魏主闻之，怒，槛车征弼及娥清至平城，皆黜为门卒。

戊午，魏主遣散骑常侍封拔使高丽，令送燕王。

8　丁卯，魏主如河西。

9　六月，诏宁朔将军萧汪之将兵讨程道养；军至郪口，帛氐奴请降。道养兵败，还入郪山。

10　赫连定之西迁也，杨难当遂据上邽。秋，七月，魏主遣骠骑大将军乐平王丕、尚书令刘絜督河西、高平诸军以讨之，先遣平东将军崔颐赍诏书谕难当。

11　魏散骑侍郎游雅来聘。

12　己未，零陵王太妃褚氏卒，追谥曰晋恭思皇后，葬以晋礼。

13　八月，魏主畋于河西。

14　魏主遣广平公张黎发定州兵一万二千通莎泉道。

15　九月庚戌，魏乐平王丕等至略阳；杨难当惧，请奉诏，摄上邽守兵还仇池。诸将议以为："不诛其豪帅，军还之后，必相聚为乱。又，大众远出，不有所掠，无以充军实，赏将士。"丕将从之，中书侍郎高允参丕军事，谏曰："如诸将之谋，是伤其向化之心；大军既还，为乱必速。"丕乃止，抚慰初附，秋毫不犯，秦、陇遂安。难当以其子顺为雍州刺史，镇下辨。

16　高丽不送燕王于魏，遣使奉表，称"当与冯弘俱奉王化"。魏主以高丽违诏，议击之，将发陇右骑卒，刘絜曰："秦、陇新民，且当优复，俟其饶实，然后用之。"乐平王丕曰："和龙新定，宜广修农桑以丰军实，然后进取，则高丽一举可灭也。"魏主乃止。

17　癸丑，封皇子濬为始兴王，骏为武陵王。

18　冬，十一月己酉，魏主如稒阳，驱野马于云中，置野马苑；闰月壬子，还宫。

19　初，高祖克长安，得古铜浑仪，仪状虽举，不缀七曜。是岁，诏太史令钱乐之更铸浑仪，径六尺八分，以水转之，昏明中星与天相应。

20　柔然与魏绝和亲，犯魏边。

21　吐谷浑惠王慕璝卒，弟慕利延立。

十四年（丁丑，437）

1　春，正月戊子，魏北平宣王长孙嵩卒。

2　辛卯，大赦。

3　二月乙卯，魏主如幽州。三月丁丑，魏主以南平王浑为镇东大将军、仪同三司，镇和龙。己卯，还宫。

4　帝遣散骑常侍刘熙伯如魏议纳币，会帝女亡而止。

5　夏，四月，赵广、张寻、梁显等各帅众降；别将王道恩斩程道养，送首，馀党悉平。丁未，以辅国将军周籍之为益州刺史。

6　魏主以民官多贪，夏，五月己丑，诏吏民得举告守令不如法者。于是奸猾专求牧宰之失，迫胁在位，横于闾里；而长吏咸降心待之，贪纵如故。

7　丙申，魏主如云中。

8　秋，七月戊子，魏永昌王健等讨山胡白龙馀党于西河，灭之。

9　八月甲辰，魏主如河西；九月甲申，还宫。

10　丁酉，魏主遣使者拜吐谷浑王慕利延为镇西大将军、仪同三司，改封西平王。

11　冬，十月癸卯，魏主如云中；十一月壬申，还宫。

12　魏主复遣散骑侍郎董琬、高明等多赍金帛使西域，招抚九国。琬等至乌孙，其王甚喜，曰：“破落那、者舌二国皆欲称臣致贡于魏，但无路自致耳，今使君宜过抚之。”乃遣导译送琬诣破落那，明诣者舌。旁国闻之，争遣使者随琬等入贡，凡十六国，自是每岁朝贡不绝。

13　魏主以其妹武威公主妻河西王牧犍，河西王遣宋繇奉表诣平城谢，且问公主所宜称。魏主使群臣议之，皆曰：“母以子贵，妻从夫爵。牧犍母宜称河西国太后，公主于其国称王后，于京师则称公主。”魏主从之。

初，牧犍娶凉武昭王之女，及魏公主至，李氏与其母尹氏迁居酒泉。顷之，李氏卒，尹氏抚之，不哭，曰：“汝国破家亡，今死晚矣。”牧犍之弟无讳镇酒泉，谓尹氏曰：“后诸孙在伊吾，后欲就之乎？”尹氏未测其意，绐之曰：“吾子孙漂荡，托身异域；馀生无几，当死此，不复为毡裘之鬼也。”未几，潜奔伊吾。无讳遣骑追及之，尹氏谓追骑曰：“沮渠酒泉许吾归北，何为复追！汝取吾首以往，吾不复还矣。”追骑不敢逼，引还。尹氏卒于伊吾。

牧犍遣将军沮渠旁周入贡于魏，魏主遣侍中古弼、尚书李顺赐其侍臣衣服,并征世子封坛入侍。是岁,牧犍遣封坛如魏,亦遣使诣建康,献杂书及敦煌赵𣈶所撰甲寅元历,并求杂书数十种,帝皆与之。

李顺自河西还,魏主问之曰:"卿往年言取凉州之策,朕以东方有事,未遑也。今和龙已平,吾欲即以此年西征,可乎?"对曰:"臣畴昔所言,以今观之,私谓不谬。然国家戎车屡动,士马疲劳,西征之议,请俟他年。"魏主乃止。

十五年(戊寅,438)

1 春,二月丁未,以吐谷浑王慕利延为都督西秦河沙三州诸军事、镇西大将军、西秦河二州刺史、陇西王。

2 三月癸未,魏主诏罢沙门年五十以下者。

3 初,燕王弘至辽东,高丽王琏遣使劳之曰:"龙城王冯君,爰适野次,士马劳乎?"弘惭怒,称制让之;高丽处之平郭,寻徙北丰。弘素侮高丽,政刑赏罚,犹如其国;高丽乃夺其侍人,取其太子王仁为质。弘怨高丽,遣使上表求迎,上遣使者王白驹等迎之,并令高丽资遣。高丽王不欲使弘南来,遣将孙漱、高仇等杀弘于北丰,并其子孙十馀人,谥弘曰昭成皇帝。白驹等帅所领七千馀人掩讨漱、仇,杀仇,生擒漱。高丽王以白驹等专杀,遣使执送之。上以远国,不欲违其意,下白驹等狱,已而原之。

4 夏,四月,纳故黄门侍郎殷淳女为太子劭妃。

5 五月戊寅,魏大赦。

6 丙申,魏主如五原;秋,七月,自五原北伐柔然。命乐平王丕督十五将出东道,永昌王健督十五将出西道,魏主自出中道。至浚稽山,复分中道为二:陈留王崇从大泽向涿邪山,魏主从浚稽北向天山,西登白阜,不见柔然而还。时漠北大旱,无水草,人马多死。

7 冬,十一月丁卯朔,日有食之。

8 十二月丁巳,魏主至平城。

9 豫章雷次宗好学,隐居庐山。尝征为散骑侍郎,不就。是岁,以处士征至建康,为开馆于鸡笼山,使聚徒教授。帝雅好艺文,使丹杨尹庐江何尚之立玄学,太子率更令何承天立史学,司徒参军谢元立文学,并次宗儒学为四学。元,灵运之从祖弟也。帝数幸次宗学馆,令次宗以巾褠侍讲,资给甚厚。又除给事中,不就。久之,还庐山。

臣光曰:易曰:"君子多识前言往行以畜其德。"孔子曰:"辞达而已矣。"然则史者儒之一端,文者儒之馀事;至于老、庄虚无,固非所以为教也。夫学者所以求道;天下无二道,安有四学哉!

10　帝性仁厚恭俭,勤于为政;守法而不峻,容物而不弛。百官皆久于其职,守宰以六期为断;吏不苟免,民有所系。三十年间,四境之内,晏安无事,户口蕃息,出租供徭,止于岁赋,晨出暮归,自事而已。闾阎之间,讲诵相闻;士敦操尚,乡耻轻薄。江左风俗,于斯为美,后之言政治者,皆称元嘉焉。

十六年(己卯,439)

1　春,正月庚寅,司徒义康进位大将军、领司徒,南兖州刺史、江夏王义恭进位司空。

2　魏主如定州。

3　初,高祖遗诏,令诸子次第居荆州。临川王义庆在荆州八年,欲为之选代,其次应在南谯王义宣。帝以义宣人才凡鄙,置不用;二月己亥,以衡阳王义季为都督荆湘等八州诸军事、荆州刺史。义季尝春月出畋,有老父被苫而耕,左右斥之,老父曰:“盘于游畋,古人所戒。今阳和布气,一日不耕,民失其时,奈何以从禽之乐而驱斥老农也!”义季止马曰:“贤者也。”命赐之食,辞曰:“大王不夺农时,则境内之民皆饱大王之食,老夫何敢独受大王之赐乎!”义季问其名,不告而退。

4　三月,魏雍州刺史葛那寇上洛,上洛太守镡长生弃郡走。

5　辛未,魏主还宫。

6　杨保宗与兄保显自童亭奔魏。庚寅,魏主以保宗为都督陇西诸军事、征西大将军、开府仪同三司、秦州牧、武都王,镇上邽,妻以公主;保显为镇西将军、晋寿公。

7　河西王牧犍通于其嫂李氏,兄弟三人传嬖之。李氏与牧犍之姊共毒魏公主,魏主遣解毒医乘传救之,得愈。魏主征李氏,牧犍不遣,厚资给,使居酒泉。

魏每遣使者诣西域,常诏牧犍发导护送出流沙。使者自西域还,至武威,牧犍左右有告魏使者曰:“我君承蠕蠕可汗妄言云:‘去岁魏天子自来伐我,士马疫死,大败而还;我擒其长弟乐平王丕。’我君大喜,宣言于国。又闻可汗遣使告西域诸国,称‘魏已削弱,今天下唯我为强,若更有魏使,勿复供奉’。西域诸国颇有贰心。”使还,具以状闻。魏主遣尚书贺多罗使凉州观虚实,多罗还,亦言牧犍虽外修臣礼,内实乖悖。

魏主欲讨之,以问崔浩。对曰:“牧犍逆心已露,不可不诛。官军往年北伐,虽不克获,实无所损。战马三十万匹,计在道死伤不满八千,常岁赢死亦不减万匹。而远方乘虚,遽谓衰耗不能复振。今出其不意,大军猝至,彼必骇扰,不知所为,擒之必矣。"魏主曰:"善! 吾意亦以为然。"于是大集公卿议于西堂。

弘农王奚斤等三十馀人皆曰:"牧犍,西垂下国,虽心不纯臣,然继父位以来,职贡不乏。朝廷待以藩臣,妻以公主;今其罪恶未彰,宜加恕宥。国家新征蠕蠕,士马疲弊,未可大举。且闻其土地卤瘠,难得水草,大军既至,彼必婴城固守。攻之不拔,野无所掠,此危道也。"

初,崔浩恶尚书李顺,顺使凉州凡十二返,魏主以为能。凉武宣王数与顺游宴,对其群下时为骄慢之语;恐顺泄之,随以金宝纳于顺怀,顺亦为之隐。浩知之,密以白魏主,魏主未之信。及议伐凉州,顺与尚书古弼皆曰:"自温圉水以西至姑臧,地皆枯石,绝无水草。彼人言,姑臧城南天梯山上,冬有积雪,深至丈馀,春夏消释,下流成川,居民引以溉灌。彼闻军至,决此渠口,水必乏绝。环城百里之内,地不生草,人马饥渴,难以久留。斤等之议是也。"魏主乃命浩与斤等相诘难,众无复他言,但云"彼无水草"。浩曰:"汉书地理志称'凉州之畜为天下饶',若无水草,畜何以蕃?又,汉人终不于无水草之地筑城郭,建郡县也。且雪之消释,仅能敛尘,何得通渠溉灌乎! 此言大为欺诬矣。"李顺曰:"耳闻不如目见,吾尝目见,何可共辩?"浩曰:"汝受人金钱,欲为之游说,谓我目不见便可欺邪!"帝隐听,闻之,乃出见斤等,辞色严厉,群臣不敢复言,唯唯而已。

群臣既出,振威将军代人伊馛言于帝曰:"凉州若果无水草,彼何以为国? 众议皆不可用,宜从浩言。"帝善之。

夏,五月丁丑,魏主治兵于西郊;六月甲辰,发平城。使侍中宜都王穆寿辅太子晃监国,决留台事,内外听焉。又使大将军长乐王稽敬、辅国大将军建宁王崇将二万人屯漠南以备柔然。命公卿为书以让河西王牧犍,数其十二罪,且曰:"若亲帅群臣委赆远迎,谒拜马首,上策也。六军既临,面缚舆榇,其次也。若守迷穷城,不时悛悟,身死族灭,为世大戮。宜思厥中,自求多福!"

8　己酉,改封陇西王吐谷浑慕利延为河南王。

9　魏主自云中济河;秋,七月己巳,至上郡属国城。壬午,留辎重,部分诸军,使抚军大将军永昌王健、尚书令刘絜与常山王素为前锋,两道并进;骠骑大将军乐平王丕、太宰阳平王杜超为后继;以平西将军源贺为乡导。

　　魏主问贺以取凉州方略,对曰:"姑臧城旁有四部鲜卑,皆臣祖父旧民,臣愿处军前,宣国威信,示以祸福,必相帅归命。外援既服,然后取其孤城,如反掌耳。"魏主曰:"善!"

　　八月甲午,永昌王健获河西畜产二十馀万。

　　河西王牧犍闻有魏师,惊曰:"何为乃尔!"用左丞姚定国计,不肯出迎,求救于柔然。遣其弟征南大将军董来将兵万馀人出战于城南,望风奔溃。刘絜用卜者言,以为日辰不利,敛兵不追,董来遂得入城。魏主由是怒之。

　　丙申,魏主至姑臧,遣使谕牧犍令出降。牧犍闻柔然欲入魏边为寇,冀幸魏主东还,遂婴城固守;其兄子祖逾城出降。魏主具知其情,乃分军围之。源贺引兵招慰诸部下三万馀落,故魏主得专攻姑臧,无复外虑。

　　魏主见姑臧城外水草丰饶,由是恨李顺,谓崔浩曰:"卿之昔言,今果验矣。"对曰:"臣之言不敢不实,类皆如此。"

　　魏主之将伐凉州也,太子晃亦以为疑。至是,魏主赐太子诏曰:"姑臧城西门外,涌泉合于城北,其大如河。自馀沟渠流入漠中,其间乃无燥地。故有此敕,以释汝疑。"

　　10　庚子,立皇子铄为南平王。

　　11　九月丙戌,河西王牧犍兄子万年帅所领降魏。姑臧城溃,牧犍帅其文武五千人面缚请降;魏主释其缚而礼之。收其城内户口二十馀万,仓库珍宝不可胜计。使张掖王秃发保周、龙骧将军穆罴、安远将军源贺分徇诸郡,杂胡降者又数十万。

　　初,牧犍以其弟无讳为沙州刺史、都督建康以西诸军事、领酒泉太守,宜得为秦州刺史、都督丹岭以西诸军事、领张掖太守,安周为乐都太守,从弟唐儿为敦煌太守。及姑臧破,魏主遣镇南将军代人奚眷击张掖,镇北将军封沓击乐都;宜得烧仓库,西奔酒泉,安周南奔吐谷浑,封沓掠数千户而还。奚眷进攻酒泉,无讳、宜得收遗民奔晋昌,遂就唐儿于敦煌。魏主使弋阳公元絜守酒泉,及武威、张掖皆置将守之。

　　魏主置酒姑臧,谓群臣曰:"崔公智略有馀,吾不复以为奇。伊馛弓马之士,而所见乃与崔公同,深可奇也。"馛善射,能曳牛却行,走及奔马,而性忠谨,故魏主特爱之。

　　魏主之西伐也,穆寿送至河上,魏主敕之曰:"吴提与牧犍相结素深,闻朕讨牧犍,吴提必犯塞,朕故留壮兵肥马,使卿辅佐太子。收田既毕,即发兵诣漠南,分伏要害以待虏至,引使深入,然后击之,无不克矣。凉州路远,朕不得救,卿勿违朕言!"寿顿首受命。寿雅信中书博士公孙质,以为谋主。寿、质皆信卜筮,以为柔然必不来,不为之备。质,轨之弟也。

柔然敕连可汗闻魏主向姑臧,乘虚入寇,留其兄乞列归与秝敬、建宁王崇相拒于北镇。自帅精骑深入,至善无七介山,平城大骇,民争走中城。穆寿不知所为,欲塞西郭门,请太子避保南山,窦太后不听而止。遣司空长孙道生、征北大将军张黎拒之于吐颓山。会秝敬、建宁王崇击破乞列归于阴山之北,擒之,并其伯父他吾无鹿胡及将帅五百人,斩首万馀级。敕连闻之,遁去,追至漠南而还。

冬,十月辛酉,魏主东还,留乐平王丕及征西将军贺多罗镇凉州,徙沮渠牧犍宗族及吏民三万户于平城。

12　癸亥,秃发保周帅诸部鲜卑据张掖叛魏。

13　十二月乙亥,太子劭加元服,大赦。劭美须眉,好读书,便弓马,喜延宾客;意之所欲,上必从之,东宫置兵与羽林等。

14　壬午,魏主至平城,以柔然入寇,无大失亡,故穆寿等得不诛。魏主犹以妹婿待沮渠牧犍,征西大将军、河西王如故。牧犍母卒,葬以太妃之礼;武宣王置守冢三十家。

凉州自张氏以来,号为多士。沮渠牧犍尤喜文学,以敦煌阚骃为姑臧太守,张湛为兵部尚书,刘昞、索敞、阴兴为国师助教,金城宋钦为世子洗马,赵柔为金部郎,广平程骏、骏从弟弘为世子侍讲。魏主克凉州,皆礼而用之,以阚骃、刘昞为乐平王丕从事中郎。安定胡叟,少有俊才,往从牧犍,牧犍不甚重之,叟谓程弘曰:"贵主居僻陋之国而淫名僭礼,以小事大而心不纯壹,外慕仁义而实无道德,其亡可翘足待也。吾将择木,先集于魏;与子暂违,非久阔也。"遂适魏。岁馀而牧犍败。魏主以叟为先识,拜虎威将军,赐爵始复男。河内常爽,世寓凉州,不受礼命,魏主以为宣威将军。河西右相宋繇从魏主至平城而卒。

魏主以索敞为中书博士。时魏朝方尚武功,贵游子弟不以讲学为意。敞为博士十馀年,勤于诱导,肃而有礼,贵游皆严惮之,多所成立,前后显达至尚书、牧守者数十人。常爽置馆于温水之右,教授七百馀人;爽立赏罚之科,弟子事之如严君。由是魏之儒风始振。高允每称爽训厉有方,曰:"文翁柔胜,先生刚克,立教虽殊,成人一也。"

陈留江强,寓居凉州,献经、史、诸子千馀卷及书法,亦拜中书博士。魏主命崔浩监秘书事,综理史职;以中书侍郎高允、散骑侍郎张伟参典著作。浩启称:"阴仲达、段承根,凉土美才,请同修国史。"皆除著作郎。仲达,武威人;承根,晖之子也。

浩集诸历家,考校汉元以来日月薄食、五星行度,并讥前史之失,别为魏历,以示高允。允曰:"汉元年,十月,五星聚东井,此乃历术之浅事;今讥汉史而不觉此谬,恐后人之讥今犹今之讥古也。"浩曰:"所谬云何?"允曰:"按星传:'太白、辰星,常附日而行。'十月日在尾、箕,昏没于申南,而东井方出于寅北,二星何得背日而行?是史官欲神其事,不复推之于理也。"浩曰:"天文欲为变者,何所不可邪?"允曰:"此不可以空言争,宜更审之。"坐者咸怪允之言,唯东宫少傅游雅曰:"高君精于历数,当不虚也。"后岁馀,浩谓允曰:"先所论者,本不经心;及更考究,果如君言。五星乃以前三月聚东井,非十月也。"众乃叹服。允虽明历,初不推步及为人论说,唯游雅知之。雅数以灾异问允,允曰:"阴阳灾异,知之甚难;既已知之,复恐漏泄,不如不知也。天下妙理至多,何以问此!"雅乃止。魏主问允:"为政何先?"时魏多封禁良田,允曰:"臣少贱,唯知农事;若国家广田积谷,公私有备,则饥馑不足忧矣。"帝乃命悉除田禁以赋百姓。

15　吐谷浑王慕利延闻魏克凉州,大惧,帅众西遁,逾沙漠。魏主以其兄慕璝有擒赫连定之功,遣使抚谕之,慕利延乃还故地。

16　氐王杨难当将兵数万寇魏上邽,秦州人多应之。东平吕罗汉说镇将拓跋意头曰:"难当众盛,今不出战,示之以弱,众情离沮,不可守也。"意头遣罗汉将精骑千馀出冲难当陈,所向披靡,杀其左右骑八人,难当大惊。会魏主以玺书责让难当,难当引还仇池。

17　南丰太妃司马氏卒,故营阳王之后也。

18　赵广、张寻等复谋反,伏诛。

十七年(庚辰,440)

1　春,正月己酉,沮渠无讳寇魏酒泉,元絜轻之,出城与语;壬子,无讳执絜以围酒泉。

2　二月,魏假通直常侍邢颖来聘。

3　三月,沮渠无讳拔酒泉。

4　夏,四月戊午朔,日有食之。

5　庚辰,沮渠无讳寇魏张掖,秃发保周屯删丹;丙戌,魏主遣抚军大将军永昌王健督诸将讨之。

6　司徒义康专总朝权。上羸疾积年,心劳辄发,屡至危殆;义康尽心营奉,药石非口所亲尝不进,或连夕不寐;内外众事皆专决施行。性好吏职,纠剔文案,莫不精尽。上由是多委以事,凡所陈奏,入无不可;方伯以下,并令义康选用,生杀大事,或以录命断之。势倾远近,朝野辐凑,每旦府门常有车数百乘,义康倾身引接,未尝懈倦。复能强记,耳目所经,终身不忘,好于稠人广席,标题所忆以示聪明。士之干练者,多被意遇。尝谓刘湛曰:"王敬弘、王球之属,竟何所堪!坐取富贵,复那可解!"然素无学术,不识大体,朝士有才用者皆引入己府,府僚无施及忤旨者乃斥为台官。自谓兄弟至亲,不复存君臣形迹,率心而行,曾无猜防。私置僮六千馀人,不以言台。四方献馈,皆以上品荐义康而以次者供御;上尝冬月啖甘,叹其形味并劣。义康曰:"今年甘殊有佳者。"遣人还东府取甘,大供御者三寸。

领军刘湛与仆射殷景仁有隙,湛欲倚义康之重以倾之。义康权势已盛,湛愈推崇之,无复人臣之礼,上浸不能平。湛初入朝,上恩礼甚厚。湛善论治道,谙前代故事,叙致铨理,听者忘疲。每入云龙门,御者即解驾,左右及羽仪随意分散,不夕不出,以此为常。及晚节驱煽义康,上意虽内离而接遇不改,尝谓所亲曰:"刘班方自西还,吾与语,常视日早晚,虑其将去;比入,吾亦视日早晚,苦其不去。"

殷景仁密言于上曰:"相王权重,非社稷计,宜少加裁抑!"上阴然之。

司徒左长史刘斌,湛之宗也;大将军从事中郎王履,谧之孙也;及主簿刘敬文,祭酒鲁郡孔胤秀,皆以倾谄有宠于义康。见上多疾,皆谓"宫车一日晏驾,宜立长君"。上尝疾笃,使义康具顾命诏,义康还省,流涕以告湛及景仁。湛曰:"天下艰难,讵是幼主所御!"义康、景仁并不答。而胤秀等辄就尚书议曹索晋咸康末立康帝旧事,义康不知也;及上疾瘳,微闻之。而斌等密谋,欲使大业终归义康,遂邀结朋党,伺察禁省,有不与己同者,必百方构陷之,又采拾景仁短长,或虚造异同以告湛。自是主、相之势分矣。

义康欲以刘斌为丹杨尹,言次,启上陈其家贫。言未卒,上曰:"以为吴郡。"后会稽太守羊玄保求还,义康又欲以斌代之,启上曰:"羊玄保求还,不审以谁为会稽?"上时未有所拟,仓猝曰:"我已用王鸿。"自去年秋,上不复往东府。

五月癸巳,刘湛遭母忧去职。湛自知罪衅已彰,无复全地,谓所亲曰:"今年必败。常日正赖口舌争之,故得推迁耳;今既穷毒,无复此望,祸至其能久乎!"

7 乙巳,沮渠无讳复围张掖,不克,退保临松。魏主不复加讨,但以诏谕之。

8 六月丁丑,魏皇孙濬生,大赦,改元太平真君,取寇谦之神书云"辅佐北方太平真君"故也。

9 太子劭诣京口拜京陵,司徒义康、竟陵王诞等并从,南兖州刺史、江夏王义恭自江都会之。

10 秋,七月己丑,魏永昌王健击破秃发保周于番禾;保周走,遣安南将军尉眷追之。

11 丙申,魏太后窦氏殂。

12 壬子,皇后袁氏殂。

13 癸丑,秃发保周穷迫自杀。

八月甲申,沮渠无讳使其中尉梁伟诣魏永昌王健请降,归酒泉郡及所房将士元絜等。魏主使尉眷留镇凉州。

14 九月壬子,葬元皇后。

15 上以司徒彭城王义康嫌隙已著,将成祸乱,冬,十月戊申,收刘湛付廷尉,下诏暴其罪恶,就狱诛之,并诛其子黯、亮、俨及其党刘斌、刘敬文、孔胤秀等八人,徙尚书库部郎何默子等五人于广州,因大赦。是日,敕义康入宿,留止中书省。其夕,分收湛等;青州刺史杜骥勒兵殿内以备非常,遣人宣旨告义康以湛等罪状。义康上表逊位,诏以义康为江州刺史,侍中、大将军如故,出镇豫章。

初,殷景仁卧疾五年,虽不见上,而密函去来,日以十数,朝政大小,必以咨之;影迹周密,莫有窥其际者。收湛之日,景仁使拂拭衣冠,左右皆不晓其意。其夜,上出华林园延贤堂,召景仁。景仁犹称脚疾,以小床舆就坐;诛讨处分,一以委之。

初,檀道济荐吴兴沈庆之忠谨晓兵,上使领队防东掖门。刘湛为领军,尝谓之曰:“卿在省岁久,比当相论。”庆之正色曰:“下官在省十年,自应得转,不复以此仰累!”收湛之夕,上开门召庆之,庆之戎服缚裤而入,上曰:“卿何意乃尔急装?”庆之曰:“夜半唤队主,不容缓服。”上遣庆之收刘斌,杀之。

骁骑将军徐湛之,逵之之子也,与义康尤亲厚,上深衔之。义康败,湛之被收,罪当死。其母会稽公主,于兄弟为长嫡,素为上所礼,家事大小,必咨而后行。高祖微时,尝自于新洲伐荻,有纳布衫袄,臧皇后手所作也;既贵,以付公主曰:“后世有骄奢不节,可以此衣示之。”至是,公主入宫见上,号哭,不复施臣妾之礼,以锦囊盛纳衣掷地曰:“汝家本贫贱,此是我母为汝父所作；今日得一饱餐，遽欲杀我儿邪！"上乃赦之。

　　吏部尚书王球，履之叔父也，以简淡有美名，为上所重。履性进利，深结义康及湛；球屡戒之，不从。诛湛之夕，履徒跣告球，球命左右为取履，先温酒与之，谓曰："常日语汝云何？"履怖惧不得答，球徐曰："阿父在，汝亦何忧！"上以球故，履得免死，废于家。

　　义康方用事，人争求亲昵，唯司徒主簿江湛早能自疏，求出为武陵内史。檀道济尝为其子求婚于湛，湛固辞；道济因义康以请之，湛拒之愈坚。故不染于二公之难。上闻而嘉之。湛，夷之子也。

　　彭城王义康停省十馀日，见上奉辞，便下渚；上惟对之恸哭，馀无所言。上遣沙门慧琳视之，义康曰："弟子有还理不？"慧琳曰："恨公不读数百卷书！"

　　初，吴兴太守谢述，裕之弟也。累佐义康，数有规益，早卒。义康将南，叹曰："昔谢述惟劝吾退，刘班惟劝吾进；今班存而述死，其败也宜哉！"上亦曰："谢述若存，义康必不至此。"

　　以征虏司马萧斌为义康谘议参军，领豫章太守，事无大小，皆以委之。斌，摹之之子也。使龙骧将军萧承之将兵防守。义康左右爱念者，并听随从；资奉优厚，信赐相系，朝廷大事皆报示之。

　　久之，上就会稽公主宴集，甚欢；主起，再拜叩头，悲不自胜。上不晓其意，自起扶之。主曰："车子岁暮必不为陛下所容，今特请其命。"因恸哭，上亦流涕，指蒋山曰："必无此虑。若违今誓，便是负初宁陵。"即封所饮酒赐义康，并书曰："会稽姊饮宴忆弟，所馀酒今封送。"故终主之身，义康得无恙。

　　　　臣光曰：文帝之于义康，友爱之情，其始非不隆也；终于失兄弟之欢，亏君臣之义。迹其乱阶，正由刘湛权利之心无有厌已。诗云："贪人败类。"其是之谓乎！

16　征南兖州刺史江夏王义恭为司徒、录尚书事。戊寅，以临川王义庆为南兖州刺史；殷景仁为扬州刺史，仆射、吏部尚书如故。义恭惩彭城之败，虽为总录，奉行文书而已，上乃安之。上年给相府钱二千万，他物称此；而义恭性奢，用常不足，上又别给钱，年至千万。

17　十一月丁亥，魏主如山北。

18　殷景仁既拜扬州，羸疾遂笃，上为之敕西州道上不得有车声；癸丑，卒。

　　十二月癸亥，以光禄大夫王球为仆射。戊辰，以始兴王濬为扬州刺史。时濬尚幼,州事悉委后军长史范晔、主簿沈璞。晔,泰之子;璞,林子之子也。晔寻迁左卫将军,以吏部郎沈演之为右卫将军,对掌禁旅;又以庾炳之为吏部郎,俱参机密。演之,劲之曾孙也。

晔有隽才,而薄情浅行,数犯名教,为士流所鄙。性躁竞,自谓才用不尽,常怏怏不得志。吏部尚书何尚之言于帝曰:"范晔志趋异常,请出为广州刺史;若在内衅成,不得不加铁钺,铁钺亟行,非国家之美也。"帝曰:"始诛刘湛,复迁范晔,人将谓卿等不能容才,朕信受谗言;但共知其如此,无能为害也。"

19 是岁,魏宁南将军王慧龙卒,吕玄伯留守其墓,终身不去。

20 魏主欲以伊馛为尚书,封郡公,馛辞曰:"尚书务殷,公爵至重,非臣年少愚近所宜膺受。"帝问其所欲,对曰:"中、秘二省多诸文士,若恩矜不已,请参其次。"帝善之,以为中护军将军、秘书监。

21 大秦王杨难当复称武都王。

十八年(辛巳,441)

1 春,正月癸卯,魏以沮渠无讳为征西大将军、凉州牧、酒泉王。

2 彭城王义康至豫章,辞刺史,甲辰,以义康都督江、交、广三州诸军事。前龙骧参军巴东扶令育诣阙上表,称:"昔袁盎谏汉文帝曰:'淮南王若道路遇霜露死,陛下有杀弟之名。'文帝不用,追悔无及。彭城王义康,先朝之爱子,陛下之次弟,若有迷谬之愆,正可数之以善恶,导之以义方,奈何信疑似之嫌,一旦黜削,远送南垂!草莱黔首,皆为陛下痛之。庐陵往事,足为龟鉴。恐义康年穷命尽,奄忽于南,臣虽微贱,窃为陛下羞之。陛下徒知恶枝之宜伐,岂知伐枝之伤树!伏愿亟召义康返于京甸,兄弟协和,群臣辑睦,则四海之望塞,多言之路绝矣。何必司徒公、扬州牧然后可以置彭城王哉!若臣所言于国为非,请伏重诛以谢陛下。"表奏,即收付建康狱,赐死。

裴子野论曰:夫在上为善,若云行雨施,万物受其赐;及其恶也,若天裂地震,万物所惊骇,其谁弗知,其谁弗见!岂戮一人之身,钳一夫之口,所能攘逃,所能弭灭哉?是皆不胜其忿怒而有增于疾疹也。以太祖之含弘,尚掩耳于彭城之戮,自斯以后,谁易由言!有宋累叶,罕闻直谅,岂骨鲠之气,俗愧前古?抑时王刑政使之然乎?张约陨于权臣,扶育毙于哲后,宋之鼎镬,吁,可畏哉!

3 魏新兴王俊荒淫不法,三月庚戌,降爵为公。俊母先得罪死,俊积怨望,有逆谋;事觉,赐死。

　　4　辛亥,魏赐郁久闾乞列归爵为朔方王,沮渠万年为张掖王。

　　5　夏,四月,沮渠唐儿叛沮渠无讳;无讳留从弟天周守酒泉,与弟宜得引兵击唐儿,唐儿败死。魏以无讳终为边患,庚辰,遣镇南将军奚眷击酒泉。

　　6　秋,八月辛亥,魏遣散骑侍郎张伟来聘。

　　7　九月戊戌,魏永昌王健卒。

　　8　冬,十一月戊子,王球卒。己亥,以丹杨尹孟颛为尚书仆射。

　　9　酒泉城中食尽,万馀口皆饿死,沮渠天周杀妻以食战士。庚子,魏奚眷拔酒泉,获天周,送平城,杀之。沮渠无讳乏食,且畏魏兵之盛,乃谋西度流沙,遣其弟安周西击鄯善。鄯善王欲降,会魏使者至,劝令拒守;安周不能克,退保东城。

　　10　氐王杨难当倾国入寇,谋据蜀土,遣其建忠将军苻冲出东洛以御梁州兵;梁、秦二州刺史刘真道击冲斩之。真道,怀敬之子也。难当攻拔葭萌,获晋寿太守申坦,遂围涪城;巴西、梓潼二郡太守刘道锡婴城固守,难当攻之十馀日,不克,乃还。道锡,道产之弟也。十二月癸亥,诏龙骧将军裴方明等帅甲士三千人,又发荆、雍二州兵以讨难当,皆受刘真道节度。

　　11　晋宁太守爨松子反,宁州刺史徐循讨平之。

　　12　天门蛮田向求等反,破溇中;荆州刺史衡阳王义季遣行参军曹孙念讨破之。

　　13　魏寇谦之言于魏主曰:“今陛下以真君御世,建静轮天宫之法,开古以来,未之有也。应登受符书以彰圣德。”帝从之。

资治通鉴卷第一百二十四

宋纪六

太祖文皇帝中之中

元嘉十九年（壬午，442）

1 春，正月甲申，魏主备法驾，诣道坛受符箓，旗帜尽青。自是每帝即位皆受箓。谦之又奏作静轮宫，必令其高不闻鸡犬，欲以上接天神。崔浩劝帝为之，功费万计，经年不成。太子晃谏曰："天人道殊，卑高定分，不可相接，理在必然。今虚耗府库，疲弊百姓，为无益之事，将安用之！必如谦之所言，请因东山万仞之高，为功差易。"帝不从。

2 夏，四月，沮渠无讳将万馀家，弃敦煌西就沮渠安周。未至，鄯善王比龙畏之，将其众奔且末，其世子降于安周。无讳遂据鄯善，其士卒经流沙渴死者太半。

李宝自伊吾帅众二千入据敦煌，缮修城府，安集故民。

沮渠牧犍之亡也，凉州人阚爽据高昌，自称太守。唐契为柔然所逼，拥众西趋高昌，欲夺其地。柔然遣其将阿若追击之，契败死。契弟和收馀众奔车师前部王伊洛。时沮渠安周屯横截城，和攻拔之，又拔高宁、白力二城，遣使请降于魏。

3 甲戌，上以疾愈，大赦。

4 五月，裴方明等至汉中，与刘真道等分兵攻武兴、下辩、白水，皆取之。杨难当遣建节将军符弘祖守兰皋，使其子抚军大将军和将重兵为后继。方明与弘祖战于浊水，大破之，斩弘祖；和退走，追至赤亭，又破之。难当奔上邽；获难当兄子建节将军保炽。难当以其子虎为益州刺史，守阴平，闻难当走，引兵还，至下辩；方明使其子肃之邀击之，擒虎，送建康，斩之；仇池平。以辅国司马胡崇之为北秦州刺史，镇其地；立杨保炽为杨玄后，使守仇池。魏人遣中山王辰迎杨难当诣平城。秋七月，以刘真道为雍州刺史，裴方明为梁、南秦二州刺史；方明辞不拜。

丙寅，魏主使安西将军古弼督陇右诸军及殿中虎贲与武都王杨保宗自祁山南入,征西将军渔阳皮豹子与琅邪王司马楚之督关中诸军自散关西入,俱会仇池。又使谯王司马文思督洛、豫诸军南趋襄阳,征南将军刁雍东趋广陵,移书徐州,称为杨难当报仇。

5 甲戌晦,日有食之。

6 唐契之攻阚爽也,爽遣使诈降于沮渠无讳,欲与之共击契。八月,无讳将其众趋高昌;比至,契已死,爽闭门拒之。九月,无讳将卫兴奴夜袭高昌,屠其城,爽奔柔然。无讳据高昌,遣其常侍氾隽奉表诣建康。诏以无讳都督凉河沙三州诸军事、征西大将军、凉州刺史、河西王。

7 冬,十月己卯,魏立皇子伏罗为晋王,翰为秦王,谭为燕王,建为楚王,余为吴王。

8 甲申,柔然遣使诣建康。

9 十二月辛巳,魏襄城孝王卢鲁元卒。

10 丙申,诏鲁郡修孔子庙及学舍,蠲墓侧五户课役以供洒扫。

11 李宝遣其弟怀达、子承奉表诣平城;魏人以宝为都督西垂诸军事、镇西大将军、开府仪同三司、沙州牧、敦煌公,四品以下听承制假授。

12 雍州刺史晋安襄侯刘道产卒。道产善为政,民安其业,小大丰赡,由是民间有襄阳乐歌。山蛮前后不可制者皆出,缘沔为村落,户口殷盛。及卒,蛮追送至沔口。未几,群蛮大动,征西司马朱脩之讨之,不利;诏建威将军沈庆之代之,杀虏万馀人。

13 魏主使尚书李顺差次群臣,赐以爵位;顺受贿,品第不平。是岁,凉州人徐桀告之,魏主怒,且以顺保庇沮渠氏,面欺误国,赐顺死。

二十年(癸未,443)

1 春,正月,魏皮豹子进击乐乡,将军王奂之等败没。魏军进至下辩,将军强玄明等败死。二月,胡崇之与魏战于浊水,崇之为魏所擒,馀众走还汉中。将军姜道祖兵败,降魏,魏遂取仇池。杨保炽走。

2 丙午,魏主如恒山之阳;三月庚申,还宫。

3 壬戌,乌洛侯国遣使如魏。初,魏之居北荒也,凿石为庙,在乌洛侯西北,以祀其先,高七十尺,深九十步。及乌洛侯使者至魏,言石庙具在,魏主遣中书侍郎李敞诣石庙致祭,刻祝文于壁而还,去平城四千馀里。

4 魏河间公齐与武都王杨保宗对镇雒谷,保宗弟文德说保宗,令闭险自固以叛魏。或以告齐,夏四月,齐诱执保宗,送平城,杀之。前镇东司马苻达、征西从事中郎任朏等遂举兵立杨文德为主,据白崖,分兵取诸戍,进围仇池，自号征西将军、秦河梁三州牧、仇池公。

5　甲午，立皇子诞为广陵王。

6　丁酉，魏大赦。

7　己亥，魏主如阴山。

8　五月，魏古弼发上邽、高平、岍城诸军击杨文德，文德退走。皮豹子督关中诸军至下辩，闻仇池解围，欲还；弼遣人谓豹子曰："宋人耻败，必将复来。军还之后，再举为难，不如练兵蓄力以待之。不出秋冬，宋师必至；以逸待劳，无不克矣。"豹子从之。魏以豹子为仇池镇将。

杨文德遣使来求援。秋，七月癸丑，诏以文德为都督北秦雍二州诸军事、征西大将军、北秦州刺史、武都王。文德屯葭芦城，以任朏为左司马；武都、阴平氐多归之。

9　甲子，前雍州刺史刘真道、梁南秦二州刺史裴方明坐破仇池减匿金宝及善马，下狱死。

10　九月辛巳，魏主如漠南。甲辰，舍辎重，以轻骑袭柔然，分军为四道：乐安王范、建宁王崇各统十五将出东道，乐平王丕督十五将出西道，魏主出中道，中山王辰督十五将为后继。

魏主至鹿浑谷，遇敕连可汗。太子晃言于魏主曰："贼不意大军猝至，宜掩其不备，速进击之。"尚书令刘絜固谏，以为"贼营中尘盛，其众必多，出至平地，恐为所围，不如须诸军大集，然后击之"。晃曰："尘之盛者，由军士惊怖扰乱故也，何得营上而有此尘乎！"魏主疑之，不急击。柔然遁去，追至石水，不及而还。既而获柔然候骑曰："柔然不觉魏军至，上下惶骇，引众北走，经六七日，知无追者，乃始徐行。"魏主深恨之。自是军国大事，皆与太子谋之。

司马楚之别将兵督军粮，镇北将军封沓亡降柔然，说柔然令击楚之以绝军食。俄而军中有告失驴耳者，诸将莫晓其故，楚之曰："此必贼遣奸人入营觇伺，割驴耳以为信耳。贼至不久，宜急为之备。"乃伐柳为城，以水灌之令冻；城立而柔然至，冰坚滑，不可攻，乃散走。

11　十一月，将军姜道盛与杨文德合众二万攻魏浊水戍，魏皮豹子、河间公齐救之，道盛败死。

12　甲子，魏主还，至朔方，下诏令皇太子副理万机，总统百揆。且曰："诸功臣勤劳日久，皆当以爵归第，随时朝请，飨宴朕前，论道陈谟而已，不宜复烦以剧职；更举贤俊以备百官。"十二月丁卯，魏主还平城。

二十一年（甲申，444）

1 春，正月己亥，帝耕藉田，大赦。

2 壬寅，魏太子始总百揆，命侍中、中书监穆寿、司徒崔浩、侍中张黎、古弼辅太子决庶政，上书者皆称臣，仪与表同。

古弼为人，忠慎质直；尝以上谷苑囿太广，乞减太半以赐贫民，入见魏主，欲奏其事。帝方与给事中刘树围棋，志不在弼；弼侍坐良久，不获陈闻。忽起，捽树头，掣下床，搏其耳，殴其背，曰："朝廷不治，实尔之罪！"帝失容，舍棋曰："不听奏事，朕之过也，树何罪！置之！"弼具以状闻，帝皆可其奏。弼曰："为人臣无礼至此，其罪大矣。"出诣公车，免冠徒跣请罪。帝召入，谓曰："吾闻筑社之役，蹇蹶而筑之，端冕而事之，神降之福。然则卿有何罪！其冠履就职。苟可以利社稷，便百姓者，竭力为之，勿顾虑也。"

太子课民稼穑，使无牛者借人牛以耕种，而为之芸田以偿之，凡耕种二十二亩而芸七亩，大略以是为率。使民各标姓名于田首以知其勤惰，禁饮酒游戏者。于是垦田大增。

3 戊申，魏主诏："王、公以下至庶人，有私养沙门、巫觋于家者，皆遣诣官曹；过二月十五日不出，沙门、巫觋死，主人门诛。"庚戌，又诏："王、公、卿、大夫之子皆诣太学，其百工、商贾之子，当各习父兄之业，毋得私立学校；违者，师死，主人门诛。"

4 二月辛未，魏中山王辰、内都坐大官薛辨、尚书奚眷等八将坐击柔然后期，斩于都南。

初，魏尚书令刘絜，久典机要，恃宠自专，魏主心恶之。及将袭柔然，絜谏曰："蠕蠕迁徙无常，前者出师，劳而无功，不如广农积谷以待其来。"崔浩固劝魏主行，魏主从之。絜耻其言不用，欲败魏师；魏主与诸将期会鹿浑谷，絜矫诏易其期。帝至鹿浑谷六日，诸将不至，柔然遂远遁，追之不及。军还，经漠中，粮尽，士卒多死。絜阴使人惊魏军，劝帝委军轻还，帝不从。絜以军出无功，请治崔浩之罪。帝曰："诸将失期，遇贼不击，浩何罪也！"浩以絜矫诏事白帝，帝至五原，收絜，囚之。帝之北行也，絜私谓所亲曰："若车驾不返，吾当立乐平王。"絜闻尚书右丞张嵩家有图谶，问曰："刘氏应王，继国家后，吾有姓名否？"嵩曰："有姓无名。"帝闻之，命有司穷治，索嵩家，得谶书。事连南康公狄邻，絜、嵩、邻皆夷三族，死者百馀人。絜在势要，好作威福，诸将破敌，所得财物皆与絜分。既死，籍其家，财巨万，帝每言之则切齿。

癸酉,乐平戾王丕以忧卒。初,魏主筑白台,高二百馀尺。丕梦登其上,四顾不见人,命术士董道秀筮之,道秀曰:“大吉。”丕默有喜色。及丕卒,道秀亦坐弃市。高允闻之,曰:“夫筮者皆当依附爻象,劝以忠孝。王之问道秀也,道秀宜曰:‘穷高为亢。易曰:“亢龙有悔。”又曰:“高而无民。”皆不祥也,王不可以不戒。’如此,则王安于上,身全于下矣。道秀反之,宜其死也。”

5　庚辰,魏主幸庐。

6　己丑,江夏王义恭进位太尉,领司徒。

7　庚寅,以侍中、领右卫将军沈演之为中领军,左卫将军范晔为太子詹事。

8　辛卯,立皇子宏为建平王。

9　三月甲辰,魏主还宫。

10　癸丑,魏主遣司空长孙道生镇统万。

11　夏,四月乙亥,魏侍中、太宰、阳平王杜超为帐下所杀。

12　六月,魏北部民杀立义将军衡阳公莫孤,帅五千馀落北走,遣兵追击之,至漠南,杀其渠帅,徙馀徙冀、相、定三州为营户。

13　吐谷浑王慕利延兄子纬世与魏使者谋降魏,慕利延杀之。是月,纬世弟叱力延等八人奔魏,魏以叱力延为归义王。

14　沮渠无讳卒,弟安周代立。

15　魏入中国以来,虽颇用古礼祀天地、宗庙、百神,而犹循其旧俗,所祀胡神甚众。崔浩请存合于祀典者五十七所,其馀复重及小神悉罢之。魏主从之。

16　秋,七月癸卯,魏东雍州刺史沮渠秉谋反,伏诛。

17　八月乙丑,魏主畋于河西,尚书令古弼留守。诏以肥马给猎骑,弼悉以弱者给之。帝大怒曰:“笔头奴敢裁量朕!朕还台,先斩此奴!”弼头锐,故帝常以笔目之。弼官属惶怖,恐并坐诛,弼曰:“吾为人臣,不使人主盘于游畋,其罪小;不备不虞,乏军国之用,其罪大。今蠕蠕方强,南寇未灭,吾以肥马供军,弱马供猎,为国远虑,虽死何伤!且吾自为之,非诸君之忧也。”帝闻之,叹曰:“有臣如此,国之宝也。”赐衣一袭,马二匹,鹿十头。

他日,魏主复畋于山北,获麋鹿数千头。诏尚书发车五百乘以运之。诏使已去,魏主谓左右曰:“笔公必不与我,汝辈不如以马运之。”遂还。行百馀里,得弼表曰:“今秋谷悬黄,麻菽布野,猪鹿窃食,鸟雁侵费,风雨所耗，朝夕三倍。乞赐矜缓，使得收载。"帝曰："果如吾言，笔公可谓社稷之臣矣！"

18 魏主使员外散骑常侍高济来聘。

19 戊辰，以荆州刺史衡阳王义季为征北大将军、开府仪同三司、南兖州刺史，以南谯王义宣为荆州刺史。初，帝以义宣不才，故不用，会稽公主屡以为言，帝不得已用之。先赐中诏敕之曰："师护以在西久，比表求还，今欲听许，以汝代之。师护虽无殊绩，絜己节用，通怀期物，不恣群下，声著西土，为士庶所安，论者乃未议迁之。今之回换，更为汝与师护年时一辈，欲各试其能。汝往，脱有一事减之者，既与西夏交有巨碍，迁代之讥，必归责于吾矣。此事亦易勉耳，无为使人复生评论也！"义宣至镇，勤自课厉，事亦修理。

庚辰，会稽长公主卒。

20 吐谷浑叱力延等请师于魏以讨吐谷浑王慕利延，魏主使晋王伏罗督诸军击之。

21 九月甲辰，以沮渠安周为都督凉河沙三州诸军事、凉州刺史、河西王。

22 丁未，魏主如漠南，将袭柔然，柔然敕连可汗远遁，乃止。敕连寻卒，子吐贺真立，号处罗可汗。

23 魏晋王伏罗至乐都，引兵从间道袭吐谷浑，至大母桥。吐谷浑王慕利延大惊，逃奔白兰，慕利延兄子拾寅奔河西；魏军斩首五千馀级。慕利延从弟伏念等帅万三千落降于魏。

24 冬，十月己卯，以左军将军徐琼为兖州刺史，大将军参军申恬为冀州刺史。徙兖州镇须昌，冀州镇历下。恬，谟之弟也。

25 十二月，魏主还平城。

26 是岁，沙州牧李宝入朝于魏，魏人留之，以为外都大官。

27 太子率更令何承天撰元嘉新历，表上之。以月食之冲知日所在。又以中星检之，知尧时冬至日在须女十度，今在斗十七度。又测景校二至，差三日有馀，知今之南至日应在斗十三四度。于是更立新法，冬至徙上三日五时，日之所在，移旧四度。又月有迟疾，前历合朔，月食不在朔望；今皆以赢缩定其小馀，以正朔望之日。诏付外详之。太史令钱乐之等奏，皆如承天所上，唯月有频三大，频二小，比旧法殊为乖异，谓宜仍旧。诏可。

二十二年（乙酉，445）

1　春，正月辛卯朔，始行新历。初，汉京房以十二律中吕上生黄钟，不满九寸，更演为六十律。钱乐之复演为三百六十律，日当一管。何承天立议，以为上下相生，三分损益其一，盖古人简易之法，犹如古历周天三百六十五度四分度之一也。而京房不悟，谬为六十。乃更设新律，林钟长六寸一厘，则从中吕还得黄钟，十二旋宫，声韵无失。

2　壬辰，以武陵王骏为雍州刺史。帝欲经略关、河，故以骏镇襄阳。

3　魏主使散骑常侍宋愔来聘。

4　二月，魏主如上党，西至吐京，讨徙叛胡，出配郡县。

5　甲戌，立皇子祎为东海王，昶为义阳王。

6　三月庚申，魏主还宫。

7　魏诏："诸疑狱皆付中书，以经义量决。"

8　夏，四月庚戌，魏主遣征西大将军高凉王那等击吐谷浑王慕利延于白兰，秦州刺史代人封敕文、安远将军乙乌头击慕利延兄子什归于枹罕。

9　河西之亡也，鄯善人以其地与魏邻，大惧，曰："通其使人，知我国虚实，取亡必速。"乃闭断魏道，使者往来，辄钞劫之。由是西域不通者数年。魏主使散骑常侍万度归发凉州以西兵击鄯善。

10　六月壬辰，魏主北巡。

11　帝谋伐魏，罢南豫州入豫州，以南豫州刺史南平王铄为豫州刺史。

12　秋，七月己未，以尚书仆射孟顗为左仆射，中护军何尚之为右仆射。

13　武陵王骏将之镇，时缘沔诸蛮犹为寇，水陆梗碍；骏分军遣抚军中兵参军沈庆之掩击，大破之，骏至镇，蛮断驿道，欲攻随郡；随郡太守河东柳元景募得六七百人，邀击，大破之。遂平诸蛮，获七万馀口。涓山蛮最强，沈庆之讨平之，获三万馀口，徙万馀口于建康。

14　吐谷浑什归闻魏军将至，弃城夜遁。八月丁亥，封敕文入枹罕，分徙其民千家还上邽，留乙乌头守枹罕。

15　万度归至敦煌，留辎重，以轻骑五千度流沙，袭鄯善，壬辰，鄯善王真达面缚出降。度归留军屯守，与真达诣平城，西域复通。

16　魏主如阴山之北，发诸州兵三分之一，各于其州戒严，以须后命。徙诸种杂民五千馀家于北边，令就北畜牧，以饵柔然。

17 壬寅,魏高凉王那军至宁头城,吐谷浑王慕利延拥其部落西度流沙。吐谷浑慕瑰之子被囊逆战,那击破之;被囊遁走,中山公杜丰帅精骑追之,度三危,至雪山,生擒被囊及吐谷浑什归、乞伏炽盘之子成龙,皆送平城。慕利延遂西入于阗,杀其王,据其地,死者数万人。

18 九月癸酉,上饯衡阳王义季于武帐冈。上将行,敕诸子且勿食,至会所设馔;日旰,不至,有饥色。上乃谓曰:"汝曹少长丰佚,不见百姓艰难。今使汝曹识有饥苦,知以节俭御物耳。"

裴子野论曰:善乎太祖之训也!夫侈兴于有馀,俭生于不足。欲其隐约,莫若贫贱!习其险艰,利以任使;为其情伪,易以躬临。太祖若能率此训也,难其志操,卑其礼秩,教成德立,然后授以政事,则无怠无荒,可播之于九服矣。

高祖思固本枝,崇树襁褓;后世遵守,迭据方岳。及乎泰始之初,升明之季,绝咽于斧钺者动数十人。国之存亡,既不是系,早肆民上,非善诲也。

19 魏民间讹言"灭魏者吴",卢水胡盖吴聚众反于杏城,诸种胡争应之,有众十馀万,遣其党赵绾来,上表自归。冬,十月戊子,长安镇副将拓跋纥帅众讨吴,纥败死。吴众愈盛,民皆渡渭奔南山。魏主发高平敕勒骑赴长安,命将军叔孙拔领摄并、秦、雍三州兵屯渭北。

20 十一月,魏发冀州民造浮桥于碻磝津。

21 盖吴遣别部帅白广平西掠新平,安定诸胡皆聚众应之。又分兵东掠临晋巴东,将军章直击破之,溺死于河者三万馀人。吴又遣兵西掠,至长安,将军叔孙拔与战于渭北,大破之,斩首三万馀级。

河东蜀薛永宗聚众以应吴,袭击闻喜。闻喜县无兵仗,令忧惶无计;县人裴骏帅厉乡豪击之,永宗引去。

魏主命薛谨之子拔纠合宗、乡,壁于河际,以断二寇往来之路。庚午,魏主使殿中尚书拓跋处直等将二万骑讨薛永宗,殿中尚书乙拔将三万骑讨盖吴,西平公寇提将万骑讨白广平。吴自号天台王,署置百官。

22 辛未,魏主还宫。

23 魏选六州骁骑二万,使永昌王仁、高凉王那分将之为二道,掠淮、泗以北,徙青、徐之民以实河北。

24 癸未,魏主西巡。

25 初,鲁国孔熙先博学文史,兼通数术,有纵横才志;为员外散骑侍郎,不为时所知,愤愤不得志。父默之为广州刺史,以赃获罪,大将军彭城王义康为救解得免。及义康迁豫章,熙先密怀报效。且以为天文、图谶,帝必以非道晏驾,由骨肉相残;江州应出天子。以范晔志意不满,欲引与同谋,而熙先素不为晔所重。太子中舍人谢综,晔之甥也,熙先倾身事之,综引熙先与晔相识。

熙先家饶于财,数与晔博,故为拙行,以物输之。晔既利其财,又爱其文艺,由是情好款洽。熙先乃从容说晔曰:"大将军英断聪敏,人神攸属,失职南垂,天下愤怨。小人受先君遗命,以死报大将军之德。顷人情骚动,天文舛错,此所谓时运之至,不可推移者也。若顺天人之心,结英豪之士,表里相应,发于肘腋;然后诛除异我,崇奉明圣,号令天下,谁敢不从!小人请以七尺之躯,三寸之舌,立功立事而归诸君子,丈人以为何如?"晔甚愕然。熙先曰:"昔毛玠竭节于魏武,张温毕议于孙权,彼二人者,皆国之俊乂,岂言行玷缺,然后至于祸辱哉?皆以廉直劲正,不得久容。丈人之于本朝,不深于二主,人间雅誉,过于两臣,谗夫侧目,为日久矣,比肩竞逐,庸可遂乎!近者殷铁一言而刘班碎首,彼岂父兄之仇,百世之怨乎?所争不过荣名势利先后之间耳。及其末也,唯恐陷之不深,发之不早;戮及百口,犹曰未厌。是可为寒心悼惧,岂书籍远事也哉!今建大勋,奉贤哲,图难于易,以安易危,享厚利,收鸿名,一旦苟举而有之,岂可弃置而不取哉!"晔犹疑未决。熙先曰:"又有过于此者,愚则未敢道耳。"晔曰:"何谓也?"熙先曰:"丈人奕叶清通,而不得连姻帝室,人以犬豕相遇,而丈人曾不耻之,欲为之死,不亦惑乎!"晔门无内行,故熙先以此激之。晔默然不应,反意乃决。

晔与沈演之并为帝所知,晔先至,必待演之俱入,演之先至,尝独被引,晔以此为怨。晔累经义康府佐,中间获罪于义康。谢综及父述,皆为义康所厚,综弟约娶义康女。综为义康记室参军,自豫章还,申义康意于晔,求解晚隙,复敦往好。大将军府史仲承祖,有宠于义康,闻熙先有谋,密相结纳。丹杨尹徐湛之,素为义康所爱,承祖因此结事湛之,告以密计。道人法略、尼法静,皆感义康旧恩,并与熙先往来。法静妹夫许曜,领队在台,许为内应。法静之豫章,熙先付以笺书,陈说图谶。于是密相署置,及素所不善者,并入死目。熙先又使弟休先作檄文,称:"贼臣赵伯符肆兵犯跸,祸流储宰,湛之、晔等投命奋戈,即日斩伯符首及其党与。今遣护军将军臧质奉玺绶迎彭城王正位辰极。"熙先以为举大事宜须以义康之旨谕众,晔又诈作义康与湛之书,令诛君侧之恶,宣示同党。

帝之燕武帐冈也,晔等谋以其日作乱。许曜侍帝,扣刀目晔,晔不敢仰视。俄而座散,徐湛之恐事不济,密以其谋白帝。帝使湛之具探取本末,得其檄书、选署姓名,上之。帝乃命有司收掩穷治。其夜,呼晔置客省,先于外收综及熙先兄弟,皆款服。帝遣使诘问晔,晔犹隐拒;熙先闻之,笑曰:"凡处分、符檄、书疏,皆范所造,云何于今方作如此抵蹋邪?"帝以晔墨迹示之,乃具陈本末。

明日,仗士送付廷尉。熙先望风吐款,辞气不桡。上奇其才,遣人慰勉之曰:"以卿之才而滞于集书省,理应有异志,此乃我负卿也。"又责前吏部尚书何尚之曰:"使孔熙先年将三十作散骑郎,那不作贼!"熙先于狱中上书谢恩,且陈图谶,深戒上以骨肉之祸,曰:"愿勿遗弃,存之中书。若囚死之后,或可追录,庶九泉之下,少塞衅责。"

晔在狱为诗曰:"虽无嵇生琴,庶同夏侯色。"晔本意谓入狱即死,而上穷治其狱,遂经二旬,晔更有生望。狱吏戏之曰:"外传詹事或当长系。"晔闻之,惊喜。综、熙先笑之曰:"詹事畴昔攘袂瞋目,跃马顾盼,自以为一世之雄;今扰攘纷纭,畏死乃尔!设令赐以性命,人臣图主,何颜可以生存!"

十二月乙未,晔、综、熙先及其子弟、党与皆伏诛。晔母至市,涕泣责晔,以手击晔颈,晔颜色不怍;妹及妓妾来别,晔悲涕流涟。综曰:"舅殊不及夏侯色。"晔收泪而止。

谢约不预逆谋,见兄综与熙先游,常谏之曰:"此人轻事好奇,不近于道,果锐无检,未可与狎。"综不从而败。综母以子弟自蹈逆乱,独不出视。晔语综曰:"姊今不来,胜人多矣。"

收籍晔家,乐器服玩,并皆珍丽,妓妾不胜珠翠。母居止单陋,唯有一厨盛樵薪,弟子冬无被,叔父单布衣。

　　　裴子野论曰:夫有逸群之才,必思冲天之据;盖俗之量,则债常均之下。其能守之以道,将之以礼,殆为鲜乎!刘弘仁,范蔚宗,皆忸志而贪权,矜才以徇逆,累叶风素,一朝而陨。向之所谓智能,翻为亡身之具矣。

26　徐湛之所陈多不尽,为晔等辞所连引,上赦不问。臧质,熹之子也,先为徐、兖二州刺史,与晔厚善,晔败,以为义兴太守。

有司奏削彭城王义康爵,收付廷尉治罪。丁酉,诏免义康及其男女皆为庶人,绝属籍,徙付安成郡;以宁朔将军沈邵为安成相,领兵防守。邵,璞之兄也。义康在安成,读书,见淮南厉王长事,废书叹曰:"自古有此,我乃不知,得罪为宜也。"

庚戌,以前豫州刺史赵伯符为护军将军。伯符,孝穆皇后之弟子也。

27　初,江左二郊无乐,宗庙虽有登歌,亦无二舞。是岁,南郊始设登歌。

28　魏安南、平南府移书兖州,以南国侨置诸州多滥北境名号;又欲游猎具区,兖州答移曰:"必若因土立州,则彼立徐、扬,岂有其地? 复知欲游猎具区,观化南国。开馆饰邸,则有司存;呼韩入汉,厥仪未泯,馈饩之秩,每存丰厚。"

二十三年(丙戌,446)

1　春,正月庚申,尚书左仆射孟颛罢。

2　戊辰,魏主军至东雍州,临薛永宗垒,崔浩曰:"永宗未知陛下自来,众心纵弛。今北风迅疾,宜急击之。"魏主从之,庚午,围其垒。永宗出战,大败,与家人皆赴汾水死。其族人安都先据弘农,弃城来奔。

辛未,魏主南如汾阴,济河,至洛水桥。闻盖吴在长安北,帝以渭北地无谷草,欲渡渭南,循渭而西;以问崔浩,对曰:"夫击蛇者先击其首,首破则尾不能掉。今盖吴营去此六十里,轻骑趋之,一日可到,到则破之必矣。破吴,南向长安亦不过一日,一日之乏,未至有伤。若从南道,则吴徐入北山,猝未可平。"帝不从,自渭南向长安,庚辰,至戏水。吴众闻之,悉散入北地山,军无所获。帝悔之。二月丙戌,帝至长安,丙申,如盩厔,历陈仓,还,如雍城,所过诛民、夷与盖吴通谋者。乙拔等诸军大破盖吴于杏城。

吴复遣使上表求援,诏以吴为都督关陇诸军事、雍州刺史、北地公,使雍、梁二州发兵屯境上,为吴声援;遣使赐吴印一百二十一纽,使吴随宜假授。

3　初,林邑王范阳迈,虽进使入贡,而寇盗不绝,使贡亦薄陋;帝遣交州刺史檀和之讨之。南阳宗悫,家世儒素,悫独好武事,常言"愿乘长风破万里浪"。及和之伐林邑,悫自奋请从军,诏以悫为振武将军,和之遣悫为前锋。阳迈闻军出,遣使请还所掠日南民,输金一万斤,银十万斤。帝诏和之:"若阳迈果有款诚,亦许其归顺。"和之至朱梧戍,遣府户曹参军姜仲基等诣阳迈,阳迈执之;和之乃进军围林邑将范扶龙于区粟城。阳迈遣其将范毗沙达救之,宗悫潜兵迎击毗沙达,破之。

4　魏主与崔浩皆信重寇谦之,奉其道。浩素不喜佛法,每言于魏主,以为佛法虚诞,为世费害,宜悉除之。及魏主讨盖吴,至长安,入佛寺,沙门饮从官酒;从官入其室,见大有兵器,出以白帝,帝怒曰:"此非沙门所用,必与盖吴通谋,欲为乱耳。"命有司按诛阖寺沙门,阅其财产,大得酿具及州郡牧守、富人所寄藏物以万计,又为窟室以匿妇女。浩因说帝悉诛天下沙门,毁诸经像,帝从之。寇谦之与浩固争,浩不从。先尽诛长安沙门,焚毁经像,并敕留台下四方,令一用长安法。诏曰:"昔后汉荒君,信惑邪伪以乱天常,自古九州之中,未尝有此。夸诞大言,不本人情,叔季之世,莫不眩焉。由是政教不行,礼义大坏,九服之内,鞠为丘墟。朕承天绪,欲除伪定真,复羲、农之治,其一切荡除,灭其踪迹。自今已后,敢有事胡神及造形像泥人、铜人者门诛。有非常之人,然后能行非常之事,非朕孰能去此历代之伪物! 有司宣告征镇诸军、刺史,诸有浮图形像及胡经,皆击破焚烧,沙门无少长悉坑之!"太子晃素好佛法,屡谏不听;乃缓宣诏书,使远近豫闻之,得各为计,沙门多亡匿获免,或收藏经像,唯塔庙在魏境者无复孑遗。

5 魏主徙长安工巧二千家于平城。还,至洛水,分军诛李闰叛羌。

6 太原颜白鹿私入魏境,为魏人所得,将杀之,诈云青州刺史杜骥使其归诚。魏人送白鹿诣平城,魏主喜曰:"我外家也。"使崔浩作书与骥,且命永昌王仁、高凉王那将兵迎骥,攻冀州刺史申恬于历城;杜骥遣其府司马夏侯祖欢等将兵救历城。魏人遂寇兖、青、冀三州,至清东而还,杀掠甚众,北边骚动。

帝以魏寇为忧,咨访群臣。御史中丞何承天上表,以为:"凡备匈奴之策,不过二科:武夫尽征伐之谋,儒生讲和亲之约。今欲追踪卫、霍,自非大田淮、泗,内实青、徐,使民有赢储,野有积谷,然后发精卒十万,一举荡夷,则不足为也。若但欲遣军追讨,报其侵暴,则彼必轻骑奔走,不肯会战;徒兴巨费,不损于彼,报复之役,将遂无已,斯策之最末者也。安边固守,于计为长。臣窃以曹、孙之霸,才均智敌,江、淮之间,不居各数百里。何者? 斥候之郊,非耕牧之地,故坚壁清野以俟其来,整甲缮兵以乘其弊;保民全境,不出此涂。要而归之,其策有四:一曰移远就近。今青、兖旧民及冀州新附,在界首者三万馀家,可悉徙置大岘之南,以实内地。二曰多筑城邑以居新徙之家,假其经用,春夏佃牧,秋冬入保。寇至之时,一城千家,堪战之士,不下二千,其馀赢弱,犹能登陴鼓噪,足抗群虏三万矣。三曰纂偶车牛以载粮械。计千家之资,不下五百耦牛,为车五百两,参合钩连以卫其众;设使城不可固,平行趋险,贼所不能干,有急征发,信宿可聚。四曰计丁课仗。凡战士二千,随其便能,各自有仗,素所服习,铭刻由己,还保输之于库,出行请以自新。弓矟利铁,民不得者,官以渐充之。数年之内,军用粗备矣。近郡之师,远屯清、济,功费既重,嗟怨亦深,以臣料之,未若即用彼众之易也。今因民所利,导而帅之,兵强而敌不戒,国富而民不劳,比于优复队伍,坐食粮廪者,不可同年而校矣。"

7　魏金城边固、天水梁会,与秦、益杂民万馀户据上邽东城反,攻逼西城。秦、益二州刺史封敕文拒却之。氐、羌万馀人,休官、屠各二万馀人皆起兵应固、会,敕文击固,斩之,馀众推会为主,与敕文相攻。

8　夏,四月甲申,魏主至长安。

9　丁未,大赦。

10　仇池人李洪聚众,自言应王;梁会求救于氐王杨文德,文德曰:"两雄不并立,若须我者,宜先杀洪。"会诱洪斩之,送首于文德。五月,癸亥,魏主遣安丰公闾根帅骑赴上邽,未至,会弃东城走。敕文先掘重堑于外,严兵守之,格斗从夜至旦。敕文曰:"贼知无生路,致死于我,多杀伤士卒,未易克也。"乃以白虎幡宣告会众,降者赦之,会众遂溃;分兵追讨,悉平之。略阳人王元达聚众屯松多川,敕文又讨平之。

11　盖吴收兵屯杏城,自号秦地王,声势复振。魏主遣永昌王仁、高凉王那督北道诸军讨之。

12　檀和之等拔区粟,斩范扶龙,乘胜入象浦;林邑王阳迈倾国来战,以具装被象,前后无际。宗悫曰:"吾闻外国有师子,威服百兽。"乃制其形,与象相拒,象果惊走,林邑兵大败。和之遂克林邑,阳迈父子挺身走。所获未名之宝,不可胜计,宗悫一无所取,还家之日,衣栉萧然。

13　六月癸未朔,日有食之。

14　甲申,魏发冀、相、定三州兵二万人屯长安南山诸谷,以备盖吴窜逸。丙戌,又发司、幽、定、冀四州兵十万人筑畿上塞围,起上谷,西至河,广纵千里。

15　帝筑北堤,立玄武湖,筑景阳山于华林园。

16　秋,七月辛未,以散骑常侍杜坦为青州刺史。坦,骥之兄也。初,杜预之子耽,避晋乱,居河西,仕张氏。前秦克凉州,子孙始还关中。高祖灭后秦,坦兄弟从高祖过江。时江东王、谢诸族方盛,北人晚渡者,朝廷悉以伧荒遇之,虽复人才可施,皆不得践清涂。上尝与坦论金日磾,曰:"恨今无复此辈人!"坦曰:"日磾假生今世,养马不暇,岂办见知!"上变色曰:"卿何量朝廷之薄也!"坦曰:"请以臣言之:臣本中华高族,晋氏丧乱,播迁凉土,世业相承,不殒其旧;直以南渡不早,便以荒伧赐隔。日磾,胡人,身为牧圉;乃超登内侍,齿列名贤。圣朝虽复拔才,臣恐未必能也。"上默然。

17　八月,魏高凉王那等破盖吴,获其二叔;诸将欲送诣平城,长安镇将陆俟曰:"长安险固,风俗豪忮,平时犹不可忽,况承荒乱之馀乎! 今不斩吴,则长安之变未已也。吴一身潜窜,非其亲信,谁能获之! 若停十万之众以追一人,又非长策。不如私许吴叔,免其妻子,使自追吴,擒之必矣。"诸将咸曰:"今贼党众已散,唯吴一身,何所能至?"俟曰:"诸君不见毒蛇乎! 不断其首,犹能为害。吴天性凶狡,今若得脱,必自称王者不死,以惑愚民,为患愈大。"诸将曰:"公言是也。但得贼不杀,而更遣之,若遂往不返,将何以任其罪?"俟曰:"此罪,我为诸君任之。"高凉王那亦以俟计为然,遂赦二叔,与刻期而遣之。及期,吴叔不至,诸将皆咎俟,俟曰:"彼伺之未得其便耳,必不负也。"后数日,吴叔果以吴首来,传诣平城。永昌王仁讨吴馀党白广平、路那罗,悉平之。以陆俟为内都大官。

会安定卢水胡刘超等聚众万馀人反,魏主以俟威恩著于关中,复加俟都督秦、雍二州诸军事,镇长安,谓俟曰:"关中奉化日浅,恩信未洽,吏民数为逆乱。今朕以重兵授卿,则超等必同心协力,据险拒守,未易攻也;若兵少,则不能制贼;卿当自以方略取之。"俟乃单马之镇。超等闻之,大喜,以俟为无能为也。

俟既至,谕以成败,诱纳超女,与为姻戚以招之;超自恃其众,犹无降意。俟乃帅其帐下亲往见超,超使人逆谓俟曰:"从者过三百人,当以弓马相待;不及三百人,当以酒食相供。"俟乃将二百骑诣超。超设备甚严,俟纵酒尽醉而还。顷之,俟复选敢死士五百人出猎,因诣超营;约曰:"发机当以醉为限。"既饮,俟阳醉,上马大呼,手斩超首,士卒应声纵击,杀伤千数,遂平之。魏主征俟还,为外都大官。

18　是岁,吐谷浑复还旧土。

资治通鉴卷第一百二十五

宋纪七

太祖文皇帝中之下

元嘉二十四年（丁亥，447）

1　春，正月甲戌，大赦。

2　魏吐京胡及山胡曹仆浑等反；二月，征东将军武昌王提等讨平之。

3　癸未，魏主如中山。

4　魏师之克敦煌也，沮渠牧犍使人斫开府库，取金玉及宝器，因不复闭；小民争入盗取之，有司索盗不获。至是，牧犍所亲及守藏者告之，且言牧犍父子多蓄毒药，潜杀人前后以百数；况复姊妹皆学左道。有司索牧犍家，得所匿物；魏主大怒，赐沮渠昭仪死，并诛其宗族，唯沮渠祖以先降得免。又有告牧犍犹与故臣民交通谋反者，三月，魏主遣崔浩就第赐牧犍死，谥曰哀王。

5　魏人徙定州丁零三千家于平城。

6　六月，魏西征诸将扶风公处真等八人，坐盗没军资及虏掠赃各千万计，并斩之。

7　初，上以货重物轻，改铸四铢钱。民多翦凿古钱，取铜盗铸。上患之。录尚书事江夏王义恭建议，请以大钱一当两。右仆射何尚之议曰："夫泉贝之兴，以估货为本，事存交易，岂假多铸！数少则币重，数多则物重，多少虽异，济用不殊。况复以一当两，徒崇虚价者邪！若今制遂行，富人之赀自倍，贫者弥增其困，惧非所以使之均壹也。"上卒从义恭议。

8　秋，八月乙未，徐州刺史衡阳文王义季卒。义季自彭城王义康之贬，遂纵酒不事事。帝以书诮责，且戒之；义季犹酣饮自若，以至成疾而终。

9　魏乐安宣王范卒。

10　冬，十月壬午，胡藩之子诞世杀豫章太守桓隆之，据郡反，欲奉前彭城王义康为主；前交州刺史檀和之去官归，过豫章，击斩之。

11　十一月甲寅,封皇子浑为汝阴王。

12　十二月,魏晋王伏罗卒。

13　杨文德据葭芦城,招诱氐、羌,武都等五郡氐皆附之。

二十五年(戊子,448)

1　春,正月,魏仇池镇将皮豹子帅诸军击之。文德兵败,弃城奔汉中。豹子收其妻子、僚属、军资及杨保宗所尚魏公主而还。

初,保宗将叛,公主劝之。或曰:"奈何叛父母之国?"公主曰:"事成,为一国之母,岂比小县公主哉!"魏主赐之死。

杨文德坐失守,免官,削爵土。

2　二月癸卯,魏主如定州,罢塞围役者;遂如上党,诛潞县叛民二千馀家,徙河西离石民五千馀家于平城。

3　闰月己酉,帝大蒐于宣武场。

4　初,刘湛既诛,庾炳之遂见宠任,累迁吏部尚书,势倾朝野。炳之无文学,性强急轻浅。既居选部,好诟詈宾客,且多纳货赂;士大夫皆恶之。

炳之留令史二人宿于私宅,为有司所纠。上薄其过,欲不问。仆射何尚之因极陈炳之之短曰:"炳之见人有烛盘、佳驴,无不乞丐;选用不平,不可一二;交结朋党,构扇是非,乱俗伤风,过于范晔,所少,贼一事耳。纵不加罪,故宜出之。"上欲以炳之为丹杨尹。尚之曰:"炳之蹈罪负恩,方复有尹京赫赫之授,乃更成其形势也。古人云:'无赏无罚,虽尧、舜不能为治。'臣昔启范晔,亦惧犯颜,苟白愚怀,九死不悔。历观古今,未有众过藉藉,受货数百万,更得高官厚禄如炳之者也。"上乃免炳之官,以徐湛之为丹杨尹。

5　彭城太守王玄谟上言:"彭城要兼水陆,请以皇子抚临州事。"夏四月,乙卯,以武陵王骏为安北将军、徐州刺史。

6　五月甲戌,魏以交趾公韩拔为鄯善王,镇鄯善,赋役其民,比之郡县。

7　当两大钱行之经时,公私不以为便;已卯,罢之。

8　六月丙寅,荆州刺史南谯王义宣进位司空。

9　辛酉,魏主如广德宫。

10　秋,八月甲子,封皇子彧为淮阳王。

11　西域般悦国去平城万有馀里,遣使诣魏,请与魏东西合击柔然;

魏主许之,中外戒严。

12　九月辛未,以尚书右仆射何尚之为左仆射,领军将军沈演之为吏部尚书。

13　丙戌,魏主如阴山。

14　魏成周公万度归击焉耆,大破之,焉耆王鸠尸卑那奔龟兹。魏主诏唐和与前部王车伊洛帅所部兵会度归讨西域。和说降柳驴等六城,因共击波居罗城,拔之。

15　冬,十月辛丑,魏弘农昭王奚斤卒,子它观袭。魏主曰:"斤关西之败,罪固当死;朕以斤佐命先朝,复其爵邑,使得终天年,君臣之分亦足矣。"乃降它观爵为公。

16　癸亥,魏大赦。

17　十二月,魏万度归自焉耆西讨龟兹,留唐和镇焉耆。柳驴戍主乙直伽谋叛,和击斩之,由是诸胡咸服,西域复平。

18　魏太子朝于行宫,遂从伐柔然。至受降城,不见柔然,因积粮于城内,置戍而还。

二十六年(己丑,449)

1　春,正月戊辰朔,魏主飨群臣于漠南。甲戌,复伐柔然。高凉王那出东道,略阳王羯儿出西道,魏主与太子出涿邪山,行数千里。柔然处罗可汗恐惧远遁。

2　二月己亥,上如丹徒,谒京陵。三月丁巳,大赦。募诸州乐移者数千家以实京口。

3　庚寅,魏主还平城。

4　夏,五月壬午,帝还建康。

5　庚寅,魏主如阴山。

6　帝欲经略中原,群臣争献策以迎合取宠。彭城太守王玄谟尤好进言,帝谓侍臣曰:"观玄谟所陈,令人有封狼居胥意。"御史中丞袁淑言于上曰:"陛下今当席卷赵、魏,检玉岱宗;臣逢千载之会,愿上封禅书。"上悦。淑,耽之曾孙也。

秋,七月辛未,以广陵王诞为雍州刺史。上以襄阳外接关、河,欲广其资力,乃罢江州军府,文武悉配雍州;湘州入台租税,悉给襄阳。

7　九月,魏主伐柔然,高凉王那出东道,略阳王羯儿出中道。柔然处罗可汗悉国内精兵围那数十重;那掘堑坚守,处罗数挑战,辄为那所败。

以那众少而坚,疑大军将至,解围夜去;那引兵追之,九日九夜。处罗益惧,弃辎重,逾穹隆岭远遁;那收其辎重,引军还,与魏主会于广泽。略阳王羯儿收柔然民畜凡百馀万。自是柔然衰弱,屏迹不敢犯魏塞。冬,十二月戊申,魏主还平城。

8　沔北诸山蛮寇雍州,建威将军沈庆之帅后军中兵参军柳元景、随郡太守宗悫等二万人讨之,八道俱进。先是,诸将讨蛮者皆营于山下以迫之,蛮得据山发矢石以击,官军多不利。庆之曰:"去岁蛮田大稔,积谷重岩,不可与之旷日相守也。不若出其不意,冲其腹心,破之必矣。"乃命诸军斩木登山,鼓噪而前,群蛮震恐;因其恐而击之,所向奔溃。

二十七年(庚寅,450)

1　春,正月乙酉,魏主如洛阳。

2　沈庆之自冬至春,屡破雍州蛮,因蛮所聚谷以充军食,前后斩首三千级,虏二万八千馀口,降者二万五千馀户。幸诸山大羊蛮凭险筑城,守御甚固。庆之击之,命诸军连营于山中,开门相通,各穿池于营内,朝夕不外汲。顷之,风甚,蛮潜兵夜来烧营,诸军以池水沃火,多出弓弩夹射之,蛮兵散走。蛮所据险固,不可攻,庆之乃置六戍以守之。久之,蛮食尽,稍稍请降,悉迁于建康以为营户。

3　魏主将入寇,二月甲午,大猎于梁川。帝闻之,敕淮、泗诸郡:"若魏寇小至,则各坚守;大至,则拔民归寿阳。"边戍侦候不明,辛亥,魏主自将步骑十万奄至。南顿太守郑琨、颍川太守郭道隐并弃城走。

是时,豫州刺史南平王铄镇寿阳,遣左军行参军陈宪行汝南郡事,守悬瓠,城中战士不满千人,魏主围之。

三月,以军兴,减内外百官俸三分之一。

魏人昼夜攻悬瓠,多作高楼,临城以射之,矢下如雨,城中负户以汲,施大钩于冲车之端以牵楼堞,坏其南城,陈宪内设女墙,外立木栅以拒之。魏人填堑,肉薄登城,宪督厉将士苦战,积尸与城等。魏人乘尸上城,短兵相接,宪锐气愈奋,战士无不一当百,杀伤万计,城中死者亦过半。

魏主遣永昌王仁将步骑万馀,驱所掠六郡生口北屯汝阳。时徐州刺史武陵王骏镇彭城,帝遣间使命骏发骑,赏三日粮袭之。骏发百里内马得千五百匹,分为五军,遣参军刘泰之帅安北骑兵行参军垣谦之、田曹行参军臧肇之、集曹行参军尹定、武陵左常侍杜幼文、殿中将军程天祚等将之,直趋汝阳。魏人唯虑救兵自寿阳来,不备彭城。丁酉,泰之等潜进,击之,杀三千馀人,烧其辎重,魏人失散,诸生口悉得东走。魏人侦知泰之等兵无继,复引兵击之。垣谦之先退,士卒惊乱,弃仗走。泰之为魏人所杀,肇之溺死,天祚为魏所擒,谦之、定、幼文及士卒免者九百馀人,马还者四百匹。

魏主攻悬瓠四十二日,帝遣南平内史臧质诣寿阳,与安蛮司马刘康祖共将兵救悬瓠。魏主遣殿中尚书任城公乞地真将兵逆拒之。质等击斩乞地真。康祖,道锡之从兄也。

夏,四月,魏主引兵还,癸卯,至平城。

壬子,安北将军武陵王骏降号镇军将军,垣谦之伏诛,尹定、杜幼文付尚方;以陈宪为龙骧将军、汝南、新蔡二郡太守。

魏主遗帝书曰:"前盖吴反逆,扇动关、陇。彼复使人就而诱之,丈夫遗以弓矢,妇人遗以环钏;是曹正欲谲诳取掠,岂有远相服从之理!为大丈夫,何不自来取之,而以货诱我边民?募往者复除七年,是赏奸也。我今来至此土所得多少,孰与彼前后得我民邪?

彼若欲存刘氏血食者,当割江以北输之,摄守南渡,当释江南使彼居之。不然,可善敕方镇、刺史、守宰严供帐之具,来秋当往取扬州。大势已至,终不相纵。彼往日北通蠕蠕,西结赫连、沮渠、吐谷浑,东连冯弘、高丽;凡此数国,我皆灭之。以此而观,彼岂能独立!

蠕蠕吴提、吐贺真皆已死,我今北征,先除有足之寇。彼若不从命,来秋当复往取之;以彼无足,故不先讨耳。我往之日,彼作何计,为掘堑自守,为筑垣以自障也?我当显然往取扬州,不若彼黦行窃步也。彼来侦谍,我已擒之,复纵还。其人目所尽见,委曲善问之。

彼前使裴方明取仇池,既得之,疾其勇功,已不能容;有臣如此尚杀之,乌得与我校邪!彼非我敌也。彼常欲与我一交战,我亦不痴,复非苻坚,何时与彼交战?昼则遣骑围绕,夜则离彼百里外宿;吴人正有斫营伎,彼募人以来,不过行五十里,天已明矣。彼募人之首,岂得不为我有哉!

彼公时旧臣虽老,犹有智策,知今已杀尽,岂非天资我邪!取彼亦不须我兵刃,此有善咒婆罗门,当使鬼缚以来耳。"

4 侍中、左卫将军江湛迁吏部尚书。湛性公廉,与仆射徐湛之并为主上所宠信,时称江、徐。

5 魏司徒崔浩,自恃才略及魏主所宠任,专制朝权,尝荐冀、定、相、幽、并五州之士数十人,皆起家为郡守。太子晃曰:"先征之人,亦州郡之选也;在职已久,勤劳未答,宜先补郡县,以新征者代为郎吏。且守令治民,宜得更事者。"浩固争而遣之。中书侍郎、领著作郎高允闻之,谓东宫博士管恬曰:"崔公其不免乎! 苟遂其非而校胜于上,将何以堪之!"

魏主以浩监秘书事,使与高允等共撰国记,曰:"务从实录。"著作令史闵湛、郗标,性巧佞,为浩所宠信。浩尝注易及论语、诗、书,湛、标上疏言:"马、郑、王、贾不如浩之精微,乞收境内诸书,班浩所注,令天下习业。并求敕浩注礼传,令后生得观正义。"浩亦荐湛、标有著述才。湛、标又劝浩刊所撰国史于石,以彰直笔。高允闻之,谓著作郎宗钦曰:"湛、标所营,分寸之间,恐为崔门万世之祸,吾徒亦无噍类矣!"浩竟用湛、标议,刊石立于郊坛东,方百步,用功三百万。浩书魏之先世,事皆详实,列于衢路,往来见者咸以为言。北人无不忿恚,相与谮浩于帝,以为暴扬国恶。帝大怒,使有司按浩及秘书郎吏等罪状。

初,辽东公翟黑子有宠于帝,奉使并州,受布千匹。事觉,黑子谋于高允曰:"主上问我,当以实告,为当讳之?"允曰:"公帷幄宠臣,有罪首实,庶或见原,不可重为欺罔也。"中书侍郎崔览、公孙质曰:"若首实,罪不可测,不如讳之。"黑子怨允曰:"君奈何诱人就死地!"入见帝,不以实对,帝怒,杀之。帝使允授太子经。

及崔浩被收,太子召允至东宫,因留宿。明旦,与俱入朝,至宫门,谓允曰:"入见至尊,吾自导卿;脱至尊有问,但依吾语。"允曰:"为何等事也?"太子曰:"入自知之。"太子见帝,言"高允小心慎密,且微贱;制由崔浩,请赦其死!"帝召允,问曰:"国书皆浩所为乎?"对曰:"太祖记,前著作郎邓渊所为;先帝记及今记,臣与浩共为之。然浩所领事多,总裁而已,至于著述,臣多于浩。"帝怒曰:"允罪甚于浩,何以得生!"太子惧曰:"天威严重,允小臣,迷乱失次耳。臣向问,皆云浩所为。"帝问允:"信如东宫所言乎?"对曰:"臣罪当灭族,不敢虚妄。殿下以臣侍讲日久,哀臣,欲丐其生耳。实不问臣,臣亦无此言,不敢迷乱。"帝顾太子曰:"直哉! 此人情所难,而允能为之! 临死不易辞,信也;为臣不欺君,贞也。宜特除其罪以旌之。"遂赦之。

于是召浩前,临诘之。浩惶惑不能对。允事事申明,皆有条理。帝命允为诏,诛浩及僚属宗钦、段承根等,下至僮吏,凡百二十八人,皆夷五族;允持疑不为。帝频使催切,允乞更一见,然后为诏。帝引使前,允曰:"浩之所坐,若更有馀衅,非臣敢知;若直以触犯,罪不至死。"帝怒,命武士执允。太子为之拜请,帝意解,乃曰:"无斯人,当有数千口死矣。"

六月己亥,诏诛清河崔氏与浩同宗者无远近,及浩姻家范阳卢氏、太原郭氏、河东柳氏,并夷其族,馀皆止诛其身。縶浩置槛内,送城南,卫士数十人溲其上,呼声嗷嗷,闻于行路。宗钦临刑叹曰:"高允其殆圣乎!"

他日,太子让允曰:"人亦当知机。吾欲为卿脱死,既开端绪;而卿终不从,激怒帝如此。每念之,使人心悸。"允曰:"夫史者,所以记人主善恶,为将来劝戒,故人主有所畏忌,慎其举措。崔浩孤负圣恩,以私欲没其廉洁,爱憎蔽其公直,此浩之责也。至于书朝廷起居,言国家得失,此为史之大体,未为多违。臣与浩实同其事,死生荣辱,义无独殊。诚荷殿下再造之慈,违心苟免,非臣所愿也。"太子动容称叹。允退,谓人曰:"我不奉东宫指导者,恐负翟黑子故也。"

初,冀州刺史崔赜,武城男崔模,与浩同宗而别族;浩常轻侮之,由是不睦。及浩诛,二家独得免。赜,逞之子也。

辛丑,魏主北巡阴山。魏主既诛崔浩而悔之。会北部尚书李孝伯病笃,或传已卒。魏主悼之曰:"李宣城可惜!"既而曰:"朕失言;崔司徒可惜,李宣城可哀!"孝伯,顺之从父弟也,自浩之诛,军国谋议皆出孝伯,宠眷亚于浩。

6　初,车师大帅车伊洛世服于魏,魏拜伊洛平西将军,封前部王。伊洛将入朝,沮渠无讳断其路,伊洛屡与无讳战,破之。无讳卒,弟安周夺其子乾寿兵,伊洛遣人说乾寿,乾寿遂帅其民五百馀家奔魏;伊洛又说李宝弟钦等五十馀人下之,皆送于魏。伊洛西击焉耆,留其子歇守城,沮渠安周引柔然兵间道袭之,攻拔其城。歇走就伊洛,共收馀众,保焉耆镇,遣使上书于魏主,言:"为沮渠氏所攻,首尾八年,百姓饥穷,无以自存。臣今弃国出奔,得免者仅三分之一,已至焉耆东境,乞垂赈救!"魏主诏开焉耆仓以赈之。

7　吐谷浑王慕利延为魏所逼,上表求入保越巂,上许之;慕利延竟不至。

8　上欲伐魏,丹杨尹徐湛之、吏部尚书江湛、彭城太守王玄谟等并劝之;左军将军刘康祖以为"岁月已晚,请待明年"。上曰:"北方苦虏虐政,义徒并起。顿兵一周,沮向义之心,不可。"

太子步兵校尉沈庆之谏曰:"我步彼骑,其势不敌。檀道济再行无功,到彦之失利而返。今料王玄谟等,未逾两将,六军之盛,不过往时,恐重辱王师。"上曰:"王师再屈,别自有由,道济养寇自资,彦之中涂疾动。虏所恃者唯马;今夏水浩汗,河道流通,泛舟北下,碻磝必走,滑台小戍,易可覆拔。克此二城,馆谷吊民,虎牢、洛阳,自然不固。比及冬初,城守相接,虏马过河,即成擒也。"庆之又固陈不可。上使徐湛之、江湛难之。庆之曰:"治国譬如治家,耕当问奴,织当访婢。陛下今欲伐国,而与白面书生辈谋之,事何由济!"上大笑。

太子劭及护军将军萧思话亦谏,上皆不从。

魏主闻上将北伐,复与上书曰:"彼此和好日久,而彼志无厌,诱我边民。今春南巡,聊省我民,驱之便还。今闻彼欲自来,设能至中山及桑乾川,随意而行,来亦不迎,去亦不送。若厌其区宇者,可来平城居,我亦往扬州,相与易地。彼年已五十,未尝出户,虽自力而来,如三岁婴儿,与我鲜卑生长马上者果如何哉!更无馀物,可以相与,今送猎马十二匹并毡、药等物。彼来道远,马力不足,可乘;或不服水土,药可自疗也。"

秋,七月庚午,诏曰:"虏近虽摧挫,兽心靡革。比得河朔、秦、雍华戎表疏,归诉困棘,跂望绥拯,潜相纠结以候王师;芮芮亦遣间使远输诚款,誓为掎角;经略之会,实在兹日。可遣宁朔将军王玄谟帅太子步兵校尉沈庆之、镇军谘议参军申坦水军入河,受督于青、冀二州刺史萧斌;太子左卫率臧质、骁骑将军王方回径造许、洛;徐、兗二州刺史武陵王骏、豫州刺史南平王铄各勒所部,东西齐举;梁、南、北秦三州刺史刘秀之震荡沔、陇;太尉、江夏王义恭出次彭城,为众军节度。"坦,锺之曾孙也。

是时军旅大起,王公、妃主及朝士、牧守,下至富民,各献金帛、杂物以助国用。又以兵力不足,悉发青、冀、徐、豫、二兗六州三五民丁,倩使暂行,符到十日装束;缘江五郡集广陵,缘淮三郡集盱眙。又募中外有马步众艺武力之士应科者,皆加厚赏。有司又奏军用不充,扬、南徐、兗、江四州富民家赀满五十万,僧尼满二十万,并四分借一,事息即还。

建武司马申元吉引兵趋碻磝。乙亥,魏济州刺史王买德弃城走。萧斌遣将军崔猛攻乐安,魏青州刺史张淮之亦弃城走。斌与沈庆之留守碻磝,使王玄谟进围滑台。雍州刺史随王诞遣中兵参军柳元景、振威将军尹显祖、奋武将军曾方平、建武将军薛安都、略阳太守庞法起将兵出弘农。后军外兵参军庞季明,年七十馀,自以关中豪右,请入长安招合夷、夏,诞许之;乃自赀谷入卢氏,卢氏民赵难纳之。季明遂诱说士民,应之者甚众,安都等因之,自熊耳山出;元景引兵继进。豫州刺史南平王铄遣中兵参军胡盛之出汝南,梁坦出上蔡向长社,魏荆州刺史鲁爽镇长社,弃城走。爽,轨之子也。幢主王阳儿击魏豫州刺史仆兰,破之,仆兰奔虎牢;铄又遣安蛮司马刘康祖将兵助坦,进逼虎牢。

魏群臣初闻有宋师,言于魏主,请遣兵救缘河谷帛。魏主曰:"马今未肥,天时尚热,速出必无功。若兵来不止,且还阴山避之。国人本著羊皮裤,何用绵帛！展至十月,吾无忧矣。”

九月辛卯,魏主引兵南救滑台,命太子晃屯漠南以备柔然,吴王余守平城。庚子,魏发州郡兵五万分给诸军。

王玄谟士众甚盛,器械精严;而玄谟贪愎好杀。初围滑台,城中多茅屋,众请以火箭烧之。玄谟曰:“彼,吾财也,何遽烧之！”城中即撤屋穴处。时河、洛之民竞出租谷,操兵来赴者日以千数,玄谟不即其长帅而以配私昵;家付匹布,责大梨八百;由是众心失望。攻城数月不下,闻魏救将至,众请发车为营,玄谟不从。

冬,十月癸亥,魏主至枋头,使关内侯代人陆真夜与数人犯围,潜入滑台,抚慰城中,且登城视玄谟营曲折还报。乙丑,魏主渡河,众号百万,鞞鼓之声,震动天地;玄谟惧,退走。魏人追击之,死者万馀人,麾下散亡略尽,委弃军资器械山积。

先是,玄谟遣锺离太守垣护之以百舸为前锋,据石济,在滑台西南百二十里。护之闻魏兵将至,驰书劝玄谟急攻,曰:“昔武皇攻广固,死没者甚众。况今事迫于曩日,岂得计士众伤疲！愿以屠城为急。”玄谟不从;及玄谟败退,不暇报护之。魏人以所得玄谟战舰连以铁锁三重,断河以绝护之还路。河水迅急,护之中流而下,每至铁锁,以长柯斧断之,魏不能禁;唯失一舸,馀皆完备而返。

萧斌遣沈庆之将五千人救玄谟,庆之曰:“玄谟士众疲老,寇虏已逼,得数万人乃可进,小军轻往,无益也。”斌固遣之。会玄谟遁还,斌将斩之,庆之固谏曰:“佛狸威震天下,控弦百万,岂玄谟所能当！且杀战将以自弱,非良计也。”斌乃止。

斌欲固守碻磝,庆之曰:“今青、冀虚弱,而坐守穷城,若虏众东过,清东非国家有也。碻磝孤绝,复作朱脩之滑台耳。”会诏使至,不听斌等退师。斌复召诸将议之,并谓宜留,庆之曰:“阃外之事,将军得以专之。诏从远来,不知事势。节下有一范增不能用,空议何施！”斌及坐者并笑曰:“沈公乃更学问！”庆之厉声曰:“众人虽知古今,不如下官耳学也。”斌乃使王玄谟戍碻磝,申坦、垣护之据清口,自帅诸军还历城。

闰月,庞法起等诸军入卢氏,斩县令李封,以赵难为卢氏令,使帅其众为乡导。柳元景自百丈崖从诸军于卢氏。法起等进攻弘农,辛未,拔之,擒魏弘农太守李初古拔。薛安都留屯弘农;丙戌,庞法起进向潼关。

魏主命诸将分道并进:永昌王仁自洛阳趋寿阳,尚书长孙真趣马头,楚王建趣锺离,高凉王那自青州趣下邳,魏主自东平趣邹山。

十一月辛卯,魏主至邹山,鲁郡太守崔邪利为魏所擒。魏主见秦始皇石刻,使人排而仆之,以太牢祠孔子。

楚王建自清西进,屯萧城,步尼公自清东进,屯留城。武陵王骏遣参军马文恭将兵向萧城,江夏王义恭遣军主嵇玄敬将兵向留城。文恭为魏所败。步尼公遇玄敬,引兵趣苞桥,欲渡清西;沛县民烧苞桥,夜于林中击鼓,魏以为宋兵大至,争渡苞水,溺死者殆半。

诏以柳元景为弘农太守。元景使薛安都、尹显祖先引兵就庞法起等于陕,元景于后督租。陕城险固,诸军攻之不拔。魏洛州刺史张是连提帅众二万度崤救陕,安都等与战于城南。魏人纵突骑,诸军不能敌;安都怒,脱兜鍪,解铠,唯著绛纳两当衫,马亦去具装,瞋目横矛,单骑突陈,所向无前,魏人夹射不能中。如是数四,杀伤不可胜数。会日暮,别将鲁元保引兵自函谷关至,魏兵乃退。元景遣军副柳元怙将步骑二千救安都等,夜至,魏人不之知。明日,安都等陈于城西南。曾方平谓安都曰:"今勍敌在前,坚城在后,是吾取死之日。卿若不进,我当斩卿;我若不进,卿当斩我也!"安都曰:"善,卿言是也!"遂合战。元怙引兵自南门鼓噪直出,旌旗甚盛,魏众惊骇。安都挺身奋击,流血凝肘,矛折,易之更入,诸军齐奋。自旦至日昃,魏众大溃,斩张是连提及将卒三千馀级,其馀赴河堙死者甚众,生降二千馀人。明日,元景至,让降者曰:"汝辈本中国民,今为虏尽力,力屈乃降,何也?"皆曰:"虏驱民使战,后出者灭族,以骑蹙步,未战先死,此将军所亲见也。"诸将欲尽杀之,元景曰:"今王旗北指,当使仁声先路。"尽释而遣之,皆称万岁而去。甲午,克陕城。

庞法起等进攻潼关,魏戍主娄须弃城走,法起等据之。关中豪桀所在蜂起,及四山羌、胡皆来送款。

上以王玄谟败退,魏兵深入,柳元景等不宜独进,皆召还。元景使薛安都断后,引兵归襄阳。诏以元景为襄阳太守。

魏永昌王仁攻悬瓠、项城,拔之。帝恐魏兵至寿阳,召刘康祖使还。癸卯,仁将八万骑追及康祖于尉武。康祖有众八千人,军副胡盛之欲依山险间行取至,康祖怒曰:"临河求敌,遂无所见;幸其自送,奈何避之!"乃结车营而进,下令军中曰:"顾望者斩首,转步者斩足!"魏人四面攻之,将士皆殊死战。自旦至晡,杀魏兵万馀人,流血没踝,康祖身被十创,意气弥厉。魏分其众为三,且休且战。会日暮风急,魏以骑负草烧军营,康祖随补其阙。有流矢贯康祖颈,坠马死,馀众不能战,遂溃,魏人掩杀殆尽。

南平王铄使左军行参军王罗汉以三百人戍尉武。魏兵至，众欲依卑林以自固，罗汉以受命居此，不去。魏人攻而擒之，锁其颈，使三郎将掌之；罗汉夜断三郎将首，抱锁亡奔盱眙。

魏永昌王仁进逼寿阳，焚掠马头、锺离；南平王铄婴城固守。

魏兵在萧城，去彭城十馀里。彭城兵虽多而食少，太尉江夏王义恭欲弃彭城南归。安北中兵参军沈庆之以为历城兵少食多，欲以函箱车陈，以精兵为外翼，奉二王及妃女直趋历城；分兵配护军萧思话，使留守彭城。太尉长史何勖欲席卷奔郁洲，自海道还京师。义恭去意已判，惟二议弥日未决。安北长史沛郡太守张畅曰："若历城、郁洲有可至之理，下官敢不高赞！今城中乏食，百姓咸有走志，但以关扃严固，欲去莫从耳。一旦动足，则各自逃散，欲至所在，何由可得！今军食虽寡，朝夕犹未窘罄；岂有舍万安之术而就危亡之道！若此计必行，下官请以颈血污公马蹄。"武陵王骏谓义恭曰："阿父既为总统，去留非所敢干，道民忝为城主，而委镇奔逃，实无颜复奉朝廷，必与此城共其存没，张长史言不可异也"义恭乃止。

壬子，魏主至彭城，立毡屋于戏马台以望城中。

马文恭之败也，队主蒯应没于魏。魏主遣应至小市门求酒及甘蔗；武陵王骏与之，仍就求橐驼。明日，魏主使尚书李孝伯至南门，饷义恭貂裘，饷骏橐驼及骡，且曰："魏主致意安北，可暂出见我；我亦不攻此城，何为劳苦将士，备守如此！"骏使张畅开门出见之曰："安北致意魏主，常迟面写，但以人臣无境外之交，恨不暂悉。备守乃边镇之常，悦以使之，则劳而无怨耳。"魏主求甘橘及博具，皆与之；复饷毡及九种盐胡豉。又借乐器，义恭应之曰："受任戎行，不赍乐具。"孝伯问畅："何为匆匆闭门绝桥？"畅曰："二王以魏主营垒未立，将士疲劳，此精甲十万，恐轻相陵践，故闭城耳。待休息士马，然后共治战场，刻日交戏。"孝伯曰："宾有礼，主则择之。"畅曰："昨见众宾至门，未为有礼。"魏主使人来言曰："致意太尉、安北，何不遣人来至我所？彼此之情，虽不可尽，要须见我小大，知我老少，观我为人。若诸佐不可遣，亦可使僮干来。"畅以二王命对曰："魏主形状才力，久为来往所具。李尚书亲自衔命，不患彼此不尽，故不复遣使。"孝伯又曰："王玄谟亦常才耳，南国何意作如此任使，以致奔败？自入此境七百馀里，主人竟不能一相拒逆。邹山之险，君家所凭，前锋始接，崔邪利遽藏入穴，诸将倒曳出之。魏主赐其馀生，今从在此。"畅曰："王玄谟南土偏将，不谓为才，但以之为前驱。大军未至，河冰向合，玄谟因夜还军，致戎马小乱耳。崔邪利陷没，何损于国！魏主自以数十万众制一崔邪利,乃足言邪!知入境七百里无相拒者,此自太尉神算,镇军圣略,用兵有机,不用相语。"孝伯曰:"魏主当不围此城,自帅众军直造瓜步。南事若办,彭城不待围;若其不捷,彭城亦非所须也。我今当南饮江湖以疗渴耳。"畅曰:"去留之事,自适彼怀。若戎马遂得饮江,便为无复天道。"先是童谣云:"虏马饮江水,佛狸死卯年。"故畅云然。畅音容雅丽,孝伯与左右皆叹息。孝伯亦辩赡,且去,谓畅曰:"长史深自爱,相去步武,恨不执手。"畅曰:"君善自爱,冀荡定有期,君若得还宋朝,今为相识之始。"

上起杨文德为辅国将军,引兵自汉中西入,摇动汧、陇。文德宗人杨高帅阴平、平武群氐拒之,文德击高,斩之,阴平、平武悉平。梁、南秦二州刺史刘秀之遣文德伐啖提氐,不克,执送荆州;使文德从祖兄头戍葭芦。

9 丁未,大赦。

10 魏主攻彭城,不克。十二月丙辰朔,引兵南下,使中书郎鲁秀出广陵,高凉王那出山阳,永昌王仁出横江,所过无不残灭,城邑皆望风奔溃。戊午,建康纂严。己未,魏兵至淮上。

上使辅国将军臧质将万人救彭城,至盱眙,魏主已过淮。质使冗从仆射胡崇之、积弩将军臧澄之营东山,建威将军毛熙祚据前浦,质营于城南。乙丑,魏燕王谭攻崇之等,三营皆败没,质按兵不敢救。澄之,焘之孙;熙祚,脩之兄子也。是夕,质军亦溃,质弃辎重器械,单将七百人赴城。

初,盱眙太守沈璞到官,王玄谟犹在滑台,江淮无警。璞以郡当冲要,乃缮城浚隍,积财谷,储矢石,为城守之备。僚属皆非之,朝廷亦以为过。及魏兵南向,守宰多弃城走。或劝璞宜还建康,璞曰:"虏若以城小不顾,夫复何惧!若肉薄来攻,此乃吾报国之秋,诸君封侯之日也,奈何去之!诸君尝见数十万人聚于小城之下而不败者乎?昆阳、合肥,前事之明验也。"众心稍定。璞收集得二千精兵,曰:"足矣。"及臧质向城,众谓璞曰:"虏若不攻城,则无所事众;若其攻城,则城中止可容见力耳,地狭人多,鲜不为患。且敌众我寡,人所共知。若以质众能退敌完城者,则全功不在我;若避罪归都,会资舟楫,必更相蹂践。正足为患,不若闭门勿受。"璞叹曰:"虏必不能登城,敢为诸君保之。舟楫之计,固已久息。虏之残害,古今未有,屠剥之苦,众所共见,其中幸者,不过驱还北国作奴婢耳。彼虽乌合,宁不惮此邪!所谓'同舟而济,胡、越一心'者也。今兵多则虏退速,少则退缓。吾宁可欲专功而留虏乎!"乃开门纳质。质见城中丰实,大喜,众皆称万岁;因与璞共守。

魏人之南寇也,不赍粮用,唯以抄掠为资。及过淮,民多窜匿,抄掠无所得,人马饥乏;闻盱眙有积粟,欲以为北归之资。既破崇之等,一攻城不拔,即留其将韩元兴以数千人守盱眙,自帅大众南向。由是盱眙得益完守备。

庚午,魏主至瓜步,坏民庐舍,及伐苇为筏,声言欲渡江。建康震惧,民皆荷担而立,壬午,内外戒严。丹杨统内尽户发丁,王公以下子弟皆从役。命领军将军刘遵考等将兵分守津要,游逻上接于湖,下至蔡洲,陈舰列营,周亘江滨,自采石至于暨阳,六七百里。太子劭出镇石头,总统水军,丹杨尹徐湛之守石头仓城,吏部尚书江湛兼领军,军事处置悉以委焉。

上登石头城,有忧色,谓江湛曰:“北伐之计,同议者少。今日士民劳怨,不得无惭,贻大夫之忧,予之过也。”又曰:“檀道济若在,岂使胡马至此!”上又登莫府山,观望形势,购魏主及王公首,许以封爵、金帛;又募人赍野葛酒置空村中,欲以毒魏人,竟不能伤。

魏主凿瓜步山为蟠道,于其上设毡屋,魏主不饮河南水,以橐驼负河北水自随。饷上橐驼、名马,并求和,请婚。上遣奉朝请田奇饷以珍羞、异味。魏主得黄甘,即啖之,并大进鄗酒。左右有附耳语者,疑食中有毒。魏主不应,举手指天,以其孙示奇曰:“吾远来至此,非欲为功名,实欲继好息民,永结姻援。宋若能以女妻此孙,我以女妻武陵王,自今匹马不复南顾。”

奇还,上召太子劭及群臣议之,众并谓宜许,江湛曰:“戎狄无亲,许之无益。”劭怒,谓湛曰:“今三王在厄,讵宜苟执异议!”声色甚厉。坐散,俱出,劭使班剑及左右排湛,湛几至僵仆。

劭又言于上曰:“北伐败辱,数州沦破,独有斩江湛、徐湛之可以谢天下。”上曰:“北伐自是我意,江、徐但不异耳。”由是太子与江、徐不平,魏亦竟不成婚。

资治通鉴卷第一百二十六

宋纪八

太祖文皇帝下之上

元嘉二十八年（辛卯，451）

1　春，正月丙戌朔，魏主大会群臣于瓜步山上，班爵行赏有差。魏人缘江举火；太子左卫率尹弘言于上曰："六夷如此，必走。"丁亥，魏掠居民，焚庐舍而去。

胡诞世之反也，江夏王义恭等奏彭城王义康数有怨言，摇动民听，故不逞之族因以生心。请徙义康广州。上将徙义康，先遣使语之；义康曰："人生会死，吾岂爱生！必为乱阶，虽远何益！请死于此，耻复屡迁。"竟未及往。魏师至瓜步，人情恟惧。上虑不逞之人复奉义康为乱；太子劭及武陵王骏、尚书左仆射何尚之屡启宜早为之所；上乃遣中书舍人严龙赍药赐义康死。义康不肯服，曰："佛教不许自杀；愿随宜处分。"使者以被掩杀之。

2　江夏王义恭以碻磝不可守，召王玄谟还历城；魏人追击败之，遂取碻磝。

初，上闻魏将入寇，命广陵太守刘怀之逆烧城府、船乘，尽帅其民渡江。山阳太守萧僧珍悉敛其民入城，台送粮仗诣盱眙及滑台者，以路不通，皆留山阳；蓄陂水令满，须魏人至，决以灌之。魏人过山阳，不敢留，因攻盱眙。

魏主就臧质求酒，质封溲便与之；魏主怒，筑长围，一夕而合；运东山土石以填堑，作浮桥于君山，绝水陆道。魏主遗质书曰："吾今所遣斗兵，尽非我国人，城东北是丁零与胡，南是氐、羌。设使丁零死，正可减常山、赵郡贼；胡死，减并州贼；氐、羌死，减关中贼。卿若杀之，无所不利。"质复书曰："省示，具悉奸怀。尔自恃四足，屡犯边。王玄谟退于东，申坦散于西，尔知其所以然邪？尔独不闻童谣之言乎？盖卯年未至，故以二军开饮江之路耳；冥期使然，非复人事。寡人受命相灭，期之白登，师行未远。

尔自送死,岂容复令尔生全,飨有桑乾哉!尔有幸得为乱兵所杀,不幸则
生相锁缚,载以一驴,直送都市耳。我本不图全,若天地无灵,力屈于尔,
膏之,粉之,屠之,裂之,犹未足以谢本朝。尔智识及众力,岂能胜苻坚邪!
今春雨已降,兵方四集,尔但安意攻城,勿遽走!粮食乏者可见语,当出廪
相贻。得所送剑刃,欲令我挥之尔身邪?"魏主大怒,作铁床,于其上施铁
镵,曰:"破城得质,当坐之此上。"质又与魏众书曰:"尔语虏中诸士庶:佛
狸所与书,相待如此。尔等正朔之民,何为自取糜灭,岂可不知转祸为福
邪!"并写台格以与之云:"斩佛狸首,封万户侯,赐布、绢各万匹。"

　　魏人以钩车钩城楼,城内系以铁绠,数百人叫呼引之,车不能退。既
夜,缒桶悬卒出,截其钩,获之。明旦,又以冲车攻城,城土坚密,每至,颓
落不过数升。魏人乃肉薄登城,分番相代,坠而复升,莫有退者,杀伤万
计,尸与城平。凡攻之三旬,不拔。会魏军中多疾疫,或告以建康遣水军
自海入淮,又敕彭城断其归路;二月丙辰朔,魏主烧攻具退走。盱眙人欲
追之,沈璞曰:"今兵不多,虽可固守,不可出战,但整舟楫,示若欲北渡
者:以速其走,计不须实行也。"

　　臧质以璞城主,使之上露版,璞固辞,归功于质。上闻,益嘉之。

　　魏师过彭城,江夏王义恭震惧不敢击。或告"虏驱南口万馀,夕应宿
安王陂,去城数十里,今追之,可悉得"。诸将皆请行,义恭禁不许。明日,
驿使至,上敕义恭悉力急追。魏师已远,义恭乃遣镇军司马檀和之向萧
城。魏人先已闻之,尽杀所驱者而去。程天祚逃归。

　　魏人凡破南兖、徐、兖、豫、青、冀六州,杀伤不可胜计,丁壮者即加斩
截,婴儿贯于槊上,盘舞以为戏。所过郡县,赤地无馀,春燕归,巢于林木。
魏之士马死伤亦过半,国人皆尤之。

　　上每命将出师,常授以成律,交战日时,亦待中诏,是以将帅趑趄,莫
敢自决。又江南白丁,轻易进退,此其所以败也。自是邑里萧条,元嘉之
政衰矣。

　　癸酉,诏赈恤郡县民遭寇者,蠲其税调。

　　甲戌,降太尉义恭为骠骑将军、开府仪同三司。

　　戊寅,魏主济河。

　　辛巳,降镇军将军武陵王骏为北中郎将。

　　壬午,上如瓜步。是日,解严。

　　初,魏中书学生卢度世,玄之子也,坐崔浩事亡命,匿高阳郑罴家。吏
囚罴子,掠治之。罴戒其子曰:"君子杀身成仁,虽死不可言。"其子奉父

命;吏以火爇其体,终不言而死。及魏主临江,上遣殿上将军黄延年使于魏,魏主问曰:"卢度世亡命,已应至彼。"延年曰:"都下不闻有度世也。"魏主乃赦度世及其族逃亡籍没者,度世自出,魏主以为中书侍郎。度世为其弟娶郑黑妹以报德。

三月乙酉,帝还宫。

己亥,魏主还平城,饮至告庙,以降民五万馀家分置近畿。

初,魏主过彭城,遣人语城中曰:"食尽且去,须麦熟更来。"及期,江夏王义恭议欲芟麦翦苗,移民堡聚。镇军录事参军王孝孙曰:"虏不能复来,既自可保;如其更至,此议亦不可立。百姓闭在内城,饥馑日久,方春之月,野采自资;一入堡聚,饿死立至,民知必死,何可制邪!虏若必来,芟麦无晚。"四坐默然,莫之敢对。长史张畅曰:"孝孙之议,实有可寻。"镇军府典签董元嗣侍武陵王骏之侧,进曰:"王录事议不可夺。"别驾王子夏曰:"此论诚然。"畅敛版白骏曰:"下官欲命孝孙弹子夏。"骏曰:"王别驾有何事邪?"畅曰:"芟麦移民,可谓大议,一方安危,事系于此。子夏亲为州端,曾无同异;及闻元嗣之言,则欢笑酬答。阿意左右,何以事君!"子夏、元嗣皆大惭,义恭之议遂寝。

3 初,鲁宗之奔魏,其子轨为魏荆州刺史、襄阳公,镇长社,常思南归;以昔杀刘康祖及徐湛之父,故不敢来。轨卒,子爽袭父官爵。爽少有武干,与弟秀皆有宠于魏主。既而兄弟各有罪,魏主诘责之。爽、秀惧诛,从魏主自瓜步还,至湖陆,请曰:"奴与南有仇,每兵来,常恐祸及坟墓,乞共迎丧还葬平城。"魏主许之。爽至长社,杀魏戍兵数百人,帅部曲及愿从者千馀家奔汝南。夏四月,爽遣秀诣寿阳,奉书于南平王铄以请降。上闻之,大喜,以爽为司州刺史,镇义阳;秀为颍川太守,馀弟侄并授官爵,赏赐甚厚。魏人毁其坟墓。徐湛之以为庙算远图,特所奖纳,不敢苟申私怨,乞屏居田里;不许。

4 青州民司马顺则自称晋室近属,聚众号齐王。梁邹戍主崔勋之诣州,五月乙酉,顺则乘虚袭梁邹城。又有沙门自称司马百年,亦聚众号安定王以应之。

5 壬寅,魏大赦。

6 己巳,以江夏王义恭领南兖州刺史,徙镇盱眙,增督十二州诸军事。

7 戊申,以尚书左仆射何尚之为尚书令,太子詹事徐湛之为仆射、护军将军,尚之以湛之国戚,任遇隆重,每事推之。诏湛之与尚之并受辞诉。

<u>尚之</u>虽为令,而朝事悉归<u>湛之</u>。

8　六月壬戌,<u>魏</u>改元<u>正平</u>。

9　<u>魏</u>主命太子少傅<u>游雅</u>、中书侍郎<u>胡方回</u>等更定律令,多所增损,凡三百九十一条。

10　<u>魏</u>太子<u>晃</u>监国,颇信任左右,又营园田,收其利,<u>高允</u>谏曰:“天地无私,故能覆载;王者无私,故能容养。今殿下国之储贰,万方所则;而营立私田,畜养鸡犬,乃至酤贩市廛,与民争利,谤声流布,不可追掩。夫天下者,殿下之天下,富有四海,何求而无,乃与贩夫、贩妇竞此尺寸之利乎! 昔<u>虢</u>之将亡,神赐之土田,<u>汉灵帝</u>私立府藏,皆有颠覆之祸;前鉴若此,甚可畏也。<u>武王</u>爱<u>周</u>、<u>邵</u>、<u>齐</u>、<u>毕</u>,所以王天下;<u>殷纣</u>爱<u>飞廉</u>、<u>恶来</u>,所以丧其国。今东宫俊义不少,顷来侍御左右者,恐非在朝之选。愿殿下斥去佞邪,亲近忠良;所在田园,分给贫下;贩卖之物,以时收散;如此,则休声日至,谤议可除矣。”不听。

太子为政精察,而中常侍<u>宗爱</u>,性险暴,多不法,太子恶之。给事中<u>仇尼道盛</u>、侍郎<u>任平城</u>有宠于太子,颇用事,皆与<u>爱</u>不协。<u>爱</u>恐为<u>道盛</u>等所纠,遂构告其罪。<u>魏</u>主怒,斩<u>道盛</u>等于都街,东宫官属多坐死,帝怒甚。戊辰,太子以忧卒。壬申,葬<u>金陵</u>,谥曰<u>景穆</u>。帝徐知太子无罪,甚悔之。

11　秋,七月丁亥,<u>魏</u>主如<u>阴山</u>。

12　<u>青</u>、<u>冀</u>二州刺史<u>萧斌</u>遣振武将军<u>刘武之</u>等击<u>司马顺则</u>、<u>司马百年</u>,皆斩之。癸亥,<u>梁邹平</u>。

13　<u>萧斌</u>、<u>王玄谟</u>皆坐退败免官。上问<u>沈庆之</u>曰:“<u>斌</u>欲斩<u>玄谟</u>而卿止之,何也?”对曰:“诸将奔退,莫不惧罪,自归而死,将至逃散,故止之。”

14　九月癸巳,<u>魏</u>主还<u>平城</u>;冬十月庚申,复如<u>阴山</u>。

15　上遣使至<u>魏</u>,<u>魏</u>遣殿中将军<u>郎法祐</u>来修好。

16　己巳,<u>魏上党靖王长孙道生</u>卒。

17　十二月丁丑,<u>魏</u>主封<u>景穆太子</u>之子<u>濬</u>为<u>高阳王</u>;既而以皇孙世嫡,不当为藩王,乃止。时<u>濬</u>生四年,聪达过人,<u>魏</u>主爱之,常置左右。徙<u>秦王翰</u>为<u>东平王</u>,<u>燕王谭</u>为<u>临淮王</u>,<u>楚王建</u>为<u>广阳王</u>,<u>吴王余</u>为<u>南安王</u>。

18　帝使<u>沈庆之</u>徙<u>彭城</u>流民数千家于<u>瓜步</u>,征北参军<u>程天祚</u>徙<u>江西</u>流民数千家于<u>姑孰</u>。

19　帝以吏部郎<u>王僧绰</u>为侍中。<u>僧绰</u>,<u>昙首</u>之子也,幼有大成之度,众皆以国器许之。好学,有思理,练悉朝典。尚帝女<u>东阳献公主</u>。在吏部,谙悉人物,举拔咸得其分。及为侍中,年二十九,沉深有局度,不以才能高人。帝颇以后事为念,以其年少,欲大相付托,朝政大小,皆与参焉。帝之始亲政事也,委任王华、王昙首、殷景仁、谢弘微、刘湛,次则范晔、沈演之、庾炳之,最后江湛、徐湛之、何瑀之及僧绰,凡十二人。

20 唐和入朝于魏,魏主厚礼之。

二十九年(壬辰,452)

1 春,正月,魏所得宋民五千馀家在中山者谋叛,州军讨诛之。冀州刺史张掖王沮渠万年坐与叛者通谋,赐死。

2 魏世祖追悼景穆太子不已;中常侍宗爱惧诛,二月甲寅,弑帝,尚书左仆射兰延、侍中和正、薛提等秘不发丧。延以皇孙濬冲幼,欲立长君,征秦王翰,置之秘室;提以濬嫡皇孙,不可废。议久不决。宗爱知之,自以得罪于景穆太子,而素恶秦王翰,善南安王余,乃密迎余自中宫便门入禁中,矫称赫连皇后令召延等。延等以爱素贱,不以为疑,皆随入。爱先使宦者三十人持兵伏于禁中,延等入,以次收缚,斩之,杀秦王翰于永巷而立余。大赦,改元承平,尊皇后为皇太后,以爱为大司马、大将军、太师、都督中外诸军事、领中秘书,封冯翊王。

3 庚午,立皇子休仁为建安王。

4 三月辛卯,魏葬太武皇帝于金陵,庙号世祖。

5 上闻魏世祖殂,更谋北伐,鲁爽等复劝之。上访于群臣,太子中庶子何偃以为"淮、泗数州疮痍未复,不宜轻动"。上不从。偃,尚之之子也。

夏,五月丙申,诏曰:"虐虏穷凶,著于自昔;未劳资斧,已伏天诛。拯溺荡秽,今其会也。可符骠骑、司空二府,各部分所统,东西应接。归义建绩者,随劳酬奖。"于是遣抚军将军萧思话督冀州刺史张永等向碻磝,鲁爽、鲁秀、程天祚将荆州甲士四万出许、洛,雍州刺史臧质帅所领趣潼关。永,茂度之子也。沈庆之固谏北伐;上以其异议,不使行。

青州刺史刘兴祖上言,以为:"河南阻饥,野无所掠;脱诸城固守,非旬月可拔。稽留大众,转输方劳,应机乘势,事存急速。今伪帅始死,兼逼暑时,国内猜扰,不暇远赴。愚谓宜长驱中山,据其关要。冀州以北,民人尚丰,兼麦已向熟,因资为易,向义之徒,必应响赴。若中州震动,黄河以南,自当消溃。臣请发青、冀七千兵,遣将领之,直入其心腹。若前驱克胜,张永及河南众军,宜一时济河,使声实兼举,并建司牧,抚柔初附,西拒太行,北塞军都,因事指挥,随宜加授,畏威欣宠,人百其怀。若能成功,清壹可待;若不克捷,不为大伤。并催促装束,伏听敕旨。"上意止存河南,亦不从。上又使员外散骑侍郎琅邪徐爰随军向碻磝,衔中旨授诸将方略,临时宣示。

6 尚书令何尚之以老请致仕,退居方山。议者咸谓尚之不能固志。既而诏书敦谕者数四,六月戊申朔,尚之复起视事。御史中丞袁淑录自古隐士有迹无名者为真隐传以嗤之。

7 秋,七月,张永等至碻磝,引兵围之。

8 壬辰,徙汝阴王浑为武昌王,淮阳王彧为湘东王。

9 初,潘淑妃生始兴王濬。元皇后性妒,以淑妃有宠于上,恚恨而殂,淑妃专总内政。由是太子劭深恶淑妃及濬。濬惧为将来之祸,乃曲意事劭,劭更与之善。

吴兴巫严道育,自言能辟谷服食,役使鬼物;因东阳公主婢王鹦鹉出入主家。道育谓主曰:“神将有符赐主。”主夜卧,见流光若萤,飞入书笥,开视,得二青珠;由是主与劭、濬皆信惑之。劭、濬并多过失,数为上所诘责;使道育祈请,欲令过不上闻。道育曰:“我已为上天陈请,必不泄露。”劭等敬事之,号曰天师。其后遂与道育、鹦鹉及东阳主奴陈天与、黄门陈庆国共为巫蛊,琢玉为上形像,埋于含章殿前;劭补天与为队主。

东阳主卒,鹦鹉应出嫁,劭、濬恐语泄,濬府佐吴兴沈怀远,素为濬所厚,以鹦鹉嫁之为妾。

上闻天与领队,以让劭曰:“汝所用队主副,并是奴邪?”劭惧,以书告濬。濬复书曰:“彼人若所为不已,正可促其馀命,或是大庆之渐耳。”劭、濬相与往来书疏,常谓上为“彼人”,或曰“其人”,谓江夏王义恭为“佞人”。

鹦鹉先与天与私通,既适怀远,恐事泄,白劭使密杀之。陈庆国惧,曰:“巫蛊事,惟我与天与宣传往来。今天与死,我其危哉!”乃具以其事白上。上大惊,即遣收鹦鹉;封籍其家,得劭、濬书数百纸,皆咒诅巫蛊之言;又得所埋玉人,命有司穷治其事。道育亡命,捕之不获。

先是,濬自扬州出镇京口,及庐陵王绍以疾解扬州,意谓己必复得之。既而上用南谯王义宣,濬殊不乐,乃求镇江陵;上许之。濬入朝,遣还京口,为行留处分,至京口数日而巫蛊事发。上惋叹弥日,谓潘淑妃曰:“太子图富贵,更是一理,虎头复如此,非复思虑所及。汝母子岂可一日无我邪!”遣中使切责劭、濬,劭、濬惶惧无辞,惟陈谢而已。上虽怒甚,犹未忍罪也。

10 诸军攻碻磝,治三攻道:张永等当东道,济南太守申坦等当西道,扬武司马崔训当南道。攻之累旬不拔。八月辛亥夜,魏人自地道潜出,烧崔训营及攻具;癸丑夜,又烧东围及攻具;寻复毁崔训攻道。张永夜撤围退军,不告诸将,士卒惊扰;魏人乘之,死伤涂地。萧思话自往,增兵力攻,旬馀不拔。是时,青、徐不稔,军食乏。丁卯,思话命诸军皆退屯历城,斩崔训,系张永、申坦于狱。

鲁爽至长社,魏戍主秃髦幡弃城走。臧质顿兵近郊,不以时发,独遣冠军司马柳元景帅后军行参军薛安都等进据洪关。梁州刺史刘秀之遣司马马汪与左军中兵参军萧道成将兵向长安。道成,承之之子也。魏冠军将军封礼自洉津南渡,赴弘农。九月,司空高平公兒乌干屯潼关,平南将军黎公辽屯河内。

11 吐谷浑王慕利延卒,树洛干之子拾寅立,始居伏罗川;遣使来请命,亦请命于魏。丁亥,以拾寅为安西将军、西秦河沙三州刺史、河南王;魏以拾寅为镇西大将军、沙州刺史、西平王。

12 庚寅,鲁爽与魏豫州刺史拓跋仆兰战于大索,破之,进攻虎牢。闻碻磝败退,与柳元景皆引兵还。萧道成、马汪等闻魏救兵将至,还趣仇池。己丑,诏解萧思话徐州,更领冀州刺史,镇历城。

上以诸将屡出无功,不可专责张永等,赐思话诏曰:"虏既乘利,方向盛冬,若脱敢送死,兄弟父子自共当之耳。言及增愤! 可以示张永、申坦。"又与江夏王义恭书曰:"早知诸将辈如此,恨不以白刃驱之。今者悔何所及!"义恭寻奏免思话官,从之。

13 魏南安隐王余自以违次而立,厚赐群下,欲以收众心;旬月之间,府藏虚竭。又好酗饮及声乐、畋猎,不恤政事。宗爱为宰相,录三省,总宿卫,坐召公卿,专恣日甚。余患之,谋夺其权,爱愤怒。冬,十月丙午朔,余夜祭东庙,爱使小黄门贾周等就弑余,而秘之,惟羽林郎中代人刘尼知之。尼劝爱立皇孙濬,爱惊曰:"君大痴人! 皇孙若立,岂忘正平时事乎!"尼曰:"若尔,今当立谁?"爱曰:"待还宫,当择诸王贤者立之。"

尼恐爱为变,密以状告殿中尚书源贺。贺时与尼俱典兵宿卫,乃与南部尚书陆丽谋曰:"宗爱既立南安,还复杀之。今又不立皇孙,将不利于社稷。"遂与丽定谋,共立皇孙。丽,俟之子也。

戊申,贺与尚书长孙渴侯严兵守卫宫禁,使尼、丽迎皇孙于苑中。丽抱皇孙于马上,入平城,贺、渴侯开门纳之。尼驰还东庙,大呼曰:"宗爱弑南安王,大逆不道,皇孙已登大位,有诏,宿卫之士皆还宫!"众咸呼万岁,遂执宗爱、贾周等,勒兵而入,奉皇孙即皇帝位。登永安殿,大赦,改元兴安。杀爱、周,皆具五刑,夷三族。

　　14　西阳五水群蛮反,自淮、汝至于江、沔,咸被其患。诏太尉中兵参军沈庆之督江、豫、荆、雍四州兵讨之。

　　15　魏以骠骑大将军拓跋寿乐为太宰、都督中外诸军、录尚书事,长孙渴侯为尚书令,加仪同三司。十一月,寿乐、渴侯坐争权,并赐死。

　　16　癸未,魏广阳简王建、临淮宣王谭皆卒。

　　17　甲申,魏主母闾氏卒。

　　18　魏南安王余之立也,以古弼为司徒,张黎为太尉。及高宗立,弼、黎议不合旨,黜为外都大官;坐有怨言,且家人告其为巫蛊,皆被诛。

　　19　壬寅,庐陵昭王绍卒。

　　20　魏追尊景穆太子为景穆皇帝,皇妣闾氏为恭皇后,尊乳母常氏为保太后。

　　21　陇西屠各王景文叛魏,署置王侯;魏统万镇将南阳王惠寿、外都大官于洛拔督四州之众讨平之,徙其党三千馀家于赵、魏。

　　22　十二月戊申,魏葬恭皇后于金陵。

　　23　魏世祖晚年,佛禁稍弛,民间往往有私习者。及高宗即位,群臣多请复之。乙卯,诏州郡县众居之所,各听建佛图一区;民欲为沙门者,听出家,大州五十人,小州四十人。于是向所毁佛图,率皆修复。魏主亲为沙门师贤等五人下发,以师贤为道人统。

　　24　丁巳,魏以乐陵王周忸为太尉,南部尚书陆丽为司徒,镇西将军杜元宝为司空。丽以迎立之功,受心膂之寄,朝臣无出其右者。赐爵平原王,丽辞曰:“陛下,国之正统,当承基绪;效顺奉迎,臣子常职,不敢惛天之功以干大赏。”再三不受。魏主不许。丽曰:“臣父奉事先朝,忠勤著效。今年逼桑榆,愿以臣爵授之。”帝曰:“朕为天下主,岂不能使卿父子为二王邪!”戊午,进其父建业公侯爵为东平王。又命丽妻为妃,复其子孙,丽力辞不受。帝益嘉之。

　　以东安公刘尼为尚书仆射,西平公源贺为征北将军,并进爵为王。帝班赐群臣,谓源贺曰:“卿任意取之。”贺辞曰:“南北未宾,府库不可虚也。”固与之,乃取戎马一匹。

　　高宗之立也,高允预其谋,陆丽等皆受重赏,而不及允,允终身不言。

　　甲子,周忸坐事,赐死。时魏法深峻,源贺奏:“谋反之家,男子十三以下本不预谋者,宜免死没官。”从之。

　　25　江夏王义恭还朝。辛未,以义恭为大将军,南徐州刺史,录尚书如故。

　　26　初,魏入中原,用景初历,世祖克沮渠氏,得赵畋玄始历,时人以为密,是岁,始行之。

资治通鉴卷第一百二十七

宋纪九

太祖文皇帝下之下

元嘉三十年（癸巳，453）

1　春，正月戊寅，以南谯王义宣为司徒、扬州刺史。

2　萧道成等帅氐、羌攻魏武都，魏高平镇将苟莫于将突骑二千救之。道成等引还南郑。

3　壬午，以征北将军始兴王濬为荆州刺史。帝怒未解，故濬久留京口；既除荆州，乃听入朝。

4　戊子，诏江州刺史武陵王骏统诸军讨西阳蛮，军于五洲。

5　严道育之亡命也，上分遣使者搜捕甚急。道育变服为尼，匿于东宫，又随始兴王濬至京口，或出止民张旿家。濬入朝，复载还东宫，欲与俱往江陵。丁巳，上临轩，濬入受拜。是日，有告道育在张旿家者，上遣掩捕，得其二婢，云道育随征北还都。上谓濬与太子劭已斥遣道育，而闻其犹与往来，惆怅惋骇，乃命京口送二婢，须至检覆，乃治劭、濬之罪。

潘淑妃抱濬泣曰：“汝前祝诅事发，犹冀能刻意思愆；何意更藏严道育！上怒甚，我叩头乞恩不能解，今何用生为！可送药来，当先自取尽，不忍见汝祸败也。”濬奋衣起曰：“天下事寻自当判，愿小宽虑，必不上累！”

6　己未，魏京兆王杜元宝坐谋反诛；建宁王崇及其子济南王丽皆为元宝所引，赐死。

7　帝欲废太子劭，赐始兴王濬死，先与侍中王僧绰谋之；使僧绰寻汉魏以来废太子、诸王典故，送尚书仆射徐湛之及吏部尚书江湛。

武陵王骏素无宠，故屡出外藩，不得留建康；南平王铄、建平王宏皆为帝所爱。铄妃，江湛之妹；随王诞妃，徐湛之之女也；湛劝帝立铄，湛之意欲立诞。僧绰曰：“建立之事，仰由圣怀。臣谓唯宜速断，不可稽缓。‘当断不断，反受其乱’。愿以义割恩，略小不忍；不尔，便应坦怀如初，无烦疑论。事机虽密，易致宣广，不可使难生虑表，取笑千载。”帝曰：“卿可谓能断大事。然此事至重，不可不殷勤三思。且彭城始亡，人将谓我无复慈爱之道。"僧绰曰："臣恐千载之后，言陛下惟能裁弟，不能裁儿。"帝默然。江湛同侍坐，出阁，谓僧绰曰："卿向言将不太伤切直！"僧绰曰："弟亦恨君不直！"

铄自寿阳入朝，既至，失旨。帝欲立宏，嫌其非次，是以议久不决。每夜与湛之屏人语，或连日累夕。常使湛之自秉烛，绕壁检行，虑有窃听者。帝以其谋告潘淑妃，淑妃以告濬，濬驰报劭。劭乃密与腹心队主陈叔儿、斋帅张超之等谋为逆。

初，帝以宗室强盛，虑有内难，特加东宫兵，使与羽林相若，至有实甲万人。劭性黠而刚猛，帝深倚之。及将作乱，每夜飨将士，或亲自行酒。王僧绰密以启闻。会严道育婢将至，癸亥夜，劭诈为帝诏云："鲁秀谋反，汝可平明守阙，帅众入。"因使张超之等集素所畜养兵士二千馀人，皆被甲；召内外幢队主副，豫加部勒，云有所讨。夜，呼前中庶子右军长史萧斌、左卫率袁淑、中舍人殷仲素、左积弩将军王正见并入宫。劭流涕谓曰："主上信谗，将见罪废。内省无过，不能受枉。明旦当行大事，望相与戮力。"因起，遍拜之，众惊愕，莫敢对。淑、斌皆曰："自古无此。愿加善思。"劭怒，变色。斌惧，与众俱曰："当竭身奉令。"淑叱之曰："卿便谓殿下真有是邪？殿下幼尝患风，或是疾动耳。"劭愈怒，因眄淑曰："事当克不？"淑曰："居不疑之地，何患不克！但恐既克之后，不为天地所容，大祸亦旋至耳。假有此谋，犹将可息。"左右引淑出，曰："此何事，而云可罢乎！"淑还省，绕床行，至四更乃寝。

甲子，宫门未开，劭以朱衣加戎服上，乘画轮车，与萧斌共载，卫从如常入朝之仪。呼袁淑甚急，淑眠不起，劭停车奉化门催之相续。淑徐起，至车后；劭使登车，又辞不上，劭命左右杀之。守门开，从万春门入。旧制，东宫队不得入城。劭以伪诏示门卫曰："受敕，有所收讨。"令后队速来。张超之等数十人驰入云龙门及斋阁，拔刀径上合殿。帝其夜与徐湛之屏人语至旦，烛犹未灭，门阶户席直卫兵尚寝未起。帝见超之入，举几捍之，五指皆落，遂弑之。湛之惊起，趣北户，未及开，兵人杀之。劭进至合殿中阁，闻帝已殂，出坐东堂。萧斌执刀侍直，呼中书舍人顾嘏，嘏震惧，不时出，既至，问曰："欲共见废，何不早启？"嘏未及答，即于前斩之。江湛直上省，闻喧噪声，叹曰："不用王僧绰言，以至于此！"乃匿傍小屋中，劭遣兵就杀之。宿卫旧将罗训、徐罕皆望风屈附。左细仗主、广威将军吴兴卜天与不暇被甲，执刀持弓，疾呼左右出战。徐罕曰："殿下入，汝欲何为！”天与骂曰：“殿下常来，云何于今乃作此语！只汝是贼！”手射劭于东堂，几中之。劭党击之，断臂而死。队将张泓之、朱道钦、陈满与天与俱战死。左卫将军尹弘惶怖通启，求受处分。劭使人从东阁入，杀潘淑妃及太祖亲信左右数十人，急召始兴王濬使帅众屯中堂。

濬时在西州，府舍人朱法瑜奔告濬曰：“台内喧噪，宫门皆闭，道上传太子反，未测祸变所至。”濬阳惊曰：“今当奈何？”法瑜劝入据石头。濬未得劭信，不知事之济不，骚扰不知所为。将军王庆曰：“今宫内有变，未知主上安危，凡在臣子，当投袂赴难；凭城自守，非臣节也。”濬不听，乃从南门出，径向石头，文武从者千馀人。时南平王铄戍石头，兵士亦千馀人。俄而劭遣张超之驰马召濬，濬屏人问状，即戎服乘马而去。朱法瑜固止濬，濬不从；出中门，王庆又谏曰：“太子反逆，天下怨愤。明公但当坚闭城门，坐食积粟，不过三日，凶党自离。公情事如此，今岂宜去！”濬曰：“皇太子令，敢有复言者斩！”既入，见劭，劭曰：“潘淑妃遂为乱兵所害。”濬曰：“此是下情由来所愿。”

劭诈以太祖诏召大将军义恭、尚书令何尚之入，拘于内，并召百官，至者才数十人。劭遽即位，下诏曰：“徐湛之、江湛弑逆无状，吾勒兵入殿，已无所及，号恸崩衄，肝心破裂。今罪人斯得，元凶克殄，可大赦，改元太初。”

即位毕，亟称疾还永福省，不敢临丧；以白刃自守，夜则列灯以防左右。以萧斌为尚书仆射、领军将军，以何尚之为司空，前右卫率檀和之戍石头，征虏将军营道侯义綦镇京口。义綦，义庆之弟也。乙丑，悉收先给诸处兵还武库，杀江、徐亲党尚书左丞荀赤松、右丞臧凝之等。凝之，焘之孙也。以殷仲素为黄门侍郎，王正见为左军将军，张超之、陈叔儿皆拜拜官，赏赐有差。辅国将军鲁秀在建康，劭谓秀曰：“徐湛之常欲相危，我已为卿除之矣。”使秀与屯骑校尉庞秀之对掌军队。劭不知王僧绰之谋，以僧绰为吏部尚书，司徒左长史何偃为侍中。

武陵王骏屯五洲，沈庆之自巴水来，咨受军略。三月乙亥，典签董元嗣自建康至五洲，具言太子杀逆，骏使元嗣以告僚佐。沈庆之密谓腹心曰：“萧斌妇人，其馀将帅，皆易与耳。东宫同恶，不过三十人；此外屈逼，必不为用。今辅顺讨逆，不忧不济也。”

8　壬午，魏主尊保太后为皇太后，追赠祖考，官爵兄弟，皆如外戚。

9　太子劭分浙东五郡为会州，省扬州，立司隶校尉，以其妃父殷冲为司隶校尉。冲，融之曾孙也。以大将军义恭为太保，荆州刺史南谯王义宣为太尉，始兴王濬为骠骑将军，雍州刺史臧质为丹杨尹，会稽太守随王诞为会州刺史。

劭料检文帝巾箱及江湛家书疏，得王僧绰所启飧士并前代故事，甲申，收僧绰，杀之。僧绰弟僧虔为司徒左西属，所亲咸劝之逃，僧虔泣曰："吾兄奉国以忠贞，抚我以慈爱，今日之事，苦不见及耳；若得同归九泉，犹羽化也。"劭因诬北第诸王侯，云与僧绰谋反，杀长沙悼王瑾、瑾弟临川哀王烨、桂阳孝侯觊、新渝怀侯玠，皆劭所恶也。瑾，义欣之子；烨，义庆之子；觊、玠，义庆之弟子也。

劭密与沈庆之手书，令杀武陵王骏。庆之求见王，王惧，辞以疾。庆之突入，以劭书示王，王泣求入与母诀，庆之曰："下官受先帝厚恩，今日之事，惟力是视；殿下何见疑之深！"王起再拜曰："家国安危，皆在将军。"庆之即命内外勒兵。府主簿颜竣曰："今四方未知义师之举，劭据有天府，若首尾不相应，此危道也。宜待诸镇协谋，然后举事。"庆之厉声曰："今举大事，而黄头小儿皆得参预，何得不败！宜斩以徇！"王令竣拜谢庆之，庆之曰："君但当知笔札事耳！"于是专委庆之处分。旬日之间，内外整办，人以为神兵。竣，延之之子也。

庚寅，武陵王戒严誓众。以沈庆之领府司马；襄阳太守柳元景、随郡太守宗悫为谘议参军，领中兵；江夏内史朱脩之行平东将军；记室参军颜竣为谘议参军，领录事，兼总内外；谘议参军刘延孙为长史、寻阳太守，行留府事。延孙，道产之子也。

南谯王义宣及臧质皆不受劭命，与司州刺史鲁爽同举兵以应骏。质、爽俱诣江陵见义宣，且遣使劝进于王。辛卯，臧质子敦等在建康者闻质举兵，皆逃亡。劭欲相慰悦，下诏曰："臧质，国戚勋臣，方翼赞京辇，而子弟波迸，良可怪叹。可遣宣譬令还，咸复本位。"劭寻录得敦，使大将军义恭行训杖三十，厚给赐之。

10　癸巳，劭葬太祖于长宁陵，谥曰景皇帝，庙号中宗。

11　乙未，武陵王发西阳；丁酉，至寻阳。庚子，王命颜竣移檄四方，使共讨劭。州郡承檄，翕然响应。南谯王义宣遣臧质引兵诣寻阳，与骏同下，留鲁爽于江陵。

劭以兖、冀二州刺史萧思话为徐、兖二州刺史，起张永为青州刺史。思话自历城引部曲还平城，起兵以应寻阳；建武将军垣护之在历城，亦帅所领赴之。南谯王义宣版张永为冀州刺史。永遣司马崔勋之等将兵赴义宣。义宣虑萧思话与永不释前憾，自为书与思话，使长史张畅为书与永，劝使相与坦怀。

随王诞将受劭命,参军事沈正说司马顾琛曰:"国家此祸,开辟未闻。今以江东骁锐之众,唱大义于天下,其谁不响应!岂可使殿下北面凶逆,受其伪宠乎!"琛曰:"江东忘战日久,虽逆顺不同,然强弱亦异,当须四方有义举者,然后应之,不为晚也。"正曰:"天下未尝有无父无君之国,宁可自安仇耻而责义于馀方乎!今正以弑逆冤酷,义不共戴天,举兵之日,岂求必全邪!冯衍有言:'大汉之贵臣,将不如荆、齐之贱士乎!'况殿下义兼臣子,事实国家者哉!"琛乃与正共入说诞,诞从之。正,田子之兄子也。

劭自谓素习武事,语朝士曰:"卿等但助我理文书,勿措意戎旅;若有寇难,吾自当之;但恐贼虏不敢动耳。"及闻四方兵起,始忧惧,戒严,悉召下番将吏,迁淮南居民于北岸,尽聚诸王及大臣于城内,移江夏王义恭处尚书下舍,分义恭诸子处侍中下省。

夏,四月癸卯朔,柳元景统宁朔将军薛安都等十二军发溢口,司空中兵参军徐遗宝以荆州之众继之。丁未,武陵王发寻阳,沈庆之总中军以从。

劭立妃殷氏为皇后。

庚戌,武陵王檄书至建康,劭以示太常颜延之曰:"彼谁笔也?"延之曰:"竣之笔也。"劭曰:"言辞何至于是!"延之曰:"竣尚不顾老臣,安能顾陛下!"劭怒稍解。悉拘武陵王子于侍中下省,南谯王义宣子于太仓空舍。劭欲尽杀三镇士民家口。江夏王义恭、何尚之皆曰:"凡举大事者不顾家;且多是驱逼,今忽诛其室累,正足坚彼意耳。"劭以为然,乃下书一无所问。

劭疑朝廷旧臣皆不为己用,乃厚抚鲁秀及右军参军王罗汉,悉以军事委之;以萧斌为谋主,殷冲掌文符。萧斌劝劭勒水军自上决战,不尔则保据梁山。江夏王义恭以南军仓猝,船舫陋小,不利水战,乃进策曰:"贼骏小年未习军旅,远来疲弊,宜以逸待之。今远出梁山,则京都空弱,东军乘虚,或能为患。若分力两赴,则兵散势离,不如养锐待期,坐而观衅。割弃南岸,栅断石头,此先朝旧法,不忧贼不破也。"劭善之。斌厉色曰:"南中郎二十年少,能建此大事,岂复可量!三方同恶,势据上流,沈庆之甚练军事,柳元景、宗悫屡尝立功,形势如此,实非小敌。唯宜及人情未离,尚可决力一战;端坐台城,何由得久!今主、相咸无战意,岂非天也!"劭不听。或劝劭保石头城。劭曰:"昔人所以固石头城者,俟诸侯勤王耳。我若守此,谁当见救! 唯应力战决之;不然,不克。"日日自出行军,慰劳将士,亲督都水治船舰。壬子,焚淮南岸室屋,淮内船舫,悉驱民家渡水北。

立子伟之为皇太子。以始兴王濬妃父褚湛之为丹杨尹。湛之,裕之之兄子也。濬为侍中、中书监、司徒、录尚书六条事,加南平王铄开府仪同三司,以南兖州刺史建平王宏为江州刺史。太尉司马庞秀之自石头先众南奔,人情由是大震。以营道侯义綦为湘州刺史,檀和之为雍州刺史。

癸丑,武陵王军于鹊头。宣城太守王僧达得武陵王檄,未知所从。客说之曰:"方今衅逆滔天,古今未有。为君计,莫若承义师之檄,移告傍郡。苟在有心,谁不响应! 此上策也。如其不能,可躬帅向义之徒,详择水陆之便,致身南归,亦其次也。"僧达乃自候道南奔,逢武陵王于鹊头。王即以为长史。僧达,弘之子也。王初发寻阳,沈庆之谓人曰:"王僧达必来赴义。"人问其故。庆之曰:"吾见其在先帝前议论开张,意向明决;以此言之,其至必也。"

柳元景以舟舰不坚,惮于水战,乃倍道兼行,丙辰,至江宁步上,使薛安都帅铁骑曜兵于淮上,移书朝士,为陈逆顺。

劭加吴兴太守汝南周峤冠军将军。随王诞檄亦至,峤素恇怯,回惑不知所从;府司马丘珍孙杀之,举郡应诞。

戊午,武陵王至南洲,降者相属;己未,军于溧洲。王自发寻阳,有疾不能见将佐,唯颜竣出入卧内,拥王于膝,亲视起居。疾屡危笃,不任咨禀,竣皆专决。军政之外,间以文教书檄,应接遝迤,昏晓临哭,若出一人。如是累旬,自舟中甲士亦不知王之危疾也。

癸亥,柳元景潜至新亭,依山为垒。新降者皆劝元景速进,元景曰:"不然。理顺难恃,同恶相济,轻进无防,实启寇心。"

元景营未立,劭龙骧将军詹叔儿觇知之,劝劭出战,劭不许。甲子,劭使萧斌统步军,褚湛之统水军,与鲁秀、王罗汉、刘简之精兵合万人,攻新亭垒,劭自登朱雀门督战。元景宿令军中曰:"鼓繁气易衰,叫数力易竭;但衔枚疾战,一听吾鼓声。"劭将士怀劭重赏,皆殊死战。元景水陆受敌,意气弥强,麾下勇士,悉遣出斗,左右唯留数人宣传。劭兵势垂克,鲁秀击退鼓,劭众遽止。元景乃开垒鼓噪以乘之,劭众大溃,坠淮死者甚多。劭更帅馀众,自来攻垒,元景复大破之,所杀伤过于前战,士卒争赴死马涧,涧为之溢;劭手斩退者,不能禁。刘简之死,萧斌被创,劭仅以身免,走还宫。鲁秀、褚湛之、檀和之皆南奔。

丙寅,武陵王至江宁。丁卯,江夏王义恭单骑南奔;劭杀义恭十二子。

劭、濬忧迫无计,以辇迎蒋侯神像置宫中,稽颡乞恩,拜为大司马,封钟山王;拜苏侯神为骠骑将军。以濬为南徐州刺史,与南平王铄并录尚书事。

戊辰,武陵王军于新亭,大将军义恭上表劝进。散骑侍郎徐爰在殿中诳劭,云自追义恭,遂归武陵王。时王军府草创,不晓朝章;爰素所谙练。乃以爰兼太常丞,撰即位仪注。己巳,王即皇帝位,大赦。文武赐爵一等,从军者二等。改谥大行皇帝曰文,庙号太祖。以大将军义恭为太尉、录尚书六条事、南徐州刺史。是日,劭亦临轩拜太子伟之。大赦,唯刘骏、义恭、义宣、诞不在原例。庚子,以南谯王义宣为中书监、丞相、录尚书六条事、扬州刺史,随王诞为卫将军、开府仪同三司、荆州刺史,臧质为车骑将军、开府仪同三司、江州刺史,沈庆之为领军将军,萧思话为尚书左仆射。壬申,以王僧达为右仆射,柳元景为侍中、左卫将军,宗悫为右卫将军,张畅为吏部尚书,刘延孙、颜竣并为侍中。

五月癸酉朔,臧质以雍州兵二万至新亭。豫州刺史刘遵考遣其将夏侯献之帅步骑五千军于瓜步。

先是,世祖遣宁朔将军顾彬之将兵东入,受随王诞节度。诞遣参军刘季之将兵与彬之俱向建康,诞自顿西陵,为之后继。劭遣殿中将军燕钦等拒之,相遇于曲阿奔牛塘,钦等大败。劭于是缘淮树栅以自守,又决破岗、方山埭以绝东军。时男丁既尽,召妇女供役。

甲戌,鲁秀等募勇士攻大航,克之。王罗汉闻官军已渡,即放仗降,缘渚幢队以次奔散,器仗鼓盖,充塞路衢。是夜,劭闭守六门,于门内凿堑立栅;城中沸乱,丹杨尹尹弘等文武将吏争逾城出降。劭烧辇及衮冕服于宫庭。萧斌宣令所统,使皆解甲,自石头戴白幡来降;诏斩斌于军门。濬劝劭载宝货逃入海,劭以人情离散,不果行。

乙亥,辅国将军朱脩之克东府,丙子,诸军克台城,各由诸门入会于殿庭,获王正见,斩之。张超之走至合殿御床之所,为军士所杀,剖肠割心,诸将脔其肉,生啖之。建平等七王号哭俱出。劭穿西垣,入武库井中,队副高禽执之。劭曰:“天子何在?”禽曰:“近在新亭。”至殿前,臧质见之恸哭,劭曰:“天地所不覆载,丈人何为见哭?”又谓质曰:“劭可启得远徙不?”质曰:“主上近在航南,自当有处分。”缚劭于马上,防送军门。时不见传国玺,以问劭,劭曰:“在严道育处。”就取,得之。斩劭及四子于牙下。濬帅左右数十人挟南平王铄南走,遇江夏王义恭于越城。濬下马曰:“南中郎今何所作?”义恭曰:“上已君临万国。”又曰:“虎头来得无晚乎?”

义恭曰："殊当恨晚。"又曰："故当不死邪?"义恭曰："可诣行阙请罪。"又曰："未审能赐一职自效不?"义恭又曰："此未可量。"勒与俱归,于道斩之,及其三子。劭、濬父子首并枭于大航,暴尸于市。劭妃殷氏及劭、濬诸女、姜媵,皆赐死于狱。污潴劭所居斋。殷氏且死,谓狱丞江恪曰："汝家骨肉相残,何以枉杀无罪人?"恪曰："受拜皇后,非罪而何?"殷氏曰："此权时耳,当以鹦鹉为后。"褚湛之之南奔也,濬即与褚妃离绝,故免于诛。严道育、王鹦鹉并都街鞭杀,焚尸,扬灰于江。殷冲、尹弘、王罗汉及淮南太守沈璞皆伏诛。

庚辰,解严。辛巳,帝如东府,百官请罪,诏释之。甲申,尊帝母路淑媛为皇太后。太后,丹杨人也。乙酉,立妃王氏为皇后。后父偃,导之玄孙也。戊子,以柳元景为雍州刺史。辛卯,追赠袁淑为太尉,谥忠宪公;徐湛之为司空,谥忠烈公;江湛为开府仪同三司,谥忠简公;王僧绰为金紫光禄大夫,谥简侯。壬辰,以太尉义恭为扬、南徐二州刺史,进位太傅,领大司马。

初,劭以尚书令何尚之为司空、领尚书令,子征北长史偃为侍中,父子并居权要。及劭败,尚之左右皆散,自洗黄阁。殷冲等既诛,人为之寒心。帝以尚之、偃素有令誉,且居劭朝用智将迎,时有全脱,故特免之;复以尚之为尚书令,偃为大司马长史,位遇无改。

甲午,帝谒初宁、长宁陵。追赠卜天与益州刺史,谥壮侯,与袁淑等四家,长给稟禄。张泓之等各赠郡守。戊戌,以南平王铄为司空,建平王宏为尚书左仆射,萧思话为中书令、丹杨尹。六月丙午,帝还宫。

12　初,帝之讨西阳蛮也,臧质使柳元景将兵会之。及质起兵,欲奉南谯王义宣为主,潜使元景帅所领西还,元景即以质书呈帝,语其信曰："臧冠军当是未知殿下义举耳。方应伐逆,不容西还。"质以此恨之。及元景为雍州,质虑其为荆、江后患,建议元景当为爪牙,不宜远出。帝重违其言,戊申,以元景为护军将军,领石头戍事。

13　己酉,以司州刺史鲁爽为南豫州刺史。庚戌,以卫军司马徐遗宝为兖州刺史。

14　庚申,诏有司论功行赏,封颜竣等为公、侯。

15　辛未,徙南谯王义宣为南郡王,随王诞为竟陵王,立义宣次子宜阳侯恺为南谯王。

16　闰月壬申,以领军将军沈庆之为南兖州刺史,镇盱眙。癸酉,以柳元景为领军将军。

17 乙亥,魏太皇太后赫连氏殂。

18 丞相义宣固辞内任及子恺王爵。甲午,更以义宣为荆、湘二州刺史,恺为宜阳县王,将佐以下并加赏秩。以竟陵王诞为扬州刺史。

19 秋,七月辛酉朔,日有食之。甲寅,诏求直言。辛酉,诏省细作并尚方雕文涂饰;贵戚竞利;悉皆禁绝。

中军录事参军周朗上疏,以为:"毒之在体,必割其缓处。历下、泗间,不足戍守。议者必以为胡衰不足避,而不知我之病甚于胡矣。今空守孤城,徒费财役。使虏但发轻骑三千,更互出入,春来犯麦,秋至侵禾,水陆漕输,居然复绝;于贼不劳而边已困,不至二年,卒散民尽,可跷足而待也。今人知不以羊追狼、蟹捕鼠,而令重车弱卒与肥马悍胡相逐,其不能济固宜矣。又,三年之丧,天下之达丧;汉氏节其臣则可矣,薄其子则乱也。凡法有变于古而刻于情,则莫能顺焉;至乎败于礼而安于身,必遽而奉之。今陛下以大孝始基,宜反斯谬。又,举天下以奉一君,何患不给?一体炫金,不及百两,一岁美衣,不过数袭;而必收宝连椟,集服累笥,目岂常视,身未时亲,是椟带宝、笥著衣也,何糜蠹之剧,惑鄙之甚邪!且细作始并,以为俭节;而市造华怪,即传于民。如此,则迁也,非罢也。凡厥庶民,制度日侈,见车马不辨贵贱,视冠服不知尊卑。尚方今造一物,小民明已睥睨;宫中朝制一衣,庶家晚已裁学。侈丽之源,实先宫闱。又,设官者宜官称事立,人称官置。王侯识未堪务,不应强仕。且帝子未官,人谁谓贱?但宜详置宾友,茂择正人,亦何必列长史、参军、别驾从事,然后为贵哉。又,俗好以毁沈人,不察其所以致毁;以誉进人,不察其所以致誉。毁徒皆鄙,则宜擢其毁者;誉党悉庸,则宜退其誉者。如此,则毁誉不妄,善恶分矣。凡无世不有言事,无时不有下令。然升平不至,昏危相继,何哉?设令之本非实故也。"书奏,忤旨,自解去职。朗,峤之弟也。

侍中谢庄上言:"诏云:'贵戚竞利,悉皆禁绝。'此实允惬民听。若有犯违,则应依制裁纠;若废法申恩,便为明诏既下而声实乖爽也。臣愚谓大臣在禄位者,尤不宜与民争利。不审可得在此诏不?"庄,弘微之子也。

上多变易太祖之制,郡县以三周为满,宋之善政,于是乎衰。

20 乙丑,魏濮阳王闾若文、征西大将军永昌王仁皆坐谋叛,仁赐死于长安,若文伏诛。

21 南平穆王铄素负才能,意常轻上;又为太子劭所任,出降最晚。上潜使人毒之,己巳,铄卒,赠司徒,以商臣之谥谥之。

22 南海太守萧简据广州反。简,斌之弟也。诏新南海太守南昌邓琬、始兴太守<u>沈法系</u>讨之。<u>法系</u>，<u>庆之</u>之从弟也。<u>简</u>诳其众曰："台军是贼<u>劭</u>所遣。"众信之，为之固守。<u>琬</u>先至，止为一攻道；<u>法系</u>至，曰："宜四面并攻；若守一道，何时可拔！"<u>琬</u>不从。<u>法系</u>曰："更相申五十日。"日尽又不克，乃从之。八道俱攻，一日即破之。九月丁卯，斩<u>简</u>，<u>广州</u>平。<u>法系</u>封府库付<u>琬</u>而还。

23　冬，十一月丙午，以左军将军<u>鲁秀</u>为<u>司州</u>刺史。

24　辛酉，<u>魏</u>主如<u>信都</u>、<u>中山</u>。

25　十二月癸未，以将置东宫，省太子率更令等官，中庶子等各减旧员之半。

26　甲午，<u>魏</u>主还<u>平城</u>。

资治通鉴卷第一百二十八

宋纪十

世祖孝武皇帝上

孝建元年（甲午，454）

1　春，正月己亥朔，上祀南郊，改元，大赦。甲辰，以尚书令何尚之为左光禄大夫、护军将军，以左卫将军颜竣为吏部尚书、领骁骑将军。

2　壬戌，更铸孝建四铢钱。

3　乙丑，魏以侍中伊馛为司空。

4　丙子，立皇子子业为太子。

5　初，江州刺史臧质，自谓人才足为一世英雄；太子劭之乱，质潜有异图，以荆州刺史南郡王义宣庸暗易制，欲外相推奉，因而覆之。质于义宣为内兄，既至江陵，即称名拜义宣。义宣惊愕问故。质曰：“事中宜然。”时义宣已奉帝为主，故其计不行。及至新亭，又拜江夏王义恭，曰：“天下屯危，礼异常日。”

劭既诛，义宣与质功皆第一，由是骄恣，事多专行，凡所求欲，无不必从。义宣在荆州十年，财富兵强；朝廷所下制度，意有不同，一不遵承。质自建康之江州，舫千馀乘，部伍前后百馀里。帝方自揽威权，而质以少主遇之，政刑庆赏，一不咨禀。擅用溢口、钩圻米，台符屡加检诘，渐致猜惧。

帝淫义宣诸女，义宣由是恨怒。质乃遣密信说义宣，以为“负不赏之功，挟震主之威，自古能全者有几？今万物系心于公，声迹已著；见几不作，将为他人所先。若命徐遗宝、鲁爽驱西北精兵来屯江上，质帅九江楼船为公前驱，已为得天下之半。公以八州之众，徐进而临之，虽韩、白更生，不能为建康计矣。且少主失德，闻于道路；沈、柳诸将，亦我之故人，谁肯为少主尽力者！夫不可留者年也，不可失者时也。质常恐溘先朝露，不得展其旅力，为公扫除，于时悔之何及。”义宣腹心将佐谘议参军蔡超、司马竺超民等咸有富贵之望，欲倚质威名以成其业，共劝义宣从其计。质女为义宣子采之妇。义宣谓质无复异同，遂许之。超民，爰之子也。臧敦时为黄门侍郎,帝使敦至义宣所,道经寻阳,质更令敦说诱义宣,义宣意遂定。

豫州刺史鲁爽有勇力,义宣素与之相结。义宣密使人报爽及兖州刺史徐遗宝,期以今秋同举兵。使者至寿阳,爽方饮醉,失义宣指,即日举兵。爽弟瑜在建康,闻之,逃叛。爽使其众戴黄标,窃造法服,登坛,自号建平元年,疑长史韦处穆、中兵参军杨元驹、治中庾腾之不与己同,皆杀之。徐遗宝亦勒兵向彭城。

二月,义宣闻爽已反,狼狈举兵。鲁瑜弟弘为质府佐,帝敕质收之,质即执台使,举兵。

义宣与质皆上表,言为左右所谗疾,欲诛君侧之恶。义宣进爽号征北将军。爽于是送所造舆服诣江陵,使征北府户曹版义宣等,文曰:"丞相刘,今补天子,名义宣;车骑臧,今补丞相,名质;平西朱,今补车骑,名脩之:皆版到奉行。"义宣骇愕,爽所送法物并留竟陵,不听进。质加鲁弘辅国将军,下戍大雷。义宣遣谘议参军刘谌之将万人就弘,召司州刺史鲁秀,欲使为谌之后继。秀至江陵见义宣,出,拊膺曰:"吾兄误我,乃与痴人作贼,今年败矣!"

义宣兼荆、江、兖、豫四州之力,威震远近。帝欲奉乘舆法物迎之,竟陵王诞固执不可,曰:"奈何持此座与人!"乃止。

己卯,以领军将军柳元景为抚军将军;辛卯,以左卫将军王玄谟为豫州刺史。命元景统玄谟等诸将以讨义宣。癸巳,进据梁山洲,于两岸筑偃月垒,水陆待之。义宣自称都督中外诸军事,命僚佐悉称名。

6 甲午,魏主诣道坛受图箓。

7 丙申,以安北司马夏侯祖欢为兖州刺史。三月己亥,内外戒严。辛丑,以徐州刺史萧思话为江州刺史,柳元景为雍州刺史。癸卯,以太子左卫率庞秀之为徐州刺史。

义宣移檄州郡,加进位号,使同发兵。雍州刺史朱脩之伪许之,而遣使陈诚于帝。益州刺史刘秀之斩义宣使者,遣中兵参军韦崧将万人袭江陵。

戊申,义宣帅众十万发江津,舳舻数百里。以子恺为辅国将军,与左司马竺超民留镇江陵。檄朱脩之使发兵万人继进,脩之不从。义宣知脩之贰于己,乃以鲁秀为雍州刺史,使将万馀人击之。王玄谟闻秀不来,喜曰:"臧质易与耳。"

冀州刺史垣护之妻,徐遗宝之姊也,遗宝邀护之同反,护之不从,发兵击之。遗宝遣兵袭徐州长史明胤于彭城，不克。胤与夏侯祖欢、垣护之共击遗宝于湖陆，遗宝弃众焚城，奔鲁爽。

义宣至寻阳，以质为前锋而进，爽亦引兵直趣历阳，与质水陆俱下。殿中将军沈灵赐将百舸，破质前军于南陵，擒军主徐庆安等。质至梁山，夹陈两岸，与官军相拒。

夏，四月戊辰，以后将军刘义綦为湘州刺史；甲申，以朱脩之为荆州刺史。

上遣左军将军薛安都、龙骧将军南阳宗越等戍历阳，与鲁爽前锋杨胡兴等战，斩之。爽不能进，留军大岘，使鲁瑜屯小岘。上复遣镇军将军沈庆之济江，督诸将讨爽，爽食少，引兵稍退，自留断后；庆之使薛安都帅轻骑追之，丙戌，及爽于小岘。爽将战，饮酒过醉，安都望见爽，即跃马大呼，直往刺之，应手而倒，左右范双斩其首。爽众奔散，瑜亦为部下所杀，遂进攻寿阳，克之。徐遗宝奔东海，东海人杀之。

　　　李延寿论曰：凶人之济其身，非世乱莫由焉。鲁爽以乱世之情，而行之于平日，其取败也宜哉！

8　南郡王义宣至鹊头，庆之送爽首示之，并与书曰："仆荷任一方，而衅生所统。近聊帅轻师，指往剪扑，军锋裁及，贼爽授首。公情契异常，或欲相见，及其可识，指送相呈。"爽累世将家，骁猛善战，号万人敌；义宣与质闻其死，皆骇惧。

柳元景军于采石；王玄谟以臧质众盛，遣使来求益兵，上使元景进屯姑孰。

太傅义恭与义宣书曰："往时仲堪假兵，灵宝寻害其族；孝伯推诚，牢之旋踵而败。臧质少无美行，弟所具悉。今籍西楚之强力，图济其私；凶谋若果，恐非复池中物也。"义宣由此疑之。五月甲辰，义宣至芜湖，质进计曰："今以万人取南州，则梁山中绝；万人缀梁山，则玄谟必不敢动；下官中流鼓棹，直趣石头，此上策也。"义宣将从之。刘谌之密言于义宣曰："质求前驱，此志难测。不如尽锐攻梁山，事克然后长驱，此万安之计也。"义宣乃止。

冗从仆射胡子反等守梁山西垒，会西南风急，质遣其将尹周之攻西垒；子反方渡东岸就玄谟计事，闻之，驰归。偏将刘季之帅水军殊死战，求救于玄谟，玄谟不遣；大司马参军崔勋之固争，乃遣勋之与积弩将军垣询之救之。比至，城已陷，勋之、询之皆战死。询之，护之之弟也。子反等奔还东岸。质又遣其将庞法起将数千兵趋南浦，欲自后掩玄谟，游击将军垣护之引水军与战，破之。

朱脩之断马鞍山道，据险自守。鲁秀攻之，不克，屡为脩之所败，乃还江陵，脩之引兵蹑之。或劝脩之急追，脩之曰："鲁秀，骁将也；兽穷则攫，不可迫也。"

王玄谟使垣护之告急于柳元景曰："西城不守，唯馀东城万人。贼军数倍，强弱不敌，欲退还姑孰，就节下协力当之，更议进取。"元景不许，曰："贼势方盛，不可先退，吾当卷甲赴之。"护之曰："贼谓南州有三万人，而将军麾下裁十分之一，若往造贼垒，则虚实露矣。王豫州必不可来，不如分兵援之。"元景曰："善！"乃留羸弱自守，悉遣精兵助玄谟，多张旗帜。梁山望之如数万人，皆以为建康兵悉至，众心乃安。

质自请攻东城。谘议参军颜乐之说义宣曰："质若复克东城，则大功尽归之矣；宜遣麾下自行。"义宣乃遣刘谌之与质俱进。甲寅，义宣至梁山，顿兵西岸，质与刘谌之进攻东城。玄谟督诸军大战，薛安都帅突骑先冲其陈之东南，陷之，斩谌之首，刘季之、宗越又陷其西北，质等兵大败。垣护之烧江中舟舰，烟焰覆水，延及西岸营垒殆尽；诸军乘势攻之，义宣兵亦溃。义宣单舸迸走，闭户而泣，荆州人随之者犹百馀舸。质欲见义宣计事，而义宣已去，质不知所为，亦走，其众皆降散。己未，解严。

9　癸亥，以吴兴太守刘延孙为尚书右仆射。

10　六月丙寅，魏主如阴山。

11　臧质至寻阳，焚烧府舍，载妓妾西走；使嬖人何文敬领馀兵居前，至西阳。西阳太守鲁方平绐文敬曰："诏书唯捕元恶，馀无所问，不如逃之。"文敬弃众亡去。质先以妹夫羊冲为武昌郡，质往投之；冲已为郡丞胡庇之所杀，质无所归，乃逃于南湖，掇莲实啖之。追兵至，以荷覆头，自沉于水，出其鼻。戊辰，军主郑俱儿望见，射之，中心，兵刃乱至，肠胃萦水草，斩首送建康，子孙皆弃市，并诛其党乐安太守任荟之、临川内史刘怀之、鄱阳太守杜仲儒。仲儒，骥之兄子也。功臣柳元景等封赏各有差。

丞相义宣走至江夏，闻巴陵有军，回向江陵，众散且尽，与左右十许人徒步，脚痛不能前，僦民露车自载，缘道求食。至江陵郭外，遣人报竺超民，超民具羽仪兵众迎之。时荆州带甲尚万馀人，左右翟灵宝诫义宣使抚慰将佐，以："臧质违指授之宜，用致失利。今治兵缮甲，更为后图。昔汉高百败，终成大业……"而义宣忘灵宝之言，误云"项羽千败"，众咸掩口。鲁秀、竺超民等犹欲收馀兵更图一决；而义宣惛沮，无复神守，入内不复出，左右腹心稍稍离叛。鲁秀北走，义宣不能自立，欲从秀去，乃携息慆及所爱妾五人,著男子服相随。城内扰乱,白刃交横,义宣惧,坠马,遂步进;竺超民送至城外,更以马与之,归而城守。义宣求秀不得,左右尽弃之,夜,复还南郡空廨;旦日,超民收送刺奸。义宣止狱户,坐地叹曰:“臧质老奴误我!”五妾寻被遣出,义宣号泣,语狱吏曰:“常日非苦,今日分别始是苦。”鲁秀众散,不能去,还向江陵,城上人射之,秀赴水死,就取其首。

诏右仆射刘孝孙使荆、江二州,旌别枉直,就行诛赏;且分割二州之地,议更置新州。

初,晋氏南迁,以扬州为京畿,谷帛所资皆出焉;以荆、江为重镇,甲兵所聚尽在焉;常使大将居之。三州户口,居江南之半,上恶其强大,故欲分之。癸未,分扬州浙东五郡置东扬州,治会稽;分荆、湘、江、豫州之八郡置郢州,治江夏;罢南蛮校尉,迁其营于建康。太傅义恭议使郢州治巴陵,尚书令何尚之曰:“夏口在荆、江之中,正对沔口,通接雍、梁,实为津要。由来旧镇,根基不易,既有见城,浦大容舫,于事为便。”上从之。既而荆、扬因此虚耗。尚之请复合二州,上不许。

12　戊子,省录尚书事。上恶宗室强盛,不欲权在臣下;太傅义恭知其指,故请省之。

13　上使王公、八座与荆州刺史朱脩之书,令丞相义宣自为计。书未达,庚寅,脩之入江陵,杀义宣,并诛其子十六人,及同党竺超民、从事中郎蔡超、谘议参军颜乐之等。超民兄弟应从诛,何尚之上言:“贼既遁走,一夫可擒。若超民反覆昧利,即当取之,非唯免愆,亦可要不义之赏。而超民曾无此意,微足观过知仁。且为官保全城府,谨守库藏,端坐待缚。今戮及兄弟,则与其馀逆党无异,于事为重。”上乃原之。

14　秋,七月丙申朔,日有食之。

15　庚子,魏皇子弘生;辛丑,大赦,改元兴光。

16　丙辰,大赦。

17　八月甲戌,魏赵王深卒。

18　乙亥,魏主还平城。

19　冬,十一月戊戌,魏主如中山,遂如信都;十二月丙子,还,幸灵丘,至温泉宫;庚辰,还平城。

二年(乙未,455)

1　春,正月,魏车骑大将军乐平王拔有罪赐死。

2　镇北大将军、南兖州刺史沈庆之请老;二月丙寅,以为左光禄大夫、开府仪同三司。庆之固让，表疏数十上，又面自陈，乃至稽颡泣涕。上不能夺，听以始兴公就第，厚加给奉。顷之，上复欲用庆之，使何尚之往起之。尚之累陈上意，庆之笑曰："沈公不效何公，往而复返。"尚之惭而止。辛巳，以尚书右仆射刘延孙为南兖州刺史。

3　夏，五月戊戌，以湘州刺史刘遵考为尚书右仆射。

4　六月壬戌，魏改元太安。

5　甲子，大赦。

6　甲申，魏主还平城。

7　秋，七月癸巳，立皇弟休祐为山阳王，休茂为海陵王，休业为鄱阳王。

8　丙辰，魏主如河西。

9　雍州刺史武昌王浑与左右作檄文，自号楚王，改元永光，备置百官，以为戏笑。长史王翼之封呈其手迹。八月庚申，废浑为庶人，徙始安郡。上遣员外散骑侍郎东海戴明宝诘责浑，因逼令自杀，时年十七。

10　丁亥，魏主还平城。

11　诏祀郊庙，初设登乐，从前殿中曹郎荀万秋之议也。

12　上欲削弱王侯。冬，十月己未，江夏王义恭、竟陵王诞奏裁王、侯车服、器用、乐舞制度，凡九事；上因讽有司奏增广为二十四条；听事不得南向坐；剑不得为鹿卢形；内史、相及封内官长止称下官，不得称臣，罢官则不复追敬。诏可。

13　庚午，魏以辽西王常英为太宰。

14　壬午，以太傅义恭领扬州刺史，竟陵王诞为司空、领南徐州刺史，建平王宏为尚书令。

15　是岁，以故氐王杨保宗子元和为征虏将军，杨头为辅国将军。头，文德之从祖兄也。元和虽杨氏正统，朝廷以其年幼才弱，未正位号；部落无定主。头先戍葭芦，母妻子弟并为魏所执，而头为宋坚守无贰心。雍州刺史王玄谟上言："请以头为假节、西秦州刺史，用安辑其众。俟数年之后，元和稍长，使嗣故业。若元和才用不称，便应归头。头能藩扞汉川，使无虏患，彼四千户荒州殆不足惜。若葭芦不守，汉川亦无立理。"上不从。

三年（丙申，456）

1　春，正月庚寅，立皇弟休范为顺阳王，休若为巴陵王。戊戌，立皇子子尚为西阳王。

2　壬子,纳右卫将军何瑀女为太子妃。瑀,澄之曾孙也。甲寅,大赦。

3　乙卯,魏立贵人冯氏为皇后。后,辽西郡公朗之女也;朗为秦、雍二州刺史,坐事诛,后由是没入宫。

4　二月丁巳,魏主立子弘为皇太子,先使其母李贵人条记所付托兄弟,然后依故事赐死。

5　甲子,以广州刺史宗悫为豫州刺史。故事,府州部内论事,皆签前直叙所论之事,置典签以主之。宋世诸皇子为方镇者多幼,时主皆以亲近左右领典签,典签之权稍重。至是,虽长王临藩,素族出镇,典签皆出纳教命,执其枢要,刺史不得专其职任。及悫为豫州,临安吴喜为典签。悫刑政所施,喜每多违执,悫大怒,曰:“宗悫年将六十,为国竭命,正得一州如斗大,不能复与典签共临之!”喜稽颡流血,乃止。

6　丁零数千家匿井陉山中为盗,魏选部尚书陆真与州郡合兵讨灭之。

7　闰月,戊午,以尚书左仆射刘遵考为丹杨尹。

8　癸酉,鄱阳哀王休业卒。

9　太傅义恭以南兖州刺史西阳王子尚有宠,将避之,乃辞扬州。秋,七月,解义恭扬州;丙子,以子尚为扬州刺史。时荧惑守南斗,上废西州旧馆,使子尚移治东城以厌之。扬州别驾从事沈怀文曰:“天道示变,宜应之以德。今虽空西州,恐无益也。”不从。怀文,怀远之兄也。

10　八月,魏平西将军渔阳公尉眷击伊吾,克其城,大获而还。

11　九月壬戌,以丹杨尹刘遵考为尚书右仆射。

12　冬,十月甲申,魏主还平城。

13　丙午,太傅义恭进位太宰,领司徒。

14　十一月,魏以尚书西平王源贺为冀州刺史,更赐爵陇西王。贺上言:“今北虏游魂,南寇负险,疆场之间,犹须防戍。臣愚以为,自非大逆、赤手杀人,其坐赃盗及过误应入死者,皆可原宥,谪使守边;则是已断之体受更生之恩,徭役之家蒙休息之惠。”魏高宗从之。久之,谓群臣曰:“吾用贺言,一岁所活不少,增戍兵亦多。卿等人人如贺,朕何忧哉!”会武邑人石华告贺谋反,有司以闻,帝曰:“贺竭诚事国,朕为卿等保之,无此,明矣。”命精加讯验;华果引诬,帝诛之,因谓左右曰:“以贺忠诚,犹不免诬谤,不及贺者可无慎哉!”

15　十二月，濮阳太守姜龙驹、新平太守杨自伦弃郡奔魏。

16　上欲移青、冀二州并镇历城，议者多不同。青、冀二州刺史垣护之曰："青州北有河、济，又多陂泽，非虏所向；每来寇掠，必由历城。二州并镇，此经远之略也。北又近河，归顺者易。近息民患，远申王威，安边之上计也。"由是遂定。

17　元嘉中，官铸四铢钱，轮郭、形制与五铢同，用费无利，故民不盗铸。及上即位，又铸孝建四铢，形式薄小，轮郭不成。于是盗铸者众，杂以铅、锡，翦凿古钱，钱转薄小。守宰不能禁，坐死、免者相继。盗铸益甚，物价踊贵，朝廷患之。去岁春，诏钱薄小无轮郭者悉不得行，民间喧扰。是岁，始兴郡公沈庆之建议，以为"宜听民铸钱，郡县置钱署，乐铸之家皆居署内，平其准式，去其杂伪。去春所禁新品，一时施用，今铸悉依此格。万税三千，严检盗铸"。丹杨尹颜竣驳之，以为"五铢轻重，定于汉世，魏、晋以降，莫之能改；诚以物货既均，改之伪生故也。今云去春所禁一时施用；若巨细总行而不从公铸，利己既深，情伪无极，私铸、翦凿尽不可禁，财货未赡，大钱已竭，数岁之间，悉为尘土矣。今新禁初行，品式未一，须臾自止，不足以垂圣虑；唯府藏空匮，实为重忧。今纵行细钱，官无益赋之理；百姓虽赡，无解官乏。唯简费去华，专在节俭，求赡之道，莫此为贵耳。"议者又以为"铜转难得，欲铸二铢钱"。竣曰："议者以为官藏空虚，宜更改铸；天下铜少，宜减钱式以救交弊，赈国舒民。愚以为不然。今铸二铢，恣行新细，于官无解于乏，而民间奸巧大兴，天下之货将糜碎至尽；空严立禁，而利深难绝，不一二年，其弊不可复救。民惩大钱之改，兼畏近日新禁，市井之间，必生纷扰。远利未闻，切患猥及，富商得志，贫民困窘，此皆甚不可者也。"乃止。

18　魏定州刺史高阳许宗之求取不节，深泽民马超谤毁宗之，宗之殴杀超，恐其家人告状，上超诋讪朝政。魏高宗曰："此必妄也。朕为天下主，何恶于超而有此言！必宗之惧罪诬超。"案验，果然。斩宗之于都南。

19　金紫光禄大夫颜延之卒。延之子竣贵重，凡所资供，延之一无所受，布衣茅屋，萧然如故。常乘羸牛笨车，逢竣卤簿，即屏住道侧。常语竣曰："吾平生不喜见要人，今不幸见汝！"竣起宅，延之谓曰："善为之，无令后人笑汝拙也。"延之尝早诣竣，见宾客盈门，竣尚未起，延之怒曰："汝出粪土之中，升云霞之上，遽骄傲如此，其能久乎！"竣丁父忧，裁逾月，起为右将军，丹杨尹如故。竣固辞，表十上；上不许，遣中书舍人戴明宝抱竣登车，载之郡舍，赐以布衣一袭，絮以彩纩，遣主衣就衣诸体。

大明元年（丁酉,457）

1　春,正月辛亥朔,改元,大赦。

2　壬戌,魏主畋于崞山,戊辰,还平城。

3　魏以渔阳王尉眷为太尉、录尚书事。

4　二月,魏人寇兖州,向无盐,败东平太守南阳刘胡。诏遣太子左卫
率薛安都将骑兵,东阳太守沈法系将水军,向彭城以御之,并受徐州刺史
申坦节度。比至,魏兵已去。先是,群盗聚任城荆榛中,累世为患,谓之任
榛。申坦请回军讨之。上许之。任榛闻之,皆逃散。时天旱,人马渴乏,
无功而还。安都、法系坐白衣领职。坦当诛,群臣为请,莫能得。沈庆之
抱坦哭于市曰:"汝无罪而死。我哭汝于市,行当就汝矣!"有司以闻,上
乃免之。

5　三月庚申,魏主畋于松山;己巳,还平城。

6　魏主立其弟新成为阳平王。

7　上自即吉之后,奢淫自恣,多所兴造。丹杨尹颜竣以藩朝旧臣,数
恳切谏争,无所回避,上浸不悦。竣自谓才足干时,恩旧莫比,当居中永执
朝政,而所陈多不纳,疑上欲疏之,乃求外出以占上意。夏,六月丁亥,诏
以竣为东扬州刺史,竣始大惧。

8　癸卯,魏主如阴山。

9　雍州所统多侨郡县,刺史王玄谟上言:"侨郡县无有境土,新旧错
乱,租课不时,请皆土断。"秋,七月辛未,诏并雍州三郡十六县为一郡。
郡县流民不愿属籍,讹言玄谟欲反。时柳元景宗强,群从多为雍部二千
石,乘声皆欲讨玄谟。玄谟令内外晏然以解众惑,驰使启上,具陈本末。
上知其虚,遣主书吴喜抚慰之,且报曰:"七十老公,反欲何求! 君臣之
际,足以相保,聊复为笑,伸卿眉头耳。"玄谟性严,未尝妄笑,故上以此
戏之。

10　八月己亥,魏主还平城。

11　甲辰,徙司空、南徐州刺史竟陵王诞为南兖州刺史,以太子詹事
刘延孙为南徐州刺史。初,高祖遗诏,以京口要地,去建康密迩,自非宗室
近亲,不得居之。延孙之先虽与高祖同源,而高祖属彭城,延孙属莒县,从
来不序昭穆。上既命延孙镇京口,仍诏与延孙合族,使诸王皆序长幼。

上闺门无礼,不择亲疏,尊卑,流闻民间,无所不至。诞宽而有礼,又
诛太子劭、丞相义宣,皆有大功,人心窃向之。诞多聚才力之士,蓄精甲利

兵,上由是畏而忌之,不欲诞居中,使出镇京口;犹嫌其逼,更徙之广陵。以延孙腹心之臣,使镇京口以防之。

12　魏主将东巡,冬,十月,诏太宰常英起行宫于辽西黄山。

13　十二月丁亥,更以顺阳王休范为桂阳王。

二年(戊戌,458)

1　春,正月丙午朔,魏设酒禁,酿、酤、饮者皆斩之;吉凶之会,听开禁,有程日。魏主以士民多因酒致斗及议国政,故禁之。增置内外候官,伺察诸曹及州、镇,或微服杂乱于府寺间,以求百官过失,有司穷治,讯掠取服;百官赃满二丈者皆斩。又增律七十九章。

2　乙卯,魏主如广宁温泉宫,遂巡平州;庚午,至黄山宫;二月丙子,登碣石山,观沧海;戊寅,南如信都,畋于广川。

3　乙酉,以金紫光禄大夫褚湛之为尚书左仆射。

4　丙戌,建平宣简王宏以疾解尚书令;三月丁未,卒。

5　丙辰,魏高宗还平城,起太华殿。是时,给事中郭善明,性倾巧,说帝大起宫室,中书侍郎高允谏曰:"太祖始建都邑,其所营立,必因农隙。况建国已久,永安前殿足以朝会,西堂、温室足以宴息,紫楼足以临望;纵有修广,亦宜驯致,不可仓猝。今计所当役凡二万人,老弱供饷又当倍之,期半年可毕。一夫不耕,或受之饥,况四万人之劳费,可胜道乎!此陛下所宜留心也。"帝纳之。

允好切谏,朝廷事有不便,允辄求见,帝常屏左右以待之。或自朝至暮,或连日不出;群臣莫知其所言。语或痛切,帝所不忍闻,命左右扶出,然终善遇之。时有上事为激讦者,帝省之,谓群臣曰:"君、父一也。父有过,子何不作书于众中谏之?而于私室屏处谏者,岂非不欲其父之恶彰于外邪!至事君,何独不然。君有得失,不能面陈,而上表显谏,欲以彰君之短,明己之直,此岂忠臣所为乎!如高允者,乃忠臣也。朕有过,未尝不面言,至有朕所不堪闻者,允皆无所避。朕知其过而天下不知,可不谓忠乎!"

允所与同征者游雅等皆至大官,封侯,部下吏至刺史、二千石者亦数十百人,而允为郎,二十七年不徙官。帝谓群臣曰:"汝等虽执弓刀在朕左右,徒立耳,未尝有一言规正;唯伺朕喜悦之际,祈官乞爵,今皆无功而至王公。允执笔佐我国家数十年,为益不小,不过为郎,汝等不自愧乎!"乃拜允中书令。

时魏百官无禄,允常使诸子樵采以自给。司徒陆丽言于帝曰:"高允虽蒙宠待,而家贫,妻子不立。"帝曰:"公何不先言,今见朕用之,乃言其贫乎!"即日,至允第,惟草屋数间,布被、缊袍,厨中盐菜而已。帝叹息,赐帛五百匹,粟千斛,拜长子悦为长乐太守。允固辞,不许。帝重允,常呼为令公而不名。

游雅常曰:"前史称卓子康、刘文饶之为人,褊心者或不之信。余与高子游处四十年,未尝见其喜愠之色,乃知古人为不诬耳。高子内文明而外柔顺,其言呐呐不能出口。昔崔司徒尝谓余云:'高生丰才博学,一代佳士,所乏者,矫矫风节耳。'余亦以为然。及司徒得罪,起于纤微,诏指临责,司徒声嘶股栗,殆不能言;宗钦已下,伏地流汗,皆无人色。高子独敷陈事理,申释是非,辞义清辩,音韵高亮。人主为之动容,听者无不神耸,此非所谓矫矫者乎!宗爱方用事,威振四海。尝召百官于都坐,王公已下皆趋庭望拜,高子独升阶长揖。由此观之,汲长孺可以卧见卫青,何抗礼之有!此非所谓风节者乎!夫人固未易知,吾既失之于心,崔又漏之于外,此乃管仲所以致恸于鲍叔也。"

6 乙丑,魏东平成王陆俟卒。

7 夏,四月甲申,立皇子子绥为安陆王。

8 帝不欲权在臣下,六月戊寅,分吏部尚书置二人,以都官尚书谢庄、度支尚书吴郡顾觊之为之。又省五兵尚书。

初,晋世,散骑常侍选望甚重,与侍中不异;其后职任闲散,用人渐轻。上欲重其选,乃用当时名士临海太守孔觊、司徒长史王彧为之。侍中蔡兴宗谓人曰:"选曹要重,常侍闲淡,改之以名而不以实,虽主意欲为轻重,人心岂可变邪!"既而常侍之选复卑,选部之贵不异。觊,琳之之孙;彧,谧之兄孙;兴宗,廓之子也。

裴子野论曰:官人之难,先王言之,尚矣。周礼,始于学校,论之州里,告诸六事,而后贡于王庭。其在汉家,州郡积其功能,五府举为掾属,三公参其得失,尚书奏之天子;一人之身,所阅者众,故能官得其才,鲜有败事。魏、晋易是,所失弘多。夫厚貌深衷,险如溪壑,择言观行,犹惧弗周,况今万品千群,俄折乎一面,庶僚百位,专断于一司,于是嚣风遂行,不可抑止。干进务得,兼加谄渎;无复廉耻之风,谨厚之操;官邪国败,不可纪纲。假使龙作纳言,舜居南面,而治致平章,不可必也,况后之官人者哉!孝武虽分曹为两,不能反之于周、汉,朝三暮四,其庸愈乎!

9　丙申，魏主畋于松山；庚午，如河西。

10　南彭城民高阇、沙门昙标以妖妄相扇，与殿中将军苗允等谋作乱，立阇为帝。事觉，甲辰，皆伏诛，死者数十人。于是下诏沙汰诸沙门，设诸科禁，严其诛坐；自非戒行精苦，并使还俗。而诸尼多出入宫掖，此制竟不能行。

中书令王僧达，幼聪警能文，而跌荡不拘。帝初践阼，擢为仆射，居颜、刘之右。自负才地，谓当时莫及，一二年间，即望宰相。既而迁护军，怏怏不得志，累启求出。上不悦，由是稍稍下迁，五岁七徙，再被弹削。僧达既耻且怨，所上表奏，辞旨抑扬，又好非议朝政，上已积愤怒。路太后兄子尝诣僧达，趋升其榻，僧达令舁弃之。太后大怒，固邀上令必杀僧达。会高阇反，上因诬僧达与阇通谋，八月丙戌，收付廷尉，赐死。

沈约论曰：夫君子、小人，类物之通称，蹈道则为君子，违之则为小人。是以太公起屠钓为周师，傅说去版筑为殷相，明扬幽仄，唯才是与。逮于二汉，兹道未革：胡广累世农夫，致位公相；黄宪牛医之子，名重京师；非若晚代分为二途也。魏武始立九品，盖以论人才优劣，非谓世族高卑。而都正俗士，随时俯仰，凭借世资，用相陵驾；因此相沿，遂为成法。周、汉之道，以智役愚；魏、晋以来，以贵役贱；士庶之科，较然有辨矣。

裴子野论曰：古者，德义可尊，无择负贩；苟非其人，何取世族！名公子孙，还齐布衣之伍；士庶虽分，本无华素之隔。自晋以来，其流稍改，草泽之士，犹显清途；降及季年，专限阀阅。自是三公之子，傲九棘之家，黄散之孙，蔑令长之室；转相骄矜，互争铢两，唯论门户，不问贤能。以谢灵运、王僧达之才华轻躁，使其生自寒宗，犹将覆折；重以怙其庇荫，召祸宜哉。

11　九月乙巳，魏主还平城。

12　丙寅，魏大赦。

冬，十月甲戌，魏主北巡，欲伐柔然，至阴山，会雨雪，魏主欲还，太尉尉眷曰："今动大众以威北狄，去都不远而车驾遽还，虏必疑我有内难。将士虽寒，不可不进。"魏主从之，辛卯，军于车仑山。

13　积射将军殷孝祖筑两城于清水之东。魏镇西将军封敕文攻之，清口戍主、振威将军傅乾爱拒破之。孝祖，羡之曾孙也。上遣虎贲主庞孟虬救清口，青、冀二州刺史颜师伯遣中兵参军苟思达助之，败魏兵于沙沟。

师伯,竣之族兄也。上遣司空参军卜天生将兵会傅乾爱及中兵参军江方兴共击魏兵,屡破之,斩魏将窟瓌公等数人。十一月,魏征西将军皮豹子等将三万骑助封敕文寇青州,颜师伯御之,辅国将军焦度刺豹子坠马,获其铠矟具装,手杀数十人。度,本南安氐也。

14 魏主自将骑十万、车十五万两击柔然,度大漠,旌旗千里。柔然处罗可汗远遁,其别部乌朱驾颓等帅数千落降于魏。魏主刻石纪功而还。

15 初,上在江州,山阴戴法兴、戴明宝、蔡闲为典签;及即位,皆以为南台侍御史兼中书通事舍人。是岁,三典签并以初举兵预密谋,赐爵县男;闲已卒,追赐之。

时上亲览朝政,不任大臣;而腹心耳目,不得无所委寄。法兴颇知古今,素见亲待。鲁郡巢尚之,人士之末,涉猎文史,为上所知,亦以为中书通事舍人。凡选授诛赏大处分,上皆与法兴、尚之参怀;内外杂事,多委明宝。三人权重当时;而法兴、明宝大纳货贿,凡所荐达,言无不行,天下辐凑,门外成市,家产并累千金。

吏部尚书顾觊之独不降意于法兴等。蔡兴宗与觊之善,嫌其风节太峻,觊之曰:"辛毗有言:'孙、刘不过使吾不为三公耳。'"觊之常以为:"人禀命有定分,非智力可移,唯应恭己守道;而暗者不达,妄意侥幸,徒亏雅道,无关得丧。"乃以其意命弟子原著定命论以释之。

资治通鉴卷第一百二十九

宋纪十一

世祖孝武皇帝下

大明三年（己亥，459）

1 春，正月己巳朔，兖州兵与魏皮豹子战于高平，兖州兵不利。

2 己丑，以骠骑将军柳元景为尚书令，右仆射刘遵考为领军将军。

3 己酉，魏河南公伊馛卒。

4 三月乙卯，以扬州六郡为王畿；更以东扬州为扬州，徙治会稽，犹以星变故也。

5 三月庚寅，以义兴太守垣阆为兖州刺史。阆，遵之子也。

6 夏，四月乙巳，魏主立其弟子推为京兆王。

7 竟陵王诞知上意忌之，亦潜为之备；因魏人入寇，修城浚隍，聚粮治仗。诞记室参军江智渊知诞有异志，请假先还建康，上以为中书侍郎。智渊，夷之弟子也，少有操行，沈怀文每称之曰："人所应有尽有，人所应无尽无者，其唯江智渊乎！"

是时，道路皆云诞反。会吴郡民刘成上书称："息道龙昔事诞，见诞在石头城修乘舆法物，习唱警跸。道龙忧惧，私与伴侣言之，诞杀道龙。"又豫章民陈谈之上书称："弟咏之在诞左右，见诞书陛下年纪姓讳，往巫郑师怜家祝诅。咏之密以启闻，诞诬咏之乘酒骂詈，杀之。"上乃令有司奏诞罪恶，请收付廷尉治罪。乙卯，诏贬诞爵为侯，遣之国。诏书未下，先以羽林禁兵配兖州刺史垣阆，使以之镇为名，与给事中戴明宝袭诞。

阆至广陵，诞未悟也。明宝夜报诞典签蒋成，使明晨开门为内应。成以告府舍人许宗之，宗之入告诞；诞惊起，呼左右及素所畜养数百人执蒋成，勒兵自卫。天将晓，明宝与阆帅精兵数百人猝至，而门不开；诞已列兵登陴，自在门上斩蒋成，赦作徒、系囚，开门击阆，杀之，明宝从间道逃还。诏内外纂严。以始兴公沈庆之为车骑大将军、开府仪同三司、南兖州刺史，将兵讨诞。甲子，上亲总禁兵顿宣武堂。

司州刺史刘季之,诞故将也,素与都督宗悫有隙,闻诞反,恐为悫所害,委官,间道自归朝廷,至盱眙,盱眙太守郑瑗疑季之与诞同谋,邀杀之。

沈庆之至欧阳,诞遣庆之宗人沈道愍赍书说庆之,饷以玉环刀。庆之遣道愍反,数以罪恶。诞焚郭邑,驱居民悉使入城,闭门自守,分遣书檄,邀结远近。时山阳内史梁旷,家在广陵,诞执其妻子,遣使邀旷,旷斩使拒之;诞怒,灭其家。

诞奉表投之城外曰:"陛下信用谗言,遂令无名小人来相掩袭;不任枉酷,即加诛翦。雀鼠贪生,仰违诏敕。今亲勒部曲,镇扞徐、兖。先经何福,同生皇家?今有何怨,便成胡、越?陵锋蹈戈,万没岂顾;荡定之期,冀在旦夕。"又曰:"陛下宫帷之丑,岂可三缄!"上大怒,凡诞左右、腹心、同籍、期亲在建康者并诛之,死者以千数,或有家人已死,方自城内出奔者。

庆之至城下,诞登楼谓之曰:"沈公垂白之年,何苦来此!"庆之曰:"朝廷以君狂愚,不足劳少壮故耳。"

上虑诞奔魏,使庆之断其走路,庆之移营白土,去城十八里,又进军新亭。豫州刺史宗悫、徐州刺史刘道隆并帅众来会;兖州刺史沈僧明,庆之兄子也,亦遣兵助庆之。先是诞诳其众,云"宗悫助我";悫至,绕城跃马呼曰:"我,宗悫也!"

诞见诸军大集,欲弃城北走,留中兵参军申灵赐守广陵;自将步骑数百人,亲信并自随,声云出战,邪趋海陵道,庆之遣龙骧将军武念追之。诞行十馀里,众皆不欲去,互请诞还城,诞曰:"我还易耳,卿能为我尽力乎?"众皆许诺。诞乃复还,筑坛歃血以誓众,凡府州文武皆加秩。以主簿刘琨之为中兵参军;琨之,遵考之子也,辞曰:"忠孝不得并。琨之老父在,不敢承命。"诞囚之十馀日,终不受,乃杀之。

右卫将军垣护之、虎贲中郎将殷孝祖等击魏还,至广陵,上并使受庆之节度。庆之进营,逼广陵城。诞饷庆之食,提挈者百馀人,出自北门;庆之不开视,悉焚之。诞于城上授函表,请庆之为送,庆之曰:"我受诏讨贼,不得为汝送表。汝必欲归死朝廷,自应开门遣使,吾为汝护送。"

8　东扬州刺史颜竣遭母忧,送丧还都,上恩待犹厚,竣时对亲旧有怨言,或语及朝廷得失。会王僧达得罪,疑竣谮之;将死,具陈竣前后怨望诽谤之语。上乃使御史中丞庾徽之劾奏,免竣官。竣愈惧,上启陈谢,且请生命;上益怒,诏答曰:"卿讪讦怨愤,已孤本望;乃复过烦思虑,惧不自全,岂为下事上诚节之至邪!"及竟陵王诞反,上遂诬竣与诞通谋,五月,收竣付廷尉,先折其足,然后赐死。妻子徙交州,至宫亭湖,复沉其男口。

9　六月戊申,魏主如阴山。

10　上命沈庆之为三烽于桑里,若克外城,举一烽,克内城,举两烽,擒刘诞,举三烽;玺书督趣,前后相继。庆之焚其东门,塞堑,造攻道,立行楼、土山并诸攻具,值久雨,不得攻城。上使御史中丞庾徽之奏免庆之官,诏勿问,以激之。自四月至于秋七月,雨止,城犹未拔。上怒,命太史择日,将自济江讨诞;太宰义恭固谏,乃止。

诞初闭城拒使者,记室参军山阴贺弼固谏,诞怒,抽刀向之,乃止。诞遣兵出战屡败,将佐多逾城出降。或劝弼宜早出,弼曰:“公举兵向朝廷,此事既不可从;荷公厚恩,又义无违背,唯当以死明心耳!”乃饮药自杀。参军何康之谋开门纳官军,不果,斩关出降。诞为高楼,置康之母于其上,暴露之,不与食,母呼康之,数日而死。诞以中军长史濮阳范义为左司马。义母妻子皆在城内,或谓义曰:“事必不振,子其行乎!”义曰:“吾,人吏也;子不可以弃母,吏不可以叛君。必若何康之而活,吾弗为也。”

沈庆之帅众攻城,身先士卒,亲犯矢石,乙巳,克其外城,乘胜而进,又克小城。诞闻兵入,走趋后园,队主沈胤之等追及之,击伤诞,坠水,引出,斩之。诞母、妻皆自杀。

上闻广陵平,出宣阳门,敕左右皆呼万岁。侍中蔡兴宗陪辇,上顾曰:“卿何独不呼?”兴宗正色曰:“陛下今日正应涕泣行诛,岂得皆称万岁!”上不悦。

诏贬诞姓留氏;广陵城中士民,无大小悉命杀之。沈庆之请自五尺以下全之,其馀男子皆死,女子以为军赏;犹杀三千馀口。长水校尉宗越临决,皆先剖肠抉眼,或笞面鞭腹,苦酒灌创,然后斩之,越对之,欣欣若有所得。上聚其首于石头南岸为京观,侍中沈怀文谏,不听。

初,诞自知将败,使黄门吕昙济与左右素所信者将世子景粹匿于民间,谓曰:“事若不济,思相全脱;如其不免,可深埋之。”各分以金宝赍送。既出门,并散走;唯昙济不去,携负景粹十馀日,捕得,斩之。

临川内史羊瑸坐与诞素善,下狱死。

擢梁旷为后将军,赠刘琨之给事黄门侍郎。

蔡兴宗奉旨慰劳广陵。兴宗与范义素善,收敛其尸,送丧归豫章。上谓曰:“卿何敢故触王宪?”兴宗抗言对曰:“陛下自杀贼,臣自葬故交,何不可之有!”上有惭色。

宗越治军严,善为营陈。每数万人止顿,越自骑马行前,使军人随其后,马止营合,未尝参差。

11　辛未,大赦。

12　丙子,以丹杨尹刘秀之为尚书右仆射。

13　丙戌,以南兖州刺史沈庆之为司空,刺史如故。

14　八月庚戌,魏主如云中;壬戌,还平城。

15　九月壬辰,筑上林苑于玄武湖北。

16　初,晋人筑南郊坛于已位,尚书右丞徐爰以为非礼,诏徙于牛头山西,直宫城之午位。及废帝即位,以旧地为吉,复还故处。帝又命尚书左丞荀万秋造五路,依金根车,加羽葆盖。

四年(庚子,460)

1　春,正月甲子朔,魏大赦,改元和平。

2　乙亥,上耕籍田,大赦。

3　己卯,诏祀郊庙,初乘玉路。

4　庚寅,立皇子子勋为晋安王,子房为寻阳王,子顼为历阳王,子鸾为襄阳王。

5　魏散骑侍郎冯阐来聘。

6　二月,魏卫将军乐安王良讨河西叛胡。

7　三月,魏人寇北阴平,朱提太守杨归子击破之。

8　甲申,皇后亲桑于西郊,皇太后观礼。

9　夏四月,魏太后常氏殂。五月癸丑,魏葬昭太后于鸣鸡山。

10　丙戌,尚书左仆射褚湛之卒。

11　吐谷浑王拾寅两受宋、魏爵命,居止出入,拟于王者,魏人忿之。定阳侯曹安表言:"拾寅今保白兰,若分军出其左右,必走保南山,不过十日,人畜乏食,可一举而定。"六月甲午,魏遣征西大将军阳平王新成等督统万、高平诸军出南道,南郡公中山李惠等督凉州诸军出北道,以击吐谷浑。

12　魏崔浩之诛也,史官遂废,至是复置。

13　河西叛胡诣长安首罪,魏遣使者安慰之。

14　秋七月,遣使如魏。

15　甲戌,开府仪同三司何尚之卒。

16　壬午,魏主如河西。

17　魏军至西平,吐谷浑王拾寅走保南山。九月,魏军济河追之,会疾疫,引还,获杂畜三十馀万。

18　庚午,魏主还平城。

19　丁亥,徙襄阳王子鸾为新安王。

20　冬,十月庚寅,诏沈庆之讨缘江蛮。

21　前庐陵内史周朗,言事切直,上衔之,使有司奏朗居母丧不如礼,传送宁州,于道杀之。朗之行也,侍中蔡兴宗方在直,请与朗别;坐白衣领职。

22　十一月,魏散骑常侍卢度世等来聘。

23　是岁,上征青、冀二州刺史颜师伯为侍中。师伯以谄佞被亲任,群臣莫及,多纳货贿,家累千金。上尝与之樗蒲,上掷得雉,自谓必胜;师伯次掷,得卢,上失色。师伯遽敛子曰:"几作卢!"是日,师伯一输百万。

24　柔然攻高昌,杀沮渠安周,灭沮渠氏,以阚伯周为高昌王。高昌称王自此始。

五年(辛丑,461)

1　春,正月戊午朔,朝贺。雪落太宰义恭衣,有六出,义恭奏以为瑞;上悦。义恭以上猜暴,惧不自容,每卑辞逊色,曲意祗奉;由是终上之世,得免于祸。

2　二月辛卯,魏主如中山;丙午,至邺,遂如信都。

3　三月,遣使如魏。

4　魏主发并、肆州民五千人治河西猎道;辛巳,还平城。

5　夏,四月癸巳,更以西阳王子尚为豫章王。

6　庚子,诏经始明堂,直作大殿于丙、己之地,制如太庙,唯十有二间为异。

7　雍州刺史海陵王休茂,年十七,司马新野庾深之行府事。休茂性急,欲自专处决,深之及主帅每禁之,常怀忿恨。左右张伯超有宠,多罪恶,主帅屡责之。伯超惧,说休茂曰:"主帅密疏官过失,欲以启闻,如此恐无好。"休茂曰:"为之奈何?"伯超曰:"惟有杀行事及主帅,举兵自卫。此去都数千里,纵大事不成,不失入虏中为王。"休茂从之。

丙午夜,休茂与伯超等帅夹毂队,杀典签杨庆于城中,出金城,杀深之及典签戴双;征集兵众,建牙驰檄,使佐吏上己为车骑大将军,开府仪同三司,加黄钺。侍读博士荀诜谏,休茂杀之。伯超专任军政,生杀在己,休茂左右曹万期挺身斫休茂,不克而死。

休茂出城行营,谘议参军沈畅之等帅众闭门拒之。休茂驰还,不得入。义成太守薛继考为休茂尽力攻城，克之，斩畅之及同谋数十人。其日，参军尹玄庆复起兵攻休茂，生擒，斩之，母、妻皆自杀，同党伏诛。城中扰乱，莫相统摄。中兵参军刘恭之，秀之弟也，众共推行府州事。继考以兵胁恭之，使作启事，言"继考立义"，自乘驿还都；上以为北中郎谘议参军，赐爵冠军侯；事寻泄，伏诛。以玄庆为射声校尉。

上自即位以来，抑黜诸弟；既克广陵，欲更峻其科。沈怀文曰："汉明不使其子比光武之子，前史以为美谈。陛下既明管、蔡之诛，愿崇唐、卫之寄。"及襄阳平，太宰义恭探知上指，请裁抑诸王，不使任边州，及悉输器甲，禁绝宾客；沈怀文固谏以为不可，乃止。

8　上畋游无度，尝出，夜还，敕开门。侍中谢庄居守，以荣信或虚，执不奉旨，须墨敕乃开。上后因燕饮，从容曰："卿欲效郅君章邪？"对曰："臣闻王者祭祀、畋游，出入有节。今陛下晨往宵归，臣恐不逞之徒，妄生矫诈，是以伏须神笔，乃敢开门耳。"

9　魏大旱，诏："州郡境内，神无大小，悉洒扫致祷；俟丰登，各以其秩祭之。"于是群祀之废者皆复其旧。

10　秋，七月戊寅，魏主立其弟小新成为济阳王，加征东大将军，镇平原；天赐为汝阴王，加征南大将军，镇虎牢；万寿为乐浪王，加征北大将军，镇和龙；洛侯为广平王。

11　壬午，魏主巡山北；八月丁丑，还平城。

12　戊子，立皇子子仁为永嘉王，子真为始安王。

13　九月甲寅朔，日有食之。

14　沈庆之固让司空，柳元景固让开府仪同三司，诏许之；仍命庆之朝会位次司空，俸禄依三司，元景在从公之上。

庆之目不知书，家素富，产业累万金，童奴千计；再献钱千万，谷万斛。先有四宅，又有园舍在娄湖；庆之一夕携子孙及中表亲戚徙居娄湖，以四宅输官。庆之多蓄妓妾，优游无事，尽意欢娱，非朝贺不出门；车马率素，从者不过三五人，遇之者不知其为三公也。

15　甲戌，移南豫州治于湖。丁丑，以浔阳王子房为南豫州刺史。

16　闰月戊子，皇太子妃何氏卒，谥曰献妃。

17　壬寅，更以历阳王子顼为临海王。

18　冬，十月甲寅，以南徐州刺史刘延孙为尚书左仆射，右仆射刘秀之为雍州刺史。

19　乙卯，以新安王子鸾为南徐州刺史。子鸾母殷淑仪，宠倾后宫，子鸾爱冠诸子,凡为上所眄遇者,莫不入子鸾之府。及为南徐州,割吴郡以属之。

初,巴陵王休若为北徐州刺史,以山阴张岱为谘议参军,行府、州、国事。后临海王子顼为广州,豫章王子尚为扬州,晋安王子勋为南兖州,岱历为三府谘议、三王行事,与典签、主帅共事,事举而情不相失。或谓岱曰:"主王既幼,执事多门,而每能缉和公私,云何致此?"岱曰:"古人言:'一心可以事百君。'我为政端平,待物以礼,悔吝之事,无由而及;明暗短长,更是才用之多少耳。"及子鸾为南徐州,复以岱为别驾、行事。岱,永之弟也。

20 魏员外散骑常侍游明根等来聘。明根,雅之从祖弟也。

21 魏广平王洛侯卒。

22 十二月壬申,以领军将军刘遵考为尚书右仆射。

23 甲戌,制民户岁输布四匹。

24 是岁,诏士族杂婚者皆补将吏。士族多避役逃亡,乃严为之制,捕得即斩之,往往奔窜湖山为盗贼。沈怀文谏,不听。

六年(壬寅,462)

1 春,正月癸未,魏乐浪王万寿卒。

2 辛卯,上初祀五帝于明堂,大赦。

3 丁未,策秀、孝于中堂。扬州秀才顾法对策曰:"源清则流洁,神圣则刑全。躬化易于上风,体训速于草偃。"上览之,恶其谅也,投策于地。

4 二月乙卯,复百官禄。

5 三月庚寅,立皇子子元为邵陵王。

6 初,侍中沈怀文,数以直谏忤旨。怀文素与颜竣、周朗善,上谓怀文曰:"竣若知我杀之,亦当不敢如此。"怀文嘿然。侍中王彧,言次称竣、朗人才之美,怀文与相酬和,颜师伯以白上,上益不悦。上尝出射雉,风雨骤至,怀文与王彧、江智渊约相与谏。会召入雉场,怀文曰:"风雨如此,非圣躬所宜冒。"彧曰:"怀文所启,宜从。"智渊未及言,上注弩作色曰:"卿欲效颜竣邪,何以恒知人事!"又曰:"颜竣小子,恨不先鞭其面!"每上燕集,在坐者皆令沉醉,嘲谑无度。怀文素不饮酒,又不好戏调,上谓故欲异己。谢庄尝戒怀文曰:"卿每与人异,亦何可久!"怀文曰:"吾少来如此,岂可一朝而变! 非欲异物,性所得耳。"上乃出怀文为晋安王子勋征虏长史,领广陵太守。

怀文诣建康朝正,事毕遣还,以女病求申期,至是犹未发;免官,禁锢十年。怀文卖宅,欲还东,上闻,大怒,收付廷尉,丁未,赐怀文死。怀文三子,澹、渊、冲,行哭为怀文请命,见者伤之。柳元景欲救怀文,言于上曰:"沈怀文三子,涂炭不可见;愿陛下速正其罪。"上竟杀之。

7 夏,四月,淑仪殷氏卒。追拜贵妃,谥曰宣。上痛悼不已,精神为之罔罔,颇废政事。

8 五月壬寅,太宰义恭解领司徒。

9 六月辛酉,东昌文穆公刘延孙卒。

10 庚午,魏主如阴山。

11 魏石楼胡贺略孙反,长安镇将陆真讨平之。魏主命真城长蛇镇。氐豪仇傉檀反,真讨平之,卒城而还。

12 秋,七月壬寅,魏主如河西。

13 乙未,立皇子子云为晋陵王;是日卒,谥曰孝。

14 初,晋庾冰议使沙门敬王者,桓玄复述其议,并不果行。至是,上使有司奏曰:"儒、法枝派,名、墨条分,至于崇亲严上,厥猷靡爽。唯浮图为教,反经提传,拘文蔽道,在末弥扇。夫佛以谦卑自牧,忠虔为道,宁有屈膝四辈而简礼二亲,稽颡耆腊而直体万乘者哉!臣等参议,以为沙门接见,比当尽虔;礼敬之容,依其本俗。"九月戊寅,制沙门致敬人主。及废帝即位,复旧。

15 乙未,以尚书右仆射刘遵考为左仆射,丹杨尹王僧朗为右仆射。僧朗,彧之父也。

16 冬,十月壬申,葬宣贵妃于龙山。凿冈通道数十里,民不堪役,死亡甚众;自江南葬埋之盛,未之有也。又为之别立庙。

17 魏员外散骑常侍游明根等来聘。

18 辛巳,加尚书令柳元景司空。

19 壬寅,魏主还平城。

20 南徐州从事史范阳祖冲之上言,何承天历疏舛犹多,更造新历,以为:"旧法,冬至日有定处,未盈百载,辄差二度。今令冬至日度,岁岁微差,将来久用,无烦屡改。又,子为辰首,位在正北,虚为北方列宿之中。今历,上元日度,发自虚一。又,日辰之号,甲子为先;今历,上元岁在甲子。又,承天法,日、月、五星各自有元。今法,交会、迟疾,悉以上元岁首为始。"上令善历者难之,不能屈。会上晏驾,不果施行。

七年（癸卯，463）

1　春，正月丁亥，以尚书右仆射王僧朗为太常，卫将军颜师伯为尚书仆射。

上每因晏集，使群臣自相嘲讦以为乐。吏部郎江智渊素恬雅，渐不会旨。尝使智渊以王僧朗戏其子彧。智渊正色曰："恐不宜有此戏！"上怒曰："江僧安痴人，痴人自相惜。"僧安，智渊之父也。智渊伏席流涕，由是恩宠大衰。又议殷贵妃谥曰怀，上以为不尽美，甚衔之。他日与群臣乘马至贵妃墓，举鞭指墓前石柱，谓智渊曰："此上不容有'怀'字！"智渊益惧，竟以忧卒。

2　己丑，以尚书令柳元景为骠骑大将军、开府仪同三司。

3　二月甲寅，上巡南豫、南兖二州；丁卯，校猎于乌江；壬戌，大赦；甲子，如瓜步山；壬申，还建康。

4　夏，四月甲子，诏："自非临军战陈，并不得专杀；其罪应重辟者，皆先上须报；违犯者以杀人论。"

5　五月丙子，诏曰："自今刺史、守宰，动民兴军，皆须手诏施行；唯边隅外警及奸衅内发，变起仓猝者，不从此例。"

6　戊辰，以左民尚书蔡兴宗、左卫将军袁粲为吏部尚书。粲，淑之兄子也。

上好狎侮群臣，自太宰义恭以下，不免秽辱。常呼金紫光禄大夫王玄谟为老伧，仆射刘秀之为老悭，颜师伯为齴；其馀短、长、肥、瘦，皆有称目。黄门侍郎宗灵秀体肥，拜起不便，每至集会，多所赐与，欲其瞻谢倾踣，以为欢笑。又宠一昆仑奴，令以杖击群臣，尚书令柳元景以下皆不能免；唯惮蔡兴宗方严，不敢侵媟。颜师伯谓仪曹郎王耽之曰："蔡尚书常免昵戏，去人实远。"耽之曰："蔡豫章昔在相府，亦以方严不狎，武帝宴私之日，未尝相召。蔡尚书今日可谓能负荷矣。"

7　壬寅，魏主如阴山。

8　六月戊辰，以秦郡太守刘德愿为豫州刺史。德愿，怀慎之子也。

上既葬殷贵妃，数与群臣至其墓，谓德愿曰："卿哭贵妃，悲者当厚赏。"德愿应声恸哭，抚膺擗踊，涕泗交流。上甚悦，故用豫州刺史以赏之。上又令医术人羊志哭贵妃，志亦呜咽极悲。他日有问志者曰："卿那得此副急泪？"志曰："我尔日自哭亡妾耳。"

上为人，机警勇决，学问博洽，文章华敏，省读书奏，能七行俱下。又善骑射，而奢欲无度。自晋氏渡江以来，宫室草创，朝宴所临，东、西二堂而已。晋孝武末，始作清暑殿。宋兴，无所增改。上始大修宫室，土木被锦绣，嬖妾幸臣，赏赐倾府藏。坏高祖所居阴室，于其处起玉烛殿。与群臣观之，床头有土障，壁上挂葛灯笼、麻蝇拂。侍中袁𫖮因盛称高祖俭素之德。上不答，独曰："田舍公得此，已为过矣。"𫖮，淑之兄子也。

9　秋，八月乙丑，立皇子子孟为淮南王，子产为临贺王。

10　丙寅，魏主畋于河西；九月辛巳，还平城。

11　庚寅，以新安王子鸾兼司徒。

12　丙申，立皇子子嗣为东平王。

13　冬，十月癸亥，以东海王祎为司空。

14　己巳，上校猎姑孰。

15　魏员外散骑常侍游明根等来聘。明根奉使三返，上以其长者，礼之有加。

16　十一月癸巳，上习水军于梁山。

十二月丙午，如历阳。

甲寅，大赦。

17　己未，太宰义恭加尚书令。

18　癸亥，上还建康。

八年（甲辰，464）

1　春，正月丁亥，魏主立其弟云为任城王。

2　戊子，以徐州刺史新安王子鸾领司徒。

夏，闰五月壬寅，太宰义恭领太尉。

3　上末年尤贪财利，刺史、二千石罢还，必限使献奉，又以蒲戏取之，要令罄尽乃止。终日酣饮，少有醒时。常凭几昏睡，或外有奏事，即肃然整容，无复酒态。由是内外畏之，莫敢弛惰。庚申，上殂于玉烛殿。遗诏："太宰义恭解尚书令，加中书监；以骠骑将军、南兖州刺史柳元景领尚书令，入居城内。事无巨细，悉关二公，大事与始兴公沈庆之参决；若有军旅，悉委庆之；尚书中事，委仆射颜师伯；外监所统，委领军将军王玄谟。"是日，太子即皇帝位，年十六；大赦。吏部尚书蔡兴宗亲奉玺绶，太子受之，傲惰无戚容。兴宗出，告人曰："昔鲁昭不戚，叔孙知其不终。家国之祸，其在此乎！"

4　甲子，诏复以太宰义恭录尚书事，柳元景加开府仪同三司，领丹杨尹,解南兖州。

5　六月丁亥,魏主如阴山。

6　秋,七月己亥,以晋安王子勋为江州刺史。

7　柔然处罗可汗卒,子予成立,号受罗部真可汗,改元永康。部真帅众侵魏;辛丑,魏北镇游军击破之。

8　壬寅,魏主如河西。高车五部相聚祭天,众至数万。魏主亲往临视之,高车大喜。

9　丙午,葬孝武皇帝于景宁陵,庙号世祖。

10　庚戌,尊皇太后曰太皇太后,皇后曰皇太后。

11　乙卯,罢南北二驰道,及孝建以来所改制度,还依元嘉。尚书蔡兴宗于都座慨然谓颜师伯曰:“先帝虽非盛德之主,要以道始终。三年无改,古典所贵。今殡宫始撤,山陵未远,而凡诸制度兴造,不论是非,一皆刊削,虽复禅代,亦不至尔。天下有识,当以此窥人。”师伯不从。

太宰义恭素畏戴法兴、巢尚之等,虽受遗辅政,而引身避事,由是政归近习。法兴等专制朝权,威行近远,诏敕皆出其手,尚书事无大小,咸取决焉,义恭与颜师伯但守空名而已。

蔡兴宗自以职管铨衡,每至上朝,辄为义恭陈登贤进士之意,又箴规得失,博论朝政。义恭性恇挠,阿顺法兴,恒虑失旨,闻兴宗言,辄战惧无答。兴宗每奏选事,法兴、尚之等辄点定回换,仅有在者。兴宗于朝堂谓义恭、师伯曰:“主上谅暗,不亲万机;而选举密事,多被删改,复非公笔,亦不知是何天子意!”数与义恭等争选事,往复论执。义恭、法兴皆恶之。左迁兴宗新昌太守;既而以其人望,复留之建康。

12　丙辰,追立何妃曰献皇后。

13　乙丑,新安王子鸾解领司徒。戴法兴等恶王玄谟刚严,八月丁卯,以玄谟为南徐州刺史。

14　王太后疾笃,使呼废帝。帝曰:“病人间多鬼,那可往!”太后怒,谓侍者:“取刀来,剖我腹,那得生宁馨儿!”己丑,太后殂。

15　九月辛丑,魏主还平城。

16　癸卯,以尚书左仆射刘遵考为特进、右光禄大夫。

17　乙卯,葬文穆皇后于景宁陵。

18　冬,十二月壬辰,以王畿诸郡为扬州,以扬州为东扬州。癸巳,以豫章王子尚为司徒、扬州刺史。

是岁,青州移治东阳。

宋之境内,凡有州二十二,郡二百七十四,县千二百九十九,户九十四万有奇。东方诸郡连岁旱饥,米一升钱数百,建康亦至百馀钱,饿死什六七。

资治通鉴卷第一百三十

宋纪十二

太宗明皇帝上之上

泰始元年（乙巳,465）

1 春,正月乙未朔,废帝改元永光,大赦。

2 丙申,魏大赦。

3 二月丁丑,魏主如楼烦宫。

4 自孝建以来,民间盗铸滥钱,商货不行。庚寅,更铸二铢钱,形式转细。官钱每出,民间即模效之,而更薄小,无轮郭,不磨鑢,谓之"耒子"。

5 三月乙巳,魏主还平城。

6 夏,五月癸卯,魏高宗殂。初,魏世祖经营四方,国颇虚耗,重以内难,朝野楚楚。高宗嗣之,与时消息,静以镇之,怀集中外,民心复安。甲辰,太子弘即皇帝位,大赦,尊皇后曰皇太后。

显祖时年十二,侍中、车骑大将军乙浑专权,矫诏杀尚书杨保年、平阳公贾爱仁、南阳公张天度于禁中。侍中、司徒、平原王陆丽治疾于代郡温泉,乙浑使司卫监穆多侯召之。多侯谓丽曰："浑有无君之心。今宫车晏驾,王德望素重,奸臣所忌,宜少淹留以观之;朝廷安静,然后入,未晚也。"丽曰："安有闻君父之丧、虑患而不赴者乎!"即驰赴平城。乙浑所为多不法,丽数争之。戊申,浑又杀丽及穆多侯。多侯,寿之弟也。己酉,魏以浑为太尉、录尚书事,东安王刘尼为司徒,尚书左仆射代人和其奴为司空。殿中尚书顺阳公郁谋诛乙浑,浑杀之。

7 壬子,魏以淮南王它为镇西大将军、仪同三司,镇凉州。

8 魏开酒禁。

9 壬午,加柳元景南豫州刺史,加颜师伯丹杨尹。

10 秋,七月癸巳,魏以太尉乙浑为丞相,位居诸王上;事无大小,皆决于浑。

11　废帝幼而猜暴。及即位，始犹难太后、大臣及戴法兴等，未敢自恣。太后既殂，帝年渐长，欲有所为，法兴辄抑制之，谓帝曰："官所为如此，欲作营阳邪！"帝稍不能平。所幸阉人华愿儿，赐与无算，法兴常加裁减，愿儿恨之。帝使愿儿于外察听风谣，愿儿言于帝曰："道路皆言'宫中有二天子：法兴真天子，官为赝天子'。且官居深宫，与人物不接，法兴与太宰、颜、柳共为一体，往来门客恒有数百，内外士庶莫不畏服。法兴是孝武左右，久在宫闱；今与他人作一家，深恐此坐席非复官有。"帝遂发诏免法兴，遣还田里，仍徙远郡。八月，辛酉，赐法兴死；解巢尚之舍人。

员外散骑侍郎东海奚显度，亦有宠于世祖。常典作役，课督苛虐，捶扑惨毒，人皆苦之。帝常戏曰："显度为百姓患，比当除之。"左右因唱诺，即宣旨杀之。

尚书右仆射、领卫尉卿、丹杨尹颜师伯居权日久，骄奢淫恣，为衣冠所疾。帝欲亲朝政，庚午，以师伯为尚书左仆射，解卿、尹，以吏部尚书王彧为右仆射，分其权任。师伯始惧。

初，世祖多猜忌，王公、大臣，重足屏息，莫敢妄相过从。世祖殂，太宰义恭等皆相贺曰："今日始免横死矣。"甫过山陵，义恭与柳元景、颜师伯等声乐酣饮，不舍昼夜；帝内不能平。既杀戴法兴，诸大臣无不震慑，各不自安；于是元景、师伯密谋废帝，立义恭，日夜聚谋，而持疑不能决。元景以其谋告沈庆之；庆之与义恭素不厚，又师伯常专断朝事，不与庆之参怀，谓令史曰："沈公，爪牙耳，安得预政事！"庆之恨之，乃发其事。

癸酉，帝自帅羽林兵讨义恭，杀之，并其四子。断绝义恭支体，分裂肠胃，挑取眼睛，以蜜渍之，谓之"鬼目粽"。别遣使者称诏召柳元景，以兵随之。左右奔告，"兵刃非常"。元景知祸至，入辞其母，整朝服乘车应召。弟车骑司马叔仁戎服，帅左右壮士欲拒命，元景苦禁之。既出巷，军士大至。元景下车受戮，容色恬然；并其八子、六弟及诸侄。获颜师伯于道，杀之，并其六子。又杀廷尉刘德愿。改元景和，文武进位二等。遣使诛湘州刺史江夏世子伯禽。自是公卿以下，皆被捶曳如奴隶矣。

初，帝在东宫，多过失，世祖欲废之而立新安王子鸾，侍中袁顗盛称"太子好学，有日新之美"，世祖乃止；帝由是德之。既诛群公，欲引进顗，任以朝政，迁为吏部尚书，与尚书右丞徐爰皆以诛义恭等功，赐爵县子。

徐爰便僻善事人，颇涉书传，自元嘉初，入侍左右，豫参顾问；既长于附会，又饰以典文，故为太祖所任遇；大明之世，委寄尤重。时殿省旧人多见诛逐，唯爰巧于将迎，始终无迕，废帝待之益厚，群臣莫及。帝每出，常与沈庆之及山阴公主同辇,爰亦预焉。

山阴公主,帝姊也,适驸马都尉何戢。戢,偃之子也。公主尤淫恣,尝谓帝曰:"妾与陛下,男女虽殊,俱托体先帝。陛下六宫万数,而妾唯驸马一人,事太不均。"帝乃为公主置面首左右三十人;进爵会稽郡长公主,秩同郡王。吏部郎褚渊貌美,公主就帝请以自侍;帝许之。渊侍公主十馀日,备见逼迫,以死自誓,乃得免。渊,湛之之子也。

帝令太庙别画祖考之像,帝入庙,指高祖像曰:"渠大英雄,生擒数天子。"指太祖像曰:"渠亦不恶;但末年不免儿斫去头。"指世祖像曰:"渠大齄鼻,如何不齄?"立召画工令齄之。

12　以建安王休仁为雍州刺史,湘东王或为南豫州刺史,皆留不遣。

13　甲戌,以司徒、扬州刺史豫章王子尚领尚书令。以始兴公沈庆之为侍中、太尉;庆之固辞。征青、冀二州刺史王玄谟为领军将军。

14　魏葬文成皇帝于金陵,庙号高宗。

15　九月癸巳,帝如湖熟;戊戌,还建康。

新安王子鸾有宠于世祖,帝疾之。辛丑,遣使赐子鸾死,又杀其母弟南海王子师及其母妹,发殷贵妃墓,又欲掘景宁陵,太史以为不利于帝,乃止。

初,金紫光禄大夫谢庄为殷贵妃谏曰:"赞轨尧门。"帝以庄比贵妃于钩弋夫人,欲杀之。或说帝曰:"死者人之所同,一往之苦,不足为困。庄生长富贵,今系之尚方,使知天下苦剧,然后杀之,未晚也。"帝从之。

16　徐州刺史义阳王昶,素为世祖所恶,民间每讹言昶当反;是岁,讹言尤甚,废帝常谓左右曰:"我即大位以来,遂未尝戒严,使人邑邑!"昶使典签蘧法生奉表诣建康,求入朝,帝谓法生曰:"义阳与太宰谋反,我正欲讨之。今知求还,甚善!"又屡诘问法生,"义阳谋反,何故不启?"法生惧,逃还彭城;帝因此用兵。己酉,下诏讨昶,内外戒严。帝自将兵渡江,命沈庆之统诸军前驱。

法生至彭城,昶即聚兵反;移檄统内诸郡,皆不受命,斩昶使;将佐文武悉怀异心。昶知事不成,弃母、妻,携爱妾,夜与数十骑开北门奔魏。昶颇涉学,能属文,魏人重之,使尚公主,拜侍中、征南将军、驸马都尉,赐爵丹杨王。

17　吏部尚书袁顗,始为帝所宠任,俄而失指,待遇顿衰,使有司纠奏其罪,白衣领职。顗惧,诡辞求出。甲寅,以顗督雍梁诸军事、雍州刺史。顗舅蔡兴宗谓之曰:"襄阳星恶,何可往?"顗曰:"白刃交前,不救流矢。

今者之行，唯愿生出虎口耳。且天道辽远，何必皆验！”

是时，临海王子顼为都督荆湘等八州诸军事、荆州刺史，朝廷以兴宗为子顼长史、南郡太守，行府、州事，兴宗辞不行。颙说兴宗曰：“朝廷形势，人所共见。在内大臣，朝不保夕，舅今出居陕西，为八州行事，颙在襄、沔，地胜兵强，去江陵咫尺，水陆流通。若朝廷有事，可以共立桓、文之功，岂比受制凶狂、临不测之祸乎！今得间不去，后复求出，岂可得邪！”兴宗曰：“吾素门平进。与主上甚疏，未容有患。宫省内外，人不自保，会应有变。若内难得雪，外衅未必可量。汝欲在外求全，我欲居中免祸，各行其志，不亦善乎！”

颙于是狼狈上路，犹虑见追；行至寻阳，喜曰：“今始免矣。”邓琬为晋安王子勋镇军长史、寻阳内史，行江州事。颙与之款狎过常，每清闲，必尽日穷夜。颙与琬人地本殊，见者知其有异志矣。寻复以蔡兴宗为吏部尚书。

18　戊午，解严。帝因自白下济江至瓜步。

19　沈庆之复启听民私铸钱，由是钱货乱败。千钱长不盈三寸，大小称此，谓之“鹅眼钱”；劣于此者，谓之“綖环钱”；贯之以缕，入水不沉，随手破碎。市井不复料数，十万钱不盈一掬，斗米一万，商货不行。

20　冬，十月丙寅，帝还建康。

21　帝舅东阳太守王藻尚世祖女临川长公主。公主妒，谮藻于帝。己卯，藻下狱死。

会稽太守孔灵符，所至有政绩；以忤犯近臣，近臣谮之，帝遣使鞭杀灵符，并诛其二子。

宁朔将军何迈，瑀之子也，尚帝姑新蔡长公主。帝纳主于后宫，谓之谢贵嫔；诈言公主薨，杀宫婢，送迈第殡葬，行丧礼。庚辰，拜贵嫔为夫人。加鸾辂龙旗，出警入跸。迈素豪侠，多养死士，谋因帝出游，废之，立晋安王子勋。事泄，十一月壬辰，帝自将兵诛迈。

初，沈庆之既发颜、柳之谋，遂自昵于帝，数尽言规谏，帝浸不悦。庆之惧，杜门不接宾客。尝遣左右范羕至吏部尚书蔡兴宗所。兴宗使羕谓庆之曰：“公闭门绝客，以避悠悠请托者耳。如兴宗，非有求于公者也，何为见拒？”庆之使羕邀兴宗。

兴宗往见庆之，因说之曰：“主上比者所行，人伦道尽；率德改行，无可复望。今所忌惮，唯在于公；百姓喁喁，所瞻赖者，亦在公一人而已。公威名素著，天下所服。今举朝遑遑，人怀危怖，指麾之日，谁不响应！如犹豫不断,欲坐观成败,岂惟旦夕及祸,四海重责将有所归!仆蒙眷异常,故敢尽言,愿公详思其计。"庆之曰:"仆诚知今日忧危,不复自保,但尽忠奉国,始终以之,当委任天命耳。加老退私门,兵力顿阙,虽欲为之,事亦无成。"兴宗曰:"当今怀谋思奋者,非欲邀功赏富贵,正求脱朝夕之死耳。殿中将帅,唯听外间消息;若一人唱首,则俯仰可定。况公统戎累朝,旧日部曲,布在宫省,受恩者多,沈攸之辈皆公家子弟耳,何患不从!且公门徒、义附,并三吴勇士。殿中将军陆攸之,公之乡人,今入东讨贼,大有铠仗,在青溪未发。公取其器仗以配衣麾下,使陆攸之帅以前驱,仆在尚书中,自当帅百僚按前代故事,更简贤明以奉社稷,天下之事立定矣。又,朝廷诸所施为,民间传言公悉豫之。公今不决,当有先公起事者,公亦不免附从之祸。闻车驾屡幸贵第,酣醉淹留;又闻屏左右,独入闱内;此万世一时,不可失也。"庆之曰:"感君至言。然此大事,非仆所能行;事至,固当抱忠以没耳。"

青州刺史沈文秀,庆之弟子也,将之镇,帅部曲出屯白下,亦说庆之曰:"主上狂暴如此,祸乱不久,而一门受其宠任,万物皆谓与之同心。且若人爱憎无常,猜忍特甚,不测之祸,进退难免。今因此众力,图之易于反掌。机会难值,不可失也。"再三言之,至于流涕。庆之终不从。文秀遂行。

及帝诛何迈,量庆之必当入谏。先闭青溪诸桥以绝之。庆之闻之,果往,不得进而还。帝乃使庆之从父兄子直阁将军攸之赐庆之药。庆之不肯饮,攸之以被掩杀之,时年八十。庆之子侍中文叔欲亡,恐如太宰义恭被支解,谓其弟中书郎文季曰:"我能死,尔能报。"遂饮庆之之药而死。弟秘书郎昭明亦自经死。文季挥刀驰马而去,追者不敢逼,遂得免。帝诈言庆之病薨,赠侍中、太尉,谥曰忠武公,葬礼甚厚。

领军将军王玄谟数流涕谏帝以刑杀过差,帝大怒。玄谟宿将,有威名,道路讹言玄谟已见诛。蔡兴宗尝为东阳太守,玄谟典签包法荣家在东阳,玄谟使法荣至兴宗所。兴宗谓法荣曰:"领军殊当忧惧。"法荣曰:"领军比日殆不复食,夜亦不眠,恒言收已在门,不保俄顷。"兴宗曰:"领军忧惧,当为方略,那得坐待祸至!"因使法荣劝玄谟举事。玄谟使法荣谢曰:"此亦未易可行,期当不泄君言。"

右卫将军刘道隆,为帝所宠任,专典禁兵。兴宗尝与之俱从帝夜出,道隆过兴宗车后,兴宗曰:"刘君!比日思一闲写。"道隆解其意,掐兴宗手曰:"蔡公勿多言!"

22　壬寅,立皇后路氏,太皇太后弟道庆之女也。

23　帝畏忌诸父,恐其在外为患,皆聚之建康,拘于殿内,殴捶陵曳,无复人理。湘东王彧、建安王休仁、山阳王休祐,皆肥壮,帝为竹笼,盛而称之,以彧尤肥,谓之"猪王",谓休仁为"杀王",休祐为"贼王"。以三王年长,尤恶之,常录以自随,不离左右。东海王祎性凡劣,谓之"驴王";桂阳王休范、巴陵王休若年尚少,故并得从容。尝以木槽盛饭,并杂食搅之,掘地为坑,实以泥水,裸彧内坑中,使以口就槽食之,用为欢笑。前后欲杀三王以十数;休仁多智数,每以谈笑佞谀说之,故得推迁。

少府刘矇妾孕临月,帝迎入后宫,俟其生男,欲立为太子。彧尝忤旨,帝裸之,缚其手足,贯之以杖,使人担付太官。曰:"今日屠猪!"休仁笑曰:"猪未应死。"帝问其故。休仁曰:"待皇子生,杀猪取其肝肺。"帝怒乃解,曰:"且付廷尉。"一宿,释之。丁未,矇妾生子,名曰皇子,为之大赦,赐为父后者爵一级。

帝又以太祖、世祖在兄弟数皆第三,江州刺史晋安王子勋亦第三,故恶之,因何迈之谋,使左右朱景云送药赐子勋死。景云至湓口,停不进。子勋典签谢道迈、主帅潘欣之、侍书褚灵嗣闻之,驰以告长史邓琬,泣涕请计。琬曰:"身南土寒士,蒙先帝殊恩,以爱子见托,岂得惜门户百口,期当以死报效。幼主昏暴,社稷危殆,虽曰天子,事犹独夫。今便指帅文武,直造京邑,与群公卿士,废昏立明耳。"戊申,琬称子勋教,令所部戒严。子勋戎服出听事,集僚佐,使潘欣之口宣旨谕之。四座未对,录事参军陶亮首请效死前驱,众皆奉旨。乃以亮为谘议参军,领中兵,总统军事;功曹张沈为谘议参军,统作舟舰;南阳太守沈怀宝、岷山太守薛常宝、彭泽令陈绍宗等并为将帅。初,帝使荆州录送前军长史、荆州行事张悦至湓口,琬称子勋命,释其桎梏,迎以所乘车,以为司马。悦,畅之弟也。琬、悦二人共掌内外众事,遣将军俞伯奇帅五百人断大雷,禁绝商旅及公私使命。遣使上诸郡民丁,收敛器械;旬日之内,得甲士五千人,出顿大雷,于两岸筑垒。又以巴东、建平二郡太守孙冲之为谘议参军,领中兵,与陶亮并统前军。移檄远近。

24　戊午,帝召诸妃、主列于前,强左右使辱之。南平王铄妃江氏不从。帝怒,杀妃三子南平王敬猷、庐陵王敬先、安南侯敬渊,鞭江妃一百。

先是民间讹言湘中出天子,帝将南巡荆、湘二州以厌之。明旦,欲先诛湘东王彧,然后发。

初,帝既杀诸公,恐群下谋己,以直阁将军宗越、谭金、童太一、沈攸之等有勇力,引为爪牙,赏赐美人、金帛,充牣其家。越等久在殿省,众所畏服,皆为帝尽力;帝恃之,益无所顾惮,恣为不道,中外骚然。左右宿卫之士皆有异志,而畏越等不敢发。时三王久幽,不知所为。湘东王彧主衣会稽阮佃夫、内监吴兴王道隆、学官令临淮李道儿与直阁将军柳光世及帝左右琅邪淳于文祖等谋弑帝。帝以立后故,假诸王阉人。彧左右钱蓝生亦在中,彧密使候帝动止。

先是帝游华林园竹林堂,使宫人倮相逐,一人不从命,斩之,夜,梦在竹林堂,有女子骂曰:"帝悖虐不道,明年不及熟矣!"帝于宫中求得一人似所梦者斩之。又梦所杀者骂曰:"我已诉上帝矣!"于是巫觋言竹林堂有鬼。是日晡时,帝出华林园。建安王休仁、山阳王休祐、会稽公主并从,湘东王彧独在秘书省,不被召,益忧惧。

帝素恶主衣吴兴寿寂之,见辄切齿,阮佃夫以其谋告寂之及外监典事东阳朱幼、细铠主南彭城姜产之、细铠将晋陵王敬则、中书舍人戴明宝,寂之等闻之,皆响应。幼豫约勒内外,使钱蓝生密报休仁、休祐。时帝欲南巡,腹心宗越等并听出外装束,唯队主樊僧整防华林阁。柳光世与僧整,乡人,因密邀之;僧整即受命。凡同谋十馀人。阮佃夫虑力少不济,更欲招合,寿寂之曰:"谋广或泄,不烦多人。"其夕,帝悉屏侍卫,与群巫及彩女数百人射鬼于竹林堂。事毕,将奏乐,寿寂之抽刀前入,姜产之次之,淳于文祖等皆随其后。休仁闻行声甚疾,谓休祐曰:"事作矣!"相随奔景阳山。帝见寂之至,引弓射之,不中。彩女皆迸走,帝亦走,大呼"寂寂"者三,寂之追而弑之。宣令宿卫曰:"湘东王受太皇太后令,除狂主,今已平定。"殿省惶惑,未知所为。

休仁就秘书省见湘东王,即称臣,引升西堂,登御座,召见诸大臣。于时事起仓猝,王失履,跣至西堂,犹著乌帽。坐定,休仁呼主衣以白帽代之。令备羽仪,虽未即位,凡事悉称令书施行。宣太皇太后令,数废帝罪恶,命湘东王纂承皇极。及明,宗越等始入,湘东王抚接甚厚。废帝母弟司徒、扬州刺史豫章王子尚,顽悖有兄风,己未,湘东王以太皇太后令,赐子尚及会稽公主死。建安王休仁等始得出居外舍。释谢庄之囚。废帝犹横尸太医阁口。蔡兴宗谓尚书右仆射王彧曰:"此虽凶悖,要是天下之主,宜使丧礼粗足;若直如此,四海必将乘人。"乃葬之秣陵县南。

初,湘东王母沈婕好早卒,路太后养之。王事太后甚谨,太后爱王亦笃。王既弑废帝,欲慰太后心,下令以太后弟子休之为黄门侍郎,茂之为中书侍郎。

论功行赏,寿寂之等十四人皆封县侯、县子。

十二月庚申朔,以东海王祎为中书监、太尉。进镇军将军、江州刺史晋安王子勋为车骑将军、开府仪同三司。癸亥,以建安王休仁为司徒、尚书令、扬州刺史,以山阳王休祐为荆州刺史,桂阳王休范为南徐州刺史。乙丑,徙安陆王子绥为江夏王。

25　丙寅,湘东王即皇帝位,大赦,改元。其废帝时昏制谬封,并皆刊削。

庚午,以右卫将军刘道隆为中护军。道隆昵于废帝,尝无礼于建安太妃;至是,建安王休仁求解职,明帝乃赐道隆死。

宗越、谭金、童太一等虽为上所抚接,内不自安;上亦不欲使居中,从容谓之曰:"卿等遭罹暴朝,勤劳日久,应得自养之地;兵马大郡,随卿等所择。"越等素已自疑,闻之,皆相顾失色,因谋作乱;以告沈攸之,攸之以闻。上收越等,下狱死。攸之复入直阁。

26　辛未,徙临贺王子产为南平王,晋熙王子舆为庐陵王。

27　壬申,以尚书右仆射王景文为尚书仆射。景文,即彧也,避上名,以字行。

28　乙亥,追尊沈太妃曰宣太后,陵曰崇宁。

29　初,豫州刺史山阳王休祐入朝,以长史、南梁郡太守殷琰行府州事。及休祐徙荆州,即以琰为督豫、司二州诸军事、豫州刺史。

30　有司奏路太后宜即前号,移居外宫;上不许。戊寅,尊路太后为崇宪皇太后,居崇宪宫,供奉礼仪,不异旧日。立妃王氏为皇后。后,景文之妹也。

31　罢二铢钱,禁鹅眼、綖环钱,馀皆通用。

32　江州佐吏得上所下令书,皆喜,共造邓琬曰:"暴乱既除,殿下又开黄阁,实为公私大庆。"琬以晋安王子勋次第居三,又以寻阳起事与世祖同符,谓事必有成。取令书投地曰:"殿下当开端门,黄阁是吾徒事耳!"众皆骇愕。琬更与陶亮等缮治器甲,征兵四方。

袁顗既至襄阳,即与谘议参军刘胡缮修兵械,简集士卒,诈称被太皇太后令,使其起兵,即建牙驰檄,奉表劝子勋即大位。

辛巳,更以山阳王休祐为江州刺史,荆州刺史临海王子顼即留本任。

先是,废帝以邵陵王子元为湘州刺史,中兵参军沈仲玉为道路行事,至鹊头,闻寻阳兵起,不敢进。琬遣数百人劫迎之,令子勋建牙于桑尾,传檄建康,称:"孤志遵前典,黜幽陟明。"又谓上"矫害明茂,篡窃大宝,干我昭穆,寡我兄弟。藐孤同气,犹有十三,圣灵何辜,而当乏飨"。

郢州刺史安陆王子绥承子勋初檄,欲攻废帝;闻废帝已陨,即解甲下标。既而闻江、雍犹治兵,郢府行事荀卞之大惧,即遣谘议、领中兵参军郑景玄帅众驰下,并送军粮。荆州行事孔道存奉刺史临海王子顼,会稽将佐奉太守寻阳王子房,皆举兵以应子勋。

资治通鉴卷第一百三十一

宋纪十三

太宗明皇帝上之下

泰始二年（丙午，466）

1　春，正月己丑朔，魏大赦，改元天安。

2　癸巳，征会稽太守寻阳王子房为抚军将军，以巴陵王休若代之。

甲午，中外戒严。以司徒建安王休仁都督征讨诸军事，车骑将军、江州刺史王玄谟副之。休仁军于南州，以沈攸之为寻阳太守，将兵屯虎槛。时玄谟未发，前锋凡十军，络绎继至，每夜各立姓号，不相禀受。攸之谓诸将曰：“今众军姓号不同，若有耕夫、渔父夜相呵叱，便致骇乱，取败之道也。请就一军取号。”众咸从之。

3　邓琬称说符瑞，诈称受路太后玺书，帅将佐上尊号于晋安王子勋。乙未，子勋即皇帝位于寻阳，改元义嘉。以安陆王子绥为司徒、扬州刺史；寻阳王子房、临海王子顼并加开府仪同三司；以邓琬为尚书右仆射，张悦为吏部尚书，袁顗加尚书左仆射；自馀将佐及诸州郡，除官进爵号各有差。

4　丙申，以征虏司马申令孙为徐州刺史。令孙，坦之子也。置司州于义阳；以义阳内史庞孟虬为司州刺史。

徐州刺史薛安都、冀州刺史清河崔道固皆举兵应寻阳。上征兵于青州刺史沈文秀，文秀遣其将刘弥之等将兵赴建康。会薛安都遣使邀文秀，文秀更令弥之等应安都。济阴太守申阐据睢陵应建康，安都遣其从子直阁将军索儿、太原太守清河傅灵越等攻之。阐，令孙之弟也。安都婿裴祖隆守下邳，刘弥之至下邳，更以所领应建康，袭击祖隆。祖隆兵败，与征北参军垣崇祖奔彭城。崇祖，护之之从子也。弥之族人北海太守怀恭、从子善明皆举兵以应弥之，薛索儿闻之，释睢陵，引兵击弥之。弥之战败，走保北海。申令孙进据淮阳，请降于索儿。庞孟虬亦不受命，举兵应寻阳。

帝召寻阳王长史行会稽郡事孔觊为太子詹事，以平西司马庾业代之；又遣都水使者孔璪入东慰劳。璪说觊以“建康虚弱，不如拥五郡以应袁、邓"。觊遂发兵,驰檄奉寻阳。吴郡太守顾琛、吴兴太守王昙生、义兴太守刘延熙、晋陵太守袁标皆据郡应之。上又以庾业代延熙为义兴,业至长塘湖,即与延熙合。

　　益州刺史萧惠开,闻晋安王子勋举兵,集将佐谓之曰:"湘东,太祖之昭;晋安,世祖之穆;其于当璧,并无不可。但景和虽昏,本是世祖之嗣;不任社稷,其次犹多。吾荷世祖之眷,当推奉九江。"乃遣巴郡太守费欣寿将五千人东下。于是湘州行事何慧文、广州刺史袁昙远、梁州刺史柳元怙、山阳太守程天祚皆附于子勋。元怙,元景之从兄也。

　　是岁,四方贡计皆归寻阳,朝廷所保,唯丹杨、淮南等数郡,其间诸县或应子勋,东兵已至永世,宫省危惧。上集群臣以谋成败。蔡兴宗曰:"今普天同叛,宜镇之以静,至信待人。叛者亲戚布在宫省,若绳之以法,则土崩立至,宜明罪不相及之义。物情既定,人有战心,六军精勇,器甲犀利,以待不习之兵,其势相万耳。愿陛下勿忧。"上善之。

　　5　建武司马刘顺说豫州刺史殷琰使应寻阳,琰以家在建康,未许。右卫将军柳光世自省内出奔彭城,过寿阳,言建康必不能守。琰信之,且素无部曲,为土豪前右军参军杜叔宝等所制,不得已而从之。琰以叔宝为长史,内外军事,皆叔宝专之。上谓蔡兴宗曰:"诸处未平,殷琰已复同逆;顷日人情云何? 事当济不?"兴宗曰:"逆之与顺,臣无以辨。今商旅断绝,米甚丰贱,四方云合,而人情更安,以此卜之,清荡必可。但臣之所忧,更在事后,犹羊公言:'既平之后,方当劳圣虑耳。'"上曰:"诚如卿言。"上知琰附寻阳非本意,乃厚抚其家以招之。

　　6　汝南、新蔡二郡太守周矜起兵于悬瓠以应建康。袁颛诱矜司马汝南常珍奇执矜,斩之,以珍奇代为太守。

　　7　上使冗从仆射垣荣祖还徐州说薛安都,安都曰:"今京都无百里地,不论攻围取胜,自可拍手笑杀;且我不欲负孝武。"荣祖曰:"孝武之行,足致馀殃。今虽天下雷同,正是速死,无能为也。"安都不从,因留荣祖使为将。荣祖,崇祖之从父兄也。

　　8　兖州刺史殷孝祖之甥司法参军葛僧韶请征孝祖入朝,上遣之。时薛索儿屯据津径。僧韶间行得至,说孝祖曰:"景和凶狂,开辟未有;朝野危极,假命漏刻。主上夷凶翦暴,更造天地,国乱朝危,宜立长君。而群迷相煽,构造无端,贪利幼弱,竞怀希望。使天道助逆,群凶事申,则主幼时艰,权柄不一,兵难互起,岂有自容之地! 舅少有立功之志,若能控济义勇,还奉朝廷,非唯匡主静乱,乃可以垂名竹帛。"孝祖具问朝廷消息,僧韶随方酬譬,并陈兵甲精强,主上欲委以前驱之任。孝祖即日委妻子于瑕丘,帅文武二千人,随僧韶还建康。时四方皆附寻阳,朝廷唯保丹杨一郡;而永世令孔景宣复叛,义兴兵垂至延陵,内外忧危,咸欲奔散。孝祖忽至,众力不少,并伧楚壮士;人情大安。甲辰,进孝祖号抚军将军,假节、都督前锋诸军事,遣向虎槛,宠赉甚厚。

初,上遣东平毕众敬诣兖州募人,至彭城,薛安都以利害说之,矫上命以众敬行兖州事,众敬从之,殷孝祖使司马刘文石守瑕丘,众敬引兵击杀之。安都素与孝祖有隙,使众敬尽杀孝祖诸子。州境皆附之,唯东平太守申纂据无盐,不从。纂,锺之曾孙也。

9　丙午,上亲总兵,出顿中堂。辛亥,以山阳王休祐为豫州刺史,督辅国将军彭城刘勔、宁朔将军广陵吕安国等诸军西讨殷琰。巴陵王休若督建威将军吴兴沈怀明、尚书张永、辅国将军萧道成等诸军东讨孔觊。时将士多东方人,父兄子弟皆已附觊。上因送军,普加宣示曰:"朕方务德简刑,使父子兄弟罪不相及,将顺同逆者,一以所从为断。卿等当深达此怀,勿以亲戚为虑也。"众于是大悦,凡叛者亲党在建康者,皆使居职如故。

10　壬子,路太后殂。

11　孔觊遣其将孙昙瓘等军于晋陵九里,部陈甚盛。沈怀明至奔牛,所领寡弱,乃筑垒自固。张永至曲阿,未知怀明安否;百姓惊扰,永退还延陵,就巴陵王休若,诸将帅咸劝休若退保破冈。其日,大寒,风雪甚猛,塘埭决坏,众无固心。休若宣令:"敢有言退者斩!"众小定,乃筑垒息甲。寻得怀明书,贼定未进,军主刘亮又至,兵力转盛,人情乃安。亮,怀慎之从孙也。

殿中御史吴喜以主书事世祖,稍迁河东太守。至是,请得精兵三百,致死于东。上假喜建武将军,简羽林勇士配之。议者以"喜刀笔主者,未尝为将,不可遣"。中书舍人巢尚之曰:"喜昔随沈庆之,屡经军旅,性既勇决,又习战陈;若能任之,必有成绩。诸人纷纭,皆是不别才耳。"乃遣之。喜先时数奉使东吴,性宽厚,所至人并怀之。百姓闻吴河东来,皆望风降散,故喜所至克捷。

永世人徐崇之攻孔景宣,斩之,喜版崇之领县事。喜至国山,遇东军,进击,大破之。自国山进屯吴城,刘延熙遣其将杨玄等拒战。喜兵力甚弱,玄等众盛,喜奋击,斩之,进逼义兴。延熙栅断长桥,保郡自守,喜筑垒与之相持。

庾业于长塘湖口夹岸筑城,有众七千人,与延熙遥相应接。沈怀明、张永与晋陵军相持,久不决。外监朱幼举司徒参军督护任农夫骁勇有胆力,上以四百人配之,使助东讨。农夫自延陵出长塘,庾业筑城犹未合,农夫驰往攻之,力战,大破之,庾业弃城走义兴。农夫收其船仗,进向义兴助吴喜。二月己未朔,喜渡水攻郡城,分兵击诸垒,登高指麾,若令四面俱进者。义兴人大惧,诸垒皆溃,延熙赴水死,遂克义兴。

12 魏丞相太原王乙浑专制朝权,多所诛杀。安远将军贾秀掌吏曹事,浑屡言于秀,为其妻求称公主,秀曰:"公主岂庶姓所宜称!秀宁取死今日,不可取笑后世!"浑怒,骂曰:"老奴官,悭!"会侍中拓跋丕告浑谋反,庚申,冯太后收浑,诛之。秀,彝之子;丕,烈帝之玄孙也。太后临朝称制,引中书令高允、中书侍郎高闾及贾秀共参大政。

13 沈怀明、张永、萧道成等军于九里西,与东军相持。东军闻义兴败,皆震恐。上遣积射将军济阳江方兴、御史王道隆至晋陵视东军形势。孔觊将孙昙瓘、程扞宗列五城,互相连带。扞宗城犹未固,王道隆与诸将谋曰:"扞宗城犹未立,可以借手,上副圣旨,下成众气。"辛酉,道隆帅所领急攻,拔之,斩扞宗首。永等因乘胜进击昙瓘等,壬戌,昙瓘等兵败,与袁标俱弃城走,遂克晋陵。

吴喜军至义乡。孔璪屯吴兴南亭,太守王昙生诣璪计事;闻台军已近,璪大惧,堕床,曰:"悬赏所购,唯我而已;今不遽走,将为人擒!"遂与昙生奔钱唐。喜入吴兴,任农夫引兵向吴郡,顾琛弃郡奔会稽。上以四郡既平,乃留吴喜使统沈怀明等诸将东击会稽,召张永等北击彭城,江方兴等南击寻阳。

14 以吏部尚书蔡兴宗为左仆射,侍中褚渊为吏部尚书。

15 丁卯,吴喜军至钱唐,孔璪、王昙生奔浙东。喜遣强弩将军任农夫等引兵向黄山浦,东军据岸结寨,农夫等击破之。喜自柳浦渡,取西陵,击斩庾业。会稽人大惧,将士多奔亡,孔觊不能制。戊寅,上虞令王晏起兵攻郡,觊逃奔嵴山;车骑从事中郎张绥封府库以待吴喜。己卯,王晏入城,杀绥,执寻阳王子房于别署。纵兵大掠,府库皆空;获孔璪,杀之。庚辰,嵴山民缚孔觊送晏,晏谓之曰:"此事孔璪所为,无预卿事,可作首辞,当相为申上。"觊曰:"江东处分,莫不由身;委罪求活,便是君辈行意耳。"晏乃斩之。顾琛、王昙生、袁标等诣吴喜归罪,喜皆宥之。东军主凡七十六人,临阵斩十七人,其馀皆原宥。

16 薛索儿攻申阐,久不下;使申令孙入睢陵说阐,阐出降,索儿并令孙杀之。

17　山阳王休祐在历阳,辅国将军刘勔进军小岘。殷琰所署南汝阴太守裴季之以合肥来降。

18　邓琬性鄙暗贪吝,既执大权,父子卖官鬻爵,使婢仆出市道贩卖;酣歌博弈,日夜不休;大自矜遇,宾客到门者,历旬不得前;内事悉委褚灵嗣等三人,群小横恣,竞为威福。于是士民忿怨,内外离心。

琬遣孙冲之帅龙骧将军薛常宝、陈伯宗、焦度等兵一万为前锋,据赭圻。冲之于道与晋安王子勋书曰:“舟楫已办,粮仗亦整,三军踊跃,人争效命;便欲沿流挂帆,直取白下。愿速遣陶亮众军兼行相接,分据新亭、南州,则一麾定矣。”子勋加冲之左卫将军;以陶亮为右卫将军,统郢、荆、湘、梁、雍五州兵合二万人,一时俱下。陶亮本无干略,闻建安王休仁自上,殷孝祖又至,不敢进,屯军鹊洲。

殷孝祖负其诚节,陵轹诸将,台军有父子兄弟在南者,孝祖悉欲推治。由是人情乖离,莫乐为用。宁朔将军沈攸之,内抚将士,外谐群帅,众并赖之。孝祖每战,常以鼓盖自随,军中人相谓:“殷统军可谓死将矣! 今与贼交锋,而以羽仪自标显,若善射者十人共射之,欲不毙,得乎?”三月庚寅,众军水陆并进,攻赭圻;陶亮等引兵救之,孝祖于陈为流矢所中,死。军主范潜帅五百人降于亮。人情震骇,并谓沈攸之宜代孝祖为统。

时建安王休仁屯虎槛,遣宁朔将军江方兴、龙骧将军襄阳刘灵遗各将三千人赴赭圻。攸之以为孝祖既死,亮等有乘胜之心,明日若不更攻,则示之以弱。方兴名位相亚,必不为己下;军政不壹,致败之由也。乃帅诸军主诣方兴曰:“今四方并反,国家所保,无复百里之地。唯有殷孝祖为朝廷所委赖,锋镝裁交,舆尸而反,文武丧气,朝野危心。事之济否,唯在明旦一战;战若不捷,大事去矣。诘朝之事,诸人或谓吾应统之,自卜懦薄,干略不如卿。今辄相推为统,但当相与勠力耳。”方兴甚悦,许诺。攸之既出,诸军主并尤之,攸之曰:“吾本济国活家,岂计此之升降! 且我能下彼,彼必不能下我,岂可自措同异也!”

孙冲之谓陶亮曰:“孝祖枭将,一战便死,天下事定矣,不须复战,便当直取京都。”亮不从。

辛卯,方兴帅诸将进战,建安王休仁又遣军主郭季之、步兵校尉杜幼文、屯骑校尉垣恭祖、龙骧将军济地顿生京兆段佛荣等三万人往会战,自寅及午,大破之,追北至姥山而还。幼文,骥之子也。

孙冲之于湖、白口筑二城,军主竟陵张兴世攻拔之。

壬辰,诏以沈攸之为辅国将军、假节,代殷孝祖督前锋诸军事。

陶亮闻湖、白二城不守,大惧,急召孙冲之还鹊尾,留薛常宝等守赭圻;先于姥山及诸冈分立营寨,亦各散还,共保浓湖。

时军旅大起,国用不足,募民上钱谷者,赐以荒县、荒郡,或五品至三品散官有差。

军中食少,建安王休仁抚循将士,均其丰俭,吊死问伤,身自隐恤;故十万之众,莫有离心。

邓琬遣其豫州刺史刘胡帅众三万,铁骑二千,东屯鹊尾,并旧兵凡十馀万。胡,宿将,勇健多权略,屡有战功,将士畏之。司徒中兵参军冠军蔡那,子弟在襄阳,胡每战,悬之城外;那进战不顾。吴喜既定三吴,帅所领五千人,并运资实,至于赭圻。

19 薛索儿将马步万馀人自睢陵渡淮,进逼青、冀二州刺史张永营。丙申,诏南徐州刺史桂阳王休范统北讨诸军事,进据广陵;又诏萧道成将兵救永。

20 戊戌,寻阳王子房至建康,上宥之,贬爵为松滋侯。

21 庚子,魏以陇西王源贺为太尉。

22 上遣宁朔将军刘怀珍帅龙骧将军王敬则等步骑五千,助刘勔讨寿阳,斩庐江太守刘道蔚。怀珍,善明之从子也。

23 中书舍人戴明宝启上,遣军主竟陵黄回募兵击斩寻阳所署马头太守王广元。

24 前奉朝请寿阳郑黑,起兵于淮上以应建康,东扞殷琰,西拒常珍奇;乙巳,以黑为司州刺史。

25 殷琰将刘顺、柳伦、皇甫道烈、庞天生等马步八千人东据宛唐;刘勔帅众军并进,去顺数里立营。时琰所遣诸军,并受顺节度;而以皇甫道烈土豪,柳伦台之所遣,顺本卑微,唯不使统督二军。勔始至,堑垒未立;顺欲击之,道烈、伦不同,顺不能独进,乃止。勔营既立,不可复攻,因相持守。

26 壬子,断新钱,专用古钱。

27 沈攸之帅诸军围赭圻。薛常宝等粮尽,告刘胡求救,胡以襄盛米,系流查及船腹,阳覆船,顺风流下以饷之。沈攸之疑其有异,遣人取船及流查,大得囊米。丙辰,刘胡帅步卒一万,夜,斫山开道,以布囊运米饷赭圻。平旦,至城下,犹隔小堑,未能入。沈攸之帅诸军邀之,殊死战,胡众大败,舍粮弃甲,缘山走,斩获甚众。胡被创,仅得还营;常宝等惶惧,夏,四月辛酉,开城突围,走还胡军。攸之拔赭圻城,斩其宁朔将军沈怀宝等,纳降数千人。陈绍宗单舸奔鹊尾。建安王休仁自虎槛进屯赭圻。

刘胡等兵犹盛。上欲绥慰人情,遣吏部尚书褚渊至虎槛,选用将士。时以军功除官者众,版不能供,始用黄纸。

邓琬以晋安王子勋之命,征袁顗下寻阳,顗悉雍州之众驰下。琬以黄门侍郎刘道宪行荆州事,侍中孔道存行雍州事。上庸太守柳世隆乘虚袭襄阳,不克。世隆,元景之弟子也。

28 散骑侍郎明僧暠起兵,攻沈文秀以应建康。壬午,以僧暠为青州刺史。平原、乐安二郡太守王玄默据琅邪,清河、广川二郡太守王玄邈据盘阳城,高阳、勃海二郡太守刘乘民据临济城,并起兵以应建康。玄邈,玄谟之从弟;乘民,弥之之从子也。沈文秀遣军主解彦士攻北海,拔之,杀刘弥之。乘民从弟伯宗,合帅乡党,复取北海,因引兵向青州所治东阳城。文秀拒之,伯宗战死。僧暠、玄默、玄邈、乘民合兵攻东阳城,每战辄为文秀所破,离而复合,如此者十馀,卒不能克。

29 杜叔宝谓台军住历阳,不能遽进;及刘勔等至,上下震恐。刘顺等始行,唯赍一月粮,既与勔相持,粮尽。叔宝发车千五百乘,载米饷顺,自将五千精兵送之。吕安国闻之,言于刘勔曰:“刘顺精甲八千,我众不能居半。相持既久,强弱势殊,更复推迁,则无以自立;所赖者,彼粮行竭,我食有馀耳。若使叔宝米至,非唯难可复图,我亦不能持久。今唯有间道袭其米车,出彼不意,若能制之,当不战走矣。”勔以为然,以疲弱守营,简精兵千人配安国及龙骧将军黄回,使从间道出顺后,于横塘抄之。

安国始行,赍二日熟食;食尽,叔宝不至,将士欲还,安国曰:“卿等且已一食。今晚米车不容不至;若其不至,夜去不晚。”叔宝果至,以米车为函箱陈,叔宝于外为游军。幢主杨仲怀将五百人居前,安国、回等击斩之,及其士卒皆尽。叔宝至,回欲乘胜击之,安国曰:“彼将自走,不假复击。”退三十里,止宿,夜遣骑参候,叔宝果弃米车走。安国复夜往烧米车,驱牛二千馀头而还。

五月丁亥朔,夜,刘顺众溃,走淮西就常珍奇。于是刘勔鼓行,进向寿阳。叔宝敛居民及散卒,婴城自守,勔与诸军分营城外。

山阳王休祐与殷琰书,为陈利害,上又遣御史王道隆赍诏宥琰罪。勔与琰书,并以琰兄瑗子邈书与之。琰与叔宝等皆有降意,而众心不壹,复婴城固守。

弋阳西山蛮田益之起兵应建康,诏以益之为辅国将军,督弋阳西蛮事。壬辰，以辅国将军沈攸之为雍州刺史。丁未，以尚书左仆射王景文为中军将军。庚戌，以宁朔将军刘乘民为冀州刺史。

30　甲寅，葬昭太后于修宁陵。

31　张永、萧道成等与薛索儿战，大破之，索儿退保石梁；食尽而溃，走向乐平，为申令孙子孝叔所斩。薛安都子道智走向合肥，诣裴季之降。傅灵越走至淮西，武卫将军沛郡王广之生获之，送诣刘勔。勔诘其叛逆，灵越曰："九州唱义，岂独在我！薛公不能专任智勇，委付子侄，此其所以败也。人生归于一死，实无面求活。"勔送诣建康。上欲赦之，灵越辞终不改，乃杀之。

32　邓琬以刘胡与沈攸之等相持久不决，乃加袁顗督征讨诸军事。六月甲戌，顗帅楼船千艘，战士二万，来入鹊尾。顗本无将略，性又怯桡，在军中未尝戎服，语不及战陈，唯赋诗谈义而已，不复抚接诸将；刘胡每论事，酬对甚简。由此大失人情，胡常切齿恚恨。胡以南运米未至，军士匮乏，就顗借襄阳之资，顗不许，曰："都下两宅未成，方应经理。"又信往来之言，云"建康米贵，斗至数百"，以为将不攻自溃，拥甲以待之。

33　田益之帅蛮众万馀人围义阳，邓琬使司州刺史庞孟虬帅精兵五千救之，益之不战溃去。

34　安成太守刘袭，始安内史王识之，建安内史赵道生，并举郡来降。袭，道怜之孙也。

35　萧道成世子赜为南康赣令，邓琬遣使收系之。门客兰陵桓康担赜妻裴氏及其子长懋、子良逃于山中，与赜族人萧欣祖等结客得百馀人，攻郡，破狱出赜。南康相沈肃之帅将吏追赜，赜与战，擒之。赜自号宁朔将军，据郡起兵，与刘袭等相应。琬以中护军殷孚为豫章太守，督上流五郡以防袭等。

36　衡阳内史王应之起兵应建康，袭击湘州行事何慧文于长沙。应之与慧文舍军身战，斫慧文八创，慧文斫应之断足，杀之。

37　始兴人刘嗣祖等据郡起兵应建康，广州刺史袁昙远遣其将李万周等讨之。嗣祖诳万周云"寻阳已平"。万周还袭番禺，擒昙远，斩之。上以万周行广州事。

38　初，武都王杨元和治白水，微弱不能自立，弃国奔魏。元和从弟僧嗣复自立，屯葭芦。

费欣寿至巴东，巴东人任叔儿据白帝，自号辅国将军，击欣寿，斩之，叔儿遂阻守三峡。萧惠开复遣治中程法度将兵三千出梁州，杨僧嗣帅群氐断其道,间使以闻。秋,七月丁酉,以僧嗣为北秦州刺史、武都王。

39　诸军与袁颛相拒于浓湖,久未决。龙骧将军张兴世建议曰:"贼据上流,兵强地胜,我虽持之有馀而制之不足。若以奇兵数千潜出其上,因险而壁,见利而动,使其首尾周遑,进退疑阻,中流既梗,粮运自艰,此制贼之奇也。钱溪江岸最狭,去大军不远,下临洄洑;船下必来泊岸,又有横浦可以藏船,千人守险,万夫不能过。冲要之地,莫出于此。"沈攸之、吴喜并赞其策。会庞孟虬引兵来助殷琰,刘勔遣使求援甚急,建安王休仁欲遣兴世救之。沈攸之曰:"孟虬蚁聚,必无能为,遣别将马步数千,足以相制。兴世之行,是安危大机,必不可辍。"乃遣段佛荣将兵救勔,而选战士七千、轻舸二百配兴世。

兴世帅其众溯流稍上,寻复退归,如是者累日。刘胡闻之,笑曰:"我尚不敢越彼下取扬州,张兴世何物人,欲轻据我上!"不为之备。一夕,四更,值便风,兴世举帆直前,渡湖、白,过鹊尾。胡既觉,乃遣其将胡灵秀将兵于东岸,翼之而进。戊戌夕,兴世宿景洪浦,灵秀亦留。兴世潜遣其将黄道标帅七十舸径趣钱溪,立营寨。己亥,兴世引兵进据之,灵秀不能禁。庚子,刘胡自将水步二十六军来攻钱溪。将士欲迎击之,兴世禁之曰:"贼来尚远,气盛而矢骤;骤既易尽,盛亦易衰,不如待之。"令将士治城如故。俄而胡来转近,船入洄洑;兴世命寿寂之、任农夫帅壮士数百击之,众军相继并进,胡败走,斩首数百,胡收兵而下。时兴世城寨未固,建安王休仁虑袁颛并力更攻钱溪,欲分其势。辛丑,命沈攸之、吴喜等以皮舰进攻浓湖,斩获千数。是日,刘胡帅步卒二万、铁马一千,欲更攻兴世。未至钱溪数十里,袁颛以浓湖之急,遽追之,钱溪城由此得立。胡遣人传唱,"钱溪已平",众并惧,沈攸之曰:"不然。若钱溪实败,万人中应有一人逃亡得还者,必是彼战失利,唱空声以惑众耳。"勒军中不得妄动;钱溪捷报寻至。攸之以钱溪所送胡军耳鼻示浓湖,袁颛骇惧。攸之日暮引归。

40　龙骧将军刘道符攻山阳,程天祚请降。

41　庞孟虬进至弋阳,刘勔遣吕安国等迎击于蓼潭,大破之。孟虬走向义阳。王玄谟之子昙善起兵据义阳以应建康,孟虬走死蛮中。

42　刘胡遣辅国将军薛道标袭合肥,杀汝阴太守裴季之,刘勔遣辅国将军垣闳击之。闳,阆之弟;道标,安都之子也。

43　淮西人郑叔举起兵击常珍奇以应郑黑;辛亥,以叔举为北豫州刺史。

44　崔道固为土人所攻,闭门自守。上遣使宣慰,道固请降。甲寅,复以道固为徐州刺史。

45 八月,皇甫道烈等闻庞孟虬败,并开门出降。

46 张兴世既据钱溪,浓湖军乏食。邓琬大送资粮,畏兴世,不敢进。刘胡帅轻舸四百,由鹊头内路欲攻钱溪,既而谓长史王念叔曰:"吾少习步战,未闲水斗。若步战,恒在数万人中;水战在一舸之上,舸舸各进,不复相关,正在三十人中,此非万全之计,吾不为也。"乃托疟疾,住鹊头不进,遣龙骧将军陈庆将三百舸向钱溪,戒庆不须战:"张兴世吾之所悉,自当走耳。"陈庆至钱溪,军于梅根。

胡遣别将王起将百舸攻兴世,兴世击起,大破之。胡帅其馀舸驰还,谓颙曰:"兴世营寨已立,不可猝攻;昨日小战,未足为损。陈庆已与南陵、大雷诸军共遏其上,大军在此,鹊头诸将又断其下流;已堕围中,不足复虑。"颙怒胡不战,谓曰:"粮运鲠塞,当如此何?"胡曰:"彼尚得溯流越我而上,此运何以不得沿流越彼而下邪!"乃遣安北府司马沈仲玉将千人步趣南陵迎粮。

仲玉至南陵,载米三十万斛,钱布数十舫,竖榜为城,规欲突过。行至贵口,不敢进,遣间信报胡,令遣重军援接。张兴世遣寿寂之、任农夫等将三千人至贵口击之,仲玉走还颙营,悉虏其资实;胡众骇惧,胡将张喜来降。

镇东中兵参军刘亮进兵逼胡营,胡不能制。袁颙惧曰:"贼入人肝脾里,何由得活!"胡阴谋遁去,己卯,诳颙云:"欲更帅步骑二万,上取钱溪,兼下大雷馀运。"令颙悉选马配之。其日,胡委颙去,径趣梅根。先令薛常宝办船,悉发南陵诸军,烧大雷诸城而走。至夜,颙方知之,大怒,骂曰:"今年为小子所误!"呼取常所乘善马"飞燕",谓其众曰:"我当自追之!"因亦走。

庚辰,建安王休仁勒兵入颙营,纳降卒十万,遣沈攸之等追颙。颙走至鹊头,与戍主薛伯珍并所领数千人偕去,欲向寻阳。夜,止山间,杀马以劳将士,顾谓伯珍曰:"我非不能死;且欲一至寻阳,谢罪主上,然后自刭耳。"因慷慨叱左右索节,无复应者。及旦,伯珍请屏人言事,遂斩颙首,诣钱溪军主襄阳俞湛之。湛之因斩伯珍,并送首以为己功。

刘胡帅二万人向寻阳,诈晋安王子勋云:"袁颙已降,军皆散,唯己帅所领独返;宜速处分,为一战之资。当停据溢城,誓死不贰。"乃于江外夜趣沔口。

邓琬闻胡去,忧惶无计,呼中书舍人褚灵嗣等谋之,并不知所出。张悦诈称疾,呼琬计事,令左右伏甲帐后,戒之:"若闻索酒,便出。"琬既至,悦曰:"卿首唱此谋,今事已急,计将安出!"琬曰:"正当斩晋安王,封府库,以谢罪耳。"悦曰:"今日宁可卖殿下求活邪!"因呼酒。子洵提刀出斩琬。中书舍人潘欣之闻琬死,勒兵而至。悦使人语之曰:"邓琬谋反,今已枭戮。"欣之乃还。取琬子,并杀之。悦因单舸赍琬首驰下,诣建安王休仁降。

寻阳乱。蔡那之子道渊在寻阳被系作部,脱锁入城,执子勋,囚之。沈攸之诸军至寻阳,斩晋安王子勋,传首建康,时年十一。

初,邓琬遣临川内史张淹自鄱阳峤道入三吴,军于上饶,闻刘胡败,军副鄱阳太守费晔斩淹以降。淹,畅之子也。

废帝之世,衣冠惧祸,咸欲远出。至是流离外难,百不一存,众乃服蔡兴宗之先见。

九月壬辰,以山阳王休祐为荆州刺史。

癸巳,解严,大赦。

庚子,司徒休仁至寻阳,遣吴喜、张兴世向荆州,沈怀明向郢州,刘亮及宁朔将军南阳张敬儿向雍州,孙超之向湘州,沈思仁、任农夫向豫章,平定馀寇。

刘胡逃至石城,捕得,斩之。郢州行事张沈变形为沙门,潜走,追获,杀之。荆州行事刘道宪闻浓湖平,散兵,遣使归罪。荆州治中宗景等勒兵入城,杀道宪,执临海王子顼以降。孔道存知寻阳已平,遣使请降;寻闻柳世隆、刘亮当至,道存及三子皆自杀。上以何慧文才兼将吏,使吴喜宣旨赦之。慧文曰:"既陷逆节,手害忠义,何面见天下之士!"遂自杀。安陆王子绥、临海王子顼、邵陵王子元并赐死,刘顺及馀党在荆州者皆伏诛。诏追赠诸死节之臣,及封赏有功者各有差。

47　己酉,魏初立郡学,置博士、助教、生员,从中书令高允、相州刺史李䜣之请也。䜣,崇之子也。

48　上既诛晋安王子勋等,待世祖诸子犹如平日。司徒休仁还自寻阳,言于上曰:"松滋侯兄弟尚在,将来非社稷计,宜早为之所。"冬,十月乙卯,松滋侯子房、永嘉王子仁、始安王子真、淮南王子孟、南平王子产、庐陵王子舆、子趋、子期、东平王子嗣、子悦并赐死,及镇北谘议参军路休之、司徒从事中郎路茂之、兖州刺史刘祗、中书舍人严龙皆坐诛。世祖二十八子于此尽矣。祗,义欣之子也。

49　刘勔围寿阳,垣闳攻合肥,俱未下。勔患之,召诸将会议。马队主王广之曰："得将军所乘马，判能平合肥。"幢主皇甫肃怒曰："广之敢夺节下马，可斩！"勔笑曰："观其意，必能立功。"即推鞍下马与之。广之往攻合肥，三日，克之；薛道标突围奔淮西归常珍奇。勔擢广之为军主。广之谓肃曰："节下若从卿言，何以平贼？卿不赏才，乃至于此！"肃有学术，及勔卒，更依广之，广之荐于齐世祖为东海太守。

50　沈灵宝自庐江引兵攻晋熙，晋熙太守阎湛之弃城走。

51　徐州刺史薛安都、益州刺史萧惠开、梁州刺史柳元怙、兖州刺史毕众敬、豫章太守殷孚、汝南太守常珍奇，并遣使乞降。上以南方已平，欲示威淮北，乙亥，命镇军将军张永、中领军沈攸之将甲士五万迎薛安都。蔡兴宗曰："安都归顺，此诚非虚，正须单使尺书。今以重兵迎之，势必疑惧；或能招引北虏，为患方深。若以叛臣罪重，不可不诛，则向之所宥亦已多矣。况安都外据大镇，密迩边陲，地险兵强，攻围难克，考之国计，尤宜驯养；如其外叛，将为朝廷肝食之忧。"上不从，谓征北司马行南徐州事萧道成曰："吾今因此北讨，卿意以为何如？"对曰："安都狡猾有馀，今以兵逼之，恐非国之利。"上曰："诸军猛锐，何往不克！卿勿多言！"安都闻大兵北上，惧，遣使乞降于魏，常珍奇亦以悬瓠降魏，皆请兵自救。

52　戊寅，立皇子昱为太子。

53　薛安都以其子为质于魏，魏遣镇东大将军代人尉元、镇东将军魏郡孔伯恭等帅骑一万出东道，救彭城，镇西大将军西河公石、都督荆豫南雍州诸军事张穷奇出西道，救悬瓠。以安都为都督徐雍等五州诸军事、镇南大将军、徐州刺史、河东公；常珍奇为平南将军、豫州刺史、河内公。

兖州刺史申纂诈降于魏，尉元受之而阴为之备。魏师至无盐，纂闭门拒守。

薛安都之召魏兵也，毕众敬不与之同，遣使来请降；上以众敬为兖州刺史。众敬子元宾在建康，先坐他罪诛。众敬闻之，怒，拔刀斫柱曰："吾皓首唯一子，不能全，安用独生！"十一月壬子，魏师至瑕丘，众敬请降于魏。尉元遣部将先据其城，众敬悔恨，数日不食。元长驱而进，十二月己未，军于秺。

西河公石至上蔡，常珍奇帅文武出迎。石欲顿军汝北，未即入城，中书博士郑羲曰："今珍奇虽来，意未可量。不如直入其城，夺其管籥，据有府库，制其腹心，策之全者也。"石遂策马入城，因置酒嬉戏。羲曰："观珍奇之色甚不平，不可不为之备。"乃严兵设备。其夕，珍奇使人烧府屋，欲为变，以石有备而止。羲，豁之曾孙也。

淮西七郡民多不愿属魏,连营南奔。魏遣建安王陆馛宣慰新附。民有陷军为奴婢者,馛悉免之,新民乃悦。

54　乙丑,诏坐依附寻阳削官爵禁锢者,皆从原荡,随才铨用。

55　刘勔围寿阳,自首春至于末冬,内攻外御,战无不捷,以宽厚得将士心。寻阳既平,上使中书为诏谕殷琰,蔡兴宗曰:“天下既定,是琰思过之日。陛下宜赐手诏数行以相慰引。今直中书为诏,彼必疑谓非真,非所以速清方难也。”不从。琰得诏,谓刘勔诈为之,不敢降。杜叔宝闭绝寻阳败问,有传者即杀之,守备益固。凡有降者,上辄送寿阳城下,使与城中人语,由是众情离沮。

琰欲请降于魏,主簿谯郡夏侯详说琰曰:“今日之举,本效忠节。若社稷有奉,便当归身朝廷,何可北面左衽乎!且今魏军近在淮次,官军未测吾之去就,若建使归款,必厚相慰纳,岂止免罪而已。”琰乃使详出见刘勔。详说勔曰:“今城中士民知困而犹固守者,畏将军之诛,皆欲自归于魏。愿将军缓而赦之,则莫不相帅而至矣。”勔许诺,使详入城下,呼城中人,谕以勔意。丙寅,琰帅将佐面缚出降,勔悉加慰抚,不戮一人。入城,约勒将士,士民赀财,秋毫无所失。寿阳人大悦。魏兵至师水,将救寿阳;闻琰已降,乃掠义阳数千人而去。久之,琰复仕至少府而卒。

56　萧惠开在益州,多任刑诛,蜀人猜怨。闻费欣寿败没,程法度不得前,于是晋原一郡反,诸郡皆应之,合兵围成都。城中东兵不满二千,惠开悉遣蜀人出,独与东兵拒守。蜀人闻寻阳已平,争欲屠城,众至十馀万人。惠开每遣兵出战,未尝不捷。

上遣其弟惠基自陆道使成都,赦惠开罪。惠基至涪,蜀人遏留惠基,不听进。惠基帅部曲击之,斩其渠帅,然后得前。惠开奉旨归降,城围得解。

上遣惠开宗人宝首自水道慰劳益州。宝首欲以平蜀为己功,更奖说蜀人,使攻惠开。于是处处蜂起,凡诸离散者一时还合,与宝首进逼成都,众号二十万。惠开欲击之,将佐皆曰:“今慰劳使至而拒之,何以自明?”惠开曰:“今表启路绝,不战则何以得通使京师?”乃遣宋宁太守萧惠训等将万兵与战,大破之,生擒宝首,囚于成都。遣使言状。上使执送宝首,召惠开还建康。上问以举兵状。惠开曰:“臣唯知逆顺,不识天命;且非臣不乱,非臣不平。”上释之。

57　是岁,侨立兖州,治淮阴;徐州治钟离;青、冀二州共一刺史,治郁洲。郁洲在海中,周数百里,累石为城,高八九尺,虚置郡县,荒民无几。

58　张永、沈攸之进兵逼彭城，军于下磻，分遣羽林监王穆之将卒五千守辎重于武原。

魏尉元至彭城，薛安都出迎。元遣李璨与安都先入城，收其管龠；别遣孔伯恭以精甲二千安抚内外，然后入。其夜，张永攻南门，不克而退。

元不礼于薛安都，安都悔降，复谋叛魏，元和之，不果发。安都重赂元等，委罪于女婿裴祖隆而杀之。元使李珠与安都守彭城，自将兵击张永，绝其粮道，又破王穆之于武原。穆之帅馀众就永，元进攻之。

资治通鉴卷第一百三十二

宋纪十四

太宗明皇帝中

泰始三年（丁未，467）

1　春，正月，张永等弃城夜遁。会天大雪，泗水冰合，永等弃船步走，士卒冻死者太半，手足断者什七八。尉元邀其前，薛安都乘其后，大破永等于吕梁之东，死者以万数，枕尸六十馀里，委弃军资器械不可胜计；永足指亦堕，与沈攸之仅以身免，梁、南秦二州刺史垣恭祖等为魏所虏。上闻之，召蔡兴宗，以败书示之曰："我愧卿甚！"永降号左将军，攸之免官，以贞阳公领职，还屯淮阴。由是失淮北四州及豫州淮西之地。

　　　　裴子野论曰：昔齐桓矜于葵丘而九国叛；曹公不礼张松而天下分。一失豪厘，其差远矣。太宗之初，威令所被，不满百里，卒有离心，士无固色，而能开诚心，布款实，莫不感恩服德，致命效死，故西摧北荡，寓内褰开。既而六军献捷，方隅束手，天子欲贾其馀威，师出无名，长淮以北，倏忽为戎。惜乎！若以向之虚怀，不骄不伐，则三叛奚为而起哉！高祖虮虱生介胄，经启疆场；后之子孙，日蹙百里。播获堂构，岂云易哉！

2　魏尉元以彭城兵荒之后，公私困竭，请发冀、相、济、兖四州粟，取张永所弃船九百艘，沿清运载，以赈新民；魏朝从之。

3　魏东平王道符反于长安，杀副将驸马都尉万古真等，丙午，司空和其奴等将殿中兵讨之。丁未，道符司马段太阳攻道符，斩之；以安西将军陆真为长安镇将以抚之。道符，翰之子也。

4　闰月，魏以顿丘王李峻为太宰。

5　沈文秀、崔道固为土人所攻，遣使乞降于魏，且请兵自救。

6　二月，魏西河公石自悬瓠引兵攻汝阴太守张超，不克；退屯陈项，议还长社，待秋击之。郑羲曰："张超蚁聚穷命，粮食已尽，不降当走，可翘足而待也。今弃之远去，超修城浚隍，积薪储谷，更来恐难图矣。"石不从,遂还长社。

7　初,寻阳既平,帝遣沈文秀弟文炳以诏书谕文秀,又遣辅国将军刘怀珍将马步三千人与文炳偕行。未至,值张永等败退,怀珍还镇山阳。文秀攻青州刺史明僧暠,帝使怀珍帅龙骧将军王广之将五百骑、步卒二千人浮海救之,至东海,僧暠已退保东莱。怀珍进据朐城,众心凶惧,欲且保郁洲,怀珍曰:"文秀欲以青州归索虏,计齐之士民,安肯甘心左衽邪!今扬兵直前,宣布威德,诸城可飞书而下,奈何守此不进,自为沮挠乎!"遂进,至黔陬,文秀所署高密、平昌二郡太守弃城走。怀珍送致文炳,达朝廷意,文秀犹不降;百姓闻怀珍至,皆喜。文秀所署长广太守刘桃根将数千人戍不其城。怀珍军于洋水,众谓且宜坚壁伺隙,怀珍曰:"今众少粮竭,悬军深入,正当以精兵速进,掩其不备耳。"乃遣王广之将百骑袭不其城,拔之。文秀闻诸城皆败,乃遣使请降,帝复以为青州刺史。崔道固亦请降,复以为冀州刺史。怀珍引还。

8　魏济阴王小新成卒。

9　沈攸之之自彭城还也,留长水校尉王玄载守下邳,积射将军沈韶守宿豫,睢陵、淮阳皆留兵戍之。玄载,玄谟之从弟也。时东平太守申纂守无盐,幽州刺史刘休宾守梁邹,并州刺史清河房崇吉守升城,辅国将军清河张谠守团城,及兖州刺史王整、兰陵太守桓忻、肥城、糜沟、垣苗等戍皆不附于魏。休宾,乘民之兄子也。

魏遣平东将军长孙陵等将兵赴青州,征南大将军慕容白曜将骑五万为之继援。白曜,燕太祖之玄孙也。白曜至无盐,欲攻之;将佐皆以为攻具未备,不宜遽进。左司马范阳郦范曰:"今轻军远袭,深入敌境,岂宜淹缓!且申纂必谓我军来速,不暇攻围,将不为备;今若出其不意,可一鼓而克。"白曜曰:"司马策是也。"乃引兵伪退。申纂不复设备,白曜夜中部分,三月,甲寅旦,攻城,食时,克之;纂走,追擒,杀之。白曜欲尽以无盐人为军赏,郦范曰:"齐,形胜之地,宜远为经略。今王师始入其境,人心未洽,连城相望,咸有拒守之志,苟非以德信怀之,未易平也。"白曜曰:"善!"皆免之。

白曜将攻肥城,郦范曰:"肥城虽小,攻之引日;胜之不能益军势,不胜足以挫军威。彼见无盐之破,死伤涂地,不敢不惧;若飞书告谕,纵使不降,亦当逃散。"白曜从之,肥城果溃,获粟三十万斛。白曜谓范曰:"此行得卿,三齐不足定也。"遂取垣苗、糜沟二戍,一旬中连拔四城,威震齐土。

10　丙子,以尚书左仆射蔡兴宗为郢州刺史。

11　房崇吉守升城，胜兵者不过七百人。慕容白曜筑长围以攻之，自二月至于夏四月，乃克之。白曜忿其不降，欲尽坑城中人，参军事昌黎韩麒麟谏曰："今勍敌在前而坑其民，自此以东，诸城人自为守，不可克也。师老粮尽，外寇乘之，此危道也。"白曜乃慰抚其民，各使复业。

崇吉脱身走。崇吉母傅氏，申纂妻贾氏，与济州刺史卢度世有中表亲，然已疏远。及为魏所虏，度世奉事甚恭，赡给优厚。度世闺门之内，和而有礼。虽世有屯夷，家有贫富，百口怡怡，丰俭同之。

崔道固闭门拒魏。沈文秀遣使迎降于魏，请兵援接，白曜欲遣兵赴之。郦范曰："文秀室家坟墓皆在江南，拥兵数万，城固甲坚，强则拒战，屈则遁去。我师未逼其城，无朝夕之急，何所畏忌而遽求援军！且观其使者，视下而色愧，语烦而志怯，此必挟诈以诱我，不可从也。不若先取历城，克盘阳，下梁邹，平乐陵，然后按兵徐进，不患其不服也。"白曜曰："崔道固等兵力单弱，不敢出战，吾通行无碍，直抵东阳，彼自知必亡，故望风求服，夫又何疑！"范曰："历城兵多粮足，非朝夕可拔。文秀坐据东阳，为诸城根本。今多遣兵则无以攻历城，少遣兵则不足以制东阳；若进为文秀所拒，退为诸城所邀，腹背受敌，必无全理。愿更审计，无堕贼毂中。"白曜乃止。文秀果不降。

魏尉元上表称："彭城贼之要藩，不有重兵积粟，则不可固守；若资储既广，虽刘彧师徒悉起，不敢窥淮北之地。"又言："若贼向彭城，必由清、泗过宿豫，历下邳；趋青州，亦由下邳、沂水经东安；此数者，皆为贼用师之要。今若先定下邳，平宿豫，镇淮阳，戍东安，则青、冀诸镇可不攻而克；若四城不服，青、冀虽拔，百姓狼顾，犹怀侥幸之心。臣愚以为，宜释青、冀之师，先定东南之地，断刘彧北顾之意，绝愚民南望之心；夏水虽盛，无津途可由，冬路虽通，无高城可固。如此，则淮北自举，暂劳永逸。兵贵神速，久则生变；若天雨既降，彼或因水通，运粮益众，规为进取，恐近淮之民翻然改图，青、冀二州猝未可拔也。"

12　五月壬戌，以太子詹事袁粲为尚书右仆射。

13　沈攸之自送运米至下邳，魏人遣清、泗间人诈攸之云："薛安都欲降，求军迎接。"军副吴喜请遣千人赴之，攸之不许。既而来者益多，喜固请不已，攸之乃集来者告之曰："君诸人既有诚心，若能与薛徐州子弟俱来者，皆即假君以本乡县，唯意所欲；如其不尔，无为空劳往还。"自是一去不返。攸之使军主彭城陈显达将千人助戍下邳而还。

薛安都子令伯亡命梁、雍之间，聚党数千人，攻陷郡县。秋七月，雍州刺史巴陵王休若遣南阳太守张敬儿等击斩之。

14　上复遣中领军沈攸之等击彭城。攸之以为清、泗方涸，粮运不继，固执以为不可。使者七返，上怒，强遣之。八月壬寅，以攸之行南兖州刺史，将兵北出；使行徐州事萧道成将千人镇淮阴。道成收养豪俊，宾客始盛。

魏之入彭城也，垣崇祖将部曲奔朐山，据之，遣使来降；萧道成以为朐山戍主。朐山濒海孤绝，人情未安，崇祖浮舟水侧，欲有急则逃入海。魏东徐州刺史成固公戍围城，崇祖部将有罪，亡降魏。成固公遣步骑二万袭朐山，去城二十里；崇祖方出送客，城中人惊惧，皆下船欲去，崇祖还，谓腹心曰："虏非有宿谋，承叛者之言而来耳，易诳也。今得百馀人还，事必济矣。但人情一骇，不可敛集，卿等可亟去此一里外，大呼而来云：'艾塘义人已得破虏，须戍军速往，相助逐之。'"舟中人果喜，争上岸。崇祖引入，据城；遣羸弱入岛，人持两炬火，登山鼓噪。魏参骑以为军备甚盛，乃退。上以崇祖为北琅邪、兰陵二郡太守。

垣荣祖亦自彭城奔朐山，以奉使不效，畏罪不敢出，往依萧道成于淮阴。荣祖少学骑射，或谓之曰："武事可畏，何不学书！"荣祖曰："昔曹公父子上马横槊，下马谈咏，此于天下，可不负饮食矣。君辈无自全之伎，何异犬羊乎！"刘善明从弟僧副将部曲二千人避魏居海岛，道成亦召而抚之。

15　魏于天宫寺作大像，高四十三尺，用铜十万斤，黄金六百斤。

16　魏尉元遣孔伯恭帅步骑一万拒沈攸之，又以攸之前败所丧士卒瘃堕膝行者悉还攸之，以沮其气。上寻悔遣攸之等，复召使还。攸之至焦墟，去下邳五十馀里，陈显达引兵迎攸之至睢清口，伯恭击破之。攸之引兵退，伯恭追击之，攸之大败，龙骧将军姜彦〔产〕之等战没。攸之创重，入保显达营；丁酉夜，众溃，攸之轻骑南走，委弃军资器械以万计，还屯淮阴。

尉元以书谕徐州刺史王玄载，玄载弃下邳走，魏以陇西辛绍先为下邳太守。绍先不尚苛察，务举大纲，教民治生御寇而已；由是下邳安之。

孔伯恭进攻宿豫，宿豫戍将鲁僧遵亦弃城走。魏将孔大恒等将千骑南攻淮阳，淮阳太守崔武仲焚城走。

慕容白曜进屯瑕丘。崔道固之未降也，绥边将军房法寿为王玄邈司马，屡破道固军，历城人畏之。及道固降，皆罢兵。道固畏法寿扇动百姓，迫遣法寿使还建康。会从弟崇吉自升城来，以母妻为魏所获，谋于法寿。

法寿雅不欲南行,怨道固迫之。时道固遣兼治中房灵宾督清河、广川二郡事,戍磐阳,法寿乃与崇吉谋袭磐阳,据之,降于慕容白曜,以赎崇吉母妻。道固遣兵攻之,白曜自瑕丘遣将军长孙观救磐阳,道固兵退。白曜表冠军将军韩麒麟与法寿对为冀州刺史,以法寿从弟灵民、思顺、灵悦、伯怜、伯玉、叔玉、思安、幼安等八人皆为郡守。

　　白曜自瑕丘引兵攻崔道固于历城,遣平东将军长孙陵等攻沈文秀于东阳。道固拒守不降,白曜筑长围守之。陵等至东阳,文秀请降;陵等入其西郭,纵士卒暴掠。文秀悔怒,闭城拒守,击陵等,破之。陵等退屯清西,屡进攻城,不克。

　　17　癸卯,大赦。

　　18　戊申,魏主李夫人生子宏。夫人,惠之女也。冯太后自抚养宏;顷之,还政于魏主。魏主始亲国事,勤于为治,赏罚严明,拔清节,黜贪污,于是魏之牧守始有以廉洁著闻者。

　　19　太中大夫徐爰,自太祖时用事,素不礼于上。上衔之,诏数其奸佞之罪,徙交州。

　　20　冬,十月辛巳,诏徙义阳王昶为晋熙王,使员外郎李丰以金千两赎昶于魏。魏人弗许,使昶与上书,为兄弟之仪;上责其不称臣,不答。魏主复使昶与上书,昶辞曰:“臣本实或兄,未经为臣。若改前书,事为二敬;苟或不改,彼所不纳。臣不敢奉诏。”乃止。魏人爱重昶,凡三尚公主。

　　21　十一月乙卯,分徐州置东徐州,以辅国将军张谠为刺史。

　　十二月庚戌,以幽州刺史刘休宾为兖州刺史。休宾之妻,崔邪利之女也,生子文晔,与邪利皆没于魏。慕容白曜将其妻子至梁邹城下示之。休宾密遣主簿尹文达至历城见白曜,且视其妻子;休宾欲降,而兄子闻慰不可。白曜使人至城下呼曰:“刘休宾数遣人来见仆射约降,何故违期不至!”由是城中皆知之,共禁制休宾不得降,魏兵围之。

　　22　魏西河公石复攻汝阴,汝阴有备,无功而还。常珍奇虽降于魏,实怀贰心;刘勔复以书招之。会西河公石攻汝阴,珍奇乘虚烧劫悬瓠,驱掠上蔡、安成、平舆三县民,屯于灌水。

四年(戊申,468)

　　1　春,正月己未,上祀南郊,大赦。

　　2　魏汝阳司马赵怀仁帅众寇武津,豫州刺史刘勔遣龙骧将军申元德击破之，又斩魏于都公阙于拔于汝阳台东，获运车千三百乘。魏复寇义阳，勔使司徒参军孙台瓘击破之。

淮西民贾元友上书，陈伐魏取陈、蔡之策，上以其书示刘勔。勔上言："元友称'虏主幼弱，内外多难，天亡有期'。臣以为虏自去冬蹈藉王土，磐据数郡，百姓残亡；今春以来，连城围逼，国家未能复境，何暇灭虏！元友所陈，率多夸诞狂谋，皆无事实，言之甚易，行之甚难。臣窃寻元嘉以来，伧荒远人，多干国议，负担归阙，皆劝讨虏，从来信纳，皆贻后悔。境上之人，唯视强弱：王师至彼，必壶浆候涂；裁见退军，便抄截蜂起。此前后所见，明验非一也。"上乃止。

3　魏尉元遣使说东徐州刺史张谠，谠以团城降魏。魏以中书侍郎高闾与谠对为东徐州刺史，李璨与毕众敬对为东兖州刺史。元又说兖州刺史王整、兰陵太守桓忻，整、忻皆降于魏。魏以元为开府仪同三司、都督徐南北兖三州诸军事、徐州刺史，镇彭城。召薛安都、毕众敬入朝，至平城，魏以上客待之，群从皆封侯，赐第宅，资给甚厚。

4　慕容白曜围历城经年，二月庚寅，拔其东郭；癸巳，崔道固面缚出降。白曜遣道固之子景业与刘文晔同至梁邹，刘休宾亦出降。白曜送道固、休宾及其僚属于平城。

5　辛丑，以前龙骧将军常珍奇为都督司北豫二州诸军事、司州刺史。魏西河公石攻之，珍奇单骑奔寿阳。

6　乙巳，车骑大将军、曲江庄公王玄谟卒。

7　三月，魏慕容白曜进围东阳。

上以崔道固兄子僧祐为辅国将军，将兵数千从海道救历城；至不其，闻历城已没，遂降于魏。

8　交州刺史刘牧卒。州人李长仁杀牧北来部曲，据州反，自称刺史。

9　广州刺史羊希使晋康太守沛郡刘思道伐俚。思道违节度失利，希遣收之；思道帅所领攻州，希兵败而死。龙骧将军陈伯绍将兵伐俚，还击思道，擒斩之。希，玄保之兄子也。

10　夏，四月己卯，复减郡县田租之半。

11　徙东海王祎为庐江王，山阳王休祐为晋平王。上以废帝谓祎为驴王，故以庐江封之。

12　刘勔败魏兵于许昌。

13　魏以南郡公李惠为征南大将军、仪同三司、都督关右诸军事、雍州刺史，进爵为王。

14 五月乙卯,魏主畋于崞山,遂如繁畤;辛酉,还宫。

15 六月魏以昌黎王冯熙为太傅。熙,太后之兄也。

16 秋,七月庚申,以骁骑将军萧道成为南兖州刺史。

17 八月戊子,以南康相刘勃为交州刺史。

18 上以沈文秀之弟征北中兵参军文静为辅国将军,统高密等五郡军事,自海道救东阳。至不其城,为魏所断,因保城自固;魏人攻之,不克。辛卯,分青州置东青州,以文静为刺史。

19 九月辛亥,魏立皇叔桢为南安王,长寿为城阳王,太洛为章武王,休为安定王。

20 冬,十月癸酉朔,日有食之。发诸州兵北伐。

21 十一月,李长仁遣使请降,自贬行州事;许之。

22 十二月,魏人拔不其城,杀沈文静,入东阳西郭。

23 义嘉之乱,巫师请发修宁陵,戮玄宫为厌胜。是岁,改葬昭太后。

24 先是,中书侍郎、舍人皆以名流为之,太祖始用寒士秋当,世祖犹杂选士庶,巢尚之、戴法兴皆用事。及上即位,尽用左右细人,游击将军阮佃夫、中书通事舍人王道隆、员外散骑侍郎杨运长等,并参预政事,权亚人主,巢、戴所不及也。佃夫尤恣横,人有顺违,祸福立至。大纳货赂,所饷减二百匹绢,则不报书。园宅饮馔,过于诸王;妓乐服饰,宫掖不如也。朝士贵贱,莫不自结。仆隶皆不次除官,捉车人至虎贲中郎将,马士至员外郎。

五年(己酉,469)

1 春,正月癸亥,上耕籍田,大赦。

2 沈文秀守东阳,魏人围之三年,外无救援,士卒昼夜拒战,甲胄生虮虱,无离叛之志。乙丑,魏人拔东阳,文秀解戎服,正衣冠,取所持节坐斋内。魏兵交至,问:"沈文秀何在?"文秀厉声曰:"身是!"魏人执之,去其衣,缚送慕容白曜,使之拜,文秀曰:"各两国大臣,何拜之有!"白曜还其衣,为之设馔,锁送平城。魏主数其罪而宥之,待为下客,给恶衣、疏食;既而重其不屈,稍嘉礼之,拜外都下大夫。于是青、冀之地尽入于魏矣。

3 戊辰,魏平昌宣王和其奴卒。

4 二月己卯,魏以慕容白曜为都督青齐东徐三州诸军事、征南大将军、开府仪同三司、青州刺史,进爵济南王。白曜抚御有方,东人安之。

魏自天安以来,比岁旱饥,重以青、徐用兵,山东之民疲于赋役。显祖命因民贫富为三等输租之法,等为三品:上三品输平城,中输他州,下输本州。又,魏旧制:常赋之外,有杂调十五;至是悉罢之,由是民稍赡给。

5　河东柳欣慰等谋反,欲立太尉庐江王祎。祎自以于帝为兄,而帝及诸兄弟皆轻之,遂与欣慰等通谋相酬和。征北谘议参军杜幼文告之,丙申,诏降祎为车骑将军、开府仪同三司、南豫州刺史,出镇宣城,帝遣腹心杨运长领兵防卫。欣慰等并伏诛。

6　三月,魏人寇汝阴,太守杨文苌击却之。

7　夏,四月丙申,魏大赦。

8　五月,魏徙青、齐民于平城,置升城、历城民望于桑乾,立平齐郡以居之;自馀悉为奴婢,分赐百官。

魏沙门统昙曜奏:“平齐户及诸民有能岁输谷六十斛入僧曹者,即为僧祇户,粟为僧祇粟,遇凶岁,赈给饥民。”又请“民犯重罪及官奴,以为佛图户,以供诸寺洒扫”。魏主并许之。于是僧祇户、粟及寺户遍于州镇矣。

9　六月,魏立皇子宏为太子。

10　癸酉,以左卫将军沈攸之为郢州刺史。

11　上又令有司奏庐江王祎忿恚有怨言,请穷治;不许。丁丑,免祎官爵,遣大鸿胪持节奉诏责祎,因逼令自杀;子辅国将军充明废徙新安。

12　冬,十月丁卯朔,日有食之。

13　魏顿丘王李峻卒。

14　十一月丁未,魏复遣使来修和亲,自是信使岁通。

15　闰月戊子,以辅师将军孟阳为兖州刺史,始治淮阴。

16　十二月戊戌,司徒建安王休仁解扬州。休仁年与上邻亚,素相友爱,景和之世,上赖其力以脱祸。及泰始初,四方并起,休仁亲当矢石,克成大功,任总百揆,亲寄甚隆;由是朝野辐凑,上渐不悦。休仁悟其旨,故表解扬州。己未,以桂阳王休范为扬州刺史。

17　分荆州之巴东、建平,益州之巴西、梓潼郡,置三巴校尉,治白帝。先是,三峡蛮、獠岁为抄暴,故立府以镇之。上以司徒参军东莞孙谦为巴东、建平二郡太守。谦将之官,敕募千人自随,谦曰:“蛮夷不宾,盖待之失节耳,何烦兵役以为国费!”固辞不受。至郡,开布恩信,蛮、獠翕然怀之,竞饷金宝;谦皆慰谕,不受。

18　临海贼帅田流自称东海王,剽掠海盐,杀鄞令,东土大震。

六年(庚戌,470)

1　春,正月乙亥,初制间二年一祭南郊,间一年一祭明堂。

2　二月壬寅,以司徒休仁为太尉,领司徒;固辞。

3　癸丑,纳江智渊孙女为太子妃。甲寅,大赦。令百官皆献物;始兴太守孙奉伯止献琴、书,上大怒,封药赐死,既而原之。

4　魏以东郡王陆定国为司空。定国,丽之子也。

5　魏主遣征西大将军上党王长孙观击吐谷浑。

6　夏,四月辛丑,魏大赦。

7　戊申,魏长孙观与吐谷浑王拾寅战于曼头山,拾寅败走,遣别驾康盘龙入贡,魏主囚之。

8　癸亥,立皇子燮为晋熙王,奉晋熙王昶后。

9　五月,魏立皇弟长乐为建昌王。

10　六月癸卯,以江州刺史王景文为尚书左仆射、扬州刺史,以尚书仆射袁粲为右仆射。

上宫中大宴,裸妇人而观之,王后以扇障面。上怒曰:“外舍寒乞!今共为乐,何独不视!”后曰:“为乐之事,其方自多;岂有姑姊妹集而裸妇人以为笑! 外舍之乐,雅异于此。”上大怒,遣后起。后兄景文闻之曰:“后在家劣弱,今段遂能刚正如此!”

11　南兖州刺史萧道成在军中久,民间或言道成有异相,当为天子。上疑之,征为黄门侍郎、越骑校尉。道成惧,不欲内迁,而无计得留。冠军参军广陵荀伯玉劝道成遣数十骑入魏境,安置标榜,魏果遣游骑数百履行境上;道成以闻,上使道成复本任。秋,九月,命道成迁镇淮阴。以侍中、中领军刘勔为都督南徐兖等五州诸军事,镇广陵。

12　戊寅,立总明观,置祭酒一人,儒、玄、文、史学士各十人。

13　柔然部真可汗侵魏,魏主引群臣议之。尚书右仆射南平公目辰曰:“若车驾亲征,京师危惧,不如持重固守。虏悬军深入,粮运无继,不久自退;遣将追击,破之必矣。”给事中张白泽曰:“蠢尔荒愚,轻犯王略,若銮舆亲行,必望麾崩散,岂可坐而纵敌! 以万乘之尊,婴城自守,非所以威服四夷也。”魏主从之。白泽,衮之孙也。

魏主使京兆王子推等督诸军出西道,任城王云等督诸军出东道,汝阴王天赐等督诸军为前锋,陇西王源贺等督诸军为后继,镇西将军吕罗汉等掌留台事。诸将会魏主于女水之滨,与柔然战,柔然大败。乘胜逐北,斩首五万级,降者万馀人,获戎马器械不可胜计。旬有九日,往返六千馀里。改女水曰武川。司徒东安王刘尼坐昏醉,军陈不整,免官。壬申,还至平城。

是时，<u>魏</u>百官不给禄，少能以廉白自立者。<u>魏</u>主诏："吏受所监临羊一口、酒一斛者，死；与者以从坐论；有能纠告尚书已下罪状者，随所纠官轻重授之。"<u>张白泽</u>谏曰："昔<u>周</u>之下士，尚有代耕之禄。今皇朝贵臣，服勤无报；若使受礼者刑身，纠之者代职，臣恐奸人窥望，忠臣懈节，如此而求事简民安，不亦难乎！请依律令旧法，仍班禄以酬廉吏。"<u>魏</u>主乃为之罢新法。

14　冬，十月辛卯，诏以<u>世祖</u>继体，陷宪无遗，以皇子<u>智随</u>为<u>世祖</u>子，立为<u>武陵王</u>。

15　初，<u>魏乙浑</u>专政，<u>慕容白曜</u>颇附之。<u>魏</u>主追以为憾，遂称<u>白曜</u>谋反，诛之，及其弟<u>如意</u>。

16　初，<u>魏</u>南部尚书<u>李敷</u>，仪曹尚书<u>李𫷷</u>，少相亲善，与中书侍郎<u>卢度世</u>皆以才能为<u>世祖</u>、<u>显祖</u>所宠任，参豫机密，出纳诏命。其后<u>𫷷</u>出为相州刺史，受纳货赂，为人所告，<u>敷</u>掩蔽之。<u>显祖</u>闻之，槛车征<u>𫷷</u>，案验服罪，当死。是时<u>敷</u>弟<u>奕</u>得幸于<u>冯太后</u>，帝意已疏之。有司以中旨讽<u>𫷷</u>告<u>敷</u>兄弟阴事，可以得免。<u>𫷷</u>谓其婿<u>裴攸</u>曰："吾与<u>敷</u>族世虽远，恩逾同生，今在事劝吾为此，吾情所不忍。每引簪自刺，解带自绞，终不得死。且吾安能知其阴事！将若之何？"<u>攸</u>曰："何为为人死也！有<u>冯阐</u>者，先为<u>敷</u>所败，其家深怨之。今询其弟，<u>敷</u>之阴事可得也。"<u>𫷷</u>从之。又<u>赵郡范檦</u>条列<u>敷</u>兄弟事状凡三十馀条。有司以闻。帝大怒，诛<u>敷</u>兄弟。<u>𫷷</u>得减死，鞭髡配役。未几，复为太仓尚书，摄南部事。<u>敷</u>，<u>顺</u>之子也。

17　<u>魏阳平王新成</u>卒。

18　是岁，命龙骧将军<u>义兴周山图</u>将兵屯<u>浃口</u>讨<u>田流</u>，平之。

19　柔然攻<u>于阗</u>，<u>于阗</u>遣使者<u>素目伽</u>奉表诣<u>魏</u>求救。<u>魏</u>主命公卿议之，皆曰："<u>于阗</u>去京师几万里，蠕蠕唯习野掠，不能攻城；若其可攻，寻已亡矣。虽欲遣师，势无所及。"<u>魏</u>主以议示使者，使者亦以为然。乃诏之曰："朕应急救诸军以拯汝难。但去汝遐阻，必不能救当时之急。汝宜知之！朕今练甲养士，一二岁间，当躬帅猛将，为汝除患。汝其谨修警候以待大举！"

资治通鉴卷第一百三十三

宋纪十五

太宗明皇帝下

泰始七年（辛亥，471）

1 春，二月戊戌，分交、广置越州，治临漳。

2 初，上为诸王，宽和有令誉，独为世祖所亲。即位之初，义嘉之党多蒙全宥，随才引用，有如旧臣。及晚年，更猜忌忍虐，好鬼神，多忌讳，言语、文书，有祸败、凶丧及疑似之言应回避者数百千品，有犯必加罪戮。改"骗"字为"驱"，以其似祸字故也。左右忤意，往往有剖割者。

时淮、泗用兵，府藏空竭，内外百官，并断俸禄。而奢费过度，每所造器用，必为正御、副御、次副各三十枚。嬖幸用事，货赂公行。

上素无子，密取诸王姬有孕者内宫中，生男则杀其母，使宠姬子之。

至是寝疾，以太子幼弱，深忌诸弟。南徐州刺史晋平剌王休祐，前镇江陵，贪虐无度，上不使之镇，留之建康，遣上佐行府州事。休祐性刚狠，前后忤上非一，上积不能平；且虑将来难制，欲方便除之。甲寅，休祐从上于岩山射雉，左右从者并在仗后。日欲暗，上遣左右寿寂之等数人，逼休祐令坠马，因共殴，拉杀之，传呼"骠骑落马！"上阳惊，遣御医络驿就视，比其左右至，休祐已绝，去车轮，舆还第。追赠司空，葬之如礼。

建康民间讹言，荆州刺史巴陵王休若有至贵之相，上以此言报之，休若忧惧。戊午，以休若代休祐为南徐州刺史。休若腹心将佐，皆谓休若还朝，必不免祸，中兵参军京兆王敬先说休若曰："今主上弥留，政成省闼，群竖恟恟，欲悉去宗支以便其私。殿下声著海内，受诏入朝，必往而不返。荆州带甲十馀万，地方数千里，上可以匡天子，除奸臣，下可以保境土，全一身；孰与赐剑邸第，使臣妾饮泣而不敢葬乎！"休若素谨畏，伪许之。敬先出，使人执之，以白于上而诛之。

3 三月辛酉，魏假员外散骑常侍邢祐来聘。

4 魏主使殿中尚书胡莫寒简西部敕勒为殿中武士。莫寒大纳货赂，众怒,杀莫寒及高平假镇将奚陵。夏,四月,诸部敕勒皆叛。魏主使汝阴王天赐将兵讨之,以给事中罗云为前锋;敕勒诈降,袭云,杀之,天赐仅以身免。

5 晋平剌王既死,建安王休仁益不自安。上与嬖臣杨运长等为身后之计,运长等亦虑上晏驾后,休仁秉政,己辈不得专权,弥赞成之。上疾尝暴甚,内外莫不属意于休仁,主书以下皆往东府访休仁所亲信,豫自结纳;其或在直不得出者,皆恐惧。上闻,愈恶之。五月戊午,召休仁入见,既而谓曰:“今夕停尚书下省宿,明可早来。”其夜,遣人赍药赐死。休仁骂曰:“上得天下,谁之力邪!孝武以诛锄兄弟,子孙灭绝。今复为尔,宋祚其能久乎!”上虑有变,力疾乘舆出端门,休仁死,乃入。下诏称:“休仁规结禁兵,谋为乱逆,朕未忍明法,申诏诘厉。休仁惭恩惧罪,遽自引决。可宥其二子,降为始安县王,听其子伯融袭封。”

上虑人情不悦,乃与诸大臣及方镇诏,称:“休仁与休祐深相亲结,语休祐云:‘汝但作佞,此法自足安身;我从来颇得此力。’休祐之陨,本欲为民除患,而休仁从此日生娆惧。吾每呼令入省,便入辞杨太妃。吾春中多与之射雉,或阴雨不出,休仁辄语左右云:‘我已复得今一日。’休仁既经南讨,与宿卫将帅经习狎共事。吾前者积日失适,休仁出入殿省,无不和颜,厚相抚劳。如其意趣,人莫能测。事不获已,反覆思惟,不得不有近日处分。恐当不必即解,故相报知。”

上与休仁素厚,虽杀之,每谓人曰:“我与建安年时相邻,少便款狎。景和、泰始之间,勋诚实重;事计交切,不得不相除,痛念之至,不能自已。”因流涕不自胜。

初,上在藩与褚渊以风素相善;及即位,深相委仗。上寝疾,渊为吴郡太守,急召之。既至,入见,上流涕曰:“吾近危笃,故召卿,欲使著黄裌耳。”黄裌者,乳母服也。上与渊谋诛建安王休仁,渊以为不可,上怒曰:“卿痴人!不足与计事!”渊惧而从命。复以渊为吏部尚书。庚午,以尚书右仆射袁粲为尚书令,褚渊为左仆射。

6 上恶太子屯骑校尉寿寂之勇健;会有司奏寂之擅杀逻尉,徙越州,于道杀之。

7 丙戌,追废晋平王休祐为庶人。

8 巴陵王休若至京口,闻建安王死,益惧。上以休若和厚,能谐缉物情,恐将来倾夺幼主,欲遣使杀之,虑不奉诏;欲征入朝,又恐猜骇。六月丁酉,以江州刺史桂阳王休范为南徐州刺史,以休若为江州刺史。手书殷勤,召休若使赴七月七日宴。

9 丁未,魏主如河西。

10 秋,七月,巴陵哀王休若至建康;乙丑,赐死于第,赠侍中、司空。复以桂阳王休范为江州刺史。时上诸弟俱尽,唯休范以人才凡劣,不为上所忌,故得全。

沈约论曰:圣人立法垂制,所以必称先王,盖由遗训馀风,足以贻之来世也。太祖经国之义虽弘,隆家之道不足。彭城王照不窥古,徒见昆弟之义,未识君臣之礼,冀以家情行之国道,主猜而犹犯,恩薄而未悟,致以呵训之微行,遂成灭亲之大祸。开端树隙,垂之后人。太宗因易隙之情,据已行之典,翦落洪枝,不待顾虑。既而本根无庇,幼主孤立,神器以势弱倾移,灵命随乐推回改,斯盖履霜有渐,坚冰自至,所由来远矣。

裴子野论曰:夫噬虎之兽,知爱己子;搏狸之鸟,非护异巢。太宗保字螟蛉,剿拉同气,既迷在原之天属,未识父子之自然。宋德告终,非天废也。夫危亡之君,未尝不先弃本枝,妪煦旁孽;推诚嬖狎,疾恶父兄。前乘覆车,后来并辔。借使叔仲有国,犹不失配天;而他人入室,将七庙绝祀,曾是莫怀,甘心揣落。晋武背文明之托,而覆中州者贾后;太祖弃初宁之誓,而登合殿者元凶。祸福无门,奚其豫择!友于兄弟,不亦安乎!

11 丙寅,魏主至阴山。

12 初,吴喜之讨会稽也,言于上曰:"得寻阳王子房及诸贼帅,皆即于东戮之。"既而生送子房,释顾琛等。上以其新立大功,不问,而心衔之。及克荆州,剽掠,赃以万计。寿寂之死,喜为淮陵太守,督豫州诸军事,闻之,内惧,启乞中散大夫,上尤疑骇。或谮萧道成在淮阴有贰心于魏,上封银壶酒,使喜自持赐道成。道成惧,欲逃,喜以情告道成,且先为之饮,道成即饮之。喜还朝,保证道成。或密以启上,上以喜多计数,素得人情,恐其不能事幼主;乃召喜入内殿,与共言谑甚款,既出,赐以名馔。寻赐死,然犹发诏赙赐。

又与刘勔等诏曰:"吴喜轻狡万端,苟取物情。昔大明中,黟、歙有亡命数千人,攻县邑,杀官长,刘子尚遣三千精甲讨之,再往失利。孝武以喜将数十人至县,说诱群贼,贼即归降。诡数幻惑,乃能如此。及泰始初东讨,止有三百人,直造三吴,凡再经薄战,而自破冈以东,至海十郡,无不清荡。百姓闻吴河东来,便望风自退,若非积取三吴人情,何以得弭伏如此!寻喜心迹,岂可奉守文之主,遭国家可乘之会邪!譬如饵药,当人羸冷,资散石以全身,及热势发动,去坚积以止患,非忘其功,势不获已耳。"

13 戊寅,以淮阴为北兖州,征萧道成入朝。道成所亲以朝廷方诛大臣,劝勿就征,道成曰:"诸卿殊不见事!主上自以太子稚弱,翦除诸弟,何预他人!今唯应速发;淹留顾望,必将见疑。且骨肉相残,自非灵长之祚,祸难将兴,方与卿等戮力耳。"既至,拜散骑常侍、太子左卫率。

14 八月丁亥,魏主还平城。

15 戊子,以皇子跻继江夏文献王义恭。

16 庚寅,上疾有间,大赦。

17 戊戌,立皇子準为安成王,实桂阳王休范之子也。

18 魏显祖聪睿夙成,刚毅有断;而好黄、老、浮屠之学,每引朝士及沙门共谈玄理,雅薄富贵,常有遗世之心。以叔父中都大官京兆王子推沉雅仁厚,素有时誉,欲禅以帝位。时太尉源贺督诸军屯漠南,驰传召之。既至,会公卿大议,皆莫敢先言。任城王云,子推之弟也,对曰:"陛下方隆太平,临覆四海,岂得上违宗庙,下弃兆民。且父子相传,其来久矣。陛下必欲委弃尘务,则皇太子宜承正统。夫天下者,祖宗之天下,陛下若更授旁支,恐非先圣之意,启奸乱之心,斯乃祸福之原,不可不慎也。"源贺曰:"陛下今欲禅位皇叔,臣恐紊乱昭穆,后世必有逆祀之讥。愿深思任城之言。"东阳公丕等曰:"皇太子虽圣德早彰,然实冲幼。陛下富于春秋,始览万机,奈何欲隆独善,不以天下为心,其若宗庙何!其若亿兆何!"尚书陆馛曰:"陛下若舍太子,更议诸王,臣请刭颈殿庭,不敢奉诏!"帝怒,变色;以问宦者选部尚书酒泉赵黑,黑曰:"臣以死奉戴皇太子,不知其他!"帝默然。时太子宏生五年矣,帝以其幼,故欲传位子推。中书令高允曰:"臣不敢多言,愿陛下上思宗庙托付之重,追念周公抱成王之事。"帝乃曰:"然则立太子,群公辅之,有何不可!"又曰:"陆馛,直臣也,必能保吾子。"乃以馛为太保,与源贺持节奉皇帝玺绂传位于太子。丙午,高祖即皇帝位,大赦,改元延兴。

高祖幼有至性,前年,显祖病痈,高祖亲吮。及受禅,悲泣不自胜。显祖问其故,对曰:"代亲之感,内切于心。"

丁未,显祖下诏曰:"朕希心玄古,志存澹泊,爰命储宫践升大位,朕得优游恭己,栖心浩然。"

群臣奏曰:"昔汉高祖称皇帝,尊其父为太上皇,明不统天下也。今皇帝幼冲,万机大政,犹宜陛下总之。谨上尊号曰太上皇帝。"显祖从之。

己酉,上皇徙居崇光宫,采椽不斫,土阶而已;国之大事咸以闻。崇光宫在北苑中,又建鹿野浮图于苑中之西山,与禅僧居之。

19　冬,十月,魏沃野、统万二镇敕勒叛,遣太尉源贺帅众讨之;降二千馀落,追击馀党至枹罕、金城,大破之,斩首八千馀级,虏男女万馀口,杂畜三万馀头。诏贺都督三道诸军,屯于漠南。

先是,魏每岁秋、冬发军,三道并出以备柔然,春中乃还。贺以为"往来疲劳,不可支久;请募诸州镇武健者三万馀人,筑三城以处之,使冬则讲武,春则耕种"。不从。

20　庚寅,魏以南安王桢为都督凉州及西戎诸军事,领护西域校尉,镇凉州。

21　上命北琅邪、兰陵二郡太守垣崇祖经略淮北,崇祖自郁洲将数百人入魏境七百里,据蒙山。十一月,魏东兖州刺史于洛侯击之,崇祖引还。

22　上以故第为湘宫寺,备极壮丽,欲造十级浮图而不能,乃分为二。新安太守巢尚之罢郡入见,上谓曰:"卿至湘宫寺未?此是我大功德,用钱不少。"通直散骑侍郎会稽虞愿侍侧,曰:"此皆百姓卖儿贴妇钱所为,佛若有知,当慈悲嗟愍;罪高浮图,何功德之有!"侍坐者失色;上怒,使人驱下殿。愿徐去,无异容。

上好围棋,棋甚拙,与第一品彭城丞王抗围棋,抗每假借之,曰:"皇帝飞棋,臣抗不能断。"上终不悟,好之愈笃。愿又曰:"尧以此教丹朱,非人主所宜好也。"上虽怒甚,以愿王国旧臣,每优容之。

23　王景文常以盛满为忧,屡辞位任,上不许。然中心以景文外戚贵盛,张永累经军旅,疑其将来难信,乃自为谣言曰:"一士不可亲,弓长射杀人。"景文弥惧,自表解扬州,情甚切至。诏报曰:"人居贵要,但问心若为耳。大明之世,巢、徐、二戴,位不过执戟,权亢人主。今袁粲作仆射领选,而人往往不知有粲,粲迁为令,居之不疑;人情向粲,淡然亦复不改常日。以此居贵位要任,当有致忧竞不?夫贵高有危殆之惧,卑贱有填壑之忧,有心于避祸,不如无心于任运,存亡之要,巨细一揆耳。"

泰豫元年(壬子,472)

1　春,正月甲寅朔,上以疾久不平,改元。戊午,皇太子会四方朝贺者于东宫,并受贡计。

2　大阳蛮酋桓诞拥沔水以北、湟叶以南八万馀落降于魏,自云桓玄之子,亡匿蛮中,以智略为群蛮所宗。魏以诞为征南将军、东荆州刺史、襄阳王,听自选郡县吏;使起部郎京兆韦珍与诞安集新民,区置诸事,皆得其所。

3　二月,柔然侵魏,上皇遣将击之;柔然走。东部敕勒叛奔柔然,上皇自将追之,至石碛,不及而还。

4　上疾笃,虑晏驾之后,皇后临朝,江安懿侯王景文以元舅之势,必为宰相,门族强盛,或有异图。己未,遣使赍药赐景文死,手敕曰:"与卿周旋,欲全卿门户,故有此处分。"敕至,景文正与客棋,叩函看已,复置局下,神色不变,方与客思行争劫。局竟,敛子内奁毕,徐曰:"奉敕见赐以死。"方以敕示客。中直兵焦度赵智略愤怒,曰:"大丈夫安能坐受死! 州中文武数百,足以一奋。"景文曰:"知卿至心;若见念者,为我百口计。"乃作墨启答敕致谢,饮药而卒。赠开府仪同三司。

上梦有人告曰:"豫章太守刘愔反。"既寤,遣人就郡杀之。

5　魏显祖还平城。

6　庚午,魏主耕籍田。

7　夏,四月,以垣崇祖行徐州事,徙戍龙沮。

8　己亥,上大渐,以江州刺史桂阳王休范为司空,又以尚书右仆射褚渊为护军将军,加中领军刘勔右仆射,诏渊、勔与尚书令袁粲、荆州刺史蔡兴宗、郢州刺史沈攸之并受顾命。褚渊素与萧道成善,引荐于上,诏又以道成为右卫将军,领卫尉,与袁粲等共掌机事。是夕,上殂。庚子,太子即皇帝位,大赦。时苍梧王方十岁,袁粲、褚渊秉政,承太宗奢侈之后,务弘节俭,欲救其弊;而阮佃夫、王道隆等用事,货赂公行,不能禁也。

9　乙巳,以安成王準为扬州刺史。

10　五月戊寅,葬明皇帝于高宁陵,庙号太宗。六月乙巳,尊皇后曰皇太后,立妃江氏为皇后。

11　秋,七月,柔然部帅无卢真将三万骑寇魏敦煌,镇将尉多侯击走之。多侯,眷之子也。又寇晋昌,守将薛奴击走之。

12　戊午,魏主如阴山。

13　戊辰,尊帝母陈贵妃为皇太妃,更以诸国太妃为太姬。

14　右军将军王道隆以蔡兴宗强直,不欲使居上流,闰月,甲辰,以兴宗为中书监;更以沈攸之为都督荆襄等八州诸军事、荆州刺史。兴宗辞中书监不拜。王道隆每诣兴宗,蹑履到前,不敢就席,良久去,竟不呼坐。

沈攸之自以材略过人,自至夏口以来,阴蓄异志;及徙荆州,择郢州士马、器仗精者,多以自随。到官,以讨蛮为名,大发兵力,招聚才勇,部勒严整,常如敌至。重赋敛以缮器甲,旧应供台者皆割留之,养马至二千馀匹,治战舰近千艘,仓廪、府库莫不充积。士子、商旅过荆州者,多为所羁留;四方亡命,归之者皆蔽匿拥护;所部或有逃亡,无远近穷追,必得而止。举错专恣,不复承用符敕,朝廷疑而惮之。为政刻暴,或鞭挞士大夫;上佐以下,面加詈辱。然吏事精明,人不敢欺,境内盗贼屏息,夜户不闭。

攸之赆罚群蛮太甚,又禁五溪鱼盐,蛮怨叛。西溪蛮王田头拟死,弟娄侯篡立,其子田都走入獠中。于是群蛮大乱,掠抄至武陵城下。武陵内史萧嶷遣队主张英儿击破之,诛娄侯,立田都,群蛮乃定。嶷,赜之弟也。

15　八月戊午,乐安宣穆公蔡兴宗卒。

16　九月辛巳,魏主还平城。

17　冬,十月,柔然侵魏,及五原,十一月,上皇自将讨之。将度漠,柔然北走数千里,上皇乃还。

18　丁亥,魏封上皇之弟略为广川王。

19　己亥,以郢州刺史刘秉为尚书左仆射。秉,道怜之孙也,和弱无干能,以宗室清令,故袁、褚引之。

20　中书通事舍人阮佃夫加给事中、辅国将军,权任转重。欲用其所亲吴郡张澹为武陵郡;袁粲等皆不同,佃夫称敕施行,粲等不敢执。

21　魏有司奏诸祠祀合一千七十五所,岁用牲七万五千五百。上皇恶其多杀,诏:“自今非天地、宗庙、社稷,皆勿用牲,荐以酒脯而已。”

苍梧王上

元徽元年(癸丑,473)

1　春,正月戊寅朔,改元,大赦。

2　庚辰,魏员外散骑常侍崔演来聘。

3　戊戌,魏上皇还,至云中。

4　癸丑,魏诏守令劝课农事,同部之内,贫富相通,家有兼牛,通借无者;若不从诏,一门终身不仕。

5　戊午,魏上皇至平城。

6　甲戌,魏诏:“县令能静一县劫盗者,兼治二县,即食其禄;能静二县者,兼治三县,三年迁为郡守。二千石能静二郡上至三郡亦如之,三年迁为刺史。”

7　桂阳王休范,素凡讷,少知解,不为诸兄所齿遇,物情亦不向之,故太宗之末得免于祸。及帝即位,年在冲幼,素族秉政,近习用权。休范自谓尊亲莫二,应入为宰辅;既不如志,怨愤颇甚。典签新蔡许公舆为之谋主,令休范折节下士,厚相资给,于是远近赴之,岁中万计;收养勇士,缮治器械。朝廷知其有异志,亦阴为之备。会夏口阙镇,朝廷以其地居寻阳上流,欲使腹心居之。二月乙亥,以晋熙王燮为郢州刺史。燮始四岁,以黄门郎王奂为长史,行府州事,配以资力,使镇夏口;复恐其过寻阳为休范所劫留,使自太洑径去。休范闻之,大怒,密与许公舆谋袭建康;表治城隍,多解材板而蓄之。奂,景文之兄子也。

8　吐谷浑王拾寅寇魏浇河,夏,四月戊申,魏以司空长孙观为大都督,发兵讨之。

9　魏以孔子二十八世孙乘为崇圣大夫,给十户以供洒扫。

10　秋,七月,魏诏"河南六州之民,户收绢一匹,绵一斤,租三十石"。

11　乙亥,魏主如阴山。

12　八月庚申,魏上皇如河西。

长孙观入吐谷浑境,刍其秋稼。吐谷浑王拾寅窘急请降,遣子斤入侍。自是岁修职贡。

九月辛巳,上皇还平城。

13　遣使如魏。

14　冬,十月癸酉,割南兖、豫州之境置徐州,治钟离。

15　魏上皇将入寇,诏州郡之民十丁取一以充行,户收租五十石以备军粮。

16　魏武都氐反,攻仇池,诏长孙观回师讨之。

17　武都王杨僧嗣卒于葭芦,从弟文度自立为武兴王,遣使降魏;魏以文度为武兴镇将。

18　十一月丁丑,尚书令袁粲以母忧去职。

19　癸巳,魏上皇南巡,至怀州。枋头镇将代人薛虎子,先为冯太后所黜,为门士。时山东饥,盗贼竞起,相州民孙海等五百人称虎子在镇,境内清晏,乞还虎子。上皇复以虎子为枋头镇将;即日之官,数州盗贼皆息。

20　十二月癸卯朔,日有食之。

21　乙巳,江州刺史桂阳王休范进位太尉。

22　诏起袁粲,以卫军将军摄职;粲固辞。

23　壬子,柔然侵魏,柔玄镇二部敕勒应之。

24　魏州镇十一水旱,相州民饿死者二千八百馀人。

25　是岁,魏妖人刘举聚众自称天子。齐州刺史武昌王平原讨斩之。平原,提之子也。

二年(甲寅,474)

1　春,正月丁丑,魏太尉源贺以疾罢。

2　二月甲辰,魏上皇还平城。

3　三月丁亥,魏员外散骑常侍许赤虎来聘。

4　夏,五月壬午,桂阳王休范反。掠民船,使军队称力请受,付以材板,合手装治,数日即办。丙戌,休范率众二万、骑五百发寻阳,昼夜取道;以书与诸执政,称:"杨运长、王道隆蛊惑先帝,使建安、巴陵二王无罪被戮,望执录二竖,以谢冤魂。"

庚寅,大雷戍主杜道欣驰下告变,朝廷惶骇。护军褚渊、征北将军张永、领军刘勔、仆射刘秉、右卫将军萧道成、游击将军戴明宝、骁骑将军阮佃夫、右军将军王道隆、中书舍人孙千龄、员外郎杨运长集中书省计事,莫有言者。道成曰:"昔上流谋逆,皆因淹缓致败,休范必远惩前失,轻兵急下,乘我无备。今应变之术,不宜远出;若偏师失律,则大沮众心。宜顿新亭、白下,坚守宫城、东府、石头,以待贼至。千里孤军,后无委积,求战不得,自然瓦解。我请顿新亭以当其锋,征北守白下,领军屯宣阳门为诸军节度;诸贵安坐殿中,不须竞出,我自破贼必矣。"因索笔下议。众并注"同"。孙千龄阴与休范通谋,独曰:"宜依旧遣军据梁山。"道成正色曰:"贼今已近,梁山岂可得至!新亭既是兵冲,所欲以死报国耳。常时乃可屈曲相从,今不得也!"坐起,道成顾谓刘勔曰:"领军已同鄙议,不可改易!"袁粲闻难,扶曳入殿,即日,内外戒严。

道成将前锋兵出屯新亭,张永屯白下,前南兖州刺史沈怀明戍石头,袁粲、褚渊入卫殿省。时仓猝不暇授甲,开南北二武库,随将士意所取。

萧道成至新亭,治城垒未毕;辛卯,休范前军已至新林。道成方解衣高卧以安众心,徐索白虎幡,登西垣,使宁朔将军高道庆、羽林监陈显达、员外郎王敬则帅舟师与休范战,颇有杀获。壬辰,休范自新林舍舟步上,其将丁文豪请休范直攻台城。休范遣文豪别将兵趣台城,自以大众攻新亭垒。道成率将士悉力拒战,自巳至午,外势愈盛,众皆失色,道成曰:"贼虽多而乱,寻当破矣。"

休范白服,乘肩舆,自登城南临沧观,以数十人自卫。屯骑校尉黄回

与越骑校尉张敬儿谋诈降以取之。回谓敬儿曰："卿可取之,我誓不杀诸
王。"敬儿以白道成。道成曰："卿能办事,当以本州相赏。"乃与回出城
南,放仗走,大呼称降。休范喜,召至舆侧。回阳致道成密意,休范信之,
以二子德宣、德嗣付道成为质。二子至,道成即斩之。休范置回、敬儿于
左右,所亲李恒、锺爽谏,不听。时休范日饮醇酒,回见休范无备,目敬儿;
敬儿夺休范防身刀,斩休范首,左右皆散走。敬儿驰马持首归新亭。

　　道成遣队主陈灵宝送休范首还台。灵宝道逢休范兵,弃首于水,挺身
得达,唱云"已平",而无以为验,众莫之信。休范将士亦不之知,其将杜
黑骡攻新亭甚急。萧道成在射堂,司空主簿萧惠朗帅敢死士数十人突入
东门,至射堂下。道成上马,帅麾下搏战,惠朗乃退,道成复得保城。惠
朗,惠开之弟也,其姊为休范妃。惠朗兄黄门郎惠明,时为道成军副,在城
内,了不自疑。

　　道成与黑骡拒战,自晡达旦,矢石不息;其夜,大雨,鼓叫不复相闻。
将士积日不得寝食,军中马夜惊,城内乱走。道成秉烛正坐,厉声呵之,如
是者数四。

　　丁文豪破台军于皂荚桥,直至朱雀桁南;杜黑骡亦舍新亭北趣朱雀
桁。右军将军王道隆将羽林精兵在朱雀门内,急召鄱阳忠昭公刘勔于石
头。勔至,命撤桁以折南军之势,道隆怒曰："贼至,但当急击,宁可开桁
自弱邪!"勔不敢复言。道隆趣勔进战,勔渡桁南,战败而死。黑骡等乘
胜渡淮,道隆弃众走还台,黑骡兵追杀之。黄门侍郎王蕴重伤,踣于御沟
之侧,或扶之以免。蕴,景文之兄子也。于是中外大震,道路皆云"台城
已陷",白下、石头之众皆溃,张永、沈怀明逃还。宫中传新亭亦陷,太后
执帝手泣曰："天下败矣!"

　　先是,月犯右执法,太白犯上将,或劝刘勔解职。勔曰："吾执心行
己,无愧幽明,若灾眚必至,避岂得免!"勔晚年颇慕高尚,立园宅,名为东
山,遗落世务,罢遣部曲。萧道成谓勔曰："将军受顾命,辅幼主,当此艰
难之日,而深尚从容,废省羽翼,一朝事至,悔可追乎!"勔不从而败。

　　甲午,抚军长史褚澄开东府门纳南军,拥安成王準据东府,称桂阳王
教曰："安成王,吾子也,勿得侵犯。"澄,渊之弟也。杜黑骡径进至杜姥
宅,中书舍人孙千龄开承明门出降。宫省恇扰。时府藏已竭,皇太后、太
妃剔取宫中金银器物以充赏,众莫有斗志。

　　俄而丁文豪之众知休范已死,稍欲退散。文豪厉声曰："我独不能定
天下邪!"许公舆诈称桂阳王在新亭,士民惶惑,诣萧道成垒投刺者以千

数。道成得,皆焚之,登北城谓曰:"刘休范父子昨已就戮,尸在南冈下。身是萧平南,诸君谛视之。名刺皆已焚,勿忧惧也。"

道成遣陈显达、张敬儿及辅师将军任农夫、马军主东平周盘龙等将兵自石头济淮,从承明门入卫宫省。袁粲慷慨谓诸将曰:"今寇贼已逼而众情离沮,孤子受先帝付托,不能绥静国家,请与诸君同死社稷!"被甲上马,将驱之。于是陈显达等引兵出战,大破杜黑骡于杜姥宅,飞矢贯显达目。丙申,张敬儿等又破黑骡等于宣阳门,斩黑骡及丁文豪,进克东府,馀党悉平。萧道成振旅还建康,百姓缘道聚观,曰:"全国家者此公也!"道成与袁粲、褚渊、刘秉皆上表引咎解职,不许。丁酉,解严,大赦。

5　柔然遣使来聘。

6　六月庚子,以平南将军萧道成为中领军、南兖州刺史,留卫建康,与袁粲、褚渊、刘秉更日入直决事,号为四贵。

7　桂阳王休范之反也,使道士陈公昭作天公书,题云"沈丞相",付荆州刺史沈攸之门者。攸之不开视,推得公昭,送之朝廷。及休范反,攸之谓僚佐曰:"桂阳必声言我与之同。若不颠沛勤王,必增朝野之惑。"乃与南徐州刺史建平王景素、郢州刺史晋熙王燮、湘州刺史王僧虔、雍州刺史张兴世同举兵讨休范。休范留中兵参军毛惠连等守寻阳,燮遣中兵参军冯景祖袭之。癸卯,惠连等开门请降,杀休范二子,诸镇皆罢兵。景素,宏之子也。

8　乙卯,魏诏曰:"下民凶戾,不顾亲戚,一人为恶,殃及阖门。朕为民父母,深所愍悼。自今非谋反大逆外叛,罪止其身。"于是始罢门、房之诛。

魏显祖勤于为治,赏罚严明,慎择牧守,进廉退贪。诸曹疑事,旧多奏决,又口传诏敕,或致矫擅。上皇命事无大小,皆据律正名,不得为疑奏;合则制可,违则弹诘,尽用墨诏,由是事皆精审。尤重刑罚,大刑多令覆鞫,或囚系积年。群臣颇以为言,上皇曰:"滞狱诚非善治,不犹愈于仓猝而滥乎!夫人幽苦则思善,故智者以囹圄为福堂,朕特苦之,欲其改悔而加矜恕尔。"由是囚系虽滞,而所刑多得其宜。又以赦令长奸,故自延兴以后,不复有赦。

9　秋,七月庚辰,立皇弟友为邵陵王。

10　乙酉,加荆州刺史沈攸之开府仪同三司,攸之固辞。执政欲征攸之而惮于发命,乃以太后令遣中使谓曰:"公久劳于外,宜还京师。任寄实重,未欲轻之;进退可否,在公所择。"攸之曰:"臣无廊庙之资,居中实非其才。至于扑讨蛮、蜑,克清江、汉,不敢有辞。虽自上如此,去留伏听朝旨。"乃止。

11 癸巳,柔然寇魏敦煌,尉多侯击破之。尚书奏:"敦煌僻远,介居西、北强寇之间,恐不能自固,请内徙就凉州。"群臣集议,皆以为然。给事中昌黎韩秀,独以为:"敦煌之置,为日已久。虽逼强寇,人习战斗,纵有草窃,不为大害。循常置戍,足以自全;而能隔阂西、北二虏,使不得相通。今徙就凉州,不唯有蹙国之名,且姑臧去敦煌千有馀里,防逻甚难,二虏必有交通窥阚之志;若骚动凉州,则关中不得安枕。又,士民或安土重迁,招引外寇,为国深患,不可不虑也。"乃止。

12 九月丁酉,以尚书令袁粲为中书监、领司徒,加褚渊尚书令,刘秉丹杨尹。粲固辞,求反居墓所;不许。

渊以褚澄为吴郡太守,司徒左长史萧惠明言于朝曰:"褚澄开门纳贼,更为股肱大郡,王蕴力战几死,弃而不收;赏罚如此,何忧不乱!"渊甚惭。冬,十月庚申,以侍中王蕴为湘州刺史。

13 十一月丙戌,帝加元服,大赦。

14 十二月癸亥,立皇弟跻为江夏王,赞为武陵王。

15 是岁,魏建安贞王陆馛卒。

三年(乙卯,475)

1 春,正月辛巳,帝祀南郊、明堂。

2 萧道成以襄阳重镇,张敬儿人位俱轻,不欲使居之;而敬儿求之不已,谓道成曰:"沈攸之在荆州,公知其欲何所作;不出敬儿,以表里制之,恐非公之利。"道成笑而无言。三月己巳,以骁骑将军张敬儿为都督雍梁二州诸军事、雍州刺史。

沈攸之闻敬儿上,恐其见袭,阴为之备。敬儿既至,奉事攸之,亲敬甚至,动辄咨禀,信馈不绝。攸之以为诚然,酬报款厚。累书欲因游猎会境上,敬儿报以为"心期有在,影迹不宜过敦"。攸之益信之。敬儿得其事迹,皆密白道成。道成与攸之书,问:"张雍州迁代之日,将欲谁拟?"攸之即以示敬儿,欲以间之。

3 夏,五月丙午,魏主使员外散骑常侍许赤虎来聘。

4 丁未,魏主如武州山;辛酉,如车轮山。

5 六月庚午,魏初禁杀牛马。

6 袁粲、褚渊皆固让新官。秋,七月庚戌,复以粲为尚书令,八月庚子,加护军将军褚渊中书监。

7 冬,十二月丙寅,魏徙建昌王长乐为安乐王。

8 己丑,魏城阳王长寿卒。

9 南徐州刺史建平王景素,孝友清令,服用俭素,又好文学,礼接士大夫,由是有美誉;太宗特爱之,异其礼秩。时太祖诸子俱尽,诸孙唯景素为长;帝凶狂失德,朝野皆属意于景素。帝外家陈氏深恶之;杨运长、阮佃夫等欲专权势,不利立长君,亦欲除之。其腹心将佐多劝景素举兵,镇军参军济阳江淹独谏之,景素不悦。是岁,防閤将军王季符得罪于景素,单骑亡奔建康,告景素谋反。运长等即欲发兵讨之,袁粲、萧道成以为不可;景素亦遣世子延龄诣阙自陈。乃徙季符于梁州,夺景素征北将军、开府仪同三司。

资治通鉴卷第一百三十四

宋纪十六

苍梧王下

元徽四年（丙辰，476）

1　春，正月己亥，帝耕籍田，大赦。

2　二月，魏司空东郡王陆定国坐恃恩不法，免官爵为兵。

3　魏冯太后内行不正，以李奕之死怨显祖，密行鸩毒，夏，六月辛未，显祖殂。壬申，大赦，改元承明。葬显祖于金陵，谥曰献文皇帝。

4　魏大司马、大将军代人万安国坐矫诏杀神部长奚买奴，赐死。

5　戊寅，魏以征西大将军、安乐王长乐为太尉，尚书左仆射、宜都王目辰为司徒，南部尚书李䜣为司空。尊皇太后曰太皇太后，复临朝称制。以冯熙为侍中、太师、中书监。熙自以外戚，固辞内任；乃除都督、洛州刺史，侍中、太师如故。

显祖神主祔太庙，有司奏庙中执事之官，请依故事皆赐爵。秘书令广平程骏上言："建侯裂地，帝王所重，或以亲贤，或因功伐，未闻神主祔庙而百司受封者也。皇家故事，盖一时之恩，岂可为长世之法乎！"太后善而从之，谓群臣曰："凡议事，当依古典正言，岂得但修故事！"而赐骏衣一袭，帛二百匹。

太后性聪察，知书计，晓政事，被服俭素，膳羞减于故事什七八；而猜忍多权数。高祖性至孝，能承颜顺志，事无大小，皆仰成于太后。太后往往专决，不复关白于帝。所幸宦者高平王琚、安定张祐、杞嶷、冯翊王遇、略阳苻承祖、高阳王质，皆依势用事；祐官至尚书左仆射，爵新平王；琚官至征南将军，爵高平王；嶷等官亦至侍中、吏部尚书，刺史，爵为公、侯，赏赐巨万，赐铁券，许以不死。又，太卜令姑臧王叡得幸于太后，超迁至侍中、吏部尚书，爵太原公。秘书令李冲，虽以才进，亦由私宠，赏赐皆不可胜纪。又外礼人望东阳王丕、游明根等，皆极其优厚，每褒赏叡等，辄以丕等参之，以示不私。丕，烈帝之玄孙；冲，宝之子也。

太后自以失行，畏人议己，群下语言小涉疑忌，辄杀之。然所宠幸左右，苟有小过，必加笞棰，或至百馀；而无宿憾，寻复待之如初，或因此更富贵。故左右虽被罚，终无离心。

6　乙亥，加萧道成尚书左仆射，刘秉中书令。

7　杨运长、阮佃夫等忌建平王景素益甚，景素乃与录事参军陈郡殷沵、中兵参军略阳垣庆延、参军沈颙、左暄等谋为自全之计。遣人往来建康，要结才力之士，冠军将军黄回、游击将军高道庆、辅国将军曹欣之、前军将军韩道清、长水校尉郭兰之、羽林监垣祗祖，皆阴与通谋；武人不得志者，无不归之。时帝好独出游走郊野，欣之谋据石头城，伺帝出作乱。道清、兰之欲说萧道成因帝夜出，执帝迎景素，道成不从者，即图之；景素每禁使缓之。杨、阮微闻其事，遣伧人周天赐伪投景素，劝令举兵。景素知之，斩天赐首送台。

秋，七月，祗祖率数百人自建康奔京口，云京师已溃乱，劝令速入。景素信之，戊子，据京口起兵，士民赴之者以千数。杨、阮闻祗祖叛走，即命纂严。己丑，遣骁骑将军任农夫、领军将军黄回、左军将军兰陵李安民将步军，右军将军张保将水军，以讨之；辛卯，又命南豫州刺史段佛荣为都统。萧道成知黄回有异志，故使安民、佛荣与之偕行。回私戒其士卒，“道逢京口兵，勿得战”。道成屯玄武湖，冠军将军萧赜镇东府。

始安王伯融，都乡侯伯猷，皆建安王休仁之子也，杨、阮忌其年长，悉称诏赐死。

景素欲断竹里以拒台军。垣庆延、垣祗祖、沈颙皆曰：“今天时旱热，台军远来疲困，引之使至，以逸待劳，可一战而克。”殷沵等固争，不能得。农夫等既至，纵火烧市邑。庆延等各相顾望，莫有斗志；景素本乏威略，惝扰不知所为。黄回迫于段佛荣，且见京口军弱，遂不发。

张保泊西渚，景素左右勇士数十人，自相要结，进击水军。甲午，张保败死，而诸将不相应赴，复为台军所破。台军既薄城下，颙先帅众走，祗祖次之，其馀诸军相继奔退，独左暄与台军力战于万岁楼下；而所配兵力甚弱，不能敌而散。乙未，拔京口。黄回军先入，自以有誓不杀诸王，乃以景素让殿中将军张倪奴。倪奴擒景素，斩之，并其三子，同党垣祗祖等数十人皆伏诛。萧道成释黄回、高道庆不问，抚之如旧。是日，解严。丙申，大赦。

初，巴东建平蛮反，沈攸之遣军讨之。及景素反，攸之急追峡中军以赴建康。巴东太守刘攘兵、建平太守刘道欣疑攸之有异谋，勒兵断峡，不听军下。攘兵子天赐为荆州西曹,攸之遣天赐往谕之。攘兵知景素实反,乃释甲谢愆,攸之待之如故。刘道欣坚守建平,攘兵譬说不回,乃与伐蛮军攻斩之。

8　甲辰,魏主追尊其母李贵人曰思皇后。

9　八月丁卯,立皇弟翙为南阳王,嵩为新兴王,禧为始建王。

10　庚午,以给事黄门侍郎阮佃夫为南豫州刺史,留镇京师。

11　九月戊子,赐骁骑将军高道庆死。

12　冬,十月辛酉,以吏部尚书王僧虔为尚书左仆射。

13　十一月戊子,魏以太尉、安乐王长乐为定州刺史,司空李䜣为徐州刺史。

顺皇帝

昇明元年(丁巳,477)

1　春,正月乙酉朔,魏改元太和。

2　己酉,略阳民王元寿聚众五千馀家,自称冲天王;二月辛未,魏秦、益二州刺史尉洛侯击破之。

3　三月庚子,魏以东阳王丕为司徒。

4　夏,四月丁卯,魏主如白登;壬申,如崞山。

初,苍梧王在东宫,好缘漆帐竿,去地丈馀;喜怒乖节,主帅不能禁。太宗屡敕陈太妃痛捶之。及即帝位,内畏太后、太妃,外惮诸大臣,未敢纵逸。自加元服,内外稍无以制,数出游行。始出宫,犹整仪卫。俄而弃车骑,帅左右数人,或出郊野,或入市廛。太妃每乘青犊车,随相检摄。既而轻骑远走一二十里,太妃不复能追;仪卫亦惧祸不敢追寻,唯整部伍别在一处,瞻望而已。

初,太宗尝以陈太妃赐嬖人李道儿,已复迎还,生帝。故帝每微行,自称"刘统",或称"李将军"。常著小裤衫,营署巷陌,无不贯穿;或夜宿客舍,或昼卧道傍,排突厮养,与之交易,或遭慢辱,悦而受之。凡诸鄙事,裁衣、作帽,过目则能;未尝吹篪,执管便韵。及京口既平,骄恣尤甚,无日不出,夕去晨返,晨出暮归。从者并执铤矛,行人男女及犬马牛驴,逢无免者。民间扰惧,商贩皆息,门户昼闭,行人殆绝。针、椎、凿、锯,不离左右,小有忤意,即加屠剖,一日不杀,则惨然不乐;殿省忧惶,食息不保。阮佃夫与直阁将军申伯宗等,谋因帝出江乘射雉,称太后令,唤队仗还,闭城门,遣人执帝废之,立安成王准。事觉,甲戌,帝收佃夫等杀之。

　　太后数训戒帝,帝不悦。会端午,太后赐帝毛扇。帝嫌其不华,令太医煮药,欲鸩太后。左右止之曰:"若行此事,官便应作孝子,岂复得出入狡狯!"帝曰:"汝语大有理!"乃止。

　　六月甲戌,有告散骑常侍杜幼文、司徒左长史沈勃、游击将军孙超之与阮佃夫同谋者,帝登帅卫士,自掩三家,悉诛之,刳解脔割,婴孩不免。沈勃时居丧在庐,左右未至,帝挥刀独前。勃知不免,手搏帝耳,唾骂之曰:"汝罪逾桀、纣,屠戮无日。"遂死。是日,大赦。

　　帝尝直入领军府。时盛热,萧道成昼卧裸袒。帝立道成于室内,画腹为的,自引满,将射之。道成敛版曰:"老臣无罪。"左右王天恩曰:"领军腹大,是佳射堋;一箭便死,后无复射;不如以骲箭射之。"帝乃更以骲箭射,正中其齐。投弓大笑曰:"此手何如!"帝忌道成威名,尝自磨锃,曰:"明日杀萧道成。"陈太妃骂之曰:"萧道成有功于国,若害之,谁复为汝尽力邪!"帝乃止。

　　道成忧惧,密与袁粲、褚渊谋废立。粲曰:"主上幼年,微过易改。伊、霍之事,非季世所行;纵使功成,亦终无全地。"渊默然。领军功曹丹阳纪僧真言于道成曰:"今朝廷猖狂,人不自保;天下之望,不在袁、褚,明公岂得坐受夷灭!存亡之机,仰希熟虑。"道成然之。

　　或劝道成奔广陵起兵。道成世子赜,时为晋熙王长史,行郢州事,欲使赜将郢州兵东下会京口。道成密遣所亲刘僧副告其从兄行青、冀二州刺史刘善明曰:"人多见劝北固广陵,恐未为长算。今秋风行起,卿若能与垣东海微共动虏,则我诸计可立。"亦告东海太守垣荣祖。善明曰:"宋氏将亡,愚智共知。北虏若动,反为公患。公神武高世,唯当静以待之,因机奋发,功业自定,不可远去根本,自贻狼跋。"荣祖亦曰:"领府去台百步,公走,人岂不知!若单骑轻行,广陵人闭门不受,公欲何之!公今动足下床,恐即有叩台门者,公事去矣。"纪僧真曰:"主上虽无道,国家累世之基犹为安固。公百口,北度必不得俱。纵得广陵城,天子居深宫,施号令,目公为逆,何以避之!此非万全策也。"道成族弟镇军长史顺之及次子骠骑从事中郎嶷,皆以为:"帝好单行道路,于此立计,易以成功;外州起兵,鲜有克捷,徒先人受祸耳。"道成乃止。

　　东中郎司马、行会稽郡事李安民欲奉江夏王跻起兵于东方,道成止之。

　　越骑校尉王敬则潜自结于道成,夜著青衣,扶匐道路,为道成听察帝之往来。道成命敬则阴结帝左右杨玉夫、杨万年、陈奉伯等一十五人于殿中,诇伺机便。

秋,七月丁亥夜,帝微行至领军府门。左右曰:"一府皆眠,何不缘墙入?"帝曰:"我今夕欲于一处作适,宜待明夕。"员外郎桓康等于道成门间听闻之。

戊子,帝乘露车,与左右于台冈赌跳,仍往青园尼寺,晚,至新安寺偷狗,就昙度道人煮之。饮酒醉,还仁寿殿寝。杨玉夫常得帝意,至是忽憎之,见辄切齿曰:"明日当杀小子取肝肺!"是夜,令玉夫伺织女渡河,曰:"见当报我;不见,将杀汝!"时帝出入无常,省内诸闼,夜皆不闭,厢下畏相逢值,无敢出者;宿卫并逃避,内外莫相禁摄。是夕,王敬则出外。玉夫伺帝熟寝,与杨万年取帝防身刀刜之。敕厢下奏伎陈奉伯袖其首,依常法,称敕开承明门出,以首与敬则。敬则驰诣领军府,叩门大呼,萧道成虑苍梧王诳之,不敢开门。敬则于墙上投其首,道成洗视,乃戎服乘马而出,敬则、桓康等皆从。入宫,至承明门,诈为行还。敬则恐内人觇见,以刀环塞窦孔,呼门甚急,门开而入。他夕,苍梧王每开门,门者震慑,不敢仰视,至是弗之疑。道成入殿,殿中惊怖,既而闻苍梧王死,咸称万岁。

己丑旦,道成戎服出殿庭槐树下,以太后令召袁粲、褚渊、刘秉入会议。道成谓秉曰:"此使君家事,何以断之?"秉未答。道成须髯尽张,目光如电。秉曰:"尚书众事,可以见付;军旅处分,一委领军。"道成次让袁粲,粲亦不敢当。王敬则拔白刃,在床侧跳跃曰:"天下事皆应关萧公!敢有开一言者,血染敬则刀!"仍手取白纱帽加道成首,令即位,曰:"今日谁敢复动! 事须及热!"道成正色呵之曰:"卿都自不解!"粲欲有言,敬则叱之,乃止。褚渊曰:"非萧公无以了此。"手取事授道成。道成曰:"相与不肯;我安得辞!"乃下议,备法驾诣东城,迎立安成王。于是长刀遮粲、秉等,各失色而去。秉出,于路逢从弟韫,韫开车迎问曰:"今日之事,当归兄邪?"秉曰:"吾等已让领军矣。"韫拊膺曰:"兄肉中讵有血邪! 今年族矣!"

是日,以太后令,数苍梧王罪恶,曰:"吾密令萧领军潜运明略。安成王凖,宜临万国。"追封昱为苍梧王。仪卫至东府门,安成王令门者勿开,以待袁司徒。粲至,王乃入居朝堂。壬辰,王即皇帝位,时年十一,改元,大赦。葬苍梧王于郊坛西。

5 魏京兆康王子推卒。

6 甲午,萧道成出镇东府。丙申,以道成为司空、录尚书事、骠骑大将军;袁粲迁中书监,褚渊加开府仪同三司;刘秉迁尚书令,加中领军;以晋熙王燮为扬州刺史。刘秉始谓尚书万机,本以宗室居之,则天下无变;既而萧道成兼总军国,布置心膂,与夺自专,褚渊素相凭附,秉与袁粲阁手仰成矣。辛丑,以尚书右仆射王僧虔为仆射。丙午,以武陵王赞为郢州刺史;萧道成改领南徐州刺史。

7　八月壬子,魏大赦。

8　癸亥,诏袁粲镇石头。粲性冲静,每有朝命,常固辞;逼切不得已,乃就职。至是知萧道成有不臣之志,阴欲图之,即时顺命。

9　初,太宗使陈昭华母养顺帝;戊辰,尊昭华为皇太妃。

10　丙子,魏诏曰:“工商皂隶,各有厥分;而有司纵滥,或染流俗。自今户内有工役者,唯止本部丞;若有勋劳者,不从此制。”

11　萧道成固让司空;庚辰,以为骠骑大将军、开府仪同三司。

12　九月乙酉,魏更定律令。

13　戊申,封杨玉夫等二十五人为侯、伯、子、男。

14　冬,十月,氐帅杨文度遣其弟文弘袭魏仇池,陷之。

15　初,魏徐州刺史李䜣,事显祖为仓部尚书,信用卢奴令范檦。䜣弟左将军璩谏曰:“檦能降人以色,假人以财,轻德义而重势利;听其言也甘,察其行也贼,不早绝之,后悔无及。”䜣不从,腹心之事,皆以语檦。

尚书赵黑,与䜣皆有宠于显祖,对掌选部。䜣以其私用人为方州,黑对显祖发之,由是有隙。顷之,䜣发黑前为监藏,盗用官物,黑坐黜为门士。黑恨之,寝食为之衰少;逾年,复入为侍中、尚书左仆射,领选。

及显祖殂,黑白冯太后,称䜣专恣,出为徐州。范檦知太后怨䜣,乃告䜣谋外叛。太后征䜣至平城问状,䜣对无之,太后引檦使证之。䜣谓檦曰:“汝今诬我,我复何言!然汝受我恩如此之厚,乃忍为尔乎!”檦曰:“檦受公恩,何如公受李敷恩?公忍为之于敷,檦何为不忍于公!”䜣慨然叹曰:“吾不用璩言,悔之何及!”赵黑复于中构成其罪,丙子,诛䜣及其子令和、令度;黑然后寝食如故。

16　十一月癸未,魏征西将军皮欢喜等三将军率众四万击杨文弘。

17　丁亥,魏怀州民伊祁苟自称尧后,聚众于重山作乱;洛州刺史冯熙讨灭之。冯太后欲尽诛阖城之民,雍州刺史张白泽谏曰:“凶渠逆党,尽已枭夷;城中岂无忠良仁信之士,奈何不问白黑,一切诛之!”乃止。

18　十二月,魏皮欢喜军至建安,杨文弘弃城走。

19　初,沈攸之与萧道成于大明、景和之间同直殿省,深相亲善,道成女为攸之子中书侍郎文和妇。攸之在荆州,直阁将军高道庆,家在华容,假还,过江陵,与攸之争戏槊。驰还建康,言攸之反状已成,请以三千人袭之。执政皆以为不可,道成仍保证其不然。杨运长等恶攸之,密与道庆谋遣刺客杀攸之,不克。会苍梧王遇弒,主簿宗俨之、功曹臧寅劝攸之因此起兵。攸之以其长子元琰在建康为司徒左长史,故未发。寅,凝之之子也。

　　时杨运长等已不在内,萧道成遣元琰以苍梧王剐割之具示攸之。攸之以道成名位素出己下,一旦专制朝权,心不平,谓元琰曰:“吾宁为王凌死,不为贾充生。”然亦未暇举兵。乃上表称庆,因留元琰。

　　雍州刺史张敬儿,素与攸之司马刘攘兵善,疑攸之将起事,密以问攘兵。攘兵无所言,寄敬儿马镫一只,敬儿乃为之备。

　　攸之有素书十数行,常韬在裲裆角,云是明帝与己约誓。攸之将举兵,其妾崔氏谏曰:“官年已老,那不为百口计!”攸之指裲裆角示之,且称太后使至,赐攸之烛,割之,得太后手令云:“社稷之事,一以委公。”于是勒兵移檄,遣使邀张敬儿及豫州刺史刘怀珍、梁州刺史梓潼范柏年、司州刺史姚道和、湘州行事庾佩玉、巴陵内史王文和同举兵。敬儿、怀珍、文和并斩其使,驰表以闻,文和寻弃州奔夏口。柏年、道和、佩玉皆怀两端。道和,后秦高祖之孙也。

　　辛酉,攸之遣辅国将军孙同等相继东下。攸之遗道成书,以为:“少帝昏狂,宜与诸公密议,共白太后,下令废之;奈何交结左右,亲行弒逆;乃至不殡,流虫在户?凡在臣下,谁不惋骇!又,移易朝旧,布置亲党,宫闱管籥,悉关家人。吾不知子孟、孔明遗训固如此乎!足下既有贼宋之心,吾宁敢捐包胥之节邪!”朝廷闻之,恼惧。

　　丁卯,道成入守朝堂,命侍中萧嶷代镇东府,抚军行参军萧映镇京口。映,嶷之弟也。戊辰,内外纂严。己巳,以郢州刺史武陵王赞为荆州刺史。庚午,以右卫将军黄回为郢州刺史,督前锋诸军以讨攸之。

　　初,道成以世子赜为晋熙王燮长史,行郢州事,修治器械以备攸之。及征燮为扬州,以赜为左卫将军,与燮俱下。刘怀珍言于道成曰:“夏口冲要,宜得其人。”道成与赜书曰:“汝既入朝,当须文武兼资与汝意合者,委以后事。”赜乃荐燮司马柳世隆自代。道成以世隆为武陵王赞长史,行郢州事。赜将行,谓世隆曰:“攸之一旦为变,焚夏口舟舰,沿流而东,不可制也。若得攸之留攻郢城,必未能猝拔。君为其内,我为其外,破之必矣。”及攸之起兵,赜行至寻阳,未得朝廷处分,众欲倍道趋建康,赜曰:“寻阳地居中流,密迩畿甸。若留屯湓口,内藩朝廷,外援夏首,保据形胜,控制西南,今日会此,天所置也。"或以为溢口城小难固,左中郎将周山图曰:"今据中流,为四方势援,不可以小事难之;苟众心齐一,江山皆城隍也。"庚午,颐奉銮镇溢口,颐悉以事委山图。山图断取行旅船板以造楼橹,立水栅,旬日皆办。道成闻之,喜曰:"颐真我子也!"以颐为西讨都督,颐启山图为军副。时江州刺史邵陵王友镇寻阳,颐以为寻阳城不足固,表移友同镇溢口,留江州别驾豫章胡谐之守寻阳。

湘州刺史王蕴遭母丧罢归,至巴陵,与沈攸之深相结。时攸之未举兵,蕴过郢州,欲因萧颐出吊作难,据郢城。颐知之,不出。还,至东府,又欲因萧道成出吊作难,道成又不出。蕴乃与袁粲、刘秉密谋诛道成,将帅黄回、任候伯、孙昙瓘、王宜兴、卜伯兴等皆与通谋。伯兴,天与之子也。

道成初闻攸之事起,自往诣粲,粲辞不见。通直郎袁达谓粲,"不宜示异同",粲曰:"彼若以主幼时艰,与桂阳时不异,劫我入台,我何辞以拒之!一朝同止,欲异得乎!"道成乃召褚渊,与之连席,每事必引渊共之。时刘韫为领军将军,入直门下省;卜伯兴为直阁,黄回等诸将皆出屯新亭。

初,褚渊为卫将军,遭母忧去职,朝廷敦迫,不起。粲素有重名,自往譬说,渊乃从之。及粲为尚书令,遭母忧,渊譬说恳至,粲遂不起,渊由是恨之。及沈攸之事起,道成与渊议。渊曰:"西夏衅难,事必无成,公当先备其内耳。"粲谋既定,将以告渊,众谓渊与道成素善,不可告。粲曰:"渊与彼虽善,岂容大作同异!今若不告,事定便应除之。"乃以谋告渊,渊即以告道成。

道成亦先闻其谋,遣军主苏烈、薛渊、太原王天生将兵助粲守石头。薛渊固辞,道成强之,渊不得已,涕泣拜辞。道成曰:"卿近在石头,日夕去来,何悲如是,且又何辞?"渊曰:"不审公能保袁公共为一家否?今渊往,与之同则负公,不同则立受祸,何得不悲!"道成曰:"所以遣卿,正为能尽临事之宜,使我无西顾之忧耳。但当努力,无所多言。"渊,安都之从子也。道成又以骁骑将军王敬则为直阁,与伯兴共总禁兵。

粲谋矫太后令,使韫、伯兴帅宿卫兵攻道成于朝堂,回等帅所领为应。刘秉、任候伯等并赴石头,本期壬申夜发,秉悾扰不知所为,晡后即束装;临去,啜羹,写胸上,手振不自禁。未暗,载妇女,尽室奔石头,部曲数百,赫奕满道。既至,见粲,粲惊曰:"何事遽来?今败矣!"秉曰:"得见公,万死何恨!"孙昙瓘闻之,亦奔石头。丹阳丞王逊等走告道成,事乃大露。逊,僧绰之子也。

道成密使人告王敬则。时阁已闭,敬则欲开阁出,卜伯兴严兵为备,敬则乃锯所止屋壁得出,至中书省收韫。韫已成严,列烛自照。见敬则猝至,惊起迎之,曰:"兄何能夜顾?"敬则呵之曰:"小子那敢作贼!"韫抱敬则,敬则拳殴其颊仆地而杀之,又杀伯兴。苏烈等据仓城拒粲。王蕴闻秉已走,叹曰:"事不成矣!"狼狈帅部曲数百向石头。本期开南门,时暗夜,薛渊据门射之。蕴谓粲已败,即散走。

道成遣军主会稽戴僧静帅数百人向石头助烈等,自仓门得入,与之并力攻粲。孙昙瓘骁勇善战,台军死者百馀人。王天生殊死战,故得相持。自亥至丑,戴僧静分兵攻府西门,焚之。粲与秉在城东门,见火起,欲还赴府。秉与二子俣、陔逾城走。粲下城,烈烛自照,谓其子最曰:"本知一木不能止大厦之崩,但以名义至此耳。"僧静乘暗逾城独进,最觉有异人,以身卫粲,僧静直前斫之。粲谓最曰:"我不失忠臣,汝不失孝子!"遂父子俱死。百姓哀之,谣曰:"可怜石头城,宁为袁粲死,不作褚渊生!"刘秉父子走至额檐湖,追执,斩之。任候伯等并乘船赴石头,既至,台军已集,不得入,乃驰还。

黄回严兵,期诘旦帅所领从御道直向台门攻道成。闻事泄,不敢发。道成抚之如旧。王蕴、孙昙瓘皆逃窜,先捕得蕴,斩之,其馀粲党皆无所问。

粲典签莫嗣祖为粲、秉宣通密谋,道成召诘之,曰:"袁粲谋反,何不启闻?"嗣祖曰:"小人无识,但知报恩,何敢泄其大事!今袁公已死,义不求生。"蕴壁人张承伯藏匿蕴。道成并赦而用之。

粲简淡平素,而无经世之才;好饮酒,喜吟讽,身居剧任,不肯当事;主事每往谘决,或高咏对之。闲居高卧,门无杂宾,物情不接,故及于败。

> 裴子野论曰:袁景倩,民望国华,受付托之重;智不足以除奸,权不足以处变,萧条散落,危而不扶。及九鼎既轻,三才将换,区区斗城之里,出万死而不辞,盖蹈匹夫之节而无栋梁之具矣。

20　甲戌,大赦。

21　乙亥,以尚书仆射王僧虔为左仆射,新除中书令王延之为右仆射,度支尚书张岱为吏部尚书,吏部尚书王奂为丹杨尹。延之,裕之孙也。

刘秉弟遐为吴郡太守。司徒右长史张瓌,永之子也,遭父丧在吴,家素豪盛,萧道成使瓌伺间取遐。会遐召瓌诣府,瓌帅部曲十馀人直入斋中,执遐,斩之,郡中莫敢动。道成闻之,以告瓌从父领军冲,冲曰:"瓌以百口一掷,出手得卢矣。"道成即以瓌为吴郡太守。

道成移屯阅武堂,犹以重兵付黄回使西上,而配以腹心。回素与王宜兴不协，恐宜兴反告其谋，闰月辛巳，因事收宜兴，斩之。诸将皆言回握强兵必反，宁朔将军桓康请独往刺之，道成曰："卿等何疑！彼无能为也。"

沈攸之遣中兵参军孙同等五将以三万人为前驱，司马刘攘兵等五将以二万人次之；又遣中兵参军王灵秀等四将分兵出夏口，据鲁山。癸巳，攸之至夏口，自恃兵强，有骄色。以郢城弱小，不足攻，云"欲问讯安西"，暂泊黄金浦，遣人告柳世隆曰："被太后令，当暂还都。卿既相与奉国，想得此意。"世隆曰："东下之师，久承声问。郢城小镇，自守而已。"宗俨之劝攸之攻郢城；臧寅以为："郢城兵虽少而地险，攻守势异，非旬日可拔。若不时举，挫锐损威。今顺流长驱，计日可捷。既倾根本，郢城岂能自固！"攸之从其计，欲留偏师守郢城，自将大众东下。乙未，将发，柳世隆遣人于西渚挑战，前军中兵参军焦度于城楼上肆言骂攸之，且秽辱之。攸之怒，改计攻城，令诸军登岸烧郭邑，筑长围，昼夜攻战。世隆随宜拒应，攸之不能克。

道成命吴兴太守沈文秀督吴、钱唐军事。文秀收攸之弟新安太守登之，诛其宗族。

22　乙未，以后军将军杨运长为宣城太守；于是太宗嬖臣无在禁省者矣。

> 沈约论曰：夫人君南面，九重奥绝，陪奉朝夕，义隔卿士，阶闼之任，宜有司存。既而恩以狎生，信由恩固，无可惮之姿，有易亲之色。孝建、泰始，主威独运，而刑政纠杂，理难遍通，耳目所寄，事归近习。及觇欢愠，候惨舒，动中主情，举无谬旨；人主谓其身卑位薄，以为权不得重。曾不知鼠凭社贵，狐藉虎威，外无逼主之嫌，内有专用之效，势倾天下，未之或悟。及太宗晚运，虑经盛衰，权幸之徒，慑惮宗戚，欲使幼主孤立，永窃国权，构造同异，兴树祸隙，帝弟宗王，相继屠剿。宝祚夙倾，实由于此矣。

23　辛丑，尚书左丞济阳江谧建议假萧道成黄钺，从之。

24　加北秦州刺史武都王杨文度都督北秦、雍二州诸军事，以龙骧将军杨文弘为略阳太守。壬寅，魏皮欢喜拔葭芦，斩文度。魏以杨难当族弟广香为阴平公、葭芦戍主，仍诏欢喜筑骆谷城。文弘奉表谢罪于魏，遣子苟奴入侍。魏以文弘为南秦州刺史、武都王。

25　乙巳，萧道成出顿新亭，谓骠骑参军江淹曰："天下纷纷，君谓何如？"淹曰："成败在德，不在众寡。公雄武有奇略，一胜也；宽容而仁恕，二胜也；贤能毕力，三胜也；民望所归，四胜也；奉天子以伐叛逆，五胜也。

彼志锐而器小,一败也;有威而无恩,二败也;士卒解体,三败也;搢绅不怀,四败也;悬兵数千里而无同恶相济,五败也:虽豺狼十万,终为我获。"道成笑曰:"君谈过矣。"南徐州行事刘善明言于道成曰:"攸之收众聚骑,造舟治械,苞藏祸心,于今十年。性既险躁,才非持重;而起逆累旬,迟回不进。一则暗于兵机,二则人情离怨,三则有掣肘之患,四则天夺其魄。本虑其剽勇轻速,掩袭未备,决于一战;今六师齐奋,诸侯同举,此笼中之鸟耳。"萧赜问攸之于周山图,山图曰:"攸之相与邻乡,数共征伐,颇悉其人,性度险刻,士心不附。今顿兵坚城之下,适所以为离散之渐耳。"

二年(戊午,478)

1 春,正月己酉朔,百官戎服入朝。

沈攸之尽锐攻郢城,柳世隆乘间屡破之。萧赜遣军主桓敬等八军据西塞,为世隆声援。

攸之获郢府法曹南乡范云,使送书入城,饷武陵王赞犊一腔,柳世隆鱼三十尾,皆去其首。城中欲杀之,云曰:"老母弱弟,悬命沈氏,若违其命,祸必及亲;今日就戮,甘心如荠。"乃赦之。

攸之遣其将皇甫仲贤向武昌,中兵参军公孙方平向西阳。武昌太守臧焕降于攸之,西阳太守王毅奔溢城。方平据西阳,豫州刺史刘怀珍遣建宁太守张谟等将万人击之,辛酉,方平败走。平西将军黄回等军至西阳,溯流而进。

攸之素失人情,但劫以威力。初发江陵,已有逃者;及攻郢城,三十馀日不拔,逃者稍多;攸之日夕乘马历营抚慰,而去者不息。攸之大怒,召诸军主曰:"我被太后令,建义下都。大事若克,白纱帽共著耳;如其不振,朝廷自诛我百口,不关馀人。比军人叛散,皆卿等不以为意。我亦不能问叛身,自今军中有叛者,军主任其罪。"于是一人叛,遣人追之,亦去不返,莫敢发觉,咸有异计。

刘攘兵射书入城请降,柳世隆开门纳之;丁卯夜,攘兵烧营而去。军中见火起,争弃甲走,将帅不能禁。攸之闻之,怒,衔须咀之,收攘兵兄子天赐、女婿张平虏,斩之。向旦,攸之帅众过江,至鲁山,军遂大散,诸将皆走。臧寅曰:"幸其成而弃其败,吾不忍为也!"乃投水死。攸之犹有数十骑自随,宣令军中曰:"荆州城中大有钱,可相与还取以为资粮。"郢城未有追军,而散军畏蛮抄,更相聚结,可二万人,随攸之还江陵。

张敬儿既斩攸之使者,即勒兵,侦攸之下,遂袭江陵。攸之使子元琰与兼长史江乂、别驾傅宣共守江陵城。敬儿至沙桥，观望未进。城中夜闻鹤唳，谓为军来，乂、宣开门出走，吏民崩溃。元琰奔宠洲，为人所杀。敬儿至江陵，诛攸之二子、四孙。

攸之将至江陵百馀里，闻城已为敬儿所据，士卒随之者皆散。攸之无所归，与其子文和走至华容界，皆缢于栎林；己巳，村民斩首送江陵。敬儿擎之以楯，覆以青伞，徇诸市郭，乃送建康。敬儿诛攸之亲党，收其财物数十万，皆以入私。

初，仓曹参军金城边荣，为府录事所辱，攸之为荣鞭杀录事。及敬儿将至，荣为留府司马，或说之使诣敬儿降，荣曰：“受沈公厚恩，共如此大事，一朝缓急，便易本心，吾不能也。”城溃，军士执以见敬儿，敬儿曰：“边公何不早来！”荣曰：“沈公见留守城，不忍委去；本不祈生，何须见问！”敬儿曰：“死何难得！”命斩之。荣欢笑而去。荣客太山程邕之抱荣曰：“与边公周游，不忍见边公死，乞先见杀。”兵人不得行戮，以白敬儿，敬儿曰：“求死甚易，何为不许！”先杀邕之，然后及荣，军人莫不垂泣。孙同、宗俨之等皆伏诛。

丙子，解严，以侍中柳世隆为尚书右仆射，萧道成还镇东府。丁丑，以右卫将军萧赜为江州刺史，侍中萧嶷为中领军。二月庚辰，以尚书左仆射王僧虔为尚书令，右仆射王延之为左仆射。癸未，加萧道成太尉、都督南徐等十六州诸军事，以卫将军褚渊为中书监、司空。道成表送黄钺。

吏部郎王俭，僧绰之子也，神彩渊旷，好学博闻，少有宰相之志，时论亦推许之。道成以俭为太尉右长史，待遇隆密，事无大小专委之。

2　丁亥，魏主如代汤泉；癸卯，还。

3　宕昌王弥机初立。三月丙子，魏遣使拜弥机征南大将军、梁益二州牧、河南公、宕昌王。

4　黄回不乐在郢州，固求南兖，遂帅部曲辄还；辛卯，改都督南兖等五州诸军事、南兖州刺史。

5　初，王蕴去湘州，湘州刺史南阳王翙未之镇，长沙内史庾佩玉行府事。翙先遣中兵参军韩幼宗将兵戍湘州，与佩玉不相能。及沈攸之反，两人互相疑，佩玉袭杀幼宗。黄回至郢州，遣辅国将军任候伯行湘州事；候伯辄杀佩玉，冀以自免。湘州刺史吕安国之镇，萧道成使安国诛候伯。

6　夏，四月甲申，魏主如崞山；丁亥，还。

7　萧道成以黄回终为祸乱；回有部曲数千人，欲遣收，恐为乱。辛卯，召回入东府。至，停外斋，使桓康将数十人，数回罪而杀之，并其子竟陵相僧念。

甲午,以淮南、宣城二郡太守萧映行南兖州事,仍以其弟晃代之。

8　五月,魏禁皇族、贵戚及士民之家不顾氏族,下与非类婚偶;犯者以违制论。

9　魏主与太后临虎圈,有虎逸,登阁道,几至御座,侍卫皆惊靡;吏部尚书王叡执戟御之,太后称以为忠,亲任愈重。

10　六月丁酉,以辅国将军杨文弘为北秦州刺史、武都王。

11　庚子,魏皇叔若卒。

12　萧道成以大明以来,公私奢侈,秋,八月,奏罢御府,省二尚方雕饰器玩;辛卯,又奏禁民间华伪杂物,凡十七条。

13　乙未,以萧赜为领军将军,萧嶷为江州刺史。

14　九月乙巳朔,日有食之。

15　萧道成欲引时贤参赞大业,夜,召骠骑长史谢朏,屏人与语,久之,朏无言;唯二小儿捉烛,道成虑朏难之,仍取烛遣儿,朏又无言;道成乃呼左右。朏,庄之子也。

太尉右长史王俭知其指,他日,请间言于道成曰:"功高不赏,古今非一。以公今日位地,欲终北面,可乎?"道成正色裁之,而神采内和。俭因曰:"俭蒙公殊盼,所以吐所难吐,何赐拒之深!宋氏失德,非公岂复宁济!但人情浇薄,不能持久;公若小复推迁,则人望去矣。岂唯大业永沦,七尺亦不可得保。"道成曰:"卿言不无理。"俭曰:"公今名位,故是经常宰相,宜礼绝群后,微示变革。当先令褚公知之,俭请衔命。"道成曰:"我当自往。"经少日,道成自造褚渊,款言移晷。乃谓曰:"我梦应得官。"渊曰:"今授始尔,恐一二年间未容便移;且吉梦未必应在旦夕。"道成还,以告俭。俭曰:"褚是未达理耳。"俭乃唱议加道成太傅,假黄钺,使中书舍人虞整作诏。

道成所亲任遐曰:"此大事,应报褚公。"道成曰:"褚公不从,奈何?"遐曰:"彦回惜身保妻子,非有奇才异节;遐能制之。"渊果无违异。

丙午,诏进道成假黄钺、大都督中外诸军事、太傅、领扬州牧,剑履上殿,入朝不趋,赞拜不名,使持节、太尉、骠骑大将军、录尚书、南徐州刺史如故。道成固辞殊礼。

16　以扬州刺史晋熙王燮为司徒。

17　戊申,太傅道成以萧映为南兖州刺史。冬,十月丁丑,以萧晃为豫州刺史。

18　己卯,获孙昙瓘,杀之。

19　魏员外散骑常侍郑羲来聘。

20　壬寅,立皇后谢氏。后,庄之孙也。

21　十一月癸亥,临澧侯刘晃坐谋反,与其党皆伏诛。晃,秉之从子也。

22　甲子,徙南阳王翙为随郡王。

23　魏冯太后忌青州刺史南郡王李惠,诬云惠将南叛;十二月癸巳,诛惠及妻并其子弟。太后以猜嫌所夷灭者十馀家,而惠所历皆有善政,魏人尤冤惜之。

24　尚书令王僧虔奏以"朝廷礼乐,多违正典。大明中即以宫悬合和鞞拂,节数虽会,虑乖雅体。又,今之清商,实由铜爵,三祖风流,遗音盈耳,京、洛相高,江左弥贵,中庸和雅,莫近于斯。而情变听移,稍复销落,十数年间,亡者将半,民间竞造新声杂曲,烦淫无极,宜命有司悉加补缀。"朝廷从之。

25　是岁,魏怀州刺史高允以老疾告归乡里,寻复以安车征至平城,拜镇军大将军、中书监;固辞,不许。乘车入殿,朝贺不拜。

资治通鉴卷第一百三十五

齐纪一

太祖高皇帝

建元元年（己未，479）

1 春，正月甲辰，以江州刺史萧嶷为都督荆湘等八州诸军事、荆州刺史，尚书左仆射王延之为江州刺史，安南长史萧子良为督会稽等五郡诸军事、会稽太守。

初，沈攸之欲聚众，开民相告，士民坐执役者甚众；嶷至镇，一日罢遣三千馀人。府州仪物，务存俭约，轻刑薄敛，所部大悦。

2 辛亥，以竟陵世子赜为尚书仆射，进号中军大将军、开府仪同三司。

3 太傅道成以谢朏有重名，必欲引参佐命，以为左长史。尝置酒与论魏、晋故事，因曰："石苞不早劝晋文，死方恸哭，方之冯异，非知机也。"朏曰："晋文世事魏室，必将身终北面；借使魏依唐、虞故事，亦当三让弥高。"道成不悦。甲寅，以朏为侍中，更以王俭为左长史。

4 丙辰，以给事黄门侍郎萧长懋为雍州刺史。

5 二月丙子，邵陵殇王友卒。

6 辛巳，魏太皇太后及魏主如代郡温泉。

7 甲午，诏申前命，命太傅赞拜不名。

8 己亥，魏太皇太后及魏主如西宫。

9 三月癸卯朔，日有食之。

10 甲辰，以太傅为相国，总百揆，封十郡，为齐公，加九锡；其骠骑大将军、扬州牧、南徐州刺史如故。己巳，诏齐国官爵礼仪，并仿天朝。丙午，以世子赜领南豫州刺史。

11 杨运长去宣城郡还家，齐公遣人杀之。凌源令潘智与运长厚善；临川王绰，义庆之孙也，绰遣腹心陈赞说智曰："君先帝旧人，身是宗室近属，如此形势，岂得久全！若招合内外，计多有从者。台城内人常有此心，苦无人建意耳。"智即以告齐公。庚戌,诛绰兄弟及其党与。

12　甲寅,齐公受策命,赦其境内,以石头为世子宫,一如东宫。褚渊引何曾自魏司徒为晋丞相故事,求为齐官,齐公不许。以王俭为齐尚书右仆射,领吏部;俭时年二十八。

夏,四月壬申朔,进齐公爵为王,增封十郡。

甲戌,武陵王赞卒,非疾也。

丙戌,加齐王殊礼,进世子为太子。

辛卯,宋顺帝下诏禅位于齐。壬辰,帝当临轩,不肯出,逃于佛盖之下,王敬则勒兵殿庭,以板舆入迎帝。太后惧,自帅阉人索得之,敬则启譬令出,引令升车。帝收泪谓敬则曰:"欲见杀乎?"敬则曰:"出居别宫耳。官先取司马家亦如此。"帝泣而弹指曰:"愿后身世世勿复生天王家!"宫中皆哭。帝拍敬则手曰:"必无过虑,当饷辅国十万钱。"是日,百僚陪位。侍中谢朏在直,当解玺绶,阳为不知,曰:"有何公事?"传诏云:"解玺绶授齐王。"朏曰:"齐自应有侍中。"乃引枕卧。传诏惧,使朏称疾,欲取兼人,朏曰:"我无疾,何所道!"遂朝服步出东掖门,仍登车还宅。乃以王俭为侍中,解玺绶。礼毕,帝乘画轮车,出东掖门就东邸。问:"今日何不奏鼓吹?"左右莫有应者。右光禄大夫王琨,华之从父弟也,在晋世已为郎中,至是,攀车㧖尾恸哭曰:"人以寿为欢,老臣以寿为戚。既不能先驱蝼蚁,乃复频见此事!"呜咽不自胜,百官雨泣。

司空兼太保褚渊等奉玺绶,帅百官诣齐宫劝进;王辞让未受。渊从弟前安成太守炤谓渊子贲曰:"司空今日何在?"贲曰:"奉玺绶在齐大司马门。"炤曰:"不知汝家司空将一家物与一家,亦复何谓!"甲午,王即皇帝位于南郊。还宫,大赦,改元。奉宋顺帝为汝阴王,优崇之礼,皆仿宋初。筑宫丹杨,置兵守卫之。宋神主迁汝阴庙,诸王皆降为公;自非宣力齐室,馀皆除国,独置南康、华容、萍乡三国,以奉刘穆之、王弘、何无忌之后,除国者凡百二十人。二台官僚,依任摄职,名号不同、员限盈长者,别更详议。

以褚渊为司徒。宾客贺者满座。褚炤叹曰:"彦回少立名行,何意披猖至此!门户不幸,乃复有今日之拜。使彦回作中书郎而死,不当为一名士邪!名德不昌,乃复有期颐之寿!"渊固辞不拜。

奉朝请河东裴顗上表,数帝过恶,挂冠径去;帝怒,杀之。太子颐请杀谢朏,帝曰:"杀之遂成其名,正应容之度外耳。"久之,因事废于家。

帝问为政于前抚军行参军沛国刘瓛,对曰:"政在孝经。凡宋氏所以亡,陛下所以得者,皆是也。陛下若戒前车之失,加之以宽厚,虽危可安;若循其覆辙,虽安必危矣。"帝叹曰:"儒者之言,可宝万世!"

13 丙申,<u>魏</u>主如<u>崞山</u>。

14 丁酉,以太子詹事<u>张绪</u>为中书令,<u>齐</u>国左卫将军<u>陈显达</u>为中护军,右卫将军<u>李安民</u>为中领军。<u>绪</u>,<u>岱</u>之兄子也。

15 戊戌,以<u>荆州</u>刺史<u>巑</u>为尚书令、骠骑大将军、开府仪同三司、<u>扬州</u>刺史,<u>南兖州</u>刺史<u>映</u>为<u>荆州</u>刺史。

16 帝命群臣各言得失。<u>淮南</u>、<u>宣城</u>二郡太守<u>刘善明</u>"请除<u>宋</u>氏<u>大明</u>、<u>泰始</u>以来诸苛政细制,以崇简易"。又以为:"<u>交州</u>险远,<u>宋</u>末政苛,遂至怨叛,今大化创始,宜怀以恩德。且彼土所出,唯有珠宝,实非圣朝所须之急,讨伐之事,谓宜且停。"给事黄门郎<u>清河崔祖思</u>亦上言,以为:"人不学则不知道,此悖逆祸乱所由生也。今无员之官,空受禄力,凋耗民财。宜开文武二学,课台、府、州、国限外之人各从所乐,依方习业。若有废惰者,遣还故郡;经艺优殊者,待以不次。又,今陛下虽躬履节俭,而群下犹安习侈靡。宜褒进朝士之约素清修者,贬退其骄奢荒淫者,则风俗可移矣。"<u>宋元嘉</u>之世,凡事皆责成郡县。<u>世祖</u>征求急速,以郡县迟缓,始遣台使督之。自是使者所在旁午,竞作威福,营私纳贿,公私劳扰。<u>会稽</u>太守<u>闻喜公子良</u>上表极陈其弊,以为:"台有求须,但明下诏敕,为之期会,则人思自竭;若有稽迟,自依纠坐之科。今虽台使盈凑,会取正属所办,徒相疑愤,反更淹懈,宜悉停台使。"员外散骑郎<u>刘思效</u>上言:"宋自<u>大明</u>以来,渐见凋弊,征赋有加而天府尤贫。小民嗷嗷,殆无生意;而贵族富室,以侈丽相高,乃至山泽之民,不敢采食其水草。陛下宜一新王度,革正其失。"上皆加褒赏,或以表付外,使有司详择所宜,奏行之。己亥,诏:"二宫诸王,悉不得营立屯邸,封略山湖。"

17 <u>魏</u>主还<u>平城</u>。

18 <u>魏秦州</u>刺史<u>尉洛侯</u>、<u>雍州</u>刺史<u>宜都王目辰</u>、长安镇将<u>陈提</u>等皆坐贪残不法,<u>洛侯</u>、<u>目辰</u>伏诛,<u>提</u>徙边。

又诏以"候官千数,重罪受赇不列,轻罪吹毛发举,宜悉罢之"。更置谨直者数百人,使防逻街术,执喧斗者而已。自是吏民始得安业。

19 自<u>泰始</u>以来,内外多虞,将帅各募部曲,屯聚建康。<u>李安民</u>上表,以为"自非<u>淮北</u>常备外,馀军悉皆输遣;若亲近宜立随身者,听限人数。"上从之;五月辛亥,诏断众募。

20 壬子,上赏佐命之功,<u>褚渊</u>、<u>王俭</u>等进爵、增户各有差。处士<u>何点</u>

谓人曰："我作齐书已竟,赞云:'渊既世族,俭亦国华;不赖舅氏,遑恤国家!'"点,尚之孙也。渊母宋始安公主,继母吴郡公主;又尚巴西公主。俭母武康公主,又尚阳羡公主。故点云然。

21　己未,或走马过汝阴王之门,卫士恐。有为乱者奔入杀王,而以疾闻,上不罪而赏之。辛酉,杀宋宗室阴安公燮等,无少长皆死。前豫州刺史刘澄之,遵考之子也,与褚渊善,渊为之固请曰:"澄之兄弟不武,且于刘宗又疏。"故遵考之族独得免。

22　丙寅,追尊皇考曰宣皇帝,皇妣陈氏曰孝皇后。

23　丁卯,封皇子钧为衡阳王。

24　上谓兖州刺史垣崇祖曰:"吾新得天下,索虏必以纳刘昶为辞,侵犯边鄙。寿阳当虏之冲,非卿无以制此虏也。"乃徙崇祖为豫州刺史。

25　六月丙子,诛游击将军姚道和,以其贰于沈攸之也。

26　甲子,立王太子赜为皇太子;皇子嶷为豫章王,映为临川王,晃为长沙王,晔为武陵王,暠为安成王,锵为鄱阳王,铄为桂阳王,鉴为广陵王;皇孙长懋为南郡王。

27　乙酉,葬宋顺帝于遂宁陵。

28　帝以建康居民杂,多奸盗,欲立符伍以相检括,右仆射王俭谏曰:"京师之地,四方辐凑,必也持符,于事既烦,理成大旷,谢安所谓'不尔何以为京师'也。"乃止。

29　初,交州刺史李长仁卒,从弟叔献代领州事,以号令未行,遣使求刺史于宋。宋以南海太守沈焕为交州刺史,以叔献为焕宁远司马、武平新昌二郡太守。叔献既得朝命,人情服从,遂发兵守险,不纳焕。焕停郁林,病卒。

秋,七月丁未,诏曰:"交趾、比景独隔书朔,斯乃前运方季,因迷遂往。宜曲赦交州,即以叔献为刺史,抚安南土。"

30　魏葭芦镇主杨广香请降,丙辰,以广香为沙州刺史。

31　八月乙亥,魏主如方山;丁丑,还宫。

32　上闻魏将入寇,九月乙巳,以豫章王嶷为荆、湘二州刺史,都督如故;以临川王映为扬州刺史。

33　丙午,以司空褚渊领尚书令。

34　壬子,魏以侍中、司徒、东阳王丕为太尉,侍中、尚书右仆射陈建为司徒,侍中、尚书代人苟颓为司空。

35　己未,魏安乐厉王长乐谋反,赐死。

36　庚申，魏陇西宣王源贺卒。

37　冬，十月己巳朔，魏大赦。

38　癸未，汝阴太妃王氏卒，谥曰宋恭皇后。

39　初，晋寿民李乌奴与白水氐杨成等寇梁州，梁州刺史范柏年说降乌奴，击成，破之。及沈攸之事起，柏年遣兵出魏兴，声云入援，实候望形势。事平，朝廷遣王玄邈代之。诏柏年与乌奴俱下，乌奴劝柏年不受代；柏年计未决，玄邈已至，柏年乃留乌奴于汉中，还至魏兴，盘桓不进。左卫率豫章胡谐之尝就柏年求马，柏年曰：“马非狗也，安能应无已之求！”待使者甚薄；使者还，语谐之曰：“柏年云：‘胡谐之何物狗！所求无厌！’”谐之恨之，谮于上曰：“柏年恃险聚众，欲专据一州。”上使雍州刺史南郡王长懋诱柏年，启为府长史。柏年至襄阳，上欲不问，谐之曰：“见虎格得，而纵上山乎？”甲午，赐柏年死。李乌奴叛入氐，依杨文弘，引氐兵千馀人寇梁州，陷白马成。王玄邈使人诈降诱乌奴，乌奴轻兵袭州城，玄邈伏兵邀击，大破之，乌奴挺身复走入氐。

初，玄邈为青州刺史，上在淮阴，为宋太宗所疑，欲北附魏，遣书结玄邈。玄邈长史清河房叔安曰：“将军居方州之重，无故举忠孝而弃之，三齐之士，宁蹈东海而死耳，不敢随将军也。”玄邈乃不答上书。及罢州还，至淮阴，严军直过；至建康，启太宗，称上有异志。及上为骠骑，引为司马，玄邈甚惧，而上待之如初。及破乌奴，上曰：“玄邈果不负吾意遇也。”叔安为宁蜀太守，上赏其忠正，欲用为梁州，会病卒。

40　十一月辛亥，立皇太子妃裴氏。

41　癸丑，魏遣假梁郡王嘉督二将出淮阴，陇西公琛督三将出广陵，河东公薛虎子督三将出寿阳，奉丹杨王刘昶入寇，许昶以克复旧业，世胙江南，称藩于魏。蛮酋桓诞请为前驱，以诞为南征西道大都督。义阳民谢天盖自称司州刺史，欲以州附魏，魏乐陵镇将韦珍引兵渡淮应接。豫章王嶷遣中兵参军萧惠朗将二千人助司州刺史萧景先讨天盖，韦珍略七千馀户而去。景先，上之从子也。南兖州刺史王敬则闻魏将济淮，委镇还建康，士民惊散，既而魏竟不至。上以其功臣，不问。

上之辅宋也，遣骁骑将军王洪范使柔然，约与共攻魏。洪范自蜀出吐谷浑历西域乃得达。至是，柔然十馀万骑寇魏，至塞上而还。

42　是岁，魏诏中书监高允议定律令。允虽笃老，而志识不衰。诏以允家贫养薄，令乐部丝竹十人五日一诣允以娱其志，朝晡给膳，朔望致牛酒，月给衣服绵绢；入见则备几杖，问以政治。

43　契丹莫贺弗勿干帅部落万馀口入附于<u>魏</u>,居<u>白狼水</u>东。

二年(庚申,480)

1　春,正月戊戌朔,大赦。

2　以司空<u>褚渊</u>为司徒,尚书右仆射<u>王俭</u>为左仆射;<u>渊</u>不受。

3　辛丑,上祀南郊。

4　<u>魏陇西公琛</u>等攻拔<u>马头戍</u>,杀太守<u>刘从</u>。乙卯,诏内外纂严,发兵拒<u>魏</u>,征<u>南郡王长懋</u>为中军将军,镇<u>石头</u>。

5　<u>魏广川庄王略</u>卒。

6　<u>魏</u>师攻<u>钟离</u>,<u>徐州</u>刺史<u>崔文仲</u>击破之。<u>文仲</u>遣军主<u>崔孝伯</u>渡<u>淮</u>,攻<u>魏茌眉戍</u>主<u>龙得侯</u>等,杀之。<u>文仲</u>,<u>祖思</u>之族人也。

群蛮依阻山谷,连带<u>荆</u>、<u>湘</u>、<u>雍</u>、<u>郢</u>、<u>司</u>五州之境,闻<u>魏</u>师入寇,□尽发民丁,<u>南襄城</u>蛮<u>秦秦</u>乘虚寇<u>潼阳</u>,杀县令。<u>司州</u>蛮引<u>魏</u>兵寇<u>平昌</u>,<u>平昌</u>戍主<u>苟元宾</u>击破之。<u>北上黄</u>蛮<u>文勉德</u>寇<u>汶阳</u>,<u>汶阳</u>太守<u>戴元孙</u>弃城奔<u>江陵</u>;<u>豫章王嶷</u>遣中兵参军<u>刘伾绪</u>将千人讨之,至<u>当阳</u>,<u>勉德</u>请降,<u>秦</u>远遁去。

<u>魏</u>将<u>薛道标</u>引兵趣<u>寿阳</u>,上使<u>齐郡</u>太守<u>刘怀慰</u>作冠军将军<u>薛渊</u>书以招<u>道标</u>;<u>魏</u>人闻之,召<u>道标</u>还,使<u>梁郡王嘉</u>代之。<u>怀慰</u>,<u>乘民</u>之子也。二月丁卯朔,<u>嘉</u>与<u>刘昶</u>寇<u>寿阳</u>。将战,<u>昶</u>四向拜将士,流涕纵横,曰:"愿同戮力,以雪仇耻!"

<u>魏</u>步骑号二十万,<u>豫州</u>刺史<u>垣崇祖</u>集文武议之,欲治外城,堰<u>肥水</u>以自固。皆曰:"昔<u>佛狸</u>入寇,<u>南平王</u>士卒完盛,数倍于今,犹以郭大难守,退保内城。且自有<u>肥水</u>,未尝堰也,恐劳而无益。"<u>崇祖</u>曰:"若弃外城,虏必据之,外修楼橹,内筑长围,则坐成擒矣。守郭筑堰,是吾不谏之策也。"乃于城西北堰<u>肥水</u>,堰北筑小城,周为深堑,使数千人守之,曰:"虏见城小,以为一举可取,必悉力攻之,以谋破堰;吾纵水冲之,皆为流尸矣。"<u>魏</u>人果蚁附攻小城,<u>崇祖</u>著白纱帽,肩舆上城。晡时,决堰下水;<u>魏</u>攻城之众漂坠堑中,人马溺死以千数。<u>魏</u>师退走。

7　<u>谢天盖</u>部曲杀<u>天盖</u>以降。

8　<u>宋</u>自<u>孝建</u>以来,政纲弛紊,簿籍讹谬。上诏黄门郎<u>会稽虞玩之</u>等更加检定,曰:"黄籍,民之大纪,国之治端。自顷巧伪日甚,何以厘革?"<u>玩之</u>上表,以为:"<u>元嘉</u>中,故光禄大夫<u>傅隆</u>年出七十,犹手自书籍,躬加隐校。今欲求治取正,必在勤明令长。愚谓宜以<u>元嘉</u>二十七年籍为正,更立明科,一听首悔;迷而不返,依制必戮;若有虚昧,州县同科。"上从之。

9　上以群蛮数为叛乱,分荆、益置巴州以镇之。壬申,以三巴校尉明慧昭为巴州刺史,领巴东太守。是时,齐之境内,有州二十三,郡三百九十,县千四百八十五。

乙酉,崔文仲遣军主陈靖拔魏竹邑,杀戍主白仲都;崔叔延破魏睢陵,杀淮阳太守梁恶。

10　三月丁酉朔,以侍中西昌侯鸾为郢州刺史。鸾,帝兄始安贞王道生之子也;早孤,为帝所养,恩过诸子。

11　魏刘昶以雨水方降,表请还师,魏人许之;丙午,遣车骑大将军冯熙将兵迎之。

12　夏,四月辛巳,魏主如白登山;五月丙申朔,如火山;壬寅,还平城。

13　自晋以来,建康宫之外城唯设竹篱,而有六门。会有发白虎樽者,言“白门三重关,竹篱穿不完”。上感其言,命改立都墙。

14　李乌奴数乘间出寇梁州,豫章王嶷遣中兵参军王图南将益州兵从剑阁掩击之;梁、南秦二州刺史崔慧景发梁州兵屯白马,与图南覆背击乌奴,大破之,乌奴走保武兴。慧景,祖思之族人也。

15　秋,七月辛亥,魏主如火山。

16　戊午,皇太子穆妃裴氏卒。

17　诏南郡王长懋移镇西州。

18　角城戍主举城降魏;秋,八月丁酉,魏遣徐州刺史梁郡王嘉迎之。又遣平南将军郎大檀等三将出朐城,将军白吐头等二将出海西,将军元泰等二将出连口,将军封延等三将出角城,镇南将军贺罗出下蔡,同入寇。

19　甲辰,魏主如方山;戊申,游武州山石窟寺。庚戌,还平城。

20　崔慧景遣长史裴叔保攻李乌奴于武兴,为氐王杨文弘所败。

21　九月甲午朔,日有食之。

22　丙午,柔然遣使来聘。

23　汝南太守常元真、龙骧将军胡青苟降于魏。

24　闰月辛巳,遣领军李安民循行清、泗诸戍以备魏。

25　魏梁郡王嘉帅众十万围朐山,朐山戍主玄元度婴城固守,青、冀二州刺史范阳卢绍之遣子奂将兵助之。庚寅,元度大破魏师。台遣军主崔灵建等将万馀人自淮入海,夜至,各举两炬;魏师望见,遁去。

26　冬,十月,王俭固请解选职,许之;加俭侍中,以太子詹事何戢领选。上以戢资重,欲加常侍,褚渊曰:“圣旨每以蝉冕不宜过多。臣与王俭既已左珥，若复加戢，则八座遂有三貂；若帖以骁、游，亦为不少。"乃以戢为吏部尚书，加骁骑将军。

27 甲辰，以沙州刺史杨广香为西秦州刺史，又以其子炅为武都太守。

28 丁未，魏以昌黎王冯熙为西道都督，与征南将军桓诞出义阳，镇南将军贺罗出钟离，同入寇。

29 淮北四州民不乐属魏，常思归江南，上多遣间谍诱之。于是徐州民桓标之、兖州民徐猛子等所在蜂起为寇盗，聚众保五固，推司马朗之为主。魏遣淮阳王尉元、平南将军薛虎子等讨之。

30 十一月戊寅，丹阳尹王僧虔上言："郡县狱相承有上汤杀囚，名为救疾，实行冤暴。岂有死生大命，而潜制于邑！愚谓囚病必先刺郡，求职司与医对共诊验，远县家人省视，然后处治。"上从之。

31 戊子，以杨难当之孙后起为北秦州刺史、武都王，镇武兴。

32 十二月戊戌，以司空褚渊为司徒。渊入朝，以腰扇障日，征虏功曹刘祥从侧过，曰："作如此举止，羞面见人，扇障何益！"渊曰："寒士不逊！"祥曰："不能杀袁、刘，安得免寒士！"祥，穆之孙也。祥好文学，而性韵刚疏，撰宋书，讥斥禅代，王俭密以闻，坐徙广州而卒。

太子宴朝臣于玄圃，右卫率沈文季与褚渊语相失，文季怒曰："渊自谓忠臣，不知死之日何面目见宋明帝！"太子笑曰："沈率醉矣。"

33 壬子，以豫章王嶷为中书监、司空、扬州刺史，以临川王映为都督荆雍等九州诸军事、荆州刺史。

34 是岁，魏尚书令王叡进爵中山王，加镇东大将军；置王官二十二人，以中书侍郎郑羲为傅，郎中令以下皆当时名士。又拜叡妻丁氏为妃。

三年（辛酉，481）

1 春，正月，封皇子锋为江夏王。

2 魏人寇淮阳，围军主成买于朐城，上遣领军将军李安民为都督，与军主周盘龙等救之。魏人缘淮大掠，江北民皆惊走渡江，成买力战而死。盘龙之子奉叔以二百人陷陈深入，魏以万馀骑张左右翼围之。或告盘龙云，"奉叔已没"，盘龙驰马奋稍，直突魏陈，所向披靡。奉叔已出，复入求盘龙。父子两骑萦扰，魏数万之众莫敢当者；魏师遂败，杀伤万计。魏师退，李安民等引兵追之，战于孙溪渚，又破之。

3 己卯，魏主南巡，司空苟颓留守；丁亥，魏主至中山。

4　二月丁卯朔,魏大赦。

5　丁酉,游击将军桓康复败魏师于淮阳,进攻樊谐城,拔之。

6　魏主自中山如信都;癸卯,复如中山;庚戌,还,至肆州。

沙门法秀以妖术惑众,谋作乱于平城;苟颓帅禁兵收掩,悉擒之。魏主还平城,有司囚法秀,加以笼头,铁锁无故自解。魏人穿其颈骨,祝之曰:"若果有神,当令穿肉不入。"遂穿以徇,三日乃死。议者或欲尽杀道人,冯太后不可,乃止。

7　垣崇祖之败魏师也,恐魏复寇淮北,乃徙下蔡戍于淮东。既而魏师果至,欲攻下蔡;闻其内徙,欲夷其故城。己酉,崇祖引兵渡淮击魏,大破之,杀获千计。

8　晋、宋之际,荆州刺史多不领南蛮校尉,别以重人居之。豫章王嶷为荆、湘二州刺史,领南蛮。嶷罢,更以侍中王奂为之,奂固辞,曰:"西土戎烬之后,痍毁难复。今复割撤太府,制置偏校,崇望不足助强,语实交能相弊。且资力既分,职司增广,众劳务倍,文案滋烦,窃以为国计非允。"癸丑,罢南蛮校尉官。

9　三月辛酉朔,魏主如肆州;己巳,还平城。

10　魏法秀之乱,事连兰台御史张求等百馀人,皆以反法当族。尚书令王叡请诛首恶,宥其馀党。乃诏:"应诛五族者,降为三族;三族者,门诛;门诛,止其身。"所免千馀人。

11　夏,四月己亥,魏主如方山。冯太后乐其山川,曰:"他日必葬我于是,不必祔山陵也。"乃为太后作寿陵,又建永固石室于山上,欲以为庙。

12　桓标之等有众数万,寨险求援;庚子,诏李安民督诸将往迎之,又使兖州刺史周山图自淮入清,倍道应接。淮北民桓磈魂破魏师于抱犊固。李安民赴救迟留,标之等皆为魏所灭,馀众得南归者尚数千家;魏人亦掠三万馀口归平城。

13　魏任城康王云卒。

14　五月壬戌,邓至王像舒遣使入贡于魏。邓至者,羌之别种,国于宕昌之南。

15　六月壬子,大赦。

16　甲辰,魏中山宣王王叡卒。叡疾病,太皇太后、魏主屡至其家视疾。及卒,赠太宰,立庙于平城南。文士为叡作哀诗及诔者百馀人,及葬,自称亲姻、义旧,缞绖哭送者千馀人。魏主以叡子中散大夫袭代叡为尚书令,领吏部曹。

17 戊午,魏封皇叔简为齐郡王,猛为安丰王。

18 秋,七月己未朔,日有食之。

19 上使后军参军车僧朗使于魏。甲子,僧朗至平城。魏主问曰:"齐辅宋日浅,何故遽登大位?"对曰:"虞、夏登庸,身陟元后,魏、晋匡辅,贻厥子孙,时宜各异耳。"

20 辛酉,柔然别帅他稽帅众降魏。

21 杨文弘遣使请降,诏复以为北秦州刺史。先是,杨广香卒,其众半奔文弘,半奔梁州。文弘遣杨后起进据白水。上虽授以官爵,而阴敕晋寿太守杨公则使伺便图之。

22 宋昇明中,遣使者殷灵诞、苟昭先如魏,闻上受禅,灵诞谓魏典客曰:"宋、魏通好,忧患是同。宋今灭亡,魏不相救,何用和亲!"及刘昶入寇,灵诞请为昶司马,不许。九月庚午,魏阅武于南郊,因宴群臣;置车僧朗于灵诞下,僧朗不肯就席,曰:"灵诞昔为宋使,今为齐民。乞魏主以礼见处。"灵诞遂与相忿詈。刘昶略宋降人解奉君于会刺杀僧朗,魏人收奉君,诛之;厚送僧朗之丧;放灵诞等南归。及世祖即位,昭先具以灵诞之语启闻,灵诞坐下狱死。

23 辛未,柔然主遣使来聘,与上书,谓上为"足下",自称曰"吾",遗上师子皮裤褶,约共伐魏。

24 魏尉元、薛虎子克五固、斩司马朗之,东南诸州皆平。尉元入为侍中、都曹尚书,薛虎子为彭城镇将,迁徐州刺史。时州镇戍兵,资绢自随,不入公库,虎子上表,以为:"国家欲取江东,先须积谷彭城。切惟在镇之兵,不减数万,资粮之绢,人十二匹;用度无准,未及代下,不免饥寒,公私损费。今徐州良田十万馀顷,水陆肥沃,清、汴通流,足以溉灌。若以兵绢市牛,可得万头,兴置屯田,一岁之中,且给官食。半兵芸殖,馀兵屯戍,且耕且守,不妨捍边。一年之收,过于十倍之绢;暂时之耕,足充数载之食。于后兵资皆贮公库,五稔之后,谷帛俱溢,非直戍卒丰饱,亦有吞敌之势。"魏人从之。虎子为政有惠爱,兵民怀之。会沛郡太守邵安、下邳太守张攀以赃污为虎子所按,各遣子上书,告虎子与江南通,魏主曰:"虎子必不然。"推按,果虚,诏安、攀皆赐死,二子各鞭一百。

25 吐谷浑王拾寅卒,世子度易侯立。冬,十月戊子朔,以度易侯为西秦河二州刺史、河南王。

26 魏中书令高闾等更定新律成,凡八百三十二章;门房之诛十有六，大辟二百三十五，杂刑三百七十七。

27　初，高昌王阚伯周卒，子义成立；是岁，其从兄首归杀义成自立。高车王可至罗杀首归兄弟，以敦煌张明为高昌王，国人杀明，立马儒为王。

四年（壬戌，482）

1　春，正月壬戌，诏置学生二百人，以中书令张绪为国子祭酒。

2　甲戌，魏大赦。

3　三月庚申，上召司徒褚渊、尚书左仆射王俭受遗诏辅太子；壬戌，殂于临光殿。太子即位，大赦。

高帝沉深有大量，博学能文。性清俭，主衣中有玉导，上敕中书曰："留此正是兴长病源！"即命击碎；仍检按有何异物，皆随此例。每曰："使我治天下十年，当使黄金与土同价。"

4　乙丑，以褚渊录尚书事，王俭为侍中、尚书令，车骑将军张敬儿开府仪同三司。丁卯，以前将军王奂为尚书左仆射。庚午，以豫章王嶷为太尉。

5　庚辰，魏主临虎圈，诏曰："虎狼猛暴，取捕之日，每多伤害；既无所益，损费良多，从今勿复捕贡。"

6　夏，四月庚寅，上大行谥曰高皇帝，庙号太祖。丙午，葬泰安陵。

7　辛卯，追尊穆妃为皇后。六月甲申朔，立南郡王长懋为皇太子。丙申，立太子妃王氏。妃，琅邪人也。封皇子闻喜公子良为竟陵王，临汝公子卿为庐陵王，应城公子敬为安陆王，江陵公子懋为晋安王，枝江公子隆为随郡王，子真为建安王，皇孙昭业为南郡王。

8　司徒褚渊寝疾，自表逊位，世祖不许。渊固请恳切，癸卯，以渊为司空，领骠骑将军，侍中、录尚书如故。

9　秋，七月，魏发州郡五万人治灵丘道。

10　吏部尚书济阳江谧，性诡躁，太祖殂，谧恨不豫顾命；上即位，谧又不迁官；以此怨望、诽谤。会上不豫，谧诣豫章王嶷请间，曰："至尊非起疾，东宫又非才，公今欲作何计？"上知之，使御史中丞沈冲奏谧前后罪恶，庚寅，赐谧死。

11　癸卯，南康文简公褚渊卒，世子侍中贲耻其父失节，服除，遂不仕，以爵让其弟蓁，屏居墓下终身。

12　九月丁巳，以国哀罢国子学。

13　氐王杨文弘卒，诸子皆幼，乃以兄子后起为嗣。九月辛酉，魏以后起为武都王,文弘子集始为白水太守。既而集始自立为王,后起击破之。

14　魏以荆州巴、氐扰乱,以镇西大将军李崇为荆州刺史。崇,显祖之舅子也。将之镇,敕发陕、秦二州兵送之,崇辞曰:"边人失和,本怨刺史。今奉诏代之,自然安靖;但须一诏而已,不烦发兵自防,使之怀惧也。"魏朝从之。崇遂轻将数十骑驰至上洛,宣诏慰谕,民夷帖然。崇命边戍掠得齐人者悉还之,由是齐人亦还其生口二百许人,二境交和,无复烽燧之警。久之,徙兖州刺史。兖土旧多劫盗,崇命村置一楼,楼皆悬鼓,盗发之处,乱击之;旁村始闻者,以一击为节,次二,次三,俄顷之间,声布百里;皆发人守险要。由是盗发,无不擒获。其后诸州皆效之,自崇始也。

15　辛未,以征南将军王僧虔为左光禄大夫、开府仪同三司,以尚书右仆射王奂为湘州刺史。

16　宋故建平王景素主簿何昌寓、记室王摛及所举秀才刘琎,前后上书陈景素德美,为之讼冤。冬,十月辛丑,诏听以士礼还葬旧茔。琎,瓛之弟也。

17　十一月,魏高祖将亲祠七庙,命有司具仪法,依古制备牲牢、器服及乐章;自是四时常祀皆举之。

世祖武皇帝上之上

永明元年(癸亥,483)

1　春,正月辛亥,上祀南郊,大赦,改元。

2　诏以边境宁晏,治民之官,普复田秩。

3　以太尉豫章王嶷领太子太傅。嶷不参朝务,而常密献谋画,上多从之。

4　壬戌,立皇弟锐为南平王,铿为宜都王,皇子子明为武昌王,子罕为南海王。

5　二月辛巳,以征虏将军杨炅为沙州刺史、阴平王。

6　辛丑,以宕昌王梁弥机为河、凉二州刺史,邓至王像舒为西凉州刺史。

7　宋末,以治民之官六年过久,乃以三年为断,谓之小满;而迁换去来,又不能依三年之制。三月癸丑,诏,自今一以小满为限。

8　有司以天文失度,请禳之。上曰:"应天以实不以文。我克己求治,思隆惠政;若灾眚在我,禳之何益!"

9　夏,四月壬午,诏:"袁粲、刘秉、沈攸之,虽末节不终,而始诚可录。"皆命以礼改葬。

10　上之为太子也,自以年长,与太祖同创大业,朝事大小,率皆专断,多违制度。信任左右张景真,景真骄侈,被服什物,僭拟乘舆;内外畏之,莫敢言者。

司空谘议荀伯玉,素为太祖所亲厚,叹曰:"太子所为,官终不知,岂得畏死,蔽官耳目! 我不启闻,谁当启者!"因太子拜陵,密以启太祖。太祖怒,命检校东宫。

太子拜陵还,至方山,晚,将泊舟,豫章王嶷自东府乘飞燕东迎太子,告以上怒之意。太子夜归,入宫,太祖亦停门籥待之。明日,太祖使南郡王长懋、闻喜公子良宣敕诘责,并示以景真罪状,使以太子令收景真,杀之。太子忧惧,称疾。

月馀,太祖怒不解,昼卧太阳殿,王敬则直入,叩头启太祖曰:"官有天下日浅,太子无事被责,人情恐惧;愿官往东宫解释之。"太祖无言。敬则因大声宣旨,装束往东宫,又敕太官设馔,呼左右索舆;太祖了无动意。敬则索衣被太祖,仍牵强登舆。太祖不得已至东宫,召诸王宴于玄圃。长沙王晃捉华盖,临川王映执雉尾扇,闻喜公子良持酒枪,南郡王长懋行酒,太子及豫章王嶷、王敬则自捧酒馔,至暮,尽醉乃还。

太祖嘉伯玉忠荩,愈见亲信,军国密事,多委使之,权动朝右。遭母忧,去宅二里许,冠盖已塞路。左率萧景先、侍中王晏共吊之,自旦至暮,始得前。比出,饥,气息惙然,愤悒形于声貌。明日,言于太祖曰:"臣等所见二宫门庭,比荀伯玉宅可张雀罗矣。"晏,敬弘之从子也。

骁骑将军陈胤叔,先亦白景真及太子得失,而语太子皆云"伯玉以闻"。太子由是深怨伯玉。

太祖阴有以豫章王嶷代太子之意;而嶷事太子愈谨,故太子友爱不衰。

豫州刺史垣崇祖不亲附太子,会崇祖破魏兵,太祖召还朝,与之密谋。太子疑之,曲加礼待,谓曰:"世间流言,我已豁怀;自今以富贵相付。"崇祖拜谢。会太祖复遣荀伯玉,敕以边事,受旨夜发,不得辞东宫;太子以为不尽诚,益衔之。

太祖临终,指伯玉以属太子。上即位,崇祖累迁五兵尚书,伯玉累迁散骑常侍。伯玉内怀忧惧,上以伯玉与崇祖善,恐其为变,加意抚之。丁亥,下诏诬崇祖招结江北荒人,欲与伯玉作乱,皆收杀之。

11　庚子,魏主如崞山;壬寅,还宫。

12　闰月癸丑,魏主后宫平凉林氏生子恂,大赦。文明太后以恂当为太子,赐林氏死,自抚养恂。

13　五月戊寅朔,魏主如武州山石窟佛寺。

14　车骑将军张敬儿好信梦;初为南阳太守,其妻尚氏梦一手热如火;及为雍州,梦一胛热;为开府,梦半身热。敬儿意欲无限,常谓所亲曰:"吾妻复梦举体热矣。"又自言梦旧村社树高至天,上闻而恶之。垣崇祖死,敬儿内自疑,会有人告敬儿遣人至蛮中货易,上疑其有异志。会上于华林园设八关斋,朝臣皆预,于坐收敬儿。敬儿脱冠貂投地曰:"此物误我!"丁酉,杀敬儿,并其四子。

敬儿弟恭儿,常虑为兄祸所及,居于冠军,未常出襄阳,村落深阻,墙垣重复。敬儿每遣信,辄上马属鞬,然后见之。敬儿败问至,席卷入蛮;后自出,上恕之。

敬儿女为征北谘议参军谢超宗子妇,超宗谓丹杨尹李安民曰:"'往年杀韩信,今年杀彭越。'尹欲何计!"安民具启之。上素恶超宗轻慢,使兼御史中丞袁彖奏弹超宗,丁巳,收付廷尉,徙越嶲,于道赐死。以彖语不刻切,又使左丞王逡之奏弹彖轻文略奏,挠法容非,彖坐免官,禁锢十年。超宗,灵运之孙;彖,颢之弟子也。

15　秋,七月丁丑,魏主及太后如神渊池;甲申,如方山。

16　魏使假员外散骑常侍顿丘李彪来聘。

17　侍中、左光禄大夫、开府仪同三司王僧虔固辞开府,谓兄子俭曰:"汝任重于朝,行登三事;我若复有此授,乃是一门有二台司,吾实惧焉。"累年不拜,上乃许之,戊戌,加僧虔特进。俭作长梁斋,制度小过,僧虔视之,不悦,竟不入户;俭即日毁之。

初,王弘与兄弟集会,任子孙戏适。僧达跳下地作虎子;僧绰正坐,采蜡烛珠为凤皇,僧达夺取打坏,亦复不惜;僧虔累十二博棋,既不坠落,亦不重作。弘叹曰:"僧达俊爽,当不减人,然恐终危吾家;僧绰当以名义见美;僧虔必为长者,位至公台。"已而皆如其言。

18　八月庚申,骁骑将军王洪范自柔然还,经涂三万馀里。

19　冬,十月丙寅,遣骁骑将军刘缵聘于魏,魏主客令李安世主之。魏人出内藏之宝,使贾人鬻之于市。缵曰:"魏金玉大贱,当由山川所出。"安世曰:"圣朝不贵金玉,故贱同瓦砾。"缵初欲多市,闻其言,内惭而止。缵屡奉使至魏,冯太后遂私幸之。

20　十二月乙巳朔，日有食之。

21　癸丑，魏始禁同姓为婚。

22　王俭进号卫将军，参掌选事。

23　是岁，省巴州。

24　魏秦州刺史于洛侯，性残酷，刑人必断腕，拔舌，分悬四体。合州惊骇，州民王元寿等一时俱反。有司劾奏之，魏主遣使至州，于洛侯常刑人处宣告吏民，然后斩之。

齐州刺史韩麒麟，为政尚宽，从事刘普庆说麒麟曰：“公杖节方夏，而无所诛斩，何以示威！”麒麟曰：“刑罚所以止恶，仁者不得已而用之。今民不犯法，又何诛乎？若必断斩然后可以立威，当以卿应之！”普庆惭惧而起。

资治通鉴卷第一百三十六

齐纪二

世祖武皇帝上之下

永明二年（甲子，484）

1　春，正月乙亥，以后将军柳世隆为尚书右仆射；竟陵王子良为护军将军兼司徒，领兵置佐，镇西州。子良少有清尚，倾意宾客，才隽之士，皆游集其门。开西邸，多聚古人器服以充之。记室参军范云、萧琛、乐安任昉、法曹参军王融、卫军东阁祭酒萧衍、镇西功曹谢朓、步兵校尉沈约、扬州秀才吴郡陆倕，并以文学，尤见亲待，号曰八友。法曹参军柳恽、太学博士王僧孺、南徐州秀才济阳江革、尚书殿中郎范缜、会稽孔休源亦预焉。琛，惠开之从子；恽，元景之从孙；融，僧达之孙；衍，顺之之子；朓，述之孙；约，璞之子；僧孺，雅之曾孙；缜，云之从兄也。

子良笃好释氏，招致名僧，讲论佛法，道俗之盛，江左未有。或亲为众僧赋食、行水，世颇以为失宰相体。

范缜盛称无佛。子良曰："君不信因果，何得有富贵、贫贱？"缜曰："人生如树花同发，随风而散：或拂帘幌坠茵席之上，或关篱墙落粪溷之中。坠茵席者，殿下是也，落粪溷者，下官是也。贵贱虽复殊途，因果竟在何处！"子良无以难。缜又著神灭论，以为："形者神之质，神者形之用也。神之于形，犹利之于刀；未闻刀没而利存，岂容形亡而神在哉！"此论出，朝野喧哗，难之终不能屈。太原王琰著论讥缜曰："呜呼范子！曾不知其先祖神灵所在！"欲以杜缜后对。缜对曰："呜呼王子！知其先祖神灵所在而不能杀身以从之！"子良使王融谓之曰："以卿才美，何患不至中书郎；而故乖剌为此论，甚可惜也！宜急毁弃之。"缜大笑曰："使范缜卖论取官，已至令、仆矣，何但中书郎邪！"

萧衍好筹略，有文武才干，王俭深器异之，曰："萧郎出三十，贵不可言。"

2　壬寅，以柳世隆为尚书左仆射，丹杨尹李安民为右仆射，王俭领丹杨尹。

　　3　夏,四月甲寅,魏主如方山;戊午,还宫;庚申,如鸿池;丁卯,还宫。

　　4　五月甲申,魏遣员外散骑常侍李彪等来聘。

　　5　六月壬寅朔,中书舍人吴兴茹法亮封望蔡男。时中书舍人四人,各住一省,谓之“四户”,以法亮及临海吕文显等为之,既总重权,势倾朝廷,守宰数迁换去来,四方饷遗,岁数百万。法亮尝于众中语人曰:“何须求外禄!此一户中,年办百万。”盖约言之也。后因天文有变,王俭极言“文显等专权徇私,上天见异,祸由四户”。上手诏酬答,而不能改也。

　　6　魏旧制:户调帛二匹,絮二斤,丝一斤,谷二十斛;又入帛一匹二丈,委之州库,以供调外之费;所调各随土之所出。丁卯,诏曰:“置官班禄,行之尚矣;自中原丧乱,兹制中绝。朕宪章旧典,始班俸禄。户增调帛三匹,谷二斛九斗,以为官司之禄;增调外帛二匹。禄行之后,赃满一匹者死。变法改度,宜为更始,其大赦天下。”

　　7　秋,七月甲申,立皇子子伦为巴陵王。

　　8　乙未,魏主如武州山石窟寺。

　　9　九月,魏诏,班禄以十月为始,季别受之。旧律,枉法十匹,义赃二十匹,罪死;至是,义赃一匹,枉法无多少,皆死。仍分命使者,纠按守宰之贪者。

　　秦、益二州刺史恒农李洪之以外戚贵显,为治贪暴,班禄之后,洪之首以赃败。魏主命锁赴平城,集百官亲临数之;犹以其大臣,听在家自裁。自馀守宰坐赃死者四十馀人。受禄者无不局踏,赇赂殆绝。然吏民犯他罪者,魏主率宽之,疑罪奏谳多减死徙边,岁以千计。都下决大辟,岁不过五六人;州镇亦简。

　　久之,淮南王佗奏请依旧断禄,文明太后召群臣议之。中书监高闾以为:“饥寒切身,慈母不能保其子。今给禄,则廉者足以无滥,贪者足以劝慕;不给,则贪者得肆其奸,廉者不能自保。淮南之议,不亦谬乎!”诏从闾议。

　　闾又上表,以为:“北狄悍愚,同于禽兽。所长者野战,所短者攻城。若以狄之所短夺其所长,则虽众不能成患,虽来不能深入。又,狄散居野泽,随逐水草,战则与家业并至,奔则与畜牧俱逃,不赍资粮而饮食自足,是以历代能为边患。六镇势分,倍众不斗,互相围逼,难以制之。请依秦、汉故事,于六镇之北筑长城,择要害之地,往往开门,造小城于其侧,置兵扞守。狄既不攻城,野掠无获,草尽则走,终必惩艾。计六镇东西不过千里,一夫一月之功可城三步之地,强弱相兼,不过用十万人,一月可就;虽有暂劳,可以永逸。凡长城有五利:罢游防之苦,一也;北部放牧无抄掠之患,二也;登城观敌,以逸待劳,三也;息无时之备,四也;岁常游运,永得不匮,五也。"魏主优诏答之。

10　冬,十月丁巳,以南徐州刺史长沙王晃为中书监。初,太祖临终,以晃属帝,使处于辇下或近藩,勿令远出。且曰:"宋氏若非骨肉相残,他族岂得乘其弊! 汝深诚之!"旧制:诸王在都,唯得置捉刀左右四十人。晃好武饰,及罢南徐州,私载数百人仗还建康,为禁司所觉,投之江水。帝闻之,大怒,将纠以法,豫章王嶷叩头流涕曰:"晃罪诚不足宥;陛下当忆先朝念晃。"帝亦垂泣,由是终无异意,然亦不被亲宠。论者谓帝优于魏文,减于汉明。

武陵王晔多材艺而疏悍,亦无宠于帝。尝侍宴,醉伏地,貂抄肉柈。帝笑曰:"肉污貂。"对曰:"陛下爱羽毛而疏骨肉。"帝不悦。晔轻财好施,故无蓄积;名后堂山曰"首阳",盖怨贫薄也。

11　高丽王琏遣使入贡于魏,亦入贡于齐。时高丽方强,魏置诸国使邸,齐使第一,高丽次之。

12　益州大度獠恃险骄恣,前后刺史不能制。及陈显达为刺史,遣使责其租赕。獠帅曰:"两眼刺史尚不敢调我,况一眼乎!"遂杀其使。显达分部将吏,声言出猎,夜,往袭之,男女无少长皆斩之。

晋氏以来,益州刺史皆以名将为之。十一月丁亥,帝始以始兴王鉴为督益宁诸军事、益州刺史,征显达为中护军。先是,劫帅韩武方聚党千馀人断流为暴,郡县不能禁。鉴行至上明,武方出降,长史虞悰等咸请杀之。鉴曰:"杀之失信,且无以劝善。"乃启台而宥之,于是巴西蛮夷为寇暴者皆望风降附。鉴时年十四,行至新城,道路籍籍,云:"陈显达大选士马,不肯就征。"乃停新城,遣典签张昙晳往观形势。俄而显达遣使诣鉴,咸劝鉴执之。鉴曰:"显达立节本朝,必自无此。"居二日,昙晳还,具言"显达已迁家出城,日夕望殿下至"。于是乃前。鉴喜文学,器服如素士,蜀人悦之。

13　乙未,魏员外散骑常侍李彪等来聘。

14　是岁,诏增豫章王嶷封邑为四千户。宋元嘉之世,诸王入斋阁,得白服、裙帽见人主;唯出太极四厢,乃备朝服。自后此制遂绝。上于嶷友爱,宫中曲宴,听依元嘉故事。嶷固辞不敢,唯车驾至其第,乃白服、乌纱帽以侍宴。至于衣服、器用制度,动皆陈启,事无专制,务从减省。上并不许。巇常虑盛满,求解扬州,以授竟陵王子良。上终不许,曰:"毕汝一世,无所多言。"巇长七尺八寸,善修容范,文物卫从,礼冠百僚,每出入殿省,瞻望者无不肃然。

15　交州刺史李叔献既受命,而断割外国贡献;上欲讨之。

三年(乙丑,485)

1　春,正月丙辰,以大司农刘楷为交州刺史,发南康、庐陵、始兴兵以讨叔献。叔献闻之,遣使乞更申数年,献十二队纯银兜鍪及孔雀毦;上不许。叔献惧为楷所袭,间道自湘州还朝。

2　戊寅,魏诏曰:"图谶之兴,出于三季,既非经国之典,徒为妖邪所凭。自今图谶、秘纬,一皆焚之,留者以大辟论!"又严禁诸巫觋及委巷卜筮非经典所载者。

3　魏冯太后作皇诰十八篇,癸未,大飨群臣于太华殿,班皇诰。

4　辛卯,上祀南郊,大赦。

5　诏复立国学;释奠先师用上公礼。

6　二月己亥,魏制皇子皇孙有封爵者,岁禄各有差。

7　辛丑,上祭北郊。

8　三月丙申,魏封皇弟禧为咸阳王,幹为河南王,羽为广陵王,雍为颍川王,勰为始平王,详为北海王。文明太后令置学馆,选师傅以教诸王。勰于兄弟最贤,敏而好学,善属文,魏主尤奇爱之。

9　夏,四月癸丑,魏主如方山;甲寅,还宫。

10　初,宋太宗置总明观以集学士,亦谓之东观。上以国学既立,五月,乙未,省总明观。时王俭领国子祭酒,诏于俭宅开学士馆,以总明四部书充之。又诏俭以家为府。

自宋世祖好文章,士大夫悉以文章相尚,无以专经为业者。俭少好礼学及春秋,言论造次必于儒者,由是衣冠翕然,更尚儒术。俭撰次朝仪、国典,自晋、宋以来故事,无不谙忆,故当朝理事,断决如流。每博议引证,八坐、丞、郎无能异者。令史谘事常数十人,宾客满席,俭应接辨析,傍无留滞,发言下笔,皆有音彩。十日一还学监试诸生,巾卷在庭,剑卫、令史,仪容甚盛。作解散髻,斜插簪;朝野慕之,相与仿效。俭常谓人曰:"江左风流宰相,唯有谢安。"意以自比也。上深委仗之,士流选用,奏无不可。

11　六月庚戌,〔魏〕进河南王度易侯为车骑将军,遣给事中吴兴丘冠先使河南,并送柔然使。

12　辛亥,魏主如方山;丁巳,还宫。

13　秋,七月癸未,魏遣使拜宕昌王梁弥机兄子弥承为宕昌王。初,弥机死,子弥博立,为吐谷浑所逼,奔仇池。仇池镇将穆亮以弥机事魏素厚,矜其灭亡;弥博凶悖,所部恶之;弥承为众所附,表请纳之。诏许之。亮帅骑三万军于龙鹄,击走吐谷浑,立弥承而还。亮,崇之曾孙也。

14　戊子,魏主如鱼池,登青原冈;甲午,还宫;八月己亥,如弥泽;甲寅,登牛头山;甲子,还宫。

15　魏初,民多荫附;荫附者皆无官役,而豪强征敛倍于公赋。给事中李安世上言:“岁饥民流,田业多为豪右所占夺;虽桑井难复,宜更均量,使力业相称。又,所争之田,宜限年断,事久难明,悉归今主,以绝诈妄。”魏主善之,由是始议均田。冬,十月丁未,诏遣使者循行州郡,与牧守均给天下之田:诸男夫十五以上受露田四十亩,妇人二十亩,奴婢依良丁;牛一头,受田三十亩,限止四牛。所授之田,率倍之;三易之田,再倍之,以供耕作及还受之盈缩。人年及课则受田,老免及身没则还田。奴婢、牛随有无以还受。初受田者,男夫给二十亩,课种桑五十株;桑田皆为世业,身终不还。恒计见口,有盈者无受无还,不足者受种如法,盈者得卖其盈。诸宰民之官,各随近给公田有差,更代相付;卖者坐如律。

16　辛酉,魏魏郡王陈建卒。

17　魏员外散骑常侍李彪等来聘。

18　十二月乙卯,魏以侍中淮南王佗为司徒。

19　柔然犯魏塞,魏任城王澄帅众拒之,柔然遁去。澄,云之子也。氐、羌反,诏以澄为都督梁益荆三州诸军事、梁州刺史。澄至州,讨叛柔服,氐、羌皆平。

20　初,太祖命黄门郎虞玩之等检定黄籍。上即位,别立校籍官,置令史,限人一日得数巧。既连年不已,民愁怨不安。外监会稽吕文度启上,籍被却者悉充远戍,民多逃亡避罪。富阳民唐㝢之因以妖术惑众作乱,攻陷富阳,三吴却籍者奔之,众至三万。

文度与茹法亮、吕文显皆以奸谄有宠于上。文度为外监,专制兵权,领军守虚位而已。法亮为中书通事舍人,权势尤盛。王俭常曰:“我虽有大位,权寄岂及茹公邪!”

21　是岁,柔然部真可汗卒,子豆仑立,号伏名敦可汗,改元太平。

四年(丙寅,486)

1　春,正月癸亥朔,魏高祖朝会,始服衮冕。

2　壬午,柔然寇魏边。

3　唐寓之攻陷钱唐,吴郡诸县令多弃城走。寓之称帝于钱唐,立太子,置百官;遣其将高道度等攻陷东阳,杀东阳太守萧崇之。崇之,太祖族弟也。又遣其将孙泓寇山阴,至浦阳江;浹口戍主汤休武击破之。上发禁兵数千人,马数百匹,东击寓之。台军至钱唐,寓之众乌合,畏骑兵,一战而溃,擒斩寓之,进平诸郡县。

台军乘胜,颇纵抄掠。军还,上闻之,收军主前军将军陈天福弃市;左军将军刘明彻免官、削爵,付东冶。天福,上宠将也,既伏诛,内外莫不震肃。使通事舍人丹阳刘系宗随军慰劳,遍至遭贼郡县,百姓被驱逼者悉无所问。

4　闰月癸巳,立皇子子贞为邵陵王,皇孙昭文为临汝公。

5　氐王杨后起卒,丁未,诏以白水太守杨集始为北秦州刺史、武都王。集始,文弘之子也。后起弟后明为白水太守。魏亦以集始为武都王。集始入朝于魏,魏以为南秦州刺史。

6　辛亥,帝耕籍田。

7　二月己未,立皇弟铄为晋熙王,铉为河东王。

8　魏无乡党之法,唯立宗主督护;民多隐冒,三五十家始为一户。内秘书令李冲上言:“宜准古法:五家立邻长,五邻立里长,五里立党长,取乡人强谨者为之。邻长复一夫,里长二夫,党长三夫,三载无过,则升一等。其民调,一夫一妇,帛一匹,粟二石。大率十匹为公调,二匹为调外费,三匹为百官俸。此外复有杂调。民年八十已上,听一子不从役。孤独、癃老、笃疾、贫穷不能自存者,三长内迭养食之。”书奏,诏百官通议。中书令郑羲等皆以为不可。太尉丕曰:“臣谓此法若行,于公私有益。但方有事之月,校比户口,民必劳怨。请过今秋,至冬乃遣使者,于事为宜。”冲曰:“‘民可使由之,不可使知之。’若不因调时,民徒知立长校户之勤,未见均徭省赋之益,心必生怨。宜及调课之月,令知赋税之均,既识其事,又得其利,行之差易。”群臣多言:“九品差调,为日已久,一旦改法,恐成扰乱。”文明太后曰:“立三长则课调有常准,苞荫之户可出,侥幸之人可止,何为不可!”甲戌,初立党、里、邻三长,定民户籍。民始皆愁苦,豪强者尤不愿。既而课调省费十馀倍,上下安之。

9　三月丙申,柔然遣使者牟提如魏。时敕勒叛柔然,柔然伏名敦可汗自将讨之,追奔至西漠。魏左仆射穆亮等请乘虚击之,中书监高闾曰:

"秦、汉之世,海内一统,故可远征匈奴。今南有吴寇,何可舍之深入虏庭!"魏主曰:"'兵者凶器,圣人不得已而用之。'先帝屡出征伐者,以有未宾之虏故也。今朕承太平之业,奈何无故动兵革乎!"厚礼其使者而归之。

10　夏,四月辛酉朔,魏始制五等公服;甲子,初以法服、御辇祀南郊。

11　癸酉,魏主如灵泉池;戊寅,还宫。

12　湘州蛮反,刺史吕安国有疾不能讨;丁亥,以尚书左仆射柳世隆为湘州刺史,讨平之。

13　六月辛酉,魏主如方山。

14　己卯,魏文明太后赐皇子恂名,大赦。

15　秋,七月戊戌,魏主如方山。

16　八月乙亥,魏给尚书五等爵已上朱衣,玉佩,大小组绶。

17　九月辛卯,魏作明堂、辟雍。

18　冬,十一月,魏议定民官依户给俸。

19　十二月,柔然寇魏边。

20　是岁,魏改中书学曰国子学。分置州郡,凡三十八州,二十五在河南,十三在河北。

五年(丁卯,487)

1　春,正月丁亥朔,魏主诏定乐章,非雅者除之。

2　戊子,以豫章王嶷为大司马,竟陵王子良为司徒,临川王映、卫将军王俭、中军将军王敬则并加开府仪同三司。子良启记室范云为郡,上曰:"闻其常相卖弄,朕不复穷法,当宥之以远。"子良曰:"不然。云动相规诲,谏书具存。"遂取以奏,凡百馀纸,辞皆切直。上叹息,谓子良曰:"不谓云能尔;方使弼汝,何宜出守!"文惠太子尝出东田观获,顾谓众宾曰:"刈此亦殊可观。"众皆曰:"唯唯。"云独曰:"三时之务,实为长勤。伏愿殿下知稼穑之艰难,无徇一朝之宴逸!"

3　荒人桓天生自称桓玄宗族,与雍、司二州蛮相扇动,据南阳故城,请兵于魏,将入寇。丁酉,诏假丹杨尹萧景先节,总帅步骑,直指义阳,司州诸军皆受节度;又假护军将军陈显达节,帅征虏将军戴僧静等水军向宛、叶,雍、司诸军皆受显达节度,以讨之。

4　魏光禄大夫咸阳文公高允,历事五帝,出入三省,五十馀年,未尝有谴;冯太后及魏主甚重之,常命中黄门苏兴寿扶侍。允仁恕简静,虽处贵重,情同寒素;执书吟览,昼夜不去手;诲人以善,恂恂不倦,笃亲念故,无所遗弃。显祖平青、徐,悉徙其望族于代,其人多允之婚媾,流离饥寒;允倾家赈施,咸得其所,又随其才行,荐之于朝。议者多以初附间之,允曰:"任贤使能,何有新旧!必若有用,岂可以此抑之!"允体素无疾,至是微有不适,犹起居如常,数日而卒,年九十八;赠侍中、司空,赗襚甚厚。魏初以来,存亡蒙赉,皆莫及也。

5 桓天生引魏兵万馀人至沘阳,陈显达遣戴僧静等与战于深桥,大破之,杀获万计。天生退保沘阳,僧静围之,不克而还。荒人胡丘生起兵悬瓠以应齐,魏人击破之,丘生来奔。天生又引魏兵寇舞阴,舞阴戍主殷公愍拒击,破之,杀其副张麒麟,天生被创退走。三月丁未,以陈显达为雍州刺史。显达进据舞阳城。

6 夏,五月壬辰,魏主如灵泉池。

7 癸巳,魏南平王浑卒。

8 甲午,魏主还平城。诏复七庙子孙及外戚缌麻服已上,赋役无所与。

9 魏南部尚书公孙邃、上谷公张儵帅众与桓天生复寇舞阴,殷公愍击破之;天生还窜荒中。邃,表之孙也。

魏春夏大旱,代地尤甚;加以牛疫,民馁死者多。六月癸未,诏内外之臣极言无隐。齐州刺史韩麒麟上表曰:"古先哲王,储积九稔;逮于中代,亦崇斯业,入粟者与斩敌同爵,力田者与孝悌均赏。今京师民庶,不田者多,游食之口,参分居二。自承平日久,丰穰积年,竞相矜夸,遂成侈俗。贵富之家,童妾袨服,工商之族,仆隶玉食;而农夫阙糟糠,蚕妇乏短褐。故令耕者日少,田有荒芜;谷帛罄于府库,宝货盈于市里;衣食匮于室,丽服溢于路。饥寒之本,实在于斯。愚谓凡珍异之物,皆宜禁断;吉凶之礼,备为格式;劝课农桑,严加赏罚。数年之中,必有盈赡。往年校比户贯,租赋轻少。臣所统齐州,租粟才可给俸,略无入仓,虽于民为利而不可长久,脱有戎役,或遭天灾,恐供给之方,无所取济。可减绢布,增益谷租;年丰多积,岁俭出赈。所谓私民之谷,寄积于官,官有宿积,则民无荒年矣。"秋,七月己丑,诏有司开仓赈贷,听民出关就食。遣使者造籍,分遣去留,所过给粮廪,所至三长赡养之。

10 柔然伏名敦可汗残暴,其臣侯医垔石洛候数谏止之,且劝其与魏和亲。伏名敦怒,族诛之,由是部众离心。八月,柔然寇魏边,魏以尚书陆叡为都督,击柔然,大破之。叡,丽之子也。

初,高车阿伏至罗有部落十馀万,役属柔然。伏名敦之侵魏也,阿伏至罗谏,不听。阿伏至罗怒,与从弟穷奇帅部落西走,至前部西北,自立为王。国人号曰"候娄匐勒",夏言天子也;号穷奇曰"候倍",夏言太子也。二人甚亲睦,分部而立。阿伏至罗居北,穷奇居南。伏名敦追击之,屡为阿伏至罗所败,乃引众东徙。

11　九月辛未,魏诏罢起部无益之作,出宫人不执机杼者。冬,十月丁未,又诏罢尚方锦绣、绫罗之工;四民欲造,任之无禁。是时,魏久无事,府藏盈积。诏尽出御府衣服珍宝、太官杂器、太仆乘具、内库弓矢刀钤十分之八,外府衣物、缯布、丝纩非供国用者,以其太半班赉百司,下至工、商、皂隶,逮于六镇边戍,畿内鳏、寡、孤、独、贫、癃,皆有差。

12　魏秘书令高祐、丞李彪奏请改国书编年为纪、传、表、志;魏主从之。祐,允之从祖弟也。十二月,诏彪与著作郎崔光改修国书。光,道固之从孙也。

魏主问高祐曰:"何以止盗?"对曰:"昔宋均立德,猛虎渡河;卓茂行化,蝗不入境。况盗贼,人也,苟守宰得人,治化有方,止之易矣。"祐又上疏言:"今之选举,不采识治之优劣,专简年劳之多少,斯非尽才之谓。宜停此薄艺,弃彼朽劳,唯才是举,则官方斯穆。又勋旧之臣,虽年勤可录而才非抚民者,可加之以爵赏,不宜委之以方任,所谓王者可私人以财,不私人以官者也。"帝善之。

祐出为西兖州刺史,镇滑台。以郡国虽有学,县、党亦宜有之,乃命县立讲学,党立小学。

六年(戊辰,488)

1　春,正月乙未,魏诏:"犯死刑者,父母、祖父母年老,更无成人子孙,旁无期亲者,具状以闻。"

2　初,皇子右卫将军子响出继豫章王嶷;嶷后有子,表留为世子,子响每入朝,以车服异于诸王,每拳击车壁。上闻之,诏车服与皇子同。于是有司奏子响宜还本。三月己亥,立子响为巴东王。

3　角城戍将张蒲,因大雾乘船入清中采樵,潜纳魏兵。戍主皇甫仲贤觉之,帅众拒战于门中,仅能却之。魏步骑三千馀人已至堑外,淮阴军主王僧庆等引兵救之,魏人乃退。

4　夏,四月,桓天生复引魏兵出据隔城,诏游击将军下邳曹虎督诸军讨之。辅国将军朱公恩将兵蹑伏,遇天生游军,与战,破之,遂进围隔城。

天生引魏兵步骑万馀人来战,虎奋击,大破之,俘斩二千馀人。明日,攻拔隔城,斩其襄城太守帛乌祝,复俘斩二千馀人,天生弃平氏城走。

5　陈显达侵魏,甲寅,魏遣豫州刺史拓跋斤将兵拒之。

6　甲子,魏大赦。

7　乙丑,魏主如灵泉池;丁卯,如方山;己巳,还宫。

8　魏筑城于醴阳,陈显达攻拔之,进攻泚阳。城中将士皆欲出战,镇将韦珍曰:“彼初至气锐,未可与争,且共坚守,待其力攻疲弊,然后击之。”乃凭城拒战,旬有二日,珍夜开门掩击,显达还。

9　五月甲午,以宕昌王梁弥承为河、凉二州刺史。

10　秋,七月己丑,魏主如灵泉池,遂如方山;己亥,还宫。

11　九月壬寅,上如琅邪城讲武。

12　癸卯,魏淮南靖王佗卒。魏主方享宗庙,始荐,闻之,为废祭,临视哀恸。

13　冬,十月庚申,立冬,初临太极殿读时令。

14　闰月辛酉,以尚书仆射王奂为领军将军。

15　辛未,魏主如灵泉池;癸酉,还宫。

16　十二月,柔然伊吾戍主高羔子帅众三千以城附魏。

17　上以中外谷帛至贱,用尚书右丞江夏李珪之议,出上库钱五千万及出诸州钱,皆令籴买。

18　西陵戍主杜元懿建言:“吴兴无秋,会稽丰登,商旅往来,倍多常岁。西陵牛埭税,官格日三千五百;如臣所见,日可增倍。并浦阳南北津、柳浦四埭,乞为官领摄一年,格外可长四百许万。西陵戍前检税,无妨戍事;馀三埭自举腹心。”上以其事下会稽,会稽行事吴郡顾宪之议以为:“始立牛埭之意,非苟逼蹴以取税也;乃以风涛迅险,济急利物耳。后之监领者不达其本,各务己功,或禁遏他道,或空税江行。按吴兴频岁失稔,今兹尤甚,去之从丰,良由饥棘。埭司责税,依格弗降,旧格新减,尚未议登,格外加倍,将以何术! 皇慈恤隐,振廪蠲调,而元懿幸灾榷利,重增困瘼,人而不仁,古今共疾! 若事不副言,惧贻谴诘,必百方侵苦,为公贾怨。元懿禀性苛刻,已彰往效;任以物土,譬以狼将羊,其所欲举腹心,亦当虎而冠耳。书云:‘与其有聚敛之臣,宁有盗臣。’此言盗公为损盖微,敛民所害乃大也。愚又以便宜者,盖谓便于公,宜于民也。窃见顷之言便宜者,非能于民力之外,用天分地;率皆即日不宜于民,方来不便于公。名与实反,有乖政体。凡如此等,诚宜深察。”上纳之而止。

　19　魏主访群臣以安民之术。秘书丞李彪上封事,以为:"豪贵之家,奢僭过度,第宅车服,宜为之等制。

　又,国之兴亡,在冢嗣之善恶;冢嗣之善恶,在教谕之得失。高宗文成皇帝尝谓群臣曰:'朕始学之日,年尚幼冲,情未能专;既临万机,不遑温习。今日思之,岂唯予咎,抑亦师傅之不勤。'尚书李䜣免冠谢。此近事之可鉴者也。臣谓宜准古立师傅之官,以训导太子。

　又,汉置常平仓以救匮乏。去岁京师不稔,移民就丰,既废营生,困而后达,又于国体,实有虚损。曷若豫储仓粟,安而给之,岂不愈于驱督老弱糊口千里之外哉!宜析州郡常调九分之二,京师度支岁用之馀,各立官司,年丰籴粟积之于仓,俭则加私之二粜之于人。如此,民必力田以取官绢,积财以取官粟。年登则常积,岁凶则直给。数年之中,谷积而人足,虽灾不为害矣。

　又,宜于河表七州人中,擢其门才,引令赴阙,依中州官比,随能序之。一可以广圣朝均新旧之义,二可以怀江、汉归有道之情。

　又,父子兄弟,异体同气;罪不相及,乃君上之厚恩;至于忧惧相连,固自然之恒理也。无情之人,父兄系狱,子弟无惨惕之容;子弟逃刑,父兄无愧恶之色;宴安荣位,游从自若,车马衣冠,不变华饰;骨肉之恩,岂当然也!臣愚以为父兄有犯,宜令子弟素服肉袒,诣阙请罪。子弟有坐,宜令父兄露版引咎,乞解所司;若职任必要,不宜许者,慰勉留之。如此,足以敦厉凡薄,使人知所耻矣。

　又,朝臣遭亲丧者,假满赴职。衣锦乘轩,从郊庙之祀;鸣玉垂绶,同庆赐之燕;伤人子之道,亏天地之经。愚谓凡遭大父母、父母丧者,皆听终服;若无其人,职业有旷者,则优旨慰谕,起令视事,但综司出纳、敷奏而已,国之吉庆,一令无预。其军旅之警,墨缞从役,虽愆于礼,事所宜行也。"魏主皆从之。由是公私丰赡,虽时有水旱,而民不困穷。

　20　魏遣兵击百济,为百济所败。

七年(己巳,489)

　1　春,正月辛亥,上祀南郊,大赦。

　2　魏主祀南郊,始备大驾。

　3　壬戌,临川献王映卒。

　4　初,上为镇西长史,主簿王晏以倾谄为上所亲,自是常在上府。上为太子,晏为中庶子。上之得罪于太祖也,晏称疾自疏。及即位,为丹杨尹,意任如旧,朝夕一见,议论朝事;自豫章王嶷及王俭皆降意接之。二月壬寅,出为江州刺史,晏不愿外出,复留为吏部尚书。

5　三月甲寅,立皇子子岳为临贺王,子峻为广汉王,子琳为宣城王,子珉为义安王。

6　夏,四月丁丑,魏主诏曰:"升楼散物以赉百姓,至使人马腾践,多有伤毁;今可断之,以本所费之物,赐老疾贫独者。"

7　丁亥,魏主如灵泉池,遂如方山;己丑,还宫。

8　上优礼南昌文宪公王俭,诏三日一还朝,尚书令史出外谘事。上犹以往来烦数,复诏俭还尚书下省,月听十日出外。俭固求解选。诏改中书监,参掌选事。

五月乙巳,俭卒。王晏既领选,权行台阁,与俭颇不平。礼官欲依王导,谥俭为文献。晏启上曰:"导乃得此谥;但宋氏以来,不加异姓。"出,谓亲人曰:"'平头宪'事已行矣。"

徐湛之之死也,其孙孝嗣在孕免,八岁,袭爵枝江县公,尚宋康乐公主。及上即位,孝嗣为御史中丞,风仪端简。王俭谓人曰:"徐孝嗣将来必为宰相。"上尝问俭:"谁可继卿者?"俭曰:"臣东都之日,其在徐孝嗣乎!"俭卒,孝嗣时为吴兴太守,征为五兵尚书。

9　庚戌,魏主祭方泽。

10　上欲用领军王奂为尚书令,以问王晏。晏与奂不相能,对曰:"柳世隆有勋望,恐不宜在奂后。"甲子,以尚书左仆射柳世隆为尚书令,王奂为左仆射。

11　六月丁亥,上如琅邪城。

12　魏怀朔镇将汝阴灵王天赐,长安镇都大将、雍州刺史南安惠王桢,皆坐赃当死。冯太后及魏主临皇信堂,引见王公,太后令曰:"卿等以为当存亲以毁令邪,当灭亲以明法邪?"群臣皆言:"二王,景穆皇帝之子,宜蒙矜恕。"太后不应。魏主乃下诏,称:"二王所犯难恕,而太皇太后追惟高宗孔怀之恩;且南安王事母孝谨,闻于中外,并特免死,削夺官爵,禁锢终身。"初,魏朝闻桢贪暴,遣中散闾文祖诣长安察之,文祖受桢赂,为之隐;事觉,文祖亦抵罪。冯太后谓群臣曰:"文祖前自谓廉,今竟犯法。以此言之,人心信不可知。"魏主曰:"古有待放之臣。卿等自审不胜贪心者,听辞位归第。"宰官、中散慕容契进曰:"小人之心无常而帝王之法有常;以无常之心奉有常之法,非所克堪,乞从退黜。"魏主曰:"契知心不可常,则知贪之可恶矣,何必求退!"迁宰官令。契,白曜之弟子也。

13　秋,七月丙寅,魏主如灵泉池。

14　魏主使群臣议,"久与齐绝,今欲通使,何如?"尚书游明根曰:"朝廷不遣使者,又筑醴阳深入彼境,皆直在萧赜。今复遣使,不亦可乎!"魏主从之。八月乙亥,遣兼员外散骑常侍邢产等来聘。

15　九月,魏出宫人以赐北镇人贫无妻者。

16　冬十一月己未,魏安丰匡王猛卒。

17　十二月丙子,魏河东王苟颓卒。

18　平南参军颜幼明等聘于魏。

19　魏以尚书令尉元为司徒,左仆射穆亮为司空。

20　豫章王嶷自以地位隆重,深怀退素,是岁,启求还第;上令其世子子廉代镇东府。

21　太子詹事张绪领扬州中正,长沙王晃属用吴兴闻人邕为州议曹,绪不许。晃使书佐固请,绪正色曰:"此是身家州乡,殿下何得见逼!"

22　侍中江斅为都官尚书。中书舍人纪僧真得幸于上,容表有士风,请于上曰:"臣出自本县武吏,邀逢圣时,阶荣至此;为儿昏得荀昭光女,即时无复所须,唯就陛下乞作士大夫。"上曰:"此由江斅、谢瀹,我不得措意,可自诣之。"僧真承旨诣斅,登榻坐定,斅顾命左右曰:"移吾床远客!"僧真丧气而退,告上曰:"士大夫故非天子所命!"斅,湛之孙;瀹,朏之弟也。

23　柔然别帅叱吕勤帅众降魏。

资治通鉴卷第一百三十七

齐纪三

世祖武皇帝中

永明八年（庚午，490）

1　春，正月，诏放隔城俘二千馀人还魏。

2　乙丑，魏主如方山；二月辛未，如灵泉；壬申，还宫。

3　地豆干频寇魏边，夏，四月甲戌，魏征西大将军阳平王颐击走之。颐，新城之子也。

4　甲午，魏遣兼员外散骑常侍邢产等来聘。

5　五月己酉，库莫奚寇魏边，安州都将楼龙儿击走之。

6　秋，七月辛丑，以会稽太守安陆侯缅为雍州刺史。缅，鸾之弟也。缅留心狱讼，得劫，皆赦遣，许以自新，再犯乃加诛；民畏而爱之。

7　癸卯，大赦。

8　丙午，魏主如方山；丙辰，遂如灵泉池；八月丙寅朔，还宫。

9　河南王度易侯卒；乙酉，以其世子伏连筹为秦、河二州刺史，遣振武将军丘冠先拜授，且吊之。伏连筹逼冠先使拜，冠先不从，伏连筹推冠先坠崖而死。上厚赐其子雄，敕以丧委绝域，不可复寻，仕进无嫌。

10　荆州刺史巴东王子响，有勇力，善骑射，好武事，自选带仗左右六十人，皆有胆干；至镇，数于内斋以牛酒犒之。又私作锦袍、绛袄，欲以饷蛮，交易器仗。长史高平刘寅、司马安定席恭穆连名密启。上敕精检。子响闻台使至，不见敕，召寅、恭穆及谘议参军江悆、典签吴脩之、魏景渊等诘之，寅等秘而不言，脩之曰："既已降敕，政应方便答塞。"景渊曰："应先检校。"子响大怒，执寅等八人于后堂，杀之，具以启闻。上欲赦江悆，闻皆已死，怒，壬辰，以随王子隆为荆州刺史。

上欲遣淮南太守戴僧静将兵讨子响，僧静面启曰："巴东王年少，长史执之太急，忿不思难故耳。天子儿过误杀人，有何大罪！官忽遣军西上，人情惶惧，无所不至。僧静不敢奉敕。"上不答而心善之。乃遣卫尉胡谐之、游击将军尹略、中书舍人茹法亮帅斋仗数百人诣江陵,检捕群小,敕之曰:"子响若束手自归,可全其命。"以平南内史张欣泰为谐之副。欣泰谓谐之曰:"今段之行,胜既无名,负成奇耻。彼凶狡相聚,所以为其用者,或利赏逼威,无由自溃。若顿军夏口,宣示祸福,可不战而擒也。"谐之不从。欣泰,兴世之子也。

谐之等至江津,筑城燕尾洲。子响白服登城,频遣使与相闻,曰:"天下岂有儿反! 身不作贼,直是粗疏。今便单舸还阙,受杀人之罪,何筑城见捉邪?"尹略独答曰:"谁将汝反父人共语!"子响唯洒泣;乃杀牛,具酒馔,饷台军,略弃之江流。子响呼茹法亮;法亮疑畏,不肯往。又求见传诏;法亮亦不遣,且执录其使。子响怒,遣所养勇士收集州、府兵二千人,从灵溪西渡;子响自与百馀人操万钧弩,宿江堤上。明日,府州兵与台军战,子响于堤上发弩射之,台军大败,尹略死,谐之等单艇逃去。

上又遣丹杨尹萧顺之将兵继至,子响即日将白衣左右三十人,乘舴艋沿流赴建康。太子长懋素忌子响,顺之发建康也,太子密谕顺之,使早为之所,勿令得还。子响见顺之,欲自申明,顺之不许,于射堂缢杀之。

子响临死,启上曰:"臣罪逾山海,分甘斧钺。敕遣谐之等至,竟无宣旨,便建旗入津,对城南岸筑城守。臣累遣书信呼法亮,乞白服相见;法亮终不肯。群小怖惧,遂致攻战,此臣之罪也。臣此月二十五日,束身投军,希还天阙,停宅一月,臣自取尽,可使齐代无杀子之讥,臣免逆父之谤。既不遂心,今便命尽。临启哽塞,知复何陈!"

有司奏绝子响属籍,削爵土,易姓蛸氏;诸所连坐,别下考论。

久之,上游华林园,见一猿透掷悲鸣,问左右;曰:"猿子前日坠崖死。"上思子响,因鸣咽流涕。茹法亮颇为上所责怒,萧顺之惭惧,发疾而卒。豫章王嶷表请收葬子响;不许,贬为鱼复侯。

子响之乱,方镇皆启子响为逆,兖州刺史垣荣祖曰:"此非所宜言。正应云:'刘寅等孤负恩奖,逼迫巴东,使至于此。'"上省之,以荣祖为知言。

台军焚烧江陵府舍,官曹文书,一时荡尽。上以大司马记室南阳乐蔼屡为本州僚佐,引见,问以西事。蔼应对详敏,上悦,用为荆州治中,敕付以修复府州事。蔼缮修廨舍数百区,顷之咸毕,而役不及民,荆部称之。

11　九月癸丑,魏太皇太后冯氏殂;高祖勺饮不入口者五日,哀毁过礼。中部曹华阴杨椿谏曰:"陛下荷祖宗之业,临万国之重,岂可同匹夫之节以取僵仆! 群下惶灼,莫知所言。且圣人之礼,毁不灭性;纵陛下欲自贤于万代，其若宗庙何！"帝感其言，为之一进粥。

于是诸王公皆诣阙上表："请时定兆域，及依汉、魏故事，并太皇太后终制，既葬，公除"。诏曰："自遭祸罚，慌惚如昨，奉侍梓宫，犹希仿佛。山陵迁厝，所未忍闻。"冬，十月，王公复上表固请。诏曰："山陵可依典册；衰服之宜，情所未忍。"帝欲亲至陵所，戊辰，诏："诸常从之具，悉可停之；其武卫之官，防侍如法。"癸酉，葬文明太皇太后于永固陵。甲戌，帝谒陵，王公固请公除。诏曰："此当别叙在心。"己卯，又谒陵。

庚辰，帝出至思贤门右，与群臣相慰劳。太尉丕等进言曰："臣等以老朽之年，历奉累圣，国家旧事，颇所知闻。伏惟远祖有大讳之日，唯侍从梓宫者凶服，左右尽皆从吉；四祖三宗，因而无改。陛下以至孝之性，哀毁过礼，伏闻所御三食不满半溢，昼夜不释经带，臣等叩心绝气，坐不安席。愿少抑至慕之情，奉行先朝旧典。"帝曰："哀毁常事，岂足关言！朝夕食粥，粗可支任，诸公何足忧怖！祖宗情专武略，未修文教；朕今仰禀圣训，庶习古道，论时比事，又与先世不同。太尉等国老，政之所寄，于典记旧式或所未悉，且可知朕大意。其馀古今丧礼，朕且以所怀别问尚书游明根、高闾等，公可听之。

帝因谓明根等曰："圣人制卒哭之礼，授服之变，皆夺情以渐。今则旬日之间，言及即吉，特成伤理。"对曰："臣等伏寻金册遗旨，逾月而葬，葬而即吉；故于下葬之初，奏练除之事。"帝曰："朕惟中代所以不遂三年之丧，盖由君上违世，继主初立，君德未流，臣义不洽，故身袭衮冕，行即位之礼。朕诚不德，在位过纪，足令亿兆知有君矣。于此之时而不遂哀慕之心，使情礼俱失，深可痛恨！"高闾曰："杜预，晋之硕学，论自古天子无有行三年之丧者，以为汉文之制，暗与古合，虽叔世所行，事可承踵。是以臣等偻偻干请。"帝曰："窃寻金册之旨，所以夺臣子之心，令早即吉者，虑废绝政事故也。群公所请，其志亦然。朕今仰奉册令，俯顺群心，不敢暗默不言以荒庶政；唯欲衰麻废吉礼，朔望尽哀诚，情在可许，故专欲行之。如杜预之论，于孺慕之君，谅暗之主，盖亦诬矣。"秘书丞李彪曰："汉明德马后保养章帝，母子之道，无可间然；及后之崩，葬不淹旬，寻已从吉。然汉章不受讥，明德不损名。愿陛下遵金册遗令，割哀从议。"帝曰："朕所以眷恋衰经，不从所议者，实情不能忍，岂徒苟免嗤嫌而已哉！今奉终俭素，一已仰遵遗册；但痛慕之心，事系于予，庶圣灵不夺至愿耳。"高闾曰："陛下既不除服于上，臣等独除服于下，则为臣之道不足。又亲御衰麻，复听朝政，吉凶事杂，臣窃为疑。"帝曰："先后抚念群下，卿等哀慕，犹不忍除，奈何令朕独忍之于至亲乎！今朕逼于遗册，唯望至期；虽不尽礼，蕴结差申。群臣各以亲疏、贵贱、远近为除服之差，庶几稍近于古，易行于今。”高闾曰：“昔王孙裸葬，士安去棺，其子皆从而不违。今亲奉遗令而有所不从，臣等所以频烦干奏。”李彪曰：“三年不改其父之道，可谓大孝。今不遵册令，恐涉改道之嫌。”帝曰：“王孙、士安皆诲子以俭，及其遵也，岂异今日！改父之道，殆与此殊。纵有所涉，甘受后代之讥，未忍今日之请。”群臣又言：“春秋烝尝，事难废阙。”帝曰：“自先朝以来，恒有司行事；朕赖蒙慈训，常亲致敬。今昊天降罚，人神丧恃，赖宗庙之灵，亦辍歆祀。脱行飨荐，恐乖冥旨。”群臣又言：“古者葬而即吉，不必终礼，此乃二汉所以经纶治道，魏、晋所以纲理庶政也。”帝曰：“既葬即吉，盖季俗多乱，权宜救世耳。二汉之盛，魏、晋之兴，岂由简略丧礼，遗忘仁孝哉！平日之时，公卿每称当今四海晏然，礼乐日新，可以参美唐、虞，比盛夏、商。及至今日，即欲苦夺朕志，使不逾于魏、晋。如此之意，未解所由。”李彪曰：“今虽治化清晏，然江南有未宾之吴，漠北有不臣之虏，是以臣等犹怀不虞之虑。”帝曰：“鲁公带经从戎，晋侯墨衰败敌，固圣贤所许。如有不虞，虽越绋无嫌，而况衰麻乎！岂可于晏安之辰豫念军旅之事，以废丧纪哉！古人亦有称王者除衰而谅暗终丧者，若不许朕衰服，则当除衰拱默，委政冢宰。二事之中，唯公卿所择。”游明根曰：“渊默不言，则大政将旷；仰顺圣心，请从衰服。”太尉丕曰：“臣与尉元历事五帝，魏家故事，尤讳之后三月，必迎神于西，禳恶于北，具行吉礼，自皇始以来，未之或改。”帝曰：“若能以道事神，不迎自至，苟失仁义，虽迎不来。此乃平日所不当行，况居丧乎！朕在不言之地，不应如此喋喋；但公卿执夺朕情，遂成往复，追用悲绝。”遂号恸，群官亦哭而辞出。

　　初，太后忌帝英敏，恐不利于己，欲废之，盛寒，闭于空室，绝其食三日；召咸阳王禧，将立之。太尉东阳王丕、尚书右仆射穆泰、尚书李冲固谏，乃止，帝初无憾意，唯深德丕等。泰，崇之玄孙也。

　　又有宦者谮帝于太后，太后杖帝数十；帝默然受之，不自申理；及太后殂，亦不复追问。

　　甲申，魏主谒永固陵。辛卯，诏曰：“群官以万机事重，屡求听政。但哀慕缠绵，未堪自力。近侍先掌机衡者，皆谋猷所寄，且可委之；如有疑事，当时与论决。”

　　12　交州刺史清河房法乘，专好读书，常属疾不治事，由是长史伏登之得擅权，改易将吏，不令法乘知。录事房季文白之，法乘大怒，系登之于狱,十馀日。登之厚赂法乘妹夫崔景叔,得出,因将部曲袭州,执法乘,谓之曰:"使君既有疾,不宜烦劳。"囚之别室。法乘无事,复就登之求书读之,登之曰:"使君静处,犹恐动疾,岂可看书!"遂不与。乃启法乘心疾动,不任视事。十一月乙卯,以登之为交州刺史。法乘还,至岭而卒。

13 十二月己卯,立皇子子建为湘东王。

14 初,太祖以南方钱少,更欲铸钱。建元末,奉朝请孔颛上言,以为:"食货相通,理势自然。李悝云:'籴甚贵伤民,甚贱伤农。'甚贱甚贵,其伤一也。三吴,国之关奥,比岁时被水潦而籴不贵,是天下钱少,非谷贱,此不可不察也。铸钱之弊,在轻重屡变。重钱患难用,而难用为累轻;轻钱弊盗铸,而盗铸为祸深。民所以盗铸,严法不能禁者,由上铸钱惜铜爱工也。惜铜爱工者,意谓钱为无用之器,以通交易,务欲令质轻而数多,使省工而易成,不详虑其为患也。夫民之趋利,如水走下。今开其利端,从以重刑,是导其为非而陷之于死,岂为政欤! 汉兴,铸轻钱,民巧伪者多。至元狩中,始惩其弊,乃铸五铢钱,周郭其上下,令不可磨取镕,而计其费不能相偿,私铸益少。此不惜铜不爱工之效也。王者不患无铜乏工,每令民不能竞,则盗铸绝矣。宋文帝铸四铢,至景和,钱益轻,虽有周郭,而熔冶不精,于是盗铸纷纭而起,不可复禁。此惜铜爱工之验也。凡铸钱,与其不衷,宁重无轻。自汉铸五铢至宋文帝,历五百馀年,制度世有废兴,而不变五铢者,明其轻重可法、得货之宜故也。按今钱文率皆五铢,异钱时有耳。自文帝铸四铢,又不禁民翦凿,为祸既博,钟弊于今,岂不悲哉! 晋氏不铸钱,后经寇戎水火,耗散沉铄,所失岁多,譬犹磨砻砥砺,不见其损,有时而尽,天下钱何得不竭! 钱竭则士、农、工、商皆丧其业,民何以自存! 愚以为宜如旧制,大兴熔铸,钱重五铢,一依汉法。若官铸者已布于民,便严断翦凿,轻小破缺无周郭者,悉不得行。官钱细小者,称合铢两,销以为大,利贫良之民,塞奸巧之路。钱货既均,远近若一,百姓乐业,市道无争,衣食滋殖矣。"太祖然之,使诸州郡大市铜炭;会晏驾,事寝。

是岁,益州行事刘悛上言:"蒙山下有严道铜山,旧铸钱处,可以经略。"上从之,遣使入蜀铸钱。顷之,以功费多而止。

15 自太祖治黄籍,至上,谪巧者戍缘淮各十年,百姓怨望。乃下诏:"自宋昇明以前,皆听复注;其有谪役边疆,各许还本;此后有犯,严加翦治。"

16 长沙威王晃卒。

17 吏部尚书王晏陈疾自解,上欲以西昌侯鸾代晏领选,手敕问之,晏启曰:"鸾清干有馀;然不谙百氏,恐不可居此职。"上乃止。

18　以百济王牟大为镇东大将军、百济王。

19　高车阿伏至罗及穷奇遣使如魏,请为天子讨除蠕蠕,魏主赐以绣裤褶及杂彩百匹。

九年(辛未,491)

1　春,正月辛丑,上祀南郊。

2　丁卯,魏主始听政于皇信东室。

3　诏太庙四时之祭:荐宣皇帝,起面饼、鸭臛;孝皇后,笋、鸭卵;高皇帝,肉脍、菹羹;昭皇帝,茗、粣、炙鱼:皆所嗜也。上梦太祖谓己:"宋氏诸帝常在太庙从我求食,可别为吾致祠。"乃命豫章王妃庾氏四时祠二帝、二后于清溪故宅。牲牢、服章,皆用家人礼。

> 臣光曰:昔屈到嗜芰,屈建去之,以为不可以私欲干国之典,况子为天子,而以庶人之礼祭其父,违礼甚矣!卫成公欲祀相,宁武子犹非之;而况降祀祖考于私室,使庶妇尸之乎!

4　初,魏主召吐谷浑王伏连筹入朝,伏连筹辞疾不至,辄修洮阳、泥和二城,置戍兵焉。二月乙亥,魏枹罕镇将长孙百年请击二戍,魏主许之。

5　散骑常侍裴昭明、散骑侍郎谢峻如魏吊,欲以朝服行事,魏主客曰:"吊有常礼,何得以朱衣入凶庭!"昭明等曰:"受命本朝,不敢辄易。"往返数四,昭明等固执不可。魏主命尚书李冲选学识之士与之言,冲奏遣著作郎上谷成淹。昭明等曰:"魏朝不听使者朝服,出何典礼?"淹曰:"吉凶不相厌。羔裘玄冠不以吊,此童稚所知也。昔季孙如晋,求遭丧之礼以行。今卿自江南远来吊魏,方问出何典礼;行人得失,何其远哉!"昭明曰:"二国之礼,应相准望。齐高皇帝之丧,魏遣李彪来吊,初不素服,齐朝亦不以为疑;何至今日独见要逼!"淹曰:"齐不能行亮阴之礼,逾月即吉。彪奉使之日,齐之君臣,鸣玉盈庭,貂珰曜目。彪不得主人之命,敢独以素服厕其间乎!皇帝仁孝,侔于有虞,执亲之丧,居庐食粥,岂得以此方彼乎!"昭明曰:"三王不同礼,孰能知其得失!"淹曰:"然则虞舜、高宗皆非邪?"昭明、峻相顾而笑曰:"非孝者无亲,何可当也!"乃曰:"使人之来,唯赍裤褶,此既戎服,不可以吊,唯主人裁其朋服!然违本朝之命,返必获罪。"淹曰:"使彼有君子,卿将命得宜,且有厚赏。若无君子,卿出而光国,得罪何伤!自当有良史书之。"乃以衣、帢给昭明等,使服以致命。己丑,引昭明等入见,文武皆哭尽哀。魏主嘉淹之敏,迁侍郎,赐绢百匹。昭明,驷之子也。

6　始兴简王鉴卒。

7　三月甲辰,魏主谒永固陵。夏,四月癸亥朔,设荐于太和庙。魏主始进蔬食,追感哀哭,终日不饭;侍中冯诞等谏,经宿乃饭。甲子,罢朝夕哭。乙丑,复谒永固陵。

魏自正月不雨至于癸酉,有司请祈百神,帝曰:“成汤遭旱,以至诚致雨,固不在曲祷山川。今普天丧恃,幽显同哀,何宜四气未周,遽行祀事!唯当责躬以待天谴。”

8　甲戌,魏员外散骑常侍李彪等来聘,为之置燕设乐。彪辞乐,且曰:“主上孝思网极,兴坠正失。去三月晦,朝臣始除衰绖,犹以素服从事,是以使臣不敢承奏乐之赐。”朝廷从之。彪凡六奉使,上甚重之。将还,上亲送至琅邪城,命群臣赋诗以宠之。

9　己卯,魏作明堂,改营太庙。

10　五月己亥,魏主更定律令于东明观,亲决疑狱;命李冲议定轻重,润色辞旨,帝执笔书之。李冲忠勤明断,加以慎密,为帝所委,情义无间;旧臣贵戚,莫不心服,中外推之。

11　乙卯,魏长孙百年攻洮阳、泥和二戍,克之,俘三千馀人。

12　丙辰,魏初造五辂。

13　六月甲戌,以尚书左仆射王奂为雍州刺史。

14　丁未,魏济阴王郁以贪残赐死。

15　秋,闰七月乙丑,魏主谒永固陵。

16　己卯,魏主诏曰:“烈祖有创业之功,世祖有开拓之德,宜为祖宗,百世不迁。平文之功少于昭成,而庙号太祖,道武之功高于平文,而庙号烈祖,于义未允。朕今奉尊烈祖为太祖,以世祖、显祖为二祧,馀皆以次而迁。”

八月壬辰,又诏议养老及禋于六宗之礼。先是,魏常以正月吉日于朝廷设幕,中置松柏树,设五帝座而祠之。又有探策之祭。帝皆以为非礼,罢之。戊戌,移道坛于桑乾之阴,改曰崇虚寺。

乙巳,帝引见群臣,问以“禘祫,王、郑之义,是非安在?”尚书游明根等从郑,中书监高闾等从王。诏:“圜丘、宗庙皆有禘名,从郑,禘祫并为一祭,从王。著之于令。”戊午,又诏:“国家飨祀诸神,凡一千二百馀处;今欲减省群祀,务从简约。”又诏:“明堂、太庙,配祭、配享,于斯备矣。白登、崞山、鸡鸣山庙,唯遣有司行事。冯宣王庙在长安,宜敕雍州以时供祭。"又诏:"先有水火之神四十馀名及城北星神,今圜丘之下既祭风伯、雨师、司中、司命,明堂祭门、户、井、灶、中霤,四十神悉可罢之。"甲寅,诏曰:"近论朝日、夕月,皆欲以二分之日于东、西郊行礼。然月有馀闰,行无常准。若一依分日,或值月于东而行礼于西,序情即理,不可施行。昔秘书监<u>薛谓</u>等以为朝日以朔,夕月以朏。卿等意谓朔朏、二分,何者为是?"尚书<u>游明根</u>等请用朔朏,从之。

丙辰,<u>魏</u>有司上言,求卜祥日。诏曰:"筮日求吉,既乖敬事之志,又违永慕之心;今直用晦日。"九月丁丑夜,帝宿于庙,帅群臣哭已,帝易服缟冠、革带、黑屦,侍臣易服黑介帻、白绢单衣、革带、乌履,遂哭尽乙夜。戊子晦,帝易祭服,缟冠素纰、白布深衣、麻绳履,侍臣去帻易帢。既祭,出庙,帝立哭,久之,乃还。

17　冬,十月,<u>魏</u>明堂、太庙成。

18　庚寅,<u>魏主</u>谒<u>永固陵</u>、毁瘠犹甚。<u>穆亮</u>谏曰:"陛下祥练已阕,号慕如始。王者为天地所子,为万民父母;未有子过哀而父母不戚,父母忧而子独悦豫者也。今和气不应,风旱为灾,愿陛下袭轻服,御常膳,銮舆时动,咸秩百神,庶使天人交庆。"诏曰:"孝悌之至,无所不通。今飘风、旱气,皆诚慕未浓,幽显无感也。所言过哀之咎,谅为未衷。"十一月己未朔,<u>魏主</u>禫于<u>太和庙</u>,衮冕以祭。既而服黑介帻,素纱深衣,拜陵而还。癸亥,冬至,<u>魏主</u>祀圜丘,遂祀明堂,还,<u>至太和庙</u>,乃入。甲子,临<u>太华殿</u>,服通天冠,绛纱袍,以飨群臣。乐县而不作。丁卯,服衮冕,辞<u>太和庙</u>,帅百官奉神主迁于新庙。

19　乙亥,<u>魏</u>大定官品。戊戌,考诸牧守。

20　<u>魏</u>假通直散骑常侍<u>李彪</u>等来聘。

21　<u>魏</u>旧制,群臣季冬朝贺,服裤褶行事,谓之小岁;丙戌,诏罢之。

22　十二月壬辰,<u>魏</u>迁社于内城之西。

23　<u>魏</u>以<u>安定王休</u>为太傅,<u>齐郡王简</u>为太保。

24　<u>高丽王琏</u>卒,寿百馀岁。<u>魏主</u>为之制素委貌,布深衣,举哀于东郊;遣谒者仆射<u>李安上</u>策赠太傅,谥曰康。孙云嗣立。

25　乙酉,<u>魏主</u>始迎春于东郊。自是四时迎气皆亲之。

26　初,<u>魏世祖</u>克统万及姑臧,获雅乐器服工人,并存之。其后累朝无留意者,乐工浸尽,音制多亡。<u>高祖</u>始命有司访民间晓音律者议定雅乐,当时无能知者。然金、石、羽旄之饰,稍壮丽于往时矣。辛亥,诏简置乐官,使修其职;又命中书监<u>高闾</u>参定。

27　初,晋张斐、杜预共注律三十卷,自泰始以来用之,律文简约,或一章之中,两家所处,生杀顿异,临时斟酌,吏得为奸。上留心法令,诏狱官详正旧注。七年,尚书删定郎王植集定二注,表奏之。诏公卿、八座参议考正,竟陵王子良总其事;众议异同不能壹,制旨平决。是岁,书成。廷尉山阴孔稚珪上表,以为:"律文虽定,苟用失其平,则法书徒明于帙里,冤魂犹结于狱中。窃寻古之名流,多有法学;今之士子,莫肯为业。纵有习者,世议所轻,将恐此书永沦走吏之手矣。今若置律助教,依五经例,国子生有欲读者,策试高第,即加擢用,以补内外之官,庶几士流有所劝慕。"诏从其请,事竟不行。

28　初,林邑王范阳迈,世相承袭,夷人范当根纯攻夺其国,遣使献金簟等物。诏以当根纯为都督缘海诸军事、林邑王。

29　魏冀州刺史咸阳王禧入朝。有司奏:"冀州民三千人称禧清明有惠政,请世莋冀州。"魏主诏曰:"利建虽古,未必今宜;经野由君,理非下请。"以禧为司州牧、都督司·豫等六州诸军事。

30　初,魏文明太后宠任宦者略阳苻承祖,官至侍中,知都曹事,赐以不死之诏。太后殂,承祖坐赃应死,魏主原之,削职禁锢于家,仍除悖义将军,封偣浊子,月馀而卒。承祖方用事,亲姻争趋附以求利。其从母杨氏为姚氏妇独否,常谓承祖之母曰:"姊虽有一时之荣,不若妹有无忧之乐。"姊与之衣服,多不受;强与之,则曰:"我夫家世贫,美衣服使人不安。"不得已,或受而埋之。与之奴婢,则曰:"我家无食,不能饲也。"常著弊衣,自执劳苦。承祖遣车迎之,不肯起;强使人抱置车上,则大哭曰:"尔欲杀我!"由是苻氏内外号为"痴姨"。及承祖败,有司执其二姨至殿廷。其一姨伏法。帝见姚氏姨贫弊,特赦之。

31　李惠之诛也,思皇后之昆弟皆死。惠从弟凤为安乐王长乐主簿,长乐坐不轨,诛,凤亦坐死。凤子安祖等四人逃匿获免,遇赦乃出。既而魏主访舅氏存者,得安祖等,皆封侯,加将军。既而引见,谓曰:"卿之先世,再获罪于时。王者设官以待贤才,由外戚而举者,季世之法也。卿等既无异能,且可还家。自今外戚无能者视此。"后又例降爵为伯,去其军号。时人皆以为帝待冯氏太厚,待李氏太薄;太常高闾尝以为言,帝不听。及世宗尊宠外家,乃以安祖弟兴祖为中山太守,追赠李惠开府仪同三司、中山公,谥曰庄。

十年(壬申,492)

1　春,正月戊午朔,<u>魏</u>主朝飨群臣于<u>太华殿</u>,悬而不乐。

2　己未,<u>魏</u>主宗祀<u>显祖</u>于明堂以配上帝,遂登灵台以观云物,降居青阳左个,布政事。自是每朔依以为常。

散骑常侍<u>庾荜</u>等聘于<u>魏</u>,<u>魏</u>主使侍郎<u>成淹</u>引<u>荜</u>等于馆南,瞻望行礼。

辛酉,<u>魏</u>始以<u>太祖</u>配南郊。

3　<u>魏</u>主命群臣议行次。中书监<u>高闾</u>议,以为:"帝王莫不以中原为正统,不以世数为与夺,善恶为是非。故<u>桀</u>、<u>纣</u>至虐,不废<u>夏</u>、<u>商</u>之历;<u>厉</u>、<u>惠</u>至昏,无害<u>周</u>、<u>晋</u>之录。<u>晋</u>承<u>魏</u>为金,<u>赵</u>承<u>晋</u>为水,<u>燕</u>承<u>赵</u>为木,<u>秦</u>承<u>燕</u>为火。<u>秦</u>之既亡,<u>魏</u>乃称制玄朔;且<u>魏</u>之得姓,出于<u>轩辕</u>;臣愚以为宜为土德。"秘书丞<u>李彪</u>、著作郎<u>崔光</u>等议,以为:"<u>神元</u>与<u>晋武</u>往来通好,至于<u>桓</u>、<u>穆</u>,志辅<u>晋</u>室,是则<u>司马</u>祚终于<u>郏鄏</u>,而<u>拓跋</u>受命于<u>云代</u>。昔<u>秦</u>并天下,<u>汉</u>犹比之<u>共工</u>,卒继<u>周</u>为火德,况<u>刘</u>、<u>石</u>、<u>苻</u>氏,地褊世促,<u>魏</u>承其弊,岂可舍<u>晋</u>而为土邪?"司空<u>穆亮</u>等皆请从<u>彪</u>等议。壬戌,诏承<u>晋</u>为水德,祖申、腊辰。

4　甲子,<u>魏</u>罢租课。

5　<u>魏</u>宗室及功臣子孙封王者众,乙丑,诏:"自非<u>烈祖</u>之胄,馀王皆降为公,公降为侯,而品如旧。"蛮王<u>桓诞</u>亦降为公;唯<u>上党王长孙观</u>,以其祖有大功,特不降。<u>丹杨王刘昶</u>封齐郡公,加号宋王。

6　<u>魏</u>旧制,四时祭庙皆用中节,丙子,诏始用孟月,择日而祭。

7　以<u>竟陵王子良</u>领尚书令。

8　<u>魏</u>主毁<u>太华殿</u>为<u>太极殿</u>。戊子,徙居<u>永乐宫</u>。以尚书<u>李冲</u>领将作大匠,与司空<u>穆亮</u>共营之。

9　辛卯,<u>魏</u>罢寒食飨。

甲午,<u>魏</u>主始朝日于东郊。自是朝日、夕月皆亲之。

丁酉,诏祀<u>尧</u>于<u>平阳</u>,<u>舜</u>于<u>广宁</u>,<u>禹</u>于<u>安邑</u>,<u>周公</u>于<u>洛阳</u>,皆令牧守执事;其宣尼之庙,祀于中书省。丁未,改谥宣尼曰文圣尼父,帝亲行拜祭。

<u>魏</u>旧制,每岁祀天于西郊,<u>魏</u>主与公卿从二千馀骑,戎服绕坛,谓之踏坛。明日,复戎服登坛致祀,已又绕坛,谓之绕天。三月癸酉,诏尽省之。

10　辛巳,<u>魏</u>以<u>高丽王云</u>为督<u>辽海</u>诸军事、<u>辽东公</u>、<u>高句丽王</u>,诏<u>云</u>遣其世子入朝。<u>云</u>辞以疾,遣其从叔<u>升干</u>随使者诣<u>平城</u>。

11　夏,四月丁亥朔,<u>魏</u>班新律令,大赦。

12　辛丑,<u>豫章文献王嶷</u>卒,赠假黄钺、都督中外诸军事、丞相,丧礼皆如<u>汉东平献王</u>故事。<u>嶷</u>性仁谨廉俭,不以财贿为事。斋库失火,烧<u>荆州</u>

还资,评直三千馀万,主局各杖数十而已。疾笃,遗令诸子曰:"才有优劣,位有通塞,运有贫富,此自然之理,无足以相陵侮也。"上哀痛特甚,久之,语及巘,犹欷歔流涕。巘卒之日,第库无见钱,上敕月给巘第钱百万;终上之世乃省。

13 五月己巳,以竟陵王子良为扬州刺史。

14 魏文明太后之丧,使人告于吐谷浑。吐谷浑王伏连筹拜命不恭,群臣请讨之;魏主不许。又请还其贡物。帝曰:"贡物乃人臣之礼。今而不受,是弃绝之,彼虽欲自新,其路无由矣。"因命归洮阳、泥和之俘。

秋,七月庚申,吐谷浑遣其世子贺虏头入朝于魏。诏以伏连筹为都督西垂诸军事、西海公、吐谷浑王,遣兼员外散骑常侍张礼使于吐谷浑。伏连筹谓礼曰:"曩者宕昌常自称名而见谓为大王,今忽称仆,又拘执使人;欲使偏师往问,何如?"礼曰:"君与宕昌皆为魏藩,比辄兴兵攻之,殊违臣节。离京师之日,宰辅有言,以为君能自知其过,则藩业可保;若其不悛,祸难将至矣。"伏连筹默然。

15 甲戌,魏遣兼员外散骑常侍广平宋弁等来聘。及还,魏主问弁:"江南何如?"弁曰:"萧氏父子无大功于天下,既以逆取,不能顺守;政令苛碎,赋役繁重,朝无股肱之臣,野有愁怨之民:其得没身幸矣,非贻厥孙谋之道也。"

16 八月乙未,魏以怀朔镇将阳平王颐、镇北大将军陆叡皆为都督,督十二将,步骑十万,分为三道以击柔然:中道出黑山,东道趣士卢河,西道趣侯延河。军过大碛,大破柔然而还。

17 初,柔然伏名敦可汗与其叔父那盖分道击高车阿伏至罗,伏名敦屡败,那盖屡胜。国人以那盖为得天助,乃杀伏名敦而立那盖,号候其伏代库者可汗,改元太安。

18 魏司徒尉元、大鸿胪卿游明根累表请老,魏主许之。引见,赐元玄冠、素衣,明根委貌、青纱单衣,及被服杂物等而遣之。魏主亲养三老、五更于明堂。己酉,诏以元为三老,明根为五更。帝再拜三老,亲袒割牲,执爵而馈;肃拜五更;且乞言焉,元、明根劝以孝友化民。又养庶老、国老于阶下。礼毕,各赐元、明根以步挽车及衣服,禄三老以上公,五更以元卿。

19 九月甲寅,魏主序昭穆于明堂,祀文明太后于玄室。辛未,魏主以文明太后再期,哭于永固陵左,终日不辍声,凡二日不食。甲戌,辞陵,还永乐宫。

20　武兴氐王杨集始寇汉中,至白马。梁州刺史阴智伯遣军主桓卢奴、阴仲昌等击破之,俘斩数千人。集始走还武兴,请降于魏;辛巳,入朝于魏。魏以集始为南秦州刺史、汉中郡侯、武兴王。

21　冬,十月甲午,上殷祭太庙。

22　庚戌,魏以安定王休为大司马,特进冯诞为司徒。诞,熙之子也。

23　魏太极殿成。

24　十二月,司徒参军萧琛、范云聘于魏。魏主甚重齐人,亲与谈论。顾谓群臣曰:"江南多好臣。"侍臣李元凯对曰:"江南多好臣,岁一易主;江北无好臣,百年一易主。"魏主甚惭。

25　上使太子家令沈约撰宋书,疑立袁粲传,审之于上。上曰:"袁粲自是宋室忠臣。"约又多载宋世祖、太宗诸鄙渎事。上曰:"孝武事迹,不容顿尔。我昔经事明帝,卿可思讳恶之义。"于是多所删除。

26　是岁,林邑王范阳迈之孙诸农,帅种人攻范当根纯,复得其国。诏以诸农为都督缘海诸军事、林邑王。

27　魏南阳公郑羲与李冲婚姻,冲引为中书令。出为西兖州刺史,在州贪鄙。文明太后为魏主纳其女为嫔,征为秘书监。及卒,尚书奏谥曰宣。诏曰:"盖棺定谥,激扬清浊。故何曾虽孝,良史载其缪丑;贾充有劳,直士谓之荒公。羲虽宿有文业,而治阙廉清。尚书何乃情违至公,愆违明典! 依谥法:'博闻多见曰文,不勤成名曰灵。'可赠以本官,加谥文灵。"

资治通鉴卷第一百三十八

齐纪四

世祖武皇帝下

永明十一年（癸酉,493）

1　春,正月,以骠骑大将军王敬则为司空,镇军大将军陈显达为江州刺史。显达自以门寒位重,每迁官,常有愧惧之色,戒其子勿以富贵陵人;而诸子多事豪侈,显达闻之,不悦。子休尚为郢府主簿,过九江。显达曰:"麈尾蝇拂是王、谢家物,汝不须捉此!"即取于前烧之。

2　初,上于石头造露车三千乘,欲步道取彭城,魏人知之。刘昶数泣诉于魏主,乞处边戍,招集遗民,以雪私耻。魏主大会公卿于经武殿,以议南伐,于淮、泗间大积马刍。上闻之,以右卫将军崔慧景为豫州刺史以备之。

3　魏遣员外散骑侍郎邢峦等来聘。峦,颖之孙也。

4　丙子,文惠太子长懋卒。太子风韵甚和,上晚年好游宴,尚书曹事分送太子省之,由是威加内外。

太子性奢靡,治堂殿、园囿过于上宫,费以千万计,恐上望见之,乃傍门列修竹;凡诸服玩,率多僭侈。启于东田起小苑,使东宫将吏更番筑役,营城包巷,弥亘华远。上性虽严,多布耳目,太子所为,人莫敢以闻。上尝过太子东田,见其壮丽,大怒,收监作主帅;太子皆藏之,由是大被诮责。

又使嬖人徐文景造辇及乘舆御物;上尝幸东宫,匆匆不暇藏辇,文景乃以佛像内辇中,故上不疑。文景父陶仁谓文景曰:"我正当扫墓待丧耳!"仍移家避之。后文景竟赐死,陶仁遂不哭。

及太子卒,上履行东宫,见其服玩,大怒,敕有司随事毁除。以竟陵王子良与太子善,而不启闻,并责之。

太子素恶西昌侯鸾,尝谓子良曰:"我意中殊不喜此人,不解其故,当由其福薄故也。"子良为之救解。及鸾得政,太子子孙无遗焉。

5　二月,魏主始耕藉田于平城南。

6　雍州刺史王奂恶宁蛮长史刘兴祖,收系狱,诬其构扇山蛮,欲为乱。敕送兴祖下建康;奂于狱中杀之,诈云自经。上大怒,遣中书舍人吕文显、直阁将军曹道刚将斋仗五百人收奂,敕镇西司马曹虎从江陵步道会襄阳。

奂子彪,素凶险,奂不能制。长史殷叡,奂之婿也,谓奂曰:“曹、吕来,既不见真敕,恐为奸变,正宜录取,驰启闻耳。”奂纳之。彪辄发州兵千馀人,开库配甲仗,出南堂,陈兵,闭门拒守。奂门生郑羽叩头启奂,乞出城迎台使,奂曰:“我不作贼,欲先遣启自申;正恐曹、吕等小人相陵藉,故且闭门自守耳。”彪遂出,与虎军战,兵败,走归。三月乙亥,司马黄瑶起、宁蛮长史河东裴叔业于城内起兵,攻奂,斩之,执彪及弟爽、弼、殷叡,皆伏诛。彪兄融、琛死于建康,琛弟秘书丞肃独得脱,奔魏。

7　夏,四月甲午,立南郡王昭业为皇太孙,东宫文武悉改为太孙官属,以太子妃琅邪王氏为皇太孙太妃,南郡王妃何氏为皇太孙妃。妃,戢之女也。

8　魏太尉丕等请建中宫,戊戌,立皇后冯氏。后,熙之女也。魏主以白虎通云“王者不臣妻之父母”,下诏令太师上书不称臣,入朝不拜,熙固辞。

9　光城蛮帅征虏将军田益宗帅部落四千馀户叛,降于魏。

10　五月壬戌,魏主宴四庙子孙于宣文堂,亲与之齿,用家人礼。

11　甲子,魏主临朝堂,引公卿以下决疑政,录囚徒。帝谓司空穆亮曰:“自今朝廷政事,日中以前,卿等先自论议;日中以后,朕与卿等共决之。”

12　丙子,以宜都王铿为南豫州刺史。先是庐陵王子卿为南豫州刺史,之镇,道中戏部伍为水军,上闻之,大怒,杀其典签;以铿代之。子卿还第,上终身不与相见。

13　襄阳蛮酋雷婆思等帅户千馀求内徙于魏,魏人处之沔北。

14　魏主以平城地寒,六月雨雪,风沙常起,将迁都洛阳;恐群臣不从,乃议大举伐齐,欲以胁众。斋于明堂左个,使太常卿王谌筮之,遇革,帝曰:“‘汤、武革命,应乎天而顺乎人。’吉孰大焉!”群臣莫敢言。尚书任城王澄曰:“陛下奕叶重光,帝有中土;今出师以征未服,而得汤、武革命之象,未为全吉也。”帝厉声曰:“繇云‘大人虎变’,何言不吉!”澄曰:“陛下龙兴已久,何得今乃虎变!”帝作色曰:“社稷我之社稷,任城欲沮众邪!”澄曰:“社稷虽为陛下之有,臣为社稷之臣,安可知危而不言!”帝久之乃解,曰:"各言其志,夫亦何伤!"

既还宫,召澄入见,逆谓之曰:"向者革卦,今当更与卿论之。明堂之忿,恐人人竞言,沮我大计,故以声色怖文武耳。想识朕意。"因屏人谓澄曰:"今日之举,诚为不易。但国家兴自朔土,徙居平城;此乃用武之地,非可文治。今将移风易俗,其道诚难,朕欲因此迁宅中原,卿以为何如?"澄曰:"陛下欲卜宅中土以经略四海,此周、汉所以兴隆也。"帝曰:"北人习常恋故,必将惊扰,奈何?"澄曰:"非常之事,故非常人之所及。陛下断自圣心,彼亦何所能为!"帝曰:"任城,吾之子房也!"

六月丙戌,命作河桥,欲以济师。秘书监卢渊上表,以为:"前代承平之主,未尝亲御六军,决胜行陈之间,岂非胜之不足为武,不胜有亏威望乎!昔魏武以弊卒一万破袁绍,谢玄以步兵三千摧苻秦,胜负之变,决于须臾,不在众寡也。"诏报曰:"承平之主,所以不亲戎事,或以同轨无敌,或以懦劣偷安。今谓之同轨则未然,比之懦劣则可耻,必若王者不当亲戎,则先王制革辂,何所施也?魏武之胜,盖由仗顺,苻氏之败,亦由失政;岂寡必能胜众,弱必能制强邪!"丁未,魏主讲武,命尚书李冲典武选。

15　建康僧法智与徐州民周盘龙等作乱,夜,攻徐州城,入之;刺史王玄邈讨诛之。

16　秋,七月癸丑,魏立皇子恂为太子。

17　戊子,魏中外戒严,发露布及移书,称当南伐。诏发扬、徐州民丁,广设召募以备之。

中书郎王融,自恃人地,三十内望为公辅。尝夜直省中,抚案叹曰:"为尔寂寂,邓禹笑人!"行逢朱雀桁开,喧湫不得进,捶车壁叹曰:"车前无八驺,何得称丈夫!"竟陵王子良爱其文学,特亲厚之。

融见上有北伐之志,数上书奖劝,因大习骑射。及魏将入寇,子良于东府募兵,版融宁朔将军,使典其事。融倾意招纳,得江西伧楚数百人,并有干用。

会上不豫,诏子良甲仗入延昌殿侍医药;子良以萧衍、范云等皆为帐内军主。戊辰,遣江州刺史陈显达镇樊城。上虑朝野忧遑,力疾召乐府奏正声伎。子良日夜在内,太孙间日入参承。

戊寅,上疾亟,暂绝;太孙未入,内外惶惧,百僚皆已变服。王融欲矫诏立子良,诏草已立。萧衍谓范云曰:"道路籍籍,皆云将有非常之举。王元长非济世才,视其败也。"云曰:"忧国家者,惟有王中书耳。"衍曰:"忧国,欲为周、召邪,欲为竖刁邪?"云不敢答。及太孙来,王融戎服绛衫,于中书省阁口断东宫仗不得进。顷之,上复苏,问太孙所在,因召东宫器甲皆入,以朝事委尚书左仆射西昌侯鸾。俄而上殂,融处分以子良兵禁诸门。鸾闻之,急驰至云龙门,不得进,鸾曰:"有敕召我!"排之而入,奉太孙登殿;命左右扶出子良;指麾部署,音响如钟,殿中无不从命。融知不遂,释服还省,叹曰:"公误我!"由是郁林王深怨之。

遗诏曰:"太孙进德日茂,社稷有寄。子良善相毗辅,思弘治道,内外众事,无大小悉与鸾参怀,共下意! 尚书中事,职务根本,悉委右仆射王晏、吏部尚书徐孝嗣;军旅之略,委王敬则、陈显达、王广之、王玄邈、沈文季、张瓌、薛渊等。"

世祖留心政事,务总大体,严明有断,郡县久于其职,长吏犯法,封刃行诛。故永明之世,百姓丰乐,贼盗屏息。然颇好游宴,华靡之事,常言恨之,未能顿遣。

郁林王之未立也,众皆疑立子良,口语喧腾。武陵王晔于众中大言曰:"若立长,则应在我;立嫡,则应在太孙。"由是帝深凭赖之。直阁周奉叔、曹道刚素为帝心膂,并使监殿中直卫;少日,复以道刚为黄门郎。

初,西昌侯鸾为太祖所爱,鸾性俭素,车服仪从,同于素士,所居官名为严能,故世祖亦重之。世祖遗诏,使竟陵王子良辅政,鸾知尚书事。子良素仁厚,不乐世务,乃更推鸾,故遗诏云"事无大小,悉与鸾参怀",子良之志也。

帝少养于子良妃袁氏,慈爱甚著。及王融有谋,遂深忌子良。大行出太极殿,子良居中书省,帝使虎贲中郎将潘敞领二百人仗屯太极殿西阶以防之。既成服,诸王皆出,子良乞停至山陵,不许。

壬午,称遗诏,以武陵王晔为卫将军,与征南大将军陈显达并开府仪同三司;尚书左仆射、西昌侯鸾为尚书令;太孙詹事沈文季为护军。癸未,以竟陵王子良为太傅;蠲除三调及众逋,省御府及无用池田、邸治,减关市征税。先是,蠲原之诏,多无事实,督责如故。是时西昌侯鸾知政,恩信两行,众皆悦之。

18　魏山阳景恒公尉元卒。

19　魏主使录尚书事广陵王羽持节安抚六镇,发其突骑。丁亥,魏主辞永固陵;己丑,发平城,南伐,步骑三十馀万;使太尉丕与广陵王羽留守平城,并加使持节。羽曰:"太尉宜专节度,臣正可为副。"魏主曰:"老者之智,少者之决,汝无辞也。"以河南王幹为车骑大将军、都督关右诸军事,又以司空穆亮、安南将军卢渊、平南将军薛胤皆为幹副,众合七万出子午谷。胤,辩之曾孙也。

　　20　郁林王性辩慧,美容止,善应对,哀乐过人;世祖由是爱之。而矫情饰诈,阴怀鄙慝,与左右群小共衣食,同卧起。

　　始为南郡王,从竟陵王子良在西州,文惠太子每禁其起居,节其用度。王密就富人求钱,无敢不与。别作钥钩,夜开西州后阁,与左右至诸营署中淫宴。师史仁祖、侍书胡天翼相谓曰:“若言之二宫,则其事未易;若于营署为异人所殴及犬物所伤,岂直罪止一身,亦当尽室及祸。年各七十,馀生岂足吝邪!”数日间,二人相继自杀,二宫不知也。所爱左右,皆逆加官爵,疏于黄纸,使囊盛带之,许南面之日,依此施行。

　　侍太子疾及居丧,忧容号毁,见者呜咽;裁还私室,即欢笑酺饮。常令女巫杨氏祷祀,速求天位。及太子卒,谓由杨氏之力,倍加敬信。既为太孙,世祖有疾,又令杨氏祷祀。时何妃犹在西州,世祖疾稍危,太孙与何妃书,纸中央作一大喜字,而作三十六小喜字绕之。

　　侍世祖疾,言发泪下。世祖以为必能负荷大业,谓曰:“五年中一委宰相,汝勿措意;五年外勿复委人。若自作无成,无所多恨。”临终,执其手曰:“若忆翁,当好作!”遂殂。大敛始毕,悉呼世祖诸伎,备奏众乐。

　　即位十馀日,即收王融下廷尉,使中丞孔稚珪奏融险躁轻狡,招纳不逞,诽谤朝政。融求援于竟陵王子良,子良忧惧,不敢救,遂于狱赐死,时年二十七。

　　初,融欲与东海徐勉相识,每托人召之。勉谓人曰:“王君名高望促,难可轻褻衣裾。”俄而融及祸。勉由是知名。太学生会稽魏凖,以才学为融所赏;融欲立子良,凖鼓成其事。太学生虞羲、丘国宾窃相谓曰:“竟陵才弱,王中书无断,败在眼中矣。”及融诛,召凖入舍人省诘问,惶惧而死,举体皆青,时人以为胆破。

　　21　壬寅,魏主至肆州,见道路民有跛眇者,停驾慰劳,给衣食终身。

　　大司马安定王休执军士为盗者三人以徇于军,将斩之。魏主行军遇之,命赦之,休不可,曰:“陛下亲御六师,将远清江表,今始行至此,而小人已为攘盗,不斩之,何以禁奸!”帝曰:“诚如卿言。然王者之体,时有非常之泽。三人罪虽应死,而因缘遇朕,虽违军法,可特赦之。”既而谓司徒冯诞曰:“大司马执法严,诸君不可不慎。”于是军中肃然。

　　臣光曰:人主之于其国,譬犹一身,视远如视迩,在境如在庭。举贤才以任百官,修政事以利百姓,则封域之内无不得其所矣。是以先王黈纩塞耳,前旒蔽明,欲其废耳目之近用,推聪明于四远也。彼废疾者宜养,当命有司均之于境内;今独施于道路之所遇,则所遗者多矣,其为仁也,不亦微乎!况赦罪人以桡有司之法,尤非人君之体也。惜也!孝文,魏之贤君,而犹有是乎!

22　戊申,魏主至并州。并州刺史王袭,治有声迹,境内安静,帝嘉之。袭教民多立铭置道侧,虚称其美;帝闻而问之,袭对不以实。帝怒,降袭号二等。

23　九月壬子,魏遣兼员外散骑常侍勃海高聪等来聘。

24　丁巳,魏主诏车驾所经,伤民秋稼者,亩给谷五斛。

25　辛酉,追尊文惠太子为文皇帝,庙号世宗。

26　世祖梓宫下渚,帝于端门内奉辞。辒辌车未出端门,亟称疾还内。裁入阁,即于内奏胡伎,鞞铎之声,响震内外。丙寅,葬武皇帝于景安陵,庙号世祖。

27　戊辰,魏主济河;庚午,至洛阳;壬申,诣故太学观石经。

28　乙亥,邓至王像舒彭遣其子旧朝于魏,且请传位于旧;魏主许之。

29　魏主自发平城至洛阳,霖雨不止。丙子,诏诸军前发。丁丑,帝戎服,执鞭乘马而出。群臣稽颡于马前。帝曰:"庙算已定,大军将进,诸公更欲何云?"尚书李冲等曰:"今者之举,天下所不愿,唯陛下欲之;臣不知陛下独行,竟何之也!臣等有其意而无其辞,敢以死请!"帝大怒曰:"吾方经营天下,期于混壹,而卿等儒生,屡疑大计;斧钺有常,卿勿复言!"策马将出,于是安定王休等并殷勤泣谏。帝乃谕群臣曰:"今者兴发不小,动而无成,何以示后!朕世居幽朔,欲南迁中土;苟不南伐,当迁都于此,王公以为何如?欲迁者左,不欲者右。"南安王桢进曰:"'成大功者不谋于众。'今陛下苟辍南伐之谋,迁都洛邑,此臣等之愿,苍生之幸也。"群臣皆呼万岁。时旧人虽不愿内徙,而惮于南伐,无敢言者;遂定迁都之计。

李冲言于上曰:"陛下将定鼎洛邑,宗庙宫室,非可马上游行以待之。愿陛下暂还代都,俟群臣经营毕功,然后备文物、鸣和鸾而临之。"帝曰:"朕将巡省州郡,至邺小停,春首即还,未宜归北。"乃遣任城王澄还平城,谕留司百官以迁都之事,曰:"今日真所谓革也。王其勉之!"

帝以群臣意多异同,谓卫尉卿、镇南将军于烈曰:"卿意如何?"烈曰:"陛下圣略渊远,非愚浅所测。若隐心而言,乐迁之与恋旧,适中半耳。"帝曰:"卿既不唱异,即是肯同,深感不言之益。"使还镇平城,曰:"留台庶政,一以相委。"烈,栗磾之孙也。

　　先是,北地民支酉聚众数千,起兵于长安城北石山,遣使告梁州刺史阴智伯;秦州民王广亦起兵应之,攻执魏刺史刘藻,秦、雍间七州民皆响震,众至十万,各守堡壁以待齐救。魏河南王幹引兵击之,幹兵大败;支酉进至咸阳北浊谷,穆亮与战,又败,阴智伯遣军主席德仁等将兵数千与相应接。酉等进向长安,卢渊、薛胤等拒击,大破之,降者数万口。渊唯诛首恶,馀悉不问,获酉、广,并斩之。

　　30　冬,十月戊寅朔,魏主如金墉城,征穆亮,使与尚书李冲、将作大匠董尔经营洛都。己卯,如河南城;乙酉,如豫州;癸巳,舍于石济。乙未,魏解严,设坛于滑台城东,告行庙以迁都之意。大赦。起滑台宫。任城王澄至平城,众始闻迁都,莫不惊骇。澄援引古今,徐以晓之,众乃开伏。澄还报于滑台。魏主喜曰:“非任城,朕事不成。”

　　31　壬寅,尊皇太孙太妃为皇太后;立妃为皇后。

　　32　癸卯,魏主如邺城。王肃见魏主于邺,陈伐齐之策。魏主与之言,不觉促席移晷。自是器遇日隆,亲旧贵臣莫能间也。魏主或屏左右与肃语,至夜分不罢,自谓君臣相得之晚。寻除辅国将军、大将军长史。时魏主方议兴礼乐,变华风,凡威仪文物,多肃所定。

　　33　乙巳,魏主遣安定王休帅从官迎家于平城。

　　34　辛亥,封皇弟昭文为新安王,昭秀为临海王,昭粲为永嘉王。

　　35　魏主筑宫于邺西,十一月癸亥,徙居之。

　　36　御史中丞江淹劾奏前益州刺史刘悛、梁州刺史阴智伯赃货巨万,皆抵罪。初,悛罢广、司二州,倾赀以献世祖,家无留储。在益州,作金浴盆,馀物称是。及郁林王即位,悛所献减少。帝怒,收悛付廷尉,欲杀之;西昌侯鸾救之,得免,犹禁锢终身。悛,勔之子也。

资治通鉴卷第一百三十九

齐纪五

高宗明皇帝上

建武元年（甲戌，494）

1　春，正月丁未，改元隆昌；大赦。

2　雍州刺史晋安王子懋，以主幼时艰，密为自全之计，令作部造仗，征南大将军陈显达屯襄阳，子懋欲胁取以为将。显达密启西昌侯鸾，鸾征显达为车骑大将军，徙子懋为江州刺史，仍令留部曲助镇襄阳，单将白直、侠毂自随。显达过襄阳，子懋谓曰："朝廷令身单身而返，身是天王，岂可过尔轻率！今犹欲将二三千人自随，公意何如？"显达曰："殿下若不留部曲，乃是大违敕旨，其事不轻；且此间人亦难可收用。"子懋默然。显达因辞出，即发去。子懋计未立，乃之寻阳。

3　西昌侯鸾将谋废立，引前镇西谘议参军萧衍与同谋。荆州刺史、随王子隆，性温和，有文才；鸾欲征之，恐其不从。衍曰："随王虽有美名，其实庸劣。既无智谋之士，爪牙唯仗司马垣历生、武陵太守卞白龙耳。二人唯利是从，若啖以显职，无有不来；随王止须折简耳。"鸾从之。征历生为太子左卫率，白龙为游击将军；二人并至。续召子隆为侍中、抚军将军。豫州刺史崔慧景，高、武旧将，鸾疑之，以萧衍为宁朔将军，戍寿阳。慧景惧，白服出迎；衍抚安之。

4　辛亥，郁林王祀南郊；戊午，拜崇安陵。

5　癸亥，魏主南巡；戊辰，过比干墓，祭以太牢，魏主自为祝文曰："乌呼介士，胡不我臣！"

6　帝宠幸中书舍人綦毋珍之、朱隆之、直阁将军曹道刚、周奉叔、宦者徐龙驹等。珍之所论荐，事无不允；内外要职，皆先论价，旬月之间，家累千金；擅取官物及役作，不俟诏旨。有司至相语云："宁拒至尊敕，不可违舍人命。"帝以龙驹为后阁舍人，常居含章殿，著黄纶帽，被貂裘，南面向案，代帝画敕；左右侍直，与帝不异。

帝自山陵之后，即与左右微服游走市里，好于世宗崇安陵隧中掷涂、赌跳，作诸鄙戏，极意赏赐左右，动至百数十万。每见钱，曰："我昔思汝十枚不得，今日得用汝未？"世祖聚钱上库五亿万，斋库亦出三亿万，金银布帛不可胜计；郁林王即位未期岁，所用垂尽。入主衣库，令何后及宠姬以诸宝器相投击破碎之，用为笑乐。蒸于世祖幸姬霍氏，更其姓曰徐。朝事大小，皆决于西昌侯鸾。鸾数谏争，帝多不从；心忌鸾，欲除之。以尚书右仆射鄱阳王锵为世祖所厚，私谓锵曰："公闻鸾于法身如何？"锵素和谨，对曰："臣鸾于宗戚最长，且受寄先帝；臣等皆年少，朝廷所赖，唯鸾一人，愿陛下无以为虑。"帝退，谓徐龙驹曰："我欲与公共计取鸾，公既不同，我不能独办，且复小听。"

卫尉萧谌，世祖之族子也，自世祖在郢州，谌已为腹心。及即位，常典宿卫，机密之事，无不预闻。征南谘议萧坦之，谌之族人也，尝为东宫直阁，为世宗所知。帝以二人祖父旧人，甚亲信。谌每请急出宿，帝通夕不寐，谌还乃安。坦之得出入后宫，帝亵狎宴游，坦之皆在侧。帝醉后，常裸袒，坦之辄扶持谏谕。西昌侯鸾欲有所谏，帝在后宫不出，唯遣谌、坦之径进，乃得闻达。

何后亦淫泆，私于帝左右杨珉，与同寝处如伉俪；又与帝相爱狎，故帝恣之。迎后亲戚入宫，以耀灵殿处之。斋阁通夜洞开，外内淆杂，无复分别。西昌侯鸾遣坦之入奏诛珉，何后流涕覆面，曰："杨郎好年少，无罪，何可枉杀！"坦之附耳语帝曰："外间并云杨珉与皇后有情，事彰遐迩，不可不诛。"帝不得已许之；俄敕原之，已行刑矣。鸾又启诛徐龙驹，帝亦不能违，而心忌鸾益甚。萧谌、萧坦之见帝狂纵日甚，无复悛改，恐祸及己；乃更回意附鸾，劝其废立，阴为鸾耳目，帝不之觉也。

周奉叔恃勇挟势，陵轹公卿。常翼单刀二十口自随，出入禁闼，门卫不敢诃。每语人曰："周郎刀不识君！"鸾忌之，使萧谌、萧坦之说帝出奉叔为外援，己巳，以奉叔为青州刺史，曹道刚为中军司马。奉叔就帝求千户侯；许之。鸾以为不可，封曲江县男，食三百户。奉叔大怒，于众中攘刀厉色；鸾说谕之，乃受。奉叔辞毕，将之镇，部伍已出。鸾与萧谌称敕，召奉叔于省中，殴杀之，启云："奉叔慢朝廷。"帝不获已，可其奏。

溧阳令钱唐杜文谦，尝为南郡王侍读，前此说綦毋珍之曰："天下事可知，灰尽粉灭，匪朝伊夕；不早为计，吾徒无类矣。"珍之曰："计将安出？"文谦曰："先帝旧人，多见摈斥，今召而使之，谁不慷慨！近闻王洪范与宿卫将万灵会等共语，皆攘袂捶床；君其密报周奉叔，使万灵会等杀萧谌,则宫内之兵皆我用也。即勒兵入尚书,斩萧令,两都伯力耳。今举大事亦死,不举事亦死;二死等耳,死社稷可乎!若迟疑不断,复少日,录君称敕赐死,父母为殉,在眼中矣。"珍之不能用。及鸾杀奉叔,并收珍之、文谦,杀之。

7　乙亥,魏主如洛阳西宫。中书侍郎韩显宗上书陈四事:其一,以为:"窃闻舆驾今夏不巡三齐,当幸中山。往冬舆驾停邺,当农隙之时,犹比屋供奉,不胜劳费。况今蚕麦方急,将何以堪命!且六军涉暑,恐生疠疫。臣愿早还北京,以省诸州供张之苦,成洛都营缮之役。"其二,以为:"洛阳宫殿故基,皆魏明帝所造,前世已讥其奢。今兹营缮,宜加裁损。又,顷来北都富室,竞以第舍相尚;宜因迁徙,为之制度。及端广衢路,通利沟渠。"其三,以为:"陛下之还洛阳,轻将从骑。王者于闱阖之内犹施警跸,况涉履山河而不加三思乎!"其四,以为:"陛下耳听法音,目玩坟典,口对百辟,心虞万机,景昃而食,夜分而寝;加以孝思之至,随时而深;文章之业,日成篇卷;虽睿明所用,未足为烦,然非所以啬神养性,保无疆之祚也。伏愿陛下垂拱司契而天下治矣。"帝颇纳之,显宗,麒麟之子也。

显宗又上言,以为:"州郡贡察,徒有秀、孝之名而无秀、孝之实;朝廷但检其门望,不复弹坐。如此,则可令别贡门望以叙士人,何假冒秀、孝之名也!夫门望者,乃其父祖之遗烈,亦何益于皇家!益于时者,贤才而已。苟有其才,虽屠钓奴虏,圣王不耻以为臣;苟非其才,虽三后之胤,坠于皂隶矣。议者或云,'今世等无奇才,不若取士于门',此亦失矣。岂可以世无周、邵,遂废宰相邪!但当校其寸长铢重者先叙之,则贤才无遗矣。

"又,刑罚之要,在于明当,不在于重。苟不失有罪,虽捶挞之薄,人莫敢犯;若容可侥幸,虽参夷之严,不足惩禁。今内外之官,欲邀当时之名,争以深刻为无私,迭相敦厉,遂成风俗。陛下居九重之内,视人如赤子;百司分万务之任,遇下如仇雠。是则尧、舜止一人,而桀、纣以千百;和气不至,盖由于此。谓宜敕示百僚,以惠元元之命。

"又,昔周居洛邑,犹存宗周;汉迁东都,京兆置尹。察春秋之义,有宗庙曰都,无曰邑。况代京,宗庙山陵所托,王业所基,其为神乡福地,实亦远矣,今便同之郡国,臣窃不安。谓宜建畿置尹,一如故事,崇本重旧,光示万叶。

"又,古者四民异居,欲其业专志定也。太祖道武皇帝创基拨乱,日不暇给,然犹分别士庶,不令杂居,工伎屠沽,各有攸处;但不设科禁,久而混淆。今闻洛邑居民之制,专以官位相从,不分族类。夫官位无常,朝荣夕悴,则是衣冠、皂隶不日同处矣。借使一里之内,或调习歌舞,或构肄诗书,纵群儿随其所之,则必不弃歌舞而从诗书矣。然则使工伎之家习士人风礼,百年难成;士人之子效工伎容态,一朝而就。是以仲尼称里仁之美,孟母勤三徙之训。此乃风俗之原,不可不察。朝廷每选人士,校其一婚一宦以为升降,何其密也! 至于度地居民,则清浊连甍,何其略也! 今因迁徙之初,皆是空地,分别工伎,在于一言,有何可疑而阙盛美!

"又,南人昔有淮北之地,自比中华,侨置郡县。自归附圣化,仍而不改,名实交错,文书难辨。宜依地理旧名,一皆厘革,小者并合,大者分置,及中州郡县,昔以户少并省。今民口既多,亦可复旧。

"又,君人者以天下为家,不可有所私。仓库之储,以供军国之用,自非有功德者不可加赐。在朝诸贵,受禄不轻;比来赐赍,动以千计。若分以赐鳏寡孤独之民,所济实多;今直以与亲近之臣,殆非周急不继富之谓也。"帝览奏,甚善之。

8　二月乙丑,魏主如河阴,规方泽。

9　辛卯,帝祀明堂。

10　司徒参军刘敩等聘于魏。

11　丙申,魏徙河南王干为赵郡王,颍川王雍为高阳王。

12　壬寅,魏主北巡;癸卯,济河;三月壬申,至平城。使群臣更论迁都利害,各言其志。燕州刺史穆罴曰:"今四方未定,未宜迁都。且征伐无马,将何以克?"帝曰:"厩牧在代,何患无马! 今代在恒山之北,九州之外,非帝王之都也。"尚书于果曰:"臣非以代地为胜伊、洛之美也。但自先帝以来,久居于此,百姓安之;一旦南迁,众情不乐。"平阳公丕曰:"迁都大事,当讯之卜筮。"帝曰:"昔周、召圣贤,乃能卜宅。今无其人,卜之何益! 且'卜以决疑,不疑何卜!'黄帝卜而龟焦,天老曰'吉',黄帝从之。然则至人之知未然,审于龟矣。王者以四海为家,或南或北,何常之有! 朕之远祖,世居北荒。平文皇帝始都东木根山。昭成皇帝更营盛乐,道武皇帝迁于平城。朕幸属胜残之运,而独不得迁乎!"群臣不敢复言。罴,寿之孙;果,烈之弟也。癸酉,魏主临朝堂,部分迁留。

13　夏,四月庚辰,魏罢西郊祭天。

14　辛巳,武陵昭王晔卒。

15　戊子,竟陵文宣王子良以忧卒。帝常忧子良为变,闻其卒,甚喜。

臣光曰:孔子称"鄙夫不可与事君,未得之,患得之;既得之,患失之。苟患失之,无所不至。"王融乘危侥幸,谋易嗣君。子良当时贤王,虽素以忠慎自居,不免忧死。迹其所以然,正由融速求富贵而已。轻躁之士,乌可近哉!

16 己亥,魏罢五月五日、七月七日飨祖考。

17 魏录尚书事广陵王羽奏:"令文:每岁终,州镇列属官治状,及再考,则行黜陟。去十五年京官尽经考为三等,今已三载。臣辄准外考,以定京官治行。"魏主曰:考绩事重,应关朕听,不可轻发;且俟至秋。"

18 闰月丁卯,镇军将军鸾即本号,开府仪同三司。

19 戊辰,以新安王昭文为扬州刺史。

20 五月甲戌朔,日有食之。

21 六月己巳,魏遣兼员外散骑常侍卢昶、兼员外散骑侍郎王清石来聘。昶,度世之子也。清石世仕江南,魏主谓清石曰:"卿勿以南人自嫌。彼有知识,欲见则见,欲言则言。凡使人以和为贵,勿迭相矜夸,见于辞色,失将命之体也。"

22 秋,七月乙亥,魏以宋王刘昶为使持节、都督吴越楚诸军事、大将军,镇彭城。魏主亲饯之。以王肃为昶府长史。昶至镇,不能抚接义故,卒无成功。

23 壬午,魏安定靖王休卒。自卒至殡,魏主三临其第,葬之如尉元之礼,送之出郊,恸哭而返。

24 壬戌,魏主北巡。

25 西昌侯鸾既诛徐龙驹、周奉叔,而尼媪外入者,颇传异语。中书令何胤,以后之从叔,为帝所亲,使直殿省。帝与胤谋诛鸾,令胤受事;胤不敢当,依违谏说,帝意复止。乃谋出鸾于西州,中敕用事,不复关咨于鸾。

是时,萧谌、萧坦之握兵权,左仆射王晏总尚书事。谌密召诸王典签,约语之,不许诸王外接人物。谌亲要日久,众皆惮而从之。

鸾以其谋告王晏,晏闻之,响应;又告丹杨尹徐孝嗣,孝嗣亦从之。骠骑录事南阳乐豫谓孝嗣曰:"外传籍籍,似有伊、周之事。君蒙武帝殊常之恩,荷托付之重,恐不得同人此举。人笑褚公,至今齿冷。"孝嗣心然之而不能从。

帝谓萧坦之曰:"人言镇军与王晏、萧谌欲共废我,似非虚传。卿所闻云何?"坦之曰:"天下宁当有此,谁乐无事废天子邪!朝贵不容造此论,当是诸尼姥言耳,岂可信耶!官若无事除此三人,谁敢自保!"直阁将军曹道刚疑外间有异,密为处分,谋未能发。

时始兴内史萧季敞、南阳太守萧颖基皆内迁,谌欲待二人至,藉其势力以举事。鸾虑事变,以告坦之,坦之驰谓谌曰:"废天子,古来大事。比闻曹道刚、朱隆之等转已猜疑,卫尉明日若不就事,无所复及。弟有百岁母,岂能坐听祸败,正应作馀计耳!"谌惶遽从之。

壬辰,鸾使萧谌先入宫,遇曹道刚及中书舍人朱隆之,皆杀之。直后徐僧亮盛怒,大言于众曰:"吾等荷恩,今日应死报!"又杀之。鸾引兵自尚书入云龙门,戎服加朱衣于上,比入门,三失履。王晏、徐孝嗣、萧坦之、陈显达、王广之、沈文季皆随其后。帝在寿昌殿,闻外有变,犹密为手敕呼萧谌,又使闭内殿诸房闼。俄而谌引兵入寿昌闼,帝走趋徐姬房,拔剑自刺,不入,以帛缠颈,舆接出延德殿。谌初入殿,宿卫将士皆操弓楯欲拒战,谌谓之曰:"所取自有人,卿等不须动!"宿卫素隶服于谌,皆信之;及见帝出,各欲自奋,帝竟无一言。行至西弄,弑之。舆尸出殡徐龙驹宅,葬以王礼。徐姬及诸嬖幸皆伏诛,鸾既执帝,欲作太后令;徐孝嗣于袖中出而进之,鸾大悦。癸巳,以太后令追废帝为郁林王,又废何后为王妃,迎立新安王昭文。

吏部尚书谢瀹方与客围棋,左右闻有变,惊走报瀹。瀹每下子,辄云"其当有意",竟局,乃还斋卧,竟不问外事。大匠卿虞悰窃叹曰:"王、徐遂缚裤废天子,天下岂有此理邪!"悰,啸父之孙也。朝臣被召入宫。国子祭酒江敩至云龙门,托药发,吐车中而去。西昌侯鸾欲引中散大夫孙谦为腹心,使兼卫尉给甲仗百人。谦不欲与之同,辄散甲士;鸾亦不之罪也。

丁酉,新安王即皇帝位,时年十五。以西昌侯鸾为骠骑大将军、录尚书事、扬州刺史、宜城郡公。大赦,改元延兴。

26 辛丑,魏主至朔州。

27 八月甲辰,以司空王敬则为太尉,鄱阳王锵为司徒,车骑大将军陈显达为司空,尚书左仆射王晏为尚书令。

28 魏主至阴山。

29 以始安王遥光为南郡太守,不之官。遥光,鸾之兄子也。鸾有异志,遥光赞成之,凡大诛赏,无不预谋。戊申,以中书郎萧遥欣为兖州刺史。遥欣,遥光之弟也。鸾欲树置亲党,故用之。

30 癸丑,魏主如怀朔镇;己未,如武川镇;辛酉,如抚宜镇;甲子,如柔玄镇;乙丑,南还;辛未,至平城。

31 九月壬申朔,魏诏曰:"三载考绩,三考黜陟;可黜者不足为迟,可进者大成赊缓。朕今三载一考,即行黜陟,欲令愚滞无妨于贤者,才能不拥于下位。各令当曹考其优劣为三等,其上下二等仍分为三。六品已下,尚书重问;五品已上,朕将亲与公卿论其善恶,上上者迁之,下下者黜之,中者守其本任。”

魏主之北巡也,留任城王澄铨简旧臣。自公侯已下,有官者以万数,澄品其优劣能否为三等,人无怨者。

壬午,魏主临朝堂,黜陟百官,谓诸尚书曰:“尚书,枢机之任,非徒总庶务,行文书而已;朕之得失,尽在于此。卿等居官,年垂再期,未尝献可替否,进一贤退一不肖,此最罪之大者。”又谓录尚书事广陵王羽曰:“汝为朕弟,居机衡之右,无勤恪之声,有阿党之迹,今黜汝录尚书、廷尉,但为特进、太子太保。”又谓尚书令陆叡曰:“叔翻到省之初,甚有善称;比来偏颇懈怠,由卿不能相导以义。虽无大责,宜有小罚;今夺卿禄一期。”又谓左仆射拓跋赞曰:“叔翻受黜,卿应大辟;但以咎归一人,不复重责;今解卿少师,削禄一期。”又谓左丞公孙良、右丞乞伏义受曰:“卿罪亦应大辟;可以白衣守本官,冠服禄恤尽从削夺。若三年有成,还复本任;无成,永归南亩。”又谓尚书任城王澄曰:“叔神志骄傲,可解少保。”又谓长兼尚书于果曰:“卿不勤职事,数辞以疾,可解长兼,削禄一期。”其馀守尚书尉羽、卢渊等,并以不职,或解任,或黜官,或夺禄,皆面数其过而行之。渊,昶之兄也。

帝又谓陆叡曰:“北人每言‘北俗质鲁,何由知书!’朕闻之,深用怃然!今知书者甚众,岂皆圣人!顾学与不学耳。朕修百官,兴礼乐,其志固欲移风易俗。朕为天子,何必居中原!正欲卿等子孙渐染美俗,闻见广博;若永居恒北,复值不好文之主,不免面墙耳。”对曰:“诚如圣言。金日磾不入仕汉朝,何能七世知名。”帝甚悦。

32　郁林王之废也,鄱阳王锵初不知谋。及宣城公鸾权势益重,中外皆知其蓄不臣之志。锵每诣鸾,鸾常屣履至车后迎之;语及家国,言泪俱发,锵以此信之。宫台之内皆属意于锵,劝锵入宫发兵辅政。制局监谢粲说锵及随王子隆曰:“二王但乘油壁车入宫,出天子置朝堂,夹辅号令;粲等闭城门、上仗,谁敢不同!东城人正共缚送萧令耳。”子隆欲定计。锵以上台兵力既悉度东府,且虑事不捷,意甚犹豫。马队主刘巨,世祖时旧人,诣锵请间,叩头劝锵立事。锵命驾将入,复还内,与母陆太妃别,日暮不成行。典签知其谋,告之。癸酉,鸾遣兵二千人围锵第,杀锵,遂杀子隆及谢粲等。于时太祖诸子,子隆最壮大,有才能,故鸾尤忌之。

江州刺史晋安王子懋闻鄱阳、随王死,欲起兵,谓防阁吴郡陆超之曰:

"事成则宗庙获安,不成犹为义鬼。"防阁丹阳董僧慧曰:"此州虽小,宋孝武常用之。若举兵向阙以请郁林之罪,谁能御之!"子懋母阮氏在建康,密遣书迎之,阮氏报其同母兄于瑶之为计。瑶之驰告宣城公鸾;乙亥,假鸾黄钺,内外纂严,遣中护军王玄邈讨子懋,又遣军主裴叔业与于瑶之先袭寻阳,声云为郢府司马。子懋知之,遣三百人守湓城。叔业溯流直上,至夜,回袭湓城,城局参军乐贲开门纳之。子懋闻之,帅府州兵力据城自守。子懋部曲多雍州人,皆勇跃愿奋。叔业畏之,遣于瑶之说子懋曰:"今还都必无过忧,正当作散官,不失富贵也。"子懋既不出兵攻叔业,众情稍沮。中兵参军于琳之,瑶之兄也,说子懋重赂叔业,可以免祸。子懋使琳之往,琳之因说叔业取子懋。叔业遣军主徐玄庆将四百人随琳之入州城,僚佐皆奔散。琳之从二百人,拔白刃入斋,子懋骂曰:"小人!何忍行此!"琳之以袖鄣面,使人杀之。王玄邈执董僧慧,将杀之,僧慧曰:"晋安举义兵,仆实预其谋,得为主人死,不恨矣!愿至大敛毕,退就鼎镬。"玄邈义之,具以白鸾,免死配东冶。子懋子昭基,九岁,以方二寸绢为书,参其消息,并遗钱五百,行金得达,僧慧视之曰:"郎君书也!"悲恸而卒。于琳之劝陆超之逃亡。超之曰:"人皆有死,此不足惧!吾若逃亡,非唯孤晋安之眷,亦恐田横客笑人!"玄邈等欲因以还都,超之端坐俟命。超之门生谓杀超之当得赏,密自后斩之,头坠而身不僵。玄邈厚加殡敛。门生亦助举棺,棺坠,压其首,折颈而死。

　　鸾遣平西将军王广之袭南兖州刺史安陆王子敬。广之至欧阳,遣部将济阴陈伯之先驱。伯之因城开,独入,斩子敬。

　　鸾又遣徐玄庆西上害诸王。临海王昭秀为荆州刺史,西中郎长史何昌寓行州事。玄庆至江陵,欲以便宜从事。昌寓曰:"仆受朝廷意寄,翼辅外藩。殿下未有愆失,君以一介之使来,何容即以相付邪!若朝廷必须殿下,当自启闻,更听后旨。"昭秀由是得还建康。昌寓,尚之弟子也。

　　鸾以吴兴太守孔琇之行郢州事,欲使之杀晋熙王铣。琇之辞不许,遂不食而死。琇之,靖之孙也。

　　裴叔业自寻阳仍进向湘州,欲杀湘州刺史南平王锐,防阁周伯玉大言于众曰:"此非天子意。今斩叔业,举兵匡社稷,谁敢不从!"锐典签叱左右斩之。乙酉,杀锐,又杀郢州刺史晋熙王铣,南豫州刺史宜都王铿。

　　丁亥,以庐陵王子卿为司徒,桂阳王铄为中军将军、开府仪同三司。

　　冬,十月丁酉,解严。

33　以宣城公鸾为太傅、领大将军、扬州牧、都督中外诸军事,加殊礼,进爵为王。

宣城王谋继大统,多引朝廷名士与参筹策。侍中谢朏心不愿,乃求出为吴兴太守。至郡,致酒数斛,遗其弟吏部尚书瀹,为书曰:"可力饮此,勿豫人事!"

臣光曰:臣闻"衣人之衣者怀人之忧,食人之食者死人之事"。二谢兄弟,比肩贵近,安享荣禄,危不预知;为臣如此,可谓忠乎!

34　宣城王虽专国政,人情犹未服。王胛上有赤志,骠骑谘议参军考城江祏劝王出以示人。王以示晋寿太守王洪范曰:"人言此是日月相,卿幸勿泄!"洪范曰:"公日月在躯,如何可隐,当转言之!"王母,祏之姑也。

35　戊戌,杀桂阳王铄、衡阳王钧、江夏王锋、建安王子真、巴陵王子伦。

铄与鄱阳王锵齐名;锵好文章,铄好名理,时人称为鄱、桂。锵死,铄不自安,至东府见宣城王,还,谓左右曰:"向录公见接殷勤,流连不能已,而面有惭色,此必欲杀我。"是夕,遇害。

宣城王每杀诸王,常夜遣兵围其第,斩关逾垣,呼噪而入,家赀皆封籍之。江夏王锋,有才行,宣城王尝与之言:"遥光才力可委。"锋曰:"遥光之于殿下,犹殿下之于高皇;卫宗庙,安社稷,实有攸寄。"宣城王失色。及杀诸王,锋遗宣城王书,诮责之,宣城王深惮之,不敢于第收锋,使兼祠官于太庙,夜,遣兵庙中收之。锋出,登车,兵人欲上车,锋有力,手击数人皆仆地,然后死。

宣城王遣典签柯令孙杀建安王子真,子真走入床下,令孙手牵出之,叩头乞为奴,不许而死。

又遣中书舍人茹法亮杀巴陵王子伦。子伦性英果。时为南兰陵太守,镇琅邪,城有守兵。宣城王恐不肯就死,以问典签华伯茂,伯茂曰:"公若以兵取之,恐不可即办。若委伯茂,一夫力耳。"乃手自执鸩逼之,子伦正衣冠,出受诏,谓法亮曰:"先朝昔灭刘氏,今日之事,理数固然。君是身家旧人,今衔此使,当由事不获已。此酒非劝酬之爵。"因仰之而死,时年十六。法亮及左右皆流涕。

初,诸王出镇,皆置典签,主帅一方之事,悉以委之。时入奏事,一岁数返,时主辄与之间语,访以州事,刺史美恶专系其口,自刺史以下莫不折节奉之,恒虑弗及。于是威行州部,大为奸利。武陵王晔为江州,性烈直,不可干;典签赵渥之谓人曰:"今出都易刺史!"及见世祖,盛毁之;晔遂免还。

南海王子罕戍琅邪，欲暂游东堂，典签姜秀不许。子罕还，泣谓母曰："儿欲移五步亦不得，与囚何异！"邵陵王子贞尝求熊白，厨人答典签不在，不敢与。

永明中，巴东王子响杀刘寅等，世祖闻之，谓群臣曰："子响遂反！"戴僧静大言曰："诸王都自应反，岂唯巴东！"上问其故，对曰："天王无罪，而一时被囚，取一挺藕、一杯浆，皆谘签帅；签帅不在，则竟日忍渴。诸州唯闻有签帅，不闻有刺史。何得不反！"

竟陵王子良尝问众曰："士大夫何意诣签帅？"参军范云曰："诣长史以下皆无益，诣签帅立有倍本之价。不诣谓何！"子良有愧色。

及宣城王诛诸王，皆令典签杀之，竟无一人能抗拒者。孔珪闻之，流涕曰："齐之衡阳、江夏最有意，而复害之；若不立签帅，故当不至于此。"宣城王亦深知典签之弊，乃诏："自今诸州有急事，当密以奏闻，勿复遣典签入都。"自是典签之任浸轻矣。

　　萧子显论曰：帝王之子，生长富厚，朝出闺闼，暮司方岳，防骄翦逸，积代常典。故辅以上佐，简自帝心；劳旧左右，用为主帅，饮食起居，动应闻启，处地虽重，行己莫由。威不在身，恩未下及，一朝艰难总至，望其释位扶危，何可得矣！斯宋氏之馀风，至齐室而尤弊也。

36　癸卯，以宁朔将军萧遥欣为豫州刺史，黄门郎萧遥昌为郢州刺史，辅国将军萧诞为司州刺史。遥昌，遥欣之弟，诞，谌之兄也。

37　甲辰，魏以太尉东阳王丕为太傅、录尚书事，留守平城。

戊申，魏主亲告太庙，使高阳王雍、于烈奉迁神主于洛阳；辛亥，发平城。

38　海陵王在位，起居饮食，皆谘宣城王而后行。尝思食蒸鱼菜，太官令答无录公命，竟不与。辛亥，皇太后令曰："嗣主冲幼，庶政多昧；且早婴尫疾，弗克负荷。太傅宣城王，胤体宣皇，钟慈太祖，宜入承宝命。帝可降封海陵王，吾当归老别馆。"且以宣城王为太祖第三子。癸亥，高宗即皇帝位，大赦，改元。以太尉王敬则为大司马，司空陈显达为太尉，尚书令王晏加骠骑大将军，左仆射徐孝嗣加中军大将军，中领军萧谌为领军将军。

度支尚书虞悰称疾不陪位。帝以悰旧人，欲引参佐命，使王晏赍废立事示悰。悰曰："主上圣明，公卿戮力，宁假朽老以赞惟新乎！不敢闻命！"因恸哭。朝议欲纠之，徐孝嗣曰："此亦古之遗直。"乃止。

帝与群臣宴会，诏功臣上酒。王晏等兴席，谢瀹独不起，曰："陛下受命,应天顺人;王晏妄叨天功以为己力!"帝大笑,解之。座罢,晏呼瀹共载还令省。瀹正色曰:"卿巢窟在何处!"晏甚惮之。

39　丁卯,诏:"藩牧守宰,或有荐献,事非任土,悉加禁断。"

40　己巳,魏主如信都。庚午,诏曰:"比闻缘边之蛮,多窃掠南土,使父子乖离,室家分绝。朕方荡壹区宇,子育万姓,若苟如此,南人岂知朝德哉!可诏荆、郢、东荆三州,禁勒蛮民,勿有侵暴。"

41　十一月癸酉,以始安王遥光为扬州刺史。

42　丁丑,魏主如邺。

43　庚辰,立皇子宝义为晋安王,宝玄为江夏王,宝源为庐陵王,宝寅为建安王,宝融为随郡王,宝攸为南平王。

44　甲申,诏曰:"邑宰禄薄,虽任土恒贡,自今悉断。"

45　乙酉,追尊始安贞王为景皇,妃为懿后。

46　丙戌,以闻喜公遥欣为荆州刺史,丰城公遥昌为豫州刺史。时上长子晋安王宝义有废疾,诸子皆弱小,故以遥光居中,遥欣镇抚上流。

47　戊子,立皇子宝卷为太子。

48　魏主至洛阳,欲澄清流品,以尚书崔亮兼吏部郎。亮,道固之兄孙也。

49　魏主敕后军将军宇文福行牧地。福表石济以西,河内以东,距河凡十里。魏主自代徙杂畜置其地,使福掌之;畜无耗失,以为司卫监。

初,世祖平统万及秦、凉,以河西水草丰美,用为牧地,畜甚蕃息,马至二百馀万匹,橐驼半之,牛羊无数。及高祖置牧场于河阳,常畜戎马十万匹,每岁自河西徙牧并州,稍复南徙,欲其渐习水土,不至死伤,而河西之牧愈更蕃滋。及正光以后,皆为寇盗所掠,无孑遗矣。

50　永明中,御史中丞沈渊表,百官年七十,皆令致仕,并穷困私门。庚子,诏依旧铨叙。上辅政所诛诸王,皆复属籍,封其子为侯。

51　上诈称海陵恭王有疾,数遣御师瞻视,因而殒之,葬礼并依汉东海恭王故事。

52　魏郢州刺史韦珍,在州有声绩,魏主赐以骏马、谷帛。珍集境内孤贫者,悉散与之,谓之曰:"天子以我能绥抚卿等,故赐以谷帛,吾何敢独有之!"

53　魏主以上废海陵王自立,谋大举入寇。会边将言,雍州刺史下邳曹虎遣使请降于魏,十一月辛丑朔,魏遣行征南将军薛真度督四将向襄阳,大将军刘昶、平南将军王肃向义阳,徐州刺史拓跋衍向钟离,平南将军广平刘藻向南郑。真度,安都从祖弟也。以尚书仆射卢渊为安南将军,督襄阳前锋诸军。渊辞以不习军旅,不许。渊曰:"但恐曹虎为周鲂耳。"

54 魏主欲变易旧风,壬寅,诏禁士民胡服。国人多不悦。

通直散骑常侍刘芳,缵之族弟也,与给事黄门侍郎太原郭祚,皆以文学为帝所亲礼,多引与讲论及密议政事,大臣贵戚皆以为疏己,怏怏有不平之色。帝使给事黄门侍郎陆凯私谕之曰:"至尊但欲广知古事,询访前世法式耳,终不亲彼而相疏也。"众意乃稍解。凯,馛之子也。

55 魏主欲自将入寇。癸卯,中外戒严。戊申,诏代民迁洛者复租赋三年。相州刺史高闾上表称:"洛阳草创,曹虎既不遣质任,必无诚心,无宜轻举。"魏主不从。

久之,虎使竟不再来,魏主引公卿问行留之计,公卿或以为宜止,或以为宜行。帝曰:"众人纷纭,莫知所从。必欲尽行留之势,宜有客主,共相起发。任城、镇南为留议,朕为行论,诸公坐听得失,长者从之。"众皆曰:"诺。"镇军将军李冲曰:"臣等正以迁都草创,人思少安;为内应者未得审谛,不宜轻动。"帝曰:"彼降款虚实,诚未可知。若其虚也,朕巡抚淮甸,访民疾若,使彼知君德之所在,有北向之心;若其实也,今不以时应接,则失乘时之机,孤归义之诚,败朕大略矣。"任城王澄曰:"虎无质任,又使不再来,其诈可知也。今代都新迁之民,皆有恋本之心。扶老携幼,始就洛邑,居无一椽之室,食无甔石之储。又冬月垂尽,东作将起,乃'百堵皆兴''俶载南亩'之时,而驱之使擐甲执兵,泣当白刃,殆非歌舞之师也。且诸军已进,非无应接。若降款有实,待既平樊、沔,然后銮舆顺动,亦何晚之有!今率然轻举,上下疲劳;若空行空返,恐挫损天威,更成贼气,非策之得者也。"司空穆亮以为宜行,公卿皆同之。澄谓亮曰:"公辈在外之时,见张旗授甲,皆有忧色,平居论议,不愿南征;何得对上即为此语!面背不同,事涉欺佞,岂大臣之义,国士之体乎!万一倾危,皆公辈所为也。"冲曰:"任城王可谓忠于社稷。"帝曰:"任城以从朕者为佞,不从朕者岂必皆忠!夫小忠者、大忠之贼,无乃似诸!"澄曰:"臣愚暗,虽涉小忠,要是竭诚谋国;不知大忠者竟何所据!"帝不从。

辛亥,发洛阳,以北海王详为尚书仆射,统留台事;李冲兼仆射,同守洛阳。给事黄门侍郎崔休为左丞,赵郡王幹都督中外诸军事,始平王勰将宗子军宿卫左右。休,逞之玄孙也。戊辰,魏主至悬瓠。己巳,诏寿阳、钟离、马头之师所掠男女皆放还南。曹虎果不降。

魏主命卢渊攻南阳。渊以军中乏粮,请先攻赭阳以取叶仓,魏主许之。乃与征南大将军城阳王鸾、安南将军李佐、荆州刺史韦珍共攻赭阳。鸾，长寿之子；佐，宝之子也。北襄城太守成公期闭城拒守。薛真度军于沙堨，南阳太守房伯玉、新野太守刘思忌拒之。

56　先是，魏主遣中书监高闾治古乐；会闾出为相州刺史，是岁，表荐著作郎韩显宗、大乐祭酒公孙崇参知钟律，帝从之。

资治通鉴卷第一百四十

齐纪六

高宗明皇帝中

建武二年（乙亥,495）

1　春,正月壬申,遣镇南将军王广之督司州、右卫将军萧坦之督徐州、尚书右仆射沈文季督豫州诸军以拒魏。

癸酉,魏诏:"淮北之人不得侵掠,犯者以大辟论。"乙未,拓跋衍攻钟离,徐州刺史萧惠休乘城拒守,间出袭击魏兵,破之。惠休,惠明之弟也。刘昶、王肃攻义阳,司州刺史萧诞拒之。肃屡破诞兵,招降万馀人。魏以肃为豫州刺史。刘昶性褊躁,御军严暴,人莫敢言。法曹行参军北平阳固苦谏,昶怒,欲斩之,使当攻道。固志余闲雅,临敌勇决,昶始奇之。

丁酉,中外纂严。以太尉陈显达为使持节、都督西北讨诸军事,往来新亭、白下以张声势。

己亥,魏主济淮;二月,至寿阳,众号三十万,铁骑弥望。甲辰,魏主登八公山,赋诗。道遇甚雨,命去盖;见军士病者,亲抚慰之。

魏主遣使呼城中人,丰城公遥昌使崔庆远出应之。庆远问师故,魏主曰:"固当有故!卿欲我斥言之乎,欲我含垢依违乎?"庆远曰:"未承来命,无所含垢。"魏主曰:"齐主何故废立?"庆远曰:"废昏立明,古今非一,未审何疑?"魏主曰:"武帝子孙,今皆安在?"庆远曰:"七王同恶,已伏管、蔡之诛;其馀二十馀王,或内列清要,或外典方牧。"魏主曰:"卿主若不忘忠义,何以不立近亲,如周公之辅成王,而自取之乎?"庆远曰:"成王有亚圣之德,故周公得而相之。今近亲皆非成王之比,故不可立。且霍光亦舍武帝近亲而立宣帝,唯其贤也。"魏主曰:"霍光何以不自立?"庆远曰:"非其类也。主上正可比宣帝,安得比霍光!若尔,武王伐纣,不立微子而辅之,亦为苟贪天下乎?"魏主大笑曰:"朕来问罪。如卿之言,便可释然。"庆远曰:"'见可而进,知难而退',圣人之师也。"魏主曰:"卿欲吾和亲,为不欲乎?"庆远曰:"和亲则二国交欢,生民蒙福;否则二国交恶,生民涂炭。和亲与否,裁自圣衷。"魏主赐庆远酒淆、衣服而遣之。

戊申,魏主循淮而东,民皆安堵,租运属路。丙辰,至钟离。

上遣左卫将军崔慧景、宁朔将军裴叔业救钟离。刘昶、王肃众号二十万,堑栅三重,并力攻义阳,城中负楯而立。王广之引兵救义阳,去城百馀里,畏魏强,不敢进。城中益急,黄门侍郎萧衍请先进,广之分麾下精兵配之。衍间道夜发,与太子右率萧诔等径上贤首山,去魏军数里。魏人出不意,未测多少,不敢逼。黎明,城中望见援军至,萧诞遣长史王伯瑜出攻魏栅,因风纵火,衍等众军自外击之,魏不能支,解围去。己未,诞等追击,破之。诔,谌之弟也。

先是,上以义阳危急,诏都督青、冀二州诸军事张冲出军攻魏以分其兵势。冲遣军主桑系祖攻魏建陵、驿马、厚丘三城,又遣军主杜僧护攻魏虎阬、冯时、即丘三城,皆拔。青、冀二州刺史王洪范遣军主崔延袭魏纪城,据之。

魏主欲南临江水,辛酉,发钟离。司徒长乐元懿公冯诞病,不能从,魏主与之泣诀,行五十里,闻诞卒。时崔慧景等军去魏主营不过百里,魏主轻将数千人夜还钟离,拊尸而哭,达旦,声泪不绝。壬戌,敕诸军罢临江之行,葬诞依晋齐献王故事。诞与帝同年,幼同砚席,尚帝妹乐安长公主。虽无学术,而资性淳笃,故特有宠。丁卯,魏主遣使临江,数上罪恶。

魏久攻钟离不克,士卒多死。三月戊寅,魏主如邵阳,筑城于洲上,栅断水路,夹筑二城。萧坦之遣军主裴叔业攻二城,拔之。魏主欲筑城置戍于淮南,以抚新附之民,赐相州刺史高闾玺书,具论其状。闾上表,以为:"兵法'十则围之,五则攻之'。向者国家止为受降之计,发兵不多,东西辽阔,难以成功;今又欲置戍淮南,招抚新附。昔世祖以回山倒海之威,步骑数十万,南临瓜步,诸郡尽降,而盱眙小城,攻之不克。班师之日,兵不成一城,土不辟一廛。夫岂无人? 以为大镇未平,不可守小故也。夫壅水者先塞其原,伐木者先断其本;本原尚在而攻其末流,终无益也。寿阳、盱眙、淮阴,淮南之本原也;三镇不克其一,而留守孤城,其不能自全明矣。敌之大镇逼其外,长淮隔其内;少置兵则不足以自固,多置兵则粮运难通。大军既还,士心孤怯;夏水盛涨,救援甚难。以新击旧,以劳御逸,若果如此,必为敌擒,虽忠勇奋发,终何益哉! 且安土恋本,人之常情。昔彭城之役,既克大镇,城戍已定,而不服思叛者犹逾数万。角城蕞尔,处在淮北,去淮阳十八里。五固之役,攻围历时,卒不能克。以今准昔,事兼数倍。天时尚热,雨水方降,愿陛下踵世祖之成规,旋辕返斾,经营洛邑,蓄力观崃,布德行化,中国既和,远人自服矣。"尚书令陆叡上表,以为:"长江浩荡,彼之巨防。又南土昏雾,暑气郁蒸,师人经夏,必多疾病。而迁鼎草创,庶事甫尔,台省无论政之馆,府寺靡听治之所,百僚居止,事等行路,沉雨炎阳,自成疠疫。且兵徭并举,圣王所难。今介胄之士,外攻寇仇,羸弱之夫,内勤土木,运给之费,日损千金。驱罢弊之兵,讨坚城之虏,将何以取胜乎!陛下去冬之举,正欲曜武江、汉耳;今自春几夏,理宜释甲。愿早还洛邑,使根本深固,圣怀无内顾之忧,兆民休斤板之役,然后命将出师,何忧不服。"魏主纳其言。

崔慧景以魏人城邵阳,患之。张欣泰曰:"彼有去志,所以筑城者,外自夸大,惧我蹑其后耳。今若说之以两愿罢兵,彼无不听矣。"慧景从之,使欣泰诣城下语魏人,魏主乃还。

济淮;馀五将未济,齐人据渚邀断津路。魏主募能破中渚兵者以为直阁将军,军主代人奚康生应募,缚筏积柴,因风纵火,烧齐船舰,依烟直进,飞刀乱斫,中渚兵遂溃。魏主假康生直阁将军。

魏主使前将军杨播将步卒三千、骑五百为殿。时春水方长,齐兵大至,战舰塞川。播结陈于南岸以御之,诸军尽济。齐兵四集围播,播为圆陈以御之,身自搏战,所杀甚众。相拒再宿,军中食尽,围兵愈急。魏主在北岸望之,以水盛不能救,既而水稍减,播引精骑三百历齐舰大呼曰:"我今欲渡,能战者来!"遂拥众而济。播,椿之兄也。

魏军既退,邵阳洲上馀兵万人,求输马五百匹,假道以归。崔慧景欲断路攻之,张欣泰曰:"归师勿遏,古人畏之,兵在死地,不可轻也。今胜之不足为武,不胜徒丧前功;不如许之。"慧景从之。萧坦之还,言于上曰:"邵阳洲有死贼万人,慧景、欣泰纵而不取。"由是皆不加赏。甲申,解严。

初,上闻魏主欲饮马于江,惧,敕广陵太守行南兖州事萧颖胄移居民入城,民惊恐,欲席卷南渡。颖胄以魏寇尚远,不即施行,魏兵竟不至。颖胄,太祖之从子也。

上遣尚书左仆射沈文季助丰城公遥昌守寿阳。文季入城,止游兵不听出,洞开城门,严加守备。魏兵寻退。

魏之入寇也,卢昶等犹在建康,齐人恨之,饲以蒸豆。昶怖惧,食之,泪汗交横。谒者张思宁辞气不屈,死于馆下。及还,魏主让昶曰:"人谁不死,何至自同牛马,屈身辱国!纵不远惭苏武,独不近愧思宁乎!"乃黜为民。

2　戊子，魏太师京兆武公冯熙卒于平城。

3　乙未，魏主如下邳；夏，四月庚子，如彭城；辛丑，为冯熙举哀。太傅、录尚书事平阳公丕不乐南迁，与陆叡表请魏主还临熙葬。帝曰："开辟以来，安有天子远奔舅丧者乎！今经始洛邑，岂宜妄相诱引，陷君不义！令、仆以下，可付法官贬之。"仍诏迎熙及博陵长公主之枢，南葬洛阳，礼如晋安平献王故事。

4　魏主之在钟离，仇池镇都大将、梁州刺史拓跋英请以州兵会刘藻击汉中，魏主许之。梁州刺史萧懿遣部将尹绍祖、梁季群等将兵二万，据险，立五栅以拒之。英曰："彼帅贱，莫相统壹。我选精卒并攻一营，彼必不相救；若克一营，四营皆走矣。"乃引兵急攻一营，拔之，四营俱溃，生擒梁季群，斩三千馀级，俘七百馀人，乘胜长驱，进逼南郑。懿又遣其将姜脩击英，英掩击，尽获之。将还，懿别军继至；将士皆已疲，不意其至，大惧，欲走。英故缓辔徐行，神色自若，登高望敌，东西指麾，状若处分，然后整列而前，懿军疑有伏兵，迁延引退，英追击，破之，遂围南郑。禁将士毋得侵暴，远近悦附，争供租运。懿婴城自守，军主范絜先将三千馀人在外，还救南郑，英掩击，尽获之。围城数十日，城中恟惧。录事参军新野庾域封题空仓数十，指示将士曰："此中粟皆满，足支二年，但努力固守！"众心乃安。会魏主召兵还，英使老弱先行，自将精兵为后拒，遣使与懿告别。懿以为诈，英去一日，犹不开门；二日，乃遣将追之。英与士卒下马交战，懿兵不敢逼，行四日四夜，懿兵乃返。英入斜谷，会天大雨，士卒截竹贮米，执炬火于马上炊之。先是，懿遣人诱说仇池诸氐，使起兵断英运道及归路。英勒兵奋击，且战且前，矢中英颊，卒全军还仇池，讨叛氐，平之。英，桢之子；懿，衍之兄也。

英之攻南郑也，魏主诏雍、泾、岐三州发兵六千人戍南郑，俟克城则遣之。侍中兼左仆射李冲表谏曰："秦川险厄，地接羌、夷。自西师出后，饷援连续，加氐、胡叛逆，所在奔命，运粮擐甲，迄兹未已。今复豫差戍卒，悬拟山外，虽加优复，恐犹惊骇。脱终攻不克，徒动民情，连胡结夷，事或难测。辄依旨密下刺史，待军克郑城，然后差遣。如臣愚见，犹谓未足。何者？西道险厄，单径千里，今欲深戍绝界之外，孤据群贼之中，敌攻不可猝援，食尽不可运粮。古人有言'虽鞭之长，不及马腹'。南郑于国，实为马腹也。且魏境所掩，九州过八；民人所臣，十分而九；所未民者，唯漠北之与江外耳。羁之在近，岂汲汲于今日也！宜待疆宇既广，粮食既足，然后置邦树将，为吞并之举。今寿阳、钟离，密迩未拔；赭城、新野，跬步弗降。

东道既未可以近力守,西藩宁可以远兵固! 若果欲置者,臣恐终以资敌也。又,建都土中,地接寇壤,方须大收死士,平荡江会,若轻遣单寡,弃令陷没,恐后举之日,众以留守致惧,求其死效,未易可获。推此而论,不戍为上。"魏主从之。

5 癸丑,魏主如小沛;己未,如瑕丘;庚申,如鲁城,亲祠孔子;辛酉,拜孔氏四人、颜氏二人官,仍选诸孔宗子一人封崇圣侯,奉孔子祀,命兖州修孔子墓,更建碑铭。戊辰,魏主如碻磝,命谒者仆射成淹具舟楫,欲自泗入河,溯流还洛,淹谏,以为:"河流悍猛,非万乘所宜乘。"帝曰:"我以平城无漕运之路,故京邑民贫。今迁都洛阳,欲通四方之运,而民犹惮河流之险;故朕有此行,所以开百姓之心也。"

6 魏城阳王鸾等攻赭阳。诸将不相统壹,围守百馀日,诸将欲按甲不战以疲之。李佐独昼夜攻击,士卒死者甚众,帝遣太子右卫率垣历生救之。诸将以众寡不敌,欲退,佐独帅骑二千逆战而败。卢渊等引去,历生追击,大破之。历生,荣祖之从弟也。南阳太守房伯玉等又败薛真度于沙堨。

鸾等见魏主于瑕丘。魏主责之曰:"卿等沮辱威灵,罪当大辟;朕以新迁洛邑,特从宽典。"五月己巳,降封鸾为定襄县王,削户五百;卢渊、李佐、韦珍皆削官爵为民,佐仍徙瀛州。以薛真度与其从兄安都有开徐方之功,听存其爵及荆州刺史,馀皆削夺,曰:"进足明功,退足彰罪矣。"

7 魏广川刚王谐卒。谐,略之子也。魏主曰:"古者,大臣之丧有三临之礼;魏、晋以来,王公之丧,哭于东堂。自今诸王之丧,期亲三临;大功再临;小功、缌麻一临;罢东堂之哭。广川王于朕,大功也。"将大敛,素服、深衣往哭之。

8 甲戌,魏主如滑台;丙子,舍于石济。庚申,太子出迎于平桃城。

赵郡王幹在洛阳,贪淫不法,御史中尉李彪私戒之,且曰:"殿下不悛,不敢不以闻。"幹悠然不以为意。彪表弹之。魏主诏幹与北海王详俱从太子诣行在。既至,见详而不见幹,阴使左右察其意色,知无忧悔,乃亲数其罪,杖之一百,免官还第。

癸未,魏主还洛阳,告于太庙。甲申,减冗官之禄以助军国之用。乙酉,行饮至之礼。班赏有差。

9 甲午,魏太子冠于庙。魏主欲变北俗,引见群臣,谓曰:"卿等欲朕远追商、周,为欲不及汉、晋邪?"咸阳王禧对曰:"群臣愿陛下度越前王耳。"帝曰:"然则当变风易俗,当因循守故邪?"对曰:"愿圣政日新。"帝曰:"为止于一身,为欲传之子孙邪?"对曰:"愿传之百世。"帝曰:"然则必当改作,卿等不得违也。"对曰:"上令下从,其谁敢违!"帝曰:"夫'名不正,言不顺,则礼乐不可兴'。今欲断诸北语,一从正音。其年三十已上,习性已久,容不可猝革。三十已下,见在朝廷之人,语音不听仍旧;若有故为,当加降黜。各宜深戒!王公卿士以为然不?"对曰:"实如圣旨。"帝曰:"朕尝与李冲论此,冲曰:'四方之语,竟知谁是;帝者言之,即为正矣。'冲之此言,其罪当死!"因顾冲曰:"卿负社稷,当令御史牵下!"冲免冠顿首谢。又责留守之官曰:"昨望见妇女犹服夹领小袖,卿等何为不遵前诏!"皆谢罪。帝曰:"朕言非是,卿等当庭争。如何人则顺旨,退则不从乎!"六月己亥,下诏:"不得为北俗之语于朝廷,违者免所居官。"

10　癸卯,魏主使太子如平城赴太师熙之丧。

11　癸丑,魏诏求遗书,秘阁所无,有益时用者,加以优赏。

12　魏有司奏:"广川王妃葬于代都,未审以新尊从旧卑,以旧卑就新尊?"魏主曰:"代人迁洛者,宜悉葬邙山。其先有夫死于代者,听妻还葬;夫死于洛者,不得还代就妻。其馀州之人,自听从便。"丙辰,诏:"迁洛之民死,葬河南,不得还北。"于是代人迁洛者悉为河南洛阳人。

13　戊午,魏改用长尺、大斗,其法依汉志为之。

14　上之废郁林王也,许萧谌以扬州;既而除领军将军、南徐州刺史。谌恚曰:"见炊饭,推以与人。"谌恃功,颇干预朝政,所欲选用,辄命尚书使为申论。上闻而忌之,以萧诞、萧谏方将兵拒魏,隐忍不发。壬戌,上游华林园,与谌及尚书令王晏等数人宴,尽欢;坐罢,留谌晚出,至华林阁,仗身执还省。上遣左右莫智明数谌曰:"隆昌之际,非卿无有今日。今一门二州,兄弟三封,朝廷相报,止可极此。卿恒怀怨望,乃云炊饭已熟,合甑与人邪!今赐卿死!"遂杀之,并其弟谏;以黄门郎萧衍为司州别驾,往执诞,杀之。谌好术数,吴兴沈文猷常语之曰:"君相不减高帝。"谌死,文猷亦伏诛,谌死之日,上又杀西阳王子明,南海王子罕,邵陵王子贞。

15　乙丑,以右卫将军萧坦之为领军将军。

16　魏高闾上言:"邺城密皇后庙颓圮,请更葺治;若谓已配飨太庙,即宜罢毁。"诏罢之。

17　魏拓跋英之寇汉中也,沮水氐杨馥之为齐击武兴氐杨集始,破之,秋,七月辛卯,以馥之为北秦州刺史、仇池公。

18　八月乙巳,魏选武勇之士十五万人为羽林、虎贲以充宿卫。

19　魏金墉宫成,立国子、太学、四门小学于洛阳。

20　魏高祖游华林园，观故景阳山，黄门侍郎郭祚曰："山水者，仁智之所乐，宜复修之。"帝曰："魏明帝以奢失之于前，朕岂可袭之于后乎！"帝好读书，手不释卷，在舆、据鞍，不忘讲道。善属文，多于马上口占，既成，不更一字；自太和十年以后，诏策皆自为之。好贤乐善，情如饥渴，所与游接，常寄以布素之意，如李冲、李彪、高闾、王肃、郭祚、宋弁、刘芳、崔光、邢峦之徒，皆以文雅见亲，贵显用事；制礼作乐，郁然可观，有太平之风焉。

治书侍御史薛聪，辩之曾孙也，弹劾不避强御，帝或欲宽贷者，聪辄争之。帝每曰："朕见薛聪，不能不悚，何况诸人也！"自是贵戚敛手。累迁直阁将军，兼给事黄门侍郎、散骑常侍，帝外以德器遇之，内以心膂为寄，亲卫禁兵，悉聪管领，故终太和之世，恒带直阁将军。群臣罢朝之后，聪恒陪侍帷幄，言兼昼夜，时政得失，动辄匡谏，事多听允；而重厚沉密，外莫窥其际。帝欲进以名位，辄苦让不受。帝亦雅相体悉，谓之曰："卿天爵自高，固非人爵所能荣也。"

21　九月庚午，魏六宫、文武悉迁于洛阳。

22　丙戌，魏主如邺，屡至相州刺史高闾之馆，美其治效，赏赐甚厚。闾数请本州，诏曰："闾以悬车之年，方求衣锦，知进忘退，有尘谦德；可降号平北将军。朝之老成，宜遂情愿，徙授幽州刺史，令存劝两修，恩法并举。"以高阳王雍为相州刺史，戒之曰："作牧亦易亦难：'其身正，不令而行'，所以易；'其身不正，虽令不从'，所以难。"

23　己丑，徙南平王宝攸为邵陵王，蜀郡王子文为西阳王，广汉王子峻为衡阳王，临海王昭秀为巴陵王，永嘉王昭粲为桂阳王。

24　乙未，魏主自邺还；冬，十月丙辰，至洛阳。

25　壬戌，魏诏："诸州精品属官，考其得失为三等以闻。"又诏："徐、兖、光、南青、荆、洛六州，严纂戎备，应须赴集。"

26　十一月丁卯，诏罢世宗东田，毁兴光楼。

27　己卯，纳太子妃褚氏，大赦。妃，澄之女也。

28　庚午，魏主如委粟山，定圜丘。己卯，帝引诸儒议圜丘礼。秘书令李彪建言："鲁人将有事于上帝，必先有事于泮宫。请前一日告庙。"从之。甲申，魏主祀圜丘；大赦。

29　十二月乙未朔，魏主见群臣于光极堂，宣下品令，为大选之始。光禄勋于烈子登引例求迁官，烈上表曰："方今圣明之朝，理应廉让，而臣子登引人求进；是臣素无教训，乞行黜落！"魏主曰："此乃有识之言，不谓烈能办此!"乃引见登,谓曰:"朕将流化天下,以卿父有谦逊之美、直士之风,故进卿为太子翊军校尉。"又加烈散骑常侍,封聊城县子。

魏主谓群臣曰:"国家从来有一事可叹:臣下莫肯公言得失是也。夫人君患不能纳谏。人臣患不能尽忠。自今朕举一人,如有不可,卿等直言其失;若有才能而朕所不识,卿等亦当举之。如是,得人者有赏,不言者有罪,卿等当知之。"

30　丁酉,诏修晋帝诸陵,增置守卫。

31　甲子,魏主引见群臣于光极堂,颁赐冠服。

32　先是魏人未尝用钱,魏主始命铸太和五铢。是岁,鼓铸粗备,诏公私用之。

33　魏以光城蛮帅田益宗为南司州刺史,所统守宰,听其铨置。后更于新蔡立东豫州,以益宗为刺史。

34　氐王杨炅卒。

三年(丙子,496)

1　春,正月丁卯,以杨炅子崇祖为沙州刺史,封阴平王。

2　魏主下诏,以为:"北人谓土为拓,后为跋。魏之先出于黄帝,以土德王,故为拓跋氏。夫土者,黄中之色,万物之元也;宜改姓元氏。诸功臣旧族自代来者,姓或重复,皆改之。"于是始改拔拔氏为长孙氏、达奚氏为奚氏,乙旃氏为叔孙氏,丘穆陵氏为穆氏,步六孤氏为陆氏,贺赖氏为贺氏,独孤氏为刘氏,贺楼氏为楼氏,勿忸于氏为于氏,尉迟氏为尉氏;其馀所改,不可胜纪。

魏主雅重门族,以范阳卢敏、清河崔宗伯、荥阳郑羲、太原王琼四姓,衣冠所推,咸纳其女以充后宫。陇西李冲以才识见任,当朝贵重,所结姻娅,莫非清望;帝亦以其女为夫人。诏黄门郎、司徒左长史宋弁定诸州士族,多所升降。又诏以:"代人先无姓族,虽功贤之胤,无异寒贱;故宦达者位极公卿,其功、衰之亲仍居猥任。其穆、陆、贺、刘、楼、于、嵇、尉八姓。自太祖已降,勋著当世,位尽王公,灼然可知者,且下司州、吏部,勿充猥官,一同四姓。自此以外,应班士流者,寻续别敕。其旧为部落大人,而皇始已来三世官在给事已上及品登王公者为姓;若本非大人,而皇始已来三世官在尚书已上及品登王公者亦为姓。其大人之后而官不显者为族;若本非大人而官显者为族。凡此姓族,皆应审核,勿容伪冒。令司空穆亮、尚书陆琇等详定,务令平允。"琇,馛之子也。

魏旧制:王国舍人皆应娶八族及清修之门。咸阳王禧娶隶户为之,帝深责之;因下诏为六弟聘室:"前者所纳,可为妾媵。咸阳王禧,可聘故颍川太守陇西李辅女;河南王幹,可聘故中散大夫代郡穆明乐女;广陵王羽,可聘骠骑谘议参军荥阳郑平城女;颍川王雍,可聘故中书博士范阳卢神宝女;始平王勰,可聘廷尉卿陇西李冲女;北海王详,可聘吏部郎中荥阳郑懿女。"懿,羲之子也。

时赵郡诸李,人物尤多,各盛家风,故世之言高华者,以五姓为首。

众议以薛氏为河东茂族。帝曰:"薛氏,蜀也,岂可入郡姓!"直阁薛宗起执戟在殿下,出次对曰:"臣之先人,汉末仕蜀,二世复归河东,今六世相袭,非蜀人也。伏以陛下黄帝之胤,受封北土,岂可亦谓之胡邪!今不预郡姓,何以生为!"乃碎戟于地。帝徐曰:"然则朕甲、卿乙乎!"乃入郡姓,仍曰:"卿非'宗起',乃'起宗'也!"

帝与群臣论选调曰:"近世高卑出身,各有常分;此果如何?"李冲对曰:"未审上古以来,张官列位,为膏粱子弟乎,为致治乎?"帝曰:"欲为治耳。"冲曰:"然则陛下何为专取门品,不拔才能乎?"帝曰:"苟有过人之才,不患不知。然君子之门,借使无当世之用,要自德行纯笃,朕故用之。"冲曰:"傅说、吕望,岂可以门地得之!"帝曰:"非常之人,旷世乃有一二耳。"秘书令李彪曰:"陛下若专取门地,不审鲁之三卿,孰若四科?"著作佐郎韩显宗曰:"陛下岂可以贵袭贵,以贱袭贱!"帝曰:"必有高明卓然、出类拔萃者,朕亦不拘此制。"顷之,刘昶入朝。帝谓昶曰:"或言唯能是寄,不必拘门;朕以为不尔。何者?清浊同流,混齐一等,君子小人,名器无别,此殊为不可。我今八族以上士人,品第有九;九品之外,小人之官复有七等。若有其人,可起家为三公。正恐贤才难得,不可止为一人浑我典制也。"

> 臣光曰:选举之法,先门地而后贤才,此魏、晋之深弊,而历代相因,莫之能改也。夫君子、小人,不在于世禄与侧微,以今日视之,愚智所同知也;当是之时,虽魏孝文之贤,犹不免斯蔽。故夫明辩是非而不惑于世俗者诚鲜矣。

3　壬辰,魏徙始平王勰为彭城王,复定襄县王鸾为城阳王。

4　二月壬寅,魏诏:"群臣自非金革,听终三年丧。"

5　丙午,魏诏:"畿内七十已上,暮春赴京师行养老之礼。"三月丙寅,宴群臣及国老、庶老于华林园。诏:"国老,黄耇已上,假中散大夫、郡守;耆年已上,假给事中、县令。庶老,直假郡县;各赐鸠杖、衣裳。"

6　丁丑,魏诏:"诸州中正各举其乡之民望,年五十以上守素衡门者,授以令、长。"

7　壬午,诏:"乘舆有金银饰校者,皆剔除之。"

8　上志慕节俭。太官尝进裹蒸,上曰:"我食此不尽,可四破之,馀充晚食。"又尝用皂荚,以馀沫授左右曰:"此可更用。"太官元日上寿,有银酒枪,上欲坏之;王晏等咸称盛德,卫尉萧颖胄曰:"朝廷盛礼,莫若三元。此一器既是旧物,不足为侈。"上不悦。后预曲宴,银器满席。颖胄曰:"陛下前欲坏酒枪,恐宜移在此器。"上甚惭。

上躬亲细务,纲目亦密;于是郡县及六署、九府常行职事,莫不启闻,取决诏敕。文武勋旧,皆不归选部,亲戚凭藉,互相通进,人君之务过繁密。南康王侍郎颍川钟嵘上书言:"古者,明君搜才颁政,量能授职,三公坐而论道,九卿作而成务,天子唯恭己南面而已。"书奏,上不怿,谓太中大夫顾暠曰:"钟嵘何人,欲断朕机务!卿识之不?"对曰:"嵘虽位末名卑,而所言或有可采。且繁碎职事,各有司存;今人主总而亲之,是人主愈劳而人臣愈逸,所谓'代庖人宰而为大匠斫'也。"上不顾而言他。

9　夏,四月甲辰,魏广州刺史薛法护求降。

10　魏寇司州,栎城戍主魏僧珉拒破之。

11　五月丙戌,魏营方泽于河阴。又诏汉、魏、晋诸帝陵,百步内禁樵苏。丁亥,魏主有事于方泽。

12　秋,七月,魏废皇后冯氏。初,文明太后欲其家贵重,简冯熙二女入掖庭:其一早卒;其一得幸于魏主,未几,有疾,还家为尼。及太后殂,帝立熙少女为皇后。既而其姊疾愈,帝思之,复迎入宫,拜左昭仪,后宠浸衰。昭仪自以年长,且先入宫,不率妾礼。后颇愧恨,昭仪因谮而废之。后素有德操,遂居瑶光寺为练行尼。

13　魏主以久旱,自癸未不食至于乙酉,群臣皆诣中书省请见。帝在崇虚楼,遣舍人辞焉,且问来故。豫州刺史王肃对曰:"今四郊雨已沾洽,独京城微少。细民未乏一餐而陛下辍膳三日,臣下惶惶,无复情地。"帝使舍人应之曰:"朕不食数日,犹无所感。比来中外贵贱,皆言四郊有雨,朕疑其欲相宽勉,未必有实。方将遣使视之,果如所言,即当进膳;如其不然,朕何以生为,当以身为万民塞咎耳!"是夕,大雨。

14　魏太子恂不好学;体素肥大,苦河南地热,常思北归。魏主赐之衣冠,恂常私著胡服。中庶子辽东高道悦数切谏,恂恶之。八月戊戌,帝如嵩高,恂与左右密谋,召牧马轻骑奔平城,手刃道悦于禁中。中领军元俨勒门防遏,入夜乃定。诘旦,尚书陆琇驰以启帝,帝大骇,秘其事,仍至汴口而还。甲寅,入宫,引见恂,数其罪,亲与咸阳王禧更代杖之百馀下,扶曳出外,囚于城西,月馀乃能起。

15　丁巳,魏相州刺史南安惠王桢卒。

16　九月戊辰,魏主讲武于小平津;癸酉,还宫。

17　冬,十月戊戌,魏诏:"军士自代来者,皆以为羽林、虎贲。司州民十二夫调一,吏以供公私力役。"

18　魏吐京胡反,诏朔州刺史元彬行汾州事,帅并、肆之众以讨之。彬,桢之子也。彬遣统军奚康生击叛胡,破之,追至车突谷,又破之,俘杂畜以万数。诏以彬为汾州刺史。胡去居等六百馀人保险不服,彬请兵二万以讨之,有司奏许之,魏主大怒曰:"小寇何有发兵之理! 可随宜讨治。若不能克,必须大兵者,则先斩刺史,然后发兵!"彬大惧,督帅州兵,身先将士,讨去居,平之。

19　魏主引见群臣于清徽堂,议废太子恂。太子太傅穆亮、少保李冲免冠顿首谢。帝曰:"卿所谢者私也,我所议者国也。'大义灭亲',古人所贵。今恂欲违父逃叛,跨据恒、朔,天下之恶孰大焉! 若不去之,乃社稷之忧也。"闰月丙寅,废恂为庶人,置于河阳无鼻城,以兵守之,服食所供,粗免饥寒而已。

20　戊辰,魏置常平仓。

21　戊寅,太子宝卷冠。

22　初,魏文明太后欲废魏主,穆泰切谏而止,由是有宠。及帝南迁洛阳,所亲任者多中州儒士,宗室及代人往往不乐。泰自尚书右仆射出为定州刺史,自陈久病,土温则甚,乞为恒州;帝为之徙恒州刺史陆叡为定州,以泰代之。泰至,叡未发,遂相与谋作乱,阴结镇北大将军乐陵王思誉、安乐侯隆、抚冥镇将鲁郡侯业、骁骑将军超等,共推朔州刺史阳平王颐为主。思誉,天赐之子;业,丕之弟;隆、超,皆丕之子也。叡以为洛阳休明,劝泰缓之,泰由是未发。

颐伪许泰等以安其意,而密以状闻。行吏部尚书任城王澄有疾,帝召见于凝闲堂,谓之曰:"穆泰谋为不轨,扇诱宗室。脱或必然,今迁都甫尔,北人恋旧,南北纷扰,朕洛阳不立也。此国家大事,非卿不能办。卿虽疾,强为我北行,审观其势。傥其微弱,直往擒之;若已强盛,可承制发并、肆兵击之。"对曰:"泰等愚惑,正由恋旧,为此计耳,非有深谋远虑;臣虽驽怯,足以制之,愿陛下勿忧。虽有犬马之疾,何敢辞也!"帝笑曰:"任城肯行,朕复何忧!"遂授澄节、铜虎、竹使符、御仗左右,仍行恒州事。

　　行至雁门,雁门太守夜告云:"泰已引兵西就阳平。"澄遽令进发。右丞孟斌曰:"事未可量,宜依敕召并、肆兵,然后徐进。"澄曰:"泰既谋乱,应据坚城;而更迎阳平,度其所为,当似势弱。泰既不相拒,无故发兵,非宜也。但速往镇之,民心自定。"遂倍道兼行。先遣治书侍御史李焕单骑入代,出其不意,晓谕泰党,示以祸福,皆莫为之用。泰计无所出,帅麾下数百人攻焕,不克,走出城西,追擒之。澄亦寻至。穷治党与,收陆叡等百馀人,皆系狱,民间帖然。澄具状表闻,帝喜,召公卿,以表示之曰:"任城可谓社稷臣也。观其狱辞,正复皋陶何以过之!"顾谓咸阳王禧等曰:"汝曹当此,不能办也。"

　　23　魏主谋入寇,引见公卿于清徽堂,曰:"朕卜宅土中,纲条粗举;唯南寇未平,安能效近世天子下帷于深宫之中乎!朕今南征决矣,但未知早晚之期。比来术者皆云,今往必克,此国之大事,宜君臣各尽所见,勿以朕先言而依违于前,同异于后也。"李冲对曰:"凡用兵之法,宜先论人事,后察天道。今卜筮虽吉而人事未备,迁都尚新,秋谷不稔,未可以兴师旅。如臣所见,宜俟来秋。"帝曰:"去十七年,朕拥兵二十万,此人事之盛也,而天时不利。今天时既从,复云人事未备;如仆射之言,是终无征伐之期也。寇戎咫尺,异日将为社稷之忧,朕何敢自安!若秋行不捷,诸君当尽付司寇,不可不尽怀也。"

　　24　魏主以有罪徙边者多逋亡,乃制一人逋亡,阖门充役。光州刺史博陵崔挺上书谏曰:"天下善人少,恶人多。若一人有罪,延及阖门,则司马牛受桓魋之罚,柳下惠婴盗跖之诛,岂不哀哉!"帝善之,遂除其制。

资治通鉴卷第一百四十一

齐纪七

高宗明皇帝下

建武四年(丁丑,497)

1　春,正月,大赦。

2　丙申,魏立皇子恪为太子。魏主宴于清徽堂,语及太子恂,李冲谢曰:"臣忝师傅,不能辅导。"帝曰:"朕尚不能化其恶,师傅何谢也!"

3　乙巳,魏主北巡。

4　初,尚书令王晏,为世祖所宠任;及上谋废郁林王,晏即欣然推奉。郁林王已废,上与晏宴于东府,语及时事,晏抵掌曰:"公常言晏怯,今定何如?"上即位,晏自谓佐命新朝,常非薄世祖故事。既居朝端,事多专决,内外要职,并用所亲,每与上争用人。上虽以事际须晏,而心恶之。尝料简世祖中诏,得与晏手敕三百馀纸,皆论国家事,又得晏启谏世祖以上领选事,以此愈猜薄之。始安王遥光劝上诛晏,上曰:"晏于我有功;且未有罪。"遥光曰:"晏尚不能为武帝,安能为陛下乎!"上默然。上遣腹心陈世范等出涂巷,采听异言。晏轻浅无防,意望开府,数呼相工自视,云当大贵,与宾客语,好屏人清闲。上闻之,疑晏欲反,遂有诛晏之意。

　　奉朝请鲜于文粲密探上旨,告晏有异志。世范又启上云:"晏谋因四年南郊,与世祖故主帅于道中窃发。"会虎犯郊坛,上愈惧。未郊一日,有敕停行,先报晏及徐孝嗣。孝嗣奉旨,而晏陈"郊祀事大,必宜自力"。上益信世范之言。丙辰,召晏于华林省,诛之,并北中郎司马萧毅、台队主刘明达,及晏子德元、德和。下诏云:"晏与毅、明达以河东王铉识用微弱,谋奉以为主,使守虚器。"晏弟诩为广州刺史,上遣南中郎司马萧季敞袭杀之。季敞,上之从祖弟也。萧毅奢豪,好弓马,为上所忌,故因事陷之。河东王铉先以年少才弱,故未为上所杀。铉朝见,常鞠躬俯偻,不敢平行直视。至是,年稍长,遂坐晏事免官,禁不得与外人交通。

　　郁林王之将废也,晏从弟御史中丞思远谓晏曰:"兄荷世祖厚恩,今一旦赞人如此事;彼或可以权计相须,未知兄将来何以自立! 若及此引决,犹可保全门户,不失后名。"晏曰:"方啖粥,未暇此事。"及拜骠骑将军,集会子弟,谓思远兄思微曰:"隆昌之末,阿戎劝吾自裁;若从其语,岂有今日!"思远遽应曰:"如阿戎所见,今犹未晚也。"思远知上外待晏厚而内已疑异,乘间谓晏曰:"时事稍异,兄亦觉不? 凡人多拙于自谋而巧于谋人。"晏不应。思远退,晏方叹曰:"世乃有劝人死者!"旬日而晏败。上闻思远言,故不之罪,仍迁侍中。

晏外弟尉氏阮孝绪亦知晏必败,晏屡至其门,逃匿不见。尝食酱美,问知得于晏家,吐而覆之。及晏败,人为之惧,孝绪曰:"亲而不党,何惧之有!"卒免于罪。

5　二月壬戌,魏主至太原。

6　甲子,以左仆射徐孝嗣为尚书令,征虏将军萧季敞为广州刺史。

7　癸酉,魏主至平城,引见穆泰、陆叡之党问之,无一人称枉者;时人皆服任城王澄之明。穆泰及其亲党皆伏诛;赐陆叡死于狱,宥其妻子,徙辽西为民。

初,魏主迁都,变易旧俗,并州刺史新兴公丕皆所不乐;帝以其宗室耆旧,亦不之逼,但诱示大理,令其不生同异而已。及朝臣皆变衣冠,朱衣满坐,而丕独胡服于其间,晚乃稍加冠带,而不能修饰容仪,帝亦不强也。

太子恂自平城将迁洛阳,元隆与穆泰等密谋留恂,因举兵断关,规据陉北。丕在并州,隆等以其谋告之。丕外虑不成,口虽折难,心颇然之,及事觉,丕从帝至平城,帝每推问泰等,常令丕坐观。有司奏元业、元隆、元超罪当族,丕应从坐。帝以丕尝受诏许以不死,听免死为民,留其后妻、二子,与居于太原,杀隆、超、同产乙升,馀子徙敦煌。

初,丕、叡与仆射李冲、领军于烈俱受不死之诏。叡既诛,帝赐冲、烈诏曰:"叡反逆之志,自负幽冥;违誓在彼,不关朕也。反逆既异馀犯,虽欲矜恕,如何可得? 然犹不忘前言,听自死别府,免其孥戮。元丕二子、一弟,首为贼端,连坐应死,特恕为民,朕本期始终而彼自弃绝,违心乖念,一何可悲! 故此别示,想无致怪。谋反之外,皎如白日耳。"冲、烈皆上表谢。

臣光曰:夫爵禄废置,杀生予夺,人君所以驭臣之大柄也。是故先王之制,虽有亲、故、贤、能、功、贵、勤、宾,苟有其罪,不直赦也;必议于槐棘之下,可赦则赦,可宥则宥,可刑则刑,可杀则杀;轻重视情,宽猛随时。故君得以施恩而不失其威,臣得以免罪而不敢自恃。及魏则不然，勋贵之臣，往往豫许之以不死；彼骄而触罪，又从而杀之。是以不信之令诱之使陷于死地也。刑政之失，无此为大焉！

8　是时，代乡旧族，多与泰等连谋，唯于烈无所染涉，帝由是益重之。帝以北方酋长及侍子畏暑，听秋朝洛阳，春还部落，时人谓之"雁臣"。

9　三月己酉，魏主南至离石。叛胡请降，诏宥之。夏，四月庚申，至龙门，遣使祀夏禹。癸亥，至蒲坂，祀虞舜。辛未，至长安。

10　魏太子恂既废，颇自悔过。御史中尉李彪密表恂复与左右谋逆，魏主使中书侍郎邢峦与咸阳王禧奉诏赍椒酒诣河阳，赐恂死，敛以粗棺、常服，瘗于河阳。

11　癸未，魏大将军宋明王刘昶卒于彭城，葬以殊礼。

12　五月己丑，魏主东还，泛渭入河。壬辰，遣使祀周文王于丰，武王于镐。六月庚申，还洛阳。

13　壬戌，魏发冀、定、瀛、相、济五州兵二十万，将入寇。

14　魏穆泰之反也，中书监魏郡公穆罴与之通谋，敕后事发，削官爵为民。罴弟司空亮以府事付司马慕容契，上表自劾，魏主优诏不许；亮固请不已，癸亥，听亮逊位。

15　丁卯，魏分六师以定行留。

16　秋，七月，魏立昭仪冯氏为皇后，后欲母养太子恪；恪母高氏自代如洛阳，暴卒于共县。

17　戊辰，魏以穆亮为征北大将军、开府仪同三司、冀州刺史。

18　八月丙辰，魏诏中外戒严。

19　壬戌，魏立皇子愉为京兆王，怿为清河王，怀为广平王。

20　追尊景皇所生王氏为恭太后。

21　甲戌，魏讲武于华林园；庚辰，军发洛阳。使吏部尚书任城王澄居守；以御史中丞李彪兼度支尚书，与仆射李冲参治留台事。假彭城王勰中军大将军，勰辞曰："亲疏并用，古之道也。臣独何人，频烦宠授！昔陈思求而不允，愚臣不请而得，何否泰之相远也！"魏主大笑，执勰手曰："二曹以才名相忌，吾与汝以道德相亲。"

22　上遣军主、直阁将军胡松助北襄城太守成公期戍赭阳，军主鲍举助西汝南、北义阳二郡太守黄瑶起戍舞阴。

23　魏以氐帅杨灵珍为南梁州刺史。灵珍举州来降，送其母及子于南郑以为质，遣其弟婆罗阿卜珍将步骑万馀袭魏武兴王杨集始，杀其二弟集同、集众；集始窘急，请降。九月丁酉，魏主以河南尹李崇为都督陇右诸军事,将兵数万讨之。

24 初,魏迁洛阳,荆州刺史薛真度劝魏主先取樊、邓。真度引兵寇南阳,太守房伯玉击败之。魏主怒,以南阳小郡,志必灭之,遂引兵向襄阳;彭城王勰等三十六军前后相继,众号百万,吹唇沸地。辛丑,魏主留诸将攻赭阳,自引兵南下;癸卯,至宛,夜袭其郛,克之。房伯玉婴内城拒守,魏主遣中书舍人孙延景谓伯玉曰:"我今荡壹六合,非如向时冬来春去,不有所克,终不还北。卿此城当我六龙之首,无容不先攻取,远期一年,近止一月。封侯、枭首,事在俯仰,宜善图之!且卿有三罪,今令卿知:卿先事武帝,蒙殊常之宠,不能建忠致命而尽节于其仇,罪一也。顷年薛真度来,卿伤我偏师,罪二也。今銮辂亲临,不面缚麾下,罪三也。"伯玉遣军副乐稚柔对曰:"承欲攻围,期于必克。卑微常人,得抗大威,真可谓获其死所!外臣蒙武帝采拔,岂敢忘恩!但嗣君失德,主上光绍大宗,非唯副亿兆之深望,抑亦兼武皇之遗敕;是以区区尽节,不敢失坠。往者北师深入,寇扰边民,辄厉将士以修职业。反己而言,不应垂责。"

宛城东南隅沟上有桥,魏主引兵过之。伯玉使勇士数人,衣班衣,戴虎头帽,伏于窦下,突出击之,魏主人马俱惊;召善射者原灵度射之,应弦而毙,乃得免。

25 李崇槎山分道,出氐不意,表里袭之;群氐皆弃杨灵珍散归,灵珍之众减太半,崇进据赤土。灵珍遣从弟建屯龙门,自帅精勇一万屯鹫峡;龙门之北数十里中,伐树塞路,鹫硖之口,聚礌石,临崖下之,以拒魏兵。崇命统军慕容拒帅众五千从他路入,夜,袭龙门,破之。崇自攻鹫峡;灵珍连战败走,俘其妻子,遂克武兴,梁州刺史阴广宗、参军郑猷等将兵救灵珍;崇进击,大破之,斩杨婆罗阿卜珍,生擒猷等,灵珍奔还汉中。魏主闻之,喜曰:"使朕无西顾之忧者,李崇也。"以崇为都督梁秦二州诸军事、梁州刺史,以安集其地。

26 丁未,魏主发南阳,留太尉咸阳王禧等攻之。己酉,魏主至新野,新野太守刘思忌拒守。冬,十月丁巳,魏军攻之不克,筑长围守之,遣人谓城中曰:"房伯玉已降,汝何为独取糜碎!"思忌遣人对曰:"城中兵食犹多,未暇从汝小虏语也!"魏右军府长史韩显宗将别军屯赭阳,成公期遣胡松引蛮兵攻其营,显宗力战,破之,斩其裨将高法援。显宗至新野,魏主谓曰:"卿破贼斩将,殊益军势。朕方攻坚城,何为不作露布?"对曰:"顷闻镇南将军王肃获贼二、三人,驴马数匹,皆为露布;臣在东观,私常哂之。近虽仰凭威灵,得摧丑虏,兵寡力弱,擒斩不多。脱复高曳长缣,虚张功烈,尤而效之,其罪弥大。臣所以不敢为之,解上而已。"魏主益贤之。

上诏徐州刺史裴叔业引兵救雍州。叔业启称:"北人不乐远行,唯乐钞掠。若侵虏境,则司、雍之寇自然分矣。"上从之。叔业引兵攻虹城,获男女四千馀人。

甲戌,遣太子中庶子萧衍、右军司马张稷救雍州。十一月甲午,前军将军韩秀方等十五将降于魏。丁酉,魏败齐兵于沔北,将军王伏保等为魏所获。

27 丙辰,以杨灵珍为北秦州刺史、仇池公、武都王。

28 新野人张睹帅万馀家据栅拒魏,十二月庚申,魏人攻拔之。雍州刺史曹虎与房伯玉不协,故缓救之,顿军樊城。

丁丑,诏遣度支尚书崔慧景救雍州,假慧景节,帅众二万、骑千匹向襄阳,雍州众军并受节度。

庚午,魏主南临沔水;戊寅,还新野。

将军王昙纷以万馀人攻魏南青州黄郭戍,魏戍主崔僧渊破之,举军皆没。将军鲁康祚、赵公政将兵万人侵魏太仓口,魏豫州刺史王肃使长史清河傅永将甲士三千击之。康祚等军于淮南,永军于淮北,相去十馀里。永曰:"南人好夜斫营,必于渡淮之所置火以记浅。"乃夜分兵为二部,伏于营外;又以瓠贮火,密使人过淮南岸,于深处置之,戒曰:"见火起,则亦然之。"是夜,康祚等果引兵斫永营,伏兵夹击之。康祚等走趣淮水,火既竞起,不知所从,溺死及斩首数千级,生擒公政,获康祚之尸以归。豫州刺史裴叔业侵魏楚王戍,肃复令永击之。永将心腹一人驰诣楚王戍,令填外堑,夜伏战士千人于城外,晓而叔业等至城东,部分将置长围。永伏兵击其后军,破之。叔业留将佐守营,自将精兵数千救之。永登门楼,望叔业南行数里,即开门奋击,大破之,获叔业伞扇、鼓幕、甲仗万馀。叔业进退失据,遂走;左右欲追之,永曰:"吾弱卒不满三千,彼精甲犹盛,非力屈而败,自堕吾计中耳。既不测我之虚实,足使丧胆,俘此足矣,何更追之!"魏主遣谒者就拜永安远将军、汝南太守,封贝丘县男。永有勇力,好学能文。魏主常叹曰:"上马能击贼,下马作露版,唯傅脩期耳!"

29 曲江公遥欣好武事,上以诸子尚幼,内亲则仗遥欣兄弟,外亲则倚后弟西中郎长史彭城刘暄、内弟太子詹事江祏;故以始安王遥光为扬州刺史,居中用事,遥欣为都督荆雍等七州诸军事、荆州刺史,镇据西面。而遥欣在江陵,多招材勇,厚自封殖,上甚恶之。遥欣侮南郡太守刘季连,季连密表遥欣有异迹;上乃以季连为益州刺史,使据遥欣上流以制之。季连,思考之子也。

　　30　是岁,高昌王马儒遣司马王体玄入贡于魏,请兵迎接,求举国内徙;魏主遣明威将军韩安保迎之,割伊吾之地五百里以居儒众。儒遣左长史顾礼、右长史金城麴嘉将步骑一千五百迎安保,而安保不至;礼、嘉还高昌,安保亦还伊吾。安保遣其属韩兴安等使高昌,儒复遣顾礼将世子义舒迎安保,至白棘城,去高昌百六十里。高昌旧人恋土,不愿东迁,相与杀儒,立麴嘉为王,复臣于柔然。安保独与顾礼、马义舒还洛阳。

永泰元年(戊寅,498)

　　1　春,正月癸未朔,大赦。

　　2　加中军大将军徐孝嗣开府仪同三司,孝嗣固辞。

　　3　魏统军李佐攻新野,丁亥,拔之,缚刘思忌,问之曰:"今欲降未?"思忌曰:"宁为南鬼,不为北臣!"乃杀之。于是沔北大震。戊子,湖阳戍主蔡道福,辛卯,赭阳戍主成公期,壬辰,舞阴戍主黄瑶起、南乡太守席谦相继南遁。瑶起为魏所获,魏主以赐王肃,肃脔而食之。乙巳,命太尉陈显达救雍州。

　　4　上有疾,以近亲寡弱,忌高、武子孙。时高、武子孙犹有十王,每朔望入朝,上还后宫,辄叹息曰:"我及司徒诸子皆不长,高、武子孙日益长大!"上欲尽除高、武之族,以微言问陈显达,对曰:"此等岂足介虑!"以问扬州刺史始安王遥光,遥光以为当以次施行。遥光有足疾,上常令乘舆自望贤门入,每与上屏人久语毕,上索香火,呜咽流涕,明日必有所诛。会上疾暴甚,绝而复苏,遥光遂行其策;丁未,杀河东王铉、临贺王子岳、西阳王子文、永阳王子峻、南康王子琳、衡阳王子珉、湘东王子建、南郡王子夏、桂阳王昭粲、巴陵王昭秀,于是太祖、世祖及世宗诸子皆尽矣。铉等已死,乃使公卿奏其罪状,请诛之,下诏不许;再奏,然后许之。南康侍读济阳江泌哭子琳,泪尽,继之以血,亲视殡葬毕,乃去。

　　5　庚戌,魏主如南阳。二月癸丑,诏左卫将军萧惠休等救寿阳,甲子,魏人拔宛北城,房伯玉面缚出降。伯玉从父弟思安为魏中统军,数为伯玉泣请,魏主乃赦之。庚午,魏主如新野。辛巳,以彭城王勰为使持节、都督南征诸军事、中军大将军、开府仪同三司。

　　三月壬午朔,崔慧景、萧衍大败于邓城。时慧景至襄阳,五郡已陷没,慧景与衍及军主刘山阳、傅法宪等帅五千馀人进行邓城,魏数万骑奄至,诸军登城拒守。时将士蓐食轻行,皆有饥惧之色。衍欲出战,慧景曰:

"虏不夜围人城,待日暮自当去。"既而魏众转至。慧景于南门拔军去,诸军不相知,相继皆遁。魏兵自北门入,刘山阳与部曲数百人断后死战,且战且却行。慧景过闹沟,军人相蹈藉,桥皆断坏。魏兵夹路射之,杀傅法宪,士卒赴沟死者相枕,山阳取袄仗填沟乘之,得免。魏主将大兵追之,晡时至沔。山阳据城苦战,至暮,魏兵乃退。诸军恐惧,是夕,皆下船还襄阳。庚寅,魏主将十万众,羽仪华盖,以围樊城,曹虎闭门自守。魏主临沔水,望襄阳岸,乃去,如湖阳;辛亥,如悬瓠。

魏镇南将军王肃攻义阳,裴叔业将兵五万围涡阳以救义阳。魏南兖州刺史济北孟表守涡阳,粮尽,食草木皮叶。叔业积所杀魏人高五丈以示城内;别遣军主萧璝等攻龙亢,魏广陵王羽救之。叔业引兵击羽,大破之,追获其节。魏主使安远将军傅永、征虏将军刘藻、假辅国将军高聪救涡阳,并受王肃节度。叔业进击,大破之,聪奔悬瓠,永收散卒徐还。叔业再战,凡斩首万级,俘三千馀人,获器械杂畜财物以千万计。魏主命锁三将诣悬瓠;刘藻、高聪免死,徙平州;傅永夺官爵;黜王肃为平南将军。肃表请更遣军救涡阳,魏主报曰:"观卿意,必以藻等新败,故难于更往。朕今少分兵则不足制敌,多分兵则禁旅有阙,卿审图之! 义阳当止则止,当下则下;若失涡阳,卿之过也!"肃乃解义阳之围,与统军杨大眼、奚康生等步骑十馀万救涡阳。叔业见魏兵盛,夜,引军退;明日,士众奔溃,魏人追之,杀伤不可胜数。叔业还保涡口。

6　初,魏中尉李彪,家世孤微,朝无亲援;初游代都,以清渊文穆公李冲好士,倾心附之。冲亦重其材学,礼遇甚厚,荐于魏主,且为之延誉于朝,公私汲引。及为中尉,弹劾不避贵戚,魏主贤之,以比汲黯。彪自以结知人主,不复藉冲,稍稍疏之,唯公坐敛袂而已,无复宗敬之意,冲浸衔之。

及魏主南伐,彪与冲及任城王澄共掌留务。彪性刚豪,意议多所乖异,数与冲争辩,形于声色;自以身为法官,他人莫能纠劾,事多专恣。冲不胜忿,乃积其前后过恶,禁彪于尚书省,上表劾彪:"违傲高亢,公行僭逸,坐舆禁省,私取官材,辄驾乘黄,无所惮慑。臣辄集尚书已下、令史已上于尚书都座,以彪所犯罪状告彪,讯其虚实,彪皆伏罪。请以见事免彪所居职,付廷尉治罪。"冲又表称:"臣与彪相识以来,垂二十载。见其才优学博,议论刚正,愚意诚谓拔萃公清之人。后稍察其人酷急,犹谓益多损少。自大驾南行以来,彪兼尚书,日夕共事,始知其专恣无忌,尊身忽物;听其言如振古忠恕之贤,校其行实天下佞暴之贼。臣与任城卑躬曲己,若顺弟之奉暴兄,其所欲者,事虽非理,无不屈从。依事求实,悉有成验。如臣列得实，宜殛彪于北荒，以除乱政之奸；所引无证，宜投臣于四裔，以息青蝇之谮。"冲手自作表，家人不知。

帝览表，叹怅久之，曰："不意留台乃至于此！"既而曰："道固可谓溢矣，而仆射亦为满也。"黄门侍郎宋弁素怨冲，而与彪同州相善，阴左右之，有司处彪大辟，帝宥之，除名而已。

冲雅性温厚，及收彪之际，亲数彪前后过失，瞋目大呼，投折几案，御史皆泥首面缚。冲詈辱肆口，遂发病荒悖，言语错缪，时扼腕大骂，称"李彪小人"，医药皆不能疗，或以为肝裂，旬馀而卒，帝哭之，悲不自胜，赠司空。

冲勤敏强力，久处要剧，文案盈积，终日视事，未尝厌倦，职业修举，才四十而发白。兄弟六人，凡四母，少时每多忿竞，及冲贵，禄赐皆与共之，更成敦睦。然多援引族姻，私以官爵，一家岁禄万匹有馀，时人以此少之。

7　魏主以彭城王勰为宗师，诏使督察宗室，有不帅教者以闻。

8　夏，四月甲寅，改元。

9　大司马会稽太守王敬则，自以高、武旧将，心不自安。上虽外礼甚厚，而内相疑忌，数访问敬则饮食，体干堪宜。闻其衰老，且以居内地，故得少宽。前二岁，上遣领军将军萧坦之将斋仗五百人行武进陵，敬则诸子在都，忧怖无计。上知之，遣敬则世子仲雄入东安尉之。

仲雄善琴，上以蔡邕焦尾琴借之。仲雄于御前鼓琴作懊侬歌，曰："常叹负情侬，郎今果行许。"又曰："君行不净心，那得恶人题！"上愈猜愧。

上疾屡危，乃以光禄大夫张瓌为平东将军、吴郡太守，置兵佐以密防敬则。中外传言，当有异处分。敬则闻之，窃曰："东今有谁，只是欲平我耳；东亦何易可平！吾终不受金罂！"金罂，谓鸩也。

敬则女为徐州行事谢朓妻，敬则子太子洗马幼隆遣正员将军徐岳以情告朓："为计若同者，当往报敬则。"朓执岳，驰启闻。敬则城局参军徐庶，家在京口，其子密以报庶，庶以告敬则五官掾王公林。公林，敬则族子也，常所委信。公林劝敬则急送启赐儿死，单舟星夜还都。敬则令司马张思祖草启，既而曰："若尔，诸郎在都，要应有信，且忍一夕。"

其夜，呼僚佐文武樗蒲，谓众曰："卿诸人欲令我作何计？"莫敢先答。防阁丁兴怀曰："官祇应作尔！"敬则不应。明旦，召山阴令王询、台传御史钟离祖愿，敬则横刀跂坐，问询等："发丁可得几人？库见有几钱物？"询称"县丁猝不可集"，祖愿称"库物多未输入"。敬则怒，将出斩之，王公林又谏曰："凡事皆可悔，唯此事不可悔；官讵不更思！"敬则唾其面曰："我作事，何关汝小子！"敬则举兵反，招集，配衣，二三日便发。

前中书令何胤，弃官隐居若邪山，敬则欲劫以为尚书令。长史王弄璋等谏曰："何令高蹈，必不从；不从，便应杀之。举大事先杀名贤，事必不济。"敬则乃止。胤，尚之之孙也。

10　庚午，魏发州郡兵二十万人，期八月中旬集悬瓠。

11　魏赵郡灵王幹卒。

12　上闻王敬则反，收王幼隆及其兄员外郎世雄、记室参军季哲、其弟太子舍人少安等，皆杀之。长子黄门郎元迁将千人在徐州击魏，敕徐州刺史徐玄庆杀之。前吴郡太守南康侯子恪，嶷之子也，敬则起兵，以奉子恪为名；子恪亡走，未知所在。始安王遥光劝上尽诛高、武子孙，于是悉召诸王侯入宫。晋安王宝义、江陵公宝览等处中书省，高、武诸孙处西省，敕人各从左右两人，过此依军法；孩幼者与乳母俱入。其夜，令太医煮椒二斛，都水办棺材数十具，须三更，当尽杀之。子恪徒跣自归，二更达建阳门，刺启。时刻已至，而上眠不起，中书舍人沈徽孚与上所亲左右单景隽共谋少留其事。须臾，上觉，景隽启子恪已至。上惊问曰："未邪？未邪？"景隽具以事对。上抚床曰："遥光几误人事！"乃赐王侯供馔，明日，悉遣还第。以子恪为太子中庶子。宝览，缅之子也。

敬则帅实甲万人过浙江。张瑰遣兵三千拒敬则于松江，闻敬则军鼓声，一时散走，瑰弃郡，逃民间。敬则以旧将举事，百姓担篙荷锸，随之者十馀万众；至晋陵，南沙人范脩化杀县令公上延孙以应之。敬则至武进陵口，恸哭而过。乌程丘仲孚为曲阿令，敬则前锋奄至，仲孚谓吏民曰："贼乘胜虽锐，而乌合易离。今若收船舰，凿长冈埭，泻渎水以阻其路；得留数日，台军必至，如此，则大事济矣。"敬则军至，值渎涸，果顿兵不得进。

五月，诏前军司马左兴盛、后军将军崔恭祖、辅国将军刘山阳、龙骧将军马军主胡松筑垒于曲阿长冈；右仆射沈文季为持节都督，屯湖头，备京口路。恭祖，慧景之族也。敬则急攻兴盛、山阳二垒，台军不能敌，欲退，而围不开，各死战。胡松引骑兵突其后，白丁无器仗，皆惊散。敬则军大败，索马再上，不能得，崔恭祖刺之仆地，兴盛军客袁文旷斩之，乙酉，传首建康。

是时上疾已笃，敬则仓猝东起，朝廷震惧。太子宝卷使人上屋，望见征虏亭失火，谓敬则至，急装欲走。敬则闻之，喜曰："檀公三十六策，走为上策，计汝父子唯有走耳！"盖时人讥檀道济避魏之语也。敬则之来，声势甚盛,裁少日而败。

台军讨贼党,晋陵民以附敬则应死者甚众。太守王瞻上言:"愚民易动,不足穷法。"上许之,所全活以万数。瞻,弘之从孙也。

上赏谢朓之功,迁尚书吏部郎。朓上表三让,上不许。中书疑朓官未及让,国子祭酒沈约曰:"近世小官不让,遂成恒俗。谢吏部今授超阶,让别有意。夫让出人情,岂关官之大小邪!"朓妻常怀刃欲杀朓,朓不敢相见。

13　秋,七月,魏彭城王勰表以一岁国秩、职俸、亲恤裨军国之用。魏主诏曰:"割身存国,理为远矣。职俸便停,亲、国听三分受一。"壬午,又诏损皇后私府之半,六宫嫔御、五服男女供恤亦减半,在军者三分省一,以给军赏。

14　癸卯,以太子中庶子萧衍为雍州刺史。

15　己酉,上殂于正福殿。遗诏:"徐令可重申前命。沈文季可左仆射,江祏可右仆射,江祀可侍中,刘暄可卫尉。军政可委陈太尉;内外众事,无大小委徐孝嗣、遥光、坦之、江祏,其大事与沈文季、江祀、刘暄参怀。心膂之任可委刘悛、萧惠休、崔慧景。"

上性猜多虑,简于出入,竟不郊天。又深信巫觋,每出先占利害。东出云西,南出云北。初有疾,甚秘之,听览不辍。久之,敕台省文簿中求白鱼以为药,外始知之。太子即位。

16　八月辛亥,魏太子自洛阳朝于悬瓠。

17　壬子,奉朝请邓学以齐兴郡降魏。

18　魏主之入寇也,遣使发高车兵。高车惮远役,奉袁纥树者为主,相帅北叛。魏主遣征北将军宇文福讨之,大败而还,福坐黜官。更命平北将军江阳王继都督北讨诸军事以讨之,自怀朔以东悉禀节度,仍摄镇平城。继,熙之曾孙也。

19　八月,葬明皇帝于兴安陵,庙号高宗。东昏侯恶灵在太极殿,欲速葬,徐孝嗣固争,得逾月。帝每当哭,辄云喉痛。太中大夫羊阐入临,无发,号恸俯仰,帻遂脱地,帝辍哭大笑,谓左右曰:"秃鹙啼来乎!"

20　九月己亥,魏主闻高宗殂,下诏称"礼不伐丧",引兵还。庚子,诏北伐高车。

21　魏主得疾甚笃,旬日不见侍臣,左右唯彭城王勰等数人而已。勰内侍医药,外总军国之务,远近肃然,人无异议。右军将军丹阳徐謇善医,时在洛阳,急召之。既至,勰涕泣执手谓曰:"君能已至尊之疾,当获意外之赏；不然，有不测之诛；非但荣辱，乃系存亡。"勰又密为坛于汝水之滨，依周公故事，告天地及显祖，乞以身代魏主。魏主疾有间，丙午，发悬瓠，舍于汝滨，集百官，坐徐謇于上席，称扬其功，除鸿胪卿，封金乡县伯，赐钱万缗；诸王别饷赉，各不减千匹。冬，十一月辛巳，魏主如邺。

22　戊子，立妃褚氏为皇后。

23　魏江阳王继上言："高车顽昧，避役遁逃，若悉追戮，恐遂扰乱。请遣使，镇别推检，斩魁首一人，自馀加以慰抚。若悔悟从役者，即令赴军。"诏从之。于是叛者往往自归。继先遣人慰谕树者。树者亡入柔然，寻自悔，相帅出降。魏主善之，曰："江阳可大任也。"十二月甲寅，魏主自邺班师。

24　林邑王诸农入朝，海中值风，溺死，以其子文款为林邑王。

资治通鉴卷第一百四十二

齐纪八

东昏侯上

永元元年（己卯，499）

1　春，正月戊寅朔，大赦，改元。

2　太尉陈显达督平北将军崔慧景军四万击魏，欲复雍州诸郡；癸未，魏遣前将军元英拒之。

3　乙酉，魏主发邺。

4　辛卯，帝祀南郊。

5　戊戌，魏主至洛阳，过李冲冢。时卧疾，望之而泣；见留守官，语及冲，辄流涕。

魏主谓任城王澄曰："朕离京以来，旧俗少变不？"对曰："圣化日新。"帝曰："朕入城，见车上妇人犹戴帽、著小袄，何谓日新！"对曰："著者少，不著者多。"帝曰："任城，此何言也！必欲使满城尽著邪？"澄与留守官皆免冠谢。

甲辰，魏大赦。魏主之幸邺也，李彪迎拜于邺南，且谢罪。帝曰："朕欲用卿，思李仆射而止。"慰而遣之。会御史台令史龙文观告："太子恂被收之日，有手书自理，彪不以闻。"尚书表收彪赴洛阳。帝以为彪必不然；以牛车散载诣洛阳，会赦，得免。

6　魏太保齐郡灵王简卒。

7　二月辛亥，魏以咸阳王禧为太尉。

8　魏主连年在外，冯后私于宦者高菩萨。及帝在悬瓠病笃，后益肆意无所惮，中常侍双蒙等为之心腹。

彭城公主为宋王刘昶子妇，寡居。后为其母弟北平公冯夙求婚，帝许之；公主不愿，后强之。公主密与家僮冒雨诣悬瓠，诉于帝，且具道后所为。帝疑而秘之。后闻之，始惧，阴与母常氏使女巫厌祷，曰："帝疾若不起，一旦得如文明太后辅少主称制者，当赏报不赀。"

帝还洛，收高菩萨、双蒙等，案问，具伏。帝在含温室，夜引后入，赐坐东榻，去御榻二丈馀，命菩萨等陈状。既而召彭城王勰、北海王详入坐，曰："昔为汝嫂，今是路人，但入勿避！"又曰："此妪欲手刃吾胁！吾以文明太后家女，不能废，但虚置宫中，有心庶能自死；汝等勿谓吾犹有情也。"二王出，赐后辞诀；后再拜，稽首涕泣。入居后宫，诸嫔御奉之犹如后礼，唯命太子不复朝谒而已。

初，冯熙以文明太后之兄尚恭宗女博陵长公主。熙有三女，二为皇后，一为左昭仪，由是冯氏贵宠冠群臣，赏赐累巨万。公主生二子，诞、脩。熙为太保，诞为司徒，脩为侍中、尚书，庶子聿为黄门郎。黄门侍郎崔光与聿同直，谓聿曰："君家富贵太盛，终必衰败。"聿曰："我家何所负，而君无故沮我！"光曰："不然。物盛必衰，此天地之常理。若以古事推之，不可不慎。"后岁馀而脩败。脩性浮竞，诞屡戒之，不悛，乃白于太后及帝而杖之。脩由是恨诞，求药，使诞左右毒之。事觉，帝欲诛之，诞自引咎，恳乞其生。帝亦以其父老，杖脩百馀，黜为平城民。及诞、熙继卒，幽后寻废，聿亦摈弃，冯氏遂衰。

9 魏以彭城王勰为司徒。

10 陈显达与魏元英战，屡破之。攻马圈城四十日，城中食尽，啖死人肉及树皮。癸酉，魏人突围走，斩获千计。显达入城，将士竞取城中绢，遂不穷追。显达又遣军主庄丘黑进击南乡，拔之。

魏主谓任城王澄曰："显达侵扰，朕不亲行，无以制之。"三月庚辰，魏主发洛阳，命于烈居守，以右卫将军宋弁兼祠部尚书，摄七兵事以佐之。弁精勤吏治，恩遇亚于李冲。

癸未，魏主至梁城。崔慧景攻魏顺阳，顺阳太守清河张烈固守；甲申，魏主遣振威将军慕容平城将骑五千救之。

自魏主有疾，彭城王勰常居中侍医药，昼夜不离左右，饮食必先尝而后进，蓬首垢面，衣不解带。帝久疾多忿，近侍失指，动欲诛斩；勰承颜伺间，多所匡救。丙戌，以勰为使持节、都督中外诸军事。勰辞曰："臣侍疾无暇，安能治军！愿更请一王，使总军要，臣得专心医药。"帝曰："侍疾、治军，皆凭于汝。吾病如此，深虑不济；安六军、保社稷者，舍汝而谁！何容方更请人以违心寄乎！"

丁酉，魏主至马圈，命荆州刺史广阳王嘉断均口，邀齐兵归路。嘉，建之子也。

陈显达引兵渡水西，据鹰子山筑城；人情沮恐，与魏战，屡败。魏武卫将军元嵩免胄陷陈，将士随之，齐兵大败。嵩，澄之弟也。戊戌，军主崔恭祖、胡松以乌布幔盛显达，数人担之，间道自分碛山出均水口南走。己亥，魏收显达军资亿计，班赐将士，追奔至汉水而还。左军将军张千战死，士卒死者三万馀人。

　　显达之北伐，军入沔均口。广平冯道根说显达曰："沔均水迅急，易进难退；魏若守隘，则首尾俱急。不如悉弃船于鄬城，陆道步进，列营相次，鼓行而前，破之必矣。"显达不从。道根以私属从军，及显达夜走，军人不知山路，道根每及险要，辄停马指示之，众赖以全。诏以道根为沔均口戍副。显达素有威名，至是大损。御史中丞范岫奏免显达官，显达亦自表解职；皆不许，更以显达为江州刺史。崔慧景亦弃顺阳走还。

　　11　庚子，魏主疾甚，北还，至谷塘原，谓司徒勰曰："后宫久乖阴德，吾死之后，可赐自尽，葬以后礼，庶免冯门之丑。"又曰："吾病益恶，殆必不起。虽摧破显达，而天下未平，嗣子幼弱，社稷所倚，唯在于汝。霍子孟、诸葛孔明以异姓受顾托，况汝亲贤，可不勉之！"勰泣曰："布衣之士，犹为知己毕命；况臣托灵先帝，依陛下之末光乎！但臣以至亲，久参机要，宠灵辉赫，海内莫及；所以敢受而不辞，正恃陛下日月之明，恕臣忘退之过耳。今复任以元宰，总握机政；震主之声，取罪必矣。昔周公大圣，成王至明，犹不免疑，而况臣乎！如此，则陛下爱臣，更为未尽始终之美。"帝默然久之，曰："详思汝言，理实难夺。"乃手诏太子曰："汝叔父勰，清规懋赏，与白云俱洁，厌荣舍绂，以松竹为心。吾少与绸缪，未忍暌离。百年之后，其听勰辞蝉舍冕，遂其冲挹之性。"以侍中、护军将军北海王详为司空，镇南将军王肃为尚书令，镇南大将军广阳王嘉为左仆射，尚书宋弁为吏部尚书，与侍中、太尉禧、尚书右仆射澄等六人辅政。夏，四月丙午朔，殂于谷塘原。

　　高祖友爱诸弟，终始无间。尝从容谓咸阳王禧等曰："我后子孙邂逅不肖，汝等观望，可辅则辅之，不可辅则取之，勿为他人有也。"亲任贤能，从善如流，精勤庶务，朝夕不倦。常曰："人主患不能处心公平，推诚于物。能是二者，则胡、越之人皆可使如兄弟矣。"用法虽严，于大臣无所容贷，然人有小过，常多阔略。尝于食中得虫，又左右进羹误伤帝手，皆笑而赦之。天地五郊、宗庙二分之祭，未尝不身亲其礼。每出巡游及用兵，有司奏修道路，帝辄曰："粗修桥梁，通车马而已，勿去草划令平也。"在淮南行兵，如在境内。禁士卒无得践伤粟稻；或伐民树以供军用，皆留绢偿之。宫室非得已不修，衣弊，浣濯而服之，鞍勒用铁木而已。幼多力善射，能以指弹碎羊骨，射禽兽无不命中；及年十五，遂不复畋猎。常谓史官曰：“时事不可以不直书。人君威福在己，无能制之者；若史策复不书其恶，将何所畏忌邪！”

彭城王勰与任城王澄谋，以陈显达去尚未远，恐其覆相掩逼，乃秘不发丧，徙御卧舆，唯二王与左右数人知之。勰出入神色无异，奉膳，进药，可决外奏，一如平日。数日，至宛城，夜，进卧舆于郡听事，得加棺敛，还载卧舆内，外莫有知者。遣中书舍人张儒奉诏征太子；密以凶问告留守于烈。烈处分行留，举止无变。太子至鲁阳，遇梓宫，乃发丧；丁巳，即位，大赦。

彭城王勰跪授遗敕数纸。东宫官属多疑勰有异志，密防之，而勰推诚尽礼，卒无间隙。咸阳王禧至鲁阳，留城外以察其变，久之，乃入，谓勰曰：“汝此行不唯勤劳，亦实危险。”勰曰：“兄年长识高，故知有夷险；彦和握蛇骑虎，不觉艰难。”禧曰：“汝恨吾后至耳。”

勰等以高祖遗诏赐冯后死。北海王详使长秋卿白整入授后药，后走呼，不肯饮，曰：“官岂有此，是诸王辈杀我耳！”整执持强之，乃饮药而卒。丧至洛城南，咸阳王禧等知后审死，相视曰：“设无遗诏，我兄弟亦当决策去之；岂可令失行妇人宰制天下、杀我辈也！”谥曰幽皇后。

12　五月癸亥，加抚军大将军始安王遥光开府仪同三司。

13　丙申，魏葬孝文帝于长陵，庙号高祖。

魏世宗欲以彭城王勰为相；勰屡陈遗旨，请遂素怀，帝对之悲恸。勰恳请不已，乃以勰为使持节、侍中、都督冀定等七州诸军事、骠骑大将军、开府仪同三司、定州刺史。勰犹固辞；帝不许，乃之官。

14　魏任城王澄以王肃羁旅，位加己上，意颇不平。会齐人降者严叔懋告肃谋逃还江南，澄辄禁止肃，表称谋叛，案验无实。咸阳王禧等奏澄擅禁宰辅，免官还第，寻出为雍州刺史。

15　六月戊辰，魏追尊皇姒高氏为文昭皇后，配飨高祖，增修旧冢，号终宁陵。追赐后父飏爵勃海公，谥曰敬，以其嫡孙猛袭爵；封后兄肇为平原公，肇弟显为澄城公；三人同日受封。魏主素未识诸舅，始赐衣帻引见，皆惶惧失措；数日之间，富贵赫奕。

16　秋，八月戊申，魏用高祖遗诏，三夫人以下皆遣还家。

17　帝自在东宫，不好学，唯嬉戏无度；性重涩少言。及即位，不与朝士相接，专亲信宦官及左右御刀、应敕等。

是时，扬州刺史始安王遥光、尚书令徐孝嗣、右仆射江祏、右将军萧坦之、侍中江祀、卫尉刘暄更直内省,分日帖敕。雍州刺史萧衍闻之,谓从舅录事参军范阳张弘策曰:"一国三公犹不堪,况六贵同朝,势必相图;乱将作矣。避祸图福,无如此州。但诸弟在都,恐罹世患,当更与益州图之耳。"乃密与弘策修武备,他人皆不得预谋,招聚骁勇以万数,多伐材竹,沉之檀溪,积茅如冈阜,皆不之用。中兵参军东平吕僧珍觉其意,亦私具橹数百张。先是,僧珍为羽林监,徐孝嗣欲引置其府,僧珍知孝嗣不能久,固求从衍。是时,衍兄懿罢益州刺史还,仍行郢州事,衍使弘策说懿曰:"今六贵比肩,人自画敕,争权睚眦,理相图灭。主上自东宫素无令誉,媒近左右,慓轻忍虐;安肯委政诸公,虚坐主诺!嫌忌积久,必大行诛戮。始安欲为赵王伦,形迹已见;然性猜量狭,徒为祸阶。萧坦之忌克陵人,徐孝嗣听人穿鼻,江祀无断,刘暄暗弱;一朝祸发,中外土崩。吾兄弟幸守外藩,宜为身计;及今猜防未生,当悉召诸弟,恐异时拔足无路矣。郢州控带荆、湘,雍州士马精强,世治则竭诚本朝,世乱则足以匡济;与时进退,此万全之策也。若不早图,后悔无及。"弘策又自说懿曰:"以卿兄弟英武,天下无敌,据郢、雍二州为百姓请命,废昏立明,易于反掌,此桓、文之业也;勿为竖子所欺,取笑身后。雍州揣之已熟,愿善图之!"懿不从。衍乃迎其弟骠骑外兵参军伟及西中郎外兵参军憺至襄阳。

初,高宗虽顾命群公,而多寄腹心在江祏兄弟。二江更直殿内,动止关之。帝稍欲行意,徐孝嗣不能夺,萧坦之时有异同,而祏执制坚确;帝深忿之。帝左右会稽茹法珍、吴兴梅虫儿等,为帝所委任,祏常裁折之;法珍等切齿。徐孝嗣谓祏曰:"主上稍有异同,讵可尽相乖反!"祏曰:"但以见付,必无所忧。"

帝失德浸彰,祏议废帝,立江夏王宝玄。刘暄尝为宝玄郢州行事,执事过刻。有人献马,宝玄欲观之,暄曰:"马何用观!"妃索煮肫,帐下谙暄,暄曰:"且已煮鹅,不烦复此。"宝玄恚曰:"舅殊无渭阳情。"暄由是忌宝玄,不同祏议,更欲立建安王宝寅。祏密谋于始安王遥光,遥光自以年长,欲自取,以微旨动祏。祏弟祀亦以少主难保,劝祏立遥光。祏意回惑,以问萧坦之,坦之时居母丧,起复为领军将军,谓祏曰:"明帝立,已非次,天下至今不服。若复为此,恐四方瓦解,我期不敢言耳。"遂还宅行丧。

祏、祀密谓吏部郎谢朓曰:"江夏年少,脱不堪负荷,岂可复行废立!始安年长,入纂不乖物望。非以此要富贵,政是求安国家耳。"遥光又遣所亲丹阳丞南阳刘沨密致意于朓,欲引以为党,朓不答。顷之,遥光以朓兼知卫尉事,朓惧,即以祏谋告太子右卫率左兴盛,兴盛不敢发。朓又说刘暄曰："始安一旦南面，则刘沨、刘晏居卿今地，但以卿为反覆人耳。"晏者，遥光城局参军也。暄阳惊，驰告遥光及祏。遥光欲出朓为东阳郡，朓常轻祏，祏固请除之。遥光乃收朓付廷尉，与孝嗣、祏、暄等连名启"朓扇动内外，妄贬乘舆，窃论宫禁，间谤亲贤，轻议朝宰"。朓遂死狱中。

暄以遥光若立，己失元舅之尊，不肯同祏议；故祏迟疑久不决；遥光大怒，遣左右黄昙庆刺暄于青溪桥。昙庆见暄部伍多，不敢发；暄觉之，遂发祏谋，帝命收祏兄弟。时祏直内殿，疑有异，遣信报祏曰："刘暄似有异谋。今作何计？"祏曰："政当静以镇之。"俄有诏召祏入见，停中书省。初，袁文旷以斩王敬则功当封，祏执不与；帝使文旷取祏，文旷以刀环筑其心曰："复能夺我封不！"并弟祀皆死。刘暄闻祏等死，眠中大惊，投出户外，问左右："收至未？"良久，意定，还坐，大悲曰："不念江，行自痛也！"

帝自是无所忌惮，益得自恣，日夜与近习于后堂鼓叫戏马。常以五更就寝，至晡乃起。群臣节、朔朝见，晡后方前，或际暗遣出。台阁案奏，月数十日乃报，或不知所在；宦者以裹鱼肉还家，并是五省黄案。帝常习骑致适，顾谓左右曰："江祏常禁吾乘马；小子若在，吾岂能得此！"因问："祏亲戚馀谁？"对曰："江祥今在冶。"帝于马上作敕，赐祥死。

始安王遥光素有异志，与其弟荆州刺史遥欣密谋举兵据东府，使遥欣引兵自江陵急下，刻期将发，而遥欣病卒。江祏被诛，帝召遥光入殿，告以祏罪，遥光惧，还省，即阳狂号哭，遂称疾不复入台。先是，遥光弟豫州刺史遥昌卒，其部曲皆归遥光。及遥欣丧还，停东府前渚，荆州众力送者甚盛。帝既诛二江，虑遥光不自安，欲迁为司徒，使还第，召入谕旨。遥光恐见杀，乙卯晡时，收集二州部曲于东府东门，召刘沨、刘晏等谋举兵，以讨刘暄为名。夜，遣数百人破东冶，出囚，于尚方取仗。又召骁骑将军垣历生，历生随信而至。萧坦之宅在东府城东，遥光遣人掩取之，坦之露祖逾墙走，向台。道逢游逻主颜端，执之，告以遥光反，不信；自往询问，知实，乃以马与坦之，相随入台。遥光又掩取尚书左仆射沈文季于其宅，欲以为都督，会文季已入台。垣历生说遥光帅城内兵夜攻台，辇获烧城门，曰："公但乘舆随后，反掌可克！"遥光狐疑不敢出。天稍晓，遥光戎服出听事，命上仗登城行赏赐。历生复劝出军，遥光不肯，冀台中自有变。及日出，台军稍至。台中始闻乱，众情惶惑；向晓，有诏召徐孝嗣，孝嗣入，人心乃安。左将军沈约闻变，驰入西掖门，或劝戎服，约曰："台中方扰攘，见我戎服，或者谓同遥光。"乃朱衣而入。

丙辰，诏曲赦建康，中外戒严。徐孝嗣以下屯卫宫城，萧坦之帅台军讨遥光。孝嗣内自疑惧，与沈文季戎服共坐南掖门上，欲与之共论世事，文季辄引以他辞，终不得及。萧坦之屯湘宫寺，左兴盛屯东篱门，镇军司马曹虎屯青溪大桥。众军围东城，三面烧司徒府。遥光遣垣历生从西门出战，台军屡败，杀军主桑天爱。遥光之起兵也，问谘议参军萧畅，畅正色不从。戊午，畅与抚军长史沈昭略潜自南门出，诣台自归，众情大沮。畅，衍之弟；昭略，文季之兄子也。己未，垣历生从南门出战，因弃矟降曹虎，虎命斩之。遥光大怒，于床上自踊，使杀历生子。其晚，台军以火箭烧东北角楼。至夜，城溃，遥光还小斋帐中。著衣帢坐，秉烛自照，令人反拒，斋阁皆重关，左右并逾屋散出。台军主刘国宝等先入，遥光闻外兵至，灭烛扶匐床下。军人排阁入，于暗中牵出，斩之。台军入城，焚烧室屋且尽。刘沨走还家，为人所杀。荆州将潘绍闻遥光作乱，谋欲应之。西中郎司马夏侯详呼绍议事，因斩之，州府以安。

己巳，以徐孝嗣为司空；加沈文季镇军将军，侍中、仆射如故；萧坦之为尚书右仆射、丹杨尹，右将军如故；刘暄为领军将军；曹虎为散骑常侍、右卫将军；皆赏平始安之功也。

18 魏南徐州刺史沈陵来降。陵，文季之族子也。时魏徐州刺史京兆王愉年少，府事皆决于长史卢渊。渊知陵将叛，敕诸城潜为之备；屡以闻于魏朝，魏朝不听。陵遂杀将佐，帅宿预之众来奔，滨淮诸戍以有备得全。陵在边历年，阴结边州豪杰。陵既叛，郡县多捕送陵党，渊皆抚而赦之，唯归罪于陵，众心乃安。

19 闰月丙子，立江陵公宝览为始安王，奉靖王后。

20 以沈陵为北徐州刺史。

21 江祏等既败，帝左右捉刀、应敕之徒皆恣横用事，时人谓之"刀敕"。萧坦之刚狠而专，嬖幸畏而憎之；遥光死二十馀日，帝遣延明主帅黄文济将兵坦之宅，杀之，并其子秘书郎赏。坦之从兄翼宗为海陵太守，未发，坦之谓文济曰："从兄海陵宅故应无他。"文济曰："海陵宅在何处？"坦之以告。文济白帝，帝仍遣收之；检其家，至贫，唯有质钱帖数百，还以启帝，原其死，系尚方。

茹法珍等谮刘暄有异志，帝曰："暄是我舅，岂应有此？"直阁新蔡徐世标曰："明帝乃武帝同堂，恩遇如此，犹灭武帝之后；舅焉可信邪！"遂杀之。

曹虎善于诱纳，日食荒客常数百人。晚节吝啬，罢雍州，有钱五千万，他物称是。帝疑虎旧将，且利其财，遂杀之。坦之、暄、虎所新除官，皆未及拜而死。

初,高宗殂,以隆昌事戒帝曰:"作事不可在人后。"故帝数与近习谋诛大臣,皆发于仓猝,决意无疑;于是大臣人人莫能自保。

22 九月丁未,以豫州刺史裴叔业为南兖州刺史,征虏长史张冲为豫州刺史。

23 壬戌,以频诛大臣,大赦。

24 丙戌,魏主谒长陵,欲引白衣左右吴人茹皓同车。皓奋衣将登,给事黄门侍郎元匡进谏,帝推之使下,皓失色而退。匡,新城之子也。

25 益州刺史刘季连闻帝失德,遂自骄恣,用刑严酷,蜀人怨之。是月,遣兵袭中水,不克。于是蜀人赵续伯等皆起兵作乱,季连不能制。

26 枝江文忠公徐孝嗣,以文士不显同异,故名位虽重,犹得久存。虎贲中郎将许准为孝嗣陈说事机,劝行废立。孝嗣持疑久之,谓必无用干戈之理;须帝出游,闭城门,召百官集议废之,虽有此怀,终不能决。诸嬖幸亦稍憎之。西丰忠宪侯沈文季自托老疾,不豫朝权,侍中沈昭略谓文季曰:"叔父行年六十,为员外仆射,欲求自免,岂可得乎!"文季笑而不应。冬,十月乙未,帝召孝嗣、文季、昭略入华林省。文季登车,顾曰:"此行恐往而不反。"帝使外监茹法珍赐以药酒,昭略怒,骂孝嗣曰:"废昏立明,古今令典;宰相无才,致有今日!"以瓯掷其面曰:"使作破面鬼!"孝嗣饮药酒至斗馀,乃卒。孝嗣子演尚武康公主,况尚山阴公主,皆坐诛。昭略弟昭光闻收至,家人劝之逃。昭光不忍舍其母,入,执母手悲泣,收者杀之。昭光兄子昙亮逃,已得免,闻昭光死,叹曰:"家门屠灭,何以生为!"绝吭而死。

27 初,太尉陈显达自以高、武旧将,当高宗之世,内怀危惧,深自贬损,常乘朽弊车,道从卤簿止用羸小者十数人。尝侍宴,酒酣,启高宗借枕,高宗令与之。显达抚枕曰:"臣年衰老,富贵已足,唯欠枕枕死,特就陛下乞之。"高宗失色曰:"公醉矣。"显达以年礼告退,高宗不许。及王敬则反,时显达将兵拒魏,始安王遥光疑之,启高宗欲追军还;会敬则平,乃止。及帝即位,显达弥不乐在建康,得江州,甚喜。尝有疾,不令治,既而自愈,意甚不悦。闻帝屡诛大臣,传云当遣兵袭江州,十一月丙辰,显达举兵于寻阳,令长史庾弘远等与朝贵书,数帝罪恶,云"欲奉建安王为主,须京尘一静,西迎大驾"。

乙丑,以护军将军崔慧景为平南将军,督众军击显达;后军将军胡松、骁骑将军李叔献帅水军据梁山;左卫将军左兴盛督前锋军屯杜姥宅。

28 十二月癸未,以前辅国将军杨集始为秦州刺史。

29 陈显达发寻阳,败胡松于采石,建康震恐。甲申,军于新林,左兴盛帅诸军拒之。显达多置屯火于岸侧,潜军夜渡,袭宫城。乙酉,显达以数千人登落星冈,新亭诸军闻之,奔还,宫城大骇,闭门设守。显达执马稍,从步兵数百,于西州前与台军战,再合,显达大胜,手杀数人,稍折;台军继至,显达不能抗,走,至西州后,骑官赵潭注刺显达坠马,斩之,诸子皆伏诛。长史庾弘远,炳之之子也,斩于朱雀航。将刑,索帽著之,曰:"子路结缨,吾不可以不冠而死。"谓观者曰:"吾非贼,乃是义兵,为诸军请命耳。陈公太轻事;若用吾言,天下将免涂炭。"弘远子子曜,抱父乞代命,并杀之。

帝既诛显达,益自骄恣,渐出游走,又不欲人见之;每出,先驱斥所过人家,唯置空宅。尉司击鼓蹋围,鼓声所闻,便应奔走,不暇衣履,犯禁者应手格杀。一月凡二十馀出,出辄不言定所,东西南北,无处不驱。常以三四更中,鼓声四出,火光照天,幡戟横路。士民喧走相随,老小震惊,啼号塞路,处处禁断,不知所过。四民废业,樵苏路断,吉凶失时,乳母寄产,或舆病弃尸,不得殡葬。巷陌悬幔为高都,置仗人防守,谓之"屏除",亦谓之"长围"。尝至沈公城,有一妇人临产不去,因剖腹视其男女。又尝至定林寺,有沙门老病不能去,藏草间;命左右射之,百箭俱发。帝有膂力,牵弓至三斛五斗。又好担幢,白虎幢高七丈五尺,于齿上担之,折齿不倦。自制担幢校具,伎衣饰以金玉,侍卫满侧,逞诸变态,曾无愧色。学乘马于东冶营兵俞灵韵,常著织成裤褶,金薄帽,执七宝稍,急装缚裤,凌冒雨雪,不避坑阱。驰骋渴乏,辄下马,解取腰边蠡器,酌水饮之,复上马驰去。又选无赖小人善走者为逐马左右五百人,常以自随。或于市侧过亲幸家,环回宛转,周遍城邑。或出郊射雉,置射雉场二百九十六处,奔走往来,略不暇息。

30 王肃为魏制官品百司,皆如江南之制,凡九品,品各有二。侍中郭祚兼吏部尚书。祚清谨,重惜官位,每有铨授,虽得其人,必徘徊久之,然后下笔,曰:"此人便已贵矣。"人以是多怨之;然所用者无不称职。

资治通鉴卷第一百四十三

齐纪九

东昏侯下

永元二年（庚辰，500）

1　春，正月，元会，帝食后方出；朝贺裁竟，即还殿西序寝，自巳至申，百僚陪位，皆僵仆饥甚。比起就会，匆遽而罢。

2　乙巳，魏大赦，改元景明。

3　豫州刺史裴叔业闻帝数诛大臣，心不自安；登寿阳城，北望肥水，谓部下曰："卿等欲富贵乎？我能办之！"及除南兖州，意不乐内徙。会陈显达反，叔业遣司马辽东李元护将兵救建康，实持两端，显达败而还。朝廷疑叔业有异志，叔业亦遣使参察建康消息，众论益疑之。叔业兄子植、飏、粲皆为直阁，在殿中，惧，弃母奔寿阳，说叔业以朝廷必相掩袭，宜早为计。徐世檦等以叔业在边，急则引魏自助，力未能制，白帝遣叔业宗人中书舍人长穆宣旨，许停本任。叔业犹忧畏，而植等说之不已。

叔业遣亲人马文范至襄阳，问萧衍以自安之计，曰："天下大势可知，恐无复自存之理。不若回面向北，不失作河南公。"衍报曰："群小用事，岂能及远！计虑回惑，自无所成，唯应送家还都以安慰之。若意外相逼，当勒马步二万直出横江，以断其后，则天下之事，一举可定。若欲北向，彼必遣人相代，以河北一州相处，河南公宁可复得邪！如此，则南归之望绝矣。"叔业沉疑未决，乃遣其子芬之入建康为质。亦遣信诣魏豫州刺史薛真度，问以入魏可不之宜。真度劝其早降，曰："若事迫而来，则功微赏薄矣。"数遣密信，往来相应和。建康人传叔业叛者不已，芬之惧，复奔寿阳。叔业遂遣芬之及兄女婿杜陵韦伯昕奉表降魏。丁未，魏遣骠骑大将军彭城王勰、车骑将军王肃帅步骑十万赴之；以叔业为使持节、都督豫、雍等五州诸军事、征南将军、豫州刺史，封兰陵郡公。

庚午，下诏讨叔业。二月丙戌，以卫尉萧懿为豫州刺史。戊戌，魏以彭城王勰为司徒，领扬州刺史，镇寿阳。魏人遣大将军李丑、杨大眼将二千骑入寿阳,又遣奚康生将羽林一千驰赴之。大眼,难当之孙也。

魏兵未渡淮,己亥,裴叔业病卒,僚佐多欲推司马李元护监州,一二日谋不定。前建安成主安定席法友等以元护非其乡曲,恐有异志,共推裴植监州,秘叔业丧问,教命处分,皆出于植。奚康生至,植乃开门纳魏兵,城库管籥,悉付康生。康生集城内耆旧,宣诏抚赉之。魏以植为兖州刺史,李元护为齐州刺史,席法友为豫州刺史,军主京兆王世弼为南徐州刺史。

4 巴西民雍道晞聚众万馀逼郡城,巴西太守鲁休烈婴城自守。三月,刘季连遣中兵参军李奉伯帅众五千救之,与郡兵合击道晞,斩之。奉伯欲进讨郡东馀贼,涪令李膺止之曰:“卒惰将骄,乘胜履险,非完策也;不如少缓,更思后计。”奉伯不从,悉众入山,大败而还。

5 乙卯,遣平西将军崔慧景将水军讨寿阳,帝屏除,出琅邪城送之。帝戎服坐楼上,召慧景单骑进围内,无一人自随者。裁交数言,拜辞而去。慧景既得出,甚喜。

豫州刺史萧懿将步军三万屯小岘,交州刺史李叔献屯合肥。懿遣裨将胡松、李居士帅众万馀屯死虎。骠骑司马陈伯之将水军溯淮而上,以逼寿阳,军于硖石。寿阳士民多谋应齐者。

魏奚康生防御内外,闭城一月,援军乃至。丙申,彭城王勰、王肃击松、伯之等,大破之,进攻合肥,生擒叔献。统军宇文福言于勰曰:“建安,淮南重镇,彼此要冲;得之,则义阳可图;不得,则寿阳难保。”勰然之,使福攻建安,建安戍主胡景略面缚出降。

6 己亥,魏皇弟桃卒。

7 崔慧景之发建康也,其子觉为直阁将军,密与之约;慧景至广陵,觉走从之。慧景过广陵数十里,召会诸军主曰:“吾荷三帝厚恩,当顾托之重。幼主昏狂,朝廷坏乱;危而不扶,责在今日,欲与诸君共建大功以安社稷,何如?”众皆响应。于是还军向广陵,司马崔恭祖守广陵城,开门纳之。帝闻变,壬子,假右卫将军左兴盛节,都督建康水陆诸军以讨之。慧景停广陵二日,即收众济江。

初,南徐、兖二州刺史江夏王宝玄娶徐孝嗣女为妃,孝嗣诛,诏令离婚,宝玄恨望。慧景遣使奉宝玄为主,宝玄斩其使,因发将吏守城,帝遣马军主戚平、外监黄林夫助镇京口。慧景将渡江,宝玄密与相应,杀司马孔矜、典签吕承绪及平、林夫,开门纳慧景,使长史沈佚之、谘议柳憕分部军众。宝玄乘八扛舆,手执绛麾,随慧景向建康。台遣骁骑将军张佛护、直阁将军徐元称等六将据竹里,为数城以拒之。宝玄遣信谓佛护曰:“身自还朝,君何意苦相断遏?"佛护对曰:"小人荷国重恩,使于此创立小戍。殿下还朝,但自直过,岂敢断遏!"遂射慧景军,因合战。崔觉、崔恭祖将前锋,皆荒伧善战,又轻行不赍食,以数舫缘江载酒食为军粮,每见台军城中烟火起,辄尽力攻之。台军不复得食,以此饥困。元称等议欲降,佛护不可。恭祖等进攻城,拔之,斩佛护;徐元称降,馀四城主皆死。

乙卯,遣中领军王莹都督众军,据湖头筑垒,上带蒋山西岩实甲数万。莹,诞之从曾孙也。慧景至查硎,竹塘人万副儿说慧景曰:"今平路皆为台军所断,不可议进;唯宜从蒋山龙尾上,出其不意耳。"慧景从之,分遣千馀人,鱼贯缘山,自西岩夜下,鼓叫临城中。台军惊恐,即时奔散。帝又遣右卫将军左兴盛帅台内三万人拒慧景于北篱门,兴盛望风退走。

甲子,慧景入乐游苑,崔恭祖帅轻骑十馀突入北掖门,乃复出。宫门皆闭,慧景引众围之。于是东府、石头、白下、新亭诸城皆溃。左兴盛走,不得入宫,逃淮渚获舫中,慧景擒杀之。宫中遣兵出荡,不克。慧景烧兰台府署为战场。守御尉萧畅屯南掖门,处分城内,随方应拒,众心稍安。慧景称宣德太后令,废帝为吴王。

陈显达之反也,帝复召诸王入宫。巴陵王昭胄惩永泰之难,与弟永新侯昭颖诈为沙门,逃于江西。昭胄,子良之子也。及慧景举兵,昭胄兄弟出赴之。慧景意更向昭胄,犹豫未知所立。

竹里之捷,崔觉与崔恭祖争功,慧景不能决。恭祖劝慧景以火箭烧北掖楼。慧景以大事垂定,后若更造,费用功多,不从。慧景性好谈义,兼解佛理,顿法轮寺,对客高谈,恭祖深怀怨望。

时豫州刺史萧懿将兵在小岘,帝遣密使告之。懿方食,投箸而起,帅军主胡松、李居士等数千人自采石济江,顿越城举火,城中鼓叫称庆。恭祖先劝慧景遣二千人断西岸兵,令不得渡。慧景以城旦夕降,外救自然应散,不从。至是,恭祖请击懿军,又不许;独遣崔觉将精手数千人渡南岸。懿军昧旦进战,数合,士皆致死,觉大败,赴淮死者二千馀人。觉单马退,开桁阻淮。恭祖掠得东宫女伎,觉逼夺之。恭祖积忿恨,其夜,与慧景骁将刘灵运诣城降,众心离坏。

夏,四月癸酉,慧景将腹心数人潜去,欲北渡江;城北诸军不知,犹为拒战。城中出荡,杀数百人。懿军渡北岸,慧景馀众皆走。慧景围城凡十二日而败,从者于道稍散,单骑至蟹浦,为渔人所斩,以头内鳅篮,担送建康。恭祖系尚方,少时杀之。觉亡命为道人,捕获,伏诛。

宝玄初至建康,军于东城,士民多往投集。慧景败,收得朝野投宝玄及慧景人名,帝令烧之,曰:"江夏尚尔,岂可复罪馀人!"宝玄逃亡数日乃出。帝召入后堂,以步障裹之,令左右数十人鸣鼓角驰绕其外,遣人谓宝玄曰:"汝近围我亦如此耳。"

初,慧景欲交处士何点,点不顾。及围建康,逼召点;点往赴其军,终日谈义,不及军事。慧景败,帝欲杀点。萧畅谓茹法珍曰:"点若不诱贼共讲,未易可量。以此言之,乃应得封!"帝乃止。点,胤之兄也。

8　萧懿既去小岘,王肃亦还洛阳。荒人往来者妄云肃复谋归国;五月,乙巳,诏以肃为都督豫徐司三州诸军事、豫州刺史、西丰公。

9　己酉,江夏王宝玄伏诛。

10　壬子,大赦。

11　六月丙子,魏彭城王勰进位大司马,领司徒;王肃加开府仪同三司。

12　太阳蛮田育丘等二万八千户附于魏,魏置四郡十八县。

13　乙丑,曲赦建康、南徐兖二州。先是,崔慧景既平,诏赦其党。而嬖幸用事,不依诏书,无罪而家富者,皆诬为贼党,杀而籍其赀;实附贼而贫者皆不问。或谓中书舍人王咺之云:"赦书无信,人情大恶。"咺之曰:"正当复有赦耳。"由是再赦。既而嬖幸诛纵亦如初。

是时,帝所宠左右凡三十一人,黄门十人。直阁、骁骑将军徐世䓊素为帝所委任,凡有杀戮,皆在其手。及陈显达事起,加辅国将军;虽用护军崔慧景为都督,而兵权实在世䓊。世䓊亦知帝昏纵,密谓其党茹法珍、梅虫儿曰:"何世天子无要人,但侬货主恶耳!"法珍等与之争权,以白帝。帝稍恶其凶强,遣禁兵杀之,世䓊拒战而死。自是法珍、虫儿用事,并为外监,口称诏敕;王咺之专掌文翰,与相唇齿。

帝呼所幸潘贵妃父宝庆及茹法珍为阿丈,梅虫儿、俞灵韵为阿兄。帝与法珍等俱诣宝庆家,躬自汲水,助厨人作膳。宝庆恃势作奸,富人悉诬以罪,田宅赀财,莫不启乞,一家被陷,祸及亲邻;又虑后患,尽杀其男口。

帝数往诸刀敕家游宴,有吉凶辄往庆吊。

奄人王宝孙,年十三四,号为"伥子",最有宠,参预朝政,虽王咺之、梅虫儿之徒亦下之;控制大臣,移易诏敕,乃至骑马入殿,诋诃天子;公卿见之,莫不慑息焉。

14　吐谷浑王伏连筹事魏尽礼,而居其国,置百官,皆如天子之制,称制于其邻国。魏主遣使责而宥之。

15　冠军将军、骠骑司马陈伯之再引兵攻寿阳,魏彭城王勰拒之。援军未至,汝阴太守傅永将郡兵三千救寿阳。伯之防淮口甚固,永去淮口二十馀里,牵船上汝水南岸,以水牛挽之,直南趣淮,下船即渡;适上南岸,齐兵亦至。会夜,永潜入城,勰喜甚,曰:“吾北望已久,恐洛阳难可复见;不意卿能至也。”勰令永引兵入城,永曰:“永之此来,欲以却敌;若如教旨,乃是与殿下同受攻围,岂救援之意!”遂军于城外。秋,八月乙酉,勰部分将士,与永并势,击伯之于肥口,大破之,斩首九千,俘获一万,伯之脱身遁还,淮南遂入于魏。

魏遣镇南将军元英将兵救淮南,未至,伯之已败,魏主召勰还洛阳。勰累表辞大司马、领司徒,乞还中山;魏主不许。以元英行扬州事。寻以王肃为都督淮南诸军事、扬州刺史,持节代之。

16　甲辰,夜,后宫火。时帝出未还,宫内人不得出,外人不敢辄开;比及开,死者相枕,烧三十馀间。

时嬖幸之徒皆号为鬼。有赵鬼者,能读西京赋,言于帝曰:“柏梁既灾,建章是营。”帝乃大起芳乐、玉寿等诸殿,以麝香涂壁,刻画装饰,穷极绮丽。役者自夜达晓,犹不副速。

后宫服御,极选珍奇,府库旧物,不复周用。贵市民间金宝,价皆数倍。建康酒租皆折使输金,犹不能足。凿金为莲华以帖地,令潘妃行其上,曰:“此步步生莲华也。”又订出雉头、鹤氅、白鹭缞。嬖幸因缘为奸利,课一输十。又各就州县求为人输,准取见直,不为输送,守宰皆不敢言,重更科敛。如此相仍,前后不息,百姓困尽,号泣道路。

17　军主吴子阳等出三关侵魏,九月,与魏东豫州刺史田益宗战于长风城,子阳等败还。

18　萧懿之入援也,萧衍驰使所亲虞安福说懿曰:“诛贼之后,则有不赏之功。当明君贤主,尚或难立;况于乱朝,何以自免! 若贼灭之后,仍勒兵入宫,行伊、霍故事,此万世一时。若不欲尔,便放表还历阳,托以外拒为事,则威振内外,谁敢不从! 一朝放兵,受其厚爵,高而无民,必生后悔。”长史徐曜甫苦劝之;懿并不从。

崔慧景死,懿为尚书令。有弟九人:敷、衍、畅、融、宏、伟、秀、憺、恢。懿以元勋居朝右,畅为卫尉,掌管籥。时帝出入无度,或劝懿因其出门,举兵废之。懿不听。嬖臣茹法珍、王咺之等惮懿威权,说帝曰:“懿将行隆昌故事,陛下命在晷刻。”帝然之。徐曜甫知之,密具舟江渚,劝懿西奔襄阳。懿曰:“自古皆有死,岂有叛走尚书令邪!”懿弟伟咸为之备。冬,十月己卯,帝赐懿药于省中。懿且死,曰:“家弟在雍,深为朝廷忧之。”懿弟佴皆亡匿于里巷,无人发之者;唯融捕得,诛之。

19 丁亥,魏以彭城王勰为司徒,录尚书事;勰固辞,不免。勰雅好恬素,不乐势利。高祖重其事干,故委以权任,虽有遗诏,复为世宗所留。勰每乖情愿,常凄然叹息。为人美风仪,端严若神,折旋合度,出入言笑,观者忘疲。敦尚文史,物务之暇,披览不辍。小心谨慎,初无过失;虽闲居独处,亦无惰容。爱敬儒雅,倾心礼待。清正俭素,门无私谒。

20 十一月己亥,魏东荆州刺史桓晖入寇,拔下笮戍,归之者二千馀户。晖,诞之子也。

21 初,帝疑雍州刺史萧衍有异志。直后荥阳郑植弟绍叔为衍宁蛮长史,帝使植以候绍叔为名,往刺衍。绍叔知之,密以白衍,衍置酒绍叔家,戏植曰:“朝廷遣卿见图,今日闲宴,是可取良会也。”宾主大笑。又令植历观城隍、府库、士马、器械、舟舰,植退,谓绍叔曰:“雍州实力未易图也。”绍叔曰:“兄还,具为天子言之:若取雍州,绍叔请以此众一战!”送植于南岘,相持恸哭而别。

及懿死,衍闻之,夜,召张弘策、吕僧珍、长史王茂、别驾柳庆远、功曹吉士瞻等入宅定议。茂,天生之子;庆远,元景之弟子也。乙巳,衍集僚佐谓曰:“昏主暴虐,恶逾于纣,当与卿等共除之!”是日,建牙集众,得甲士万馀人,马千馀匹,船三千艘。出檀溪竹木装舰,葺之以茅,事皆立办。诸将争橹,吕僧珍出先所具者,每船付二张,争者乃息。

是时,南康王宝融为荆州刺史,西中郎长史萧颖胄行府州事,帝遣辅国将军、巴西梓潼二郡太守刘山阳将兵三千之官,就颖胄兵使袭襄阳。衍知其谋,遣参军王天虎诣江陵,遍与州府书,声云:“山阳西上,并袭荆、雍。”衍因谓诸将佐曰:“荆州素畏襄阳人,加以唇亡齿寒,宁不暗同邪!我合荆、雍之兵,鼓行而东,虽韩、白复生,不能为建康计;况以昏主役刀敕之徒哉!”颖胄得书,疑未能决;山阳至巴陵,衍复令天虎赍书与颖胄及其弟南康王友颖达。天虎既行,衍谓张弘策曰:“用兵之道,攻心为上。近遣天虎往荆州,人皆有书。今段乘驿甚急,止有两函与行事兄弟,云‘天虎口具’;及问天虎而口无所说,天虎是行事心膂,彼间必谓行事与天虎共隐其事,则人人生疑。山阳惑于众口,判相嫌贰,则行事进退无以自明,必入吾谋内。是持两空函定一州矣。”

山阳至江安,迟回十馀日,不上。颖胄大惧,计无所出,夜,呼西中郎城局参军安定席阐文、谘议参军柳忱,闭斋定议。阐文曰:“萧雍州畜养士马,非复一日,江陵素畏襄阳人,又众寡不敌,取之必不可制;就能制之,岁寒复不为朝廷所容。今若杀山阳，与雍州举事，立天子以令诸侯，则霸业成矣。山阳持疑不进，是不信我。今斩送天虎，则彼疑可释。至而图之，罔不济矣。"忱曰："朝廷狂悖日滋，京师贵人莫不重足累息。今幸在远，得假日自安。雍州之事，且藉以相毙耳。独不见萧令君乎？以精兵数千，破崔氏十万众，竟为群邪所陷，祸酷相寻。'前事之不忘，后事之师也。'且雍州士锐粮多，萧使君雄姿冠世，必非山阳所能敌。若破山阳，荆州复受失律之责，进退无可，宜深虑之。"萧颖达亦劝颖胄从阐文等计。诘旦，颖胄谓天虎曰："卿与刘辅国相识，今不得不借卿头！"乃斩天虎送示山阳，发民车牛，声云起步军征襄阳。山阳大喜。甲寅，山阳至江津，单车白服，从左右数十人诣颖胄。颖胄使前汶阳太守刘孝庆等伏兵城内，山阳入门，即于车中斩之。副军主李元履收馀众请降。

柳忱，世隆之子也。颖胄虑西中郎司马夏侯详不同，以告忱，忱曰："易耳！近详求婚，未之许也。"乃以女嫁详子夑，而告之谋，详从之。乙卯，以南康王宝融教纂严，又教赦囚徒，施惠泽，颁赏格。丙辰，以萧衍为使持节都督前锋诸军事。丁巳，以萧颖胄为都督行留诸军事。颖胄有器局，既举大事，虚心委己，众情归之。以别驾南阳宗夬及同郡中兵参军刘坦、谘议参军乐蔼为州人所推信，军府经略，每事谘焉。颖胄、夬各献私钱谷及换借富赀以助军。长沙寺僧素富，铸黄金为金龙数千两，埋土中。颖胄取之，以资军费。

颖胄遣使送刘山阳首于萧衍，且言年月未利，当须明年二月进兵。衍曰："举事之初，所藉者一时骁锐之心。事事相接，犹恐疑怠；若顿兵十旬，必生悔吝。且坐甲十万，粮用自竭；若童子立异，则大事不成。况处分已定，安可中息哉！昔武王伐纣，行逆太岁，岂复待年月乎？"

戊午，衍上表劝南康王宝融称尊号；不许。十二月，颖胄与夏侯详移檄建康百官及州郡牧守，数帝及梅虫儿、茹法珍罪恶。颖胄遣冠军将军天水杨公则向湘州，西中郎参军南郡邓元起向夏口。军主王法度坐不进军免官。乙亥，荆州将佐复劝宝融称尊号；不许。夏侯详之子骁骑将军亶为殿中主帅，详密召之，亶自建康亡归。壬辰，至江陵，称奉宣德皇太后令："南康王宜纂承皇祚，方俟清宫，未即大号；可封十郡为宣城王、相国、荆州牧，加黄钺，选百官，西中郎府、南康国如故。须军次近路，主者备法驾奉迎。"

竟陵太守新野曹景宗遣亲人说萧衍，迎南康王都襄阳，先正尊号，然后进军；衍不从。王茂私谓张弘策曰："今以南康置人手中，彼挟天子以令诸侯,节下前进为人所使,此岂他日之长计乎!"弘策以告衍,衍曰:"若前涂大事不捷,故自兰艾同焚;若其克捷,则威振四海,岂碌碌受人处分者邪!"

初,陈显达、崔慧景之乱,人心不安。或问时事于上庸太守杜陵韦叡,叡曰:"陈虽旧将,非命世才;崔颇更事,懦而不武;其赤族宜矣。定天下者,殆必在吾州将乎?"乃遣二子自结于萧衍。及衍起兵,叡帅郡兵二千倍道赴之。华山太守蓝田康绚帅郡兵三千赴衍。冯道根时居母丧,帅乡人子弟胜兵者悉往赴之。梁、南秦二州刺史柳惔亦起兵应衍。惔,忱之兄也。

帝闻刘山阳死,发诏讨荆、雍。戊寅,以冠军长史刘浍为雍州刺史;遣骁骑将军薛元嗣、制局监暨荣伯将兵及运粮百四十馀船送郢州刺史张冲,使拒西师。元嗣等惩刘山阳之死,疑冲,不敢进,停夏口浦;闻西师将至,乃相帅入郢城。前竟陵太守房僧寄将还建康,至郢,帝敕僧寄留守鲁山,除骁骑将军。张冲与之结盟,遣军主孙乐祖将数千人助僧寄守鲁山。

萧颖胄与武宁太守邓元起书,招之。张冲待元起素厚,众皆劝其还郢,元起大言于众曰:"朝廷暴虐,诛戮宰辅,群小用事,衣冠道尽。荆、雍二州同举大事,何患不克!且我老母在西,若事不成,正受戮昏朝,幸免不孝之罪。"即日治严上道,至江陵,为西中郎兵参军。

湘州行事张宝积发兵自守,未知所附。杨公则克巴陵,进军白沙,宝积惧,请降,公则入长沙,抚纳之。

22 是岁,北秦州刺史杨集始将众万馀自汉中北出,规复旧地。魏梁州刺史杨椿将步骑五千出顿下辩,遗集始书,开以利害,集始遂复将其部曲千馀人降魏。魏人还其爵位,使归守武兴。

资治通鉴卷第一百四十四

齐纪十

和皇帝

中兴元年（辛巳，501）

1　春，正月丁酉，东昏侯以晋安王宝义为司徒，建安王宝寅为车骑将军、开府仪同三司。

2　乙巳，南康王宝融始称相国，大赦；以萧颖胄为左长史，萧衍为征东将军，杨公则为湘州刺史。戊申，萧衍发襄阳，留弟伟总府州事，憺守垒城，府司马庄丘黑守樊城。衍既行，州中兵及储偫皆虚。魏兴太守裴师仁、齐兴太守颜僧都并不受衍命，举兵欲袭襄阳，伟、憺遣兵邀击于始平，大破之，雍州乃安。

3　魏咸阳王禧为上相，不亲政务，骄奢贪淫，多为不法，魏主颇恶之。禧遣奴就领军于烈求旧羽林虎贲，执仗出入。烈曰："天子谅暗，事归宰辅。领军但知典掌宿卫，非有诏不敢违理从私。"禧奴惘然而返。禧复遣谓烈曰："我，天子之□□□叔父，身为元辅，有所求须，与诏何异！"烈厉色曰："烈非不知王之贵也，奈何使私奴索天子羽林！烈头可得，羽林不可得！"禧怒，以烈为恒州刺史。烈不愿出外，固辞，不许；遂称疾不出。

烈子左中郎将忠领直阁，常在魏主左右。烈使忠言于魏主曰："诸王专恣，意不可测，宜早罢之，自揽权纲。"北海王详亦密以禧过恶白帝，且言彭城王勰大得人情，不宜久辅政。帝然之。

时将袷祭，王公并齐于庙东坊。帝夜使于忠语烈："明旦入见，当有处分。"质明，烈至。帝命烈将直阁六十馀人，宣旨召禧、勰、详，卫送至帝所。禧等入见于光极殿，帝曰："恪虽寡昧，忝承宝历。比缠厓疢，实凭诸父，苟延视息，奄涉三龄。诸父归逊殷勤，今便亲摄百揆。且还府司，当别处分。"又谓勰曰："顷来南北务殷，不容仰遂冲操。恪是何人，而敢久违先敕，今遂叔父高蹈之意。"勰谢曰："陛下孝恭，仰遵先诏，上成睿明之美，下遂微臣之志，感今惟往，悲喜交深。"庚戌，诏勰以王归第；禧进位太保;详为大将军、录尚书事。尚书清河张彝、邢峦闻处分非常,亡走,出洛阳城,为御史中尉中山甄琛所弹。诏书切责之。复以于烈为领军,仍加车骑大将军,自是长直禁中,军国大事,皆得参焉。

魏主时年十六,不能亲决庶务,委之左右。于是幸臣茹皓、赵郡王仲兴、上谷寇猛、赵郡赵脩、南阳赵邕及外戚高肇等始用事,魏政浸衰。赵脩尤亲幸,旬月间,累迁至光禄卿;每迁官,帝亲至其宅设宴,王公百官皆从。

4　辛亥,东昏侯祀南郊,大赦。

5　丁巳,魏主引见群臣于太极前殿,告以亲政之意。壬戌,以咸阳王禧领太尉,广陵王羽为司徒。魏主引羽入内,面授之。羽固辞曰:"彦和本自不愿,而陛下强与之。今新去此官而以臣代之,必招物议。"乃以为司空。

6　二月乙丑,南康王以冠军长史王茂为江州刺史,竟陵太守曹景宗为郢州刺史,邵陵王宝攸为荆州刺史。

7　甲戌,魏大赦。

8　壬午,东昏侯遣羽林兵击雍州,中外纂严。

9　甲申,萧衍至竟陵,命王茂、曹景宗为前军,以中兵参军张法安守竟陵城。茂等至汉口,诸将议欲并兵围郢,分兵袭西阳、武昌。衍曰:"汉口不阔一里,箭道交至,房僧寄以重兵固守,与郢城为掎角;若悉众前进,僧寄必绝我军后,悔无所及。不若遣王、曹诸军济江,与荆州军合,以逼郢城;吾自围鲁山以通沔、汉,使郧城、竟陵之粟方舟而下,江陵、湘中之兵相继而至,兵多食足,何忧两城之不拔!天下之事,可以卧取之耳。"乃使茂等帅众济江,顿九里。张冲遣中兵参军陈光静开门迎战,茂等击破之,光静死,冲婴城自守。景宗遂据石桥浦,连军相续,下至加湖。

荆州遣冠军将军邓元起、军主王世兴、田安之将数千人会雍州兵于夏首。衍筑汉口城以守鲁山,命水军主义阳张惠绍等游遏江中,绝郢、鲁二城信使。杨公则举湘州之众会于夏口。萧颖胄命荆州诸军皆受公则节度,虽萧颖达亦隶焉。

府朝议欲遣人行湘州事而难其人,西中郎中兵参军刘坦谓众曰:"湘土人情,易扰难信,用武士则侵渔百姓,用文士则威略不振;必欲镇静一州,军民足食,无逾老夫。"乃以坦为辅国长史、长沙太守,行湘州事。坦尝在湘州,多旧恩,迎者属路。下车,选堪事吏分诣十郡,发民运租米三十余万斛以助荆、雍之军,由是资粮不乏。

三月,萧衍使邓元起进据南堂西渚,田安之顿城北,王世兴顿曲水故城。丁酉,张冲病卒,骁骑将军薛元嗣与冲子孜及征虏长史江夏内史程茂共守郢城。

乙巳,南康王即皇帝位于江陵,改元,大赦,立宗庙、南北郊,州府城门悉依建康宫,置尚书五省,以南郡太守为尹,以萧颖胄为尚书令,萧衍为左仆射,晋安王宝义为司空,庐陵王宝源为车骑将军、开府仪同三司,建安王宝寅为徐州刺史,散骑常侍夏侯详为中领军,冠军将军萧伟为雍州刺史。丙午,诏封庶人宝卷为涪陵王,乙酉,以尚书令萧颖胄行荆州刺史,加萧衍征东大将军、都督征讨诸军事,假黄钺。时衍次杨口,和帝遣御史中丞宗夬劳军。宁朔将军新野庾域讽夬曰:“黄钺未加,非所以总帅侯伯。”夬返西台,遂有是命。薛元嗣遣军主沈难当帅轻舸数千乱流来战,张惠绍等击擒之。

癸丑,东昏侯以豫州刺史陈伯之为江州刺史、假节、都督前锋诸军事,西击荆、雍。

夏,四月,萧衍出沔,命王茂、萧颖达等进军逼郢城;薛元嗣不敢出。诸将欲攻之,衍不许。

10　魏广陵惠王羽通于员外郎冯俊兴妻,夜往,为俊兴所击而匿之;五月壬子,卒。

11　魏主既亲政事,嬖幸擅权,王公希得进见。齐帅刘小苟屡言于禧云,闻天子左右人言欲诛禧,禧益惧,乃与妃兄给事黄门侍郎李伯尚、氐王杨集始、杨灵佑、乞伏马居等谋反。会帝出猎北邙,禧与其党会城西小宅,欲发兵袭帝,使长子通窃入河内举兵相应。乞伏马居说禧:“还入洛城,勒兵闭门,天子必北走桑乾,殿下可断河桥,为河南天子。”众情前却不壹,禧心更缓,自旦至晡,犹豫不决,遂约不泄而散。杨集始既出,即驰至北邙告之。

直寝苻承祖、薛魏孙与禧通谋,是日,帝寝于浮图之阴,魏孙欲弑帝,承祖曰:“吾闻杀天子者身当病癫。”魏孙乃止。俄而帝寤,集始亦至。帝左右皆四出逐禽,直卫无几,仓猝不知所出。左中郎将于忠曰:“臣父领军留守京城,计防遏有备,必无所虑。”帝遣忠驰骑观之,于烈已分兵严备,使忠还奏曰:“臣虽老,心力犹可用。此属猖狂,不足为虑,愿陛下清跸徐还,以安物望。”帝甚悦,自华林园还宫,抚于忠之背曰:“卿差强人意!”

禧不知事露,与姬妾及左右宿洪池别墅,遣刘小苟奉启,云检行田收。小苟至北邙,已逢军人,怪小苟赤衣,欲杀之。小苟困迫,言欲告反,乃缓之。或谓禧曰："殿下集众图事,见意而停,恐必漏泄,今夕何宜自宽!"禧曰："吾有此身,应知自惜,岂待人言!"又曰："殿下长子已济河,两不相知,岂不可虑!"禧曰："吾已遣人追之,计今应还。"时通已入河内,列兵仗,放囚徒矣。于烈遣直阁叔孙侯将虎贲三百人收禧。禧闻之,自洪池东南走,僮仆不过数人,济洛,至柏谷坞,追兵至,擒之,送华林都亭。帝面诘其反状,壬戌,赐死于私第。同谋伏诛者十馀人,诸子皆绝属籍,微给资产、奴婢,自馀家财悉分赐高肇及赵脩之家,其馀赐内外百官,逮于流外,多者百馀匹,下至十匹。禧诸子乏衣食,独彭城王勰屡赈给。河内太守陆琇闻禧败,斩送禧子通首。魏朝以琇于禧未败之前不收捕通,责其通情,征诣廷尉,死狱中。帝以禧无故而反,由是益疏忌宗室。

12　巴西太守鲁休烈、巴东太守萧惠训不从萧颖胄之命;惠训遣子瑑将兵击颖胄,颖胄遣汶阳太守刘孝庆屯峡口,与巴东太守任漾之等拒之。

13　东昏侯遣军主吴子阳、陈虎牙等十三军救郢州,进屯巴口。虎牙,伯之之子也。

六月,西台遣卫尉席阐文劳萧衍军,赍萧颖胄等议谓衍曰："今顿兵两岸,不并军围郢,定西阳、武昌,取江州,此机已失,莫若请救于魏,与北连和,犹为上策。"衍曰："汉口路通荆、雍,控引秦、梁,粮运资储,仰此气息;所以兵压汉口,连结数州。今若并军围郢,又分兵前进,鲁山必沮洇路,扼吾咽喉;若粮运不通,自然离散,何谓持久?邓元起近欲以三千兵往取寻阳,彼若欢然知机,一说士足矣;脱距王师,固非三千兵所能下也。进退无据,未见其可。西阳、武昌,取之即得;然既得之,即应镇守。欲守两城,不减万人,粮储称是,卒无所出。脱东军有上者,以万人攻两城,两城势不得相救,若我分军应援,则首尾俱弱;如其不遣,孤城必陷,一城既没,诸城相次土崩,天下大事去矣。若郢州既拔,席卷沿流,西阳、武昌自然风靡。何遽分兵散众,自贻忧患乎!且丈夫举事欲清天步,况拥数州之兵以诛群小,悬河注火,奚有不灭!岂容北面请救戎狄,以示弱于天下!彼未必能信,徒取丑声,此乃下计,何谓上策!卿为我辈白镇军:前途攻取,但以见付,事在目中,无患不捷,但借镇军靖镇之耳。"

吴子阳等进军武口。衍命军主梁天惠等屯渔湖城,唐脩期等屯白阳垒,夹岸待之。子阳进军加湖。去郢三十里,傍山带水,筑垒自固。子阳举烽,城内亦举火应之;而内外各自保,不能相救。会房僧寄病卒,众复推助防张乐祖代守鲁山。

14　萧颖胄之初起也,弟颖孚自建康出亡,庐陵民脩灵祐为之聚兵,得二千人,袭庐陵,克之,内史谢篡奔豫章。颖胄遣宁朔将军范僧简自湘州赴之,僧简拔安成,颖胄以僧简为安成太守,以颖孚为庐陵内史。东昏侯遣军主刘希祖将三千人击之,南康太守王丹以郡应希祖。颖孚败,奔长沙,寻病卒,谢篡复还郡。希祖攻拔安成,杀范僧简,东昏侯以希祖为安成内史。脩灵祐复合馀众攻射篡,篡败走。

15　东昏侯作芳乐苑,山石皆涂以五采。望民家有好树、美竹,则毁墙撤屋而徙之;时方盛暑,随即枯萎,朝暮相继。又于苑中立市,使宫人、宦者共为裨贩,以潘贵妃为市令,东昏侯自为市录事,小有得失,妃则予杖;乃敕虎贲不得进大荆、实中荻。又开渠立埭,身自引船,或坐而屠肉。又好巫觋,左右朱光尚诈云见鬼。东昏入乐游苑,人马忽惊,以问光尚,对曰:“向见先帝大嗔,不许数出。”东昏大怒,拔刀与光尚寻之。既不见,乃缚茭为高宗形,北向斩之,县首苑门。

崔慧景之败也,巴陵王昭胄、永新侯昭颖出投台军,各以王侯还第,心不自安。竟陵王子良故防阁桑偃为梅虫儿军副,与前巴西太守萧寅谋立昭胄,昭胄许事克用寅为尚书左仆射、护军。时军主胡松将兵屯新亭,寅遣人说之曰:“须昏人出,寅等将兵奉昭胄入台,闭城号令。昏人必还就将军,但闭垒不应,则三公不足得也。”松许诺。会东昏新作芳乐苑,经月不出游。偃等议募健儿百馀人,从万春门入,突取之,昭胄以为不可。偃同党王山沙虑事久无成,以事告御刀徐僧重。寅遣人杀山沙于路,吏于麛髌中得其事。昭胄兄弟与偃等皆伏诛。

雍州刺史张欣泰与弟前始安内史欣时,密谋结胡松及前南谯太守王灵秀、直阁将军鸿选等诛诸嬖幸,废东昏。东昏遣中书舍人冯元嗣监军救郢;秋,七月甲午,茹法珍、梅虫儿及太子右率李居士、制局监杨明泰送之中兴堂,欣泰等使人怀刀于座斫元嗣,头坠果柈中,又斫明泰,破其腹;虫儿伤数疮,手指皆堕;居士、法珍等散走还台。灵秀诣石头迎建康王宝寅,帅城中将吏见力,去车轮,载宝寅,文武数百唱警跸,向台城,百姓数千人皆空手随之。欣泰闻事作,驰马入宫,冀法珍等在外,东昏尽以城中处分见委,表里相应。既而法珍得返,处分闭门上仗,不配欣泰兵,鸿选在殿内亦不敢发。宝寅至杜姥宅,日已暝,城门闭。城上人射外人,外人弃宝寅溃去。宝寅亦逃,三日,乃戎服诣草市尉,尉驰以启东昏。东昏召宝寅入宫问之,宝寅涕泣称:“尔日不知何人逼使上车,仍将去,制不自由。”东昏笑,复其爵位。张欣泰等事觉,与胡松皆伏诛。

16　萧衍使征虏将军王茂、军主曹仲宗等乘水涨以舟师袭加湖,鼓噪攻之。丁酉,加湖溃,吴子阳等走免,将士杀溺死者万计,俘其馀众而还。于是郢、鲁二城相视夺气。

17　乙巳,柔然犯魏边。

18　鲁山乏粮,军人于矶头捕细鱼供食,密治轻船,将奔夏口,萧衍遣偏军断其走路。丁巳,孙乐祖窘迫,以城降。

己未,东昏侯以程茂为郢州刺史,薛元嗣为雍州刺史。是日,茂、元嗣以郢城降。郢城之初围也,士民男女近十万口,闭门二百馀日,疾疫流肿,死者什七八,积尸床下而寝其上,比屋皆满。茂、元嗣等议出降,使张孜为书与衍。张冲故吏青州治中房长瑜谓孜曰:"前使君忠贯昊天,郎君但当坐守画一以荷析薪。若天运不与,当幅巾待命,下从使君。今从诸人之计,非唯郢州士女失高山之望,亦恐彼所不取也。"孜不能用。萧衍以韦叡为江夏太守,行郢府事,收瘗死者而抚其生者,郢人遂安。

诸将欲顿军夏口;衍以为宜乘胜直指建康,车骑谘议参军张弘策、宁远将军庾域亦以为然。衍命众军即日上道。缘江至建康,凡矶、浦、村落,军行宿次、立顿处所,弘策逆为图画,如在目中。

19　辛酉,魏大赦。

20　魏安国宣简侯王肃卒于寿阳,赠侍中、司空。初,肃以父死非命,四年不除丧。高祖曰:"三年之丧,贤者不敢过。"命肃以祥禫之礼除丧。然肃犹素服、不听乐终身。

21　汝南民胡文超起兵于灊阳以应萧衍,求取义阳、安陆等郡以自效;衍又遣军主唐脩期攻随郡,皆克之。司州刺史王僧景遣子为质于衍,司部悉平。

崔慧景之死也,其少子偃为始安内史,逃潜得免。及西台建,以偃为宁朔将军。偃诣公车门上书曰:"臣窃惟高宗之孝子忠臣而昏主之乱臣贼子者,江夏王与陛下,先臣与镇军是也,虽成败异术而所由同方。陛下初登至尊,与天合符;天下纤芥之屈,尚望陛下申之,况先帝之子陛下之兄,所行之道,即陛下所由哉!此尚不恤,其馀何冀!今不可幸小民之无识而罔之;若使晓然知其情节,相帅而逃,陛下将何以应之哉!"事寝不报。偃又上疏曰:"近冒陈江夏之冤,非敢以父子之亲而伤至公之义,诚不晓圣朝所以然之意。若以狂主虽狂,实是天子,江夏虽贤,实是人臣,先臣奉人臣逆人君为不可,未审今之严兵劲卒直指象魏者,其故何哉!臣所以不死,苟存视息,非有他故,所以待皇运之开泰,申忠魂之枉屈。今皇运已开泰矣,而死社稷者返为贼臣;臣何用此生于陛下之世矣!臣谨按镇军将军臣颖胄、中领军臣详,皆社稷之臣也,同知先臣股肱江夏,匡济王室,天命未遂,主亡与亡;而不为陛下瞥然一言。知而不言,不忠;不知而不言,不智也。如以先臣遣使,江夏斩之;则征东之驿使,何为见戮?陛下斩征东之使,实诈山阳;江夏违先臣之请,实谋孔矜。天命有归,故事业不遂耳。臣所言毕矣,乞就汤镬!然臣虽万没,犹愿陛下必申先臣。何则?恻怆而申之,则天下伏;不恻怆而申之,则天下叛。先臣之忠,有识所知,南、董之笔,千载可期,亦何待陛下屈申而为褒贬!然小臣惓惓之愚,为陛下计耳。"诏报曰:"具知卿恻切之怀,今当显加赠谥。"偓寻下狱死。

22　八月丁卯,东昏侯以辅国将军申胄监豫州事;辛未,以光禄大夫张瓌镇石头。

23　初,东昏侯遣陈伯之镇江州,以为吴子阳等声援。子阳等既败,萧衍谓诸将曰:"用兵未必须实力,所听威声耳。今陈虎牙狼狈奔归,寻阳人情理当恟惧,可传檄而定也。"乃命搜俘囚,得伯之幢主苏隆之,厚加赐与,使说伯之,许即用为安东将军、江州刺史。伯之遣隆之返命,虽许归附,而云"大军未须遽下"。衍曰:"伯之此言,意怀首鼠。及其犹豫,急往逼之,计无所出,势不得不降。"乃命邓元起引兵先下,杨公则径掩柴桑,衍与诸将以次进路。元起将至寻阳,伯之收兵退保湖口,留陈虎牙守湓城。选曹郎吴兴沈瑀说伯之迎衍。伯之泣曰:"余子在都,不能不爱。"瑀曰:"不然。人情匈匈,皆思改计;若不早图,众散难合。"丙子,衍至寻阳,伯之束甲请罪。初,新蔡太守席谦,父恭祖为镇西司马,为鱼复侯子响所杀。谦从伯之镇寻阳,闻衍东下,曰:"我家世忠贞,有殒不二。"伯之杀之。乙卯,以伯之为江州刺史,虎牙为徐州刺史。

24　鲁休烈、萧璝破刘孝庆等于峡口,任漾之战死。休烈等进至上明,江陵大震。萧颖胄恐,驰告萧衍,令遣杨公则还援根本。衍曰:"公则今溯流上江陵,虽至,何能及事!休烈等乌合之众,寻自退散,正须少时持重耳。良须兵力,两弟在雍,指遣往征,不为难至。"颖胄乃遣蔡道恭假节屯上明以拒萧璝。

25　辛巳,东昏侯以太子左率李居士总督西讨诸军事,屯新亭。

26　九月乙未,诏萧衍若定京邑,得以便宜从事。衍留骁骑将军郑绍叔守寻阳,与陈伯之引兵东下,谓绍叔曰:"卿,吾之萧何、寇恂也。前涂不捷,我当其咎;粮运不继,卿任其责。"绍叔流涕拜辞。比克建康,绍叔督江、湘粮运,未尝乏绝。

27　魏司州牧广阳王嘉请筑洛阳三百二十三坊,各方三百步,曰:

"虽有暂劳,奸盗永息。"丁酉,诏发畿内夫五万人筑之,四旬而罢。

28　己亥,魏立皇后于氏。后,征虏将军劲之女;劲,烈之弟也。自祖父栗碑以来,累世贵盛,一皇后,四赠公,三领军,二尚书令,三开国公。

29　甲申,东昏侯以李居士为江州刺史,冠军将军王珍国为雍州刺史,建安王宝寅为荆州刺史,辅国将军申胄监郢州,龙骧将军扶风马仙琕监豫州,骁骑将军徐元称监徐州军事。珍国,广之之子也。是日,萧衍前军至芜湖,申胄军二万人弃姑孰走,衍进军,据之。戊申,东昏侯以后军参军萧璝为司州刺史,前辅国将军鲁休烈为益州刺史。

30　萧衍之克江、郢也,东昏游骋如旧,谓茹法珍曰:"须来至白门前,当一决。"衍至近道,乃聚兵为固守之计,简二尚方、二冶囚徒以配军;其不可活者,于朱雀门内日斩百馀人。

衍遣曹景宗等进顿江宁。丙辰,李居士自新亭选精骑一千至江宁。景宗始至,营垒未立,且师行日久,器甲穿弊。居士望而轻之,鼓噪直前薄之;景宗奋击,破之,因乘胜而前,径至卓苨桥。于是王茂、邓元起、吕僧珍进据赤鼻逻,新亭城主江道林引兵出战,众军擒之于陈。衍至新林,命王茂进据越城,邓元起据道士墩,陈伯之据篱门,吕僧珍据白板桥。李居士觇知僧珍众少,帅锐卒万人直来薄垒。僧珍曰:"吾众少,不可逆战,可勿遥射,须至堑里,当并力破之。"俄而皆越堑拔栅。僧珍分人上城,矢石俱发,自帅马步三百人出其后,城上复逾城而下,内外奋击,居士败走,获其器甲不可胜计。居士请于东昏侯,烧南岸邑屋以开战场,自大航以西,新亭以北皆尽,衍诸弟皆自建康自拔赴军。

冬,十月甲戌,东昏侯遣征虏将军王珍国、军主胡虎牙将精兵十万馀人陈于朱雀航南,宦官王宝孙持白虎幡督战,开航背水,以绝归路。衍军小却,王茂下马,单刀直前,其甥韦欣庆执铁缠矟以翼之,冲击东军,应时而陷。曹景宗纵兵乘之,吕僧珍纵火焚其营,将士皆殊死战,鼓噪震天地。珍国等众军不能抗,王宝孙切骂诸将帅,直阁将军席豪发愤,突阵而死。豪,骁将也,既死,士卒土崩,赴淮死者无数,积尸与航等,后至者乘之而济。于是东昏侯诸军望之皆溃。衍军长驱至宣阳门,诸将移营稍前。

陈伯之屯西明门,每城中有降人出,伯之辄呼与耳语。衍恐其复怀翻覆,密语伯之曰:"闻城中甚忿卿举江州降,欲遣刺客中卿,宜以为虑。"伯之未之信。会东昏侯将郑伯伦来降,衍使伯伦过伯之,谓曰:"城中甚忿卿,欲遣信诱卿以封赏,须卿复降,当生割卿手足;卿若不降,复欲遣刺客杀卿。宜深为备。"伯之惧,自是始无异志。

戊寅,东昏宁朔将军徐元瑜以东府城降。青、冀二州刺史桓和入援,屯东宫。己卯,和诈东昏,云出战,因以其众来降。光禄大夫张瑰弃石头还宫。李居士以新亭降于衍,琅邪城主张木亦降。壬午,衍镇石头,命诸军攻六门。东昏烧门内营署、官府,驱逼士民,悉入宫城,闭门自守。衍命诸军筑长围守之。

杨公则屯领军府垒北楼,与南掖门相对,尝登楼望战。城中遥见麾盖,以神锋弩射之,矢贯胡床,左右失色。公则曰:“几中吾脚!”谈笑如初。东昏夜选勇士攻公则栅,军中惊扰;公则坚卧不起,徐命击之,东昏兵乃退。公则所领皆湘州人,素号怯懦,城中轻之,每出荡,辄先犯公则垒;公则奖厉军士,克获更多。

先是,东昏遣军主左僧庆屯京口,常僧景屯广陵,李叔献屯瓜步;及申胄自姑孰奔归,使屯破墩,以为东北声援。至是,衍遣使晓谕,皆帅其众来降。衍遣弟辅国将军秀镇京口,辅国将军恢镇破墩,从弟宁朔将军景镇广陵。

31 十一月丙申,魏以骠骑大将军穆亮为司空;丁酉,以北海王详为太傅,领司徒。初,详欲夺彭城王勰司徒,故潜而黜之;既而畏人议己,故但为大将军,至是乃居之。详贵盛翕赫,将作大匠王遇多随详所欲,私以官物给之。司徒长史于忠责遇于详前曰:“殿下,国之周公,阿衡王室,所须材用,自应关旨;何至阿谀附势,损公惠私也!”遇既踧踖,详亦惭谢。忠每以鲠直为详所忿,尝骂忠曰:“我忧在前见尔死,不忧尔见我死时也!”忠曰:“人生于世,自有定分;若应死于王手,避亦不免;若其不尔,王不能杀!”忠以讨咸阳王禧功,封魏郡公,迁散骑常侍,兼武卫将军。详因忠表让之际,密劝魏主以忠为列卿,令解左右,听其让爵。于是诏停其封,优进太府卿。

32 巴东献武公萧颖胄以萧璝与蔡道恭相持不决,忧愤成疾;壬午,卒。夏侯详秘之,使似其书者假为教命,密报萧衍,衍亦秘之。详征兵雍州,萧伟遣萧憺将兵赴之。璝等闻建康已危,众惧而溃,璝及鲁休烈皆降。乃发颖胄丧,赠侍中、丞相;于是众望尽归于衍。夏侯详请与萧憺共参军国,诏以详为侍中、尚书右仆射,寻除使持节、抚军将军、荆州刺史。详固让于憺。乃以憺行荆州府州事。

33 魏改筑圜丘于伊水之阳,乙卯,始祀于其上。

34 魏镇南将军元英上书曰:“萧宝卷荒纵日甚,虐害无辜。其雍州刺史萧衍东伐秣陵,扫土兴兵,顺流而下;唯有孤城,更无重卫,乃皇天授我之日,旷世一逢之秋;此而不乘,将欲何待! 臣乞躬帅步骑三万,直指沔阴,据襄阳之城,断黑水之路。昏虐君臣,自相鱼肉;我居上流,威震遐迩。长驱南出,进拔江陵,则三楚之地一朝可收,岷、蜀之道自成断绝。又命扬、徐二州声言俱举,建业穷蹙,鱼游釜中,可以齐文轨而大同,混天地而为一。伏惟陛下独决圣心,无取疑议;此期脱爽,并吞无日。"事寝不报。

　　车骑大将军源怀上言:"萧衍内侮,宝卷孤危,广陵、淮阴等戍皆观望得失。斯实天启之期,并吞之会;宜东西齐举,以成席卷之势。若使萧衍克济,上下同心,岂唯后图之难,亦恐扬州危逼。何则? 寿春之去建康才七百里,山川水陆,皆彼所谙。彼若内外无虞,君臣分定,乘舟藉水,倏忽而至,未易当也。今宝卷都邑有土崩之忧,边城无继援之望,廓清江表,正在今日。"魏主乃以任城王澄为都督淮南诸军事、镇南大将军、开府仪同三司、扬州刺史,使为经略;既而不果。怀,贺之子也。

　　东豫州刺史田益宗上表曰:"萧氏乱常,君臣交争,江外州镇,中分为两,东西抗峙,已淹岁时。民庶穷于转输,甲兵疲于战斗,事救于目前,力尽于麾下,无暇外维州镇,纲纪庶方,藩城棋立,孤存而已。不乘机电扫,廓彼蛮疆,恐后之经略,未易于此。且寿春虽平,三面仍梗,镇守之宜,实须豫设。义阳差近淮源,利涉津要,朝廷行师,必由此道。若江南一平,有事淮外,须乘夏水泛长,列舟长淮;师赴寿春,须从义阳之北,便是居我喉要,在虑弥深。义阳之灭,今实时矣。度彼不过须精卒一万二千;然行师之法,贵张形势。请使两荆之众西拟随、雍,扬州之卒顿于建安,得捍三关之援;然后二豫之军直据南关,对抗延头,遣一都督总诸军节度,季冬进师,迄于春末,不过十旬,克之必矣。"元英又奏称:"今宝卷骨肉相残,藩镇鼎立。义阳孤绝,密迩王土,内无兵储之固,外无粮援之期,此乃欲焚之鸟,不可去薪,授首之寇,岂容缓斧! 若失此不取,岂唯后举难图,亦恐更为深患。今豫州刺史司马悦已戒严垂发,东豫州刺史田益宗兵守三关,请遣军司为之节度。"魏主乃遣直寝羊灵引为军司。益宗遂入寇。建宁太守黄天赐与益宗战于赤亭,天赐败绩。

　　35　崔慧景之逼建康也,东昏侯拜蒋子文为假黄钺、使持节、相国、太宰、大将军、录尚书事、扬州牧、钟山王;及衍至,又尊子文为灵帝,迎神像入后堂,使巫祷祀求福。及城闭,城中军事悉委王珍国;兖州刺史张稷入卫京师,以稷为珍国之副。稷,瓌之弟也。

　　时城中实甲犹七万人,东昏素好军陈,与黄门、刀敕及宫人于华光殿前习战斗,诈作被创势,使人以板捆去,用为厌胜。常于殿中戎服、骑马出入,以金银为铠胄,具装饰以孔翠。昼眠夜起,一如平常。闻外鼓叫声,被大红袍,登景阳楼屋上望之,弩几中之。

始,东昏与左右谋,以为陈显达一战即败,崔慧景围城寻走,谓衍兵亦然,敕太官办樵、米为百日调而已。及大桁之败,众情凶惧。茹法珍等恐士民逃溃,故闭城不复出兵。既而长围已立,堑栅严固;然后出荡,屡战不捷。

东昏尤惜金钱,不肯赏赐;法珍叩头请之,东昏曰:“贼来独取我耶!何为就我求物!”后堂储数百具榜,启为城防,东昏欲留作殿,竟不与。又督御府作三百人精仗,待围解以拟屏除,金银雕镂杂物,倍急于常。众皆怨怠,不为致力。外围既久,城中皆思早亡,莫敢先发。

茹法珍、梅虫儿说东昏曰:“大臣不留意,使围不解,宜悉诛之。”王珍国、张稷惧祸,珍国密遣所亲献明镜于萧衍,衍断金以报之。兖州中兵参军张齐,稷之腹心也,珍国因齐密与稷谋,同弑东昏。齐夜引珍国就稷,造膝定计,齐自执烛;又以计告后阁舍人钱强。十二月丙寅夜,强密令人开云龙门,珍国、稷引兵入殿,御刀丰勇之为内应。东昏在含德殿作笙歌,寝未熟,闻兵入,趋出北户,欲还后宫,门已闭。宦者黄泰平刀伤其膝,仆地,张齐斩之。稷召尚书右仆射王亮等列坐殿前西钟下,令百僚署笺,以黄油裹东昏首,遣国子博士范云等送诣石头。右卫将军王志叹曰:“冠虽弊,何可加足!”取庭中树叶揉服之,伪闷,不署名。衍览笺无志名,心嘉之。亮,莹之从弟;志,僧虔之子也。衍与范云有旧,即留参帷幄。王亮在东昏朝,以依违取容。萧衍至新林,百僚皆间道送款,亮独不遣。东昏败,亮出见衍,衍曰:“颠而不扶,安用彼相!”亮曰:“若其可扶,明公岂有今日之举!”城中出者,或被劫剥。杨公则亲帅麾下陈于东掖门,卫送公卿士民,故出者多由公则营焉。衍使张弘策先入清宫,封府库及图籍。于时城内珍宝委积,弘策禁勒部曲,秋毫无犯。收潘妃及嬖臣茹法珍、梅虫儿、王咺之等四十一人皆属吏。

36　初,海陵王之废也,王太后出居鄱阳王故第,号宣德宫。乙巳,萧衍以宣德太后令追废涪陵王为东昏侯,褚后及太子诵并为庶人。以衍为中书监、大司马、录尚书事、骠骑大将军、扬州刺史,封建安郡公,依晋武陵王遵承制故事,百僚致敬;以王亮为长史。壬申,更封建安王宝寅为鄱阳王。癸酉,以司徒、扬州刺史晋安王宝义为太尉,领司徒。

己卯,衍入屯阅武堂,下令大赦。又下令:“凡昏制谬赋、淫刑滥役外,可详检前原,悉皆除荡;其主守散失诸所损耗,精立科条,咸从原例。”

又下令：“通检尚书众曹，东昏时诸净讼失理及主者淹停不时施行者，精加讯辩，依事议奏。”又下令：“收葬义师，瘗逆徒之死亡者。”潘妃有国色，衍欲留之，以问侍中、领军将军王茂，茂曰：“亡齐者此物，留之恐贻外议。”乃缢杀于狱，并诛嬖臣茹法珍等。以宫女二千分赉将士。乙酉，以辅国将军萧宏为中护军。

衍之东下也，豫州刺史马仙琕拥兵不附衍，衍使其故人姚仲宾说之，仙琕先为设酒，乃斩于军门以徇。衍又遣其族叔怀远说之，仙琕曰“大义灭亲”，又欲斩之；军中为请，乃得免。衍至新林，仙琕犹于江西日抄运船。衍围宫城，州郡皆遣使请降，吴兴太守袁昂独拒境不受命。昂，颉之子也。衍使驾部郎考城江革为书与昂曰：“根本既倾，枝叶安附？今竭力昏主，未足为忠；家门屠灭，非所谓孝。岂若翻然改图，自招多福！”昂复书曰：“三吴内地，非用兵之所；况以偏隅一郡，何能为役！自承麾斾届止，莫不膝袒军门。唯仆一人敢后至者，政以内揆庸素，文武无施，虽欲献心，不增大师之勇；置其愚默，宁沮众军之威。幸藉将军含弘之大，可得从容以礼。窃以一餐微施，尚复投殒；况食人之禄而顿忘一旦，非唯物议不可，亦恐明公鄙之，所以踌躇，未遑荐璧。”昂问时事于武康令北地傅暎，暎曰：“昔元嘉之末，开辟未有，故太尉杀身以明节。司徒当寄托之重，理无苟全，所以不顾夷险以徇名义。今嗣主昏虐，曾无悛改，荆、雍协举，乘据上流，天人之意可知。愿明府深虑，无取后悔。”及建康平，衍使豫州刺史李元履巡抚东土，敕元履曰：“袁昂道素之门，世有忠节，天下须共容之，勿以兵威陵辱。”元履至吴兴，宣衍旨；昂亦不请降，开门撤备而已。仙琕闻台城不守，号泣谓将士曰：“我受人任寄，义不容降，君等皆有父母；我为忠臣，君为孝子，不亦可乎！”乃悉遣城内兵出降，馀壮士数十，闭门独守。俄而兵入，围之数十重。仙琕令士皆持满，兵不敢近。日暮，仙琕乃投弓曰：“诸君但来见取，我义不降。”乃槛送石头。衍释之，使待袁昂至俱入，曰：“令天下见二义士。”衍谓仙琕曰：“射钩、斩祛，昔人所美。卿勿以杀使断运自嫌。”仙琕谢曰：小人如失主犬，后主饲之，则复为用矣。”衍笑，皆厚遇之。丙戌，萧衍入镇殿中。

37　刘希祖既克安成，移檄湘部，始兴内史王僧粲应之。僧粲自称湘州刺史，引兵袭长沙。去城百馀里，于是湘州郡县兵皆蜂起以应僧粲，唯临湘、湘阴、浏阳、罗四县尚全。长沙人皆欲泛舟走，行事刘坦悉聚其舟焚之，遣军主尹法略拒僧粲。战数不利，前湘州镇军钟玄绍潜结士民数百人，刻日翻城应僧粲。坦闻其谋，阳为不知，因理讼至夜，而城门遂不闭以疑之。玄绍未发，明旦，诣坦问其故。坦久留与语，密遣亲兵收其家书。玄绍在坐，而收兵已报，具得其文书本末。玄绍即首服，于坐斩之；焚其文书，馀党悉无所问。众愧且服，州郡遂安。法略与僧粲相持累月，建康城平，杨公则还州。僧粲等散走。王丹为郡人所杀，刘希祖亦举郡降。公则克己廉慎，轻刑薄赋，顷之，湘州户口几复其旧。

资治通鉴卷第一百四十五

梁纪一

高祖武皇帝

天监元年（壬午，502）

1　春，正月，齐和帝遣兼侍中席阐文等慰劳建康。

2　大司马衍下令："凡东昏时浮费，自非可以习礼乐之容，缮甲兵之备者，馀皆禁绝。"

3　戊戌，迎宣德太后入宫，临朝称制；衍解承制。

4　己亥，以宁朔将军萧昺监南兖州诸军事。昺，衍之从父弟也。

5　壬寅，进大司马衍都督中外诸军事，剑履上殿，赞拜不名。

6　己酉，以大司马长史王亮为中书监、尚书令。

7　初，大司马与黄门侍郎范云、南清河太守沈约、司徒右长史任昉同在竟陵王西邸，意好敦密，至是，引云为大司马谘议参军、领录事，约为骠骑司马，昉为记室参军，与参谋议。前吴兴太守谢朏、国子祭酒何胤先皆弃官家居，衍奏征为军谘祭酒，朏、胤皆不至。

大司马内有受禅之志，沈约微扣其端，大司马不应；他日，又进曰："今与古异，不可以淳风期物。士大夫攀龙附凤，皆望有尺寸之功。今童儿牧竖皆知齐祚已终，明公当承其运，天文谶记又复炳然；天心不可违，人情不可失。苟历数所在，虽欲谦光，亦不可得已。"大司马曰："吾方思之。"约曰："公初建牙樊、沔，此时应思；今王业已成，何所复思！若不早定大业，脱有一人立异，即损威德。且人非金石，时事难保，岂可以建安之封遗之子孙！若天子还都，公卿在位，则君臣分定，无复异心，君明于上，臣忠于下，岂复有人方更同公作贼！"大司马然之。约出，大司马召范云告之，云对略同约旨，大司马曰："智者乃尔暗同。卿明早将休文更来！"云出，语约，约曰："卿必待我！"云许诺，而约先期入。大司马命草具其事，约乃出怀中诏书并诸选置，大司马初无所改。俄而云自外来，至殿门，不得入，徘徊寿光阁外，但云"咄咄！"约出，问曰："何以见处！"约举手向左,云笑曰:"不乖所望。"有顷,大司马召云入,叹约才智纵横,且曰:"我起兵于今三年矣,功臣诸将实有其劳,然成帝业者,卿二人也。"

甲寅,诏进大司马位相国,总百揆,扬州牧,封十郡为梁公,备九锡之礼,置梁百司,去录尚书之号,骠骑大将军如故。二月辛酉,梁公始受命。

齐湘东王宝晊,安陆昭王缅之子也,颇好文学。东昏侯死,宝晊望物情归己,坐待法驾。既而王珍国等送首梁公,梁公以宝晊为太常,宝晊心不自安。壬戌,梁公称宝晊谋反,并其弟江陵公宝览、汝南公宝宏皆杀之。

8　丙寅,诏梁国选诸要职,悉依天朝之制。于是以沈约为吏部尚书兼右仆射,范云为侍中。

梁公纳东昏余妃,颇妨政事,范云以为言,梁公未之从。云与侍中、领军将军王茂同入见,云曰:"昔沛公入关,妇女无所幸,此范增所以畏其志大也。今明公始定建康,海内想望风声,奈何袭乱亡之迹,以女德为累乎!"王茂起拜曰:"范云言是也。公必以天下为念,无宜留此。"梁公默然。云即请以余氏赉王茂,梁公贤其意而许之。明日,赐云、茂钱各百万。

丙戌,诏梁公增封十郡,进爵为王。癸巳,受命,赦国内及府州殊死以下。

9　辛丑,杀齐邵陵王宝攸、晋熙王宝嵩、桂阳王宝贞。

梁王将杀齐诸王,防守犹未急。鄱阳王宝寅家阉人颜文智与左右麻拱等密谋,穿墙夜出宝寅,具小船于江岸,著乌布襦,腰系千馀钱,潜赴江侧,蹑屐徒步,足无完肤。防守者至明追之,宝寅诈为钓者,随流上下十馀里,追者不疑。待散,乃渡西岸投民华文荣家,文荣与其族人天龙、惠连弃家将宝寅遁匿山涧,赁驴乘之,昼伏夜行,抵寿阳之东城。魏戍主杜元伦驰告扬州刺史任城王澄,以车马侍卫迎之。宝寅时年十六,徒步憔悴,见者以为掠卖生口。澄待以客礼,宝寅请丧君斩衰之服,澄遣人晓示情礼,以丧兄齐衰之服给之。澄帅官僚赴吊,宝寅居处有礼,一同极哀之节。寿阳多其义故,皆受慰唁;唯不见夏侯一族,以夏侯详从梁王故也。澄深器重之。

10　齐和帝东归,以萧憺为都督荆湘等六州诸军事、荆州刺史。荆州军旅之后,公私空乏,憺厉精为治,广屯田,省力役,存问兵死之家,供其乏困。自以少年居重任,谓佐吏曰:"政之不臧,士君子所宜共惜。吾今开怀,卿其无隐!"于是人人得尽意,民有讼者皆立前待符教,决于俄顷,曹无留事。荆人大悦。

11　齐和帝至姑孰,丙辰,下诏禅位于梁。

12　丁巳，庐陵王宝源卒。

13　鲁阳蛮鲁北燕等起兵攻魏颍州。

14　夏，四月辛酉，宣德太后令曰："西诏至，帝宪章前代，敬禅神器于梁，明可临轩，遣使恭授玺绂，未亡人归于别宫。"壬戌，发策，遣兼太保、尚书令亮等奉皇帝玺绂诣梁宫。丙寅，梁王即皇帝位于南郊，大赦，改元。是日，追赠兄懿为丞相，封长沙王，谥曰宣武，葬礼依晋安平献王故事。

丁卯，奉和帝为巴陵王，宫于姑孰，优崇之礼，皆仿齐初。奉宣德太后为齐文帝妃，王皇后为巴陵王妃。齐世王、侯封爵，悉从降省，唯宋汝阴王不在除例。

追尊皇考为文皇帝，庙号太祖；皇妣为献皇后。追谥妃郗氏曰德皇后。封文武功臣车骑将军夏侯详等十五人为公、侯。立皇弟中护军宏为临川王，南徐州刺史秀为安成王，雍州刺史伟为建安王，左卫将军恢为鄱阳王，荆州刺史憺为始兴王；以宏为扬州刺史。

丁卯，以中书监王亮为尚书令，相国左长史王莹为中书监，吏部尚书沈约为尚书仆射，长兼侍中范云为散骑常侍、吏部尚书。

15　诏凡后宫、乐府、西解、暴室诸归女一皆放遣。

16　戊辰，巴陵王卒。时上欲以南海郡为巴陵国，徙王居之。沈约曰："古今殊事，魏武所云'不可慕虚名而受实祸'。"上颔之，乃遣所亲郑伯禽诣姑孰，以生金进王，王曰："我死不须金，醇酒足矣。"乃饮沉醉，伯禽就摺杀之。

王之镇荆州也，琅邪颜见远为录事参军，及即位，为治书侍御史兼中丞，既禅位，见远不食数日而卒。上闻之曰："我自应天从人，何预天下士大夫事，而颜见远乃至于此！"

17　庚午，诏："有司依周、汉故事，议赎刑条格，凡在官身犯鞭杖之罪，悉入赎停罚，其台省令史、士卒欲赎者听之。"

18　以谢沐县公宝义为巴陵王，奉齐祀。宝义幼有废疾，不能言，故独得全。

齐南康侯子恪及弟祁阳侯子范尝因事入见，上从容谓曰："天下公器，非可力取，苟无期运，虽项籍之力终亦败亡。宋孝武性猜忌，兄弟粗有令名者皆鸩之，朝臣以疑似枉死者相继。然或疑而不能去，或不疑而卒为患，如卿祖以材略见疑，而无如之何。湘东以庸愚不疑，而子孙皆死其手。我于时已生，彼岂知我应有今日！固知有天命者非人所害。我初平建康，人皆劝我除去卿辈以壹物心,我于时依而行之,谁谓不可! 正以江左以来,代谢之际,必相屠灭,感伤和气,所以国祚不长。又,齐、梁虽云革命,事异前世,我与卿兄弟虽复绝服,宗属未远,齐业之初亦共甘苦,情同一家,岂可遽如行路之人! 卿兄弟果有天命,非我所杀;若无天命,何忽行此! 当足示无度量耳。且建武涂炭卿门,我起义兵,非唯自雪门耻,亦为卿兄弟报仇。卿若能在建武、永元之世拨乱反正,我岂得不释戈推奉邪! 我自取天下于明帝家,非取之于卿家也。昔刘子舆自称成帝子,光武言:‘假使成帝更生,天下亦不可复得,况子舆乎!’曹志,魏武帝之孙,为晋忠臣。况卿今日犹是宗室,我方坦然相期,卿无复怀自外之意! 小待,当自知我寸心。”子恪兄弟凡十六人,皆仕梁,子恪、子范、子质、子显、子云、子晖并以才能知名,历官清显,各以寿终。

19　诏征谢朏为左光禄大夫、开府仪同三司,何胤为右光禄大夫,何点为侍中;胤、点终不就。

20　癸酉,诏“公车府谤木、肺石傍各置一函,若肉食莫言,欲有横议,投谤木函;若以功劳才器冤沉莫达,投肺石函。”

上身服浣濯之衣,常膳唯以菜蔬。每简长吏,务选廉平,皆召见于前,勖以政道。擢尚书殿中郎到溉为建安内史,左户侍郎刘霁为晋安太守,二人皆以廉洁著称。溉,彦之曾孙也。又著令:“小县令有能,迁大县,大县有能,迁二千石。”以山阴令丘仲孚为长沙内史,武康令东海何远为宣城太守,由是廉能莫不知劝。

21　鲁阳蛮围魏湖阳,抚军将军李崇将兵击破之,斩鲁北燕,徙万馀户于幽、并诸州及六镇,寻叛南走,所在追讨,比及河,杀之皆尽。

22　闰月丁巳,魏顿丘匡公穆亮卒。

23　齐东昏侯嬖臣孙文明等,虽经赦令,犹不自安,五月乙亥夜,帅其徒数百人,因运荻炬,束仗入南、北掖门作乱,烧神虎门、总章观,入卫尉府,杀卫尉洮阳愍侯张弘策。前军司马吕僧珍直殿内,以宿卫兵拒之,不能却。上戎服御前殿,曰:“贼夜来,是其众少,晓则走矣。”命击五鼓,领军将军王茂、骁骑将军张惠绍闻难,引兵赴救,盗乃散走,讨捕,悉诛之。

24　江州刺史陈伯之,目不识书,得文牒辞讼,唯作大诺而已,有事,典签传口语,与夺决于主者。豫章人邓缮、永兴人戴永忠有旧恩于伯之,伯之以缮为别驾,永忠为记室参军。河南褚緭居建康,素薄行,仕宦不得志,频造尚书范云,云不礼之。緭怒,私谓所亲曰:“建武以后,草泽下族悉化成贵人,吾何罪而见弃! 今天下草创,饥馑不已,丧乱未可知。陈伯之拥强兵在江州，非主上旧臣，有自疑之意；且荧惑守南斗，讵非为我出邪！今者一行事若无成，入魏不失作河南郡守。”遂投伯之，大见亲狎。伯之又以乡人朱龙符为长流参军，并乘伯之愚暗，恣为奸利。

上闻之，使陈虎牙私戒伯之，又遣人代邓缮为别驾，伯之并不受命，表云：“龙符骁勇，邓缮有绩效；台所遣别驾，请以为治中。”缮于是日夜说伯之云：“台家府藏空竭，复无器仗，三仓无米，东境饥流，此万世一时也。机不可失！”缮、永忠共赞成之。伯之谓缮：“今启卿，若复不得，即与卿共反。”上敕伯之以部内一郡处缮，于是伯之集府州僚佐谓曰：“奉齐建安王教，帅江北义勇十万，已次六合，见使以江州见力运粮速下。我荷明帝厚恩，誓死以报。”即命纂严，使缮诈为萧宝寅书以示僚佐，于听事前为坛，歃血共盟。

缮说伯之曰：“今举大事，宜引众望。长史程元冲，不与人同心；临川内史王观，僧虔之孙，人身不恶，可召为长史以代元冲。”伯之从之，仍以缮为寻阳太守，永忠为辅义将军，龙符为豫州刺史。观不应命。豫章太守郑伯伦起郡兵拒守。程元冲既失职于家，合帅数百人，乘伯之无备，突入至听事前；伯之自出格斗，元冲不胜，逃入庐山。伯之密遣信报虎牙兄弟，皆逃奔盱眙。

戊子，诏以领军将军王茂为征南将军、江州刺史，帅众讨之。

25　魏扬州小岘戍主党法宗袭大岘戍，破之，虏龙骧将军邴菩萨。

26　陈伯之闻王茂来，谓褚缮等曰：“王观既不就命，郑伯伦又不肯从，便应空手受困。今先平豫章，开通南路，多发丁力，益运资粮，然后席卷北向，以扑饥疲之众，不忧不济。”六月，留乡人唐盖人守城，引兵趣豫章，攻伯伦，不能下。王茂军至，伯之表里受敌，遂败走，间道渡江，与虎牙等及褚缮俱奔魏。

27　上遣左右陈建孙送刘季连子弟三人入蜀，使谕旨慰劳。季连受命，饬还装，益州刺史邓元起始得之官。

初，季连为南郡太守，不礼于元起。都录朱道琛有罪，季连欲杀之，逃匿得免。至是，道琛为元起典签，说元起曰：“益州乱离已久，公私虚耗。刘益州临归，岂办远遣迎候！道琛请先使检校，缘路奉迎，不然，万里资粮，未易可得。”元起许之。道琛既至，言语不恭，又历造府州人士，见器物，辄夺之，有不获者，语曰：“会当属人，何须苦惜！”于是军府大惧，谓元起必诛季连，祸及党与，竞言之于季连。季连亦以为然，且惧昔之不礼于元起，乃召兵筭之，有精甲十万，叹曰：“据天险之地，握此强兵，进可以匡社稷,退不失作刘备,舍此安之!"遂召佐史,矫称齐宣德太后令,聚兵复反,收朱道琛,杀之。召巴西太守朱士略及涪令李膺,并不受命。是月,元起至巴西,士略开门纳之。

先是,蜀民多逃亡,闻元起至,争出投附,皆称起义兵应朝廷,军士新故三万馀人。元起在道久,粮食乏绝,或说之曰:"蜀土政慢,民多诈疾,若检巴西一郡籍注,因而罚之,所获必厚。"元起然之。李膺谏曰:"使君前有严敌,后无继援,山民始附,于我观德。若纠以刻薄,民必不堪,众心一离,虽悔无及。何必起疾可以济师!膺请出图之,不患资粮不足也。"元起曰:"善。一以委卿!"膺退,帅富民上军资米,得三万斛。

28 秋,八月丁未,命尚书删定郎济阳蔡法度损益王植之集注旧律,为梁律,仍命与尚书令王亮、侍中王莹、尚书仆射沈约、吏部尚书范云等九人同议定。

29 上素善钟律,欲厘正雅乐,乃自制四器,名之为"通"。每通施三弦,黄钟弦用二百七十丝,长九尺,应钟弦用一百四十二丝,长四尺七寸四分差强,中间十律,以是为差。因以通声转推月气,悉无差违,而还得相中。又制十二笛,黄钟笛长三尺八寸,应钟笛长二尺三寸,中间十律以是为差,以写通声,饮古钟玉律,并皆不差。于是被以八音,施以七声,莫不和韵。先是,宫悬止有四镈钟,杂以编钟、编磬、衡钟凡十六虡。上始命设十二镈钟,各有编钟、编磬,凡上三十六虡,而去衡钟,四隅植建鼓。

30 魏高祖之丧,前太傅平阳公丕自晋阳来赴,遂留洛阳。丕年八十馀,历事六世,位极公辅,而还为庶人。魏主以其宗室耆旧,矜而礼之。乙卯,以丕为三老。

31 魏扬州刺史任城王澄表请攻钟离,魏主使羽林监敦煌范绍诣寿阳,共量进止。澄曰:"当用兵十万,往来百日,乞朝廷速办粮仗。"绍曰:"今秋已向末,方欲调发,兵仗可集,粮何由致!有兵无粮,何以克敌!"澄沉思良久曰:"实如卿言。"乃止。

32 九月丁巳,魏主如邺。冬,十月庚子,还至怀,与宗室近侍射远,帝射三百五十馀步,群臣刻铭以美之。甲辰,还洛阳。

33 十一月己未,立小庙以祭太祖之母,每祭太庙毕,以一太牢祭之。

34 甲子,立皇子统为太子。

35 魏洛阳宫室始成。

36 十二月,将军张嚣之侵魏淮南,取木陵戍;魏任城王澄遣辅国将军成兴击之,嚣之败走,魏复取木陵。

37　刘季连遣其将李奉伯等拒邓元起,元起与战,互有胜负。久之,奉伯等败,还成都,元起进屯西平。季连驱略居民,闭城固守。元起进屯蒋桥,去成都二十里,留辎重于郫。奉伯等间道袭郫,陷之,军备尽没。元起舍郫,径围州城;城局参军江希之谋以城降,不克而死。

38　魏陈留公主寡居,仆射高肇、秦州刺史张彝皆欲尚之,公主许彝而不许肇。肇怒,潛彝于魏主,坐沉废累年。

39　是岁,江东大旱,米斗五千,民多饿死。

二年(癸未,503)

1　春,正月乙卯,以尚书仆射沈约为左仆射,吏部尚书范云为右仆射,尚书令王亮为左光禄大夫。丙辰,亮坐正旦诈疾不登殿,削爵,废为庶人。

2　乙亥,魏主耕籍田。

3　魏梁州氐杨会叛,行梁州事杨椿等讨之。

4　成都城中食尽,升米三千,人相食。刘季连食粥累月,计无所出。上遣主书赵景悦宣诏受季连降,季连肉袒请罪。邓元起迁季连于城外,俄而造焉,待之以礼。季连谢曰:"早知如此,岂有前日之事!"郫城亦降。元起诛李奉伯等,送季连诣建康。初,元起在道,惧事不集,无以为赏,士之至者皆许以辟命,于是受别驾、治中檄者将二千人。

季连至建康,入东掖门,数步一稽颡,以至上前。上笑曰:"卿欲慕刘备,而曾不及公孙述,岂无卧龙之臣邪!"赦为庶人。

5　三月己巳,魏皇后蚕于北郊。

6　庚辰,魏扬州刺史任城王澄遣长风城主奇道显入寇,取阴山、白藁二戍。

7　萧宝寅伏于魏阙之下,请兵伐梁,虽暴风大雨,终不暂移;会陈伯之降魏,亦请兵自效。魏主乃引八坐、门下入定议。夏,四月癸未朔,以宝寅为都督东扬等三州诸军事、镇东将军、扬州刺史、丹杨公、齐王,礼赐甚厚,配兵一万,令屯东城;以伯之为都督淮南诸军事、平南将军、江州刺史,屯阳石,俟秋冬大举。宝寅明当拜命,自夜恸哭至晨。魏人又听宝寅募四方壮勇,得数千人,以颜文智、华文荣等六人皆为将军、军主。宝寅志性雅重,过期犹绝酒肉,惨形悴色,蔬食粗衣,未尝嬉笑。

8　癸卯,蔡法度上梁律二十卷,令三十卷,科四十卷。诏班行之。

9　五月丁巳,霄城文侯范云卒。

云尽心事上,知无不为,临繁处剧,精力过人。及卒,众谓沈约宜当枢管,上以约轻易,不如尚书左丞徐勉,乃以勉及右卫将军周舍同参国政。舍雅量不及勉,而清简过之,两人俱称贤相,常留省内,罕得休下。勉或时还宅,群犬惊吠;每有表奏,辄焚其藁。舍豫机密二十馀年,未尝离左右,国史、诏诰、仪体、法律、军旅谋谟皆掌之,与人言谑,终日不绝,而竟不漏泄机事,众尤服之。

10　壬申,断诸郡县献奉二宫,惟诸州及会稽许贡任土,若非地产,亦不得贡。

11　甲戌,魏杨椿等大破叛氐,斩首数千级。

12　六月壬午朔,魏立皇弟悦为汝南王。

13　魏扬州刺史任城王澄表称:"萧衍频断东关,欲令濄湖泛溢以灌淮南诸戍。吴、楚便水,且灌且掠,淮南之地将非国有。寿阳去江五百馀里,众庶惶惶,并惧水害,脱乘民之愿,攻敌之虚,豫勒诸州,纂集士马,有秋大集,应机经略,虽混壹不能必果,江西自是无虞矣。"丙戌,魏发冀、定、瀛、相、并、济六州二万人,马一千五百匹,令仲秋之中毕会淮南,并寿阳先兵三万,委澄经略;萧宝寅、陈伯之皆受澄节度。

14　谢朏轻舟出诣阙,诏以为侍中、司徒、尚书令。朏辞脚疾不堪拜谒,角巾自舆诣云龙门谢。诏见于华林园,乘小车就席。明旦,上幸朏宅,宴语尽欢。朏固陈本志,不许;因请自还东迎母,许之。临发,上复临幸,赋诗饯别;王人送迎,相望于道。及还,诏起府于旧宅,礼遇优异。朏素惮烦,不省职事,众颇失望。

15　甲午,以中书监王莹为尚书右仆射。

16　秋,七月乙卯,魏平阳平公丕卒。

17　魏既罢盐池之禁,而其利皆为富强所专。庚午,复收盐池利入公。

18　辛未,魏以彭城王勰为太师,勰固辞。魏主赐诏敦谕,又为家人书,祈请恳至;勰不得已,受命。

19　八月庚子,魏以镇南将军元英都督征义阳诸军事。司州刺史蔡道恭闻魏军将至,遣骁骑将军杨由帅城外居民三千馀家保贤首山,为三栅。冬,十月,元英勒诸军围贤首栅,栅民任马驹斩由降魏。

任城王澄命统军党法宗、傅竖眼、太原王神念等分兵寇东关、大岘、淮陵、九山,高祖珍将三千骑为游军,澄以大军继其后。竖眼,灵越之子也。魏人拔关要、颍川、大岘三城,白塔、牵城、清溪皆溃。徐州刺史司马明素将兵三千救九山，徐州长史潘伯邻救淮陵，宁朔将军王燮保焦城。党法宗等进拔焦城，破淮陵，十一月壬午，擒明素，斩伯邻。

先是，南梁太守冯道根戍阜陵，初到，修城隍，远斥候，如敌将至，众颇笑之。道根曰："怯防勇战，此之谓也。"城未毕，党法宗等众二万奄至城下，众皆失色。道根命大开门，缓服登城，选精锐二百人出与魏兵战，破之。魏人见其意思闲暇，战又不利，遂引去。道根将百骑击高祖珍，破之。魏诸军粮运绝，引退。以道根为豫州刺史。

20　武兴安王杨集始卒。己未，魏立其世子绍先为武兴王；绍先幼，国事决于二叔父集起、集义。

21　乙亥，尚书左仆射沈约以母忧去职。

22　魏既迁洛阳，北边荒远，因以饥馑，百姓困弊。魏主加尚书左仆射源怀侍中、行台，使持节巡行北边六镇、恒燕朔三州，赈给贫乏，考论殿最，事之得失皆先决后闻。怀通济有无，饥民赖之。沃野镇将于祚，皇后之世父，与怀通婚。时于劲方用事，势倾朝野，祚颇有受纳。怀将入镇，祚郊迎道左，怀不与语，即劾奏免官。怀朔镇将元尼须与怀旧交，贪秽狼籍，置酒请怀，谓怀曰："命之长短，系卿之口，岂可不相宽贷！"怀曰："今日源怀与故人饮酒之坐，非鞫狱之所也。明日，公庭始为使者检镇将罪状之处耳。"尼须挥泪无以对，竟按劾抵罪。怀又奏："边镇事少而置官猥多，沃野一镇自将以下八百馀人，请一切五分损二。"魏主从之。

23　乙酉，将军吴子阳与魏元英战于白沙，子阳败绩。

24　魏东荆州蛮樊素安作乱，乙酉，以左卫将军李崇为镇南将军、都督征蛮诸军事，将步骑讨之。

25　冯翊吉翂父为原乡令，为奸吏所诬，逮诣廷尉，罪当死。翂年十五，枹登闻鼓，乞代父命。上以其幼，疑人教之，使廷尉卿蔡法度严加诱胁，取其款实。法度盛陈拷讯之具，诘翂曰："尔求代父，敕已相许，审能死不？且尔童骏，若为人所教，亦听悔异。"翂曰："囚虽愚幼，岂不知死之可惮！顾不忍见父极刑，故求代之。此非细故，奈何受人教邪！明诏听代，不异登仙，岂有回贰！"法度乃更和颜诱之曰："主上知尊侯无罪，行当得释，观君足为佳童，今若转辞，幸可父子同济。"翂曰："父挂深劾，必正刑书；囚瞑目引领，唯听大戮，无言复对。"时翂备加桎梏，法度愍之，命更著小者，翂不听，曰："死罪之囚，唯宜益械，岂可减乎！"竟不脱。法度具以闻，上乃宥其父罪。

丹杨尹王志求其在廷尉事，并问乡里，欲于岁首举充纯孝。翂曰：

"异哉王尹,何量掰之薄乎！父辱子死,道固当然；若掰当此举乃是因父取名,何辱如之！"固拒而止。

26　魏主纳高肇兄偃之女为贵嫔。

27　魏散骑常侍赵脩,寒贱暴贵,恃宠骄恣,陵轹王公,为众所疾。魏主为脩治第舍,拟于诸王,邻居献地者或超补大郡。脩请告归葬其父,凡财役所须,并从官给。脩在道淫纵,左右乘其出外,颇发其罪恶；及还,旧宠小衰。高肇密构成其罪,侍中、领御史中尉甄琛、黄门郎李凭、廷尉卿阳平王显,素皆谄附于脩,至是惧相连及,争助肇攻之。帝命尚书元绍检讯,下诏暴其奸恶,免死,鞭一百,徙敦煌为兵。而脩愚疏,初不之知,方在领军于劲第樗蒲,羽林数人称诏呼之,送诣领军府。甄琛、王显监罚,先具问事有力者五人,迭鞭之,欲令必死。脩素肥壮,堪忍楚毒,密加鞭至三百不死。即召驿马,促之上道,出城不自胜,举缚置鞍中,急驱之,行八十里,乃死。帝闻之,责元绍不重闻,绍曰："脩之佞幸,为国深蠹,臣不因衅除之,恐陛下受万世之谤。"帝以其言正,不罪也。绍出,广平王怀拜之曰："翁之直过于汲黯。"绍曰："但恨戮之稍晚,以为愧耳。"绍,素之孙也。明日,甄琛、李凭以脩党皆坐免官,左右与脩连坐死黜者二十馀人。散骑常侍高聪与脩素亲狎,而又以宗人谄事高肇,故独得免。

三年（甲申,504）

1　春,正月庚戌,征虏将军赵祖悦与魏江州刺史陈伯之战于东关,祖悦败绩。

2　癸丑,以尚书右仆射王莹为左仆射,太子詹事柳惔为右仆射。

3　丙辰,魏东荆州刺史杨大眼击叛蛮樊季安等,大破之。季安,素安之弟也。

4　丙寅,魏大赦,改元正始。

5　萧宝寅行及汝阴,东城已为梁所取,乃屯寿阳栖贤寺。二月戊子,将军姜庆真乘魏任城王澄在外,袭寿阳,据其外郭。长史韦缵仓猝失图；任城太妃孟氏勒兵登陴,先守要便,激厉文武,安慰新旧,将士咸有奋志。太妃亲巡城守,不避矢石。萧宝寅引兵至,与州军合击之,自四鼓战至下晡,庆真败走。韦缵坐免官。

任城王澄攻钟离,上遣冠军将军张惠绍等将兵五千送粮诣钟离,澄遣平远将军刘思祖等邀之。丁酉,战于邵阳；大败梁兵,俘惠绍等十将,杀虏士卒殆尽。思祖,芳之从子也。尚书论思祖功,应封千户侯；侍中、领右卫将军元晖求二婢于思祖,不得,事遂寝。晖,素之孙也。

上遣平西将军曹景宗、后军王僧炳等帅步骑三万救义阳。僧炳将二万人据凿岘,景宗将万人为后继,元英遣冠军将军元逞等据樊城以拒之。三月壬申,大破僧炳于樊城,俘斩四千馀人。

魏诏任城王澄,以"四月淮水将涨,舟行无碍,南军得时,勿昧利以取后悔"。会大雨,淮水暴涨,澄引兵还寿阳。魏军还既狼狈,失亡四千馀人。中书侍郎齐郡贾思伯为澄军司,居后为殿,澄以其儒者,谓之必死,及至,大喜曰:"'仁者必有勇',于军司见之矣。"思伯托以失道,不伐其功。有司奏夺澄开府,仍降三阶。上以所获魏将士请易张惠绍于魏,魏人归之。

6　魏太傅、领司徒、录尚书北海王详,骄奢好声色,贪冒无厌,广营第舍,夺人居室,嬖昵左右,所在请托,中外嗟怨。魏主以其尊亲,恩礼无替,军国大事皆与参决,所奏请无不开允。魏主之初亲政也,以兵召诸叔,详与咸阳、彭城王共车而入,防卫严固。高太妃大惧,乘车随而哭之。既得免,谓详曰:"自今不愿富贵,但使母子相保,与汝扫市为生耳。"及详再执政,太妃不复念前事,专助详为贪虐。冠军将军茹皓,以巧思有宠于帝,常在左右,传可门下奏事,弄权纳贿,朝野惮之,详亦附焉。皓娶尚书令高肇从妹,皓妻之姊为详从父安定王燮之妃;详烝于燮妃,由是与皓益相昵狎。直阁将军刘胄,本详所引荐,殿中将军常季贤以善养马,陈扫静掌栉,皆得幸于帝,与皓相表里,卖权势。

高肇本出高丽,时望轻之。帝既黜六辅,诛咸阳王禧,专委事于肇。肇以在朝亲族至少,乃邀结朋援,附之者旬月超擢,不附者陷以大罪。尤忌诸王,以详位居其上,欲去之,独执朝政,乃谮之于帝,云"详与皓、胄、季贤、扫静谋为逆乱。"夏,四月,帝夜召中尉崔亮入禁中,使弹奏详贪淫奢纵,及皓等四人怙权贪横,收皓等系南台,遣虎贲百人围守详第。又虑详惊惧逃逸,遣左右郭翼开金墉门驰出谕旨,示以中尉弹状,详曰:"审如中尉所纠,何忧也! 正恐更有大罪横至耳。人与我物,我实受之。"诘朝,有司奏处皓等罪,皆赐死。

帝引高阳王雍等五王入议详罪。详单车防卫,送华林园,母妻随入,给小奴弱婢数人,围守甚严,内外不通。五月丁未朔,下诏宥详死,免为庶人。顷之,徙详于太府寺,围禁弥急,母妻皆还南第,五日一来视之。

初,详娶宋王刘昶女,待之疏薄。详既被禁,高太妃乃知安定高妃事,大怒曰:"汝妻妾盛多如此,安用彼高丽婢,陷罪至此!"杖之百馀,被创脓溃,旬馀乃能立。又杖刘妃数十,曰:"妇人皆妒,何独不妒!"刘妃笑而受罚,卒无所言。

详家奴数人阴结党辈,欲劫出详,密书姓名,托侍婢通于详。详始得执省,而门防主司遥见,突入就详手中揽得,奏之,详恸哭数声,暴卒。诏有司以礼殡葬。

先是,典事史元显献鸡雏,四翼四足,诏以问侍中崔光。光上表曰:"汉元帝初元中,丞相府史家雌鸡伏子,渐化为雄,冠距鸣将。永光中,有献雄鸡生角,刘向以为'鸡者小畜,主司时起居人,小臣执事为政之象也。竟宁元年,石显伏辜,此其效也。'灵帝光和元年,南宫寺雌鸡欲化为雄,但头冠未变,诏以问议郎蔡邕,对曰:'头为元首,人君之象也。今鸡一身已变,未至于头,而上知之,是将有其事而不遂成之象也。若应之不精,政无所改,头冠或成,为患滋大。'是后黄巾破坏四方,天下遂大乱。今之鸡状虽与汉不同,而其应颇相类,诚可畏也。臣以向、邕言推之,翼足众多,亦群下相扇助之象;雏而未大,足羽差小,亦其势尚微,易制御也。臣闻灾异之见,皆所以示吉凶,明君睹之而惧,乃能致福,暗主睹之而慢,所以致祸。或者今亦有自贱而贵,关预政事,如前世石显之比者邪!愿陛下进贤黜佞,则妖弭庆集矣。"后数日,皓等伏诛,帝愈重光。

高肇说帝,使宿卫队主帅羽林虎贲守诸王第,殆同幽禁,彭城王勰切谏,不听。勰志尚高迈,不乐荣势,避事家居,而出无山水之适,处无知己之游,独对妻子,常郁郁不乐。

7　魏人围义阳,城中兵不满五千人,食才支半岁。魏军攻之,昼夜不息,刺史蔡道恭随方抗御,皆应手摧却,相持百馀日,前后斩获不可胜计。魏军惮之,将退。会道恭疾笃,乃呼从弟骁骑将军灵恩、兄子尚书郎僧勰及诸将佐,谓曰:"吾受国厚恩,不能攘灭寇贼,今所苦转笃,势不支久;汝等当以死固节,无令吾没有遗恨!"众皆流涕。道恭卒,灵恩摄行州事,代之城守。

8　六月癸未,大赦。

9　魏大旱,散骑常侍兼尚书邢峦奏称:"昔者明王重粟帛,轻金玉,何则?粟帛养民而安国,金玉无用而败德故也。先帝深鉴奢泰,务崇节俭,至以纸绢为帐扆,铜铁为辔勒,府藏之金,裁给而已,不复买积以费国资。逮景明之初,承升平之业,四境清晏,远迩来同,于是贡篚相继,商估交入,诸所献纳,倍多于常,金玉恒有馀,国用恒不足。苟非为之分限,但恐岁计不充,自今请非要须者一切不受。"魏主纳之。

10　秋,七月癸丑,角城戍主柴庆宗以城降魏,魏徐州刺史元鉴遣淮阳太守吴秦生将千馀人赴之。淮阴援军断其路,秦生屡战,破之,遂取角城。

11　甲子,立皇子综为豫章王。

12　魏李崇破东荆叛蛮,生擒樊素安,进讨西荆诸蛮,悉降之。

13　魏人闻蔡道恭卒,攻义阳益急,短兵日接。曹景宗顿凿岘不进,但耀兵游猎而已。上复遣宁朔将军马仙琕救义阳,仙琕转战而前,兵势甚锐。元英结垒于上雅山,分命诸将伏于四山,示之以弱。仙琕乘胜直抵长围,掩英营;英伪北以诱之,至平地,纵兵击之。统军傅永擐甲执槊,单骑先入,唯军主蔡三虎副之,突陈横过。梁兵射永,洞其左股,永拔箭复入。仙琕大败,一子战死,仙琕退走。英谓永曰:"公伤矣,且还营。"永曰:"昔汉高扪足不欲人知,下官虽微,国家一将,奈何使贼有伤将之名!"遂与诸军追之,尽夜而返;时年七十馀矣,军中莫不壮之。仙琕复帅万馀人进击英,英又破之,杀将军陈秀之。仙琕知义阳危急,尽锐决战,一日三交,皆大败而返。蔡灵恩势穷,八月乙酉,降于魏。三关戍将闻之,辛酉,亦弃城走。

英使司马陆希道为露版,嫌其不精,命傅永改之;永不增文彩,直为之陈列军事处置形要而已,英深赏之,曰:"观此经算,虽有金城汤池,不能守矣。"初,南安惠王以预穆泰之谋,追夺爵邑,及英克义阳,乃复立英为中山王。

御史中丞任昉奏弹曹景宗,上以其功臣,寝而不治。

14　卫尉郑绍叔忠于事上,外所闻知,纤豪无隐。每为上言事,善则推功于上,不善则引咎归己,上以是亲之。诏于南义阳置司州,移镇关南,以绍叔为刺史。绍叔立城隍,缮器械,广田积谷,招集流散,百姓安之。

魏置郢州于义阳,以司马悦为刺史。上遣马仙琕筑竹敦、麻阳二城于三关南,司马悦遣兵攻竹敦,拔之。

15　九月壬子,以吐谷浑王伏连筹为西秦河二州刺史、河南王。

16　柔然侵魏之沃野及怀朔镇,诏车骑大将军源怀出行北边,指授方略,随须征发,皆以便宜从事。怀至云中,柔然遁去。怀以为用夏制夷,莫如城郭,还,至恒、代,按视诸镇左右要害之地,可以筑城置戍之处,欲东西为九城,及储粮积仗之宜,犬牙相救之势,凡五十八条,表上之,曰:"今定鼎成周,去北遥远,代表诸国颇或外叛,仍遭旱饥,戎马甲兵十分阙八。谓宜准旧镇,东西相望,令形势相接,筑城置戍,分兵要害,劝农积粟,警急之日,随便蒭讨。彼游骑之寇,终不敢攻城,亦不敢越城南出。如此,北方无忧矣。"魏主从之。

17　魏太和之十六年,高祖诏中书监高闾与给事中公孙崇考定雅乐,久之,未就。会高祖殂,高闾卒。景明中,崇为太乐令,上所调金石及书。至是,世宗始命八座已下议之。

18　冬,十一月戊午,魏诏营缮国学。时魏平宁日久,学业大盛,燕、齐、赵、魏之间,教授者不可胜数,弟子著录多者千馀人,少者犹数百,州举茂异,郡贡孝廉,每年逾众。

19　甲子,除以金赎罪之科。

20　十二月丙子,魏诏殿中郎陈郡袁翻等议立律令,彭城王勰等监之。

21　己亥,魏主幸伊阙。

22　上雅好儒术,以东晋、宋、齐虽开置国学,不及十年辄废之,其存亦文具而已,无讲授之实。

资治通鉴卷第一百四十六

梁纪二

高祖武皇帝二

天监四年（乙酉，505）

1　春，正月癸卯朔，诏曰："二汉登贤，莫非经术，服膺雅道，名立行成。魏、晋浮荡，儒教沦歇，风节罔树，抑此之由。可置五经博士各一人，广开馆宇，招内后进！"于是以贺玚及平原明山宾、吴兴沈峻、建平严植之补博士，各主一馆，馆有数百生，给其饩廪，其射策通明者即除为吏。期年之间，怀经负笈者云会。玚，循之玄孙也。又选学生，往会稽云门山从何胤受业，命胤选门徒中经明行修者，具以名闻。分遣博士祭酒巡州郡立学。

2　初，谯国夏侯道迁以辅国将军从裴叔业镇寿阳，为南谯太守，与叔业有隙，单骑奔魏。魏以道迁为骁骑将军，从王肃镇寿阳，使道迁守合肥。肃卒，道迁弃戍来奔，从梁、秦二州刺史庄丘黑镇南郑，以道迁为长史，领汉中太守。黑卒，诏以都官尚书王珍国为刺史，未至，道迁阴与军主考城江忱之等谋降魏。

先是，魏仇池镇将杨灵珍叛魏来奔，朝廷以为征虏将军、假武都王，助戍汉中，有部曲六百人，道迁惮之。上遣左右吴公之等使南郑，道迁杀使者，发兵击灵珍父子，斩之，并使者首送于魏。白马戍主尹天宝闻之，引兵击道迁，败其将庞树，遂围南郑。道迁求救于氐王杨绍先、杨集起、杨集义，皆不应，集义弟集朗引兵救道迁，击天宝，杀之。魏以道迁为平南将军、豫州刺史、丰县侯。又以尚书邢峦为镇西将军、都督征梁汉诸军事，将兵赴之。道迁受平南，辞豫州，且求公爵，魏主不许。

3　辛亥，上祀南郊，大赦。

4　乙丑，魏以骠骑大将军高阳王雍为司空，加尚书令广阳王嘉仪同三司。

5　二月丙子，魏以宕昌世子梁弥博为宕昌王。

6　上谋伐魏，壬午，遣卫尉卿杨公则将宿卫兵塞洛口。

7　壬辰，交州刺史李凯据州反，长史李畟讨平之。

8　魏邢峦至汉中，击诸城戍，所向摧破。晋寿太守王景胤据石亭，峦遣统军李义珍击走之。魏以峦为梁、秦二州刺史。巴西太守庞景民据郡不下，郡民严玄思聚众自称巴州刺史，附于魏，攻景民，斩之。杨集起、集义闻魏克汉中而惧，闰月，帅群氐叛魏，断汉中粮道，峦屡遣军击破之。

9　夏，四月丁巳，以行宕昌王梁弥博为河凉二州刺史、宕昌王。

10　冠军将军孔陵等将兵二万戍深杭，鲁方达戍南安，任僧褒等戍石同，以拒魏。邢峦遣统军王足将兵击之，所至皆捷，遂入剑阁。陵等退保梓潼，足又进击，破之。梁州十四郡地，东西七百里，南北千里，皆入于魏。

　　初，益州刺史邓元起以母老乞归，诏征为右卫将军，以西昌侯渊藻代之。渊藻，懿之子也。夏侯道迁之叛也，尹天宝驰使报元起。及魏寇晋寿，王景胤等并遣告急，众劝元起急救之，元起曰："朝廷万里，军不猝至，若寇贼侵淫，方须扑讨，董督之任，非我而谁，何事匆匆救之！"诏假元起都督征讨诸军事，救汉中，而晋寿已陷。萧渊藻将至，元起营还装，粮储器械，取之无遗。渊藻入城，恨之；又求其良马，元起曰："年少郎子，何用马为！"渊藻恚，因醉，杀之。元起麾下围城，哭，且问故，渊藻曰："天子有诏。"众乃散。遂诬以反，上疑焉。元起故吏广汉罗研诣阙讼之，上曰："果如我所量也。"使让渊藻曰："元起为汝报仇，汝为仇报仇，忠孝之道如何！"乃贬渊藻号为冠军将军，赠元起征西将军，谥曰忠侯。

　　　　李延寿论曰：元起勤乃胥附，功惟辟土，劳之不图，祸机先陷。冠军之贬，于罚已轻，梁之政刑，于斯为失。私戚之端，自斯而启，年之不永，不亦宜乎！

11　益州民焦僧护聚众作乱，萧渊藻年未弱冠，集僚佐议自击之；或陈不可，渊藻大怒，斩于阶侧。乃乘平肩舆巡行贼垒，贼弓乱射，矢下如雨，从者举盾御矢，渊藻命去之。由是人心大安，击僧护等，皆平之。

12　六月庚戌，初立孔子庙。

13　豫州刺史王超宗将兵围魏小岘。丁卯，魏扬州刺史薛真度遣兼统军李叔仁等击之，超宗兵大败。

14　冠军将军王景胤、李畎、辅国将军鲁方达等与魏王足战，屡败，秋，七月，足进逼涪城。

15　八月壬寅，魏中山王英寇雍州。

16　庚戌，秦、梁二刺史鲁方达与魏王足统军纪洪雅、卢祖迁战，败，

方达等十五将皆死。壬子,王景胤等又与祖迁战,败,景胤等二十四将
皆死。

17　杨公则至洛口,与魏豫州长史石荣战,斩之。甲寅,将军姜庆真
与魏战于羊石,不利,公则退屯马头。

18　雍州蛮沔东太守田青喜叛降魏。

19　魏有芝生于太极殿之西序,魏主以示侍中崔光,光上表,以为
"此庄子所谓'气蒸成菌'者也。柔脆之物,生于墟落秽湿之地,不当生于
殿堂高华之处;今忽有之,厥状扶疏,诚足异也。夫野木生朝,野鸟入庙,
古人皆以为败亡之象,故太戊、中宗惧灾修德,殷道以昌,所谓'家利而怪
先,国兴而妖豫'者也。今西南二方,兵革未息,郊甸之内,大旱逾时,民
劳物悴,莫此之甚,承天育民者所宜矜恤;伏愿陛下侧躬耸意,惟新圣道,
节夜饮之乐,养方富之年,则魏祚可以永隆,皇寿等于山岳矣。"于是魏主
好宴乐,故光言之。

20　九月己巳,杨公则等与魏扬州刺史元嵩战,公则败绩。

21　冬,十月丙午,上大举伐魏,以扬州刺史临川王宏都督北讨诸军
事,尚书右仆射柳惔为副,王公以下各上国租及田谷以助军。宏军于
洛口。

22　杨集起、集义立杨绍先为帝,自皆称王。十一月戊辰朔,魏遣光
禄大夫杨椿将兵讨之。

23　魏王足围涪城,蜀人震恐,益州城戍降魏者什二三,民自上名籍
者五万馀户。邢峦表于魏主,请乘胜进取蜀,以为:"建康、成都,相去万
里,陆行既绝,惟资水路,水军西上,非周年不达,益州外无军援,一可图
也。顷经刘季连反,邓元起攻围,资储空竭,吏民无复固守之志,二可图
也。萧渊藻裙屐少年,未洽治务,宿昔名将,多见囚戮,今之所任,皆左右
少年,三可图也。蜀之所恃,唯在剑阁,今既克南安,已夺其险,据彼竟内,
三分已一;自南安向涪,方轨无碍,前军累败,后众丧魄,四可图也。渊藻
是萧衍骨肉至亲,必无死理,若克涪城,渊藻安肯城中坐而受困,必将望风
逃去;若其出斗,庸、蜀士卒弩怯,弓矢寡弱,五可图也。臣内省文吏,不习
军旅,赖将士竭力,频有薄捷,既克重阻,民心怀服,瞻望涪、益,旦夕可图,
正以兵少粮匮,未宜前出,今若不取,后图便难。况益州殷实,户口十万,
比寿春、义阳,其利三倍。朝廷若欲进取,时不可失;若欲保境宁民,则臣
居此无事,乞归侍养。"魏主诏以"平蜀之举,当更听后敕。寇难未夷,何
得以养亲为辞!"峦又表称:"昔邓艾、钟会帅十八万众,倾中国资储,仅能

平蜀,所以然者,斗实力也。况臣才非古人,何宜以二万之众而希平蜀!所以敢者,正以据得要险,士民慕义,此往则易,彼来则难,任力而行,理有可克。今王足已逼涪城,脱得涪,则益州乃成擒之物,但得之有早晚耳。且梓潼已附民户数万,朝廷岂可不守!又,剑阁天险,得而弃之,良可惜矣。臣诚知战伐危事,未易可为。自军度剑阁以来,鬓发中白,日夜战惧,何可为心!所以勉强者,既得此地而自退不守,恐负陛下之爵禄故也。且臣之意算,正欲先取涪城,以渐而进。若得涪城,则中分益州之地,断水陆之冲,彼外无援军,孤城自守,何能复持久哉!臣今欲使军军相次,声势连接,先为万全之计,然后图功,得之则大利,不得则自全。又,巴西、南郑,相距千四百里,去州迢遰,恒多扰动。昔在南之日,以其统绾势难,曾立巴州,镇静夷、獠,梁州藉利,因而表罢。彼土民望,严、蒲、何、杨,非唯一族,虽率居山谷,而豪右甚多,文学风流,亦为不少,但以去州既远,不获仕进,至于州纲,无由厕迹,是以郁怏,多生异图。比道迁建义之始,严玄思自号巴州刺史,克城以来,仍使行事。巴西广袤千里,户馀四万,若于彼立州,镇摄华、獠,则大帖民情,从垫江已还,不劳征伐,自为国有。”魏主不从。

　　先是,魏主以王足行益州刺史。上遣天门太守张齐将兵救益州,未至,魏主更以梁州军司泰山羊祉为益州刺史。王足闻之,不悦,辄引兵还,遂不能定蜀。久之,足自魏来奔。邢峦在梁州,接豪右以礼,抚小民以惠,州人悦之。峦之克巴西也,使军主李仲迁守之。仲迁溺于酒色,费散兵储,公事谘承,无能见者。峦忿之切齿,仲迁惧,谋叛,城人斩其首,以城来降。

　　24　十二月庚申,魏遣骠骑大将军源怀讨武兴氐,邢峦等并受节度。

　　25　司徒、尚书令谢朏以母忧去职。

　　26　是岁,大穰,米斛三十钱。

五年(丙戌,506)

　　1　春,正月丁卯朔,魏于后生子昌,大赦。

　　2　杨集义围魏关城,邢峦遣建武将军傅竖眼讨之,集义逆战,竖眼击破之,乘胜逐北,壬申,克武兴,执杨绍先,送洛阳。杨集起、杨集义亡走,遂灭其国,以为武兴镇,又改为东益州。

　　3　乙亥,以前司徒谢朏为中书监、司徒。

　　4　冀州刺史桓和击魏南青州,不克。

　　5　魏秦州屠各王法智聚众二千,推秦州主簿吕苟儿为主,改元建明,置百官,攻逼州郡。泾州民陈瞻亦聚众称王,改元圣明。

6　己卯,杨集起兄弟相帅降建〔魏〕。

7　甲申,封皇子纲为晋安王。

8　二月丙辰,魏主诏王公以下直言忠谏。治书侍御史阳固上表,以为"当今之务,宜亲宗室,勤庶政,贵农桑,贱工贾,绝谈虚穷微之论,简桑门无用之费,以救饥寒之苦"。时魏主委任高肇,疏薄宗室,好桑门之法,不亲政事,故固言及之。

9　戊午,魏遣右卫将军元丽都督诸军讨吕苟儿。丽,小新成之子也。

10　乙丑,徐州刺史历阳昌义之与魏平南将军陈伯之战于梁城,义之败绩。

11　将军萧昞将兵击魏徐州,围淮阳。

12　三月丙寅朔,日有食之。

13　己卯,魏荆州刺史赵怡、平南将军奚康生救淮阳。

14　魏咸阳王禧之子翼,遇赦求葬其父,屡泣请于魏主,魏主不许。癸未,翼与其弟昌、晔来奔。上以翼为咸阳王,翼以晔嫡母李妃之子也,请以爵让之,上不许。

15　辅国将军刘思效败魏青州刺史元系于胶水。

16　临川王宏使记室吴兴丘迟为书遗陈伯之曰:"寻君去就之际,非有他故,直以不能内审诸己,外受流言,沉迷猖蹶,以至于此。主上屈法申恩,吞舟是漏,将军松柏不翦,亲戚安居,高台未倾,爱妾尚在。而将军鱼游于沸鼎之中,燕巢于飞幕之上,不亦惑乎!想早励良图,自求多福。"庚寅,伯之自寿阳梁城拥众八千来降,魏人杀其子虎牙。诏复以伯之为西豫州刺史;未之任,复以为通直散骑常侍。久之,卒于家。

17　初,魏御史中尉甄琛,表称:"周礼,山林川泽有虞、衡之官,为之厉禁,盖取之以时,不使戕贼而已,故虽置有司,实为民守之也。夫一家之长,必惠养子孙,天下之君,必惠养兆民,未有为人父母而吝其醢醯,富有群生而榷其一物者也。今县官鄣护河东盐池而收其利,是专奉口腹而不及四体也。盖天子富有四海,何患于贫!乞弛盐禁,与民共之!"录尚书事勰、尚书邢峦奏,以为"琛之所陈,坐谈则理高,行之则事阙。窃惟古之善治民者,必污隆随时,丰俭称事,役养消息以成其性命。若任其自生,随其饮啄,乃是刍狗万物,何以君为!是故圣人敛山泽之货以宽田畴之赋,收关市之税以助什一之储,取此与彼,皆非为身,所以资天地之产,惠天地之民也。今盐池之禁,为日已久,积而散之,以济军国,非专为供太官之膳差,给后宫之服玩。既利不在己,则彼我一也。然自禁盐以来,有司多慢,出纳之间,或不如法。是使细民嗟怨,负贩轻议,此乃用之者无方,非作之者有失也。一旦罢之,恐乖本旨。一行一改,法若弈棋,参论理要,宜如旧式。"魏主卒从琛议,夏,四月乙未,罢盐池禁。

18　庚戌,魏以中山王英为征南将军、都督扬徐二州诸军事,帅众十馀万以拒梁军,指授诸节度,所至以便宜从事。

江州刺史王茂将兵数万侵魏荆州,诱魏边民及诸蛮更立宛州,遣其所署宛州刺史雷豹狼等袭取魏河南城。魏遣平南将军杨大眼都督诸军击茂,辛酉,茂战败,失亡二千馀人。大眼进攻河南城,茂逃还;大眼追至汉水,攻拔五城。

魏征虏将军宇文福寇司州,俘千馀口而去。

五月辛未,太子右卫率张惠绍等侵魏徐州,拔宿预,执城主马成龙。乙亥,北徐州刺史昌义之拔梁城。

豫州刺史韦叡遣长史王超等攻小岘,未拔。叡行围栅,魏出数百人陈于门外,叡欲击之,诸将皆曰:"向者轻来,未有战备,徐还授甲,乃可进耳。"叡曰:"不然。魏城中二千馀人,足以固守,今无故出人于外,必其骁勇者也,苟能挫之,其城自拔。"众犹迟疑,叡指其节曰:"朝廷授此,非以为饰,韦叡法不可犯也!"遂进击之,士皆殊死战,魏兵败走,因急攻之,中宿而拔,遂至合肥。

先是,右军司马胡景略等攻合肥,久未下,叡按山川,夜,帅众堰肥水,顷之,堰成水通,舟舰继至。魏筑东、西小城夹合肥,叡先攻二城,魏将杨灵胤帅众五万奄至。众惧不敌,请奏益兵,叡笑曰:"贼至城下,方求益兵,将何所及!且吾求益兵,彼亦益兵,兵贵用奇,岂在众也!"遂击灵胤,破之。叡使军主王怀静筑城于岸以守堰,魏攻拔之,城中千馀人皆没。魏人乘胜至堤下,兵势甚盛,诸将欲退还巢湖,或欲保三叉,叡怒曰:"宁有此邪!"命取伞扇麾幢,树之堤下,示无动志。魏人来凿堤,叡亲与之争,魏兵却,因筑垒于堤以自固。叡起斗舰,高与合肥城等,四面临之,城中人皆哭,守将杜元伦登城督战,中弩死。辛巳,城溃,俘斩万馀级,获牛羊以万数。

叡体素羸,未尝跨马,每战,常乘板舆督厉将士,勇气无敌;昼接宾旅,夜半起,算军书,张灯达曙。抚循其众,常如不及,故投募之士争归之。所至顿舍,馆宇藩墙,皆应准绳。

诸军进至东陵,有诏班师,去魏城既近,诸将恐其追蹑,叡悉遣辎重居前,身乘小舆殿后,魏人服叡威名,望之不敢逼,全军而还。于是迁豫州治合肥。

壬午,魏遣尚书元遥南拒梁兵。

19 癸未,魏遣征西将军于劲节度秦、陇诸军。

20 丁亥,庐江太守闻喜裴邃克魏羊石城,庚寅,又克霍丘城。

六月庚子,青、冀二州刺史桓和克朐山城。

21 乙巳,魏安西将军元丽击王法智,破之,斩首六千级。

22 张惠绍与假徐州刺史宋黑水陆俱进,趣彭城,围高冢戍,魏武卫将军奚康生将兵救之,丁未,惠绍兵不利,黑战死。

23 太子统生五岁,能遍诵五经;庚戌,始自禁中出居东宫。

24 丁巳,魏以度支尚书邢峦都督东讨诸军事。

25 魏骠骑大将军冯翊惠公源怀卒。怀性宽简,不喜烦碎,常曰:"为贵人当举纲维,何必事事详细! 譬如为屋,但外望高显,楹栋平正,基壁完牢,足矣;斧斤不平,斫削不密,非屋之病也。"

26 秋,七月丙寅,桓和击魏兖州,拔固城。

27 吕苟儿率众十馀万屯孤山,围逼秦州,元丽进击,大破之。行秦州事李韶掩击孤山,获其父母妻子,庚辰,苟儿帅其徒诣丽降。

兼太仆卿杨椿别讨陈瞻,瞻据险拒守。诸将或请伏兵山蹊,断其出入,待粮尽而攻之,或欲斩木焚山,然后进讨,椿曰:"皆非计也。自官军之至,所向辄克,贼所以深窜,正避死耳。今约勒诸军,勿更侵掠,贼必谓我见险不前;待其无备,然后奋击,可一举平也。"乃止屯不进。贼果出抄掠,椿复以马畜饵之,不加讨逐。久之,阴简精卒,衔枚夜袭之,斩瞻,传首。秦、泾二州皆平。

28 戊子,徐州刺史王伯敖与魏中山王英战于阴陵,伯敖兵败,失亡五千馀人。

己丑,魏发定、冀、瀛、相、并、肆六州十万人以益南行之兵。上遣将军角念将兵一万屯蒙山,招纳兖州之民,降者甚众。是时,将军萧及屯固城,桓和屯孤山。魏邢峦遣统军樊鲁攻和,别将元恒攻及,统军毕祖朽攻念。壬寅,鲁大破和于孤山,恒拔固城,祖朽击念,走之。

己酉,魏诏平南将军安乐王诠督后发诸军赴淮南。诠,长乐之子也。

将军蓝怀恭与魏邢峦战于睢口,怀恭败绩,峦进围宿预。怀恭复于清南筑城,峦与平南将军杨大眼合攻之,九月癸酉,拔之,斩怀恭,杀获万计。张惠绍弃宿预,萧昞弃淮阳,遁还。

　　临川王宏以帝弟将兵，器械精新，军容甚盛，北人以为百数十年所未之有。军次洛口，前军克梁城，诸将欲乘胜深入，宏性懦怯，部分乖方。魏诏邢峦引兵渡淮，与中山王英合攻梁城，宏闻之，惧，召诸将议旋师，吕僧珍曰：“知难而退，不亦善乎！”宏曰：“我亦以为然。”柳惔曰：“自我大众所临，何城不服，何谓难乎！”裴邃曰：“是行也，固敌是求，何难之避！”马仙琕曰：“王安得亡国之言！天子扫境内以属王，有前死一尺，无却生一寸！”昌义之怒，须发尽磔，曰：“吕僧珍可斩也！岂有百万之师出未逢敌，望风遽退，何面目得见圣主乎！”朱僧勇、胡辛生拔剑而退，曰：“欲退自退，下官当前向取死。”议者罢出，僧珍谢诸将曰：“殿下昨来风动，意不在军，深恐大致沮丧，故欲全师而返耳。”宏不敢遽违群议，停军不前。魏人知其不武，遗以巾帼，且歌之曰：“不畏萧娘与吕姥，但畏合肥有韦虎。”虎，谓韦叡也。僧珍叹曰：“使始兴、吴平为帅而佐之，岂有为敌人所侮如是乎！”欲遣裴邃分军取寿阳，大众停洛口，宏固执不听，令军中曰：“人马有前行者斩！”于是将士人怀愤怒。魏奚康生驰遣杨大眼谓中山王英曰：“梁人自克梁城已后，久不进军，其势可见，必畏我也。王若进据洛水，彼自奔败。”英曰：“萧临川虽駃，其下有良将韦、裴之属，未可轻也。宜且观形势，勿与交锋。”

　　张惠绍号令严明，所至独克，军于下邳，下邳人多欲降者，惠绍谕之曰：“我若得城，诸卿皆是国人，若不能克，徒使诸卿失乡里，非朝廷吊民之意也。今且安堵复业，勿妄自辛苦。”降人咸悦。

　　己丑，夜，洛口暴风雨，军中惊，临川王宏与数骑逃去。将士求宏不得，皆散归，弃甲投戈，填满水陆，捐弃病者及羸老，死者近五万人。宏乘小船济江，夜至白石垒，叩城门求入。临汝侯渊猷登城谓曰：“百万之师，一朝鸟散，国之存亡，未可知也。恐奸人乘间为变，城不可夜开。”宏无以对，乃缒食馈之。渊猷，渊藻之弟。时昌义之军梁城，闻洛口败，与张惠绍皆引兵退。

　　魏主诏中山王英乘胜平荡东南，逐北至马头，攻拔之，城中粮储，魏悉迁之归北。议者咸曰：“魏运米北归，当不复南向。”上曰：“不然，此必欲进兵，为诈计耳。”乃命修钟离城，敕昌义之为战守之备。

　　冬，十月，英进围钟离，魏主诏邢峦引兵会之。峦上表，以为“南军虽野战非敌，而城守有馀，今尽锐攻钟离，得之则所利无几，不得则亏损甚大。且介在淮外，借使束手归顺，犹恐无粮难守，况杀士卒以攻之乎！又，征南士卒从戎二时，疲弊死伤，不问可知。虽有乘胜之资，惧无可用之力。

若臣愚见,谓宜修复旧戍,抚循诸州,以俟后举,江东之衅,不患其无。"诏曰:"济淮掎角,事如前敕,何容犹尔盘桓,方有此请!可速进军!"峦又表,以为"今中山进军钟离,实所未解。若为得失之计,不顾万全,直袭广陵,出其不备,或未可知。若正欲以八十日粮取钟离城者,臣未之前闻也。彼坚城自守,不与人战,城堑水深,非可填塞,空坐至春,士卒自弊。若遣臣赴彼,从何致粮!夏来之兵,不赉冬服,脱遇冰雪,何方取济!臣宁荷怯懦不进之责,不受败损空行之罪。钟离天险,朝贵所具,若有内应,则所不知;如其无也,必无克状。若信臣言,愿赐臣停;若谓臣惮行求还,臣所领兵,乞尽付中山,任其处分,臣止以单骑随之东西。臣屡更为将,颇知可否,臣既谓难,何容强遣!"乃召峦还,更命镇东将军萧宝寅与英同围钟离。

　　侍中卢昶素恶峦,与侍中、领右卫将军元晖共谮之,使御史中尉崔亮弹峦在汉中掠人为奴婢。峦以汉中所得美女赂晖,晖言于魏主曰:"峦新有大功,不当以赦前小事案之。"魏主以为然,遂不问。

　　晖与卢昶皆有宠于魏主而贪纵,时人谓之"饿虎将军""饥鹰侍中"。晖寻迁吏部尚书,用官皆有定价,大郡二千匹,次郡下郡递减其半,馀官各有等差,选者谓之"市曹"。

　　29　丁酉,梁兵围义阳者夜遁,魏郢州刺史娄悦追击,破之。

　　30　柔然库者可汗卒,子伏图立,号佗汗可汗,改元始平。戊申,佗汗遣使者纥奚勿六跋如魏请和。魏主不报其使,谓勿六跋曰:"蠕蠕远祖社崙,乃魏之叛臣,往者包容,暂听通使。今蠕蠕衰微,不及畴昔,大魏之德,方隆周、汉,正以江南未平,少宽北略,通和之事,未容许也。若修藩礼,款诚昭著者,当不尔孤也。"

　　31　魏京兆王愉、广平王怀国臣多骄纵,公行属请,魏主诏中尉崔亮穷治之,坐死者三十馀人,其不死者悉除名为民。惟广平右常侍杨昱、文学崔楷以忠谏获免。昱,椿之子也。

　　32　十一月乙丑,大赦。诏右卫将军曹景宗都督诸军二十万救钟离。上敕景宗顿道人洲,俟众军齐集俱进。景宗固启求先据邵阳洲尾,上不许。景宗欲专其功,违诏而进,值暴风猝起,颇有溺者,复还守先顿。上闻之曰:"景宗不进,盖天意也。若孤军独往,城不时立,必致狼狈,今破贼必矣。"

　　33　初,汉归义侯势之末,群獠始出,北自汉中,南至邛、笮,布满山谷。势既亡,蜀民多东徙,山谷空地皆为獠所据。其近郡县与华民杂居者,颇输租赋,远在深山者,郡县不能制。梁、益二州岁伐獠以自润,公私利之。及邢峦为梁州,獠近者皆安堵乐业,远者不敢为寇。峦既罢去,魏以羊祉为梁州刺史,傅竖眼为益州刺史。祉性酷虐,不得物情。獠王赵清荆引梁兵入州境为寇,祉遣兵击破之。竖眼施恩布信,大得獠和。

34 十二月癸卯,都亭靖侯谢朏卒。

35 魏人议乐,久不决。

六年(丁亥,507)

1 春,正月,公孙崇请委卫军将军、尚书右仆射高肇监其事;魏主知肇不学,诏太常卿刘芳佐之。

2 魏中山王英与平东将军杨大眼等众数十万攻钟离。钟离城北阻淮水,魏人于邵阳洲两岸为桥,树栅数百步,跨淮通道。英据南岸攻城,大眼据北岸立城,以通粮运。城中众才三千人,昌义之督帅将士,随方抗御。魏人以车载土填堑,使其众负土随之,严骑蹙其后,人有未及回者,因以土迮之,俄而堑满。冲车所撞,城土辄颓,义之用泥补之,冲车虽入而不能坏。魏人昼夜苦攻,分番相代,坠而复升,莫有退者。一日战数十合,前后杀伤万计,魏人死者与城平。

二月,魏主召英使还,英表称:"臣志殄逋寇,而月初已来,霖雨不止,若三月晴霁,城必可克,愿少赐宽假!"魏主复诏曰:"彼土蒸湿,无宜久淹。势虽必取,乃将军之深计,兵久力殆,亦朝廷之所忧也。"英犹表称必克,魏主遣步兵校尉范绍诣英议攻取形势。绍见钟离城坚,劝英引还,英不从。

上命豫州刺史韦叡将兵救钟离,受曹景宗节度。叡自合肥取直道,由阴陵大泽行,值涧谷,辄飞桥以济师。人畏魏兵盛。多劝叡缓行,叡曰:"钟离今凿穴而处,负户而汲,车驰卒奔,犹恐其后,而况缓乎!魏人已堕吾腹中,卿曹勿忧也。"旬日至邵阳,上豫敕曹景宗曰:"韦叡,卿之乡望,宜善敬之!"景宗见叡,礼甚谨,上闻之曰:"二将和,师必济矣。"

景宗与叡进顿邵阳洲,叡于景宗营前二十里夜掘长堑,树鹿角,截洲为城,去魏城百馀步。南梁太守冯道根,能走马步地,计马足以赋功,比晓而营立。魏中山王英大惊,以杖击地曰:"是何神也!"景宗等器甲精新,军容甚盛,魏人望之夺气。景宗虑城中危惧,募军士言文达等潜行水底,赍敕入城,城中始知有外援,勇气百倍。

杨大眼勇冠军中,将万馀骑来战,所向皆靡。叡结车为陈,大眼聚骑

围之，叡以强弩二千一时俱发，洞甲穿中，杀伤甚众。矢贯大眼右臂，大眼
退走。明旦，英自帅众来战，叡乘素木舆，执白角如意以麾军，一日数合，
英乃退。魏师复夜来攻城，飞矢雨集，叡子黯请下城以避箭，叡不许；军中
惊，叡于城上厉声呵之，乃定。牧人过淮北伐刍藁者，皆为杨大眼所略；曹
景宗募勇敢士千馀人，于大眼城南数里筑垒，大眼来攻，景宗击却之。垒
成，使别将赵草守之，有抄掠者，皆为草所获，是后始得纵刍牧。

　　上命景宗等豫装高舰，使与魏桥等，为火攻之计，令景宗与叡各攻一
桥，叡攻其南，景宗攻其北。三月，淮水暴涨六七尺，叡使冯道根与庐江太
守裴邃、秦郡太守李文钊等乘斗舰竞发，击魏洲上军尽殪。别以小船载
草，灌之以膏，从而焚其桥，风怒火盛，烟尘晦冥，敢死之士，拔栅斫桥，水
又漂疾，倏忽之间，桥栅俱尽。道根等皆身自搏战，军人奋勇，呼声动天
地，无不一当百，魏军大溃。英见桥绝，脱身弃城走，大眼亦烧营去。诸垒
相次土崩，悉弃其器仗争投水，死者十馀万，斩首亦如之。叡遣报昌义之，
义之悲喜，不暇答语，但叫曰："更生，更生！"诸军逐北至洨水上，英单骑
入梁城，缘淮百馀里，尸相枕藉，生擒五万人，收其资粮、器械山积，牛马驴
骡不可胜计。

　　义之德景宗及叡，请二人共会，设钱二十万，官赌之。景宗掷得雉；叡
徐掷得卢，遽取一子反之，曰："异事！"遂作塞。景宗与群帅争先告捷，叡
独居后，世尤以此贤之。诏增景宗、叡爵邑，义之等受赏各有差。

　　3　夏，四月己酉，以江州刺史王茂为尚书右仆射，安成王秀为江州刺
史。秀将发，主者求坚船以为斋舫，秀曰："吾岂爱财而不爱士乎！"乃以
坚者给参佐，下者载斋物，既而遭风，斋舫遂破。

　　4　丁巳，以临川王宏为骠骑将军、开府仪同三司，建安王伟为扬州刺
史，右光禄大夫沈约为尚书左仆射，左仆射王莹为中军将军。

　　5　六月丙午，冯翊等七郡叛降魏。

　　6　秋，七月丁亥，以尚书右仆射王茂为中军将军。

　　7　八月戊子，大赦。

　　8　魏有司奏："中山王英经算失图，齐王萧宝寅等守桥不固，皆处以
极法。"己亥，诏英、宝寅免死，除名为民，杨大眼徙营州为兵。以中护军
李崇为征南将军、扬州刺史。崇多事产业，征南长史狄道辛琛屡谏不从，
遂相纠举。诏并不问。崇因置酒谓琛曰："长史后必为刺史，但不知得上
佐何如人耳。"琛曰："若万一叨忝，得一方正长史，朝夕闻过，是所愿也。"
崇有惭色。

9　九月己亥,魏以司空高阳王雍为太尉,尚书令广阳王嘉为司空。

10　甲子,魏开斜谷旧道。

11　冬,十月壬寅,以五兵尚书徐勉为吏部尚书。勉精力过人,虽文案填积,坐客充满,应对如流,手不停笔。又该综百氏,皆为避讳。尝与门人夜集,客虞暠求詹事五官,勉正色曰:"今夕止可谈风月,不可及公事。"时人咸服其无私。

12　闰月乙丑,以临川王宏为司徒、行太子太傅,尚书左仆射沈约为尚书令、行太子少傅,吏部尚书袁昂为右仆射。

13　丁卯,魏皇后于氏殂。是时高贵嫔有宠而妒,高肇势倾中外,后暴疾而殂,人皆归咎高氏,宫禁事秘,莫能详也。

14　甲申,以光禄大夫夏侯详为尚书左仆射。

15　乙酉,魏葬顺皇后于永泰陵。

16　十二月丙辰,丰城景公夏侯详卒。

17　乙丑,魏淮阳镇都军主常邕和以城来降。

资治通鉴卷第一百四十七

梁纪三

高祖武皇帝三

天监七年（戊子，508）

1　春，正月，魏颍川太守王神念来奔。

2　壬子，以卫尉吴平侯昺兼领军将军。

3　诏吏部尚书徐勉定百官九品为十八班，以班多者为贵。二月乙丑，增置镇、卫将军以下为十品，凡二十四班；不登十品，别有八班。又置施外国将军二十四班，凡一百九号。

4　庚午，诏置州望、郡宗、乡豪各一人，专掌搜荐。

5　乙亥，以南兖州刺史吕僧珍为领军将军。领军掌内外兵要，宋孝建以来，制局用事，与领军分兵权，典事以上皆得呈奏，领军拱手而已。及吴平侯昺在职峻切，官曹肃然。制局监皆近幸，颇不堪命，以是不得久留中，丙子，出为雍州刺史。

6　三月戊子，魏皇子昌卒，侍御师王显失于疗治，时人皆以为承高肇之意也。

7　夏，四月乙卯，皇太子纳妃，大赦。

8　五月己亥，诏复置宗正、太仆、大匠、鸿胪，又增太府、太舟，仍先为十二卿。

9　癸卯，以安成王秀为荆州刺史。先是，巴陵马营蛮缘江为寇，州郡不能讨，秀遣防阁文炽帅众燔其林木，蛮失其险，州境无寇。

10　秋，七月甲午，魏立高贵嫔为皇后。尚书令高肇益贵重用事。肇多变更先朝旧制，减削封秩，抑黜勋人，由是怨声盈路。群臣宗室皆卑下之，唯度支尚书元匡与肇抗衡，先自造棺置听事，欲舆棺诣阙论肇罪恶，自杀以切谏，肇闻而恶之。会匡与太常刘芳议权量事，肇主芳议，匡遂与肇喧竞，表肇指鹿为马。御史中尉王显奏弹匡诬毁宰相，有司处匡死刑；诏恕死，降为光禄大夫。

11　八月癸丑,竟陵壮公曹景宗卒。

12　初,魏主以京兆王愉纳于后之妹为妃,愉不爱,爱妾李氏,生子宝月。于后召李氏入宫,棰之。愉骄奢贪纵,所为多不法。帝召愉入禁中推按,杖愉五十,出为冀州刺史。愉自以年长,而势位不及二弟,潜怀愧恨。又,身与妾屡被顿辱,高肇数谮愉兄弟,愉不胜忿;癸亥,杀长史羊灵引、司马李遵,诈称得清河王怿密疏,云“高肇弑逆”。遂为坛于信都之南,即皇帝位,大赦,改元建平,立李氏为皇后。法曹参军崔伯骥不从,愉杀之。在北州镇皆疑魏朝有变,定州刺史安乐王诠具以状告之,州镇乃安。乙丑,魏以尚书李平为都督北讨诸军、行冀州事以讨愉。平,崇之从父弟也。

13　丁卯,魏大赦,改元永平。

14　魏京兆王愉遣使说平原太守清河房亮,亮斩其使;愉遣其将张灵和击之,为亮所败。李平军至经县,诸军大集,夜,有蛮兵数千斫平营,矢及平帐,平坚卧不动,俄而自定。九月辛巳朔,愉逆战于城南草桥,平奋击,大破之,愉脱身走入城,平进围之。壬辰,安乐王诠破愉兵于城北。

15　癸巳,立皇子绩为南康王。

16　魏高后之立也,彭城武宣王勰固谏,魏主不听。高肇由是怨之,数谮勰于魏主,魏主不之信。勰荐其舅潘僧固为长乐太守,京兆王愉之反,胁僧固与之同,肇因诬勰北与愉通,南招蛮贼。彭城郎中令魏偃、前防阁高祖珍希肇提擢,构成其事。肇令侍中元晖以闻,晖不从,又令左卫元珍言之。帝以问晖,晖明勰不然;又问肇,肇引魏偃、高祖珍为证,帝乃信之。戊戌,召勰及高阳王雍、广阳王嘉、清河王怿、广平王怀、高肇俱入宴。勰妃李氏方产,固辞不赴。中使相继召之,不得已,与妃诀而登车。入东掖门,度小桥,牛不肯进,击之良久,更有使者责勰来迟,乃去牛,人挽而进。宴于禁中,至夜,皆醉,各就别所消息。俄而元珍引武士赍毒酒而至,勰曰:“吾无罪,愿一见至尊,死无恨!”元珍曰:“至尊何可复见!”勰曰:“至尊圣明,不应无事杀我,乞与告者一对曲直!”武士以刀镮筑之,勰大言曰:“冤哉,皇天!忠而见杀。”武士又筑之,勰乃饮毒酒,武士就杀之,向晨,以褥裹尸载归其第,云因醉而薨。李妃号哭大言曰:“高肇枉理杀人,天道有灵,汝安得良死!”魏主举哀于东堂,赠官、葬礼皆优厚加等。在朝贵贱,莫不丧气,行路士女皆流涕曰:“高令公枉杀贤王。”由是中外恶之益甚。

京兆王愉不能守信都,癸卯,烧门,携李氏及其四子从百馀骑突走。李平入信都。斩愉所置冀州牧韦超等,遣统军叔孙头追执愉,置信都,以

闻。群臣请诛愉,魏主不许,命锁送洛阳,申以家人之训。行至野王,高肇
密使人杀之。诸子至洛,魏主皆赦之。

魏主将屠李氏,中书令崔光谏曰:"李氏方妊,刑至剖胎,乃桀、纣所
为,酷而非法。请俟产毕,然后行刑。"从之。

李平捕愉馀党千馀人,将尽杀之,录事参军高颢曰:"此皆胁从,前既
许之原免矣,宜为表陈。"平从之,皆得免死。颢,祐之孙也。

济州刺史高植帅州军击愉,有功当封,植不受,曰:"家荷重恩,为国
致效,乃其常节,何敢求赏!"植,肇之子也。

加李平散骑常侍。高肇及中尉王显素恶平,显弹平在冀州隐截官口,
肇奏除平名。

初,显祖之世,柔然万馀口降魏,置之高平、薄骨律二镇,及太和之末,
叛走略尽,唯千馀户在。太中大夫王通请徙置淮北以绝其叛,诏太仆卿杨
椿持节往徙之,椿上言:"先朝处之边徼,所以招附殊俗,且别异华、戎也。
今新附之户甚众,若旧者见徙,新者必不自安,是驱之使叛也。且此属衣
毛食肉,乐冬便寒,南土湿热,往必歼尽。进失归附之心,退无藩卫之益,
置之中夏,或生后患,非良策也。"不从,遂徙于济州,缘河处之。及京兆
王愉之乱,皆浮河赴愉,所在抄掠,如椿之言。

17　庚子,魏郢州司马彭珍等叛魏,潜引梁兵趋义阳,三关戍主侯登
等以城来降。郢州刺史娄悦婴城自守,魏以中山王英都督南征诸军事,将
步骑三万出汝南以救之。

18　冬,十月,魏悬瓠军主白早生杀豫州刺史司马悦,自号平北将军,
求救于司州马仙琕。时荆州刺史安成王秀为都督,仙琕签求应赴。参佐
咸谓宜待台报,秀曰:"彼待我以自存,援之宜速,待敕虽旧,非应急也。"
即遣兵赴之。上亦诏仙琕救早生。仙琕进顿楚王城,遣副将齐苟儿,以兵
二千助守悬瓠。诏以早生为司州刺史。

19　丙寅,以吴兴太守张稷为尚书左仆射。

20　魏以尚书邢峦行豫州事,将兵击白早生。魏主问之曰:"卿言,
早生走也,守也?何时可平?"对曰:"早生非有深谋大智,正以司马悦暴
虐,乘众怒而作乱,民迫于凶威,不得已而从之。纵使梁兵入城,水路不
通,粮运不继,亦成禽耳。早生得梁之援,溺于利欲,必守而不走。若临以
王师,士民必翻然归顺,不出今年,当传首京师。"魏主悦,命峦先发,使中
山王英继之。

峦帅骑八百,倍道兼行,五日至鲍口。丙子,早生遣其大将胡孝智将

兵七千,离城二百里逆战,峦奋击,大破之,乘胜长驱至悬瓠。早生出城逆战,又破之,因渡汝水,围其城。诏加峦都督南讨诸军事。

丁丑,魏镇东参军成景隽杀宿豫戍主严仲贤,以城来降。时魏郢、豫二州,自悬瓠以南至于安陆诸城皆没,唯义阳一城为魏坚守。蛮帅田益宗帅群蛮以附魏,魏以为东豫州刺史,上以车骑大将军、开府仪同三司、五千户郡公招之,益宗不从。

十一月庚寅,魏遣安东将军杨椿将兵四万攻宿豫。

魏主闻邢峦屡捷,命中山王英趣义阳,英以众少,累表请兵,弗许。英至悬瓠,辄与峦共攻之。十二月己未,齐苟儿等开门出降,斩白早生及其党数十人。英乃引兵前趋义阳。宁朔将军张道凝先屯楚王城,癸亥,弃城走,英追击,斩之。

魏义阳太守狄道辛祥与娄悦共守义阳,将军胡武城、陶平虏攻之,祥夜出袭其营,擒平虏,斩武城,由是州境获全。论功当赏,娄悦耻功出其下,间之于执政,赏遂不行。

21 壬申,魏东荆州表“桓晖之弟叔兴前后招抚太阳蛮,归附者万馀户,请置郡十六,县五十”,诏前镇东府长史郦道元案行置之。道元,范之子也。

22 是岁,柔然佗汗可汗复遣纥奚勿六跋献貂裘于魏,魏主弗受,报之如前。

初,高车侯倍穷奇为哒所杀,执其子弥俄突而去,其众分散,或奔魏,或奔柔然。魏主遣羽林监河南孟威抚纳降户,置于高平镇。高车王阿伏至罗残暴,国人杀之,立其宗人跋利延。哒奉弥俄突以伐高车,国人杀跋利延,迎弥俄突而立之。弥俄突与佗汗可汗战于蒲类海,不胜,西走三百馀里。佗汗军于伊吾北山。会高昌王麹嘉求内徙于魏,时孟威为龙骧将军,魏主遣威发凉州兵三千人迎之,至伊吾,佗汗见威军,怖而遁去。弥俄突闻其离骇,追击,大破之,杀佗汗于蒲类海北,割其发送于威,且遣使入贡于魏。魏主使东城子于亮报之,赐遗甚厚。高昌王嘉失期不至,威引兵还。

佗汗可汗子丑奴立,号豆罗伏跋豆伐可汗,改元建昌。

23 宋、齐旧仪,祀天皆服衮冕,兼著作郎高阳许懋请造大裘,从之。

24 上将有事太庙,诏以“斋日不乐,自今舆驾始出,鼓吹从而不作,还宫,如常仪”。

八年（己丑，509）

1 春，正月辛巳，上祀南郊，大赦。时有请封会稽、禅国山者，上命诸儒草封禅仪，欲行之。许懋建议，以为："舜柴岱宗，是为巡狩。而郑引孝经钩命决云'封于太山，考绩柴燎，禅乎梁甫，刻石纪号'，此纬书之曲说，非正经之通义也。舜五载一巡狩，春夏秋冬周遍四岳，若为封禅，何其数也！又如管夷吾所说七十二君，燧人之前，世质民淳，安得泥金检玉！结绳而治，安得镂文告成！夷吾又云'唯受命之君然后得封禅'，周成王非受命之君，云何得封太山禅社首！神农即炎帝也，而夷吾分为二人，妄亦甚矣。若圣主，不须封禅；若凡主，不应封禅。盖齐桓公欲行此事，夷吾知其不可，故举怪物以屈之。秦始皇尝封太山，孙皓尝遣兼司空董朝至阳羡封禅国山，皆非盛德之事，不足为法。然则封禅之礼，皆道听所说，失其本文，由主好名于上，而臣阿旨于下也。古者祀天祭地，礼有常数，诚敬之道，尽此而备，至于封禅，非所敢闻。"上嘉纳之，因推演懋议，称制旨以答请者，由是遂止。

2 魏中山王英至义阳，将取三关，先策之曰："三关相须如左右手，若克一关，两关不待攻而破；攻难不如攻易，宜先攻东关。"又恐其并力于东，乃使长史李华帅五统向西关，以分其兵势，自督诸军向东关。

先是，马仙琕使云骑将军马广屯长薄，军主胡文超屯松岘。丙申，英至长薄，戊戌，长薄溃，马广遁入武阳，英进围之。上遣冠军将军彭瓮生、骠骑将军徐元季将兵援武阳，英故纵之使入城，曰："吾观此城形势易取。"瓮生等既入，英促兵攻之，六日而拔，虏三将及士卒七千馀人。进攻广岘，太子左卫率李元履弃城走；又攻西关，马仙琕亦弃城走。

上使南郡太守韦叡将兵救仙琕，叡至安陆，增筑城二丈馀，更开大堑，起高楼。众颇讥其示怯，叡曰："不然，为将当有怯时，不可专勇。"中山王英急追马仙琕，将复邵阳之耻，闻叡至，乃退。上亦有诏罢兵。

初，魏主遣中书舍人鲖阳董绍慰劳叛城，白早生袭而囚之，送于建康。魏主既克悬瓠，命于齐苟儿等四将之中分遣二人，敕扬州为移，以易绍及司马悦首。移书未至，领军将军吕僧珍与绍言，爱其文，言于上，上遣主书霍灵超谓绍曰："今听卿还，令卿通两家之好，彼此息民，岂不善也！"因召见，赐衣物，令舍人周舍慰劳之，且曰："战争多年，民物涂炭，吾是以不耻先言与魏朝通好，比亦有书全无报者，卿宜备申此意。今遣传诏霍灵秀送卿至国，迟有嘉问。"又谓绍曰："卿知所以得不死不？今者获卿，乃天意也。夫立君以为民也，凡在民上，岂可以不思此乎！若欲通好，今以宿豫还彼,彼当以汉中见归。"绍还魏言之,魏主不从。

3 三月,魏荆州刺史元志将兵七万寇浕沟,驱迫群蛮,群蛮悉渡汉水来降,雍州刺史吴平侯昺纳之。纲纪皆以蛮累为边患,不如因此除之,昺曰:"穷来归,我诛之不祥。且魏人来侵,吾得蛮以为屏蔽,不亦善乎!"乃开樊城受其降,命司马朱思远等击志于浕沟,大破之,斩首万馀级。志,齐之孙也。

4 夏,四月戊申,以临川王宏为司空,加车骑将军王茂开府仪同三司。

5 丁卯,魏楚王城主李国兴以城降。

6 秋,七月癸巳,巴陵王萧宝义卒。

7 九月辛巳,魏封故北海王详子颢为北海王。

8 魏公孙崇造乐尺,以十二黍为寸;刘芳非之,更以十黍为寸。尚书令高肇等奏:"崇所造八音之器及度量皆与经传不同,诘其所以然,云'必依经文,声则不协'。请更令芳依周礼造乐器,俟成集议并呈,从其善者。"诏从之。

9 冬,十月癸丑,魏以司空广阳王嘉为司徒。

10 十一月己丑,魏主于式乾殿为诸僧及朝臣讲维摩诘经。时魏主专尚释氏,不事经籍,中书侍郎河东裴延隽上疏,以为:"汉光武、魏武帝,虽在戎马之间,未尝废书;先帝迁都行师,手不释卷,良以学问多益,不可暂辍故也。陛下升法座,亲讲大觉,凡在瞻听,尘蔽俱开。然五经治世之模楷,应务之所先,伏愿经书互览,孔、释兼存,则内外俱周,真俗斯畅矣。"

时佛教盛于洛阳,沙门之外,自西域来者三千馀人,魏主别为之立永明寺千馀间以处之。处士南阳冯亮有巧思,魏主使与河南尹甄琛、沙门统僧暹择嵩山形胜之地立闲居寺,极岩壑土木之美。由是远近承风,无不事佛,比及延昌,州郡共有一万三千馀寺。

11 是岁,魏宗正卿元树来奔,赐爵邺王。树,翼之弟也。时翼为青、冀二州刺史,镇郁洲,久之,翼谋举州降魏,事泄而死。

九年(庚寅,510)

1 春,正月乙亥,以尚书令沈约为左光禄大夫,右光禄大夫王莹为尚书令。约文学高一时,而贪冒荣利,用事十馀年,政之得失,唯唯而已。自以久居端揆,有志台司,论者亦以为宜,而上终不用;及求外出,又不许。

徐勉为之请三司之仪,上不许。

2　庚寅,新作缘淮塘,北岸起石头迄东冶,南岸起后渚篱门迄三桥。

3　三月丙戌,魏皇子诩生。诩母胡充华,临泾人,父国珍袭武始伯。充华初选入掖庭,同列以故事祝之:"愿生诸王、公主,勿生太子。"充华曰:"妾之志异于诸人,奈何畏一身之死而使国家无嗣乎!"及有娠,同列劝去之,充华不可,私自誓曰:"若幸而生男,次第当长,男生身死,所不憾也。"既而生诩。

先是,魏主频丧皇子,年渐长,深加慎护,择良家宜子者以为乳保,养于别宫,皇后、充华皆不得近。

4　己丑,上幸国子学,亲临讲肆。乙未,诏皇太子以下及王侯之子年可从师者皆入学。

5　旧制:尚书五都令史皆用寒流。夏,四月丁巳,诏曰:"尚书五都,职参政要,非但总领众局,亦乃方轨二丞;可革用士流,秉此群目。"于是以都令史视奉朝请,用太学博士刘纳兼殿中都,司空法曹参军刘显兼吏部都,太学博士孔虔孙兼金部都,司空法曹参军萧轨兼左右户都,宣毅墨曹参军王颙兼中兵都,并以才地兼美,首膺其选。

6　六月,宣城郡吏吴承伯挟妖术聚众,癸丑,攻郡杀太守朱僧勇,转屠旁县。闰月己丑,承伯逾山,奄至吴兴。东土人素不习兵,吏民怔扰奔散,或劝太守蔡撙避之,撙不可,募勇敢闭门拒守。承伯尽锐攻之,撙帅众出战,大破之,临陈,斩承伯。撙,兴宗之子也。承伯馀党入新安,攻陷黟、歙诸县,太守谢览遣兵拒之,不胜,逃奔会稽,台军讨贼,平之。览,瀹之子也。

7　冬,十月,魏中山献武王英卒。

8　上即位之三年,诏定新历,员外散骑侍郎祖晅奏其父冲之考古法为正,历不可改。至八年,诏太史课新旧二历,新历密,旧历疏,是岁,始行冲之大明历。

9　魏刘芳奏"所造乐器及教文、武二舞、登歌、鼓吹曲等已成,乞如前敕集公卿群儒议定,与旧乐参呈。若臣等所造,形制合古,击拊会节,请于来年元会用之"。诏:"舞可用新,馀且仍旧。"

十年(辛卯,511)

1　春,正月辛丑,上祀南郊,大赦。

2　尚书左仆射张稷,自谓功大赏薄,尝侍宴乐寿殿,酒酣,怨望形于辞色。上曰："卿兄杀郡守,弟杀其君,有何名称!"稷曰:"臣乃无名称,至于陛下,不得言无勋。东昏暴虐,义师亦来伐之,岂在臣而已!"上捋其须曰:"张公可畏人!"稷既惧且恨,乃求出外,癸卯,以稷为青、冀二州刺史。

王珍国亦怨望,罢梁、秦二州刺史还,酒后于坐启云:"臣近入梁山便哭。"上大惊曰:"卿若哭东昏,则已晚;若哭我,我复未死!"珍国起拜谢,竟不答,坐即散,因此疏退,久之,除都官尚书。

3　丁巳,魏汾州山胡刘龙驹聚众反,侵扰夏州,诏谏议大夫薛和发东秦、汾、华、夏四州之众以讨之。

4　辛酉,上祀明堂。

5　三月,琅邪民王万寿杀东莞、琅邪二郡太守刘晰,据朐山,召魏军。

6　壬戌,魏广阳懿烈王嘉卒。

7　魏徐州刺史卢昶遣郯城戍副张天惠、琅邪戍主傅文骥相继赴朐山,青、冀二州刺史张稷遣兵拒之,不胜。夏,四月,文骥等据朐山,诏振远将军马仙琕击之。魏又遣假安南将军萧宝寅、假平东将军天水赵遐将兵据朐山,受卢昶节度。

8　甲戌,魏薛和破刘龙驹,悉平其党,表置东夏州。

9　五月丙辰,魏禁天文学。

10　以国子祭酒张充为尚书左仆射。充,绪之子也。

11　马仙琕围朐山,张稷权顿六里以督馈运,上数发兵助之。秋,魏卢昶上表请益兵六千,米十万石,魏主以兵四千给之。冬,十一月己亥,魏主诏扬州刺史李崇等治兵寿阳,以分朐山之势。卢昶本儒生,不习军旅。朐山城中粮樵俱竭,傅文骥以城降;十二月庚辰,昶引兵先遁,诸军相继皆溃,会大雪,军士冻死及堕手足者三分之二,仙琕追击,大破之。二百里间,僵尸相属,魏兵免者什一二,收其粮畜器械,不可胜数。昶单骑而走,弃其节传、仪卫俱尽;至郯城,借赵遐节以为军威。魏主命黄门侍郎甄琛驰驲锁昶,穷其败状,及赵遐皆免官。唯萧宝寅全军而归。

卢昶之在朐山也,御史中尉游肇言于魏主曰:"朐山蕞尔,僻在海滨,卑湿难居,于我非急,于贼为利。为利,故必致死以争之;非急,故不得已而战;以不得已之众击必死之师,恐稽延岁月,所费甚大。假令得朐山,徒致交争,终难全守,所谓无用之田也。闻贼屡以宿豫求易朐山,若必如此,持此无用之地,复彼旧有之疆,兵役时解,其利为大。"魏主将从之,会昶败,迁肇侍中。肇,明根之子也。

马仙琕为将,能与士卒同劳逸,所衣不过布帛,所居无帱幕衾屏,饮食与厮养最下者同。其在边境,常单身潜入敌境,伺知壁垒村落险要处,所攻战多捷,士卒亦乐为之用。

12　魏以甄琛为河南尹,琛表曰:"国家居代,患多盗窃,世祖发愤,广置主司、里宰,皆以下代令长及五等散男有经略者乃得为之。又多置吏士为其羽翼,崇而重之,始得禁止。今迁都已来,天下转广,四远赴会,事过代都,五方杂沓,寇盗公行,里正职轻任碎,多是下材,人怀苟且,不能督察。请取武官八品将军已下干用贞济者,以本官俸恤领里尉之任,高者领六部尉,中者领经途尉,下者领里正。不尔,请少高里尉之品,选下品中应迁者进而为之,督责有所,辇毂可清。"诏曰:"里正可进至勋品,经途从九品,六部尉正九品,诸职中简取,不必武人。"琛又奏以羽林为游军,于诸坊巷司察盗贼,于是洛城清静,后常踵焉。

13　是岁,梁之境内有州二十三,郡三百五十,县千二十二。是后州名浸多,废置离合,不可胜记。魏朝亦然。

14　上敦睦九族,优借朝士,有犯罪者,皆屈法申之。百姓有罪,则案之如法,其缘坐则老幼不免,一人逃亡,举家质作,民既穷窘,奸宄益深。尝因郊祀,有秣陵老人遮车驾言曰:"陛下为法,急于庶民,缓于权贵,非长久之道。诚能反是,天下幸甚。"上于是思有以宽之。

十一年(壬辰,512)

1　春,正月壬辰,诏:"自今逋谪之家及罪应质作,若年有老小,可停将送。"

2　以临川王宏为太尉,骠骑将军王茂为司空、尚书令。

3　丙辰,魏以车骑大将军、尚书令高肇为司徒,清河王怿为司空,广平王怀进号骠骑大将军,加仪同三司。肇虽登三司,犹自以去要任,怏怏形于言色,见者嗤之。尚书右丞高绰、国子博士封轨,素以方直自业,及肇为司徒,绰送迎往来,轨竟不诣肇。绰顾不见轨,乃遽归,叹曰:"吾平生自谓不失规矩,今日举措,不如封生远矣。"绰,允之孙;轨,懿之族孙也。

清河王怿有才学闻望,惩彭城之祸,因侍宴,谓肇曰:"天子兄弟讵有几人,而翦之几尽!昔王莽头秃,藉渭阳之资,遂篡汉室。今君身曲,亦恐终成乱阶。"会大旱,肇擅录囚徒,欲以收众心。怿言于魏主曰:"昔季氏旅于泰山,孔子疾之。诚以君臣之分,宜防微杜渐,不可渎也。减膳录囚,乃陛下之事;今司徒行之,岂人臣之义乎!明君失之于上,奸臣窃之于下,祸乱之基,于此在矣。"帝笑而不应。

4　夏,四月,<u>魏</u>诏尚书与群司鞠理狱讼,令饥民就谷<u>燕</u>、<u>恒</u>二州及六镇。

5　乙酉,<u>魏</u>大赦,改元<u>延昌</u>。

6　冬,十月乙亥,<u>魏</u>立皇子<u>诩</u>为太子,始不杀其母。以尚书右仆射<u>郭祚</u>领太子少师。<u>祚</u>尝从<u>魏</u>主幸东宫,怀黄颡以奉太子;时应诏左右<u>赵桃弓</u>深为帝所信任,<u>祚</u>私事之,时人谓之"桃弓仆射""黄颡少师"。

7　十一月乙未,以吴郡太守<u>袁昂</u>兼尚书右仆射。

8　初,<u>齐</u>太子步兵校尉<u>平昌伏曼容</u>表求制一代礼乐,<u>世祖</u>诏选学士十人修五礼,<u>丹杨尹王俭</u>总之。<u>俭</u>卒,以事付国子祭酒<u>何胤</u>。<u>胤</u>还东山,<u>齐明帝</u>敕尚书令<u>徐孝嗣</u>掌之。<u>孝嗣</u>诛,率多散逸,诏骠骑将军<u>何佟之</u>掌之。<u>经齐</u>末兵火,仅有在者。帝即位,<u>佟之</u>启审省置之宜,敕使外详。时尚书以为庶务权舆,宜俟隆平,欲且省礼局,并还尚书仪曹,诏曰:"礼坏乐缺,实宜以时修定。但顷之修撰不得其人,所以历年不就,有名无实。此既经国所先,可即撰次。"于是尚书仆射<u>沈约</u>等奏:"请五礼各置旧学士一人,令自举学古一人相助抄撰,其中疑者,依<u>石渠</u>、<u>白虎</u>故事,请制旨断决。"乃以右军记室<u>明山宾</u>等分掌五礼,<u>佟之</u>总其事。<u>佟之</u>卒,以镇北谘议参军<u>伏暅</u>代之。<u>暅</u>,<u>曼容</u>之子也。至是,五礼成,列上之,合八千一十九条,诏有司遵行。

9　己酉,<u>临川王宏</u>以公事左迁骠骑大将军。

10　是岁,<u>魏</u>以<u>桓叔兴</u>为<u>南荆州</u>刺史,治<u>安昌</u>,隶<u>东荆州</u>。

十二年(癸巳,513)

1　春,正月辛卯,上祀南郊,大赦。

2　二月辛酉,以兼尚书右仆射<u>袁昂</u>为右仆射。

3　己卯,<u>魏高阳王雍</u>进位太保。

4　<u>郁洲</u>迫近<u>魏</u>境,其民多私与<u>魏</u>人交市,<u>朐山</u>之乱,或阴与<u>魏</u>通,<u>朐山</u>平,心不自安。<u>青</u>、<u>冀</u>二州刺史<u>张稷</u>不得志,政令宽弛,僚吏颇多侵渔。庚辰,<u>郁洲</u>民<u>徐道角</u>等夜袭州城,杀<u>稷</u>,送其首降<u>魏</u>,<u>魏</u>遣前<u>南兖州</u>刺史<u>樊鲁</u>将兵赴之。于是<u>魏</u>饥,民饿死者数万,侍中<u>游肇</u>谏,以为"<u>朐山</u>滨海,卑湿难居,<u>郁洲</u>又在海中,得之尤为无用。其地于贼要近,去此间远,以间远之兵攻要近之众,不可敌也。方今年饥民困,唯宜安静,而复劳以军旅,费以馈运,臣见其损,未见其益"。<u>魏</u>主不从,复遣平西将军<u>奚康生</u>将兵逆之。未发,<u>北兖州</u>刺史<u>康绚</u>遣司马<u>霍奉伯</u>讨平之。

5　辛巳，新作太极殿。

6　上尝与侍中、太子少傅建昌侯沈约各疏栗事，约少上三事，出，谓人曰："此公护前，不则羞死！"上闻之怒，欲治其罪，徐勉固谏而止。上有憾于张稷，从容与约语及之，约曰："左仆射出作边州，已往之事，何足复论！"上以约与稷昏家相为，怒曰："卿言如此，是忠臣邪！"乃辇归内殿。约惧，不觉上起，犹坐如初；及还，未至床而凭空，顿于户下，因病。梦齐和帝以剑断其舌，乃呼道士奏赤章于天，称"禅代之事，不由己出。"上遣主书黄穆之视疾，夕还，增损不即启闻，惧罪，乃白赤章事。上大怒，中使谴责者数四。约益惧，闰月乙丑，卒。有司谥曰"文"，上曰"情怀不尽曰隐"，改谥隐侯。

7　夏，五月，寿阳久雨，大水入城，庐舍皆没。魏扬州刺史李崇勒兵泊于城上，水增未已，乃乘船附于女墙，城不没者二板。将佐劝崇弃寿阳保北山，崇曰："吾忝守藩岳，德薄致灾，淮南万里，系于吾身，一旦动足，百姓瓦解，扬州之地，恐非国物，吾岂爱一身，取愧王尊！但怜此士民无辜同死，可结筏随高，人规自脱，吾必与此城俱没，幸诸君勿言！"

扬州治中裴绚帅城南民数千家泛舟南走，避水高原，谓崇还北，因自称豫州刺史，与别驾郑祖起等送任子来请降。马仙琕遣兵赴之。

崇闻绚叛，未测虚实，遣国侍郎韩方兴单舸召之。绚闻崇在，怅然惊恨，报曰："比因大水颠狈，为众所推。今大计已尔，势不可追，恐民非公民，吏非公吏，愿公早行，无犯将士。"崇遣从弟宁朔将军神等将水军讨之，绚战败，神追拔其营。绚走，为村民所执，还，至尉升湖，曰："吾何面见李公乎！"乃投水死。绚，叔业之兄孙也。郑祖起等皆伏诛。崇上表以水灾求解州任，魏主不许。

崇沉深宽厚，有方略，得士众心，在寿春十年，常养壮士数千人，寇来无不摧破，邻敌谓之"卧虎"。上屡设反间以疑之，又授崇车骑大将军、开府仪同三司、万户郡公，诸子皆为县侯；而魏主素知其忠笃，委信不疑。

8　六月癸巳，新作太庙。

9　秋，八月戊午，以临川王宏为司空。

10　魏恒、肆二州地震、山鸣，逾年不已，民覆压死伤甚众。

11　魏主幸东宫，以中书监崔光为太子少傅，命太子拜之；光辞不敢当，帝不许。太子南面再拜，詹事王显启请从太子拜，于是宫臣皆拜，光北面立，不敢答，唯西面拜谢而出。

十三年（甲午，514）

1　春，二月丁亥，上耕藉田，大赦。宋、齐藉田皆用正月，至是始用二月，及致斋祀先农。

2　魏东豫州刺史田益宗衰老，与诸子孙聚敛无厌，部内苦之，咸言欲叛。魏主遣中书舍人刘桃符慰劳益宗，桃符还，启益宗侵扰之状。魏主赐诏曰：“桃符闻卿息鲁生在淮南贪暴，为尔不已，损卿诚效。可令鲁生赴阙，当加任使。”鲁生久未至，诏徙益宗为镇东将军、济州刺史，又虑其不受代，遣后将军李世哲与桃符帅众袭之，奄入广陵。鲁生与其弟鲁贤、超秀皆奔关南，招引梁兵，攻取光城已南诸戍。上以鲁生为北司州刺史，鲁贤为北豫州刺史，超秀为定州刺史。三月，魏李世哲击鲁生等，破之，复置郡戍。以益宗还洛阳，授征南将军、金紫光禄大夫。益宗上表称为桃符所谮，及言“鲁生等为桃符逼逐使叛，乞摄桃符与臣对辩虚实。”诏不许，曰：“既经大宥，不容更为狱。”

3　秋，七月乙亥，立皇子纶为邵陵王，绎为湘东王，纪为武陵王。

4　冬，十月庚辰，魏主遣骁骑将军马义舒慰谕柔然。

5　魏王足之入寇也，上命宁州刺史涪人李略御之，许事平用为益州。足退，上不用，略怨望，有异谋，上杀之。其兄子苗奔魏，步兵校尉泰山淳于诞尝为益州主簿，自汉中入魏，二人共说魏主以取蜀之策，魏主信之。辛亥，以司徒高肇为大将军、平蜀大都督，将步骑十五万寇益州；命益州刺史傅竖眼出巴北，梁州刺史羊祉出庾城，安西将军奚康生出绵竹，抚军将军甄琛出剑阁；乙卯，以中护军元遥为征南将军，都督镇遏梁、楚。游肇谏，以为“今频年水旱，百姓不宜劳役。往昔开拓，皆因城主归款，故有征无战。今之陈计者真伪难分，或有怨于彼，不可全信。蜀地险隘，镇戍无隙，岂得虚承浮说而动大军！举不慎始，悔将何及！”不从，以淳于诞为骁骑将军，假李苗龙骧将军，皆领乡导统军。

6　魏降人王足陈计，求堰淮水以灌寿阳。上以为然，使水工陈承伯、材官将军祖暅视地形，咸谓“淮内沙土漂轻不坚实，功不可就”。上弗听，发徐、扬民率二十户取五丁以筑之，假太子右卫率康绚都督淮上诸军事，并护堰作于钟离。役人及战士合二十万，南起浮山，北抵巉石，依岸筑土，合脊于中流。

7　魏以前定州刺史杨津为华州刺史，津，椿之弟也。先是，官受调绢，尺度特长，任事因缘，共相进退，百姓苦之。津令悉依公尺，其输物尤善者，赐以杯酒，所输少劣，亦为受之，但无酒以示耻。于是人竞相劝；官调更胜旧日。

　　8　魏太子尚幼,每出入东宫,左右乳母而已,宫臣皆不知之。詹事杨昱上言:“乞自今召太子必降手敕,令臣等翼从。”魏主从之,命宫臣在直者从至万岁门。

　　9　魏御史中尉王显谓治书侍御史阳固曰:“吾作太府卿,府库充实,卿以为何如?”固曰:“公收百官之禄四分之一,州郡赃赎,悉输京师,以此充府,未足为多。且‘有聚敛之臣,宁有盗臣’,可不戒哉!”显不悦,因事奏免固官。

资治通鉴卷第一百四十八

梁纪四

高祖武皇帝四

天监十四年（乙未，515）

1　春，正月乙巳朔，上冠太子于太极殿，大赦。

2　辛亥，上祀南郊。

3　甲寅，魏主有疾；丁巳，殂于式乾殿。侍中中书监太子少傅崔光、侍中领军将军于忠、詹事王显、中庶子代人侯刚迎太子诩于东宫，至显阳殿。王显欲须明行即位礼，崔光曰："天位不可暂旷，何待至明！"显曰："须奏中宫。"光曰："帝崩，太子立，国之常典，何须中宫令也！"于是，光等请太子止哭，立于东序；于忠与黄门郎元昭扶太子西面哭十馀声止。光摄太尉，奉策进玺绶，太子跪受，服衮冕之服，御太极殿，即皇帝位。光等与夜直群官立庭中，北面稽首称万岁。昭，遵之曾孙也。

高后欲杀胡贵嫔，中给事谯郡刘腾以告侯刚，刚以告于忠。忠问计于崔光，光使置贵嫔于别所，严加守卫，由是贵嫔深德四人。戊午，魏大赦。己未，悉召西伐、东防兵。

骠骑大将军广平王怀扶疾入临，径至太极西庑，哀恸，呼侍中、领军、黄门、二卫，云："身欲上殿哭大行，又须入见主上。"众皆愕然相视，无敢对者。崔光攘衰振杖，引汉光武崩赵熹扶诸王下殿故事，声色甚厉，闻者莫不称善。怀声泪俱止，曰："侍中以古义裁我，我敢不服！"遂还，仍频遣左右致谢。

先是高肇擅权，尤忌宗室有时望者，太子太傅任城王澄数为肇所潜，惧不自全，乃终日酣饮，所为如狂，朝廷机要无所关豫。及世宗殂，肇拥兵于外，朝野不安。于忠与门下议，以肃宗幼，未能亲政，宜使太保高阳王雍入居西柏堂省决庶政，以任城王澄为尚书令，总摄百揆，奏皇后请即敕授。王显素有宠于世宗，恃势使威，为众所疾，恐不为澄等所容，与中常侍孙伏连等密谋寝门下之奏，矫皇后令，以高肇录尚书事，以显与勃海公高猛同为侍中。于忠等闻之，托以侍疗无效，执显于禁中，下诏削爵任。显临执呼冤，直阁以刀镮撞其掖下，送右卫府，一宿而死。庚申，下诏如门下所奏，百官总己听于二王，中外悦服。

二月庚辰，尊皇后为皇太后。

魏主称名为书告哀于高肇，且召之还。肇承变忧惧，朝夕哭泣，至于羸悴，归至瀍涧，家人迎之，不与相见；辛巳，至阙下，衰服号哭，升太极殿尽哀。高阳王雍与于忠密谋，伏直寝邢豹等十馀人于舍人省下，肇哭毕，引入西庑，清河诸王皆窃言目之。肇入省，豹等扼杀之，下诏暴其罪恶，称肇自尽，自馀亲党悉无所问，削除职爵，葬以士礼；逮昏，于厕门出尸归其家。

4　魏之伐蜀也，军至晋寿，蜀人震恐。傅竖眼将步兵三万击巴北，上遣宁州刺史任太洪自阴平间道入其州，招诱氐、蜀，绝魏运路。会魏大军北还，太洪袭破魏东洛、除口二戍，声言梁兵继至，氐、蜀翕然从之。太洪进围关城，竖眼遣统军姜喜等击太洪，大破之，太洪弃关城走还。

5　癸未，魏以高阳王雍为太傅、领太尉，清河王怿为司徒，广平王怀为司空。

6　甲午，魏葬宣武皇帝于景陵，庙号世宗。己亥，尊胡贵嫔为皇太妃。三月甲辰朔，以高太后为尼，徙居金墉瑶光寺，非大节庆，不得入宫。

7　魏左仆射郭祚表称："萧衍狂悖，谋断川渎，役苦民劳，危亡已兆；宜命将出师，长驱扑讨。"魏诏平南将军杨大眼督诸军镇荆山。

8　魏于忠既居门下，又总宿卫，遂专朝政，权倾一时。初，太和中，军国多事，高祖以用度不足，百官之禄四分减一，忠悉命归所减之禄。旧制：民税绢一匹别输绵八两，布一匹别输麻十五斤，忠悉罢之。乙丑，诏文武群官各进位一级。

9　夏，四月，浮山堰成而复溃，或言蛟龙能乘风雨破堰，其性恶铁，乃运东、西冶铁器数千万斤沉之，亦不能合。乃伐树为井干，填以巨石，加土其上；缘淮百里内木石无巨细皆尽，负檐者肩上皆穿，夏日疾疫，死者相枕，蝇虫昼夜声合。

10　魏梁州刺史薛怀吉破叛氐于沮水。怀吉，真度之子也。五月甲寅，南秦州刺史崔暹又破叛氐，解武兴之围。

11　六月，魏冀州沙门法庆以妖幻惑众，与勃海人李归伯作乱，推法庆为主。法庆以尼惠晖为妻，以归伯为十住菩萨、平魔军司、定汉王，自号大乘。又合狂药，令人服之，父子兄弟不复相识，唯以杀害为事。刺史萧宝寅遣兼长史崔伯驎击之,伯驎败死。贼众益盛,所在毁寺舍,斩僧尼,烧经像,云"新佛出世,除去众魔"。秋,七月丁未,诏假右光禄大夫元遥征北大将军以讨之。

12 魏尚书裴植,自谓人门不后王肃,以朝廷处之不高,意常怏怏,表请解官隐嵩山,世宗不许,深怪之。及为尚书,志气骄满,每谓人曰:"非我须尚书,尚书亦须我。"每入参议论,好面讥毁群官,又表征南将军田益宗,言:"华、夷异类,不应在百世衣冠之上。"于忠、元昭见之切齿。

尚书左仆射郭祚,冒进不已,自以东宫师傅,望封侯、仪同,诏以祚为都督雍岐华三州诸军事、征西将军、雍州刺史。

祚与植皆恶于忠专横,密劝高阳王雍使出之;忠闻之,大怒,令有司诬奏其罪。尚书奏:"羊祉告植姑子皇甫仲达云'受植旨,诈称被诏,帅合部曲欲图于忠'。臣等穷治,辞不伏引;然众证明昺,准律当死。众证虽不见植,皆言'仲达为植所使,植召仲达责问而不告列'。推论情状,不同之理不可分明,不得同之常狱,有所降减,计同仲达处植死刑。植亲帅城众,附从王化,依律上议,乞赐裁处。"忠矫诏曰:"凶谋既尔,罪不当恕;虽有归化之诚,无容上议,亦不须待秋分。"八月己亥,植与郭祚及都水使者杜陵韦儁皆赐死。儁,祚之婚家也。忠又欲杀高阳王雍,崔光固执不从,乃免雍官,以王还第。朝野冤愤,莫不切齿。

13 丙子,魏尊胡太妃为皇太后,居崇训宫。于忠领崇训卫尉,刘腾为崇训太仆,加侍中,侯刚为侍中抚军将军。又以太后父国珍为光禄大夫。

14 庚辰,定州刺史田超秀帅众三千降魏。

15 戊子,魏大赦。

16 己丑,魏清河王怿进位太傅,领太尉,广平王怀为太保,领司徒,任城王澄为司空。庚寅,魏以车骑大将军于忠为尚书令,特进崔光为车骑大将军,并加开府仪同三司。

17 魏江阳王继,熙之曾孙也,先为青州刺史,坐以良人为婢夺爵。继子乂娶胡太后妹,壬辰,诏复继本封,以乂为通直散骑侍郎,乂妻为新平郡君,仍拜女侍中。

群臣奏请太后临朝称制,九月乙未,灵太后始临朝听政,犹称令以行事,群臣上书称殿下。太后聪悟,颇好读书属文,射能中针孔,政事皆手笔自决。加胡国珍侍中,封安定公。

自郭祚等死,诏令生杀皆出于忠,王公畏之,重足胁息。太后既亲政,

乃解忠侍中、领军、崇训卫尉,止为仪同三司、尚书令。后旬馀,太后引门
下侍官于崇训宫,问曰:"忠在端揆,声望何如?"咸曰:"不称厥任。"乃出
忠为都督冀定瀛三州诸军事、征北大将军、冀州刺史;以司空澄领尚书令。
澄奏"安定公宜出入禁中,参诸大务",诏从之。

18　甲寅,魏元遥破大乘贼,擒法庆并渠帅百馀人,传首洛阳。

19　左游击将军赵祖悦袭魏西硖石,据之以逼寿阳;更筑外城,徙缘
淮之民以实城内。将军田道龙等散攻诸戍,魏扬州刺史李崇分遣诸将拒
之。癸亥,魏遣假镇南将军崔亮攻西硖石,又遣镇东将军萧宝寅决淮堰。

20　冬,十月乙酉,魏以胡国珍为中书监、仪同三司,侍中如故。

21　甲午,弘化太守杜桂举郡降魏。

22　初,魏于忠用事,自言世宗许其优转;太傅雍等皆不敢违,加忠车
骑大将军。忠又自谓新故之际有定社稷之功,讽百僚令加己赏,雍等议封
忠常山郡公。忠又难于独受,乃讽朝廷,同在门下者皆加封邑,雍等不得
已复封崔光为博平县公,而尚书元昭等上诉不已。太后敕公卿再议,太傅
怿等上言:"先帝升遐,奉迎乘舆,侍卫省闼,乃臣子常职,不容以此为功。
臣等前议授忠茅土,正以畏其威权,苟免暴戾故也。若以功过相除,悉不
应赏,请皆追夺。"崔光亦奉送章绶茅土,表十馀上,太后从之。

高阳王雍上表自劾,称:"臣初入柏堂,见诏旨之行一由门下,臣出君
行,深知其不可而不能禁;于忠专权,生杀自恣,而臣不能违。忠规欲杀
臣,赖在事执拒;臣欲出忠于外,在心未行,返为忠废。忝官尸禄,孤负恩
私,请返私门,伏听司败。"太后以忠有保护之功,不问其罪。十二月辛
丑,以忠为太师,领司州牧,寻复录尚书事,与太傅怿、太保怀、侍中胡国珍
入居门下,同厘庶政。

23　己酉,魏崔亮至硖石,赵祖悦逆战而败,闭城自守,亮进围之。

24　丁卯,魏主及太后谒景陵。

25　是冬,寒甚,淮、泗尽冻,浮山堰士卒死者什七八。

26　魏益州刺史傅竖眼,性清素,民、獠怀之。龙骧将军元法僧代竖
眼为益州刺史,素无治干,加以贪残;王、贾诸姓,本州士族,法僧皆召为
兵。葭萌民任令宗因众心之患魏也,杀魏晋寿太守,以城来降,民、獠多应
之;益州刺史鄱阳王恢遣巴西、梓潼二郡太守张齐将兵三万迎之。法僧,
熙之曾孙也。

27　魏岐州刺史赵王谧,幹之子也,为政暴虐。一旦,闭城门大索,执
人而掠之,楚毒备至,又无故斩六人,阖城凶惧,众遂大呼,屯门,谧登楼毁

梯以自固。胡太后遣游击将军王靖驰驲谕城人,城人开门谢罪,奉送管篇,乃罢谳刺史。谳妃,太后从女也。至洛,除大司农卿。

太后以魏主尚幼,未能亲祭,欲代行祭事,礼官博议以为不可。太后以问侍中崔光,光引汉和熹邓太后祭宗庙故事,太后大悦,遂摄行祭事。

28　魏南荆州刺史恒叔兴表请不隶东荆州,许之。

十五年(丙申,516)

1　春,正月戊辰朔,魏大赦,改元熙平。

2　魏崔亮攻硖石未下,与李崇约水陆俱进,崇屡违期不至。胡太后以诸将不壹,乃以吏部尚书李平为使持节、镇军大将军兼尚书右仆射,将步骑二千赴寿阳,别为行台,节度诸军,如有乖异,以军法从事。萧宝寅遣轻车将军刘智文等渡淮,攻破三垒;二月乙巳,又败将军垣孟孙等于淮北。李平至硖石,督李崇、崔亮等水陆进攻,无敢乖互,战屡有功。

上使左卫将军昌义之将兵救浮山,未至,康绚已击魏兵,却之。上使义之与直阁王神念溯淮救硖石。崔亮遣将军博陵崔延伯守下蔡,延伯与别将伊瓮生夹淮为营。延伯取车轮去辋,削锐其辐,两两接对,揉竹为绲,贯连相属,并十馀道,横水为桥,两头施大鹿卢,出没随意,不可烧斫。既断赵祖悦走路,又令战舰不通,义之、神念屯梁城不得进。李平部分水陆攻硖石,克其外城;乙丑,祖悦出降,斩之,尽俘其众。

胡太后赐崔亮书,使乘胜深入。平部分诸将,水陆并进,攻浮山堰;亮违平节度,以疾请还,随表辄发。平奏处亮死刑,太后令曰:"亮去留自擅,违我经略,虽有小捷,岂免大咎!但吾摄御万机,庶几恶杀,可听特以功补过。"魏师遂还。

3　魏中尉元匡奏弹于忠"幸国大灾,专擅朝命,裴、郭受冤,宰辅黜辱。又自矫旨为仪同三司、尚书令,领崇训卫尉,原其此意,欲以无上自处。既事在恩后,宜加显戮,请遣御史一人就州行决。自去岁世宗晏驾以后,皇太后未亲览,以前诸不由阶级,或发门下诏书,或由中书宣敕,擅相拜授者,已经恩宥,正可免罪,并宜追夺。"太后令曰:"忠已蒙特原,无宜追罪,馀如奏。"

匡又弹侍中侯刚掠杀羽林。刚本以善烹调为尚食典御,凡三十年,以有德于太后,颇专恣用事,王公皆畏附之。廷尉处刚大辟,太后曰:"刚因公事掠人,邂逅致死,于律不坐。"少卿陈郡袁翻曰:"'邂逅',谓情状已露,隐避不引,考讯以理者也。今此羽林,问则具首,刚口唱打杀,挝筑非理,安得谓之'邂逅'!"太后乃削刚户三百,解尝食典御。

　　4　三月戊戌朔,日有食之。

　　5　魏论西硖石之功,辛未,以李崇为骠骑将军,加仪同三司,李平为尚书右仆射,崔亮进号镇北将军。亮与平争功于禁中,太后以亮为殿中尚书。

　　6　魏萧宝寅在淮堰上,上为手书诱之,使袭彭城,许送其国庙及室家诸从还北,宝寅表上其书于魏朝。

　　7　夏,四月淮堰成,长九里,下广一百四十丈,上广四十五丈,高二十丈,树以杞柳,军垒列居其上。

　　或谓康绚曰:"四渎,天所以节宣其气,不可久塞,若凿渠东注,则游波宽缓,堰得不坏。"绚乃开渠东注。又纵反间于魏曰:"梁人所惧开渠,不畏野战。"萧宝寅信之,凿山深五丈,开渠北注,水日夜分流犹不减,魏军竟罢归。水之所及,夹淮方数百里。李崇作浮桥于硖石戍间,又筑魏昌城于八公山东南,以备寿阳城坏,居民散就冈陇,其水清徹,俯视庐舍冢墓,了然在下。

　　初,堰起于徐州境内,刺史张豹子宣言,谓己必掌其事;既而康绚以他官来监作,豹子甚惭。俄而敕豹子受绚节度,豹子遂谮绚与魏交通,上虽不纳,犹以事毕征绚还。

　　8　魏胡太后追思于忠之功,曰:"岂宜以一谬弃其馀勋!"复封忠为灵寿县公,亦封崔光为平恩县侯。

　　9　魏元法僧遣其子景隆将兵拒张齐,齐与战于葭萌,大破之,屠十馀城,遂围武兴。法僧婴城自守,境内皆叛,法僧遣使间道告急于魏。魏驿召镇南军司傅竖眼于淮南,以为益州刺史、西征都督,将步骑三千以赴之。竖眼入境,转战三日,行二百馀里,九遇皆捷。五月,竖眼击杀梁州刺史任太洪。民、獠闻竖眼至,皆喜,迎拜于路者相继。张齐退保白水,竖眼入州,白水以东民皆安业。

　　魏梓潼太守苟金龙领关城戍主,梁兵至,金龙疾病,不堪部分,其妻刘氏帅厉城民,乘城拒战,百有馀日,士卒死伤过半。戍副高景谋叛,刘氏斩景及其党与数千人,自馀将士,分衣减食,劳逸必同,莫不畏而怀之。井在城外,为梁兵所据,会天大雨,刘氏命出公私布绢及衣服悬之,绞而取水,城中所有杂物悉储之。竖眼至,梁兵乃退,魏人封其子为平昌县子。

　　10　六月庚子,以尚书令王莹为左光禄大夫、开府仪同三司,尚书右仆射袁昂为左仆射,吏部尚书王暕为右仆射。暕,俭之子也。

11　张齐数出白水,侵魏葭萌,傅竖眼遣虎威将军强虬攻信义将军杨兴起,杀之,复取白水。宁朔将军王光昭又败于阴平,张齐亲帅骁勇二万馀人与傅竖眼战,秋,七月,齐军大败,走还,小剑、大剑诸戍皆弃城走,东益州复入于魏。

12　八月乙巳,魏以胡国珍为骠骑大将军、开府仪同三司、雍州刺史。国珍年老,太后实不欲令出,止欲示以方面之荣;竟不行。

13　康绚既还,张豹子不复修淮堰。九月丁丑,淮水暴涨,堰坏,其声如雷,闻三百里,缘淮城戍村落十馀万口皆漂入海。初,魏人患淮堰,以任城王澄为大将军、大都督南讨诸军事,勒众十万,将出徐州来攻堰,尚书右仆射李平以为“不假兵力,终当自坏”。及闻破,太后大喜,赏平甚厚,澄遂不行。

14　壬辰,大赦。

15　魏胡太后数幸宗戚勋贵之家,侍中崔光表谏曰:“礼,诸侯非问疾吊丧而入诸臣之家,谓之君臣为谑。不言王后夫人,明无适臣家之义。夫人,父母在有归宁,没则使卿宁。汉上官皇后将废昌邑,霍光,外祖也,亲为宰辅,后犹御武帐以接群臣,示男女之别也。今帝族方衍,勋贵增迁,祗请遂多,将成彝式。愿陛下简息游幸,则率土属赖,含生仰悦矣。”

任城王澄以北边镇将选举弥轻,恐贼虏窥边,山陵危迫,奏求重镇将之选,修警备之严,诏公卿议之。廷尉少卿袁翻议,以为:“比缘边州郡,官不择人,唯论资级。或值贪污之人,广开戍逻,多置帅领,或用其左右姻亲,或受人货财请属,皆无防寇之心,唯有聚敛之意。其勇力之兵,驱令抄掠,若遇强敌,即为奴虏,如有执获,夺为己富。其羸弱老小之辈,微解金铁之工,少闲草木之作,无不搜营穷垒,苦役百端。自馀或伐木深山,或芸草平陆,贩贸往还,相望道路。此等禄既不多,赀亦有限,皆收其实绢,给其虚粟,穷其力,薄其衣,用其功,节其食,绵冬历夏,加之疾苦,死于沟渎者什常七八。是以邻敌伺间,扰我疆场,皆由边任不得其人故也。愚谓自今已后,南北边诸藩及所统郡县府佐、统军至于戍主,皆令朝臣王公已下各举所知,必选其才,不拘阶级;若称职及败官,并所举之人随事赏罚。”太后不能用。及正光之末,北边盗贼群起,遂逼旧都,犯山陵,如澄所虑。

16　冬,十一月,交州刺史李愿斩交州反者阮宗孝,传首建康。

17　初,魏世宗作瑶光寺,未就,是岁,胡太后又作永宁寺,皆在宫侧;又作石窟寺于伊阙口,皆极土木之美。而永宁尤盛,有金像高丈八者一,如中人者十,玉像二。为九层浮图,掘地筑基,下及黄泉;浮图高九十丈,上刹复高十丈，每夜静，铃铎声闻十里。佛殿如太极殿，南门如端门。僧房千间，珠玉锦绣，骇人心目。自佛法入中国，塔庙之盛，未之有也。扬州刺史李崇上表，以为："高祖迁都垂三十年，明堂未修，太学荒废，城阙府寺颇亦颓坏，非所以追隆堂构，仪刑万国者也。今国子虽有学官之名，而无教授之实，何异兔丝、燕麦、南箕、北斗！事不两兴，须有进退，宜罢尚方雕靡之作，省永宁土木之功，减瑶光材瓦之力，分石窟镌琢之劳，及诸事役非急者，于三时农隙修此数条，使国容严显，礼化兴行，不亦休哉！"太后优令答之，而不用其言。

太后好事佛，民多绝户为沙门，高阳王友李瑒上言，"三千之罪莫大于不孝，不孝之大无过于绝祀，岂得轻纵背礼之情，肆其向法之意，一身亲老，弃家绝养，缺当世之礼而求将来之益！孔子云：'未知生，焉知死？'安有弃堂堂之政而从鬼教乎！又，今南服未静，众役仍烦，百姓之情，实多避役，若复听之，恐捐弃孝慈，比屋皆为沙门矣。"都统僧暹等忿瑒谓之"鬼教"，以为谤佛，泣诉于太后。太后责之，瑒曰："天曰神，地曰祇，人曰鬼。传曰：'明则有礼乐，幽则有鬼神。'然则明者为堂堂，幽者为鬼教。佛本出于人，名之为鬼，愚谓非谤。"太后虽知瑒言为允，难违暹等之意，罚瑒金一两。

18　魏征南大将军田益宗求为东豫州刺史，以招二子，太后不许，竟卒于洛阳。

19　柔然伏跋可汗，壮健善用兵，是岁，西击高车，大破之，执其王弥俄突，系其足于驽马，顿曳杀之，漆其头为饮器。邻国先羁属柔然后叛去者，伏跋皆击灭之，其国复强。

十六年（丁酉，517）

1　春，正月辛未，上祀南郊。

2　魏大乘馀贼复相聚，突入瀛州，刺史宇文福之子员外散骑侍郎延帅奴客拒之。贼烧斋阁，延突火抱福出外，肌发皆焦，勒众苦战，贼遂散走，追讨，平之。

3　甲戌，魏大赦。

4　魏初，民间皆不用钱，高祖太和十九年，始铸太和五铢钱，遣钱工在所鼓铸；民有欲铸钱者，听就官炉，铜必精练，无得淆杂。世宗永平三年，又铸五铢钱，禁天下用钱不依准式者。既而洛阳及诸州镇所用钱各不同，商货不通。尚书令任城王澄上言，以为："不行之钱，律有明式，指谓鸡眼、镮凿,更无馀禁。计河南诸州今所行悉非制限,昔来绳禁,愚窃惑焉。又河北既无新钱,复禁旧者,专以单丝之缣、疏缕之布,狭幅促度,不中常式,裂匹为尺,以济有无,徒成杼轴之劳,不免饥寒之苦,殆非所以救恤冻馁,子育黎元之意也。钱之为用,贯襁相属,不假度量,平均简易,济世之宜,谓为深允。乞并下诸方州镇,其太和与新铸五铢及古诸钱方俗所便用者,但内外全好,虽有大小之异,并得通行,贵贱之差,自依乡价。庶货环海内,公私无壅。其鸡眼、镮凿及盗铸、毁大为小、生新巧伪不如法者,据律罪之。”诏从之。然河北少钱,民犹用物交易,钱不入市。

5　魏人多窃冒军功,尚书左丞卢同阅吏部勋书,因加检核,得窃阶者三百馀人,乃奏:“乞集吏部、中兵二局勋簿,对句奏案,更造两通,一关吏部,一留兵局。又,在军斩首成一阶以上者,即令行台军司给券,当中竖裂,一支付勋人,一支送门下,以防伪巧。”太后从之。同,玄之族孙也。中尉元匡奏取景明元年已来,内外考簿、吏部除书、中兵勋案、并诸殿最,欲以案校窃阶盗官之人,太后许之。尚书令任城王澄表以为:“法忌烦苛,治贵清约。御史之体,风闻是司,若闻有冒勋妄阶,止应摄其一簿,研检虚实,绳以典刑。岂有移一省之案,寻两纪之事,如此求过,谁堪其罪!斯实圣朝所宜重慎也。”太后乃止。又以匡所言数不从,虑其辞解,欲奖安之,乃加镇东将军。二月丁未,立匡为东平王。

6　三月丙子,敕织官,文锦不得为仙人鸟兽之形,为其裁翦,有乖仁恕。

7　丁亥,魏广平文穆王怀卒。

8　夏,四月戊申,魏以中书监胡国珍为司徒。

9　诏以宗庙用牲,有累冥道,宜皆以面为之。于是朝野喧哗,以为宗庙去牲,乃是不复血食,帝竟不从。八坐乃议以大脯代一元大武。

10　秋,八月丁未,诏魏太师高阳王雍入居门下,参决尚书奏事。

11　冬,十月,诏以宗庙犹用脯修,更议代之,于是以大饼代大脯,其馀尽用蔬果。又起至敬殿、景阳台,置七庙座,每月中再设净馔。

12　乙卯,魏诏,北京士民未迁者,悉听留居为永业。

13　十一月甲子,巴州刺史牟汉宠叛,降魏。

14　十二月,柔然伏跋可汗遣俟斤尉比建等请和于魏,用敌国之礼。

15　是岁,以右卫将军冯道根为豫州刺史。道根谨厚木讷,行军能检救士卒;诸将争功,道根独默然。为政清简,吏民怀之。上尝叹曰:“道根所在,令朝廷不复忆有一州。”

16　魏尚书崔亮奏请于王屋等山采铜铸钱,从之。是后民多私铸,钱稍薄小,用之益轻。

十七年(戊戌,518)

1　春,正月甲子,魏以氐酋杨定为阴平王。

2　魏秦州羌反。

3　二月癸巳,安成康王秀卒。秀虽与上布衣昆弟,及为君臣,小心畏敬过于疏贱,上益以此贤之。秀与弟始兴王憺尤相友爱,憺久为荆州,常中分其禄以给秀,秀称心受之,亦不辞多也。

4　甲辰,大赦。

5　己酉,魏大赦,改元神龟。

6　魏东益州氐反。

7　魏主引见柔然使者,让之以藩礼不备,议依汉待匈奴故事,遣使报之。司农少卿张伦上表,以为:“太祖经启帝图,日有不暇,遂令竖子游魂一方,亦由中国多虞,急诸华而缓夷狄也。高祖方事南辕,未遑北伐。世宗遵述遗志,虏使之来,受而弗答。以为大明临御,国富兵强,抗敌之礼,何惮而为之,何求而行之! 今虏虽慕德而来,亦欲观我强弱;若使王人衔命虏庭,与为昆弟,恐非祖宗之意也。苟事不获已,应为制诏,示以上下之仪,命宰臣致书,谕以归顺之道,观其从违,徐以恩威进退之,则王者之体正矣。岂可以戎狄兼并,而遽亏典礼乎!”不从。伦,白泽之子也。

8　三月辛未,魏灵寿武敬公于忠卒。

9　魏南秦州氐反,遣龙骧将军崔袭持节谕之。

10　夏,四月丁酉,魏秦文宣公胡国珍卒,赠假黄钺、相国、都督中外诸军事、太师,号曰太上秦公,葬以殊礼,赠襚仪卫,事极优厚。又迎太后母皇甫氏之柩与国珍合葬,谓之太上秦孝穆君。谏议大夫常山张普惠以为前世后父无称“太上”者,“太上”之名不可施于人臣,诣阙上疏陈之,左右莫敢为通。会胡氏穿圹,下有磐石,乃密表,以为:“天无二日,土无二王,‘太上’者因‘上’而生名也,皇太后称‘令’以系‘敕’下,盖取三从之道,远同文母列于十乱,今司徒为‘太上’,恐乖系敕之意。孔子称‘必也正名乎!’比克吉定兆,而以浅改卜,亦或天地神灵所以垂至戒、启圣情也。伏愿停逼上之号,以邀谦光之福。”太后乃亲至国珍宅,召集五品以上博议。王公皆希太后意,争诘难普惠;普惠应机辩析,无能屈者。太后使元叉宣令于普惠曰:“朕之所行,孝之子志。卿之所陈,忠臣之道。群公已有成议,卿不得苦夺朕怀。后有所见,勿难言也。"

太后为太上君造寺,壮丽埒于永宁。

尚书奏复征民绵麻之税,张普惠上疏,以为:"高祖废大斗,去长尺,改重称,以爱民薄赋。知军国须绵麻之用,故于绢增税绵八两,于布增税麻十五斤,民以称尺所减,不啬绵麻,故鼓舞供调。自兹以降,所税绢布,浸复长阔,百姓嗟怨,闻于朝野。宰辅不寻其本在于幅广度长,遽罢绵麻。既而尚书以国用不足,复欲征敛。去天下之大信,弃已行之成诏,追前之非,遂后之失。不思库中大有绵麻,而群臣共窃之也。何则?所输之物,或斤羡百铢,未闻有司依律以罪州郡;或小有滥恶,则坐户主,连及三长。是以在库绢布,逾制者多,群臣受俸,人求长阔厚重,无复准极,未闻以端幅有馀还求输官者也。今欲复调绵麻,当先正称、尺,明立严禁,无得放溢,使天下知二圣之心爱民惜法如此,则太和之政复见于神龟矣。"

普惠又以魏主好游骋苑囿,不亲视朝,过崇佛法,郊庙之事多委有司,上疏切谏,以为:"殖不思之冥业,损巨费于生民,减禄削力,近供无事之僧,崇饰云殿,远邀未然之报,昧爽之臣稽首于外,玄寂之众遨游于内,愆礼忤时,人灵未穆。愚谓修朝夕之因,求祇劫之果,未若收万国之欢心以事其亲,使天下和平,灾害不生也。伏愿淑慎威仪,为万邦作式,躬致郊庙之虔,亲纤朔望之礼,释奠成均,竭心千亩,量撤僧寺不急之华,还复百官久折之秩,已造者务令简约速成,未造者一切不复更为,则孝弟可以通神明,德教可以光四海,节用爱人,法俗俱赖矣。"寻敕外议释奠之礼,又自是每月一陛见群臣,皆用普惠之言也。

普惠复表论时政得失,太后与帝引普惠于宣光殿,随事诘难。

11　临川王宏姬弟吴法寿杀人而匿于宏府中,上敕宏出之,即日伏辜。南司奏免宏官,上注曰:"爱宏者兄弟私亲,免宏者王者正法;所奏可。"五月戊寅,司徒、骠骑大将军、扬州刺史临川王宏免。

宏自洛口之败,常怀愧愤,都下每有窃发,辄以宏为名,屡为有司所奏,上每赦之。上幸光宅寺,有盗伏于骠骑航,待上夜出;上将行,心动,乃于朱雀航过。事发,称为宏所使,上泣谓宏曰:"我人才胜汝百倍,当此犹恐不堪,汝何为者?我非不能为汉文帝,念汝愚耳!"宏顿首称无之,故因匿法寿免宏官。

宏奢僭过度,殖货无厌。库屋垂百间,在内堂之后,关篰甚严,有疑是铠仗者,密以闻。上于友爱甚厚,殊不悦。他日,送盛馔与宏爱姬江氏曰:"当来就汝欢宴。"独携故人射声校尉丘佗卿往,与宏及江大饮,半醉后,谓曰:"我今欲履行汝后房。"即呼舆径往堂后,宏恐上见其货贿,颜色怖惧。上意益疑之,于是屋屋检视,每钱百万为一聚,黄榜标之,千万为一库,悬一紫标,如此三十馀间。上与佗卿屈指计,见钱三亿馀万,馀屋贮布绢丝绵漆蜜纻蜡等杂货,但见满库,不知多少。上始知非仗,大悦,谓曰:"阿六,汝生计大可!"乃更剧饮至夜,举烛而还。兄弟方更敦睦。

宏都下有数十邸,出悬钱立券,每以田宅邸店悬上文契,期讫,便驱券主夺其宅,都下、东土百姓,失业非一。上后知之,制悬券不得复驱夺,自此始。

侍中、领军将军吴平侯昺,雅有风力,为上所重,军国大事皆与议决,以为安右将军,监扬州。昺自以越亲居扬州,涕泣恳让,上不许。在州尤称明断,符教严整。

辛巳,以宏为中军将军、中书监,六月乙酉,又以本号行司徒。

　　臣光曰:宏为将则覆三军,为臣则涉大逆,高祖贷其死罪可矣。数旬之间,还为三公,于兄弟之恩诚厚矣,王者之法果安在哉!

12　初,洛阳有汉所立三字石经,虽屡经丧乱而初无损失。及魏,冯熙、常伯夫相继为洛州刺史,毁取以建浮图精舍,遂大致颓落,所存者委于榛莽,道俗随意取之。侍中领国子祭酒崔光请遣官守视,命国子博士李郁等补其残缺,胡太后许之。会元叉、刘腾作乱,事遂寝。

13　秋,七月,魏河州羌却铁忽反,自称水池王;诏以主客郎源子恭为行台以讨之。子恭至河州,严勒州郡及诸军,毋得犯民一物,亦不得轻与贼战,然后示以威恩,使知悔惧。八月,铁忽等相帅诣子恭降,首尾不及二旬。子恭,怀之子也。

14　魏宦者刘腾,手不解书,而多奸谋,善揣人意;胡太后以其保护之功,累迁至侍中、右光禄大夫,遂干预政事,纳赂为人求官,无不效者。河间王琛,简之子也。为定州刺史,以贪纵著名,及罢州还,太后诏曰:"琛在定州,唯不将中山宫来,自馀无所不致,何可更复叙用!"遂废于家。琛乃求为腾养息,赂腾金宝钜万计。腾为之言于太后,得兼都官尚书,出为秦州刺史。会腾疾笃,太后欲及其生而贵之,九月癸未朔,以腾为卫将军,加仪同三司。

15　魏胡太后以天文有变,欲以崇宪高太后当之。戊申夜,高太后暴卒;冬,十月丁卯,以尼礼葬于北邙,谥曰顺皇后。百官单衣邪巾送至墓所,事讫而除。

16　乙亥,以临川王宏为司徒。

17　魏胡太后遣使者宋云与比丘惠生如西域求佛经。司空任城王澄奏:"昔高祖迁都,制城内唯听置僧尼寺各一,馀皆置于城外;盖以道俗殊归,欲其净居尘外故也。正始三年,沙门统惠深,始违前禁,自是卷诏不行,私谒弥众,都城之中,寺逾五百,占夺民居,三分且一,屠沽尘秽,连比杂居。往者代北有法秀之谋,冀州有大乘之变。太和、景明之制,非徒使缁素殊途,盖亦以防微杜渐。昔如来阐教,多依山林,今此僧徒,恋著城邑,正以诱于利欲,不能自已,此乃释氏之糟糠,法王之社鼠,内戒所不容,国典所共弃也。臣谓都城内寺未成可徙者,宜悉徙于郭外,僧不满五十者,并小从大;外州亦准此。"然卒不能行。

18　是岁,魏太师雍等奏:"盐池天藏,资育群生,先朝为之禁限,亦非苟与细民争利。但利起天池,取用无法,或豪贵封护,或近民吝守,贫弱远来,邈然绝望。因置主司,令其裁察,强弱相兼,务令得所。什一之税,自古有之,所务者远近齐平,公私两宜耳。及甄琛启求禁集,乃为绕池之民尉保光等擅自固护;语其障禁,倍于官司,取与自由,贵贱任口。请依先朝禁之为便。"诏从之。

资治通鉴卷第一百四十九

梁纪五

高祖武皇帝五

天监十八年（己亥，519）

1　春，正月甲申，以尚书左仆射袁昂为尚令，右仆射王暕为左仆射，太子詹事徐勉为右仆射。

2　丁亥，魏主下诏，称"太后临朝践极，岁将半纪，宜称'诏'以令宇内"。

3　辛卯，上祀南郊。

4　魏征西将军张彝之子仲瑀上封事，求铨削选格，排抑武人，不使豫清品。于是喧谤盈路，立榜大巷，克期会集，屠害其家；彝父子晏然，不以为意。二月庚午，羽林、虎贲近千人，相帅至尚书省诟骂，求仲瑀兄左民郎中始均不获，以瓦石击省门；上下慑惧，莫敢禁讨。遂持火掠道中薪蒿，以杖石为兵器，直造其第，曳彝堂下，捶辱极意，焚其第舍。始均逾垣走，复还拜贼，请其父命，贼就殴击，生投之火中。仲瑀重伤走免，彝仅有馀息，再宿而死。远近震骇。胡太后收掩羽林、虎贲凶强者八人斩之，其馀不复穷治。乙亥，大赦以安之，因令武官得依资入选。识者知魏之将乱矣。

时官员既少，应选者多，吏部尚书李韶铨注不行，大致怨嗟；更以殿中尚书崔亮为吏部尚书。亮奏为格制，不问士之贤愚，专以停解月日为断，沉滞者皆称其能。亮甥司空谘议刘景安与亮书曰："殷、周以乡塾贡士，两汉由州郡荐才，魏、晋因循，又置中正，虽未尽美，应什收六七。而朝廷贡才，止求其文，不取其理，察孝廉唯论章句，不及治道，立中正不考才行，空辩氏姓，取士之途不博，沙汰之理未精。舅属当铨衡，宜改张易调，如何反为停年格以限之，天下士子谁复修厉名行哉！"亮复书曰："汝所言乃有深致。吾昨为此格，有由而然。古今不同，时宜须异。昔子产铸刑书以救弊，叔向讥之以正法，何异汝以古礼难权宜哉！"洛阳令代人薛琡上书言："黎元之命，系于长吏，若以选曹唯取年劳，不简能否，义均行雁，次若贯鱼,执簿呼名,一吏足矣,数人而用,何谓铨衡!"书奏,不报。后因请见,复奏"乞令王公贵臣荐贤以补郡县",诏公卿议之,事亦寝。其后甄琛等继亮为吏部尚书,利其便己,踵而行之,魏之选举失人,自亮始也。

初,燕燕郡太守高湖奔魏,其子谧为侍御史,坐法徙怀朔镇,世居北边,遂习鲜卑之俗。谧孙欢,沉深有大志,家贫,执役在平城,富人娄氏女见而奇之,遂嫁焉。始有马,得给镇为函使,至洛阳,见张彝之死,还家,倾赀以结客。或问其故,欢曰:"宿卫相帅焚大臣之第,朝廷惧其乱而不问,为政如此,事可知矣,财物岂可常守邪!"欢与怀朔省事云中司马子如、秀容刘贵、中山贾显智、户曹史咸阳孙腾、外兵史怀朔侯景、狱掾善无尉景、广宁蔡儁特相友善,并以任侠雄于乡里。

5　夏,四月丁巳,大赦。

6　五月戊戌,魏以任城王澄为司徒,京兆王继为司空。

7　魏累世强盛,东夷、西域贡献不绝,又立互市以致南货,至是府库盈溢。胡太后尝幸绢藏,命王公嫔主从行者百馀人各自负绢,称力取之,少者不减百馀匹。尚书令、仪同三司李崇、章武王融,负绢过重,颠仆于地,崇伤腰,融损足,太后夺其绢,使空出,时人笑之。融,太洛之子也。侍中崔光止取两匹,太后怪其少,对曰:"臣两手唯堪两匹。"众皆愧之。

时魏宗室权幸之臣,竞为豪侈,高阳王雍,富贵冠一国,宫室园圃,侔于禁苑,僮仆六千,伎女五百,出则仪卫塞道路,归则歌吹连日夜,一食直钱数万。李崇富埒于雍而性俭啬,尝谓人曰:"高阳一食,敌我千日。"

河间王琛,每欲与雍争富,骏马十馀匹,皆以银为槽,窗户之上,玉凤衔铃,金龙吐旆。尝会诸王宴饮,酒器有水精锋,马脑碗,赤玉卮,制作精巧,皆中国所无。又陈女乐、名马及诸奇宝,复引诸王历观府库,金钱、缯布,不可胜计,顾谓章武王融曰:"不恨我不见石崇,恨石崇不见我。"融素以富自负,归而惋叹三日。京兆王继闻而省之,谓曰:"卿之货财计不减于彼,何为愧羡乃尔?"融曰:"始谓富于我者独高阳耳,不意复有河间!"继曰:"卿似袁术在淮南,不知世间复有刘备耳。"融乃笑而起。

太后好佛,营建诸寺,无复穷已,令诸州各建五级浮图,民力疲弊。诸王、贵人、宦官、羽林各建寺于洛阳,相高以壮丽。太后数设斋会,施僧物动以万计,赏赐左右无节,所费不赀,而未尝施惠及民。府库渐虚,乃减削百官禄力。任城王澄上表,以为"萧衍常蓄窥觎之志,宜及国家强盛,将士旅力,早图混壹之功。比年以来,公私贫困,宜节省浮费以周急务"。太后虽不能用,常优礼之。

魏自永平以来,营明堂、辟雍,役者多不过千人,有司复借以修寺及供他役,十馀年竟不能成。起部郎源子恭上书,以为"废经国之务,资不急之费,宜彻减诸役,早图就功,使祖宗有严配之期,苍生有礼乐之富"。诏从之,然亦不能成也。

8　魏人陈仲儒请依京房立准以调八音。有司诘仲儒:"京房律准,今虽有其器,晓之者鲜,仲儒所受何师,出何典籍?"仲儒对言:"性颇爱琴,又尝读司马彪续汉书,见京房准术,成数昺然。遂竭愚思,钻研甚久,颇有所得。夫准者所以代律,取其分数,调校乐器。窃寻调声之礼,宫、商宜浊,徵、羽宜清。若依公孙崇,止以十二律声,而云还相为宫,清浊悉足。唯黄钟管最长,故以黄钟为宫,则往往相顺。若均之八音,犹须错采众音,配成其美。若以应钟为宫,蕤宾为徵,则徵浊而宫清,虽有其韵,不成音曲。若以中吕为宫,则十二律中全无所取。今依京房书,中吕为宫,乃以去灭为商,执始为徵,然后方韵。而崇乃以中吕为宫,犹用林钟为徵,何由可谐!但音声精微,史传简略,旧志准十三弦,隐间九尺,不言须柱以不。又,一寸之内有万九千六百八十三分,微细难明。仲儒私曾考验,准当施柱,但前却柱中,以约准分,则相生之韵已自应合。其中弦粗细,须与琴宫相类,施轸以调声,令与黄钟相合。中弦下依数画六十律清浊之节,其馀十二弦须施柱如筝,即于中弦按尽一周之声,度著十二弦上。然后依相生之法,以次运行,取十二律之商、徵。商、徵既定,又依琴五调调声之法以均乐器,然后错采众声以文饰之,若事有乖此,声则不和。且燧人不师资而习火,延寿不束脩以变律,故云知之者欲教而无从,心达者体知而无师,苟有一毫所得,皆关心抱,岂必要经师受然后为奇哉!"尚书萧宝寅奏仲儒学不师受,轻欲制作,不敢依许;事遂寝。

9　魏中尉东平王匡以论议数为任城王澄所夺,愤恚,复治其故棺,欲奏攻澄。澄因奏匡罪状三十馀条,廷尉处以死刑。秋,八月己未,诏免死,削除官爵,以车骑将军侯刚代领中尉。三公郎中辛雄奏理匡,以为"历奉三朝,骨鲠之迹,朝野具知,故高祖赐名曰匡。先帝既已容之于前,陛下亦宜宽之于后,若终贬黜,恐杜忠臣之口"。未几,复除匡平州刺史。雄,琛之族孙也。

10　九月庚寅朔,胡太后游嵩高;癸巳,还宫。

太后从容谓兼中书舍人杨昱曰:"亲姻在外,不称人心,卿有闻,慎勿讳隐!"昱奏扬州刺史李崇五车载货、相州刺史杨钧造银食器饷领军元义。太后召义夫妻,泣而责之。义由是怨昱。昱叔父舒妻,武昌王和之妹也。和即义之从祖。舒卒，元氏频请别居，昱父椿泣责不听，元氏恨之。会瀛州民刘宣明谋反，事觉，逃亡。义使和及元氏诬告昱藏匿宣明，且云："昱父定州刺史椿，叔父华州刺史津，并送甲仗三百具，谋为不逞。"义复构成之。遣御仗五百人夜围昱宅，收之，一无所获。太后问其状，昱具对为元氏所怨。太后解昱缚，处和及元氏死刑，既而义营救之，和直免官，元氏竟不坐。

11　冬，十二月癸丑，魏任城文宣王澄卒。

12　庚申，魏大赦。

13　是岁，高句丽王云卒，世子安立。

14　魏以郎选不精，大加沙汰，唯朱元旭、辛雄、羊深、源子恭及范阳祖莹等八人以才用见留，馀皆罢遣。深，祉之子也。

普通元年（庚子，520）

1　春，正月乙亥朔，改元大赦。

2　丙子，日有食之。

3　己卯，以临川王宏为太尉、扬州刺史，金紫光禄大夫王份为尚书左仆射。份，奂之弟也。

4　左军将军豫宁威伯冯道根卒。是日上春，祠二庙，既出宫，有司以闻。上问中书舍人朱异曰："吉凶同日，今可行乎？"对曰："昔卫献公闻柳庄死，不释祭服而往。道根虽未为社稷之臣，亦有劳王室，临之，礼也。"上即幸其宅，哭之甚恸。

5　高句丽世子安遣使入贡。二月癸丑，以安为宁东将军、高句丽王，遣使者江法盛授安衣冠剑佩。魏光州兵就海中执之，送洛阳。

6　魏太傅、侍中、清河文献王怿，美风仪，胡太后逼而幸之。然素有才能，辅政多所匡益，好文学，礼敬士人，时望甚重。侍中、领军将军元义在门下，兼总禁兵，恃宠骄恣，志欲无极，怿每裁之以法，义由是怨之。卫将军、仪同三司刘腾，权倾内外，吏部希腾意，奏用腾弟为郡，人资乖越，怿抑而不奏，腾亦怨之。龙骧府长史宋维，弁之子也，怿荐为通直郎，浮薄无行。义许维以富贵，使告司染都尉韩文殊父子谋作乱立怿。怿坐禁止，按验，无反状，得释，维当反坐；义言于太后曰："今诛维，后有真反者，人莫敢告。"乃黜维为昌平郡守。

义恐怿终为己害，乃与刘腾密谋，使主食中黄门胡定自列云："怿货定使毒魏主，若己得为帝，许定以富贵。"帝时年十一，信之。秋，七月丙子,太后在嘉福殿,未御前殿,义奉帝御显阳殿,腾闭永巷门,太后不得出。怪入,遇义于含章殿后,义厉声不听怪入,怪曰:"汝欲反邪!"义曰:"义不反,正欲缚反者耳!"命宗士及直斋执怪衣袂,将入含章东省,使人防守之。腾称诏集公卿议,论怪大逆;众咸畏义,无敢异者,唯仆射新泰文贞公游肇抗言以为不可,终不下署。

义、腾持公卿议入,俄而得可,夜中杀怪。于是诈为太后诏,自称有疾,还政于帝。幽太后于北宫宣光殿,宫门昼夜长闭,内外断绝,腾自执管钥,帝亦不得省见,裁听传食而已。太后服膳俱废,不免饥寒,乃叹曰:"养虎得噬,我之谓矣。"又使中常侍贾粲侍帝书,密令防察动止。义遂与太师高阳王雍等同辅政,帝谓义为姨父。义与腾表里擅权,义为外御,腾为内防,常直禁省,共裁刑赏,政无巨细,决于二人,威振内外,百僚重迹。

朝野闻怪死,莫不丧气,胡夷为之劓面者数百人。游肇愤邑而卒。

7　己卯,江、淮、海并溢。

8　辛卯,魏主加元服,大赦,改元正光。

9　魏相州刺史中山文庄王熙,英之子也,与弟给事黄门侍郎略、司徒祭酒纂,皆为清河王怪所厚,闻怪死,起兵于邺,上表欲诛元义、刘腾,纂亡奔邺。后十日,长史柳元章等帅城人鼓噪而入,杀其左右,执熙、纂并诸子置于高楼。八月甲寅,元义遣尚书左丞卢同就斩熙于邺街,并其子弟。

熙好文学,有风义,名士多与之游,将死,与故知书曰:"吾与弟俱蒙皇太后知遇,兄据大州,弟则入侍,殷勤言色,恩同慈母。今皇太后见废北宫,太傅清河王横受屠酷,主上幼年,独在前殿。君亲如此,无以自安,故帅兵民欲建大义于天下。但智力浅短,旋见囚执,上惭朝廷,下愧相知。本以名义干心,不得不尔,流肠碎首,复何言哉!凡百君子,各敬尔仪,为国为身,善勖名节!"闻者怜之。熙首至洛阳,亲故莫敢视,前骁骑将军刁整独收其尸而藏之。整,雍之孙也。卢同希义意,穷治熙党与,锁济阴内史杨昱赴邺,考讯百日,乃得还任。义以同为黄门侍郎。

元略亡抵故人河内司马始宾,始宾与略缚筏夜渡孟津,诣屯留栗法光家,转依西河太守刁双,匿之经年。时购略甚急,略惧,求送出境,双曰:"会有一死,所难遇者为知己死耳,愿不以为虑。"略固求南奔,双乃使从子昌送略渡江,遂来奔,上封略为中山王。双,雍之族孙也。义诬刁整送略,并其子弟收系之,御史王基等力为辩雪,乃得免。

10　甲子,侍中、车骑将军永昌严侯韦叡卒。时上方崇释氏,士民无不从风而靡,独叡自以位居大臣,不欲与俗俯仰,所行略如平日。

11　九月戊戌，魏以高阳王雍为丞相，总摄内外，与元义同决庶务。

12　初，柔然伍汗可汗纳伏名敦之妻候吕陵氏，生伏跋可汗及阿那瓌等六子。伏跋既立，忽亡其幼子祖惠，求募不能得。有巫地万言祖惠今在天上，我能呼之，乃于大泽中施帐幄，祀天神，祖惠忽在帐中，自云恒在天上。伏跋大喜，号地万为圣女，纳为可贺敦。地万既挟左道，复有姿色，伏跋敬而爱之，信用其言，干乱国政。如是积岁，祖惠浸长，语其母曰："我常在地万家，未尝上天，上天者地万教我也。"其母具以状告伏跋，伏跋曰："地万能前知未然，勿为谗也。"既而地万惧，潜祖惠于伏跋而杀之。候吕陵氏遣其大臣具列等绞杀地万；伏跋怒，欲诛具列等。会阿至罗入寇，伏跋击之，兵败而还。候吕陵氏与大臣共杀伏跋，立其弟阿那瓌为可汗。阿那瓌立十日，其族兄示发帅众数万击之，阿那瓌战败，与其弟乙居伐轻骑奔魏。示发杀候吕陵氏及阿那瓌二弟。

13　魏清河王怿死，汝南王悦了无恨元义之意，以桑落酒候之，尽其私佞。义大喜，冬，十月乙卯，以悦为侍中、太尉。悦就怿子亶求怿服玩，不时称旨，杖亶百下，几死。

14　柔然可汗阿那瓌将至魏，魏主使司空京兆王继、侍中崔光等相次迎之，赐劳甚厚。魏主引见阿那瓌于显阳殿，因置宴，置阿那瓌位于亲王之下。宴将罢，阿那瓌执启立于座后，诏引至御座前，阿那瓌再拜言曰："臣以家难，轻来诣阙，本国臣民，皆已逃散。陛下恩隆天地，乞兵送还本国，诛剪叛逆，收集亡散，臣当统帅遗民，奉事陛下。言不能尽，别有启陈。"仍以启授中书舍人常景以闻。景，爽之孙也。

十一月己亥，魏立阿那瓌为朔方公、蠕蠕王，赐以衣服、辂车，禄恤仪卫，一如亲王。时魏方强盛，于洛水桥南御道东作四馆，道西立四里：有自江南来降者处之金陵馆，三年之后赐宅于归正里；自北夷降者处燕然馆，赐宅于归德里；自东夷降者处扶桑馆，赐宅于慕化里；自西夷降者处崦嵫馆，赐宅于慕义里。及阿那瓌入朝，以燕然馆处之。阿那瓌屡求返国，朝议异同不决，阿那瓌以金百斤赂元义，遂听北归。十二月壬子，魏敕怀朔都督简锐骑二千护阿那瓌达境首，观机招纳。若彼迎候，宜赐缯帛车马礼钱而返；如不容受，听还阙庭。其行装资遣，付尚书量给。

15　辛酉，魏以京兆王继为司徒。

16　魏遣使者刘善明来聘，始复通好。

二年（辛丑，521）

1　春，正月辛巳，上祀南郊。

2　置孤独园于建康，以收养穷民。

3　戊子，大赦。

4　魏南秦州氐反。

5　魏发近郡兵万五千人，使怀朔镇将杨钧将之，送柔然可汗阿那瓌返国。尚书左丞张普惠上疏，以为："蠕蠕久为边患，今兹天降丧乱，荼毒其心，盖欲使之知有道之可乐，革面稽首以奉大魏也。陛下宜安民恭己以悦服其心。阿那瓌束身归命，抚之可也，乃更先自劳扰，兴师郊甸之内，投诸荒裔之外，救累世之勍敌，资天亡之丑虏，臣愚未见其可也。此乃边将贪窃一时之功，不思兵为凶器，王者不得已而用之。况今旱暵方甚，圣慈降膳，乃以万五千人使杨钧为将，欲定蠕蠕，干时而动，其可济乎！脱有颠覆之变，杨钧之肉，其足食乎！宰辅专好小名，不图安危大计，此微臣所以寒心者也。且阿那瓌之不还，负何信义，臣贱不及议，文书所过，不敢不陈。"阿那瓌辞于西堂，诏赐以军器、衣被、杂采、粮畜，事事优厚，命侍中崔光等劳遣于外郭。

阿那瓌之南奔也，其从父兄婆罗门帅众数万入讨示发，破之，示发奔地豆干，地豆干杀之，国人推婆罗门为弥偶可社句可汗。杨钧表称："柔然已立君长，恐未肯以杀兄之人郊迎其弟。轻往虚返，徒损国威。自非广加兵众，无以送其入北。"二月，魏人使旧尝奉使柔然者牒云具仁往谕婆罗门，使迎阿那瓌。

6　辛丑，上祀明堂。

7　庚戌，魏使假抚军将军邴虬讨南秦叛氐。

8　魏元义、刘腾之幽胡太后也，右卫将军奚康生预其谋，义以康生为抚军大将军、河南尹，仍使之领左右。康生子难当娶侍中、左卫将军侯刚女，刚子，义之妹夫也，义以康生通姻，深相委托，三人率多俱宿禁中，时或迭出，以难当为千牛备身。康生性粗武，言气高下，义稍惮之，见于颜色，康生亦微惧不安。

甲午，魏主朝太后于西林园，文武侍坐，酒酣迭舞，康生乃为力士舞，及折旋之际，每顾视太后，举手、蹈足、瞋目、颔首，为执杀之势，太后解其意而不敢言。日暮，太后欲携帝宿宣光殿，侯刚曰："至尊已朝讫，嫔御在南，何必留宿！"康生曰："至尊陛下之儿，随陛下将东西，更复访谁！"群臣莫敢应。太后自起援帝臂，下堂而去。康生大呼，唱万岁！帝前入閤，左右竞相排，閤不得闭。康生夺难当千牛刀，斫直后元思辅，乃得定。帝既升宣光殿,左右侍臣俱立西阶下。康生乘酒势将出处分,为义所执,锁于门下。光禄勋贾粲绐太后曰:“侍官怀恐不安,陛下宜亲安慰。”太后信之,适下殿,粲即扶帝出东序,前御显阳殿,闭太后于宣光殿。至晚,义不出,令侍中、黄门、仆射、尚书等十馀人就康生所讯其事,处康生斩刑,难当绞刑。义与刚并在内,矫诏决之:康生如奏,难当恕死从流。难当哭辞父,康生慷慨不悲,曰:“我不反死,汝何哭也?”时已昏暗,有司驱康生赴市,斩之;尚食典御奚混与康生同执刀入内,亦坐绞。难当以侯刚婿,得留百馀日,竟流安州;久之,义使行台卢同就杀之。以刘腾为司空。八坐、九卿常旦造腾宅,参其颜色,然后赴省府,亦有终日不得见者。公私属请,唯视货多少,舟车之利,山泽之饶,所在榷固,刻剥六镇,交通互市,岁入利息以巨万万计,逼夺邻舍以广其居,远近苦之。

京兆王继自以父子权位太盛,固请以司徒让车骑大将军、仪同三司崔光。夏,四月庚子,以继为太保,侍中如故,继固辞,不许。壬寅,以崔光为司徒,侍中、祭酒、著作如故。

9 魏牒云具仁至柔然,婆罗门殊骄慢,无逊避心,责具仁礼敬;具仁不屈,婆罗门乃遣大臣丘升头等将兵二千随具仁迎阿那瓌。五月,具仁还镇,具道其状,阿那瓌惧,不敢进,上表请还洛阳。

10 辛巳,魏南荆州刺史恒叔兴据所部来降。

六月丁卯,义州刺史文僧明、边城太守田守德拥所部降魏,皆蛮酋也。魏以僧明为西豫州刺史,守德为义州刺史。

11 癸卯,琬琰殿灾火,延烧后宫三千间。

12 秋,七月丁酉,以大匠卿裴邃为信武将军,假节,督众军讨义州,破魏义州刺史封寿于檀公岘,遂围其城;寿请降,复取义州。魏以尚书左丞张普惠为行台,将兵救之,不及。

以裴邃为豫州刺史,镇合肥。邃欲袭寿阳,阴结寿阳民李瓜花等为内应。邃已勒兵为期日,恐魏觉之,先移扬州云:“魏始于马头置戍,如闻复欲修白捺故城,若尔,便相侵逼,此亦须营欧阳,设交境之备。今板卒已集,唯听信还。”扬州刺史长孙稚谋于僚佐,皆曰:“此无修白捺之意,宜以实报之。”录事参军杨侃曰:“白捺小城,本非形胜;邃好狡数,今集兵遣移,恐有他意。”稚大寤曰:“录事可亟作移报之。”侃报移曰:“彼之纂兵,想别有意,何为妄构白捺!‘他人有心,予忖度之’,勿谓秦无人也。”邃得移,以为魏人已觉,即散其兵。瓜花等以失期,遂相告发,伏诛者十馀家。稚,观之子;侃,播之子。

13　初，高车王弥俄突死，其众悉归嚈哒；后数年，嚈哒遣弥俄突弟伊匐帅馀众还国。伊匐击柔然可汗婆罗门，大破之，婆罗门帅十部落诣凉州，请降于魏。柔然馀众数万相帅迎阿那瓌，阿那瓌表称："本国大乱，姓姓别居，迭相抄掠。当今北人鹄望待拯，乞依前恩，给臣精兵一万，送臣碛北，抚定荒民。"诏付中书门下博议，凉州刺史袁翻以为："自国家都洛以来，蠕蠕、高车迭相吞噬，始则蠕蠕授首，既而高车被擒。今高车自奋于衰微之中，克雪仇耻，诚由种类繁多，终不能相灭。自二虏交斗，边境无尘，数十年矣，此中国之利也。今蠕蠕两主相继归诚，虽戎狄禽兽，终无纯固之节，然存亡继绝，帝王本务。若弃而不受，则亏我大德；若纳而抚养，则损我资储；或全徙内地，则非直其情不愿，亦恐终为后患，刘、石是也。且蠕蠕尚存，则高车犹有内顾之忧，未暇窥窬上国；若其全灭，则高车跋扈之势，岂易可知！今蠕蠕虽乱而部落犹众，处处棋布，以望旧主，高车虽强，未能尽服也。愚谓蠕蠕二主并宜存之，居阿那瓌于东，处婆罗门于西，分其降民，各有攸属。阿那瓌所居非所经见，不敢臆度；婆罗门请修西海故城以处之。西海在酒泉之北，去高车所居金山千馀里，实北虏往来之冲要，土地沃衍，大宜耕稼。宜遣一良将，配以兵仗，监护婆罗门，因令屯田，以省转输之劳。其北则临大碛，野兽所聚，使蠕蠕射猎，彼此相资，足以自固。外以辅蠕蠕之微弱，内亦防高车之畔援，此安边保塞之长计也。若婆罗门能收离聚散，复兴其国者，渐令北转，徙度流沙，则是我之外藩，高车勍敌，西北之虞可以无虑。如其奸回反覆，不过为逋逃之寇，于我何损哉？"朝议是之。

九月，柔然可汗俟匿伐诣怀朔镇请兵，且迎阿那瓌。俟匿伐，阿那瓌之兄也。冬，十月，录尚书事高阳王雍等奏："怀朔镇北吐若奚泉，原野平沃，请置阿那瓌于吐若奚泉，婆罗门于故西海郡，令各帅部落，收集离散。阿那瓌所居既在境外，宜少优遣，婆罗门不得比之。其婆罗门未降以前蠕蠕归化者，悉令州镇部送诣怀朔镇以付阿那瓌。"诏从之。

14　十一月癸丑，魏侍中、车骑大将军侯刚加仪同三司。

15　魏以东益、南秦氐皆反，庚辰，以秦州刺史河间王琛为行台以讨之。琛恃刘腾之势，贪暴无所畏忌，大为氐所败。中尉弹奏，会赦，除名，寻复王爵。

16　魏以安西将军元洪超兼尚书行台，诣敦煌安置柔然婆罗门。

1 春,正月庚子,以尚书令袁昂为中书监,吴郡太守王暕为尚书左仆射。

2 辛亥,魏主耕籍田。

3 魏宋云与惠生自洛阳西行四千里,至赤岭,乃出魏境,又西行,再期,至乾罗国而还。二月,达洛阳,得佛经一百七十部。

4 高车王伊匐遣使入贡于魏。夏,四月庚辰,魏以伊匐为镇西将军、西海郡公、高车王。久之,伊匐与柔然战败,其弟越居杀伊匐自立。

5 五月壬辰朔,日有食之,既。

6 癸巳,大赦。

7 冬,十一月甲午,领军将军始兴忠武王憺卒。

8 乙巳,魏主祀圜丘。

9 初,魏世祖以玄始历浸疏,命更造新历。至是,著作郎崔光表取荡寇将军张龙祥等九家所上历,候验得失,合为一历,以壬子为元,应魏之水德,命曰正光历。丙午,初行正光历,大赦。

10 十二月乙酉,魏以车骑大将军、尚书右仆射元钦为仪同三司,太保京兆王继为太傅,司徒崔光为太保。

11 初,太子统之未生也,上养临川王宏之子正德为子。正德少粗险,上即位,正德意望东宫。及太子统生,正德还本,赐爵西丰侯。正德怏怏不满意,常蓄异谋。是岁,正德自黄门侍郎为轻车将军,顷之,亡奔魏,自称废太子避祸而来。魏尚书左仆射萧宝寅上表曰:"岂有伯为天子,父作扬州,弃彼密亲,远投他国!不如杀之。"由是魏人待之甚薄,正德乃杀一小儿,称为己子,远营葬地,魏人不疑,明年,复自魏逃归。上泣而诲之,复其封爵。

12 柔然阿那瓌求粟为种,魏与之万石。

婆罗门帅部落叛魏,亡归哒。魏以平西府长史代人费穆兼尚书右丞西北道行台,将兵讨之,柔然遁去。穆谓诸将曰:"戎狄之性,见敌即走,乘虚复出,若不使之破胆,终恐疲于奔命。"乃简练精骑,伏于山谷,以步兵之羸者为外营,柔然果至,奋击,大破之,婆罗门为凉州军所擒,送洛阳。

四年(癸卯,523)

1 春,正月辛卯,上祀南郊,大赦。丙午,祀明堂。二月乙亥,耕藉田。

2　柔然大饥,阿那瓌帅其众入魏境,表求赈给。己亥,魏以尚书左丞元孚为行台尚书,持节抚谕柔然。孚,谭之孙也。将行,表陈便宜,以为:"蠕蠕久来强大,昔在代京,常为重备。今天祚大魏,使彼自乱亡,稽首请服。朝廷鸠其散亡,礼送令返,宜因此时善思远策。昔汉宣之世,呼韩款塞,汉遣董忠、韩昌领边郡士马送出朔方,因留卫助。又,光武时亦使中郎将段彬置安集掾史,随单于所在,参察动静。今宜略依旧事,借其闲地,听其田牧,粗置官属,示相慰抚。严戒边兵,因令防察,使亲不至矫诈,疏不容反叛,最策之得者也。"魏人不从。

柔然俟匿伐入朝于魏。

3　三月,魏司空刘腾卒。宦官为腾义息重服者四十馀人,衰绖送葬者以百数,朝贵送葬者塞路满野。

4　夏,四月,魏元孚持白虎幡劳阿那瓌于柔玄、怀荒二镇之间。阿那瓌众号三十万,阴有异志,遂拘留孚,载以辒车。每集其众,坐孚东厢,称为行台,甚加礼敬。引兵而南,所过剽掠,至平城,乃听孚还。有司奏孚辱命,抵罪。甲申,魏遣尚书令李崇、左仆射元纂帅骑十万击柔然。阿那瓌闻之,驱良民二千、公私马牛羊数十万北遁,崇追之三千馀里,不及而还。

纂使铠曹参军于谨帅骑二千追柔然,至郁对原,前后十七战,屡破之。谨,忠之从曾孙也,性深沉,有识量,涉猎经史。少时,屏居田里,不求仕进,或劝之仕,谨曰:"州郡之职,昔人所鄙;台鼎之位,须待时来。"纂闻其名而辟之。后帅轻骑出塞觇候,属铁勒数千骑奄至,谨以众寡不敌,退必不免,乃散其众骑,使匿丛薄之间,又遣人升山指麾,若部分军众者。铁勒望见,虽疑有伏兵,自恃其众,进军逼谨。谨以常乘骏马,一紫一骝,铁勒所识,乃使二人各乘一马突阵而出,铁勒以为谨也,争逐之;谨帅馀军击其追骑,铁勒遂走,谨因得入塞。

李崇长史钜鹿魏兰根说崇曰:"昔缘边初置诸镇,地广人稀,或征发中原强宗子弟,或国之肺腑,寄以爪牙。中年以来,有司号为'府户',役同厮养,官婚班齿,致失清流,而本来族类,各居荣显,顾瞻彼此,理当愤怨。宜改镇立州,分置郡县,凡是府户,悉免为民,入仕次叙,一准其旧,文武兼用,威恩并施。此计若行,国家庶无北顾之虑矣。"崇为之奏闻,事寝,不报。

5　初,元义既幽胡太后,常入直于魏主所居殿侧,曲尽佞媚,帝由是宠信之。义出入禁中,恒令勇士持兵以自先后。时出休于千秋门外,施木栏楯,使腹心防守以备窃发,士民求见者,遥对而已。其始执政之时,矫情自饰,以谦勤接物,时事得失,颇以关怀。既得志,遂自骄慢,嗜酒好色,贪肆宝贿,与夺任情,纪纲坏乱。父京兆王继尤贪纵,与其妻子各受赂遗,请属有司,莫敢违者。乃至郡县小吏亦不得公选,牧、守、令、长率皆贪污之人。由是百姓困穷,人人思乱。

武卫将军于景,忠之弟也,谋废叉,又黜为怀荒镇将。及柔然入寇,镇民请粮,景不肯给,镇民不胜忿,遂反,执景,杀之。未几,沃野镇民破六韩拔陵聚众反,杀镇将,改元真王,诸镇华、夷之民往往响应,拔陵引兵南侵,遣别帅卫可孤围武川镇,又攻怀朔镇。尖山贺拔度拔及其三子允、胜、岳皆有材勇,怀朔镇将杨钧擢度拔为统军,三子为军主以拒之。

6　魏景明之初,世宗命宦者白整为高祖及文昭高后凿二佛龛于龙门山,皆高百尺。永平中,刘腾复为世宗凿一龛,至是二十四年,凡用十八万二千馀工而未成。

7　秋,七月辛亥,魏诏:"见在朝官,依令七十合解者,可给本官半禄,以终其身。"

8　九月,魏诏侍中、太尉汝南王悦入居门下,与丞相高阳王雍参决尚书奏事。

9　冬,十月庚午,以中书监、中卫将军袁昂为尚书令,即本号开府仪同三司。

10　魏平恩文宣公崔光疾笃,魏主亲抚视之,拜其子劢为齐州刺史,为之撤乐,罢游眺。丁酉,光卒,帝临,哭之恸,为减常膳。

光宽和乐善,终日怡怡,未尝忿恚。于忠、元义用事,以光旧德,皆尊敬之,事多咨决,而不能救裴、郭、清河之死,时人比之张禹、胡广。

光且死,荐都官尚书贾思伯为侍讲。帝从思伯受春秋,思伯虽贵,倾身下士。或问思伯曰:"公何以能不骄?"思伯曰:"衰至便骄,何常之有!"当时以为雅谈。

11　十一月癸未朔,日有食之。

12　甲辰,尚书左仆射王暕卒。

13　梁初唯扬、荆、郢、江、湘、梁、益七州用钱,交、广用金银,馀州杂以谷帛交易。上乃铸五铢钱,肉好周郭皆备。别铸无肉郭者,谓之"女钱"。民间私用女钱交易,禁之不能止,乃议尽罢铜钱。十二月戊午,始铸铁钱。

14　魏以汝南王悦为太保。

资治通鉴卷第一百五十

梁纪六

高祖武皇帝六

普通五年（甲辰,524）

1　春,正月辛丑,魏主祀南郊。

2　三月,魏以临淮王彧都督北讨诸军事,讨破六韩拔陵。

夏,四月,高平镇民赫连恩等反,推敕勒酋长胡琛为高平王,攻高平镇以应拔陵。魏将卢祖迁击破之,琛北走。

卫可孤攻怀朔镇经年,外援不至,杨钧使贺拔胜诣临淮王彧告急。胜募敢死少年十馀骑,夜伺隙溃围出,贼骑追及之,胜曰"我贺拔破胡也",贼不敢逼。胜见彧于云中,说之曰:"怀朔被围,旦夕沦陷,大王今顿兵不进;怀朔若陷,则武川亦危,贼之锐气百倍,虽有良、平,不能为大王计矣。"彧许为出师。胜还,复突围而入。钧复遣胜出觇武川,武川已陷。胜驰还,怀朔亦溃,胜父子俱为可孤所虏。

五月,临淮王彧与破六韩拔陵战于五原,兵败,彧坐削除官爵。安北将军陇西李叔仁又败于白道,贼势日盛。

魏主引丞相、令、仆、尚书、侍中、黄门于显阳殿,问之曰:"今寇连恒、朔,逼近金陵,计将安出?"吏部尚书元脩义请遣重臣督军镇恒、朔以捍寇,帝曰:"去岁阿那瓌叛乱,遣李崇北征,崇上表求改镇为州,朕以旧章难革,不从其请。寻崇此表,开镇户非冀之心,致有今日之患;但既往难追,聊复略论耳。然崇贵戚重望,器识英敏,意欲遣崇行,何如?"仆射萧宝寅等皆曰:"如此,实合群望。"崇曰:"臣以六镇遐僻,密迩寇戎,欲以慰悦彼心,岂敢导之为乱!臣罪当就死,陛下赦之;今更遣臣北行,正是报恩改过之秋。但臣年七十,加之疲病,不堪军旅,愿更择贤材。"帝不许。脩义,天赐之子也。

臣光曰:李崇之表,乃所以销祸于未萌,制胜于无形。魏肃宗既不能用,及乱生之后,曾无愧谢之言,乃更以为崇罪,彼不明之君,乌

可与谋哉！诗云："听言则对,诵言如醉,匪用其良,覆俾我悖。"其是
之谓矣。

3　壬申,加崇使持节、开府仪同三司、北讨大都督,命抚军将军崔暹、
镇军将军广阳王深皆受崇节度。深,嘉之子也。

4　六月,以豫州刺史裴邃督征讨诸军事以伐魏。

5　魏自破六韩拔陵之反,二夏、幽、凉,寇盗蜂起。秦州刺史李彦,政
刑残虐,在下皆怨,是月,城内薛珍等聚党突入州门,擒彦,杀之,推其党莫
折大提为帅,大提自称秦王。魏遣雍州刺史元志讨之。

初,南秦州豪右杨松柏兄弟,数为寇盗,刺史博陵崔游诱之使降,引为
主簿,接以辞色,使说下群氐,既而因宴会尽收斩之,由是所部莫不猜惧。
游闻李彦死,自知不安,欲逃去,未果;城民张长命、韩祖香、孙掩等攻游,
杀之,以城应大提。大提遣其党卜胡袭高平,克之,杀镇将赫连略,行台高
元荣。大提寻卒,子念生自称天子,置百官,改元天建。

6　丁酉,魏大赦。

7　秋,七月甲寅,魏遣吏部尚书元脩义兼尚书仆射,为西道行台,帅
诸将讨莫折念生。

8　崔暹违李崇节度,与破六韩拔陵战于白道,大败,单骑走还。拔陵
并力攻崇,崇力战,不能御,引还云中,与之相持。

广阳王深上言:"先朝都平城,以北边为重,盛简亲贤,拥麾作镇,配
以高门子弟,以死防遏,非唯不废仕宦,乃更独得复除,当时人物,忻慕为
之。太和中,仆射李冲用事,凉州土人悉免厮役;帝乡旧门,仍防边戍,自
非得罪当世,莫肯与之为伍。本镇驱使,但为虞候、白直,一生推迁,不过
军主;然其同族留京师者得上品通官,在镇者即为清途所隔,或多逃逸。
乃峻边兵之格,镇人不听浮游在外,于是少年不得从师,长者不得游宦,独
为匪人,言之流涕! 自定鼎伊、洛,边任益轻,唯底滞凡才,乃出为镇将,转
相模习,专事聚敛。或诸方奸吏,犯罪配边,为之指踪,政以贿立,边人无
不切齿。及阿那瓌背恩纵掠,发奔命追之,十五万众度沙漠,不日而还。
边人见此援师,遂自意轻中国。尚书令臣崇求改镇为州、抑亦先觉,朝廷
未许。而高阙戍主御下失和,拔陵杀之,遂相帅为乱,攻城掠地,所过夷
灭,王师屡北,贼党日盛。此段之举,指望销平;而崔暹只轮不返,臣崇与
臣逞巡复路,相与还次云中,将士之情莫不解体。今日所虑,非止西北,将
恐诸镇寻亦如此,天下之事,何易可量!"书奏,不省。

诏征崔暹系廷尉;暹以女妓、田园赂元义,卒得不坐。

9　丁丑,莫折念生遣其都督杨伯年攻仇鸠、河池二戍,东益州刺史魏子建遣将军伊祥等击破之,斩首千馀级。东益州本氐王杨绍先之国,将佐皆以城民劲勇,二秦反者皆其族类,请先收其器械,子建曰:"城民数经行阵,抚之足以为用,急之则腹背为患。"乃悉召城民,慰谕之,既而渐分其父兄子弟戍诸郡,内外相顾,卒无叛者。子建,兰根之族兄也。

10　魏凉州幢帅于菩提等执刺史宋颖,据州反。

11　八月庚寅,徐州刺史成景儁拔魏童城。

12　魏员外散骑侍郎李苗上书曰:"凡食少兵精,利于速战;粮多卒众,事宜持久。今陇贼猖狂,非有素蓄,虽据两城,本无德义,其势在于疾攻,日有降纳,迟则人情离沮,坐待崩溃。夫飙至风举,逆者求万一之功;高壁深垒,王师有全制之策。但天下久泰,人不晓兵,奔利不相待,逃难不相顾,将无法令,士非教习,不思长久之计,各有轻敌之心。如令陇东不守,汧军败散,则两秦遂强,三辅危弱,国之右臂于斯废矣。宜敕大将坚壁勿战,别命偏裨帅精兵数千出麦积崖以袭其后,则汧、陇之下,群妖自散。"

魏以苗为统军,与别将淳于诞俱出梁、益,未至,莫折念生遣其弟高阳王天生将兵下陇。甲午,都督元志与战于陇口,志兵败,弃众东保岐州。

13　东西部敕勒皆叛魏,附于破六韩拔陵,魏主始思李崇及广阳王深之言。丙申,下诏:"诸州镇军贯非有罪配隶者,皆免为民。"改镇为州,以怀朔镇为朔州,更命朔州曰云州。遣兼黄门侍郎郦道元为大使,抚慰六镇。时六镇已尽叛,道元不果行。

先是,代人迁洛者,多为选部所抑,不得仕进。及六镇叛,元义乃用代来人为传诏以慰悦之。廷尉评代人山伟奏记,称义德美,又擢伟为尚书二千石郎。

14　秀容人乞伏莫于聚众攻郡,杀太守;丁酉,南秀容牧子万于乞真杀太仆卿陆延,秀容酋长尔朱荣讨平之。荣,羽健之玄孙也。其祖代勤,尝出猎,部民射虎,误中其髀,代勤拔箭,不复推问,所部莫不感悦。官至肆州刺史,赐爵梁郡公,年九十馀而卒;子新兴立。新兴时,畜牧尤蕃息,牛羊驼马,色别为群,弥漫川谷,不可胜数。魏每出师,新兴辄献马及资粮以助军,高祖嘉之。新兴老,请传爵于子荣,魏朝许之。荣神机明决,御众严整。时四方兵起,荣阴有大志,散其畜牧资财,招合骁勇,结纳豪桀,于是侯景、司马子如、贾显度及五原段荣、太安窦泰皆往依之。显度,显智之兄也。

15　戊戌,莫折念生遣都督窦双攻魏盘头郡,东益州刺史魏子建遣将军窦念祖击破之。

16　九月戊申,成景儁拔魏睢陵。戊午,北兖州刺史赵景悦围荆山。裴邃帅骑三千袭寿阳,壬戌夜,斩关而入,克其外郭。魏扬州刺史长孙稚御之,一日九战,后军蔡秀成失道不至,邃引兵还。别将击魏淮阳,魏使行台郦道元、都督河间王琛救寿阳,安乐王鉴救淮阳。鉴,诠之子也。

17　魏西道行台元脩义得风疾,不能治军。壬申,魏以尚书左仆射齐王萧宝寅为西道行台大都督,帅诸将讨莫折念生。

宋颖密求救于吐谷浑王伏连筹,伏连筹自将救凉州,于菩提弃城走,追斩之。城民赵天安等复推宋颖为刺史。

18　河间王琛军至西硖石,解涡阳围,复荆山戍。青、冀二州刺史王神念与战,为琛所败。冬,十月戊寅,裴邃、元树攻魏建陵城,克之,辛巳,拔曲木;扫虏将军彭宝孙拔琅邪。

19　魏营州城民刘安定、就德兴执刺史李仲遵,据城反。城民王恶儿斩安定以降;德兴东走,自称燕王。

20　胡琛遣其将宿勤明达寇豳、夏、北华三州,魏遣都督北海王颢帅诸将讨之。颢,详之子也。

21　甲申,彭宝孙拔檀丘。辛卯,裴邃拔狄城;丙申,又拔甓城,进屯黎浆。壬寅,魏东海太守韦敬欣以司吾城降。定远将军曹世宗拔曲阳;甲辰,又拔秦墟,魏守将多弃城走。

22　魏使黄门侍郎卢同持节诣营州慰劳,就德兴降而复反。诏以同为幽州刺史兼尚书行台,同屡为德兴所败而还。

23　魏朔方胡反,围夏州刺史源子雍,城中食尽,煮马皮而食之,众无贰心。子雍欲自出求粮,留其子延伯守统万,将佐皆曰:“今四方离叛,粮尽援绝,不若父子俱去。”子雍泣曰:“吾世荷国恩,当毕命此城;但无食可守,故欲往东州,为诸君营数月之食,若幸而得之,保全必矣。”乃帅羸弱诣东夏州运粮,延伯与将佐哭而送之。子雍行数日,胡帅曹阿各拔邀击,擒之。子雍潜遣人赍书,敕城中努力固守。阖城忧惧,延伯谕之曰:“吾父吉凶未可知,方寸焦烂。但奉命守城,所为者重,不敢以私害公。诸君幸得此心。”于是众感其义,莫不奋励。子雍虽被擒,胡人常以民礼事之,子雍为陈祸福,劝阿各拔降。会阿各拔卒,其弟桑生竟帅其众随子雍降。子雍见行台北海王颢,具陈诸贼可灭之状,颢给子雍兵,令其先驱。时东夏州阖境皆反,所在屯结,子雍转斗而前,九旬之中,凡数十战,遂平东夏州,征税粟以馈统万,二夏由是获全。子雍,怀之子也。

24　魏广阳王深上言:"今六镇尽叛,高车二部亦与之同,以此疲兵击之,必无胜理。不若选练精兵守恒州诸要,更为后图。"遂与李崇引兵还平城。崇谓诸将曰:"云中者,白道之冲,贼之咽喉,若此地不全,则并、肆危矣。当留一人镇之,谁可者?"众举费穆,崇乃请穆为朔州刺史。

25　贺拔度拔父子及武川宇文肱纠合乡里豪杰,共袭卫可孤,杀之;度拔寻与铁勒战死。肱,逸豆归之玄孙也。

李崇引国子博士祖莹为长史;广阳王深奏莹诈增首级,盗没军资,莹坐除名,崇亦免官削爵征还。深专总军政。

26　莫折天生进攻魏岐州,十一月戊申,陷之,执都督元志及刺史裴芬之,送莫折念生杀之。念生又使卜胡等寇泾州,败光禄大夫薛峦于平凉东。峦,安都之孙也。

27　丙辰,彭宝孙拔魏东莞。壬戌,裴邃攻寿阳之安城,丙寅,马头、安城皆降。

28　高平人攻杀卜胡,共迎胡琛。

29　魏以黄门侍郎杨昱兼侍中,持节监北海王颢军,以救幽州,幽州围解。蜀贼张映龙、姜神达攻雍州,雍州刺史元脩义请援,一日一夜,书移九通。都督李叔仁迟疑不赴,昱曰:"长安,关中基本,若长安不守,大军自然瓦散,留此何益?"遂与叔仁进击之,斩神达,馀党散走。

30　十二月戊寅,魏荆山降。

31　壬辰,魏以京兆王继为太师、大将军,都督西道诸军以讨莫折念生。

32　乙巳,武勇将军李国兴攻魏平靖关,辛丑,信威长史杨乾攻武阳关,壬寅,攻岘关,皆克之。国兴进围郢州,魏郢州刺史裴询与蛮酋西郢州刺史田朴特相表里以拒之。围城近百日,魏援军至,国兴引还。询,骏之孙也。

33　魏汾州诸胡反;以章武王融为大都督,将兵讨之。

34　魏魏子建招谕南秦诸氏,稍稍降附,遂复六郡十二戍,斩韩祖香。魏以子建兼尚书,为行台,刺史如故,梁、巴、二益、二秦诸州皆受节度。

35　莫折念生遣兵攻凉州,城民赵天安复执刺史以应之。

36　是岁,侍中、太子詹事周舍坐事免,散骑常侍钱唐朱异代掌机密,军旅谋议,方镇改易,朝仪诏敕皆典之。异好文义,多艺能,精力敏赡,上以是任之。

六年（乙巳，525）

1 春，正月丙午，雍州刺史晋安王纲遣安北长史柳浑破魏南乡郡；司马董当门破魏晋城，庚戌，又破马圈、涠阳二城。

2 辛亥，上祀南郊，大赦。

3 魏徐州刺史元法僧，素附元义，见义骄恣，恐祸及己，遂谋反。魏遣中书舍人张文伯至彭城，法僧谓曰："吾欲与汝去危就安，能从我乎？"文伯曰："我宁死见文陵松柏，安能去忠义而从叛逆乎！"法僧杀之。庚申，法僧杀行台高谅，称帝，改元天启，立诸子为王。魏发兵击之，法僧乃遣其子景仲来降。

安东长史元显和，丽之子也，举兵与法僧战；法僧擒之，执其手，命使共坐，显和不肯，曰："与翁皆出皇家，一朝以地外叛，独不畏良史乎！"法僧犹欲慰谕之，显曰："我宁死为忠鬼，不能生为叛臣。"乃杀之。

上使散骑常侍朱异使于法僧，以宣城太守元略为大都督，与将军义兴陈庆之、胡龙牙、成景僬等将兵应接。

4 莫折天生军于黑水，兵势甚盛。魏以岐州刺史崔延伯为征西将军、西道都督，帅众五万讨之。延伯与行台萧宝寅军于马嵬。延伯素骁勇，宝寅趣之使战，延伯曰："明晨为公参贼勇怯。"乃选精兵数千西渡黑水，整陈向天生营；宝寅军于水东，遥为继援。延伯直抵天生营下，扬威胁之，徐引兵还。天生见延伯众少，争开营逐之，其众多于延伯十倍，蹙延伯于水次，宝寅望之失色。延伯自为后殿，不与之战，使其众先渡，部伍严整，天生兵不敢击。须臾，渡毕，延伯徐渡，天生之众亦引还。宝寅喜曰："崔君之勇，关、张不如。"延伯曰："此贼非老奴敌也，明公但安坐，观老奴破之。"癸亥，延伯勒兵出，宝寅举军继其后。天生悉众逆战，延伯身先士卒，陷其前锋，将士尽锐竞进，大破之，俘斩十馀万，追奔至小陇，岐、雍及陇东皆平。将士稽留采掠，天生遂塞陇道，由是诸军不能进。

宝寅破宛川，俘其民以为奴婢，以美女十人赏岐州刺史魏兰根，兰根辞曰："此县介于强寇，不能自立，故附从以救死。官军之至，宜矜而抚之，奈何助贼为虐，鬻以为贱役乎！"悉求其父兄而归之。

5 乙巳，裴邃拔魏新蔡郡，诏侍中、领军将军西昌侯渊藻将众前驱，南兖州刺史豫章王综与诸将继进。癸酉，裴邃拔郑城，汝、颍之间，所在响应。

魏河间王琛等惮邃威名，军于城父，累月不进，魏朝遣廷尉少卿崔孝芬持节、赉斋库刀以趣之。孝芬,挺之子也。琛至寿阳,欲出兵决战。长孙稚以为久雨未可出,琛不听,引兵五万出城击邃。邃为四甄以待之,使直阁将军李祖怜先挑战而伪退;稚、琛悉众追之,四甄竞发,魏师大败,斩首万馀级。琛走入城,稚勒兵而殿,遂闭门自固,不敢复出。

魏安乐王鉴将兵讨元法僧,击元略于彭城南,略大败,与数十骑走入城。鉴不设备,法僧出击,大破之,鉴单骑奔归。将军王希聘拔魏南阳平,执太守薛昙尚。昙尚,虎子之子也。甲戌,以法僧为司空,封始安郡公。

魏以安丰王延明为东道行台,临淮王彧为都督,以击彭城。

6　魏以京兆王继为太尉。

二月乙未,赵景悦拔魏龙亢。

7　初,魏刘腾既卒,胡太后及魏主左右防卫微缓。元义亦自宽,时出游于外,留连不返,其所亲谏,义不纳;太后察知之。去秋,太后对帝谓群臣曰:"今隔绝我母子,不听往来,复何用我为!我当出家,修道于嵩山闲居寺耳。"因自欲下发;帝及群臣叩头泣涕,殷勤苦请,太后声色愈厉。帝乃宿于嘉福殿,积数日,遂与太后密谋黜义。然帝深匿形迹,太后有忿恚,欲得往来显阳之言,皆以告义;又对义流涕,叙太后欲出家,忧怖之心日有数四。义殊不以为疑,乃劝帝从太后所欲。于是太后数御显阳殿,二宫无复禁碍。义举元法僧为徐州,法僧反,太后数以为言,义深愧悔。

丞相高阳王雍,虽位居义上,而深畏惮之。会太后与帝游洛水,雍邀二宫幸其第。日晏,帝与太后至雍内室,从官皆不得入,遂相与定图义之计。于是太后谓义曰:"元郎若忠于朝廷,无反心,何故不去领军,以徇官辅政!"义甚惧,免冠求解领军。乃以义为骠骑大将军、开府仪同三司、尚书令、侍中、领左右。

8　戊戌,魏大赦。

9　壬辰,莫折念生遣都督杨鲊等攻仇池郡,行台魏子建击破之。

10　三月己酉,上幸白下城,履行六军顿所。乙丑,命豫章王综权顿彭城,总督众军,并摄徐州府事。己巳,以元法僧之子景隆为衡州刺史,景仲为广州刺史。上召法僧及元略还建康,法僧驱彭城吏民万馀人南渡。法僧至建康,上宠待甚厚;元略恶其为人,与之言,未尝笑。

11　魏诏京兆王继班师。

12　北凉州刺史锡休儒等自魏兴侵魏梁州,攻直城。魏梁州刺史傅竖眼遣其子敬绍击之,休儒等败还。

13　柔然王阿那瓌为魏讨破六韩拔陵,魏遣牒云具仁赍杂物劳赐之。

阿那瓌勒众十万,自武川西向沃野,屡破拔陵兵。夏,四月,魏主复遣中书舍人冯儁劳赐阿那瓌。阿那瓌部落浸强,自称敕连头兵豆伐可汗。

14　魏元乂虽解兵权,犹总任内外,殊不自意有废黜之理。胡太后意犹豫未决,侍中穆绍劝太后速去之。绍,亮之子也。潘嫔有宠于魏主,宦官张景嵩说之云,"乂欲害嫔"。嫔泣诉于帝曰:"乂非独欲害妾,将不利于陛下。"帝信之,因乂出宿,解乂侍中。明旦,乂将入宫,门者不纳。辛卯,太后复临朝摄政,下诏追削刘腾官爵,除乂名为民。

清河国郎中令韩子熙上书为清河王怿讼冤,乞诛元乂等曰:"昔赵高柄秦,令关东鼎沸;今元乂专魏,使四方云扰。开逆之端,起于宋维,成祸之末,良由刘腾,宜枭首洿宫,斩骸沉族,以明其罪。"太后命发刘腾之墓,露散其骨,籍家没赀,尽杀其养子。以子熙为中书舍人。子熙,麒麟之孙也。

初,宋维父弁常曰:"维性疏险,必败吾家。"李崇、郭祚、游肇亦曰:"伯绪凶疏,终倾宋氏,若得杀身,幸矣。"维阿附元乂,超迁至洛州刺史,至是除名,寻赐死。

乂之解领军也,太后以乂党与尚强,未可猝制,乃以侯刚代乂为领军以安其意。寻出刚为冀州刺史,加仪同三司,未至州,黜为征虏将军,卒于家。太后欲杀贾粲,以乂党多,恐惊动内外,乃出粲为济州刺史,寻追杀之,籍没其家。唯乂以妹夫,未忍行诛。

先是给事黄门侍郎元顺以刚直忤乂意,出为齐州刺史;太后征还,为侍中。侍坐于太后,乂妻在太后侧,顺指之曰:"陛下奈何以一妹之故,不正元乂之罪,使天下不得伸其冤愤!"太后嘿然。顺,澄之子也。他日,太后从容谓侍臣曰:"刘腾、元乂昔尝邀朕求铁券,冀得不死,朕赖不与。"韩子熙曰:"事关生杀,岂系铁券!且陛下昔虽不与,何解今日不杀!"太后怃然。未几,有告"乂及弟瓜谋诱六镇降户反于定州,又招鲁阳诸蛮侵扰伊阙,欲为内应"。得其手书,太后犹未忍杀之。群臣固执不已,魏主亦以为言,太后乃从之,赐乂及弟瓜死于家,犹赠乂骠骑大将军、仪同三司、尚书令。江阳王继废于家,病卒。前幽州刺史卢同坐乂党除名。

太后颇事妆饰,数出游幸,元顺面谏曰:"礼,妇人夫没自称未亡人,首去珠玉,衣不文采。陛下母临天下,年垂不惑,修饰过甚,何以仪刑后世!"太后惭而还宫,召顺,责之曰:"千里相征,岂欲众中见辱邪!"顺曰:"陛下不畏天下之笑,而耻臣之一言乎!"

顺与穆绍同直,顺因醉入其寝所,绍拥被而起,正色让顺曰:"身二十年侍中,与卿先君亟连职事,纵卿方进用,何宜相排突也!"遂谢事还家,诏谕久之,乃起。

初,郑羲之兄孙俨为司徒胡国珍行参军,私得幸于太后,人未之知。萧宝寅之西讨,以俨为开府属。太后再摄政,俨请奉使还朝,太后留之,拜谏议大夫、中书舍人,领尝食典御,昼夜禁中;每休沐,太后常遣宦者随之,俨见其妻,唯得言家事而已。中书舍人乐安徐纥,粗有文学,先以谄事赵脩,坐徒枹罕。后还,复除中书舍人,又谄事清河王怿;怿死,出为雁门太守。还洛,复谄事元义。义败,太后以纥为怿所厚,复召为中书舍人,纥又谄事郑俨。俨以纥有智数,仗为谋主;纥以俨有内宠,倾身承接,共相表里,势倾内外,号为徐、郑。

俨累迁至中书令、车骑将军;纥累迁至给事黄门侍郎,仍领舍人,总摄中书、门下之事,军国诏令莫不由之。纥有机辩强力,终日治事,略无休息,不以为劳。时有急诏,令数吏执笔,或行或卧,人别占之,造次俱成,不失事理。然无经国大体,专好小数,见人矫为恭谨,远近辐凑附之。

给事黄门侍郎袁翻、李神轨皆领中书舍人,为太后所信任,时人云神轨亦得幸于太后,众莫能明也。神轨求婚于散骑常侍卢义僖,义僖不许。黄门侍郎王通谓义僖曰:"昔人不以一女易众男,卿岂易之邪!"义僖曰:"所以不从者,正为此耳。从之,恐祸大而速。"通乃坚握义僖手曰:"我闻有命,不敢以告人。"女遂适他族。临婚之夕,太后遣中使宣敕停之,内外惶怖,义僖夷然自若。神轨,崇之子;义僖,度世之孙也。

15 胡琛据高平,遣其大将万俟丑奴、宿勤明达等寇魏泾州,将军卢祖迁、伊瓮生讨之,不克。萧宝寅、崔延伯既破莫折天生,引兵会祖迁等于安定,甲卒十二万,铁马八千,军威甚盛。丑奴军于安定西北七里,时以轻骑挑战,大兵未交,辄委走。延伯恃其勇,且新有功,遂唱议为先驱击之。别造大盾,内为锁柱,使壮士负以趋,谓之排城,置辎重于中,战士在外,自安定北缘原北上。将战,有贼数百骑诈持文书,云是降簿,且乞缓师。宝寅、延伯未及阅视,宿勤明达引兵自东北至,降贼自西竞下,覆背击之,延伯上马奋击,逐北径抵其营。贼皆轻骑,延伯军杂步卒,战久疲乏,贼乘间得入排城;延伯遂大败,死伤近二万人,宝寅收众,退保安定。延伯自耻其败,乃缮甲兵,募骁勇,复自安定西进,去贼七里结营。壬辰,不告宝寅,独出袭贼,大破之,俄顷,平其数栅。贼见军士采掠散乱,复还击之,魏兵大败,延伯中流矢卒,士卒死者万馀人。时大寇未平,复失骁将,朝野为之忧恐。于是贼势愈盛,而群臣自外来者,太后问之,皆言贼弱,以求悦媚,由是将帅求益兵者往往不与。

16　五月,夷陵烈侯裴邃卒。邃深沉有思略,为政宽明,将吏爱而惮之。壬子,以中护军夏侯亶督寿阳诸军事,驰驿代邃。

17　益州刺史临汝侯渊猷遣其将樊文炽、萧世澄等将兵围魏益州长史和安于小剑,魏益州刺史邴虬遣统军河南胡小虎、崔珍宝将兵救之。文炽袭破其栅,皆擒之,使小虎于城下说和安令早降,小虎遥谓安曰:"我栅失备,为贼所擒,观其兵力,殊不足言。努力坚守,魏行台、傅梁州援兵已至。"语未终,军士以刀殴杀之。西南道军司淳于诞引兵救小剑,文炽置栅于龙须山上以防归路。戊辰,诞密募壮士夜登山烧其栅,梁军望见归路绝,皆恟惧,诞乘而击之,文炽大败,仅以身免,虏世澄等将吏十一人,斩获万计。魏子建以世澄购胡小虎之尸,得而葬之。

18　魏魏昌武康伯李崇卒。

19　初,帝纳东昏侯宠姬吴淑媛,七月而生豫章王综,宫中多疑之。及淑媛宠衰怨望,密谓综曰:"汝七月生儿,安得比诸皇子!然汝太子次弟,幸保富贵,勿泄也!"与综相抱而泣。综由是自疑,昼则谈谑如常,夜则于静室闭户,披发席藁,私于别室祭齐氏七庙。又微服至曲阿拜齐太宗陵,闻俗说割血沥骨,渗则为父子,遂潜发东昏侯冢,并自杀一男试之,皆验,由是常怀异志,专伺时变。综有勇力,能手制奔马;轻财好士,唯留附身故衣,馀皆分施,恒致罄乏。屡上便宜,求为边任,上未之许。常于内斋布沙于地,终日跣行,足下生胝,日能行三百里。王、侯、妃、主及外人皆知其志,而上性严重,人莫敢言。又使通问于萧宝夤,谓之叔父。为南兖州刺史,不见宾客,辞讼隔帘听之,出则垂帷于舆,恶人识其面。

及在彭城,魏安丰王延明、临淮王彧将兵二万逼彭城,胜负久未决。上虑综败没,敕综引军还。综恐南归不复得至北边,乃密遣人送降款于彧;魏人皆不之信,彧募人入综军验其虚实,无敢行者。殿中侍御史济阴鹿悆为彧监军,请行,曰:"若综有诚心,与之盟约;如其诈也,何惜一夫!"时两敌相对,内外严固,悆单骑间出,径趣彭城,为综军所执,问其来状,悆曰:"临淮王使我来,欲有交易耳。"时元略已南还,综闻之,谓成景儁等曰:"我常疑元略规欲反城,将验其虚实,故遣左右为略使,入魏军中,呼彼一人。今其人果来,可遣人诈为略有疾在深室,呼至户外,令人传言谢之。"综又遣腹心安定梁话迎悆,密以意状语之。悆薄暮入城,先引见胡龙牙,龙牙曰:"元中山甚欲相见,故遣呼卿。"又曰:"安丰、临淮,将少弱卒,规复此城,容可得乎!"悆曰:"彭城,魏之东鄙,势在必争,得否在天,非人所测。"龙牙曰:"当如卿言。"又引见成景俊,景俊与坐,谓曰:"卿不为刺客邪?"念曰:"今者奉使,欲返命本朝,相刺之事,更卜后图。"景俊为设饮食,乃引至一所,诈令一人自室中出,为元略致意曰:"我昔有以南向,且遣相呼,欲闻乡事;晚来疾作,不获相见。"念曰:"早奉音旨,冒险祗赴,不得瞻见,内怀反侧。"遂辞退。诸将竞问魏士马多少,念盛陈有劲兵数十万,诸将相谓曰:"此华辞耳!"念曰:"崇朝可验,何华之有!"乃遣念还。成景俊送之戏马台,北望城堞,谓曰:"险固如此,岂魏所能取!"念曰:"攻守在人,何论险固!"念还,于路复与梁话申固盟约。六月庚辰,综与梁话及淮阴苗文宠夜出,步投魏军。及旦,斋内诸阁犹闭不开,众莫知所以,唯见城外魏军呼曰:"汝豫章王昨夜已来,在我军中,汝尚何为!"城中求王不获,军遂大溃。魏人入彭城,乘胜追击,复取诸城,至宿预而还,将佐士卒死没者什七八,唯陈庆之帅所部得还。

上闻之,惊骇,有司奏削综爵土,绝属籍,更其子直姓悖氏。未旬日,诏复属籍,封直为永新侯。

西丰侯正德自魏还,志行无悛,多聚亡命,夜剽掠于道,以轻车将军从综北伐,弃军辄还。上积其前后罪恶,免官削爵,徙临海;未至,追赦之。

综至洛阳,见魏主,还就馆,为齐东昏侯举哀,服斩衰三年。太后以下并就馆吊之,赏赐礼遇甚厚,拜司空,封高平郡公、丹杨王,更名赞。以苗文宠、梁话皆为光禄大夫;封鹿念为定陶县子,除员外散骑常侍。

综长史济阳江革、司马范阳祖暅之皆为魏所虏,安丰王延明闻其才名,厚遇之。革称足疾不拜。延明使暅之作欹器漏刻铭,革唾骂暅之曰:"卿荷国厚恩,乃为虏立铭,孤负朝廷!"延明闻之,令革作大小寺碑、祭彭祖文,革辞不为。延明将棰之,革厉色曰:"江革行年六十,今日得死为幸,誓不为人执笔!"延明知不可屈,乃止;日给脱粟饭三升,仅全其生而已。

上密召夏侯亶还,使休兵合肥,俟淮堰成复进。

20　癸未,魏大赦,改元孝昌。

21　破六韩拔陵围魏广阳王深于五原,军主贺拔胜募二百人开东门出战,斩首百馀级,贼稍退。深拔军向朔州,胜常为殿。

云州刺史费穆,招抚离散,四面拒敌。时北境州镇皆没,唯云中一城独存。道路阻绝,援军不至,粮仗俱尽,穆弃城南奔尔朱荣于秀容,既而诣阙请罪,诏原之。

长流参军于谨言于广阳王深曰:"今寇盗蜂起,未易专用武力胜也。

谨请奉大王之威命,谕以祸福,庶几稍可离也。"深许之。谨兼通诸国语,乃单骑诣叛胡营,见其酋长,开示恩信,于是西部铁勒酋长乜列河等将三万馀户南诣深降。深欲引兵至折敷岭迎之,谨曰:"破六韩拔陵兵势甚盛,闻乜列河等来降,必引兵邀之,若先据险要,未易敌也。不若以乜列河饵之,而伏兵以待之,必可破也。"深从之,拔陵果引兵邀击乜列河,尽俘其众;伏兵发,拔陵大败,复得乜列河之众而还。

柔然头兵可汗大破破六韩拔陵,斩其将孔雀等。拔陵避柔然,南徙渡河。将军李叔仁以拔陵稍逼,求援于广阳王深,深帅众赴之。贼前后降附者二十万人,深与行台元纂表"乞于恒州北别立郡县,安置降户,随宜赈贷,息其乱心"。魏朝不从,诏黄门侍郎杨昱分处之冀、定、瀛三州就食。深谓纂曰:"此辈复为乞活矣。"

22　秋,七月壬戌,大赦。

23　八月,魏柔玄镇民杜洛周聚众反于上谷,改元真王,攻没郡县,高欢、蔡儁、尉景及段荣、安定彭乐皆从之。洛周围魏燕州刺史博陵崔秉,九月丙辰,魏以幽州刺史常景兼尚书为行台,与幽州都督元谭讨之。景,爽之孙也。自卢龙塞至军都关,皆置兵守险,谭屯居庸关。

24　冬,十月,吐谷浑遣兵击赵天安,天安降,凉州复为魏。

平西将军高徽奉使哒哒,还,至枹罕。会河州刺史元祚卒,前刺史梁钊之子景进引莫折念生兵围其城。长史元永等推徽行州事,勒兵固守;景进亦自行州事。徽请兵于吐谷浑,吐谷浑救之,景进败走。徽,湖之孙也。

25　魏方有事于西北,二荆、西郢群蛮皆反,断三鸦路,杀都督,寇掠北至襄城。汝水有冉氏、向氏、田氏,种落最盛,其馀大者万家,小者千室,各称王侯,屯据险要,道路不通。十二月壬午,魏主下诏曰:"朕将亲御六师,扫荡逋秽,今先讨荆蛮,疆理南服。"时群蛮引梁将曹义宗等围魏荆州,魏都督崔暹将兵数万救之,至鲁阳,不敢进。魏更以临淮王彧为征南大将军,将兵讨鲁阳蛮,司空长史辛雄为行台左丞,东趣叶城。别遣征虏将军裴衍、恒农太守京兆王罴将兵一万,自武关出通三鸦路,以救荆州。

衍等未至,彧军已屯汝上,州郡被蛮寇者争来请救,彧以处分道别,不欲应之,辛雄曰:"今裴衍未至,王士众已集,蛮左唐突,挠乱近畿,王秉麾阃外,见可而进,何论别道!"彧恐后有得失之责,邀雄符下。雄以群蛮闻魏主将自出,心必震动,可乘势破也,遂符彧军,令速赴击。群蛮闻之,果散走。

魏主欲自出讨贼,中书令袁翻谏而止。辛雄自军中上疏曰:"凡人所以临陈忘身,触白刃而不惮者,一求荣名,二贪重赏,三畏刑罚,四避祸难,非此数者,虽圣王不能使其臣,慈父不能厉其子矣。明主深知其情,故赏必行,罚必信,使亲疏贵贱勇怯贤愚,闻钟鼓之声,见旌旗之列,莫不奋激,竞赴敌场,岂厌久生而乐速死哉?利害悬于前,欲罢不能耳。自秦、陇逆节,蛮左乱常,已历数载,三方之师,败多胜少,迹其所由,不明赏罚之故也。陛下虽降明诏,赏不移时,然将士之勋,历稔不决,亡军之卒,晏然在家,是使节士无所劝慕,庸人无所畏慑;进而击贼,死交而赏赊,退而逃散,身全而无罪,此其所以望敌奔沮,不肯尽力者也。陛下诚能号令必信,赏罚必行,则军威必张,盗贼必息矣。"疏奏,不省。

　　曹义宗等取顺阳、马圈,与裴衍等战于淅阳,义宗等败退。衍等复取顺阳,进围马圈。洛州刺史董绍以马圈城坚,衍等粮少,上书言其必败。未几,义宗击衍等,破之,复取顺阳。魏以王罴为荆州刺史。

　　26　邵陵王纶摄南徐州事,在州喜怒不恒,肆行非法。遨游市里,问卖鲲者曰:"刺史何如?"对言:"躁虐。"纶怒,令吞鲲而死,百姓惶骇,道路以目。尝逢丧车,夺孝子服而著之,匍匐号叫。签帅惧罪,密以闻。上始严责纶,而不能改,于是遣代。纶悖慢逾甚,乃取一老翁短瘦类上者,加以衮冕,置之高坐,朝以为君,自陈无罪;使就坐剥褫,捶之于庭。又作新棺,贮司马崔会意,以辒车挽歌为送葬之法,使妪乘车悲号。会意不能堪,轻骑还都以闻。上恐其奔逸,以禁兵取之,将于狱赐尽,太子统流涕固谏,得免,戊子,免纶官,削爵土。

　　27　魏山胡刘蠡升反,自称天子,置百官。

　　28　初,敕勒酋长斛律金事怀朔镇将杨钧为军主,行兵用匈奴法,望尘知马步多少,嗅地知军远近。及破六韩拔陵反,金拥众归之,拔陵署金为王。既而知拔陵终无所成,乃诣云州降,仍稍引其众南出黄瓜堆,为杜洛周所破,脱身归尔朱荣,荣以为别将。

资治通鉴卷第一百五十一

梁纪七

高祖武皇帝七

普通七年（丙午，526）

1 春，正月辛丑朔，大赦。

2 壬子，魏以汝南王悦领太尉。

3 魏安州石离、穴城、斛盐三戍兵反，应杜洛周，众合二万，洛周自松岍赴之。行台常景使别将崔仲哲屯军都关以邀之，仲哲战没，元谭军夜溃，魏以别将李琚代谭为都督。仲哲，秉之子也。

4 初，魏广阳王深通于城阳王徽之妃。徽为尚书令，为胡太后所信任；会恒州人请深为刺史，徽言深心不可测。及杜洛周反，五原降户在恒州者谋奉深为主，深惧，上书求还洛阳。魏以左卫将军杨津代深为北道大都督，诏深为吏部尚书。徽，长寿之子也。

五原降户鲜于脩礼等帅北镇流民反于定州之左城，改元鲁兴，引兵向州城，州兵御之不利。杨津至灵丘，闻定州危迫，引兵救之，入据州城。脩礼至，津欲出击之，长史许被不听，津手剑击之，被走得免。津开门出战，斩首数百，贼退，人心少安。诏寻以津为定州刺史兼北道行台。魏以扬州刺史长孙稚为大都督北讨诸军事，与河间王琛共讨脩礼。

5 二月甲戌，北伐众军解严。

6 魏西部敕勒斛律洛阳反于桑乾西，与费也头牧子相连结。三月甲寅，游击将军尔朱荣击破洛阳于深井，牧子于河西。

7 夏，四月乙酉，临川靖惠王宏卒。

8 魏大赦。

9 癸巳，魏以侍中、车骑大将军城阳王徽为仪同三司。徽与给事黄门侍郎徐纥共毁侍中元顺于太后，出为护军将军、太常卿。顺奉辞于西游园，纥侍侧，顺指之谓太后曰："此魏之宰嚭，魏国不亡，此终不死！"纥胁肩而出，顺抗声叱之曰："尔刀笔小才，止堪供几案之用，岂应污辱门下，致我彝伦!"因振衣而起。太后默然。

10　魏朔州城民鲜于阿胡等据城反。

11　杜洛周南出,钞掠蓟城,魏常景遣统军梁仲礼击破之。丁未,都督李琚与洛周战于蓟城之北,败没。常景帅众拒之,洛周引还上谷。

12　长孙稚行至邺,诏解大都督,以河间王琛代之。稚上言:"向与琛同在淮南,琛败臣全,遂成私隙,今难以受其节度。"魏朝不听。前至呼沱,稚未欲战,琛不从。鲜于脩礼邀击稚于五鹿,琛不赴救,稚军大败,稚、琛并坐除名。

13　五月丁未,魏主下诏将北讨,内外戒严,既而不行。

14　衡州刺史元略,自至江南,晨夕哭泣,常如居丧。及魏元叉死,胡太后欲召之,知略因刁双获免,征双为光禄大夫,遣江革、祖暅之南还以求略。上备礼遣之,宠赠甚厚。略始济淮,魏拜略为侍中,赐爵义阳王;以司马始宾为给事中,栗法光为本县令,刁昌为东平太守,刁双为西兖州刺史。凡略所过,一餐一宿皆赏之。

15　魏以丞相高阳王雍为大司马。复以广阳王深为大都督,讨鲜于脩礼;章武王融为左都督,裴衍为右都督,并受深节度。

深以其子自随,城阳王徽言于太后曰:"广阳王携其爱子,握兵在外,将有异志。"乃敕融、衍潜为之备。融、衍以敕示深,深惧,事无大小,不敢自决;太后使问其故,对曰:"徽衔臣次骨,臣疏远在外,徽之构臣,无所不为。自徽执政以来,臣所表请,多不从允。徽非但害臣而已,从臣将士,有勋劳者皆见排抑,不得比他军,仍深被憎嫉,或因其有罪,加以深文,至于殊死,以是从臣行者,莫不悚惧。有言臣善者,视之如仇雠,言臣恶者,待之如亲戚。徽居中用事,朝夕欲陷臣于不测之诛,臣何以自安!陛下若使徽出临外州,臣无内顾之忧,庶可以毕命贼庭,展其忠力。"太后不听。

徽与中书舍人郑俨等更相阿党,外似柔谨,内实忌克,赏罚任情,魏政由是愈乱。

16　戊申,魏燕州刺史崔秉帅众弃城奔定州。

17　乙丑,魏以安西将军宗正珍孙为都督,讨汾州反胡。

18　六月,魏绛蜀陈双炽聚众反,自号始建王。魏以假镇西将军长孙稚为讨蜀都督。别将河东薛脩义轻骑诣双炽垒下,晓以利害,双炽即降。诏以脩义为龙门镇将。

19　丙子,魏徙义阳王略为东平王,顷之,迁大将军、尚书令,为胡太后所委任,与城阳王徽相埒,然徐、郑用事,略亦不敢违也。

20 杜洛周遣都督王曹纥真等将兵掠蓟南,秋,七月丙午,行台常景遣都督于荣等击之于栗园,大破之,斩曹纥真及将卒三千馀级。洛周帅众南趣范阳,景与荣等又破之。

21 魏仆射元纂以行台镇恒州。鲜于阿胡拥朔州流民寇恒州,戊申,陷平城,纂奔冀州。

22 上闻淮堰水盛,寿阳城几没,复遣郢州刺史元树等自北道攻黎浆,豫州刺史夏侯夔等自南道攻寿阳。

23 八月癸巳,贼帅元洪业斩鲜于脩礼,请降于魏;贼党葛荣复杀洪业自立。

24 魏安北将军、都督恒朔讨虏诸军事尔朱荣过肆州,肆州刺史尉庆宾忌之,据城不出。荣怒,举兵袭肆州,执庆宾,还秀容,署其从叔羽生为刺史,魏朝不能制。

初,贺拔允及弟胜、岳从元纂在恒州,平城之陷也,允兄弟相失;岳奔尔朱荣,胜奔肆州。荣克肆州,得胜,大喜曰:"得卿兄弟,天下不足平也!"以为别将,军中大事多与之谋。

25 九月己酉,鄱阳忠烈王恢卒。

26 葛荣既得杜洛周之众,北趣瀛州,魏广阳忠武王深自交津引兵蹑之。辛亥,荣至白牛逻,轻骑掩击章武庄武王融,杀之。荣自称天子,国号齐,改元广安。深闻融败,停军不进。侍中元晏密言于太后曰:"广阳王盘桓不进,坐图非望。有于谨者,智略过人,为其谋主,风尘之际,恐非陛下之纯臣也。"太后深然之,诏榜尚书省门,募能获谨者有重赏。谨闻之,谓深曰:"今女主临朝,信用谗佞,苟不明白殿下素心,恐祸无日。谨请束身诣阙,归罪有司。"遂径诣榜下,自称于谨,有司以闻。太后引见,大怒。谨备论深忠款,兼陈停军之状,太后意解,遂舍之。

深引军还,趣定州,定州刺史杨津亦疑深有异志;深闻之,止于州南佛寺。经二日,深召都督毛谥等数人,交臂为约,危难之际,期相拯恤。谥愈疑之,密告津云,深谋不轨。津遣谥讨深,深走出,谥呼噪逐深。深与左右间行至博陵界,逢葛荣游骑,劫之诣荣。贼徒见深,颇有喜者,荣新立,恶之,遂杀深。城阳王徽诬深降贼,录其妻子。深府佐宋游道为之诉理,乃得释。游道,繇之玄孙也。

27 甲申,魏行台常景破杜洛周,斩其武川王贺拔文兴等,捕虏四百人。

28 就德兴陷魏平州,杀刺史王买奴。

29　天水民吕伯度，本莫折念生之党也，后更据显亲以拒念生；已而不胜，亡归胡琛，琛以为大都督、秦王，资以士马，使击念生。伯度屡破念生军，复据显亲，乃叛琛，东引魏军。念生窘迫，乞降于萧宝寅，宝寅使行台左丞崔士和据秦州。魏以伯度为泾州刺史，封平秦郡公。大都督元脩义停军陇口，久不进，念生复反，执士和送胡琛，于道杀之。久之，伯度为万俟丑奴所杀，贼势益盛，宝寅不能制。胡琛与莫折念生交通，事破六韩拔陵浸慢，拔陵遣其臣费律至高平，诱琛，斩之，丑奴尽并其众。

30　冬，十一月庚辰，大赦。

31　丁贵嫔卒，太子水浆不入口，上使谓之曰："毁不灭性，况我在邪！"乃进粥数合。太子体素肥壮，腰带十围，至是减削过半。

32　夏侯亶等军入魏境，所向皆下。辛巳，魏扬州刺史李宪以寿阳降，宣猛将军陈庆之入据其城，凡降城五十二，获男女七万五千口。丁亥，纵李宪还魏，复以寿阳为豫州，改合肥为南豫州，以夏侯亶为豫、南豫二州刺史。寿阳久罹兵革，民多离散，亶轻刑薄赋，务农省役，顷之，民户充复。

33　杜洛周围范阳，戊戌，民执魏幽州刺史王延年、行台常景送洛周，开门纳之。

34　魏齐州平原民刘树等反，攻陷郡县，频败州军，刺史元欣以平原房士达为将，讨平之。

35　曹义宗据穰城以逼新野，魏遣都督魏承祖及尚书左丞、南道行台辛纂救之。义宗战不利，不敢进。纂，雄之从父兄也。

36　魏盗贼日滋，征讨不息，国用耗竭，豫征六年租调，犹不足，乃罢百官所给酒肉，又税入市者人一钱，及邸店皆有税，百姓嗟怨。吏部郎中辛雄上疏，以为："华夷之民相聚为乱，岂有馀憾哉？正以守令不得其人，百姓不堪其命故也。宜及此时早加慰抚。但郡县选举，由来共轻，贵游俊才，莫肯居此。宜改其弊，分郡县为三等，清官选补之法，妙尽才望，如不可并，后地先才，不得拘以停年。三载黜陟，有称职者，补在京名官；如不历守令，不得为内职。则人思自勉，枉屈可申，强暴自息矣。"不听。

大通元年（丁未，527）

1　春，正月乙丑，以尚书左仆射徐勉为仆射。

2　辛未，上祀南郊。

3　甲戌，魏以司空皇甫度为司徒，仪同三司萧宝寅为司空。

4　魏分定、相二州四郡置殷州，以北道行台博陵崔楷为刺史。楷表称："州今新立,尺刃斗粮,皆所未有,乞资以兵粮。"诏付外量闻,竟无所给。或劝楷留家,单骑之官,楷曰:"吾闻食人之禄者忧人之忧,若吾独往,则将士谁肯固志哉!"遂举家之官。葛荣逼州城,或劝减弱小以避之,楷遣幼子及一女夜出;既而悔之,曰:"人谓吾心不固,亏忠而全爱也。"遂命追还。贼至,强弱相悬,又无守御之具,楷抚勉将士以拒之,莫不争奋,皆曰:"崔公尚不惜百口,吾属何爱一身!"连战不息,死者相枕,终无叛志。辛未,城陷,楷执节不屈,荣杀之,遂围冀州。

5　萧宝寅出兵累年,将士疲弊。秦贼击之,宝寅大败于泾州,收散兵万馀人,屯逍遥园,东秦州刺史潘义渊以汧城降贼。莫折念生进逼岐州,城人执刺史魏兰根应之。豳州刺史毕祖晖战没,行台辛深弃城走,北海王颢军亦败。贼帅胡引祖据北华州,叱干麒麟据豳州以应天生,关中大扰。雍州刺史杨椿募得七千馀人,帅以拒守,诏加椿侍中兼尚书右仆射,为行台,节度关西诸将。北地功曹毛鸿宾引贼抄掠渭北,雍州录事参军杨侃将兵三千掩击之;鸿宾惧,请讨贼自效,遂擒送宿勤乌过仁。乌过仁者,明达之兄子也。莫折天生乘胜寇雍州,萧宝寅部将羊侃隐身堑中射之,应弦而毙,其众遂溃。侃,祉之子也。

6　魏右民郎阳平路思令上疏,以为:"师出有功,在于将帅,得其人则六合唾掌可清,失其人则三河方为战地。窃以比年将帅多宠贵子孙,衔杯跃马,志逸气浮,轩眉扼腕,以攻战自许;及临大敌,忧怖交怀,雄图锐气,一朝顿尽。乃令羸弱在前以当寇,强壮居后以卫身,兼复器械不精,进止无节,以当负险之众,数战之虏,欲其不败,岂可得哉!是以兵知必败,始集而先逃;将帅畏敌,迁延而不进。国家谓官爵未满,屡加宠命;复疑赏赉之轻,日散金帛。帑藏空竭,民财殚尽,遂使贼徒益甚,生民凋弊,凡以此也。夫德可感义夫,恩可劝死士。今若黜陟幽明,赏罚善恶,简练士卒,缮修器械,先遣辩士晓以祸福,如其不悛,以顺讨逆,如此,则何异厉萧斧而伐朝菌,鼓洪炉而燎毛发哉!"弗听。

7　戊子,魏以皇甫度为太尉。

8　己丑,魏主以四方未平,诏内外戒严,将亲出讨,竟亦不行。

9　谯州刺史湛僧智围魏东豫州,将军彭群、王辩围琅邪,魏敕青、南青二州救琅邪。司州刺史夏侯夔帅壮武将军裴之礼等出义阳道,攻魏平静、穆陵、阴山三关,皆克之。夔,亶之弟;之礼,邃之子也。

10　魏东清河郡山贼群起,诏以齐州长史房景伯为东清河太守。郡民刘简虎尝无礼于景伯,举家亡去,景伯穷捕,禽之,署其子为西曹掾,令谕山贼。贼以<u>景伯</u>不念旧恶,皆相帅出降。

<u>景伯</u>母<u>崔氏</u>,通经,有明识。<u>贝丘</u>妇人列其子不孝,<u>景伯</u>以白其母,母曰:"吾闻闻名不如见面,山民未知礼义,何足深责!"乃召其母,与之对榻共食,使其子侍立堂下,观<u>景伯</u>供食。未旬日,悔过求还;<u>崔氏</u>曰:"此虽面惭,其心未也,且置之。"凡二十馀日,其子叩头流血,母涕泣乞还,然后听之,卒以孝闻。<u>景伯</u>,<u>法寿</u>之族子也。

11　二月,<u>秦</u>贼据<u>魏潼关</u>。

12　庚申,<u>魏东郡</u>民<u>赵显德</u>反,杀太守<u>裴烟</u>,自号都督。

13　将军<u>成景儁</u>攻<u>魏彭城</u>,<u>魏</u>以前<u>荆州</u>刺史<u>崔孝芬</u>为<u>徐州</u>行台以御之。先是,<u>孝芬</u>坐<u>元叉</u>党与<u>卢同</u>等俱除名,及将赴<u>徐州</u>,入辞太后,太后谓<u>孝芬</u>曰:"我与卿姻戚,奈何内头<u>元叉</u>车中,称'此老妪会须去之!'"<u>孝芬</u>曰:"臣蒙国厚恩,实无斯语。假令有之,谁能得闻! 若有闻者,此于<u>元叉</u>亲密过臣远矣。"太后意解,怅然有愧色。<u>景儁</u>欲堰<u>泗水</u>以灌<u>彭城</u>,<u>孝芬</u>与都督<u>李叔仁</u>等击之,<u>景儁</u>遁还。

14　三月甲子,<u>魏</u>主诏将西讨,中外戒严。会<u>秦</u>贼西走,复得<u>潼关</u>,戊辰,诏回驾北讨。其实皆不行。

15　<u>葛荣</u>久围<u>信都</u>,<u>魏</u>以金紫光禄大夫<u>源子邕</u>为北讨大都督以救之。

16　初,上作<u>同泰寺</u>,又开<u>大通门</u>以对之,取其反语相协,上晨夕幸寺,皆出入是门。辛未,上幸寺舍身;甲戌,还宫,大赦,改元。

17　<u>魏齐州广川</u>民<u>刘钧</u>聚众反,自署大行台;<u>清河</u>民<u>房项</u>自署大都督,屯据<u>昌国城</u>。

18　夏,四月,<u>魏</u>将<u>元斌之</u>讨<u>东郡</u>,斩<u>赵显德</u>。

19　己酉,<u>柔然</u>头兵可汗遣使入贡于<u>魏</u>,且请讨群贼。<u>魏</u>人畏其反覆,诏以盛暑,且俟后敕。

20　<u>魏萧宝寅</u>之败也,有司处以死刑,诏免为庶人。<u>雍州</u>刺史<u>杨椿</u>有疾求解,复以<u>宝寅</u>为都督<u>雍泾</u>等四州诸军事、征西将军、<u>雍州</u>刺史、开府仪同三司、西讨大都督,自<u>关</u>以西皆受节度。<u>椿</u>还乡里,其子<u>昱</u>将适<u>洛阳</u>,<u>椿</u>谓之曰:"当今<u>雍州</u>刺史亦无逾于<u>宝寅</u>者,但其上佐,朝廷应遣心膂重臣,何得任其牒用! 此乃圣朝百虑之一失也。且<u>宝寅</u>不藉刺史为荣,吾观其得州,喜悦特甚,至于赏罚云为,不依常宪,恐有异心。汝今赴京师,当以吾此意启二圣,并白宰辅,更遣长史、司马、防城都督,欲安<u>关</u>中,正须三人耳。如其不遣,必成深忧。"<u>昱</u>面启<u>魏</u>主及太后,皆不听。

21　五月丙寅,<u>成景儁</u>攻<u>魏临潼</u>、<u>竹邑</u>,拔之。东宫直阁<u>兰钦</u>攻<u>魏萧</u>

城、厥固,拔之,钦斩魏将曹龙牙。

22　六月,<u>魏</u>都督<u>李叔仁</u>讨<u>刘钧</u>,平之。

23　秋,七月,<u>魏</u>陈郡民<u>刘获</u>、<u>郑辩</u>反于<u>西华</u>,改元<u>天授</u>,与<u>湛僧智</u>通谋,<u>魏</u>以行<u>东豫州</u>刺史<u>谯国</u><u>曹世表</u>为东南道行台以讨之,<u>源子恭</u>代<u>世表</u>为<u>东豫州</u>。诸将以贼众强,官军弱,且皆败散之馀,不敢战,欲保城自固。<u>世表</u>方病背肿,舆出,呼统军<u>是云宝</u>谓曰:“<u>湛僧智</u>所以敢深入为寇者,以<u>获</u>、<u>辩</u>皆州民之望,为之内应也。向闻<u>获</u>引兵欲迎<u>僧智</u>,去此八十里;今出其不意,一战可破,<u>获</u>破,则<u>僧智</u>自走矣。”乃选士马付<u>宝</u>,暮出城,比晓而至,击<u>获</u>,大破之,穷讨,馀党悉平。<u>僧智</u>闻之,遁还。<u>郑辩</u>与<u>子恭</u>亲旧,亡匿<u>子恭</u>所,<u>世表</u>集将吏面责<u>子恭</u>,收<u>辩</u>,斩之。

24　<u>魏</u>相州刺史<u>乐安王鉴</u>与北道都督<u>裴衍</u>共救<u>信都</u>。<u>鉴</u>幸<u>魏</u>多故,阴有异志,遂据<u>邺</u>叛,降<u>葛荣</u>。

25　己丑,<u>魏</u>大赦。

初,侍御史<u>辽东</u><u>高道穆</u>奉使<u>相州</u>,前刺史<u>李世哲</u>奢纵不法,<u>道穆</u>按之。<u>世哲</u>弟<u>神轨</u>用事,<u>道穆</u>兄<u>谦之</u>家奴诉良,<u>神轨</u>收<u>谦之</u>系廷尉。赦将出,<u>神轨</u>启太后先赐<u>谦之</u>死,朝士哀之。

26　<u>彭群</u>、<u>王辩</u>围<u>琅邪</u>,自夏及秋,<u>魏</u>青州刺史<u>彭城王劭</u>遣司马<u>鹿悆</u>,南青州刺史<u>胡平</u>遣长史<u>刘仁之</u>将兵击<u>群</u>、<u>辩</u>,破之,<u>群</u>战没。<u>劭</u>,<u>勰</u>之子也。

27　八月,<u>魏</u>遣都督<u>源子邕</u>、<u>李神轨</u>、<u>裴衍</u>攻<u>邺</u>。<u>子邕</u>行及<u>汤阴</u>,<u>安乐王鉴</u>遣弟<u>斌之</u>夜袭<u>子邕</u>营,不克;<u>子邕</u>乘胜进围<u>邺</u>城,丁未,拔之,斩<u>鉴</u>,传首<u>洛阳</u>,改姓<u>拓跋氏</u>。<u>魏</u>因遣<u>子邕</u>、<u>裴衍</u>讨<u>葛荣</u>。

28　九月,<u>秦州</u>城民<u>杜粲</u>杀<u>莫折念生</u>阖门皆尽,<u>粲</u>自行州事。<u>南秦州</u>城民<u>辛琛</u>亦自行州事,遣使诣<u>萧宝寅</u>请降。<u>魏</u>复以<u>宝寅</u>为尚书令,还其旧封。

29　<u>谯州</u>刺史<u>湛僧智</u>围<u>魏</u>东豫州刺史<u>元庆和</u>于<u>广陵</u>,<u>魏</u>将军<u>元显伯</u>救之,司州刺史<u>夏侯夔</u>自<u>武阳</u>引兵助<u>僧智</u>。冬十月,<u>夔</u>至城下,<u>庆和</u>举城降。<u>夔</u>以让<u>僧智</u>,<u>僧智</u>曰:“<u>庆和</u>欲降公,不欲降<u>僧智</u>,今往,必乖其意。且<u>僧智</u>所将应募乌合之人,不可御以法;公持军素严,必无侵暴,受降纳附,深得其宜。”<u>夔</u>乃登城,拔<u>魏</u>帜,建<u>梁</u>帜;<u>庆和</u>束兵而出,吏民安堵,获男女四万馀口。

臣光曰:“<u>湛僧智</u>可谓君子矣!忘其积时攻战之劳,以授一朝新至之将,知己之短,不掩人之长,功成不取以济国事,忠且无私,可谓君子矣!

30 元显伯宵遁,诸军追之,斩获万计。诏以僧智领东豫州刺史,镇广陵。夔引军屯安阳,遣别将屠楚城,由是义阳北道遂与魏绝。

31 领军曹仲宗、东宫直阁陈庆之攻魏涡阳,诏寻阳太守韦放将兵会之。魏散骑常侍费穆引兵奄至,放营垒未立,麾下止有二百馀人,放免胄下马,据胡床处分,士皆殊死战,莫不一当百,魏兵遂退。放,叡之子也。

魏又遣将军元昭等众五万救涡阳,前军至驼涧,去涡阳四十里。陈庆之欲逆战,韦放以魏之前锋必皆轻锐,不如勿击,待其来至,庆之曰:“魏兵远来疲倦,去我既远,必不见疑,及其未集,须挫其气。诸君若疑,庆之请独取之。”于是帅麾下二百骑进击,破之,魏人惊骇。庆之乃还,与诸将连营而进,背涡阳城与魏军相持。自春至冬,数十百战,将士疲弊。闻魏人欲筑垒于军后,曹仲宗等恐腹背受敌,议引军还,庆之杖节军门曰:“共来至此,涉历一岁,縻费极多。今诸君皆无斗心,唯谋退缩,岂是欲立功名,直聚为抄暴耳! 吾闻置兵死地,乃可求生,须虏大合,然后与战。审欲班师,庆之别有密敕,今日犯者,当依敕行之!”仲宗等乃止。

魏人作十三城,欲以控制梁军。庆之衔枚夜出,陷其四城,涡阳城主王纬乞降。韦放简遣降者三十馀人分报魏诸营,陈庆之陈其俘馘,鼓噪随之,九城皆溃,追击之,俘斩略尽,尸咽涡水,所降城中男女三万馀口。

32 萧宝寅之败于泾州也,或劝之归罪洛阳,或曰:“不若留关中立功自效。”行台都令史河间冯景曰:“拥兵不还,此罪将大。”宝寅不从,自念出师累年,縻费不赀,一旦覆败,内不自安;魏朝亦疑之。

中尉郦道元,素名严猛,司州牧汝南王悦嬖人丘念,弄权纵恣,道元收念付狱;悦请之于胡太后,太后欲赦之,道元杀之,并以劾悦。

时宝寅反状已露,悦乃奏以道元为关右大使。宝寅闻之,谓为取己,甚惧,长安轻薄子弟复劝使举兵。宝寅以问河东柳楷,楷曰:“大王,齐明帝子,天下所属,今日之举,实允人望。且谣言‘鸾生十子九子瘕,一子不瘕关中乱’。大王当治关中,何所疑!”道元至阴盘驿,宝寅遣其将郭子恢攻杀之,收殡其尸,表言白贼所害。又上表自理,称为杨椿父子所谮。

宝寅行台郎中武功苏湛,卧病在家,宝寅令湛从母弟开府属天水姜俭说湛曰:“元略受萧衍旨,欲见剿除,道元之来,事不可测,吾不能坐受死亡,今须为身计,不复作魏臣矣。死生荣辱,与卿共之。”湛闻之,举声大哭。俭遽止之曰:“何得便尔!”湛曰:“我百口今屠灭,云何不哭!”哭数十声,徐谓俭曰:“为我白齐王,王本以穷鸟投人,赖朝廷假王羽翼,荣宠至此。属国步多虞,不能竭忠报德,乃欲乘人间隙,信惑行路无识之语,欲以赢败之兵守关问鼎。今魏德虽衰,天命未改。且王之恩义未洽于民,但见其败,未见有成,苏湛不能以百口为王族灭。"宝寅复使谓曰:"我救死不得不尔,所以不先相白者,恐沮吾计耳。"湛曰:"凡谋大事,当得天下奇才与之从事,今但与长安博徒谋之,此有成理不?湛恐荆棘必生于斋闼,愿赐骸骨归乡里,庶得病死,下见先人。"宝寅素重湛,且知其不为己用,听还武功。

甲寅,宝寅自称齐帝,改元隆绪,赦其所部,置百官。都督长史毛遐,鸿宾之兄也,与鸿宾帅氐、羌起兵于马祇栅以拒宝寅,宝寅遣大将军卢祖迁击之,为遐所杀。宝寅方祀南郊,行即位礼未毕,闻败,色变,不暇整部伍,狼狈而归。以姜俭为尚书左丞,委以心腹。文安周惠达为宝寅使,在洛阳,有司欲收之,惠达逃归长安。宝寅以惠达为光禄勋。

丹杨王萧赞闻宝寅反,惧而出走,趣白马山,至河桥,为人所获,魏主知其不预谋,释而慰之。行台郎封伟伯等与关中豪桀谋举兵诛宝寅,事泄而死。

魏以尚书仆射长孙稚为行台以讨宝寅。

正平民薛凤贤反,宗人薛脩义亦聚众河东,分据盐池,攻围蒲坂,东西连结以应宝寅。诏都督宗正珍孙讨之。

33　十一月丁卯,以护军萧渊藻为北讨都督,镇涡阳。戊辰,以涡阳为西徐州。

34　葛荣围信都,自春及冬,冀州刺史元孚帅励将士,昼夜拒守,粮储既竭,外无救援,己丑,城陷;荣执孚,逐出居民,冻死者什六七。孚兄祐为防城都督,荣大集将士,议其生死。孚兄弟各自引咎,争相为死,都督潘绍等数百人,皆叩头请就法以活使君。荣曰:"此皆魏之忠臣义士。"于是同禁者五百人皆得免。

魏以源子邕为冀州刺史,将兵讨荣;裴衍表请同行,诏许之。子邕上言:"衍行,臣请留;臣行,请留衍;若逼使同行,败在旦夕。"不许。十二月戊申,行至阳平东北漳水曲,荣帅众十万击之,子邕、衍俱败死。

相州吏民闻冀州已陷,子邕等败,人不自保。相州刺史恒农李神志气自若,抚勉将士,大小致力,葛荣尽锐攻之,卒不能克。

35　秦州民骆超杀杜粲,请降于魏。

资治通鉴卷第一百五十二

梁纪八

高祖武皇帝八

大通二年（戊申，528）

1　春，正月癸亥，魏以北海王颢为骠骑大将军、开府仪同三司、相州刺史。

2　魏北道行台杨津守定州城，居鲜于脩礼、杜洛周之间，迭来攻围；津蓄薪粮，治器械，随机拒击，贼不能克。津潜使人以铁券说贼党，贼党有应津者，遗津书曰："贼所以围城，正为取北人耳。城中北人，宜尽杀之，不然，必为患。"津悉收北人内子城中而不杀，众无不感其仁。

及葛荣代脩礼统众，使人说津，许以为司徒，津斩其使，固守三年。杜洛周围之，魏不能救。津遣其子遁突围出，诣柔然头兵可汗求救。遁日夜泣请，头兵遣其从祖吐豆发帅精骑一万南出；前锋至广昌，贼塞隘口，柔然遂还。乙丑，津长史李裔引贼入，执津，欲烹之，既而舍之。瀛州刺史元宁以城降洛周。

3　乙丑，魏潘嫔生女，胡太后诈言皇子；丙寅，大赦，改元武泰。

4　萧宝寅围冯翊，未下；长孙稚军至恒农，行台左丞杨侃谓稚曰："昔魏武与韩遂、马超据潼关相拒，遂、超之才，非魏武敌也，然而胜负久不决者，扼其险要故也。今贼守御已固，虽魏武复生，无以施其智勇。不如北取蒲反，渡河而西，入其腹心，置兵死地；则华州之围不战自解，潼关之守必内顾而走，支节既解，长安可坐取也。若愚计可取，愿为明公前驱。"稚曰："子之计则善矣；然今薛脩义围河东，薛凤贤据安邑，宗正珍孙守虞坂不得进，如何可往？"侃曰："珍孙行陈一夫，因缘为将，可为人使，安能使人！河东治在蒲反，西逼河湄，封疆多在郡东。脩义驱帅士民西围郡城，其父母妻子皆留旧村，一旦闻官军来至，皆有内顾之心，必望风自溃矣。"稚乃使其子子彦与侃帅骑兵自恒农北渡，据石锥壁，侃声言："今且停此以待步兵，且观民情向背。"命送降名者各自还村，"俟台军举三烽，当亦举烽相应;其无应烽者,乃贼党也,当进击屠之,以所获赏军"。于是村民转相告语,虽实未降者亦诈举烽,一宿之间,火光遍数百里,贼围城者不测其故,各自散归,修义亦逃还,与凤贤俱请降。丙子,稚克潼关,遂入河东。

会有诏废盐池税,稚上表以为:"盐池天产之货,密迩京畿,唯应宝而守之,均赡以理。今四方多虞,府藏罄竭,冀、定扰攘,常调之绢不复可收,唯仰府库,有出无入。略论盐税,一年之中,准绢而言,不下三十万匹,乃是移冀、定二州置于畿甸;今若废之,事同再失。臣前仰违严旨,不先讨关贼,径解河东者,非缓长安而急蒲反,一失盐池,三军乏食。天助大魏,兹计不爽。昔高祖升平之年,无所乏少,犹创置盐官而加典护,非与物竞利,恐由利而乱俗也。况今国用不足,租征六年之粟,调折来岁之资,此皆夺人私财,事不获已。臣辄符同监将、尉,还帅所部,依常收税,更听后敕。"

萧宝寅遣其将侯终德击毛遐。会郭子恢等屡为魏军所败,终德因其势挫,还军袭宝寅;至白门,宝寅始觉,丁丑,与终德战,败,携其妻南阳公主及其少子帅麾下百馀骑自后门出,奔万俟丑奴。丑奴以宝寅为太傅。

二月,魏以长孙稚为车骑大将军、开府仪同三司、雍州刺史、尚书仆射、西道行台。

群盗李洪攻烧巩西阙口以东,南结诸蛮,魏都督李神轨、武卫将军费穆讨之。穆败洪于阙口南,遂平之。

5　葛荣击杜洛周,杀之,并其众。

6　魏灵太后再临朝以来,嬖幸用事,政事纵弛,恩威不立,盗贼蜂起,封疆日蹙。魏肃宗年浸长,太后自以所为不谨,恐左右闻之于帝,凡帝所爱信者,太后辄以事去之,务为壅蔽,不使帝知外事。通直散骑常侍昌黎谷士恢有宠于帝,使领左右;太后屡讽之,欲用为州,士恢怀宠,不愿出外,太后乃诬以罪而杀之。有蜜多道人,能胡语,帝常置左右,太后使人杀之于城南而悬赏购贼。由是母子之间,嫌隙日深。

是时,车骑将军、仪同三司、并肆汾广恒云六州讨虏大都督尔朱荣兵势强盛,魏朝惮之。高欢、段荣、尉景、蔡俊先在杜洛周党中,欲图洛周不果,逃奔葛荣,又亡归尔朱荣。刘贵先在尔朱荣所,屡荐欢于荣,荣见其憔悴,未之奇也。欢从荣之马厩,厩有悍马,荣命欢翦之,欢不加羁绊而翦之,竟不蹄啮,起,谓荣曰:"御恶人亦犹是矣。"荣奇其言,坐欢于床下,屏左右,访以时事,欢曰:"闻公有马十二谷,色别为群,畜此竟何用也?"荣曰:"但言尔意!"欢曰:"今天子暗弱,太后淫乱,嬖孽擅命,朝政不行。以明公雄武,乘时奋发,讨郑俨、徐纥之罪以清帝侧,霸业可举鞭而成,此贺六浑之意也。"荣大悦,语自日中至夜半乃出,自是每参军谋。

并州刺史元天穆,孤之五世孙也,与荣善,荣兄事之。荣常与天穆及帐下都督贺拔岳密谋,欲举兵入洛,内诛嬖幸,外清群盗,二人皆劝成之。

荣上书以"山东群盗方炽,冀、定覆没,官军屡败,请遣精骑三千东援相州"。太后疑之,报以"念生枭戮,宝寅就擒,丑奴请降,关、陇已定。费穆大破群蛮,绛蜀渐平。又,北海王颢帅众二万出镇相州,不须出兵。"荣复上书,以为"贼势虽衰,官军屡败,人情危怯,恐实难用。若不更思方略,无以万全。臣愚以为蠕蠕主阿那瓌荷国厚恩,未应忘报,宜遣发兵东趣下口以蹑其背,北海之军严加警备以当其前。臣麾下虽少,辄尽力命自井陉以北,滏口以西,分据险要,攻其肘腋。葛荣虽并洛周,威恩未著,人类差异,形势可分。"遂勒兵召集义勇,北捍马邑,东塞井陉。徐纥说太后以铁券间荣左右,荣闻而恨之。

魏肃宗亦恶俨、纥等,逼于太后,不能去,密诏荣举兵内向,欲以胁太后。荣以高欢为前锋,行至上党,帝复以私诏止之。俨、纥恐祸及己,阴与太后谋鸩帝,癸丑,帝暴殂。甲寅,太后立皇女为帝,大赦。既而下诏称:"潘充华本实生女。故临洮王宝晖世子钊,体自高祖,宜膺大宝。百官文武加二阶,宿卫加三阶。"乙卯,钊即位。钊始生三岁,太后欲久专政,故贪其幼而立之。

尔朱荣闻之,大怒,谓元天穆曰:"主上晏驾,春秋十九,海内犹谓之幼君;况今奉未言之儿以临天下,欲求治安,其可得乎!吾欲帅铁骑赴哀山陵,翦除奸佞,更立长君,何如?"天穆曰:"此伊、霍复见于今矣。"乃抗表称:"大行皇帝背弃万方,海内咸称鸩毒致祸。岂有天子不豫,初不召医,贵戚大臣皆不侍侧,安得不使远近怪愕!又以皇女为储两,虚行赦宥,上欺天地,下惑朝野。已乃选君于孩提之中,实使奸竖专朝,臁乱纲纪,此何异掩目捕雀,塞耳盗钟。今群盗沸腾,邻敌窥窬,而欲以未言之儿镇安天下,不亦难乎!愿听臣赴阙,参预大议,问侍臣帝崩之由,访侍卫不知之状,以徐、郑之徒付之司败,雪同天之耻,谢远近之怨,然后更择宗亲以承宝祚。"荣从弟世隆,时为直阁,太后遣诣晋阳慰谕荣;荣欲留之,世隆曰:"朝廷疑兄,故遣世隆来,今留世隆,使朝廷得预为之备,非计也。"乃遣之。

7　三月癸未,葛荣陷魏沧州,执刺史薛庆之,居民死者什八九。

8　乙酉,魏葬孝明皇帝于定陵,庙号肃宗。

9　尔朱荣与元天穆议，以彭城武宣王有忠勋，其子长乐王子攸，素有令望，欲立之。又遣从子天光及亲信奚毅、仓头王相入洛，与尔朱世隆密议。天光见子攸，具论荣心，子攸许之。天光等还晋阳，荣犹疑之，乃以铜为显祖诸孙各铸像，唯长乐王像成。荣乃起兵发晋阳，世隆逃出，会荣于上党。灵太后闻之，甚惧，悉召王公等入议，宗室大臣皆疾太后所为，莫肯致言。徐纥独曰：“尔朱荣小胡，敢称兵向阙，文武宿卫足以制之。但守险要以逸待劳、彼悬军千里，士马疲弊，破之必矣。”太后以为然，以黄门侍郎李神轨为大都督，帅众拒之，别将郑季明、郑先护将兵守河桥，武卫将军费穆屯小平津。先护，俨之从祖兄弟也。

荣至河内，复遣王相密至洛，迎长乐王子攸。夏，四月丙申，子攸与兄彭城王劭、弟霸城公子正潜自高渚渡河，丁酉，会荣于河阳，将士咸称万岁。戊戌，济河，子攸即帝位，以劭为无上王，子正为始平王；以荣为侍中、都督中外诸军事、大将军、尚书令、领军将军、领左右，封太原王。

郑先护素与敬宗善，闻帝即位，与郑季明开城纳之。李神轨至河桥，闻北中不守，即遁还；费穆弃众先降于荣。徐纥矫诏夜开殿门，取骅骝厩御马十匹，东奔兖州，郑俨亦走乡里。太后尽召肃宗后宫，皆令出家，太后亦自落发。荣召百官迎车驾，己亥，百官奉玺绶，备法驾，迎敬宗于河桥。庚子，荣遣骑执太后及幼主，送至河阴。太后对荣多所陈说，荣拂衣而起，沉太后及幼主于河。

费穆密说荣曰：“公士马不出万人，今长驱向洛，前无横陈，既无战胜之威，群情素不厌服。以京师之众，百官之盛，知公虚实，有轻侮之心。若不大行诛罚，更树亲党，恐公还北之日，未渡太行而内变作矣。”荣心然之，谓所亲慕容绍宗曰：“洛中人士繁盛，骄侈成俗，不加芟荑，终难制驭。吾欲因百官出迎，悉诛之，何如？”绍宗曰：“太后荒淫失道，嬖幸弄权，淆乱四海，故明公兴义兵以清朝廷。今无故歼夷多士，不分忠佞，恐大失天下之望，非长策也。”荣不听，乃请帝循河西至淘渚，引百官于行宫西北，云欲祭天。百官既集，列胡骑围之，责以天下丧乱，肃宗暴崩，皆由朝臣贪虐，不能匡弼，因纵兵杀之，自丞相高阳王雍、司空元钦、仪同三司义阳王略以下，死者二千馀人。前黄门郎王遵业兄弟居父丧，其母，敬宗之从母也，相帅出迎，俱死。遵业，慧龙之孙也，俊爽涉学，时人惜其才而讥其躁。有朝士百馀人后至，荣复以胡骑围之，令曰：“有能为禅文者免死。”侍御史赵元则出应募，遂使为之。荣又令其军士言“元氏既灭，尔朱氏兴”，皆称万岁。荣又遣数十人拔刀向行宫，帝与无上王劭、始平王子正俱出帐外。荣先遣并州人郭罗刹、西部高车叱列杀鬼侍帝侧,诈言防卫,抱帝入帐,馀人即杀劭及子正,又遣数十人迁帝于河桥,置之幕下。

帝忧愤无计,使人谕旨于荣曰:"帝王迭兴,盛衰无常。今四方瓦解,将军奋袂而起,所向无前,此乃天意,非人力也。我本相投,志在全生,岂敢妄希天位!将军见逼,以至于此。若天命有归,将军宜时正尊号;若推而不居,存魏社稷,亦当更择亲贤而辅之。"时都督高欢劝荣称帝,左右多同之,荣疑未决。贺拔岳进曰:"将军首举义兵,志降奸逆,大勋未立,遽有此谋,正可速祸,未见其福。"荣乃自铸金为像,凡四铸,不成。功曹参军燕郡刘灵助善卜筮,荣信之,灵助言天时人事未可。荣曰:"若我不吉,当迎天穆立之。"灵助曰:"天穆亦不吉,唯长乐王有天命耳。"荣亦精神恍惚,不自支持,久而方寤,深思愧悔曰:"过误若是,唯当以死谢朝廷。"贺拔岳请杀高欢以谢天下,左右曰:"欢虽复愚疏,言不思难,今四方多事,须藉武将,请舍之,收其后效。"荣乃止。夜四更,复迎帝还营,荣望马首叩头请死。

荣所从胡骑杀朝士既多,不敢入洛城,即欲向北为迁都之计。荣狐疑甚久,武卫将军汎礼固谏。辛丑,荣奉帝入城。帝御太极殿,下诏大赦,改元建义。从太原王将士,普加五阶,在京文官二阶,武官三阶,百姓复租役三年。时百官荡尽,存者皆窜匿不出,唯散骑常侍山伟一人拜赦于阙下。洛中士民草草,人怀异虑,或云荣欲纵兵大掠,或云欲迁都晋阳,富者弃宅,贫者襁负,率皆逃窜,什不存一二,直卫空虚,官守旷废。荣乃上书,称:"大兵交际,难可齐壹,诸王朝贵,横死者众,臣今粉躯不足塞咎,乞追赠亡者,微申私责。无上王请追尊为无上皇帝,自馀死于河阴者,王赠三司,三品赠令、仆,五品赠刺史,七品已下白民赠郡镇,死者无后听继,即授封爵。又遣使者循城劳问。"诏从之。于是朝士稍出,人心粗安。封无上王之子韶为彭城王。荣犹执迁都之议,帝亦不能违;都官尚书元谌争之,以为不可,荣怒曰:"何关君事,而固执也!且河阴之事,君应知之。"谌曰:"天下事当与天下论之,奈何以河阴之酷而恐元谌!谌,国之宗室,位居常伯,生既无益,死复何损,正使今日碎首流肠,亦无所惧!"荣大怒,欲抵谌罪,尔朱世隆固谏,乃止。见者莫不震悚,谌颜色自若。后数日,帝与荣登高,见宫阙壮丽,列树成行,乃叹曰:"臣昨愚暗,有北迁之意,今见皇居之盛,熟思元尚书言,深不可夺。"由是罢迁都之议。谌,谧之兄也。

癸卯,以江阳王继为太师,北海王颢为太傅;光禄大夫李延寔为太保,赐爵濮阳王;并州刺史天穆为太尉,赐爵上党王;前侍中杨椿为司徒;车骑大将军穆绍为司空,领尚书令,进爵顿丘王;雍州刺史长孙稚为骠骑大将军、开府仪同三司,赐爵冯翊王;殿中尚书元谌为尚书右仆射,赐爵魏郡王;金紫光禄大夫广陵王恭加仪同三司;其馀起家暴贵者,不可胜数。延寔,冲之子也,以帝舅故,得超拜。

徐纥弟献伯为北海太守,季产为青州长史,纥使人告之,皆将家属逃去,与纥俱奔泰山。郑俨与从兄荥阳太守仲明谋据郡起兵,为部下所杀。

丁未,诏内外解严。

10　魏郢州刺史元显达请降,诏郢州刺史元树迎之,夏侯夔亦自楚城往会之,遂留镇焉。改魏郢州为北司州,以夔为刺史,兼督司州。夔进攻毛城,逼新蔡;豫州刺史夏侯亶围南顿,攻陈项;魏行台源子恭拒之。

11　庚戌,魏赐尔朱荣子义罗爵梁郡王。

12　柔然头兵可汗数入贡于魏,魏诏头兵赞拜不名,上书不称臣。

13　魏汝南王悦及东道行台临淮王彧闻河阴之乱,皆来奔。先是,魏人降者皆称魏官为伪,彧表启独称魏临淮王;上亦体其雅素,不之责。魏北海王颢将之相州,至汲郡,闻葛荣南侵及尔朱荣纵暴,阴为自安之计,盘桓不进;以其舅殷州刺史范遵行相州事,代前刺史李神守邺。行台甄密知颢有异志,相帅废遵,复推李神摄州事,遣兵迎颢,且察其变。颢闻之,帅左右来奔。密,琛之从父弟也。北青州刺史元世儁、南荆州刺史李志皆举州来降。

14　五月丁巳朔,魏加尔朱荣北道大行台。以尚书右仆射元罗为东道大使,光禄勋元欣副之,巡方黜陟,先行后闻。欣,羽之子也。

15　尔朱荣入见魏主于明光殿,重谢河桥之事,誓言无复贰心。帝自起止之,因复与荣誓,言无疑心。荣喜,因求酒饮之,熟醉;帝欲诛之,左右苦谏,乃止,即以床舆向中常侍省。荣夜半方寤,遂达旦不眠,自此不复禁中宿矣。

荣女先为肃宗嫔,荣欲敬宗立以为后,帝疑未决,黄门侍郎祖莹曰:“昔文公在秦,怀嬴入侍;事有反经合义,陛下独何疑焉!”帝遂从之,荣意甚悦。

荣举止轻脱,喜驰射,每入朝见,更无所为,唯戏上下马;于西林园宴射,恒请皇后出观,并召王公、妃主共在一堂。每见天子射中,辄自起舞叫,将相卿士悉皆盘旋,乃至妃主亦不免随之举袂。及酒酣耳热,必自匡坐唱房歌;日暮罢归,与左右连手蹋地唱回波乐而出。性甚严暴,喜愠无常,刀槊弓矢,不离于手,每有瞋嫌,辄行击射,左右恒有死忧。尝见沙弥重骑一马,荣即令相触,力穷不能复动,遂使傍人以头相击,死而后已。

辛酉,荣还晋阳,帝饯之于邙阴。荣令元天穆入洛阳,加天穆侍中、录尚书事、京畿大都督兼领军将军,以行台郎中桑乾朱瑞为黄门侍郎兼中书舍人,朝廷要官,悉用其腹心为之。

16 丙寅,魏主诏:"孝昌以来,凡有冤抑无诉者,悉集华林东门,当亲理之。"时承丧乱之后,仓廪虚竭,始诏"入粟八千石者赐爵散侯,白民输五百石者赐出身,沙门授本州统及郡县维那"。

尔朱荣之趣洛也,遣其都督樊子鹄取唐州,唐州刺史崔元珍、行台郦惔拒守不从。乙亥,子鹄拔平阳,斩元珍及惔。元珍,挺之从父弟也。

17 将军曹义宗围魏荆州,堰水灌城,不没者数板。时魏方多难,不能救,城中粮尽,刺史王罴煮粥与将士均分食之,每出战,不擐甲胄,仰天大呼曰:"荆州城,孝文皇帝所置,天若不佑国家,令箭中王罴额;不尔,王罴必当破贼。"弥历三年,前后搏战甚众,亦不被伤。癸未,魏以中军将军费穆都督南征诸军事,将兵救之。

18 魏临淮王彧闻魏主定位,乃以母老求还,辞情恳至。上惜其才而不能违,六月丁亥,遣彧还。魏以彧为侍中、骠骑大将军,加仪同三司。

19 魏员外散骑常侍高乾,祐之从子也,与弟敖曹、季式皆喜轻侠,与魏主有旧。尔朱荣之向洛也,逃奔齐州,闻河阴之乱,遂集流民起兵于河、济之间,受葛荣官爵,频破州军。魏主使元欣谕旨,乾等乃降,以乾为给事黄门侍郎兼武卫将军,敖曹为通直散骑侍郎。荣以乾兄弟前为叛乱,不应复居近要,魏主乃听解官归乡里。敖曹复行抄掠,荣诱执之,与薛脩义同拘于晋阳。敖曹名昂,以字行。

20 葛荣军乏食,遣其仆射任褒将兵南掠至沁水,魏以元天穆为大都督东北道诸军事,帅宗正珍孙等讨之。

前幽州平北府主簿河间邢杲帅河北流民十万馀户反于青州之北海,自称汉王,改元天统。戊申,魏以征东将军李叔仁为车骑大将军、仪同三司,帅众讨之。

辛亥,魏主诏曰:"朕当亲御六戎,扫静燕、代。"以大将军尔朱荣为左军,上党王天穆为前军,司徒杨椿为右军,司空穆绍为后军。葛荣退屯相州之北。

21 秋,七月乙丑,魏加尔朱荣柱国大将军、录尚书事。

22 壬子,魏光州民刘举聚众反于濮阳,自称皇武大将军。

23 是月,万俟丑奴自称天子,置百官。会波斯国献师子于魏,丑奴留之,改元神兽。

24　魏泰山太守羊侃,以其祖规尝为宋高祖祭酒从事,常有南归之志。徐纥往依之,因劝侃起兵,侃从之。兖州刺史羊敦,侃之从兄也,密知之,据州拒侃。八月,侃引兵袭敦,弗克,筑十馀城守之,且遣使来降,诏广晋县侯泰山羊鸦仁等将兵应接。魏以侃为骠骑大将军、泰山公、兖州刺史,侃斩其使者不受。

将军王弁侵魏徐州,蕃郡民续灵珍拥众万人攻蕃郡以应梁;魏徐州刺史杨昱击灵珍,斩之,弁引还。

25　甲辰,魏大都督宗正珍孙击刘举于濮阳,灭之。

26　葛荣引兵围邺,众号百万,游兵已过汲郡,所至残掠,尔朱荣启求讨之。九月,尔朱荣召从子肆州刺史天光留镇晋阳,曰:“我身不得至处,非汝无以称我心。”自帅精骑七千,马皆有副,倍道兼行,东出滏口,以侯景为前驱。葛荣为盗日久,横行河北,尔朱荣众寡非敌,议者谓无取胜之理。葛荣闻之,喜见于色,令其众曰:“此易与耳,诸人俱办长绳,至则缚取。”自邺以北,列陈数十里,箕张而进。尔朱荣潜军山谷,为奇兵,分督将已上三人为一处,处有数百骑,令所在扬尘鼓噪,使贼不测多少。又以人马逼战,刀不如棒,勒军士赍袖棒一枚,置于马侧,至战时虑废腾逐,不听斩级,以棒棒之而已。分命壮勇所向冲突,号令严明,战士同奋。尔朱荣身自陷陈,出于贼后,表里合击,大破之,于陈擒葛荣,馀众悉降。以贼徒既众,若即分割,恐其疑惧,或更结聚,乃下令各从所乐,亲属相随,任所居止,于是群情大喜,登即四散,数十万众一朝散尽。待出百里之外,乃始分道押领,随便安置,咸得其宜。擢其渠帅,量才授任,新附者咸安,时人服其处分机速。以槛车送葛荣赴洛,冀、定、沧、瀛、殷五州皆平。时上党王天穆军于朝歌之南,穆绍、杨椿犹未发,而葛荣已灭,乃皆罢兵。

初,宇文肱从鲜于脩礼攻定州,战死于唐河。其子泰在脩礼军中,脩礼死,从葛荣;葛荣败,尔朱荣爱泰之才,以为统军。

乙亥,魏大赦,改元永安。

辛巳,以尔朱荣为大丞相、都督河北畿外诸军事,荣子平昌公文殊、昌乐公文畅并进爵为王,以杨椿为太保,城阳王徽为司徒。

冬,十月丁亥,葛荣至洛,魏主御阊阖门引见,斩于都市。

27　帝以魏北海王颢为魏王,遣东宫直阁将军陈庆之将兵送之还北。

28　丙申,魏以太原王世子尔朱菩提为骠骑大将军、开府仪同三司。丁酉,以长乐等七郡各万户,通前十万户,为太原王荣国,戊戌,又加荣太师,皆赏擒葛荣之功也。

29　壬子,魏江阳武烈王继卒。

30　魏使征虏将军韩子熙招谕邢杲,杲诈降而复反。李叔仁击杲于惟水,失利而还。

31　魏费穆奄至荆州。曹义宗军败,为魏所擒,荆州之围始解。

32　元颢袭魏铚城而据之。

33　魏行台尚书左仆射于晖等兵数十万,击羊侃于瑕丘,徐纥恐事不济,说侃请乞师于梁,侃信之,纥遂来奔。晖等围侃十馀重,栅中矢尽,南军不进。十一月癸亥夜,侃溃围出,且战且行,一日一夜乃出魏境,至渣口,众尚万馀人,马二千匹。士卒皆竟夜悲歌,侃乃谢曰:"卿等怀土,理不能相随,幸适去留,于此为别。"各拜辞而去。魏复取泰山。晖,劲之子也。

34　戊寅,魏以上党王天穆为大将军、开府仪同三司,世袭并州刺史。

35　十二月庚子,魏诏于晖还师讨邢杲。

36　葛荣馀党韩楼复据幽州反,北边被其患。尔朱荣以抚军将军贺拔胜为大都督,镇中山;楼畏胜威名,不敢南出。